T0417669

Kreative Gegensätze

Education and Society in the Middle Ages and Renaissance

The titles published in this series are listed at *brill.com/esmr*

Kreative Gegensätze

Der Streit um den Nutzen der Philosophie an der
mittelalterlichen Pariser Universität

von

Marcel Bubert

BRILL

LEIDEN | BOSTON

The Library of Congress Cataloging-in-Publication Data is available online at http://catalog.loc.gov
LC record available at http://lccn.loc.gov/2019013186

Typeface for the Latin, Greek, and Cyrillic scripts: "Brill". See and download: brill.com/brill-typeface.

ISSN 0926-6070
ISBN 978-90-04-38041-7 (hardback)
ISBN 978-90-04-39951-8 (e-book)

Inhalt

Vorwort   IX

1 Einleitung   1
  1.1   Das Problem   10
  1.2   Gegenstand, Profil und Disposition   21
  1.3   Methodologische Vorbemerkungen: Mittelalterliche
      Wissenschaftsgeschichte   26
      1.3.1   *Auf dem Weg zu einer Soziologie der mittelalterlichen*
           Wissenschaft   30
      1.3.2   *Was ist Wissenschaft im Mittelalter?*   44
      1.3.3   *Was ist Philosophie im Mittelalter?*   48

2 Die Pariser Artistenfakultät im 13. und frühen 14. Jahrhundert:
  Sozialisation und Identität   55
  2.1   Enthusiasmus und *amor sciendi*   57
  2.2   Aristoteles-*Rezeption?* Text und Kontext   62
  2.3   Sozialisationsformen der Artes-Fakultät   66
  2.4   Interaktion und Kohäsion: Lehre als kulturelle Praxis   74
  2.5   Jenseits der Grenze: Das Fremde und das Eigene   90
      2.5.1   *Ein weites Feld: Der Philosoph und die Welt*   96
      2.5.2   *Der Streit der Fakultäten*   110
      2.5.3   *Die Ordnung der Gruppen: Nicht-diskursive Formationen*   115
      2.5.4   *Struktur und Identität*   120
      2.5.5   *Facetten eines Streits: Philosophie und Theologie*   126
  2.6   Pariser ‚Philosophen' vor und nach 1277   131
  2.7   Der Name der Philosophen – Anmerkungen zum *philosophus* des
      Mittelalters   145

3 Praktisches und unpraktisches Wissen, Wissensträger und Experten:
  Philosophie im universitären Raum   154
  3.1   Der artistische Wissensbestand im 13. Jahrhundert   155
  3.2   Praktisches Wissen?   169
  3.3   Unpraktisches Wissen?   184
  3.4   Der Kommunikationsraum der Artistenfakultät – Nichts als die
      Wahrheit   185
      3.4.1   *Das System und die Mathematik*   191
      3.4.2   *Selbstreferenz und Nützlichkeit*   193
      3.4.3   *Die Philosophen und die ‚Erfahrung'*   194

3.5   Philosophisches Auswärtsspiel: Die Kommunikationsräume der
      ,oberen' Fakultäten   198
      3.5.1   *Philosophie in Rechtswissenschaft und Medizin*   200
      3.5.2   De reductione philosophiae ad utilitatem: *Theologische
              Zugänge*   203
      3.5.3   *Logik der Fremdreferenz*   211
      3.5.4   *Nutzen der ,politischen Philosophie': Theologen,
              philosophisches Wissen und Politik*   212
3.6   Das Gleiche nochmal anders: Gelehrte Experten an der Universität
      Paris   232
      3.6.1   *Der konzeptuelle Hintergrund: Experten und
              Expertenkulturen*   233
      3.6.2   *Akademische Expertenkultur: Gelehrte Experten und
              Anti-Experten*   242
      3.6.3   *Die Rechts- und Medizinexperten der Universität Paris*   247
      3.6.4   *Die Orthodoxieexperten der Universität Paris: Autonomie und
              Nützlichkeit*   253
      3.6.5   *Ein letztes Mal: Was ist Expertise? Philosophen als machtlose
              Experten*   270

4   **Kreative Ambivalenzen: Das offene System und seine Feinde**   277
    4.1   *Magni litterati inexperti* – Buchwissen zwischen Autorität und
          Kritik   280
    4.2   Der Kaiser und der Fürst der Philosophen   288
    4.3   Zwischenresümee: Zwei kritische Experten   301
    4.4   Urbane Dissonanzen: „*Scolares artium*" und praktische
          Wissenskultur   302

5   **Krisis und Verwandlung: Alternative Entwürfe im 13. Jahrhundert**   316
    5.1   Der Grammatiker, die Logiker und die Gesellschaft   317
          5.1.1   *Der Grammatikprofessor als Intellektueller?*   326
          5.1.2   *Genauso verschieden: Der andere Johannes de Garlandia*   329
    5.2   Mediale Praxis, Wissensordnung und Kritik: An Italian in Paris   338
          5.2.1   *Binäre Oppositionen: The Clash of Philosophies*   346
          5.2.2   *Die Signifikanz des Mediums*   355
    5.3   Methodologische Zwischenreflexion   359
    5.4   Toter Autor, Modernist, Reaktionär: Roger Bacons philosophische
          Sonderwege   370
          5.4.1   *Bruder Roger, der Philosoph? Soziale Identität eines Pariser
                  Emeritus*   371

5.4.2   Contra omnia mala personarum et rei publice inveniantur
remedia oportuna – *Die* utilitas *der Philosophie für die
Welt*   391

5.4.3   *Interpretationsgeschichten: Der historische Sinn Roger
Bacons*   414

5.4.4   *Soziale Dialektik: Roger Bacon und die Artes-Fakultät*   421

5.4.5   *Das Subjekt der Unterscheidung, oder: Warum der Geist sich
anders wird*   427

5.5   Epigonen, Propheten und Revolutionäre: Große Ereignisse werfen
ihre Schatten (voraus?)   434

5.5.1   *Roger Bacons* Scientia experimentalis   438

5.5.2   *Wegbereiter des Experimentators? Aristoteles, Robert
Grosseteste und die Pariser Scholastik*   441

5.5.3   *Abkehr im Kostüm des Anschlusses: Aneignung des
Aristoteles*   448

5.5.4   *Vom Ursprung der modernen Wissenschaft*   451

5.5.5   *Mainstream der Minderheiten, oder: Wie inszeniert man eine
Zäsur?*   461

5.5.6   *Trügerische Gewissheit: Die Fallstricke der Mathematik*   466

5.5.7   *Der moderne Roger Bacon und seine moderne Zeit – Wer sind
die Modernisten im 13. Jahrhundert?*   471

5.5.8   *Soziale Faktoren und Experimentalwissenschaft: Die Struktur
wissenschaftlicher ‚Revolutionen'*   473

5.6   Urbane Harmonien: Empirismus und Praxisdiskurs in der
Musiktheorie   476

5.7   Freiheitskämpfe und ästhetische Revolutionen. Deutungsgeschichte
Johannes de Grocheios – eine Diskursanalyse   489

5.7.1   *Musikwissenschaftliche Perspektiven*   490

5.7.2   *Musikgeschichte und Interesse: Narrative Muster und Topoi im
Streit um die Epochen*   493

5.7.3   *Alles nur gedichtet? ‚Kritik' einer historischen Romanze*   497

5.7.4   *Ästhetische Autonomie im 13. Jahrhundert?*   500

5.7.5   *Tücken der Empirie: Bildung und Abbildung der
Wirklichkeit*   502

6   **Nutzlose, skeptische und alternative Akteure: Zwischenbetrachtung und
Überleitung**   506

6.1   Pour un autre Moyen Âge? Was das bisher Gesagte über das
Mittelalter sagt   507

6.2   The End of the Story?   509

7   Der Geist kehrt in sich zurück, oder: Die Geburt einer modernen
    Dialogik   512
    7.1   Praktiken der Legitimation – und ihre epistemischen
           Rückkopplungen   523
    7.2   Die stille Revolution: Eine neue Rolle der *experientia*   537
           7.2.1   *Johannes Buridan und der ‚soziale Impetus‘ einer Theorie*   539
           7.2.2   *Historische Spezifizität der Entwicklung: Strukturwandel und
                    Kontext*   550

8   Das Mittelalter ist nie modern gewesen – Rückblicke, Reflexionen und
    Aussichten   554

    Quellenverzeichnis   581
    Literaturverzeichnis   591
    Register   638

Vorwort

Das vorliegende Buch wurde im Wintersemester 2016/17 von der philosophischen Fakultät der Georg-August-Universität Göttingen unter dem Titel „Nützliche Philosophie. Zur Genese einer diskursiven Formation im Umfeld der Pariser Universität um 1300" als Dissertation angenommen. Für die Publikation habe ich den Text überarbeitet.

Vielen Personen, die mich während meiner Promotionszeit begleitet, beraten und unterstützt haben, ist an dieser Stelle mein Dank auszusprechen. Zuerst meinem Doktorvater Frank Rexroth. Die konventionelle Phrase, der Betreuer habe die Arbeit „stets mit großem Interesse" verfolgt, wäre angesichts der vielfältigen Impulse, die das Buch von ihm und seiner eigenen Forschung zur Gelehrten- und Wissenschaftsgeschichte des Mittelalters empfangen hat, wenig treffend. Vielmehr hat die Dissertation ihre leitenden Fragen, Perspektiven und inhaltlichen Schwerpunkte erst durch die Kommunikation mit ihm gefunden. Zahlreiche Gedanken, die ich entwickele, führen seine Ansätze fort. An zweiter Stelle danke ich Marian Füssel für seine Bereitschaft, das Zweitgutachten zu übernehmen. Durch ihn haben sich mir zudem die Möglichkeiten der historischen Praxeologie erschlossen, die sich an einigen Stellen der Arbeit niederschlagen. Hedwig Röckelein war als Drittprüferin an der Disputation beteiligt und hat als Kennerin der frühmittelalterlichen monastischen Gelehrtenkultur zur historischen Relativierung meines spätmittelalterlichen Themas beigetragen.

Einer ganzen Reihe weiterer Personen muss ich dafür danken, dass sie meine Forschung in unterschiedlichen Kontexten und Hinsichten durch Rat, Hinweise, Anregungen und Gespräche gefördert haben. Dazu zählen insbesondere Nathalie Gorochov, Ruedi Imbach, Martin Kintzinger, Jean-Marie Moeglin, Andreas Speer, Karl Ubl, Jacques Verger und Olga Weijers. Nicht weniger profitiert habe ich von den unzähligen Gesprächen und interdisziplinären Synergien, die sich im Göttinger Graduiertenkolleg „Expertenkulturen des 12. bis 18. Jahrhunderts" ergeben haben, in dessen Rahmen meine Dissertation entstanden ist. Stellvertretend nenne ich von den ehemaligen Doktoranden und Postdocs hier nur Pia Döring, Sebastian Dümling, Philip Knäble, Jessica Korschanowski, Lydia Merten, Maximilian Schuh, Jana Madlen Schütte und Wong Tsz, danke aber genauso allen anderen, die mit mir gemeinsame Zeit im Kolleg verbracht haben. Denn daran, dass sowohl das Thema als auch der Modus operandi meiner Arbeit mit Denkweisen und Interessen verbunden sind, die ich durch die Kommunikation unter Anwesenden in Göttingen unbewusst internalisiert habe, kann kein Zweifel bestehen. Zu den in Göttingen Anwesenden zählten auch Katharina Mersch sowie Jan-Hendryk de Boer, der als Geschichtstheoretiker und Ideenhistoriker ein besonders wertvoller Dialogpartner war und ist.

Die Schlussphase der Niederschrift meiner Dissertation sowie die Zeit der Drucklegung habe ich in Münster verbracht, wo ich seit Oktober 2015 als wissenschaftlicher Mitarbeiter am Historischen Seminar tätig bin. Auch aus dem Kreis meines Münsteraner Umfelds gebührt einigen Personen Dank. Mein ehemaliger Chef Martin Kintzinger sowie mein aktueller Chef Wolfram Drews haben mir alle nötigen Freiheiten gewährt, um meine Arbeit zum Abschluss zu bringen und für den Druck vorzubereiten. Unter meinen Kolleginnen und Kollegen waren Colin Arnaud, Nils Bock, Julia Crispin, Torsten Hiltmann, Tobias Hoffmann, Georg Jostkleigrewe, Nadeem Khan, Sebastian Rothe, Christian Scholl und Sita Steckel immer anregende und angenehme Gesprächspartner.

Danken möchte ich neben Frank Rexroth auch William Courtenay und Jürgen Miethke dafür, dass sie die Aufnahme meiner Arbeit in die Reihe „Education and Society in the Middle Ages and Renaissance" befürwortet haben. Marcella Mulder vom Brill-Verlag danke ich für Ihre hervorragende Unterstützung und Betreuung. Schließlich danke ich meinen Eltern, Hermann und Marita Bubert, sowie besonders Dagmar Bronner, ohne deren Präsenz während der gesamten Promotionszeit mir die nötige ‚Besonnenheit' gefehlt hätte, die Anregungen und Inspirationen, die ich empfangen habe, mental zu repräsentieren und fruchtbar zu machen. Nur durch das dynamische Zusammenwirken aller hier genannten Akteure und Faktoren sind das vorliegende Buch und sein Autor möglich geworden.

KAPITEL 1

Einleitung

Am Anfang dieser Arbeit steht eine paradoxe und das heißt – wie noch zu
erläutern sein wird – eine ‚chaotische' Situation. Dieses unübersichtliche
Chaos ist durch den Umstand bedingt, dass die Philosophie, deren fundamentale Nutzlosigkeit wohl kaum jemand bestreiten wird, in vieler Hinsicht
ausgesprochen nützlich ist. Eine solche, den Leser offenbar gezielt verwirrende Behauptung mag zunächst ärgerlich sein, doch erweist sich die dialektische Herausforderung, die in dieser bizarren Sachlage steckt, in der
Selbstbeobachtung der Philosophie als produktiv. Inspiriert hat sie einen
bekannten deutschen Philosophen der Gegenwart, den Aristoteles-, Kant-
und Ethik-Experten Otfried Höffe, bis 2011 Professor für Philosophie an der
Universität Tübingen, der sich dezidiert zur Frage nach dem „Nutzen des
Nutzlosen" geäußert hat. In seiner emphatischen Apologie der Philosophie, mit
der er sein 2014 erschienenes Buch *Die Macht der Moral im 21. Jahrhundert* eröffnet, verteidigt Höffe das Ideal einer „nutzenfreien Wißbegier": Die Philosophie,
so Höffe, setze „einen Kontrapunkt zum Zeitalter der Ökonomisierung, insofern sie wesentlich das Ziel einer nutzenfreien Wißbegier verfolgt".[1] Er fordert
dazu auf, gegen die „Tyrannis der Ökonomie", die „Diktatur des BWL-Denkens"
Einspruch zu erheben, anders als die profitfähigen Disziplinen, die sich ihr fügen.[2] Die Philosophie und die „Geisteswissenschaften" im Allgemeinen folgen
für Höffe keiner ökonomischen Rationalität; sie wären daher schlecht beraten,
sich dem „politischen Imperativ der Merkantilisierung" zu beugen.[3]

Was Otfried Höffe hier reflektiert, ist zunächst die Tatsache, dass es eine gesellschaftliche und politische Erwartungshaltung gegenüber der Wissenschaft
gibt, eine Erwartung, die auf einen Nutzen, vor allem auf eine ökonomische
Verwertbarkeit der wissenschaftlichen Aktivitäten abzielt. Darüber hinaus
gibt Höffe zu erkennen, dass die Philosophie und die sogenannten Geisteswissenschaften, im Unterschied zu anderen Disziplinen, einer Logik verpflichtet
sind, die diesem Postulat nicht entspricht. Höffe betont, dass die Philosophie
(wie die Bezeichnung der *artes liberales* unter anderem schon anzeige), aus

---

1 Otfried Höffe, *Die Macht der Moral im 21. Jahrhundert. Annäherungen an eine zeitgemäße
   Ethik*, München 2014, S. 9.
2 Höffe, Macht der Moral, S. 10; Otfried Höffe, „Vom Nutzen des Nutzlosen. Zur Bedeutung
   der Philosophie im Zeitalter der Ökonomisierung", in: *Deutsche Zeitschrift für Philosophie* 53
   (2005), S. 667–678, S. 669.
3 Höffe, „Nutzen des Nutzlosen", S. 675.

freiem Interesse betrieben werden könne, von Personen, die sie „nicht zur Vorbereitung einer Berufstätigkeit nutzen".[4] Somit scheint der Philosoph zunächst
für eine völlige Autonomie seiner Wissenschaft zu votieren, für eine Philosophie, die unter Absehung von allen gesellschaftlichen Bedürfnissen nur einem
zweckfreien Wissensstreben dient. Was aber hat es dann mit dem *Nutzen* des
Nutzlosen auf sich, von dem Höffe spricht? Offenbar können sich die Philosophie und die Geisteswissenschaften auch nicht gänzlich von den Erwartungen
abschirmen, welche die Gesellschaft an die Wissenschaft heranträgt. Sie stehen unter einem „politisch-ökonomischen Rechtfertigungsdruck".[5]

Doch wie kann die Philosophie diesem Rechtfertigungsdruck begegnen,
wenn sie doch aufgrund ihrer spezifischen Rationalität gerade nicht mit ihrer
„Marktfähigkeit" argumentieren soll? Die nutzlose Philosophie kann die praktischen Bedürfnisse von Politik und Gesellschaft nicht unmittelbar bedienen;
aber die „nutzenfreie Wissbegier", der sie sich verschrieben hat, verschafft
der Philosophie sehr wohl gewisse Fähigkeiten, durch welche sie, quasi als
Nebeneffekt, schließlich doch der Gesellschaft nutzen kann. Sie verfügt, so
hebt Höffe hervor, über ein „breites Tableau nichtmerkantiler Leistungen".[6]
Worin bestehen diese Leistungen? Die Philosophie trägt, wie Höffe ausführt,
zu „Orientierungs- und Sinndebatten" bei; sie hat ein aufklärerisches Poten-
tial, verschafft eine „kritische Urteilsfähigkeit", kann eine „Änderung der
Sichtweise" bewirken und hilft, sich selbst und andere besser zu verstehen.[7]
Bei dem, was Höffe hier für die Philosophie als Leistungen reklamiert, die der
Gesellschaft nutzen können, handelt es sich nicht um unmittelbar praktisches
Wissen. Höffe betont explizit, dass die Philosophie „keine schlichten Rezep-
te" anbietet; ebensowenig sucht sie die „übereilte politische Aktion". Was die
Philosophie der Gesellschaft zu bieten hat, ist „kein Vorrat konkreter Kenntnisse, der heute ohnehin rasch veraltet". Die nutzenfreie Wissbegier, der die
Philosophie unter Absehung von konkreten Zwecken folgt, hat vielmehr einen
anderen ‚nützlichen' Effekt: Sie verschafft Einsichten, Urteilskraft, allgemeine Bildung und damit „Gesichtspunkte, mit denen man auch dort treffend
mithält, wo man auf neuartige Sachverhalte stößt".[8] Der Nutzen des nutzlosen Philosophen besteht also nicht in praktischen Fertigkeiten, sondern in
seinem – gerade durch seine nutzlose Tätigkeit erworbenen – allgemeinen
Urteils- und Reflexionsvermögen.

---

4   Ebd., S. 678.
5   Ebd., S. 675.
6   Ebd., S. 675.
7   Ebd., S. 670ff.
8   Ebd., S. 670.

Die Art und Weise, wie Otfried Höffe dem Rechtfertigungsdruck der Philosophie begegnet, ist keinesfalls singulär. In ganz ähnlicher Weise hat sich der Konstanzer Philosoph Jürgen Mittelstraß in zahlreichen Publikationen geäußert. Auch Mittelstraß plädiert zunächst für eine notwendige Autonomie der Wissenschaft, die sich nicht unmittelbar den äußeren Erwartungen beugt: „Forschung am Gängelband vordergründiger gesellschaftlicher und politischer Bedürfnisse, Bedürfnisse, die kommen und gehen, würde gerade in ihrem eigentlichen Wesen, ihrer innovativen Kraft, schwach".[9] Die „Freiheit der Forschung" ist für Mittelstraß daher unbedingt notwendig, was freilich ein prinzipielles Vertrauen auf Seiten der Gesellschaft voraussetzt, „auch Vertrauen, das enttäuscht werden kann".[10] Tritt Mittelstraß hier für eine weitgehende ‚Freiheit' der Wissenschaft ein, so stellt er andererseits fest, dass die Enttäuschung des gesellschaftlichen Vertrauens im Falle der Geisteswissenschaften geradezu unausweichlich ist. Da sie „im Wesentlichen mit sich selbst beschäftigt" sind, widersetzen sie sich den Forderungen einer Gesellschaft, die „zunehmend alles nach Maßen des Ökonomischen misst".[11] Doch diese Widerspenstigkeit ändert freilich nichts daran, dass die Geisteswissenschaften den gesellschaftlichen Erwartungsdruck zu spüren bekommen und darauf reagieren müssen. Sie sehen sich einem „Terror von Verwertbarkeits- und Innovationsforderungen, der Übersetzung von reinem Wissen in ein nützliches Wissen, ausgesetzt". Und dies freilich nicht nur in impliziter, sondern auch in ganz expliziter Form: Die Tatsache, dass sich die Geisteswissenschaften aufgrund ihrer Eigenlogik schwer tun, „gegenüber der Gesellschaft ihre produktive Rolle auszuweisen", ruft offene Kritik hervor, sowohl in der praktischen Welt jenseits der Universität als auch im Inneren der Wissenschaft, auf Seiten der „akademischen Gegner" der Philosophie, d.h. der Vertreter der lukrativen Disziplinen.[12]

Wie können sich die Geisteswissenschaften in dieser bedrohlichen Lage positionieren? Ist es möglich, eine gesellschaftliche Relevanz der Philosophie zu artikulieren, ohne ihre epistemische Eigenlogik aufzugeben? Mit anderen Worten: Gibt es ein Argument, das die prinzipielle Selbstgenügsamkeit, die

---

9 Jürgen Mittelstraß, „Zukunft Forschung. Perspektiven der Hochschulforschung in einer Leonardo-Welt", in: Jürgen Mittelstraß, *Leonardo-Welt. Über Wissenschaft, Forschung und Verantwortung*, Frankfurt am Main 1992, S. 47–73, S. 58.
10 Mittelstraß, „Zukunft Forschung", S. 58.
11 Jürgen Mittelstraß, „Die Zukunft der Geisteswissenschaften in einer multipolaren Welt. Eine Einführung", in: *Die Zukunft der Geisteswissenschaften in einer multipolaren Welt*, hg. von Jürgen Mittelstraß/Ulrich Rüdiger (Konstanzer Wissenschaftsforum 5), Konstanz 2012, S. 9–11, S. 9.
12 Ebd., S. 9f.

institutionalisierte Praxis, sich „im Wesentlichen mit sich selbst" zu beschäftigen, gegenüber der gesellschaftlichen Erwartung und der dezidierten Kritik legitimiert, indem es einen sozialen Nutzen der Philosophie gerade aus
ihrer Praxisferne ableitet? Jürgen Mittelstraß hat eine recht eindeutige Antwort, mit der er auf den Rechtfertigungsdruck der Gesellschaft reagiert. Die
Geisteswissenschaften haben eine gesellschaftliche Aufgabe, insofern sie der
„systematisch ausgezeichnete Ort" sind, „an dem sich die moderne Welt, die moderne Gesellschaft, ein Wissen von sich selbst verschaffen".[13] Ohne ein solches
Wissen nämlich, so hält Mittelstraß fest, wäre die moderne Welt „orientie-
rungslos". Die Geisteswissenschaften verschaffen der Gesellschaft „Orientierung", indem sie ihr eigentliches Wesen definieren und kritisch überprüfen,
ob dieses den dominanten Ideologien entspricht: „Das herauszufinden be-
ziehungsweise der Gesellschaft eine Idee zu geben – wo keine Idee ist, ist
auch keine Orientierung –, dafür könnten (und sollten) die Geisteswissenschaften stehen".[14]

Es liegt auf der Hand, dass das ‚Orientierungswissen', in dessen Produktion
Mittelstraß den primären ‚Nutzen' der Philosophie für die Gesellschaft sieht,
kein konkret praktisches Wissen darstellt. Wie Otfried Höffe hält auch Mittelstraß entschieden fest, dass die Philosophie „keine ethischen Patentrezepte"
bietet, „die nur noch politisch durchgesetzt werden müßten".[15] Das orientie-
rende Wissens, das die Philosophie verschaffen kann, ist gerade kein konkretes ‚Verfügungswissen', das darauf antwortet, „was wir tun können" und darauf
abzielt, „Probleme ‚technisch' zu lösen".[16] Mittelstraß grenzt das handlungs-
leitende Orientierungswissen – das er selbst als Philosoph in seinen Publikationen bieten möchte – dezidiert vom technischen Problemlösungswissen
der ‚Experten' ab. Das allgegenwärtige Expertenwesen ist für Mittelstraß ein
gefährliches Produkt der „Leonardo-Welt", durch welches das handlungsorien-
tierende Wissen an den Rand gedrängt wurde. Denn dort, „wo Expertenklein-
kram die Klammern unseres Bewußtseins besetzt, ist es um das Nachdenken
und Vorausdenken schlecht bestellt".[17]

---

13   Ebd., S. 10.

14   Ebd., S. 10.

15   Jürgen Mittelstraß, „Die Leonardo-Welt. Technologischer Fortschritt und Umwelt", in:
      Mittelstraß, *Leonardo-Welt*, S. 11–31, S. 31.

16   Jürgen Mittelstraß, „Zur wissenschaftlichen Rationalität technischer Kulturen", in:
      Mittelstraß, *Leonardo-Welt*, S. 32–46, S. 34.

17   Jürgen Mittelstraß, „Der Flug der Eule. 15 Thesen über Bildung, Wissenschaft und
      Universität", in: Jürgen Mittelstraß, *Der Flug der Eule. Von der Vernunft der Wissenschaft
      und der Aufgabe der Philosophie*, Frankfurt am Main 1989, S. 43–59, S. 55f.

Experten sind es gerade nicht, die Orientierungsfragen beantworten; ihr partikulares Wissen, das allein technische Probleme löst, hat vielmehr selbst zur „Orientierungsschwäche", ja zur „Unüberschaubarkeit" der modernen technischen Kulturen beigetragen.[18] Dieser epistemischen Überforderung, die das Expertenwesen verursacht hat, hält Mittelstraß ein ganzheitliches Wissenskonzept entgegen, ein grenzenüberschreitendes Orientierungswissen, dessen die moderne Welt, wie er betont, umso mehr bedarf. Ein solches Wissen jedoch, das keine konkreten praktischen Fertigkeiten, sondern „Urteilskraft" verschafft, lässt sich nicht durch einfache Instruktionen erwerben. Die wegweisende Urteilskraft, von der Mittelstraß spricht, wird vielmehr dann vom Einzelnen geradezu unbeabsichtigt internalisiert, wenn er an einer Universität studiert, die dem Ideal der „Universalität" verpflichtet ist. Nicht durch einen praxisbezogenen Unterricht, der ein bestimmtes Wissen gezielt vermittelt, sondern durch eine universale Bildung – im Rahmen einer Wissenschaft, die im Wesentlichen mit sich selbst beschäftigt ist – wird dieses Wissen erworben, durch eine Identifikation mit der Institution, „die den einzelnen formt, ohne daß dies ein definitives Ziel oder ein explizites Curriculum-Element wäre".[19] Das Orientierungswissen, mit dem die Geisteswissenschaften der Gesellschaft nutzen können, wird für Mittelstraß also nicht – wie das technische Verfügungswissen der Praktiker – gezielt hergestellt, sondern entsteht vielmehr als Nebeneffekt einer zunächst *praxisfernen*, auf Universalität ausgerichteten Wissenschaft. Vor diesem Hintergrund kann Mittelstraß auf komplementäre Weise konstatieren: „Der Flug der Eule ist keine Expertise", aber: „Der Flug der Eule weist den Weg".[20]

Sowohl Höffe als auch Mittelstraß binden den gesellschaftlichen Nutzen der „Eule" an ihre prinzipielle *Nutzlosigkeit*, betonen den Umstand, dass ihre ‚nichtmerkantilen Leistungen' für die Gesellschaft gerade ein Resultat ihres nicht unmittelbar zweckgebundenen Wissensstrebens sind.[21] Auf diese Weise reagieren die beiden (mittlerweile emeritierten) Universitätsprofessoren auf die Kritik, mit der ihre Wissenschaft, die akademische Philosophie, konfrontiert wird. Diese Kritik stammt, wie beide Autoren explizit reflektieren, sowohl aus der Gesellschaft im Allgemeinen, oder aus bestimmten Sphären

---

18   Ebd., S. 46.
19   Ebd., S. 54.
20   Ebd., S. 54 u. 55.
21   Genauso: Jörn Rüsen, „Plädoyer für die Geisteswissenschaften", in: *Geisteswissenschaften heute. Anmerkungen zu einer aktuellen Debatte*, Bielefeld 2005, S. 239–242; siehe auch den klassischen Aufsatz von Odo Marquard, „Über die Unvermeidlichkeit der Geisteswissenschaften", in: *Sprache und Literatur in Wissenschaft und Unterricht* 57 (1986), S. 72–81.

wie Wirtschaft und Politik, als auch aus dem Inneren der Wissenschaft, aus dem Lager der lukrativen und nützlichen Disziplinen, die im Gegensatz zur Philosophie mit wahrhaft merkantilen Leistungen auffahren können. Doch die Philosophie der Universität, die Höffe und Mittelstraß repräsentieren, hat noch einen dritten Gegner, gegen den sie sich behaupten muss. Dieser Gegner ist nicht weniger kritisch, auch nicht weniger gefährlich, jedenfalls nicht weniger geeignet, die akademische Philosophie unter massiven Rechtfertigungsdruck zu setzen und eben jenes Legitimationsproblem zu erzeugen, auf das Höffe und Mittelstraß reagieren. Es handelt sich um eine ‚alternative' Philosophie, eine Philosophie, die sich dezidiert als praxisbezogen versteht und sich durch ihren hohen Praxisbezug als Alternative zur nutzlosen Philosophie der Universität präsentiert.

Dieses Phänomen hat viele Gesichter. Als ein besonders wirkmächtiges und erfolgreiches Unternehmen dieser Art hat sich die von dem Philosophen Gerd Achenbach in den 1980er Jahren begründete „Philosophische Praxis" erwiesen, die außerhalb der Universität, im Rahmen der „Internationalen Gesellschaft für Philosophische Praxis", organisiert ist. Die Homepage der Gesellschaft informiert über ihr Selbstverständnis: Philosophische Praxis versteht sich als Projekt eines „lebensbezogenen Philosophierens"; dieses ist „immer bezogen auf die Interessenlagen, praktischen Belange und existenziellen Bedrängnisse" der Menschen. Philosophische Praxis definiert Philosophie als ein „Tätig-Sein", das „nur im Rückbezug auf die eigene individuelle Lebensform geschehen" kann.[22] Das Ziel der Philosophischen Praxis ist kein spekulatives, sie richtet sich nicht einmal auf die (normative) Kantische Frage „Was soll ich tun?"; die philosophische Lebensberatung, die sie anbietet, möchte vielmehr den ganz konkreten „Herausforderungen des Lebens" im Einzelfall begegnen. Mit diesem Anliegen ist die Philosophische Praxis nicht nur eine praxisorientierte Alternative zur akademischen Philosophie, sie hat darüber hinaus auch eine reformerische Absicht, insofern sie es auch als eine ihrer Aufgaben ansieht, „Möglichkeiten und Erfordernisse einer veränderten Philosophie-Vermittlung an der Universität zu erarbeiten", d.h. eine Philosophie-Vermittlung zu konzipieren, die auf den „Berufsalltag des philosophischen Praktikers" vorbereiten soll.[23] Denn eben dieser „Praxisbezug" und die „Beratungskompetenz" der Philosophie, welche die Philosophische Praxis für sich reklamiert,

---

22   *Internationalen Gesellschaft für Philosophische Praxis, Selbstverständnis,* https://www.igpp.org/igpp-1/ (zuletzt abgerufen 27.08.2018).

23   Satzung der *Internationalen Gesellschaft für Philosophische Praxis,* § 3: Die Verwirklichung der Zwecke, https://www.igpp.org/s/Satzung-IGPP.pdf (letzter Zugriff 27.08.2018).

sei „der akademischen Philosophie in ihrem Elfenbeinturm lange Zeit abhanden gekommen".[24]

Die Abgrenzung von der Philosophie der Universität, die hier zum Ausdruck kommt, ist für das Selbstverständnis der Philosophischen Praxis konstitutiv. Diejenigen, die sich auf dieses Programm berufen, wie etwa der Praktiker Andreas Schreiber, betonen gezielt den „entscheidenden Unterschied zwischen Universitätsphilosophie und ‚Philosophischer Praxis'".[25] Während die wissenschaftliche Philosophie „die Wahrheit schlechthin ans Licht bringen oder sich dieser wenigstens wissensmäßig so nah wie möglich nähern will", habe die Philosophische Praxis andere Ziele; sie richtet sich auf „die alltäglichen Lebensprobleme". Denn „im Gegensatz zur Universitätsphilosophie", die ihren Studierenden vor allem „philosophisches Wissen" vermitteln möchte, lässt sich die Philosophische Praxis auf die individuellen Bedürfnisse ihrer Besucher ein: Sie „öffnet sich für ihre Probleme".[26]

Entscheidend ist hier, dass die alternativen Philosophen mit ihrem Konzept ebenfalls auf die gesellschaftlichen Vorbehalte gegenüber der Philosophie reagieren. Mit seinem Versuch, den praktischen Nutzen der Philosophie für den Lebensalltag aufzuzeigen, möchte Schreiber der Skepsis begegnen, die er in der Gesellschaft hinsichtlich der Philosophie beobachtet. Schreiber konstatiert eine „distanzierte Ablehnung", eine skeptische Haltung, die „in der festen Überzeugung gründet, dass Philosophie so gut wie gar nichts und der Philosoph selbst absolut nichts zum alltäglich praktischen Leben und dessen Bewältigung beiträgt – und somit gänzlich sinn- und nutzlos für die Menschen sei".[27] Die Reaktion der Philosophischen Praxis auf dieses Misstrauen der Gesellschaft fällt freilich ganz anders aus als diejenige der akademischen Philosophen, deren Wahrheitsstreben nun zum Gegenpol wird, an den sich der Vorwurf der Nutzlosigkeit weiterreichen lässt. Die Universitätsphilosophie sieht sich damit mit einer weiteren kritischen Stimme konfrontiert, welche die Skepsis der Gesellschaft aufgreift und zum Gegenstand ihrer eigenen Kritik macht. Dass die philosophischen Praktiker meist selbst studierte Philosophen sind, also aus der Universität kommen und oft durch Lehraufträge mit ihr verbunden bleiben, ist dabei kein Widerspruch, sondern verstärkt nur die Sensibilität für die gesellschaftliche Skepsis, die dann zum Anlass genommen

---

24   Homepage von „Pro-Phil. Philosophische Praxis" des Vorsitzenden des Berufsverbands für Philosophische Praxis Michael Niehaus, http://pro-phil.de/philosophische_praxis.html (zuletzt abgerufen 27.08.2018).

25   Andreas Schreiber, „Der praktische Nutzen der Philosophie" http://www.curavitae.de/texte/derpraktischenutzenderphilosophie.pdf (zuletzt abgerufen 06.08.2018), S. 7.

26   Schreiber, „Praktische Nutzen der Philosophie", S. 7f.

27   Schreiber, „Praktische Nutzen der Philosophie", S. 1.

wird, ein alternatives Programm zum Mainstream der Universität zu vertreten. Nicht anders verhält es sich freilich bei dem studierten Philosophen und
Honorarprofessor Richard David Precht, der in seinem Bestseller *Wer bin ich –
und wenn ja, wie viele?* von 2007 die Öffentlichkeit mit kompakten Antworten
zu Themen wie Abtreibung, Sterbehilfe oder Tierschutz versorgte und derweil
zum Paradigma eines ‚populären' Philosophen in Deutschland avanciert ist.[28]

● ● ●

Angesichts dieses kritischen Dauerfeuers, dieser vielfältigen Angriffe aus ganz
verschiedenen Lagern, aus Politik und Wirtschaft, von Ökonomen, Juristen
oder Medizinern, schließlich von den ‚alternativen' Philosophen, braucht die
Eule ein dickes Gefieder. Kaum ein Professor kann es sich in dieser Situation
leisten, eine radikale und unbedingte Praxisferne der Geisteswissenschaften
zu propagieren. Dass diese Haltung jedoch in der Fremdwahrnehmung der
Philosophie nach wie vor regelmäßig unterstellt wird, hängt nicht zuletzt
damit zusammen, dass die Selbstbeschreibung der Philosophie unweigerlich
zunächst auf ihre immanente Logik verwiesen ist, die sich einer praktischen
Applikation prinzipiell widersetzt. Nach wie vor gilt – Höffes Apologie der
‚nutzenfreien Wissbegier' macht dies deutlich –, was der Philosoph Joachim
Ritter vor einigen Jahrzehnten über die Geisteswissenschaften festhielt: „Es
liegt so zutage, daß sie sich bereits ihrem Gegenstand nach jeder Definition
durch praktische Anwendbarkeit und Verwertbarkeit widersetzen. Was sie erkennen und so auch ihr Erkennen selbst sind nicht praktikabel".[29]

   Die Praxisferne der Philosophie entschieden zu konstatieren, in einem
zweiten Schritt aber von einem ‚Nutzen des Nutzlosen' zu sprechen, sind komplementäre Phänomene. Beide reagieren auf die Skepsis der Gesellschaft, sind
in ihrem Wechselspiel trotzig und konziliant zugleich. Dass die dezidierte und
selbstbewusste Betonung der Nutzlosigkeit der Wissenschaft meist als Reaktion auf entsprechende Kritik formuliert wird, diese also im eigenen Sinne aneignet und positiv umcodiert, zeigt sich bei denen, die ein solches Ideal im
20. Jahrhundert besonders emphatisch artikuliert haben. So bezog sich der
Philosoph und Chemiker Michael Polanyi, der in der unmittelbaren Nachkriegszeit für die unbedingte Freiheit der Wissenschaft plädierte, explizit auf
diejenigen, welche die Wissenschaftler als egoistisch und nutzlos verurteilen:

---

28   Richard David Precht, *Wer bin ich – und wenn ja, wie viele? Eine philosophische Reise*,
      München 2007.
29   Joachim Ritter, „Die Aufgabe der Geisteswissenschaften in der modernen Gesellschaft",
      in: Joachim Ritter, *Subjektivität. Sechs Aufsätze*, Frankfurt am Main 1974, S. 105–140, S. 120.

„Whatever scorn be poured upon us by those who find our faith in pure science old-fashioned, and whatever condemnation by others who think us selfish, we must persist in vindicating the ideals of science".[30] Diese „ideals of science", die Polanyi beschwört (und für das ‚Wir' der Wissenschaftler reklamiert), bestehen aber, wie er unmissverständlich festhält, in der Zurückweisung jedes praktischen Nutzens, in der Affirmation eines Strebens, das auf gänzlich anderen Werten gründet: „We must reassert that the essence of science is the love of knowledge and that the utility of knowledge does not concern us primarily. [...] For we scientists are pledged to values more precious than material welfare and to a service more urgent than that of material welfare".[31]

Welches Bild ergibt sich aus dieser Zusammenschau? Es scheint für die Selbstbeschreibung mancher Wissenschaften essentiell, ja geradezu identitätsstiftend zu sein, auf ihrer prinzipiellen Nutzlosigkeit vehement zu beharren und damit ihren Kritikern willentlich eine Steilvorlage zu liefern; dies gilt bereits für die Naturwissenschaften, wie bei Polanyi deutlich wird, in noch höherem Maße jedoch für die sogenannten Geisteswissenschaften, die, selbst wenn sie wollten, nicht auf eine direkte praktische Verwertbarkeit ihrer Forschungen verweisen können. Dabei grenzen sie sich dezidiert von denjenigen Wissenschaften ab, die sich, wie etwa die Wirtschaftswissenschaft, die Rechtswissenschaft oder die Medizin, von vornherein über ihre Nützlichkeit definieren. Gleichzeitig aber wird es, als Reaktion auf die Erwartungen und Vorbehalte der Gesellschaft, für die nutzlosen Wissenschaften unumgänglich, auch die Frage nach der sozialen Relevanz der eigenen Tätigkeit mehr oder weniger explizit in ihre Selbstbeobachtung zu integrieren, die fundamentale Nutzlosigkeit der eigenen Arbeit schließlich doch mit einem indirekten, vermittelten, auf welchen argumentativen Wegen auch immer abgeleiteten gesellschaftlichen Nutzen zu vereinbaren. Zwei Prinzipien bestimmen demnach die Art und Weise, wie die Wissenschaft bzw., was hier vor allem interessiert, die Philosophie, das eigene Tun definiert und verortet: selbstgenügsames Wissensstreben auf der einen Seite, soziale Relevanz auf der anderen; anders formuliert: Wahrheit und Nützlichkeit.[32]

---

30   Michael Polanyi, *The Logic of Liberty*, Abingdon 1951, S. 7; siehe auch Michael Polanyi, *Science, Faith and Society*, Chicago 1946.

31   Polanyi, *Logic of Liberty*, S. 6.

32   David Kaldewey, *Wahrheit und Nützlichkeit. Selbstbeschreibungen der Wissenschaft zwischen Autonomie und gesellschaftlicher Relevanz*, Bielefeld 2013; zu diesem Buch unten ausführlicher.

1.1   Das Problem

Die Frage, die sich an diesem Punkt, d.h. in der Einleitung einer geschichtswissenschaftlichen Arbeit, stellen muss, lautet nun: Wann hat sich diese spezifische
,diskursive Formation', die subtile Verschränkung eines Wahrheits- und eines
Nützlichkeitsdiskurses in der Selbstverortung bestimmter Wissenschaften,
in der europäischen Wissenschaftsgeschichte herausgebildet? Ist dies ein
Resultat der unmittelbaren Gegenwart, des Zeitalters der „Ökonomisierung",
gegen das Otfried Höffe anredet? Befindet sich die moderne Gesellschaft nun
in der spätkapitalistischen Phase, in der die expansive Potenz des Marktes
endgültig auch das soziale System der Wissenschaft unterwandert hat, alles
intellektuelle Streben, auch das der Philosophie, den Gesetzen des Konsums,
der „Diktatur des BWL-Denkens" unterworfen hat, weshalb nun, ,um 2000',
selbst die Geisteswissenschaften nicht mehr umhinkommen, über ihre gesellschaftliche Relevanz zu reflektieren? Die Experten für diese Angelegenheit,
die Wissenschaftshistoriker, kann man mit solchen Fragen freilich nicht ir-
reführen. Sie wissen seit langem, dass die Reflexion über Nützlichkeit, auch
in der Philosophie, viel weiter in die Geschichte zurückreicht. Fragt man
die Erforscher der europäischen Wissenschaftsgeschichte, wann sich diese
Verbindung von Wahrheit und Nützlichkeit herausgebildet hat, wann die
Wissenschaftler in Europa begonnen haben, über den Praxisbezug ihres
Wissens zu reflektieren, dann erhält man in vielen Fällen eine recht eindeutige Antwort: Das Bestreben, die praktische Relevanz der Wissenschaft zu artikulieren und in ihre Definition zu integrieren, ist so alt wie die Wissenschaft
selbst; der Nützlichkeitsdiskurs findet sich bereits dort, wo alles begann: im 17.
Jahrhundert und insbesondere bei Francis Bacon.
  Nach der allgemeinen Missachtung des praktischen Wissens in der Scholastik des Mittelalters habe sich in der frühen Neuzeit, so führt der Historiker Eric H. Ash aus, eine enorme Aufwertung des handwerklichen und damit
praktisch nützlichen Wissens vollzogen, wodurch ein neues Selbstverständnis
der Naturphilosophie entstand, die nun mit der alten Tradition brach und die
Produktion eines – erfahrungsbasierten – Wissens propagierte, das einen Nutzen für die Zwecke der Politik und der Gesellschaft habe: „Early modern natural philosophy thus tended to blur the traditional boundary between techne
and episteme, if not to erase it altogether. [...] theories of how nature worked
were to be based directly on experience gained through hands-on practice and
should in turn suggest ways to make practice more efficient and effective. Operative knowledge thus became the byword of the new natural philosophy".[33]

---

33   Eric H. Ash, „Introduction: Expertise and the Early Modern State", in: *Osiris* 25 (2010),
     S. 1–24, S. 21; siehe auch: Eric H. Ash, *Power, Knowledge, and Expertise in Elizabethan
     England*, Baltimore 2004.

Die Hinwendung zum „operative knowledge" in der Naturphilosophie war freilich nicht nur eine wissenschaftsimmanente Entwicklung, sondern antwortete auf gesellschaftliche Bedürfnisse. Seit dem Beginn der frühen Neuzeit, so Eric Ash, war ein „sociopolitical context" gegeben, in dem nützliches Wissen besonders gefragt war. Die neuen Naturphilosophen reagierten darauf, indem sie ihre Wahrheitssuche nun verstärkt auf „profitable ends" ausrichteten und damit die Ausweitung und Konsolidierung der frühneuzeitlichen europäischen Staaten unterstützten.[34] Der einschlägigste Beleg für diese neue Naturphilosophie im Dienst politischer Ziele findet sich für Ash in den Werken Francis Bacons,[35] dessen Programm konsequent auf „operative knowledge" abzielte, „as both a principal end of the study of nature and the chief indication that one's natural philosophy was sound".[36] Die neue Erfahrungswissenschaft, die Bacon wesentlich mitbegründete, stand im Dienst der Politik und des Gemeinwohls.

Das, was sich nach dieser Sichtweise um 1600 herausbildete, die Verbindung von Wahrheitsstreben und Nützlichkeitserwägung in der Selbstbeschreibung und -positionierung der Wissenschaft, d.h. vor allem in der Naturphilosophie, wird von vielen Forschern als konstitutives Merkmal der modernen Wissenschaft betrachtet. Für den Wissenschaftshistoriker Peter Dear ist die Ideologie der modernen Wissenschaft wesentlich durch zwei Komponenten gekennzeichnet, die er als „discourse of contemplative knowledge" und „discourse of practical or useful knowledge" beschreibt. Die mitunter ambivalente Relation zwischen diesen beiden Elementen der Wissenschaft könne bis in das frühneuzeitliche Europa zurückverfolgt werden. Im kulturellen Kontext des frühen 17. Jahrhunderts entstand nach Dear erstmals eine Naturphilosophie, die nun – „most famously by Francis Bacon" – als Wissenschaft formuliert werden konnte, die sowohl auf ‚kontemplatives' als auch auf ‚praktisches' Wissen abzielt.[37]

Wie verbreitet die hier geschilderte Ansicht ist, zeigt sich bei Steven Shapin, der, obwohl prinzipiell um eine Relativierung der ‚Scientific Revolution' bemüht, nicht weniger entschieden die These vertritt, in der frühen Neuzeit habe sich erstmalig ein konkretes praktisches Interesse an der Wissenschaft herausgebildet, auf das die ‚neue Naturphilosophie' antwortete. Nachdem die Universitäten des Mittelalters allenfalls der Ausbildung des Klerus gedient hätten, sei in der frühen Neuzeit ein neues weltliches Interesse am gelehrten

---

34   Ash, „Expertise and the Early Modern State", S. 22.

35   „The best-known early modern proponent of discovering and using operative knowledge of nature in the service of the state is probably Francis Bacon" (Ash, „Expertise and the Early Modern State", S. 22).

36   Ash, „Expertise and the Early Modern State", S. 22.

37   Peter Dear, „What is the History of Science the History of? Early Modern Roots of the Ideology of Modern Science", in: *Isis* 96 (2005), S. 390–406.

Wissen erwacht, das sich massiv auf die Praxis und das Selbstverständnis der Naturphilosophie ausgewirkt habe. Und bei niemandem zeige sich die Tendenz, „to make learning a more effective arm of state power", deutlicher als bei Francis Bacon.[38]

Nicht primär mit Blick auf Francis Bacon, sondern stärker auf Galileo Galilei und Leonardo da Vinci bezogen, ist diese Sichtweise in Deutschland insbesondere von Jürgen Mittelstraß vertreten worden. Die „neue Wissenschaft", die sich mit Galileo im 17. Jahrhundert entwickelt, ist für Mittelstraß vor allem durch die Integration der bislang gänzlich aus der Wissenschaft ausgeschlossenen ‚praktischen' Tradition charakterisiert. Die von Aristoteles oder Euklid dominierte akademische Tradition habe sich zuvor der praktischen Welt vollständig verschlossen, da sie allein auf ihre Autoritäten fokussiert war: „Wo sie gelesen werden, beschäftigt sich die Gelehrsamkeit mit sich selbst; Gesichtspunkte der Anwendung akademischer Theorie in der Praxis gibt es nicht. Derartige Gesichtspunkte gelten als unwissenschaftlich, sie passen nicht zu einem Wissenschaftsbegriff, zu dessen Elementen die Existenz von Autoritäten und Klassikern gehört".[39] Durch die Zusammenführung der beiden Traditionen, der „Tradition der Schulen" und der „Tradition der Werkstätten", die erstmals von der Physik Galileis geleistet worden sei, verbinden sich für Mittelstraß zwei bislang getrennte Welten, die der theoretischen Vernunft und die der technischen Erfahrung, zu einer neuen Welt, der „Leonardo-Welt".[40] Die hier entstandene ‚neue Wissenschaft' sei seitdem in der Wissenschaft bestimmend.

Die bislang systematischste und elaborierteste Behandlung der Frage nach der Genese der Verschränkung von Wahrheit und Nützlichkeit, von ‚Theorie' und ‚Praxis', in der Selbstbeschreibung der Wissenschaft hat der Soziologe David Kaldewey vorgelegt. Mit seinem methodisch differenzierten, systemtheoretischen Zugang ist Kaldewey eine Synthese gelungen, der die vorliegende Arbeit wichtige Anregungen verdankt. Kaldewey zeigt überzeugend, dass „Autonomiediskurse und Praxisdiskurse" für die Wissenschaft „gleichermaßen konstitutiv" sind.[41] Wissenschaft ist für Kaldewey keine einseitig definierba-

---

38 Steven Shapin, *The Scientific Revolution*, Chicago 1996, S. 127; siehe auch das Interview mit Shapin „On Science Producing Useful Goods", in dem er die Ansicht vertritt, „the idea of science serving the community" sei ein Kennzeichen der entstehenden modernen Wissenschaft, während von Wissenschaftlern bis ins 17. Jahrhundert nichts anderes erwartet worden sei als „knowledge for its own sake" zu produzieren (Steven Shapin, „On Science Producing Useful Goods". Online unter: https://www.youtube.com/watch?v=LGrpJN5vSqQ, zuletzt abgerufen: 06.08.2018).

39 Mittelstraß, „Leonardo-Welt", S. 15.

40 Mittelstraß, „Leonardo-Welt", S. 17.

41 Kaldewey, *Wahrheit und Nützlichkeit*, S. 26.

re Einheit, sondern ein „zweigleisiges" Unternehmen, das sich sowohl über Wahrheit als auch über Nützlichkeit definiert. Er möchte daher einen Wissenschaftsbegriff konzipieren, „der die heterogenen Autonomie- und Praxisdiskurse sinnvoll als Momente desselben gesellschaftlichen Sinnzusammenhangs ausweist". Mit dieser Einsicht macht Kaldewey deutlich, „dass divergente Zielsetzungen nicht zwingend mit der Vorstellung eines übergreifenden sozialen Systems kollidieren".[42] Und noch etwas kann man von Kaldewey lernen, dessen Studie neben systematischen Theoriekapiteln auch historische Semantikanalysen enthält: In der Wissenschaftsgeschichte lassen sich weder radikale Umbrüche zwischen Epochen ausmachen, in denen entweder die Autonomie oder die Praxisorientierung der Wissenschaft allein vorherrschen würde, noch lässt sich eine lineare Entwicklung vom einen Extrem zum anderen konstatieren. Derartige Pauschalisierungen würden lediglich „die Paradoxie der zweigleisigen Zielsetzung der Wissenschaft über ein simplifizierendes Modell historischen Wandels" auflösen. Auf diese Weise aber gerieten „die für die Wissenschaftsforschung viel interessanteren Fragen" in den Hintergrund, nämlich die „nach den Effekten der Gleichzeitigkeit von Wahrheits- und Nutzenorientierung, der Kopplung von Autonomie- und Praxisdiskursen und den Reibungen zwischen verschiedenen Zielsetzungen".[43]

Wenn Kaldewey die Kombination von Wahrheits- und Nützlichkeitsdiskurs als konstitutiv für die Semantik der zweigleisigen Wissenschaft erachtet, so ist es allerdings bezeichnend, wo er die Genese dieser diskursiven Kopplung historisch verortet. Zwar hält Kaldewey im Anschluss an Frank Rexroth fest, dass das Konzept einer nützlichen Wissenschaft bereits in den oberen Fakultäten der mittelalterlichen Universität, in der Rechtswissenschaft und in der Medizin, fest verankert sei; doch habe sich das *philosophische* Denken zu dieser Zeit noch nicht von der „unbedingten Wertschätzung der Kontemplation" lösen und praktischen Aspekten zuwenden können.[44] Interferenzen zwischen dem Wahrheits- und dem Nützlichkeitsdiskurs habe es in der mittelalterlichen Universität nicht gegeben. Dementsprechend sieht Kaldewey hier noch nicht das verwirklicht, was er unter der zweigleisigen Selbstbeschreibung der Wissenschaft versteht.[45] Die Möglichkeit, das Spannungsverhältnis von Autonomie- und Praxisdiskursen „unmittelbar auf der semantischen Ebene des Wissenschaftssystems zu traktieren"[46] und die Idee einer Wissenschaft zu

---

42 Ebd., S. 28.
43 Ebd., S. 33.
44 Ebd., S. 240.
45 Ebd., S. 275.
46 Ebd., S. 244.

formulieren, die *sowohl* nach Wahrheit *als auch* nach Nützlichkeit strebt, entstand nach Kaldewey erst später.

Die „doppelte Konstituiertheit" der Wissenschaft – und damit ist gemeint: die doppelgleisige Selbstbeschreibung im Rahmen ein und derselben Disziplin oder Fakultät – ist für Kaldewey ein genuines Charakteristikum der *modernen* Wissenschaft. Deren *Grundlagen* wurden, so macht er unter Rekurs auf Rexroth deutlich, in der mittelalterlichen Universität gelegt, da hier die beiden Diskurse zusammengeführt und aufeinander bezogen wurden. Doch die Anfänge der modernen Wissenschaft können nach Kaldeweys Ansatz konsequenterweise nur dort liegen, wo die *Kopplung* der beiden Prinzipien in der Selbstbeschreibung der Wissenschaft zuerst auftritt. Die Frage, wo dies geschieht, beantwortet der Autor im konventionellen Sinne: Die Koexistenz von Wahrheit und Nützlichkeit finde sich „in prägnanter Form bei den Gründervätern der modernen Naturwissenschaft, vor allem bei Galileo Galilei, Francis Bacon und René Descartes". Wie Peter Dear oder Jürgen Mittelstraß hebt auch Kaldewey hervor, dass das gelehrte scholastische Wissen und das praktisch nützliche Wissen zuvor gänzlich unverbunden waren, dass „kontemplative Naturerkenntnis und nutzbare Technik in der aristotelischen Scholastik als strikt getrennte Handlungsformen galten".[47] Dies habe sich fundamental im 17. Jahrhundert geändert, als gesellschaftliche Erwartung und wissenschaftliche Ausrichtung in ein neues Verhältnis getreten seien. Durch die ‚Scientific Revolution' habe sich sowohl eine experimentelle Praxis als auch eine Orientierung an nützlichem Wissen für die Gesellschaft entwickelt: „Die wissenschaftliche Revolution lässt sich demnach dadurch charakterisieren, dass Wissenschaft in einem doppelten Sinne praktisch wird. Zum einen baut sie nun auf die im Labor situierte experimentelle Praxis, zum anderen beginnt sie, ihre Umwelt als gesellschaftliche Praxis in den Blick zu nehmen und sich an deren Erwartungen nach nützlichem, anwendbarem Wissen zu orientieren". Und auch den Naturphilosophen, bei dem sich diese neue Kombination mustergültig manifestiert, weiß Kaldewey freilich zu benennen: „Die Frage der Vereinbarkeit der beiden Motive findet bei Francis Bacon eine paradigmatische Ausarbeitung".[48]

• • •

Es wird an dieser Stelle bereits deutlich, wie stark die hier skizzierte Sichtweise von gängigen Scholastik-Klischees geprägt ist, Klischees, vor deren Hintergrund die Frage nach einem ‚Praxisbezug' der Scholastik, wie Jürgen

---

47   Ebd., S. 22.
48   Ebd., S. 22.

Miethke betont, zunächst als „Widerspruch in sich" erscheinen könnte.[49] Dass ein derartiges Bild der scholastischen Wissenschaft nicht gerecht wird, dass die mittelalterlichen Gelehrten sowohl mit einer gesellschaftlichen Erwartung konfrontiert wurden, als auch in der Lage waren, auf diese Erwartung mittels spezifischer ‚Transferleistungen' zu reagieren, hat Miethke wiederholt hervorgehoben.[50] Für den Bereich der politischen Theorie jedenfalls ist unverkennbar, dass Gelehrte bestrebt waren, sich in aktuelle politische Angelegenheiten ihrer Gegenwart einzubringen. Doch hat Miethke ebenso deutlich gemacht, dass in dieser Hinsicht signifikante, genrespezifische Unterschiede bestehen zwischen einem konventionellen akademischen Kommentar zur *Politik* des Aristoteles, dessen Reichweite auf den Kommunikationsraum der Universität beschränkt bleibt, sowie solchen Traktaten, die auf konkrete Aspekte oder Konflikte der politischen Welt Bezug nehmen.[51] Offenbar gibt es, worauf noch zurückzukommen sein wird, verschiedene diskursive Logiken in unterschiedlichen kommunikativen Kontexten mittelalterlicher Gelehrtenkultur.

Es würde zu kurz greifen, an dieser Stelle zu proklamieren, das Ziel der vorliegenden Arbeit bestünde darin, zu zeigen, dass die von Kaldewey, Ash, Shapin, Mittelstraß oder Dear konstatierte neuartige Korrelation von theoretischem und praktischem Wissen, von Wahrheit und Nützlichkeit, in der Selbstthematisierung der Wissenschaft bereits viel früher, nämlich schon um 1300, begegnet. Es lässt sich bereits an der zu Beginn dieser Einleitung versuchten Analyse der *gegenwärtigen* Selbstbeobachtung der Philosophie ablesen, dass es nicht damit getan ist, schlichtweg von „two complementary and competing elements",[52] von einer ‚doppelte Konstituiertheit' oder einer ‚zweigleisigen Zielsetzung' der Wissenschaft zu sprechen. Was bei einer solchen Sichtweise, die, ohne es immer explizit zu sagen, auf *die* Wissenschaft im Allgemeinen

---

49   „With this in mind, asking for the ‚practical intentions of scholasticism' seems a contradiction in terms" (Jürgen Miethke, „Practical Intentions of Scholasticism, The Example of the Political Theory", in: *Universities and Schooling in Medieval Society*, hg. von William J. Courtenay/Jürgen Miethke [Education and Society in the Middle Ages and Renaissance 10], Leiden 2000, S. 211–228, S. 211).

50   Miethke, „Practical Intentions of Scholasticism"; Jürgen Miethke, „Wissenschaftliche Politikberatung im Spätmittelalter. Die Praxis der scholastischen Theorie", in: *Politische Reflexion in der Welt des späten Mittelalters, Political Thought in the Age of Scholasticism*, hg. von Martin Kaufhold (Studies in Medieval and Reformation Traditions 103), Leiden 2004, S. 337–357; Jürgen Miethke, *Politiktheorie im Mittelalter. Von Thomas von Aquin bis Wilhelm von Ockham*, Tübingen 2008.

51   Jürgen Miethke, „Praktische Bedürfnisse und die Rezeption der aristotelischen ‚Politik' im 13. und 14. Jahrhundert, Das Beispiel des Albertus Magnus", in: *Scripta Medievalia, Revista de Pensamiento Medieval* 5/2 (2012), S. 79–105.

52   Dear, „History of Science", S. 390.

bezogen wird, allzu leicht aus dem Blick gerät, ist der Umstand, dass die einzelnen Disziplinen des übergreifenden Wissenschaftssystems nach wie vor höchst
unterschiedlichen Eigenlogiken folgen. Es kann ja keine Rede davon sein, dass
das von Frank Rexroth aufgezeigte Nebeneinander des Wahrheits- und Nützlichkeitsdiskurses in der mittelalterlichen Universität (also die Tatsache, dass
einzelne Wissenschaften primär in einem der beiden Medien operieren) in
der frühen Neuzeit einer *ubiquitären Kopplung* gewichen wäre, die nun für alle
Disziplinen der Wissenschaft gleichermaßen Gültigkeit hätte. Was in den zitierten Darstellungen nicht ausreichend zur Sprache kommt, ist die Tatsache,
dass die disziplinären Eigenlogiken der wissenschaftlichen Subsysteme auch
in der Neuzeit und bis in die Gegenwart in hohem Maße fortbestehen. Wie
oben gezeigt wurde, definiert sich die Philosophie immer noch primär über
ihre zweckfreie Wahrheitssuche und wird eben dafür von den Vertretern der
lukrativen Wissenschaften kritisiert, die die Erwartungen der Gesellschaft viel
unmittelbarer bedienen.

Es muss also zunächst noch einmal darauf beharrt werden, dass die in der
Zwischenzeit vollzogene Kopplung der Diskurse nicht ausschließt, dass eines
der beiden Prinzipien für das Selbstverständnis einzelner Disziplinen dominant bleiben kann. Dass dies in den historischen Darstellungen nicht immer
deutlich wird, hat seinen Grund vor allem darin, dass die Korrelation der Diskurse in der Definition *der* Wissenschaft meist mit Bezug auf die ‚neue Naturphilosophie‘ des 17. Jahrhunderts beschrieben wird, während das besondere
Profil der praktischen Fakultäten der Universität, der Rechtswissenschaft und
der Medizin, sowie gegenläufige Tendenzen in der Philosophie dabei weitgehend aus dem Blick geraten oder allzu leichtfertig in die neue Semantik einsor-
tiert werden. Das Problem, bei dem die vorliegende Arbeit ansetzt, betrifft also
nicht nur die Frage, wann die spezifische Kombination von theoretischer und
praktischer Zielsetzung, von Wahrheits- und Nützlichkeitsorientierung, innerhalb der Philosophie, als einer *einzelnen Disziplin*, historisch zuerst auftritt,
d.h. *wann* die Philosophie angefangen hat, über ihre Praxisbezüge zu reflektieren. Es geht darüber hinaus auch darum, in welchem *Verhältnis* die beiden
Diskurse in den einzelnen Disziplinen zueinander stehen, sowie schließlich
auch darum, welche konkreten Entwicklungen und Faktoren zu dieser spezifischen Disposition geführt haben, also unter welchen Bedingungen sich
eine bestimmte Formation der Diskurse herausgebildet hat. Der pauschale
Verweis auf eine gesellschaftliche Erwartung, die eine stärkere Praxisorientierung in der Wissenschaft insgesamt zur Folge gehabt habe, aus der dann ihre
grundsätzlich zweifache Ausrichtung resultiert sei, kann der Komplexität der
Zusammenhänge nicht gerecht werden.

•••

Wenn in der vorliegenden Arbeit demnach nach dem Beginn und den Bedingungen einer Reflexion über Praxisbezüge, mithin nach dem spezifischen Spannungsverhältnis zwischen ‚Wahrheit‘ und ‚Nützlichkeit‘ in der Philosophie des 13. und frühen 14. Jahrhunderts gefragt wird, dann knüpfen diese Erörterungen an einige Thesen an, die Frank Rexroth im Hinblick auf die formative Phase der europäischen Universitäts- und Wissenschaftsgeschichte formuliert hat.[53] Wie bereits bei Kaldewey deutlich wurde, dessen Ausführungen über die mittelalterliche Universität auf den Forschungen von Rexroth basieren,[54] konnte dieser plausibel machen, dass in der sozialen Organisationsform der Universität Wissenschaften ‚zusammenwuchsen‘ und aufeinander bezogen wurden, die grundsätzlich verschiedenen Rationalitäten verpflichtet waren. Die Wahrheits- und die Nützlichkeitswissenschaften traten auf diese Weise in ein dialogisches Verhältnis der Interaktion, Kommunikation und wechselseitigen Abgrenzung.[55] Dies ist nicht nur im Hinblick auf die Konstitution spezifischer Habitusformen und Denkstile bedeutsam, die mit den disziplinären Identitäten verbunden waren,[56] sondern vor allem aufgrund der Tatsache, dass dadurch die beiden kommunikativen ‚Medien‘ Elemente einer gemeinsamen akademischen Wissenskultur wurden, deren Relation bis in die Gegenwart die Selbstreflexion der Wissenschaft maßgeblich bestimmen sollte. Durch ihre Integration, welche die strukturkonservative Organisation der

---

53   Siehe vor allem: Frank Rexroth, *Fröhliche Scholastik. Die Wissenschaftsrevolution des Mittelalters*, München 2018, bes. Kap. 9 („Wahrheit und Nützlichkeit"), S. 285–309; Frank Rexroth, „Wahr oder nützlich? Epistemische Ordnung und institutionelle Praxis an den Universitäten des 13. und 14. Jahrhunderts", in: *Wissenschaft mit Zukunft. Die ‚alte‘ Kölner Universität im Kontext der europäischen Universitätsgeschichte* (Studien zur Geschichte der Universität Köln 19), hg. von Andreas Speer/Andreas Berger, Köln 2016, S. 87–114; Frank Rexroth, „Die Einheit der Wissenschaft und der Eigensinn der Disziplinen. Zur Konkurrenz zweier Denkformen im 12. und 13. Jahrhundert", in: *Deutsches Archiv für Erforschung des Mittelalters* 67 (2011), S. 19–50; Frank Rexroth, „Wie einmal zusammenwuchs, was nicht zusammengehörte: Ein Blick auf die Entstehung der europäischen Universität", in: *Jahrbuch der Akademie der Wissenschaften zu Göttingen* 2009 (erschienen 2010), S. 85–98.

54   Kaldewey, *Wahrheit und Nützlichkeit*, S. 258–282.

55   Rexroth, *Fröhliche Scholastik*, S. 299–309; Rexroth, „Einheit der Wissenschaft", S. 48f.

56   Frank Rexroth, „Wahr oder nützlich", S. 100–107; siehe auch: Frank Rexroth, „Praktiken der Grenzziehung in Gelehrtenmilieus der Vormoderne. Einige einleitende Bemerkungen", in: *Was als wissenschaftlich gelten darf. Praktiken der Grenzziehung in Gelehrtenmilieus der Vormoderne*, hg. von Martin Mulsow/Frank Rexroth (Campus Historische Studien 70), Frankfurt am Main 2014, S. 11–37.

Universität bewerkstelligte, wurde die ‚Einheit' der Wissenschaft trotz ihrer
internen epistemischen Differenzierung gewährleistet: „Die Universität wurde
schon in den ersten beiden Jahrhunderten ihres Bestehens zu dem Ort, der
die Einheit der Wissenschaften als die Einheit dieser elementaren internen
Differenz verbürgte".[57] Während die paradigmatische Wahrheitswissenschaft
für Rexroth in der Philosophie der Artistenfakultät besteht, die sich als Folge
des dynamischen Aufschwungs der Dialektik im 12. Jahrhundert als eigener
operativer Zusammenhang herausgebildet hatte, werden die Nützlichkeitswissenschaften von der Rechtswissenschaft und der Medizin repräsentiert; die
Theologie nimmt nach Rexroth eine „Brückenfunktion" ein.[58] Entscheidend
ist hier, dass die universitäre Korrelation von Wahrheits- und Nützlichkeits-
disziplinen keinen unüberwindlichen Graben zur Folge hat, sondern gerade
die Voraussetzung für die Entfaltung kreativer Wechselwirkungen darstellt;
dennoch ist es in diesem Modell zentral, dass sich bestimmte Wissenschaften
jeweils *primär* an einem der beiden Medien orientieren.

Die Ausführungen der vorliegenden Arbeit werden diese Thesen, vor allem
die Annahme der beiden wissenschaftlichen Kommunikationsmedien, die
im Rahmen der Universität in ein produktives Spannungsverhältnis traten,
sowie den dadurch bereits prädisponierten ‚Streit der Fakultäten', in vieler
Hinsicht verfolgen. Die vorliegende Studie schließt sich diesem epistemischen
Ordnungsmodell an, möchte es weiterführen und durch zusätzliche Belege er-
härten, gleichzeitig aber auch einer ‚Kritik', d.h. einer Überprüfung unterziehen. Das Ziel dieser Prüfung besteht darin, einige Befunde zu erklären, durch
welche die skizzierte epistemische Ordnung auf den ersten Blick ins Wanken
gerät. Denn bei näherem Hinsehen zeigt sich, dass eine ganze Reihe von Phänomenen aus dem Umfeld der Pariser Universität des 13. und 14. Jahrhunderts
nicht reibungslos in dieses Modell eingefügt werden kann, ja ihm zunächst
sogar gänzlich zu widersprechen scheint. So begegnen etwa schon seit dem
zweiten Viertel des 13. Jahrhunderts Artisten und Philosophen, die sich für
eine radikal praxisbezogene Ausrichtung ihrer Disziplin, d.h. der Philosophie
oder eines ihrer Teilgebiete, ausgesprochen haben. Bei diesen Autoren kann
keine Rede davon sein, dass ihre kommunikativen Akte primär im Medium der
Wahrheit und nicht in dem der Nützlichkeit operierten. Sie traten entschieden für einen Nutzen der *artes liberales* oder der Philosophie ein, nicht nur für
die Theologie, sondern auch für außerakademische praktische Zwecke. Diese
Störenfriede aber blieben keine wirkungslosen Randfiguren; vielmehr erweist

---

57   Rexroth, „Wahr oder nützlich", S. 90.
58   Rexroth, „Wahr oder nützlich", S. 104, Anm. 48.

sich das Virus, das sie in die philosophische Welt importierten, als hochgradig ansteckend, fingen doch gegen Ende des 13. Jahrhundert noch weitere Artes-Magister an, über die soziale Relevanz und die Praxisbezüge ihres Wissens nachzudenken. Einzelne, die an der Pariser Artes-Fakultät studiert und gelehrt hatten, begannen sogar, durch spezifische kommunikative Praktiken ihr artistisches Sonderwissen für konkrete praktische Zwecke real anzuwenden. Wie lassen sich diese Befunde einordnen, wenn man davon ausgeht, dass die Philosophie, d.h. der kommunikative Zusammenhang der Artistenfakultät, in erster Linie auf Wahrheit und nicht, wie jener der Juristen, auf Nützlichkeit abzielt?

Ebenso müsste es vor diesem Hintergrund zunächst merkwürdig erscheinen, dass man sich im 13. Jahrhundert an der Pariser Artistenfakultät intensiv mit der *praktischen* Philosophie befasste, die *Ethik* und die *Politik* des Aristoteles kommentierte und im Unterricht lehrte. Nach der praktischen Relevanz dieser Schriften muss man nicht lange suchen: Die politische Philosophie war in der Zeit um 1300 aufs engste in die Affären der politischen Welt verstrickt und führt hinlänglich vor, wie sich die Inhalte dieser Texte zu konkreten Zwecken nützlich applizieren ließen. Hier zeigt sich ein augenfälliger Nutzen der Philosophie. Zudem wurden an der Artes-Fakultät, wenngleich nur am Rande des Curriculums, stets auch die alten *artes liberales* unterrichtet, also Fächer wie Grammatik, Rhetorik, Geometrie, Astronomie und Musik. Waren dies alles nicht unmittelbar *praktische* Wissensfelder, die als Gegenstände der Lehre zweifellos zum Kommunikationszusammenhang der Artistenfakultät gehörten? Wurde damit dort nicht also doch äußerst ‚nützliches‘ Wissen erschlossen und vermittelt? Die Artisten selbst scheinen sich darüber jedenfalls vollkommen im Klaren gewesen zu sein: In ihren Systematiken ist immer wieder von der *utilitas* der artistischen Wissensgebiete die Rede.

Eine weitere Frage drängt sich auf: Die Artistenfakultät hatte in der mittelalterliche Universität bekanntlich die Aufgabe, auf die oberen Fakultäten vorzubereiten, sie war eine *propädeutische* Fakultät, die man besuchte, um das dort Erlernte in anderen Bereichen anzuwenden. Damit ist das an der Artes-Fakultät vermittelte Wissen doch von vornherein auf einen Nutzen ausgerichtet, nicht nur für die Zwecke der Theologie, sondern auch etwa für die Praxis der Medizin, in der man ausgiebig auf die Naturphilosophie oder die Astronomie zurückgriff, um sie für einen praktischen Zweck zu gebrauchen. Wie soll es dann gehen, dass das an der Artistenfakultät kommunizierte Wissen nicht ‚nützlich‘ sein soll? Und ist es vor diesem Hintergrund wirklich plausibel, von einer eigenen disziplinären Identität der Philosophie auszugehen, sogar von einem eigenen Denkstil oder Habitus zu sprechen, der sich über seinen Bezug zur Wahrheit, nicht zum Nutzen definiert, wenn die Artes-Fakultät primär besucht wurde, um Wissen für externe Belange zu erwerben?

Überblickt man diese Widersprüche und Heterogenitäten, dann scheint es mit der systemischen Zuordnung, die Rexroth vornimmt, auf den ersten Blick vorbei zu sein. Welche epistemische Ordnung soll dort bestehen, wenn man ein solches Durcheinander von Ausrichtungen vorfindet, wenn in der auf Wahrheit ausgerichteten Artistenfakultät, die von den *praktischen* Fakultäten unterschieden wird (deren praktisches Profil ihr distinktives Merkmal sein soll), hochgradig praktisches Wissen gelehrt wurde, manche Philosophen eine dezidierte Nützlichkeitsorientierung propagierten, die *utilitas* des artistischen Wissens stets thematisiert wurde und die offizielle Funktion der Artes-Fakultät darin bestand, Wissen für äußere Zwecke bereitzustellen? Angesichts dieses Befunds könnte man den Eindruck bekommen, die angebliche Ordnung entpuppe sich als philosophisches Simultangedicht, als bunte Zusammenfügung und Vermischung heterogener Elemente, als heilloses Durcheinander verschiedener Positionen und Ausrichtungen. Eben hierin besteht die chaotische Situation, von der anfangs die Rede war.

Das Problem, an dem die vorliegende Arbeit ansetzt, lässt sich an dieser Stelle genauer bestimmen. Seine Fokussierung wird in zwei Schritten erreicht: 1. Die für das Narrativ zahlreicher Wissenschaftshistoriker lebenswichtige Annahme, eine Kopplung von theoretischer und praktischer Zielsetzung sei in der Philosophie erstmals im 17. Jahrhundert erfolgt, wird brüchig, wenn man nach Praxisbezügen und Reflexionen über Praxisbezüge in der Philosophie des 13. Jahrhunderts fragt; 2. Derartige Phänomene im 13. Jahrhundert zu konstatieren, führt zu einer ‚chaotischen‘ Situation, insofern die epistemische ‚Ordnung‘ der mittelalterlichen Universität, wie Frank Rexroth sie beschreibt, auf diese Weise in Frage gestellt wird, da nämlich dann – wenn man es dabei beließe – nicht mehr von einem produktiven „Zusammen-“, sondern von einem wilden *Durch*wachsen der beiden dominanten Diskurse, von einer verwirrenden Koexistenz von ‚Wahrheit‘ und ‚Nützlichkeit‘ innerhalb der Philosophie ausgegangen werden müsste.

Da es nicht das Anliegen eines Historikers sein kann, Unordnung zu stiften, besteht das Ziel der vorliegenden Studie darin, die unübersichtliche Situation, die sich ergibt, wenn man die Befunde in dieser Weise nebeneinanderhält, zu ‚ordnen‘. Aus einem derartigen Nebeneinander, einer ungeordneten Reihe des Inkompatiblen, soll eine ‚Anordnung‘ werden, also ein explanatorisches Modell von Positionen und Relationen. Es geht darum, Verbindungen sichtbar zu machen, Bezüge herauszuarbeiten, die die Situation sortieren können. Dieses Vorhaben ist nicht in linearer Darstellungsform möglich; jede Position weist Relationen in verschiedene Richtungen auf, die es zu verfolgen gilt; die Beschreibung muss daher mitunter verschlungene Wege gehen, an manchen Punkten mehrfach ansetzen. Es ergibt sich ein Gebilde mit Ecken und

Kanten, mit Brüchen und Unebenheiten, Rückblenden und Vorwegnahmen; kein kreisrundes Ganzes und kein lineares Narrativ. Dennoch bleibt, bei aller perspektivischen Unruhe, ein übergreifendes Narrativ keinesfalls aus: Das Anliegen dieser Arbeit besteht nicht nur darin, die Befunde zu systematisieren, sondern ebenfalls, wenn nicht sogar vor allem, die historische Entwicklung zu erschließen, durch die sich die Ordnung, die plausibel gemacht werden soll, herausgebildet hat. Es geht also einerseits um einen Ordnungsprozess, den der Analytiker selbst vornimmt, indem er die Phänomene auf spezifische Weise sortiert, gleichzeitig aber auch um einen historischen Vorgang, einen Entwicklungsprozess, der sich, wie gezeigt werden soll, im 13. Jahrhundert vollzieht.

Das Ziel dieser Maßnahme besteht darin, die Widersprüche zu überwinden, die sich bisher aus der Exposition des Themas ergeben haben: vor allem den Umstand, dass *einerseits* behauptet wurde, die vorliegende Arbeit schließe sich den Rexroth-Thesen an und betrachte ‚Wahrheit‘ und ‚Nützlichkeit‘ als *disziplinär gebundene* Kommunikationsmedien der mittelalterlichen Wissenschaft, *gleichzeitig* aber nicht unpolemisch darauf verwiesen wurde, dass dieses Modell durch zahlreiche Befunde massiv in Frage gestellt wird. Am Ende des avisierten Ordnungsprozesses soll gezeigt werden, wie diese zunächst schwierig zu verdauenden Widersprüche erklärt werden können, d.h. in welchem *spezifischen Verhältnis* theoretische und praktische Finalität, Wahrheit und Nützlichkeit, in der Philosophie des 13. und 14. Jahrhunderts zueinander stehen, im Rahmen einer eigenartigen Disposition, die mittelalterliche und moderne Wissenschaft miteinander verbindet.

1.2 Gegenstand, Profil und Disposition

Der allgemeine problemorientierte Rahmen dieser Arbeit sollte nach dem bisher Gesagten deutlich geworden sein. Bei dessen Skizzierung wurde mehrfach pauschal von *der* Philosophie des 13. und 14. Jahrhunderts gesprochen. Dies ist, wenn es hier darum geht, das Thema der vorliegenden Arbeit vorzustellen, keinesfalls gerechtfertigt. Die folgende Untersuchung wird sich im Wesentlichen auf Texte beziehen, die aus dem Umfeld der Universität Paris stammen und dies aus mehreren Gründen. Es hat sich gezeigt, dass die konzentrierte Fokussierung einer bestimmten Wissenskultur am besten geeignet ist, die mitunter subtilen Wahrnehmungs- und Kommunikationsprozesse sichtbar zu machen, auf welche die Analyse abzielt. Es geht darum, Relationen herauszuarbeiten, die zwischen konkreten Positionen bestehen und spezifische Dynamiken ‚am Ort‘ entfaltet haben. Auf diese Weise wurde eine relativ ‚dichte Beschreibung‘ möglich. Die Voraussetzungen zu einer solchen Beschreibung sind in Paris aufgrund der besonders guten Quellenlage gegeben, eine Quellenlage, die wegen ihres Reichtums aber zugleich dafür verantwortlich ist, dass sich die Betrachtung auf Paris beschränken muss. Weitere Universitäten bzw. Texte aus anderen Kontexten in die Untersuchung miteinzubeziehen, hätte den Rahmen des Möglichen gesprengt bzw. ein bei Weitem dickeres Buch erforderlich gemacht, wenn man dort dieselbe Dichte der Betrachtung hätte umsetzen wollen. Aus diesem Grund haben die Resultate der vorgenommenen Analyse zunächst nur eine begrenzte Geltung, erheben also nicht den Anspruch, ohne weiteres verallgemeinerbar zu sein. Andererseits haben schon die mittelalterlichen Gelehrten die expansive Kraft dessen, was sich in Paris vollzieht, reflektiert, etwa wenn sie sich fragten, ob die im Jahre 1277 verurteilten Artikel über Berge und Meere wandern könnten und somit, obwohl sie als Gegenstand eines bischöflichen Dekrets streng genommen nur lokale Reichweite hatten, auch an anderen europäischen Universitäten galten. Es muss hier kaum an die europaweite Ausstrahlung der Pariser Universität erinnert werden, daran, dass Scholaren und Magister aus ,aller Welt' nach Paris kamen und das dort Internalisierte wieder an andere Orte trugen, wenn sie weiterzogen. Die Universität Paris erlangte schon rasch nach ihrer Entstehung eine ,kulturelle Bedeutung', von der noch die Rede sein wird. Wenn man mich fragt, ob ich glaube, dass die diskursive Formation, deren Pariser Genese beschrieben wird, über Berge und Meere wandern konnte, in dem Sinne, dass sie eine über Paris hinausreichende Relevanz hat, dann lautet die Antwort, wie in späteren Kapiteln noch mit konkreteren Argumenten ausgeführt wird, ja.

Auf welchen Forschungsstand kann sich eine solche Arbeit zur Universität Paris im 13. und frühen 14. Jahrhundert stützen? Die Forschung zur Geschichte der Pariser Universität ist, gerade wegen deren ,Bedeutung', traditionsreich und dementsprechend immens. Es müsste also leicht fallen, hier die zentralen Werke zu nennen, auf denen die vorliegende Studie aufbaut. Doch wie die bisherige Skizze des Problems deutlich macht, hat das avisierte Thema tatsächlich weniger mit der Organisation der ,Universität Paris' im engeren Sinne zu tun, als es zunächst scheint. Freilich konnte diese Arbeit von den einschlägigen Forschungen zur institutionellen Struktur der Universität, zur Prosopographie, zu den Pariser Kollegien und *nationes* oder dem Verhältnis der Universität zum französischen Königshof profitieren, wie sie etwa von Nathalie Gorochov, Jacques Verger, Cécile Fabris, Mineo Tanaka, Serge Lusignan oder Antoine Destemberg vorgelegt wurden.[59] Dennoch handelt es sich dabei

---

[59]   Wichtige Arbeiten sind unter anderem: Antoine Destemberg, *L'honneur des universitaires au Moyen Âge. Étude d'imaginaire social*, Paris 2015; Nathalie Gorochov, *Naissance de l'université: les écoles de Paris d'Innocent III à Thomas d'Aquin (v. 1200–v. 1245)*, Paris 2012;

nicht um eine Forschungstradition, in welche sich die vorliegende Studie nahtlos einschreiben könnte. Geht es hier, nach dem, was bis jetzt gesagt wurde,
nicht primär um *Philosophie*geschichte? Und muss sich diese Arbeit demnach
forschungsgeschichtlich nicht ganz anders verorten? Betrachtet man die Arbeit vor dieser Erwartung, kann man allerdings wieder nur enttäuscht werden;
denn das, was die von Philosophen betriebene Philosophiegeschichte traditionellerweise erforscht, steht hier ebenfalls nicht, jedenfalls nicht allein, im
Vordergrund: (klassische) Ideengeschichte. Aber abgesehen davon, dass es
nicht um die vertiefte Analyse philosophischer Ideen geht, werden in dieser
Studie zudem Aspekte begegnen, die über ,Philosophie' im engeren Sinne hinausgehen. Zwar wird es um Naturphilosophie gehen, um Ethik und politische
Philosophie, um spekulative Grammatik und Logik; andere Abschnitte aber
werden Musiktheorie zum Thema haben, andere Geometrie, Optik, Astronomie oder Rhetorik. Alle diese Bereiche haben, ebenso wie die institutionellen
Strukturen und die politischen und sozialen Kontexte der Universität, eigene Forschungstraditionen, die nicht immer, teilweise sogar überhaupt nicht,
miteinander kommunizieren. Zwei Kapitel (5.4 und 5.5) sind Roger Bacon gewidmet, dem wiederum ein ganz eigener Forschungszweig zukommt, ebenso
wie anderen Autoren, die im Einzelnen behandelt werden.[60] Eine der Leistungen dieser Arbeit soll daher auch darin bestehen, diese Bereiche, die oftmals

---

Cécile Fabris, *Étudier et vivre à Paris au Moyen Âge. Le Collège de Laon (XIVe–XVe siècles)*,
Paris 2005; Thierry Kouamé, *Le Collège de Dormans-Beauvais à la fin du Moyen Âge.*
Stratégie politiques et parcours individuels à l'université de Paris (1370–1458) (Education
and Society in the Middle Ages and Renaissance 22), Leiden 2005; William J. Courtenay/
Eric D. Goddard (Hg.), *Rotuli Parisienses. Supplications to the Pope from the University*
of Paris (Education and Society in the Middle Ages and Renaissance 14/15/44), 3. Bde.,
Leiden 2002–2013; William J. Courtenay, *Parisian Scholars in the Early Fourteenth Century.*
A Social Portrait, Cambridge 1999; Serge Lusignan, « *Vérité garde le Roy* ». *La construction*
d'une identité universitaire en France (XIIIe–XVe siècle), Paris 1999; Nathalie Gorochov,
Le Collège de Navarre de sa fondation (1305) au début du XVe siècle (1418). Histoire de
l'institution, de sa vie intellectuelle et de son recrutement, Paris 1997; Jacques Verger, *Les*
universités francaises au Moyen Âge (Education and Society in the Middle Ages and
Renaissance 7), Leiden 1995; Thomas Sullivan, *Benedictine monks at the University of Paris,*
A.D. 1229–1500. A Biographical Register (Education and Society in the Middle Ages and
Renaissance 4), Leiden 1995; Mineo Tanaka, *La nation anglo-allemande de l'université*
de Paris à la fin du Moyen Âge, Paris 1992; Jacques Verger, *Les universités au moyen âges*,
Vendôme 1973; Gordon Leff, *Paris and Oxford Universities in the Thirteenth and Fourteenth*
Centuries. An Institutional and Intellectual History, New York 1968; Hastings Rashdall, *The*
Universities of Europe in the Middle Ages, hg. von Frederick M. Powicke/Alfred B. Emden,
Bd. 1, Oxford 1936.

60   Es wäre wenig sinnvoll, die jeweiligen Forschungslagen zu diesen verschiedenen Autoren
        und heterogenen Wissensfeldern, die sämtlich mit der intellektuellen Produktion im
        Umfeld der Universität Paris verbunden sind und damit die Traditionen darstellen, an

getrennt von einander betrieben wurden und werden, in einer übergreifenden Untersuchung zusammenzuführen und auf systematische Weise zu verbinden. Welche methodischen Konsequenzen dieses Anliegen hat und wie sich die vorliegende Arbeit vor diesem Hintergrund positioniert, wird in Kapitel 1.3, dem allgemeinen Theoriekapitel, noch einmal aufgegriffen.

In jedem Fall sagt diese Herangehensweise etwas darüber aus, was diese Arbeit eigentlich leisten möchte: Sie sieht ihre Stärke vor allem auf argumentativer und systematisierender Ebene; sie möchte eine bestimmte ‚Ordnung' plausibilisieren, Fragen stellen, die bislang in dieser Form nicht gestellt wurden, Probleme neu beleuchten, die bisher keine hinreichende Antwort erhalten haben. Dennoch kann die Arbeit mit guten Gründen behaupten, dass sie in ihren Quellenanalysen auch Texte vorstellt und erschließt, die bislang von der historischen Forschung in dieser Hinsicht kaum oder gar nicht wahrgenommen wurden. Manche Quellen, die seit längerem in Editionen vorliegen, wurden nie unter einer systematischen Fragestellung untersucht. Sie sollen auf diese Weise stärker in den Diskurs eingespeist werden. Damit verbunden kann die vorliegende Studie auf einige Einzelergebnisse verweisen, auf neue Beurteilungen mancher Texte und Autoren, deren Einordnung vormals problematisch war. Schließlich möchte die Arbeit mit ihrer speziellen Thematik einen Beitrag zur Debatte um die ‚Modernität' des Mittelalters leisten.

∙ ∙ ∙

Im Zentrum der Betrachtungen zur Universität Paris steht, dies ist für die weitere Disposition konstitutiv, die Artistenfakultät. Damit ist nicht gesagt, dass diese den ausschließlichen Gegenstand der Betrachtung bildet, ganz im Gegenteil. Es wird Kapitel und Abschnitte geben, die sich allein mit ihr befassen; doch die Diskussion der avisierten Aspekte macht es unbedingt notwendig, die Artes-Fakultät auch im Kontext der anderen Fakultäten, sowie teilweise im sozialen und politischen Kontext der Universität insgesamt zu sehen. An manchen Stellen werden sich die Ausführungen sogar kurzzeitig aus Paris herausbegeben, um allgemeine gesellschaftliche Tendenzen zu erfassen, die für die nachfolgenden Erörterungen wichtig sind. Ebenso werden Formen von Philosophie zu berücksichtigen sein, die nicht in der Artes-Fakultät zu Hause sind. Bei alldem steht jedoch die Artistenfakultät im Hintergrund, auf die der Blick immer wieder zurückfällt und die in diesem Sinne die zentrale Referenz der Untersuchung darstellt. Die Kapitelstruktur

---

welche die vorliegende Arbeit vor allem anknüpft, an dieser Stelle im Einzelnen zu referieren; die entsprechenden Arbeiten werden in den Kapiteln begegnen.

sei hier nur in aller Kürze skizziert: Nachdem in Kapitel 1 einige methodologische Aspekte diskutiert werden, welche die theoretische Grundlegung
und Ausrichtung der Arbeit im Allgemeinen betreffen, widmet sich Kapitel 2
der Frage nach der ‚Identität‘ der Artes-Fakultät, ihrem sozialen Profil, das
mit spezifischen Sozialisationsformen und inneruniversitären Dynamiken in
Verbindung gebracht wird. Gab es eine spezifische ‚philosophische Identität‘,
und wenn ja, welche Merkmale kommen ihr zu? Kapitel 3 behandelt zunächst
das Curriculum und die Philosophie der Artistenfakultät als kommunikativen
Zusammenhang, den es von den Systemen der ‚oberen‘ Fakultäten zu unterscheiden gilt, deren Eigenlogik daraufhin thematisiert wird. In welche Sinne
lassen sich derartige disziplinäre Rationalitäten erfassen, worin, wenn sie sich
erfassen lassen, unterscheiden sie sich voneinander und welche Rückschlüsse
erlaubt dies auf den ‚Praxisbezug‘ der Philosophie? Der zweite Teil des Kapitels
ist stärker akteurszentriert und wirft die Frage nach dem ‚Expertenstatus‘ der
Vertreter der einzelnen Fakultäten auf, um vor diesem Hintergrund zu diskutieren, ob oder in welcher Hinsicht die Artisten als Experten zu bezeichnen
sind. Gibt es im Mittelalter Philosophie-Experten? Kapitel 4 und 5 richten
den Blick zunächst auf das Verhältnis von Wissenschaft und Gesellschaft und
führen damit einige Gedanken weiter, die in Kapitel 3 schon hinsichtlich der
Umweltkommunikation der universitären Experten zur Sprache kamen. Mit
welchen gesellschaftlichen Erwartungen sah sich die Universität konfrontiert? Gab es wirklich eine ‚Akzeptanz‘ dafür, wie Steven Shapin und andere
im Hinblick auf die mittelalterliche Universität behaupten, dass dort ‚nutzlo-
ses Wissen‘ produziert wurde, weil man schlicht mit keinem praktischen Wert
des gelehrten Wissens rechnete? Oder versprach sich die Gesellschaft doch
einen konkreten Nutzen von dieser Organisation? Und wenn die Gesellschaft
Erwartungen hatte, in welchem Maße wurden sie bedient und, falls sie nicht
bedient wurden, welche Reaktionen löste dies aus? Schließlich: Hatte die
Haltung, welche die Gesellschaft der Wissenschaft entgegenbrachte, irgendwelche Konsequenzen im Inneren der Wissenschaft, nahm man in der Universität
wahr, was die Gesellschaft über die Gelehrten dachte oder was sie von ihnen
verlangte? Und falls ja, wie reagierte man darauf? Gleichgültig, ablehnend, trotzig, versöhnlich? Diese letzten Fragen nach den Manifestationen gesellschaftlicher Erwartungen im Inneren der Wissenschaft machen den größten Teil von
Kapitel 5 aus. Hier werden einige Autoren in Nahaufnahmen betrachtet und
vor dem Hintergrund der bisherigen Ausführungen einer neuen Sichtweise unterzogen. Kapitel 7 schließt (nach einer kurzen Zwischenreflexion in Kapitel 6)
daran an, wechselt aber wieder stärker in die Vogelperspektive und nimmt eine
spezifische Form der innerwissenschaftlichen Verarbeitung in den Blick, der in
dieser Arbeit eine Schlüsselfunktion zukommt. Das abschließende Resümee

fasst die Ergebnisse zusammen, diskutiert aber zudem erneut die im Laufe
der Arbeit mehrfach angeschnittene Frage nach der ‚Modernität' der behandelten Aspekte.

Ob die Beantwortung der hier aufgeworfenen Fragen zu der oben postulierten ‚Ordnung' des Materials, zur Beseitigung der aufgezeigten Widersprüche
beitragen kann, wird der Leser der vorliegenden Studie selbst zu entscheiden
haben. Das folgende Kapitel wird zunächst einige methodologische Probleme
behandeln. Diese Ausführungen zielen nicht zuletzt darauf ab, das Profil, die
Zielsetzung und die Vorgehensweise dieser Arbeit noch weiter zu spezifizieren.

1.3   Methodologische Vorbemerkungen: Mittelalterliche
Wissenschaftsgeschichte

Dem Leser dieser Arbeit wird bald auffallen, dass die Ausführungen der
Kapitel, sowohl in ihrer Thesenbildung und Argumentation, als auch in ihrer
generellen Beschreibungssprache, immer wieder auf theoretische Ansätze zu-
rückgreifen, die verschiedenen Disziplinen und Wissensfeldern entstammen:
vor allem der Soziologie, aber auch der Literaturwissenschaft, Linguistik oder
Philosophie. Den Theoriegebrauch in einer historischen Arbeit grundsätzlich
zu rechtfertigen, ist überflüssig. Es gibt keine wissenschaftliche Beschreibung
(historischer oder sonstiger Phänomene), die nicht theoriegeladen wäre;
dass die induktive Erschließung verallgemeinerbarer Einsichten auf der
Grundlage empirischer Befunde an bewusste oder unbewusste theoretische
Vorannahmen gebunden bleibt, ist eine Erkenntnis, die Karl Popper[61] mit
seinen Kritikern, wie Paul Feyerabend[62] oder Jürgen Habermas,[63] verbindet.
Letzterer hält, aus der Perspektive der Frankfurter Schule, im Hinblick auf
die Erkenntnismöglichkeiten der Soziologie fest, „daß der von Subjekten ver-
anstaltete Forschungsprozeß dem objektiven Zusammenhang, der erkannt

---

61   Karl Popper, *Logik der Forschung*, hg. von Herbert Keuth, 11. Aufl., Tübingen 2005, S. 69–89;
      Popper beschreibt die Notwendigkeit, ‚Basissätze' anzuerkennen, die bereits Bestandteile
      von ‚Theorien' sind: „Die Basissätze werden durch Beschluß, durch Konvention an-
      erkannt, sie sind Festsetzungen. [...] Es ist also nicht so, wie der naive Empirist, der
      Induktionslogiker glaubt: daß wir unsere Erlebnisse sammeln, ordnen und so zur
      Wissenschaft aufsteigen" (S. 83).
62   „Um diese Frage zu beantworten, genügt es, sich daran zu erinnern, dass Beobachtungs-
      aussagen, experimentelle Ergebnisse, ‚Tatsachenaussagen' entweder theoretische Annah-
      men *enthalten* oder sie durch die Art ihres Gebrauchs *machen*" (Paul Feyerabend, *Wider
      den Methodenzwang*, 13. Aufl., Frankfurt am Main 2013, S. 36).
63   Jürgen Habermas, *Erkenntnis und Interesse*, Frankfurt am Main 1973.

werden soll, durch die Akte des Erkennens hindurch selber zugehört".[64] Dies ist freilich vor dem Hintergrund des durch Adorno vermittelten, hegelianisch inspirierten Begriffs einer gesellschaftlichen ‚Totalität' formuliert, dessen Problematik hier nicht weiter interessieren muss, aber der Grundgedanke, den Habermas artikuliert, trifft sich mit der Einsicht in die unhintergehbare epistemische Prädisposition der erkennenden und interpretierenden Subjekte, also der Forscher.

Die reflektierte und erkenntnisleitende Verwendung von Theorien ist insofern keine Vorgehensweise, die einer objektiven Beschreibung der Befunde und einer damit verbundenen ‚reinen Induktion' der Aussagen entgegengesetzt wäre, sondern ein Verfahren, das dazu dient, die eigenen Kategorien und Prämissen, d.h. die epistemischen Voraussetzungen, welche der Untersuchung zugrundeliegen, zu benennen und zu definieren. Wenn die Notwendigkeit einer reflektierten Methodologie demnach außer Frage steht, warum dann aber die angekündigte Vielfalt, die bunte Mischung von Konzepten aus unterschiedlichen Disziplinen? Ginge es nur um eine Reflexion der Konstitution der eigenen Prämissen und um eine vorgeschaltete Kategorienlehre, dann würde *ein* theoretischer Zugang doch genügen, um die Ontologie zu explizieren, aus der die begrifflichen Entitäten der Analyse stammen. Diese Frage bedarf bereits viel eher einer Klärung, weshalb an dieser Stelle eine kurze Rechtfertigung des willentlich praktizierten Theorieeklektizismus angebracht erscheint.

Meine Überlegung nimmt gewissermaßen ihren Ausgang bei der ganz grundsätzlichen Feststellung Paul Feyerabends, „daß alle Methodologien, auch die einleuchtendsten, ihre Grenzen haben".[65] Die „Grenzen", die jeder theoretische Zugang hervorbringt, verweisen jedoch nicht nur auf die individuelle Leistungsfähigkeit eines Ansatzes, sondern gleichzeitig auf einen Exklusionsmechanismus, der für die Funktion einer Theorie konstitutiv ist: Jede Theorie, jedes analytische Modell beruht auf einer perspektivischen Segmentierung der Phänomene, also auf einer Auswahl dessen, was für die avisierten Fragen und Probleme der Theorie relevant ist, unter Ausschluss aller anderen Phänomene, die sich nicht in das heuristische Schema einfügen oder auf dessen Fragen ‚antworten'. Diese selektive Potenz einer jeden theoretischen Perspektive hat Umberto Eco in einer treffenden Formulierung hervorgehoben: „Aber man kann das unbedingteste Vertrauen in die Wirklichkeit der von einem Modell aufgezeigten Verbindungen haben, ohne deswegen zu leugnen, dass

---

64   Jürgen Habermas, „Analytische Wissenschaftstheorie und Dialektik. Ein Nachtrag zur Kontroverse zwischen Popper und Adorno", in: *Der Positivismusstreit in der deutschen Soziologie*, hg. von Theodor W. Adorno et al., München 1993, S. 155–191, S. 156.

65   Feyerabend, *Wider den Methodenzwang*, S. 37.

es andere mögliche Verbindungen gibt, die nur erscheinen können, wenn sie
von einem anderen Gesichtspunkt aus betrachtet werden. Und ich werde niemals wissen, wenn das vorgeschlagene Modell operationell funktioniert, welche und wie viele andere mögliche Beziehungen meine Operation im Dunkeln
gelassen hat".[66]

Die bewusste ‚Dialektik der Perspektiven‘, für die sich in dieser Arbeit
entschieden wurde, zielt demnach darauf ab, das skizzierte Thema aus verschiedenen Blickwinkeln zu beleuchten und auf diese Weise gleichsam ‚ein-
zukreisen‘. Dieser tendenziell zirkuläre oder spiralförmige Modus operandi
trägt zur Nicht-Linearität der Darstellung wesentlich bei, ist aber gleichzeitig
an der angestrebten ‚Ordnung‘ des Materials, d.h. an der Sichtbarmachung von
Verbindungen, maßgeblich beteiligt. Um möglichst viele Perspektiven auf das
Tableau der Phänomene zu erschließen, und damit möglichst wenige Verbindungen „im Dunkeln" zu lassen, kann insofern nicht ein theoretischer Ansatz
allein erkenntnisleitend sein; vielmehr ist ein reflektierter und kontrollierter
Theorieeklektizismus unbedingt notwendig.

Wird hier demnach entschieden für eine Multiperspektivität der Darstellung eingetreten, so muss allerdings gleichzeitig betont werden, dass die
Formulierung „kontrollierter Theorieeklektizismus" ernstzunehmen ist und
wichtige methodologische Implikationen hat. Ein solches Programm ist nicht
mit einem Plädoyer für ein wildes und unbegrenztes „anything goes" zu verwechseln. Wenn von einer bunten Mischung die Rede ist, dann von einer solchen, deren Elemente dennoch in ihrer wechselseitigen Beziehung einer mehr
oder weniger kohärenten Konzeption folgen, d.h. eine ‚Form‘ haben. Diese
Form ist keine „Fessel der tausend Nacken", über die Nietzsche seinen Zarathustra philosophieren lässt,[67] sondern vielmehr ein bewusst offen gehaltenes
Leitmodell, an dem sich die vorliegende Arbeit grundsätzlich orientiert, wenngleich sie es durch weitere Perspektiven ergänzt. Wie am Ende dieses Kapitels
deutlich werden wird, handelt es sich dabei um die Theorie sozialer Systeme
von Niklas Luhmann.

Auch wenn zentrale Thesen dieser Arbeit luhmannianisch inspiriert sind,
so besteht das Ziel, wie deutlich geworden sein sollte, nicht darin, die Systemtheorie um jeden Preis zu ‚beweisen‘, sondern darin, sie zum konzeptuellen
Rahmen der Untersuchung zu machen, der für andere Ansätze anschlussfähig

---

66   Umberto Eco, *Einführung in die Semiotik*, 9. Aufl., München 2002, S. 431.
67   „Tausend Ziele gab es bisher, denn tausend Völker gab es. Nur die Fessel der tausend
      Nacken fehlt noch, es fehlt das Eine Ziel. Noch hat die Menschheit kein Ziel. Aber sagt
      mir doch, meine Brüder: wenn der Menschheit das Ziel noch fehlt, fehlt da nicht auch –
      sie selber noch?" (Friedrich Nietzsche, *Also sprach Zarathustra. Kritische Studienausgabe*,
      hg. von Giorgio Colli/Mazzino Montinari, 11. Aufl., München 2007, S. 76).

bleibt. Insofern die Systemtheorie selbst ein System konstituiert, das verschiedene Theorieelemente (wie Autopoiesis, strukturelle Kopplung oder Medium) funktional aufeinander bezieht, so gestaltet sich der Umgang mit diesem System ganz analog – wenn dieser Vergleich gestattet ist – der Art und Weise, wie etwa Pierre Boulez in seinem Schlüsselwerk *Le marteau sans maître* (1953–1957) die systemischen oder strukturellen Zwänge des Serialismus mit kompositorischer Freiheit verbindet, das System also kreativ adaptiert, um es im Akt dieser Aneignung gleichzeitig zu modifizieren und mit exogenen Elementen anzureichern.[68]

Es ist in diesem Kapitel nicht notwendig, die theoretischen Zugänge, die in der vorliegenden Arbeit zur Anwendung kommen, im Einzelnen zu diskutieren. Sie werden in den jeweiligen Kapiteln, also dort, wo sie unmittelbar relevant sind, punktuell eingeführt und auf konkrete Aspekte bezogen. Zudem findet sich in der Mitte von Kapitel 5 eine methodologische Zwischenreflexion, die die zentralen Konzepte des Kapitels gesondert behandelt. Es geht an dieser Stelle vielmehr darum, einige grundsätzliche Fragen zu klären, welche die Arbeit in ihrer Gesamtheit betreffen, prinzipielle Aspekte der allgemeinen Herangehensweise, die dem Vorgehen zugrundeliegen. Den theoretischen Rahmen in groben Zügen abzustecken, ist jedoch nicht nur sinnvoll, um die methodologischen Grundannahmen der Untersuchung vorzustellen, sondern ebenso, weil damit einige Fragen verbunden sind, vor die sich diese Untersuchung aufgrund ihrer Thematik unweigerlich gestellt sieht.

Die vorliegende Arbeit versteht sich als Beitrag zur Erforschung der mittelalterlichen *Wissenschaft*, möchte also *Wissenschaftsgeschichte* sein. Was im ersten Moment selbsterklärend wirkt, wirft auf den zweiten Blick durchaus gewichtige Fragen auf. Was ist überhaupt ‚Wissenschaft‘ im Mittelalter? Womit genau beschäftigt sich die Wissenschaftsgeschichte? Welche theoretischen Ansätze sind für die Erforschung der Wissenschaftsgeschichte aufschlussreich, welche Herangehensweisen sind etabliert, und wie selbstverständlich ist ein solches Vorgehen in der Mediävistik? Es ist im Rahmen dieses Kapitels nicht möglich, diese Fragen in aller Ausführlichkeit zu diskutieren, aber die skizzierten Aspekte sollen im Folgenden zumindest umrissen und aufeinander bezogen werden. Eine derartige Erörterung wird es ermöglichen, sowohl den theoretischen Rahmen als auch den Gegenstand dieser Arbeit genauer zur definieren.

---

68   Fred Lerdahl, „Cognitive Constraints on Compositional Systems", in: *Contemporary Music Review* 6 (1992), S. 97–121; Ulrich Mosch, „Disziplin oder Indisziplin? Zum seriellen Komponieren im 2. Satz des *Marteau sans maître*", in: *Musiktheorie* 5,1 (1990), S. 39–66.

1.3.1   *Auf dem Weg zu einer Soziologie der mittelalterlichen Wissenschaft*
Ein soziologischer, jedenfalls ein dezidiert theoriegeleiteter, Zugang zur mittelalterlichen Wissenschaft ist nach wie vor keinesfalls selbstverständlich.
Zumindest kann keine Rede davon sein, dass in der Mittelalterforschung ein
ähnliches Maß an Selbstverständlichkeit hinsichtlich einer soziologischen
Herangehensweise vorhanden wäre,[69] wie es für Forschungen zur frühneuzeitlichen und modernen Wissenschaft seit langem der Fall ist. Zahlreiche
neue Ansätze der *Sociology of Science* oder *Sociology of Scientific Knowledge*
wurden hier in den vergangenen Jahrzehnten auf den Weg gebracht: Die
Akteur-Netzwerk-Theorie von Bruno Latour, John Law und Michel Callon[70]
leistete dazu einen ebenso signifikanten Beitrag wie etwa die Arbeiten von
Harry Collins[71] oder Barry Barnes.[72] Unter solchen Studien, die neue theoretische Perspektiven für die Geschichte der Wissenschaft fruchtbar machen, ist
die frühe Neuzeit als Untersuchungsfeld recht gut repräsentiert: Das berühmte Buch von Steven Shapin und Simon Schaffer, *Leviathan and the Air-Pump*,[73]
war grundlegend für weitere Forschungen, in ähnlicher Weise wie – freilich
aus einer ganz anderen Richtung – Quentin Skinners Bemühen, die frühneuzeitlichen Grundlagen des modernen politischen Denkens zu erschließen,[74]
ebenfalls zahlreiche Arbeiten zur Ideengeschichte der frühen Neuzeit anregte.
In Deutschland hat Rudolf Stichweh einschlägige soziologische Studien zur

---

69   Frühe Ansätze aber bei Paul Honigsheim mit seinen Überlegungen zur Soziologie
        der Mystik und zum Mönchtum: Paul Honigsheim, „Soziologie der Mystik", in: Paul
        Honigsheim, *Versuche zu einer Soziologie des Wissens*, hg. von Max Scheler, München
        1924, S. 323–346; Paul Honigsheim, „Mönchtum I. Religionsgeschichtlich", in: *Religion in
        Geschichte und Gegenwart*, 3. Aufl., Bd. 4, Tübingen 1960, S. 1070.
70   Unter anderem: Bruno Latour, *Science in Action. How to Follow Scientists and Engineers
        Through Society*, Cambridge, Mass. 1988; Bruno Latour/Steve Woolgar, *Laboratory Life.
        The Construction of Scientific Facts*, Princeton 1986; John Law (Hg.), *Power, Action and
        Belief. A New Sociology of Knowledge*, London 1986; Michel Callon/John Law/Arie Rip,
        Mapping the Dynamics of Science and Technology. Sociology of Science in the Real World,
        Basingstoke 1986.
71   Harry M. Collins, *Are We All Scientific Experts Now?*, Cambridge, Mass. 2014; Harry M.
        Collins, *Gravity's Ghost: Scientific Discovery in the Twenty-First Century*, Chicago 2011;
        Harry M. Collins, *Tacit and Explicit Knowledge*, Chicago 2010.
72   Siehe vor allem: Barry Barnes, *Scientific Knowledge and Sociological Theory*, London 1980;
        sowie Barry Barnes/David Bloor/John Henry, *Scientific Knowledge. A Sociological Analysis*,
        Chicago 1996.
73   Steven Shapin/Simon Schaffer, *Leviathan and the Air-Pump. Hobbes, Boyle, and the
        Experimental Life*, Princeton 1985.
74   Quentin Skinner, *The Foundations of Modern Political Thought*, 2 Bde. [Bd. 1: *The
        Renaissance*; Bd. 2: *The Age of Reformation*], Cambridge 1980.

frühneuzeitlichen Wissenschaft unternommen,[75] von historischer Seite hat etwa Marian Füssel die heuristischen Möglichkeiten der Praxeologie für die Wissenschaftsgeschichte der frühen Neuzeit erprobt.[76]

Es gibt freilich gute Gründe für die Tatsache, dass die frühe Neuzeit besondere Aufmerksamkeit in Studien erhält, die sich dem Projekt einer methodisch neuorientierten Wissenschaftsgeschichte verschrieben haben. Zum einen war die Wissenschaftssoziologie von Beginn an eng mit Arbeiten zur frühen Neuzeit verbunden, insbesondere seit Robert K. Mertons einflussreichem Buch *Science, Technology, and Society in Seventeenth-Century England* von 1938.[77] Zum anderen, teilweise mit Mertons Buch verbunden, wurde die Interpretation der sogenannten *Scientific Revolution* zu einem der zentralen Schlachtfelder, auf dem die grundsätzliche Debatte über die Ausrichtung der Wissenschaftsgeschichte und über die adäquaten Methoden ihrer Erforschung in der Nachkriegszeit ausgetragen wurde. Dies lag vor allem daran, dass sich die marxistischen Wissenschaftshistoriker insbesondere der *Scientific Revolution* zugewandt hatten, um ihre Ansichten über die Gründe wissenschaftlichen Wandels zu belegen, und nun von traditionellen oder liberalen Historikern angegriffen wurden. Einen besonders wichtigen Impuls zu dieser Auseinandersetzung lieferte der Aufsatz *The Social and Economic Roots of Newton's ,Principia'* von Boris Hessen,[78] der bereits im Jahre 1931 erschienen war und von dem sich schon Robert Merton entschieden abgegrenzt hatte.[79] Schließlich wird das besondere Interesse an der Erprobung neuer theoretischer Ansätze für die Wissenschaft der frühen Neuzeit aber auch davon weiter befördert, dass einige der wichtigsten Theorien der neueren Wissenschaftsphilosophie und der Wissensgeschichte im Allgemeinen, wie diejenigen von Thomas

---

75   Rudolf Stichweh, *Der frühmoderne Staat und die europäische Universität. Zur Interaktion von Politik und Erziehungssystem im Prozeß ihrer Ausdifferenzierung (16.–18. Jahrhundert)*, Frankfurt am Main 1991; Rudolf Stichweh, *Zur Entstehung des modernen Systems wissenschaftlicher Disziplinen. Physik in Deutschland, 1740–1890*, Frankfurt am Main 1984.

76   Exemplarisch hier nur die Dissertation: Marian Füssel, *Gelehrtenkultur als symbolische Praxis. Rang, Ritual und Konflikt an der Universität der Frühen Neuzeit*, Darmstadt 2006.

77   Robert K. Merton, *Science, Technology, and Society in Seventeenth-Century England*, New Jersey 1978.

78   Boris Hessen, „The Social and Economic Roots of Newton's ,Principia'", in: *Science at the Crossroads*, hg. von Nicolai I. Bukharin, London 1971, S. 151–212.

79   Zur Rezeption von Hessens Artikel: „Simon Schaffer, Newton at the Crossroads", in: *Radical Philosophy* 37 (1984), S. 23–28.

Kuhn[80] und Michel Foucault,[81] im Hinblick auf frühneuzeitliche epistemische Ordnungen formuliert wurden.[82]

Freilich gibt es eine lange Tradition der mediävistischen Wissenschaftsgeschichte (auf die noch zurückzukommen sein wird), doch hat sich eine vergleichbare Debatte über Methodologie und Theorie in diesem Feld nicht entwickelt. Um den theoretischen Rahmen einer Arbeit zur mittelalterlichen Wissenschaftsgeschichte zu umreißen, mag es daher legitim sein, an dieser Stelle noch einmal einige ganz grundsätzliche Fragen aufzuwerfen, mit denen sich eine wissenschaftssoziologische Untersuchung auseinanderzusetzen hat.[83]

Würde man im Sinne der Mythenanalyse von Claude Lévi-Strauss versuchen, die invariante Metastruktur eines Großteils der Debatten unter den Wissenschaftshistorikern im 20. Jahrhundert zu erschließen, also durch „allmähliche Vereinfachungen" schließlich das „Strukturgesetz" des Konflikts zu benennen,[84] dann käme man wohl bei der Auseinandersetzung um das Verhältnis von internen und externen Faktoren, also bei der InternalismusExternalismus-Debatte an, die sowohl auf allgemeiner Ebene geführt wurde, als auch den Hintergrund für zahlreichen Einzelgefechte lieferte, in denen man sie aktualisierte.[85] Auch wenn diese Debatte von vielen heutigen Wissenschaftshistorikern als überwunden betrachtet wird, so fällt auf, dass sie dennoch nach wie vor einen zentralen Referenz- und Ausgangspunkt in den meisten methodologischen Diskussionen darstellt.[86] Das zugrundeliegende Problem der Diskussion ist zunächst recht einfach: Die „Internalisten" waren der Ansicht, dass

80   Thomas S. Kuhn, *Die Struktur wissenschaftlicher Revolutionen*, 13. Aufl., Frankfurt am Main 1996.

81   Michel Foucault, *Die Ordnung der Dinge. Eine Archäologie der Humanwissenschaften*, Frankfurt am Main 2003; Foucault behandelt den Zeitraum vom Ende des 16. bis zum Beginn des 19. Jahrhunderts; im Zentrum steht die ‚klassische' Episteme des 17. Jahrhunderts.

82   Auch Paul Feyerabend, dessen berühmte Abhandlung *Against Method* von 1975 (dt. Wider den Methodenzwang) bis heute insbesondere in der englischsprachigen Wissenschaftsphilosophie (*philosophy of science*) höchst einflussreich ist, exemplifiziert seine Thesen vor allem mit Blick auf Galileo Galilei.

83   Siehe auch allgemein: Marcel Bubert, „Towards a Sociology of Medieval Philosophy, with Special Reference to Paris around 1300. Some Preliminary Remarks", in: *Jahrbuch für Universitätsgeschichte* 19 (2016) (erschienen 2018), S. 113–126.

84   Claude Lévi-Strauss, *Strukturale Anthropologie*, Frankfurt am Main 1969, S. 240.

85   Zur Geschichte dieser Debatte im 20. Jahrhundert: Steven Shapin, „Discipline and Bounding: The History and Sociology of Science As Seen Through the Externalism-Internalism Debate", in: *History of Science* 30,4 (1992), S. 333–369.

86   Peter Weingart, *Wissenschaftssoziologie*, 3. Aufl., Bielefeld 2013, S. 53–61; siehe auch Pierre Bourdieu, *Les usages sociaux de la science. Pour une sociologie clinique du champ scientifique*, Paris 1997, S. 13.

die Geschichte der Wissenschaft primär durch die *immanente Logik* wissenschaftlicher Theorien und Ideen bestimmt ist. Einer der wichtigsten Vertreter dieser Richtung im 20. Jahrhundert war der Wissenschaftshistoriker Alexandre Koyré, der in seinen Arbeiten die Theorie und ihre Entwicklung zum wesentlichen Gegenstand der Wissenschaftsgeschichte machte.[87] Unter Koyrés Einfluss wurden zahlreiche ‚internalistische' Arbeiten verfasst, nicht nur über die Wissenschaft der frühen Neuzeit, wie etwa von Herbert Butterfield,[88] sondern auch über die Geschichte der mittelalterlichen Wissenschaft, wie etwa von Alistair Crombie oder Marshall Clagett, die zwar andere Ansichten vertraten als Koyré, aber in ihrer Herangehensweise auf derselben Linie lagen.[89] Es gibt keine direkte Verbindung zwischen Alexandre Koyré und der Geschichte der mittelalterlichen *Philosophie*, wie sie von Philosophiehistorikern des 20. Jahrhunderts geschrieben wurde; die mittelalterliche Philosophiegeschichte und die mittelalterliche Wissenschaftsgeschichte im engeren Sinne waren die meiste Zeit prinzipiell getrennte Arbeitsfelder (darauf ist noch zurückzukommen). Doch der grundsätzliche Ansatz des Internalismus, d.h. die Konzentration auf Ideen und Theorien, liegt auch der traditionellen Philosophiegeschichtsschreibung zugrunde.[90]

Auf der anderen Seite der Debatte stehen die „Externalisten", die für die Bedeutung des sozialen Kontexts in der Wissenschaftsgeschichte argumentierten. Betrachtet man diejenigen Historiker, die als Externalisten bezeichnet (oder von ihren Gegner als solche beschimpft) wurden, dann fällt allerdings auf, dass dieses Label recht unterschiedliche Richtungen umfasst. Innerhalb der „Externalisten" gab es stets einen Unterschied zwischen einem

---

87   Zu den paradigmatischen Werken des Internalismus zählen Koyrés *Études galiléennes*, 3 Bde., Paris 1939; zu Koyré siehe auch: I. Bernard Cohen, „The Many Faces of the History of Science", in: *The Future of History*, hg. von Charles F. Delzell, Nashville 1977, S. 65–110; Thomas S. Kuhn, „Alexandre Koyré and the History of Science: On an Intellectual Revolution", in: *Encounter* 34 (1970), S. 67–69.

88   Herbert Butterfield, *The Origins of Modern Science, 1300–1800*, London 1968.

89   Siehe etwa Marshall Clagett/I. Bernard Cohen, „Alexandre Koyré (1892–1964): Commemoration", in: *Isis* 57,2 (1966), S. 157–166; zur inhaltlichen Auseinandersetzung zwischen Koyré und den Mediävisten siehe unten Kap. 5.

90   Von dieser „traditionellen Philosophiegeschichtsschreibung" gibt es einschlägige Ausnahmen; es sei an dieser Stelle nur pauschal auf Kurt Flasch und Ruedi Imbach verwiesen, von ersterem besonders auf: *Einführung in die Philosophie des Mittelalters*, 3. Aufl., Darmstadt 1994; von letzterem auf: *Laien in der Philosophie des Mittelalters. Hinweise und Anregungen zu einem vernachlässigten Thema* (Bochumer Studien zur Philosophie 14), Amsterdam 1989; *Dante, la philosophie et les laïcs*, Fribourg 1996, sowie: „Autonomie des philosophischen Denkens? Zur historischen Bedingtheit der mittelalterlichen Philosophie", in: *Was ist Philosophie im Mittelalter*, hg. von Jan A. Aertsen/Andreas Speer (Miscellanea Mediaevalia 26), Berlin 1998, S. 125–137.

gemäßigten externalistischen Ansatz einerseits, dessen Vertreter in der Nachfolge Robert Mertons von einer bedingten sozialen Prägung der Theorieentwicklung ausgingen, und der ‚radikalen‘ Richtung einer materialistischen
Interpretation der Wissenschaftsgeschichte andererseits. Die marxistischen
Historiker betonten bekanntlich vor allem die ökonomischen Grundlagen
wissenschaftlichen Wandels. Boris Hessen hatte Newtons *Principia* mit Hilfe
des Basis-Überbau-Schemas erklärt und als Antwort auf die ökonomischen
und technischen Bedürfnisse seiner Zeit interpretiert.[91] Insofern die sich historisch gleichbleibende Wirkungsmechanik dieses Schemas das Metanarrativ
der marxistischen Erzählungen konstituierte, konnte der bedeutende Physiker
und Wissenschaftshistoriker John Desmond Bernal in seinem Buch *Science in
History* von 1954 feststellen, „[...] that medieval science as a whole [...] arose as
a consequence of the breakdown of the old classical economy and was in turn
to decay and vanish with that of the feudal economy that succeeded it".[92]

Doch auch wenn sich dieser materialistische Blick auf die Geschichte der
Wissenschaft als in fast jeder Hinsicht grundlegend verfehlt erwiesen hat – die
Frage nach sozialen Faktoren in der Wissenschaftsgeschichte und nach den
sozialen Bedingungen der Theorieentwicklung bleibt ein virulenter Diskussi-
onspunkt. Es ist an dieser Stelle bereits unschwer ersichtlich, dass ein für die
vorliegende Arbeit adäquater Zugang zur Wissenschaft des Mittelalters vor
allem im Bereich des gemäßigten Externalismus gesucht werden wird. Dieser
gemäßigte Ansatz steht, jedenfalls hinsichtlich seiner kritischen Korrelation
von internen und externen Faktoren, in der Tradition Robert K. Mertons, der
stark von Max Weber beeinflusst war und sich von den marxistischen Historikern ebenso abgrenzte wie von einem puren ‚Idealismus‘.[93] Damit ist freilich noch nicht viel gesagt: Es bedeutet zunächst nur, dass die Opposition von
inneren und äußeren Aspekten nicht voreilig zugunsten einer Seite entschieden wird, und dass zudem die ‚externen‘ Faktoren nicht auf die Ökonomie
reduziert sind, sondern die sozialen und kulturellen Bedingungen im Allgemeinen betreffen.

---

91   Hessen, „Social and Economic Roots of Newton's ‚Principia'".
92   John Desmond Bernal, *Science in History*, Bd. 1, London 2010, S. 305; siehe auch S. 48: „As
     will be shown, it is these productive relations, depending as they do on the technical
     means of production, that provide the need for changes in these means and thus give rise
     to science".
93   Siehe auch Robert K. Merton, *Sociology of Science: Theoretical and Empirical Investigations*,
     Chicago 1973; Mertons Anschluss an Weber bestand nicht zuletzt darin, dass er eine för-
     derliche Wirkung der potestantischen Ethik auf die Entwicklung der Wissenschaft des 17.
     Jahrhunderts postulierte; diese geschichtliche Wirkung idealler Faktoren hielt der dem
     Materialismus der Marxisten entgegen; dazu Steven Shapin, „Understanding the Merton
     Thesis", in: *Isis* 79 (1988), S. 594–605.

Wie umfassend und heterogen der ‚soziale und kulturelle Kontext' der Wissenschaft dabei gedacht werden kann, hat wohl niemand so programmatisch formuliert wie Steven Shapin mit seinem Buchtitel von 2010: *Never Pure. Historical Studies of Science as if It Was Produced by People with Bodies, Situated in Time, Space, Culture, and Society, and Struggling for Credibility and Authority.*[94] Zu Recht hält Shapin der einst praktizierten ‚Wissenschaftshagiographie' des Internalismus, die den Forscher als von gesellschaftlichen Einflüssen unberührtes Genie imaginierte, seine vor diesem Hintergrund ‚häretischen' Ansichten entgegen, etwa „that science similarly belongs to place, that it bears the marks of the places where it is produced and through which it is transmitted", oder „that the historian is not properly concerned with Truth but with credibility, with whatever it is that counts as Truth in a range of historical settings", oder auch „that science is not pure thought but that it is practice, that the hand is as important as the head".[95] Wissenschaft findet in spezifischen Kontexten statt, ist mit kulturellen Praktiken verbunden und stellt zudem einen sozialen Kosmos dar, dessen Akteure nicht allein nach Wahrheit, sondern auch nach Reputation streben. Doch so richtig diese Einsichten auch sein mögen, so sehr sie dabei helfen, einen nicht-marxistischen Externalismus zu denken, so ist damit jedoch immer noch nicht gesagt, auf welche spezifische Weise und in welchem Ausmaß derartige Faktoren die Ebene der Ideen und Theorien tatsächlich beeinflussen. Die entscheidende Frage, die das ‚Problem des Externalismus' betrifft, muss an dieser Stelle lauten, ob oder inwieweit die externen Faktoren der Gesellschaft und Kultur den Bereich der wissenschaftlichen Produktion, der Entwicklung von Theorien und Gedanken, *unmittelbar* prägen, oder ob diese ‚Beeinflussung' in irgendeiner Form ‚vermittelt' stattfindet, also *indirekt* ist.

Fragt man nach direkten Verbindungen zwischen sozialen Faktoren, etwa aus dem Bereich der Politik, und wissenschaftlichen Positionen im 13. und 14. Jahrhundert, so wird man durchaus fündig. Ruedi Imbach hat gezeigt, dass die politische Orientierung Bonaventuras unmittelbare Konsequenzen etwa für die Frage hat, wie er das Verhältnis von Philosophie und Theologie konzipiert.[96] Seine Forderung, dass alles weltliche Wissen auf die Theologie ‚reduziert' werden müsse, wie er sie in seiner Schrift *De reductione artium ad theologiam* zum

---

94   Steven Shapin, *Never Pure. Historical Studies of Science as if It Was Produced by People with Bodies, Situated in Time, Space, Culture, and Society, and Struggling for Credibility and Authority*, Baltimore 2010.

95   Steven Shapin, „Lowering the Tone in the History of Science", in: Shapin, *Never Pure*, S. 1–14.

96   Imbach, *Laien in der Philosophie*, S. 153ff.

Ausdruck bringt,[97] findet bezeichnende Parallelen in seinen politischen Ansichten. Die neuplatonische Denkfigur der ‚Rückkehr‘ zum transzendenten Einen wird für Bonaventura zur Grundlage einer politischen Ordnung, in der die menschliche Welt auf den Vicarius Christi hingeordnet (bzw. ‚reduziert‘) ist: „Denn nur dort findet sich die vollkommenste Ordnung, wo eine vollkommene Rückführung zum Höchsten existiert, welches das schlicht Höchste ist, und dies ist Gott. [...] Was jedoch die Rückführung (reductio) zum Höchsten in der menschlichen Welt betrifft, so ist dies der Vicarius Christi, der Papst".[98] Dass vor einem solchen Hintergrund, in diesem diskursiven Kontext – auch darauf hat Imbach hingewiesen –, die Forderung des Boethius von Dacien nach einer ‚autonomen‘ Philosophie, einer eigenständigen philosophischen Wissenschaft, die sich nicht auf die Theologie ‚reduzieren‘ lässt, ebenfalls eine politische Konnotation aufweist, ja geradezu ein politisches Statement darstellt, lässt sich wohl kaum von der Hand weisen.[99]

Wenn Bonaventura behauptet, dass, wer bei der Philosophie verweile, der Finsternis verfalle (qui ibi vult stare cadit in tenebras),[100] und wenn Aubry von Reims zur selben Zeit postuliert, dass, wer den Höhepunkt seiner intellektuellen Reise, die Philosophie, erreicht habe, dort stehenbleiben sollte (sic est philosophia et ibi statur),[101] dann sind diese Äußerungen offenbar mit verschiedenen politischen Haltungen verbunden. Dass Marsilius von Padua bei der Konzeption seines Defensor pacis, in dem er die Machtansprüche des Papsttums rigoros zurückweist und für eine Autonomie der weltlichen Gewalt plädiert,[102] zumindest teilweise von dem ‚Averroisten‘ Johannes von Jandun

---

97   Bonaventura, *De reductione artium ad theologiam*, ed. Pierre Michaud-Quantin, Paris 1971.
98   Unde ibi solum est ordo perfectissimus, ubi est reductio perfecta ad summum, quod est summum simpliciter, cuiusmodi est Deus. [...] Ubi vero est reductio ad summum in genere hominum, cuiusmodi est Christi Vicarius, Pontifex summus (Bonaventura, *Quaestiones disputatae de perfectione evangelica*, zit. nach Imbach, *Laien in der Philosophie*, S. 155).
99   Zu Boethius von Dacien: Malcom de Mowbray, „The De aeternitate mundi of Boethius of Dacia and the Paris Condemnation of 1277", in: *Recherches de théologie et philosophie* 73 (2006), S. 201–256; Jan Pinborg, „Zur Philosophie des Boethius de Dacia. Ein Überblick", in: *Studia Mediewistyczne* 15 (1974), S. 165–185; Paul Wilpert, „Boethius von Dacien – Die Autonomie des Philosophen", in: *Beiträge zum Berufsbewusstsein des mittelalterlichen Menschen*, hg. von Paul Wilpert (Miscellanea Mediaevalia 3), Berlin 1963, S. 135–152.
100 Bonaventura, *De septem donis Spiritus Sancti*, in: Bonaventura, *Opera Omnia*, Bd. 5, cura patrum Collegii S. Bonaventuae, Quaracchi 1891, S. 455–503, S. 476.
101 Aubry von Reims, *Philosophia*, ed. René Antoine Gauthier, in: *Revue des sciences philosophiques et théologiques* 68,1 (1984), S. 3–49, S. 37.
102 Miethke, *Politiktheorie im Mittelalter*, S. 204–147; Jürgen Miethke, „Marsilius von Padua. Die politische Philosophie eines lateinischen Aristotelikers des 14. Jahrhunderts", in: *Lebenslehren und Weltentwürfe im Übergang vom Mittelalter zur Neuzeit*, hg. von Hartmut Boockmann/Bernd Moeller/Karl Stackmann, Göttingen 1989, S. 52–76.

unterstützt wurde, der, wie noch zu zeigen sein wird, offensiv für eine autonome Philosophie eintrat, ist schließlich wohl ebenfalls kein Zufall.

Beispiele wie das des Bonaventura machen deutlich, dass es, mitunter bis in die einzelnen Formulierungen hinein, sehr wohl unmittelbare Beziehungen zwischen der politischen Orientierung eines Autors und seinen Ansichten auf wissenschaftlicher Ebene gibt. Doch kann dies grundsätzlich verallgemeinert werden? Kann man stets einen direkten Bezug zwischen der sozialen Position eines Gelehrten und seiner intellektuellen Haltung oder wissenschaftlichen Ausrichtung festmachen? Und wie verhält es sich in anderer Hinsicht? Wirken sich andere soziale Faktoren in ähnlich unmittelbarer Weise aus, und wenn ja, wie weit reicht dieser Einfluss? Greifen derartige Einflüsse, politische oder sonstige, bis in die Tiefen der wissenschaftlichen Theorien durch, haben sie also direkte Auswirkungen auf die Produktion und Entwicklung von *Ideen*? Im Falle des *Defensor pacis* ist es offensichtlich, dass die politiktheoretischen Ideen, die er artikuliert, mit der politischen Position seines Autors (oder seiner Autoren) verbunden ist; aber wie verhält es sich außerhalb dieser idiosynkratischen und spektakulären Konstellation, wie ist die Situation im alltäglichen Betrieb der ‚normalen Wissenschaft‘?

Über die Frage nach der Unmittelbarkeit exogener Einflussnahmen auf die Wissenschaft hat sich Pierre Bourdieu intensive Gedanken gemacht. Ein zu weitgehender Externalismus ist für Bourdieu nicht haltbar. Direkte Auswirkungen äußerer Faktoren auf den wissenschaftlichen Betrieb lassen sich für ihn nur in Ausnahmefällen konstatieren, sind darüber hinaus jedoch nicht ohne weiteres anzunehmen. Das Verhältnis von Wissenschaft und Gesellschaft ist komplexer. Bourdieu tritt an, um den Gegensatz von Internalismus und Externalismus zu überwinden, und er bedient sich zu diesem Zweck seiner bereits anderweitig erprobten analytischen Kategorie des ‚Feldes‘: Die gesellschaftlichen Einflüsse auf die Wissenschaft seien gerade deshalb nicht unmittelbar, weil die Wissenschaft ein relativ autonomer sozialer Mikrokosmos, eben ein Feld sei, das eine eigene immanente Logik aufweise.[103] Die Logik dieses Feldes, so Bourdieu, konstituiere eine Art ‚Katalysator‘, durch den exogene Einflüsse unweigerlich ‚gefiltert‘ und transformiert werden, bevor sie sich im Inneren bemerkbar machen. In Bourdieus eigenen Worten: „En fait, les contraintes externes, de quelque nature qu'elles soient, ne s'exerçant que par l'intermédiaire du champ, sont médiatisées par la logique du champ. Une des manifestations les plus visibles de l'autonomie du champ, c'est sa capacité de réfracter, en

---

103   Pierre Bourdieu, „Le champ scientifique“, in: *Actes de la recherche en science sociales* 2 (1976), S. 88–104.

les retraduisant sous une forme spécifique, les contraintes ou les demandes externes".[104]

Das Verhältnis von Wissenschaft und Gesellschaft ist also *indirekt*, vermittelt durch den Katalysator des autonomen Feldes. Doch worin besteht für Bourdieu die Eigenlogik dieses Feldes, die dessen Autonomie begründet? Wenn Bourdieu von der Eigengesetzlichkeit des wissenschaftlichen Feldes spricht, dann hat er dabei einen *sozialen Kosmos* im Sinn, eine Struktur sozialer Positionen und Oppositionen. Die Akteure dieses Feldes sind deshalb nicht unmittelbar von außerwissenschaftlichen Faktoren betroffen, weil ihr soziales Handeln in erster Linie von der Eigendynamik des Kräftefeldes bestimmt wird, in welches sie als Wissenschaftler eingebunden sind. Was die Dynamik dieses Kraftfeldes erzeugt (und was Bourdieu vor allem interessiert), ist das durch die Struktur der Positionen bedingte, ubiquitäre Streben nach Reputation, oder, wie Bourdieu es nennt, nach ‚symbolischem Kapital'. Wenn Bourdieu in diesem Zusammenhang von „Wissenschaftskapitalisten" spricht,[105] dann bezieht er sich auf den (sublimierten) Kampf um Anerkennung, um symbolisches Kapital in der Wissenschaft, das, einmal gewonnen, wiederum als Waffe im Kampf eingesetzt wird.[106] Die Logik des Feldes ist eine agonale Logik, die auf die Akkumulation von symbolischem Profit abzielt.

Der heuristische Gewinn der Bourdieu'schen Feldtheorie ist hoch zu veranschlagen. Sie zeigt nicht nur, dass die Wissenschaft selbst eine genuin soziale Veranstaltung ist, also keinesfalls in einem luftleeren, sozial unkontaminierten Raum operiert; sie zeigt ebenfalls, dass dieser soziale Kosmos der Wissenschaft in seinem Inneren einer spezifischen Logik folgt, und dass diese Logik von einem agonalen, ja geradezu ‚kapitalistischen' Prinzip bestimmt wird. Es befindet sich also, folgt man Bourdieu, *ebenso viel Soziales in der Wissenschaft wie außerhalb*. In der Tat macht es auf den ersten Blick den Anschein – und Bourdieus suggestive Rhetorik ist daran wesentlich beteiligt –, dass das Problem damit gelöst, dass das Verhältnis zwischen ‚Innen' und ‚Außen' also hinreichend geklärt wäre, mit anderen Worten: dass Bourdieu sein Versprechen wahrgemacht und den Gegensatz zwischen Internalismus und Externalismus aufgehoben hätte. Um zu verstehen, warum dieser Schein trügt, muss man sich vor Augen führen, was eigentlich genau gemeint ist (oder eben nicht gemeint ist), wenn hier von ‚Innen' und ‚Außen' gesprochen wird.

---

104   Bourdieu, *Les usages sociaux de la science*, S. 15.
105   Bourdieu, *Les usages sociaux de la science*, S. 20.
106   Die Effizienz dieser Waffe hatte bereits Robert Merton beschrieben: Der ‚Matthäus-Effekt', von dem Merton ausgeht, zielt – nach dem Evangelistenwort: „Denn wer da hat, dem wird gegeben" – auf das Funktionsprinzip derartiger Strategien; siehe dazu: Robert K. Merton, „The Matthew Effect in Science", in: Merton, *Sociology of Science*, S. 438–459.

Wenn Bourdieu vom ‚Inneren‘ der Wissenschaft redet, dann bezieht er sich damit auf eine soziale Sphäre, die von einer eigenen immanenten Logik, nämlich der ‚Eigennützigkeit der Uneigennützigkeit‘, dem sublimierten Kampf des Wissenschaftskapitalismus, bestimmt wird. In diesem Sinne bestehen sowohl die Elemente dieser inneren Welt, als auch die Eigenlogik, der sie verpflichtet sind, aus demselben Material wie jene, etwa politischen oder ökonomischen, Faktoren der äußeren Welt, die ihnen als exogen entgegentreten. Beide Sphären, die interne und die externe, sind also aus dem Stoff gestrickt, den der Internalismus traditionellerweise als äußerlich, als exogen betrachtet. Die Frage, wie diese inneren und äußeren sozialen Elemente, die dem Bereich der Ideen gleichermaßen äußerlich sind, auf die innere Welt der Theorie einwirken, wird von Bourdieu keinesfalls hinreichend geklärt. Indem er die Grenze lediglich verschiebt, wird der einstige Dualismus zwar insofern aufgehoben, als man nun *drei Sphären* zu unterscheiden hat, doch das zentrale Problem des Externalismus, also die Frage, wie direkt oder indirekt das Soziale in der Theorie präsent ist, bleibt nach wie vor bestehen.

Eine andere Perspektive auf das Problem ermöglicht indes die Theorie sozialer Systeme von Niklas Luhmann.[107] An dieser Stelle soll weniger ein allgemeiner Abriss der Systemtheorie bemüht, sondern sogleich erörtert werden, was die Luhmann'schen Kategorien für die zur Debatte stehende Frage leisten können. Auch Luhmann geht davon aus, dass das Verhältnis von Wissenschaft und Gesellschaft nicht durch unmittelbare Einflussnahmen gekennzeichnet ist. Als soziales System ist die Wissenschaft autonom, operiert nach eigenen kommunikativen Regeln, d.h. nach einer ihr immanenten Funktionslogik. Ist hierbei von ‚Autonomie‘ die Rede, dann darf dieser Begriff keinesfalls mit Autarkie verwechselt werden: Das System ist zwar ‚autopoietisch‘, d.h. im Wortsinne ‚selbsterzeugend‘, insofern es auf aneinander anschließenden Kommunikationsakten beruht,[108] doch ist es gleichzeitig nicht von seiner Umwelt abgeschottet, sondern mit dieser durch ‚strukturelle Kopplungen‘ verbunden,

---

107 Grundlegend: Niklas Luhmann, *Soziale Systeme. Grundriß einer allgemeinen Theorie*, Frankfurt am Main 1987; Niklas Luhmann, *Die Gesellschaft der Gesellschaft*, 2 Bde., 9. Aufl., Frankfurt am Main 1998; Niklas Luhmann, *Einführung in die Systemtheorie*, hg. von Dirk Baecker, 6. Aufl., Heidelberg 2011; zentrale grundsätzliche Überlegungen finden sich auch in: Niklas Luhmann, *Legitimation durch Verfahren*, 9. Aufl., Frankfurt am Main 1983, sowie in: Niklas Luhmann, *Die Kunst der Gesellschaft*, 8. Aufl., Frankfurt am Main 1997; zur Wissenschaft im Besonderen siehe: Niklas Luhmann, *Die Wissenschaft der Gesellschaft*, Frankfurt am Main 1990.

108 Zur autopoietischen Autonomie: Luhmann, *Wissenschaft der Gesellschaft*, S. 289ff; Autonomie durch Selbsterzeugung bedeutet, „daß auch die Strukturen des Systems nur durch die eigenen Operationen des Systems gebildet und variiert werden können“ (S. 291).

über welche es ‚Irritationen' von außen empfängt. Derartige Irritationen sind,
da sie einem anderen systemischen – und das heißt: logischen – Zusammenhang entstammen, im Inneren des Systems nicht unmittelbar ‚verständlich',
sondern zunächst nur als ‚Geräusch' zu hören. Dies liegt daran, dass sie die
Rationalität des Systems nicht bedienen, seine Erwartungen vielmehr ‚enttäuschen' und deshalb ein Problem „für die Fortsetzung der Autopoiesis des
Systems" bilden.[109] Erst nachdem sie von der Eigenlogik des Systems erfasst
und verarbeitet wurden, erhalten sie dort einen Sinn, allerdings einen neuen,
systemspezifischen Sinn. Die strukturelle Kopplung funktioniert insofern
ebenfalls als ‚Katalysator', als ein höchst selektiver Apparat, der aus der komplexen Umwelt des Systems bestimmte Ausschnitte selegiert und damit eine
‚Komplexitätsreduktion' leistet. Diese ist für das Funktionieren des Systems
und für den Aufbau interner komplexer Strukturen unbedingt notwendig.
Es ist entscheidend, dass das System auf Irritationen aus seiner Umwelt angewiesen ist, die es aufnehmen und autopoietisch verarbeiten kann. Denn
die Entwicklung im Inneren des Systems, seine strukturalen Leistungen und
Transformationen, werden durch diese Irritationen stimuliert: „Je nach dem,
an welche Umweltausschnitte ein System langfristig gekoppelt ist, entwickeln
sich im System andere Strukturen – einfach deshalb, weil das System seine
Strukturen aus Anlaß von spezifischen Irritationen aufbaut und ändert".[110]
    Wenn im Vorausgehenden von „Sinn", „Geräusch" und „aneinander an-
schließenden Kommunikationsakten" die Rede ist, dann wird bereits deutlich,
woraus ein ‚soziales System' eigentlich besteht: Ein soziales System im Sinne
Luhmanns besteht nicht aus ‚Menschen', wie man im ersten Moment geneigt
wäre zu glauben, sondern aus Kommunikation. Die Operationen des Systems
sind kommunikative Akte. Worum es hier vor allem geht, ist die systemeigene
Logik, die diese Operationen reguliert, also das spezifische strukturale Prinzip,
welches die operationale Rekursivität, die das System an sich erst konstituiert, kanalisiert und orientiert. Für die Orientierung der kommunikativen Akte
eines Systems hat Luhmann wiederum einen spezifischen Funktionsbegriff:
‚Medium'. Ein symbolisch generalisiertes Kommunikationsmedium (in der
Wirtschaft: Geld, in der Politik: Macht, in der Wissenschaft: Wahrheit) ist für
die Ausrichtung und strukturale Kompatibilität der systemischen Operationen verantwortlich.[111] Begreift man nun mit Luhmann ein wissenschaftliches
System als einen auf ‚Wahrheit' ausgerichteten Zusammenhang, dann wird
allerdings deutlich, welche kommunikativen Akte dabei (auch) in den Blick

---

109   Luhmann, *Wissenschaft der Gesellschaft*, S. 40.
110   Luhmann, *Wissenschaft der Gesellschaft*, S. 40f.
111   Dazu vor allem: Luhmann, *Gesellschaft der Gesellschaft*, Bd. 1, S. 316–395.

geraten: Es wird möglich, die wissenschaftliche Produktion selbst unter dieser Perspektive zu betrachten, also die intellektuelle Arbeit der Wissenschaftler als autopoietisches System zu verstehen, das mit seiner Umwelt auf spezifische Weise verbunden ist. Mit der Hilfe Luhmann'scher Kategorien kann man davon ausgehen, dass z.B. die Philosophie des 13. Jahrhundert ein soziales System darstellt, das über ‚Wahrheit' kommuniziert, dabei aber durch strukturelle Kopplungen Irritationen aus seiner Umwelt empfängt, die es dazu bringen, seine Strukturen zu modifizieren oder neue strukturale Elemente aufzubauen.

Was in dieser Arbeit unter anderem gezeigt werden soll, ist, dass genau dies im 13. und frühen 14. Jahrhundert an der Universität Paris geschieht. Einige Entwicklungen in der Philosophie lassen sich als systemspezifische Verarbeitungen gesellschaftlicher Irritationen beschreiben. Es wird an einigen Stellen, zumal in Kapitel 5 und 7, deutlich werden, dass diese Verarbeitungen mitunter bis in die konkrete Theoriebildung hinein spürbare Konsequenzen haben. Auf diese Weise eröffnet sich die Möglichkeit, einen ‚gemäßigten Externalismus' so zu konzipieren, dass exogene Faktoren, die aus der Umwelt des Systems stammen, die Sphäre der wissenschaftlichen Theorien nicht nur äußerlich konditionieren, sondern auch inhaltlich prägen, ohne dabei aber die Autonomie des Systems zu gefährden. Nur als nach der Eigenlogik des Systems verarbeitete Irritationen, und somit in transformierter Gestalt, ist das Äußere im Inneren präsent.[112]

$$\bullet\bullet\bullet$$

Die luhmannianische Perpektive ermöglicht einen differenzierteren Blick auf das Verhältnis von Wissenschaft und Umwelt oder – noch allgemeiner gesprochen – die Relation von Text und Kontext. Wenn jedoch davon die Rede ist, dass die Luhmann'schen Kategorien es erlauben, einen gemäßigten Externalismus zu formulieren und die Relation von Text und Kontext differenzierter zu betrachten, dann zielt dies darauf ab, das Verhältnis der mittelalterlichen Wissenschaft zu ihrem sozialen Kontext *komplexer* zu denken. Im Hinblick auf die mittelalterliche Philosophie sieht sich die vorliegende Studie in diesem Sinne einer Herangehensweise verpflichtet, wie sie Kurt Flasch und

---

112 Um einer etwaigen Enttäuschung des Lesers vorzubeugen, sei aber noch einmal daran erinnert, dass es nicht das Hauptanliegen dieser Arbeit ist, die Auswirkungen dieser Mechanismen bis in die tiefsten Verästelungen der philosophischen Theoriebildung hinein zu verfolgen. Dies hätte eine andere, stärker ideengeschichtliche Orientierung der Arbeit und subtilere Analysen erfordert. Es geht in erster Linie darum, die Funktionsweise des skizzierten Vorgangs als solche nachzuweisen.

Ruedi Imbach schon seit einiger Zeit einfordern. Imbach hält entschieden fest, dass es unbedingt zu vermeiden sei, „die Relation zwischen sozialem Kontext und Philosophie in den Kategorien der Kausalität analysieren zu wollen".[113] Eine unmittelbare kausale Relation würde zwangsläufig eine Form von Determinismus implizieren. Demgegenüber hält Imbach fest: „Die Beziehung des philosophischen Denkens zum sozialen Kontext ist wesentlich komplexer: es ist darauf bezogen, ohne dadurch determiniert zu sein".[114] Diesem Umstand trägt der oben skizzierte Ansatz Rechnung: Indem die eigenlogische Verarbeitung von Irritationen gerade keine direkte kausale Relation, aber dennoch eine unhintergehbare Kopplung voraussetzt, kann der systemtheoretische Ansatz eine solche *komplexe Vermittlung* leisten. Auf diese Weise ist es möglich, zu verstehen, warum Philosophie im Mittelalter ‚autonom' operiert, aber gleichzeitig auf „die realen Bedingungen menschlichen Lebens"[115] bezogen ist.

Das Grundanliegen dieser Methodologie kann demnach auch als ‚wissenssoziologisch' bezeichnet werden. Auch hier geht es, jedenfalls im allgemeinsten Sinne, um eine *dialektische Korrelation* zwischen der Ebene des ‚Wissens' und ihren gesellschaftlichen Bedingungen.[116] Wogegen sich ein solches Verfahren wendet, ist eine oberflächliche Kontextualisierung, welche sich darauf beschränkt, ideengeschichtliche Entwicklungen und historische Kontexte in dem Glauben nebeneinanderzustellen, der Verweis auf derartige Gleichzeitigkeiten habe bereits einen heuristischen Wert. Es ist wenig damit gewonnen, wenn man weiß, dass die französische Revolution den Deutschen Idealismus motivierte, dass die ‚Erschütterung' von Autoritäten, die die Reformation mit sich brachte, die ‚Scientific Revolution' begünstigte, oder dass der Verlust von Werten, der mit dem Niedergang des weströmischen Reichs verbunden war, Boethius dazu anregte, das noch verfügbare Wissen kompilierend zu retten oder sich in die metaphysisch fundierte Welt der Mathematik zu flüchten. Die dialektische Vermittlung, die hier angestrebt wird, zielt stärker auf die Zwischenschritte und insofern auf subtilere Konstellationen. Dies aber erfordert zwangsläufig eine Engführung; es erfordert, die Philosophie „am Ort ihrer Entstehung aufzusuchen".[117]

---

113   Imbach, „Autonomie des philosophischen Denkens", S. 133.
114   Imbach, „Autonomie des philosophischen Denkens", S. 133.
115   Flasch, *Einführung in die Philosophie des Mittelalters*, S. 15.
116   Peter L. Berger/Thomas Luckmann, *Die gesellschaftliche Konstruktion der Wirklichkeit. Eine Theorie der Wissenssoziologie*, 24. Aufl., Frankfurt am Main 2012.
117   Imbach, „Autonomie des philosophischen Denkens", S. 137, der sich auf Flasch, *Einführung in die Philosophie des Mittelalters*, S. 15, bezieht.

Der Ort der Entstehung ist im Falle der vorliegenden Arbeit die Universität Paris. Die Universität als unmittelbaren sozialen Kontext der Philosophie zu begreifen, hat wiederum methodische Konsequenzen. Zum einen legt dies umso mehr eine Zusammenführung der in diesem Kapitel besprochenen Ansätze nahe: Die mittelalterliche Universität konstituiert einen eigensinnigen sozialen Mikrokosmos, nicht nur insofern sie von selbstlosen Kapitalisten bevölkert wird, sondern noch viel mehr insofern sie über eigene Sozialisationsformen, Rituale, Institutionen, Gruppenidentitäten, Denkformen, Werte und materielle Objekte verfügt, kurzum: eine eigene Kultur konstituiert. Dieser innere soziale und kulturelle Kontext der Philosophie, der sinnvollerweise vom äußeren Kontext der Politik und Ökonomie (um den es in dieser Arbeit ebenfalls geht) zu unterscheiden ist, wird traditionellerweise von einer eigenen Subdisziplin der Geschichtswissenschaft erforscht: der Universitätsgeschichte. Zu den methodischen Konsequenzen, die diese Arbeit, die Wissenschaftsgeschichte schreiben möchte, zu ziehen hat, zählt somit ebenfalls in besonderem Maße die Zusammenführung von Universitäts- und Philosophie- bzw. Wissenschaftsgeschichte, zwei Arbeitsfelder, die lange Zeit, bis auf wenige Ausnahmen, weitgehend getrennt betrieben wurden.[118] Aus diesem Grund wird die vorliegende Studie sowohl von den Arbeiten solcher Forscher profitieren, die sich, wie etwa Jacques Verger, Nathalie Gorochov oder Cécile Fabris, vornehmlich den institutionellen Strukturen oder der Prosopographie der Universität Paris zugewandt haben, als auch von jenen Untersuchungen, die der Geschichte der Philosophie im Umfeld der Pariser Universität gewidmet sind. Luca Bianchi, Alain de Libera, Ruedi Imbach, Claude Lafleur oder Olga Weijers sind nur einige der zahlreichen Namen, die dabei wichtig sein werden.

Mit dem Verhältnis von Universität und Wissenschaft sowie der unbeholfenen Formulierung „Universitäts- und Philosophie- bzw. Wissenschaftsgeschichte" ist schließlich ein letztes Problem angesprochen. Dieses Problem ist, streng genommen, terminologischer Art und soll zum Abschluss dieses Kapitels aufgeworfen und diskutiert werden.

---

118 Tendenzen in der jüngeren Forschung zur Überwindung dieses Gegensatzes referiert: Sita Steckel, „Wissensgeschichten. Zugänge, Probleme und Potentiale in der Erforschung mittelalterlicher Wissenskulturen", in: *Akademische Wissenskulturen. Praktiken des Lehrens und Forschens vom Mittelalter bis zur Moderne*, hg. von Martin Kintzinger/ Steckel Sita, Bern 2015, S. 9–58; unter den Mittelalterhistorikern, die um eine solche Verbindung teilweise schon seit Längerem bemüht sind, sei hier exemplarisch nur auf Jürgen Miethke, Karl Ubl, Frank Rexroth, Martin Kintzinger, Sita Steckel, Ian P. Wei und William J. Courtenay verwiesen; die Zusammenführung von Institutionengeschichte und Wissenschaftsgeschichte ist eines der zentralen Anliegen der bislang vor allem für die Neuzeit erprobten *Sociology of Scientific Knowledge*. Auf ihre Notwendigkeit hat insbesondere Thomas Kuhn seit den 1960er Jahren wiederholt aufmerksam gemacht.

1.3.2   Was ist Wissenschaft im Mittelalter?

Was in diesem Kapitel in grundsätzlicher Hinsicht über die methodologische
Orientierung der vorliegenden Arbeit zu sagen war, sollte nunmehr deutlich
geworden sein. Die Strukturen der Gesellschaft drücken sich auf der Ebene
des Wissens nicht ab, spannen nicht jeden Gedanken für sich ein;[119] vielmehr
werden die sozialen Faktoren auf komplexe und vielschichtige Weise der
Wissenschaft vermittelt. Im Rahmen dieser Ausführungen wurde mit einiger
Selbstverständlichkeit den Begriff ,Wissenschaft' verwendet, immer wieder
vom Verhältnis zwischen Wissenschaft und Gesellschaft gesprochen, schließlich Wissenschaft als soziales System definiert und behauptet, dass man die
Philosophie des 13. und 14. Jahrhunderts als ein solches System beschreiben
könnte. Diese Dinge haben, angesichts des nach wie vor uneinheitlichen
Gebrauchs des Wissenschaftsbegriffs in der Mittelalterforschung, einige erklärende Anmerkungen nötig. Die Erläuterung sei in zwei Schritte aufgeteilt,
die jeweils mit einer kurzen Frage verbunden sind: Was ist Wissenschaft im
Mittelalter? Was ist Philosophie im Mittelalter?

   Die mediävistische Wissenschaftsgeschichte im engeren Sinne hat eine
lange Tradition, innerhalb deren über den genuinen Gegenstand dieser Fach-
richtung meist weitgehende Einigkeit bestand. Diese Forschung wurde primär
von englischsprachigen, besonders US-amerikanischen, sowie von französischen Wissenschaftshistorikern dominiert. Zentrale Vertreter des 20. (und 21.)
Jahrhunderts sind Lynn Thorndike, Marshall Clagett, Alistair Crombie, David
C. Lindberg, James A. Weisheipl, John E. Murdoch, George Molland oder Edward Grant, aus Frankreich Pierre Duhem, Guy Beaujouan oder Emmanuel
Poulle, sowie aus Deutschland Anneliese Maier. Gegenstand dieser Forschung
war und ist vor allem „science" im Mittelalter, d.h. Astronomie, Optik, Alche-
mie, Mechanik bzw. die Wissenschaft der Gewichte (scientia de ponderibus),
Ingenieurswissenschaft (scientia de ingeniis), Magnetismus (Traktate De ma-
gneta), sowie theoretische und praktische Mathematik, besonders Geometrie. Wenn man sich mit der ,Scholastik' im engeren Sinne befasste, etwa mit
Aristoteles-Kommentaren, dann mit Kommentaren zur Naturphilosophie des
Aristoteles, d.h. zur Physik, zu De caelo oder den Meteorologica. Questionen zur
Ethik oder Traktate der Logik und Grammatik waren hier nicht von Interesse,

---

119   Eine solche Formulierung verwendet Theodor W. Adorno im Hinblick auf die Musik: „Eher
      sollte ausgeführte Musiksoziologie sich orientieren an der Strukturen der Gesellschaft,
      die in der Musik und dem, was in allgemeinstem Verstande Musikleben heißt, sich ab-
      drücken. [...] Demgegenüber sind Produktionsverhältnisse die wirtschaftlichen und ideo-
      logischen Bedingungen, in die jeder Ton, und die Reaktion auf einen jeden, eingespannt
      ist" (Theodor W. Adorno, „Nachwort: Musiksoziologie", in: Theodor W. Adorno, Einleitung
      in die Musiksoziologie, Frankfurt am Main 1975, S. 258–269, S. 258).

ebenso wenig wie Sentenzenkommentare oder theologische Summen. Auch war es nicht von zentraler Bedeutung, in welchem Kontext die Texte, die man untersuchte, entstanden waren: ob in universitärem, monastischem oder höfischem Milieu.

Von den Forschungen der Wissenschaftshistoriker profitiert die vorliegende Arbeit, wie in den nachfolgenden Kapiteln deutlich werden wird, in vielfacher Hinsicht. Alles, was sie über die Optik, die Astronomie oder die ‚Physik‘ des Mittelalters weiß, hat sie von den genannten Forschern gelernt. Dennoch versteht sie den Begriff der ‚Wissenschaft‘, und damit den Gegenstand der ‚Wissenschaftsgeschichte‘, anders als es in der traditionellen mediävistischen Wissenschaftsgeschichte der Fall war. Auch in dieser Frage bietet die Theorie sozialer Systeme eine grundlegende Orientierung.[120] ‚Wissenschaft‘ soll in dieser Arbeit nicht in erster Linie über feststehende Inhalte und Gegenstände definiert werden, sondern primär hinsichtlich ihrer sozialen Organisation und operativen Konzeption. Es geht also nicht nur darum, Wissenschaft als Gegenstand der Wissenschaftsgeschichte im Hinblick auf ihre Theorien, Methoden, Fragestellungen und epistemischen Axiome – kurz: ihr Paradigma – zu *historisieren* (diese Notwendigkeit steht seit Thomas Kuhn außer Frage), sondern auch darum, Wissenschaft nicht *a priori* auf bestimmte Wissensgebiete zu beschränken, wie das der ‚Naturwissenschaft‘, zu deren radikaler Historisierung Kuhn angetreten war. Wissenschaft meint in dieser Arbeit etwas anderes: Sie wird als soziales System begriffen, welches mit der Organisationsform der Universität verbunden ist und einzelne Subsysteme integriert, die aus aufeinander bezogenen Kommunikationen in den Bereichen Philosophie, Theologie, Rechtswissenschaft und Medizin bestehen.[121] Die Integration dieser Subsysteme, also die *Einheit* der Wissenschaft, wird durch die strukturkonservative Organisation der Universität gewährleistet, welche die prinzipiell ‚expansive‘ Binnendifferenzierung der Wissenschaft kanalisiert.[122]

Freilich wirft diese Definition durchaus noch einmal in neuer Weise das Problem der *Grenzen* der Wissenschaft auf, nicht, wie weiter oben, im Hinblick

---

120   Dazu auch die einzelnen Beiträge in: Rudolf Stichweh, *Wissenschaft, Universität, Professionen. Soziologische Analysen*, Bielefeld 2013, sowie besonders: Rudolf Stichweh, „Einheit und Differenz im Wissenschaftssystem der Moderne", in: *Zwei Kulturen der Wissenschaft – revisited*, hg. von Jost Halfmann/Johannes Rohbeck, Weilerswist 2007, S. 213–228.

121   Zu disziplinären Subsystemen innerhalb des übergreifenden Wissenschaftssystems siehe: Stichweh, *Entstehung des modernen Systems wissenschaftlicher Disziplinen*; Stichweh, „Einheit und Differenz im Wissenschaftssystem".

122   Rexroth, „Einheit der Wissenschaft"; Rexroth, *Fröhliche Scholastik*, S. 320–329 (zur „konservativen Revolution", die mit der Emergenz der Universität einherging).

auf die Grenze zwischen Theorie und Sozialem, um die sich die Internalismus-
Externalismus-Debatte dreht, sondern hinsichtlich der Unterscheidung zwischen Wissenschaft und anderen Formen gelehrter Praxis oder intellektueller
Aktivität. Denn gibt es nicht auch andere Kontexte, in denen im Mittelalter
mit ‚wissenschaftlichen‘ Texten und Inhalten umgegangen wurde? Im Hinblick
auf dieses Problem muss zunächst betont werden, dass es sich bei den analytischen Kategorien, derer sich diese Arbeit bedient, um eigens definierte und
gesetzte Kategorien handelt, die der Ordnung der Phänomene dienen, nicht
ausschließlich um solche, die aus den Begriffen der Zeitgenossen abgeleitet
wären. Dies ist an dieser Stelle deshalb so wichtig, weil es insbesondere in
dieser Angelegenheit wenig hilfreich ist, allein die historische Semantik von
‚scientia‘ zur Grundlage der Begriffsdefinition zu machen. Damit ist nicht gesagt, dass die Grenzen, die hier behauptet werden, nicht auch von den Zeitgenossen wahrgenommen und gedacht worden wären, dass sie nicht auch eine
entsprechende Einteilung der sozialen Welt vornahmen; es bedeutet nur, dass
dies nicht zwangsläufig in dieselben Begriffe gefasst wurde, kurzum: dass der
lateinische Signifikant „scientia“ und der in dieser Arbeit benutzte Begriff „Wissenschaft“ nicht einfach dasselbe Signifikat denotieren. Die analytische Kategorie ‚Wissenschaft‘, die in dieser Arbeit benutzt wird, umfasst vieles von dem,
was die Zeitgenossen mit ‚scientia‘ meinen, aber sie erhält ihre spezifische Bedeutung erst vor dem Hintergrund der hier vorgenommenen Definition.

Man könnte die Abgrenzungskriterien der Wissenschaft in verschiedener
Hinsicht diskutieren, etwa mit Blick auf spezifische Textgenres, die der Wissenskultur der Universität zueigen sind. Hier soll es jedoch primär um zwei
Aspekte gehen, die sich pauschal mit den Begriffen ‚Denkstil‘ und ‚kulturelle
Funktion‘ bezeichnen ließen.[123] Die wichtigste Grenze, die es an dieser Stelle
zu begründen gilt, ist die zwischen universitärem und monastischem Milieu.
Diese Grenze ist auf den ersten Blick besonders deshalb undeutlich, weil es
zahlreiche Gelehrte gibt, die nach dem Studium an einer Universität in monastischem Umfeld aktiv sind und dort gelehrte Texte produzieren. Solche Gelehrte betreiben *Wissenschaft im Kloster*. Allerdings unterscheiden sie sich von
denjenigen Autoren, die nicht an einer Universität studiert haben, vielmehr
allein die institutionale Subwelt des Klosters internalisiert und damit einen
spezifisch monastischen, nicht in diesem Sinne ‚wissenschaftlichen‘ mentalen

---

123   Zum Begriff des Denkstils grundsätzlich: Ludwik Fleck, *Entstehung und Entwicklung einer*
      wissenschaftlichen Tatsache. Einführung in die Lehre vom Denkstil und Denkkollektiv, 10.
      Aufl., Frankfurt am Main 2015.

Habitus erworben haben.[124] Seit dem 12. Jahrhundert lassen sich idealtypisch ein scholastischer und ein monastischer Denkstil unterscheiden, die sich im 13. Jahrhundert fortsetzen.[125] Worum es hier also geht, ist nicht allein die Frage, ob gelehrte oder ‚wissenschaftliche‘ Texte in einem bestimmten Umfeld gelesen werden, sondern vor allem die Art und Weise, wie auf diese Texte zugegriffen wird, also eine bestimmte epistemische Praxis.

Das zweite Argument, mit dem der Begriff der ‚Wissenschaft‘ für die epistemische Kultur und den kommunikativen Raum der Universität beansprucht werden soll, zielt auf die ‚kulturelle Funktion‘ der Organisation. Gemeint ist dies: Wie im Verlauf dieser Arbeit noch deutlich werden wird, gab es in der mittelalterlichen Gesellschaft ein Bewusstsein davon, dass die Universität der institutionell autorisierte Ort für die Verwaltung bestimmter Wissensbestände ist.[126] Dieses gesellschaftlich objektivierte Wissen um die epistemischen Relevanzstrukturen ist nicht nur deshalb signifikant, weil es konkrete Wissensinhalte an der Universität lokalisiert, sondern vor allem deshalb, weil es durch den von ihm implizierten Delegationsprozess auf einen funktionalen Primärzweck der Universität als kultureller Einrichtung verweist. Die ‚kulturelle Funktion‘ der Universität gemäß der immanenten Logik einer derartigen Delegation ist die Speicherung, Perpetuierung, Erschließung, Systematisierung, Produktion und Weitergabe, kurzum: die ‚Verwaltung‘ eben der Wissensbestände, welche die Gesellschaft der Universität überantwortet.[127] Das Kloster weist als kulturelle Einrichtung nicht diese primäre Funktion auf, auch wenn in seinen Skriptorien gelehrte Texte rezipiert, produziert und reproduziert werden. Die monastische Schriftkultur ist Element einer religiösen Praxis

---

124 Zur prinzipiellen Differenz der Habitusformen: Frank Rexroth, „Monastischer und scholastischer Habitus. Beobachtungen zum Verhältnis zwischen zwei Lebensformen des 12. Jahrhunderts", in: *Innovationen durch Deuten und Gestalten. Klöster im Mittelalter zwischen Jenseits und Welt*, hg. von Gert Melville/Stefan Weinfurter, Regensburg 2014, S. 317–333.

125 Siehe auch: Jean Leclercq, *Wissenschaft und Gottverlangen. Zur Mönchstheologie des Mittelalters*, Düsseldorf 1963; Heinrich Fichtenau, „Monastisches und scholastisches Lesen", in: *Herrschaft, Kirche, Kultur: Beiträge zur Geschichte des Mittelalters*, hg. von Georg Jenal/Stephanie Haarländer, Stuttgart 1993, S. 317–337.

126 Siehe besonders Kap. 3.

127 ‚Verwaltung‘ wird hier bewusst als sehr weiter Begriff gefasst, so weit, dass er auch die ‚Produktion‘ als Subkategorie enthält; die mittelalterliche Wissenschaft war nicht nur damit befasst, Wissen zu ‚organisieren‘, sondern auch damit, Wissen zu ‚produzieren‘, wie an einigen Stellen dieser Arbeit deutlich werden wird; auch in dieser Hinsicht ist die Wissenschaft des Mittelalters also als ‚auto*poietisch*‘ zu begreifen – zur Definition von ‚Autopoiesis‘ im Hinblick auf die Produktion (und nicht nur Organisation) von Wissen: Rudolf Stichweh, „Die Autopoiesis der Wissenschaft", in: Stichweh, *Wissenschaft, Universität, Professionen*, S. 47–72.

und organischer Bestandteil der klösterlichen Abläufe, die insgesamt auf die spirituellen und pragmatischen Primärziele des Klosters ausgerichtet sind.[128] Vereinfacht formuliert: Das Kloster hat eine andere gesellschaftliche Funktion als die Universität, deren ,Aufgabe' zunächst in der Produktion und Verwaltung des gelehrten Wissens besteht, selbst dann, wenn sich die Gesellschaft gleichzeitig (bzw. davon ausgehend) einen praktischen Nutzen von dieser Delegation verspricht und eine konkrete Erwartung an die Universität heranträgt. Das Wechselspiel von eigensinniger Wissenschaft und gesellschaftlicher Erwartung wird in dieser Arbeit noch in verschiedener Hinsicht zu thematisieren sein. Die mittelalterliche Universität aber, darum ging es hier, bot gerade wegen ihrer kulturellen Funktion und der damit verbundenen ,Aufgabe' einen organisatorischen Rahmen für ein hohes Maß an Selbstreferenz in der Wissensproduktion und -verwaltung. Die Universität stellt einen Raum dar, in dem die Praxis, Wissen zu erschließen, zu produzieren und zu kommunizieren, *institutionalisiert* war, also habitualisierten Abläufen folgte, die nicht immer wieder aufs Neue begründet und rationalisiert werden mussten.[129] In diesem Sinne weist die Kommunikation, die in der Universität stattfindet, eine operationale Rekursivität auf, die einer Eigenlogik folgt und insofern ein eigenes System konstituiert. Dieser ,Freiraum' wurde möglich durch die Organisationsform der Universität, die mit ihren auf Autonomie und Autokephalie basierenden Strukturen einen sozialen Rahmen bereitstellte, in dem sich ein solches System entwickeln und verstetigen konnte.[130] ,Wissenschaft' wird daher in dieser Arbeit mit der epistemischen Kultur der Universität verbunden, die damit zum Gegenstand der ,Wissenschaftsgeschichte' wird.

1.3.3   *Was ist Philosophie im Mittelalter?*

Eine der wirkmächtigsten Definitionen der mittelalterlichen Philosophie stammt von Étienne Gilson. Die Philosophie des Mittelalters, jedenfalls die *wesentliche*, besteht für Gilson in der Synthese von Vernunft und Glaube, also

---

128   Hedwig Röckelein, *Schriftlandschaften, Bildungslandschaften und religiöse Landschaften des Mittelalters in Norddeutschland* (Wolfenbütteler Hefte 33), Wiesbaden 2015; Julie Kerr, *Life in the Medieval Cloister*, London 2009; George Ferzoco/Carolyn Muessig (Hg.), *Medieval Monastic Education*, London 2000; Hagen Keller, „Vom ,heiligen Buch' zur ,Buchführung'. Lebensfunktionen der Schrift im Mittelalter", in: *Frühmittelalterliche Studien* 26 (1992), S. 1–31.

129   Berger/Luckmann, *Konstruktion der Wirklichkeit*, S. 49–98.

130   Frank Rexroth, „Die Universität", in: *Die Welt des Mittelalters. Erinnerungsorte eines Jahrtausends*, hg. von Johannes Fried/Olaf B. Rader, München 2011, S. 460–472; Frank Rexroth, „Die Universität *war* der Freiraum! Ein Blick zurück auf die Autonomie der mittelalterlichen Wissenschaft", in: *Georgia Augusta* 7 (2010), S. 14–18; Rexroth, „Einheit der Wissenschaft".

in einem epistemischen Programm, welches die rationale philosophische Praxis untrennbar auf die Wahrheit der christlichen Offenbarung bezieht. Mittelalterliche Philosophie ist für Gilson gleichbedeutend mit ‚christlicher Philosophie‘, ein Begriff, den er maßgeblich geprägt und definiert hat.[131] Ruedi Imbach hat darauf hingewiesen, dass diese Konzeption insofern eine Berechtigung hat, als sie durchaus eine Entsprechung im mittelalterlichen Denken findet: Zahlreiche Theologen haben die Harmonisierung von Vernunft und Glaube erstrebt, Autoren wie Bonaventura erhoben sie zum expliziten Programm und Ideal ihres intellektuellen Strebens.[132] Wie oben bereits deutlich wurde, stellte Bonaventura die Philosophie ganz und gar in den Dienst der christlichen Religion. Doch kam dabei ebenfalls bereits zur Sprache, dass diese Position bei weitem nicht die einzige war. Daher betont Imbach, dass der Begriff der christlichen Philosophie, so wie Gilson ihn verwendet, nur einen Teil des mittelalterlichen Denkens erfasst, andere Bereiche jedoch vollständig ausblendet.[133] Die philosophische Konzeption, die Boethius von Dacien formuliert, zielt auf eine inhaltlich und methodisch autonome Wissenschaft ab, eine Philosophie, die unabhängig von der Theologie betrieben wird.[134]

Nimmt man das Projekt der Pariser Artes-Magister einer autonomen Philosophie ernst, dann hat dies Konsequenzen für den Begriff der mittelalterlichen Philosophie. Es wäre schließlich nicht abwegig, zu sagen, dass streng genommen nur dort, wo eine *unabhängige* philosophische Wissenschaft konzipiert und praktiziert wurde, im eigentlichen Sinne von Philosophie die Rede sein kann, dass nur dies Philosophie in Reinform sei, die man von den Fällen unterscheiden müsste, in denen die Philosophie für außerhalb ihrer selbst liegende Zwecke funktionalisiert wird. Luca Bianchi differenziert begrifflich ausdrücklich zwischen Philosophen und Theologen, indem er darauf hinweist, dass nur die Magister der Artistenfakultät wahrhafte „Berufsaristoteliker" seien, die andere Texte benutzten und andere Ziele verfolgten als die Theologen.[135] Mit ihrer subtilen Unterscheidung zwischen philosophischem und theologischem

---

131 Étienne Gilson, *L'esprit de la philosophie médiévale*, 2. Aufl., Paris 1948; Étienne Gilson, *Introduction à la philosophie chrétienne*, Paris 1960.

132 Ruedi Imbach, „Zur Präsenz des mittelalterlichen Philosophieverständnisses", in: Ruedi Imbach, *Quodlibeta. Ausgewählte Artikel/Articles choisis*, hg. von Francis Chevenal/Thomas Ricklin/Claude Pottier, Freiburg, Schweiz 1996, S. 35–43, S. 35.

133 Imbach, „Präsenz des mittelalterlichen Philosophieverständnisses", S. 35f.

134 Siehe die Belege in Kap. 2.

135 Luca Bianchi, *Il vescovo e i filosofi. La condanna parigina del 1277 e l'evoluzione dell'aristotelismo scolastico*, Bergamo 1990; Luca Bianchi, *Censure et liberté intellectuelle à l'université de Paris (XIIIe–XIV siècles)*, Paris 1999; Luca Bianchi, „Loquens ut naturalis", in: Luca Bianchi/Eugenio Randi, *Vérités dissonantes. Aristote à la fin du moyen âge*, Fribourg 1993, S. 39–70.

Diskurs, zwischen den Sichtweisen *secundum philosophos, naturaliter* oder *philosophice loquendo* einerseits und *secundum theologos, secundum fidem* oder *theologice loquendo* andererseits wurde ein eigenständiger Denkraum der Philosophie definiert und ermöglicht.

Freilich soll an dieser Stelle nicht behauptet werden, dass es außerhalb der Artistenfakultät keine Philosophie im Mittelalter gegeben habe. Diese Perspektive wäre ebenso verkürzt und einseitig wie die Ansicht Gilsons. Thomas von Aquin ist hinsichtlich seiner institutionellen Position und seines Selbstverständnisses, seiner sozialen Identität, eindeutig ein Theologe und dennoch wird er von der Philosophiegeschichte zu Recht als zentraler Vertreter philosophischen Denkens im Mittelalter behandelt. Für Kurt Flasch ist die entscheidende Frage nicht, wie sich die mittelalterlichen Autoren selbst verortet haben, ebenfalls nicht, *worüber* sie schrieben, ob sie über theologische Aspekte sprachen und ihre Werke zur Ehre Gottes verfassten; entscheidend ist für ihn vielmehr, „wie sie argumentiert haben". Flasch definiert in diesem Sinne bewusst einen weitgefassten, „für religionsphilosophische Themen (wie Erschaffung, Trinität und Inkarnation) durchaus offenen Philosophiebegriff".[136] Dies mag auf den ersten Blick konturlos erscheinen. Doch worauf es hier ankommt, ist, dass Flasch nicht die Absicht hat, die Geschichte der *akademischen Disziplin* der Philosophie zu schreiben, sondern die des *philosophischen Denkens* im Mittelalter.

Von dieser Feststellung ausgehend wird allerdings das zentrale Problem der hier diskutierten Frage deutlicher sichtbar. Es lässt sich durch zwei Beobachtungen umreißen: 1. Das Projekt einer autonomen und wissenschaftlich eigenständigen Philosophie, die nur Philosophie, *nicht* Theologie sein will, gab es nur an der Artistenfakultät; 2. Auch außerhalb der Artes-Fakultät, bei Autoren, die sich nicht als Philosophen verstanden, wurde philosophisch argumentiert, ja mehr noch, wurden philosophische Texte, Methoden, Kategorien und Ideen extensiv verwendet und in gedankliche Zusammenhänge integriert, deren Strukturen als ‚philosophisch' bezeichnet werden müssen und also ‚philosophisches Denken' repräsentieren.

Was bedeutet dieser Befund für die Frage nach dem Begriff der mittelalterlichen Philosophie? Er bedeutet zunächst, dass es offenbar keine universelle Definition, keine idealtypische Charakterisierung der Philosophie im Mittelalter geben kann.[137] Doch wie geht man mit dieser Einsicht um, wenn man

---

136 Kurt Flasch, *Das philosophische Denken im Mittelalter. Von Augustin zu Machiavelli*, 3. Aufl., Stuttart 2013, S. 28.

137 Dazu: Ruedi Imbach, „Neue Perspektiven für die Erforschung der mittelalterlichen Philosophie", in: Imbach, *Quodlibeta*, S. 1–16.

gleichzeitig geneigt ist, dem *Selbstverständnis* der Zeitgenossen Rechnung zu tragen? Ist es möglich, diesen auf den ersten Blick ungereimt wirkenden Befund, diese kategoriale Dissonanz, welche die Frage nach dem, was mittelalterliche Philosophie ist, so schwierig zu beantworten macht, in einer derartigen Weise zu sortieren, dass das Selbstverständnis der Akteure als Philosophen und Theologen, also der Umstand, dass Boethius von Dacien sich als Philosoph, Thomas von Aquin sich jedoch als Theologen kategorisiert, leichter mit der Tatsache vereinbar wird, dass beide Gruppen mit Philosophie befasst waren und philosophisches Denken praktiziert haben?

Auch wenn die Pluralität philosophischen Denkens im Mittelalter unhintergehbar bleibt, lässt sich die zunächst verwirrende Situation besser durchschauen, wenn man die mit der Organisationsform der Universität verbundene Wissenschaft als systemische Konfiguration autonomer Subsysteme begreift, mithin die Wissenschaften der Artistenfakultät und der theologischen Fakultät als zwei selbständig operierende soziale Systeme versteht.[138] Die Definition eines eigenständigen philosophischen Diskurses, der *secundum philosophos*, *naturaliter loquendo* verfährt und sich vom theologischen Diskurs, *secundum revelationem*, unterscheidet, setzt die operationale Geschlossenheit eines philosophischen Kommunikationszusammenhangs voraus, eines Systems, das in einem eigenen Medium, nämlich dem der *philosophischen Wahrheit* operiert. Dies darf nicht mit einem absoluten Geltungsanspruch dieser Wahrheit verwechselt werden. Es geht hier zunächst nur um das ‚Medium‘, welches die Kommunikation in diesem Diskurs reguliert, ohne dass damit etwas über die Relation dieser diskursinternen Wahrheit zur ‚Wahrheit‘ anderer Systeme ausgesagt wäre. Aber man sieht bereits, warum diese systemische Operationslogik zur Vorstellung von einer ‚doppelten Wahrheit‘ führen konnte.[139]

Die Philosophie der Artistenfakultät wird in der vorliegenden Arbeit als soziales System definiert, das ‚Philosophie‘ nach einer eigenen kommunikativen Logik betreibt. Dies schließt mitnichten aus, dass andere Systeme ebenfalls auf philosophische Texte zugreifen und philosophische Argumente verwenden. Aber dies geschieht in einem anderen diskursiven Kontext, in einem Zusammenhang, der nicht, jedenfalls nicht *primär*, dem regulativen Medium der philosophischen Wahrheit verpflichtet wäre, sondern wiederum einer eigenen Logik folgt. Es wird sich noch zeigen, dass etwa die Mediziner ausführlich auf

---

138   Zu disziplinären Subsystemen: Stichweh, *Entstehung des modernen Systems wissenschaftlicher Disziplinen*; Stichweh, „Einheit und Differenz im Wissenschaftssystem“.

139   Zur doppelten Wahrheit: Luca Bianchi, *Pour une histoire de la ‚double vérité‘*, Paris 2008; Richard C. Dales, „The Origin of the Doctrine of the Double Truth“, in: *Viator* 15 (1984), S. 169–179.

die Naturphilosophie rekurrieren, dass die Juristen die Techniken und Kategorien der Logik verwenden. Doch diese Zugriffe, diese kommunikativen Akte
referieren auf spezifische, mit der Logik der jeweiligen Systeme selbst verbundene Ziele: die Erhaltung oder Wiederherstellung der Gesundheit oder
die korrekte Anwendung des Rechts auf praktische Fälle. Auch in der Theologie ist der Zugriff auf philosophische Texte und Argumente prinzipiell mit
einer theologischen ‚Finalität' verbunden, findet diese Auseinandersetzung in
einem Kontext statt, in dem es um die Diskussion theologischer Fragen geht
oder in dem der Rekurs auf die Philosophie zumindest letztlich auf die Klärung theologischer Probleme abzielt.[140] Dies bedeutet, dass die Offenbarung
hier keinesfalls gezielt ausgeklammert wird, sondern Bestandteil der philosophischen Erörterung ist, dass also Axiome des Glaubens und theologische
Autoritäten (Bibel, Kirchenväter, Sentenzen) grundsätzlich und mit Selbstverständlichkeit in die Erörterung integriert sind. Diese Sichtweise soll hier nicht
weiter ausgeführt werden; der Leser sei insbesondere auf Kapitel 3 verwiesen,
wo dies ausführlicher besprochen wird.

•••

Die operationale Geschlossenheit der Philosophie, die einen ‚autonomen' philosophischen Diskurs begründet, ist, wie in dieser Arbeit gezeigt werden soll,
in vielfacher Hinsicht an die sozialen Bedingungen der Philosophie gebunden
und durch sie erst ermöglicht worden. Diese Bedingungen sind komplex und
müssen von verschiedenen Perspektiven beleuchtet werden. Auch lassen sich
mehrere Phasen ausmachen, in denen soziale Faktoren in unterschiedlicher
Weise auf die Formation des Systems eingewirkt haben. Eine erste entscheidende Phase auf diesem komplizierten Weg ist zweifellos im 12. Jahrhundert zu
verorten. Die Tatsache, dass sich in Paris (im Unterschied zu anderen Städten)
eine Pluralität von Dialektikschulen herausbildete, die *miteinander konkurrier-
ten*, hat wesentlich dazu beigetragen, dass die Philosophie eine Eigendynamik

---

140   Rudolf Stichweh hat im Hinblick auf das Phänomen der ‚Interdisziplinarität' betont, dass
       der Vorgang des „Austauschs von Konzepten, Abstraktionen, Theorien und Methoden",
       der die Grenzen der Subsysteme auf den ersten Blick in Frage stellt, keinesfalls zur
       Aufhebung der disziplinären Differenzierung auf operativer Ebene führt; vielmehr eig-
       nen sich die disziplinären Subsysteme derartige Materialien in freier Weise an, um damit
       in jeweils eigener Form zu operieren (Rudolf Stichweh, *Die zwei Kulturen? Gegenwärtige
       Beziehungen von Natur- und Humanwissenschaften* [Luzerner Universitätsreden 18],
       Luzern 2006, S. 7–21, S. 18).

gewann. Die Konkurrenz wurde hier kulturell produktiv.[141] Was aus diesem eigendynamischen Prozess resultierte, war die ‚Selbstreferentialität' der Philosophie. Dieser Begriff muss abschließend genauer erklärt werden.

Für Luhmann ist jedes autopoietische System in dem Sinne selbstreferentiell geschlossen, als „das System seine eigenen Operationen mit Hilfe seiner eigenen Operationen fortsetzt".[142] Dies sagt noch nichts darüber aus, „ob die Operationen intern oder extern verursacht sind". Selbstreferentielle Geschlossenheit des Systems besagt zunächst nur, dass das System „in jedem Moment nur aufgrund eigener Strukturen weiterarbeiten kann, deren Ausbildung und Aktualisierung jeweils systemeigene Operationen voraussetzt".[143] In diesem Sinne sind alle vier Subsysteme der mittelalterlichen Wissenschaft, von denen oben gesprochen wurde, ‚selbstreferentiell', insofern sie *autonom operieren*. Diese Definition gilt in der vorliegenden Arbeit und dient als konzeptuelle Grundlage, um die ‚Autonomie' der wissenschaftlichen Systeme zu begreifen. Wenn von autonomen Systemen die Rede ist, steht dieses Konzept im Hintergrund. Darüber hinaus wird allerdings der Begriff der ‚Selbstreferenz', und sein komplementäres Gegenstück, der Ausdruck ‚Fremdreferenz', noch in einem etwas anderen Sinne verwandt. Von ‚selbstreferentiell' und ‚fremdreferentiell' wird in den nachfolgenden Kapiteln oftmals gesprochen, wenn es um die ‚Finalität' kommunikativer Akte oder ganzer wissenschaftlicher Konzeptionen geht. Gemeint ist, vereinfacht ausgedrückt, der *Zweck* einer diskursiven Praxis oder Bezugnahme, bzw. die Frage, ob der finale Zweck einer bestimmten intellektuellen Aktivität innerhalb oder außerhalb des jeweiligen Systems liegt. Es wird z.B. wichtig sein, ob die Logik innerhalb der Philosophie, in einer theoretischen Diskussion der Ethik oder Physik, zur Anwendung kommt, ob sie zu einem außerphilosophischen, etwa theologischen, oder ob sie zu einem *außerwissenschaftlichen*, etwa politischen Zweck appliziert wird.

Verfolgt eine wissenschaftliche Praxis kein außerhalb ihrer selbst liegendes Ziel, wird sie als ‚selbstreferentiell' bezeichnet; liegt der primäre Zweck ihrer Tätigkeit außerhalb des eigenen Systems, ist von einem ‚fremdreferentiellen' Bezug die Rede. In diesem Sinne wird hinsichtlich der Rechtswissenschaft und der Medizin an einigen Stellen pauschal von ‚fremdreferentiell orientierten Wissenschaften' die Rede sein, insofern ihre Operationen insgesamt auf einen praktischen Nutzen in der nicht-wissenschaftlichen Welt abzielen. Das

---

141   Zur Dynamik der Konkurrenz: Georg Simmel, „Der Streit", in: Georg Simmel, *Soziologie. Untersuchungen über die Formen der Vergesellschaftung*, hg. von Otthein Rammstedt, 3. Aufl., Frankfurt am Main 1999, S. 284–382; siehe auch Kap. 3.1.
142   Luhmann, *Wissenschaft der Gesellschaft*, S. 304.
143   Luhmann, *Wissenschaft der Gesellschaft*, S. 304f.

kommunikative Medium dieser beiden Wissenschaften ist nicht ‚Wahrheit‘, wie im Falle der Philosophie, sondern ‚Nützlichkeit‘, aber eben eine Nützlichkeit, die – darauf kommt es hier an – *jenseits* des wissenschaftlichen Systems liegt.[144] Es wird sich im Laufe der folgenden Kapitel zeigen, dass diese grundsätzliche Differenz in der Ausrichtung der Wissenschaften auch von den Zeitgenossen wahrgenommen und in einer analogen Denkfigur reflektiert wurde. Die Quellen sprechen von solchen Wissenschaften, die *„propter se“*, und solchen, die *„propter aliud“* betrieben werden; ferner von den Disziplinen, die auf eine *„materiam exteriorem“* abzielen und denen, die sich auf die *„materiam sui ipsius“* richten. Dieser Sprachgebrauch macht deutlich, dass es, wo über die Ausrichtung der Wissenschaften reflektiert wurde, sowohl um die ‚Materie‘, auf welche ein kommunikativer Akt referiert, als auch um den Zweck ging, der dabei verfolgt wird.

Diese hier nur allgemein umrissenen Überlegungen stehen im Hintergrund, wenn die Kategorien ‚selbstreferentiell‘ und ‚fremdreferentiell‘ in der vorliegenden Arbeit Verwendung finden. Sie werden in den konkreten Ausführungen noch schärfere Konturen gewinnen. Vieles von dem, was im Vorausgehenden angedeutet wurde, wird sich erst nach der Lektüre der einzelnen Kapitel vollständig erschließen. Es wurde weiter oben gesagt, dass es hier nur darum ging, den allgemeinsten theoretischen Rahmen dieser Arbeit abzustecken. Er wird im Laufe der Ausführungen schrittweise erweitert und angereichert werden, eine Entwicklung, deren genauerer Bestimmung die „methodologische Zwischenreflexion“ in der Mitte der Arbeit gewidmet ist.

---

144   Rexroth, „Wahr oder nützlich“; Rexroth, „Einheit der Wissenschaft“.

KAPITEL 2

Die Pariser Artistenfakultät im 13. und frühen 14. Jahrhundert: Sozialisation und Identität

Wenn in diesem Kapitel nach den Manifestationen und Bedingungen einer ‚philosophischen Identität' an der Pariser Artistenfakultät gefragt wird, dann werden damit zwei Phänomene zusammengebracht, deren Korrelation keinesfalls selbstverständlich ist. Ob die intellektuelle Aktivität der Artes-Magister ‚wahre' Philosophie darstellt, d.h. ob die wissenschaftliche Produktion dieser Akteure hinsichtlich ihrer *gedanklichen Komplexität* das Label ‚Philosophie' verdient, ist eine Frage, die hier nicht beantwortet werden kann.[1] Jede definitive Antwort darauf würde einen normativen Philosophiebegriff voraussetzen. Wie in Kapitel 1.3 ausgeführt, wird ‚Philosophie' hier zunächst in anderem Sinne aufgefasst, nämlich als soziales System, und das heißt: nicht im Hinblick auf bestimmte Inhalte und Gegenstände oder das am Maßstab des Beobachters gemessene ‚Niveau' der Theoriebildung, sondern, vereinfacht gesprochen, als kommunikativer Zusammenhang, als operative Form, in der es um philosophische Wahrheit geht.

Was in diesem Kapitel zur Debatte steht, ist mit dieser Herangehensweise verbunden, allerdings wird der systemtheoretische Rahmen verlassen, um eine gruppensoziologische Perspektive einzunehmen. Wenn im Folgenden von ‚philosophischer Identität' die Rede ist, dann geht es um die Frage, ob die am System der Philosophie primär partizipierenden Akteure, d.h. die Magister der Artistenfakultät, ein Bewusstsein von der Spezifizität ihres Arbeitsfelds hatten, ob sie sich mit den Gegenständen ihrer gemeinsamen Tätigkeit identifizierten, mithin eine *Gruppenidentität* entwickelten. Doch warum ist das überhaupt so problematisch? Eine Arbeit, die sich unter anderem zum Ziel setzt, die angedeuteten Fragen zu behandeln, sieht sich unweigerlich mit einem Problem konfrontiert, das sich bei den anderen Fakultäten der Universität nicht, oder nicht in dieser Form, ergibt. Es wurde bereits in der Einleitung darauf hingewiesen, dass die Annahme einer disziplinären Identität der Philosophie, angesichts der spezifischen Position, Funktion und sozialen Zusammensetzung der

---

1 In negativem Sinne beantwortet diese Frage Alain de Libera, „Faculté des arts ou faculté de philosophie? Sur l'idée de philosophie et l'idéal philosophique au XIIIᵉ siècle", in: *L'enseignement des disciplines à la Faculté des arts (Paris et Oxford, XIIIᵉ et XIVᵉ siècles)*, hg. von Olga Weijers/Louis Holtz (Studia artistarum 4), Turnhout 1997, S. 429–444.

© KONINKLIJKE BRILL NV, LEIDEN, 2019 | DOI:10.1163/9789004399518_003

Artes-Fakultät, äußerst fragwürdig ist. Bekanntlich herrschte an keiner anderen Fakultät eine solche Fluktuation, die meisten Studenten blieben nur kurze Zeit, um die Universität ohne akademischen Grad wieder zu verlassen.[2] Für diejenigen aber, die länger blieben und einen Grad in den *artes* erwarben, sah die offizielle Funktion der Artistenfakultät keinen dauerhaften Verbleib an derselben – oder gar eine eigensinnige Beschäftigung mit ihren Gegenständen – vor, vielmehr sollte die Ausbildung in den *artes* auf das Studium an den ‚oberen' Fakultäten vorbereiten.

Nun ist allgemein bekannt, dass es in der zweiten Hälfte des 13. Jahrhunderts einige Artisten gab, die nicht nur dezidiert eine autonome Philosophie postulierten, sondern zudem das Ideal eines ‚philosophischen Lebens' entwarfen, womit die Grundlage einer manifesten philosophischen Identität gegeben war.[3] Doch wie verbreitet war diese Haltung an der Artes-Fakultät tatsächlich, waren dies nicht einzelne Ausnahmen, während die allermeisten Artisten ihre eigene Fakultät als reine *Übergangsfakultät* betrachteten? Gibt es eine Identität der Artes-Magister, die über Siger von Brabant und Boethius von Dacien hinausgeht, also eine Identität, die auch weitere Kreise von Artisten erfasst, die nicht so explizit wie Boethius eine Autonomie der Philosophie einforderten? Lässt sich bereits im 13. Jahrhundert von einer ‚philosophischen' Identität, von einem *Gruppenbewusstsein* der Artes-Magister sprechen, und wenn ja, auf welche Weise manifestiert es sich und wie kann es analytisch erfasst werden? Bevor im weiteren Verlauf dieser Arbeit von „der Artes-Fakultät" und „den Artisten" gesprochen wird, müssen zunächst die Bedingungen geklärt werden, unter denen diese als soziale Gruppe fassbar sind.

Wenn man sich an die Arbeit macht, Belege für die Existenz einer gemeinsamen Gruppenidentität der Artisten zusammenzutragen, dann stößt man bei intensiver Suche auf zahlreiche Phänomene, die sich in diesen Kontext sinnvoll einlesen und fruchtbar machen lassen. Manches wurde in der Forschung schon vor längerem hervorgeheben, vor allem von Luca Bianchi[4] und Claude Lafleur,

---

2   Zur Artes-Fakultät allgemein: Jacques Verger, „La Faculté des arts: le cadre institutionnel", in: Weijers/Holtz (Hg.), *L'enseignement des disciplines à la Faculté des arts*, S. 17–42; Jacques Verger, „Pour une histoire de la maîtrise ès-arts au Moyen Âge: quelques jarlons", in: *Médiévales* 13 (1987), S. 117–130; Rashdall, *Universities of Europe*, S. 439–471; siehe auch Rainer Christoph Schwinges (Hg.), *Artisten und Philosophen. Wissenschafts- und Wirkungsgeschichte einer Fakultät vom 13. bis zum 19. Jahrhundert* (Veröffentlichungen der Gesellschaft für Universitäts- und Wissenschaftsgeschichte 1), Basel 1999.

3   Siehe etwa einschlägig zu Siger von Brabant: Ruedi Imbach/François-Xavier Putallaz, *Profession: Philosophe. Siger de Brabant*, Paris 1997; ebenso: Jan-Hendryk de Boer, *Der Streit um Theologie und Philosophie an der Wende zum Spätmittelalter. Zur Konstruktion diskursiver Wirklichkeiten um 1300*, Saarbrücken 2007.

4   Bianchi, *Il vescovo e i filosofi*, S. 107–178.

wenn auch verstreut und nicht in einer systematischen Gesamtsicht. Anderes, was bislang in diesem Zusammenhang nicht beachtet wurde, lässt sich aus den Quellen der Artes-Fakultät gut erschließen und für diese Fragestellung auswerten. Ein Anliegen dieses Kapitels besteht insofern darin, die Befunde, die für eine verbreitete ,soziale Identität' der Pariser Artes-Magister sprechen, zusammenzuführen. Doch darin soll sich die folgende Erörterung keinesfalls erschöpfen. Ihre primäre Originalität sieht sie auf einer anderen Ebene, nämlich auf explanatorischer: Es steht die Frage im Vordergrund, *aus welchen Gründen* es trotz der geschilderten Umstände an der Artes-Fakultät, die offiziell nur propädeutische Funktion hatte, zur Herausbildung einer solchen Identität kommen konnte. Wie konnte es zu einer Identifikation mit der Philosophie und mit der Gruppe der Artisten kommen, obwohl die Position des Artes-Magisters kaum gesellschaftliches Ansehen genoss und die Universität offiziell weder einen längeren Verbleib an der Artes-Fakultät noch eine eigensinnige Beschäftigung mit den Gegenständen ihrer Lehre vorsah?

Die Ausführungen dieses Kapitels beziehen sich demnach auf Erscheinungsformen ,philosophischer Identität' an der Artistenfakultät der Universität Paris und auf die Möglichkeiten ihrer methodischen Erschließung und Erklärung. Damit soll unter anderem deutlich werden, worauf sich die Kritiker der Universitätsphilosophie mit ihrer Kritik eigentlich beziehen. Denn deren Polemik richtet sich, wie noch zu zeigen sein wird, vor allem gegen die prinzipielle *Praxisferne* der Philosophie. Besonders dezidierte Stellungnahmen wenden sich gezielt gegen die Tendenz einiger Pariser Artisten, die Philosophie als autonomen Bereich zu definieren, der keinen äußeren Anwendungsbezug hat, sondern in der genuin philosophischen Spekulation seine Vollendung findet. Diese Position, wie sie in den 1260er und 70er Jahren von Artes-Magistern wie Boethius von Dacien formuliert wurde, war allerdings, so soll gezeigt werden, in erster Linie das Resultat eines Prozesses, der in der Genese einer eigenständigen ,sozialen Identität' der Artisten im 13. Jahrhundert bestand. Eine Erörterung der spezifischen Bedingungen dieser Entwicklung, wie sie in diesem Kapitel versucht wird, kann eine neue Perspektive auf die Sozialgeschichte der Artes-Fakultät eröffnen.

2.1 Enthusiasmus und *amor sciendi*

Ein Bewusstsein für die Spezifität der eigenen Tätigkeit und die Definition eines eigenen Arbeitsgebiets hat Claude Lafleur bereits in den philosophischen Einführungen der ersten Jahrhunderthälfte festgestellt. Das Anliegen der Artes-Magister, die diese „Einführungen in die Philosophie" verfassten, war es, das Feld der Philosophie abzustecken und damit gleichzeitig den eigenen Zuständigkeitsbereich zu definieren. Dabei zeigt sich nicht nur ein deutlicher Enthusiasmus für die Philosophie, sondern stellenweise gleichsam eine ago- nale Haltung, die den Anspruch der Philosophie, sich aus ihrer propädeuti- schen Rolle zu lösen, kühn artikuliert, wenngleich mitunter auf subtile Weise. So ist es durchaus nicht als Zufall zu bewerten, dass der anonyme Autor der Schrift *Philosophica disciplina* (um 1240) bei seiner Einteilung des Wissens die Theologie erst an zweiter Position, nach dem weltlichen Wissen, nennt.[5] Denn bei seiner Vorlage für diese Stelle, der *Divisio philosophiae* des Dominicus Gundissalinus, ist dies nicht der Fall, ebenso wenig wie Robert Kilwardby, für den Gundissalinus ebenfalls an entsprechender Stelle Vorbild war, in seinem *De ortu scientiarum* die traditionelle Reihenfolge in Frage stellte.[6]

Es ist in den Einführungen ein immer wieder anzutreffender Topos, die Philosophie sei unter anderem deshalb so erstrebenswert, weil der Mensch – von Natur aus unvollkommen – durch die Kultivierung der philosophi- schen Wissenschaften seine Vervollkommnung erreichen kann. Aufgrund des topischen Charakters solcher Aussagen sollte man deren Implikationen nicht überbewerten – Lafleur spricht, absichtlich die auf Dante gemünzte Formulierung Alain de Liberas übernehmend, geradezu von einer „Ethik der intellektuellen Bestimmung des Menschen". Dennoch zeigt sich sehr wohl, wie die Artes-Magister solche Topoi gezielt adaptierten, um ihre Apologie der Philosophie selbstbewusst zu artikulieren. Arnulf von der Provence hält in sei- ner *Divisio scientiarum* von ca. 1250 entschieden fest, jedwede Wissenschaft, durch welche die Seele vervollkommnet wird, gehöre zur Philosophie. Daher muss der Mensch voller Leidenschaft nach der Philosophie streben.[7] Es ist so- wohl von René Antoine Gauthier als auch von Claude Lafleur darauf hingewie- sen worden, welches subversive Potential schließlich in Arnulfs Behandlung der intellektuellen Tugenden liegt. Arnulf ersetzt die christliche Weisheit der augustinischen Tradition als höchste Tugend durch das genuin philosophische Konzept der *fronesis*, womit er dem Weisheitsbegriff der Theologen eine in

---

5   Anonymus Artium Magister, *Philosophica disciplina*, ed. Claude Lafleur, in: Claude Laufleur, *Quatre introductions à la Philosophie au XIIIᵉ siècle. Textes critiques et étude historique*, Montréal 1988, S. 255–293, S. 259.

6   Claude Lafleur, „*Scientia* et *ars* dans les introductions à la philosophie des maîtres ès arts de l'université de Paris au XIIIᵉ siècle", in: *Scientia und ars im Hoch- und Spätmittelalter*, hg. von Ingrid Craemer-Ruegenberg/Andreas Speer (Miscellanea Mediaevalia 22), Bd. 1, Berlin 1993, S. 45–65, S. 47f.

7   Scientia autem omnis qua perficitur in hac uita anima intellectiua sub philosophia contine- tur, et ideo ad amplexus philosophie desiderabiles summopere debet hominis incitari affec- tus ut per eam suam perfectionem assequatur (Arnulf von der Provence, *Divisio scientiarum*, ed. Claude Lafleur, in: Lafleur, *Quatre introductions à la philosophie*, S. 295–355, S. 304).

die Zuständigkeit der Philosophen fallende Konzeption laikalen Charakters entgegenhält. Und dieses Verfahren des Artes-Magisters Arnulf, für welches es Parallelen in den frühen Ethikkommentaren der Artes-Fakultät (ca. 1240–1250) gibt,[8] fällt wohl nicht zufällig in die Zeit, als die Pariser Artistenfakultät im Begriff war, eine, wie Lafleur formuliert, „véritable faculté de philosophie"[9] zu werden.

Was sich bei Arnulf bereits in einiger Deutlichkeit abzeichnet, wurde in den 1260er Jahren noch expliziter formuliert, so etwa von Aubry von Reims. Auch Aubry hält gleich zu Beginn seiner *Philosophia* fest, der Mensch müsse die Philosophie kontinuierlich erstreben und sorgfältig betreiben, damit er nicht unvollkommen bleibe.[10] Die höchste Vollkommenheit des Menschen bestehe, so sagt er mit Verweis auf Averroes, in seiner Perfektion durch die spekulativen Wissenschaften,[11] d.h. durch die Philosophie. Eben darum muss die Philosophie von den Menschen *vor allem anderen* erstrebt und geliebt werden.[12] Worin Aubry merklich etwa über Arnulf hinausgeht, das ist in der Deutlichkeit, mit der er der Philosophie die höchste Position in der Vervollkommnung des Menschen zuweist. Der Endpunkt jener Skala, die der Mensch auf seiner intellektuellen Reise durchlaufen soll, der Höhepunkt der menschlichen Perfektion, ist für Aubry nicht die *fronesis*, wie bei Arnulf, sondern ganz explizit die Philosophie. Nach den Stufen von *ratio*, *intellectus*, *sciencia*, *ars* und *prudentia* erreicht der Mensch zunächst die *sapientia*; doch diese begreift Aubry noch nicht als das endgültige Ziel. Es folgt eine weitere Stufe, die *philosophia*, und diese sollte nicht mehr verlassen werden.[13] Gerade diese Haltung ist besonders bezeichnend: Aubry vertritt die Ansicht, man sollte bei der Philosophie *stehenbleiben* und eben nicht mehr weitergehen – etwa, so können wir ergänzen, zu einer höheren Fakultät.

---

8   René Antoine Gauthier, „Arnoul de Provence et la doctrine de la fronesis, vertu mystique surprême", in: *Revue du Moyen Âge latin* 19 (1963), S. 129–170, S. 152.

9   Lafleur, „*Scientia* et *ars* dans les introductions à la philosophie", S. 60.

10 Ne igitur homo maneat inperfectus et suo naturali frustetur appetitu, philosophie studium est ab ipso nisu mentis continuo diligenter exercendum ac iugiter appetendum (Aubry von Reims, *Philosophia*, ed. Gauthier, S. 30).

11 „Nam, ut ait Auerroys in prologo octaui Phisicorum, esse hominis ex sui ultima perfectione uel completione est ipsum esse perfectum per sciencias speculatiuas" (Aubry von Reims, *Philosophia*, ed. Gauthier, S. 29).

12 [...] philosophia est humano generi appetenda pre ceteris et amanda (Aubry von Reims, *Philosophia*, ed. Gauthier, S. 31).

13 [...] et sic est philosophia et ibi statur (Aubry von Reims, *Philosophia*, ed. Gauthier, S. 37); zu Aubry siehe die Darstellung von René Antoine Gauthier, „Notes sur Siger de Brabant II. Siger en 1272–1275: Aubry de Reims et la scission des Normands", in: *Revue des sciences philosophiques et théologiques* 68 (1984), S. 3–28.

Es ist wiederholt darauf hingewiesen worden, dass Aubry von Reims denselben Enthusiasmus für die Philosophie artikuliert wie Boethius von Dacien in seiner Schrift *De summo bono*. Eine vergleichbare Haltung begegnet jedoch in einer ganzen Reihe der philosophischen Einführungen, die seit der Jahrhundertmitte an der Artistenfakultät entstanden. Bereits der Text *Dicit Aristotiles* (ca. 1245–1250) enthält zahlreiche Stellen, an denen der anonyme Artes-Magister, der diese Einführung verfasste, die hohe Wertschätzung der Philosophie und die Begeisterung für seine Disziplin zum Ausdruck bringt. Auch er spricht von der höchsten Perfektion, welche die Seele durch die Wissenschaft erwarten kann.[14] Auch er hält fest, dass die Philosophie daher von den Menschen auf außerordentliche Weise erstrebt werden muss.[15] Johannes von Dacien schreibt in seiner *Divisio scientiae* von ca. 1280, der Genuss, den das (weltliche) Wissen hervorruft, sei so groß, dass man jeden anderen Genuss verschmäht, wenn man die Wissenschaft einmal erlangt hat.[16] Durch die philosophische Disziplin, so Johannes, wird der Mensch vollkommen und gut.[17] Und auch er spricht von der äußerten und höchsten Perfektion (*summa et ultima perfectio*), die durch die Wissenschaft erreicht werde.[18]

Was sich in diesen Texten der Pariser Artes-Fakultät manifestiert, ist zunächst nichts anderes als der seit Herbert Grundmann oftmals angeführte *amor sciendi*.[19] Der Enthusiasmus für die Philosophie, der sich in den artistischen Einführungsschriften des 13. Jahrhunderts – von denen hier nur eine kleine Auswahl zitiert wurde – zeigt, verweist bereits mit nicht geringer Bestimmtheit auf die Vorstellung, welche sich die Artes-Magister von ihrer eigenen Tätigkeit machten, und damit implizit auch auf jenes Bild einer philosophischen Lebensform, das Étienne Tempier 1277 verurteilte[20] und das in

---

14 Anima enim cum uirtute perficitur, non ulteriorem perfectionem expectat; cum autem scientia perficitur, ulteriorem expectat perfectionem (Anonymus Artium Magister, *Dicit Aristotiles*, ed. Claude Lafleur, in: *Archives d'histoire doctrinale et littéraire du Moyen Age* 62 [1995], S. 363–390, S. 366).

15 Ideo ipsa philosophia a nobis mirabiliter est appetenda (Anonymus Artium Magister, *Dicit Aristotiles*, ed. Lafleur, S. 366).

16 In sciendo enim summa est delectatio in tantum, quod qui ad acquisitionem scientie perueniunt, spernunt omnem aliam delectationem (Johannes von Dacien, *Divisio scientiae*, ed. Alfred Otto, in: *Johannis Daci Opera*, Bd. 1, Kopenhagen 1955, S. 1–44, S. 11).

17 Per philosophicam autem disciplinam perficitur homo et fit bonus (Johannes von Dacien, *Divisio scientiae*, ed. Otto, S. 5).

18 Johannes von Dacien, *Divisio scientiae*, ed. Otto, S. 4.

19 Herbert Grundmann, „Vom Ursprung der Universität im Mittelalter", in: Herbert Grundmann, *Ausgewählte Aufsätze, Teil 3: Bildung und Sprache* (Schriften der Monumenta Germaniae Historica 25), Stuttgart 1978, S. 292–342.

20 Zum ‚philosophischen Leben': Alain de Libera, „Averroïsme éthique et philosopie mystique. De la félicité intellectuelle à la vie bienheureuse", in: *Filosofia e teologia nel Trecento*, hg. von Luca Bianchi, Louvain-La-Neuve 1994, S. 33–56.

den Ethikkommentaren der Artistenfakultät als *vita philosophantium* konzeptualisiert wurde.[21] Man darf wohl davon ausgehen, dass die Magister der Artes-Fakultät über eine „Idee der Wissenschaft" verfügten: Denn auch wenn wir nicht wissen können, ob sie etwa „70 Wochenstunden ohne Murren" auf sich nahmen oder ihre Bücher „häufig erst mit dem ersten Hahnenschrei" verließen, so ist dennoch offensichtlich, dass es sich hier – angesichts der im 13. Jahrhundert äußerst dürftigen Karriereaussichten eines Artes-Magisters außerhalb der Universität – um ein Stück „wenig bequemer, durch die übliche Bedürfnisstruktur der Gesellschaft kaum erklärbarer Lebensform", kurz, um „Wissenschaft als Lebensform" handelt.[22] Zu dieser Annahme, für die im Verlauf des Kapitels weitere Argumente angeführt werden sollen, fügt sich nicht zuletzt die Tatsache, dass seit etwa der Mitte des 13. Jahrhunderts in zunehmendem Maße Artes-Magister begegnen, die deutlich länger an der Artistenfakultät blieben als offiziell vorgesehen. Roger Bacon hatte bereits in den 1240er Jahren rund zehn Jahre lang an der Pariser Artes-Fakultät unterrichtet.[23] Herveus Brito scheint, bei aller Unsicherheit um seine genauen Lebensdaten, in der zweiten Jahrhunderthälfte zehn bis 20 Jahre lang an der Artistenfakultät gelehrt zu haben[24] und Petrus von Auvergne war seit den frühen 1270ern rund 25 Jahre Magister artium in Paris.[25] Dieses Phänomen, für das sich weitere Beispiele nennen ließen, liefert jedenfalls einen wichtigen Anhaltspunkt für die Frage nach der Bedeutung von Wissenschaft für die Lebensform der Artes-Magister.

---

21 Siehe dazu unten Kap. 2.6.

22 Jürgen Mittelstraß, *Wissenschaft als Lebensform. Reden über philosophische Orientierungen in Wissenschaft und Universität*, Frankfurt am Main 1982, S. 26f.

23 Jeremiah Hackett, „Roger Bacon: His Life, Career and Works", in: *Roger Bacon and the Sciences. Commemorative Essays*, hg. von Jeremiah Hackett (Studien und Texte zur Geistesgeschichte des Mittelalters 57), Leiden 1997, S. 9–24.

24 Claude Lafleur, „La Philosophia d'Hervé le Breton (alias Henri le Breton) et le recueil d'introductions à la philosophie du ms. Oxford, Corpus Christi College 283 (première partie)", in: *Archives d'histoire doctrinale et littéraire du Moyen Âge* 61 (1994), S. 149–226, S. 225; Olga Weijers, *Le travail intellectuel à la faculté des arts. Textes et maîtres (ca. 1200–1500)* (Studia artistarum), 9 Bde., Turnhout 1994–2012, Bd. IV, S. 73–76.

25 Weijers, *Le travail intellectuel*, Bd. VII, S. 95; Anthony Celano, „Peter of Auvergne's Questions on Book I and II of the Ethica Nicomachea: A Study and Critical Edition", in: *Mediaeval Studies* 48 (1986), S. 1–110, S. 4f; Christoph Flüeler, *Rezeption und Interpretation der Aristotelischen Politica im späten Mittelalter* (Bochumer Studien zur Philosophie 19), Bd. 1, Amsterdam 1992, S. 96f.

2.2   Aristoteles-*Rezeption*? Text und Kontext

Nun wäre es allerdings naiv, anzunehmen, das Vorhandensein eines *amor sciendi* habe für sich bereits ausgereicht, um die Entstehung einer wissenschaftlichen Lebensform zu bewerkstelligen, so wie es voreilig wäre, seine Existenz schon als Beleg für eine ‚philosophische Identität' zu werten. Ebenso wenig kann allerdings davon die Rede sein, die Rezeption der aristotelischen Philosophie sei der alleinige Grund dafür, dass die Artisten des 13. Jahrhunderts ein Bewusstsein von der Eigenständigkeit ihrer Wissenschaft entwickelten und zu einer Vorstellung vom philosophischen Leben bzw. von der sozialen Rolle des Philosophen gelangten. Eine solche Ansicht von der ‚Wirkung' des Aristoteles ist jedoch in der primär ideengeschichtlich geprägten Philosophiegeschichtsschreibung nicht selten vertreten worden. „Das geistige Leben des 13. Jahrhunderts wird durch ein einschneidendes historisches Ereignis beherrscht", schrieb Ferdinand van Steenberghen in seinem einflussreichen Buch über die „Philosophie im 13. Jahrhundert".[26] Er meint damit das „Eindringen" der neuen philosophischen Literatur und in dessen Konsequenz das „Eindringen des Aristotelismus".[27] Dieser, den aristotelischen Schriften Subjektqualität zuschreibenden Anschauung entsprechend, wird die „Emanzipation der Philosophie" im 13. Jahrhundert für van Steenberghen durch den „Einfluß der heidnischen Philosophie" bewirkt.[28]

Auf ähnlich spektakuläre Weise inszeniert Ludger Honnefelder die „Anfänge der Aristoteles-Rezeption im lateinischen Mittelalter", indem er die „Begegnung des lateinischen Westens mit der aristotelischen Wissenschaft" rhetorisch als ideellen Durchbruch charakterisiert: „Im Raum christlichen Denkens bricht sich die Verwissenschaftlichung allen theoretischen Denkens endgültig Bahn". Diese intentionale Selbstverwirklichung des aristotelischen Denkens führt darüber hinaus für Honnefelder aber auch zu einer ‚Identität' der philosophischen Vernunft: Denn es „bringt sich im Horizont der philosophischen Vernunft die Einsicht zur Geltung", dass die Autonomie der Vernunft auf Prämissen beruht, „deren Reflexion sie in ein bis dahin unbekanntes Verhältnis zu sich selbst zwingt und ihr eine neue unverwechselbare Identität eröffnet".[29]

---

26   Ferdinand van Steenberghen, *Die Philosophie im 13. Jahrhundert*, hg. von Max Roesle, München 1977, S. 83.

27   van Steenberghen, *Philosophie im 13. Jahrhundert*, S. 84.

28   van Steenberghen, *Philosophie im 13. Jahrhundert*, S. 85.

29   Ludger Honnefelder, „Die Anfänge der Aristoteles-Rezeption im lateinischen Mittelalter: Zur Einführung in die Thematik", in: *Albertus Magnus und die Anfänge der*

Noch expliziter im Hinblick auf die persönliche Rolle von Aristoteles als Vorbild für die Artes-Magister, die sich mit ihm als Philosophen identifizierten, äußert sich schließlich Charles Lohr in seinem Beitrag zur *Cambridge History of Later Medieval Philosophy*: „But in him they [the masters of arts] found a new paradigm, a new model not only for interpretation, not only for science, but also for the vocation of the university man. In Aristotle, the Philosopher, they found the researcher, the questioner, – or to use Aristotle's own words, the hunter, the discoverer, the seeker – one who subjected the teachings of his predecessors to a relentless critique, who was subservient to no authority and free of all dogmatism. The masters of arts wished their commentaries also to be philosophical, seeking, hunting, critical, and in this way different from the clerical commentaries of the theologians. By their own self-image they were precluded from wanting to raise Aristotle's teaching to the level of a new dogma. They claimed an authority for Aristotle's teaching, an authority not guaranteed by a divine call or a sacred text, however, but one based solely on reason. Their ‚philosophical procedure‘ in the interpretation of Aristotle reflected their consciousness of their own corporate position in society – an elite which owes its dignity not to privilege or hierarchical status, but to intellectual superiority".[30]

Zu diesem bewusst in voller Länge wiedergegebenen Zitat ist zunächst – unabhängig von den aktuell zu diskutierenden Zusammenhängen – zu bemerken, dass Lohr, ganz im Einklang mit seiner generellen Bewertung der Wirkung des Aristoteles, gleich im ersten Satz von einem neuen durch Aristoteles herbeigeführten „Paradigma" spricht. Wie bereits in Kapitel 1 angedeutet wurde, hatte eine entscheidende epistemische Verschiebung, die das historische Phänomen ‚Wissenschaft‘ und die nachfolgende Aristoteles-Rezeption erst ermöglichte, schon vor der umfassenden Rezeption der aristotelischen Schriften, in Form eines Paradigmenwechsels im 12. Jahrhundert stattgefunden.[31] Wolfgang Kluxen hat bereits 1981 darauf hingewiesen, dass die neue philosophische Literatur erst ‚einwirken‘ konnte, nachdem zuvor, wie er es ausdrückt, das „Prinzip der Rationalität" etabliert worden war.[32] Der neuartige Denkstil der Frühscholastik war mit einem ‚Eigensinn‘ des gelehrten Wissens verbunden, der sich schon um 1100 konstituiert hatte und damit der Aristoteles-Rezeption

---

Aristoteles-Rezeption im lateinischen Mittelalter. Von Richard Rufus bis zu Franciscus de Mayronis, hg. von Ludger Honnefelder et al., Münster 2005, S. 11–24, S. 11.

30   Charles Lohr, „The Medieval Interpretation of Aristotle", in: *The Cambridge History of Later Medieval Philosophy. From the Rediscovery of Aristotle to the Disintegration of Scholasticism 1100–1600*, hg. von Norman Kretzmann et al., Cambridge 1982, S. 80–98, S. 91.

31   Siehe Kap. 1.3.3.

32   Wolfgang Kluxen, „Der Begriff der Wissenschaft", in: *Die Renaissance der Wissenschaften im 12. Jahrhundert*, hg. von Peter Weimar, Zürich 1981, S. 273–293, S. 285.

vorausging, die ohne diesen ersten wissenschaftliche Aufschwung kaum hätte in gleichem Maße wirksam werden können.[33]

Von dieser grundsätzlichen Feststellung abgesehen, ist jedenfalls deutlich geworden, welches Geschichtsbild die zitierten Autoren vermitteln:[34] Indem Aristoteles in die christliche Welt ,einbricht‘, entfaltet die Substanz seines philosophischen Werks gleichsam aus eigenem Impetus eine Wirkung, die die Existenz einer autonomen Philosophie mitsamt ihren sozialen Trägern, den Philosophen, geschichtsmächtig verwirklicht. Auch wenn es nicht darum gehen kann, das prinzipielle Argument dieser – hier bewusst überspitzt formulierten – Auffassung, nämlich die prägende Rolle der aristotelischen Philosophie, in Frage zu stellen, so müsste eine solche, primär ideengeschichtliche Aspekte berücksichtigende Darstellung dennoch um weitere Perspektiven ergänzt werden. Nicht die Bedeutung der Aristoteles-Rezeption als solche soll hier bestritten werden, vielmehr sei dafür plädiert, den Wortlaut dieses Begriffs – und dessen Implikationen – ernst zu nehmen und den Fokus von der ,Wirkung‘ der Schriften auf deren ,Rezeption‘ zu lenken. Bei der Herausbildung einer zu Autonomie tendierenden Philosophie und der Genese einer ,philosophischen Identität‘ fällt der Beschäftigung mit den Werken des Aristoteles, und in der zweiten Jahrhunderthälfte besonders der *Nikomachischen Ethik*, zweifellos eine entscheidende Rolle zu; dennoch muss in diesem Zusammenhang die Interdependenz und Dialogik von ,Wirkung‘ und ,Rezeption‘ bedacht werden.

Während eine rein wirkungsgeschichtlich Betrachtung das tatsächliche Objekt der Rezeption zum ,Subjekt der Geschichte‘ erhebt, indem sie von dessen geschichtlicher Wirkung ausgeht,[35] würde eine rezeptionsästhetische Perspektive die aktive Rolle des Rezipienten betonen, und darüber hinaus die sozialen Bedingungen, unter denen dieser Rezipient rezipiert, als konstitutive Bestandteile eines dialogischen Aneignungsprozesses auffassen.[36] Erst in konkreten Rezeptionsakten wird die prinzipielle Polysemie des Textes – ein Phänomen, das bei den Diskussionen um Aristoteles im 13. Jahrhundert unmittelbar evident ist – reduziert und in einen kohärenten Sinnzusammenhang

---

33   Rexroth, *Fröhliche Scholastik*, bes. Kap. 4: („Die Renaissance des wissenschaftlichen Denkens und Wissens"), S. 119–151.

34   Wenngleich nicht behauptet werden soll, dass damit die Meinung der gesamten philosophiegeschichtlichen Forschung repräsentiert ist, so bildet die hier skizzierte Anschauung dennoch eine dominante Position.

35   Zum Konzept der Wirkungsgeschichte: Gunter Grimm, *Rezeptionsgeschichte. Grundlegung einer Theorie*, München 1977, S. 28.

36   Rainer Warning, „Rezeptionsästhetik als literaturwissenschaftliche Pragmatik", in: *Rezeptionsästhetik. Theorie und Praxis*, hg. von Rainer Warning, 2. Aufl., München 1979, S. 9–41, S. 23ff.

transformiert.[37] Dabei bleibt das Subjekt der Rezeption, d.h. der Rezipient, allerdings stets auf sein Objekt verwiesen, dessen ‚strukturale Charakteristika‘ gleichwohl eine regulative Funktion erfüllen.[38] Eine solchermaßen dialogische Sinnkonstitution ist daher weder allein von der Seite des Textes, noch von der des Rezipienten determiniert. Der aktive Anteil des Rezipienten an diesem Kommunikationsakt darf dabei jedoch nicht als intentionale Projektion eines autonomen Subjekts missverstanden werden. Dessen Beitrag zur Generierung des Textsinns wird vielmehr durch die sozialen und kulturellen Kontexte, die diskursiven Formationen und epistemischen Ordnungen, innerhalb derer die Rezeption stattfindet, konditioniert. Daher ist deren Analyse bei der Erforschung rezeptionsgeschichtlicher Phänomene methodologisch vorrangig, um auf diese Weise zu erörtern, aus welchen Gründen ein Text oder Oeuvre zu einem bestimmten Zeitpunkt in einem konkreten Zusammenhang gerade auf diese bestimmte Weise rezipiert wurde. Das aristotelische Oeuvre hat nicht Kraft seiner immanenten Substanz sein eigenes „Eindringen" und seinen „Einfluss" bewirkt. Eine von der Wirkung des Werkes und von Aristoteles als die historische Bühne betretendem Akteur ausgehende Anschauung – wie sie van Steenberghen implizit artikuliert, wenn er davon spricht, Aristoteles werde sich „aufgrund der außergewöhnlichen wissenschaftlichen Qualität seines Werkes bei den Lateinern durchsetzen"[39] – müsste jedenfalls in ihren Prämissen entschieden relativiert werden. Denn vielmehr ist davon auszugehen, dass die aristotelische Philosophie unter spezifischen ‚Rezeptionsbedingungen‘ rezipiert wurde, welche eine entsprechende Entwicklung erst ermöglichten. Diese Perspektive legt es nahe, ein „der eigentlichen Rezeption vorauslaufende[s] Bedürfnis" anzunehmen, wie Jürgen Miethke in einem anderen Zusammenhang formuliert hat.[40]

Nun sind die Bedingungen der Rezeption im Falle der aristotelischen Philosophie äußerst komplex. Eine wesentliche Voraussetzung dafür, dass sie selbstreferentiell rezipiert werden konnte, wurde mit dem Paradigmenwechsel des 12. Jahrhunderts, vor allem mit der ‚operationalen Schließung‘ der Dialektik, bereits genannt. Für die Herausbildung einer ‚philosophischen Identität‘ jedoch, um die es in diesem Kapitel gehen soll, muss primär an die

---

37   Wolfgang Iser, „Der Lesevorgang. Eine phänomenologische Perspektive", in: Warning (Hg.), *Rezeptionsästhetik*, S. 253–276, S. 264; zur konzeptionellen Parallele in der Systemtheorie siehe Kap. 1.3; die selektive Operationslogik sozialer Systeme wird in späteren Kapiteln noch in anderer Hinsicht zentral sein.

38   Umberto Eco, *Lector in fabula. Die Mitarbeit der Interpretation in erzählenden Texten*, 3. Aufl., München 1998, S. 5.

39   van Steenberghen, *Philosophie im 13. Jahrhundert*, S. 84.

40   Miethke, „Praktische Bedürfnisse und die Rezeption der aristotelischen ‚Politik'", S. 86.

konkreten sozialen Bedingungen der Artes-Magister an der Universität Paris
gedacht werden, die gleichsam den ‚Erwartungshorizont'[41] konstituierten, vor
dessen Hintergrund die aristotelischen Schriften gelesen wurden. Es waren
primär soziale Faktoren, die noch genauer zu definieren sein werden, die zur
Konstitution einer sozialen Identität der Artes-Magister führten, und nicht ausschließlich die Beschäftigung mit Aristoteles, wie Charles Lohr suggeriert. Die
Entstehung einer Gruppenidentität der Artisten, die sich unter spezifischen
Konditionen vollzog, bildet dann allerdings die Voraussetzung für darüber
hinaus führende Effekte, die aus der Lektüre des Aristoteles resultierten und
die Entwicklung weiter bestärkten. Die sich formierende Gruppenidentität
der Artes-Magister ermöglichte, als sozialer Kontext der Rezeption, einen entsprechenden ‚Einfluss' der aristotelischen Texte auf die Forderung nach einer
autonomen Philosophie, und einen ‚Einfluss' der *Nikomachischen Ethik* auf die
Formulierung des Ideals vom philosophischen Leben. Die Genese dieser ‚sozialen Identität' soll im Folgenden unter verschiedenen Gesichtspunkten betrachtet werden. Dabei wird es zunächst um allgemeine Sozialisationsvorgänge
gehen, welche der durchschnittliche Magister artium während seiner Zeit an
der Pariser Artistenfakultät erfuhr.

2.3   Sozialisationsformen der Artes-Fakultät

Die Sozialisation an der Artistenfakultät fand auf mehreren Ebenen statt,
die sich vielfach überschnitten, aber gerade dadurch zur Profilierung eines
Gruppenbewusstseins ihrer Mitglieder beitrugen.[42] Die Artes-Fakultät, selbst
eine genossenschaftliche *fraternitas*, bestand aus verschiedenen sozialen
Einheiten, die jeweils eigene Sozialformen darstellen: Die Schulen der Magister,
die deren jeweilige *familia* bildeten, die vier *nationes* mit ihren zahlreichen
Ämtern, die eigene Feste feierten und die Begräbnisse ihrer Mitglieder organi-
sierten, sowie das gemeinsame Wohnen der Scholaren in Studentenhäusern,
den Hospizen oder Pädagogien, leisteten allesamt ihren Beitrag dazu, das artistische Leben als ‚totales soziales Phänomen' (Marcel Mauss) zu gestalten.
Bereits während des Studiums fand eine basale Sozialisation in Form des gemeinsamen Lebens der Scholaren in Hospizen oder Pädagogien statt. Diese

---

41   Hans Robert Jauß, „Literaturgeschichte als Provokation der Literaturwissenschaft", in:
       Hans Robert Jauß, *Literaturgeschichte als Provokation*, Frankfurt am Main 1970, S. 144–207,
       S. 177.
42   Zur Organisation der Pariser Artes-Fakultät allgemein: Verger, „La Faculté des arts".

Art der Unterbringung war der Regelfall für den Großteil der Studenten.[43] Im Laufe des 13. Jahrhunderts bildete sich zudem das Ensemble der Kollegien heraus, in denen jedoch stets nur ein geringer Anteil der Scholaren lebte: Noch im 15. Jahrhundert wohnten in Paris gerade einmal 15 Prozent der Universitätsangehörigen insgesamt in einem Kolleg.[44] Die Studentenhäuser, die in der Regel von einem Magister oder Bakkalaren geleitet wurden, stellen damit die Grundform der Vergemeinschaftung unter den Artes-Studenten dar, von denen – daran muss noch einmal erinnert werden – die allermeisten im Laufe ihres Studiums höchstens, wenn überhaupt, den Grad eines Magister artium erreichten und wohl auch keine Graduierung an den oberen Fakultäten anstrebten.

Auf einer übergeordneten Ebene wurden die Artisten in den *nationes* sozialisiert.[45] Die vier Pariser ‚Nationen‘, d.h. die französische, picardische, normannische und englische Nation, die über eigene Statuten, Siegel und finanzielle Mittel verfügten, waren weit mehr als nur organisatorische Instanzen zu administrativen Zwecken. In den *nationes* fanden vergemeinschaftende Praktiken statt, die umfassende sozialisierende Funktionen hatten. Dazu zählen nicht nur die regelmäßigen Feste etwa zu Ehren der jeweiligen Patrone, sondern vor allem das System der Posten und Ämter, das den Artes-Magistern immer wieder Rollen zuwies, in denen sie als Repräsentanten der Nation oder der Artistenfakultät auftraten. Zentral ist dabei das Amt des Prokurators, der der Nation vorstand und ihre kollektiven Beschlüsse auf der Fakultätsversammlung verkündete. Dessen Einsetzung vollzog sich als Initiationsritual, bei dem materielle Objekte eine konstitutive Funktion für die Übertragung der Prokuratoren-Rolle auf den – mitunter in aufwändigem Verfahren erwählten – Kandidaten erfüllten. Das Siegel, die Statuten und einer von drei Schlüsseln zur Schatztruhe der Nation wurden ihm als Symbole seines Amtes überreicht; zudem musste er vor der Nation einen Eid schwören, die gemeinsamen Beschlüsse umzusetzen und Verstöße gegen die Statuten zu bestrafen.[46]

---

43   Rashdall, *Universities of Europe*, S. 480f.

44   Rainer Christoph Schwinges, „Der Student in der Universität", in: *Geschichte der Universität in Europa*, Bd. 1: Mittelalter, hg. von Walter Rüegg, München 1993, S. 181–223, S. 202.

45   Zu den Pariser *nationes* allgemein: Pearl Kibre, *The Nations in the Mediaeval Universities*, Cambridge 1948, S. 65–115.

46   Für die picardische Nation siehe CUP II, Nr. 890, S. 325; die Verordnung der englischen Nation beginnt: Primo, vos jurabitis quod exercebitis fideliter officium procuratoris vestre ad honorem et utilitatem Universitatis, facultatis et specialiter vestre nacionis juxta vestrum posse (CUP II, Nr. 1185, S. 672).

Der Prokurator handelte jedoch nicht nur im Rahmen seiner Nation, sondern stets auch als Repräsentant der Artes-Fakultät. Die vier Prokuratoren bildeten zusammen mit dem Rektor der Universität – bekanntlich ebenfalls Magister artium – das Gremium der Artistenfakultät, das deren Angelegenheiten außerhalb der Fakultätsversammlung regelte. Im 14. Jahrhundert traf sich dieses Gremium dreimal pro Woche. Die soziale Rolle des Prokurators konnte während einer längeren Amtszeit internalisiert werden, da die kommunikativen Prozesse, die mit den vielfältigen Aufgaben verbunden waren, permanente Rollenzuschreibungen zur Folge hatten, etwa auch bei den Eiden, die neu aufgenommene Mitglieder oder die Inhaber anderer Ämter vor ihm zu schwören hatten. Längere Amtszeiten kamen durchaus vor, allerdings wurde das Amt in sehr kurzen Abständen neu gewählt (wobei Wiederwahl möglich war), so dass verhältnismäßig viele Magister die Möglichkeit hatten, es während ihrer Zeit an der Artes-Fakultät einmal auszuüben.[47] Wie begehrt das Amt war, zeigen die überlieferten Streitigkeiten zwischen konkurrierenden Kandidaten. Ebenso wie das Amt des Rektors, der gleichfalls aus dem Kreis der Artisten gewählt wurde, war auch das Prokuratorenamt mit hohem Prestige verbunden.[48] Wichtig ist schließlich, dass die anderen Magister der Nation, die nicht Prokurator waren, dennoch stets aktiv an den Entscheidungen und an der Repräsentation der Nation und der Artistenfakultät partizipierten. Die Versammlung der Nation, auf welcher der Prokurator den Vorsitz übernahm, hatte die hauptsächliche Entscheidungsgewalt und auf den Versammlungen der Fakultät war der Prokurator lediglich Sprachrohr der gesamten Magister der Nation. Zudem war die Funktion des Prokurators nicht der einzige offizielle Posten, den ein Magister in seiner Nation übernehmen konnte. Vielmehr gab es ganz verschiedene Ämter, die entweder dauerhaft bestanden, oder aber zu bestimmten Zwecken spontan besetzt wurden. Alle diese Ämter waren mit einem Eid verbunden.[49] Die Botschafter (*nuntii*) etwa wurden unter den Magistern gewählt und mussten einen Eid schwören, dass sie die Angelegenheiten der Nation an der päpstliche Kurie oder anderswo vertreten werden. Bei Ämtern für spezielle Zwecke mussten die Inhaber schwören,

47   Kibre, *Nations in the Mediaeval Universities*, S. 69.

48   Jacques Verger, „Die Universitätslehrer“, in: Rüegg (Hg.), *Geschichte der Universität in Europa*, Bd. 1, S. 139–157, S. 147f.

49   Zur Funktion des Eides allgemein: Jürgen Miethke, „Der Eid an der mittelalterlichen Universität, Formen seines Gebrauchs, Funktionen einer Institution“, in: Jürgen Miehtke, *Studieren an mittelalterlichen Universitäten: Chancen und Risiken. Gesammelte Aufsätze* (Education and Society in the Middle Ages and Renaissance 19), Leiden 2004, S. 39–62.

gewissenhaft für die Ehre und das Wohl der Nation zu handeln.[50] Alle diese Offiziellen mussten zum Zeitpunkt ihre Wahl aktive Magistri regentes sein.[51]

Es ist jedenfalls davon auszugehen, dass ein Großteil der Artes-Magister irgendwann einmal ein offizielles Amt seiner Nation übernommen hat. In dieser Praxis ist ein zentraler Bestandteil ihrer Sozialisation an der Artes-Fakultät zu sehen, da die Aus- und Einübung solcher Rollen – und die mit ihnen verbundenen Kommunikationen – immer auch Implikationen für die soziale Identität der Akteure haben. Im Zuge ihrer Amtshandlungen begaben sie sich in Interaktionen, in denen ihre Rolle als Repräsentant der Nation und der Artes-Fakultät aktualisiert und bestätigt wurde. Es ist zumindest auffällig, dass viele derjenigen Artes-Magister, die besonders lange an der Artistenfakultät blieben oder einen besonderen Enthusiasmus für die Philosophie artikulierten, während ihrer artistischen Laufbahn solche Ämter, nicht selten das Rektorenamt, innehatten. So waren etwa Aubry von Reims, Petrus von Auvergne und Heinrich von Brüssel, der mindestens 21 Jahre lang (1289–1310) an der Artes-Fakultät unterrichtete, Rektor der Artes-Fakultät und Universität von Paris, ebenso wie bekanntlich Johannes Buridan sogar mehrfach das Rektorenamt bekleidete. Konrad von Megenberg, der sich – wie noch zu zeigen sein wird – sein Leben lang mit den Pariser Artisten identifizierte, übernahm während seiner Zeit als Magister artium in Paris mehrere Male das Amt des Botschafters im Auftrag der englischen Nation.[52]

Die *nationes* bildeten eigene genossenschaftliche Einheiten, aber sie handelten ebenso gemeinsam als integrale Bestandteile der Artistenfakultät. Alle Angelegenheiten, welche die Artes-Fakultät als ganze betrafen, wie etwa die Modalitäten des Artes-Studiums, wurden von der gesamten Fakultät geregelt, die hier als eine Einheit agierte. Die Versammlung der Artes-Fakultät, an der alle aktiven Magister teilnahmen und bei welcher der Rektor der Vorsitz hatte, fand einmal pro Woche statt. In der Versammlung der gesamten

---

50   Item statuimus quod omnes magistri, ad quecunque officia sint electi, jurent quod stabunt in officio suo usque ad tempus prefixum, nisi causa legitima interveniente, de qua tenebuntur sufficienter certificare nationem, et quod omnino sine fraude et dolo pro omnibus et in omnibus ad sua officia pertinentibus ad honorem et utilitatem nationis fideliter laborabunt (Statut der picardischen Nation, CUP II, Nr. 890, S. 324).

51   Die Statuten der französischen Nation besagen: Ad officia vero nostre nationis nec procurator, nec ullus admittatur, nisi prius per mensem continue regens fuerit (CUP II, Nr. 989, S. 445).

52   Zu Konrad: William J. Courtenay, „Konrad of Megenberg: The Parisian Years", in: *Vivarium* 35 (1997), S. 102–124; Jacques Verger, „Venerabilis mater universitas Parisiensis. La présentation de l'université de Paris dans l'Yconomica de Conrad de Megenberg", in: *Finances, pouvoirs et mémoire. Hommage à Jean Favier*, hg. von Jean Kerhervé/Albert Rigaudière Paris 1999, S. 55–64.

Universität traten die vier *nationes* unter dem kollektiven Namen der Artistenfakultät auf.[53] Schließlich waren es nicht zuletzt die Schulen der einzelnen
Magistri, die maßgeblich zur Integration der Artes-Fakultät beitrugen. Denn
auf das Recht der Scholaren, Klassen außerhalb ihrer *nationes* zu besuchen,
wurde großen Wert gelegt. Die Statuten verbaten den Magistern explizit, die
Studenten für sich zurückzuhalten, oder ihnen den Besuch von Schulen außerhalb der Nation zu untersagen.[54] Dass dieses Prinzip ausdrücklich vorgeschrieben werde musste, hatte seine Ursache in dem Streit von 1249, als die
Uneinigkeit um die Wahl des Rektors die Artes-Fakultät in zwei Lager spaltete.
Der französischen Nation standen die anderen drei gegenüber, die in Folge des
Streits ihren Studenten verbaten, die Schulen der französischen Nation zu besuchen. Als man sich schließlich jedoch anschickte, den Konflikt beizulegen,
wurde dieses Verbot wieder aufgehoben, so dass – und diese Formulierung ist
hier wichtig – „die Studenten ihre gewohnte Freiheit genießen konnten, die
Schulen welchen Magisters auch immer zu besuchen".[55]

Aus diesen summarischen Bemerkungen sollte jedenfalls deutlich werden,
dass die Artisten bereits seit dem Studium in mehreren sich überlappenden
Einheiten sozialisiert wurden. Gemeinsame Praktiken, etwa auch in Form
von Freizeitaktivitäten, verstärkten die Bindungen unter ihnen, ebenso wie
die gewaltsamen Konflikte mit Stadtbewohnern, in die die Artes-Studenten
regelmäßig verwickelt waren, ihren Zusammenhalt intensivierten.[56] Von solchen Praktiken über das gemeinsame Studieren bis hin zum gemeinschaftli-
chen Wohnen zeigt sich, inwiefern die Artisten schon während des Studiums
in einer sehr spezifischen, aber intersubjektiv geteilten Wirklichkeit lebten.
Diese Wirklichkeit brachten sie selbst performativ hervor, doch begegnete
sie ihnen als „fraglos und selbstverständlich ‚wirklich'".[57] Die ‚Lebenswelt' der
Artisten, die sich in permanenten Interaktionen reproduzierte, war durch ein
Zusammenleben geprägt, das aufgrund seiner Intensität häufig im Zustand

---

53   Kibre, *Nations in the Mediaeval Universities*, S. 98.

54   [...] quod nullus magister procuret sibi scolares, nec impediantur scolares audire extra
      nationem (CUP II, Nr. 570).

55   [...] et fruentur scholares introeundi scolas magistri cujuslibet solita libertate (CUP I,
      S. 215).

56   Zu den town-gown-Konflikten allgemein: Jacques Verger, „Les conflits « Town and Gown »
      au Moyen Âge: essai de typologie", in: *Les universités et la ville au Moyen Âge. Cohabitation
      et tension*, hg. von Patrick Gilli/Jacques Verger/Daniel Le Blévec (Education and Society in
      the Middle Ages and Renaissance 30), Leiden 2007, S. 237–255; ausführlicher dazu unten
      Kap. 4.4.

57   Alfred Schütz/Thomas Luckmann, *Strukturen der Lebenswelt*, Konstanz 2003, S. 30.

einer „konkreten Wir-Beziehung"[58] bestand, die in immer wiederkehrenden gemeinsamen Erfahrungen aktualisiert wurde.

Ein besonders markantes und nachhaltig prägendes Ereignis in der Sozialisation der Artisten war allerdings zweifellos die Graduierung. Zu diesem zentralen Initiationsritual seien hier nur einige generelle Punkte vermerkt. Nachdem die Kandidaten das ‚private' Examen in Form einer Disputation bestanden hatten, empfingen sie die Lizenz durch den Kanzler von Notre Dame, zu dessen Haus sie, begleitet vom Rektor, den Prokuratoren und den Pedellen der Artes-Fakultät, in akademischer Tracht durch die Stadt zogen. Nach Erteilung der Lizenz erfolgte, nach einer Zwischenphase, das ‚öffentliche' Examen, die *inceptio*, welche sich als der maßgebliche rituelle Akt im Sinne einer Grenzüberschreitung gestaltete. Diese Disputation vor der versammelten Fakultät bedeutete die Aufnahme des Kandidaten in die Gemeinschaft der Artes-Magister,[59] welche symbolisch durch das Überreichen des Magister-Barretts kommuniziert wurde. Die feierliche Veranstaltung endete mit einem Bankett, welches die frisch Promovierten für ihre Kollegen auszurichten hatten.[60] Das Ritual der *inceptio* war zudem mit einem Eid verbunden, den die Lizentiaten schwören mussten. Mit diesem verpflichteten sie sich nicht nur, zwei Jahre nach der *inceptio* an der Artes-Fakultät zu unterrichten, sondern ebenfalls, die Freiheiten und ehrwürdigen Bräuche der Fakultät zu verteidigen, und dies mit der Formel – worauf noch zurückzukommen sein wird – „zu welcher Position auch immer ihr gelangen möget".[61] Jürgen Miehtke hat auf die langfristige Wirkung hingewiesen, welche der Eid für die Magister der Artistenfakultät hatte.[62] Denn selbst wenn diese später an einer der ‚oberen' Fakultäten studierten, so Miehtke, „blieben die ‚magistri artium' an die Eide gebunden, die sie beim Eintritt in ihre ‚natio' geschworen hatten, schuldeten dem Rektor und dem Prokurator der Nation Gehorsam und waren auf die Geltung der Statuten verpflichtet".[63]

An der Schilderung der prozessualen Struktur der Graduierung wird leicht ersichtlich, dass dieser Vorgang charakteristische Merkmale aufweist, welche

---

58   Schütz/Luckmann, *Strukturen der Lebenswelt*, S. 103.

59   Olga Weijers, *La ‚disputatio' à la Faculté des arts de Paris (1200–1350 environ). Esquisse d'une typologie*, Turnhout 1995, S. 48; Olga Weijers, *A Scholar's Paradise. Teaching and Debating in Medieval Paris* (Studies on the Faculty of Arts 2), Turnhout 2015, S. 144–147.

60   Rashdall, *Universities of Europe*, S. 451ff; Verger, *Universitätslehrer*, S. 140.

61   Item jurabitis quod legetis per duos annos continue nisi rationabilis causa intervenerit. Item jurabitis quod libertates singulas facultatis et consuetudines facultatis honestas et totius Universitatis privilegia deffendetis, ad quemcumque statum deveneritis (CUP I, Nr. 501, S. 587).

62   Miehtke, „Der Eid an der mittelalterlichen Universität".

63   Miehtke, „Der Eid an der mittelalterlichen Universität", S. 54.

die Ritualtheorie als konstitutiv für ‚Übergangsrituale' oder ‚Einsetzungsriten' versteht. Zunächst fällt auf, dass es sich um einen dreigliedrigen Prozess handelt, der durch eine Dialektik von Struktur und Antistruktur im Sinne Victor Turners gekennzeichnet ist.[64] Auf die Erteilung der Lizenz erfolgte zunächst eine Phase der Liminalität, welche in der Regel ein halbes Jahr dauerte,[65] während derer der Lizenziat nicht mehr Student der Artes, aber auch noch kein anerkannte Magister war. Diese somit negativ bestimmte liminale Phase, die der Einsetzung in die neue Ordnung vorausging, erlebte der Kandidat folglich als einen Zustand der Anti-Struktur. Der Bedeutung der rituellen *inceptio* aber, die dann den Übergang zu einem neuen Status bewirkt, kommt für die hier zu diskutierenden Zusammenhänge schließlich besondere Relevanz zu, da sie unmittelbare Konsequenzen für die soziale Identität des Kandidaten hat. Sie ist, in den Worten Pierre Bourdieus, ein „Akt sozialer Magie", der mittels seiner performativen Gewalt Unterschiede schafft, eine Diskontinuität festschreibt, und eben damit ist sie ein „feierlicher Akt der Kategorienbildung", der, indem er hervorbringt, was er benennt, *jemandem seine Identität bedeutet.*[66]

Welchen Eindruck das Ritual auf diejenigen machte, die ihm unterzogen wurden, wie sehr das Ereignis ihr Selbstverständnis prägte und wie sie dessen einzelne Phasen reflektierten, zeigen die Schilderungen Konrads von Megenberg, in dessen *Ökonomik* sich eine detaillierte Darstellung der Graduierung, von der Lizenz bis zur *inceptio*, findet, welche auf seiner persönlichen Erfahrung an der Pariser Artes-Fakultät beruht. Subtil beschreibt Konrad die einzelnen Schritte, wobei er ebenfalls die Schwellenphase des Lizenziaten charakterisiert: „Er ist jedoch noch kein Magister, sondern ein Lizenziat genannter Bakkalar, und allein seine Lizenz wird ihm weder Seide, noch Pelz, noch Gold bringen. Jedoch, wenn es ihm beliebt, so wird er bald das Magisterium erlangen können".[67] Die feierliche Prozedur der *inceptio* schließlich nimmt den Kandidaten in die Gemeinschaft der Magister auf, an die er sich durch seinen Eid bindet, welchen er in deren Rahmen schwört.[68] Die große Bedeutung, die Konrad den

---

64   Victor Turner, *Das Ritual: Struktur und Anti-Struktur*, Frankfurt am Main 2005.
65   Rashdall, *Universities of Europe*, S. 452.
66   Pierre Bourdieu, *Was heisst sprechen? Die Ökonomie des sprachlichen Tauschs*, Wien 1990, S. 86f.
67   Nondum autem est Magister, sed baccalarius dicitur licenciatus, et nec sericum nec varium neque aurum portabit racione licencie sue. Attamen, si placuerit ei, mox poterit magistrari (Konrad von Megenberg, *Ökonomik*, ed. Sabine Krüger [MGH Staatsschriften des späteren Mittelalters 3], Bd. 3, Stuttgart 1984, S. 198).
68   Et post, lecta per eum brevi lectione, induitur per magistrum ipsum magistrantem cappa rotunda, de cuius colore et figura in principio huius tractatus conferebam. Et datur sibi forma iurandi iuranda consueta (Konrad von Megenberg, *Ökonomik*, ed. Krüger, Bd. 3, S. 199).

Titeln und Graden der Artes-Fakultät zuschreibt, kommt nicht nur in deren ausführlicher Behandlung zum Ausdruck, sondern gleichfalls in der scharfen Grenze, die Konrad zwischen der Universität und anderen Schulen zieht, an denen keine Graduierung stattfindet.[69]

Die Ausführungen dieses Abschnitts konnten nicht mehr als eine allgemeine Skizze von den Sozialisationsformen der Artes-Fakultät, ihren vergemeinschaftenden Praktiken und identitätsbildenden Ritualen zeichnen. Was an der Artistenfakultät stattfand, war ,sekundäre Sozialisation', die zur Profilierung der sozialen Identität der Artisten maßgeblich beitrug. Dabei ist etwa auch wichtig, dass die Artisten währenddessen im fernen Paris von den signifikanten Anderen ihrer primären Sozialisation vollständig getrennt waren. In der intersubjektiv konstruierten Wirklichkeit der Artisten, dieser auf Institutionalisierung gegründeten ,Subwelt',[70] wurden ihnen Rollen zugewiesen, die recht verschieden sein konnten (etwa als Student, Bakkalar, Magister, Prokurator, Botschafter, Examinator oder Rektor), die ihnen jedoch allesamt stets kommunizierten, als Artist zu handeln, eine Rolle der artistischen Wirklichkeit auszufüllen. Damit konnte eine Identität ausgebildet und internalisiert werden, die sich in wiederkehrenden Interaktionen mit den signifikanten Anderen dieser sekundären Sozialisation, unter deren Augen sich die Rollen ,abspulten',[71] stabilisierte.

• • •

Nun kann es in diesem Kapitel allerdings nicht darum gehen, mit dem Verweis auf einschlägige Sozialisationsformen, auf eine konstruierte Wirklichkeit und deren Rollenarsenal schlicht zu behaupten, dass diese die Grundlage einer ,philosophischen Identität' der Magister bildeten. Ein solch unvermitteltes Nebeneinanderstellen würde einer Sichtweise nahekommen, in der das gesellschaftliche *Sein* der Artes-Magister ihr *Bewusstsein* eindimensional bestimmt.

---

69   Alia quoque divisio scolarum dari poterit, ut dicatur, quod scolarum alia est autentica, alia vero levinoma. Et autentica est, cuius studia privilegiis apostolicis, imperialibus quoque libertatibus sunt laudabiliter fundata, sicut scole Parisiensis, Bononiensis, Padaviensis et Oxoniensis. Levinoma autem scola est, que levis nominis est carens privilegiis principum mundi, sicut in Teutonia scole sunt Efordensis, Viennensis et huiusmodi. Et siquidem differencia magna est in illis, quoniam in autenticis milites fiunt et domini scienciarum coronantur, ut tam vestibus quam libertatibus gaudeant specialibus atque reverenciis singularibus revereantur non minus a principibus laicis et clericis quam a vulgo, atque tales magistri et domini sunt scienciarum laudabiliter intitulati (Konrad von Megenberg, *Ökonomik*, ed. Krüger, Bd. 3, S. 23f).

70   Berger/Luckmann, *Konstruktion der Wirklichkeit*, S. 148.

71   Berger/Luckmann, *Konstruktion der Wirklichkeit*, S. 108.

Was bei einer solchen Perspektive aus dem Blick gerät, ist die Vermittlung zwischen beiden Ebenen, welche sich vielmehr, auch dies haben Berger und Luckmann gezeigt, als Dialektik gestaltet. Doch auf welche Weise kann im Falle der Artes-Magister eine derartige dialektische Vermittlung zwischen sozialem Kontext und Identitätsbildung analytisch erfasst werden? Im Folgenden muss es um die Frage gehen, wie die Entstehung einer philosophischen Identität konkreter, d.h. in ihren konstitutiven Momenten, in den Blick genommen werden kann. Um die Zeugnisse der Artisten unter dieser Perspektive zu befragen, wird es nötig sein, den Begriff der Sozialisation präziser zu konzeptualisieren und sich dem Problem mit einem differenzierteren methodischen Zugang zu nähern.

2.4   Interaktion und Kohäsion: Lehre als kulturelle Praxis

Stephen Ferruolo hatte bereits für die Entstehung der Universität Paris die These vertreten, dass es in erster Linie das Anliegen der Magister zur Reform und Regelung der Lehre gewesen sei, welches sie zum Zusammenschluss und damit gleichsam zur ‚Gründung‘ der Universität motivierte. Die diskursive Fokussierung der Bedürfnisse und Probleme der Schulen von Paris bei diversen Kritikern während des 12. Jahrhunderts habe das Bewusstsein der Magister für die Notwendigkeit einer solchen Reform geschärft und damit ihre Bereitschaft, Verantwortung für die Lehre zu übernehmen, mit auf den Weg gebracht. Ferruolo bezieht sich dabei auf die frühesten Statuten der Universität Paris, in denen die Modalitäten der Lehre eine auffallend zentrale Rolle spielen.[72] So enthalten die Statuten von 1215 zahlreiche Regelungen hinsichtlich des Unterrichts; darüber hinaus schreiben sie etwa ausdrücklich vor: „kein Student ohne einen Lehrer", worin die Bedeutung des Lehrer-Schüler-Verhältnisses bereits anklingt. Welche Rolle die Ausübung der Lehrtätigkeit an der Artes-Fakultät für das Selbstverständnis der Magister spielte, soll in diesem Abschnitt erörtert werden.[73]

---

72   Stephen Ferruolo, *The Origins of the University. The Schools of Paris and Their Critics, 1100–1215*, Stanford 1985, S. 311f.

73   Einige Grundgedanken hierzu und zum folgenden Abschnitt habe ich ausgeführt in: Marcel Bubert, „Philosophische Identität? Sozialisation und Gruppenbildung an der Pariser Artistenfakultät im 13. Jahrhundert", in: *Zwischen Konflikt und Kooperation. Praktiken europäischer Gelehrtenkultur (12.–17. Jahrhundert)*, hg. von Jan-Hendryk de Boer/Marian Füssel/Jana Madlen Schütte (Historische Forschungen 114), Berlin 2016, S. 309–326; zu Lehrer-Schüler-Beziehungen und mittelalterlichen „Kulturen des Lehrens" allgemein siehe auch Sita Steckel, *Kulturen des Lehrens im Früh- und Hochmittelalter.*

Tatsächlich begegnet das Thema der Lehre, wie sich bei einem Blick auf die Quellen der Artistenfakultät des 13. Jahrhunderts feststellen lässt, ausgesprochen häufig in den Schriften der Artes-Magister. Beispielsweise wird in den Darstellungen der trivialen *artes* regelmäßig darauf hingewiesen, welch große Bedeutung ihnen für die Lehre, d.h. die Vermittlung der Philosophie zukommt. Nikolaus von Paris, der seine Lehrtätigkeit in der 1230er Jahren begann und möglicherweise bis nach 1254 an der Artes-Fakultät unterrichtete,[74] hält in seiner *Philosophia* fest, die ganze „rationale Philosophie" diene der Lehre: „*unde tota rationalis philosophia instituta est causa doctrine*".[75] Dass es sich hierbei um die Lehre des mündlichen Unterrichts handelt, wird daran ersichtlich, dass Nikolaus dem Hören (*auditus*) zentrale Bedeutung zuschreibt: Erst die Vermittlung durch das Hören ermöglicht die Lehre.[76] Der *sermo* ist das „*promtissimum instrumentum docendi*", weshalb die Logik den „Weg" in der Natur- und Moralphilosophie darstellt,[77] die ohne sie nicht lehren können.[78] Die Magister reflektierten häufig über die Bedingungen des Unterrichtens und versuchten diese begrifflich zu fassen. So bemüht sich Aubry von Reims um eine Definition von *doctrina* und *disciplina* hinsichtlich ihrer Funktion, Lehrinhalte zu vermitteln, wobei er sie jeweils auf eine der beiden Seiten des Vermittlungsprozesses bezieht: *doctrina* bezeichnet das, was durch den Lehrer

---

Autorität, Wissenskonzepte und Netzwerke von Gelehrten (Norm und Struktur. Studien zum sozialen Wandel in Mittelalter und Früher Neuzeit 39), Köln 2011; Andreas Speer/ Thomas Jeschke (Hg.), *Schüler und Meister* (Miscellanea Mediaevalia 39), Berlin 2016.

74   Claude Lafleur, „Le prologue ‚Triplex est principium' du commentaire d'Adénulfe d'Anagni sur les Topiques d'Aristote", in: *L'enseignement de la philosophie au XIIIe siècle. Autour du ‚Guide de l'étudiant' du ms. Ripoll 109*, hg. von Claude Lafleur/Joanne Carrier (Studia artistarum 5), Turnhout 1997, S. 421–446, S. 424; man hatte längere Zeit angenommen, Nikolaus, den van Steenberghen als den fruchtbarsten Logik-Professor der Universität Paris in der Mitte des 13. Jahrhunderts bezeichnet, habe sogar noch 1263 unterrichtet. René Antoine Gauthier, der die entsprechende Quelle kritisierte, konnte dies jedoch widerlegen.

75   Nikolaus von Paris, *Philosophia*, ed. Claude Lafleur, in: Lafleur/Carrier (Hg.), *L'enseignement de la philosophie au XIIIe siècle*, S. 447–465, S. 459.

76   Formamus enim diuersos sermones […], sed non formamus sic obiecta aliorum sensuum, sicut obiectum auditus. […] Per hoc etiam innuens quod mediante obiecto auditus, aliquid derelinquente in memoria, fit doctrina et disciplina. Et propter hoc rationalis philosophia, que ad doctrinam instituta est, de sermone est, mediante quo fit doctrina (Nikolaus von Paris, *Philosophia*, ed. Lafleur, S. 459).

77   Loyca ergo, cum sit sermocinalis per modum doctrine, uia est in naturalem et moralem scientiam (Nikolaus von Paris, *Philosophia*, ed. Lafleur, S. 464).

78   […] non possent docere sine sermone (Nikolaus von Paris, *Philosophia*, ed. Lafleur, S. 464.). – Hierbei wird bereits deutlich, dass die Logik, wie in Kapitel 3 ausführlicher zur Sprache kommt, *innerhalb* (aber nicht außerhalb) der Wissenschaft nützlich appliziert wird.

(*doctor*) weitergegeben wird; *disciplina* aber das, was durch den Schüler empfangen wird.[79]

Es ist in diesem Zusammenhang bezeichnend, dass zahlreiche Texte der
Artistenfakultät mit Nachdruck auf der Notwendigkeit bestehen, dass die
Philosophie *vermittelt* werden muss. Dabei wird eine generelle Definition der
Philosophie als „Vermittlung vom Lehrer an den Schüler mittels *doctrina* und
disciplina" zum Anlass genommen, die Bedeutung dieser Weitergabe hervorzuheben. So heißt es etwa in *Dicit Aristotiles*: „Die Philosophie ist ein edler Besitz
der Seele, der einen geizigen Besitzer verschmäht, und der entgleitet, wenn er
nicht weitergegeben wird, der sich aber vergrößert, wenn man ihn vielen zu Teil
werden lässt".[80] Diese Stelle ist eine freie Adaptation und Zusammenfügung
von Formulierungen, die von Alanus ab Insulis stammen, bei ihm aber in anderem Kontext stehen. Das Bezeichnende ist, dass die Artes-Magister sich diesen
Wortlaut aktiv aneignen und dezidiert auf die *Philosophie* beziehen, indem sie
daraus eine Definition der Philosophie machen. Die Feststellung, man dürfe
die Philosophie nicht geizig für sich behalten, sondern müsse sie an andere
vermitteln, findet sich, mit verschiedenen Abwandlungen, aber dem Sinn nach
immer gleich, ebenso bei Arnulf von der Provence,[81] Nikolaus von Paris, Aubry
von Reims,[82] Olivier le Breton und Johannes von Dacien,[83] des Weiteren in *Ut
testatur Aristotiles*[84] und in den *Summulae dialectices* von Roger Bacon,[85] die
aus seiner Zeit als Magister der Pariser Artistenfakultät stammen. Abgesehen
davon, dass einige dieser Magistri sehr lange an der Artes-Fakultät unterrichteten, wird auch in anderer Hinsicht deutlich, dass sie die Aussage unweigerlich auf sich selbst und ihre eigene Lehrtätigkeit bezogen. Das Kolophon
einer Handschrift der *Divisio scientiarum* des Arnulf von der Provence, der
diese Charakterisierung der Philosophie als eine von insgesamt nur zwei

---

79 Et dico quod duo ultima, scilicet doctrina et disciplina, differunt ab aliis, scilicet quia
     dicunt illud quod dicunt prout consistit in multiplicatione unius ad alterum uia doctrine
     et discipline; differunt tamen, quia doctrina nominat illud prout in doctore diffunditur,
     disciplina uero prout in discipulo recipitur (Aubry von Reims, *Philosophia*, ed. Gauthier,
     S. 41).

80 Philosophia est nobilis animi possesio que auarum didignatur possessorem et que, nisi
     publicetur, elabitur, que pluribus distributa suscipit incrementum (Anonymus Artium
     Magister, *Dicit Aristotiles*, ed. Lafleur, S. 377).

81 Arnulf von der Provence, *Divisio scientiarum*, ed. Lafleur, S. 313f.

82 Aubry von Reims, *Philosophia*, ed. Gauthier, S. 39f.

83 Johannes von Dacien, *Divisio scientiae*, ed. Otto, S. 10.

84 Anonymus Artium Magister, *Ut testatur Aristotiles*, ed. Claude Lafleur, in: *Laval théologi-
     que et philosophique* 48,1 (1992), S. 81–107, S. 98.

85 Roger Bacon, *Summulae dialectices*, ed. Alain de Libera, in: *Archives d'histoire doctrinale et
     littéraire du Moyen Âge*, 53 (1986), S. 139–289, S. 171.

Definitionen anführt, lautet: „Hier endet die Einteilung aller Wissenschaften, sowohl der *mechanica* als auch der *liberales*, des Magisters Arnulf von der Provence, der auf außerordentliche Weise in Paris unterrichtete".[86] Zu der entsprechenden Stelle in *Ut testatur Aristotiles* bemerkt Lafleur, der Autor verpasse nicht die Gelegenheit, sich hier – „en bon professeur qu'il devait être" – auf eine in den Schulen der Magister geläufige Maxime zu berufen.[87] Ganz im Sinne dieser an der Artes-Fakultät geläufigen Maxime muss wohl eine Bemerkung Johannes de Grocheios verstanden werden, der sich polemisch gegen Theoretiker wendet, die ihre Erkenntnisse für sich behalten, ohne sie anderen mitteilen zu wollen.[88] Besondere Signifikanz gewinnt die Aussage schließlich bei Roger Bacon, der sich später so entschieden mit seiner ehemaligen Lehrtätigkeit an der Artes-Fakultät identifizieren sollte (darauf wird noch zurückzukommen sein).

Das hier bereits anklingende Bewusstsein von der ‚Verantwortung‘, welche die Tätigkeit als Lehrer der Philosophie mit sich bringt, wird noch deutlicher in dem zu Beginn der 1240er Jahre an der Artes-Fakultät entstandenen Traktat *De disciplina scolarium* des Pseudo-Boethius.[89] Dieser Studienführer ist keinesfalls ausschließlich an die Scholaren gerichtet, die er hinsichtlich des rechten Verhaltens im Studium und im universitären Leben unterweist; er wendet sich ebenso an die lehrenden Kollegen, die Professoren der Artistenfakultät, vor allem jene, die gerade mit ihrer Lehrtätigkeit beginnen. Ihnen werden Ratschläge zu den Modalitäten des Unterrichtens, aber ebenso zum Verhalten als Lehrer erteilt.[90] *De disciplina scholarium* ist somit ein einschlägiges Zeugnis für die Bedeutung, welche die Artisten ihrer Aufgabe als Philosophieprofessoren beimaßen. Dass die Artes-Magister wenig später, in den Statuten von 1255, gemeinschaftlich und eigenständig beschlossen, die Verhältnisse der Lehre an ihrer Fakultät neu zu regeln, stellt nicht nur einen Akt kollektiven Handelns der Artisten dar, sondern darf im selben Sinne als Zeichen eines Verantwortungsbewusstseins für die Lehre der Philosophie gesehen werden. Die Formulierung *„nos omnes et singuli magistri artium de*

---

86 Explicit diuisio scientiarum omnium tam mecanicarum quam liberalium data a magistro arnulfo prouinciali qui rexit parisius egregie (Arnulf von der Provence, *Divisio scientiarum*, ed. Lafleur, S. 347).

87 Claude Lafleur, „L'introduction à la philosophie Vt testatur Aristotiles (vers 1265–1270)", in: *Laval théologique et philosophique* 48 (1992), S. 81–107, S. 85f.

88 Et adhuc quidam speculativi suas operationes et inventiones abscondunt nolentes aliis publicare (Johannes de Grocheio, *Ars musice*, ed. Constant J. Mews et al., Michigan 2011, S. 42).

89 Pseudo-Boethius, *De disciplina scholarium*, ed. Olga Weijers, Leiden 1976.

90 Zu den Anweisungen für die Scholaren: Pseudo-Boethius, *De disciplina scholarium*, ed. Weijers, S. 99–120; Ratschläge an die Professoren: S. 120–134.

communi assensu nostro nullo contradicente" ist dabei nicht nur stereotype Wendung, sondern als Ausdruck einer Identität der Artistenfakultät ernst zu nehmen.[91]

In welch hohem Maße die Lehrtätigkeit das Selbstverständnis der Artes-Magister als Lehrer und ihr Selbstbewusstsein als Philosophen prägte, wird jedoch ganz besonders durch eine Ansicht verdeutlicht, die der anonyme Verfasser von *Dicit Aristotiles* artikuliert. Im Rahmen seiner programmatischen Apologie der Philosophie kommt der Verfasser auf das Verhältnis der modernen Philosophen zu den alten zu sprechen, wobei er mit großer Entschiedenheit die Überlegenheit der Moderni über die Antiqui zum Ausdruck bringt. Wenn den Alten schon das Erlangen der Philosophie möglich war, so schreibt der Anonymus, dann gilt das noch viel stärker (*multo fortius*) für uns.[92] Die Begründung folgt gleich im Anschluss: Es gebe zwei Wege der philosophischen Erkenntnis, die Entdeckung (*inventio*) und die Lehre (*doctrina*), wie Aristoteles gesagt habe.[93] Aus dieser Feststellung aber leitet der Autor ein Argument ab, dass die Superiorität der modernen Philosophen begründet: „Wir nämlich", so heißt es, „können auf diesem doppelten Wege die Philosophie erlangen. Die Alten aber hatten nur den der Entdeckung".[94] Das Erlangen der Philosophie ist aber nun einmal leichter mit zwei Wegen, statt nur mit einem, und daraus folgt, dass, wenn die Alten sie erlangen konnten, wir es noch viel mehr können.[95] Damit aber wird deutlich, worauf sich die Überlegenheit der Modernen gründet: Die Philosophen der Gegenwart sind, nach Meinung des Anonymus, deshalb besser als die Philosophen der alten Zeit, weil sie durch die Lehre einen überlegenen Zugang zur Philosophie haben, weil sie, so ließe sich das Argument unseres Autors verstehen, über eine Ausbildung an der Universität verfügen, welche ihnen – per Magisterdiplom bescheinigt – eine höhere Kompetenz in philosophischen Fragen verschafft als jemand, der kein Studium in den *artes* absolviert hat und dessen Kenntnisse ausschließlich auf der *inventio* beruhen. Dass die Lehre hier zur Grundlage der – selbstbewusst

---

91   CUP I, Nr. 246, S. 277.

92   Huius autem declaratio patet per hoc quod eius acquisitio fuit possibilis aput Antiquos, ergo multo fortius aput nos (Anonymus Artium Magister, *Dicit Aristotiles*, ed. Lafleur, S. 366).

93   Dubliciter autem habetur cognitio philosophie, per inuentionem scilicet et per doctrinam, secundum quod dicit Aristotiles quod ‚omne quod scimus uel inueniendo uel addiscendo scimus' (Anonymus Artium Magister, *Dicit Aristotiles*, ed. Lafleur, S. 366f.).

94   Ista autem dublici uia possumus acquirere philosophiam, Antiqui autem per inuentionem solum habuerunt (Anonymus Artium Magister, *Dicit Aristotiles*, ed. Lafleur, S. 367).

95   Vnumquodque autem facilius est ad acquirendum cum duplici uia quam cum unica solum, et ex hoc sequitur quod si Antiqui potuerunt illam acquirere, multo fortius et nos (Anonymus Artium Magister, *Dicit Aristotiles*, ed. Lafleur, S. 367).

postulierten – Überlegenheit der modernen Philosophen wird, liefert einen wichtigen Hinweis darauf, dass das philosophische Selbstbewusstsein der Artes-Magister in nicht geringem Maße auch auf der Lehre gründete, die sie an der Artes-Fakultät praktizierten und die für ihr Selbstverständnis offensichtlich maßgeblich war. Ganz im Einklang mit seiner Anschauung steht es, wenn der Autor im darauf folgenden Abschnitt noch einmal die Lehre preist, aber ebenfalls, wie Nikolaus von Paris, die Wichtigkeit des *Gehörs* für das Erlernen der Wissenschaft durch Lehre betont.[96] Und noch einmal formuliert er seine These, welche die Dominanz der Modernen durch die Lehre begründet.[97]

Die Vehemenz, mit der der anonyme Artes-Magister auf diesem Thema herumreitet, ist umso mehr bezeichnend, zeigt sie doch, dass es sich nicht um eine beiläufige Bemerkung, sondern um eine feste Überzeugung handelt, die ihren Grund in der sozialen Praxis des Autors als Lehrer der Philosophie an der Artes-Fakultät hat. Dass die Lehre jedoch eine so wichtige Funktion für das philosophische Selbstbewusstsein und damit die Identität der Artes-Magister erlangen konnte, war ein Resultat der spezifischen sozialen Logik der Unterrichtssituation, die als Interaktionsritual nicht nur zur Vergemeinschaftung zwischen Magistern und Scholaren, sondern auch zur Identifikation der Magister mit den Gegenständen ihrer Lehre führte. Das ‚Interaktionsritual‘ ist definitorisch streng zu unterscheiden vom oben angesprochenen ‚Ritual‘, das einer anderen Logik folgt. Während es für das Ritual im Allgemeinen – unabhängig von der konkreten theoretischen Perspektivierung – konstitutiv ist, aus dem Alltag herausgehoben zu sein, d.h. sich mittels einer ‚ästhetischen Qualität‘ vom Alltag abzuheben und „wie auf einer Bühne (im wörtlichen oder übertragenen Sinne)“[98] gleichsam aufgeführt zu werden, handelt es sich bei Interaktionsritualen um gewöhnliche, eben alltägliche Handlungsweisen zwischen Akteuren, die sich dabei der Ritualhaftigkeit ihres Verhaltens nicht bewusst sein müssen. Interaktionsrituale haben, indem sie die „gegenseitige Anerkennung von Verhaltensstrategien“[99] implizieren, für Erving Goffman vor

---

96   Quod autem auditus sit utilis et proficuus ad adeptionem scientie per doctrinam, hoc apparet per auctoritatem ipsius Bernardi Siluestris (Anonymus Artium Magister, *Dicit Aristotiles*, ed. Lafleur, S. 367).

97   Et ideo, quod Antiqui solum per unam uiam et per unum sensum potuerunt acquirere, Moderni autem duplicem uiam, scilicet per doctrinam – ad cuius adeptionem prodest auditus – et per inuentionem – ad quam maxime prodest uisus –, ideo si eis possibile fuit deuenire in cognitionem philosophie multo fortius est possibile nobis (Anonymus Artium Magister, *Dicit Aristotiles*, ed. Lafleur, S. 368).

98   Barbara Stollberg-Rilinger, *Rituale*, Frankfurt am Main 2013, S. 10f.

99   Erving Goffman, *Interaktionsrituale. Über Verhalten in direkter Kommunikation*, 10. Aufl., Frankfurt am Main 2013, S. 17.

allem stabilisierende Funktion, da sie als „Techniken der Imagepflege"[100] zur Wahrung gesellschaftlichen Ansehens dienen, womit aber zugleich deutlich wird, dass es dabei um die Re-Aktualisierung und reziproke Affirmation sozialer Identitäten geht. Goffman geht von kodifizierten „zeremoniellen" Verhaltensregeln und Ausdrucksweisen aus, die er allerdings gruppenspezifisch differenziert und als ‚zeremonielle Idiome' sozialer Gruppen definiert.[101]

Ausgehend von Erving Goffman hat Randall Collins den Begriff des Interaktionsrituals aufgegriffen und weiter konzeptualisiert, indem er die analytische Kategorie der ‚emotionalen Energie' einführt.[102] In erfolgreichen Interaktionsritualen, die einen gemeinsamen Fokus und ein gewisses Maß an geteilter Stimmung voraussetzen, akkumulieren die Teilnehmer emotionale Energie. Der Grad der Intensität dieser Aufladung hängt dabei allerdings davon ab, ob die Akteure aktiv oder passiv am Interaktionsritual partizipieren. Die Intensität ist bei den Personen am höchsten, die im Mittelpunkt des Rituals stehen und aktiv an seiner Gestaltung beteiligt sind.[103] Es ist leicht ersichtlich, dass diese Theorie, appliziert auf die Unterrichtssituation, den Magistern eine zentrale Position zuweist, da sie aufgrund ihrer exponierten Rolle im Interaktionsritual in besonders hohem Maße emotionale Energie akkumulieren.

In Collins' analytischem Modell hat das gelungene Interaktionsritual schließlich zwei wesentliche Konsequenzen, die für die Situation der Magister heuristisch aufschlussreich sind: die Generierung von Gefühlen der Gruppenzugehörigkeit sowie von ‚kulturellem Kapital', das Collins etwas anders definiert als Bourdieu, nämlich als Ensemble von Gegenständen, über die in der Gruppe gesprochen wird und die somit also zu Symbolen der Gruppenidentität werden. Dabei hat auch das kulturelle Kapital eine emotionale Dimension, da die Gefühle der Gruppenzugehörigkeit nicht auf die Personen der Gruppe beschränkt sind, sondern sich gleichfalls in einer emotionalen Bindung an die Symbole der Zugehörigkeit manifestieren, in denen die Gruppenidentität verkörpert ist.[104] Freilich muss bedacht werden, dass die Konstitution eines

---

100   Goffman, *Interaktionsrituale*, S. 19.

101   „Alle Symbole, die von einer bestimmten sozialen Gruppe für zeremonielle Zwecke verwendet werden, kann man als ihr zeremonielles Idiom bezeichnen" (Goffman, *Interaktionsrituale*, S. 63).

102   Randall Collins, „Über die mikrosozialen Grundlagen der Makrosoziologie", in: Randall Collins, *Konflikttheorie. Ausgewählte Schriften*, Wiesbaden 2012, S. 61–97; Randall Collins, „Schichtung, emotionale Energie und kurzzeitige Emotionen", in: Collins, *Konflikttheorie*, S. 121–156, bes. S. 126–130.

103   Randall Collins, *The Sociology of Philosophies. A Global Theory of Intellectual Change*, Cambridge 1998, S. 23.

104   Randall Collins, „Solidarität in der Theorie der Interaktionsrituale: Ein Simulationsmodell", in: Collins, *Konflikttheorie*, S. 99–120, S. 107.

solchen Repertoires von ‚Gegenständen‘, eines klar abgesteckten kulturellen Kapitals der Gruppe, erst durch diskursverknappende Mechanismen möglich wird, die das Ensemble der Dinge, über die gesprochen wird (und gesprochen werden kann), begrenzen und kontrollieren. Von allen Prinzipien der Diskurseinschränkung ist hinsichtlich der hier thematisierten Wissenskultur sicherlich das des ‚Kommentars‘[105] von besonders großer Bedeutung. Die Praxis der Kommentierung eines Kanons von Texten trug erheblich dazu bei, eben jenen Kanon zu stabilisieren und den Diskurs auf diese Weise zu verknappen, jedenfalls auf ein bestimmtes Inventar von möglichen Gegenständen festzulegen. „Der Kommentar bannt“, in den Worten Foucaults, „den Zufall des Diskurses“,[106] aber gerade dies ermöglicht erst die Funktion des ‚kulturellen Kapitals‘, wie Collins es definiert, nämlich einen abgegrenzten Vorrat von Zugehörigkeitssymbolen in Form von Objekten gruppenrelevanter Kommunikation bereitzustellen.

Das explanatorische Potential der Collins'schen Theorie der Interaktionsrituale für die Bedeutung der Lehre bei den Artes-Magistern liegt jedenfalls auf der Hand: Geht man davon aus, dass die soziale und emotionale Dynamik der (im Sinne formalisierter Abläufe) ‚ritualisierten‘ Unterrichtssituation zu einer Bindung an die Gegenstände der Lehre führt, dann kann dies durchaus eine plausible Erklärung für das oben zitierte emphatische Lob der Philosophie bieten, welches in den philosophischen Einführungstexten begegnet. Der Enthusiasmus, den die Artes-Magister der Philosophie entgegenbringen, ist dann kein Resultat der ‚Wirkung‘ von Aristoteles, sondern erhält seinen primären Impetus aus den Interaktionsritualen der Lehre an der Artes-Fakultät. Denn diese implizierten, folgt man Collins, emotionale Bindungen an die Gegenstände der Lehre, d.h. die Philosophie. Die vehemente Beteuerung der Artes-Magister, dass die Philosophie „geliebt“ werden müsse, ist sicher nicht nur als Topos zu verstehen.[107] Gleichfalls erscheint es einleuchtend, die Bedeutung der Lehre für die Konstituierung eines Gefühls der Gruppenzugehörigkeit unter den Artisten als maßgeblichen Faktor dafür anzunehmen, dass eben diese Lehre dann zur Begründung der eigenen Überlegenheit gegenüber den Philosophen der Vergangenheit, die – so die Behauptung – nicht über Lehre verfügten, herangezogen wird.

---

105 Michel Foucault, *Die Ordnung des Diskurses*, 11. Aufl., Frankfurt am Main 2010, S. 18ff.

106 Foucault, *Ordnung des Diskurses*, S. 20.

107 [...] philosophia est humano generi appetenda pre ceteris et amanda, hieß es etwa bei Aubry von Reims. Die Wertschätzung der Philosophie bei Aubry, die sich ebenso in anderen Texten findet, hat Gauthier mit den Worten charakterisiert: „Aubry, lui, loue la philosophie des philosophes et il la porte si haut qu'au-dessus d'elle, il ne semble plus y avoir place pour rien“ (Gauthier, „Notes sur Siger de Brabant“, S. 17).

Dass das Interaktionsritual der Lehre zudem eine emotionale Beziehung zwischen den Magistern und ihren Schülern erzeugte, ist als wichtiger Bestandteil der Sozialisationsvorgänge an der Artes-Fakultät zu bewerten. Eine aufschlussreiche Quelle für das Verhältnis zwischen Lehrer und Schüler ist abermals eine Schrift Konrads von Megenberg, der dieses in seiner *Monastik* als Verhältnis der *amicitia* beschreibt.[108] Der Magister, so Konrad, liebt seinen Schüler wie seinen eigenen Sohn.[109] Es kann kein Zweifel bestehen, dass Konrad dabei, in Erinnerung an seine Karriere an der Pariser Artistenfakultät, vor allem an den Artes-Magister dachte, wie aus einer Stelle in der *Ökonomik* hervorgeht: Unmittelbar nachdem er den Artes-Magister als den wahren Philosophen par excellence definiert hat,[110] bezeichnet Konrad die Philosophie als die Braut eines jeden Philosophen, seine Schüler jedoch als seine Söhne.[111]

Dass das Selbstbewusstsein der Philosophen, und ihre Identifikation mit der Philosophie als Gegenstand ihrer spezifischen Wissenskultur, nicht zuletzt auf der Praxis der Lehrtätigkeit beruht, wird durch die Theorie der Interaktionsrituale anschaulich nachvollziehbar. So wie sich die soziale Identität der Artes-Magister maßgeblich durch ihre Praxis als Lehrer der Philosophie konstituierte, so vertraten sie ebenfalls die Ansicht, dass eine philosophische Lebensführung, welche manche von ihnen prätendierten, nur erreicht werden kann, wenn sie auch durch die Lehre vermittelt wird, hier vor allem die Lehre der Ethik.[112] Wie noch zu zeigen sein wird, wurde die *Nikomachische Ethik* im letzten Viertel des 13. Jahrhunderts zur Grundlage einer theoretischen Fundierung des philosophischen Lebens, welches in der rein philosophischen Spekulation seine Vollendung findet und dessen Ideologie daher gerade in der Zwecklosigkeit der Philosophie besteht.[113] Die Artisten waren der Meinung, für das Erlangen der vollkommenen Lebensführung (*ad perfectum regimen vite humane*) sei die Ethik notwendig, was aber impliziert, dass sie auf dem Wege der

---

108   Amicicia honesta magistralis est amor superposicionis honestus, quo magister bonus suo benevult discipulo bono et honesto (Konrad von Megenberg, *Monastik*, ed. Sabine Krüger [MGH Staatsschriften des späteren Mittelalters 2], Stuttgart 1992, S. 62).

109   Quapropter honestus magister suum amat discipulum sicut proprium filium (Konrad von Megenberg, *Monastik*, ed. Krüger, S. 62).

110   [...] igitur artista verus anthonomasice et per excellentiam philosophus nominatur (Konrad von Megenberg, *Ökonomik*, ed. Krüger, Bd. 3, S. 26).

111   [...] quod vera uxor uniuscuiusque philosophi est sua philosophia, ex qua ipse parit liberos sibi similes secundum formas et habitus anime sue et quod eius discipuli sunt quodam modo filii eius (Konrad von Megenberg, *Ökonomik*, ed. Krüger, Bd. 3, S. 27).

112   Zu den Ethikkommentaren ausführlicher Kap. 2.5.1 und 2.6.

113   Dabei ist zu bedenken, dass diese ‚Rezeptionseinstellung' an den Rezeptionskontext der Artistenfakultät gebunden ist, während in anderen Zusammenhängen ganz andere Zugriffe auf die *Nikomachische Ethik* erfolgten; darauf wird zurückzukommen sein.

universitären Lehre erlangt wird. Das an der Artes-Fakultät durch die Lehre der Ethik Vermittelte wird damit zur Grundlage einer philosophischen Lebensführung. Sowohl Petrus von Auvergne[114] als auch der früher mit Jakob von Douai identifizierte Magister des Kommentars BnF, lat. 14698[115] und der Anonymus von Paris, BnF, lat. 16110[116] artikulieren diese Anschauung in ihren Ethikkommentaren. Dies hat etwas mit der Rolle der Lehre für das Selbstverständnis der Artisten zu tun, wenn das vollkommene Leben erst durch das Erlernen der *sciencia moralis* möglich wird. Konrad von Megenberg schreibt an der bereits zitierten Stelle, der Lehrer führe seine Schüler durch die Einführung in die Tugenden und die Wissenschaften zur Vollkommenheit (*perfectio*).[117]

Es gibt zwei einschlägige Zeugnisse aus der Pariser Artistenfakultät, die für die in diesem Abschnitt postulierte Bedeutung der Lehre für das Selbstverständnis und die Identität der Artes-Magister in besonderem Maße aufschlussreich sind. Sie sollen abschließend nacheinander besprochen werden. Das erste findet sich in den *Questiones mathematice* des Radulphus Brito, die um 1300 in Paris entstanden. Radulphus, der von ca. 1290 bis 1311 an der Artes-Fakultät unterrichtete und in dieser Zeit zahlreiche Kommentare zu aristotelischen Schriften verfasste,[118] kommt im Prolog seiner Questionen auf die Rolle der Lehre und des Lehrers zu sprechen. Anlass ist eine Diskussion der Funktion der Grammatik: Die Grammatik lehrt, so Radulphus, den *sermo significativus*, dieser aber ist das *instrumentum doctrine*. Daher ist unbedingt eine Wissenschaft notwendig, die uns das *instrumentum docendi* lehrt.[119] Die weitere Begründung, die Radulphus dafür angibt, ist allerdings in hohem Maße bezeichnend: Wir können nämlich mehr von einem anderen (*ab alio*) lernen

---

114 Dicendum quod ad perfectum regimen vite humane necessaria est scientia moralis siue ars (Petrus von Auvergne, *Questiones supra librum Ethicorum*, ed. Anthony J. Celano, in: *Mediaeval Studies* 48 [1986], S. 1–110, S. 35).

115 Ad questionem intelligendum quod ad perfectum regimen uite humane necessaria est scientia siue ars moralis (Anonymus Artium Magister, *Questiones super librum Ethicorum*, ed. Iacopo Costa [Studia artistarum 23], Turnhout 2010, S. 133).

116 Ad hoc est intelligendum quod non requiritur intellectus sive ratio solum sed requiritur ars sive scientia ad perfectum regimen vite humane (Anonymus Artium Magister, *Questiones super librum Ethicorum*, BnF, lat. 16110, fol. 278va).

117 Sed qui alium docet virtutes et instruit scienciis, ipsum quodam modo secundum animam generat et perfectionem sibi induit (Konrad von Megenberg, *Monastik*, ed. Krüger, S. 62).

118 Siehe zu Radulphus ausführlicher unten Kap. 2.6.

119 Et ideo multum fuit nobis necessaria scientia que instrumentum docendi, qui est sermo significativus, nobis doceret (Radulphus Brito, *Questiones mathematice*, Teiledition in: Weijers, *La ,disputatio' à la Faculté des arts*, S. 161–171, S. 163).

als durch unsere eigene Entdeckung (*per nos inveniendo*).[120] Diese Bemerkung
gewinnt besondere Signifikanz, wenn man sie zusammensieht mit der zitierten Anschauung in *Dicit Aristotiles*: Die Modernen sind den Alten überlegen,
weil sie die Philosophie nicht nur *per inventionem*, sondern auch *per doctrinam*
erlernen. Dort war die Überlegenheit der Modernen auf der *doctrina* gegründet, weil sie zusätzlich dazu kommt. Hier aber wird die Bedeutung der *doctrina*
noch gesteigert: Sie steht an sich schon höher als die *inventio*, weil man durch
einen Lehrer grundsätzlich mehr lernen kann als „*per nos inveniendo*". Aber
Radulphus belässt es nicht bei dieser einmaligen Feststellung; er wiederholt
dies noch mehrfach in emphatischer Weise[121] und führt seine Begründung weiter aus, wobei er konkrete Unterrichtsformen nennt: Eine gehörte Vorlesung
(*lectio*) nämlich nütze mehr als wenn vier für sich alleine studieren.[122] Mit
Verweis auf Plinius hält Radulphus fest, eine lebendige Stimme affiziere den
Intellekt viel stärker als das reine Lesen von Büchern, denn der Vortrag des
Sprechenden, seine Mimik, Gestik und sein Habitus bringen den Hörer dazu,
mehr zu lernen, sowie sich die von einem anderen gehörten Dinge höher in
der Seele festsetzen, als wenn jemand für sich alleine studiert.[123] Der „Magister", so sagt Radulphus schließlich, affiziert somit auf mehrere Weisen, das
Buch hingegen nur auf eine einzige, nämlich durch die Betrachtung allein.[124]

Es ist offensichtlich, dass diese emphatischen Schilderungen der Vorteile
der Lehre des Magisters im Rahmen einer Vorlesung einen direkten Reflex der
eigenen Erfahrungen des Autors als langjähriger Lehrer der Philosophie an der
Pariser Artes-Fakultät darstellen. Diese hohe Wertschätzung der Lehrtätigkeit
muss als signifikant für das Bild gesehen werden, dass sich der Artes-Magister
Radulphus Brito von seinem Beruf machte. Auf seine Haltung gegenüber der
Philosophie und seine Ansicht vom Leben des Philosophen wird später zurückzukommen sein.

---

120   [...] plura scimus addiscendo ab alio quam per nos inveniendo (Radulphus Brito,
        Questiones mathematice, ed. Weijers, S. 163).
121   Et bene dico quod plura scimus addiscendo quam per nosmet invendiendo (Radulphus
        Brito, *Questiones mathematice*, ed. Weijers, S. 164).
122   Una enim lectio audita plus profuit quam si quatuor studeantur per se (Radulphus Brito,
        Questiones mathematice, ed. Weijers, S. 164).
123   Multo magis enim viva vox afficit intellectum quam lectio, id est quam inspectio li-
        brorum, et altius sedent in anima que vultus, habitus, que gestus di[s]centis affigunt, quia
        pronunciatio dicentis, vultus, gestus et habitus, ista faciunt auditorem plura apprehende-
        re et magis firmiter et altius audita ab alio in anima sedent quam si per se aliquis studeret
        (Radulphus Brito, *Questiones mathematice*, ed. Weijers, S. 164).
124   Liber afficit uno modo, magister vero pluribus, quia et gestu et vultu, ut dictum est, sed
        liber uno solo modo afficit, scilicet inspectione sola (Radulphus Brito, *Questiones mathe-
        matice*, ed. Weijers, S. 164).

Die zweite Quelle, die einschlägige Hinweise auf den Status der Lehre und ihre Relevanz für die Identifikation der Artisten mit ihren Gegenständen, ihrem ‚kulturellen Kapital‘, liefern kann, ist die Verteidigung eines Prokurators der Artistenfakultät gegen die Vorwürfe des Kanzlers von Notre Dame, die aus den Jahren 1283/84 stammt. Johannes von Malignes – bei dem es hier nicht ganz unwichtig ist, dass er das Prokuratorenamt innehat – verteidigt die Artes-Fakultät gegen Beschuldigungen, die der Kanzler, Philippus de Thoriaco, gegen die Artisten vorgebracht hatte. Er beginnt mit einem allgemeinen Lob der Universität Paris, die er mit einer Quelle vergleicht, von der die Bäche der vier Fakultäten ausgehen, deren erste in der Ordnung des Lehrens und Lernens die Artes-Fakultät ist.[125] Er formuliert seine Reaktion, um, wie er schreibt, jedweden Hörer seiner Erwiderung über die Wahrheit zu unterrichten, weil er nicht möchte, dass irgendein Vorurteil gegen die Fakultät entsteht.[126] Zunächst wendet sich Johannes gegen die allgemeine Ansicht des Kanzlers, die Artes-Fakultät gehe aufgrund der zahlreichen Mängel seitens der Magister zugrunde, der er ein entschiedenes Lob der gegenwärtigen Artes-Magister entgegenhält: In der modernen Zeit führen die Magister der besagten Fakultät ein lobenswertes Leben, einen ehrbaren Umgang, betreiben eine herausragende Wissenschaft und sind gelehrte Männer, die fortwährend zum Nutzen ihrer Hörer Vorlesungen halten. Es könne also keine Rede davon sein, dass die Artistenfakultät wegen großer Schwächen der Magister verderbe.[127] Dann kommt Johannes zu einem Vorwurf des Kanzlers, der die Lehre an der Artes-Fakultät betrifft: Der Kanzler hatte nämlich, um seine Behauptung vom Niedergang der Artes-Fakultät zu stützen, darauf hingewiesen, dass die Artisten nur ein einziges Buch in einer Vorlesung behandeln, indem sie an einem Tag über ein bestimmtes Buch lesen, über ein anderes Buch jedoch erst

---

125 Virgultum est Parisiensis civitas; hujus autem fons est magistrorum et scholarium universitas; orificium fontis sunt ibidem actu regentium ora; aqua orificii eorumdem documenta; plantule virgulti, sophiste ceterique regentium auditores; rivuli sunt quatuor facultates: artistarum, medicorum, canonistarum, necnon theologorum; prima quarum in ordine docendi et addiscendi est facultas artistarum (CUP I, Nr. 515, S. 605f).

126 [...] dico tantum ad informandum quemcumque mearum responsionum auditorem super veritate quam novi circa proposita, nolens eas, si quid minus sufficienter dictum inveniatur in eisdem, contra facultatem predictam aliquod prejudicium generari (CUP I, Nr. 515, S. 607).

127 Cum dicit idem cancellarius quod deperit facultas artium propter multos defectus ex parte magistrorum, dico quod in temporibus modernis magistri predicte facultatis sunt vite laudabilis, honeste conversationis, eminentis scientie, et viri studiosi, continue legentes ad sui et auditorum suorum utilitatem. Non ergo deperit facultas artistarum propter defectus multos ex parte magistrorum (CUP I, Nr. 515, S. 607).

an einem anderen Tag.[128] Diese Feststellung des Kanzlers aber, so Johannes, könne kein Beweis für das Verderben der Artistenfakultät sein: „Wir glauben nämlich, dass diese Art, Vorlesungen zu halten, nützlicher für die Studenten ist als eine andere Weise, weil die jungen Männer, die die Lehre in einer bestimmten Materie empfangen, ihre Lehre wieder verlieren, wenn sie nicht in derselben durch nachfolgende Wiederholung geübt sind. Zu dieser Wiederholung kommen sie jedoch nicht, wenn ihnen nach der Lektüre eines Buches unmittelbar aus einem anderen gelesen wird".[129]

Nachdem Johannes in diesen Worten die Lehrmethoden der Artisten verteidigt und die didaktische Kompetenz der Artes-Lehrer expliziert hat, folgt schließlich eine Bemerkung, die noch einmal das schon angeklungene Selbstbewusstsein der modernen Magister artikuliert, nun allerdings dezidiert auf die Lehre bezogen: Denn in der modernen Zeit, so Johannes, lese man außerdem den Studenten mehr aus einem einzigen Buch, als ihnen in der alten Zeit aus zwei Büchern gelesen wurde.[130] Noch einmal zeigt sich mit Johannes von Malignes also eine Haltung, welche eine Superiorität der Modernen über die Alten mit Blick auf die Lehre postuliert, womit eben diese Lehre zur Grundlage des Selbstbewusstseins der Artes-Magister wird. Jenes für die Gruppenzugehörigkeit so wichtige Interaktionsritual, die *lectio*, wird in seiner Eigenart deshalb so entschieden gegen die Angriffe des Kanzlers verteidigt, weil diese ein Kernelement der Identität der Artisten betrafen. Johannes nimmt die Gelegenheit jedoch zum Anlass, gleichzeitig die grundsätzliche Kompetenz und Leistungsfähigkeit der Artisten als Lehrer zu unterstreichen. Die Bindung an die Gegenstände wie an die Adressaten der Lehre, also die Studenten, kommt gleichfalls zum Ausdruck, wenn sich Johannes gegen den Vorwurf zur Wehr setzt, die Magister der Artes-Fakultät würden unwissende Scholaren promovieren lassen. Dies könne der Kanzler wohl kaum beurteilen, da die Magister (Johannes sagt: „unsere Magister") selbst die Prüfung durchführen und daher besser in der Lage sind, die Eignung des Scholaren einzuschätzen, als er.[131] Die Überlegenheit der Lehre der modernen Artisten

---

128   Cum dicit idem cancellarius postea quod magistri non legunt nisi unam lectionem, legendo una die de uno libro, et alia die de alio, ista ratio cancellarii non est demonstratio ad ostenendum facultatem deperire. (CUP I, Nr. 515, S. 607).

129   Credimus enim sic legere esse utilius scolaribus quam aliter, quoniam pueri doctrinam recipientes in una materia, antequam habituati sint in eadem ex repetitione sequente, suam doctrinam amittunt; ad quam repetitionem non possunt, cum lecto de uno libro, eisdem immediate legitur de alio (CUP I, Nr. 515, S. 607).

130   Et in modernis temporibus, plus legitur eis de uno libro quam antiquitus eisdem legeretur, simul eis legendo de duobus (CUP I, Nr. 515, S. 607f).

131   Cum dicit idem cancellarius quod magistri faciunt determinare pueros nichil scientes, dicimus quod in hoc non est sibi credendum, cum ipse non examinet eos, nec aliquis ex

gegenüber allen früheren Zeiten, in ihren beiden wichtigsten Formen der *lectio* und der *disputatio*, ist für Johannes jedenfalls eindeutig, wie er unmissverständlich expliziert „Sollte jemals, in irgendwelchen vergangenen Zeiten, gut gelesen oder disputiert worden sein, so werden diese Tätigkeiten von unseren Magistern besser ausgeführt"![132]

Die Verteidigung der Artes-Fakultät durch Johannes von Malignes ist noch in anderer Hinsicht höchst bezeichnend, womit der thematische Rahmen dieses Abschnitts allerdings überschritten wird. Sie wird daher an späterer Stelle noch einmal begegnen. Es sei hier nur darauf hingewiesen, dass der Prokurator ganz explizit darüber reflektiert, als Repräsentant der Artes-Fakultät zu handeln, wenn er etwa seine Stellungnahmen *„sicut facultatis procurator, nomine facultatis"*[133] formuliert. Dieses Bewusstsein, als Sprecher der Gruppe der Artisten zu handeln, kommt ebenso in der Rede von „unseren Magistern" oder der repräsentativen Stellungnahme zum Aufbau der *lectio* („Wir glauben ...") zur Geltung, worin zweifellos ein Ausdruck der gefühlten Gruppenidentität, welche der Kanzler angegriffen hatte, zu sehen ist. Die Konfliktsituation, durch die Johannes in den Modus der Verteidigung gerät, verstärkt die Bindungen im Inneren der Gruppe und führt zu einer gesteigerten Solidarität. Collins spricht hier vom „emotionalen Effekt von Ereignissen",[134] welche als exogene Stimuli die empfundene Zugehörigkeit intensivieren. Empört äußert sich Johannes: „Der Kanzler hält unsere modernen Magister für unwissend und nachlässig". Dieser despektierlichen Ansicht hält er sogleich entschieden entgegen: „Sie sind jedoch verständig, scharfsinnig und erhaben".[135] Die Anschuldigungen, die der Kanzler gegen die Menge der Artes-Magister (*multitudo magistrorum de facultate artium*) vorgebracht hat, sind jedenfalls gänzlich unberechtigt, da man derartiges nicht einmal von einem sagen dürfe.[136]

Sowohl bei Johannes von Malignes als auch in *Dicit Aristotiles* begegnet eine starke Vorstellung von der Überlegenheit der eigenen Gruppe. Sie wird uns in anderen Kontexten, bei der Diskussion der Ethikkommentare,

---

parte ejus; nec debet hoc facere, quoniam nostri magistri sunt in possessione hujus, et melius possunt accipere experimentum de sufficientia vel insufficientia scolaris bacallarii quam ipse (CUP I, Nr. 515, S. 609).

132 [...] si unquam bene lectum fuit vel disputatum in aliquibus transactis temporibus, isti actus modo a nostris magistris melius exercentur (CUP I, Nr. 515, S. 608).

133 CUP I, Nr. 515, S. 610.

134 Collins, „Solidarität in der Theorie der Interaktionsrituale", S. 108.

135 [...] cancellarius reputat nostros modernos magistros ignorantes seu negligentes; qui tamen sunt intelligentes, subtiles et provecti (CUP I, Nr. 515, S. 608).

136 Nec ipse discrete agit in talia infamatoria proponendo contra tantam multitudinem, quanta est multitudo magistrorum de facultate artium, cum nec talia deberet proponere contra unum (CUP I, Nr. 515, S. 608).

wieder beschäftigen (wenngleich dann nicht mehr als *Querelle des Anciens et des Modernes*). Ein solches Überlegenheitsgefühl ist für die Frage nach der Gruppenidentität der Artes-Magister in hohem Maße signifikant. Überraschen kann es freilich nicht: George Herbert Mead etwa betrachtet ein Gefühl der Überlegenheit als durchaus konstitutiv für Identitäten sowie als ubiquitäre Tendenz sozialer Gruppen.[137]

Was in diesem Abschnitt gezeigt werden sollte, war, dass diese postulierte Überlegenheit offenbar zu einem nicht geringen Anteil auf der Lehre der Artes-Magister beruht. Ebenso lässt sich der Enthusiasmus der Artisten für die Philosophie, der sich durchaus als emotionale Beziehung manifestiert, durch die soziale Dynamik der Lehrtätigkeit erklären, die als Interaktionsritual nicht nur Bindungen zu den Schülern, sondern auch zu den Gegenständen der Lehre, dem kulturellen Kapital im Collins'schen Sinne, also der Philosophie, generiert. Das Selbstverständnis der Artes-Magister gründete wesentlich auf ihrem Beruf als Lehrer der Philosophie, was allerdings erst dadurch ermöglicht wurde, dass es institutionalisierte Formen des Unterrichts, vor allem die *lectio* und die *disputatio*, gab, die sich in ‚ritualisierten' Abläufen vollzogen und damit zur Stabilisierung von Rollen- und Situationsdefinitionen beitrugen. Ebenso wurde deutlich, dass der mehr oder minder fest umrissene Kanon der Kommunikationsobjekte, welche als Symbole der Gruppenzugehörigkeit fungieren, durch Prozeduren der Diskursbegrenzung kontrolliert und definiert wird, welche die Konstitution eines Repertoires von Gegenständen zulassen, über die in den Institutionen der Lehre, der Vorlesung oder der Disputation, gesprochen wird. Im Hinblick auf spätere Kapitel sei an dieser Stelle bereits darauf verwiesen, dass es eben diese Institutionalisierung fester Formen des Unterrichts und die Petrifizierung bestimmter Gegenstände der Lehre, über die gesprochen werden konnte, waren, die zum Aufhänger einer Kritik an trockener Buchgelehrsamkeit im Unterricht der Universitätsphilosophie werden sollten. Denn diese Lehre vollzog sich, als Resultat der skizzierten Bedingungen, als Text-Exegese, nahm beim Text ihren Ausgang und endete bei diesem. Die gesamte Lehre war textbasiert. Der Ethikkommentar von Radulphus Brito, dies sei als ein Beispiel vorweggenommen, reflektiert genau eine solche Kritik an der *doctrina*: Weil die *sermones* der Moralphilosophie „*per modum doctrine*"

---

137   „Wir alle halten unsere Gruppe für besser als die anderen Gruppen" (George Herbert Mead, *Geist, Identität und Gesellschaft aus der Sicht des Sozialbehaviorismus*, 17. Aufl., Frankfurt am Main 2013, S. 251). Auf die Situation des Johannes von Malignes, der gleichsam seine Identität verteidigt, ließe sich die Formulierung Meads beziehen: „Hier begegnen wir einer Situation, in der es völlig legitim zu sein scheint, auf dieser Überlegenheit zu beharren, die das Bewusstsein der eigenen Identität begleitet und in gewissem Sinn für dieses Bewusstsein von entscheidender Bedeutung ist" (ebd.).

vermittelt werden, so sagen manche, haben sie keine Wirkung, d.h. führen sie nicht zu tugendhaftem Handeln. Sie führen lediglich zu Wissen: *„sermones solum faciunt ad scire"*. Dieses nütze aber für tugendhaftes Handeln wenig bzw. nichts: *„parum vel nihil proficit scire"*.[138]

Als Ergebnis dieses Abschnitts kann festgehalten werden, dass der Lehre in der Tat zentrale Bedeutung für die Konstitution einer Gruppenidentität der Magister der Pariser Artistenfakultät zukommt. Diese Identität ist insofern ,soziogen', als sie auf gemeinsamen Praktiken, auf einer „Teilnahme an den Interaktions- und Kommunikationsmustern der Gruppe"[139] basiert. Nun standen in Collins' Theorie der Interaktionsrituale, wie oben expliziert, Emotionen als identitätskonstituierende Momente im Fokus. Die Frage, die sich allerdings an diesem Punkt stellt, lautet, ob damit – bei allem heuristischen Potential für gruppeninterne Prozesse – bereits ein hinreichendes Bild von den Faktoren gewonnen ist, welche die Genese sozialer Identitäten konditionieren. Bekanntlich hatte Max Weber die ,Vergemeinschaftung', d.h. die subjektiv gefühlte Zusammengehörigkeit, nur als eine Komponente sozialer Verhältnisse betrachtet, deren Korrelat die ,Vergesellschaftung' darstellt. Die „große Mehrzahl sozialer Beziehungen" beruhte für Weber sowohl auf Vergemeinschaftung als auch auf Vergesellschaftung.[140] Auch wenn Webers Begriff der Vergesellschaftung, der rational motivierte Verbindungen meint, im Folgenden nicht weiter berücksichtigt wird, ist damit dennoch die Einsicht verbunden, dass zusätzliche Kategorien und Perspektivierungen nötig sein werden, um die Konstituenten sozialer Identitäten angemessen zu erfassen. Der Konflikt zwischen der Artes-Fakultät und dem Kanzler von Notre-Dame, der bei Johannes von Malignes greifbar wird, hatte bereits einen Anstoß gegeben, den Blick von gruppeninternen Praktiken und Ritualen auf exogene Faktoren zu lenken. Doch in welcher konkreten Hinsicht sind solche externen Größen im Einzelnen relevant und durch welchen analytischen Zugriff könnten sie sinnvoll in die Betrachtung integriert werden? Der folgende Abschnitt unternimmt den Versuch, auf diese Fragen eine mögliche Antwort zu geben.

---

138   Radulphus Brito, *Questiones super librum Ethicorum*, ed. Iacopo Costa (Studia Artistarum 17), Turnhout 2008, S. 561.

139   Jan Assmann, *Das kulturelle Gedächtnis. Schrift, Erinnerung und politische Identität in frühen Hochkulturen*, 7. Aufl., München 2013, S. 130.

140   Max Weber, *Wirtschaft und Gesellschaft. Grundriss der verstehenden Soziologie*, hg. von Johannes Winckelmann, 5. Aufl., Tübingen 1980, S. 22; siehe dazu auch: Otto Gerhard Oexle, „Kulturwissenschaftliche Reflexionen über soziale Gruppen in der mittelalterlichen Gesellschaft: Tönnies, Simmel, Durkheim und Max Weber", in: *Die Okzidentale Stadt nach Max Weber. Zum Problem der Zugehörigkeit in Antike und Mittelalter*, hg. von Christian Meier (Historische Zeitschrift. Beihefte, Bd. 17), München 1994, S. 115–159, S. 134.

2.5   Jenseits der Grenze: Das Fremde und das Eigene

Eine erste Hilfestellung für die Frage nach der Einbindung gruppenexterner
Aspekte in die Analyse der Identitätsbildung kann darin bestehen, sich zunächst noch einmal die grundlegenden Prämissen zu vergegenwärtigen, die
von verschiedenen Autoren für das Verhältnis von ‚personaler' Identität und
Gruppenidentität geltend gemacht wurden. „Der Prozeß, aus dem heraus sich
die Identität entwickelt, ist ein gesellschaftlicher Prozeß, der die gegenseitige Beeinflussung der Mitglieder der Gruppe, also das vorherige Bestehen der
Gruppe selbst voraussetzt".[141] George Herbert Mead wendet sich gegen die
Vorstellung, Identität sei ein autarkes Phänomen, das als Substanz selbststän-
dig existieren könne. Was wir weiter oben bereits mit Alfred Schütz und Berger/
Luckmann über die Internalisierung sozialer Wirklichkeiten festgestellt haben,
ist auch für Mead, der letzteren wichtige Einsichten vermittelte, ein zentraler
Aspekt der Identitätskonstitution: „Ein Mensch hat eine Persönlichkeit, weil
er einer Gemeinschaft angehört, weil er die Institutionen dieser Gemeinschaft
in sein eigenes Verhalten hereinnimmt".[142] Entscheidend für diesen Prozess
sind die wechselseitigen Zuschreibungen unter den Gruppenmitgliedern,
wobei die Gesamtheit dieser Mitglieder für den Einzelnen jeweils der oder das
„verallgemeinerte Andere" ist.[143] Von dieser Annahme ausgehend kann Mead
festhalten: „Der Einzelne hat eine Identität nur im Bezug zu den Identitäten
anderer Mitglieder seiner gesellschaftlichen Gruppe. Die Struktur seiner
Identität drückt die allgemeinen Verhaltensmuster seiner gesellschaftlichen
Gruppe aus, genauso wie sie die Struktur der Identität jedes anderen Mitgliedes
dieser gesellschaftlichen Gruppe ausdrückt".[144]
Was bei diesen Überlegungen, reduziert auf ihre Kernaussage, deutlich
wird, ist die konstitutive Rolle des ‚Anderen'. Hierin wird die wesentliche Relevanz dieser Gedanken, die deshalb noch einmal rekapituliert wurden, für
die Ausführungen dieses Abschnitts bestehen. „Personale Identität ist ein Bewußtsein von sich, das zugleich ein Bewußtsein der anderen ist", so lässt sich
die zentrale Erkenntnis formulieren, „Identität [...] setzt andere Identitäten
voraus".[145] Nun waren diese Anderen allerdings für Mead, ebenso wie für Assmann an der zitierten Stelle, die Mitglieder der eigenen Gruppe, die als ‚signifikante Andere' innerhalb der Gemeinschaft dem Einzelnen seine Identität,

---

141   Mead, *Geist, Identität und Gesellschaft*, S. 207.
142   Ebd., S. 204f.
143   Ebd., S. 196.
144   Ebd., S. 206.
145   Assmann, *Das kulturelle Gedächtnis*, S. 135.

auf der Grundlage einer geteilten Wirklichkeit, kommunizieren und dadurch eine gemeinsame ‚Wir-Identität' ermöglichen. Wie bereits avisiert, soll das Ziel dieses Abschnitts allerdings darin bestehen, die gruppeninterne Konstruktion von Identität durch eine Fokussierung der Rolle zu ergänzen, welche außerhalb der Gruppe liegende Momente spielen. Gerade dafür aber werden die hier skizzierten Prämissen relevant: Identitäten konstituieren sich *in Relation* zu Anderen, doch werden jetzt nicht mehr die Anderen der eigenen Gruppe, sondern die – nicht weniger signifikanten – Anderen außerhalb derselben ins Zentrum der Betrachtung rücken. Der entscheidende Unterschied besteht allerdings darin, dass dabei nicht die Vermittlung einer gemeinsamen Identität, einer ‚Wir-Identität', durch diese Anderen stattfindet, sondern vielmehr die *Differenz* zwischen den Einheiten, die in eine Relation treten, den maßgeblichen Faktor darstellt. Die Bedeutung der Differenz wurde in Kapitel 1 bereits für soziale Systeme erwähnt; sie soll in diesem Abschnitt für die Zuordnung von Akteuren zu sozialen Kategorien betont werden.

Fragt man nach der Differenz zwischen sozialen Gruppen, so gilt es jedoch zunächst – auf einer Metaebene – eine methodologische Differenz einzuführen, nämlich eine Differenz hinsichtlich der zu erörternden Differenz. Mit anderen Worten: Es gilt, die Frage zu klären, worauf sich der Begriff der Differenz bei dieser Untersuchung bezieht. Abgesehen von der Option, essentielle Differenzen zu beschreiben, also Aussagen über den ontologischen Status von Identitäten machen zu wollen, worum es hier freilich nicht gehen kann, bieten sich zwei Möglichkeiten an: Eine Möglichkeit bestünde darin, ‚kulturelle' Differenzen zu beschreiben, also danach zu fragen, worin die Unterschiede zwischen verschiedenen sozialen Gruppen hinsichtlich ihrer Denkformen, Wertesysteme, Handlungslogiken, Institutionen, epistemischen Konfigurationen oder Mentalitäten bestehen. Die zweite Möglichkeit rückt demgegenüber von ‚tatsächlich' bestehenden Unterschieden weitgehend ab und zielt vielmehr zunächst auf die *Perzeption* von Differenz. Sie würde danach fragen, wie sich Differenzen in der Wahrnehmung der Akteure manifestieren und mit welchen Prozessen der Stereotypisierung und Kategorisierung diese Perzeption einhergeht. Freilich sind beide Aspekte eng aufeinander bezogen, doch scheint es sinnvoll, analytisch zwischen ihnen zu unterscheiden. Die folgenden Ausführungen werden primär die zweite Perspektive einnehmen, wenngleich diese in manchen Fällen die erste impliziert.

Zur methodischen Fundierung einer Analyse von Differenzperzeptionen bietet sich ein Theoriekonzept an, das in erster Linie von den britischen Soziologen Henri Tajfel und John Turner formuliert wurde. In ihrer *Social Identity Theory* gehen Tajfel und Turner zunächst davon aus, dass Individuen grundsätzlich danach streben, eine positive soziale Identität zu erlangen und dass dies ausschließlich durch die Zugehörigkeit zu einer sozialen Gruppe erreicht werden kann.[146] Der entscheidende Prozess, der die Mitgliedschaft zu einer Ingroup bedingt, ist dabei die ‚Selbst-Kategorisierung' des Individuums.[147] Die Existenz einer Ingroup wiederum ist jedoch unweigerlich an die oppositionellen und differentiellen Relationen zu Outgroups gebunden, keine Ingroup kann existieren, ohne die konstitutive Differenz zu einer Nicht-Ingroup, von der sich die eigene Gruppe dezidiert abgrenzt.[148] Dieser Vorgang der Abgrenzung, der die kohärente Identität der Ingroup erst konstituiert und eine prinzipiell feindliche Grundhaltung zu Outgroups generiert, ist eine Implikation der Selbst-Kategorisierung. Denn diese vollzieht sich als Akt der Selbst- und Fremd-Stereotypisierung, der nicht nur die Differenzen zu Outgroups akzentuiert, sondern ebenso die Wahrnehmung von gruppeninternen Differenzen minimiert. Die Wahrnehmung von tendenziell feindlichen Outgroups kann somit soziale Identitäten psychologisch ‚anknipsen', indem deren Stereotypisierung gleichzeitig auf die Kohäsion der Ingroup zurückwirkt.[149] Dieser Aspekt ist allerdings entscheidend: Die Perzeption von ‚Anderen', die einer fremden Gruppe angehören, hat bereits dadurch, dass diese Anderen anders sind, Implikationen für das Verhältnis des Einzelnen zu seiner eigenen Gruppe, da die davon stimulierte Selbst-Kategorisierung mit einer Einebnung gruppeninterner Unterschiede einhergeht, also dort die Wahrnehmung von Gemeinsamkeit und Zugehörigkeit unmittelbar anregt. Die Selbst-Kategorisierung stellt sich demnach in Form einer ‚Depersonalisierung' dar, die für den inneren Zusammenhalt der Ingroup konstitutiv ist: „Die Depersonalisierung ist eine

---

146 Henri Tajfel/John Turner, „An Integrative Theory of Intergroup Conflict", in: *The Social Psychology of Intergroup Relations*, hg. von William Austin/Stephen Worchel, Monterey 1979, S. 33–47, S. 40; siehe auch allgemein: Dominic Abrams/Michael A. Hogg, *Social Identifications. A Social Psychology of Intergroup Relations and Group Processes*, London 1988.

147 Zu diesem Begriff: John Turner, „A Self-Categorization Theory", in: *Rediscovering the Social Group. A Self-Categorization Theory*, hg. von John Turner et al., Oxford 1987, S. 42–67; Dominic Abrams et al., „Knowing What to Think by Knowing Who You Are: Self-Categorization and the Nature of Norm Formation, Conformity and Group Polarization", in: *Intergroup Relations: Essential Readings*, hg. von Dominic Abrams/Michael A. Hogg, Philadelphia 2001, S. 270–288, S. 272; John Turner, „Towards a Cognitive Redefinition of the Social Group", in: *Social Identity and Intergroup Relations*, hg. von Henri Tajfel, Cambridge 1982, S. 15–40, S. 17f.

148 Michael A. Hogg/Sarah C. Hains, „Intergroup Relations and Group Solidarity: Effects of Group Identification and Social Beliefs on Depersonalized Attraction", in: Abrams/Hogg (Hg.), *Intergroup Relations*, S. 110–128, S. 111.

149 Henri Tajfel, „Social Stereotypes and Social Groups", in: Abrams/Hogg (Hg.), *Intergroup Relations*, S. 132–145.

kognitive Re-Definition des Selbst, die das individuelle Verhalten in kollektives Verhalten transformiert".[150]

Die hier knapp skizzierten theoretischen Prämissen des *Social Identity Approach* haben für die Fragestellung dieses Abschnitts nicht geringe Relevanz. Die Annahme, dass bereits die Wahrnehmung einer (feindlichen oder neutralen) Outgroup den Prozess der Selbst-Kategorisierung stimulieren kann, sowie die These, dass die Selbst-Kategorisierung unweigerlich gruppeninterne Differenzen minimiert, liefern wichtige Anhaltspunkte für die Herausbildung sozialer Identitäten, wenn man den Blick auf die *Relationen* zwischen sozialen Gruppen richtet, wie es hier geschehen soll. Zentral für die folgenden Erörterungen wird es jedenfalls sein, Phänomene der Abgrenzung und Differenzwahrnehmung zu untersuchen, welche Aufschluss über die Perzeption von Zugehörigkeiten und Nicht-Zugehörigkeiten geben können. Dabei sind besonders solche Wahrnehmungsakte von Interesse, die sich auf eine oppositionelle bzw. dezidiert antagonistische Relation beziehen. Schließlich sind zudem Prozesse der Stereotypisierung in hohem Maße signifikant, da gerade in Stereotypen soziale Identitäten kognitiv und diskursiv profiliert werden, wie noch auszuführen sein wird.

Liest man die Quellen der Artistenfakultät unter dem hier entworfenen Blickwinkel, dann lässt sich schnell feststellen, dass es an antagonistischen Relationen keinesfalls mangelt. Schon Johannes von Malignes lieferte ein bezeichnendes Beispiel, zeigt sich doch bei ihm, wie das Konfliktverhältnis mit dem Kanzler von Notre Dame zum Anlass einer entschiedenen Selbst-Kategorisierung als Artist wurde. Johannes sprach als Repräsentant der Artes-Fakultät und verteidigte ‚seine' Magister. Solche oppositionellen und mitunter höchst konfliktgeladenen Beziehungen der Artes-Magister zu anderen Akteuren oder sozialen Gruppen hinterlassen ihre Spuren bereits in recht frühen Zeugnissen. Der Einführungstext *Philosophica disciplina* von ca. 1240 etwa artikuliert sehr deutlich eine Differenz, wenn er sich gegen die Theologen wendet, die zu Unrecht seriöse Astronomen der Magie bezichtigen. Hier wird offensichtlich Partei ergriffen für ein dem eigenen Bereich zugehörig betrachtetes Gebiet, die Astronomie/Astrologie, das gegen die Angriffe der Theologen verteidigt wird.[151] Auch Olivier le Breton, dessen *Philosophia* möglicherweise

---

150 Andreas Zick, „Die Konflikttheorie der Theorie sozialer Identität", in: *Sozialwissenschaftliche Konflikttheorien. Eine Einführung*, hg. von Thorsten Bonacker, 4. Aufl., Wiesbaden 2008, S. 409–426, S. 413.

151 […] set constellationes nullam necessitatem influunt libero arbitrio, quia completio uirtutum a nobis est et a uoluntate nostra, ut Aristotiles dicit. Et primo modo intelligendo non errant astrologi; secundo modo errant si sic intelligeret, set non est uerum licet multi

um 1250, vielleicht aber auch erst nach 1260 entstand,[152] beschwert sich in seiner Behandlung der Astronomie über die Anschuldigungen derer, die vollkommen unschuldige Leute diffamieren.[153] Bezeichnend ist dann jedenfalls, dass Olivier sich in ungewöhnlichem Maße der Astronomie zuwendet und ihr besonderes Lob zukommen lässt. So sagt er etwa: „Wenn die Mathematik von der kontinuierlichen und beweglichen Menge handelt, so ist das die Astronomie, auf die sowohl das Trivium als auch das Quadrivium hingeordnet sind. Ein ganzer Tag würde kaum ausreichen, ihre unzähligen Bücher und Autoren vollständig aufzuzählen".[154] Eine ähnliche Reaktion wird später bei Roger Bacon begegnen, den die Verdächtigungen der Theologen, gegen die er polemisiert, zu einer umso entschiedeneren Identifikation mit der Astronomie/Astrologie führen. Genau wie Olivier le Breton reagiert auch Bacon auf die Beschuldigungen nicht nur mit einer Verteidigung und Beteuerung der Unschuld, sondern ebenfalls mit einer dezidierten Abgrenzung von den Magiern, denen eine ‚wahre' Astronomie/Astrologie, nämlich die wissenschaftliche der Artisten, entgegengehalten wird. Entscheidend ist, dass hier soziale Kategorien kommuniziert werden, die von der eigenen verschieden sind.

Aber nicht nur Abgrenzungen gegenüber den Theologen (die noch in ganz anderer Hinsicht relevant werden sollten) oder der unspezifischen Gruppe der ‚Magier' fanden an der Artes-Fakultät statt. Abgrenzungsstrategien finden sich vielmehr auf ganz verschiedenen Ebenen und mitunter in höchst subtiler Form. Ein Beispiel für letzteres ist der Umgang mit der Medizin in der philosophischen Einführungen. Während in den 1230er Jahren, so im *Guide de l'étudiant Parisien*, die Medizin noch als Lehre von der Komplexion des Körpers integriert ist, gingen spätere Texte dazu über, sie gänzlich auszuschließen, um ein rein philosophisches Feld abzustecken. Die Lehre vom rational beseelten Körper wird, nach den Texten der Jahrhundertmitte, in *De anima* gegeben, wohingegen eine Disziplin von der Komplexion desselben nicht mehr erscheint. Als diese Disposition nach einiger Zeit jedoch problematische wurde, weil man zu der Ansicht gelangte, dass *De anima* eigentlich nicht vom Körper, sondern von der Seele handelte, griff man allerdings – bezeichnenderweise – nicht, was

---

theologorum hoc eis imponant (Anonymus Artium Magister, *Philosophica disciplina*, ed. Lafleur, S. 273f).

152   Claude Lafleur, „L'introduction à la philosophie de maître Olivier de Breton", in: Lafleur/ Carrier (Hg.), *L'enseignement de la philosophie au XIIIᵉ siècle*, S. 467–487, S. 472f.

153   [...] propter quod placuit quibusdam ut aliquos forte innoxios accusarent (Olivier le Breton, *Philosophia*, ed. Lafleur, S. 484).

154   Si sit mathematica de quantitate continua mobili, sic est astronomia, ad quam tam triuium quam quadruuium ordinatur, cuius libros [et] actores innumerabiles ad recitandum complete uix sufficeret unus dies (Olivier le Breton, *Philosophia*, ed. Lafleur, S. 484).

nahegelegen hätte, wieder auf die Medizin zurück, sondern verlegte die Lehre vom menschlichen Körper kurzerhand in *De animalibus*, um den Ausschluss der Medizin sicherzustellen.[155] Dieser Vorgang ist freilich einem Ausschlussmechanismus des philosophischen Diskurses geschuldet und darf nicht ohne weiteres als gesteuerter Prozess aufgefasst werden. Doch ist wohl davon auszugehen, dass er dem Abgrenzungsbedürfnis der Artes-Magister entgegenkam und von diesen bereitwillig aufgegriffen und getragen wurde. Dahinter steht die Perzeption der Mediziner als Outgroup, deren Disziplin nicht Teil der Systematik des eigenen Wissensgebietes sein konnte.

Abgrenzungen von den Vertretern der anderen Fakultäten, den Medizinern, Juristen oder Theologen, begegnet in der Tat sehr häufig in den Texten der Artisten. Johannes von Dacien etwa grenzt in seiner *Divisio scientie* dezidiert die Politik als genuin philosophischen Bereich von der Zuständigkeit der Juristen ab. Die Gesetze und Dekrete, mit denen sich die Juristen beschäftigen, vermitteln Rechte und Gesetze, die bereits eingerichtet sind; der Philosoph jedoch, so hält Johannes fest, lehrt die Bedingung des Einrichtens von Gesetzen.[156] Während es dem weltlichen Herrscher und dem Papst zukomme, das Recht anzuwenden, sei es Aufgabe der Philosophen, so Johannes weiter, die Bedingungen der Rechtssetzung zu bestimmen, welche die Herrscher dann von den Philosophen übernehmen (*modum autem condendi a philosophis supposuerunt et habuerunt*).[157] Alexander Fidora hat mit Bezug auf diese Stelle darauf hingewiesen, dass hier mit den Philosophen – im Plural – eindeutig die ‚Zunft‘ der Artisten gemeint ist, der Johannes eine besondere Kompetenz zuschreibt.[158]

Ein vergleichbares Abstecken von Zuständigkeitsbereichen zwischen Philosophen und Juristen nimmt Radulphus Brito in seinem Ethikkommentar vor. Radulphus erörtert die Frage, ob es der Moralphilosophie zukomme, von der Gerechtigkeit zu handeln (*vtrum ad scientiam moralem pertineat determinare de iustitia*). Schon bei der Formulierung des Problems wird deutlich, dass es dabei um die Grenzziehung zwischen zwei verschiedenen Gebieten geht,

---

155   Diese Entwicklung schildert René Antoine Gauthier in: „Notes sur Siger de Brabant“, S. 9–15.

156   Sed intellige, quod quamquam in legibus et decretis tradita sunt quedam iura et leges condite, tamen philosophus docuit modum condendi leges (Johannes von Dacien, *Divisio scientie*, ed. Lafleur, S. 22).

157   Johannes von Dacien, *Divisio scientie*, ed. Lafleur, S. 23.

158   Alexander Fidora, „Politik, Religion und Philosophie in den Wissenschaftseinteilungen der Artisten im 13. Jahrhundert“, in: *Politischer Aristotelismus und Religion in Mittelalter und Früher Neuzeit*, hg. von Alexander Fidora (Wissenskultur und gesellschaftlicher Wandel 23), Berlin 2007, S. 27–36, S. 35.

wobei eine klare Differenz artikuliert wird.[159] Zur Diskussion der gestellten
Frage führt Radulphus zunächst eine Unterscheidung von zwei Gerechtig-
keitsbegriffen – und damit, wie er danach expliziert, auch von zwei Zuständigkeitsbereichen (Philosophie und Rechtswissenschaft) – ein: Jedem das Seine
zuzuteilen, könne in zweifacher Weise verstanden werden, nämlich entweder,
jemandem aus willentlicher Entscheidung das Seine zu geben, oder aber, jemandem das Seine zukommen zu lassen, weil es so im Gesetz steht.[160] Ersteres
teilt Radulphus der *scientia moralis*, d.h. der Philosophie zu, denn die auf diese
Weise verstandene Gerechtigkeit betrifft die moralische Tugend.[161] Letzterer
Begriff der Gerechtigkeit jedoch, der jedem das Seine gewährt, weil es das Gesetz so vorschreibt, ist nicht Gegenstand der Philosophie, sondern gehört dem
Gebiet der Rechtswissenschaft (*scientia legalis*) an.[162]

Die dezidierte Abgrenzung der Kompetenzbereiche zwischen Artisten und
Juristen bei Johannes von Dacien und Radulphus Brito, die jeweils ein genuin philosophisches Arbeitsfeld beanspruchen, das jedoch in beiden Fällen
durch seine negative Relation zu den Juristen bestimmt wird, ist in jedem Fall
aufschlussreich hinsichtlich der Perzeption von Differenzen innerhalb der
Universität. Offensichtlich war es nicht zuletzt die Struktur der vier Fakultäten, die – als System von Positionen und Oppositionen – die Wahrnehmung
von Unterschieden und damit die Selbst-Kategorisierung der Akteure stimulierte. Auf diese These wird noch einmal (mit weiteren Belegen) zurückzukommen sein.

2.5.1   *Ein weites Feld: Der Philosoph und die Welt*

Bevor jedoch diese Thematik erneut aufgegriffen und die dazu angerissene
These präzisiert wird, sollen im Folgenden zunächst einige Betrachtungen zu

---

159   [...] quia legispositiua est distincta a scientia morali, ideo quod pertinet ad vnam non
pertinet ad aliam (Radulphus Brito, *Questiones super librum Ethicorum*, ed. Costa, S. 423).

160   Secundo notandum est quod tribuere vnicuique quod suum est potest intelligi dupliciter:
vel tribuere vnicuique quod suum est ex electione vel ex voluntate, vel tribuere vnicuique
quod suum est quia ita statutum est in lege (Radulphus Brito, *Questiones super librum
Ethicorum*, ed. Costa, S. 424).

161   Dico ergo, quando queritur vtrum ad scientiam moralem pertineat determinare de iustitia, quod si accipiatur iustitia pro voluntate tribuendi vnicuique quod suum est voluntarie et ex electione, quod sic. Quia iustitia isto modo accepta est virtus moralis; modo
ad scientiam moralem pertinet considerare de virtute morali; ideo etc. (Radulphus Brito,
Questiones super librum Ethicorum, ed. Costa, S. 424).

162   Alio modo consideratur iustitia vt facit tribuere vnicuique quod suum est non voluntarie
immo magis ex precepto legis, et talis iustitia non pertinet ad scientiam moralem, immo
pertinet ad scientiam legalem (Radulphus Brito, *Questiones super librum Ethicorum*, ed.
Costa, S. 424).

anderweitig disponierten Abgrenzungsphänomenen an der Artes-Fakultät der Universität Paris angestellt werden. Denn nicht nur zwischen den einzelnen Fakultäten der Universität fanden entsprechende Differenzperzeptionen statt; daneben gab es andere Kontexte, in denen solche Vorgänge relevant wurden. So zeigen sich ebenfalls dezidierte Bezugnahmen zur nicht-wissenschaftlichen Welt, bei denen sich die oppositionelle Achse, wie sie etwa in der Relation zwischen Artisten und Juristen begegnete, in andere Richtungen verschiebt und als Differenzverhältnis zwischen Philosophen und Stadtbewohnern, oder allgemeiner: den Akteuren des praktischen Lebens, erscheint. Die Quellen dafür sind verschiedene Aristoteles-Kommentare, aber ebenfalls die philosophischen Einführungen.

So reflektiert etwa Johannes von Jandun in seinem Kommentar zu *De anima* die wahrgenommene Grenze zwischen den Philosophen und der restlichen Bevölkerung. Beide Gruppen, so geht aus seiner Beschreibung hervor, sind noch einmal weiter unterteilt: Als Nicht-Philosophen erscheinen bei Johannes an unterster Stelle zunächst diejenigen, die überhaupt nicht in der Lage sind, abstrakt zu denken; davon deutlich abgehoben und damit den Philosophen schon näher stehen die *homines pure practici*, die für Johannes den größten Teil seiner Zeitgenossen ausmachen. Auf diese Menschen des praktischen Lebens folgen dann in der hierarchischen Ordnung die Philosophen, die Johannes – den drei Teilen der theoretischen Philosophie entsprechend – in Mathematiker, Naturphilosophen (*perfecti et excellentes naturales*) und Metaphysiker einteilt. Letztere stehen für Johannes am höchsten – sie sind für ihn die paradigmatischen Philosophen.[163] Das durchweg positive Bild, das Johannes in seinen Schriften von den Philosophen zeichnet, kontrastiert mit einer äußerst despektierlichen Haltung gegenüber der Menge der Menschen: Da ihr Streben ungeordnet ist und sie grundsätzlich zum Schlechten neigen, sind ihre Tätigkeiten im Allgemeinen schlecht.[164]

Ganz ähnliche Diffamierungen finden sich – stets mit einer dezidierten Abgrenzung verbunden – in zahlreichen weiteren Texten der Artisten, durchaus in noch wesentlich expliziterer Form. Jakob von Douai etwa, Artes-Magister zu

---

163   Diese Klassifikation referiert Schmugge nach: Johannes von Jadun, Expositio in tertium de anima, Vat. lat. 760 fol. 99vb (Ludwig Schmugge, *Johannes von Jandun [1285/89–1328]*. *Untersuchungen zur Biographie und Sozialtheorie eines lateinischen Averroisten*, Stuttgart 1966, S. 54).

164   [...] quia homines vt in pluribus sunt proni ad malum ex politica et plurima negocia hominum sunt mala [...] et isti habent appetitum inordinatum (Johannes von Jandun, *Questiones in duodecim libros Metaphysicae*, Venedig 1553 [Unveränd. Nachdruck, Frankfurt am Main 1966], Buch II, q. 4, fol. 26ra); dazu auch Schmugge, *Johannes von Jandun*, S. 55.

Beginn der 1280er Jahre, sagt von Menschen, die nicht ihren Intellekt verwirklichen, sie seien es nicht Wert, Menschen genannt zu werden; dabei hält er ausdrücklich fest, dass aber nur wenige Menschen über einen verwirklichten Intellekt verfügen. Es ist unschwer, darin die Philosophen zu erkennen: „Denn während nur in wenigen Menschen ein Intellekt vorhanden ist, weil sich Betätigungen des Intellekts nur in Wenigen finden, so verfügen jedoch alle über einen Sinn. Daher ist es nur natürlich, wenn solche Leute ihrem sinnlichen Verlangen folgen, denn derartige Menschen sind stumpfsinnig und unterscheiden sich kaum von gänzlich vernunftlosen Geschöpfen, allenfalls darin, dass sie einen potentiellen Intellekt haben. Diesen zu haben ist jedoch wahrlich bescheiden und daher verdienen diese Menschen es nicht, Menschen genannt zu werden, so wie ein potentieller Schemel es ja auch nicht verdienen würde, dass man ihn als Schemel bezeichnet. Solche Menschen aber sind schlechte stumpfsinnige Wesen, weil sie nicht dem folgen, wozu sie geboren sind".[165] Es kann kein Zweifel daran bestehen, dass hier die Differenz von Philosophen und Nicht-Philosophen artikuliert wird. Aubry von Reims hatte in seiner *Philosophia* auf das Problem der Homonymie beim Wort „Mensch" hingewiesen, welches nämlich neben dem Menschen, der durch die theoretische Philosophie vervollkommnet ist, äquivok auch andere Personen bezeichnet, allerdings in dem Sinne, wie man etwa „Lebewesen" sowohl zu einem lebendigen als auch zu einem gezeichneten Menschen sagt.[166] Dass die an sich unvollkommene Seele durch Philosophie vervollkommnet wird, ist ein Gemeinplatz der Einführungstexte, auf den sich Arnulf von der Provence bezieht, wenn er festhält, jede Wissenschaft, durch welche die intellektive Seele vervollkommnet werde, gehöre zur Philosophie.[167] Boethius von Dacien bedauert die Menschen, die sich den sinnlichen Vergnügungen hingeben und die intellektuellen

---

165 Vnde cum in paucis hominibus sit intellectus, quia operationes intellectus in paucis inueniuntur, in omnibus tamen est sensus, et ideo non est extra naturam si tales sequuntur appetitum sensualem, quia tales homines sunt bruta, nec differunt a brutis nisi parum et in eo solum quod habent intellectum in potentia, et illud habere est ualde modicum, nec merentur isti homines dici homines sicut nec scamnum in potentia meretur [dici] scamnum, sed tales homines sunt bruti deteriores, cum non sequantur illud ad quod nati sunt (Jakob von Douai, *Questiones in De anima*, zit. nach Iacopo Costa, *Anonymi artium magistri questiones super Librum Ethicorum Aristotelis* [*Paris, BnF lat. 14698*] [Studia Artistarum 23], Turnhout 2010, S. 81f).

166 [...] quod hoc nomen homo equiuoce dicitur de homine perfecto per sciencias speculatiuas et de aliis, sicut animal dicitur equiuoce de animali homine et de picto (Aubry von Reims, *Philosophia*, ed. Gauthier, S. 29).

167 Scientia autem omnis qua perficitur in hac uita anima intellectiua sub philosophia continetur (Arnulf von der Provence, *Divisio scientiarum*, ed. Lafleur, S. 304).

Dinge ignorieren, weil sie so das *summum bonum* niemals erreichen.[168] Einen Philosophen lässt er ausrufen: „Wehe euch Menschen, die ihr zu den Tieren gerechnet werdet, weil ihr das Göttliche in euch nicht anstrebt";[169] Boethius fügt hinzu: „Das Göttliche im Menschen aber nennt er Intellekt".[170]

Was sich in dieser Polemik gegen die (nicht weiter spezifizierte) Gruppe der Nicht-Philosophen, jener Menschen des zivilen oder praktischen Lebens, denen keine ‚Verwirklichung' ihres Intellekts zu Teil wird, manifestiert, ist ein Prozess der Fremd-Stereotypisierung. Der Autor von *Ut testatur Aristotiles* wendet sich gegen die „*brutales homines*", die keine Wissenschaft betreiben, um sich stattdessen dem Unwürdigen und Sinnlichen (*res uiles et sensibiles*) zuzuwenden. Eine Passage aus Boethius' *Consolatio philosophiae* wird angeführt, um die Einfältigen – die unfähig sind, die wahre Wirklichkeit zu sehen – mit Vögeln zu vergleichen, die bei Tageslicht blind werden.[171] Wie aber an vielen Stellen deutlich wird, ist diese Fremd-Stereotypisierung dialogisch verschränkt mit einer Selbst-Stereotypisierung der Philosophen, die sich im selben Moment vollzieht. Die Philosophen sind diejenigen, die ihren Intellekt durch die Philosophie vervollkommnen und daher im vollen Sinne als Menschen gelten dürfen. Wenn Aegidius von Orléans in seinem Ethikkommentar (um 1300) davon spricht, die Masse der Menschen sei schlecht und handele nicht nach der richtigen Vernunft (*ratio*),[172] dann zielt dies genau auf jene binäre Opposition von Vernunft und Unvernunft, welche der anonyme Verfasser des Kommentars zu den Meteorologica vom Beginn der 1280er Jahre artikuliert, wenn er sich vom „*homo non philosophicus et non utens ratione*"[173] abgrenzt.

Erscheint hier die *ratio* als distinktives Merkmal, welches den Philosophen von der Menge der Menschen unterscheidet, so vollzieht sich ein weiterer Akt der Grenzziehung auf der Ebene der Lebensform. Alle Ethikkommentare

---

168   Et ideo dolere debent homines qui tantum delectationibus sensibilibus detinentur quod bona intellectualia omittunt, quia suum summum bonum numquam attingunt (Boethius von Dacien, *De summo bono*, ed. Niels J. Green-Pedersen, *Boethii Daci Opera* VI,2 [Corpus Philosophorum Danicorum Medii Aevi 6,2], Kopenhagen 1976, S. 369–377, S. 369).

169   Vae vobis homines qui computati estis in numero bestiarum ei quod in vobis divinum est non intendentes (Boethius von Dacien, *De summo bono*, ed. Green-Pedersen, S. 369f).

170   Divinum autem in homine vocat intellectum (Boethius von Dacien, *De summo bono*, ed. Green-Pedersen, S. 370).

171   Et hoc testatur Boetius dicens quod sicut oculi caligantes tenebris assueti ad perspiciendum ueraciter extolli nequeunt, – similes auibus quarum aspectus nox illuminat, dies excecat (Anonymus Artium Magister, *Ut testatur Aristotiles*, ed. Lafleur, S. 99).

172   [...] quia homines ut plurium sunt mali et non utuntur ratione recta in operationibus suis (Aegidius von Orléans, *Questiones super librum Ethicorum*, BnF, lat. 16089, fol. 232vb).

173   Anonymus Artium Magister, *Questiones super Meteorologicam*, Prolog, ed. Luca Bianchi, Bergamo 1990, S. 47.

der Artistenfakultät betonen die Superiorität der *vita contemplativa* über die *vita practica*. Diese hatte bereits Albertus Magnus formuliert, doch die Artes-Magister, die in einem gänzlich anderen Kontext schreiben als Albert, nämlich an der Pariser Artes-Fakultät der Zeit zwischen 1280 und 1300, radikalisieren bzw. spezifizieren den Gegensatz in verschiedener Hinsicht, vor allem indem sie die *vita contemplativa* explizit mit der *vita philosophantium* gleichsetzen. Nachdem Radulphus Brito festgestellt hat, die *vita* (und *scientia*) *contemplativa* sei *„honorabilior"* und daher *„simpliciter melior"* als die *vita activa*, identifiziert er sie anschließend ausdrücklich mit dem Leben der Philosophen: „[...] *vnde ista est vita philosophantium"*.[174]

In der Entgegensetzung von ‚philosophischem' und praktischem Leben artikuliert sich demnach stets sowohl eine Abgrenzung als auch eine Höherbewertung der Philosophen. Petrus von Auvergne geht in seinem Kommentar zum siebten Buch der *Politik* von Aristoteles ausführlich auf das Verhältnis zwischen dem kontemplativen Glück des Einzelnen und dem praktischen Glück der Gemeinschaft ein. Da der spekulative Intellekt dem praktischen überlegen ist, kann das kontemplative Glück des Einzelnen, also des Philosophen, nicht dem Ziel der politischen Gemeinschaft untergeordnet werden. Daher schließt Petrus, die Aktivitäten der Vielen seien weniger wichtig als die Spekulation des Einzelnen, d.h. des Philosophen.[175] Die Relativierung des Albertus Magnus aber, dass nämlich das politische Glück nützlicher sei als das kontemplative, bezeichnet Petrus als irrtümlich und absurd, weil ein derartiger Vergleich (*utilior*) ja implizieren würde, das auch das kontemplative Glück nützlich sei, was aber nicht sein könne, da es sonst auf ein außerhalb seiner selbst liegendes Ziel gerichtet und also nicht selbst das höchste Ziel wäre. Marco Toste hat darauf hingewiesen, dass Petrus mit dieser Anschauung die absolute Überlegenheit der philosophischen Lebensform postuliert.[176]

---

174   Radulphus Brito, *Questiones super librum Ethicorum*, ed. Costa, S. 224.

175   Die Anschauung des Petrus analysiert Marco Toste, „Nobiles, optimi viri, philosophi. The Role of the Philosopher in the Political Community at the Faculty of Arts in Paris in the Late Thirteenth Century", in: *Itinéraires de la raison: études de philosophie médiévale offertes à Maria Cândida Pacheco*, hg. von José Francisco Preto Meirinhos, Louvain-la-Neuve 2005, S. 269–308, S. 298ff. Bei Petrus heißt es: Ergo finis unius hominis non reducitur in finem proprium ciuitatis, et ideo oportet esse econuerso, quia finis propinquus tocius ciuitatis ordinatur [in finem unius hominis] secundum se secundum quod huiusmodi. Nam omnis operatio politica et non uacatio est finaliter propter uacacionem et quietem speculandi (zit. nach Toste, „Role of the Philosopher", S. 299).

176   So auch mit der Ansicht: [...] omnes homines sunt propter speculatiuos viros tanquam gratia cuius, sic tota ciuitas propter illos, et felicitas politica ordinatur ad felicitatem speculatiuam (zit. nach Toste, „Role of the Philosopher", S. 303).

In jedem Fall zeigt sich sowohl in der Diffamierung der Menge als den Tieren ähnliche, vernunftlose Wesen,[177] als auch in der Proklamierung der absoluten Superiorität des philosophischen Lebens über das praktische, vor allem die Perzeption einer Differenz, welche für die kollektive Identität der Philosophen konstitutiv ist. Nicht nur steht die Vernunft der Philosophen in einem reziproken Verhältnis zur Unvernunft der breiten Masse, sondern ebenso bildet das praktische und politische Leben der anderen Mitglieder der Gemeinschaft den konstitutiven Kontrapunkt zur spekulativen Lebensform. Die soziale Identität der Philosophen, die im kontemplativen Leben einen manifesten Ausdruck findet, profiliert sich *ex negativo* im Verhältnis zur jeweils postulierten Identität von ‚Anderen' (mit ihrem nicht-intellektuellen oder nicht-spekulativen Leben), womit sich diese Profilierung entlang einer Achse binärer Oppositionen vollzieht. Indem die Abgrenzung von Anderen auf die Wahrnehmung der eigenen Gruppe zurückwirkt, wird deutlich, dass Fremd- und Selbst-Stereotypisierung in einem Verhältnis unaufhebbarer Reziprozität stehen. Erst die „Rede vom Anderen" macht soziale Zugehörigkeit sichtbar,[178] indem sie die Kontrastfolie entfaltet, auf welcher sich die Konturen des Eigenprofils abzeichnen. Was hier interessiert, sind demnach nicht die Konsequenzen solcher Diffamierungs- und Stereotypisierungsprozesse für diejenigen, die davon betroffen sind, sondern vielmehr das „Agens der Prozesse",[179] also deren Funktion für die Identität der Philosophen selbst.

Aus den bisherigen Ausführungen zur *vita philosophantium* wird deutlich, dass die Lebensführung, welche die Philosophen für sich in Anspruch nahmen, offenbar ein zentraler Bestandteil ihrer Distinktionsstrategie gegenüber anderen sozialen Gruppen war. Dabei konnten auch konkretere Aspekte benannt werden, etwa wenn Radulphus Brito festhält, der *vir speculativus* unterscheide sich vom Mann des praktischen Lebens dadurch, dass er nur wenig zum Leben benötige. Der politische Mensch nämlich genügt nicht sich selbst, wie der Philosoph, sondern existiert in Gemeinschaft mit seiner Frau, seiner

---

177   Siehe auch die Bemerkung im anonymen Ethikkommentar BnF, lat. 14698 um 1280: [...] si aliqui nascantur sine usu rationis, idem iudicium est de eis et de bestiis (Anonymus Artium Magister, *Questiones super librum Ethicorum*, ed. Costa, S. 82).

178   Frank Rexroth, „Grenzen der Stadt, Grenzen der Moral. Der urbane Raum im Imaginarium einer vormodernen Stadtgesellschaft", in: *Die Stadt und ihr Rand*, hg. von Peter Johanek, Köln 2008, S. 157.

179   Frank Rexroth, *Das Milieu der Nacht. Obrigkeit und Randgruppen im spätmittelalterlichen London*, Göttingen 1999, S. 24.

Familie, seinen Freunden und Nachbarn. Er benötigt bei weitem mehr äußere
Güter als der Mann des spekulativen Lebens.[180]

Dass die Artes-Magister aber eine genuin philosophische Lebensführung
beanspruchten, ist – zunächst einmal unabhängig davon, ob und in welchem
Maße sie realisiert wurde – in jedem Fall bezeichnend, bildet doch gerade
eine solche Lebensführung, als distinktives Merkmal der eigenen Gruppe, für
Max Weber das konstitutive Kriterium einer beruflichen ‚Ehre'.[181] Es scheint,
als prätendierten die Artisten als ‚Berufsgruppe' eine soziale Ehre, philosophische Ehre, indem sie das Konzept einer philosophischen Lebensführung
formulieren, welches seinen Kontrapunkt in den Formen des praktischen
oder politischen Lebens findet. Wichtig ist freilich, dass die Philosophen ihre
beanspruchte Ehre nicht zu gesellschaftlicher Anerkennung bringen konnten. Ihre Ansprüche laufen gänzlich ins Leere, sie werden lediglich prokla-
miert und zur Distinktion von anderen Gruppen eingesetzt. Auch wenn die
Artes-Magister eine Vorstellung von ihrem Beruf als Lehrer der Philosophie
haben, so bilden sie – in der Definition Webers – dennoch keinen anerkann-
ten ‚Berufsstand', da sie nicht, was für Weber konstitutiv ist, „mit Erfolg" soziale Ehre prätendieren. Hierin besteht auch der fundamentale Unterschied
zu den Professionenwissenschaften. Dennoch scheint die Tatsache, dass
die Artisten weder ihre beanspruchte Lebensführung, noch ihre damit verbundene berufliche Ehre realisieren konnten, nichts daran zu ändern, dass
die kühne Formulierung dieses Anspruchs eine gewisse Funktion für das
Selbstverständnis der Philosophen und ihre Distinktion von Outgroups erfüllt.
Dieses Phänomen eines nicht verwirklichten, aber dennoch für das Selbstbild
wirksamen Anspruchs kann grundsätzlich auch bei den Professionen begegnen. Rudolf Stichweh hat darauf hingewiesen, dass etwa normative ethische
Standards oftmals nicht realisiert werden können, weil häufig nur die Elite innerhalb einer Profession den ethischen Normen voll entspricht. Dennoch gilt

---

180   […] et ideo quia solum necessariis ad vitam indiget vir speculatiuus, ideo paucis indi-
      get; sed felicitas practica […] ista magis indiget bonis exterioribus, quia vir prudens et
      felix ista felicitate non est propter se solum siue gratia sui, sed gratia vxoris et familie et
      amicorum et vicinorum, et ideo iste indiget multis bonis exterioribus magis quam vir
      speculatiuus siue contemplatiuus (Radulphus Brito, *Questiones super librum Ethicorum*,
      ed. Costa, S. 232).
181   „Inhaltlich findet die ständische Ehre ihren Ausdruck normalerweise vor allem in der
      Zumutung einer spezifisch gearteten Lebensführung an jeden, der dem Kreise angehören
      will. Damit zusammenhängend in der Beschränkung des ‚gesellschaftlichen' […] Verkehrs
      […] auf den ständischen Kreis bis zu völliger endogener Abschließung" (Weber, *Wirtschaft
      und Gesellschaft*, S. 535). Sowie zum Beruf: „Auch ein ‚Berufsstand' ist ein ‚Stand', d.h. er
      prätendiert mit Erfolg soziale ‚Ehre' normalerweise erst kraft der, eventuell durch den
      Beruf bedingten, spezifischen ‚Lebensführung'" (S. 538).

der Anspruch für die „Normalpraktiker" prinzipiell in gleichem Maße und ist für ihr Berufsverständnis prägend.[182] Worin sie sich dabei von den Artisten – die, wie noch zu zeigen sein wird,[183] gerade keine Profession bilden – grundlegend unterscheiden, ist freilich der Umstand, dass sie ihre Werte *dennoch* zu gesellschaftlicher Anerkennung bringen können. Wie dem auch sei – entscheidend ist an dieser Stelle nur, dass die Philosophen ihre (postulierte) Lebensführung dezidiert von jener der praktischen Menschen abgrenzen. Wenn etwa Radulphus Brito über die Unterschiede der Lebensführung reflektiert, dann hat dies etwas mit einer darauf beruhenden ‚Ehre' zu tun, die distinktives Merkmal sein soll, also soziale Grenzen markiert.

Das skizzierte Verhältnis der Philosophen zu den ‚verallgemeinerten Anderen' der nicht-universitären Welt ist allerdings noch in anderer Hinsicht bezeichnend und kann als heuristischer Schlüssel dienen, um eine Frage zu erörtern, die sich mit Blick auf die Wissenschaftssystematiken der Artes-Fakultät stellt und den Arbeitsbereich der Artisten betrifft; dabei geht es um die Rolle und den epistemischen Status eines Wissensgebiets, welches stets in den philosophischen Einführungen als Teil der Philosophie erscheint, obwohl es ganz offensichtlich keine Relevanz für die artistische Lehre oder die diskursive Praxis bzw. literarische Produktion der Philosophen hatte: die *artes mechanicae*. Denn die oppositionelle, mitunter offen polemische Attitüde der Artes-Magister gegenüber den Menschen des praktischen Lebens hatte unmittelbare Konsequenzen auch für ihre Bewertung der Handwerke und deren soziale Träger. Eine entsprechend despektierliche Haltung artikuliert etwa der Anonymus von Paris, BnF. lat. 16110 im Prolog zu seinem Ethikkommentar. Wie

---

182 „Institutionalisierte Reaktionsmuster dieses Typs mögen im Resultat eine vertikale Dimension innerprofessioneller Schichtung erzeugen, für die gilt, daß die Konformität mit normativen Standards von oben nach unten abnimmt. Differenzverstärkend tritt wahrscheinlich hinzu, daß nur die Ausstattung von Eliteinstitutionen (die großen Rechtsfirmen, das System elitärer Universitätskliniken) dem einzelnen Professionellen jenen Freiraum läßt, der verantwortungsbewußte Arbeit mit einem Grad von Sorgfalt erlaubt, wie ihn die professionelle Ethik eigentlich verlangt. Den Normalpraktikern in weit restriktiveren Arbeitssituationen bleibt dann nur, wie es ein amerikanischer Anwalt formuliert, ‚to make good guesses as to the level of malpractice at which they should operate in any given situation'" (Rudolf Stichweh, „Professionen und Disziplinen. Formen der Differenzierung zweier Systeme beruflichen Handelns in modernen Gesellschaften", in: Stichweh, *Wissenschaft, Universität, Professionen*, S. 245–293, S. 271).

183 Siehe Kap. 3. Wie dort argumentiert wird, kann erst durch die Inklusion des Laien, der die Komplementärrolle des Klienten erfüllt und damit am System partiziert, von Professionellen gesprochen werden (dazu Rudolf Stichweh, „Professionalisierung, Ausdifferenzierung von Funktionssystemen, Inklusion", in: Stichweh, *Wissenschaft, Universität, Professionen*, S. 317–330, S. 324f). Dies hat Konsequenzen für den Expertenstatus von Universitätsgelehrten.

der Autor festhält, können die Menschen nur tugendhaft werden, wenn sie studieren.[184] Daher gibt es viele stumpfsinnige Lebewesen, deren Tätigkeiten durch Einbildungen regiert werden, während es andere gibt, die ihre Handlungen von Erkenntnis und *ars* leiten lassen.[185] Betätigungen aber, die in die „*materia exteriora*" hinüberreichen, wie ‚ein Haus bauen‘, können für den Autor nicht tugendhaft genannt werden. Nur das Studium und die Kontemplation werden tugendhaft genannt, weil diese nicht in die *materia exteriora* hinüberreichen, sondern sich ausschließlich auf ihre eigene Materie beziehen, also – so können wir ergänzen – selbstreferentiell sind. Beides, der Bezug auf die äußere wie auf die eigene Materie, wird hinsichtlich der Tugendhaftigkeit explizit auf die jeweiligen Akteure bezogen. Denn Menschen, die sich mit etwas beschäftigen, dessen Ausübung die äußere Materie betrifft, werden nicht tugendhaft genannt, so wie man einen Menschen, der ein Haus baut, nicht tugendhaft nennen kann. Vielmehr nennt man denjenigen tugendhaft, der sich dem Studium und der Kontemplation hingibt, deren Ausübung eben nicht in die *materia extrinseca* hinüberreicht.[186] Von letzterer Art ist auch die *scientia moralis*, die, als *ars de moribus*, den Menschen leiten kann, aber nicht auf eine außerhalb ihrer selbst liegende Materie zielt, sondern gänzlich auf ihre eigenen Bereich bezogen bleibt.[187]

Was sich an diesem Beispiel zeigt, ist eine klare Abgrenzung des als selbstreferentiell charakterisierten Gebiets der Philosophie von allen Aktivitäten, die sich auf ein Äußeres beziehen und die hier mit handwerklichen Tätigkeiten, wie ‚ein Haus bauen‘, identifiziert werden. Dies scheint nahezulegen, dass bereits die Disposition des universitären Paradigmas der Philosophie, wie sie sich im 13. Jahrhundert konstituiert hatte, eine Geringschätzung der *artes mechanicae*

---

184 Si igitur homines uelint laborare ut sint scientes, debent studere ut sint uirtuosi et quod in se habeant bonos mores (Anonymus Artium Magister, *Questiones super librum Ethicorum*, BnF, lat. 16110, Prolog, ed. Iacopo Costa, Turnhout 2010, S. 109).

185 [...] quod multa sunt animalia bruta quorum operationes reguntur ymaginationibus et alia sunt animalia quorum operationes reguntur cognitione et arte ipsarum rerum (Anonymus Artium Magister, *Questiones super librum Ethicorum*, BnF, lat. 16110, Prolog, ed. Costa, S. 109).

186 Vnde homines non dicitur uirtuosi si attendantur ad aliquod tale cuius operatio transit in materiam extrinsecam, sicut homo non dicitur uirtuosus eo quod facit domum, sed dicitur uirtuosus eo quod se dat studio et contemplationi, cuius operatio in materiam exteriorem non transit (Anonymus Artium Magister, *Questiones super librum Ethicorum*, BnF, lat. 16110, Prolog, ed. Costa, S. 109).

187 Vnde ars que transit in nullo extrinseco nisi in materiam sui ipsius est ut scientia moralis, et talis ars est de moribus ipsius hominis eo quod regulat hominem in eis que non transeunt in materiam sibi extrinsecam (Anonymus Artium Magister, *Questiones super librum Ethicorum*, BnF, lat. 16110, Prolog, ed. Costa, S. 109).

implizierte. Da die *artes mechanicae* dem selbstreferentiellen System der Philosophie nicht entsprechen, werden sie von den Philosophen nicht als dem eigenen Tätigkeitsbereich im engeren Sinne zugehörig empfunden, weshalb sie sich von ihnen abgrenzen. Das Ziel der *artes mechanicae*, welches, wie ‚ein Haus bauen' in einer *außerhalb ihrer selbst* befindlichen Materie liegt, ist nicht mit dem Ziel der Philosophie kompatibel. Die Abgrenzung, welche die Philosophen vollziehen, ist daher zunächst eine Implikation des Systems. Doch im selben Moment bildet sie die Grundlage einer Differenzperzeption, die den Artes-Magistern zur Profilierung ihrer philosophischen Identität dient. Diese Identität war grundsätzlich verschieden von jener der städtischen Handwerker, deren ‚mechanische' Tätigkeiten die Artisten in Paris beobachten konnten.[188]

Es muss in diesem Sinne bewertet werden, dass die Philosophen den *artes mechanicae* in den Einführungsschriften kaum Beachtung schenken, sie vielmehr nur insoweit berücksichtigen, als sie die unterste Stelle der epistemischen Ordnung einnehmen, deren Explikation das literarische Genre vorsieht. So werden die *artes mechanicae* stets nur äußerst knapp erwähnt, meistens auch gar nicht im Einzelnen benannt, sondern mit einer kurzen Formel abgetan. In *Felix nimium* heißt es: „Und die mechanica wird vielfach unterteilt, wie andernorts zu sehen ist".[189] Die Schrift *Ut ait Tullius* nennt exemplarisch zwei *artes* und bemerkt dann zu den *artes mechanicae* insgesamt: „Über diese soll hier nichts gesagt werden".[190] Roger Bacon grenzt in seinen *Summlae dialectices*, die er als Pariser Artes-Magister in den 1240er Jahren verfasste, die auf die Vervollkommnung des Intellekts zielenden und von manueller Arbeit ‚freien' *artes liberales* scharf von den handwerklichen *artes mechanicae* ab, die den Intellekt vom eigentlichen Ziel wegführen (*inclinando ipsum totaliter ad res temporales et inferiores, cum deberet res perpetuas et superiores inspicere*).[191]

---

188 Zur Sozialtopographie von Paris, die den verschiedenen Gruppen jeweils eigene ‚Räume' zuwies, siehe unten Kap. 4.4.

189 Et illa scientia que facit hoc dicitur mechanica. Et diuiditur mechanica in plures, sicut uisum est alibi (Anonymus Artium Magister, *Felix nimium*, ed. Claude Lafleur, in: *Archives d'histoire doctrinale et littéraire du Moyen Âge* 62 [1995], S. 398–409, S. 403).

190 Dividitur autem mecanica scientia in sutoriam, pellipariam et sic de aliis de quibus nichil ad presens (Anonymus Artium Magister, *Ut ait Tullius*, ed. Gilbert Dahan, in: Lafleur/ Carrier [Hg.], *L'enseignement de la philosophie au XIIIe siècle*, S. 3–58, S. 48).

191 Liberales artes sunt, per quas perficitur intellectus hominis inveniendo et iudicando verum in signis sine operatione manuali [...]. Et dicuntur artes liberales, vel quia liberant hominem a curis saecularibus, vel quia faciunt hominem liberum – quia temporalia volunt servitutem quaerentis –, vel quia tantum liberi vel nobiles solebant eas addiscere (Roger Bacon, *Summulae dialectices*, ed. Libera, S. 172); demgegenüber heißt es über die *artes mechanicae*: Ars vero mechanica est, per quam subiecta materia fit in propatulo

Dass es bei dieser Geringschätzung der *artes mechanicae* in Form von
Nichtbeachtung oder dezidierter Abwertung stets auch um die Abgrenzung
von sozialen Identitäten geht, zeigt noch expliziter die anonyme Einführung
Secundum quod testatur Ysaac. Deren Autor schreibt entschieden: *„De mechanica nichil ad nos set ad laycos"*![192] Damit aber wird die Grenze zwischen der
Zuständigkeit der Philosophen und jener der ‚Anderen‘ in aller Deutlichkeit
zum Ausdruck gebracht; die Artes-Magister betrachteten die *artes mechanicae* nicht als Gegenstand ihrer Philosophie, sondern als etwas Fremdes. Die
Implikationen für die Frage nach sozialer Identität liegen offen zu Tage: hier artikuliert sich ein ‚Wir‘ und ‚Die‘. Dabei ist interessant, worauf die Bezeichnung
„laici" in diesem Fall referiert. Denn es geht hier offensichtlich nicht, jedenfalls
nicht primär, um den Gegensatz von Klerikern und Laien. Der ‚Laie‘, der als
Gegenfigur auftritt, scheint vielmehr eine Art Komplementärrolle zu bilden,
welche das ‚generalisierte Andere‘ der außer-universitären Welt repräsentiert,
von dem der Artes-Magister sich und seine Gruppe abgrenzt.

Vor dem Hintergrund dieser Feststellungen müsste allerdings die Meistererzählung korrigiert (oder zumindest relativiert) werden, die Entstehung der
hochmittelalterlichen Stadtkultur habe eine enorme ‚Aufwertung‘ der *artes
mechanicae* bewirkt. Diese Behauptung stützt sich wesentlich auf das Argument, dass die *artes mechanicae* seit dem 12. Jahrhundert in die Wissenschaftssystematik einbezogen und damit in die Einteilung der Philosophie integriert
wurden. Diese Einbeziehung aber fand in einem städtischen Kontext statt,
der von Arbeitsteilung und der Präsenz verschiedener Berufe geprägt war,
was eine Aufwertung der handwerklichen Tätigkeiten bewirkte.[193] Ausgehend
von den oben entfalteten Zusammenhängen erscheint eine solche Sichtweise jedoch kaum angemessen, weshalb eine differenziertere Beurteilung der
Entwicklung erforderlich ist. Jedenfalls stellt sich die Frage, wie eine solche
Einbeziehung mit der deutlich greifbaren Geringschätzung der *artes mechanicae* vereinbart werden soll. Die scheinbare Paradoxie lässt sich auflösen,

---

　　　sensuum et operatione manuum [...]. Et dicuntur mechanicae a ‚moechando‘, quia faci-
　　　unt intellectum hominis moechum, id est adulterium, inclinando ipsum totaliter ad res
　　　temporales et inferiores, cum deberet res perpetuas et superiores inspicere et sic tandem
　　　devenire ad cognitionem creatoris (S. 171).

192　Anonymus Artium Magister, *Secundum quod testatur Ysaac*, zit. nach Ruedi Imbach,
　　　„Einführungen in die Philosophie aus dem XIII. Jahrhundert. Marginalien, Materialien
　　　und Hinweise im Zusammenhang mit einer Studie von Claude Lafleur", in: Imbach,
　　　Quodlibeta, S. 63–91, S. 85.

193　So etwa Thilo Offergeld, *Hugo von Sankt Viktor, Didascalicon. De studio legendi, übersetzt
　　　und eingeleitet von Thilo Offergeld* (Fontes Christiani 27), Freiburg 1997, S. 62ff.

wenn man die spezifische Logik von Perzeptionsprozessen in Rechnung stellt. Durch die Einbettung der Studien in ein städtisches Milieu wurde zunächst eine *Wahrnehmung* der Handwerke bewirkt. Diese Wahrnehmung manifestiert sich in der Tatsache, dass die *artes mechanicae* als eigener Bereich in der Wissenschaftseinteilung erscheinen. Doch darf eine solche Integration nicht voreilig als Aufwertung oder Wertschätzung gedeutet werden; denn das Resultat dieser Wahrnehmung ist gerade keine Hinwendung, sondern, nach der Logik des Perzeptionsprozesses, vielmehr eine Abgrenzung. Die *artes liberales* bzw. die Philosophie treten durch die erfolgte Wahrnehmung in eine *Verhältnis*, in eine Relation zu den *artes mechanicae* und diese oppositionelle Beziehung impliziert unweigerlich eine Grenzziehung, die dann auch zu dezidierter Geringschätzung führen kann. Die Integration der *artes mechanicae* in die Systematik der Philosophie, die durch den städtischen Einfluss gefördert wurde, und ihre gleichzeitige Geringschätzung an der Artes-Fakultät sind also keinesfalls widersprüchliche Phänomene, sondern Bestandteile einer kohärenten Perzeptionslogik. Die Entgegensetzung von *artes liberales* und *artes mechanicae* repräsentiert dabei das oppositionelle Verhältnis zwischen den sozialen Gruppen, die für diese beiden Bereiche stehen: Philosophen und Handwerker (oder allgemeiner: Stadtbewohner). Dies zeigt sich deutlich etwa, wenn nach der Erwähnung der *artes mechanicae* in den philosophischen Einführungen der Abschnitt über die *artes liberales* sogleich mit der Forderung nach Abkehr von allen sinnlichen und irdisch-konkreten Betätigungen einsetzt. Die Trennlinie, welche die Artes-Magister zwischen sich und der Gruppe der Handwerker ziehen, wird mittels des kulturellen Kapitals symbolisiert, welches sie sich selbst und der Outgroup jeweils zuschreiben. Die äußerst knappe und oberflächliche Behandlung der *artes mechanicae* in den Einführungsschriften hat ihren Grund jedenfalls nicht nur in der Tatsache, dass sie an der Artes-Fakultät nicht unterrichtet wurden, sondern ebenso in der Missachtung, die die Magister diesen Disziplinen, die sie mit ihren sozialen Trägern identifizierten, entgegenbrachten.

Die beschriebene Beziehung der Philosophen zur politischen Gemeinschaft, ihrem städtischen Umfeld sowie den handwerklichen Künsten bildet ein wichtiges Element innerhalb des komplexen Bündels von Faktoren, die Prozesse der Kategorisierung und Gruppenbildung anregten. Die Artikulation von Differenz, die in den Texten erscheint, hatte freilich auch Entsprechungen in nicht-diskursiven Praktiken. Es sei hier lediglich auf die Feste der *nationes* verwiesen, bei denen jeweils Artisten Präsenz gegenüber der Stadtbevölkerung zeigten. Die Magister zogen singend durch die Straßen und sorgten in der Stadt für Aufsehen; eine Praxis, gegen welche die Artes-Fakultät 1275 wegen

zu großer Unruhen vorgehen musste.[194] Diese nicht-diskursive Praxis der
Artisten, welche die Grenze zur Stadtbevölkerung symbolisch kommunizierte,
trug wesentlich dazu bei, das Bewusstsein für eine spezifische Opposition von
Philosophen und Stadtbewohnern zu schärfen, die in den Texten als binärer
Gegensatz begegnet und eine Abgrenzung der Philosophen als Philosophen
von der Stadtbevölkerung ermöglichte.

Schließlich wirft der diskutierte Aspekt ebenso ein zusätzliches Licht auf
die Frage, wie Philosophen die Funktion ihrer Lehre konzipierten. Es wurde
bereits darauf hingewiesen, dass die Artisten der Meinung waren, für das
Erlangen der vollkommenen Lebensführung sei die Ethik notwendig. Das
Philosoph-Sein wird erst durch die philosophische Ausbildung erworben,
d.h. in der Gruppe der Philosophen und durch ihre Vermittlung. Damit aber
wird gleichzeitig die Linie gezogen, die die Philosophen von der allgemeinen
Bevölkerung trennt, welche keine entsprechende Lehre durchläuft und daher,
um mit Boethius von Dacien zu sprechen, das *Summum bonum* niemals erreichen kann. Sie bleibt auf den Status der negativ definierten Nicht-Philosophen
verwiesen, denen man mitunter abspricht, über einen verwirklichten Intellekt
zu verfügen oder wahre Menschen zu sein. Konrad von Megenberg reflektiert den Übergang vom illitteraten Unmenschen hin zum Menschen, welchen der Lehrer bei seinem Schüler durch die Lehre bewirkt. Der Ungebildete
kommt, so Konrad, einem Stumpfsinnigen gleich, er ist ein geistig abgestor-
bener Mensch.[195] Indem der Lehrer seinen Schüler unterrichtet, entreißt er
ihn diesem unwürdigen Zustand und macht ihn vom „*brutus*" zum Menschen.[196]
Zudem weist Konrad darauf hin, dass derjenige Mensch, der seinen Intellekt
pflegt, Gott ähnlicher wird und mehr von ihm geliebt wird[197] (ebenso äußert
sich Radulphus Brito: Gott liebt am meisten die wissenden Menschen, die ihm
am ähnlichsten sind).[198] Indem der Lehrer aber den Schüler in den Tugenden

---

194   Quarto statuimus ut in eisdem festis vel aliis nullus magister faciat nec quantum in se
      est fieri permittat paramenta nec coreas duci in vico de die nec de nocte cum torticiis vel
      sine, cum talia clericos non deceant nec magistros precipue (CUP I, Nr. 461, S. 532).
195   Homo etenim illitteratus a bruto non differt, sed est homo mortuus et brutum vivum
      (Konrad von Megenberg, *Monastik*, ed. Krüger, S. 62).
196   Quapropter honestus magister suum amat discipulum sicut proprium filium, quem ex
      bruto hominem et ex homine angelum generavit (Konrad von Megenberg, *Monastik*, ed.
      Krüger, S. 62).
197   Homo enim, ut inquit Aristoteles, intellectum curans et secundum hunc operans deo
      simillimus et amantissimus esse videtur (Konrad von Megenberg, *Monastik*, ed. Krüger,
      S. 62).
198   Radulphus diskutiert die Questio: Vtrum deus habeat curam de hominibus, et maxime
      de hominibus bonis et perfectis et scientibus; er kommt zu der Feststellung: [...] ergo de
      hominibus scientibus et bonis habet deus maxime curam, et tales, vt dicit Philosophus,

und Wissenschaften unterweist, und ihn damit zu seiner Vervollkommnung führt, macht er ihn also auch gottähnlicher.[199] Mit Cato hält Konrad schließlich fest: *„Nam sine doctrina vita est quasi mortis ymago"*.[200] Die Bemerkungen Konrads sind insofern bezeichnend, als sie die Funktion der Lehre für die Abgrenzung der Philosophen von den oftmals diffamierten *„brutales homines"*, denen keine Lehre zu Teil wurde, aufzeigt.

Das Verhältnis von Artisten und Stadtbewohnern ist jedenfalls für spätere Kapitel dieser Arbeit in mehrfacher Hinsicht relevant. Wie in Kapitel 5 gezeigt wird, kann es etwa als heuristischer Schlüssel für den Musiktraktat von Johannes de Grocheio dienen. Dessen Zuordnung von kulturellen Kapitalien zu sozialen Gruppen der Stadt Paris in Form von spezifischen Musikarten enthält ebenfalls eine symbolische Grenzziehung gegenüber den Ungelehrten. Die ‚feinen Unterschiede' werden auf subtile Weise artikuliert, wenn Johannes behauptet, ausschließlich die *litterati* und jene, welche die *subtilitates* der *artes* erforschen, seien kompetent, die *subtilitas* der Motette wahrzunehmen, weshalb diese auch nur vor ihnen dargeboten werden solle.[201] Die Unterscheidung der *litterati* von den *vulgales*, die die Motette nicht verstehen, geht mit einer Profilierung der eigenen Gruppe einher. Ebenso wird die hier erörterte Thematik wieder begegnen, wenn das Verhältnis von Theorie und Praxis in verschiedenen *artes* zur Debatte steht. Denn eine Abgrenzung von reinen, ungelehrten Praktikern ist eine Konstante in zahlreichen Traktaten und ihr Bezug zu den hier angesprochenen Aspekten kann aufschlussreich sein für das Selbstverständnis der Theoretiker, die sich auch dann, wenn sie bestrebt waren, Praxisbezüge ihrer Disziplin zu explizieren, als Artisten kategorisierten und sich als solche von Anderen unterschieden. Sowohl Johannes de Muris als auch etwa Dominicus de Clavasio, Verfasser eines Geometrietraktats von 1346, betonen ihre Superiorität über nicht-studierte Praktiker. Letzterer unterschied

---

sunt deo amantissimi, quia sunt similiores deo (Radulphus Brito, *Questiones super librum Ethicorum*, ed. Costa, S. 560). Wissen und Tugend aber sind die Eigenschaften, die der Mensch durch *Philosophie* erwirbt.

199 Sed qui alium docet virtutes et instruit sciencias, ipsum quodam modo secundum animam generat et perfectionem sibi induit, per quam deo creatori suo similatur (Konrad von Megenberg, *Monastik*, ed. Krüger, S. 62).

200 Konrad von Megenberg, *Monastik*, ed. Krüger, S. 62 – Dieser Ausspruch findet sich auch in den philosophischen Einführungen, so etwa bei Aubry von Reims, *Philosophia*, ed. Gauthier, S. 33: Vita sine doctrina est quasi mortis ymago.

201 Cantus autem iste non debet coram vulgalibus proprinari, eo quod eius subtilitatem non advertunt nec in eius auditu delectantur. Sed coram litteratis et illis qui subtilitates artium sunt querentes (Johannes de Grocheio, *Ars musice*, ed. Mews, S. 84).

scharf zwischen einem *mensor geometrie* und einem *mensor laicus*: Der studierte Vermesser ist dem reinen Praktiker klar überlegen.[202]

Was sich an den zuletzt diskutiert Zusammenhängen jedenfalls deutlich
zeigt, ist eine auffällige Tendenz der Artisten, sich grundsätzlich von der Welt
der Praxis zu unterscheiden. Nicht nur wird eine Trennung von den Praktikern
verschiedener Wissensgebiete, etwa der *artes mechanicae*, vollzogen, sondern
ebenso die Selbstreferenz der Philosophie gegen eine äußere Anwendung ausgespielt. Wie noch zu zeigen sein wird, korrespondiert diese Haltung dem expliziten Postulat einer zweckfreien philosophischen Spekulation. Gleichzeitig
artikulieren die Ethik- und Politikkommentare der Artisten eine Ansicht,
welche die Partizipation des Philosophen am praktischen oder politischen
Leben dezidiert ablehnt.[203] Die Identität der Artes-Magister, wie sie aus diesen Gegebenheiten erscheint, präsentiert sich geradezu als durch *Praxisferne*
charakterisierte Identität.[204] Entscheidend ist dabei aber, dass dieses praxis-
feindliche Wesen sein Profil erst im Unterschied zu anderen Gruppen gewinnt.
Die Philosophen definieren und kategorisieren sich als Nicht-Praktiker, indem
sie sich von den Gruppen unterscheiden, deren Tätigkeiten von Praxisbezug
gekennzeichnet ist und die ihre soziale Identität in Verbindung mit Praxis
sowie – damit einhergehend – sozialem Nutzen erhalten. Diese Aspekte
werden sowohl für die Diskussion des Expertenbegriffs[205] als auch für die
Behandlung der Philosophie-Kritik[206] wichtig sein.

2.5.2   *Der Streit der Fakultäten*

Die Profilierung der philosophischen Identität durch einen negativen Praxisbezug, welche in der Abgrenzung von Praktikern begegnet und die Artisten
als Nicht-Praktiker definiert, ist jedoch ein Phänomen, dass sich keinesfalls allein, auch nicht hauptsächlich, über die Differenz der Philosophen zur praktischen Welt der Handwerker und Politiker vollzieht. Diese Negativ-Relation zur

---

202   Dominicus de Clavisio, *Practica geometrie*, ed. Hubert L. L. Busard, in: *Archive for History of Exact Sciences* 2 (1965), S. 520–575, S. 559f.
203   Siehe auch etwa das Statement des Johannes Vath (um 1300): [...] principes multam curam habent de agibilibus. Sed philosophus de talibus non curat, sed de hiis que pertinent ad speculationem (Johannes Vath, *Determinationes*, BnF, lat. 16089, f. 75v). Zu Johannes Vath ausführlicher in Kap. 7; siehe auch die anonymen Meteorologica-Questionen um 1280: Ad statum principis pertinet operatio moralis. Ad statum autem philosophi perti-net operatio speculationis, siue speculatio (Anonymus Artium Magister, *Questiones super Meteorologicam*, Prolog, ed. Bianchi, S. 47).
204   Ein praxisfernes Ideal der Philosophen konstatiert auch Bianchi, *Il vescovo e i filosofi*, S. 157.
205   Siehe Kap. 3.
206   Siehe Kap. 4 und 5.

Praxis, die der sozialen Identität der Philosophen entscheidende Wesenszüge vermittelt, ist ebenfalls und sogar noch stärker an die Differenz der Artisten zu den Vertretern der anderen Fakultäten innerhalb der Universität gebunden. Denn das differenzielle Verhältnis zwischen den Fakultäten, das zu Beginn dieses Abschnitts bereits Thema war, verläuft gleichermaßen über die Opposition von Philosophie von Praxisbezug.

Konrad von Megenberg hält diesen Unterschied kategorisch fest: Die Männer der Philosophie kümmern sich nicht um die *äußere Nützlichkeit*, sondern ihre ganze Arbeit zielt auf die Erkenntnis der *Wahrheit*.[207] Die Fakultäten der Juristen und der Mediziner jedoch sind für Konrad – im Gegensatz zur Fakultät der Philosophen – explizit die „praktischen" Fakultäten.[208] Für die Frage nach sozialer Identität und Gruppenbewusstsein ist freilich weniger entscheidend, worin genau die wahrgenommenen Unterschiede im Einzelnen bestehen; entscheidend ist, *dass* Abgrenzungen und Differenzperzeptionen stattfinden. Solche gab es zu Genüge und mitunter in offen antagonistischen Formen. Die Wahrnehmung der Tatsache, dass signifikante Unterschiede zwischen den Fakultäten bestehen, manifestiert sich in einer Formulierung Konrads, die geradezu als durch eine *Rhetorik des Unterschieds* gekennzeichnet erscheint: „Der gelehrten Häuser aber gibt es vier, nämlich die Schulen der Artisten, Mediziner, Juristen und Theologen. So nämlich unterscheidet sie unsere ehrwürdige Mutter, die Universität Paris, die diese vier Fakultäten nach verschiedenen Orten der Hörerschaft voneinander trennt und ihren Herren unterschiedliche Habitus zuteilt".[209] Die Rhetorik der Differenz, die Konrad zur Beschreibung der vier Fakultäten bemüht und die sich hier in Form einer bezeichnenden lexikalischen Variation (*distinguit, distincta loca discrevit, distinctos habitus dispensat*) präsentiert, ist bemerkenswert, bleibt jedoch rein deskriptiv. Stärker polemische Bezugnahmen finden sich hingegen in anderen Texten, so etwa in verschiedenen philosophischen Einführungen. Sowohl bei Aubry von Reims als auch in *Ut testatur Aristotiles*, der von Aubry abhängt, aber eigenständig mit seinen adaptierten Vorlagen umgeht, findet sich eine

---

207 Nichil enim quondam exteriorum viri philosophie sollicitaverant utilitatum, sed totus laborum suorum in hoc finis congregatus est, ut originum et rerum originatarum cognoscerent veritatem (Konrad von Megenberg, *Ökonomik*, ed. Krüger, Bd. 3, S. 21).

208 Cum etenim tam facultas iuridica quam medicina sit practica, utriusque finis est opus (Konrad von Megenberg, *Ökonomik*, ed. Krüger, Bd. 3, S. 204).

209 Scolasticarum autem domorum quatuor sunt genera, quia sunt scole artistarum, medicorum, iuristarum et theologorum. Sic enim distinguit eas mater nostra venerabilis universitas Parisiensis, que hiis quatuor facultatibus distincta loca discrevit auditoriorum atque distinctos habitus dispensat dominis earum (Konrad von Megenberg, *Ökonomik*, ed. Krüger, Bd. 3, S. 19).

gezielte Polemik gegen die *scientiae lucrativae*, d.h. gegen die Juristen und Mediziner. Der anonyme Verfasser von *Ut testatur Aristotiles* beklagt die Tendenz seiner Zeitgenossen, statt der Philosophie die ökonomisch einträglicheren Wissenschaften zu bevorzugen. Heutzutage werde die Philosophie, welche die alten Philosophen hinterlassen haben, vernachlässigt, weil viele sich den wertlosen und lukrativen Wissenschaften hingeben.[210] Claude Lafleur bemerkt mit Bezug auf diese Stelle in *Ut testatur Aristotiles*: „[...] notre maître vise ici ses collègues de droit et de médecine (comme quoi les récriminations des philosophes face à une université qui se dégrade en école de métiers ne remontent pas à hier!)".[211]

Doch die Kritik verlief auch in der umgekehrten Richtung. Hier interessiert allerdings nur, wie die Artes-Magister diese Kritik aufnahmen und sich mit entsprechender Polemik verteidigten. Der anonyme Ethikkommentar BnF, lat. 14698 von ca. 1280, den man früher Jakob von Douai zuschrieb,[212] beklagt die Geringschätzung, die die Gesellschaft den Philosophen entgegenbringt. Viele seien der Meinung, dass die Philosophen, die sich dem Studium und der philosophischen Kontemplation hingeben, schlechte Menschen seien und aus der Gemeinschaft vertrieben werden sollten. Alle Philosophen, so der Autor, werden missachtet und verdächtigt.[213] Worum es aber bei dem Vorwurf an die Philosophen eigentlich geht und von wem solche Vorwürfe erhoben werden, wird deutlich, wenn man die Erwiderung betrachtet, mit der sich der Verfasser der bereits zitierten Meteorologica-Questionen, die zur selben Zeit an der Artes-Fakultät entstanden, gegen die Kritiker wendet. Denn diese Kritiker sind zum einen, wie in Kapitel 4 ausführlicher gezeigt wird, in der Gesellschaft im Allgemeinen zu finden; zum anderen aber sind damit,

---

210   Set, proht dolor, quod fecerunt ibi antiqui philosophi delinquimus et, quod peius est, spernimus, uariis lucratiuis et friuolis scientiis adherentes (Anonymus Artium Magister, *Ut testatur Aritotiles*, ed. Lafleur, S. 99); bei Aubry von Reims, *Philosophia*, ed. Gauthier, S. 33.

211   Claude Lafleur, „L'introduction à la philosophie Vt testatur Aristotiles (vers 1265–1270)", in: *Laval théologique et philosophique* 48 (1992), S. 81–107, S. 86.

212   Die Zuschreibung des Ethikkommentars aus der Pariser Handschrift BnF, lat. 14698 an Jakob von Douai, die auf Gauthier zurückgeht, ist von Iacopo Costa in Frage gestellt worden. Seine Argumente können nicht immer überzeugen, aber insgesamt scheint sein Zweifel an der Zuschreibung berechtigt. Der Verzicht auf einen Namen ergibt für den Leser freilich die Gefahr der Verwechslung, hier vor allem mit dem ebenfalls anonymen Kommentar aus BnF, lat. 16110, dessen Handschriftensignatur ich daher stets angebe.

213   Immo creditur a multis quod uiri philosophici dantes se studio et contemplationi philosophice sint praui uiri increduli et non obedientes legi, propter quod merito expellendi sunt a communitate, ut dicunt, et sub hoc omnes dantes se studio et contemplationi philosophice sunt defamati et suspecti (Anonymus Artium Magister, *Questiones super librum Ethicorum*, ed. Costa, S. 127).

was hier wichtig ist, explizit die Vertreter der lukrativen Wissenschaften, die Mediziner und Juristen, gemeint. Der Vorwurf jedoch, den diese erheben, ist der der *Nutzlosigkeit* der Philosophie.

Zunächst klagt der Autor, wie jener des Ethikkommentars, über die gesellschaftliche Missachtung der Philosophen, wie in folgender Formulierung zum Ausdruck kommt: „Deshalb ist, wie ich schon andernorts sagte, was aber nicht der Meinung der Leute entspricht, keine andere Wissenschaft für die Vervollkommnung des Intellekts notwendig als die Philosophie. [...] Und ich erwähne die ‚Meinung der Leute', weil es viele Menschen gibt, die die Philosophen und die philosophische Wissenschaft nicht schätzen".[214] Diese Leute aber, die die Philosophen geringschätzen, sind jene, die der Philosophie die gewinnbringenden Wissenschaften vorziehen, und was sie der *scientia philosophica* vorwerfen, ist ihre (ökonomische) Nutzlosigkeit, wie aus dem unmittelbar darauf folgenden Satz hervorgeht: „Denn diese Wissenschaft bringt ihrem Professor kaum einen Nutzen, aber auf der anderen Seite bringen die Rechtswissenschaft und die medizinische Wissenschaft ihrem Professor großen Nutzen, weshalb sie diese Wissenschaften schätzen, nicht aber die philosophische Wissenschaft und die Philosophen".[215]

Es ist nicht diese Tatsache an sich, die der Autor der Meteorologica-Questionen bestreitet, ganz im Gegenteil; seine Erklärung für die Sichtweise seiner Gegner ist keine Klage, sondern eine affirmative Schilderung der Gegebenheiten. Aber das Denken des Artes-Magisters beruht auf anderen Werten, seiner Gruppe geht es nicht um Nützlichkeit, ihnen geht es um die Vervollkommnung des Intellekts und diese, die nicht den geringsten ökonomischem Vorteil bringt, ist von höchstem Wert und muss geschätzt werden. Deshalb verteidigt der anonyme Philosoph seine Wissenschaft und die Werte seiner Gruppe gegen die Haltung der Utilitaristen. Er bekräftigt daher noch einmal mit Entschiedenheit seine Ansicht: „Wenn es aber nicht nach der Meinung derartiger Menschen geht, dann sage ich, dass keine andere Wissenschaft außer

---

214 Et propter hoc, sicut dixi alias, nisi esset propter opinionem hominum, non oportet quaerere aliam scientiam ad perfectionem intellectus nisi philosophiam [...]. Et dico propter hominum opinionem, quia multi sunt homines qui non reputant viros philosophicos et scientiam philosophicam (Anonymus Artium Magister, *Questiones in Meteorologicam*, Prolog, ed. Bianchi, S. 47).

215 Quia huiusmodi scientia modicam affert utilitatem suo professori et quia per oppositum scientia legalis aut scientia medicinalis magnam affert utilitatem suo professori, propter hoc huiusmodi scientias reputant, non autem reputant scientiam philosophicam nec viros philosophicos (Anonymus Artium Magister, *Questiones in Meteorologicam*, Prolog, ed. Bianchi, S. 47).

der philosophischen Wissenschaft für die Vervollkommnung des Intellekts auf dem Wege der Vernunft gesucht werden muss".[216]

Die Verteidigung der Philosophie, wie sie sich auch im anonymen Ethikkommentar zeigt, ist signifikant für die kognitiven Prozesse, die durch solche antagonistische Relationen initiiert wurden. Der Konflikt mit den Feinden der Philosophie und hier insbesondere mit jenen, die die lukrativen Wissenschaften bevorzugen, stellt eine direkte Differenzerfahrung dar und führt zur entschiedenen Solidarität mit der eigenen Gruppe. Wenn die Philosophen gegen die Juristen und Mediziner verteidigt werden, dann geht diese Wahrnehmung der feindlichen ‚Anderen' innerhalb der Universität mit einer Verstärkung der interner Kohäsion der Ingroup einher. Die Konfrontation mit den Verächtern der Philosophie führt nicht nur zu einer Festigung des Gruppenzusammenhalts, sie ruft auch die tatsächlich bestehenden Differenzen ins Bewusstsein, wenn dabei die gänzlich verschiedene Ausrichtung der beiden Wissenschaftskonzeptionen reflektiert wird. Ebenso wirkt auch hier die Erfahrung des oppositionellen Verhältnisses auf die ‚Selbst-Kategorisierung' der Akteure zurück: Die *viri philosophici* stellen die soziale Kategorie dar, mit der sich die Autoren im selben Moment unweigerlich identifizieren, in dem sie, als Repräsentanten der Gruppe, deren Verteidigung übernehmen.

Dass das beschriebene Phänomen in den Meteorologica-Questionen kein Einzelfall ist, sondern in der Tat einen konstitutiven Faktor für die sozialen Identität der Philosophen darstellt, zeigt die ganz ähnliche Polemik gegen die Juristen und Mediziner bei Radulphus Brito. Die Philosophie sei zwar die „*perfectio hominis in hac vita*", so Radulphus, aber viele verschmähen (*spernunt*) das philosophische Leben, weil sie sagen, nur die Wissenschaften seien gut, die einträglich sind, weshalb sie nur die „*scientias lucratiuas*" erstreben, durch die sie zu Geld kommen können.[217] Radulphus referiert die Position seiner Gegner: „Was sind deine Wissenschaften wert, wenn sie dir nichts nutzen, sagen sie, und wenn du durch sie nichts verdienen kannst?".[218] Doch eine

---

216 Et ideo nisi esset propter opinionem talium hominum, non esset quaerenda alia scientia ad perfectionem intellectus secundum viam rationis, dico nisi philosophica scientia (Anonymus Artium Magister, *Questiones in Meteorologicam*, Prolog, ed. Bianchi, S. 47).

217 Verumptamen quamuis scientia speculatiua sit perfectio hominis in hac uita, cum uiuens secundum hanc philosophicam uitam uiuat uita iucunda, sicut dicit Seneca, multi tamen hanc uitam spernunt propter clamorem uulgarium, qui solum dicunt illas scientias esse bonas que sunt propter lucrum, et ideo scientias lucratiuas querunt per quas possint extrahere et extorquere pecunias quocumque modo hoc fiat, dummodo possint ad diuitias peruenire (Radulphus Brito, *Questiones super librum Meteorologicorum*, zit. nach Costa, *Anonymi artium magistri questiones*, S. 67f, Anm. 54).

218 „[...] ad quid enim scientie tue ualent nisi tibi ualeant? – dicunt ipsi – et nisi per ipsas possis lucrari? Quasi dicant: nichil ualent" (Radulphus Brito, *Questiones super*

solche Argumentation folgt einer für Radulphus fremden Logik, sie beruht
auf Prämissen, die der Philosoph nicht teilen kann: „Dieses Argument zählt
jedoch nicht, vielmehr gilt gerade das Gegenteil von dem, was da behauptet
wird: Sie wollen nämlich, dass die Wissenschaften, die auf etwas anderes zielen, mehr wert sind als jene, die auf sich selbst zielen; dies jedoch ist falsch".[219]
Die Erwiderung des Radulphus Brito auf die Personen, die – nach Gewinn und
Nutzen strebend – die lukrativen Wissenschaften, die Rechtswissenschaft und
die Medizin, bevorzugen und ihre Maßstäbe gegen die Philosophen wenden,
bestätigt das Bild, das sich aus den bisher genannten Quellen ergibt. Nicht nur
artikuliert sie die wahrgenommene Differenz zwischen beiden Seiten, sie thematisiert auch die grundsätzlich verschiedene Handlungslogik der Akteure.[220]
Erneut wird die Eigenständigkeit der Philosophie gegen die Fremdreferentialität
anderer Wissenschaften ausgespielt. In jedem Fall manifestiert sich hier ein
Bewusstsein der Tatsache, dass es innerhalb der Universität andere Gruppen
gibt, die sich von der eigenen Gruppe in zahlreichen Punkten massiv unterscheiden. Dies aber hat Konsequenzen für das Selbstbild der Artes-Magister:
Sie haben – als Ingroup – eine soziale Identität, die ihr positives Sein aus der
Erfahrung von Fremdheit jenseits der Grenze gewinnt.

2.5.3 *Die Ordnung der Gruppen: Nicht-diskursive Formationen*

Festhalten darf man nach den bisherigen Betrachtungen zumindest eins: Eine
Konfliktbeziehung unter den Fakultäten im Sinne einer „disputa delle arti"
gibt es nicht, wie lange angenommen, erst seit dem späten 14. Jahrhundert.[221]
Dieser Streit tobt im 13. Jahrhundert in aller Heftigkeit und wohl nirgendwo so
sehr wie in Paris. Nach leisen Anfängen im 12. Jahrhundert sollte die wechsel-
seitige Kritik der Disziplinen nicht mehr verstummen, sondern bald als mehrstimmige Polemik zum Soundtrack akademischer Streitkultur avancieren.
Nun ist es in diesem Zusammenhang allerdings wichtig, zu bedenken, dass die
Perzeption von Differenzen zwischen den Fakultäten nicht allein von diskursiven Selbst- und Fremdzuschreibungen ihren Ausgang nahm bzw. sich über

---

     librum Meteorologicorum, zit. nach Costa, *Anonymi artium magistri questiones*, S. 67f,
     Anm. 54).

219   Sed ista ratio non ualet, immo magis est ad oppositum quam ad propositum: uolunt enim
     quod ille scientie que sunt propter aliud plus ualeant quam ille que sunt propter se, quod
     tamen est falsum (Radulphus Brito, *Questiones super librum Meteorologicorum*, zit. nach
     Costa, *Anonymi artium magistri questiones*, S. 67f, Anm. 54).

220   Zu den verschiedenen Habitus der Vertreter von Wahrheits- und Nützlichkeitswissen-
     schaften: Rexroth, „Wahr oder nützlich"; Rexroth, „Einheit der Wissenschaft"; Rexroth,
     „Praktiken der Grenzziehung".

221   So etwa noch Martin Kintzinger, „Die Artisten im Streit der Fakultäten. Vom Nutzen der
     Wissenschaft zwischen Mittelalter und Moderne", in: *Jahrbuch für Universitätsgeschichte*
     4 (2001), S. 177–194, S. 180.

diese artikulierte (beides steht in einem Verhältnis unaufhebbarer Dialogik). Zusätzlich zur diskursiven Praxis als Stimulus und Medium bilden nicht-diskursive Elemente, symbolische Praktiken und räumliche Dispositionen eine nonverbale Konfiguration von Faktoren, die zur Grundlage und zum Ventil für Differenzperzeptionen werden konnte. Solche nicht-sprachlichen ‚symbolischen Formen‘, die die Fakultäten voneinander sondern, thematisiert Konrad von Megenberg in seiner Beschreibung der vier Pariser Fakultäten, indem er etwa ausführlich auf die Kleidung eingeht.[222] Diese transportiert bestimmte Bedeutungen, die Konrad erläutert, und ist damit Teil des Systems von Zeichen, welches die sozialen Zugehörigkeit des Einzelnen kommuniziert.[223]

Die Details dieser Schilderung tun hier nichts weiter zur Sache; stattdessen sei ein anderer Aspekt hervorgehoben: Sowohl Konrad von Megenberg als auch Johannes von Jandun, der in seinem *Tractatus de laudibus Parisius* ebenfalls die vier Fakultäten der Universität Paris beschreibt, reflektieren nicht nur eine klare Unterscheidung der Fakultäten als getrennte, aber aufeinander bezogene Einheiten, sondern nehmen zudem eine ‚Verortung‘ derselben im Pariser Stadtraum vor. Als Struktur von eigenständigen, aber durch die Zugehörigkeit zur Universität unweigerlich aufeinander verwiesenen Elementen manifestiert sich diese Disposition sozialer Räume als ‚relationale Anordnung‘.[224] Konrad und Johannes lokalisieren die Fakultäten an ihren jeweiligen Orten: Die Artisten in der Rue du Fouarre, die Dekretisten im Clos Bruneau, die Theologen in der Rue de la Sorbonne; der Ort der Mediziner wird nicht eigens genannt. Die Teilräume des Pariser Stadtraums waren keine physischen Gegebenheiten, sondern Produkte sozialer Praxis; die performative und diskursive Segmentierung des städtischen Raums, die Johannes von Jandun in seiner Beschreibung, die auch den Hof und die Gewerbe umfasst, reflektiert,

---

222   Siehe etwa die Darstellung der Philosophen: Et hii in cappis nigris atque rotundis de nobili bruneto aut subtili persico subducto quoque vario incedunt frequentantes cathedras ordinariarum lectionum in aurora diei. [...] Congruus est hic habitus philosophie liberalis dominis, quia nigri coloris natura visum est congregare. [...] Unde et birreti tescella, qua caput suum philosophus coronat, capacitatem sui cerebri atque sue mentis hyatum figurat. Inter omnia etenim receptacula ysoperimetra figura sperica plus est capacitatis. Flos autem birreti morum significat decorem liberalium scienciarum comitancium thezauros, quia perfectus non est philosophus, quem non omnis virtus humana bonis moribus perornat (Konrad von Megenberg, *Ökonomik*, ed. Krüger, Bd. 1, S. 19f).

223   Pierre Bourdieu, *Die feinen Unterschiede. Kritik der gesellschaftlichen Urteilskraft*, 23. Aufl., Frankfurt am Main 2013, S. 374.

224   Martina Löw, *Raumsoziologie*, 7. Aufl., Frankfurt am Main 2012.

ist eben jener Vorgang, den Bourdieu als ‚Aneignung' des physischen Raums bezeichnet.[225]

Inwiefern die Perzeption einer solchen Struktur von Positionen und Differenzen aber auf die *Identifikation* der Akteure mit ihrem jeweils eigenen sozialen Raum zurückwirken kann und damit deren soziale Identität an eine bestimmte räumliche Konfiguration bindet, wird in der Schilderung deutlich, die Johannes von Jandun der Rue du Fouarre, dem Ort der Philosophen, zukommen lässt. Dabei geht es ihm an dieser Stelle gar nicht um die Rue du Fouarre an sich, sondern um eine allgemeine Lobrede auf die Philosophen. Diese jedoch erscheint als untrennbar an den Ort der Artisten gebunden, die Straße der Artes-Schulen bildet den zentralen Bezugspunkt der gesamten Eloge, die auf diese Weise strukturiert wird. Der permanente Bezug wird in jedem Satz durch die Applikation von Lokaladverbien markiert und es ist besonders die syntaktische Stellung dieser Lokaladverbien, welche die hohe Emphase anzeigt, mit der Johannes die Verortung der Philosophie vornimmt. Es lohnt sich, die Passage nahezu vollständig zu zitieren:

„Um mit jener Kategorie des Guten zu beginnen, die nach Ehre und Würde die erste ist, so sage ich, dass in der Stadt der Städte, nämlich in Paris, *in der Straße, die ‚du Fouarre' genannt wird*, nicht nur die sieben freien Künste betrieben werden, sondern auch die heiterste Klarheit des ganzen Lichts der Philosophie, die aus den Strahlen der reinen Wahrheit entströmt, die Seelen derer erhellt, die ihrer fähig sind. *Ebendort* ist es auch, dass der süßeste Duft des philosophischen Nektars die Empfänger des so fein verteilten Geruchs erfreut. Freilich werden die großen Dinge der heiligen Prinzipien, die Geheimnisse der Natur, die Astronomie, die Mathematik und die wohltuenden Mittel der moralischen Tugenden *gerade dort* enthüllt. *Dort* nämlich kommen fähige Magister zusammen, die nicht nur die Logik, sondern auch die Lehren des ganzen unterstützenden Teils unterrichten. *Dort* wirklich blühen außerordentliche Lehrer, die mit der Behändigkeit eines geschulten Geistes die Geheimnisse der niederen Naturen und der himmlischen Tugenden durchlaufen. [...] Außerdem ist es *ebendort*, dass die hervorragenden Weisen verehrt werden, die die verborgenen Dinge der Prinzipien untersuchen, die von der Bewegung und der Größe abstrahiert wurden und die sie Intelligenzen nennen, wobei sie gut wissen, dass die Vernunft nicht vollständig erkennt; ihr größerer und schönerer Teil nämlich bleibt verborgen. Ferner, wird nicht *in der Straße der Philosophie* die Sicherheit der unfehlbaren und unwiderlegbaren mathematischen Lehre unterrichtet, durch die das wunderbare Zusammentreffen der

---

225 Pierre Bourdieu, „Physischer, sozialer und angeeigneter physischer Raum", in: *Stadt-Räume*, hg. von Martin Wentz, Frankfurt am Main 1991, S. 25–34.

Zahlen und Figuren aufgedeckt wird, sowohl für sich als auch bezogen auf die himmlischen Größen, die harmonischen Töne und die sichtbaren Strahlen?" [Hervorhebungen M.B.].²²⁶

Die singuläre Bedeutung der Rue du Fouarre für den Philosophen Johannes von Jandun zeigt sich daran, dass er den Orten der anderen Fakultäten, die er im *Tractatus* behandelt, keine weitere Aufmerksamkeit schenkt. Er begnügt sich damit, die Orte zu nennen. Seine Betrachtung der Artes-Fakultät hingegen insistiert auf dem Nexus zwischen den Philosophen und der Rue du Fouarre, ihre Identität ist untrennbar mit dem Ort ihrer Lehre verbunden: Dort erhellt die Wahrheit die Seelen, dort finden sich die großen Magister, ebendort werden die Geheimnisse der Natur aufgedeckt und dort wird die Mathematik studiert. Die Rue du Fouarre, die „Straße der Philosophie",²²⁷ ist im Bourdieu'schen Sinne ‚angeeigneter' Raum, der – mit Bedeutungen

---

226   Incipiens itaque a genere bonorum honorabilitate atque dignitate priorum, dico quod in urbe urbium Parisius, *in vico vocato Straminum*, non solum septem artes liberales exercitantur, sed et totius philosophici luminis jocundissima claritas, veritatis sincere diffusis radiis, animas sui capaces illustrat. *Ibidem* quoque philosophici nectaris suavissima fragrantia tam subtilis diffusionis susceptivos olfactus oblectat. Quippe divinorum principiorum magnalia, nature secreta, astrologia, mathematica, virtutumque moralium salubria media *inibi* propalantur. *Ibi* etenim confluunt magistri ydonei, qui non solum logices sed et totius adminiculative partis documenta premittunt. *Ibi* siquidem vigent doctores insignes qui et naturarum inferiorum celestiumque virtutum archana exercitate mentis velocitate percurrunt [...]. Adhuc autem *ibidem* glorificantur sapientes excelsi qui de principiis a motu et magnitudine separatis, que intelligentias vocant, utcunque scrutantur occulta, scientes bene quod ratio non impletur manifestis; major enim et pulchrior ejus pars in occultis est. Amplius, nonne dogmatizatur *in vico philosophie* infallibilis et incontradicibilis doctrine mathematice certitudo, per quam numerorum et figurarum, tam secundum se quam per celestes magnitudines, sonos armonicos ac visuales radios contractorum, mirabilia accidentia indicantur (Johannes von Jandun, *Tractatus de laudibus Parisius*, ed. Antoine-Jean-Victor Le Roux de Lincy/Lazare-Maurice Tisserand, Paris 1867, S. 3–79, S. 34–36) [Hervorhebungen M.B.].

227   Freilich wäre an der entsprechenden Stelle theoretisch auch eine andere Übersetzung möglich, wenn man nämlich *„philosophie"* mit *„infallibilis"* zusammennimmt und auf *„certitudo"* bezieht; dann ergäbe sich: „[...] wird nicht in der Straße die Sicherheit der unfehlbaren Philosophie und der unwiderlegbaren mathematischen Lehre unterrichtet?". Dies erscheint mir jedoch weniger wahrscheinlich, denn zum einen wäre es ungewöhnlich, wenn Johannes *„in vico"* ohne weitere Spezifizierung stehen ließe, zum anderen fügt sich *„infallibilis"* sinngemäß besser zu *„doctrine mathematice"*, da das Lob der unfehlbaren Mathematik einen Gemeinplatz darstellt. Zudem handelt dieser Unterabschnitt dezidiert von der Mathematik, von deren Lehre hier ausschließlich die Rede ist. Aufgrund der prinzipiellen Ambiguität sind letztlich beide Lesarten möglich. Eine Rede vom *„vicus philosophie"* würde jedenfalls der Haltung Johannes' von Jandun vollends entsprechen, wo er doch an diesem Ort die *„facultatem philosophie"* (S. 34) lokalisiert. Konrad von Megenberg spricht in Zusammenhang mit der Rue du Fouarre von einem *„vicus philosophicus"* (siehe unten).

aufgeladen – einen zentralen Bezugspunkt der Artes-Magister darstellt.
Johannes verbindet mit diesem Ort die Praktiken der Artisten, das Betreiben
der Philosophie, besonders aber die Praxis der Lehre, welche der syntagmati-
schen Konfiguration materieller Komponenten ihre spezifischen Bedeutungen
einschreibt. Als signifikante Form mit einer eigenen Semantik ist die Rue du
Fouarre Teil eines Systems von Zeichensystemen, welches die Stadtkultur als
Text konstituiert, und wird damit für ihre Interpreten ‚lesbar‘.[228] Ebenso wie
das kulturelle Gedächtnis hängt die städtische Sozialtopographie als Text
von den Aktivierungsleistungen der Individuen ab. Die Einübung kollekti-
ver Wahrnehmungen verschleiert jedoch den konventionellen Charakter der
räumlichen Semantik, die dann „als Eigenschaft des Raumes erscheint und na-
turhafte Qualitäten annimmt".[229] Die Rue du Fouarre ist ein aus nicht-verbalen
Signifikanten komponierter Text, der über eine solche naturalisierte Semantik
verfügt; für die Artisten aber erfüllt er eine unmittelbar identitätsstiftende
Funktion, denn für sie ist er ein aktiv und im eigenen Sinne rezipierter Text, der
gleichsam als kulturelles Kapital auch zur Distinktion von Outgroups dienen
kann. Der soziale Raum der Artisten, der ausschließlich auf ihre Gruppe bezogen ist, erhält seine Bedeutung erst als Element der relationalen Anordnung
der Räume aller Fakultäten, deren Sinngebung einer reziproken Profilierung
unterworfen ist, da sie als Teilräume der Universität in eine unaufhebbare
Reziprozität verstrickt sind.

Der Ort der philosophischen Schulen erfüllt als Produkt performativer Akte eine doppelte Funktion, die der „structured and structuring qua-
lity of landscape"[230] entspricht. So wird er einerseits zur Bezugsfolie für die
Artikulation philosophischer Identität, etwa wenn Konrad von Megenberg die
Rue du Fouarre als *„vicus philosophicus"* mit dem Areopag von Athen (den er
als Ort der Philosophie begreift) gleichsetzt: „Aus philosophischen Häusern
geht irgendwann eine philosophische Straße hervor, wie in Paris die Straße
der Artisten, die Rue du Fouarre genannt wird, wie einst in Athen der Areopag,
nach dem der gesegnete Dionysius Areopagita benannt ist".[231] Andererseits
sind soziale Räume keine fixierten Entitäten, sondern werden erst durch

---

228 Zur Stadt als Text siehe etwa: Christopher Mulvey/John Simons, „Citytext: A Theoretical
      Introduction", in: *New York. City as Text,* hg. von Christopher Mulvey/John Simons,
      Houndmills 1990; James Duncan, *The City as Text. The Politics of Landscape Interpretation
      in the Kandyan Kingdom,* Cambridge 1990.

229 Albrecht Koschorke, *Wahrheit und Erfindung. Grundzüge einer Allgemeinen Erzähltheorie,*
      3. Aufl., Frankfurt am Main 2013, S. 221.

230 Duncan, *City as Text,* S. 17.

231 Ex domibus autem philosophicis quandoque vicus philosophicus congregatur, velut
      Parisius vicus artistarum, quem Vicum straminis vocant, et olim Athenis Ariopagus, a
      quo beatus Dyonisius Ariopagita est nominatus (Konrad von Megenberg, *Ökonomik,* ed.
      Krüger, Bd. 1, S. 28).

Prozesse des Aushandelns von Räumen generiert. Sie konstituieren ein dynamisches Gefüge von interaktiv reproduzierten Einheiten, die sich wechselseitig in Frage stellen und modifizieren. Johannes von Jandun und Konrad von Megenberg reflektieren die differentiellen Relationen der Fakultätsräume, wenn sie in ihren Beschreibungen der Unterschiede zwischen den Fakultäten eine Verortung derselben im Pariser Stadtraum vornehmen, da die argumentative Funktion dieser Verortung in der Explikation von Differenz besteht. Die starke Identifikation mit der Rue du Fouarre, der die Praktiken der Artisten, welche sich auf die Lehre beziehen, eingeschrieben sind, ist vor allem darin begründet, dass dort eben *nicht* die Theologen, Juristen oder Mediziner lehren, dass dieser Ort *exklusiv* der philosophischen Lehre geweiht ist.

„Die Grenzen meiner Straße sind die Grenzen meiner Welt" – dies ließe sich dem Philosophen, in Abwandlung des bekannten Ausspruchs Wittgensteins, in den Mund legen: Denn die Rue du Fouarre markiert die räumlichen Grenzen der philosophischen Lehre, hinter denen die Welt der Nicht-Philosophen beginnt, die an anderen Orten lehren und agieren und deren Alterität erst die eigene Identität erzeugt. Konrads und Johannes' Schilderung der einzelnen Fakultäten, die mit dem jeweiligen Ort der Lehre, der Kleidung, dem Habitus und der sozialen Funktion stets auf deren Verschiedenheit abzielt, artikuliert ein manifestes Bewusstsein der Gegebenheit, dass die Universität aus *vier voneinander gesonderten*, aber *zueinander gewendeten* Einheiten besteht.

2.5.4   *Struktur und Identität*

Vor dem Hintergrund der bisherigen Ausführungen soll nun die weiter oben in diesem Abschnitt geäußerte These von der Funktion der universitären Fakultätsstruktur für die Konstitution einer philosophischen Identität, deren Explikation angekündigt wurde, wieder aufgenommen und präzisiert werden. Wie die einschlägigen Abgrenzungs- und Zuschreibungsprozesse zeigen, bildete die Perzeption von Differenzen zwischen den Fakultäten einen zentralen Faktor für die Profilierung einer sozialen Identität der Artes-Magister, deren noch ungeformte generische Kernsubstanz bereits aus gruppeninternen Sozialisationsvorgängen emanierte. Erst die Wahrnehmung fakultätsspezifischer Unterschiede führte zur Genese einer geschlossenen und klar umrissenen Gruppenidentität der Artisten, indem sie deren Selbst-Kategorisierung stimulierte. Der Blick über die Grenze der eigenen Gruppe hinaus wurde im Spiegel der Alterität reflektiert und überformte die rohe Materie gefühlter Solidarität mit den Konturen eines definierten Selbstbilds.

ABB. 1   Stadttopographie von Paris ca. 1300–1330, Bearbeitung von Plan de Paris vers
1300–1330 by Caroline Bourlet (IRHT), Nicolas Thomas (INRAP-LAMOP),
Cédric Roms (INRAP) – Analyse diachronique de l'espace urbain Parisien:
Home · Info · Image, CC BY 2.0 fr, https://commons.wikimedia.org/w/index.
php?curid=38489976

Solche Perzeptionen fanden seit dem 12. Jahrhundert statt, seit sich die Wissenschaften voneinander differenzierten.[232] Sie manifestieren sich bereits hier in gegenseitigen Stereotypisierungen: Den medizinischen und juristischen Praktikern wird Unwissen vorgeworfen, die Juristen hingegen sprechen davon, man solle sein unnützes Wissen in Dialektik schnell wieder vergessen, wenn man das Recht studieren will.[233] Wie aber konnte aus dieser formativen Phase eine dauerhaft gefestigte soziale Identität von Philosophen entstehen, eine Identität, die schließlich mit Boethius von Dacien in die explizite Proklamation einer autonomen Philosophie münden sollte? Wie lässt sich erklären, dass die Artes-Magister im 13. Jahrhundert in immer stärkerem Maße ein Bewusstsein gemeinsamer Gruppenidentität entwickelten, welches zu einer nachhaltigen Identifikation mit der eigenen Rolle und den Gegenständen der eigenen Wissenschaft führte? Für diese Entwicklung kann nicht allein, so wurde versucht zu zeigen, das Bekanntwerden der aristotelischen Philosophie verantwortlich gemacht werden, etwa in dem Sinne, dass die soziale Rolle des Philosophen über das Vorbild von Aristoteles in die Welt gelangt sei, wie Charles Lohr behauptet. Der Grund für die Verstetigung und fortschreitende Profilierung einer philosophischen Identität muss in der *Institutionalisierung* der Wissenschaften gesehen werden, welche in der organisatorischen Form der Universität dauerhaft aufeinander bezogen wurden. Die sich im 13. Jahrhundert konsolidierende Fakultätsstruktur der Universität vereinte die Philosophie mit der Rechtswissenschaft, der Medizin und der Theologie unter einem gemeinsamen Dach, das sie in einen dialogischen Prozess der Interkation, Kommunikation und wechselseitigen Abgrenzung eintreten ließ.[234]

Diese Fakultätsstruktur aber fand ihre endgültige Form erst im Laufe einer längeren Entwicklung, da die Organisation der oberen Fakultäten langsamer voranschritt als die der Artes-Fakultät, deren Einteilung in die vier *nationes* früh zu einem Abschluss kam. Erst 1252 finden sich hingegen eigene Statuten in einer höheren Fakultät und nicht vor 1264 sind ausdrücklich Dekane der oberen Fakultäten belegt.[235] Ebenso begegnet die Praxis der Fakultäten, eigene Siegel zu führen, seit der Jahrhundertmitte.[236] Schließlich scheint sich

---

232   Rexroth, *Fröhliche Scholastik*, S. 285–309; Rexroth, „Einheit der Wissenschaft".
233   Rexroth, „Einheit der Wissenschaft", S. 36.
234   Rexroth, „Einheit der Wissenschaft", S. 48f; siehe auch: Rexroth, „Wie einmal zusammenwuchs".
235   Rashdall, *Universities of Europe*, S. 327.
236   Dabei ist es für die hier beschriebene Wahrnehmung der Gleichzeitigkeit von Einheit und *Vier*-heit der Universität wichtig, dass es daneben das Siegel der gesamten Pariser Universität gibt; das Pariser Universitätssiegel aus dem 13. Jahrhundert begründete eine ikonographische Tradition (Frank Rexroth, *Deutsche Universitätsstiftungen von Prag bis*

in der Institution der Universitätsversammlung erst seit der Mitte des 13. Jahrhunderts das Verfahren der nach Fakultäten getrennten Abstimmung herausgebildet zu haben. Nicht zuletzt dieses Verfahren, bei dem die Fakultäten in jeweils eigenen Winkeln des Versammlungsgebäudes für sich berieten, dabei aber die anderen Fakultäten im Blick hatten, stellte allerdings einen zentralen Anlass für die Perzeption gruppenspezifischer Positionen und Oppositionen dar. Die Ordnung der vier sozialen Entitäten, welche die Universität konstituierten, wurde auf diese Weise abermals räumlich kommuniziert.

Es ist vielleicht nicht nur Zufall, dass sich eine soziale Identität der Philosophen seit ca. der Mitte des 13. Jahrhunderts immer deutlicher abzeichnet. In dem Moment, als die Präsenz der anderen drei Fakultäten massiver als zuvor in die Wahrnehmung und ins Bewusstsein der Artes-Magister trat, beginnt eine philosophische Identität in den Zeugnissen der Artisten greifbar zu werden. Arnulf von der Provence und Nikolaus von Paris haben um 1250 sehr klare Vorstellungen von ihrer Tätigkeit als Philosophen und von der Definition ihres Arbeitsgebiets, der Philosophie. Wie zu Beginn des Kapitels gezeigt, artikuliert Arnulf eine Anschauung, die bereits wesentliche Prämissen antizipiert, auf denen der philosophische Intellektualismus der zweiten Jahrhunderthälfte beruht. Ebenso beginnen nun die langjährigen Lehrtätigkeiten der Artes-Magister immer häufiger zu werden, wofür Roger Bacon bereits in den 1240er Jahren ein einschlägiges Beispiel abgibt. Es war in dieser Zeit, dass die Konsolidierung der Fakultätsstruktur in ihre Endphase eintrat, wodurch die Fakultäten noch stärker als zuvor in Beziehung traten und sich gegenseitig wahrnahmen. Wer in dieser Zeit an der Artes-Fakultät lehrte oder studierte, der wurde an einer Artistenfakultät sozialisiert, die noch deutlicher *nicht* juristische, *nicht* medizinische und *nicht* theologische Fakultät war.

Die Fakultätsstruktur, die im Verlauf der ersten Hälfte des 13. Jahrhunderts externalisiert wurde (in dem Sinne, dass die Fakultäten institutionalisiert wurden), begegnet der nächsten Generation von Artes-Magistern seit der Jahrhundertmitte als ,objektive Wirklichkeit'. Die während der universitären Sozialisation bewirkte Internalisierung dieser objektiven Wirklichkeit aber hatte Konsequenzen für die soziale Identität der Philosophen, die jetzt in einschlägigen Manifestationen sichtbar hervortritt. Einmal ein klares Profil erlangt, wurde es jedoch auch möglich, eine genuin philosophische Gruppe von der Stadtbevölkerung bzw. dem Rest der Gesellschaft insgesamt abzugrenzen. Nachdem die internen Relationen des universitären Feldes die nachhal-

---

Köln. Die Intentionen des Stifters und die Wege und Chancen ihrer Verwirklichung im spät-mittelalterlichen deutschen Territorialstaat [Beihefte zum Archiv für Kulturgeschichte 34], Köln 1992, S. 93).

tige Kategorisierung einer spezifischen Gruppe von Philosophen ermöglicht
hatten, konnte diese als soziale Einheit in der Gesellschaft positioniert und
damit – über die Abgrenzung von einer zum kollektiven Anti-Philosophen sti-
lisierten Masse – präziser bestimmt werden. Die dialogische Verschränkung
feldinterner und feldexterner Grenzziehungen mag die Tendenz, die sich seit
der Mitte des 13. Jahrhunderts abzeichnete, noch weiter verstärkt haben. Es
war jedoch vor allem die universitätsinterne Wirklichkeit, die für die Sozialisation an der Artes-Fakultät entscheidend war. Denn die Wirklichkeit, die hier
internalisiert wurde, wies den Artisten einen klar abgesteckten Raum innerhalb einer Struktur von Positionen und Differenzen zu. Diese Struktur jedoch,
die dem Einzelnen seine Identität bedeutet, war alles andere als ein statisches
Gebilde; sie entfaltete eine soziale Dynamik, die in hohem Maße kulturell produktiv war. Es kann daher nicht verwundern, dass es nach ihrer endgültigen
Objektivierung schon bald zu den folgenschweren Artikulationen einer vollends gefestigten und selbstbewussten philosophischen Identität kam.

Denn was sich in der Haltung Boethius' von Dacien manifestiert, ist nur die
expliziteste Form jener Tendenz der Artes-Magister, die sich seit den 1240er
Jahren an der Artistenfakultät abzeichnet: Das Abstecken eines eigenen, genuin philosophischen Zuständigkeitsbereichs und die Profilierung einer eigenen, genuin philosophischen sozialen Identität. Das Bestreben der Artisten,
sich von anderen sozialen Gruppen abzugrenzen, kommt bei Boethius in der
Forderung nach einer strengen methodischen Trennung von Philosophie und
Theologie zum Ausdruck.[237] Das für theologische Ohren Provokante, Uner-
hörte und Gefährliche der Position von Boethius bestand in dem Anspruch,
selbst allein in der Lage zu sein, zu entscheiden, was rational wissbar ist und
was nicht, womit der Theologie das Recht und die Kompetenz aberkannt wird,
überhaupt beurteilen zu können, inwiefern eine Aussage philosophisch wahr
ist, mit anderen Worten, was der Philosoph behaupten darf. Auf die Details der
Argumentation von Boethius soll hier nicht eingegangen werden. Seine Ansicht läuft darauf hinaus, dass der Philosoph, der auf dem Wege der Vernunft
verfährt, die Offenbarung aus seiner Betrachtung ausklammern muss (wenngleich er als Christ daran glauben kann). Er hält programmatisch fest: *„Statim
enim quando aliquis dimiserit rationes, cessat esse philosophus"*.[238]

---

237   de Mowbray, „De aeternitate mundi of Boethius of Dacia"; Pinborg, „Philosophie des
        Boethius de Dacia"; Wilpert, „Boethius von Dacien – Die Autonomie des Philosophen".
238   Boethius von Dacien, *De aeternitate mundi*, ed. Niels J. Green-Pedersen, *Boethii Daci Opera*
        VI,2 (Corpus Philosophorum Danicorum Medii Aevi 6,2), Kopenhagen 1976, S. 335–366,
        S. 364.

Worum es Boethius prinzipiell geht, entspricht durchaus dem, was Max Weber als ‚voraussetzungslose' Wissenschaft beschreibt: „Die im Sinne der Ablehnung religiöser Gebundenheit ‚voraussetzungslose' Wissenschaft kennt in der Tat ihrerseits das ‚Wunder' und die ‚Offenbarung' nicht. Sie würde ihren eigenen ‚Voraussetzungen' damit untreu. Der Gläubige kennt beides. Und jene ‚voraussetzungslose' Wissenschaft mutet ihm nicht weniger – aber: auch *nicht mehr* – zu als das Anerkenntnis: daß, *wenn* der Hergang ohne jene übernatürlichen, für eine empirische Erklärung als ursächliche Momente ausscheidenden Eingriffe erklärt werden solle, er so, wie sie es versucht, erklärt werden müsse. Das aber kann er, ohne seinem Glauben untreu zu werden".[239] Die Trennung von Vernunft und Glauben impliziert für den Philosophen Boethius eine strikte Trennung von Philosophie und Theologie, mit welcher er den Anspruch auf ein eigenes Reich der Philosophie, nämlich das der Vernunft, begründet. Dieser Anspruch aber ist nichts anderes als die Explikation gruppenspezifischer Differenzen und damit die logische Konsequenz der Perzeptionsprozesse, die zwischen den Fakultäten stattfanden.

Die Wahrnehmungsvorgänge, die von der immer deutlicher ins Bewusstsein tretenden Fakultätsstruktur ausgelöst wurden, hatten seit den 1240er Jahren zu Abgrenzungen auf verschiedenen Ebenen geführt. Dass die philosophischen Einführungen in dieser Zeit bestrebt waren, ein separates Arbeitsgebiet der Philosophen zu definieren, liegt ganz auf dieser Linie.[240] Ebenso manifestiert sich bereits in den frühen anonymen Ethikkommentaren der Artistenfakultät, die noch vor 1250 entstanden,[241] eine strikte Differenzierung zwischen der Betrachtung „*secundum philosophos*" und „*secundum theologos*". So sagt etwa ein anonymer Artes-Magister, nachdem er die Sicht der Theologen referiert hat: „*Aliter potest dici, et ista solutio est secundum philosophos et non secundum*

---

239 Max Weber, „Wissenschaft als Beruf", in: Max Weber, *Wissenschaft als Beruf* (1917/1919)/ *Politik als Beruf* (1919), hg. von Wolfgang J. Mommsen (Studienausgabe der Max-Weber-Gesamtausgabe 1,17), Tübingen 1994, S. 98 [Hervorhebung im Original].

240 Siehe auch die Bemerkungen von Ruedi Imbach zu den Einführungen der 1240er und frühen 1250er Jahre: „Man gewinnt den Eindruck, diese Art von Philosophie genüge sich selbst. Jedenfalls scheint sie keiner anderen Rechtfertigung zu bedürfen als des Strebens nach Erkenntnis" (Ruedi Imbach, „Einführungen in die Philosophie", S. 79). Imbach weist mit Bezug auf diese Texte ebenfalls auf das „wachsende Selbstbewusstsein" der Gruppe der Artes-Magister hin, „welche in zunehmendem Maße von der Bedeutung und der Autonomie ihrer Disziplin überzeugt ist" (ebd.).

241 Vor der vollständigen Übersetzung der *Nikomachischen Ethik* durch Robert Grosseteste lagen Teile dieses Textes in Übersetzungen aus dem 12. Jahrhundert vor (*ethica vetus* und *ethica nova*) und wurden kommentiert. Siehe dazu allgemein: David Luscombe, „Ethics in the Early Thirteenth Century", in: Honnefelder (Hg.), *Albertus Magnus und die Anfänge der Aristoteles-Rezeption*, S. 657–683.

theologos"; oder: *„Secundum uero philosophos non sic est"*.[242] Auch wenn mit
den *„philosophi"* hier wohl noch nicht die Artes-Magister, sondern die antiken
Philosophen gemeint sind, so wird dabei dennoch mitunter entschieden der
Standpunkt der Philosophen als *eigener Standpunkt* eingenommen.[243] Dieses
Bedürfnis der Philosophen nach Abgrenzung von den Theologen, wie es sich
zur selben Zeit in Arnulfs philosophischem Konzept der *fronesis* manifestiert,
hat seine Entsprechung in dem Verhältnis der beiden sozialen Gruppen, die
sich voneinander differenzierten, aber gegenseitig beobachteten. Boethius von
Dacien jedenfalls artikuliert lediglich besonders ausdrücklich, was schon zuvor
im Gange war; seine explizite Forderung einer autonomen Philosophie ist nur
die konsequente Fortführung des Abgrenzungsbedürfnisses, welches sich seit
den 1240er Jahren in den Schriften der Artes-Magister zeigt. Die aufsehenerre-
gende philosophische Haltung des Boethius resultiert nicht aus der Wirkung
der aristotelischen Philosophie, sondern aus der sozialen Dynamik innerhalb
der Universität. Der Grund dafür, dass die manifeste philosophische Identität,
die Boethius artikuliert, historisch möglich wurde, ist nicht, jedenfalls nicht
unmittelbar, Aristoteles, sondern das Zueinander-In-Beziehung-Treten der
Wissenschaften auf engstem Raum, nämlich dem Raum der Universität.
Boethius von Dacien ist ein Produkt dieser Differenzperzeptionen.

2.5.5   *Facetten eines Streits: Philosophie und Theologie*
Nun ist allgemein bekannt, dass das Verhältnis zwischen Philosophie und
Theologie in der zweiten Hälfte des 13. Jahrhunderts noch dramatische Formen
annehmen sollte. Auf die Verurteilung von 1277 und ihre Auswirkungen für die
soziale Identität der Philosophen, wird im nächsten und letzten Abschnitt
etwas gesagt. Hier sei vor allem darauf hingewiesen, dass die Abgrenzungen
und Differenzerfahrungen auf verschiedenen Ebenen konstante Phänomene
dieser Beziehung blieben. Die Unterscheidung der Position der Philosophen
von jener der Theologen zieht sich wie ein roter Faden durch die Schriften der
Pariser Artes-Fakultät. Aegidius von Orléans stellt in seinem Kommentar zu
De generatione et corruptione fest, nach dem Weg der Philosophen (*secundum
viam philosophorum*) sei das Entstehen und Vergehen endlos, nach dem

---

242   Zit. nach Odon Lottin, „Psychologie et morale à la Faculté des arts de Paris", S. 521ff.
243   Siehe etwa die Erklärung: „Sed quia hic non debemus soluere quemadmodum theologi,
        sed secundum intentionem philosophi, ideo dicendum est aliter" (zit. nach Odon Lottin,
        „Psychologie et Morale à la Faculté des Arts de Paris aux approches de 1250", in: Odon
        Lottin, *Psychologie et Morale aux XIIe et XIIIe siècles*, Tome I, Louvain 1942, S. 505–534,
        S. 522).

Glauben hingegen habe es irgendwann ein Ende.[244] Johannes von Göttingen nimmt in *De intellectu agente* von 1305 die Unterscheidung zwischen beiden Sichtweisen vor, spricht sich dann aber eindeutig für die der Philosophen aus (welche eine 1277 verurteilte Lehre darstellt): „Die erste Meinung ist die des Glaubens und der Wahrheit, von der die Theologen sprechen, wobei sie etwas sagen, das unserer Regel widerspricht [...]. Denn daneben gibt es eine andere Meinung, welche ich allgemein für wahrer halte, nämlich dass der Intellekt keine Potenz unserer Seele ist, sondern gewissermaßen ein separates Wesen".[245] Bezeichnend hier nicht nur, dass der Göttinger so entschieden die Ansicht der Philosophen vertritt, sondern ebenfalls, dass er die Meinung der Theologen als „unserer Regel" widersprechend wahrnimmt: Hier kommt gleichzeitig das Gruppenbewusstsein des Artes-Magisters zum Ausdruck, der mit der Differenz der Anschauungen ebenso die Wir-Identität der Philosophen reflektiert. Dass sich diese Wahrnehmung von Unterschied nicht nur auf so brisante Themen wie die Einzigkeit des Intellekts bezieht, sondern ein vollkommen gewöhnliches Phänomen war, das in verschiedenen Kontexten begegnen konnte, zeigt etwa die Bemerkung Johannes de Grocheios, der ungefähr zur selben Zeit die Musik der Engel entschieden in den Zuständigkeitsbereich der Theologen verweist, von denen er den Musiktheoretiker abgrenzt, der sich mit so etwas nicht beschäftigt: „Denn es ist nicht Sache des Musiktheoretikers, vom Gesang der Engel zu handeln, es sei denn er wäre ein Theologe oder Prophet. Denn niemand kann von solchem Gesang eine Erfahrung haben außer durch göttliche Eingebung".[246] Auch hier gewinnt die Identität des *musicus* ihr Profil durch Abgrenzung von (unter anderem) der Theologie. Die grundsätzliche Haltung aber, die sich bei Johannes de Grocheio zeigt, nämlich den Bereich der göttlichen Inspiration den Theologen zuzuschreiben und als etwas *Fremdes* wahr-

---

244 [...] ideo generatio et corruptio sunt perpetua per naturam materiae, et hoc tenendo secundum viam philosophorum. Sed secundum fidem nostram catholicam est dicendum, quod generatio non est perpetua, sed potest deficere; et deficit, quia materia prima deficit. Sed elementa manebunt et caelum manebit; sed non movebatur, ut dicunt doctores fidei nostrae (Aegidius von Orléans, *Questiones super De generatione et corruptione*, ed. Zdzislaw Kuksewicz [Bochumer Studien zur Philosophie 18], Amsterdam 1993, S. 59).

245 Et prima quidem opinio est fidei et veritatis, de qua loquentes theologi nostre legis dicunt valde contraria [...] Sed adhuc est alia opinio istorum, quam inter omnes reputo veriorem et est, quod intellectus agens non est potentia anime nostre, sed est quedam substantia separata (Johannes von Göttingen, *De intellectu agente*, zit. nach Martin Grabmann, *Der lateinische Averroismus des 13. Jahrhunderts und seine Stellung zur christlichen Weltanschauung*, München 1931, S. 79).

246 Nec etiam pertinet ad musicum de cantu angelorum tractare nisi forte cum hic fuerit theologus aut propheta. Non enim potest aliquis de tali cantu experientiam habere nisi inspiratione divina (Johannes de Grocheio, *Ars musice*, ed. Mews, S. 58).

zunehmen, ist an der Artes-Fakultät allgemein üblich. Bartholomäus de Brugis schreibt in seinem Physikkommentar vom Beginn des 14. Jahrhunderts: „Wenn dies auch nach göttlicher Eingebung möglich sein mag, so befasse ich mich hier nicht damit. Dies wird den Theologen überlassen".[247] Diese Abtretung der Eingebung an die Theologen geht bei Bartholomäus aber gleichzeitig einher mit einer Polemik gegen die *„religiosi"*, die sich anschickten, über Philosophie zu sprechen. Denn dies täten sie bekanntermaßen in sehr schwacher Weise.[248] Bei Johannes von Jandun schließlich begegnet der Verweis alles Übernatürlichen an die Doktoren der Theologie in großer Häufigkeit. Seine Trennung der Zuständigkeiten ist unmissverständlich: *„Illud pertinet ad doctores sacrae theologiae discutere, extra enim terminos philosophiae est".*[249] Die Meinung der Theologen wird auch von Johannes als die Position der ‚Anderen' wahrgenommen, die er zur Kenntnis nimmt, aber dann nicht weiter beachtet, um vielmehr *„secundum mentem Aristotelis et Commentatoris"* zu verfahren.[250]

Was in den zitierten Texten als binäre Opposition von Philosophen und Theologen auf der Ebene der Meinungen, Ideen oder wissenschaftlichen Zuständigkeiten erscheint, findet allerdings sein Korrelat in – teilweise im Wortsinne – handfesteren Konflikten zwischen den beiden sozialen Gruppen. Von der Mitte des 13. Jahrhunderts an (also dem Zeitpunkt, als eine selbstbewusstere philosophische Identität in den Zeugnissen greifbar wird) bis zur Mitte des 14. Jahrhunderts bestand eine fortwährende Auseinandersetzung zwischen der Artes-Fakultät und der theologischen Fakultät über die Frage, ob der Rektor, den die Artes-Magister aus ihren Reihen wählten, oder der Dekan der Theologen das Haupt der Universität sei.[251] Das Recht des Rektors,

---

247 Si autem per inspirationem divinam hoc sit possibile, de hoc non intromitto me ad presens. Sed dimittatur theologis (Bartholomäus de Brugis, *Questiones super Physicam*, zit. nach Stuart MacClintock, *Perversity and Error. Studies on the ‚Averroist' John of Jandun*, Bloomington 1956, S. 167, Anm. 31).

248 Et in philosophia, ut scitis, sermo eorum est debilis valde quia ad pauca inspicientes de facili enuntiant (Bartholomäus de Brugis, *Questiones super Physicam*, zit. nach MacClintock, *Perversity and Error*, S. 167, Anm. 31). – Diese Bemerkung stammt möglicherweise von dem Schüler des Bartholomäus, der die *reportatio* der Physikvorlesung anfertigte. Dies ist für unsere Argumentation jedoch belanglos, da die Äußerung in jedem Fall von einem Artisten stammt.

249 Ebenso: Istud inquirere bonum spectat ad scripturae doctrores. Ergo permittatur ad praesens (beide Stellen: Johannes von Jandun, *Questiones in duodecim libros metaphysicae*, Buch II, q. 28, fol. 72ra).

250 Dimissa ergo ista opinione. Dicendum est ad quaestionem secundum mentem Aristotelis et Commentatoris (Johannes von Jandun, *Questiones in duodecim libros metaphysicae*, Buch VII, q. 1, fol. 88rb).

251 Rashdall, *Universities of Europe*, S. 329–333; Kibre, *Nations in the Medieval Universities*, S. 103.

die Versammlung der Universität einzuberufen, wurde immer wieder vom Dekan der theologischen Fakultät bestritten; erst 1341 konnte eine Regelung gefunden werden, die schließlich, wenn auch zögerlich, Akzeptanz fand. Aber noch in den 1340er Jahren konnte der Konflikt zwischen Artisten und Theologen, bei dem es immer auch um einen Identitätskonflikt ging, zu handgreiflichen Ausschreitungen führen. Für 1339 und 1347 sind Streitfälle um den jeweiligen Platz der beiden Amtsträger in der Kirche überliefert, bei denen die Artes-Magister gewaltsam eingriffen und den Platz des Rektors verteidigten. 1347 kam es in der Kirche von Saint Germain-des-Prés dazu, dass die Philosophen den Dekan der theologischen Fakultät angriffen und von dem Platz entfernten, der nach ihrer Meinung dem Rektor zustand. Dabei konnte es sie auch nicht beeindrucken, dass es sich bei dem Dekan der Theologen um einen päpstlichen Legaten und Erzbischof handelte.[252]

Solche Vorfälle, bei denen die Artes-Magister das Recht der eigenen Gruppe wenn nötig mit Gewalt gegen den Repräsentanten der fremden Gruppe, dessen Handlung sie offenbar als Bedrohung ihre Identität ansahen, verteidigen, sagen viel aus über die Wahrnehmung sozialer Identitäten und über die Wirkung von Konflikten. Sie zeigen aber vor allem, in welchem Maße ein Gruppenbewusstsein unter den Philosophen vorhanden war, welches auch das Bewusstsein implizierte, zu einer Ingroup zu gehören, die in spannungsvollen Relationen zu tendenziell feindlichen Outgroups stand, gegen die man die eigene Identität behaupten musste. Ein solches Behaupten der eigenen Identität ist ebenfalls in der Trennung philosophischer und theologischer Sichtweisen zu sehen. Wenn an der Artes-Fakultät ‚häretische' Positionen vertreten wurden, wie bei Johannes von Göttingen, dann hat das nicht zwangsläufig etwas mit einem manifesten Unglauben zu tun (wenngleich dieser gegeben sein kann), sondern vor allem mit dem Bestreben, die eigene philosophische Identität gegen die theologische Perspektive zu behaupten und die Differenz zwischen den beiden Gruppen aufrechtzuerhalten. Solche Positionen fügen sich nahtlos in die grundsätzliche Tendenz der Artisten, sich von den Gruppen ihrer Umgebung abzugrenzen; es geht weniger darum, das zu behaupten, was behauptet wird, sondern vielmehr darum, etwas anderes zu sagen als die Theologen.

Mit dem zuletzt angesprochenen Punkt ist bereits die Frage nach der Auswirkung der Verurteilung von 1277 aufgeworfen. Wie in diesem Kapitel gezeigt wurde, finden sich auch nach diesem Ereignis einschlägige Zeugnisse

---

252 CUP I, Nr. 1145, S. 607f; siehe auch den Konflikt zwischen Artisten und Theologen, aufgrund dessen die theologische Fakultät an den Papst appellierte, CUP I, Nr. 1143, S. 606; zu ersterem Vorfall siehe auch Rashdall, *Universities of Europe*, S. 397.

einer philosophischen Identität. Die Beispiele, die genannt wurden, ließen sich um viele weitere ergänzen. Allein die philosophische Haltung von Radulphus Brito, der seit Beginn der 1290er Jahre an der Artes-Fakultät lehrte, legt bereits eindringlich nahe, dass die soziale Identität der Artes-Magister in keiner Weise verringert war. Dies gilt auch für die Zeit unmittelbar nach 1277. So muss etwa Claude Lafleur entschieden widersprochen werden, wenn dieser behauptet, die *Divisio scientiae* des Johannes von Dacien, die um 1280 entstand (und die zu den wenigen Einführungen zählt, die Lafleur nicht selbst herausgegeben hat), zeige einen verminderten Enthusiasmus für die Philosophie, was belege, dass die Artes-Magister ihre Lektion gelernt hätten.[253] Schon die bisher angeführten Stellen genügen, um dies zu widerlegen; bei Johannes findet sich dieselbe Begeisterung für die Philosophie wie in den anderen Einführungen. Ebenso zeigt sich in der *Divisio scientiae* die ungebrochen fortbestehende Neigung der Philosophen, zwischen sich und den anderen Fakultäten, den Juristen ebenso wie den Theologen, Grenzen zu ziehen. So trifft Johannes etwa eine klare Unterscheidung zwischen dem Vergnügen der Philosophen und jenem der Theologen: „Im Wissen nämlich ist das höchste Vergnügen so groß, dass diejenigen, die das Erlangen der Wissenschaft erreichen, jedes andere Vergnügen verschmähen, so wie dies bei den Theologen und Heiligen das Vergnügen des ewigen Lebens ist".[254] Das höchste Vergnügen der Theologen ist demnach die *vita eterna*, während die Philosophen ihre eigene höchste Freude haben, nämlich das Wissen, für welches sie alles andere verwerfen. Dies ist nicht nur eine Abgrenzung von den Theologen, sondern auch vom ewigen Leben, welches als kulturelles Kapital der Theologen wahrgenommen wird und damit den Philosophen, dessen Kapital das philosophische Wissen ist, nichts angeht.

Die hier angesprochene Sichtweise von der Verurteilung von 1277 soll im letzten Abschnitt dieses Kapitels ein wenig präzisiert werden. Die dabei angestellten Überlegungen werden gleichfalls Gelegenheit bieten, noch einmal einige prinzipielle Bemerkungen zum Begriff des ‚Philosophen' zu formulieren. Indem die Auseinandersetzung mit dem Forschungsproblem 1277 und dem Begriff des *philosophus* zu einer abschließenden Konturierung der ‚philosophischen Identität' als einer zentralen analytischen Kategorie dieser Arbeit beiträgt, mag die angestellte Betrachtung als Schlusswort dieses Kapitels fungieren.

---

253   Claude Lafleur, „*Scientia* et *ars* dans les introductions à la philosophie", S. 64f.

254   In sciendo enim summa est delectatio in tantum, quod qui ad acquisitionem scientie peruenient, spernunt omnem aliam delectationem, ut etiam secundum theologos et sanctos hoc est delectatio, que est uita eterna (Johannes von Dacien, *Divisio scientiae*, ed. Otto, S. 11).

2.6   Pariser ‚Philosophen‘ vor und nach 1277

Die Lehrverurteilung, welche der Pariser Bischof Étienne Tempier am 7. März 1277 in Form von 219 verbotenen Sätzen ‚artikulierte‘,[255] hat in der Erforschung der mittelalterlichen Geisteswelt sehr verschiedene Deutungen erfahren. Eine der einflussreichsten Interpretationen war zweifellos die von Pierre Duhem: Die Verurteilung der aristotelisch inspirierten ‚Irrtümer‘ habe das christliche Denken von der Fessel der Aristotelismus befreit und damit die ungehemmte Entwicklung der abendländischen Wissenschaft ermöglicht.[256] Diese in der Zwischenzeit vielfach in Frage gestellte Sichtweise findet, wenn auch modifiziert, bis heute namhafte Vertreter, allen voran Edward Grant.[257] Eine im Ganzen gegenteilige Sichtweise hat Luca Bianchi formuliert, für den die Verurteilung gerade keine ‚Befreiung‘ darstellt, sondern, als Zensur, vielmehr eine Beschränkung und Einengung des freien Denkens.[258] Aber nicht nur die

---

255   David Piché, *La condamnation parisienne de 1277. Nouvelle édition du texte latin, traduction, introduction et commentaire* (Sic et non), Paris 1999; CUP I, Nr. 473, S. 543–558; zu den einzelnen Thesen: Roland Hissette, *Enquête sur les 219 articles condamnés à Paris le 7 mars 1277* (Philosophes médiévaux 22), Louvain 1977.

256   Zur Geschichte dieser These: John E. Murdoch, „Pierre Duhem and the History of Late Medieval Science and Philosophy in the Latin West“, in: *Gli Studi di filosofia medievale fra otto e novocento*, hg. von Ruedi Imbach/Alfonsi Maierù, Rom 1991, S. 253–302; siehe ebenso die kritische Stellungnahme: John E. Murdoch, „1277 and Late Medieval Natural Philosophy“, in: Aertsen/Speer (Hg.), *Was ist Philosophie im Mittelalter*, S. 111–121.

257   Der klassische Text ist: Edward Grant, „The Condemnation of 1277, God's Absolute Power, and Physical Thought in the Late Middle Ages“, in: *Viator* 10 (1979), S. 211–244; zur entscheidenden Rolle der Artikel, die die Omnipotenz Gottes betreffen, siehe auch die jüngere Publikation: Edward Grant, *The Foundations of Modern Science in the Middle Ages. Their Religious, Institutional, and Intellectual Contexts*, Cambridge 1996: „By emphasizing God's absolute power to do anything short of a logical contradiction, the articles condemned in 1277 had a curious, and probably unintended, effect: they encourared speculation about natural impossibilities in the Aristotelian world system, which were often treated as hypothetical possibilities. [...] [These speculative responses] made many aware that things might be quite otherwise than were dreamt of in Aristotle's philosophy“ (S. 81 u. 83). Während Grant im letzten Satz offenbar, bewusst oder nicht, Shakespeare anzitiert, um den Aristotelismus zu diffamieren, bemüht John E. Murdoch für seine kritische Gegenposition, hier allerdings mit Ankündigung, ein abgewandeltes Humphrey Bogart-Zitat: „In this crazy world of the history of late medieval natural philosophy, Étienne Tempier and the *articuli condemnati* at Paris in 1277 don't amount to a hill of beans“ (Murdoch, „1277 and Late Medieval Natural Philosophy“, S. 121); zu der Gesamtproblematik der Duhem-These werde ich in Kap. 5 und 7 noch einmal zurückkommen.

258   Luca Bianchi, *Censure et liberté intellectuelle à l'université de Paris (XIIIe–XIV siècles)*, Paris 1999; Luca Bianchi, „1277: A Turning Point in Medieval Philosophy?“, in: Aertsen/Speer (Hg.), *Was ist Philosophie im Mittelalter*, S. 90–110; Bianchi, *Il vescovo e i filosofi*.

Funktion und die langfristige Wirkung der Verurteilung, auch die Fragen, was bei der Maßnahme des Bischofs eigentlich zur Debatte stand, welche Motivation ihr zugrundelag und gegen wen oder was sie sich richtete, haben die Forschung beschäftigt und unterschiedliche Antworten hervorgerufen. Während Kurt Flasch auf das aufklärerische Potential und den laikalen Impetus hingewiesen hat, welche sich in den verurteilten Thesen manifestieren,[259] sieht Alain de Libera den entscheidenden Aspekt des Konflikts im Bereich der Ethik: Die theoretische Lebensform der Philosophen, die – von der *voluptas intellectualis* getrieben – in der philosophischen Kontemplation das größte Glück auf Erden fanden, stellte eine wahrhafte und daher gefährliche Alternative zur christlichen Askese dar.[260] Schließlich zählen auch die Frage, ob Étienne Tempier mit päpstlichem Mandat handelte, oder das Problem, ob bzw. inwieweit sich die zensierten Thesen auch gegen die Lehren des Thomas von Aquin richteten, zu den etablierten Themen der Syllabus-Forschung.[261]

Auch wenn die zahlreichen Aspekte, die im Zusammenhang mit der Verurteilung von 1277 interessieren,[262] hier nicht diskutiert werden können und sollen, so werden dennoch einige der genannten Punkte im Folgenden eine Rolle spielen. Im Kontext dieses Kapitels muss es um die Frage gehen, welche Konsequenzen der Eingriff des Bischofs für die philosophische Identität der Artes-Magister hatte, welche sich seit ca. 1240 manifestierte und mit Siger von Brabant und Boethius von Dacien um 1270 ihren vorläufigen Höhepunkt

---

259   Kurt Flasch, „Aufklärung im Mittelalter. Zur Einführung", in: *Das Licht der Vernunft. Die Anfänge der Aufklärung im Mittelalter*, hg. von Kurt Flasch/Udo Reinhold Jeck, München 1997, S. 7–17, S. 13; Kurt Flasch, *Aufklärung im Mittelalter?*

260   de Libera, „Averroïsme éthique et philosopie mystique", S. 37f. u. 40f; Alain de Libera, „Philosophie et censure. Remarques sur la crise universitaire de 1270–1277", in: Aertsen/ Speer (Hg.), *Was ist Philosophie im Mittelalter*, S. 71–89, S. 75; Alain de Libera, *Penser au Moyen Âge*, Paris 1991, S. 224–227.

261   Roland Hissette, „Thomas d'Aquin directement visé par la censure du 7 mars 1277? Réponse à John F. Wippel", in: *Roma, Magistra mundi. Itineraria culturae medievalis*, hg. von Jacqueline Hamesse, Louvain-La-Neuve 1998, S. 425–437; J. M. M. Hans Thijssen, „1277 Revisited: A New Interpretation of the Doctrinal Investigations of Thomas Aquinas and Giles of Rome", in: *Vivarium* 34 (1997), S. 1–29; John F. Wippel, „Thomas Aquinas and the Condemnation of 1277", in: *The Modern Schoolman* 72 (1995), S. 233–272.

262   Zu weiteren Forschungsfragen siehe auch etwa die verschiedenen Beiträge in: Jan A. Aertsen/Kent Emery Jr./Andreas Speer (Hg.), *Nach der Verurteilung von 1277: Philosophie und Theologie an der Universität von Paris im letzten Viertel des 13. Jahrhunderts. Studien und Texte* (Miscellanea mediaevalia, 28), Berlin 2001; zu Lehrverurteilungen im Mittelalter allgemein: Jan-Hendryk de Boer, „Zensur und Lehrverurteilungen", in: *Universitäre Gelehrtenkultur vom 13.–16. Jahrhundert. Ein interdisziplinäres Quellen- und Methodenhandbuch*, hg. von Jan-Hendryk de Boer/Marian Füssel/Maximilian Schuh, Stuttgart 2018, S. 357–386.

fand. Wurden die Ambitionen der jungen und enthusiastischen Philosophen, die ihr Programm in den Einführungsschriften selbstbewusst propagiert hatten, von Étienne Tempier zunichte gemacht? Wurde die vormalige Kühnheit der Magister durch die Verurteilung so nachhaltig gehemmt, dass ihr Gruppenbewusstsein und ihr Projekt einer eigenständigen Philosophie von der Bildfläche verschwanden? Und wurde damit das Ideal des ‚philosophischen Lebens‘, das Boethius von Dacien in *De summo bono* gepriesen hatte, aus der Universität verbannt?

Wer die vorausgehenden Ausführungen dieses Kapitels gelesen hat, der kann sich über derartige Fragen nur wundern. Schließlich wurden doch in der Argumentation für eine philosophische Identität viele Quellen angeführt, die nach 1277 datieren. Es ist dennoch berechtigt, ja sogar dringend notwendig, diese Fragen hier noch einmal aufzuwerfen, da die konkreten Konsequenzen, welche das Dekret des Pariser Bischofs für das Selbstverständnis der Magister der Artistenfakultät in den unmittelbar folgenden Jahrzehnten hatte, nach wie vor nicht hinreichend geklärt sind. Traditionell ging die Forschung davon aus, dass sich die Verurteilung von 1277, als traumatisches Ereignis, spürbar bremsend und einschüchternd auf die Artes-Fakultät von Paris auswirkte. Fernand Van Steenberghen hielt in seinem wichtigen Buch über die Philosophie des 13. Jahrhunderts kategorisch fest: „Durch die Intervention des Stephan Tempier wurde der Vormarsch des radikalen Aristotelismus zum Stillstand gebracht, da die Hauptanführer von der Bühne entfernt und ihre Anhänger für lange Zeit zum Schweigen gebracht wurden".[263] Wie bereits gesehen, wird diese Sichtweise immer noch von einigen Forschern vertreten. Claude Lafleur sieht einen direkten Einschlag der Verurteilung bei den Artisten, deren voriger Enthusiasmus deutlich „gebremst" wurde: „Et tout montre que, pour l'essentiel, la leçon fut entendue. [...] L'enthousiasme des artiens pour une philosophie englobante semble donc avoir été sensiblement freiné, suite aux condamnations des années 1270, dans les murs même de l'université".[264] Und er beruft sich auf Alain de Libera, um festzuhalten, dass man auf Dante und Meister Eckhart warten müsse, bis das philosophische Ideal wieder zum Leben erwacht, nun allerdings außerhalb der „Institution".[265]

Mit dieser Vorstellung von einer hemmenden und einschüchternden, wenn nicht gar destruktiven Wirkung der Verurteilung von 1277 sind jedoch

---

263   van Steenberghen, *Philosophie im 13. Jahrhundert*, S. 456.
264   Lafleur, „*Scientia* et *ars* dans les introductions à la philosophie", S. 64f.
265   „Il faut sans doute attendre, ainsi que vient de la suggérer A. de Libera, l'avènement des médiateurs, tels Dante et Eckhart, pour que l'idéal artien de sagesse philosophique retrouve un second souffle en s'exportant hors de l'enceinte de l'institution" (Lafleur, „*Scientia* et *ars* dans les introductions à la philosophie", S. 65).

einige Befunde schwer zu vereinbaren, die verstreut in der Forschungsliteratur Erwähnung finden, ohne dass sie bislang systematisch in ihrer Gesamtheit sowie in ihrer erklärungsbedürftigen Widersprüchlichkeit zum vermeintlichen Effekt von 1277 thematisiert wurden. Luca Bianchi hat darauf hingewiesen, dass sich das philosophische Ideal der Artisten, das sich bei Siger von Brabant, Boethius von Dacien oder Aubry von Reims artikuliert hatte, „trotz der Verurteilung von Tempier" („malgrado la condanna di Tempier") durchaus auch nach 1277 finden lässt.[266] Ein Enthusiasmus für die Philosophie und eine Vorstellung von der philosophischen Kontemplation als *ultima perfectio hominis* auf Erden seien sehr wohl bei verschiedenen Artisten anzutreffen, die in den Jahren nach 1277 schrieben, wie Petrus von Auvergne, Johannes von Dacien, Jakob von Douai, Aegidius von Orléans oder Johannes von Jandun. Und auch Johannes Buridan habe sich etwas später in seinem Ethikkommentar entsprechend geäußert.[267]

Einen noch einschlägigeren Befund hinsichtlich der Tendenzen an der Pariser Artistenfakultät im letzten Viertel des 13. Jahrhunderts haben die Forschungen von Iacopo Costa zu den Kommentaren zur *Nikomachischen Ethik* des Aristoteles ergeben. Wenn Costa hier von einem „subversiven Potential" spricht, das sich in den Kommentaren manifestiert, ja geradezu von einem „Skandal", den sich die Artes-Magister leisten,[268] dann ist damit nicht die Affirmation des philosophischen Lebens gemeint, auf die sich Bianchi bezieht. Costa beschreibt eine unterschwellige Subversion, die sich nicht, jedenfalls nicht primär, in den artikulierten Inhalten, sondern in der *Methode* der Kommentare niederschlägt. Es lohnt sich, darauf kurz einzugehen: Die Ethikkommentare der Pariser Artes-Fakultät, die nach 1277 entstanden, verwenden sämtlich die *Secunda pars* der *Summa theologiae* des Thomas von Aquin als musterhafte Vorlage für Quaestiones, Argumente und Lehren. In diesem Text setzt sich Thomas seinerseits mit der *Nikomachischen Ethik* auseinander, indem er Fragen diskutiert, die das aristotelische Werk aufwirft und die im Rahmen der von Thomas entwickelten Morallehre relevant sind. Dem Kontext dieser Diskussion gemäß, stehen die angestellten Erörterungen des Aquinaten somit in einem theologischen Zusammenhang. Wenn Thomas sich hier für die aristotelischen Tugenden interessiert, dann deshalb, weil sie den Menschen von Sünde und Lastern fernhalten und damit dem christlichen Ziel

---

266   Luca Bianchi, „Filosofi, uomini e bruti. Note per la storia di un'anthropologia ,averroista'", in: *Rinascimento* 32 (1992), S. 185–201, S. 187; Bianchi, *Il vescovo e i filosofi*, S. 172ff.

267   Bianchi, *Il vescovo e i filosofi*, S. 173.

268   Iacopo Costa, „L'Éthique à Nicomaque à la faculté des arts de Paris avant et après 1277", in: *Archives d'histoire doctrinale et litteraire du Moyen Âge* 79 (2012), S. 71–114, S. 101; Costa, *Anonymi artium magistri questiones*, S. 120f.

des ewigen Heils und der jenseitigen Gottesschau dienen. Die *Nikomachische Ethik* wird also in eine theologische Konzeption eingelesen und für deren Ziele funktionalisiert.[269]

Das Bezeichnende, das den subversiven Charakter der artistischen Ethikkommentare ausmacht, besteht nun, wie Costa gezeigt hat, in der Art und Weise, wie sich die Magister der Artistenfakultät den Text des Thomas aneignen. Die Methode, derer sie sich bedienen, bezeichnet Costa treffend als ‚De-Theologisierung': Zwar werden Thomas' Argumente übernommen, doch gleichzeitig werden sämtliche theologischen Autoritäten, die Thomas anführt, wie die Bibel oder Augustinus, entfernt und durch philosophische Autoritäten, wie ein Aristoteles-Zitat, ersetzt. Die Artes-Magister ‚reinigen' die thomasische Argumentation von ihren theologischen Inhalten und integrieren sie in einen völlig anderen Zusammenhang, nämlich in den Kontext einer genuin philosophischen Auslegung der *Nikomachischen Ethik*. Die ‚De-Theologisierung' der Syllogismen aus der *Summa theologiae* findet insofern auf zwei Ebenen statt: Einerseits durch die ‚Reinigung' von theologischen Autoritäten und Inhalten, andererseits durch die Loslösung aus der theologischen Zielsetzung, welche sie bei Thomas hatten. Hier werden sie, wie Costa betont, ein reines Werkzeug philosophischer Exegese.[270]

Costas Forschungen haben ergeben, dass sich das hier geschilderte Verfahren in allen überlieferten Ethikkommentaren der Pariser Artistenfakultät vom Ende des 13. und Beginn des 14. Jahrhunderts findet, insbesondere beim Pariser Anonymus aus der Handschrift BnF, lat. 14698,[271] den Anonymi von Erlangen (UB 213) und Erfurt (SB Amplon. F 13), Aegidius von Orléans (BnF, lat. 16089)[272] und Radulphus Brito.[273] Vollkommen unbekannt ist ein solches Vorgehen freilich nicht: Siger von Brabant war ganz ähnlich mit Thomas von Aquin

---

269   Zur Tugendlehre in der *Secunda Pars* der *Summa theologiae* siehe auch: Carlos Steel, „Thomas' Lehre von den Kardinaltugenden", in: *Thomas von Aquin: Die* Summa theologiae. *Werkinterpretationen*, hg. von Andreas Speer, Berlin 2005, S. 322–342, sowie Stephan Ernst, „Die bescheidene Rolle der Demut. Christliche und philosophische Grundhaltungen in der speziellen Tugendlehre", in: Speer (Hg.), *Thomas von Aquin*, S. 343–376; zu Thomas allgemein: Ruedi Imbach/Adriano Oliva, *La philosophie de Thomas d'Aquin*, Paris 2009.

270   Costa, „L'Éthique à Nicomaque", S. 80 u. 90f; Costa, *Anonymi artium magistri questiones*, S. 121.

271   Costa, *Anonymi artium magistri questiones*.

272   Zu letzteren beiden siehe: Iacopo Costa, „Autour de deux commentaires inédits sur l'Éthique à Nicomaque: Gilles d'Orléans et l'Anonyme d'Erfurt", in: *Christian Readings of Aristotle from the Middle Ages to the Renaissance*, hg. von Luca Bianchi (Studia artistarum 29), Turnhout 2011, S. 211–272.

273   Iacopo Costa, *Le questiones di Radulfo Brito sull',Etica Nicomachea': introduzione e testo critico* (Studia artistarum 17), Turnhout 2008.

umgegangen, dessen Gedanken er sich produktiv aneignete, um sie in einen philosophischen Zusammenhang zu integrieren.[274] Doch die Tatsache, dass die Artisten diese Methode – eine Methode, die offenbar die Praxis einer genuin philosophischen, bewusst *nicht* theologischen Wissenschaft gewährleisten soll –, so kurz nach dem ,dramatischen Ereignis' von 1277 offensiv ins Werk setzten, verleiht ihrem Verfahren zweifellos ein besonders subversives Potential. Nicht weniger signifikant ist zudem der Umstand, dass die Artes-Magister nach 1277 mit ihrer Absicht, die zur Debatte stehenden Fragen *rein philosophisch* behandeln zu wollen, mitunter auch zu inhaltlichen Positionen gelangten, die an der Grenze zur Heterodoxie lagen oder bereits heterodox waren. Die Frage, ob man eher den Tod wählen sollte, als sich besonders schwerer Vergehen schuldig zu machen, hatte Thomas von Aquin bejaht, indem er auf den heiligen Laurentius verwies, der lieber sterben wollte als seinen Glauben zu verraten. Radulphus Brito spricht sich ebenfalls für den Tod aus, doch muss dies für ihn nicht religiös motiviert sein. Neben der christlichen Sicht „secundum fidem et veritatem", nach der schwere Sünden um des jenseitigen Lohns willen zu vermeiden seien, kennt Radulphus noch eine andere, philosophische Perspektive, die ganz ohne den Glauben auskommt: Der Tod sei solchen Handlungen vorzuziehen, die der Vernunft zuwiderlaufen. Denn wer aufhöre, nach der Vernunft zu leben, der höre gleichzeitig auf, Mensch zu sein, und werde zum wilden Tier. Dies aber sei die Meinung der Philosophen, die schöne und gute Philosophen (*beati et boni philosophi*) waren und die nicht daran glaubten, dass nach dem Tod irgendein Lohn zu erwarten sei.[275]

Noch kühner aber ist die Position des Aegidius von Orléans: Aegidius hält fest, dass diejenigen, die ein jenseitiges Leben erwarten, sicher den Tod einer schweren Sünde vorziehen würden, so wie es die Heiligen taten. Dies jedoch sei, so Aegidius, nicht die Meinung von Aristoteles und seinem Kommentator: Der Kommentator habe nämlich gesagt, der Intellekt sei ein einziger für alle

---

274   Ruedi Imbach, „Notule sur le commentaire du Liber de causis de Siger de Brabant et ses rapports avec Thomas d'Aquin", in: *Freiburger Zeitschrift für Philosophie und Theologie* 43 (1996), S. 304–323; Dragos Calma, „Siger de Brabant et Thomas d'Aquin: note sur l'histoire d'un plagiat", in: *Freiburger Zeitschrift für Philosophie und Theologie* 50 (2003), S. 118–135; de Boer, *Streit um Theologie und Philosophie*, S. 157.

275   [...] quia uita humana secundum quod huiusmodi est quod homo in nullo deuiet a recta ratione; cum aliquis operatur turpefactum, tunc ipse iam dimittit istam uitam secudum rationem rectam, et tunc redigitur infra bestias et fit similis, ut dicit Boethius III De consolatione; et ideo debet homo magis eligere mori et euitet tale delictum <quam quod uiuat et illud> faciat. Et ista est intentio philosophorum qui fuerunt beati et boni philosophi, dato etiam quod non credebant expectare aliquod premium post mortem (Radulphus Brito, *Questiones super librum Ethicorum*, ed. Costa, S. 332); dazu Costa, „L'Éthique à Nicomaque", S. 98.

Menschen, und Aristoteles war der Ansicht, der Intellekt sei unempfänglich und erwarte kein späteres Leben. Daher habe Aristoteles den Vorzug des Todes anders begründet, wie Aegidius im Folgenden darlegt.[276] Die Einheit des Intellekts und die Leugnung des jenseitigen Lebens erscheinen hier als integrale Bestandteile einer philosophischen Position, die Aegidius eindeutig positiv bewertet und die auf rein philosophischem Wege die Wahl des Todes begründet, während diejenigen Personen, die ein späteres Leben erwarten, mit einer gewissen Distanz betrachtet werden.

Derartige Äußerungen in den Jahren um 1300 an der Pariser Artes-Fakultät zu vernehmen, müsste doch erstaunen, wenn man mit Van Steenberghen davon ausginge, dass die „Androhung der Exkommunikation, die die Verurteilung der 219 Artikel begleitete, [...] schwer auf dem wissenschaftlichen Leben in Paris [lastete]".[277] Konsequenterweise haben die Forscher, die, wie Luca Bianchi und Iacopo Costa, auf die Kontinuität des philosophischen Ideals oder auf ‚subversive Tendenzen' nach 1277 aufmerksam gemacht haben, dies meist im Modus des „trotz" oder „obwohl" („malgrado la condanna del 1277") getan, jedenfalls mit einer gewissen (mit Schadenfreude vermischten) Verwunderung, einer Verwunderung darüber, dass die Verurteilung anscheinend doch nicht den angenommenen Effekt hatte.[278] Doch wie ist dieses Phänomen zu erklären? Muss man davon ausgehen, dass die ‚Bewegung' der artistischen Philosophen so stark war, dass sie selbst den Angriff, den harten Rückschlag des konservativen Lagers „überlebte"?[279] Es stellt sich in diesem Zusammenhang die Frage, ob denn überhaupt zu erwarten gewesen wäre, dass das, was seit ca. 1240 an der Pariser Artes-Fakultät in Gang gekommen war, in *jedweder Hinsicht* durch die Verurteilung des Bischofs ‚gebremst' wurde. Muss man vielleicht unterschied-

---

276 Vnde notandum quod si querat de eis qui expectant aliam uitam utrum tales debeant preeligere mori antequam perpetrent aliquod turpe factum, certum est quod sic, sicut facerent sancti qui preeligerunt mori sustinendo grauissima et durissima tormenta pro Christo. Hec tamen non fuit intentio Aristotelis nec eius Commentatoris qui posuit intellectum unum numero in omnibus, et Aristoteles posuit intellectum esse impassibilem, qui non expectabat aliam uitam (Aegidius von Orléans, *Questiones super librum Ethicorum*, BnF, lat. 16089, fol. 205r, zit. nach Iacopo Costa, „L'Éthique à Nicomaque", S. 99).

277 van Steenberghen, *Philosophie im 13. Jahrhundert*, S. 456.

278 Nachdem Costa zuvor von der „einschüchternden Wirkung" der Verurteilung gesprochen und diese als „traumatisches Ereignis" („événement traumatique") für die Artisten bezeichnet hat, stellt er am Ende seiner Untersuchung fest, dass die Tradition der Ethikommentare nach 1277 letztlich den Anschein erwecke, als habe die Verurteilung niemals stattgefunden (Costa, „L'Éthique à Nicomaque", S. 103).

279 Luca Bianchi spricht davon, dass das Ideal des philosophischen Lebens offenbar „überlebt" („sopravvissuto") habe (Bianchi, *Il vescovo e i filosofi*, S. 173).

liche Ebenen, verschiedene Dimensionen dessen, was unter den Artisten ‚im Gang' war, unterscheiden, die in verschiedener Weise von der Maßnahme der Zensur betroffen waren?

Die Sichtweise, die an dieser Stelle vorgeschlagen werden soll, kann wenig Originalität beanspruchen, insofern sie auf einer grundsätzlichen Überlegung beruht, die auch einer These von Alain de Libera innewohnt. Dennoch möchte ich die Interpretation Alain de Liberas in mancher Hinsicht modifizieren, anders gewichten, auf andere Aspekte beziehen. De Libera betrachtet die Zensur von 1277 als „opérateur historique",[280] als einen geschichtlichen ‚Akteur', der wesentlich dazu beigetragen habe, etwas *hervorzubringen*, was zuvor in dieser Form noch gar nicht existierte.[281] Doch wenn de Libera davon spricht, dass das Dekret von 1277, indem es die ‚Krankheit' beschrieb, maßgeblich an der Konstruktion und ‚Realisation' des Ideals vom philosophischen Leben beteiligt gewesen sei, dann hat er dabei nicht die Artistenfakultät im Blick. Hier war das Ideal zwar zuerst aufgekeimt und hatte die Aufmerksamkeit des Pariser Bischofs erweckt; doch die kreativen Wirkungen des Dekrets, um die es de Libera geht, sind nicht in der Universität, sondern „außerhalb des institutionellen Rahmens" zu suchen.[282] De Libera interessiert sich für die „exportation de l'idéal universitaire", die durch die Verurteilung von 1277 bewirkt wurde. Das philosophische Ideal, das in den 1260er und 1270er Jahren an der Universität als Idee aufgekommen, aber nie realisiert worden war, findet nach 1277, und wesentlich *wegen* 1277, eine neue Bleibe und eine reale Existenz bei Dante und Meister Eckhart.[283] „Le langage de l'intellect est sorti de l'université",[284] stellt de Libera fest, und er beschreibt diesen Übergang von der Institution in neue Kontexte als ‚Deprofessionalisierung'. Dieser Vorgang ist es, den de Libera

---

280   de Libera, *Penser au Moyen Âge*, S. 193.

281   „Le principal auteur des condamnations, Étienne Tempier, évêque de Paris, n'avait pas tous les jours sous les yeux le désolant tableau qu'il prétendait brosser, mail il nous semble que, à sa manière, il le voyait venir et qu'il a, en attaquant d'avance, largement contribué à faire exister ce qui n'existait pas encore" (de Libera, *Penser au Moyen Âge*, S. 15).

282   „Frappée par la censure universitaire, attaquée par l'autorité suprême, cette résurrection de la philosophie antique a essaimé hors du cadre institutionel" (de Libera, *Penser au Moyen Âge*, S. 23).

283   Das Ideal des theoretischen Lebens, so hält de Libera fest, gelangte erst zu historischer Gestalt durch den Konflikt von 1277, „qui a, à la fois, encouragé son essor et bloqué sa réalisation universitaire effective avant de déterminer, ensuite, sa réapparition sous d'autres formes – dont d'éloge dantesque de la nobilitade ou celui, eckhartien, de l'edelkeit –, en dehors de l'université" (de Libera, „Philosophie et censure", S. 86).

284   de Libera, *Penser au Moyen Âge*, S. 334.

vor allem betrachten möchte: „C'est [...] cette déprofessionalisation que l'on entend décrire".[285]

Nun kann es an dieser Stelle nicht darum gehen, die These von Alain de Libera, dass die Verurteilung von 1277 das philosophische Leben hervorgebracht habe, indem sie es diagnostizierte, schlicht und unverändert auf die Artes-Fakultät zu übertragen. Es ist zwar richtig, dass die kontemplative Lebensform und das dadurch zu erreichende diesseitige Glück auch nach 1277 von den Artisten gepriesen wurden, aber dies sagt weder etwas darüber aus, inwieweit es ,realisiert' wurde, noch kann die Rede davon sein, dass es – verglichen mit Boethius von Daciens *De summo bono* oder der *Philosophia* des Aubry von Reims – eine Steigerung oder Intensivierung des Ideals nach 1277 gegeben habe. Aber ist es vielleicht in anderer Hinsicht möglich, eine ,performative Wirkung' des Dekrets von 1277 anzunehmen? Hatte die Maßnahme des Bischofs tatsächlich einen grundsätzlich hemmenden und „blockierenden" Effekt auf die Tendenzen der Artes-Fakultät, der sich nur nicht ganz durchsetzen konnte und daher das ,Überleben' einer Untergrundbewegung zuließ, oder hatte der ,Sprechakt' des Dekrets nicht in bestimmten Bereichen auch eine kulturell produktive, eine stimulierende Wirkung auf die Magister der Artistenfakultät?

Es steht außer Frage, dass der Syllabus der 219 Thesen eine in hohem Maße einschüchternde Wirkung auf doktrinärer Ebene zeitigte. Die von Tempier verbotenen Lehrinhalte, wie die Ewigkeit der Welt oder die Einzigkeit des Intellekts, Aussagen über den Status des Philosophen oder die Möglichkeiten der göttlichen Allmacht, wurden nach 1277 zweifellos mit größerer Vorsicht behandelt; auch hat sich kein Artes-Magister nach 1277 gewagt, eine programmatische Schrift zur methodischen Autonomie der Philosophie oder zum Ideal des philosophischen Lebens zu verfassen, wie es Boethius von Dacien mit *De aeternitate mundi* oder *De summo bono* getan hatte. Wenn hier dennoch von einer produktiven Wirkung der Verurteilung, von einem ,perlokutiven Akt'[286] des Dekrets im Hinblick auf eine Förderung der philosophischen Ambitionen der Artes-Magister geprochen wird, dann bezieht sich dies auf eine andere, davon dringend zu unterscheidende Ebene, nämlich die der ,sozialen Identität'.

Aus Sicht des Ansatzes dieses Kapitels muss die Verurteilung von 1277 vor allem im Hinblick auf die Wahrnehmung von Zugehörigkeiten, die sie auslöste, betrachtet werden. Sie erscheint als ein bedeutendes Element in einer Reihe

---

285 de Libera, *Penser au Moyen Âge*, S. 23; siehe auch: de Libera, „Averroïsme éthique et philosopie mystique".

286 John L. Austin, *Zur Theorie der Sprechakte (How to do Things with Words)*, Stuttgart 2002.

einschlägiger Stimuli, welche auf Seiten der Artes-Magister die Perzeption von
Differenzen zu den Theologen und anderen Outgroups hervorrief. Vor allem
aber brachte die Maßnahme des Bischofs die Artisten in eine brisante Konfliktsituation, also in eine Lage, die nicht nur grundsätzlich die Grenzen sozialer Gruppen akzentuiert, sondern zudem geeignet ist, ein Solidaritätsgefühl
im Inneren der attackierten Gruppe, eine emotional gestützte Wir-Identität zu
nähren. Dass ein derartiger Angriff die Bindungen unter den Gruppenmitgliedern verstärken und zu einer gesteigerten Solidarität führen kann, insofern der
„emotionale Effekt"[287] des Ereignisses, als exogener Stimulus, die empfundene
Zugehörigkeit intensiviert, zeigen etwa die bereits zitierten Meteorologica-
Questionen, die unmittelbar nach 1277 entstanden. In seinem Prolog polemisiert der anonyme Artes-Magister nicht nur, wie gesehen, gegen die Juristen
und Mediziner, er klagt ebenfalls über die Folgen, die die Verurteilung von 1277
für seine soziale Gruppe, die *viri philosophici*, hat: „Ich glaube nicht, dass ein
uir philosophicus, der fundierte Kenntnisse der Philosophie hat, dass dieser
in irgendeiner Weise den Menschen in ihrem Glauben schadet. Und wenn es
solche Leute gibt, dann glaube ich, dass sie die Philosophie nicht wirklich beherrschen, sondern nur so tun. Aber trotzdem werden die Philosophen [*uiri
philosophici*] nun unterdrückt und müssen leiden, so wie in alter Zeit schon
die Philosophen gelitten haben, so wie Boethius, der ins Exil geschickt wurde".[288]
Über die derzeitige Unterdrückung und Verdächtigung der *„uiri philosophici"*
hatte ebenso der anonyme Ethikkommentar aus BnF, lat. 14698 geklagt, der
ebenfalls kurz nach 1277 geschrieben wurde und auf die Verurteilung Bezug
nimmt, wenn er das Recht der Philosophie verteidigt, „Fehler" diskutieren
zu dürfen.[289]

Wie aus diesen Beispielen bereits deutlich wird, lieferte die Konfrontation
der Artes-Magister mit ihren äußeren Kritikern, lieferten die Anschuldigungen,

---

287   Collins, „Solidarität in der Theorie der Interaktionsrituale", S. 108.

288   [...] non credo quod aliquis uir philosophicus qui profunde nouit philosophiam quod ipse
       aliquo modo homines subuerteret de fide, et ideo si aliqui tales, non credo quod sciant
       philosophiam sed fingunt se scire philosophiam. Et sicut modo uiri philosophici sunt op-
       pressi et patiuntur, ita et antiquitus uiri philosophici multa passi fuerunt, sicut boethius
       qui fuit missus in exilium (Anonymus Artium Magister, *Questiones in Meteorologicam*,
       Prolog, ed. Bianchi, S. 47).

289   Et quamuis in philosophia sint aliqui errores, tamen uidetur esse expediens quod hui-
       usmodi errores legantur et audiantur, non quia homines eis credant, sed ut homines
       sciant eis aduersari secundum uiam rationis per philosophiam (Anonymus Artium
       Magister, *Questiones super librum Ethicorum*, ed. Costa, S. 128); dazu Costa, „L'Éthique à
       Nicomaque", S. 84; wie später noch zu vertiefen sein wird, reflektiert der Anonymus die
       Situation der Philosophen auch in anderer Hinsicht; aber es steht außer Frage, dass er
       sich hier ebenfalls auf die Verurteilung von 1277 bezieht.

welche die Verurteilung artikuliert hatte, einen einschlägigen Impuls zur ‚Selbst-Kategorisierung', d.h. zur Identifikation mit der Gruppe der *„uiri philosophici"*. Diese Kategorie wird hier gegen die erhobenen Vorwürfe verteidigt, womit unweigerlich ein Selbstbezug des Autors, ein Bekenntnis der Zugehörigkeit zu eben diesen *uiri philosophici* einhergeht. Insofern die Verurteilung von 1277 die Perzeption von Differenzen und Zugehörigkeiten stimulieren und damit das Gruppenbewusstsein der Artes-Magister sogar festigen konnte, ist es kaum mehr überraschend, dass sich auch nach 1277 manifeste Artikulationen eines Bewusstseins der eigenen Sphäre und Identität an der Artes-Fakultät finden lassen. Die Internalisierung der sozialen Kategorie bildet die Grundlage einer epistemischen Grenzziehung: Die von Costa konstatierte De-Theologisierung, welche die anonymen Kommentatoren der *Nikomachischen Ethik* ins Werk setzten, ist nichts anderes als eine derartige Abgrenzung, eine Distinktion des philosophischen Diskurses, der vom Zuständigkeitsbereich der Theologen unterschieden wird. Die Ethik in genuin philosophischem Modus interpretieren zu wollen und sämtliche theologischen Referenzen zu vermeiden, ist Ausdruck einer identitätsstiftenden Unterscheidung, die auf der Wahrnehmung von Differenzen basiert, wie sie von der Verurteilung und anderen Konfrontationen ausgelöst wurden.

Vor diesem Hintergrund erscheinen die institutionalisierte Unterscheidung zwischen der Sichtweise *„secundum viam philosophorum"* und *„secundum fidem"* sowie die Praxis, theologische Fragen explizit in die Zuständigkeit der Theologen zu verweisen, wie sie in Kapitel 2.5.5 bei Johannes von Göttingen, Aegidius von Orléans, Bartholomäus de Brugis oder Johannes von Jandun beobachtet wurden,[290] nicht nur als Vorsichtsmaßnahme, sondern ebenso als Manifestation philosophischer Identität nach 1277, einer Identität, die – in dieser Hinsicht – durch die Verurteilung nicht beeinträchtigt, sondern sogar weiter gefestigt wurde. Geht man jedoch davon aus, dass das Dekret des Étienne Tempier insofern ‚performativ' war, als es das auf Konflikt und Differenz gründende Gruppenbewusstsein der Artisten bestärkte, so werden weitere Phänomene, die sich nach 1277 beobachten lassen, erklärbar. Es ist z.B. auffällig, dass sich die Tendenz, über lange Zeiträume an der Artistenfakultät zu unterrichten, nach 1277 offenbar deutlich verstärkt: Parallelen für jemanden wie Petrus von Auvergne, der bis 1296 rund 25 Jahre an der Artes-Fakultät lehrte, sind aus der Zeit vor 1277 nicht bekannt. Auch Radulphus Brito oder

---

290   Siehe die Bemerkung des Bartholomäus de Brugis: Si autem per inspirationem divinam hoc sit possibile, de hoc non intromitto me ad presens. Sed dimittatur theologis (Bartholomäus de Brugis, *Questiones super Physicam*, zit. nach MacClintock, *Perversity and Error*, S. 167, Anm. 31).

Heinrich von Brüssel lehrten seit den 1290ern lange Jahre als Philosophen, ein Phänomen, das im 14. Jahrhundert noch erheblich weiter zunehmen sollte.[291]

Vor diesem Hintergrund aber ist es gar nicht mehr verwunderlich, dass sich im letzten Viertel des 13. Jahrhunderts philosophischer Enthusiasmus sowie eine Affirmation des philosophischen Lebens und des kontemplativen Glücks an der Artes-Fakultät finden lassen. „[...] *in operacione speculativa consistit felicitas*", hält Petrus von Auvergne um 1280, also kurz nach der Verurteilung, fest,[292] während Johannes von Dacien zur selben Zeit davon spricht, durch die Philosophie werde der Mensch vollkommen und gut.[293] Rund zwei Jahrzehnte später, um 1300, wird Radulphus Brito selbstbewusst und ungehemmt die Freiheit der Philosophie postulieren: „Denn eine Wissenschaft, die für sich selbst besteht, ist frei; eine Wissenschaft hingegen, die auf etwas anders abzielt als das Wissen, ist sklavisch. Da aber die Philosophie nur um des Wissens willen besteht, so ist die Philosophie ebenso frei, wie sie ihren Besitzer frei macht".[294] Dass auch diese Ansicht ihren sozialen Nährboden in einer Konfliktsituation hat und auf der Artikulation von Differenzen zu anderen Gruppen beruht, wird nicht nur daran ersichtlich, dass Radulphus hier die Wissenschaften diffamiert, die, anders als die Philosophie, auf einen äußeren Nutzen zielen; es zeigt sich ebenso deutlich, wenn sich Radulphus gegen die theologischen Kritiker der Philosophie wendet, welche die Selbstgenügsamkeit des philosophischen Wissensstrebens ablehnen. Im Rahmen der Questio, ob die Metaphysik für sich selbst besteht (*utrum illa scientia sit propter se*), referiert Radulphus die Meinung seiner Gegner: „Manche sagen zu dieser Frage, dass das vollkommene Glück für den Menschen in diesem Leben nicht erreichbar sei, sondern erst in einem nächsten. Deshalb sagen sie, dass jede Wissenschaft nur um der Tugend willen besteht, da man nur mit Hilfe der Tugenden zu diesem jenseitigen Glück gelangen kann. Und sie sagen daher, dass das Wissen um des Wissens

---

291 Siehe dazu unten Kap. 7.2.

292 Siehe ebenso seine Feststellung: Item, etiam illud per quod maxime assimilamur substanciis separatis, que sunt perfectissime, in illo maxime consistet nostra felicitas; sed illud est speculacio et contemplacio, sicut dicit Aristotiles decimo huius (Petrus von Auvergne, *Questiones supra librum Ethicorum*, ed. Celano, S. 73).

293 Per philosophicam autem disciplinam perficitur homo et fit bonus (Johannes von Dacien, *Divisio scientiae*, ed. Otto, S. 5).

294 [...] quia scientia quae est propter se est libera, scientia autem ad aliud ordinata quam ad scire est servilis. Cum ergo philosophia sit tantum propter scire, philosophia ergo erit libera et possessorem suum facit liberum (Radulphus Brito, *Questiones in Metaphysicam*, Teiled. [Prolog + Questiones I,11 und I,12] Sten Ebbesen, in: *Geistesleben im 13. Jahrhundert*, hg. von Jan A. Aertsen/Andreas Speer [Miscellanea Mediaevalia 27], Berlin 2000, S. 243–247, S. 243).

willen schändliche Neugier (*turpis curiositas*) sei".[295] Diese Ansicht kann der Artes-Magister, der so entschieden für die freie philosophische Spekulation eintritt, nicht gelten lassen. Er hält den Feinden der *curiositas* die Meinung des Aristoteles entgegen: „Aber mag dies auch die Wahrheit sein für diejenigen, die das Glück in ein späteres Leben verschieben; der Philosoph sah dies nicht so, und er glaubte auch nicht an ein anderes Glück als das diesseitige".[296] Nach Aristoteles steht fest, so führt Radulphus aus, dass die Disziplinen der theoretischen Philosophie, die Metaphysik, die Naturphilosophie und die Mathematik, nicht für ein äußeres Ziel bestehen, sondern nur um des Wissens willen da sind: „[...] *tales scientiae speculativae solum sunt propter scire*".

Für Radulphus Brito waren derartige Äußerungen keine leeren Floskeln. Er hat sich in den 1290er Jahren und im ersten Jahrzehnt des 14. Jahrhunderts an der Pariser Artistenfakultät mit großer Intensität der philosophischen Arbeit hingegeben, ‚freie Spekulation' betrieben, und auf diese Weise ein immenses Oeuvre von Werken zur Logik,[297] (spekulativen) Grammatik,[298] Naturphilosophie,[299] Metaphysik, Mathematik und Ethik hinterlassen. Als einer der wichtigsten Vertreter des Modismus, der Sprachphilosophie, die nicht nur von den Modi der Sprache, sondern von den Modi des Seins, den Realitätsformen selbst handelt, welche der menschliche Geist kognitiv erfasst, um sie dann *sprachlich auszudrücken*,[300] als ein begeisterter Anhänger dieser Richtung führte Radulphus einen eigensinnigen und selbstreferentiellen Diskurs, der von seinem Programm eines zweckfreien Wissensstrebens zeugt. Im Hinblick auf die Art und Weise der philosophischen Arbeit, die Radulphus Brito betrieb, stellt Sten Ebbesen fest, dass die Verurteilung von

---

295 Quidam dicunt ad quaestionem bonum hominis non esse in hac vita sed in alia, puta beatitudinem; et ideo dicunt omnem scientiam esse propter virtutem, quia ad illam beatitudinem non devenimus nisi per virtutes et <sic est> bona. Et dicunt quod scire propter scire est turpis curiositas (Radulphus Brito, *Questiones in Metaphysicam*, ed. Ebbesen, q. I.11, S. 245).

296 Sed licet sit ista veritas quantum ad illos qui ponunt felicitatem in alia vita, tamen Philosophus non posuit hoc, neque credidit esse aliam felicitatem nisi in hac vita (Radulphus Brito, *Questiones in Metaphysicam*, ed. Ebbesen, q. I.11, S. 245).

297 Siehe die Übersicht zu den zahlreichen Questiones bei Jan Pinborg, „Die Logik der Modistae", in: *Studia Mediewistyczne* 16 (1975), S. 39–97, S. 72–97.

298 Radulphus Brito, *Questiones super Priscianum minorem*, ed. Heinz Enders, 2 Bde., Stuttgart 1980.

299 Exemplarisch: Radulphus Brito, *Questiones in Aristotelis librum tertium De anima*, ed. Winfried Fauser, Münster 1974.

300 Dazu: Pinborg, „Logik der Modistae"; Jan Pinborg, „Speculative Grammar", in: *The Cambridge History of Later Medieval Philosophy. From the Rediscovery of Aristotle to the Disintegration of Scholasticism 1100–1600*, hg. von Norman Kretzmann et al., Cambridge 1982, S. 254–269; siehe auch unten Kap. 3.1.

1277 hier offenbar keinen allzu weitreichenden Effekt gehabt habe.[301] Es ergibt sich der Eindruck, dass jenes philosophische Programm, das sich bei dem
Artes-Magister Radulphus Brito als Idee und als Praxis antreffen lässt, vielmehr
seine generativen Wurzeln in solchen Konflikten findet, die, wie das Ereignis
von 1277, die immanente Logik und Programmatik der Philosophie, sowie die
Differenzen der Artisten zu anderen Gruppen, auf performative Weise akzentuierten und bewusst machten.

Wenn man diese Sicht auf die Verurteilung von 1277 akzeptiert, dann ließe
sich freilich, ohne dies hier ausführen zu können, darüber spekulieren, inwieweit das Dekret des Étienne Tempier nicht nur die Wahrnehmung sozialer Zugehörigkeiten beeinflusste, sondern auch inhaltlich stimulierend wirkte. Dies
ist nicht im Sinne von Duhem und Grant, als Anregung naturphilosophischer
Fragen und Hypothesen, gemeint, sondern im Sinne eines Identifikationsan-
gebots, welches das verurteilte Philosophenbild, das Image des *philosophus*,
darstellte. So entsprachen doch einige Thesen der programmatischen Substanz des Ideals, das nicht nur Boethius von Dacien, sondern offenbar auch
Radulphus Brito und andere Magister nach 1277 erstrebten: *„Quod non est excellentior status quam vacare philosophie"*; *„Quod omne bonum quod homini
possibile est consistit in virtutibus intellectualibus"*; *„Quod sapientes mundi sunt
philosophi tantum"*; *„Quod felicitas habetur in ista vita, et non in alia".*[302] Dass
diese Themen die artistischen Geister nach 1277 bewegten, vielleicht sogar
mehr denn je, sollte deutlich geworden sein. Ob das Glück *„in ista vita"* oder
„in alia" zu finden sei, und die Zuordnung der jeweiligen Ansichten zu bestimmten Personenkreisen, waren virulente Aspekte.[303] Und die Vorstellung,
dass es keinen *„excellentior status"* gibt, als sich frei der Philosophie zu widmen,
lag jemandem wie Radulphus Brito alles andere als fern. Überhaupt ist es doch
merkwürdig, auch dies darf durchaus als Argument eigenen Gewichts gelten,
dass gerade nach 1277 die Produktion von Kommentaren zur *Nikomachischen
Ethik*, also dem Text, in dem Aristoteles das philosophische Leben behandelt,
scheinbar rapide ansteigt: Nach einem ersten Interesse an den verfügbaren

---

301   Sten Ebbesen, „Radulphus Brito. The Last of the Great Arts Masters, or: Philosophy and
      Freedom", in: Aertsen/Speer (Hg.), *Geistesleben im 13. Jahrhundert*, S. 231–251, S. 232.
302   Piché, *La condamnation parisienne de 1277*, Artikel 40, 144, 154, 176.
303   Siehe auch die Diskussion bei Petrus von Auvergne: Petrus spricht sich dafür aus, dass der
      Mensch in diesem Leben das Glück als „perfectio hominis" erreichen kann: Dicendum
      quod homo potest esse felix in hac vita felicitate que est perfectio hominis; neben der
      „ultima perfectio hominis in vita" gebe es zwar auch ein Glück „post mortem", aber „der
      Philosoph" habe nur vom Glück in diesem Leben gesprochen und deshalb möchte Petrus
      es genauso machen: De felicitate autem que est in vita facit Philosophus mencionem, de
      alia autem non, et ideo similiter faciamus (Petrus von Auvergne, *Questiones supra librum
      Ethicorum*, ed. Celano, S. 84).

Büchern in den 1240er Jahren,[304] der Aufbruchszeit der philosophischen Identität, setzt der zweite Schub von artistischen Kommentaren unmittelbar nach der Verurteilung von 1277 ein,[305] ein Ereignis, dass die Frage nach dem Status des *philosophus* offenbar besonders klärungsbedürftig machte. Die Tatsache, dass alle Autoren dieser Kommentare die Überlegenheit des theoretischen Lebens und kontemplativen Glücks entschieden bekräftigen, ist nicht nur signifikant für die Kontinuität eines Ideals, sondern vielleicht noch mehr für den Reflexionsanstoß, die Vorlage, das Identifikationsangebot, welches der Artikel des Syllabus den Magistern lieferte. Der Pariser Anonymus aus BnF, lat. 14698 verwendet den Ausdruck „*excellentior*" in diesem Zusammenhang dermaßen inflationär,[306] dass ein bewusster oder unbewusster Bezug zum Artikel des Dekrets – als produktive Aneignung eines Stereotyps, das durch die Verurteilung weiter objektiviert und bewusst gemacht wurde – gar nicht unwahrscheinlich erscheint. Dass sich die Artisten um 1280 mit dieser Vokabel auf den verurteilten Artikel bezogen, bezeugt jedenfalls der Verfasser der anonymen Meteorologica-Questionen, der bei der Rechtfertigung seiner Formulierung eindeutig die entsprechende These der Verurteilung im Blick hat.[307]

2.7   Der Name der Philosophen – Anmerkungen zum *philosophus* des Mittelalters

Der anonyme Autor des Meteorologica-Kommentars gibt vor, es wolle nicht behaupten, die Philosophie sei vollkommener als alle anderen Wissenschaften,

---

304   Georg Wieland, „L'émergence de l'éthique philosophique au XIIIᵉ siècle, avec une attention spéciale pour le ,Guide de l'étudiant parisien'", in: Lafleur/Carrier (Hg.), *L'enseignement de la philosophie au XIIIᵉ siècle*, S. 167–180.

305   Die Ethikkommentare von Petrus von Auvergne, dem Anonymus aus BnF, lat. 14698, dem Anonymus von Paris aus BnF, lat. 16110, den beiden Anonymi von Erlangen und Erfurt, schließlich die Kommentare von Radulphus Brito und Aegidius von Orléans, sind sämtlich zwischen 1277 und dem Beginn des 14. Jahrhunderts entstanden.

306   In seiner Antwort auf Questio 26 (Utrum uita contemplatiua sit principalior et excellentior et perfectior quam uita ciuilis et actiua) artikuliert der Artes-Magister in immer wieder neuen „excellentior"-Formulierungen seine Ansicht, dass: [...] in contemplatione ueritatis potest homo per se ipsum sufficere, et ideo illa operatio est perfectior et excellentior (Anonymus Artium Magister, *Questiones super librum Ethicorum*, ed. Costa, S. 176).

307   Et non dico hanc philosophiam esse perfectissimam siue perfectiorem omni alia scientia ita quod status philosophi sit excellentior omni statu (Anonymus Artium Magister, *Questiones super Meteorologicam*, Prolog, ed. Bianchi, S. 47). Und der Autor präzisiert seine Formulierung, indem er die Theologie ausklammert: Similiter scientia philosophica et speculatiua ipsa est dignior et excellentior omni alia scientia que procedit per uiam rationis (ebd.).

in dem Sinne, dass der Status des Philosophen vollkommener wäre als jeder andere Zustand. Mit den anderen Wissenschaften, von denen die Rede ist, sind an dieser Stelle unzweifelhaft jene drei Wissenschaften gemeint, welche die Universität außer der Philosophie beherbergt. Der Artes-Magister spricht explizit von der „scientia legalis", der „scientia medicinalis" und der „theologia". Seine Pointe ist, dass die Philosophie nur vollkommener als die ersten beiden sei, während er damit nichts über die Theologie habe sagen wollen.[308] Wenn der Autor sich damit aber eindeutig auf die Gegenwart bezieht, wenn er von den vier Fakultäten spricht und mit der Philosophie die Wissenschaft der Artes-Fakultät meint, dann impliziert die Gleichsetzung, die er vornimmt, eine durchaus signifikante Wahrnehmung: Denn wenn er gleichzeitig sagt, die Behauptung, die Philosophie sei vollkommener als alle anderen Wissenschaften, schließe auch die Annahme ein, der Status des Philosophen sei vollkommener als jeder andere Zustand, dann setzt er den Repräsentanten der Artistenfakultät mit dem philosophus gleich. Die Rede von der Performanz des Syllabus ist insofern vielleicht auch in dieser Hinsicht nicht ganz unberechtigt: Die Verurteilung von 1277 kommunizierte einen Begriff des „philosophus", den die Artes-Magister auf sich selbst beziehen und für ihre Selbstbeschreibung adaptieren konnten.

Es ist an dieser Stelle nicht der Ort, eine umfassende Begriffsgeschichte von „philosophus" zu unternehmen. Im Rahmen der Überlegungen zu ‚philosophischer Identität' sei lediglich darauf hingewiesen, dass der Signifikant „philosophus" im 13. Jahrhundert eine neue semantische Komponente erhielt, die mit den Vorgängen in Paris einiges zu tun hat. Die Gleichsetzung von Artes-Magister und philosophus, die der Anonymus des Meteorologica-Kommentars unmerklich, aber dennoch eindeutig und fast wie selbstverständlich vornimmt, widerspricht jedenfalls dem, was die Forschung traditionellerweise über die Semantik von „philosophus" zu sagen hatte. Étienne Gilson hat in einem grundlegenden Artikel von 1952 die Frage gestellt, ob es im Mittelalter einen Begriff für zeitgenössische ‚Philosophen' gegeben habe, also für solche Personen, die nicht nur mit Philosophie befasst waren, sondern sich zudem – anders als Thomas von Aquin oder Bonaventura – nicht als Theologen, sondern

---

308   Unde si nobilitas scientie attenditur ex nobilitate scibilium manifeste apparet quod huiusmodi scientia philosophica est nobilior et excellentior quam scientia legalis aut medicinalis. Et propter hoc, sicut dixi alias, nisi esset propter opiniones hominum non oporteret querere aliam scientiam ad perfectionem intellectus nisi philosophiam, aliam dico scientiam que procedit per uiam rationis ad excludendum theologiam (Anonymus Artium Magister, Questiones super Meteorologicam, Prolog, ed. Bianchi, S. 47).

als Philosophen ansahen und von ihren Zeitgenossen als solche angesehen wurden.[309] Im Rahmen seiner Antwort, die sich auf Quellen des 13. Jahrhunderts stützt, nimmt Gilson eine Unterscheidung zwischen den Bezeichnungen „philosophi" und „philosophantes" vor: „Philosophi" seien einerseits die Philosophen der Antike, wie Aristoteles, andererseits die arabischen Denker, wie Averroes oder Avicenna. „Philosophantes" hingegen, so Gilson, beziehe sich auf zeitgenössische Gelehrte der lateinischen Welt, allerdings nicht auf ‚Philosophen' im strengen Sinne. Gemeint seien stets Theologen, die sich in den Augen desjenigen, der den Begriff verwendet, zu ausgiebig mit Philosophie beschäftigen. Eine eigene Kategorie für lateinische Philosophen der Gegenwart existiert nach Gilson im 13. Jahrhundert nicht.[310]

Dieser Definition der Begriffe, wie Gilson sie vornimmt, haben sich spätere Forscher weitgehend angeschlossen, allenfalls mit der Korrektur, dass der Ausdruck „philosophantes" nicht immer pejorativ sein muss, sondern auch in neutraler Verwendung begegnet.[311] In diesem Sinne beziehe sich „philosophantes" etwa bei Wilhelm von Auvergne auf diejenigen Gelehrten, die sich „an die beschriebenen strengen formalen und methodischen Maßstäbe halten";[312] dennoch seien damit, so Gangolf Schrimpf, ausschließlich Theologen gemeint.[313] „Philosophi" hingegen sind entweder die paganen Autoren der Antike oder die arabischen Philosophen, niemals aber okzidentale Zeitgenossen. Dass dies im 13. Jahrhundert, im Kontext der Universität, durchaus verwunderlich ist, stellt Rolf Schönberger explizit fest; er bleibt aber dennoch dabei, dass mit „philosophi" keinesfalls die Artisten gemeint sind: „Philosophi sind überraschenderweise nicht die Magistri der Artes-Fakultät, sondern bezeichnen die klassischen Vertreter der antiken und arabischen Philosophie; bisweilen unter Einschluss des Boethius".[314]

---

309   Étienne Gilson, „Les ‚Philosophantes'", in: *Archives d'histoire doctrinal et litteraire du Moyen Âge* 19 (1952), S. 135–140.

310   „Les philosophes demeurent ce qu'ils ont toujours été, c'est-à-dire les philosophes païens ou infidèles, depuis Aristote jusqu'à Averroes; tous les autres sont des théologiens" (Gilson, „Les ‚philosophantes'", S. 139).

311   Siehe vor allem: Rolf Schönberger, „Antiqui – Philosophi – Philosophantes. Die Philosophie als Problem im 13. Jahrhundert", in: Honnefelder (Hg.), *Albertus Magnus und die Anfänge der Aristoteles-Rezeption*, S. 795–819; Pierre Michaud-Quantin/Michel Lemoine, „Pour le dossier des ‚philosophantes'", in: *Archives d'histoire doctrinale et litteraire du Moyen Âge* 35 (1968), S. 17–22.

312   Gangolf Schrimpf, „Philosophi-Philosophantes. Zum Selbstverständnis der vor- und frühscholastischen Denker", in: *Studi medievali* 23 (1982), S. 697–727, S. 717f.

313   Schrimpf, „Philosophi-Philosophantes", S. 719.

314   Schönberger, „Antiqui – Philosophi – Philosophantes", S. 800.

Freilich war stets bekannt, dass das Dekret von 1277 einen Begriff des *philosophus* enthält, der sich in kritischer Weise gegen die Magister der Artistenfakultät richtet. Doch gerade dies ist bisweilen als Argument gegen die tatsächliche Existenz eines Philosophenbegriffs, der sich auf die Artisten bezieht, ins Feld geführt worden. Schließlich handelt es sich hier um ein rein polemisches Instrument der kirchlichen Autorität, dessen diffamierender Gebrauch im Rahmen der Verurteilung nichts über die Selbstbezeichnung der Artisten oder die Verbreitung des Ausdrucks aussagt.[315] Dem könnte man hinzufügen, dass dort, wo der Begriff in den Quellen der Artes-Fakultät erscheint, etwa wenn in den Einführungsschriften ein *„grammaticus"* als *„grossus philosophus"*, ein *„logicus"* hingegen als *„subtilis philosophus"* bezeichnet wird,[316] oder wenn man die Logik in der Systematik dem *„philosophus rationalis"* zuordnet,[317] dass dort – jedenfalls auf den ersten Blick – keinesfalls klar ist, ob die Bezeichnung vom Autor mit einem Selbstbezug verwendet wird, oder ob sie sich auf die Verfasser der jeweiligen Referenztexte bezieht, also auf antike Autoren, bzw. ob der Begriff nicht schlicht eine systematische Funktion zur Ordnung der Wissensfelder hat, ohne dabei eine soziale Kategorie der Gegenwart zu denotieren.

Dennoch sei an dieser Stelle nachdrücklich auf drei Beobachtungen bzw. Einschätzungen hingewiesen: 1. dass sich sehr wohl bereits im 13. Jahrhundert (sowie im 14. Jahrhundert) einschlägige Quellen finden lassen, in denen der Begriff *„philosopus"* unzweifelhaft auf die Magister der Artistenfakultät bezogen ist; 2. dass der Gebrauch dieses Ausdrucks in einigen Quellen der Artes-Fakultät, in denen die exakte Bedeutung zunächst nicht eindeutig ist, vor dem Hintergrund dieses Befunds genauer bestimmt werden kann; 3. dass die mit einem Selbstbezug verbundene Verwendung des Begriffs *„philosophus"* an der Artes-Fakultät nach 1277 zunimmt, was Rückschlüsse auf die Performanz der verurteilten Thesen erlaubt. Was den ersten Punkt betrifft, sei eines der besten Beispiele gleich zu Beginn gebracht: In der bereits zitierten Verteidigung der Artisten, welche der Magister Johannes de Malignes, Prokurator der Artes-Fakultät, im Jahre 1283/1284 gegen die Vorwürfe des Kanzlers von Notre-Dame verfasste, begegnet eine bezeichnende Äußerung, mit der sich Johannes auf die Mitglieder seiner sozialen Gruppe bezieht. Zunächst wirft Johannes dem Kanzler vor, sich bei seiner Anschuldigung in Widersprüche

---

315   Alain de Libera betont, dass der Begriff des *„philosophus"* im Hinblick auf die Artes-Fakultät vor allem als Fremdzuschreibung von Seiten der Theologen vorliegt: „,Philosophe' est d'abord un mot de théologien – un mot fait pour condamner, censurer ou entraver la liberté intellectuelle" (de Libera, „Faculté des arts ou faculté de philosophie", S. 437).

316   Roger Bacon, *Summulae dialectices*, ed. de Libera, S. 191.

317   Nikolaus von Paris, *Philosophia*, ed. Lafleur, S. 464f.

zu verstricken. Die inkohärenten Aussagen des Kanzlers zeigen, so Johannes, dass er offenbar von Dialektik nichts verstehe, verstoße er damit doch gegen die Vorgabe der aristotelischen *Topik*, dass man in einer Argumentation nichts Widersprüchliches sagen dürfe. Und dennoch nehme sich der Kanzler heraus, mit der Artes-Fakultät diskutieren zu wollen.[318]

Der Vorwurf des Kanzlers, der unter anderem den Unterricht der Artisten bemängelt hatte, ist für Johannes de Malignes jedenfalls völlig aus der Luft gegriffen, ja geradezu „unerhört". Denn damit habe der Kanzler die Artes-Magister zu Unrecht diskreditiert, obwohl sich doch unter ihnen zahlreiche „gute Philosophen" (*boni philosophi*) finden. Die genau Formulierung, derer sich Johannes an dieser Stelle bedient, ist bemerkenswert: „Damit hat der Kanzler nämlich unsere modernen Magister (*nostros modernos magistros*) als unwissend und nachlässig hingestellt; dabei sind sie doch intelligent, scharfsinnig und fortschrittlich. Denn unter ihnen lassen sich ebenso viele gute Philosophen finden, wie es zu seiner Zeit [während seines Studiums] Dialektiker gab. Der Kanzler behauptet diese Dinge, weil er glaubt, dass sie [die heutigen Magister] das machen, was er selbst zu seiner Zeit getan hat".[319]

Diese Stelle verdient in mehrfacher Hinsicht Beachtung: Zum einen reflektiert der Artes-Magister Johannes de Malignes hier die Entwicklung der Artistenfakultät im 13. Jahrhundert von einer auf Logik konzentrierten Lehranstalt hin zur ‚philosophischen Fakultät', die in Paris um die Jahrhundertmitte stattgefunden hatte. Dies zeigt also, dass die Zeitgenossen diese epistemische Verschiebung, die ‚Paradigmenerweiterung' von der Dialektik zur Philosophie an der Artes-Fakultät ebenfalls *in diesen Kategorien* reflektierten.[320] Des Weiteren verteidigt Johannes ‚seine' Magister (*nostros modernos magistros*), artikuliert also ein starkes, von der Konfliktsituation besonders stimuliertes, Gruppenbewusstsein. Schließlich bezeichnet er, worum es hier vor allem geht, diese Artes-Magister seiner Gegenwart (*modernos magistros*) explizit als „*boni philosophi*",

---

318　[...] cancellarius, salva pace sua, non videtur bene scire suam dialecticam, cum in infamatoriis que porrigit, dicat repugnantia posito. Facit enim contra documentum Aristotilis nobis traditum in principio *Thopicorum*; dicit enim idem Aristotiles, quod nos disputationem sustinentes, nichil repugnans debemus dicere; huic documento non providens cancellarius, volens disputare contra facultatem [...] (CUP I, Nr. 515, S. 608).

319　[...] nam in hoc cancellarius reputat nostros modernos magistros ignorantes seu negligentes; qui tamen sunt intelligentes, subtiles et provecti, quoniam inter eos inveniuntur modo plures boni philosophi quam invenirentur dialectici in suo tempore. Et forte dicit hoc cancellarius, credens eos facere illud, quod ipsemet forte faciebat in suis temporibus (CUP I, Nr. 515, S. 608).

320　Zur Entwicklung des Curriculums an der Artistenfakultät im 13. Jahrhundert siehe das folgende Kapitel.

spricht also eindeutig von den ‚Philosophen' der Artistenfakultät in den Jahren 1283/1284.

Das Zeugnis des Johannes de Malignes wird insbesondere signifikant, wenn man bedenkt, dass kurz zuvor, um 1280, der anonyme Autor des Meteorologica-Kommentars ebenfalls den Magister der Artes-Fakultät mit dem *„philosophus"* gleichgesetzt hatte, dabei aber unmittelbar auf den verurteilten Artikel, *„Quod non est excellentior status quam vacare philosophie"* reagierte. Es scheint nicht übertrieben, davon auszugehen, dass die Verurteilung eines bestimmten Philosophenbilds das Bewusstsein der Artisten dafür geschärft hatte, dass man selbst zu dieser Gruppe der „Philosophen" gehörte, die da attackiert und kritisiert worden war. In jedem Fall blieb die Korrelation von Artes-Magister und Philosoph, die sich um 1280 herausbildete, kein ephemeres Phänomen. Eines der explizitesten Zeugnisse für die langfristige Geltung der Identifikation stammt aus der Mitte des 14. Jahrhunderts. Konrad von Megenberg hält in seiner *Ökonomik* fest, dass die Vertreter der oberen Fakultäten durchaus auch mit Teilgebieten der Philosophie befasst seien: die Mediziner mit Naturphilosophie, die Juristen mit Ethik, die Theologen mit Metaphysik. Die Artisten aber, so betont Konrad, beschäftigen sich im Gegensatz zu den anderen Gelehrten mit *allen* Bereichen der Philosophie, und aus diesem Grund werde der Artist als „Philosoph par excellence" bezeichnet (*per excellenciam philosophus nominatur*).[321]

Es soll nicht behauptet werden, dass die *„philosophi"* fortan ausschließlich, nicht einmal primär, die Artisten waren; in erster Linie waren damit weiterhin die antiken Weisen gemeint. Aber der Begriff erhielt eine neue semantische Komponente, er konnte nun *auch* die Artes-Magister bezeichnen. Die Artistenfakultät war zu einem Ort der Philosophie geworden. Johannes von Jandun bezeichnet sie ausdrücklich als „philosophische Fakultät" bzw. „Fakultät der Philosophie" (*facultas philosophie seu artium*).[322] Wenn vor diesem Hintergrund die Artisten um 1300 verstärkt über die soziale Position, die Aufgaben und die Definition des *„philosophus"* und der *„philosophi"* nachdenken, dann hat dies ganz offensichtlich einen Selbstbezug, dann denken die Magister über ihre eigene Rolle nach. Wenn Johannes Vath davon spricht, ein *philosophus* kümmere sich nicht um politische Angelegenheiten,

---

321   Sed quoniam artiste de omnibus loquuntur materiis iam enumeratorum philosophorum, [...] igitur artista verus anthonomasice et per excellenciam philosophus nominatur (Konrad von Megenberg, *Ökonomik*, ed. Krüger, Bd. 3, S. 26).

322   Johannes von Jandun, *Tractatus de laudibus Parisius*, ed. Le Roux de Lincy/Tisserand, S. 34; siehe auch: Hec itaque pro Facultatis artium, quin imo philosophie, laudibus ad presens collegisse sufficiat (S. 36).

sondern um die Spekulation,[323] wenn Radulphus Brito sagt, die *philosophi*, die die Wahrheit kontemplieren, seien edler als Könige und Fürsten,[324] wenn Johannes von Dacien festhält, die Herrscher übernähmen die Bedingungen der Rechtssetzung von den *philosophi*,[325] wenn der Anonymus von Erfurt, der Anonymus von Erlangen und Aegidius von Orléans betonen, es gehöre sich für einen *philosophus*, stets die Wahrheit zu sagen und nichts Falsches zu verbreiten,[326] oder wenn Petrus von Auvergne die Frage erörtert, mit welchen Aspekten sich ein *philosophus* (keinesfalls *der* Philosophus) in der Moralphilosophie zu befassen habe,[327] dann beziehen sich diese Reflexionen auf die Magister selbst. Der Begriff *„philosophus"* bezeichnet hier die eigene Rolle und das, was ein *philosophus* tut, die eigene Tätigkeit.[328]

Alle soeben zitierten Magister haben, ebenso wie Johannes de Malignes und der Anonymus der Meteorologica-Questionen, nach 1277 geschrieben. Dies soll nicht bedeuten, dass dieses Datum den Startschuss für einen neuen Begriffsgebrauch darstellt. Schon vor der Verurteilung finden sich Quellen aus der Artes-Fakultät, in denen vom *„philosophus"* mit einem offensichtlichen Selbstbezug die Rede ist. Äußerungen des Boethius von Dacien wie: *„Ergo omnem quaestionem per rationem disputabilem habet philosophus determinare",* oder *„Statim enim quando aliquis dimiserit rationes, cessat esse*

---

323   Sed philosophus de talibus non curat, sed de hiis que pertinent ad speculationem (Johannes Vath, *Determinationes*, BnF, lat. 16089, fol. 75v).

324   Dico quod secundum perfectionem nature humane, philosophi, qui sunt contemplantes veritatem, sunt nobiliores regibus et principibus (Radulphus Brito, *Questiones super librum Ethicorum*, ed. Costa, S. 558).

325   Johannes von Dacien, *Divisio scientiae*, ed. Otto, S. 23; siehe dazu oben Kap. 2.5.

326   [...] non enim conueniens est philosophum hoc dixisse et predicasse et aliud in mente habuisse, unde cum philosophus sit professor ueritatis, oportet ipsum semper ueritatem preeligere nec debet falsum predicare (Anonymus von Erlangen); [...] licet enim forte hoc conueniat poetis, precipue tamen philosopho hoc non conuenit, quia philosophus est professor ueritatis, et ideo semper predicat secundum ueritatem hominibus et sentit secundum ueritatem (Aegidius von Orléans); Nec oportet quod ad emendationem ciuium proponat philosophus aliqua ficta: quia proposita a philosopho debent proponi ab eo in quantum est philosophus; philosophus autem amator ueritatis est; ergo numquam aliquid proponere debet quod ei repugnet in quantum philosophus (Anonymus von Erfurt); die drei Questiones sind ediert in: Costa, „L'Éthique à Nicomaque", S. 106–114.

327   Et de talibus non considerat iste philosophus; secundum tamen quod necesse est ipsa obedire racioni in respectu finis sunt de consideracione huius moralis philosophi. [...] Et quia homo in quantum homo est dominus et principium intelligendi, ideo intelligere sub hac racione pertinet ad moralem (Petrus von Auvergne, *Questiones supra librum Ethicorum*, ed. Celano, S. 33).

328   Die hier angeführten Stellen werden in späteren Kapiteln noch einmal in anderen Zusammenhängen begegnen und dort ausführlicher diskutiert.

philosophus"[329] sind mit Blick auf die eigene Situation und die eigene wissenschaftliche Arbeit formuliert. Auch die anonyme Einführungsschrift *Secundum quod testatur Ysaac* enthält Verwendungen des Ausdrucks „*philosophus*", die einen Selbstbezug des Verfassers sehr wahrscheinlich machen.[330] Dies kann nicht überraschen, da die ‚philosophische Identität', die in diesem Kapitel beschrieben wurde, seit den 1240er Jahren auf dem Weg war und ein zunehmendes Selbstverständnis der Artisten als Lehrer und Repräsentanten der Philosophie mit sich brachte. Dennoch ergibt sich der Eindruck, dass der spezifische Gebrauch von „*philosophus*" für die Magister der Artistenfakultät nach der Verurteilung von 1277 sowohl quantitativ ansteigt, als auch qualitativ eine Veränderung erfährt, insofern nun explizite Gleichsetzungen von Artisten und *philosophi* begegnen.

Was das Dektret des Étienne Tempier bewirkte, war eine Stereotypisierung des Philosophenbegriffs. Solche Stereotypisierungen aber waren, wie es scheint, kulturell ausgesprochen produktiv, da sie an der Konstruktion einer philosophischen Identität aktiv beteiligt waren. Die konstruierten Stereotypen wirkten performativ, als Fremdzuschreibungen, auf die Perzeption der Betroffenen zurück, konnten von diesen produktiv angeeignet werden und trugen so zur Profilierung ihrer sozialen Identität bei. Gleichsam als ‚perlokutive' Sprechakte brachten sie hervor, was sie aussprachen, indem sie geradezu ein Identifikationsangebot für die Artisten bildeten. Wie aus den bisherigen Ausführungen hervorgeht, war dies keine *Creatio ex nihilo*; doch gewann die Identität der Philosophen durch jene Zuschreibungen nicht unerheblich an Kontur.

• • •

Die soziale Identität der Artes-Magister beruht auf zwei hauptsächlichen Momenten, nämlich zum einen der Lehre als kultureller Praxis, die durch die damit verbundenen Dynamiken wesentlich dazu beitrug, dass sich die Artisten als Lehrer und zuständige Repräsentanten der Philosophie, deren Gegenstände zu Symbolen der Gruppe wurden, zu verstehen begannen; zum anderen beruht diese Idenität auf der Perzeption von Differenzen zu anderen sozialen Gruppen, sowohl innerhalb als auch außerhalb der Universität. Dabei wurde

---

329   Boethius von Dacien, *De aeternitate mundi*, ed. Green-Pedersen, S. 347 u. 364.
330   Et ideo homo qui seipsum cognoscit, cognoscit quodammodo et omnia. Et est philosophus. [...] sic omnia cognoscit qui est philosophus (Anonymus Artium Magister, *Secundum quod testatur Ysaac*, zit. nach Imbach, „Einführungen in die Philosophie", S. 82f).

ein Gesichtspunkt immer wieder deutlich: Offenbar erfüllte die Abgrenzung von solchen Gruppen, deren Tätigkeiten mit einem starken *Praxisbezug* verbunden waren, eine konstitutive Funktion für die Identität der Philosophen. Die Personen der praktischen Welt (*homines pure practici*), die ein aktives oder politisches Leben führten, bildeten einen Kontrapunkt zur spekulativen Lebensform der Philosophen, deren intellektuelle Aktivität nicht auf einen praktischen Zweck ausgerichtet sein sollte. Die *artes mechanicae*, als Symbol praktischer oder handwerklicher Arbeit, wurden aus dem eigenen Arbeitsfeld ausgeschlossen und in die Zuständigkeit anderer Gruppen verwiesen.

Besonders signifikant aber war die Grenzziehung gegenüber den Praktikern *innerhalb* der Universität, den Juristen und Medizinern, deren auf Nützlichkeit ausgerichtete Wissenschaft auf gänzlich anderen Werten und Denkstilen, d.h. auf einer anderen epistemischen *Kultur*, beruhte. Die Konfrontation mit diesen, im Urteil der Zeitgenossen viel höher geschätzten Disziplinen, brachte die Artes-Magister dazu, die eigene, davon dezidiert unterschiedene Identität zu reflektieren und umso entschiedener zu betonen. Im Prolog des anonymen Meteorologica-Kommentars heißt es über die *„scientia philosophica et speculatiua"*: *„Est enim nobilior et excellentio<r> scientia legali aut scientia medicinali, quia scientia legalis aut medicinalis est scientia practica et refertur ad opus"*.[331] Diese binäre Opposition zwischen der Philosophie und den *scientiae practicae* war wesentlich an der Konstruktion einer auf Praxisferne basierenden Identität und eines Ideals ‚zweckfreier Spekulation‘[332] an der Pariser Artistenfakultät beteiligt. Radulphus Brito hat dieses Programm eines Wissens um des Wissens willen um 1300 in aller Deutlichkeit artikuliert, ein Konzept, das sich von einer Vereinnahmung der Philosophie zum *Nutzen* der Theologie ebenso abgrenzt wie vom grundsätzlich praxisorientierten Studium der Juristen und Mediziner. Die Konstitution einer derart praxisfeindlichen Identität der Pariser Philosophen wurde in diesem Kapitel primär unter dem Gesichtspunkt ihres auf Wahrnehmungsprozessen beruhenden *sozialen Profils* betrachtet. Im folgenden Kapitel soll es unter anderem stärker um die Frage gehen, in welchem Verhältnis ein solches Selbstverständnis zur intellektuellen Aktivität, d.h. zur wissenschaftlichen Arbeit der Artes-Magister steht. Welche Konsequenzen, so lautet die Frage, hatte ein derartiges soziales Image der Philosophen für das, *womit* sie sich wissenschaftlich beschäftigten, und für die Art und Weise, *wie* sie mit ihren Gegenständen umgingen?

---

331   Anonymus Artium Magister, *Questiones in Meteorologicam*, Prolog, ed. Bianchi, S. 47.

332   Siehe auch die Formulierung von Luca Bianchi, der im Hinblick auf das Ideal der Philosophen vom Bild eines „desinteressierten Weisen" spricht, der allein auf Erkenntnis aus ist (Bianchi, *Il vescovo e i filosofi*, S. 157).

KAPITEL 3

Praktisches und unpraktisches Wissen, Wissensträger und Experten: Philosophie im universitären Raum

Die Ergebnisse des vorigen Kapitels bilden einen Ausgangspunkt für die Fragestellung der folgenden Ausführungen. Die soziale Identität der Artes-Magister konnte insofern als ‚praxisfern‘ charakterisiert werden, als diese sich dezidiert von solchen Gruppen abgrenzten, deren Tätigkeit von Praxisbezug gekennzeichnet war. Dies waren innerhalb der Universität vor allem die Vertreter der lukrativen Wissenschaften, der Rechtswissenschaft und der Medizin, außerhalb der Universität aber die Repräsentanten der handwerklichen Künste, welche die Artes-Magister konsequent aus ihrem Zuständigkeitsbereich ausschlossen. Im Hinblick auf die somit erschlossene soziale Identität der Philosophen, die ihr Gruppenbewusstsein aus diesen negativen Relationen schöpften, sollen in diesem Kapitel primär drei Aspekte erörtert werden: Zum einen, welche Implikationen diese praxisferne Identität für das Curriculum und die intellektuelle Produktion der Artes-Fakultät hatte, zum anderen, was davon ausgehend über ‚praktisches Wissen‘ im Kontext der Universität gesagt werden kann, bzw. ob oder in welchem Sinne es möglich und adäquat ist, (philosophisches) Wissen als ‚praktisch‘ oder ‚unpraktisch‘, ‚nützlich‘ oder ‚nutzlos‘ zu beschreiben. Diese beiden Punkte aufgreifend, soll schließlich untersucht werden, welche Rückschlüsse das damit gewonnene Bild auf den ‚Expertenstatus‘ der Artisten erlaubt. Es wird sich herausstellen, dass auch diese Fragen nur vor dem Hintergrund der Relationen der Artes-Fakultät zu den anderen Fakultäten sowie zur nicht-wissenschaftlichen Umwelt sinnvoll diskutiert werden können.

Dabei soll zunächst gezeigt werden, dass der Wissensbestand der Philosophen, wie er sich im Curriculum und in der literarischen Produktion der Artistenfakultät manifestiert, keine direkte Relevanz für praktische Bedürfnisse außerhalb der Universität hat. Der Unterricht an der Artes-Fakultät war nicht auf die Vermittlung praktischer Fertigkeiten ausgerichtet, die auf eine spätere Karriere in der ‚Welt‘ vorbereiteten und in konkreten ‚Berufen‘ hätten angewandt werden können. Eine solche Ausbildung war nicht das Ziel des philosophischen Unterrichts, dessen Inhalte nicht für eine praktische Applikation jenseits der Wissenschaft vorgesehen waren. Auch wenn damit, wie später gezeigt wird, noch nicht das letzte Wort über den ‚Praxisbezug‘ des

© KONINKLIJKE BRILL NV, LEIDEN, 2019 | DOI:10.1163/9789004399518_004

philosophischen Wissens gesprochen ist, so eröffnet diese Einsicht eine weitere Perspektive auf die spezifische Situation der Pariser Philosophen. Denn diese Tatsache, welche die Artes-Fakultät fundamental von den oberen Fakultäten unterscheidet, hat unmittelbare Konsequenzen für die Frage, ob oder inwieweit die Artisten als ‚Experten‘ in Erscheinung traten oder treten konnten. Dass die Philosophen im Gegensatz zu den Medizinern, Juristen und Theologen nicht in der Lage waren, den Nutzen ihrer Wissensbestände an ‚Laien‘ zu kommunizieren, mitunter nicht über Expertise im strengen Sinne verfügten,[1] ist einer der Gründe dafür, dass die Philosophie zum Gegenstand von Kritik wurde und die Philosophen ein entsprechendes Legitimationsbedürfnis entwickelten; es ist jedoch ebenso ein Grund dafür, dass einige Artes-Magister gegen Ende des 13. Jahrhunderts begannen, den ‚Laien‘ in ihren Reflexionen zu thematisieren, also den Gesprächspartner zu fokussieren, den sie, im Gegensatz zu ihren Kollegen der höheren Fakultäten, in ihrer kommunikativen Praxis nicht erreichten.

3.1   Der artistische Wissensbestand im 13. Jahrhundert

Die wichtigsten Quellen für das Curriculum der Pariser Artes-Fakultät im 13. Jahrhundert sind die Statuten, vor allem jene von 1215 und 1255, sowie die Pariser Studienführer und „Einführungen in die Philosophie“, die im ersten Kapitel bereits unter anderen Gesichtspunkten untersucht wurden.[2] Die Veränderungen, aber ebenso die Konstanten, die sich anhand dieses Quellenkorpus für den Unterricht an der Artistenfakultät im Laufe des 13. Jahrhunderts konstatieren lassen, sind signifikativ für die Konstitution des universitären Paradigmas der Philosophie. Sie sollen im Folgenden in den Blick genommen und auf die Fragestellung dieser Arbeit bezogen, d.h. unter dem Aspekt der sozialen Relevanz des artistischen Wissens betrachtet werden. Zu diesem Zweck wird es nötig sein, sowohl die Vorgänge der ersten Hälfte des 13. Jahrhunderts als auch die Entwicklungen nach 1255 näher zu beleuchten.

Schon die Statuten von 1215 und die frühesten Studienführer (1230–1240) enthalten ein gemeinsames Merkmal, das nicht nur auf die formative Phase der Artistenfakultät, nämlich die Entwicklungen des 12. Jahrhunderts,

---

1   Zur Definition von ‚Experte‘, ‚Expertise‘ und ‚Laie‘ in diesem Zusammenhang siehe unten Kap. 3.6.
2   Zur Gattung der philosophischen Einführungsschriften und Studienführer allgemein siehe Jan-Hendryk de Boer/Marcel Bubert, „Studienführer“, in: de Boer/Füssel/Schuh (Hg.), *Universitäre Gelehrtenkultur*, S. 337–356.

zurückverweist, sondern auch für die gesamte Folgezeit von Bedeutung sein
sollte: die Dominanz der Logik. Nach den Statuten sollten die Bücher von
Aristoteles über die alte und neue Dialektik in ordentlichen Vorlesungen behandelt werden.[3] Dieser Status einer ordentlichen Vorlesung wurde daneben
nur den beiden Teilen von Priscians *Institutiones grammaticae*,[4] von denen zumindest der zweite Teil Pflicht war, zugesprochen, während die anderen Disziplinen nur an Festtagen, also in außerordentlichen Vorlesungen, zu behandeln
waren. Die Schriften von Aristoteles über Metaphysik und Naturphilosophie
wurden zusammen mit anderen Texten gänzlich verboten.[5]

Die hervorragende Stellung, welche die Logik schon in den Statuten von 1215
einnimmt, zeigt sich ebenfalls im berühmten *Guide de l'étudiant parisien* (zitiert
als *Nos gravamen*) von ca. 1230–1240, jenem Kompendium für Examenskandi-
daten, welches einen Überblick über den Prüfungsstoff für die Lizenz in den
artes gibt:[6] Über 60 Prozent des gesamten Textes kommen allein dem Abschnitt über Logik zu, während alle anderen Disziplinen, darunter Grammatik,
Rhetorik, Metaphysik, Naturphilosophie, Ethik und das Quadrivium, innerhalb der verbleibenden 40 Prozent abgehandelt werden.[7] Diese Disposition
des Lehrprogramms, mit der Logik als ,Hauptfach', wird von dem Studienführer *De communibus artium liberalium* bestätigt, der Anfang der 1250er Jahre
von einem anonymen Magister der Artes verfasst wurde und ebenfalls Questionen zur Examensvorbereitung enthält.[8] *De communibus artium liberalium*

---

3   Et quod legant libros Aristotelis de dialectica tam de veteri quam de nova in scolis ordinarie
    et non ad cursum (CUP I, Nr. 20, S. 78).

4   Dabei handelt es sich um den *Priscianus maior* und den *Priscianus minor*, in welche die 18
    Bücher der *Institutiones* aufgeteilt wurden. Der *Priscianus minor* umfasst die beiden letzten
    Bücher, die von Syntax handeln.

5   Legant etiam in scolis duos Priscianos vel alterum ad minus. Non legant in festivis diebus
    nisi philosophos et rhetoricas, et quadruvialia, et barbarismum, et ethicam, si placet, et quar-
    tum topichorum. Non legantur libri Aristotelis de methafisica et de naturali philosophia,
    nec summe de eisdem, aut de doctrina magistri David de Dinant, aut Amalrici heretici, aut
    Mauricii hyspani (CUP I, Nr. 20, S. 78f).

6   Anonymus Artium Magister, *Nos gravamen*, ed. Claude Lafleur, Québec 1992; dazu allgemein:
    Claude Lafleur, „L'enseignement philosophique à la Faculté des arts de l'Université de Paris
    en la première moitié du XIIIe siècle dans le miroir des textes didascaliques", in: *Laval théolo-
    gique et philosophique* 60,3 (2004), S. 409–448; Martin Grabmann, „Eine für Examinazwecke
    abgefasste Quaestionensammlung der Pariser Artistenfakultät aus der ersten Hälfte des
    XIII. Jahrhunderts", in: Martin Grabmann, *Mittelalterliches Geistesleben. Abhandlungen zur
    Geschichte der Scholastik und Mystik*, Bd. 2, München 1936, S. 183–199.

7   Siehe auch Lafleur, „L'enseignement philosophique à la Faculté des arts", S. 418.

8   Anonymus Artium Magister, *De communibus artium liberalium*, ed. Claude Lafleur, in:
    Documenti e studi sulla tradizione filosofica medievale 5 (1994), S. 129–203; dazu Claude
    Lafleur, „Les ,Guides de l'étudiant' de la faculté des arts de l'université de Paris au XIIIe siè-
    cle", in: *Philosophy and Learning. Universities in the Middle Ages*, hg. von Maarten Hoenen/

beginnt nach einem sehr kurzen Prolog sogleich mit Ausführungen zur Logik, die dann den größten Teil des Textes ausmachen (28 Druckseiten in der Edition von insgesamt 48 Seiten für alle Disziplinen).[9] Nach einigen allgemeinen Ausführungen hinsichtlich der Definition, des Gegenstands und der Einteilung der Logik werden einzelne Textbücher der Reihe nach behandelt: Zunächst die *Isagoge* des Porphyrius, danach die sechs Bücher des aristotelischen Organon (die *Kategorien*, *De interpretatione*, die *ersten* und *zweiten Analytiken*, die *Topik* und *De sophisticis elenchis*), schließlich *De differentiis topicis* und *De divisione* von Boethius. Es folgen analoge Abschnitte über Grammatik, Rhetorik und die Disziplinen des Quadriviums sowie zu *De anima* und zur Ethik, die im Vergleich zur Logik deutlich weniger Raum einnehmen.[10]

Um den Vorlesungsbetrieb und die intellektuelle Aktivität an der Artistenfakultät vor 1255 umfassend zu betrachten, müssen neben den Statuten und den Studienführern schließlich auch die literarischen Produkte der Artes-Magister berücksichtigt werden. Sie zeigen, mit welchen Themen sich die Artisten produktiv auseinandersetzten, aber ebenso, welche Inhalte konkret in den Vorlesungen behandelt wurden. Wie noch deutlich werden wird, beschäftigten sich die frühen Philosophen der Artes-Fakultät keinesfalls nur mit Logik, doch lässt sich auch hier feststellen, dass die Logik das primäre Arbeitsfeld darstellte. Die Kommentare zur *logica vetus* und zur *logica nova* von Jean le Page, Nikolaus von Paris und Robert Kilwardby[11] stellen einschlägige und repräsentative Zeugnisse für die Lehre der Artes-Magister dar.[12] Sie alle schrieben unter anderem Kommentare zur *Isagoge* des Porphyrius[13] oder zu *De interpretatione*,[14] also zu Schriften der ‚alten Logik‘, Robert Kilwardby und Nikolaus von Paris ebenso zur *logica nova*, etwa den *Zweiten Analytiken*.[15] Aber nicht nur die Vorlagen

J.H. Josef Schneider/Georg Wieland (Education and Society in the Middle Ages and Renaissance 6), Leiden 1995, S. 137–199, S. 157–169.

9   Anonymus Artium Magister, *De communibus artium liberalium*, ed. Lafleur, S. 155–183.

10   Anonymus Artium Magister, *De communibus artium liberalium*, ed. Lafleur, S. 183–203.

11   Zu diesen Autoren: Olga Weijers, *Le travail intellectuel*, Bd. V, S. 134–138 (Jean le Page); Bd. VI, S. 191–197 (Nikolaus von Paris); Bd. VIII, S. 198–219 (Robert Kilwardby).

12   Siehe auch Lafleur, „L'enseignement philosophique à la Faculté des arts“, S. 439.

13   Siehe dazu: David Piché, *Le problème des universaux à la Faculté des arts de Paris entre 1230 et 1260. Édition critique sélective, traduction française, analyse structurelle et formelle et étude historico-philosophique*, Paris 2005, S. 57–144.

14   Henk A.G. Braakhuis, „The Chapter on the Liber Peryarmenias of the Ripoll ‚Student's Guide‘. A Comparison with Contemporary Commentaries“, in: Lafleur/Carrier (Hg.), *L'enseignement de la philosophie au XIIIe siècle*, S. 297–323.

15   Zum logischen Oeuvre des Nikolaus von Paris siehe auch: Martin Grabmann, „Die logischen Schriften des Nikolaus von Paris und ihre Stellung in der aristotelischen Bewegung des XIII. Jahrhunderts“, in: Grabmann, *Mittelalterliches Geistesleben*, Bd. 1, S. 222–248.

der aristotelischen Logik regten die Artisten zu geistiger Auseinandersetzung an; die Magister verfassten ebenso noch vor der Jahrhundertmitte Schriften, die der *logica modernorum* zuzurechnen sind, also den Themengebieten, die nicht schon von Aristoteles vorgegeben waren, sondern von den mittelalterlichen Logikern neu erschlossen wurden.[16] Hierzu zählen die Abhandlungen zu den synkategorematischen Ausdrücken (*syncategoremata*) von Nikolaus von Paris und Jean le Page.[17] Solche Arbeiten sind nicht nur signifikant für die wissenschaftliche Produktivität der Pariser Philosophen, sondern auch aufschlussreich für die Frage, welche Themen die Lehre der frühen Artes-Magister ausmachten. Dies ist im Falle der *logica modernorum* umso mehr bezeichnend, als diese weder in den Statuten genannt wird, noch in den Studienführern eine größere Rolle spielt. Es ist daher durchaus wahrscheinlich, dass die *logica modernorum*, wie Braakhuis vorgeschlagen hat, außerhalb des offiziellen Programms der Artes-Fakultät gelehrt wurde.[18] In jedem Fall bestätigt die Beschäftigung der Magister mit allen zu ihrer Zeit greifbaren Aspekten der Logik das bisher gezeichnete Bild von der vorherrschenden Disziplin im Unterricht und vom primären Gegenstand des wissenschaftlichen Interesses der Artisten. Es war eben dieses Übergewicht der Logik an der Universität Paris, welches Henri d'Andeli in seiner *Bataille des VII ars* anprangerte und dem er die Schuld für die Vernachlässigung der Grammatik und der klassischen Autoren zuschrieb.[19]

Dass die Logik die wichtigste Disziplin auf dem Lehrplan der ‚Artisten' war, ist nicht zuletzt der Tatsache geschuldet, dass die Artistenfakultät aus den Dialektik-Schulen des 12. Jahrhunderts hervorgegangen war, deren Blüte ganz wesentlich mit dem intellektuellen Stimulus verbunden ist, den das Wirken Peter Abaelards (gest. 1142) zur Folge gehabt hatte.[20] Abaelard, den schon

---

16   Die *logica modernorum* ist demnach von der *logica antiqua* zu unterscheiden, die aus den Schriften der *logica vetus* und der *logica nova* besteht. Die Termini „*vetus*" und „*nova*" hingegen beziehen sich auf das zeitlich auseinanderliegende Bekanntwerden der jeweiligen Texte in lateinischen Übersetzungen. „Modern" und „neu" sind hier also grundverschieden.

17   Henk A.G. Braakhuis, „Logica Modernorum as a Discipline at the Faculty of Arts of Paris in the Thirteenth Century", in: Lafleur/Carrier (Hg.), *L'enseignement des disciplines à la Faculté des arts*, S. 129–145. – Die *syncategoremata* sind Wörter, die, wie etwa Konjunktionen, nur in Verbindung mit anderen Wörtern eine Bedeutung haben.

18   Braakhuis, „Logica Modernorum as a Discipline at the Faculty of Arts", S. 145.

19   Siehe etwa: Logique a les clers en ses mains, et Gramaire rest mise au mains [V. 19–20]; Et Gramaire si ert alée, en Egypte ou ele fu née. Mès Logique est ores en cors, chascuns garçons i cort le cors. Ainçois qu'il ait passé XV anz, la Logique est ore aus enfanz! [V. 406–411] (Henri d'Andeli, *La Bataille des VII ars*, ed. Louis Paetow, Berkeley 1914, S. 39 u. 59).

20   Zu Abaelard und seinen Schulen: Rexroth, *Fröhliche Scholastik*, S. 153–214; Michael Clanchy, *Abelard. A Medieval Life*, Oxford 1997.

die Zeitgenossen mit Aristoteles, dem Autor der logischen Standardtexte, verglichen,[21] hatte in den Pariser Schulen Logik gelehrt und als charismatischer Lehrer dazu beigetragen, eine Schultradition zu begründen, die sich bis ins 13. Jahrhundert hinein fortsetzte.[22] Während es in anderen gelehrten Zentren Frankreichs wie Chartres, Reims oder Laon in der Regel nur eine einzige Schule gab – die jeweils hoch renommierte Kathedralschule – so hatte sich in Paris im Laufe des 12. Jahrhunderts eine Pluralität von Schulen herausgebildet, die von ‚privaten' Lehrern betrieben wurden, die eben dadurch aber immer mehr in ein Verhältnis der Konkurrenz traten. Dieser „intellektuelle Marktplatz",[23] der nun in Paris entstanden war, bildete gleichsam den ‚Nährboden' für die Herausbildung einer Form von Logik, die keinen unmittelbaren äußeren ‚Anwendungsbezug' mehr hatte, wie es bisher bei den *artes liberales* stets der Fall gewesen war. Die soziale Dynamik der Pariser Schulen in der Nachfolge Abaelards etablierte eine dialektische Praxis, die sich sukzessive verselbständigte, sich dadurch aber auch – stimuliert von der „unregulierten Konkurrenzsituation"[24] der Lehrer – gewissermaßen selbst fortschrieb. Diese gewisse Eigendynamik der Dialektik, die aus dem Aufschwung des 12. Jahrhunderts entstanden war und ihren Impetus aus einer produktiven Form von Konkurrenz erhielt,[25] mündete geradezu bruchlos in die Pariser Artistenfakultät, deren Lehrprogramm von Anfang an durch die Dominanz der Logik geprägt war. Die Evidenz der Statuten von 1215 und vor allem der frühen Studienführer zeigt deutlich, dass die Logik während der gesamten ersten Hälfte des 13. Jahrhunderts die unangefochtene Hauptbeschäftigung der Artisten war. Doch veranschaulicht sie ebenfalls, dass eine solche Praxis bereits in eklatantem Widerspruch stand zu der offiziellen Funktion der Artes-Fakultät, der aus Sicht der Kirche und der Theologen nach wie vor eine ausschließlich propädeutische Rolle zukam. Denn das Ausmaß, in dem hier Logik betrieben wurde, hatte den Rahmen des Propädeutischen offensichtlich längst verlassen: Logische Studien von diesem Umfang konnten nicht mehr reine ‚Vorbereitung' sein, sondern folgten ganz offenbar einem Eigensinn. Anders formuliert: Man betrieb Logik um der Logik willen. Diese Selbstreferentialität der Logik sollte aber der entscheidende Punkt werden, der die Kritik eines Roger Bacon provozierte, der einer unnützen „puren" Logik, die ausschließlich demonstrative Argumente verwendet, ein nützliches Konzept mit ‚moralischen Argumenten'

---

21   Clanchy, *Abelard*, S. 96.
22   Zu den Schulen in Paris nach Abaelard ebenso: Ferruolo, *Origins of the University*, S. 22ff.
23   Collins, *Sociology of Philosophies*, S. 467.
24   Rexroth, „Wie einmal zusammenwuchs", S. 86.
25   Simmel, „Der Streit".

gegenüberstellte. Ein reiner Logiker hingegen kann für Bacon nichts Wertvolles leisten: *„Et ideo nichil dignum potest purus logicus in logicalibus pertractare"*.[26]

Wie bereits gesagt, war die Logik aber keinesfalls die einzige Disziplin, mit der sich die Artes-Magister vor 1255 befassten. Das Arbeitsfeld, welches die Artisten als ihren Zuständigkeitsbereich beanspruchten, wie es in den Einführungen in die Philosophie zum Ausdruck kommt, war erheblich breiter. So deutet einiges darauf hin, dass man sich bereits in der ersten Hälfte des 13. Jahrhunderts auch mit der aristotelischen Naturphilosophie befasste, wenngleich diese offiziell verboten war und daher nur in geringem Maße betrieben wurde. Der kurze Traktat *De anima et de potenciis eius* (ca. 1225)[27] eines anonymen Artes-Magisters zeugt etwa von einer Auseinandersetzung mit *De anima* an der Pariser Artistenfakultät, schon wenige Jahre nachdem Michael Scotus den Text um 1220 zusammen mit dem Kommentar von Averroes, dessen Inhalte der Traktat rezipiert,[28] aus dem Arabischen übersetzt hatte. Weitere Traktate datieren vom Ende der 1240er Jahre.[29] Was die Physik und die Metaphysik betrifft, so spielen diese im *Guide de l'étudiant* und in anderen Studienführern eine verhältnismäßig kleine Rolle,[30] doch zeigen die Kommentare von Roger Bacon aus den 1240er Jahren, dass eine Beschäftigung mit diesen Texten stattfand und sie wahrscheinlich auch Gegenstand der Lehre waren.

Deutlich präsenter als die Naturphilosophie im Curriculum der Pariser Artes-Fakultät scheint in der Zeit vor 1255 die Ethik gewesen zu sein. Der *Guide de l'étudiant* misst ihr auffallend viel Raum bei und auch in *De communibus artium liberalium* erhält der *Liber ethicorum* im Gegensatz zur Physik ein eigenes Kapitel. Beide Studienführer geben an, die ersten drei Bücher des *Liber ethicorum*, also der Nikomachischen Ethik von Aristoteles, seien *„de forma"*.[31] Daran zeigt sich, dass die Bücher I–III der Nikomachischen Ethik, die als *ethica*

---

26   Roger Bacon, *Communia mathematica*, ed. Robert Steele, London 1940, S. 18; dazu unten Kap. 5.4.2.
27   Anonymus Artium Magister, *De anima et de potenciis eius*, ed. René Antoine Gauthier, in: *Revue des sciences philosophiques et théologiques* 66 (1982), S. 3–55.
28   Charles Lohr, „The New Aristotle and ‚Science' in the Paris Arts Faculty (1255)", in: Weijers/Holtz (Hg.), *L'enseignement des discipline à la Faculté des arts*, S. 251–269, S. 259.
29   Anonymus Artium Magister, *Lectura in librum De anima*, ed. René Antoine Gauthier, Grottaferrata 1985; Anonymus Artium Magister, *Sententia super II et III ‚De anima'*, ed. B. Carlos Bazán/Kevin White, Louvain 1998.
30   Alain de Libera, „Structure du corpus scolaire de la métaphysique dans la première moitié du XIIIᵉ siècle", in: Lafleur/Carrier (Hg.), *L'enseignement de la philosophie au XIIIᵉ siècle*, S. 61–88; Lafleur, „L'enseignement philosophique à la Faculté des arts", S. 420f.
31   In libro Ethicorum determinat Philosophus de bono morali, et hic sunt decem libri, quorum tres sunt de forma (Anonymus Artium Magister, *De communibus artium liberalium*, ed. Lafleur, S. 202).

vetus (Buch II und III) und *ethica nova* (Buch I) in lateinischen Übersetzungen vorlagen, schon Gegenstand von Vorlesungen waren und zum Prüfungsstoff für die Lizenz in den Artes gehörten, bevor sie 1255 offiziell vorgeschrieben wurden. Dieser Evidenz der Studienführer entspricht die literarische Produktion der Artes-Magister in der Zeit von 1240 bis 1250. Sechs vollständige oder fragmentarische Kommentare zur *ethica vetus* und/oder zur *ethica nova* sind bekannt, die mit großer Wahrscheinlichkeit an der Pariser Artistenfakultät entstanden.[32] Fünf dieser Kommentare wurden von anonymen Magistern verfasst, der sechste stammt von Robert Kilwardby.[33]

Das hier grob skizzierte Verhältnis von Logik, Naturphilosophie und Ethik an der Artistenfakultät der Universität Paris im zweiten Viertel des 13. Jahrhunderts änderte sich kurz nach der Jahrhundertmitte – also im Zuge jener ‚Sattelzeit‘ der akademischen Philosophie, von der in Kapitel 2 die Rede war – auf nachhaltige Weise. Zwar blieb die Logik nach wie vor eine der wichtigsten Disziplinen der Artisten und machte weiterhin einen wesentlichen Anteil der wissenschaftlichen Aktivität an der Artes-Fakultät aus, doch musste sie in Folge der zunehmenden Präsenz der naturphilosophischen Schriften, deren Lehre in den Statuten von 1255 nun offiziell vorgeschrieben wurde, ihre Alleinherrschaft aufgeben. Das seit den 1240er Jahren intensivierte Selbstbewusstsein und die immer schärfere Konturen gewinnende ‚philosophische Identität‘ der Pariser Artes-Magister hatten Anlass gegeben, die Verhältnisse der Fakultät neu zu ordnen und das Curriculum dem neuen philosophischen Selbstverständnis anzupassen. Am 19. März 1255 erließ die Artistenfakultät durch gemeinsamen Beschluss aller Artes-Magister[34] ein Statut, das die Lehre der aristotelischen (und pseudo-aristotelischen) Bücher regelte. Neben den Schriften der Logik, die schon zuvor unterrichtet worden waren, den Werken zur Grammatik sowie den drei ersten Büchern der Ethik (tatsächlich ist von vier Büchern die Rede, was jedoch auf einer Zweiteilung von Buch III beruht) werden die folgenden Werke der Naturphilosophie inklusive der Metaphysik vorgeschrieben: *Physica, Metaphisica, De animalibus, De caelo et mundo,*

---

32   Wieland, „L'emergence de l'éthique philosophique au XIIIe siècle", S. 168f; Georg Wieland, *Ethica – Scientia practica. Die Anfänge der philosophischen Ethik im 13. Jahrhundert,* Münster 1981, S. 44–51; Irene Zavaterro, „Éthique et politique à la Faculté des arts de Paris dans la première moitié du XIIIe siècle", in: *Les débuts de l'enseignement universitaires à Paris (1200–1245 environ),* hg. von Jacques Verger/Olga Weijers (Studia Artistarum 38), Turnhout 2013, S. 205–245.

33   Patrick Osmund Lewry, „Robert Kilwardby's Commentary on the ‚Ethica nova' and ‚vetus'", in: *L'homme et son univers au Moyen Âge,* hg. von Christian Wenin (Philosophes médiévaux), Bd. 2, Louvain 1986, S. 799–807.

34   [...] nos omnes et singuli magistri artium de communi assensu nostro nullo contradicente (CUP I, Nr. 246, S. 277).

Meteorologica (Bücher I und IV), *De anima, De generatione et corruptione, Liber de causis, De sensu et sensatu, De sompno et vigilia, De plantis, De memoria et reminiscentia, De differentia spiritus et anime* und *De morte et vita*.[35]

Die hier kanonisierte Anzahl von naturphilosophischen Texten sollte in der Folgezeit die Grundlage einer umfassenden Kommentierungstätigkeit der Artes-Magister werden, die, ihrem neuen Image entsprechend, danach strebten, den gesamten Bereich der aristotelischen Philosophie zu erschließen. Das wissenschaftliche Verfahren, das damit institutionalisiert wurde, war jedoch nichts anderes als das Resultat einer Übertragung jener kommunikativen Praxis, die sich zuvor in der Logik konstituiert hatte. So wie sich zunächst die Logik als autopoietischer Zusammenhang herausgebildet hatte, der seine Permanenz in der Zeit durch aneinander anschließende Kommunikationsakte sicherstellte, so entwickelte sich nun die Erschließung der aristotelischen Philosophie in Form der Kommentierungstätigkeit der Artes-Magister zu einer eigendynamischen Praxis. Das Ergebnis war eine weitgehend selbstreferentielle Exegese, die in erster Linie dem *Zweck* diente, die Aussagen des Stagiriten zu erklären, seine Schriften zu interpretieren und auf ihre logische Kohärenz zu prüfen, mithin die aristotelischen Gedanken eigenständig fortzuführen – in jedem Fall aber in Form eines diskursiven Akts, der auf den Text und den dadurch vorgegebenen Rahmen bezogen blieb.[36] Die Realisierung dieses Projekts wurde seit der zweiten Hälfte des 13. Jahrhunderts in unzähligen Kommentaren erstrebt, in welchen sich der wissenschaftliche Impetus der Magister manifestiert. Ein Philosoph wie Petrus von Auvergne, der von den frühen 1270er Jahren bis 1296 an der Artes-Fakultät lehrte, schrieb neben Werken zur Logik zahlreiche Kommentare zu fast allen der oben genannten Texte, die seine Lehre als Magister repräsentieren.[37]

Die Statuten von 1255 markieren in diesem Sinne in der Tat einen ‚Wendepunkt‘ in der Geschichte der Artistenfakultät. Dies bedeutet freilich keinesfalls, dass sie selbst die Initialzündung für das philosophische Unternehmen der Artes-Magister darstellten. Es wäre eine Überbewertung bzw. eine

---

35   CUP I, Nr. 246, S. 278.

36   Zum Kommentar an der Artes-Fakultät allgemein: Olga Weijers, „La structure des commentaires philosophique à la Faculté des arts: quelques observations", in: Olga Weijers, *Études sur la Faculté des arts dans les universités médiévales. Recueils d'articles*, Turnhout 2011, S. 191–218; Olga Weijers, „Un type de commentaire particulier à la Faculté des arts: la sententia cum questionibus", in: Weijers, *Études sur la Faculté des arts*, S. 257–270; zur Gattung des Kommentars im Mittelalter siehe ebenso: Jan-Hendryk de Boer, „Kommentar", in: de Boer/Füssel/Schuh (Hg.), *Universitäre Gelehrtenkultur*, S. 265–318.

37   Siehe das umfangreiche Verzeichnis seiner Schriften bei Weijers, *Le travail intellectuel*, Bd. VII, S. 95–127.

Fehleinschätzung der Funktion dieses Dokuments, wollte man annehmen, dass damit „die Philosophische Fakultät geboren wird",[38] da eine solche Sichtweise die Wirkung, d.h. das Statut als Konfiguration positiver Aussagen (die jedoch ihrerseits wiederum performativen Charakter haben konnten), mit den Ursachen, den dahinter liegenden Mechanismen, verwechselt, welche in weiter zurückreichenden Prozessen von sozialen Interaktionen und diskursiven Zuschreibungen zu sehen sind, die seit den 1240er Jahren zur Genese einer ‚philosophischen Identität' der Artes-Magister geführte hatten. Auch wenn die Statuten von 1255 somit nur die logische Konsequenz aus einer bereits im Vorfeld konstituierten Identität der Artistenfakultät darstellen, deren Existenz Arnulf von der Provence um 1250 eindrücklich bezeugt, so zeigen sie dennoch die Entschlossenheit der Philosophen, ihrem eigenen Anspruch auch in der Praxis des Curriculums gerecht zu werden.

Der Unterricht und die intellektuelle Aktivität an der Pariser Artes-Fakultät zeigen sich im 13. Jahrhundert also zu einem großen Teil als durch die Logik sowie in zunehmendem Maße durch die Naturphilosophie, Metaphysik und Ethik geprägt. Doch sind damit noch nicht alle Bereiche des artistischen Wissensbestands und der Lehre der Pariser Philosophen benannt. Eine zentrale Rolle kam während des gesamten 13. Jahrhunderts der Grammatik zu, die in der ersten Jahrhunderthälfte die wichtigste Disziplin der Artisten nach der Logik darstellte.[39] Schon in den Statuten von 1215 war die Grammatik mit den *Institutiones grammaticae* Priscians prominent vertreten, waren diese doch neben den logischen Werken Gegenstand ordentlicher Vorlesungen. Der *Barbarismus*, d.h. das dritte Buch der *Ars maior* von Donat, war dort zusammen mit anderen Disziplinen für die Festtage vorgesehen.[40] Priscian und Donat blieben die primären Referenzautoren für Grammatik im 13. Jahrhundert, was sich nicht nur an den Studienführern und den neuen grammatischen Handbüchern, etwa dem *Doctrinale* von Alexandre de Villedieu und dem *Grecismus* von Évrard de Béthune, die teilweise im Unterricht Verwendung fanden, zeigt, sondern auch an der literarischen Produktion der Artes Magister, wie sie in den 1240er Jahren etwa mit Robert Kilwardby, Roger Bacon und Nikolaus von Paris verbunden ist.[41] Deren grammatische Lehren entsprechen dem Inhalt

---

38 Otfried Höffe, *Aristoteles*, 3. Aufl., München 2006, S. 284.

39 Anne Grondeux, „Le trivium à la faculté des arts de Paris avant 1245. Quelques questions méthodologiques", in: Verger/Weijers (Hg.), *Les débuts de l'enseignement universitaires*, S. 65–76.

40 CUP I, Nr. 20, S. 78.

41 Irène Rosier, „La grammaire dans le ‚Guide de l'étudiant'", in: Lafleur/Carrier (Hg.), *L'enseignement de la philosophie au XIIIe siècle*, S. 255–279.

der verhältnismäßig großen Partie des *Guide de l'étudiant*, die der Grammatik gewidmet ist.

Während des gesamten 13. Jahrhunderts stand die Grammatik in bezeichnender Nähe zur Logik, was sich in vielfältigen Verbindungen zwischen den beiden Disziplinen manifestiert. Nicht nur wurden Inhalte aus der Logik in grammatischen Traktaten diskutiert und umgekehrt, auch wurden mitunter dieselben Questionen in Kommentaren zur Logik und zur Grammatik behandelt. Dies gilt für die frühen Artisten wie Robert Kilwardby und Nikolaus von Paris ebenso wie für Radulphus Brito, der in den Jahren um 1300 schrieb und in seinem Kommentar zum *Priscianus minor* aus seinem Kommentar zu den *Sophistischen Widerlegungen* schöpft.[42] Johannes von Dacien diskutiert im letzten Viertel des 13. Jahrhunderts in seiner *Summa grammatica*[43] ebenfalls dieselben Probleme wie ein anonymer Kommentar zu *De sophisticis elenchis*.[44] In Verbindung mit diesem Phänomen steht schließlich die wohl signifikanteste Entwicklung in der Grammatik der Pariser Artes-Fakultät im 13. Jahrhundert, nämlich die Entstehung der modistischen ‚spekulativen Grammatik' seit ca. 1270.[45] Pariser Artes-Magister, die zu dieser Richtung beigetragen haben, sind Boethius von Dacien, Martin von Dacien, Petrus von Auvergne, Simon von Faversham, Johannes von Dacien, Heinrich von Brüssel und besonders Radulphus Brito. Sehr wahrscheinlich hat auch Thomas von Erfurt um 1300 an der Pariser Artes-Fakultät gelehrt.[46] Im Zentrum der Aufmerksamkeit der „Modistae" genannten Theoretiker stehen die *Modi significandi*, ein Begriff, der auf die Wortarten oder Redeteile (*partes orationis*), wie Nomen, Verben oder Adverben, sowie deren grammatische Formen, wie Genus, Numerus und Kasus der Nomen, Tempus, Modus, finite und infinite Form der Verben, abzielt. Indem die semantischen Implikationen der grammatischen Kategorien und Funktionen erörtert werden, nimmt der Modismus die Schnittstelle von Semantik, Morphologie und Syntax in den Blick. Die modistische Theorie hat allerdings auch eine metaphysische Dimension, da die Modisten voraussetzen, dass die *Modi significandi* – vermittelt über die *Modi intelligendi* – den *Modi*

---

42 Sten Ebbesen/Irène Rosier-Catach, „Le trivium à la Faculté des arts", in: Weijers/Holtz (Hg.), *L'enseignement des disciplines à la Faculté des arts*, S. 97–128, S. 119f.

43 Johannes von Dacien, *Summa grammatica*, ed. Alfred Otto, in: *Johannis Daci Opera*, Bd. 1, Kopenhagen 1955, S. 45–512.

44 Ebbesen/Rosier-Catach, „Le trivium à la Faculté des arts", S. 118.

45 Der Begriff ‚spekulative Grammatik' wird für unterschiedliche Richtungen, teilweise schon des 12. Jahrhunderts gebraucht; ich beziehe mich hier auf den Modismus, der in Paris in der zweiten Hälfte des 13. Jahrhunderts entstand.

46 Jack Zupko, „Thomas of Erfurt", in: *The Stanford Encyclopedia of Philosophy*, hg. von Edward N. Zalta, Spring 2015 Edition, http://plato.stanford.edu/archives/spr2015/entries/erfurt/ (zuletzt abgerufen: 13.08.2018).

essendi entsprechen. Das Erkenntnisziel der spekulativen Grammatik liegt damit nicht nur in den allgemeinen Strukturen der Sprache, sondern auch in den Strukturen des Seins.[47]

Es gibt zwei weitere Bereiche, die im Rahmen des artistischen Curriculums erwähnt werden müssen: Die Rhetorik und das Quadrivium. Von der Rhetorik kann allgemein gesagt werden, dass man sich an der Pariser Artes-Fakultät kaum für diese Disziplin interessierte. Der *Guide de l'étudiant*, in dem die Rhetorik äußerst knapp behandelt wird, bemerkt explizit, innerhalb des Triviums über die Rhetorik am wenigsten sagen zu wollen.[48] Sofern man sich mit der Rhetorik befasste, setzte man sich mit der Cicero zugeschriebenen *Rhetorica ad Herennium* sowie Ciceros *De inventione* auseinander, wie aus den Studienführern hervorgeht.[49] Separate Kommentare zu diesen Texten wurden hingegen nicht verfasst. Doch gibt es einen weiteren Text, der von Rhetorik handelt und der sowohl von Nikolaus von Paris als auch von Radulphus Brito kommentiert wurde. Die Rede ist von der *Topik* des Boethius, genauer gesagt vom vierten Buch der Schrift *De differentiis topicis* von Boethius, wobei es sich bezeichnenderweise um ein Werk handelt, in dem es um das Verhältnis von Rhetorik und Logik geht. Dass die Artisten sich nicht zuletzt, sofern sie überhaupt mit Rhetorik beschäftigt waren, für diese Verbindung von Rhetorik und Logik interessierten, wird auch dadurch bestätigt, dass sowohl im *Guide de l'étudiant* als auch in *Primo queritur utrum philosophia* jeweils eine Frage zur Rhetorik die boethianische *Topik* betrifft,[50] die im Übrigen auch bereits

---

47   Pinborg, „Logik der Modistae"; Jan Pinborg, „Speculative Grammar", in: Kretzmann et al. (Hg.), *The Cambridge History of Later Medieval Philosophy*, S. 254–269; Jan Pinborg, *Die Entwicklung der Sprachtheorie im Mittelalter* (Beiträge zur Geschichte der Philosophie und Theologie des Mittelalters 42), Münster 1967; Ebbesen, „Radulphus Brito".

48   [...] ipsa pauciora nobis competit dicere (Anonymus Artium Magister, *Nos gravamen*, ed. Lafleur, S. 77).

49   Lafleur, „L'enseignement philosophique à la Faculté des arts", S. 425f; zur Rhetorik siehe auch: Patrick Osmund Lewry, „Rhetoric at Paris and Oxford in the Mid-Thirteenth Century", in: *Rhetorica* 1 (1983), S. 45–63; John Ward, „Rhetoric in the Faculty of Arts (Paris and Oxford). A Summary of the Evidence", in: Weijers/Holtz (Hg.), *L'enseignement des disciplines à la Faculté des arts*, S. 147–171.

50   Item queritur qualiter differenter considerat rethor de locis rethoricis et Boetius in quarto Topicorum (Anonymus Artium Magister, *Primo queritur utrum philosophia*, ed. Claude Lafleur, in: Lafleur/Carrier [Hg.], *L'Enseignement de la philosophie au XIIIe siècle*, S. 381–419, S. 409); Item, quomodo differenter agitur hic et in .IIII. Topicorum Boetii de considerationibus rethoricis (Anonymus Artium Magister, *Nos gravamen*, ed. Lafleur, S. 55); in der Antwort des *Guide* (*Nos gravamen*) heißt es: In quarto Topicorum Boetii agitur de habitudinibus localibus secundum quas contingit argumentari in rethoricis, et de confirmationibus eorundem. Vnde etiam iste liber continuatur locis dialeticis, quia procedit per proprias habitudines locales, sicut dyaleticus (ebd.).

in den Statuten von 1215 als Textbuch für die Festtage aufgeführt worden war. Der geringe Status der Rhetorik, die während des 13. Jahrhunderts nichtsdestoweniger kaum Beachtung an der Artes-Fakultät fand, änderte sich erst mit dem Bekanntwerden der *Rhetorik* von Aristoteles, die Wilhelm von Moerbeke in der zweiten Jahrhunderthälfte (vor 1270) übersetzt hatte.[51] Sowohl Johannes von Jandun als auch Johannes Buridan haben Kommentare zur aristotelischen *Rhetorik* verfasst.[52] Das primäre Anliegen dieser Kommentare besteht in der wissenschaftsklassifikatorischen Verortung der Rhetorik im Gefüge der philosophischen Disziplinen, eine Maßnahme, zu der man sich nach dem Bekanntwerden eines neuen Textes von Aristoteles, dem „Philosophen", zwangsläufig aufs Neue veranlasst sah.

Deutlich mehr Aufmerksamkeit als die Rhetorik bekamen die mathematischen Disziplinen des Quadriviums, wenngleich auch diese freilich – verglichen mit der Logik und der Naturphilosophie – nur am Rande des artistischen Curriculums betrieben wurden. Für das Quadrivium gab es feststehende Referenztexte, die während des 13. Jahrhunderts weitgehend unverändert blieben. Im *Guide de l'étudiant* werden die folgenden Werke genannt: Für die Arithmetik und die Musiktheorie *De institutione arithmetica* und *De institutione musica* von Boethius, für die Geometrie Euklids *Elementa*, sowie für die Astronomie schließlich das achte Buch aus *De nuptiis philologiae et mercurii* von Martianus Capella.[53] De *communibus artium liberalium* bestätigt diese Angaben für die Zeit um 1250. Die angeführten Texte sind immer noch dieselben, einzig auf dem Gebiet der Astronomie hat sich eine Neuerung vollzogen: Nicht mehr Martianus Capella, sondern der im 13. Jahrhundert in Paris entstandene Sphären-Traktat des Johannes de Sacrobosco ist nun das Textbuch der Astronomie,[54] was durch die nachfolgenden Studienführer des 13. Jahrhunderts bestätigt wird. Eine ganze Reihe der philosophischen Einführungstexte belegt ferner durch die Angabe „*de forma*", dass diese Werke des Quadriviums bzw. bestimmte

---

51   Bernard Dod, „Aristoteles latinus", in: Kretzmann et al. (Hg.), *The Cambridge History of Later Medieval Philosophy*, S. 43–79, S. 63.

52   Zu diesen Kommentaren siehe: Franz Josef Worstbrock, „Die Rhetorik des Aristoteles im Spätmittelalter. Elemente ihrer Rezeption", in: *Aristotelische Rhetoriktradition. Akten der 5. Tagung der Karl und Gertrud Abel-Stiftung vom 5.–6. Oktober in Tübingen*, hg. von Joachim Knape/Thomas Schirren, Stuttgart 2005, S. 164–196.

53   Lafleur, „Les ‚Guides de l'étudiant' de la Faculté des arts", S. 147 u. 150.

54   In astronomia determinatur de magnitudine mobili, scilicet de natura corporum supercelestium que sunt mobilia. De ista scientia non legitur inter libros de forma nisi unus liber, scilicet liber De spera, in quo agitur de compositione spere mobilis per circulos, per quam speram celestia intelligimus (Anonymus Artium Magister, *De communibus artium liberalium*, ed. Lafleur, S. 191).

Bücher aus ihnen an der Pariser Artes-Fakultät offiziell vorgeschrieben waren,[55] so etwa die *Accessus philosophorum,*[56] die *Divisio scientiarum* des Arnulf von der Provence,[57] das *Compendium circa quadrivium,*[58] *De communibus artium liberalium,*[59] die *Questiones mathematice,* die *Communia Visitatio* oder die *Divisio scientie* des Johannes von Dacien.[60] Diese breite Evidenz lässt es unzweifelhaft erscheinen, dass die quadrivialen Disziplinen während des gesamten 13. Jahrhunderts, wenn auch am Rande, in Paris unterrichtet wurden.[61] Dass sie zudem auch Gegenstand des Examens an der Artes-Fakultät waren, wird nicht zuletzt dadurch nahegelegt, dass einige Studienführer ausschließlich oder primär das Quadrivium behandeln.[62] Besonders explizit macht dies schließlich *De communibus artium liberalium*: Nachdem im Text die jeweiligen Referenzwerke der verschiedenen Disziplinen behandelt wurden, darunter auch jene des Quadriviums, findet sich am Schluss des Studienführers die Bemerkung:

---

55   Claude Lafleur, „Transformations et permanences dans le programme des études à la Faculté des arts de l'Université de Paris au XIIIe siècle: Le témoignage des ‚introductions à la philosophie' et des ‚guides de l'étudiant'", in: *Laval théologique et philosophique* 54,2 (1998), S. 387–410, S. 396–402.

56   Sunt autem in Musica .v. libri partiales, set de forma tantum duo (Anonymus Artium Magister, *Accessus philosophorum,* ed. Claude Lafleur, in: Lafleur, *Quatre introductions à la philosophie,* S. 177–253, S. 204); Qualitas autem operis consistit in intentionibus librorum partialium Geometrie, qui sunt in uniuerso .xv., set de forma non sunt nisi sex (S. 210).

57   Sunt autem quinque libri Musice quam tractauit Boetius, quorum duo sunt de forma Parisius (Arnulf von der Provence, *Divisio scientiarum,* ed. Lafleur, S. 204); Sunt autem .xv. libri Geometrie, licet de forma licentiandorum non sint nisi sex (S. 329).

58   Et illius partis geometrie sunt sex libri qui sunt de forma, et non debent audiri plures, nisi auditoribus placeat (Anonymus Artium Magister, *Compendium circa quadrivium,* ed. Claude Lafleur, in: Lafleur, *Quatre introductions à la philosophie,* S. 357–379, S. 372).

59   Speculatiua arismetica est de forma (Anonymus Artium Magister, *De communibus artium liberalium,* ed. Lafleur, S. 193); In geometria determinatur de magnitudine inmobili, scilicet de commensuratione terre. Istius scientie sunt quindecim libri, quorum sex primi sunt de forma (S. 192).

60   Est etiam sciendum, quod quinque sint libri musice, quos tradidit Boetius, quorum duo sunt de forma (Johannes von Dacien, *Divisio scientiae,* ed. Otto, S. 30); [...] est notandum, quod quindecim sunt libri geometrie Euclidis, sed de forma licentiandorum tantum sunt sex (S. 26).

61   Siehe auch: Pearl Kibre, „The Quadrivium in the Thirteenth Century Universities (with Special Reference to Paris)", in: *Arts libéraux et philosophie au Moyen Âge,* Montréal 1969, S. 175–191, S. 176 und 191; George Molland, „The Quadrivium in the Universities: Four Questions", in: Craemer-Ruegenberg/Speer (Hg.), *Scientia* und *ars* im Hoch- und Spätmittelalter, S. 66–78, S. 76f.

62   So sind etwa die *Questiones mathematice* (in den 1260ern nachweislich in Gebrauch), das *Compendium circa quadrivium,* und der Text *Quedam communia circa septem artes liberales* ausschließlich dem Quadrivium gewidmet; die *Accessus philosophorum* behandeln primär das Quadrivium.

„Die sind die allgemeinen Themen, zu denen die Kandidaten für die Lizenz in den *artes* antworten müssen".[63] Die Artisten setzten sich mit dem Quadrivium und seinen Textbüchern auseinander, was sowohl die *Questiones mathematice* aus der Mitte des 13. Jahrhunderts, mit ihrem Interesse an der boethianischen Arithmetik, als auch jene *Questiones mathematicales* bezeugen, die Radulphus Brito um 1300 anfertigte.[64] Johannes de Sacrobosco hatte während seiner Pariser Lehrtätigkeit (1220–1235) nicht nur den Traktat über die Sphären verfasst, der weit über Paris hinaus intensiv rezipiert wurde,[65] sondern auch das Handbuch zum *Algorismus*, in dem er ausgiebig auf die Arithmetik des Boethius zurückgriff. Der *Algorismus* wird mehrfach in den Mathematiksektionen der Studienführer erwähnt, wenngleich er nicht offiziell vorgeschrieben war. Radulphus Brito zählt ihn um 1300 zu den *„libri introductorii ad principales mathematicas"*, was vielleicht ein Reflex der Tendenz ist, in der Lehre verstärkt auf Einführung- und Überblickswerke zurückzugreifen.[66] Doch zeigen die Werke, die einzelne Magister für ihren Unterricht verfassten, wie etwa die didaktischen Aufbereitungen der boethianischen Arithmetik und Musiktheorie von Johannes de Muris um 1320,[67] dass dabei die Standardtexte des Quadriviums auch um diese Zeit nach wie vor aktuell waren.[68]

---

63 Hec sunt communia quibus tenentur responde licentiandi in artibus (Anonymus Artium Magister, *De communibus artium liberalium*, ed. Lafleur, S. 203).

64 Teiledition in: Weijers, *La disputatio à la Faculté des arts*, S. 162–171; siehe auch: Frank Hentschel/Martin Pickavé, „Questiones mathematicales. Eine Textgattung der Pariser Artistenfakultät im frühen 14. Jahrhundert", in: Aertsen/Emery/Speer (Hg.), *Nach der Verurteilung von 1277*, S. 618–634.

65 Siehe etwa die edierten Kommentare in: Lynn Thorndike, *The* Sphere *of Sacrobosco and its Commentators*, Chicago 1949.

66 Claude Lafleur, „Transformations et permanences", S. 407.

67 Ulrich Michels, *Die Musiktraktate des Johannes de Muris* (Beihefte zum Archiv für Musikwissenschaft 8), Wiesbaden 1970, S. 8f.

68 Zur Lehre der Mathematik in Paris allgemein siehe auch den klassischen Aufsatz von Guy Beaujouan aus dem Jahre 1954, der die Evidenz der Studienführer noch nicht kannte: Guy Beaujouan, „L'enseignement de l'arithmétique élémentaire à l'Université de Paris aux XIIIe et XIVe siècles. De l'abaque à l'algorisme", in: Guy Beaujouan, *Par raison de nombres. L'art du calcul et les savoir scientifique médiévaux*, Hampshire 1991, S. 93–124; mit Berücksichtigung der neueren Forschung: Guy Beaujouan, „Le *quadrivium* et la Faculté des arts", in: Weijers/Holtz (Hg.), *L'enseignement des disciplines à la Faculté des arts*, S. 185–194.

3.2   Praktisches Wissen?

Was kann nun angesichts der im Vorausgehenden grob skizzierten Inhalte des artistischen Curriculums über die soziale Relevanz des an der Pariser Artes-Fakultät vermittelten Wissens gesagt werden? Betrachtet man die konkreten Texte, über die im artistischen Unterricht gelehrt wurde, so wird schnell deutlich, dass diese zum größten Teil alles andere als ‚praxisbezogen' waren, keinesfalls ‚praktisches Wissen' vermittelten, das außerhalb der Universität einen greifbaren Nutzen hätte. Dies gilt bereits mit Blick auf die Naturphilosophie, deren Werke seit der Mitte des 13. Jahrhunderts zu den zentralen Gegenständen der philosophischen Lehre zählten. Die Kenntnis der aristotelischen *Physik* oder *Metaphysik* hatte für die Bedürfnisse außerhalb der Universität nicht annähernd einen solchen praktischen Nutzen, wie er etwa mit Kenntnissen der Rechtswissenschaft einherging. Ein Wissen von der ‚Bewegung' als dem Übergang von der Potentialität in die Aktualität, von qualitativen Veränderungen in der Natur, von den vier Ursachen (*causa formalis, materialis, efficiens, finalis*), den vier Elementen (Erde, Feuer, Wasser, Luft) und ihren natürlichen Tendenzen, von Begriffen wie Substanz und Akzidenz oder Materie und Form, ein solches Wissen war in der praktischen Welt, etwa in der städtischen oder höfischen Kultur, ebenso wenig konkret anwendbar wie ein Wissen von den Dingen, die hinsichtlich ihres Seins gänzlich von der Materie und der Bewegung getrennt sind oder ein Wissen um die Notwendigkeit eines ‚unbewegten Bewegers'.[69] Von der Disziplin der Logik ist bereits gesagt worden, dass sie in ihrer selbstreferentiellen Verfasstheit grundsätzlich nicht auf eine Applikation in äußeren Bereichen angelegt war, sondern die Kategorien, den Syllogismus, den Beweis oder den Trugschluss zunächst um ihrer selbst willen lehrte, ohne ihre Ergebnisse auf eine praktische Anwendung zu beziehen. Dies bedeutet nicht – wie noch zu zeigen sein wird –, dass die Logik nicht für fremde Zwecke angewandt werden *konnte*, sondern vielmehr, dass eine Applikation außerhalb der Philosophie aus ihrer eigenen immanenten ‚Logik' heraus nicht vorgesehen und auch nicht Gegenstand des artistischen Unterrichts war.

Stattdessen findet die Anwendung der Logik primär *innerhalb* der Philosophie statt, weshalb sie auch in erster Linie *innerhalb* der Philosophie von Nutzen ist. Diese Tatsache ist konstitutiv für den *utilitas*-Begriff in den philosophischen Einführungen, der sich als philosophieinternes Nützlichkeitskonzept

---

69   Zur aristotelischen ‚Physik' und Kosmologie allgemein: Wolfgang Wieland, *Die aristotelische Physik. Untersuchungen über die Grundlegung der Naturwissenschaft und die sprachlichen Bedingungen der Prinzipienforschung bei Aristoteles*, 3. Aufl., Göttingen 1992; Ingrid Craemer-Ruegenberg, *Die Naturphilosophie des Aristoteles*, Freiburg 1980.

offenbart und nicht mit einer Nützlichkeit in der außer-wissenschaftlichen
Welt verwechselt werden darf. Nikolaus von Paris sagt in seiner *Philosophia*
über die *causa finalis* der *Isagoge* des Porphyrius, der allgemeine Nutzen dieses
Werks liege im Verständnis der Kategorien von Aristoteles sowie in Divisionen,
Definitionen und Demonstrationen, weshalb das Buch für alle Hörer, d.h. die
Philosophiestudenten, nützlich ist.[70] Nachdem in *Dicit Aristotiles* die theoretische Philosophie in einen Teil „*de rebus*" (Naturphilosophie, Mathematik und
Metaphysik) und einen Teil „*de sermone*" (das Trivium) eingeteilt wurde, bemerkt der Autor, die *scientia de sermone* sei nützlich und unterstützend für
die *scientiae reales*: „*Scientia de sermone utilis est et adminiculatiua ad scientias
reales*".[71] Der *utilitas*-Begriff, der hier begegnet, ist der einer selbstreferentiellen Philosophie, die aus ihren eigenen funktionalen Prinzipien heraus keine
Anwendung in äußeren Bereichen anstrebt, sondern ihre Teilbereiche allenfalls als *nützlich für andere Teile* bestimmt. Dies gilt nicht nur für die Logik, sondern auch für Werke der Naturphilosophie, wie etwa eine Bemerkung Jakobs
von Douai zeigt, der in seinem Kommentar zu den *Meteorologica* dieselben als
„äußerst nützlich für alle Disziplinen der Naturphilosophie" bezeichnet.[72]

Andere Bereiche des artistischen Curriculums, denen man auf Anhieb
Nützlichkeit unterstellen würde, erweisen sich bei genauerem Hinsehen ebenfalls als wenig praxistauglich. Die Rhetorik wurde an der Artes-Fakultät kaum
beachtet, und wenn man sich mit ihr befasste, dann ging es höchstens um
die Rhetorik ciceronianischer Prägung, nicht aber um die deutlich konkreter
anwendungsbezogene *ars dictaminis*, die an den italienischen Universitäten
unterrichtet wurde und durch die gezielte Lehre des Verfassens von Urkun-
den und Briefen auf einen direkten praktischen Bedarf reagierte.[73] Obwohl
solche Fertigkeiten etwa im Hinblick auf eine Karriere in der weltlichen und

---

70   Finis communis est communis utilitas istius scientie que prodest communiter omni-
      bus audientibus: est enim utilis liber iste ad Predicamenta Aristotilis et ad diuisiones
      et ad diffinitiones et demonstrationes, et hic potest esse finis artis (Nikolaus von Paris,
      Philosophia, ed. Lafleur, S. 465).

71   Hoc habito accedendum est ad diuisionem theorice, que speculatiua dicitur a theores
      grece, quod est speculatio latine. Hec enim diuiditur prima diuisione in principalem et
      adminiculatiuam. Et est principalis de rebus, adminiculatiua de sermone. Et ista diui-
      sio datur ab Auerroy. Scientia de sermone utilis est et adminiculatiua ad scientias reales
      (Anonymus Artium Magister, *Dicit Aristotiles*, ed. Lafleur, S. 385).

72   Et ideo multum est utilis in omnibus scientiis naturalibus (Jakob von Douai, *Summa
      quarti libri Meteorum*, Bruges, Stadsbibl. 513, fol. 76r, zit. nach Costa, *Anonymi artium ma-
      gistri questiones*, S. 87, Anm. 117).

73   Florian Hartmann, *Ars dictaminis. Briefsteller und verbale Kommunikation in den italie-
      nischen Stadtkommunen des 11. bis 13. Jahrhunderts*, Ostfildern 2013; William D. Patt, „The
      Early ‚Ars dictaminis' as Response to a Changing Society", in: *Viator* 9 (1978), S. 133–155.

kirchlichen Administration von unbestreitbarem Nutzen waren, interessierten sich die Pariser Artes-Magister – gemessen an ihrer Lehre und literarischen Produktion – nicht für die *ars dictaminis*. Die in Paris entstandenen Traktate zur *ars poetriae* oder *ars praedicandi* waren, worauf noch zurückzukommen sein wird, ebenfalls nicht das Werk von Artes-Magistern und nicht Gegenstand ihres Unterrichts.[74] Bei dem geringen Interesse, das die Artisten der Rhetorik insgesamt entgegenbrachten, galt ein Teil ihrer Aufmerksamkeit – bezeichnenderweise – dem Verhältnis von Rhetorik und Logik, wie die Kommentare von Nikolaus von Paris und Radulphus Brito zur *Topik* des Boethius zeigen. Die Kommentare zur *Rhetorik* des Aristoteles, die Johannes von Jandun und Johannes Buridan verfassten, nachdem der Text gegen Ende des 13. Jahrhunderts in Paris bekannt geworden war, waren primär aus der Notwendigkeit heraus motiviert, die bisher kaum beachtete Disziplin in der Systematik der Philosophie zu positionieren und das neue aristotelische Werk hermeneutisch zu erschließen. Mit praxisbezogener Lehre im Sinne der *ars dictaminis*, also mit der Vermittlung praktisch applizierbarer Fertigkeiten, hatte dies nichts zu tun.

Als unmittelbar praxisorientiert erscheint auf den ersten Blick ebenso die Grammatik, waren Lateinkenntnisse doch eine zentrale Schlüsselkompetenz zu einer Zeit, in der Schriftlichkeit in vielen gesellschaftlichen Bereichen eine immer wichtigere Rolle spielte.[75] Die Fähigkeit, lateinische Texte zu lesen und zu schreiben, konnte mitunter zu attraktiven Positionen verhelfen, als Schreiber im Dienst geistlicher und weltlicher Herren oder in Städten, und auch für kaufmännische Tätigkeiten waren Lese- und Schreibkenntnisse notwendig.[76] Doch der Schein trügt. Der Grammatikunterricht an der Artes-Fakultät der Universität Paris hatte nicht in erster Linie die Absicht, praktische Kenntnisse der lateinischen Sprache zu vermitteln. Ein beträchtlicher Teil des universitären Grammatikunterrichts entfernte sich von dieser elementaren Lehre; er war mit den Strukturen und Prinzipien der Sprache befasst, nicht damit, so betonen Sten Ebbesen und Irène Rosier-Catach, den Scholaren beizubringen, wie man lateinische Texte schreibt.[77] Für die Lehre des Lateinischen im Sinne einer Vermittlung von Sprachkompetenz waren vor

---

74   Zu diesen Traktaten Kap. 3.5.2 und Kap. 5.1.

75   Hagen Keller, „Vom ‚heiligen Buch‘ zur ‚Buchführung‘. Lebensfunktionen der Schrift im Mittelalter“, in: *Frühmittelalterliche Studien* 26 (1992), S. 1–31.

76   Ulrich Nonn, *Mönche, Schreiber und Gelehrte. Bildung und Wissenschaft im Mittelalter*, Darmstadt 2012, S. 137f; Martin Kintzinger, *Wissen wird Macht. Bildung im Mittelalter*, Ostfildern 2007.

77   Ebbesen/Rosier-Catach, „Le trivium à la Faculté des arts“, S. 98 u. 115f; siehe auch Irène Rosier-Catach, *La parole comme acte. Sur la grammaire et la sémantique au XIIIe siècle* (sic et non), Paris 1994.

allem die städtischen Grammatikschulen zuständig, in denen die Grundlagen
der lateinischen Grammatik erworben wurden, bevor man an die Universität
kam.[78] Zwar hatte die Lehre an der Artistenfakultät zweifellos auch die Funktion, diese Kenntnisse zu vertiefen, aber hierin lag nicht ihr primäres Ziel. Die
logische Analyse der Sprache und die grammatischen Begriffe, um das Funktionieren von Sprache zu beschreiben und theoretisch zu begründen, waren
Gegenstand der artistischen Grammatiklehre. Wer ausschließlich darauf aus
war, möglichst anwendungsbezogen die lateinische Sprache zu erlernen, um
diese Kompetenz in der Praxis anwenden zu können, musste zu diesem Zweck
nicht die Artistenfakultät besuchen, sondern war mit dem Lehrangebot in den
Grammatikschulen mitunter erheblich besser versorgt. An der Artes-Fakultät
hingegen manifestierte sich ein zunehmendes Interesse an universellen Prinzipien der Sprache. Unter dem Einfluss der aristotelischen Wissenschaftstheorie setzte sich in den Priscian-Kommentaren der Artisten die Ansicht
durch, die Grammatik habe nicht mit Einzelsprachen zu tun, sondern mit
dem Funktionieren von Sprache im Allgemeinen.[79] Diese Tendenz zur Verallgemeinerung, zur Abstraktion, die der gesamten wissenschaftlichen Aktivität
der Artistenfakultät innewohnt, mündete in der Grammatik seit ca. 1270 in die
Konzeptualisierung der ‚spekulativen Grammatik‘, die das Verhältnis von Semantik und Bezeichnungsweisen, den *modi significandi*, untersucht und dabei
die allgemeinen Strukturen der Sprache mit den allgemeinen Strukturen des
Seins korreliert. Spätestens diese Lehre, die der philosophischen Identität der
Magister entsprach, war gänzlich losgelöst von jeder ‚praktischen‘ Erwägung,
von jeder Vermittlung sprachlicher Kompetenzen zum konkreten Gebrauch.
Der Grammatikunterricht an der Pariser Artes-Fakultät tendierte grundsätzlich zur Theorie, zur abstrahierenden Spekulation, nicht zur praktischen Applikation. Der Nutzen, den Boethius von Dacien der Grammatik zuschreibt,
die er als *scientia speculativa* definiert, ist ein Nutzen für die theoretische Philosophie, nicht für eine äußere praktische Anwendung.[80]

Hält sich der ‚praktische Nutzen‘ der universitären Grammatik somit
doch in engeren Grenzen, als es zunächst scheinen mochte, so stellt sich die
Frage der Nützlichkeit nicht weniger dringend mit Blick auf eine andere Disziplin des philosophischen Curriculums, von der man insofern einen hohen

---

78   Weijers, *Scholar's Paradise*, S. 43.

79   Pinborg, *Entwicklung der Sprachtheorie im Mittelalter*; Irène Rosier-Catach, *La grammaire
      spéculative des Modistes*, Lille 1983; Weijers, *Scholars Paradise*, S. 156–159.

80   Ad tertium est dicendum, quod grammatica est scientia speculativa, […] sed est scientia
      introductoria et valet ad cognitionem scientiarum speculativarum (Boethius von Dacien,
      Modi significandi sive Questiones super Priscianum Maiorem, ed. Jan Pinborg/Heinrich
      Roos [Corpus Philosophorum Danicorum Medii Aevi 4], Bd. 1., Kopenhagen 1969, S. 18).

Praxispraxisbezug erwarten dürfte, als sie dem Bereich der Philosophie angehört, der explizit als „praktisch" bezeichnet wird: die Ethik. Wie nicht zuletzt
die auf steigende Nachfrage stoßenden Fürstenspiegel (von denen noch die
Rede sein wird) zeigen, entstand gerade während des 13. Jahrhunderts in einer
gebildeten Laienschicht, besonders an den Höfen, ein verstärktes Bedürfnis
nach ‚ethischer' Literatur, welche das ‚aktive Leben' des städtischen und höfischen Milieus mit handlungsleitendem Wissen und praktischen Ratschlägen versorgte. Die philosophische Ethik der universitären Lehre musste somit
doch prädestiniert dazu sein, diesen Bedarf zu bedienen und einen konkreten
Nutzen für die praktische Welt der Laien aufzuweisen. Ein studierter Ethiker,
der an der Universität gelernt hatte, die Inhalte der Moralphilosophie auf
die Belange der *vita activa* anzuwenden, sollte, so würde man erwarten, über
Kenntnisse verfügen, die außerhalb der Wissenschaft gefragt waren. Wer unter
dieser Prämisse die Ethikkommentare der Artistenfakultät, die den Ethik-
Unterricht der Artes-Magister wiedergeben, nach entsprechenden Inhalten
untersucht, also danach fragt, wo ethisch fundierte Ratschläge für ‚Laien' oder
praktisch verwertbare Handlungsanweisungen expliziert werden, den müssen
die Schriften jedoch weitgehend enttäuschen. Freilich wurden in den Kommentaren Fragen diskutiert, die auf den ersten Blick durchaus eine Relevanz
für lebenspraktische Belange haben könnten: *Utrum felicitas consistat in honoribus, utrum felicitas consistat in pecuniis* etc.[81] Doch die Antworten, die darauf
gegeben wurden, waren, worauf zurückzukommen ist, allgemeinster Art, ohne
konkrete Aspekte zu berühren. Als ‚philosophische Lebensberatung' oder als
Nachschlagewerke mit praktischen Instruktionen, wie sie die Fürstenspiegel
boten, waren diese Texte kaum geeignet.

Das Anliegen der artistischen Ethikkommentare bestand nicht darin, ethi-
sches Wissen für lebenspraktische Anforderungen bereitzustellen, mithin
einen konkreten Nutzen der Ethik für die außerwissenschaftliche Welt zu
demonstrieren. Man kann sogar eine gegenläufige Tendenz konstatieren: Die
Artes-Magister waren in ihren Kommentaren zur *Nikomachischen Ethik* darauf bedacht, die Superiorität der spekulativen Lebensform, also des Lebens
der Philosophen, über das aktive Leben der Nicht-Philosophen zu erweisen.
Die Annahme, das vollkommene Glück könne durch die Kontemplation der
Wahrheit, d.h. auf philosophischem Wege, erreicht werden, diente den Artes-
Magistern dazu, gerade die *Zwecklosigkeit* der Philosophie zu begründen
und damit eine Form der Philosophie zu konzipieren, die das genaue Gegenteil von einer angewandten Wissenschaft darstellt. Das zentrale Thema der

---

81   Siehe etwa die Questionen in: Anonymus Artium Magister, *Questiones super librum
      Ethicorum*, ed. Costa.

artistischen Ethikkommentare ist das Glück (*felicitas*), aber nicht primär das Glück der ‚aktiven' Menschen in der praktischen Welt, sondern vor allem das kontemplative Glück der Philosophen, welches das höchste auf Erden erreichbare Glück darstellt und ‚Laien' grundsätzlich unzugänglich ist. Dies gilt tendenziell bereits für die frühen Ethikkommentare der 1240er Jahre, in welchen sich eine Akzentuierung des philosophischen Glücks findet,[82] in viel höherem Maße allerdings für jene Reihe von größtenteils anonymen Kommentaren, die seit 1280 an der Artistenfakultät entstanden und die vollständige *Nikomachische Ethik* inklusive des zehnten Buchs zur Grundlage haben.[83] In keinem der artistischen Kommentare des 13. Jahrhunderts finden sich Inhalte, die konkret auf praktische Bedürfnisse des städtischen oder höfischen Milieus eingehen und in diesem Sinne als ‚praktisches Wissen' für das weltliche Leben bezeichnet werden könnten. Einen tatsächlichen Nutzen hatte die Ethik nur für eine einzige soziale Gruppe, nämlich die Philosophen, was sich wiederum in das selbstreferentielle *utilitas*-Konzept der Pariser Universitätsphilosophie fügt.

Es bleibt schließlich etwas zu den Disziplinen des Quadriviums zu sagen. Wie der obige Überblick über die Mathematik im Curriculum der Pariser Artes-Fakultät zeigt, waren ausschließlich die Texte zur jeweils *theoretischen* Seite der einzelnen *artes* Gegenstand der Lehre. Dies lag keinesfalls daran, dass es keine Traktate über den praktischen Bereich der Arithmetik, Musiklehre, Geometrie und Astronomie gegeben hätte. Im Gegenteil, der praktische Zweig der quadrivialen Disziplinen hatte eine lange Tradition, die auch im 13. Jahrhundert fortbestand. Die Einteilung der *artes liberales* in *theorica* und *practica* war ein Resultat der Systematisierungsleistungen des 12. Jahrhunderts, in dem intensive Reflexionen über das Verhältnis von Theorie und Praxis in der wissensorganisierenden Literatur eingesetzt hatten. Hugo von St. Viktor war, wenn man die Zuschreibung akzeptiert, der Erste, der die Geometrie explizit in eine theoretische und eine praktische Seite unterteilte und damit für geometrische Traktate eine Unterscheidung einführte, an der man sich fortan

---

82   Est autem alia respontio secundum philosophos et hec est respontio. Dicendum est quod uita in quam ponendo felicitatem non errabant philosophi predicatur de uita contemplatiua (Anonymus Artium Magister, *Lectura in Ethicam novam*, ed. René Antoine Gauthier, in: *Archives d'histoire doctrinale et littéraire du Moyen Âge* 50 [1975], S. 71–141, S. 116); siehe dazu auch: Gauthier, „Arnoul de Provence et la doctrine de la fronesis"; Wieland, „L'emergence de l'éthique philosophique au XIIIe siècle", S. 172. – Das auf Erden erreichbare Glück bleibt hier freilich unvollkommen, verglichen mit jenem der vom Körper getrennten Seele, doch erhält das Glück der Philosophen dennoch einen herausgehobenen, und zweifellos exklusiven, Status.

83   Siehe dazu auch: René Anoine Gauthier, „Trois commentaires averroistes sur l'Éthique à Nicomaque", in: *Archives d'histoire doctrinale et littéraire du Moyen Âge* 22–23 (1947–1948), S. 167–336.

orientierte.[84] Im Rahmen solcher Überlegungen wurde der Nutzen der praktischen *artes* mitunter sehr deutlich artikuliert. Dominicus Gundissalinus
hatte in der zweiten Hälfte des 12. Jahrhunderts in seiner Übersetzung bzw.
Adaptation der Wissenschaftseinteilung al-Fārābīs noch deutlicher als Hugo
von St. Viktor, aber ebenfalls doch deutlicher als seine arabische Vorlage, die
Praxisbezüge einzelner Disziplinen expliziert. Hinsichtlich der in Theorie und
Praxis geschiedenen Arithmetik hebt er den Nutzen der letzteren im geschäftlichen Bereich hervor, die praktische Seite der Geometrie hingegen werde von
Schmieden, Zimmermännern und Maurern in ihrer Arbeit umgesetzt.[85] Als
eine der bedeutendsten Neuerungen in den Wissenschaftssystematiken sieht
Guy Beaujouan die Integration der *scientia de ingeniis* an, und er weist bezeichnende Verbindungen zwischen der praktischen Geometrie und der Tätigkeit von Militär-Ingenieuren im 12. und 13. Jahrhundert nach.[86]

Des Nutzens der praktischen Künste war man sich also vollends bewusst. Die
‚praktische Geometrie‘, deren Nützlichkeit Gundissalinus betonte, war letztlich nichts anderes als die schon während des Frühmittelalters in der Tradition der römischen *agrimensores* stehende Kunst des Vermessens.[87] Hugo von
St. Viktor hatte noch in seinem *Didascalicon* den Gegenstand der Geometrie
ausschließlich in diesem praktischen, auf das konkrete Vermessen gerichteten
Sinne definiert.[88] Die hier definierte Richtung der Geometrie fand auch in der
Folgezeit weiterhin Beachtung, nicht nur bei Gundissalinus. Einen besonders

---

84   Guy Beaujouan, „L'interdépendance entre la science scolastique et les techniques utili-
      taires (XIIᵉ, XIIIᵉ et XIVᵉ siècles)", in: Beaujouan, *Par raison de nombres*, S. 5–20, S. 8.

85   Fabri vero sunt, qui in fabricando sive in mechanicis artibus operando desudant, ut car-
      pentarius in ligno, ferrarius in ferro, cementarius in luto et lapidibus et similiter omnis arti-
      fex mechanicarum artium secundum geometriam practicam (Dominicus Gundissalinus,
      De Divisione philosophiae, ed. Alexander Fidora/Dorothée Werner, Freiburg 2007, S. 212).

86   Beaujouan, „L'interdépendence entre la science scolastique et les techniques utilitaires",
      S. 9, 11f. u. 19; siehe auch Guy Beaujouan, „Réflexions sur les rapports entre théorie et pra-
      tique au Moyen Âge", in: Beaujouan, *Par raison de nombres*, S. 437–484.

87   Brigitte Englisch, *Die Artes liberales im frühen Mittelalter (5.–9. Jh.). Das Quadrivium und
      der Komputus als Indikatoren für Kontinuität und Erneuerung der exakten Wissenschaften
      zwischen Antike und Mittelalter* (Sudhoffs Archiv 33), Stuttgart 1994, S. 165f.

88   Geometria tres habet partes, planimetriam, altimetriam, cosmimetriam. Planimetria pla-
      num metitur, id est, longum et latum, et extenditur ante et retro, dextrorsum et sinistror-
      sum. Altimentria altum metitur et extenditur sursum et deorsum. Nam et mare altum
      dicitur, id est, profundum, et arbor alta, id est, sublimis. Cosmos mundus interpretatur, et
      inde dicta est cosmimetria, id est mensura mundi. Haec metitur sphaerica, id est, globo-
      sa et rotunda, sicut est pila et ovum, unde etiam a sphaera mundi propter excellentiam
      dicta est cosmimetria, non quia tantum de mundi mensura agat, sed quia mundi sphaera
      inter omnia sphaerica dignior sit (Hugo von St. Viktor, *Didascalicon*, ed. Thilo Offergeld,
      Freiburg 1997, S. 178 u. 180).

interessanten Hinweis auf die soziale Relevanz der praktischen Geometrie
liefert der in Paris entstandene Traktat *Artis cuiuslibet consummatio*, der von
Stephen Victor auf 1193 datiert wurde. Noch im 13. Jahrhundert wurde eine
französische Adaptation dieses Textes angefertigt, die zusätzlich ein Kapitel
mit konkreten Aufgaben und Material für den praktischen Gebrauch enthält.[89]
Dass die praktische Geometrie in bestimmten Kreisen auf Interesse stieß, ist
freilich keineswegs verwunderlich. Paris glich im 12 und 13. Jahrhundert einer
großen Baustelle. Die berühmten gotischen Bauten des mittelalterlichen Paris
stammen alle aus dieser Zeit: der frühgotische Chor von Saint-Martin-des-
Champs, die Abteikirche Saint-Denis nördlich von Paris, die Sainte-Chapelle,
die in den 1240er Jahren im Auftrag Ludwigs IX. erbaut wurde, schließlich
die Kathedrale von Notre-Dame, mit deren Bau man im 12. Jahrhundert begonnen hatte und die gegen 1330 zu einem vorläufigen Abschluss kam. Aber
nicht nur in Paris, auch in anderen französischen Städten wurden zur selben
Zeit – durchaus nach einem agonalen Prinzip – Kathedralkirchen errichtet, so
in Noyen, Senlis, Laon, Chartres, Reims und Amiens.[90] Für solche Bauvorhaben
wurden Experten mit Sonderwissen dringend benötigt und es waren nicht zuletzt Geometriekenntnisse, über die ein Architekt verfügen musste, wie etwa
das Skizzenbuch des Baumeisters Villard de Honnecourt von ca. 1230 zeigt.[91]
Es wäre demnach zu erwarten gewesen, dass die Universität mit ihrer Lehre
auf diese Nachfrage reagiert und die praktische Geometrie, die Kunst des Vermessens, in ihren Unterricht integriert hätte. Wie bereits deutlich wurde, geschah dies jedoch nicht.

Dass man im 12. Jahrhundert dazu überging, der praktischen Geometrie ein
theoretisches Pendant an die Seite zu stellen, ist vor allem ein Resultat der
nun einsetzenden Rezeption von Euklids *Elementen*, die von Adelard von Bath
und anderen aus dem Arabischen übersetzt worden waren und die Grundlage
einer genuin spekulativen Geometrie bildeten.[92] Die Geometrie der *Elemente* ist eine demonstrative Wissenschaft, die auf Axiomen basiert und mittels

---

89   Stephen Victor, *Practical Geometry in the High Middle Ages*. Artis cuiuslibet consummatio
      and the Pratike de Geometrie, Philadelphia 1979.

90   Andreas Sohn, *Von der Residenz zur Hauptstadt. Paris im hohen Mittelalter*, Ostfildern
      2012, S. 182.

91   Carl F. Barnes, *The Portfolio of Villard de Honnecourt. A Critical Edition and Color Facsimile*
      (Paris, Bibliothèque nationale de France, MS Fr 19093), London 2016; Roland Bechmann,
      Villard de Honnecourt. La pensée technique au XIIIᵉ siècle et sa communication, Paris 1991.

92   Zu den Euklid-Übersetzungen siehe den wegweisenden Artikel von Marshall Clagett,
      „The Medieval Latin Translations from the Arabic of the Elements of Euclid with Special
      Emphasis on the Versions of Adelard of Bath", in: *Isis* 44 (1953), S. 16–42; zu Adelard allge-
      mein siehe die Beiträge in: Charles Burnett (Hg.), *Adelard of Bath. An English Scientist and
      Arabist of the Early Twelfth Century*, London 1987.

strenger Deduktion verfährt. Im Vorwort der Übersetzung, die als *Adelard III* bekannt ist, wird diese Definition der Disziplin eigens hervorgehoben: „Eine Demonstration ist jedoch eine Beweisführung, die aus ersten und wahren Prinzipien deren Folgen ableitet. So nämlich hängt die hier vorliegende *ars* zusammen, dass die Schlussfolgerungen sukzessive aus Prämissen oder Prinzipien hervorgehen".[93] Im selben Prolog unterscheidet der Verfasser zwischen einem Demonstrator und einem Praktiker in der Geometrie: Ersterer ist mit der Erklärung von Theoremen befasst, letzterer mit dem Vermessen.[94] Dieselbe Unterscheidung trifft – unter dem Einfluss der euklidischen Geometrie – Gundissalinus: Die praktische Geometrie ist unmittelbar anwendungsbezogen und richtet sich im Handwerk nach den „spezifischen Anforderungen der Arbeit" (*secundum quod species operis exigit*); die theoretische Geometrie hingegen hat die Aufgabe, „über die einzelnen Dinge Rechenschaft zu geben, und wann immer über eine Größe [...] ein Zweifel aufkommt, diesen durch Beweis auszuräumen. Ihr Ziel ist das Erlangen von Gewissheit bezüglich des Zweifels in einer gegebenen Frage".[95] Es war diese spekulative Geometrie, für die sich die Pariser Artisten – sofern sie überhaupt mit dem Quadrivium befasst waren – interessierten; sie war es, welche die Artes-Magister in das Curriculum ihrer Fakultät aufnahmen und verpflichtend für die Examensprüfung vorschrieben. Ausschließlich Euklids *Elemente* (bzw. die ersten sechs Bücher daraus) werden in den Studienführern als *„de forma"* erwähnt. Es liegt auf der Hand, dass dies Konsequenzen für den ‚Praxisbezug' des geometrischen Unterrichts hat.

Worin diese Konsequenzen bestanden, wird besonders anschaulich an einer Frage zur Disziplin der Geometrie im Studienführer *De communibus artium liberalium*, der die examensrelevante Lehre der Artes-Fakultät repräsentiert. Zur Debatte steht, ob eine unbewegliche Größe Gegenstand der Geometrie ist. Dabei wird der Einwand vorgebracht, der Turm von Notre-Dame sei eine unbewegliche Größe und müsste daher, wenn die Geometrie von unbeweglichen

---

93 Est autem demonstratio argumentatio, arguens ex primis et veris in illorum conclusionibus. Sic enim ars proposita contexta est quod sequentia necessario accidunt ex premisses aut principiis deinceps (Adelard III, *Elementa Euclidis*, Prolog, ed. Marshall Clagett, in: *Isis* 45 [1954], S. 269–277, S. 275).

94 „Officium demonstratoris est ad intelligentiam discipline theoremata explicare [...] Officium exercitatoris est mensurare". Die beiden Geometer-Typen unterscheiden sich auch hinsichtlich ihrer Instrumente: Instrumentum vero demonstratoris est radius et mensa cum pulvere. Exercitatoris vero instrumenta sunt mensure geometrie, scilicet, pertica cum palma, digitus, pes, passus, et ulna (Adelard III, *Elementa Euclidis*, Prolog, ed. Clagett, S. 274).

95 Dominicus Gundissalinus, *De divisione philosophie*, ed. Fidora/Werner, S. 212f; Übersetzung von Fidora/Werner.

Größen handelt, Gegenstand der Geometrie sein. Die Lösung dieser Frage spricht für sich: Über eine Größe könne man in zweifacher Weise sprechen, im Allgemeinen (*in universali*) und im Konkreten (*in particulari*). Nur eine Größe im Allgemeinen sei jedoch Gegenstand der Geometrie, nicht jedoch eine konkrete Größe.[96] Der Turm von Notre-Dame kann damit, als konkrete unbewegliche Größe, nicht Thema der Geometrie und der geometrischen Lehre der Artisten sein, weil diese sich ausschließlich mit allgemeinen Größen, Größen *in universali*, befasst und nicht mit Größen *in particulari*. Daran zeigt sich deutlich, dass eine Applikation auf konkrete Phänomene nicht vorgesehen war, die Geometrie des artistischen Unterrichts explizit nicht die Objekte der Architektur thematisierte und damit nicht für die Praxis bestimmt war.

Was hier für die Geometrie dargelegt wurde, hat seine Entsprechung im Hinblick auf die Arithmetik und die Musiktheorie. So wie Traktate der praktischen Geometrie, die für die Architektur hätten relevant sein können, nicht Bestandteil des Curriculums der Artes-Fakultät waren, so fanden sich dort gleichfalls keine Werke zum praktischen Rechnen oder Komponieren. *De forma* waren an der Pariser Artistenfakultät nur *De institutione arithmetica* und *De institutione musica* von Boethius, zwei Traktate, die in enger Verbindung zu einander stehen und von spekulativer Mathematik handeln.[97] Thema der boethianischen Musiktheorie war keinesfalls praktizierte Musik, wie sie in konkreten musikalischen Formen begegnet. Wer lernen wollte, wie Musik komponiert oder ausgeübt wird, wurde in diesem Werk nirgends fündig. Die Musiktheorie des Quadriviums, wie sie Boethius im 6. Jahrhundert konzipiert hatte, war epistemologisch der Arithmetik subordiniert. Während diese von Zahlen ‚an sich‘ handelt, geht es in der Musik um deren Verhältnisse, also um mathematische Proportionen.[98] Dass die Musiktheorie auf die Arithmetik als Lehre von den metaphysisch fundierten Zahlen verweist, ist eine Konsequenz der Tatsache, dass Boethius zentrale Prämissen seiner Konzeption des Quadriviums aus der platonischer Mathematiktradition übernommen hatte, in welcher den Zahlen eine prinzipiell anagogische Potenz für die Erkenntnis der ‚Wahrheit‘

---

96   Consequenter queritur utrum magnitudo inmobilis sit subiectum in geometria. [...] Preterea, magnitudo inmobilis est subiectum in geometria; turris Nostre Domine est magnitudo inmobilis; ergo, etc. [...] dico quod de magnitudine contingit loqui dupliciter: uel in universali, et sic est subiectum ibi; uel in particulari, et sic non est subiectum; de ista magnitudine inmobili tu arguis (Anonymus Artium Magister, *De communibus artium liberalium*, ed. Lafleur, S. 197).

97   John Caldwell, „The *De Institutione Arithmetica* and the *De Institutione Musica*", in: *Boethius. His Life, Thought and Influence*, hg. von Margaret Gibson, Oxford 1981, S. 135–154.

98   Boethius, *De institutione arithmetica*, ed. Gottfried Friedlein, Leipzig 1867, S. 9. Die Arithmetik handelt nach Boethius von der „multitudo quae per se est", die Musik von der „multitudo [...] quae ad aliud".

zukam.[99] An einer Stelle der *Politeia*, von der Boethius abhängt, bezeichnet Platon die Mathematik als eine der Wissenschaften, die „zur Betrachtung der wahren Welt anleiten und hindeuten".[100] Die Mathematik steht hier also in enger Beziehung zur Metaphysik. Wenn Platon in diesem Zusammenhang von ,Musik' spricht, so bezieht er sich damit auf jenes pythagoreische Konzept der ,Harmonie', deren Betrachtung „zur Erkenntnis des Schönen und Guten dient, zu anderen Zwecken aber nicht dient".[101] Das Ziel der Mathematik als Wissenschaft ist metaphysische Erkenntnis und das Studium der musikalischen Harmonie demnach der Erkenntnis metaphysischer Wahrheit verpflichtet, nicht jedoch, wie es explizit heißt, einem anderen Zweck. Boethius' Entwurf der drei Musikarten *musica mundana, musica humana* und *musica instrumentalis* beruht im Wesentlichen auf diesen platonischen Prämissen. Die Lehre von den mathematischen Proportionen der musikalischen Intervalle, die *musica instrumentalis*, verweist auf die wahren und sicheren Zahlenverhältnisse der kosmischen Harmonie, wie sie sich in der *musica mundana* manifestiert. Es ist für die hier zu diskutierenden Fragen nicht entscheidend, ob dieser philosophische Zusammenhang an der Artes-Fakultät des 13. Jahrhunderts noch eine Rolle spielte.[102] Entscheidend ist vielmehr die Tatsache, dass dieser philosophische Hintergrund des boethianischen Mathematikkonzepts dazu führte, dass die Traktate des Boethius zur Arithmetik und zur Musiktheorie, die an der Artes-Fakultät gelesen wurden, keinen Bezug zu praktischer Anwendbarkeit aufwiesen, vielmehr rein theoretischer Natur waren. Die Zahlenspekulationen in *De institutione arithmetica* hatten für praktisches Rechnen keinen Wert und die mathematischen Inhalte aus *De institutione musica* standen in keinem Verhältnis zur Musikpraxis der Gegenwart des 13. Jahrhunderts, etwa der mensuralen Mehrstimmigkeit der *ars antiqua*. Zum Komponieren zeitgenössischer Musik war die spekulative Musiktheorie nicht sonderlich hilfreich, vielmehr waren dazu praxisbezogene Traktate notwendig, die es freilich gab und die auch im 13. Jahrhundert in konkreter Auseinandersetzung mit den Entwicklungen der Praxis entstanden. Deren Lehre hatte ihren Ort jedoch gerade nicht an der Artistenfakultät, sondern im elementaren Unterricht der

99   Anja Heilmann, *Boethius' Musiktheorie und das Quadrivium. Eine Einführung in den neuplatonischen Hintergrund von „De institutione musica"* (Hypomnemata. Untersuchungen zur Antike und ihrem Nachleben 171), Göttingen 2007.

100 Platon, *Der Staat*, Stuttgart 1973, S. 239; Platon hält fest: „[...] die Zahlen führen zur Wahrheit hin" (ebd.).

101 Platon, *Der Staat*, S. 247.

102 Die *Accessus philosophorum* geben, wie noch gezeigt wird, das philosophische Konzept aus Boethius' Musiktheorie ausführlich wieder; die späteren Einführungsschriften äußern sich meistens nur sehr knapp dazu.

außeruniversitären Schulen, die mit den Institutionen der musikalischen Praxis verbunden waren.[103]

Ebenso existierten Schriften zur praktischen Arithmetik, deren Nutzen für den kaufmännischen Bereich Gundissalinus hervorgehoben hatte.[104] Der berühmte *Liber abbaci* des Leonardo von Pisa veranschaulicht zu Beginn des 13. Jahrhunderts die arabische Rechenkunst anhand konkreter Beispiele aus dem geschäftlichen Leben, so etwa bei der Zinsrechnung. Leonardo, der auch eine *Practica geometrie* verfasste, wurde mit seinen praxisrelevanten Fähigkeiten ein gefragter Mann und ein anerkannter Mathematikexperte, ein Status, der ihm handfeste finanzielle Vorteile einbrachte: Von der Kommune von Pisa erhielt Leonardo gegen Ende seines Lebens ein jährliches Gehalt für seine Expertise in finanziellen Fragen.[105] Bekannt ist zudem die Tatsache, dass auch Friedrich II. sich für die Schriften des Pisaner Mathematikers interessierte, der seinen *Liber quadratorum* von 1224/25 dem staufischen Kaiser widmete. Leonardo von Pisa aber war kein Universitätsgelehrter, sondern ein Kaufmann, der seine Kenntnisse in der Praxis und auf Reisen erworben hatte. Was die Universität Paris betrifft, so hätte er dort seine Fähigkeiten, mit denen er im praktischen Leben so erfolgreich war, weder erlangen noch als Lehrer vermitteln können. Werke wie der unmittelbar anwendungsbezogene *Liber abbaci* Leonardos fanden sich im Unterricht der Pariser Artistenfakultät ebenso wenig wie die praktischen Rechentraktate für Kaufleute in französischer und provenzalischer Sprache, die später in Frankreich entstanden.[106]

Schon im Fall der Geometrie war es erstaunlich, dass man zur selben Zeit, als in Paris der Bau der großen Kathedrale unter der Leitung versierter Experten in vollem Gange war, an der Artistenfakultät zu dem Schluss kam, dass die eigene Wissenschaft mit derartigen Dingen nicht befasst war. Nicht weniger verwunderlich ist es, dass weder die praktische Arithmetik noch die praktische Musik in der Lehre der Artes-Magister eine nennenswerte Rolle spielte,

---

103 Max Haas, „Die Musiklehre im 13. Jahrhundert von Johannes de Garlandia bis Franco", in: *Die Mittelalterliche Lehre von der Mehrstimmigkeit*, hg. von Hans Heinrich Eggebrecht et al., Darmstadt 1984, S. 89–159.

104 „Species vero practicae sunt diversitates negotiationum, in quarum unaquaque ars tota exercetur, quarum alia est scientia vendendi et emendi, alia mutuandi et accommodandi, alia est conducendi et locandi, alia est expendendi et conservandi" (Dominicus Gundissalinus, *De divisione philosophiae*, ed. Fidora/Werner, S. 186). Das Ziel der praktischen Arithmetik besteht darin, „dass bei keiner Art von Geschäft in irgendeiner Hinsicht ein Zählfehler vorkommt"; das der theoretischen Arithmetik hingegen ist „die Erkenntnis der Ordnung aller Dinge nach dem Muster der Zahlen" (S. 187).

105 Otto Mazal, *Geschichte der abendländischen Wissenschaft des Mittelalters*, Bd. 2, Graz 2006, S. 46.

106 Beaujouan, „L'enseignement de l'arithmétique élémentaire à l'Université de Paris", S. 123.

vielmehr einzig die spekulative Mathematik prüfungsrelevantes Wissen darstellte, obwohl seit dem 12. Jahrhundert die Gewerbe und der Handel auf dem
nördlichen Seineufer florierten, mithin Paris zu einem aufblühenden Wirt-
schaftszentrum machten,[107] und seit eben dieser Zeit in Paris eine äußerst
lebendige und in Europa einzigartige Musikkultur zu finden war.[108] Die Lage
der Astronomie schließlich ist im Grundsätzlichen jener der anderen drei quadrivialen Disziplinen durchaus ähnlich, wenngleich sie sich etwas weniger eindeutig gestaltet. In jedem Fall lässt sich feststellen, dass an der Artes-Fakultät
der Universität Paris während des 13. Jahrhunderts keine astrologischen Bücher gelesen wurde, deren Kenntnis für die Prognostik und eine Karriere als
Hofastrologe wichtig gewesen wäre. Die Astrologie hatte in Paris vielmehr –
im Gegensatz zu den italienischen Universitäten – einen äußerst schwierigen
Stand, was nicht zuletzt auch schlicht durch die Präsenz einer theologischen
Fakultät bedingt war. Wie noch zu zeigen sein wird, ist die Polemik Roger Bacons gegen die Theologen, die eine so nützliche Disziplin wie die Astrologie
denunzieren, ein aufschlussreiches Zeugnis für die Ablehnung, die diesbezüg-
lich in Paris existierte.

Die Astrologie aber stieß an den europäischen Fürstenhöfen auf steigende Nachfrage, was nicht zuletzt der Hof Friedrichs II. bezeugt. Michael Scotus, der seinen astrologischen *Liber introductorius* auf Wunsch des Kaisers
verfasst hatte, erscheint in den Handschriften dieses Werks regelmäßig als
astrologus Frederici imperatoris.[109] Statt der praxisbezogenen und in vielen
außer-wissenschaftlichen Belangen nützlichen Astrologie wurde an der Pariser Artes-Fakultät jedoch der Sphären-Traktat des Johannes de Sacrobosco
gelehrt, ein Werk, das eher als spekulative Astronomie bezeichnet werden
muss und keine astrologischen Inhalte enthält. Dennoch ist Sacroboscos *De
sphera* nicht so praxisfern und abstrakt wie etwa die *Institutio arithmetica* von
Boethius. Zwar findet sich darin in der Tat kein astrologisches Material, das
direkt in der Praxis hätte appliziert werden können, aber dennoch handelte
der Text von den Sphären, Planeten, Sternzeichen und irdischen Klimazonen,
wobei es sich um Themen handelt, die zwar für sich noch nicht astrologisch
sind, aber doch für die Astrologie eine Relevanz haben.[110] Es hängt mit dieser
Gegebenheit zusammen, dass gerade im Bereich der Astronomie einzelne Pariser Artisten versuchen sollten, neben ihrer Beschäftigung mit spekulativer

---

107   Sohn, *Von der Residenz zur Hauptstadt*, S. 109–124.

108   Andreas Traub, „Das Ereignis Notre Dame", in: *Die Musik des Mittelalters*, hg. von Hartmut
       Möller/Rudolf Stephan (Neues Handbuch der Musikwissenschaft 2), Laaber 1991,
       S. 239–271.

109   Wolfgang Stürner, *Friedrich II*, Bd. 2: *Der Kaiser 1220–1250*, Darmstadt 2003, S. 411.

110   Thorndike, *The Sphere of Sacrobosco and its Commentators*.

Universitätsastronomie, die auf Wahrheit zielt, den sozialen Nutzen ihres Wissens über astrologische Betätigungen zu explizieren und sich damit wieder in Beziehung zur nicht-wissenschaftlichen Welt zu setzen. Doch dies ist Thema eines späteren Kapitels.[111]

• • •

Das Resümee dieses Abschnitts über die praktische Relevanz des artistischen Curriculums im 13. Jahrhundert kann kurz ausfallen. Es hat sich gezeigt, dass in keiner der Disziplinen, die Gegenstand des regulären Unterrichts an der Artes-Fakultät waren, etwas vermittelt wurde, das man tatsächlich als ,angewandtes Wissen' bezeichnen könnte, welches in späteren ,Berufen' und Karrieren nützlich wäre. Wer Kaufmann, Architekt, Musiker, Astrologe, Kanzleischreiber oder Administrator werden wollte, dem nutzte ein Studium an der Artes-Fakultät äußerst wenig bzw. für den gab es andere Orte als die Pariser Artistenfakultät, um sich seine praktischen Fertigkeiten anzueignen. Die Vorstellung, ein Großteil der Artes-Studenten habe – ohne jemals nach den ,höheren' Fakultäten zu streben – die Universität für einige Zeit besucht, um sich Wissen anzueignen, mit dem er danach im ,Leben' sein Auskommen zu suchen gedachte, muss im Hinblick auf die praktische Verwertbarkeit des in Paris vermittelten Wissens fraglich erscheinen. Vielmehr war es das Prestige der Institution, welches für eine Karriere, etwa in der Kirche, von Nutzen war, nicht jedoch das konkrete Wissen, welches an der Artistenfakultät kommuniziert wurde, oder der Bestand an Texten, für den man sich dort interessierte. Von ,praxisorientierter Ausbildung' kann in diesem Kontext keine Rede sein.

Peter Classen ließ in seiner klassischen Studie „Die hohen Schulen und die Gesellschaft im 12. Jahrhundert" beiläufig die Bemerkung fallen: „Die Schulen des 12. und die ausgebildete Universität des 13. Jahrhunderts haben sich nie das Ziel gesetzt, die Höfe und Städte mit Fachleuten zu versorgen".[112] Diese Feststellung – die bei Classen ein Zugeständnis an die Gegenseite ist – trifft auf die Artes-Fakultät der Universität Paris in vollem Maße zu. Ob dies jedoch von ,der Universität' insgesamt gesagt werden kann, scheint angesichts der zur selben Zeit immer deutlicher hervortretenden Professionalisierung der Juristen und Mediziner, deren Studium, worauf noch einmal zurückzukommen ist, bereits weitgehend auf die ,berufliche Praxis' ausgerichtet war, keinesfalls so eindeutig.

---

111   Siehe unten Kap. 7.
112   Peter Classen, „Die hohen Schulen und die Gesellschaft im 12. Jahrhundert", in: Peter Classen, *Studium und Gesellschaft im Mittelalter*, hg. von Johannes Fried, Stuttgart 1983, S. 1–26, S. 25.

Die in diesem Sinne zu konstatierende interne Heterogenität der Universität, die in Kapitel 2 schon zur Sprache kam, lässt die grundsätzliche Kontroverse zwischen Peter Classen und Herbert Grundmann in anderem Licht erscheinen. Wenn Classen der These Grundmanns, die primären Gründe für die Entstehung der Universität seien nicht „Bedürfnisse der Berufsausbildung" oder „sozialökonomische Impulse", sondern das „wissenschaftliche Interesse, das Wissen- und Erkennenwollen" gewesen, die sozialen Bedingungen entgegenhält, sich dabei aber selbst nicht zuletzt auf die Karrieremöglichkeiten der Juristen beruft,[113] dann werden zwei Logiken gegeneinander ausgespielt, die unterschiedlichen kommunikativen Feldern entstammen, verschiedenen sozialen Gruppen angehören und von denen keine jemals ‚die Universität' insgesamt bestimmt hat, weder in den Anfängen noch in der Gegenwart. Während ökonomische Anreize ein nicht zu unterschätzender Beweggrund für die Juristen gewesen sein mögen, kann dies von den Dialektikern des 12. Jahrhunderts, den Ahnherren der Artistenfakultät, nicht ohne weiteres gesagt werden. Die Bedürfnisse der Berufsausbildung und der *amor sciendi* sind zwei verschiedene Faktoren, die zwei unterschiedliche Wissenschaften auf den Weg brachten, in denen jeweils einer der beiden Impulse dominant, wenn auch vielleicht nicht alleinherrschend war. Die Tatsache aber, dass in der mittelalterlichen Universität etwas „zusammenwuchs, was nicht zusammengehörte",[114] ist der Grund dafür, dass eine *monokausale Erklärung* für die Entstehung der Universität – wie man sie, zumindest tendenziell, sowohl Grundmann als auch Classen unterstellen darf – nicht befriedigen kann.

Die beiden heterogenen, nicht miteinander kompatiblen Prinzipien setzten sich in der Universität fort. Die Philosophie war (und ist) keine lukrative Wissenschaft, aber – wie schon in Kapitel 2 deutlich wurde – sie wollte es auch gar nicht sein. Die Einsicht dieses Unterkapitels, dass die Lehre der Philosophen an der Universität Paris einen Kult der Theorie pflegte, mithin – der sozialen Identität der Artes-Magister entsprechend – geradezu ‚praxisfeindlich' war, *obwohl* es in allen gesellschaftlichen Bereichen einen hohen Bedarf an praktischem Wissen gab, ist eine weitere Bestätigung der Tatsache, dass es sich bei den wissenschaftlichen Aktivitäten der Artisten um ein Stück „wenig bequemer, durch die übliche Bedürfnisstruktur der Gesellschaft kaum erklärbarer Lebensform" handelte.[115]

---

113   „Zumindest eine Wissenschaft wurde an jedem Hof täglich praktisch gebraucht: die Rechtswissenschaft" (Classen, „Die hohen Schulen und die Gesellschaft", S. 10).

114   Rexroth, „Wie einmal zusammenwuchs".

115   Mittelstraß, „Wissenschaft als Lebensform", S. 27.

3.3   Unpraktisches Wissen?

Es ist im vorausgehenden Unterkapitel einige argumentative Mühe darauf verwendet worden, den Nachweis zu erbringen, dass der Wissensbestand der Pariser Philosophen – auf eine Formel gebracht – nutzlos und unpraktisch ist. Diese Annahme beruhte wesentlich auf der Feststellung, dass im Curriculum der Artistenfakultät ‚nutzlose‘ Texte gelesen wurden, etwa die aristotelische *Metaphysik*, die *Physik*, *De anima*, *De generatione et corruptione*, die Traktate der *grammatica speculativa*, Euklids *Elemente* oder *De institutione musica* von Boethius, sämtlich Texte, welche in den philosophischen Systematiken der *theoretischen* Philosophie angehören, die in Paris dominierte. Und selbst der zentrale Referenztext der ‚praktischen Philosophie‘, die *Nikomachische Ethik* von Aristoteles, bot offenbar doch weniger nützliche Inhalte, als man geneigt wäre anzunehmen. Doch so verführerisch diese Sichtweise auf den ersten Blick auch erscheinen mag, sie birgt die Gefahr einer unzulässigen Simplifizierung. Die Naivität, die eine Darstellung mit sich brächte, welche davon ausginge, Texte oder Wissensbeständen seien ‚an sich‘ nützlich oder nicht nützlich, liegt im Postulat eines substantialistischen Textbegriffs. Die Gegenstände des artistischen Curriculums waren nicht Teil eines Essenzen-Kosmos, der aus Dingen bestünde, die *per definitionem* ‚praktisch‘ oder ‚unpraktisch‘ wären. Der Grund für die Praxisferne der philosophischen Inhalte an der Pariser Artistenfakultät lag weniger in den substantiellen Qualitäten der gelesenen und kommentierten Texte, als vielmehr in der Art und Weise, *wie* diese Texte gelesen und kommentiert wurden, mit anderen Worten: nicht in der Wirkung, sondern in der Rezeption. Geht man von dieser konstitutiven Funktion der Rezeption, also von einer aktiven Rezeption aus, dann stellt sich jedoch im selben Moment unweigerlich die Frage nach den Bedingungen, welche diese aktive Rezeption konditionierten und reglementierten. Es sollen an dieser Stelle die Überlegungen aus Kapitel 2 zur Aristoteles-Rezeption noch einmal aufgegriffen und mit Blick auf die hier erörterten Zusammenhänge vervollständigt werden.

Wenn die Erörterung des angerissenen Problems somit differenziertere Parameter erfordert als die binäre Opposition von praktisch/unpraktisch, dann kann die zentrale Frage dieses Kapitels nicht mehr darin bestehen, ob die Philosophie grundsätzlich einen Nutzen für nicht-philosophische Belange hat. Vielmehr wird es nötig sein, die Kategorie des ‚Nützlichen‘ im Folgenden konsequent zu ‚relativieren‘, d.h. stets daraufhin zu befragen, in welchem diskursiven Kontext philosophisches Wissen aktualisiert wird, bzw. wo, für wen und zu welchem Zweck ein philosophischer Text ‚nützlich‘ ist. So banal dies zunächst klingen mag: Es wird sich im weiteren Verlauf dieses Kapitels zeigen, dass die entscheidende Frage hinsichtlich des Nutzens der Philosophie jene nach dem kommunikativen Raum ist, innerhalb dessen auf philosophisches Wissen Bezug genommen wird. Die Bedeutung und die Finalität der Philosophie sind ein Produkt jener diskursiven Zusammenhänge, deren interne Mechanismen die *Aktualisierung* eines Textes, die *Konkretisierung* eines Wissensbestands bewerkstelligen. Philosophische Werke sind dabei als ‚offene Texte' zu betrachten, die in verschiedenen sozialen Systemen mit unterschiedlichen Inhalten ‚gefüllt' werden, bzw. – anders formuliert – deren polysemisches Überangebot von Sinn, welches ihre ‚Komplexität' ausmacht, im Akt der Rezeption dadurch reduziert wird, dass der Rezipient Sinn selegiert und in einen neuen Horizont einliest. Geht man jedoch von verschiedenen, systemspezifischen Rezeptionskontexten aus, so mussten diese zu divergierende Konkretisationen der komplexen – und eben dadurch ‚offenen' – Rezeptionsobjekte führen. Dieselben Texte, die an der Artistenfakultät in selbstreferentieller Weise ausgelegt wurden, ohne sie auf einen äußeren Zweck zu beziehen, erscheinen an den drei höheren Fakultäten in gänzlich anderen Zusammenhängen. Hier wurden die Werke des Aristoteles – der theoretischen wie der praktischen Philosophie gleichermaßen – auf ‚nützliche' Weise verwendet und für konkrete Ziele, die außerhalb der Philosophie, ja sogar jenseits der Wissenschaft insgesamt lagen, funktionalisiert. Dies war eine Rezeption des philosophischen Wissens, welche derjenigen der Artistenfakultät diametral entgegenstand.

3.4 Der Kommunikationsraum der Artistenfakultät – Nichts als die Wahrheit

Die Aristoteles-Exegese der Artisten hatte zunächst kein anderes Ziel als das Verständnis des Textes, der ihren Ausgangs- und Zielpunkt bildete. Die Methode, derer man sich bediente, um die naturphilosophischen Schriften des Aristoteles zu erklären, beruhte auf jener epistemischen Praxis, die durch die Dominanz der Logik bereits seit dem Beginn des Jahrhunderts an der Artes-Fakultät fest etabliert war, nämlich der dialektischen Wahrheitsfindung. Das epistemische Prinzip der Dialektik, der *habitus discernendi verum a falso*, wurde als internalisierte Denkform, die durch das Studium erworben wurde, zur Grundlage des philosophischen Systems. Die Logik, deren zentrale Leitunterscheidung im Gegensatz von *verum/falsum*[116] bestand, entfaltete auf

---

116 [...] aut uerum et falsum, et sic logica (Olivier le Breton, *Philosophia*, ed. Lafleur, S. 485); Logica est de uero, propter hoc recipit diuisionem penes diuisionem ueri (Adenulph von Anagni, *Triplex est principium*, ed. Claude Lafleur, in: Lafleur/Carrier [Hg.], *L'enseignement de la philosophie au XIIIe siècle*, S. 421–446, S. 428); [...] conuenit habere scientiam [...] de

diese Weise eine expansive Potenz, welche die Operationen der Philosophie insgesamt prägte. Die Argumente von Aristoteles in einem dialektischen Modus auf ihre ‚Wahrheit' hin zu prüfen, wurde somit zur primären Praxis der Philosophen.

Es ist daher nur konsequent, dass Artes-Magister wie Aegidius von Orléans und die Anonymi von Erlangen und Erfurt den *„philosophus"*, also die eigene soziale Rolle, als *„professor veritatis"* definieren.[117] Dies aber galt für ihr gesamtes Arbeitsgebiet: Lag das Ziel der theoretischen Philosophie explizit in der *„ueritas uel speculatio"*,[118] so richtete sich die praktische Philosophie zwar zunächst auf die *bonitas*, doch ging es dabei – im Sinne einer *cognitio bonitatis* – letztlich ebenfalls um das *verum*. Radulphus Brito behandelt in seinem Ethikkommentar die Frage, ob der praktische und der spekulative Intellekt verschiedene Potenzen der Seele sind: *vtrum intellectus practicus et speculatiuus sint diuerse potentie anime*. Er kommt zu dem Schluss, der spekulative und der praktische Intellekt seien keine unterschiedlichen seelischen Potenzen, obwohl sie auf verschiedene Dinge zielen: ersterer beziehe sich auf das *„verum absolute ut speculabile est"*, letzterer auf das *„verum ut operabile est"*.[119] Es hängt eben mit dieser Sichtweise zusammen, dass ein Kommentar zur *Nikomachischen Ethik* vor allem die Absicht hatte, die ‚Wahrheit' über das Gute und die Tugenden auf einer grundsätzlichen Ebene zu diskutieren, und nicht darauf aus war, diese Reflexionen auf konkrete Probleme der Gegenwart zu beziehen. Wurden hier Fragen aufgeworfen wie *Utrum felicitas consistat in pecuniis*, dann zielte die Diskussion auf allgemeine Einsichten, auf zeitlose Wahrheiten, keinesfalls auf partikulare Aspekte der Lebenspraxis. Die Selbstreferentialität der Dialektik, wie sie weiter oben beschrieben wurde, setzte sich damit in der Aristoteles-Exegese der Artisten fort, indem in textbezogenen *Questiones* wahre von falschen Aspekten unterschieden und die logische Kohärenz der aristotelischen Aussagen erprobt wurde.

Dass die Philosophie aber in diesem Sinne einer dialektisch inspirierten exegetischen Praxis auf sich selbst, und nicht auf etwas äußeres bezogen war,

---

ueritate dicenda, que est logica (Arnulf von der Provence, *Divisio scientiarum*, ed. Lafleur, S. 337); Logica est ars discernendi uerum et falsum (Anonymus Artium Magister, *De communibus artium liberalium*, ed. Lafleur, S. 155); sowie besonders Roger Bacons *Summulae dialectices* aus den 1240er Jahren: Logica vero secundum, quod est scientia, est habitus discernendi verum a falso per regulas, sive maximas sive dignitates, quibus comprehendimus veritatem locutionis per nosmetipsos vel cum aliis (Roger Bacon, *Summulae dialectices*, ed. de Libera, S. 172).

117   Dazu oben Kap. 2.6.

118   Olivier le Breton, *Philosophia*, ed. Lafleur, S. 481.

119   Radulphus Brito, *Questiones super librum Ethicorum*, ed. Costa, S. 476.

manifestierte sich schon bald auch im Bewusstsein der Artes-Magister selbst, die sich einschlägig dazu äußerten. Radulphus Brito schreibt im Prolog seines Kommentars zu den *Sophistischen Widerlegungen*: „Die Philosophie macht jedoch den Menschen frei, denn, wie aus dem Proömium der Metaphysik hervorgeht, frei ist das, was um seiner selbst willen besteht und nicht für etwas anderes da ist".[120] Die Philosophie ist für Radulphus ‚frei', weil sie nur um ihrer selbst willen betrieben wird und keinem äußeren Zweck dient. In diesem, auf die ‚Freiheit' des Philosophen bezogenen Sinne heißt es im Prolog seines Metaphysikkommentars: „Ebenso ist es in der Wissenschaft, denn eine Wissenschaft, die für sich selbst (*propter se*) besteht, ist frei; eine Wissenschaft jedoch, die auf etwas anderes als auf ‚Wissen' hingeordnet ist, ist sklavisch. Da aber die Philosophie lediglich für das ‚Wissen' da ist (*tantum propter scire*), so ist also die Philosophie, ebenso wie ihr Besitzer, frei".[121] Dabei ist sich Radulphus vollkommen darüber im Klaren, was dies für die Frage nach der Nützlichkeit der Philosophie bedeutet. Dies geht aus einer Stelle hervor, an welcher der bretonische Philosoph den Begriff der *„ars liberalis"* diskutiert. Eine *scientia liberalis*, so Radulphus, heißt unter anderem deshalb *„liberalis"*, weil sie nicht auf den Nutzen des Lebens hingeordnet ist (*non ordinatur ad commoda vitae*); daher sind alle *scientiae speculativae „liberales"* und nur die *mechanicae* sind *„serviles"*.[122]

Die Abgrenzung von den *artes mechanicae*, die bereits in Kapitel 2 thematisiert wurde, ist schließlich wiederum aufschlussreich für die Situation der praktischen Philosophie. An die einschlägige Stelle im Prolog des anonymen Ethikkommentars von Paris, BnF, lat. 16110, darf hier noch einmal erinnert werden. Nachdem der Artes-Magister die *artes factice*, die sich, wie etwa beim Bau eines Hauses, auf eine äußere Materie beziehen, von denjenigen *artes* unterscheidet, die nicht in eine *materia extrinseca* hinüberreichen, ordnet er die Moralphilosophie der letzteren Gruppe zu. Denn von dieser Art ist die *scientia moralis*, die als *ars de moribus* den Menschen regelt, und die nicht in eine

---

120   Philosophia etiam facit hominem liberum, quia, sicut apparet prooemio Metaphysicae, liberum est quod est gratia sui ipsius et non gratia alterius (Radulphus Brito, *Questiones super Sophisticos elenchos*, ed. Sten Ebbesen/Jan Pinborg, in: *Classica et Mediaevalia* 33 [1981–1982], S. 263–319, S. 283).

121   Similiter est in scientia, quia scientia quae est propter se est libera, scientia autem ad aliud ordinata quam ad scire est servilis. Cum ergo philosophia sit tantum propter scire, philosophia ergo erit libera et possessorem suum facit liberum (Radulphus Brito, *Questiones in Metaphysicam*, ed. Ebbesen, S. 243).

122   Uno modo potest intelligi scientia liberalis vel dicitur scientia liberalis quae non ordinatur ad commoda vitae. Et sic omnes scientiae speculativae sunt liberales, et sic mechanicae solum sunt serviles (Radulphus Brito, *Questiones in Metaphysicam*, ed. Ebbesen, S. 246).

außerhalb ihrer selbst liegende Materie hinüberreicht, sondern allein auf ihre eigene Materie bezogen, d.h. selbstreferentiell ist.[123] Genau im gleichen Sinne differenziert der ehemals Jakob von Douai zugeschriebene Ethikkommentar, BnF, lat. 14698, zwischen *artes mechanicae* und *scientia moralis*: erstere reicht „*in materiam exteriorem*" hinüber, letztere nicht.[124] Die Ethikkommentare der Artistenfakultät verließen den Rahmen der Moralphilosophie nicht. Die Artes-Magister diskutierten moralphilosophische Fragen stets im Allgemeinen, ohne sie auf eine ‚äußere Materie‘, etwa die konkreten lebenspraktischen Bedürfnisse ihrer Zeitgenossen, anzuwenden. Die zentrale ‚Botschaft‘, welche die Kommentare vermitteln, war vielmehr, dass das höchste Glück des Menschen in der philosophischen Spekulation besteht, womit gerade die Selbstgenügsamkeit und nicht die Nützlichkeit der Philosophie begründet wurde. Wie sich später noch zeigen wird, sollte bei Vertretern anderer Fakultäten, in anderen Kontexten und mit anderen Adressaten, ein gänzlich anderer Zugriff auf den hier zugrunde liegenden Text, die *Nikomachische Ethik* des Aristoteles, begegnen.

Die Selbstreferentialität der Philosophie, der theoretischen wie der praktischen, ging mit einer Entwicklung einher, die nun schon mehrfach zur Sprache kam und für die Frage nach der praktischen Relevanz der Philosophie von großer Bedeutung ist: die in allen wissenschaftlichen Aktivitäten der Artistenfakultät anzutreffende Tendenz zur Verallgemeinerung, zur immer weiteren *Abstraktion*. Dass wahre Wissenschaft nicht mit Einzeldingen, sondern mit Universalien befasst ist, ist eine zentrale Prämisse der aristotelischen Wissenschaftstheorie, welche die Artisten in den *Zweiten Analytiken* formuliert fanden. Petrus Hispanus, dessen Identität freilich umstritten ist, hebt in seinem *De anima*-Kommentar dieses Prinzip der Wissenschaft hervor. Petrus stellt die Frage: „*utrum abtractio sit necessaria in scientia naturali*". Die Antwort lautet: „*Scientia est de aliquo fixo, finito et stabili. Singularia vero sunt infinita, instabilia et non fixa. Ergo de ipsis non est scientia*".[125] Doch nicht nur in den *Zweiten Analytiken*, auch in den Aristoteles-Kommentaren des Averroes konnten die Artes-Magister das Ideal der Universalisierung finden. Nicht das Entstehen und Vergehen der Einzeldinge, sondern die *causae universales* des Entstehens und Vergehens sind dessen Erkenntnisziel. Der hier vertretene rezeptionstheoretische Ansatz würde es allerdings verbieten, in dem Abstraktionsstreben der Pariser Artisten, das sich auf so vielen Gebieten, wie in der

---

123 Vnde ars que transit in nullo extrinseco nisi in materiam sui ipsius est ut scientia moralis et talis ars est de moribus ipsius hominis eo quod regulat hominem in eis que non transeunt in materiam sibi extrinsecam (Anonymus Artium Magister, *Questiones super librum Ethicorum*, BnF, lat. 16110, Prolog, ed. Costa, S. 109).

124 Anonymus Artium Magister, *Questiones super librum Ethicorum*, ed. Costa, S. 129.

125 Zit. nach Lohr, „The New Aristotle and ‚Science'", S. 264f.

Genese der spekulativen Grammatik, manifestiert, lediglich die ‚Wirkung' der Vorgaben zu sehen, welche aus den *Zweiten Analytiken* und von Averroes übernommen wurden. Die entscheidende Voraussetzung dafür, dass eine spekulative Grammatik entstehen konnte, ist nicht primär in der Verfügbarkeit der aristotelischen Wissenschaftstheorie zu sehen, wie Jan Pinborg glaubte.[126] Die Tendenz, sich von den Einzeldingen der Welt ab- und der Spekulation allgemeiner Prinzipien und Strukturen zuzuwenden, ist aufs Engste verflochten mit dem Bestreben der Artes-Magister, sich von den Angelegenheiten der äußeren Welt, den konkreten Phänomenen des praktischen Lebens, wie sie in den Beschäftigungen der *artes mechanicae* oder in der Politik begegnen, abzugrenzen. Dies aber war ein Resultat der sozialen Identität der Philosophen, deren distinktives Merkmal eben in ihrer Praxisferne bestand. Es darf an die Bemerkung des Johannes Vath erinnert werden, der auf die Frage, ob ein Philosoph Fürst sein sollte, geantwortet hatte, ein Philosoph würde sich mit solchen Dingen, mit denen Fürsten befasst seien, nicht beschäftigen, da er sich nur der Spekulation widme.[127] Ein Gemeinplatz in den philosophischen Einführungen besagt, Tätigkeiten *„in foro"* seien schädlich für die Aktivitäten *„in studio"* und umgekehrt.[128] Radulphus Brito hält in seinem Kommentar zu den *Sophistici elenchi* fest, ein Kümmern um die Dinge der Welt würde nur vom eigentlichen Ziel, dem Wissen, abhalten. Unter Berufung auf Ptolemäus betont er, derjenige werde weiser sein, der sich weniger darum sorgt, in wessen Hand die Welt liegt. Durch die Philosophie aber werde der Mensch von diesen weltlichen Sorgen befreit.[129] Und schon in den 1240er Jahren hatte der damalige Pariser Artes-Magister Roger Bacon in seinen *Summulae dialectices* die auf Vervollkommnung des Intellekts zielenden *artes liberales* – deren Aufgabe es ist, das „Wahre" ohne den Gebrauch manueller Arbeit zu erkennen (*inveniendo et iudicando*

---

126 Pinborg, „Speculative Grammar", S. 255.
127 [...] principes multam curam habent de agibilibus. Sed philosophus de talibus non curat, sed de hiis que pertinent ad speculationem (Johannes Vath, *Determinationes*, BnF, lat. 16089, fol. 75v). Dazu ausführlicher in Kap. 7.
128 Nam secundum Auicennam qui bonus est in foro pessimus est in studio, et econuerso, quoniam una uirtus retrahit aliam et retardat (Anonymus Artium Magister, *Ut testatur Aristotiles*, S. 101f); Et hoc est quod dicit Auicena quod qui bonus est in foro pessimus est in studio, et econuerso; nam una uirtus retrahit aliam, ut innuit philosophus (Anonymus Artium Magister, *Ut ait Tullius*, ed. Dahan, S. 49).
129 Alii sunt qui impediuntur a fine proprio hominis qui est scire propter curam mundanorum, quia Ptolemaeus dicit in principio Almagesti inter proverbia: Ille sapientior erit qui minus curat in cuius manu sit mundus. Modo per philosophiam homo ab ista cura mundanorum liberatur (Radulphus Brito, *Questiones super Sophisticos Elenchos*, ed. Ebessen/Pinborg, S. 281); in seinem Ethikkommentar unterscheidet Radulphus die „philosophi" dadurch von Königen und Fürsten, dass sie „contemplantes veritatem" sind (siehe oben Kap. 2.6).

verum in signis sine operatione manuali) und von den Dingen der Welt zu befreien (*liberant hominem a curis saecularibus*) –, scharf von den handwerklichen *artes mechanicae* abgegrenzt, die den Intellekt auf das Zeitliche lenken und von seinem eigentlichen Erkenntnisziel wegführen (*inclinando ipsum totaliter ad res temporales et inferiores, cum deberet res perpetuas et superiores inspicere*).[130]

Diese praxisferne Identität der Artes-Magister, die aus den Perzeptions- und Distinktionsprozessen erwachsen war, welche im Laufe des 13. Jahrhundert das Verhältnis der Artisten zu den anderen Fakultäten sowie zur nicht-wissenschaftlichen Umwelt bestimmt hatten, diese Identität muss als konstitutives Element jener Rezeptionsbedingungen gesehen werden, unter denen die Aufnahme der aristotelischen Wissenschaftstheorie stattfand. Die sozialen Bedingungen der Aristoteles-Rezeption an der Artes-Fakultät bestanden ganz wesentlich in der Absicht der Artisten, sich von den anderen Fakultäten und der äußeren ‚Welt' zu unterscheiden, eine Strategie, die zur Profilierung einer eigenen philosophischen Identität diente. Doch war mit diesen Distinktionsmaßnahmen ebenso das Bestreben verbunden, den eigenen Arbeitsbereich, die eigene wissenschaftliche Praxis aus der propädeutischen Rolle zu befreien, die der Philosophie von Seiten der Theologen traditionell zugeschrieben wurde. Das Bedürfnis nach Eigenständigkeit brachte damit eine umso stärkere Affinität zu einer eigenwertigen, selbstgenügsamen, zwecklosen Philosophie hervor. Die Selbstreferentialität der Philosophie, die sich im 13. Jahrhundert einstellte, war daher nicht weniger als die Tendenz zur Abstraktion mit einer Strategie der Distinktion verbunden, welche die soziale Identität der Philosophen konstituierte. Es ist daher in keiner Weise verwunderlich, dass der selbstreferentielle Kommunikationszusammenhang, der die Philosophie als soziales System ausmacht, auf Praxisferne, Weltskepsis, Abstraktion und Universalisierung ausgerichtet war. Es war dieser kommunikative Zusammenhang, in den die *Zweiten Analytiken* und die Kommentare von Averroes eingelesen wurden und in dem sie ihre ‚Wirkung' erst entfalten konnten. Die praxisferne Identität der Philosophen war die entscheidende Bedingung für die entsprechende Rezeption der aristotelischen Wissenschaftstheorie, die dann freilich die schon bestehende Tendenz noch weiter verstärkte und erst in ihre endgültige und explizite Form brachte. Die *Zweiten Analytiken* ermöglichten den Artisten, das zu explizieren und in eine diskursive Form zu gießen, was zuvor nur als unartikuliertes Verlangen, als stummer Impetus in der Luft lag. Das Verhältnis zwischen dem Text und seinen Rezipienten war ein durch

---

130 Roger Bacon, *Summulae dialectices*, ed. de Libera, S. 171f; dazu oben Kap. 2.5.1.

und durch ‚dialektisches'. Eben darin liegt die *mittelbare* Prägung der intellektuellen Arbeit durch ihre sozialen Kontexte.[131]

3.4.1   Das System und die Mathematik

Der Prozess, der zur Genese des artistischen Kults der Theorie führte, tritt vor diesem Hintergrund deutlicher zu Tage. Grundlage der Tendenz zur Abstraktion war das Ideal des βίος θεωρητικός, welches immer auch als distinktives Merkmal philosophischer Identität fungierte. Die *Zweiten Analytiken* und der Wissenschaftsbegriff des Averroes trafen an der Pariser Artistenfakultät auf spezifische Rezeptionsbedingungen, unter welchen sie produktiv rezipiert wurden und zur Konstitution eines Kommunikationsraums beitrugen, der auf Verallgemeinerung, Theorie und Selbstreferenz abzielte. Diese grundlegende Voraussetzung erklärt allerdings ebenfalls, warum man sich an der Artes-Fakultät der Universität Paris in erster Linie, wenn nicht gar ausschließlich, für die rein theoretische Seite der Mathematik interessierte. Dass nur die Werke der spekulativen Mathematik Eingang ins reguläre Curriculum fanden, liegt nicht etwa an ihrer Wirkung, sondern daran, dass nur an der theoretischen Richtung ein entsprechendes Interesse bestand, welches die Rezeption regulierte. Es entsprach dieser ‚interessegeleiteten Rezeptionseinstellung'[132] daher in vollem Maße, dass die Mathematik in der Wissenschaftssystematik des Aristoteles eben der theoretischen Philosophie angehörte, wie man im sechsten Buch der Metaphysik lesen konnte.[133] Damit wurde die Mathematik – wenn auch vor allem auf wissenschaftstheoretischer Ebene – in jenen Zusammenhang gestellt, den die Artes-Magister am stärksten mit ihrem Ideal des philosophischen Lebens verbanden. Der einzige Zweck der spekulativen Disziplinen, die – mit der Metaphysik an der Spitze – um ihrer selbst willen betrieben werden, besteht für Radulphus Brito in der Vervollkommnung des Intellekts und der Flucht vor dem Unwissen.[134] Dass die drei „realen" Disziplinen der theoretischen Philosophie, die Metaphysik, Mathematik und Naturphilosophie, ihr Ziel in sich selbst tragen (*habent finem in se*), wie etwa

---

131 Dazu oben Kap. 1.3.
132 Zu diesem Begriff siehe die Überlegungen von Martin Zenck, „Entwurf einer Soziologie der musikalischen Rezeption", in: *Die Musikforschung* 33 (1980), S. 253–279.
133 Aristoteles, *Metaphysik*, Buch VI, Kap. 1.
134 Modo scientiae speculativae secundum Philosophum sunt gratia sui, scilicet propter perfectionem intellectus et propter fugam ignorantiae. Ideo istae reddunt hominem liberum (Radulphus Brito, *Questiones super Sophisticos Elenchos*, ed. Ebbesen/Pinborg, S. 283 u. 285).

der Ethikkommentar BnF, lat. 14698 betont,[135] war eine epistemologische
Prämisse, welche das grundsätzliche Interesse an den mathematischen Schriften prägte. Das Bestreben der Philosophen, sich nicht vergänglichen Einzeldingen, sondern universellen Gründen zuzuwenden, bestimmte demnach
ebenso ihr Verhältnis zur Mathematik.

Es ist daher nur folgerichtig, dass Größen *in particulari*, wie der Turm von
Notre-Dame, nicht Gegenstand der Geometrie sind, die sich nur mit Größen *in
universali* befasst. Dieser Zusammenhang aber war es – dies wird in späteren
Kapiteln wichtig sein –, der den Rahmen des Zugriffs auf die boethianischen
Traktaten über Arithmetik und Musiktheorie bildete. Keine konkreten musikalischen Formen, sondern die mathematischen Proportionen der Intervalle
waren in *De institutione musica* zu finden. Die platonische Prämisse, unter der
Boethius sein Mathematikkonzept formuliert hatte, also die Voraussetzung,
dass das Studium der Zahlen die Erkenntnis metaphysischer Wahrheit ermöglicht, bediente die Rezeptionshaltung der Artisten prinzipiell, auch wenn
dieser philosophische Ansatz aufgrund des geringen Umfangs der mathematischen Studien nicht systematisch aufgegriffen und elaboriert wurde. Die
mathematische Traktate, die Boethius in platonischer Tradition verfasst hatte,
wurde an der Artistenfakultät vor dem Hintergrund eines sozial bedingten und
von Aristoteles inspirierten Wissenschaftsideals gelesen, welches einen Kult
der Theorie pflegte.

Die *Accessus philosophorum*, in den 1230er Jahren von einem anonymen
Artes-Magister verfasst, stellen ein frühes Beispiel für das grundsätzliche In-
teresse der Artisten an den Prinzipien des Boethius dar. Der Zweck der spe-
kulativen Mathematik, so heißt es dort, ist die Erhebung des menschlichen
Intellekts zur Erkenntnis der von der Materie und der Bewegung abstrahierten
Dinge.[136] Die theoretische Musik dient der Erkenntnis der *causae* und *ratio-
nes* von allem, was harmonisch zusammengefügt ist. Da aber die Dinge des
Kosmos harmonisch komponiert sind, führt die Erkenntnis der Harmonie zur
Erkenntnis des kosmischen Seins.[137] Auch wenn sich das Interesse an der Ma-

---

135   „[...] que habent finem in se, sicut scientia diuina, mathematica et naturalis" (Anonymus
        Artium Magister, *Questiones super librum Ethicorum*, ed. Costa, S. 128f).
136   Et dicimus quod prima utilitas est eleuatio intellectus humani [...] ad cognitione abstrac-
        tarum specierum siue separatarum a motu et materia secundum intellectum (Anonymus
        Artium Magister, *Accessus philosophorum*, ed. Lafleur, S. 185).
137   Causa finalis uel utilitas musice, secundum quod est theorica, est informatio intellectus
        humani in cognitione causarum et rationum omnis eius ex quo armonie componuntur. Et
        ex hac informatione intellectus nostri egreditur utilitas respectu rei universe, quia, cum
        substantia rei uniuerse consistat in compositione armonica, cognita compositione et na-
        tura consonantiarum armonicarum, inducimur ad cognitionem esse uniuersi (Anonymus
        Artium Magister, *Accessus philosophorum*, ed. Lafleur, S. 204f).

thematik an der Artes-Fakultät insgesamt in Grenzen hielt und ihr metaphysisches Erkenntnispotenzial nie im von Boethius gedachten Sinne dezidiert umgesetzt wurde, so lassen sich an der zitierten Stelle unschwer die Prinzipien der Verallgemeinerung und Abstraktion erkennen, welche die wissenschaftlichen Aktivitäten der Pariser Artes-Magister beherrschten und ihrem Ideal des theoretischen Lebens entsprachen.

3.4.2   *Selbstreferenz und Nützlichkeit*

Der philosophische Kommunikationsraum wurde im Vorausgehenden als ‚selbstreferentiell‘ beschrieben. Was dies für die soziale Nützlichkeit der Philosophie bedeutet, hatte Radulphus Brito an der schon in Kapitel 2 zitierten Stelle prägnant zum Ausdruck gebracht. Der Position der Juristen und Mediziner, die der Meinung sind, die Philosophie sei nichts wert, weil sie keinen Nutzen habe und man durch sie nichts verdienen könne,[138] hielt Radulphus die umgekehrte Sicht entgegen: „Sie wollen nämlich, dass die Wissenschaften, die auf etwas anderes zielen, mehr wert sind als jene, die auf sich selbst zielen; dies jedoch ist falsch".[139] Die Philosophie, so geht aus dieser Denkweise hervor, ist also deshalb nicht nützlich und lukrativ, *weil sie auf sich selbst zielt*, während die lukrativen Wissenschaften gerade deshalb einen Nutzen haben, *weil sie auf etwas anderes zielen*. Im gleichen Sinne hatte Konrad von Megenberg festgehalten, die Männer der Philosophie kümmerten sich nicht um eine äußere Nützlichkeit, weil sie nur mit der Erkenntnis der Wahrheit befasst seien.[140] Petrus von Auvergne wiederum hatte die Feststellung des Alberts Magnus, das politische Glück sei nützlicher als das kontemplative, als irrtümlich und absurd zurückgewiesen, weil dieser Vergleich (*utilior*) impliziere, dass das kontemplative Glück ebenfalls, wenn auch in geringerem Maße, nützlich sei. Dies aber könne, so Petrus, nicht sein, da das kontemplative Glück in diesem Fall auf ein außerhalb seiner selbst liegendes Ziel gerichtet und nicht mehr selbst das höchste Ziel wäre.[141] Auch hier werden *Nützlichkeit* und *Selbstbezug* als Gegensätze wahrgenommen, die einander ausschließen. Die Selbstbeschreibungen

---

138   [...] ad quid enim scientie tue ualent nisi tibi ualeant? – dicunt ipsi – et nisi per ipsas possis lucrari? Quasi dicant: nichil ualent (Radulphus Brito, *Questiones super librum Meteorologicorum*, siehe oben Kap. 2.5.2).

139   [...] uolunt enim quod ille scientie que sunt propter aliud plus ualeant quam ille que sunt propter se, quod tamen est falsum (Radulphus Brito, *Questiones super librum Meteorologicorum*, siehe Kap. 2.5.2).

140   Nichil enim quondam exteriorum viri philosophie sollicitauerant utilitatum, sed totus laborum suorum in hoc finis congregatus est, ut originum et rerum originatarum cognoscerent veritatem (Konrad von Megenberg, *Ökonomik*, ed. Krüger, Bd. 3, S. 21).

141   Toste, „Role of the Philosopher", S. 298ff; siehe oben Kap. 2.

der Philosophie zeigen demnach deutlich, dass die internen Mechanismen des philosophischen Systems eine nützliche Anwendung in der äußeren Welt schlicht nicht vorsahen, ja sogar dezidiert ausschlossen. Die philosophische Kommunikation war auf Wahrheit ausgerichtet, nicht auf Nützlichkeit. Allenfalls ein Nutzen innerhalb des eigenen Systems war mit dieser Disposition kompatibel: Das oben angeführte Zitat aus den *Accessus philosophorum* sah die *utilitas* der theoretischen Musik in ihrer Funktion für metaphysische Erkenntnis und Boethius von Dacien hatte den Nutzen der Grammatik mit Blick auf die theoretische Philosophie bestimmt.[142]

3.4.3   *Die Philosophen und die ‚Erfahrung'*

Dass der somit definierte Kommunikationsraum der Philosophie dafür verantwortlich ist, dass die Werke von Aristoteles und die Referenztexte der *artes liberales* an der Pariser Artistenfakultät auf selbstreferentielle Weise rezipiert, an anderen Fakultäten jedoch mitunter nützlich angewandt wurden, ist in vieler Hinsicht aufschlussreich für die Frage, wie die Rezeption philosophischer ‚Texte' in den verschiedenen Wissenschaften funktionierte. Der Zugriff der Artisten auf die aristotelischen Schriften war ein *selektiver Zugriff*, eine Bezugnahme, welche aus der Fülle aller möglichen Sinnbildungen eine bestimmte Selektion aktualisierte und auf diese Weise Komplexität reduzierte. Im Rahmen dieses Kapitels über die Funktionslogik des artistischen Kommunikationsraums soll abschließend ein letzter Aspekt hervorgehoben werden, der für spätere Betrachtungen relevant sein wird und der mithilfe des hier entwickelten Ansatzes in ein neues Licht gerückt werden kann. Die Rede ist von einer Paradoxie der artistischen Aristoteles-Rezeption, die sich so unmerklich in die wissenschaftliche Praxis der Artes-Fakultät eingeschlichen hat, dass sie von der Forschung meistens gar nicht wahrgenommen, jedenfalls nie in dieser Form diskutiert wird.[143] Es ist oftmals darauf hingewiesen worden, dass man sich in der Philosophie seit dem 13. Jahrhundert verstärkt an der ‚Erfahrung' orientierte.[144] Beruft man sich dabei darauf, dass „die Magister" nun

---

142   Boethius von Dacien, *Modi significandi sive Questiones super Priscianum Maiorem*, ed. Pinborg/Roos, S. 18; dazu Kap. 3.2.

143   Siehe allerdings – aus anderer Perspektive – die Thesen von John E. Murdoch, „The Analytic Character of Late Medieval Learning: Natural Philosophy without Nature", in: *Approaches to Nature in the Middle Ages*, hg. von Lawrence D. Roberts, Binghamton 1992, S. 171–213; und Edward Grant, „Medieval Natural Philosophy: Empiricism without Observation", in: *The Dynamics of Aristotelian Natural Philosophy from Antiquity to the Seventeenth Century*, hg. von Cees Leijenhorst/Christoph Lüthy/Johannes M.M.H. Thijssen (Medieval and Early Modern Science 5), Leiden 2002, S. 141–168.

144   Das hier angesprochene Problem wird in Kapitel 5.5.2 wieder aufgegriffen; siehe die dort zitierte Literatur.

zunehmend auf die Erfahrung rekurrierten, so handelt es sich bei den Denkern, die diesen Vorgang belegen sollen, allerdings um eine verhältnismäßig kleine und, wie noch auszuführen sein wird, spezielle Gruppe: Robert Grosseteste, Albertus Magnus und Roger Bacon in erster Linie.[145] Doch wie verhält es sich damit an der Artistenfakultät, wo, wenn man es so sehen möchte, die Masse der Philosophen aktiv war und tagtäglich ‚normale Wissenschaft‘ praktizierte? Wenn die Artisten sich extensiv mit der Erkenntnistheorie und der Naturphilosophie des Aristoteles befassten, ja an ihrer Fakultät ein Paradigma etablierten, dass auf aristotelischen Prämissen basierte, dann wäre hier doch prinzipiell eine ähnliche Tendenz zu vermuten, handelt es sich bei Aristoteles doch bekanntlich um einen konsequenten ‚Empiriker‘.

Zwar steht das Wissen von allgemeinen Gründen und Prinzipien in der aristotelischen Wissenschaftstheorie grundsätzlich über der auf Einzeldinge bezogenen Erfahrung, die aus akkumulierten Erinnerungen besteht und ein Wissen vom Dass, nicht ein Wissen vom Warum darstellt. Doch sind Wahrnehmung, Erinnerung und die daraus gewonnene Erfahrung bei Aristoteles dennoch konstitutive Bestandteile des induktiven Erkenntnisprozesses, der zu den Prinzipien führt.[146] Der Erkenntnis setzt für Aristoteles bei der Wahrnehmung des Einzelnen an und gelangt schrittweise zum Allgemeinen. Denn allgemeine Prinzipien können für Aristoteles nicht apriorisch erfasst werden, wie Platon glaubte, dessen Theorie Aristoteles dezidiert ablehnt. Der Ansatz bei den Einzeldingen ist für Aristoteles unumgänglich, da es nicht möglich ist, Dinge intuitiv, d.h. unmittelbar, zu erkennen, die nicht in der Materie verwirklicht den Sinnen gegeben sind.[147] Die geläufige Rede vom ‚Empirismus‘ des Aristoteles beruht auf der entscheidenden Rolle, welche die Wahrnehmung und die Erfahrung in der aristotelischen Erkenntnistheorie spielen. Diese Prämissen

---

145   Siehe etwa Theodor W. Köhler, „Sachverhaltsbeobachtung und axiomatische Vorgaben. Zur Struktur wissenschaftlicher Erfassung konkreter Äußerungsweisen des Menschlichen im 13. Jahrhundert", in: *Erfahrung und Beweis. Die Wissenschaften von der Natur im 13. und 14. Jahrhundert*, hg. von Alexander Fidora/Matthias Lutz-Bachmann, Berlin 2007 S. 125–150, der in diesem Zusammenhang immer wieder von „den Magistern" des 13. Jahrhunderts spricht; Jürgen Sarnowsky spricht von „der Naturphilosophie", bezieht sich aber für das 13. Jahrhundert vor allem auf Roger Bacon, ansonsten auf Denker des 14. Jahrhunderts (Jürgen Sarnowsky, „Expertus – experientia – experimentum. Neue Wege der wissenschaftlichen Erkenntnis im Spätmittelalter", in: *Das Mittelalter* 17 [2012], S. 47–59).

146   Aristoteles, *Zweite Analytiken*, Buch II, Kap. 19; Aristoteles, *Metaphysik*, Buch I, Kap. 1.

147   Wolfgang Detel, „Logic and Experience in Aristotle", in: Fidora/Lutz-Bachmann (Hg.), *Erfahrung und Beweis*, S. 3–10; Walter Heß, „Erfahrung und Intuition bei Aristoteles", in: *Phronesis* 15 (1970), S. 48–82; Ingrid Craemer-Ruegenberg, *Die Naturphilosophie des Aristoteles*, Freiburg 1980.

gehen jedoch nicht nur aus den erkenntnistheoretischen Ausführungen des
Aristoteles hervor, sie konnten auch im Oeuvre des Philosophen beobachtet
werden, wenn dort Prinzipien durch induktives Vorgehen, auf der Grundlage
von Beobachtungen, gewonnen werden.

Die aristotelische Philosophie enthielt demnach, so lässt sich festhalten,
ein Konzept des Empirismus, einen Begriff der *experientia*, und damit eine
Vorgabe, die bei entsprechender Rezeption hätte aktualisiert werden können.
Eine produktive Aneignung des *experientia*-Begriffs, wie er bei Aristoteles angelegt ist, konnte Grundlage einer erfahrungsbasierten Naturphilosophie sein,
die ihre Erkenntnisse über ein empirisches Vorgehen gewinnt, aus eigenen
Beobachtungen ableitet. Doch in den Quellen der Pariser Artistenfakultät, in
der Hochburg der Aristoteles-Rezeption, findet sich – jedenfalls im 13. Jahrhundert – nichts dergleichen.[148] Ganz im Gegenteil: Was sich an der Artes-
Fakultät des 13. Jahrhunderts konstituierte, war eine Kommentierungspraxis,
die sich im Wesentlichen darauf beschränkte, die naturphilosophischen Texte
des Stagiriten (in denen ein empirisches Verfahren vorgeführt wurde) zu interpretieren und zu erklären.[149] Dies aber entsprach einer Buchwissenschaft,
die fernab jeder Empirie ihre Prinzipien nicht aus der Erfahrung, sondern aus
Büchern gewann. Hätten die Artisten hingegen Aristoteles nachgeahmt – und
auch dies wäre eine mögliche, im Grunde sogar naheliegende Rezeptionsweise
gewesen – dann hätte dies bedeutet, dass die Artes-Magister selbst *per experientiam* versucht hätten, neue Prinzipien aufzufinden, von denen dann deduktiv Konklusionen zu gewinnen gewesen wären. Dies geschah aber nicht:
Man übernahm die Prinzipien ungeprüft aus den Büchern von Aristoteles und
deduzierte davon *conclusiones*, statt wie Aristoteles selbst bei der *empeiria* anzusetzen, um eigenständig induktiv zu Prinzipien zu gelangen.

Dieser Befund müsste aber doch zunächst überraschen, wenn man mit
Charles Lohr davon ausgeht, dass Aristoteles – der Forscher, der Entdecker, wie
Lohr formuliert – das große Vorbild der Artisten war, die in ihm ein neues Para-
digma des Forschens fanden.[150] Wenn die Artes-Magister aber wie Aristoteles

---

148   Der Zustand, der hier für das 13. Jahrhundert beschrieben wird, wird – dies sei bereits
      vorweggenommen – im 14. Jahrhundert aus bestimmten Gründen eine signifikante
      Veränderung erfahren; dazu unten Kap. 7.2.

149   Siehe etwa, als typische Produkte der Artes-Fakultät, den anonymen Physikkommentar
      von ca. 1270: Anonymus Artium Magister, *Questiones super Physicam*, ed. Albert
      Zimmermann (Quellen und Studien zur Geschichte der Philosophie 11), Berlin 1968; sowie
      Aegidius von Orléans, *Questiones super De generatione et corruptione*, ed. Kuksewicz;
      Anonymus Artium Magister, *Lectura in librum De anima*, ed. Gauthier.

150   „But in him they found a new paradigm [...]. In Aristotle, the Philosopher, they found the
      researcher, the questioner, – or to use Aristotle's own words, the hunter, the discoverer,
      the seeker" (Charles Lohr, „The Medieval Interpretation of Aristotle", S. 91).

sein wollten, warum wurden sie dann nicht selbst zu Entdeckern, zu ‚Empiristen‘, wie ihr Vorbild, der Philosoph? Wenn Aristoteles als Vorbild *per viam inventionis* verfuhr,[151] bevor er verallgemeinerte, warum nicht seine Epigonen, die sich an ihm orientierten? Die Antwort auf diese Fragen muss darin gesehen werden, dass die Artisten nicht den ‚ganzen Aristoteles‘ rezipierten, dass sie nicht alle Sinnoptionen, alle möglichen Inhalte, die man hätte sehen können, alle Imperative, die man hätte ableiten können, nicht das gesamte schillernde Sinnspektrum, das den Texten potentiell innewohnte, übernahmen oder übernehmen konnten. In der Rezeption der Schriften wurde eine Selektion vorgenommen, anderer Sinn selegiert; was die Artes-Magister mit ihrer spezifischen Rezeptionseinstellung aus den aristotelischen Schriften herausfilterten, war allem der auf Verallgemeinerung zielende Wissenschaftsbegriff, während der Begriff der *experientia* kein paradigmenkonstituierendes Element wurde, jedenfalls nicht für die eigene epistemische Praxis. Die polysemischen Schriften boten als offene Texte verschiedene Möglichkeiten der Rezeption, unter denen die Artisten wählen mussten. Die Artes-Magister traten an die Texte des Aristoteles mit einer bestimmten Rezeptionshaltung, sie lasen unter einem spezifischen Modus, der nur bestimmte Selektionen vorsah.

Diese aktive Rezeption, welche die Komplexität, Pluralität und Polysemie der Texte reduziert, indem sie „als systemeigenes Handeln nur noch vergleichsweise wenige Möglichkeiten zulässt“,[152] war das Ergebnis von Rezeptionsbedingungen, die sich bereits zuvor konstituiert hatten und den Zugriff auf die Texte regulierten. Das Interesse der Artes-Magister galt aber vor allem der Universalisierung, dem Wissen vom Allgemeinen, nicht den empirisch erfassbaren Einzeldingen, für deren Erschließung die ‚Erfahrung‘ jenseits von Büchern notwendig war. Wie in späteren Kapiteln dieser Arbeit deutlich werden wird, war es nicht zuletzt diese Tatsache, dass die Philosophie der Universität eine Buchwissenschaft ohne Bezug zur Erfahrung war, welche die Polemik mancher Kritiker provozieren sollte. Eine textbezogene Wissenschaft, deren Aufgabe in der Interpretation von Büchern lag, die ihre Schlussfolgerungen aber weder durch Erfahrung gewann, noch an der Erfahrung überprüfte, war ein Angriffspunkt für solche Autoren, die ein an der praktischen Erfahrung orientiertes Wissenschaftskonzept entwarfen, das der nutzlosen und selbstreferentiellen Universitätsphilosophie gegenüberstand. Diese Autoren beriefen sich mitunter *ebenfalls* auf Aristoteles; aber sie rezipierten Aristoteles auf andere Weise, sie selegierten anderen Sinn und zogen daher aus dem Aristotelismus andere

---

151   „His practice was aimed at the acquisition of new knowledge, at discovery, at the via inventionis" (Charles Lohr, „The Medieval Interpretation of Aristotle", S. 95).
152   Luhmann, *Legitimation durch Verfahren*, S. 41.

Konsequenzen als die Artes-Magister, die im Rahmen des Paradigmas schrieben, das an der Universität herrschte.

3.5   Philosophisches Auswärtsspiel: Die Kommunikationsräume der ‚oberen' Fakultäten

Die Annahme einer kommunikationsraumspezifischen Rezeption der philosophischen Referenztexte soll in diesem Abschnitt fruchtbar gemacht werden für eine Kontrastierung der kommunikativen Logik, nach welcher das philosophische System operierte, mit jenen Prinzipien, die den Umgang mit Philosophie an den anderen drei Fakultäten prägten. Nur auf diese Weise kann die Spezifik des artistischen Kommunikationsraums bestimmt und der Kontext erschlossen werden, der das Problem der sozialen Relevanz der Philosophie konditionierte und Reflexionen über dieses Problem stimulierte. Gezeigt werden soll dabei, dass die Philosophie nur innerhalb der Artistenfakultät in prinzipieller Weise als ‚operational geschlossen', als ‚selbstreferentiell' bezeichnet werden kann. Dies kann einige Klarheit über die Thesen von der Selbstreferentialität, der ‚Autonomie' und der ‚Nutzlosigkeit' *der* Philosophie verschaffen, die nicht ohne weiteres plausibel werden, wenn man nicht konsequent nach kommunikativen Räumen, nach systemeigenen Diskurslogiken differenziert. Denn die Gegner dieser Thesen könnten freilich argumentieren, *die* Philosophie könne wohl kaum als ‚selbstreferentiell' bezeichnet werden, wenn sie doch von zahlreichen Gelehrten des 13. Jahrhunderts in mehrfacher Hinsicht funktionalisiert und für verschiedene Ziele vereinnahmt wurde; vor diesem Hintergrund muss es tatsächlich als irreführend und inadäquat erscheinen, von einer ‚autonomen' und erst recht von einer ‚nutzlosen' Philosophie zu reden. Die entscheidende Frage aber ist, in welchen diskursiven Zusammenhängen eine solche Funktionalisierung stattfand, wo, von wem und zu welchem Zweck philosophische Inhalte und Werke rezipiert und ‚nützlich' angewandt wurden. Die Philosophie, so soll in der vorliegenden Arbeit argumentiert werden, ist ausschließlich *innerhalb* der Artes-Fakultät grundsätzlich selbstreferentiell und in diesem Kontext gleichzeitig ‚nutzlos'; im Kommunikationsraum der höheren Fakultäten hingegen wurde sie mitunter zu konkreten Zwecken in Anspruch genommen, d.h. – aus der Perspektive der Philosophie – fremdreferentiell appliziert. Diese Differenz zwischen den Fakultäten wird jedoch erst erklärbar, wenn man die heterogenen operativen Logiken in den Blick nimmt, nach denen die einzelnen Wissenschaften verfahren und die dafür verantwortlich sind, dass Artisten, Mediziner, Juristen und Theologen in unterschiedlicher Weise auf Texte zugreifen, d.h. *dieselben Texte* mit verschiedenen Rezeptionseinstellungen aktualisieren. Dieser Umstand aber ist einer der Gründe dafür, dass es ‚die Philosophie' des 13. Jahrhunderts nicht gibt.[153]

Dass sich die Vertreter aller Fakultäten der Philosophie bedienten, betont Konrad von Megenberg in seiner *Ökonomik*. Während der Mediziner gewissermaßen auch ein Philosoph ist, weil er sich mit Naturphilosophie beschäftigt, so der Jurist, da er mit Moralphilosophie zu tun hat. Der Theologe hingegen ist von der Metaphysik her, der *philosophia divina*, teilweise ein Philosoph. Sind die Vertreter der höheren Fakultäten somit in ihren Wissenschaften jeweils mit einem bestimmten Gebiet der Philosophie befasst, dessen Bücher sie folglich neben ihren eigenen Referenztexten benutzen, so unterscheiden sich die Artisten von ihnen dadurch, dass sie für alle Bereiche der Philosophie zuständig sind: Sie beschäftigen sich, anders als die Mediziner, Juristen und Theologen, in ihrer Wissenschaft sowohl mit Naturphilosophie als auch mit Moralphilosophie und mit Metaphysik. Aus diesem Grund, so hält Konrad in der bereits zitierten Formulierung fest, wird der Artist „Philosoph *par excellence*" genannt.[154]

An diesem Beispiel werden bereits zwei Dinge deutlich: Die Artes-Magister repräsentieren das gesamte Wissensgebiet der Philosophie, sie sind die Philosophen *par excellence*, da sie – im Gegensatz zu den Vertretern der anderen Fakultäten – mit allen Bereichen des philosophischen Wissensbestands befasst sind. Die anderen Gelehrten, die Theologen, Juristen und Mediziner, greifen ebenfalls auf die Bestände der Philosophie zurück, aber sie tun dies offenbar auf eine andere Weise, aus einem anderen Impetus heraus, nämlich um diese Bestände in ihrer eigenen Wissenschaft für ihre eigenen Belange zu gebrauchen. Dem Systematisierungsbemühen Konrads entspricht es, dass er dabei verschiedene Bereiche des philosophischen Wissens den jeweiligen Wissenschaften zuordnet und man gewinnt den Eindruck, als sei diese Zuteilung exklusiv. Damit ist jedoch nur die halbe Wahrheit gesagt. Tatsächlich kann eine derartige Verteilung philosophischer Teilgebiete auf die einzelnen Fakultäten nur bedingt behauptet werden, auch wenn jede Fakultät tendenziell ein verstärktes Interesse an bestimmten Sektoren der Philosophie hatte. Dass die Mediziner in der Tat eine größere Affinität zur Naturphilosophie hatten als die Juristen, steht weitgehend außer Frage, doch spielte die Ethik in allen ‚oberen'

---

153 Es sei noch einmal auf die systemspezifische Aneignung exogener Elemente verwiesen: Stichweh, *Die zwei Kulturen*; siehe dazu auch die Erörterung in Kap. 1.3.

154 Medicus eciam quidam philosophus est naturalis immediate a ramis incipiens rerum naturalium quarundam; radices autem earum phisico dimittit. Iurista philosophus est a philosophia quadam morali [...]. Theologus philosophus est a philosophia divina. Sed quoniam artiste de omnibus loquuntur materiis iam enumeratorum philosophorum, [...] igitur artista verus anthonomasice et per excellenciam philosophus nominatur (Konrad von Megenberg, *Ökonomik*, ed. Krüger, Bd. 3, S. 26).

Fakultäten eine Rolle. Im Folgenden soll ein Blick auf diese Zusammenhänge geworfen werden, um zu erörtern, wie in den anderen Wissenschaften mit philosophischen Inhalten und Konzepten umgegangen wurde. Es wird sich zeigen, dass dies ein – aus der Sicht der Philosophie selbst formuliert – *fremd*referentieller Umgang ist, welcher der *selbst*referentiellen Diskurslogik der Artes-Fakultät widerspricht.

3.5.1   *Philosophie in Rechtswissenschaft und Medizin*
Dass die Juristen grundsätzlich auf die Texte der praktischen Philosophie rekurrierten, um ihre jeweiligen Anliegen argumentativ zu unterstützen, wurde bereits in der Darstellung Konrads deutlich. Auch an anderer Stelle lässt Konrad die Nähe der Juristen zur ‚Moral‘ anklingen, was auf ihre Verwendung der Moralphilosophie verweist.[155] In der Tat bedienten sich die Juristen bei der *Nikomachischen Ethik*, aber auch bei der *Politik* des Aristoteles, um Argumente zu finden und für konkrete Fälle zu adaptieren. Eine nicht weniger wichtige Rolle spielte allerdings die Logik, die auch für Juristen ein unerlässliches Hilfsmittel war. Bezeichnend ist etwa die Aneignung und Applikation der logischen *loci*, die besonders seit der Wiederentdeckung der *Topik* von Aristoteles im 12. Jahrhundert ausführlich in logischen Traktaten, wie der *Dialectica* von Abaelard oder dem berühmten *Tractatus* des Petrus Hispanus, behandelt wurden. Die *loci* der Logik, die freilich ebenso bei den Theologen in Sentenzenkommentaren und Bibelkommentaren Verwendung fanden, wurden von den Juristen für ihre rechtswissenschaftlichen Belange angeeignet, wozu sie eigene Listen nützlicher *loci* anlegten (*loci loicales per leges probati*). Für ihre praktischen Bedürfnisse korrelierten sie die *loci*, die sie in logischen Traktaten fanden, mit Passagen aus dem jeweiligen *Corpus iuris*, um ihre konkrete Anwendung im Bereich des Rechts zu veranschaulichen und zu legitimieren.[156] Dies ist ein bezeichnendes Beispiel dafür, wie die Juristen mit der Logik in ihrer eigenen Wissenschaft verfuhren. Die logischen *loci* wurden hier für die Zwecke der Rechtswissenschaft nützlich angewandt, ja sogar an die eigenen praktischen Erfordernisse angepasst.

Dass die *artes liberales* und die Naturphilosophie für das Studium und die Praxis der Medizin von hoher Bedeutung sind, ist eine Anschauung, die von Medizinern immer wieder artikuliert wurde.[157] In medizinischen Kommenta-

155   [...] quia circa res publicas humane sollicitantur moralitatis (Konrad von Megenberg, *Ökonomik*, ed. Krüger, Bd. 3, S. 22).
156   Siehe dazu: Olga Weijers, „Between Logic and Law: the loci loicales of the Jurists", in: Weijers, *Études sur la Faculté des arts*, S. 399–409.
157   Charles B. Schmitt, „Aristotle among Physicians", in: *The Medical Renaissance of the Sixteenth Century*, hg. von Andrew Wear et al., Cambridge 1985, S. 1–15; siehe auch

ren wurden sowohl syllogistische Beweisverfahren als auch die Schriften von Aristoteles sowie Traktate der *artes liberales* ausgiebig benutzt. Der Kommentar des Pariser Mediziners Jacques Despars zum *Canon* von Avicenna zitiert nicht nur die naturphilosophischen Werke wie die *Physik*, *De anima*, *De vita et morte*, *De caelo*, *De animalibus*, *De generatione et corruptione* oder *De vegetabilibus et plantis*, sondern auch die *Topik*, die *Kategorien*, die *Zweiten Analytiken*, die *Metaphysik* und die *Nikomachische Ethik*.[158] Von besonderer Bedeutung für die Medizin war die Astronomie/Astrologie, derer sich die Pariser Mediziner regelmäßig bedienten.[159] Der Einfluss der Gestirne war in der Medizin ebenso relevant wie die Lehren über den menschlichen Körper, die in der Naturphilosophie gefunden werden konnten. Die systematische Übernahme philosophischer Inhalte und Prinzipien zu medizinischen Zwecken war eine Praxis, welche die Mediziner im *Canon* Avicennas, also einem der zentralen Texte der Universitätsmedizin,[160] bereits als Konzept vorformuliert fanden. Für Avicenna gehören Gründe, welche die Konstitution des menschlichen Körpers ‚an sich‘ – also unabhängig davon, ob er gesund oder krank ist – betreffen, nicht zur Disziplin der Medizin, sondern zur Naturphilosophie. Diese Gründe soll der Mediziner als Prinzipien aus der Philosophie übernehmen, d.h. als Vorgaben, die er nicht selbst noch einmal beweisen muss. Sie dienen ihm dann bei der Suche nach jenen Gründen, die Gegenstand seiner Wissenschaft sind, nämlich den Gründen der Gesundheit und der Krankheit.[161] Die Rezeption der aristotelischen Naturphilosophie an der medizinischen Fakultät entsprach weitgehend diesem Muster: Der Mediziner übernimmt Prinzipien aus der Naturphilosophie und verwendet sie in seinem kommunikativen Zusammenhang, der nicht auf die Konstitution des Körpers ‚an sich‘ (um ihrer selbst willen) zielt, sondern auf die Erhaltung oder Wiederherstellung der Gesundheit, und damit einen konkreten therapeutischen Zweck hat.

Diese Haltung der Mediziner gegenüber der Philosophie und den *artes liberales* begegnet schließlich auch in einem Dokument der medizinischen

---

allgemein: Cornelius O'Boyle, *The Art of Medicine. Medical Teaching at the University of Paris, 1250–1400* (Education and Society in the Middle Ages and Renaissance 9), Leiden 1998.

158 Siehe die Liste der Quellen bei Danielle Jacquart, *La médecine médiévale dans le cadre parisien, XIVe–XVe siècle*, Paris 1998, S. 539f.

159 Danielle Jacquart, „Médecine et astrologie à Paris dans la première moitié du XIVe siècle", in: *Filosofia, scienza e astrologia nel Trecento europeo*, hg. von Graziella Federici Vescovini/ Francesco Barocelli, 1992, S. 121–134.

160 Nancy Siraisi, „Die medizinische Fakultät", in: Rüegg (Hg.), *Geschichte der Universität in Europa*, Bd. 1, S. 321–342, S. 335.

161 Danielle Jacquart, „Lectures universitaires du Canon d'Avicenne", in: *Avicenna and his Heritage*, hg. von Jules Janssens/Daniel de Smet, Leuven 2002, S. 313–324, S. 322f.

Fakultät von Paris, das später noch einmal in anderem Zusammenhang zur Sprache kommen wird: Das *Compendium de epidemia*, das die Pariser Mediziner im Oktober 1348 auf Anfrage König Philipp VI. zur Erklärung der Ursachen der Pest verfassten, beruft sich mehrfach auf aristotelische oder pseudo-aristotelische Schriften sowie astrologische Texte. Das erklärte Ziel des ganzen Werks, in dem philosophisches Wissen produktiv rezipiert wird, ist es, gezielte Ratschläge und Hilfsmittel für die Bekämpfung der Pest zu liefern, und dies aus Ergebenheit gegenüber der königlichen Autorität ebenso wie um des Gemeinwohls willen.[162] Die praktische Finalität der Schrift bestimmt damit die *Rezeptionseinstellung* gegenüber den verwendeten Quellen. So stützten die Doktoren der Medizin etwa ihre Argumente auf die Aristoteles zugeschriebene Schrift *De causis proprietatum elementorum* und auf den Kommentar von Albertus Magnus zu diesem Werk, um zu belegen, dass es vor allem die Konjunktion der Planeten Saturn, Mars und Jupiter am 20. März 1345 gewesen sei, welche die Pest auf den Weg brachte, da sie eine tödliche Verpestung der Luft zur Folge gehabt habe.[163] Während der Planeten-Konjunktion seien verdorbene Nebel (*vapores corrupti*) aus der Erde und aus dem Wasser aufgestiegen, welche die Luft vergiftet hätten. Der dabei zugrunde liegende Begriff des ‚Verderbens‘ (*corruptio*), auf dem die Erklärung des Pariser Kompendiums und anderer medizinischer Pesttraktate beruhte, stammt aber aus *De generatione et corruptione* von Aristoteles, der in dieser Schrift das Konzept des Verderbens für Prozesse der sublunaren Welt definiert.[164] Grundsätzlich ist Aristoteles im Gutachten der Mediziner neben Galen und Avicenna eine der Hauptquellen für die Inhalte und Anschauungen, auf die man sich bezog. Auch bei den Ratschlägen zur Lebensführung, welche die Menschen vor den Gefahren der Pest bewahren sollten, ist es ein Begriff aus der *Nikomachischen Ethik*, nämlich jener der ‚Mitte‘ (*mesotes*), der dabei bestimmend ist.[165] Das Pariser Pest-Gutachten von 1348 zeigt damit in signifikanter Weise eine *aktive Rezeption* philosophischer Texte, die nicht um ihrer eigenen Interpretation willen gelesen, sondern

---

162   [...] nos omnes et singuli Magistri de Collegio Facultatis medicorum Parisius, ad mandatum Illustrissimi Principis et domini nostri serernissimi domini Philippi, Francorum Regis, incitati, utilitati etiam publice intendere cupientes (Medizinische Fakultät von Paris, *Compendium de epidemia*, S. 70 u. 72).

163   Medizinische Fakultät von Paris, *Compendium de epidemia*, ed. Emile Hippolyte Rebouis, Paris 1888, S. 76.

164   Jon Arrizabalaga, „Facing the Black Death: Perceptions and Reactions of University Medical Practitioners", in: *Practical Medicine from Salerno to the Black Death*, hg. von Luis García-Ballester et al., Cambridge 1994, S. 237–288, S. 286.

165   Arrizabalaga, „Facing the Black Death", S. 273.

zu einem praktischen Zweck, zur Lösung eines aktuellen Problems und zu konkreten Ratschlägen herangezogen wurden.

3.5.2   De reductione philosophiae ad utilitatem: *Theologische Zugänge*

Im Falle der Theologie knüpft der hier zu diskutierende Sachverhalt freilich an ein altes Problem an. Die gesamte Thematik des konfliktreichen Verhältnisses von Philosophie und Theologie, die in der Verurteilung von 1277 sinnfällig repräsentiert wird, spielt hier mit herein. Die Theologen erkannten das Autonomiepostulat von Philosophen wie Boethius von Dacien nicht an und sahen die Philosophie vielmehr in ihrer traditionell dienenden Rolle als Propädeutik der Theologie. Die Philosophie hatte demnach aus Sicht der Theologen sowie der Kirche ausschließlich dann eine Daseinsberechtigung, wenn sie unmittelbar – oder mittelbar wie bei Thomas von Aquin – dem Glauben dient, d.h. für die Theologie ,nützlich' ist. Auf diesen Zusammenhang sei an dieser Stelle nicht weiter eingegangen. Es mag genügen, in allgemeinem Sinne darauf zu verweisen, dass Theologen wie etwa Bonaventura, der eine autonome Philosophie energisch bekämpfte, das weltliche Wissen stets als funktional für den Glauben betrachteten und diese Sichtweise in ihrer wissenschaftlichen Praxis umsetzten. Bibelkommentare und Sentenzenkommentare griffen regelmäßig auf die Philosophie und die *artes liberales* zurück, um diese für ihre Zwecke zu gebrauchen. Da die Naturphilosophie von den Dingen dieser Welt handelt und in der Heiligen Schrift von solchen Dingen die Rede ist, muss der Theologe die Naturphilosophie kennen und verwenden, um den Literalsinn der Schrift verstehen zu können. Die profanen Disziplinen im Dienst der Bibelexegese – dies war das alte patristische Ideal, welches die Kirchenväter zur Legitimation des weltlichen Wissens formuliert hatten.[166]

Das durch dieses Ideal geprägte Verhältnis der Theologen zur profanen Wissenschaft bestimmte die Art und Weise, wie in theologischen Schriften im Allgemeinen mit Philosophie umgegangen wurde. Dies gilt für Sentenzen- und Bibelkommentare wie für theologische Summen. Anders verhält es sich freilich zunächst bei den Aristoteles-Kommentaren eines Thomas von Aquin, der dort weitgehend von theologischen Aspekten absieht und insofern im philosophischen Diskurs spricht; doch die Motivation des Thomas, Kommentare zu den Werken von Aristoteles zu schreiben, war letztlich ebenfalls in dem *Nutzen* begründet, den die Philosophie für die Theologie hatte, wie

---

166   Peter Gemeinhardt, *Das lateinische Christentum und die antike pagane Bildung*, Tübingen 2007; Kurt Flasch, *Augustinus. Einführung in sein Denken*, 3. Aufl., Stuttgart 2003, S. 132; Ernst Robert Curtius, *Europäische Literatur und lateinisches Mittelalter*, 11. Aufl., Tübingen 1993, S. 49–52.

es der Grundanschauung des Aquinaten von der Bedeutung der philosophischen Wissenschaft für die theologische Wissenschaft entspricht.[167] Die in den Aristoteles-Kommentaren gewonnenen Ergebnisse verarbeitete Thomas in seiner *Summa theologiae*.[168] Dem Aquinaten ging es nicht einfach um die Meinung des Aristoteles, sondern darum, die aktualisierbare ‚Wahrheit‘, die in dessen Philosophie lag, mittels der Kommentierung für die Theologie zu erschließen; in diesem Sinne verfährt Thomas als „philosophierende[r] Theologe".[169] Es hängt mit dieser prinzipiellen Haltung zusammen, dass Thomas in der *Secunda pars* der *Summa theologiae*, in der er sich mit der *Nikomachischen Ethik* auseinandersetzt, gerade nicht als ‚reiner‘ Philosoph verfuhr, sondern sowohl theologische Aspekte in die Diskussion integrierte als auch theologische Autoritäten zitierte. Diesem Verfahren steht die in Kapitel 2 besprochene ‚De-Theologisierung‘ gegenüber, welche die Artes-Magister vornahmen, wenn sie sich in ihren Ethikkommentaren auf die Questionen des Aquinaten zur *Nikomachischen Ethik* aus der *Secunda pars* bezogen, die sie von allen theologischen Aspekten ‚reinigten‘; dies war eine Methode, die auf eine genuin philosophische Auslegung der aristotelischen Schrift abzielte.[170] Ein derartiges Vorgehen musste hingegen Theologen, die eine ‚autonome‘ Philosophie befürchteten, suspekt sein. Der *Nutzen* der Philosophie für die Theologie ist die allgemeine Prämisse, unter der Theologen auf philosophisches Wissen rekurrierten, stets im Hinblick darauf, dass die Philosophie nicht um ihrer selbst willen betrieben werden darf. Doch dieser Aspekt soll in den weiteren Ausführungen nicht im Vordergrund stehen.

Worum es im Folgenden vielmehr geht, ist die Tatsache, dass die Theologen noch weitere Bereiche hatten, in denen sie eine nützliche Applikation philosophischer Inhalte umsetzten, und die ebenfalls zeigen, das ihr Verhältnis zu den Wissensbeständen der Philosophie ein gänzlich anderes war als jenes der Artisten. Diese Bereiche haben, wie es scheint, mit der grundsätzlichen Kontroverse um den Status der Philosophie, dem Kernproblem von 1277, nur indirekt etwas zu tun. Sie offenbaren eher eine kommunikative Logik des

---

167   Dass sich der Glaube auf die natürliche Erkenntnis, also die Erkenntnis der Vernunft, stützen soll, wird von Thomas mehrfach betont: [...] sic enim fides praesupponit cognitionem naturalem, sicut gratia naturam, et ut perfectio perfectibile (Thomas von Aquin, *Summa theologiae*, in: *Sancti Thomae Aquinatis doctoris angelici Opera omnia iussu Leonis XIII. P.M. edita, cura et studio fratrum praedicatorum*, Bd. 4, Rom 1888, pars I, q. 2, S. 30).

168   Ludwig Hödl, „Philosophische Ethik und Moral-Theologie in der Summa Fr. Thomae", in: *Thomas von Aquin: Werk und Wirkung im Licht neuerer Forschung*, hg. von Albert Zimmermann, Berlin 1988, S. 23–42, S. 33.

169   Wolfgang Kluxen, *Philosophische Ethik bei Thomas von Aquin*, 3. Aufl., Darmstadt 1998, S. 103.

170   Siehe oben Kap. 2.6.

theologischen Systems, die in ihrer Stoßrichtung den Zugriffsweisen der Juristen und Mediziner im Umgang mit philosophischem Wissen entspricht. Zwar soll nicht behauptet werden, die Theologie sei in gleichem Maße wie die beiden lukrativen Wissenschaften eine primär fremdreferentiell orientierte Wissenschaft. Freilich gab es eine spekulative Universitätstheologie, die in ihrer Ausrichtung vielmehr selbstreferentiell war und sich der Wahrheit über Gott und den Glauben widmete. Doch existierte daneben auch eine fremdreferentielle Seite der Theologen, über die sie ihr Verhältnis zur ‚Welt' kommunizierten und in der sie sich auf Aspekte und Probleme bezogen, die außerhalb des Wissenschaftssystems lagen. In diesem Bereich, zu dem auch die Predigt gehört, griffen sie auf philosophisches Wissen zurück und wandten es für äußere weltliche Zwecke ‚nützlich' an. Wie sich im Folgenden in ganz verschiedenen Fällen zeigen wird, wurde das philosophische Wissen dabei in hohem Maße transformiert, insofern der dabei realisierte Akt der Bezugnahme einen Vorgang des ‚Transfers' implizierte.[171]

Dies war etwa der Fall bei den von Theologen verfassten Schriften zur *ars praedicandi*, in denen das Trivium eine wichtige Rolle spielte und unmittelbar für den Gebrauch in der Predigt beansprucht wurde. Pariser Theologen wie Wilhelm von Auvergne oder Jean de la Rochelle verfassten solche Handbücher der Predigt, die – darin der *ars dictaminis* vergleichbar – direkt für die Praxis bestimmt waren.[172] Die anwendungsbezogene Finalität dieser Traktate hatte freilich Konsequenzen für ihre interne Disposition und die Ausrichtung ihrer Inhalte, da sie die konkreten Bedingungen der Predigt, d.h. die Kontexte, in denen gepredigt wurde, und das Publikum, an welches man sich wandte, berücksichtigen mussten. So riet etwa Jean de la Rochelle, Theologieprofessor an der Universität Paris in der ersten Hälfte des 13. Jahrhunderts und damit Zeitgenosse Wilhelms von Auvergne, in seiner *Ars praedicandi* davon ab, die Konjunktionen *aut, sive* und *vel* zu verwenden, da sie einen Zweifel an der Botschaft des Bibelverses hervorrufen könnten, wo es doch vielmehr das Ziel sei, diese Botschaft den Zuhörern gegenüber zu bekräftigen.[173] Derselbe Zweck

---

171   Zum Transfer in der Wissensapplikation: Miethke, „Practical Intentions of Scholasticism"; siehe ebenso unten Kap. 3.5.3.

172   Wilhelm von Auvergne, *Ars praedicandi*, ed. Alphonse de Poorter, in: *Revue néoscolastique* 25 (1923), S. 192–209; Jean de la Rochelle, *Processus negociandi themata sermonum*, ed. Gustavo Cantini, in: *Antonianum* 26 (1951), S. 247–270; zu den *artes praedicandi* im Mittelalter allgemein: Siegfried Wenzel, *Medieval artes praedicandi: A Synthesis of Scholastic Sermon Structure*, Toronto 2015.

173   Jean de la Rochelle, *Processus negociandi themata sermonum*, ed. Cantini, S. 255; dazu: Nicole Bériou, *L'avènement des maîtres de la Parole. La prédication à Paris au XIIIe siècle*, Bd. 1, Paris 1998, S. 149.

bestimmt den Zugriff auf die Logik: Zwar kommt sie in den *artes praedican-di* durchaus zum Einsatz, doch darf sie in einer Predigt nicht im Sinne einer wahrhaft dialektischen Argumentation verwendet werden, sondern muss der Eindeutigkeit der Botschaft dienen. Daran wird deutlich, wie die praktische Zielrichtung der Traktate die Art und Weise bestimmt, in der die Autoren mit den Wissensressourcen verfuhren, die sie für ihre Zwecke heranzogen.

In allen *artes praedicandi* begegnen ausführliche Erörterungen der Techniken, die in der Predigt zur Anwendung kommen, wobei es sich um Konzepte handelt, die aus dem Trivium übernommen werden. So entlehnt etwa die wohl zu Unrecht Bonaventura zugeschriebene *Ars concionandi*[174] einschlägige Methoden aus der *ars grammatica*. Das Verständnis von Begriffen soll über Wortdefinitionen, Etymologien, die verschiedenen Derivationen und Kompositionen oder über das jeweilige Gegenteil nahegebracht werden. Ebenso werden Techniken aus der Rhetorik appliziert, etwa die Steigerungsmöglichkeiten, die der sukzessive Gebrauch von Komparativ und Superlativ ermöglicht, oder die Erschließung eines Bibelverses durch die Erörterung seiner Umstände nach den Standardfragen *quis, quid, ubi, quibus auxiliis, cur, quomodo, quando*. Die Logik, wo sie angewendet wird, soll die Gewissheit des Publikums über die Wahrheit des Glaubens bestärken.[175] Der Rekurs auf Konzepte der trivialen *artes* ist hier gänzlich durch die Absicht einer konkreten Anwendung in der Praxis der Predigt bestimmt. Die Begriffe und Verfahren der Grammatik, Rhetorik und Logik werden auf ein äußeres Ziel ausgerichtet und zu einem praktischen Zweck funktionalisiert. Dieser Gebrauch der *artes* steht im Gegensatz zu jenem der Artistenfakultät, an welcher dem Trivium, wie gesehen, vor allem eine Nützlichkeit *innerhalb* der Philosophie zugeschrieben wurde und sich die Lehre nicht primär an den Bedürfnissen der Praxis orientierte. Die Traktate der *ars praedicandi*, die – ebenso wie jene der *ars dictaminis* – auf einen Nutzen *außerhalb* der Wissenschaft zielen, wurden nicht von Artes-Magistern verfasst.

In eine ähnliche Richtung wie die *artes praedicandi*, doch mit anderer Akzentuierung und anderer Methode, weist der *Tractatus moralis de oculo* des Pariser Theologen Peter von Limoges.[176] Peter war seit den frühen 1260er Jah-

---

174 Bonaventura, *Ars concionandi*, in: Bonaventura, *Opera Omnia*, Bd. 9, cura patrum Collegii S. Bonaventuae, Quaracchi 1901, S. 8–21.

175 Bériou, *L'avènement des maîtres de la parole*, Bd. 1, S. 149f.

176 Zu Peter von Limoges: Weijers, *Le travail intellectuel*, Bd. VII, S. 196–199; zum *Tractatus moralis de oculo*: Dallas G. Denery, „Peter of Limoges, Perspectivist Optics and the Displacement of Vision", in: Dallas G. Denery, *Seeing and Being Seen in the Later Medieval World. Optics, Theology and Religious Life*, Cambridge 2005; Richard Newhauser, „Nature's Moral Eye. Peter of Limoges's *Tractatus moralis de oculo*", in: *Man and Nature in the Middle Ages*, hg. von Susan Ridyard/Robert Benson, Sewanee 1995, S. 125–136; Gudrun

ren in Paris, wo er sein Studium der Theologie um 1270 abschloss. Bekannt ist er nicht zuletzt dafür, dass er dem Collège de Sorbonne, welchem er angehörte, seine gesamte Privatbibliothek von über 120 Bänden vermachte, ein Bestand, der für eine Einzelperson zu dieser Zeit außerordentlich ist und sowohl seinen Wohlstand als auch sein breites wissenschaftliches Interesse bezeugt. Seine Bibliothek, von der heute noch mehr als 70 Handschriften erhalten sind, umfasste unter anderem Werke über Naturphilosophie, Astronomie, Astrologie, Theologie oder Exempelsammlungen. Doch sammelte Peter nicht nur Bücher, er verfasste – abgesehen von seinen theologischen Schriften – auch selbst naturwissenschaftliche Werke, etwa einen Kometen-Traktat,[177] von dem später noch einmal die Rede sein wird. Peter von Limoges war also jemand, der den *artes* sehr verbunden war, auch noch nachdem er Theologe wurde.

Der *Tractatus moralis de oculo*, den Peter in den 1270er oder 1280er Jahren verfasste, ist für die Predigt bestimmt. Doch anders als die *artes praedicandi* liefert der *Tractatus* keine Anleitung und keine Techniken zum Verfassen einer Predigt; es handelt sich vielmehr um eine Vorlage mit bestimmten Inhalten, die in der Predigt Verwendung finden können, um eine Sammlung von Exempeln und moralischen Lehren, die der Prediger vermitteln soll. Die Rezeption der Schrift zeigt, dass Peters Konzept aufging: Der *Tractatus* wurde in der Tat als Exempelvorlage benutzt und kam in der Predigt entsprechend zum Einsatz.[178] Doch welche Inhalte waren es, die Peter, der selbst 1273 und 1280 in Paris predigte, an die Zuhörer vermitteln wollte? Der *Tractatus moralis de oculo* ist ein bezeichnendes Beispiel für einen Versuch, wissenschaftliche Inhalte an ein außer-wissenschaftliches Publikum zu kommunizieren und dabei gleichzeitig deren Nützlichkeit zu erweisen, indem die dargelegten Aspekte als Schlüssel für moralische Lehren verwendet werden. Peter übernimmt theoretische Inhalte und Beispiele aus optischen Traktaten, darunter die *Perspectiva* von Roger Bacon, und versieht sie mit einer moralischen Deutung, welche die Nützlichkeit der Optik für das Leben des Christen vor Augen führen. In diesem Sinne ist der *Tractatus* wahrhaftig *„inter scientiam et populum".*[179]

Schleusener-Eichholz, „Naturwissenschaft und Allegorese: Der *Tractatus de oculo morali* des Petrus von Limoges", in: *Frühmittelalterliche Studien* 12 (1978), S. 258–309; David L. Clark, „Optics for Preachers: The *De oculo morali* by Peter of Limoges", in: *Michigan Academician* 9 (1977), S. 329–343.

177   Lynn Thorndike, „Peter of Limoges in the Comet of 1299", in: *Isis* 36 (1945–46), S. 3–6.

178   Richard Newhauser, „Der ‚Tractatus moralis de oculo' des Petrus von Limoges und seine *exempla*", in: *Exempel und Exempelsammlungen*, hg. von Walter Haug/Burghart Wachinger, Tübingen 1991, S. 95–136.

179   Richard Newhauser, „Inter scientiam et populum. Roger Bacon, Peter of Limoges, and the ‚Tractatus moralis de oculo'", in: Aertsen/Speer (Hg.), *Nach der Verurteilung von 1277*, S. 682–703. – Der *Tractatus* ist in über einhundert Handschriften und frühneuzeitlichen

Dass die Optik bzw. eine Betrachtung des Auges und seiner Funktion „sehr nützlich" (*perutilis*) ist, um eine vollständigere Kenntnis der göttlichen Weisheit zu erlangen, nach der sich der Christ richten soll, hebt Peter bereits im Prolog des *Tractatus* emphatisch hervor.[180] Im Verlauf des Traktats werden immer wieder Beispiele aus der Optik mit moralischen Lehren korreliert, eine Strategie, die offensichtlich auf eine bestimmte performative Wirkung abzielt: Die wissenschaftliche Fundierung der geschilderten Sachverhalte, die eigens betont wird, dient der Herstellung von Autorität und ist damit Teil einer effektiven Inszenierung; die moralische Deutung hingegen zeigt die Nützlichkeit der wissenschaftlichen Inhalte auf, die als Beispiele für moralische Gegebenheiten fungieren, und vermittelt den Gläubigen die beabsichtigte Lehre. So heißt es an einer Stelle: „Es ist in der Wissenschaft der Perspektive bewiesen, aber auch die Erfahrung lehrt es, dass ein Auge, das sich in nebliger Luft befindet, die Nebel und die Wolken, von denen es umgeben ist, weder sehen noch wahrnehmen kann. Wenn es jedoch zurückweicht und aus dieser nebligen Luft herausgeht, und wenn es dann zurücksieht, dann sieht es das, was es zuvor nicht sehen konnte, als es sich darin befand".[181] Die Lehre, die aus Peters nachfolgender Interpretation dieses Sachverhalts hervorgeht, besteht in der Einsicht, dass ein Sünder die Finsternis seiner Sünde nicht begreifen kann, solange er sich im Zustand der Sünde befindet. Erst wenn er sich davon entfernt hat, kann er die Schwere und Dunkelheit der Sünde zu erkennen, in welcher er sich befand.[182]

Die Angabe, das Gesagte sei von der Wissenschaft der Optik erwiesen, bildet regelmäßig die Einleitung solcher Partien, die mit Erklärungen und Ratschlägen in moralischen Angelegenheiten enden. An anderer Stelle führt Peter aus,

---

Drucken überliefert; eine kritische Edition liegt bisher nicht vor. Ich zitiere im Folgenden nach dem Inkunabeldruck *Liber de oculo morali*, Augsburg: Anton Sorg, ca. 1477 der SUB Göttingen; siehe auch die Transkriptionen bei Denery, „Peter of Limoges"; Newhauser, „Inter scientiam et populum"; und Schleusener-Eichholz, „Naturwissenschaft und Allegorese", die auf anderen Handschriften oder Drucken beruhen und leicht anders lauten.

180 Ex quo patet considerationem de oculo et de his que ad ipsum spectant esse perutilem ad habendam diuine sapiencie noticiam pleniorem (Peter von Limoges, *Liber de oculo morali*, Augsburg: Anton Sorg, ca. 1477, Prolog, fol. 9r).

181 Probatum est in sciencia perspectiua et hoc docet per experiencia [sic] quod oculus in aere nebuloso locatus non uidet nec percipit vapores et nubila quibus est circumseptus cum autem recedens exierit huiusmodi aerem vaporosum; si tunc retro spiciat videt ipsum quem prius in ipso positus non videbat (Peter von Limoges, *Liber de oculo morali*, Cap. VI,1, fol. 12r).

182 Per hunc modum et peccator quamdiu est in peccato peccati sui tenebras non aduertit sed extra peccatum positus et lumine diuine gracie illustratus, tunc primo peccati magnitudinem et caliginem in qua fuit recognoscit (Peter von Limoges, *Liber de oculo morali*, Cap. VI,1, fol. 12r).

die perspektivische Wissenschaft lehre, dass die Sicht durch die beiden Augen noch nicht vollständig sei. Denn da zwei Augen dasselbe Objekt wahrnehmen, würde der Eindruck von zwei Objekten entstehen, wenn die Sicht nur von den Augen allein geleistet würde. Vielmehr gebe es einen gemeinsamen Nerv, mit dem beide Augen verbunden seien, und der somit dafür sorge, dass ein Objekt als eine einzige Sache erscheint, obwohl es mit zwei Augen gesehen wird.[183] Auch dieses optische Wissen hat eine moralische Implikation, die Peter gleich im Anschluss in Form einer Anweisung darlegt: „Von der Tatsache aber, dass die Sicht durch die äußerlich erscheinenden Augen nicht vervollständigt wird, sondern durch den gemeinsamen Nerv, der sich im Inneren versteckt, von dieser Tatsache werden wir auf moralische Weise belehrt (*moraliter informamur*), dass wir ein vorschnelles Urteil vermeiden sollten, damit wir nicht über die Dinge, wie sie auf den ersten Blick erscheinen, urteilen, sondern uns vielmehr durch bedachte Erwägung auf das innere Urteil stützen".[184]

Die Autoritäten, die Peter im Rahmen seiner optischen und moralischen Ausführungen zitiert und in den meisten Fällen explizit benennt, sind vielfältig. Neben der Bibel, Augustinus oder Bernhard von Clairvaux finden sich zahlreiche Texte, die dem Wissensbestand der *artes* angehören: Werke von Donat, Quintilian und Cicero, zur Optik speziell Alhazen, Euklid und Roger Bacon, sowie mehrere Schriften von Aristoteles, darunter *De animalibus*, *De anima*, *De insomniis*, die *Metaphysik* oder auch die *Nikomachische Ethik*.[185] Letztere wird ausdrücklich angeführt, um zu belegen, dass ein schlechter Mensch unwissend

---

183   Sicut in sciencia perspectiua docetur visio in oculis non completur nam eiusdem rei
        due species diuerse ad vtrumque veniunt oculum, et cum diuersitas speciei diuersificet
        iudicium si visio completur in oculis, propter apprehensionem speciei gemine vna res
        iudicabitur esse due. Oportet igitur vt ponatur aliud senciens preter oculos in quo visio
        compleatur. Cuius sunt instrumenta oculi que reddunt ei speciem rei visibilis et hic est
        communis neruus in superficie cerebri situatus, ubi concurrunt duo nerui a duabus par-
        tibus anterioris cerebri, qui post concursum in duos iterum diuiduntur, et sic ad oculos
        extenduntur. In illo ergo neruo communi virtus visiua fontaliter radicatur. Et quia tunc
        virtus fontalis est vna ad quam continuantur virtutes oculorum, ideo potest vna res ap-
        parere vna quamuis videatur a duobus oculis (Peter von Limoges, *Liber de oculo morali*,
        Cap. v, fol. 11v).
184   In hoc autem quod visio in oculis exterius apparentibus non completur, sed in neruo
        communi qui interius occultatur moraliter informamur ut temerarium iudicium decline-
        mus, nec de rebus vt apparent in prima facie iudicemus, sed per deliberationem ad inter-
        num iudicium recurramus (Peter von Limoges, *Liber de oculo morali*, Cap. v, fol. 11v–12r).
185   Siehe das Verzeichnis der zitierten Quellen in: Peter of Limoges. *The Moral Treatise on the
        Eye*, transl. with an introduction by Richard Newhauser (Mediaeval Sources in Translation
        51), Toronto 2012, S. 235–257.

ist, da er ohne es zu merken eine falsche Entscheidung getroffen habe.[186] Alle
diese Texte werden konsequent zum Zweck der moralischen Belehrung des
Publikums herangezogen, also in einem dezidiert auf Nützlichkeit ausgerichteten Kontext gebraucht. Indem der *Tractatus* für die Anwendung in der Predigt bestimmte ist, überschreiten die Werke des artistischen Wissensgebiets
die Grenzen der Universität und werden Teil eines Kommunikationsakts, der
sich an die nicht-wissenschaftliche Welt richtet. Dort, vor den Zuhörern des
praktischen Lebens, wird ihr Nutzen aufgezeigt, indem sie in eine moralische
Belehrung integriert werden, die das Handeln der Christen orientieren soll. Ein
solches Verfahren hat nichts mit der Art und Weise zu tun, wie man an der
Artes-Fakultät mit Texten umging, wo diese vielmehr im Kommunikationsraum der Philosophie verbleiben, dessen Grenzen nicht überschritten werden.
Eine Wendung nach Außen, in einer Kommunikation, die auf einen praktischen Nutzen in der Welt abzielt, ist hier nicht vorgesehen. Der *Tractatus moralis de oculo* des Theologen Peter von Limoges hingegen schafft es, Inhalte
des artistischen Wissens in ein Verhältnis zu außer-universitären Rezipienten
treten zu lassen, für welche dieses Wissen im Rahmen dieser Bezugnahme
eine Relevanz gewinnt. Die aristotelische Philosophie, vor allem aber die im
Okzident noch junge Disziplin der Optik wird dabei in besonderer Weise akzentuiert. Diese gehörte zweifellos dem Bereich der *artes* an, auch wenn sie
keinen offiziellen Platz im Curriculum der Artistenfakultät hatte. Dass sie dort
allerdings sehr wohl teilweise unterrichtet wurde, geht etwa aus der Bemerkung des Johannes von Jandun hervor, im „*vicus philosophie*", d.h. in der Rue
du Fouarre, würden innerhalb der unfehlbaren und unwiderlegbaren mathematischen Lehre auch die Zahlen und Figuren unterrichtet, die sich auf die
„*visuales radios*" beziehen.[187]
   Wenn man daher davon ausgehen kann, dass die Optik gelegentlich von
den Artes-Magistern gelehrt wurde, so wird aber bereits an der Formulierung, derer sich Johannes bedient, auch wiederum deutlich, dass diese Lehre
theoretischer Natur war und nicht auf eine nützliche Anwendung zielte. Die
Optik der Artistenfakultät war eine abstrakte Disziplin, die sich an ein universitäres Publikum richtete und die Grenzen des Hörsaals nicht überschritt.
Diese Grenzen zu übertreten lag allerdings einem Vertreter der ‚oberen' Fakultäten wie Peter von Limoges deutlich näher, dessen Zugriff auf die *artes*
einer anderen Logik folgte. Die fremdreferentielle Stoßrichtung, die mit dieser

---

186 Vnde dicit Philosophus in ethicis, quod omnis malus ignorans quia scilicet errat in eligen-
     do dum peccat (Peter von Limoges, *Liber de oculo morali*, Cap. VI,11, fol. 17r).
187 Johannes von Jandun, *Tractatus de laudibus Parisius*, ed. Le Roux de Lincy/Tisserand S. 36;
     siehe dazu oben Kap. 2.5.3.

Überschreitung diskursiver Räume einherging, hatte jedoch auch eine *Trans-formation* des Gegenstands zu Folge, der dabei kommuniziert wurde. So wie die Logik in den *artes praedicandi* explizit keiner wahrhaft dialektischen Argu-mentation, sondern der Eindeutigkeit der Botschaft dienen soll, und damit in ihrer Substanz verändert wird, so wird auch die Optik durch die Adaptation für äußere Ziele transformiert, d.h. an den Gebrauch angepasst und dadurch mo-difiziert. Nicht abtstrakte theoretische Ausführungen erscheinen im *Tractatus moralis de oculo*, sondern leicht nachvollziehbare und anschauliche Beispiele für optische Phänomene, die der praktischen Absicht der Schrift entsprechen. Diese Überformung perspektivischen Wissens ist der spezifischen, systemeigene-nen Rezeption geschuldet, welche die optischen Traktate in diesem kommuni-kativen Kontext erfuhren.

3.5.3   *Logik der Fremdreferenz*

Die bisher angeführten Beispiele für den Umgang von Theologen mit philoso-phischen und artistischen Wissensbeständen, die *artes praedicandi* und der *Tractatus moralis de oculo*, sind signifikant, doch beleuchten sie noch nicht in vollem Maße jene Mechanismen der kommunikativen Praxis von Theologen, die oben als ‚fremdreferentiell‘ bezeichnet wurden und von denen zu sagen ist, dass sie nur bedingt etwas mit dem Problem von 1277 bzw. dem Verhält-nis von Philosophie und Theologie zu tun haben, da sie vielmehr einer Logik folgen, die eher den prinzipiell auf Nützlichkeit zielenden Operationen des medizinischen und juristischen Systems entspricht. Dies soll nicht bedeuten, dass die Anschauung, das profane Wissen müsse dem Glauben dienen und dürfe nicht als Objekt zieloser *curiositas* um seiner selbst willen studiert wer-den, keine Rolle in den hier skizzierten Zusammenhängen gespielt habe. Hätte man Peter von Limoges nach seiner Intention gefragt, die hinter der umfas-senden Funktionalisierung der Optik steht, so hätte er, der in seinem Traktat mehrfach gegen die *curiositas* polemisiert, zweifellos geantwortet, dass die weltlichen Disziplinen keinen Eigensinn haben dürfen. Dennoch sollte man hinter offensiven Bekenntnissen dieser Art nicht zwangsläufig eine bewus-ste Programmatik vermuten, die sich immer wieder aufs Neue das Problem um die Rolle des profanen Wissens gestellt hätte. Es wäre vielmehr zu fragen, ob es sich in solche Fällen, wie dem *Tractatus moralis de oculo*, dabei nicht vielmehr um nachträgliche Reflexionen, nachträgliche Rationalisierungen eines Prozesses handelt, der aus der Logik des Kommunikationsakts selbst erwächst, welcher bei fremdreferentiellen Bezugnahmen grundsätzlich eine Funktionalisierung der rezipierten Vorlagen vorsieht. Solche Bezugnahmen aber entstehen einfach deshalb, weil Wissenschaften prinzipiell dazu tendie-ren, einen Bereich zu entwickeln, in dem sie sich an ihre Umwelt wenden.

Dies stellt eine Maßnahme des Systems dar, auf äußeren Druck und Erwartungen zu reagieren; allerdings hängt es, wie noch zu zeigen sein wird, sowohl von den gesellschaftlichen Bedingungen der Wissenschaft als auch von den internen Strukturen der Disziplinen ab, ob ein wissenschaftliches Subsystem eine fremdreferentielle Seite ausbilden, d.h. überhaupt in dieser Form reagieren kann.

Worauf es hier ankommt, ist die kommunikative Logik eines fremdreferentiellen Akts: Es zeigt sich sowohl bei den Medizinern und Juristen als auch bei der nach Außen gewandten Seite der Theologen – die neben dem eigenständigen Bereich der spekulativen Theologie existiert – das grundsätzliche Prinzip, sämtliche Wissensbestände, derer man sich in diesem Kontext bedient, zu *funktionalisieren*, d.h. hier: in einen ‚praxisorientierten‘ Zusammenhang *einzulesen*. In diesem Prozess spielt es keine Rolle, ob es sich bei den benutzen Texten um medizinische, juristische, theologische oder philosophische Werke handelt; in einem diskursiven Akt, der auf einen Nutzen außerhalb der Wissenschaft zielt, wird dies alles Teil eines neuen ‚Textes‘, in dem die rezipierten Ausgangstexte eine neue Bedeutung erhalten. Genau darin besteht der Vorgang des ‚Transfers‘ im Rahmen praktischer Wissensapplikation.[188]

Die ‚Motivation‘ der einzelnen Akteure – wenn man es auf dieser Ebene beschreiben wollte –, liegt dabei in dem Bedürfnis, sich (wieder) in Relation zur ‚Welt‘ zu setzen und den Nutzen der eigenen Tätigkeit für die Gemeinschaft zu explizieren. Die daraus hervorgehenden Applikationen von ‚Wissen‘ folgen jedoch einer Logik der Fremdreferenz, welche die produktive Aneignung von Elementen jedes Wissensbestands, der dem leitenden Ziel dienen kann, nahelegt.

3.5.4   *Nutzen der ‚politischen Philosophie‘: Theologen, philosophisches Wissen und Politik*

Der soeben angedeutete Sachverhalt wird noch deutlicher, wenn man diejenigen Schriften heranzieht, in denen Theologen philosophisches ‚Wissen‘ (Texte, Argumente, Konzepte) für die Sphäre der Politik nützlich anwenden, eine Art der Wissensapplikation, die nicht in erster Linie von der Kontroverse um die Autonomie der Philosophie angetrieben ist, sondern vor allem aus der Absicht gespeist wird, die praktischen Bedürfnisse der politischen Welt zu bedienen und sich selbst auf diese Weise zu positionieren. Auch dabei zeigt sich der spezifische Aspekt des ‚Transfers‘ in aller Deutlichkeit.[189] In diese Richtung geht

---

188   Miethke, „Practical Intentions of Scholasticism", S. 215 u. 218.
189   Siehe auch oben Kap. 3.5.3.

bereits der Traktat *De regno ad regem Cypri* des Thomas von Aquin,[190] den der Theologe gegen Ende seines Lebens verfasste und der vermutlich aufgrund des Todes des Aquinaten im Jahre 1274 unvollendet blieb.[191] *De regno* ist ein dem König von Zypern gewidmeter Fürstenspiegel, ein Traktat also, der in der Tradition eines literarischen Genres steht, das im 12. Jahrhundert mit Namen wie Johannes von Salisbury, Peter von Blois und Giraldus Cambrensis verbunden ist und auch im 13. Jahrhundert mit Gilbert von Tournai, Vinzenz von Beauvais, Aegidius Romanus oder Engelbert von Admont einschlägige Vertreter fand.[192] Es ist überflüssig zu erwähnen, dass keiner dieser Texte an der Pariser Artistenfakultät entstand. In jedem Fall belegen diese Werke, dass ein hohes Interesse an der Gattung der Fürstenspiegel in der Welt der Politik bestand, und zwar nicht zuletzt am französischen Königshof, wie etwa die Ludwig IX. von Frankreich gewidmete Schrift *De eruditione filiorum nobilium* des Vinzenz von Beauvais zeigt.

Thomas von Aquin schrieb seinen politischen Traktat *De regno* zu einem Zeitpunkt, kurz nachdem Wilhelm von Moerbeke in den 1260er Jahren die *Politik* des Aristoteles ins Lateinische übertragen hatte.[193] Thomas benutzte nicht nur die *Politik*, sondern auch zahlreiche weitere Werke von Aristoteles, aber die *Politik* bildet die Grundlage seiner Schrift, mit der er sich auseinandersetzte und anhand derer er seine politische Konzeption entwickelte, welche er in *De regno* darlegte bzw. darzulegen gedachte. Der entscheidende Punkt ist nun, dass Thomas in diesem Werk keinesfalls einen erläuternden Kommentar zum Text des Aristoteles liefert, wie es in einem gewöhnlichen Kommentar der universitären Schriftkultur geschehen würde. Zwar werden auch in solchen Kommentaren eigene Gedanken entwickelt oder eigenständige Diskussionen der von Aristoteles genannten Herrschaftsformen geführt,[194] doch wird in den Kommentaren, deren primäres Ziel immer noch die Erklärung des Textes ist,[195] kein systematisches Herrschaftskonzept entworfen, das sich einem konkreten

---

190 Thomas von Aquin, *De regno ad regem Cypri*, ed. Hyacinthe F. Dondaine, in: *Sancti Thomae Aquinatis doctoris angelici Opera omnia iussu Leonis XIII. P.M.* edita, cura et studio fratrum praedicatorum, Bd. 42, Rom 1979, S. 449–471.

191 Die genaue Datierung von *De regno* bleibt unsicher. Christoph Flüeler hat allerdings mit guten Gründen eine späte Datierung auf die Jahre nach 1271 vorgeschlagen (Flüeler, *Rezeption und Interpretation*, Bd. 1, S. 28).

192 Zu den Fürstenspiegeln allgemein: Wilhelm Berges, *Die Fürstenspiegel des hohen und späten Mittelalters*, Leipzig 1938.

193 Dod, „Aristoteles latinus", S. 78.

194 Christoph Flüeler, „Die Rezeption der *Politica* des Aristoteles an der Pariser Artistenfakultät im 13. und 14. Jahrhundert", in: *Das Publikum politischer Theorie im 14. Jahrhundert*, hg. von Jürgen Miethke, München 1992, S. 127–138, S. 134f.

195 Miethke, „Praktische Bedürfnisse und die Rezeption der aristotelischen ‚Politik'", S. 92.

Adressaten empfiehlt, wie es in *De regno* der Fall ist. Dieses Werk ist vielmehr ein Beispiel für eine produktive Aneignung der aristotelischen Vorlage: Die *Politik* des Aristoteles wird für einen politischen Entwurf adaptiert, der sich auf die eigene Gegenwart bezieht, für welche die Inhalte und Argumente des Stagiriten nutzbar gemacht und angewandt werden.[196]

Die Tatsache, dass *De regno* König Hugo III. von Zypern gewidmet ist,[197] hat Auswirkungen auf das herrschaftstheoretische Modell, das Thomas dem Fürsten präsentiert. Eindeutig spricht sich Thomas von Aquin in *De regno* für die Monarchie als beste Verfassung aus, die er in seiner Schrift begründet und legitimiert.[198] Den Herrscher, der die Leitung der Gemeinschaft übernimmt, verpflichtet Thomas dabei konsequent auf das Gemeinwohl: „Aus dem Gesagten geht jedoch hervor, dass derjenige König ist, der als einzelne Person die Menge einer Stadt oder eines Landes um des Gemeinwohls willen regiert".[199] Es ist nun für die hier zu diskutierenden Zusammenhänge in hohem Maße bezeichnend, dass diese recht eindeutige Affirmation der Monarchie, wie sie in *De regno* begegnet, nicht vollständig mit dem Bild zur Deckung kommt, das Thomas in seiner *Summa theologiae* zeichnet. Während in *De regno* die Monarchie ohne nennenswerte Abstriche als beste Verfassung erscheint, so betont Thomas in der *Summa theologiae* die Vorzüge der gemischten Verfassung, die nicht zuletzt darin bestehen, dass die Bevölkerung ein größeres Interesse an der Stabilität der Herrschaft hat, wenn sie selbst daran beteiligt ist. Die pure Monarchie hingegen wird hier mit der Begründung abgelehnt, dass kaum ein Fürst die dafür notwendigen Tugenden besitze, weshalb das Königtum stets in Gefahr läuft, zur Tyrannis zu werden. Thomas bekräftigt bei der gemischten Verfassung das Element der Demokratie, dass dem Volk die Wahl der *„principes"* zukomme (*et ad populum pertinet electio principum*).[200]

---

196   Miethke, *Politiktheorie im Mittelalter*, S. 30.

197   Die späte Datierung von *De regno*, die Christoph Flüeler plausibel gemacht hat, hat wiederum Konsequenzen für den Adressaten des Werks: Nicht Hugo II., sondern vielmehr Hugo III. von Zypern (1267–1284) wäre somit der adressierte Herrscher. Flüeler begründet die späte Datierung des Werks damit, dass Thomas in *De regno* vornehmlich die letzten Bücher der aristotelischen *Politik* zitiert, die er erst seit 1271 kannte.

198   Miethke, *Politiktheorie im Mittelalter*, S. 34.

199   Ex dictis igitur patet quod rex est qui unus multitudinem civitatis vel provincie et propter bonum commune regit (Thomas von Aquin, *De regno ad regem Cypri*, ed. Dondaine, Buch I, Kap. 1, S. 451).

200   [...] et ex democratia, idest potestate populi, in quantum ex popularibus possunt eligi principes, et ad populum pertinet electio principum. Et hoc fuit institutum secundum legem divinam (Thomas von Aquin, *Summa theologiae*, Editio Leonina, pars I–II, q. 105, S. 262f.); dazu Karl Ubl, *Engelbert von Admont. Ein Gelehrter im Spannungsfeld von Aristotelismus und christlicher Überlieferung*, Wien 2000, S. 95f.

Freilich sollte man nicht annehmen, dass Thomas hier eine wahrhaft demokratische Gesinnung zu erkennen gibt, wie es die ältere Forschung glaubte.[201] Karl Ubl hat gezeigt, dass die Anschauung, die Thomas an dieser Stelle artikuliert, letztlich ebenfalls auf eine monarchische Theorie hinausläuft, da die *„principes"*, von denen der Aquinate spricht, nicht die Könige sind, sondern lediglich die fürstlichen Berater des Königs. Für diesen hingegen wird stets der Begriff *„rex"* gebraucht, nicht die Bezeichnung *„princeps"*, die nur um Plural erscheint und sich auf die Mitglieder des aristokratischen Rats bezieht, die allein vom Volk gewählt werden sollen.[202] Dennoch bevorzugt Thomas in der *Summa theologiae* eindeutig die gemischte Verfassung, welche die Macht des Königs einschränkt, was mit seiner Befürwortung der Monarchie in *De regno*, trotz der von Ubl zu Recht vorgenommenen Relativierung, nicht übereinstimmt. Denn dort, im Fürstenspiegel des Thomas, findet sich nichts von einer Begrenzung der königlichen Kompetenz durch die Prinzipien der gemischten Verfassung, die aus Monarchie, Aristokratie und Demokratie zusammengesetzt ist. Ein solches Modell kann jedoch auch nicht ohne weiteres durch Analogieschluss für *De regno* vorausgesetzt werden, so als würde es unausgesprochen im Hintergrund des Werks schweben, wie Karl Ubl und Jürgen Miethke nahelegen, offenbar um die ‚Einheit' des Autors zu retten.[203] Für die eindeutige Differenz, die sich zwischen der *Summa theologiae* und *De regno* in dieser Hinsicht abzeichnet, muss es vielmehr eine Erklärung geben.

Die Diskordanz des Autors wird besser verständlich, wenn man sie mit dem ‚pragmatischen' Kontext, dem Adressatenbezug des Fürstenspiegels zusammenbringt, der offensichtlich auf dessen Inhalt zurückwirkt. Die Relevanz des ‚Adressatenbezugs' für die formale und inhaltliche Disposition von philosophischen Texten hat Ruedi Imbach entschieden hervorgehoben.[204] Schriften, die sich an ‚Laien' richten, oder die – wie im Fall Peters von Limoges – zur Vorbereitung eines Kommunikationsakts dienen, der sich an Laien wendet, gehen mit philosophischem Material anderes um als Texte für den wissenschaftsinternen Gebrauch, bzw. sie passen (bewusst oder unbewusst) ihre Konzeption an die Rezipienten an. Das Modell politischer Philosophie, das Thomas in *De regno* entwirft, hätte bei seinem intendierten Rezipienten, dem König von

---

201 So etwa die einflussreiche Meinung von Walter Ullman, *Principles of Government and Politics in the Middle Ages*, London 1961.

202 Ubl, *Engelbert von Admont*, S. 96.

203 Miethke spricht im Hinblick auf *De regno* davon, das Modell der gemischten Verfassung „dürfte gleichwohl im Hintergrund der Vorstellungen stehen, wie institutionell Tyrannis verhindert oder doch erschwert werden könne" (Miethke, *Politiktheorie im Mittelalter*, S. 39).

204 Imbach, *Laien in der Philosophie des Mittelalters*.

Zypern, an Attraktivität eingebüßt, wäre die königliche Macht darin durch die Einrichtungen der gemischten Verfassung beschnitten worden. Die Affirmation der Monarchie in *De regno* darf also durchaus als Teil einer Inszenierung des Theologen gesehen werden, die auf einen performative Wirkung abzielte: Das ‚Wissen' des Gelehrten sollte für den Laien möglichst attraktiv, möglichst relevant erscheinen, womit die Bedeutung der eigenen Kompetenz für einen Bereich der nicht-wissenschaftlichen Welt augenfällig vorgeführt wurde.

Die *Politik* des Aristoteles bot als ‚offener Text' verschiedene Rezeptionsmöglichkeiten. Thomas von Aquin wählte in *De regno* eine andere als in der *Summa theologiae*. Der Grund dafür liegt im Adressatenbezug des Werks, womit die Finalität des Textes die Rezeption seiner Vorlage bestimmt. Thomas eignete sich die politische Philosophie des Stagiriten an, um sie in einem kommunikativen Akt zu applizieren, der sich an einen ‚Laien', einen Vertreter der politischen, und das heißt, nicht-wissenschaftlichen Welt richtet. Das von Thomas entfaltete Wissen sollte einen praktischen Nutzen für die Sphäre der Politik und – wie es bei einem Fürstenspiegel grundsätzlich der Fall ist – einen praktischen Nutzen für seinen direkten Adressaten, den Fürsten, haben. Die Schrift von Aristoteles wird damit in einen Prozess integriert, der einer fremdreferentiellen Logik folgt. Theologen hatten, im Gegensatz zu den Artes-Magistern, die Möglichkeit zu derartigen Bezugnahmen, über die sie ihr Verhältnis zu ihrer sozialen Umwelt kommunizierten.

• • •

Das Verhältnis der Theologen zur Philosophie und ihr Umgang mit philosophischen Texten waren von der Rezeptionshaltung der Artisten grundsätzlich verschieden. Diese Tatsache lässt sich zunächst ganz allgemein festhalten; denn auch in jedem Sentenzen- oder Bibelkommentar und selbst in den Aristoteleskommentaren, die von Theologen stammen, wurde die Philosophie unter der Prämisse ihrer theologischen Relevanz rezipiert. So wie sich aber das unterschiedliche Verhältnis von Theologen und Artes-Magistern zur Philosophie im Allgemeinen konstatieren lässt, so werden darüber hinaus die verschiedenen kommunikativen Praktiken besonders signifikant in den Fällen vor Augen geführt, in denen Theologen die Philosophie zu einem außerhalb der Wissenschaft liegenden Zweck gebrauchten. Denn auch hier wurde die Philosophie fremdreferentiell appliziert, nur eben auf noch sichtbarere und mitunter spektakulärere Weise als in einem Sentenzenkommentar. Denn in diesem Fall bezieht sich der Begriff der Fremdreferentialität auf das gesamte soziale System der Wissenschaft, während er sich im Falle des Sentenzen- oder Bibelkommentars ausschließlich auf das System der Philosophie selbst bezieht. Benutzten

Theologen die Philosophie zu einem Zweck, der in der politischen Sphäre lag, dann diente die Philosophie nicht mehr nur einer anderen Wissenschaft, sondern einer anderen Welt.

Einen derartig ‚spektakulären' Fall, der mit demjenigen des Thomas von Aquin vergleichbar ist, allerdings noch konkreter wird, stellt eine Schrift dar, die ebenfalls der Gattung der Fürstenspiegel angehört und in geradezu singulärer Weise philosophisches Wissen zum Nutzen der Politik appliziert. Die Rede ist von dem bekannten Traktat *De regimine principum* des Aegidius Romanus, den der Augustinereremit um 1280 verfasste und der dem künftigen König Philipp dem Schönen (1285–1314) gewidmet ist.[205] Aegidius hatte an der Universität Paris studiert, wo der Anfang der 1270er Jahre seine Vorlesung über die Sentenzen hielt.[206] Da Aegidius einige der Thesen des Thomas von Aquin übernahm, die von der Verurteilung von 1277 betroffen waren, verzögerte sich seine akademische Karriere, doch erhielt er 1285 einen Lehrstuhl an der theologischen Fakultät von Paris,[207] an der er bis 1291 als erster Augustinereremit unterrichtete. Nachdem er zwischen 1292 und 1295 Generalprior seines Ordens gewesen war, ernannte ihn Bonifaz VIII. 1295 zum Erzbischof von Bourges. In den folgenden Jahren hielt er sich, worauf noch einmal zurückzukommen ist, wiederholt an der päpstlichen Kurie in Rom auf. Während er dort Schriften verfasste, welche die Position Bonifaz' VIII. bedienten und sich damit gegen jene des französischen Königs wandten, so war sein Fürstenspiegel von 1280 noch ganz dem Wohle Philipps, des späteren Königs, verpflichtet.

Zum Nutzen des Königs sollte die Schrift sein, worüber Aegidius gleich zu Beginn reflektiert: *Quanta sit utilitas in dicendis*, ist eine der ersten Fragen, die in dem Werk erörtert werden. Die in dem Buch dargelegten Dinge seien, so betont Aegidius, von größter Nützlichkeit, denn durch sie würden – sofern sie befolgt werden – größte und ehrenhafte Güter erlangt.[208] Immer wieder be-

---

205   Charles F. Briggs, *Giles of Rome's De regimine principum. Reading and Writing Politics at Court and University, c. 1275–c. 1525*, Cambridge 1999; Noëlle-Laetitia Perret, *Les traductions françaises du De regimine principum de Gilles de Rome. Parcours matériel, culturel et intellectuel d'un discours sur l'éducation*, Leiden 2011.

206   Zur Biographie des Aegidius siehe: Adolar Zumkeller, „Ägidius von Rom", in: *Theologische Realenzyklopädie*, Bd. 1, Berlin 1977, S. 462–465; Roberto Lambertini, „Giles of Rome", in: *The Stanford Encyclopedia of Philosophy*, hg. von Edward N. Zalta, Winter 2014 Edition, http://plato.stanford.edu/archives/win2014/entries/giles/ (zuletzt abgerufen 14.08.2018).

207   CUP I, Nr. 522, S. 633.

208   Cum ergo in hoc libro intendatur, quomodo maiestas regia fiat virtuosa, et quomodo eos, quos habet regere, inducat ad honestatem et virtutem: maxima est utilitas in dicendis, quia, eis observatis, habeuntur bona maxima, et honesta (Aegidius Romanus, *De regimine principum*, Rom 1556 [Unveränd. Nachdruck, Frankfurt am Main 1968], I, I, Cap. 3, fol. 6r).

ruft sich Aegidius auf die *Nikomachische Ethik* von Aristoteles, wenn es darum
geht, seine Ratschläge zu fundieren und die Inhalte, die er dem Prinzen vermitteln möchte, zu explizieren.[209]

Wie Thomas von Aquin erklärt Aegidius die Monarchie zur besten Herrschaftsform. Emphatisch tritt er dafür ein, dass es besser ist, wenn das Königreich von einem statt von mehreren regiert werde: *Quod melius est civitatem et
regnum regi uno quam pluribus, et quod regnum est optimus principatus.* Dies
zeige im Übrigen auch die Erfahrung, da Städte und Länder, die nicht von
einem König regiert werden, in Mangel leben und zudem Zwietracht und Krieg
erleiden müssen.[210] Bezeichnend ist hier, dass Aegidius, der viele Argumente von Thomas übernimmt, die Position des Aquinaten aus *De regno* vertritt:
Nicht die Form der Monarchie, die im Rahmen der gemischten Verfassung mit
einer Einschränkung der königlichen Macht verbunden ist, wie Thomas sie in
der *Summa theologiae* vertreten hatte, sondern die in *De regno* formulierte Affirmation der Monarchie macht sich Aegidius zu eigen. Es liegt auf der Hand,
dass die artikulierte Anschauung auch in diesem Fall mit dem Adressatenbezug des Werks zusammenhängt. Dieser mag ebenso der Grund dafür sein, dass
Aegidius hier für eine Erbfolge im Königtum und dezidiert nicht für eine Wahl-
monarchie eintritt.[211]

Das praktische Wissen und die Ratschläge, die Aegidius seinem fürstlichen
Rezipienten darbietet, betreffen vielfältige Themen: die Verfassung, die Gesetzgebung oder auch die Kriegsführung. Darunter finden sich auch so konkret
praktische Aspekte wie der folgende: *Qualiter aedifidanda sunt castra et civitates, ne per pugnam ab obsidentibus faciliter devincantur.*[212] Doch hat Aegidius
sich auch einschlägig über die nötige Bildung des Prinzen geäußert, also über
die Wissensbereiche, die für den späteren König nützlich und notwendig sein
werden. Der Fürst muss über Kenntnisse in den Künsten und Wissenschaf-

---

209 Roberto Lambertini, „The Prince in the Mirror of Philosophy. About the Use of Aristotle
     in Giles of Rome's De regimine principum", in: *Moral and Political Philosophies in the
     Middle Ages*, hg. von Bernardo Bazán/Eduardo Andújar/Léonard Sbrocchi, New York 1995,
     S. 1522–1534; Roberto Lambertini, „Il filosofo, il principe e la virtù. Note sulla ricezione e
     l'uso dell'Etica Nicomachea nel De regimine principum di Egidio Romano", in: *Documenti
     e studi sulla tradizione filosofica medievale* 2 (1991), S. 239–279.

210 Experti enim sumus civitates et provincias non existentes sub uno rege esse in penuria,
     non gaudere in pace, molestari dissensionibus et guerris, existentes vero sub uno rege,
     econtrario, guerras nesciunt, pacem sectantur, abundantia florent (Aegidius Romanus, *De
     regimine principum*, III, II, Cap. 3, fol. 270v).

211 Quod melius est regimen regni et principatus ire hereditatem et successionem filiorum,
     quam per electionem aliquam (Aegidius Romanus, *De regimine principum*, III, II, Cap. 5,
     fol. 272v–275r).

212 Aegidius Romanus, *De regimine principum*, III, III, Cap. 20, fol. 360r–361v.

ten verfügen, die sich im politischen Geschäft praktisch anwenden lassen. Es kommt daher allen Edlen, vor allem aber Königen und Fürsten zu, ihre Söhne von der Kindheit an in die gelehrten Disziplinen heranzuführen.[213]

Auf die Wissenschaften, in denen die Prinzen eine „gewisse Perfektion" erreichen sollen (*pervenire ad aliquam perfectionem scientiae*), geht Aegidius ausführlich ein. Dabei ist die Nützlichkeit und die Relevanz der Disziplinen für die Aufgaben des Fürsten das leitende Motiv. Die zukünftigen Könige müssen, wie Aegidius ausführt, die *artes liberales* erlernen, so etwa die Grammatik oder die Logik, die das richtige Argumentieren und Schlussfolgern lehrt. Denn wer nicht richtig argumentieren kann, kann leicht einen Fehler begehen und sich täuschen. Man würde glauben, gut zu schlussfolgern, doch tatsächlich läge man falsch.[214] Von noch größerer Bedeutung als die Grammatik und die Dialektik ist in der Politik aber die Rhetorik. Diese ist, wie Aristoteles in seiner *Rhetorik* gezeigt habe, gleichsam eine grobe Dialektik, da sie die grobe und bildhafte Art und Weise des Argumentierens lehrt.[215] Aus diesem Grund aber ist die Rhetorik für die Söhne der Könige und Fürsten in hohem Maße nützlich und notwendig, da die Fähigkeit, auf grobe und bildliche Weise zu argumentieren, für ihre unmittelbaren Aufgaben erforderlich ist: Ihnen kommt es zu, mit Völkern zu verkehren und das Volk zu beherrschen, das jedoch nur grobe und bildhafte Argumente versteht.[216] Nach der Rhetorik, deren praktischen Nutzen für den Herrscher Aegidius somit aufgezeigt hat, widmet er besondere Aufmerksamkeit der Musik. Wie Aristoteles im achten Buch der *Politik* dargelegt habe, ist die Musik für junge Menschen, und am meisten für die Söhne der Freien und Adligen, aus zahlreichen Gründen förderlich. Denn die Musik entspricht, wie der Philosoph sagt, der Natur junger Menschen, weil sie gutartige Annehmlichkeiten mit sich bringt.[217] Sie kann daher auch sehr hilfreich dabei

---

213   Aegidius Romanus, *De regimine principum*, II, II, Cap. 7, fol. 181r.

214   Nam nisi modum arguendi sciremus, possumus in arguendo peccare, et per consequens decipi. Crederemus aliquando bene concludere, et concluderemus falsum: eo quod ignoraremus arguendi modum (Aegidius Romanus, *De regimine principum*, II, II, Cap. 8, fol. 182r).

215   Est autem rhetorica, ut innuit Philosophus in Rhetoricis suis, quasi quaedam grossa dialetica. [...] sic necessaria fuit rhetorica, quae est quaedam grossa dialectica docens modum arguendi grossum et figuralem (Aegidius Romanus, *De regimine principum*, II, II, Cap. 8, fol. 182v).

216   Haec autem necessaria est filijs liberorum et nobilium, et maxime regum et principum: quia horum est conversari inter gentes et dominari populo, qui non potest percipere nisi rationes grossas et figurales (Aegidius Romanus, *De regimine principum*, II, II, Cap. 8, fol. 182v).

217   Quarta scientia liberalis dicitur esse Musica, haec secundum Philosophum VIII Poli. Convenit ipsis iuvenibus, et maxime filijs liberorum et nobilium propter rationes multas.

sein, junge Menschen vor dem Müßiggang zu bewahren; denn der menschliche Geist kennt es prinzipiell nicht, wie Aristoteles ebenfalls in der *Politik* sage,
müßig zu sein. Es ist aus diesem Grund für die Söhne von Freien und Adligen
besonders angebracht, ihre Muße durch gutartige musikalische Ergötzung zu
unterbrechen.[218] Dies alles zeigt, dass die Söhne von Adligen die Musik erlernen sollten, soweit sie den guten Sitten dient, wofür der Philosoph noch viele
weitere Gründe nenne.[219] Wir werden später sehen, dass die Ausführungen
des Aegidius einige Parallelen zu dem haben, was Johannes de Grocheio über
Musik zu sagen hat.

Während Aegidius der Arithmetik und der Geometrie weniger Beachtung
schenkt, wird der Nutzen der Astronomie ausdrücklich betont. Die Söhne
der Edlen waren in alter Zeit sehr um die Astronomie bemüht, da die Heiden
besonders neugierig nach dem Urteil der Sterne waren. Sie wollten niemals
Kriege oder irgendwelche Werke beginnen, wenn sie nicht den Grad des As-
zendenten befragt und den Zustand des Himmels untersucht hatten. Und da
dies durch die Astronomie erkannt wird, wollten die Söhne der Freien und Adligen in astronomischen Dingen unterrichtet werden.[220] Auch hier ist es also
eindeutig der Praxisbezug, den Aegidius im Blick hat: Die Astrologie, das Urteil
der Sterne, interessiert in diesem Kontext, weniger die theoretische Astronomie. Nachdem Aegidius mit der Astronomie alle *artes liberales* erörtert und
anschließend kurz über die Naturphilosophie und die Metaphysik gespro-

---

Quarum una est, quia pueri nihil tristabile sustinere possunt: quare si debent eis aliqua
delectabilia concedi, dignum est quod ordinentur ad delectationes innocuas: quare (secundum eundem Philosophum) musica est consentanea naturae iuvenum, quia habet innocuas delectationes (Aegidius Romanus, *De regimine principum*, II, II, Cap. 8, fol. 182v).

218   Secunda ratio ad hoc idem esse potest, quia (ut Philosophus innuit in eodem VIII Poli.)
mens humana nescit ociosa esse. Ideo (ut videtur) ocium bonum est aliquando inter-
ponere inter delectationes musicales, quae sunt licitae et innocuae. Maxime autem hoc
decens est filijs liberorum et nobilium, qui non vacantes moechanicis artibus, remanent
ociosi, nisi studerent literalibus disciplinis, et nisi suis exercitijs interponerent delectationes musicales, quae sunt licitae et honestae (Aegidius Romanus, *De regimine principum*,
II, II, Cap. 8, fol. 182v–183r).

219   Tangit enim Philosophus multas rationes in Politicis, per quas ostendi posset, quod fi-
lios nobilium decet addiscere musicam (Aegidius Romanus, *De regimine principum*, II,
II, Cap. 8, 183r). Nam et de musica secundum Philosophum in politicis eos scire decet,
inquantum deservit ad bonos mores (Aegidius Romanus, *De regimine principum*, II, II,
Cap. 8, fol. 188v).

220   Septima scientia liberalis dicitur esse astronomia, circa quam forte antiquitus filij nobilium ideo insudabant, quia gentiles circa iudicia astrorum nimis erant curiosi. Nunquam
enim volebant bella inchoare, nec aliqua opera incipere, nisi considerato gradu ascen-
dente, et inspecta conditione caeli: et quia hoc per astronomia cognoscitur, ideo filij
liberorum et nobilium volebant in astronomicis esse instructi (Aegidius Romanus, *De
regimine principum*, II, II, Cap. 8, fol. 183r).

chen hat, kommt er zu den für den Herrscher wichtigsten Disziplinen, nämlich denen der praktischen Philosophie. Während die Ethik davon handelt,
sich selbst zu regieren, und die Ökonomik die Herrschaft im Haus betrifft, so
lehrt die Politik das Beherrschen der Stadt und des Königreichs. Mit diesen
Inhalten aber sind die drei Disziplinen äußerst nützlich und notwendig für die
Söhne der Freien und Adligen (*valde sunt utiles et necessariae filijs liberorum
et nobilium*).[221] Wenn sie demnach ein politisches Leben führen möchten und
wenn sie andere regieren und beherrschen wollen, so müssen die Söhne der
Adligen, und insbesondere der Könige und Fürsten, am meisten um diese Disziplinen der praktischen Philosophie, die Ethik, die Ökonomik und die Politik,
bemüht sein.[222] Denn die drei praktischen Disziplinen sind für die wichtigste
Aufgabe des Fürsten, das Regieren, unmittelbar relevant. Auch wenn andere
Wissenschaften nobler sind, wie allen voran die Theologie, so sind es primär
die *scientiae morales*, die der Fürst studieren soll, denn durch sie wird er in hin-
reichender Weise unterrichtet, wie man herrschen muss, und kann sich selbst
und die Untertanen zu den Tugenden führen.[223]

Der dem Kronprinzen Philipp gewidmete Fürstenspiegel *De regimine principum* des Aegidius Romanus zeigt in eindrücklicher Weise, wie philosophisches
Wissen konsequent zum Nutzen des Herrschers beansprucht und appliziert wird. Die *artes liberales* und vor allem die Disziplinen der praktischen Philosophie werden auf die praktischen Anforderungen des politischen Lebens bezogen und damit in einem durchweg nützlichen Kontext rezipiert. Insofern
geraten die Disziplinen in einen Modus der Fremdreferenz, da sie hier nur im
Hinblick auf ihre praktische Relevanz behandelt und dem Fürsten empfohlen werden. Aber nicht nur in dem Kapitel über die Bildung des Prinzen, auch
während des gesamten Traktats bezieht sich Aegidius immer wieder auf die
die Schriften von Aristoteles, besonders auf die *Nikomachische Ethik*, und führt
damit deren Bedeutung für die diskutierten Aspekte, die sich um die Tätigkeiten des Herrschers drehen, vor Augen.

---

221   Adhuc quaedam morales scientiae, ut Ethica, quae est de regimine sui, et Oeconomica,
       quae est de regimine familiae, et Politica, quae est de regimine civitatis et regni, valde
       sunt utiles et necessariae filijs liberorum et nobilium (Aegidius Romanus, *De regimine
       principum*, II, II, Cap. 8, fol. 183v).

222   [...] immo (ut in prosequendo patebit) filij nobilium, et maxime filij regum et principum,
       si velint politice vivere, et velint alios regere et gubernare, maxime circa has debent insi-
       stere (Aegidius Romanus, *De regimine principum*, II, II, Cap. 8, fol. 183v).

223   [...] quia per ea princeps sufficienter instruitur, qualiter debeat principari, et quo se
       et cives inducere debeat ad virtutes (Aegidius Romanus, *De regimine principum*, II, II,
       Cap. 8, fol. 184v).

Indem Aegidius den Nutzen des philosophischen Wissens für die Zwecke des Königs so emphatisch betont, entwirft er allerdings ein gänzlich anderes Konzept der Philosophie als die Magister der Artistenfakultät. Indem er die Ethik für die Praxis des Herrschens und Regierens in Anspruch nimmt und somit für die Ziele der politischen Welt einspannt, erhält die Moralphilosophie eine Finalität, welche derjenigen, die sie im Rahmen der Artes-Fakultät hat, diametral widerspricht. Zielte sie dort letztlich auf eine Begründung des philosophischen Lebens, der *vita philosophantium*, deren Zweck in der selbstgenügsamen Spekulation und nicht in der praktischen Applikation besteht, so wird sie hier mit einem anderen Zweck, einer äußeren *causa finalis* versehen, die ihren Ort in der Sphäre der Politik, in der Welt des praktischen Lebens hat. Dies ist eine andere Aktualisierung *desselben Textes*, der *Nikomachischen Ethik*, die als offener Text divergierende Zugriffe erlaubt. Aegidius selegiert anderen Sinn als die Artes-Magister, weil er mit einer anderen Rezeptionshaltung an den Text herantritt, die wiederum von seinem institutionellen Kontext und dessen Mechanismen geprägt ist. Der Fürstenspiegel *De regimine principum* ist Teil eines fremdreferentiellen Kommunikationsakts, durch den sich der Theologe in Beziehung zu seiner Umwelt bringt. Wie aber bereits deutlich wurde, wirkt sich dieser Adressatenbezug, die Wendung an einen ‚Laien‘, sowohl auf den Inhalt als auch auf die Form des Werks aus. Nicht nur, dass die Philosophie eine neue Finalität erhält, sie wird durch eine solche Bezugnahme zwangsläufig auch inhaltlich modifiziert. Ruedi Imbach hat darauf hingewiesen, dass die Philosophie, die Aegidius dem Herrscher „verabreichen" will, gezielt an den Adressaten angepasst ist.[224] Diese Rückwirkung des Adressatenbezugs auf die immanenten Charakteristika des Textes macht deutlich, dass die fremdreferentielle Ausrichtung des Werks dessen formale und inhaltliche Disposition maßgeblich bestimmt. Gerade darin aber besteht der spezifische *Kontext*, in dem auf philosophisches ‚Wissen‘ zugegriffen wird. Es zeigt sich damit dasselbe Phänomen, das bei der Logik in den *artes praedicandi* oder bei der Optik im *Tractatus moralis de oculo* begegnete: Die ‚Vorlage‘, die aus dem philosophischen Wissensbestand stammt, wird für konkrete, ihr äußerliche Zwecke adaptiert und eben dadurch transformiert.

•••

Der Fürstenspiegel des Aegidius Romanus kann helfen, zu erklären, wie die nach außen gewandte Seite der Theologen hinsichtlich ihres Umgangs mit Philosophie funktioniert. Aegidius behandelt den Nutzen der Philosophie für

---

224   Imbach, *Laien in der Philosophie des Mittelalters*, S. 40.

die Politik in seinem Traktat mitunter sehr konkret, weiß spezielle Anwendungsfelder zu benennen; der Fürstenspiegel betont die Relevanz, welche das philosophische Wissen für den Herrscher hat. Einen Schritt weiter geht allerdings ein Traktat, der nicht nur die prinzipielle Bedeutung der Wissenschaft für die Belange des politischen Geschäfts vorführt und diese in Form einer Widmung an einen Fürsten kommuniziert, wie es bei Thomas und Aegidius der Fall ist. Die Schrift *De regia potestate et papali* des Dominikanertheologen Johannes Quidort enstand aus einem ganz aktuellen Anlass und reagierte auf ein konkretes Problem, einen direkten Bedarf in der politischen Sphäre. Wahrscheinlich als Antwort auf eine Anfrage des königlichen Hofes an die Pariser Universität verfasste Johannes Quidort seinen Traktat, der in entschiedener Weise die Position König Philipps IV. von Frankreich im Konflikt mit Papst Bonifaz VIII. einnahm, indem er die realen oder vermeintlichen Machtansprüche des letzteren zurückwies. Die Art und Weise, wie der Theologe dabei auf philosophisches Wissen zurückgreift, verdient eine kurze Betrachtung.

Der Konflikt, der Johannes im Jahre 1302 dazu veranlasste, die Feder zum Nutzen des Königs zu ergreifen, hatte schon seit einigen Jahren in der Luft gelegen.[225] Nachdem Philipp der Schöne versucht hatte, den Klerus des Königreichs Frankreich zu besteuern, erließ Bonifaz VIII. als Reaktion die Bulle *Clericis laicos* vom 24. Februar 1296,[226] in welcher er grundsätzlich verbat, dass der Klerus Zahlungen an einen weltlichen Herrscher entrichtete, wenn dies nicht vom apostolischen Stuhl genehmigt worden war. Bezeichnend ist, dass bereits in diesem (vergleichsweise geringen) Konflikt Traktate zugunsten der königlichen Seite entstanden, die offenbar aus dem gelehrten Milieu stammen: die *Disputatio inter clericum et militem* und die kurze Schrift *Antequam essent clerici*.[227]

Das Ereignis, das den Streit nach einigen Jahren wieder aufflammen ließ, war die Verhaftung des Bischofs Bernard Saisset und die damit verbundene Einziehung von dessen Temporalien durch Philipp den Schönen im Jahre 1301. Im Dezember 1301 verfasste Bonifaz die Bulle *Ausculta fili*,[228] in der er Philipp,

225   Zum Konflikt zwischen Philipp und Bonifaz: Georges Digard, *Philippe le Bel et le Saint-Siège (de 1285 à 1304)*, Bd. 2, Paris 1936, S. 49–185; Jean Favier, *Philippe le Bel*, Paris 1978, S. 343–393; Miethke, *Politiktheorie im Mittelalter*, S. 68–126; Karl Ubl, „Johannes Quidorts Weg zur Sozialphilosophie", in: Francia 30,1 (2003), S. 43–72; Karl Ubl, „Zur Genese der Bulle *Unam sanctam*: Anlass, Vorlagen, Intention", in: *Politische Reflexionen in der Welt des späten Mittelalters*, hg. von Martin Kaufhold, Leiden 2004, S. 129–149.

226   *Les Registres de Boniface VIII. Recueil des bulles de ce pape publiées ou analysées d'après les manuscrits originaux des archives du Vatican*, ed. Georges Digard, 4 Bde., Paris 1884–1939, Bd. 1, Nr. 1567.

227   Beide ediert in: Robert Dyson, *Three Royalist Tracts, 1296–1302*, Bristol 1999.

228   *Les registres de Boniface VIII*, ed. Digard, Bd. 3, Nr. 4424.

der im Übrigen auch nach 1296 weiterhin Steuern vom Klerus gefordert hatte, seine Fehltritte vorhielt und ihn aufforderte, sich dem päpstlichen Stuhl zu fügen. Zudem kündigte Bonifaz an, dass er im November 1302 eine Versammlung des französischen Klerus nach Rom einberufen werde, um die Probleme zu diskutieren, die aus Philipps Verhalten in Frankreich erwuchsen. Dieses in *Ausculta fili* avisierte Vorhaben des Papstes, die Angelegenheiten der französischen Kirche in Rom zu besprechen und damit der Autorität des Königs zu entziehen, ließ den Konflikt eskalieren. Denn damit war das grundsätzliche Verhältnis zwischen Papst und König unmittelbar in den Mittelpunkt der Debatte gerückt worden, die fortan von diesem Thema beherrscht wurde und die damit den Kontext darstellt, in dem Johannes Quidort seine Schrift *De regia potestate et papali* verfasste.

Dieser Traktat antwortete auf das durch die besondere Situation entstandene Bedürfnis des königlichen Hofes nach einer theoretischen Begründung und Legitimierung des eigenen Standpunkts, nach einer Bestärkung der königlichen Position von gelehrter Seite im Machtkampf mit dem Papst. Den Einsatz der gelehrten Meinung für die königliche Propaganda hatte man von Seiten des Hofes gezielt erstrebt. Dennoch kann bei der Inanspruchnahme des Dominikaners nicht von einer einseitigen „Disziplinierung" des Gelehrten gesprochen werden, wie Karl Ubls Formulierung suggeriert.[229] Vielmehr bot die entstandene Lage und Nachfragesituation des Hofes Johannes eine willkommene Gelegenheit, sich aktiv in die Debatte einzuschalten und den Nutzen seiner Kompetenz für die Zwecke der Politik zu explizieren. In *De regia potestate et papali* steckt nicht (nur) Disziplinierung, sondern vor allem auch Inszenierung und aktive Wissensapplikation. Auf diesen Punkt wird später noch einmal zurückzukommen sein.[230]

Zwei Traktate bedienten die Nachfrage auf Seiten des Hofes nach gelehrten Stellungnahmen in der aktuellen Debatte: die anonyme *Questio Rex pacificus*[231] und *De regia potestate et papali* von Johannes Quidort.[232] Johannes hatte an der Universität Paris zunächst Philosophie und anschließend Theologie studiert. In den 1280er Jahren wurde er Mitglied des Dominikanerordens, in dessen Pariser Konvent er später lebte. Er verfasste einen Sentenzenkommentar,

---

229   Karl Ubl, „Die Disziplinierung der Gelehrten: Philipp IV. von Frankreich und die Universität Paris", in: *Science et droit public dans les facultés européennes (XIIIᵉ–XVIIIᵉ siècle)*, hg. von Jacques Krynen/Michael Stolleis, Frankfurt am Main 2008, S. 91–111.
230   Siehe unten Kap. 3.6.
231   Anonymus, *Questio Rex pacificus*, ed. Robert Dyson, Lewiston 1999.
232   Ich übernehme somit die Datierung von *De regia potestate et papali* auf die Zeit zwischen Februar und April 1302, die Karl Ubl überzeugend begründet hat: Ubl, „Johannes Quidorts Weg zur Sozialphilosophie".

um in Theologie zu promovieren, was jedoch zunächst misslang, da seine im Kommentar vertretenen Thesen auf Widerspruch im Orden stießen.[233] Die politische Konstellation in den Jahren 1301/1302 bot Johannes Quidort eine Gelegenheit, sich als Akteur in Beziehung zur Welt der Politik zu setzen und die Unterstützung des Königs zu gewinnen.

In *De regia potestate et papali* vertritt Johannes entschieden die Unabhängigkeit der weltlichen von der geistlichen Macht und liefert Philipp dem Schönen damit eine theoretische Fundierung seiner Position. Die zentrale Annahme, welche die Unabhängigkeit des Königs legitimiert, besteht bei Johannes im Postulat der Gleichursprünglichkeit von weltlicher und geistlicher Gewalt, die er beide unmittelbar auf Gott zurückführt: „Nämlich zu sagen, dass die königliche Gewalt früher direkt von Gott kam, später aber dann vom Papst ausging, ist äußerst lächerlich. Dies kann nämlich nicht sein, außer wenn Christus die Macht, königliche Würde zu verleihen, Petrus verliehen hätte. Daher kommt sie [die königliche Würde] zweifellos unmittelbar von Gott, wie schon zuvor".[234]

Der entscheidende Aspekt für das hier zu diskutierende Thema – also die produktive Aneignung und fremdreferentielle Applikation philosophischen Wissens – besteht nun jedoch darin, dass Johannes sein politisches Konzept auf aristotelischen Grundlagen formuliert, d.h. Elemente der aristotelischen Philosophie *adaptiert*, um eine Konzeption zu formulieren, die den Zwecken des französischen Königs dient. Die Schriften, auf die sich Johannes dabei primär bezieht, sind die *Politik* und die *Nikomachische Ethik*. So beruft sich Johannes explizit auf die Meinung von Aristoteles, um zu argumentieren, dass es unsinnig und wider die Natur und ihren Schöpfer wäre, wenn einer alleine beide Gewalten innehätte. Denn es zeige sich ja bereits am Beispiel eines Haushalts, dass er unvollkommen sei und einen Mangel habe, wenn sich darin eine Person alleine um die verschiedenen Aufgaben kümmert. Daher sage der

---

233   Eine von Johannes verfasste Apologie des Sentenzenkommentars ist ediert in Palémon Glorieux, „Un mémoire justificatif de Bernard de Trilia et sa carrière à l'Université de Paris (1279–87)", in: *Revue des sciences philosophiques et théologiques* 17 (1928), S. 405–426; zur Biographie des Johannes Quidort siehe Ubl, „Johannes Quidorts Weg zur Sozialphilosophie", S. 44–49.

234   Item prius fuit potestas regia secundum se et quantum ad executionem quam papalis, et prius fuerunt reges Franciae quam Christiani in Francia. Ergo potestas regia nec secundum se nec quantum ad executionem est a papa, sed est a Deo et a populo regem eligente in persona vel in domo, sicut ante. Dicere enim quod potestas regia prius esset a Deo immediate et postea esset a papa est valda ridiculosum. Non enim potest hoc esse nisi Christus Petro dederit potestatem conferendi regiam dignitatem. Unde indubitanter a Deo est, sicut ante (Johannes Quidort, *De regia potestate et papali*, ed. Fritz Bleienstein, Stuttgart 1969, S. 113).

Philosoph im sechsten Buch der *Politik*, dass die Armen, die sich keine Sklaven leisten können, ihre Söhne als Sklaven und ihre Frauen als Mägde benutzen.[235] Es widerspricht der Natur, wenn eine Sache mehrere Aufgaben gleichzeitig erfüllt. Die Natur, so hält Johannes unter Berufung auf das erste Buch der *Politik* fest, erzeuge derartiges nicht; denn der Philosoph sagt, „dass jedes Werkzeug seine Arbeit am besten ausführt, wenn es nicht vielen Aufgaben, sondern nur einer einzigen dient".[236]

Der Rekurs auf Aristoteles bietet sich daher besonders an, um die Naturwidrigkeit einer päpstlichen Weltherrschaft zu erweisen, die, sofern sie der Natur widerspricht, auch nicht Gottes Wille sein kann. An anderer Stelle macht Johannes geltend, dass Gott dem Papst deshalb nicht die Gewalt des weltlichen Schwertes übertragen haben kann, weil dieser *de facto* nicht die Möglichkeit habe, sie auszuführen. Dies wäre nämlich nicht mit dem Prinzip der Natur vereinbar, die eine Potenz nur dann verleiht, wenn auch die Verwirklichung, die Aktualität, möglich ist, wie Aristoteles sage, dessen Schrift *De sompno et vigilia* zitiert wird.[237] Wird hier die Unangemessenheit der weltlichen Herrschaft des Papstes mit Begriffen aus der aristotelischen Naturphilosophie erklärt, so hatte Johannes zuvor die Legitimität und Vorzüge des Königtums auf Basis der *Politik* von Aristoteles begründet. Da der Mensch, wie Aristoteles in der *Politik* sage, ein politisches Wesen ist, lebt er naturgemäß in einer Gemeinschaft, allerdings in einer solchen, die sich selbst genügen kann, wie es bei einem Staat oder einem Reich der Fall ist. Doch bedarf die Menge der Menschen, damit sie zusammengehalten wird, eines Einzelnen, der selbst auf das Gemeinwohl verpflichtet ist und die Menge daher zum gemeinen Wohl hinführt.[238]

---

235 Videtur enim domus esse imperfecta et habere penuriam rerum et non sufficiens sibi in vita si una persona ad diversa ministeria occupetur. Unde Philosophus dicit in VI Politicorum quod pauperes quia non habent copiam servitiorum nec abundant in his quae requiruntur ad perfectionem domus utuntur filiis ut servis et uxoribus ut ancillis (Johannes Quidort, *De regia potestate et papali*, ed. Bleienstein, S. 107f).

236 Dicit enim Philosophus I Politicorum quod natura nihil tale facit sicut faciebant fabri formantes Delphicum gladium. Apud Delphos enim fiebant gladii propter pauperes ita quod unus gladius deserviebat pluribus officiis. Natura autem nihil tale agit et multo minus auctor naturae. Unde Philosophus dicit quod unumquodque organorum optime perficiet opus suum si non multis operibus sit serviens sed uni tantum (Johannes Quidort, *De regia potestate et papali*, ed. Bleienstein, S. 108).

237 Non ergo videtur dicendum quod papa habeat a Deo immediate potestatem gladii saecularis, cuius executio ei regulariter non convenit. Sic enim Deus magis superflueret in suis operibus quam natura, quae nulli dat virtutem sine actu, quia cuius est potentia eius est actus, ut dicitur in De somno et vigilia, et insipientior esset Deus homine (Johannes Quidort, *De regia potestate et papali*, ed. Bleienstein, S. 115).

238 Johannes Quidort, *De regia potestate et papali*, ed. Bleienstein, S. 75f.

Wenn Johannes auf der Notwendigkeit besteht, dass die Gemeinschaft der Menschen unter einem Herrscher geeint wird, damit sie nicht auseinanderfällt und der Frieden gewahrt bleibe, so kann dies aber für ihn keinesfalls bedeuten, dass deshalb ein einziger Herrscher im weltlichen Bereich nötig sei. Eine politische Gemeinschaft, die alle Menschen umfassen würde, ist für Johannes nicht sinnvoll, weil es aufgrund der Unterschiede des Klimas, der Sprachen und der allgemeinen Bedingungen der Menschen verschiedene Lebensformen und politische Gebilde geben könne. So zeige Aristoteles im dritten Buch der *Nikomachischen Ethik*, dass eine Sache dem Einen zu wenig, dem Anderen aber zu viel sein kann.[239] Aus diesem Grund entspricht für Johannes eine Weltherrschaft durch eine einzelne Person nicht der Natur, wie Aristoteles auch an anderer Stelle bezeugt: „Daher zeigt der Philosoph in der *Politik*, dass die Entstehung eines Königreichs in einzelnen Staaten oder Ländern natürlich ist, nicht jedoch die eines (einzigen) Reichs oder Königtums".[240]

Johannes Quidort bediente mit seinem Werk die Bedürfnisse des französischen Königs und lieferte ihm einschlägige Argumente, die gegen die Position des apostolischen Stuhls ins Feld geführt werden konnten. Doch erschöpfte sich der dominikanische Theologe nicht darin, die Unabhängigkeit der französischen Monarchie zu postulieren. Johannes ging – nicht zuletzt hieran zeigt sich die Eigeninitiative des Autors – noch einen Schritt weiter. An mehreren Stellen betont Johannes die Möglichkeit, dass ein Papst bei wiederholtem Fehlverhalten von einem weltlichen Herrscher gewaltsam abgesetzt werden könne. Die Aufgabe eines Fürsten bestehe darin, sein Reich gegen Feinde zu verteidigen. Sollte der Papst aber durch sein Verhalten eine Gefahr für den Staat und das Volk darstellen, indem er sein geistliches Schwert missbraucht, dann hat der Fürst das Recht, mit den Mitteln seines eigenen, also des weltlichen Schwertes, gegen einen solchen Papst vorzugehen, und zwar deshalb,

---

239   Non sic autem fideles omnes necesse est convenire in aliqua una politia communi, sed possunt secundum diversitatem climatum et linguarum et condicionum hominum esse dicersi modi vivendi et diversae politiae, et quod vituosum est in una gente non est virtuosum in alia, sicut etiam de singularibus personis dicit Philosophus III Ethicorum quod aliquid est uni parum quod alii est nimium (Johannes Quidort, *De regia potestate et papali*, ed. Bleienstein, S. 83).

240   Non est ergo sic necesse mundum regi per unum in temporalibus sicut necesse est quod regatur per unum in spiritualibus nec ita trahitur a iure naturali vel divino. Unde Philosophus in Politicis ostendit generationem regni naturalem esse in singulis civitatibus vel regionibus, non autem imperii vel monarchiae (Johannes Quidort, *De regia potestate et papali*, ed. Bleienstein, S. 83); der Begriff des Imperiums, den der prokönigliche Autor hier verwendet, kann freilich auch als Seitenhieb auf das römisch-deutsche Reich gedeutet werden.

weil er in diesem Fall nicht gegen den Papst, sondern gegen einen Staatsfeind (*hostem rei publicae*) handelt.[241]

Die radikale Option, die Johannes hier ins Spiel bringt, ist allerdings in mehrfacher Hinsicht bezeichnend. Zum einen zeigt sich daran, dass der Dominikaner bereit war, über den primären Bedarf des königlichen Hofes – eine Legitimierung der Autonomie weltlicher Herrschaft – hinauszugehen und auf eigene Faust weitergehende Maßnahmen vorzuschlagen, von denen er sich nicht ganz zu Unrecht erhoffte, dass sie am Hof auf positive Resonanz stoßen und ihn selbst als besonders engagierten Unterstützer der königlichen Partei erscheinen lassen würden. Davon ausgehend ist es zum anderen durchaus bemerkenswert, dass die Berater des Königs im folgenden Jahr, als der Konflikt seinen Höhepunkt erreichte, beim sogenannten Attentat von Anagni tatsächlich gewaltsam gegen Bonifaz VIII. vorgingen. Schließlich aber wird an der angeführten Stelle in besonders signifikanter Weise der freie und aktive Umgang mit Vorlagen deutlich, den Johannes praktizierte. Die Ansicht, die Thomas von Aquin in *De regno* zum Tyrannenmord geäußert hatte, wird geradezu in ihr Gegenteil verkehrt, indem Johannes sie für seine Argumentation adaptiert. Thomas hatte an der Stelle, auf die Johannes sich bezieht, gegen einen rechtmäßigen Tyrannenmord argumentiert und in diesem Zusammenhang die legitime Tötung eines äußeren Feindes erwähnt. Johannes Quidort hingegen erklärt kurzerhand einen korrupten und demagogischen Papst zum *hostis rei publicae*, gegen den man rechtmäßig vorgehen könne.[242] Der Gedanke des Aquinaten wird seinem Kontext enthoben und einem neuen Sinnzusammenhang eingefügt.

Johannes Quidort hat in seinem Traktat *De regia potestate et papali* in hohem Maße Konzepte und Gedanken der aristotelischen Philosophie für die konkreten Zwecke des Königs angewandt, aber nicht nur mit Blick auf die grundsätzliche Herrschaftspraxis, wie bei Aegidius Romanus, sondern aus einem brandaktuellen Anlass, als Reaktion auf Ereignisse der politischen Welt, die in der unmittelbaren Gegenwart des Gelehrten, im Paris des Frühjahrs 1302,

---

241   Si tamen periculum rei publicae sit in mora, ut scilicet quod trahitur populus ad malam opinionem et est periculum de rebellione et papa commoveat populum indebite per abusum gladii spiritualis, ubi etiam non speratur quod desistat aliter, puto quod in hoc casu ecclesia contra papam deberet moveri et agere contra ipsum. Princeps etiam violentiam gladii papae posset repellere per gladium suum cum moderamine, nec ageret contra papam ut papa est, sed contra hostem suum et hostem rei publicae (Johannes Quidort, *De regia potestate et papali*, ed. Bleienstein, S. 196).

242   Auf diese bezeichnende Differenz zwischen Thomas und Johannes verweist Miethke, *Politiktheorie im Mittelalter*, S. 122, Anm. 341; siehe ebenso Ubl, „Johannes Quidorts Weg zur Sozialphilosophie“, S. 61.

von höchster Brisanz waren. Johannes appliziert philosophisches Wissen für ein politisches Anliegen *in particulari*, ein konkretes Problem, mit dem sich der König konfrontiert sah. Dies soll nicht bedeuten, Johannes habe sich in seiner Schrift primär oder gar ausschließlich auf Aristoteles gestützt, um seine Argumente zu explizieren. Dies ist mitnichten der Fall: Die hauptsächlichen Referenzen des Theologen sind die Bibel, Augustinus, Bernhard von Clairvaux oder auch Hugo von St. Viktor, daneben das Kirchenrecht. Auch diese Quellen werden für die Argumentation vereinnahmt und zu einem politischen Zweck funktionalisiert, wie es der Logik eines fremdreferentiellen Kommunikations-akts entspricht. Von demselben Mechanismus werden jedoch ebenso – darauf kommt es hier an – die Werke von Aristoteles und damit Texte des philosophi-schen Wissensbestands erfasst. Mit derselben Rezeptionshaltung werden hier Schriften der Philosophie für ein außerhalb der Wissenschaft liegendes Ziel in Anspruch genommen. Immer wieder werden Kategorien und Gedanken aus den aristotelischen Büchern herangezogen, um die Autonomie des Königtums zu begründen. Dem Einwand, das Körperliche werde vom Geistigen regiert, entgegnet Johannes, die königliche Gewalt habe es nicht nur mit dem Körper, sondern ebenso mit der Seele zu tun, weil Aristoteles in der *Nikomachischen Ethik* sage, dass es die Aufgabe des Gesetzgebers sei, die Menschen gut zu machen und zu Tugend zu führen.[243] Diese Argumentation führt paradigma-tisch vor, wie mit einem aristotelischen Gedanken die Unabhängigkeit des Kö-nigs von der geistlichen Gewalt behauptet wird, und zwar in einer Weise, die durchaus radikaler ist, als es zunächst scheint: die Zuständigkeit des Königs betrifft Leib und Seele gleichermaßen, womit die geistliche Gewalt geradezu überflüssig wird.

Die aristotelische Grundlage, auf der Johannes seine theoretische Konzep-tion formulierte, erfuhr in ihrem neuen Kontext eine erhebliche Transformati-on. Aristoteles hatte nie von zwei gleichursprünglichen Gewalten gesprochen. Johannes nahm alles, was er in seinem Traktat rezipierte, für die pragmatische Funktion des Werks in Beschlag. Aristoteles wird auf die politische Welt der französischen Monarchie bezogen und damit Teil eines kommunikativen Akts, der einen politischen Zweck verfolgt. Durch den Konflikt des Königs bot sich für Johannes eine Möglichkeit, in Beziehung zu seiner Umwelt zu treten und seine politische Theorie auf das Konkrete zu beziehen.

---

243 Argumentum ut sic factum est multipliciter deficit. Primo quia supponit quod potestas regalis sit corporalis et non spiritualis, et quod habeat curam corporum et non animarum, quod falsum est cum, ut dictum est supra, ordinetur ad bonum commune civium non quodcumque, sed quod est vivere secundum virtutem, unde dicit Philosophus in Ethicis, quod intentio legislatoris est homines facere bonos et inducere ad virtutem (Johannes Quidort, *De regia potestate et papali*, ed. Bleienstein, S. 157).

Dieser Neigung zum Partikularen entspricht es, dass Johannes auch auf einzelne Ereignisse, die Teil des Konfliktverlaufs waren und das Konfliktsystem
stablisierten,[244] explizit eingeht. Dass Philipp der Schöne den französischen
Bischöfen verboten hatte, zur von Bonifaz geplanten Synode nach Rom zu fahren, also ein 1302 hochaktueller Streitpunkt, wird von Johannes ausdrücklich
thematisiert. So widmet er der Diskussion um „die vom Papst einberufenen
Bischöfe, die auf Anweisung des Herrschers zurückblieben"[245] eine eingehende Erörterung. Da der Papst die Bischöfe nur einberufen habe, um etwas gegen
den König oder sein Reich zu ersinnen,[246] sei nicht nur das bisherige Vorgehen des Königs legitim, sondern auch ein weitergehender Rückschlag gerechtfertigt, wie Johannes an dieser Stelle abermals betont: „Anderenfalls nämlich
würde er sein Schwert ohne Grund tragen".[247]

De regia potestate et papali hat seinen primären Zweck erfüllt. Pierre Flote,
der königliche Siegelbewahrer, hielt auf der Ständeversammlung im April
1302 eine Rede,[248] in der er sich auf die gelehrten Stellungnahmen der ‚Universität Paris' bezog, welche bestätigt hätten, dass der König von Frankreich
dem Papst nicht untersteht. Damit wurde Unterstützung für die königliche
Position im Königreich gewonnen und der eigene Standpunkt legitimiert. Die
französischen Bischöfe, denen die Reise zur Synode in Rom untersagt wurde,
baten daraufhin – zwischen den Fronten stehend – Bonifaz VIII. darum, die

---

244   Luhmann hat gezeigt, dass Konflikte dazu tendieren, immer weitere Themen in den
      Konflikt hineinzuziehen und damit das eigens um den Konflikt kreisende soziale System
      fortschreitend stabilisieren (Niklas Luhmann, „Konfliktpotentiale in sozialen Systemen",
      in: *Der Mensch in den Konfliktfeldern der Gegenwart*, hg. von der Landeszentrale für politi-
      sche Bildung des Landes Nordrhein-Westfalen, Köln 1975, S. 65–74, S. 69).

245   [...] de episcopis vocatis a papa qui remanserunt de mandato imperatoris (Johannes
      Quidort, *De regia potestate et papali*, ed. Bleienstein, S. 177).

246   Esto etiam quod hoc faciat princeps intentione nocendi, adhuc in casu est ei licitum, sci-
      licet si praesentiret probabilibus vel evidentibus argumentis quod papa sibi inimicaretur
      vel quod papa ad hoc vocaret praelatos ut cum ipsis aliquid machinari intenderet cont-
      ra se vel regnum suum (Johannes Quidort, *De regia potestate et papali*, ed. Bleienstein,
      S. 179).

247   Est enim licitum principi abusum gladii spiritualis repellere eo modo quo potest, etiam
      per gladium materialem, praecipue ubi abusus gladii spiritualis vergit in malum rei publi-
      cae, cuius cura regi incumbit: Aliter enim sine causa gladium portaret (Johannes Quidort,
      De regia potestate et papali, ed. Bleienstein, S. 179).

248   Die Rede Pierre Flotes wird in einem Brief des französischen Klerus an Bonifaz VIII. wie-
      dergegeben: *Documents relatifs aux États généraux et assemblées réunis sous Philippe le
      Bel*, ed. Georges Picot, Paris 1901, S. 5–11.

Einberufung zurückzuziehen, was dieser jedoch ablehnte. Die Synode fand schließlich statt, allerdings nur mit einem Teil der französischen Prälaten.[249]

* * *

Der Traktat des Johannes Quidort zeigt nicht weniger als *De regimine principum* von Aegidius Romanus, auf welche Weise Theologen mit Philosophie umgingen, wenn sie Schriften verfassten, mit denen sie sich an die nichtwissenschaftliche Umwelt, die Welt der ‚Laien' im doppelten Wortsinne, wendeten. Hier geht es nicht um die Diskussion oder Klärung philosophischer Fragen als solcher, vielmehr dient der Rekurs auf philosophische Texte ausschließlich einem äußeren, wissenschaftsfremden Zweck. Die Rezeptionseinstellung, mit der in diesen Fällen auf die Texte zugegriffen wird, wurde oben als durch eine Logik der Fremdreferenz gekennzeichnet beschrieben. Diese Rezeptionshaltung konnte zu Aktualisierungen philosophischer Werke führen, die sich deutlich von jenen der Artistenfakultät unterschieden, ja diesen mitunter geradezu diametral entgegengesetzt waren. Ausgegangen wurde in diesem Kapitel von dem Problem, dass der Wissensbestand, der das Curriculum und die intellektuelle Aktivität an der Pariser Artes-Fakultät im Wesentlichen konstituiert, auf den ersten Blick als ‚nicht-praktisches' und ‚nicht-nützliches' Wissen erscheint. Der Vergleich mit den kommunikativen Praktiken der anderen drei Fakultäten – der medizinischen und juristischen ebenso wie der theologischen – konnte jedoch zeigen, dass keinesfalls von einer Nicht-Nützlichkeit der Texte und Wissensinhalte ‚an sich' ausgegangen werden kann, sondern vielmehr der jeweilige kommunikative Raum, die Frage, „wo" Texte rezipiert werden, darüber entscheidet, ob ein philosophisches Werk oder Konzept, ein Gedanke oder eine Kategorie ‚nützlich' ist oder nicht. Entscheidend ist, innerhalb welcher diskursiver Mechanismen die substantiell nicht fixierten Texte konkretisiert werden, also einen bestimmten Sinn erhalten. Ob die Ethik eine nützliche Disziplin, ob die *Nikomachische Ethik* ein nützliches Buch ist, kann vor diesem Hintergrund also gar keine sinnvolle Frage sein.

Zu fragen ist viel eher nach dem Kommunikationsraum, innerhalb dessen die Ethik ein Objekt diskursiver Handlungen wird. An der Artistenfakultät jedoch schien die Ethik, wie alle anderen philosophischen Teilbereiche, nicht primär von Motiven des ‚Praxisbezugs' oder des sozialen Nutzens geleitet zu sein. Stattdessen begegnete ein Ideal der Abstraktion, das von den Dingen der

---

249   Ubl, „Zur Genese der Bulle *Unam Sanctam*", S. 133; Digard, *Philippe le Bel et le Saint-Siège*, Bd. 2, S. 144; William J. Courtenay, „Between Pope and King: The Parisian Letters of Adhesion of 1303", in: *Speculum* 71 (1996), S. 577–605.

praktischen Welt wegführt und auf das Universelle zielt, ein Bestreben, das sich gleichsam in Form eines ‚Kults der Theorie‘ manifestiert. Fremdreferentielle Bezugnahmen auf die außer-wissenschaftliche Welt wie bei Peter von Limoges, Aegidius Romanus oder Johannes Quidort, Anwendungen der Philosophie zum praktischen Nutzen der Laienwelt, kommen an der Artes-Fakultät von Paris nicht vor. Dass dies so ist, liegt freilich nicht nur an den kommunikativen Mechanismen des philosophischen Systems, das stets zur Abstraktion und nicht zur praktischen Applikation tendiert; es liegt auch einfach daran, dass die Artes-Magister gar nicht erst die Möglichkeit zu einer solchen Bezugnahme hatten, also nicht, wie die Theologen, eine fremdreferentielle Seite entwickeln konnten. Von einem Philosophen wollte niemand einen Fürstenspiegel, ein Gutachten oder ein politisches Statement in einer aktuellen Debatte haben. Die Unmöglichkeit, die Relevanz des eigenen, genuin philosophischen und identitätsstiftenden Wissens für die Außenwelt zu explizieren, stellte einen Faktor dar, der die Artisten – die gleichzeitig beobachteten, wie die anderen Fakultäten mit eben dieser Außenwelt rege kommunizierten – unter Legitimationszwang setzte, wie in späteren Kapiteln noch zu zeigen sein wird. Obwohl die Artes-Magister die Politik als ihr eigenes Arbeitsfeld begriffen, welches sie von der Zuständigkeit der Juristen und Theologen abgrenzten,[250] waren sie schlicht nicht in der Situation, wie Thomas von Aquin einen politischen Traktat zu verfassen und diesen an einen Fürstenhof zu senden. Dieser Aspekt soll im nächsten Kapitel, in dem es um die Expertenfrage geht, weiter präzisiert werden.

3.6   Das Gleiche nochmal anders:[251] Gelehrte Experten an der Universität Paris

Während im vorausgehenden Kapitel die Kommunikationslogik der Wissenschaftssysteme und die daraus resultierende Rezeption philosophischer Texte im Vordergrund stand, wird in diesem Abschnitt der Blick stärker auf die Akteure selbst gerichtet. Ziel ist es dabei, die Situation der Pariser Artisten weiter zu spezifizieren, indem sie auf das Thema der ‚Experten‘ und ‚Expertenkulturen‘ bezogen und damit aus einer zusätzlichen Perspektive beleuchtet wird. Auch dieser Aspekt lässt sich nur im Vergleich mit den Vertretern der anderen

---

250   Siehe die einschlägigen Bemerkungen bei Johannes von Dacien, *Divisio scientiae*, ed. Otto, S. 22f; dazu oben, Kap. 2.5.

251   Samuel Beckett, *Das Gleiche nochmal anders. Texte zur bildenden Kunst*, Frankfurt am Main 2000.

drei Fakultäten der Universität Paris sinnvoll erörtern. Der Blick auf die universitären Experten insgesamt soll eine neue Perspektive auf den ‚Nutzen der Philosophie' eröffnen und gleichzeitig für die Analysen der späteren Kapitel heuristisch fruchtbar gemacht werden. Zu diesem Zweck wird es nötig sein, zunächst den Ansatz der ‚Expertenkulturen' in seinen Grundlagen zu skizzieren, bevor er auf die Verhältnisse der Universität Paris und auf die leitende Fragestellung dieser Arbeit bezogen wird. Diese Ausführungen beruhen weitgehend auf dem Konzept des Graduiertenkollegs „Expertenkulturen des 12. bis 18. Jahrhunderts", in dessen Rahmen die vorliegende Dissertation entstanden ist. Die folgende Darstellung orientiert sich daher an diesem Ansatz, wird allerdings eigene Schwerpunkte setzen und zusätzliche Gedanken einbringen, um das Expertenthema stärker für die hier verfolgten Fragen zu kanalisieren.

3.6.1 *Der konzeptuelle Hintergrund: Experten und Expertenkulturen*

„Du großes Gestirn! Was wäre dein Glück, wenn du nicht Die hättest, welchen du leuchtest! Zehn Jahre kamst du hier herauf zu meiner Höhle: du würdest deines Lichtes und dieses Weges satt geworden sein, ohne mich, meinen Adler und meine Schlange. Aber wir warteten deiner an jedem Morgen, nahmen dir deinen Überfluss ab und segneten sich dafür".[252] Diese Stelle aus Nietzsches *Also sprach Zarathustra* ist auf verschiedene Weise gedeutet worden. Nach Ursula Schneider etwa steht hier vor allem das Motiv des „Überreichen" und des „Überfließens" im Vordergrund, ein Thema, das auf die Bedeutung verweist, die das Schenken und neidlose Austeilen für Zarathustra hat, welche durch die Eigenschaften der Sonne symbolisiert werden, die damit der von Neid und Verbitterung geprägten Haltung der Menschen gegenübersteht, die das Glück Anderer nicht ertragen können.[253] Dieser Deutung ist unbedingt beizupflichten, bedenkt man, dass Zarathustra die Sonne als „ruhiges Auge, das ohne Neid auch ein allzugroßes Glück sehen kann", bezeichnet.[254] Aber noch eine andere Lesart ist möglich. „Was wäre dein Glück, wenn du nicht Die hättest, welchen du leuchtest": Die Sonne, das große Gestirn am Himmel, kann sich nicht selbst genügen. Ihre ganze Existenz ist unweigerlich an diejenigen gebunden, die jeden Morgen auf sie warten, mit der Erwartung an sie herantreten, von ihr beleuchtet zu werden. Angeblich unabhängige Spenderin, großzügig ihren Reichtum teilend, ist sie insgeheim angewiesen auf diese Abnehmer der Sonnenstrahlen, die Personen, die ein Interesse an ihrem Licht haben und die

---

252 Friedrich Nietzsche, *Also sprach Zarathustra*, S. 11.

253 Ursula Schneider, *Grundzüge einer Philosophie des Glücks bei Nietzsche* (Monographien und Texte zur Nietzsche-Forschung 11), Berlin 1983, S. 135.

254 Friedrich Nietzsche, *Also sprach Zarathustra*, S. 12.

sich – indem sie gemeinsam auf sie warten – gegenseitig vergewissern und darüber verständigen, dass sie die Sonne ist, ein Gestirn, das am Himmel existiert und dessen Strahlen wichtig sind. Gäbe es nicht diese Konsumenten, die ihrer Wärme eine Relevanz zusprechen, welche Bedeutung hätten dann ihre Strahlen? Die Bedeutung des Sonnenlichts, und damit die Bedeutung der Sonne selbst, wird erst dadurch erzeugt, dass es signifikante Andere gibt, nämlich Zarathustra, den Adler und die Schlange, welche die Sonne, indem sie sich jeden Morgen an sie wenden, als Sonne bestätigen und dadurch nicht nur die Relevanz ihres Lichts, sondern ihre Existenz insgesamt objektivieren.

Doch was hat dies alles mit dem Thema dieses Kapitels zu tun? Wer das vorausgehende Kapitel aufmerksam gelesen hat, wird bereits erahnen können, worauf diese Ausführungen über das Verhältnis der Sonne zu ihren Anbetern abzielen. Eine der Kernaufgaben, die sich das Graduiertenkolleg „Expertenkulturen des 12. bis 18. Jahrhunderts" gestellt hat, bestand darin, die „soziale Relevanz von Fachwissen" herauszuarbeiten, eine Formulierung, welche bereits einen zentralen Aspekt der dabei zugrundeliegenden Expertendefinition impliziert.[255] Expertenwissen ist *sozial relevantes* Wissen, also ein Wissen, das nicht unabhängig von seinen gesellschaftlichen Funktionen existiert. Das esoterische Wissen eines weltabgewandten Eigenbrödlers, welches in keinem Verhältnis zur Gesellschaft steht, wäre nach diesem Verständnis nicht als Expertenwissen zu begreifen. Experten sind als Wissensträger zwangsläufig auf diejenigen verwiesen, für die ihre Spezialkenntnisse eine Bedeutung gewinnen. Diese funktionale Zuordnung von Experte und Gesellschaft ist ein Resultat der Tatsache, dass die Konstituierung von ‚Expertenkulturen', die sich in Europa im 12. Jahrhundert vollzog, mit einer Ausdifferenzierung von

---

255 Für das Folgende grundlegend: Frank Rexroth, „Systemvertrauen und Expertenskepsis. Die Utopie vom maßgeschneiderten Wissen in den Kulturen des 12. bis 16. Jahrhunderts", in: *Wissen, maßgeschneidert. Experten und Expertenkulturen im Europa der Vormoderne*, hg. von Björn Reich/Frank Rexroth/Matthias Roick (Beiheft der Historischen Zeitschrift 57), München 2012, S. 12–44; Frank Rexroth, *Expertenweisheit. Die Kritik an den Studierten und die Utopie einer geheilten Gesellschaft im späten Mittelalter* (Freiburger Mediävistische Vorträge, Bd. 1), Basel 2008; Frank Rexroth/Teresa Schröder-Stapper (Hg.), *Experten, Wissen, Symbole. Performanz und Medialität vormoderner Wissenskulturen* (Historische Zeitschrift, Beihefte 71), Berlin 2018; Marian Füssel/Frank Rexroth/Inga Schürmann (Hg.), *Praktiken und Räume des Wissens. Expertenkulturen in Geschichte und Gegenwart*, Göttingen 2018; zu Experten allgemein, teilweise mit anderen Akzentsetzungen, siehe auch: Ronald Hitzler, „Wissen und Wesen des Experten. Ein Annäherungsversuch – zur Einleitung", in: *Expertenwissen. Die institutionalisierte Kompetenz zur Konstruktion von Wirklichkeit*, Opladen 1994, S. 13–30; Rainer Schützeichel, „Laien, Experten, Professionen", in: *Handbuch Wissenssoziologie und Wissensforschung*, hg. von Rainer Schützeichel, Konstanz 2007, S. 546–578.

Wissensbereichen einherging, welche ein Prinzip wissensbezogener Arbeitsteilung nahelegte. Ein solches Prinzip aber beruht freilich auf der Prämisse, dass die ausdifferenzierten Wissensfelder kein monadisches Dasein in Isolation führen, sondern für die Gesellschaft verfügbar bleiben, indem sie an Personen delegiert werden, die sie verwalten und für Andere bereitstellen. Dieser „Delegationszusammenhang zwischen der Gesamtgesellschaft und den Expertenmilieus"[256] hat demnach zur Voraussetzung, dass die von Experten betreuten Wissensbestände einen *Nutzen* für die Gesellschaft aufweisen, weshalb die Tätigkeit der Experten als Dienst am sozialen Ganzen erscheint. Experten sind in diesem Sinne grundsätzlich Träger von ‚nützlichem' Wissen, von Kenntnissen, an deren Verfügbarkeit die Gesellschaft prinzipiell interessiert ist. Darauf wird noch einmal zurückzukommen sein.

Damit eine derartige Delegation und die daraus hervorgehende Verwaltungstätigkeit der Experten jedoch dauerhaft funktionieren kann, sich also in einer sozialen Ordnung stabilisiert und nicht der Kontingenz des Entstehens und Vergehens unterworfen wird, sind Sedimentierungsprozesse notwendig, die dafür sorgen, dass das von Experten bereitgestellte Wissen verfügbar bleibt. Nur auf diese Weise kann sichergestellt werden, dass der soziale Raum, in dem Wissensbestände gelagert, also für die Gesellschaft zweckdienlich aufbewahrt werden, nicht wieder zerfällt, sondern seine logistische Funktion permanent erfüllt. Aus diesem Grund war die Entstehung von Expertenkulturen von Beginn an mit Vorgängen der Institutionalisierung verbunden. Die Verwaltung des neu entstandenen Wissens wurde in Institutionen verstetigt und damit als Bestandteil gesellschaftlicher Wirklichkeit objektiviert.[257] Die Aktivität der Experten spielt sich daher im Rahmen solcher ‚Institutionen' ab, welche den Delegationsvorgang regulieren.[258] Man wird also nicht *ad hoc* zum Experten, etwa weil man eine spontane Idee zur Lösung eines Problems hat, sondern dadurch, dass der Erwerb und (mehr noch) die Applikation eines bestimmten Sonderwissens *institutionalisiert* ist.

---

256 Rexroth, „Systemvertrauen und Expertenskepsis", S. 19.

257 Institutionale Welten bestehen aus vergegenständlichten Tätigkeiten und stehen den Individuen als „objektive Faktizitäten unabweisbar gegenüber". Insofern ihre faktische Präsenz im Prozess der Sozialisation verinnerlicht wird, begegnen Institutionen dem Einzelnen als objektive Wirklichkeit (Berger/Luckmann, *Konstruktion der Wirklichkeit*, S. 49–98, das Zitat S. 64).

258 Zum Begriff der Institution siehe auch: Karl-Siegbert Rehberg, „Die stabilisierende ‚Fiktionalität' von Präsenz und Dauer. Institutionelle Analyse und historische Forschung", in: *Institutionen und Ereignis. Über historische Praktiken und Vorstellungen gesellschaftlichen Ordnens*, Göttingen 1998, S. 381–407.

Doch indem solche Institutionen zu Elementen und Konstituenten der sozialen Wirklichkeit werden, wird diese Wirklichkeit selbst zwangsläufig komplexer, pluraler, vielschichtiger. Da das verfügbare Wissen in seiner Gesamtheit für den Einzelnen nicht mehr überblickbar ist, vielmehr dessen Teilgebiete zur Sache von Experten werden, die ein Monopol auf ihre jeweiligen Sektoren beanspruchen – und mittels versierter Exklusionsstrategien behaupten – stellt sich für die Mitglieder der Gesellschaft eine zweifache Negativerfahrung ein: zum einen der Eindruck einer epistemischen Überforderung, zum anderen – damit eng verbunden – das Gefühl, von den Experten, die den Zugang zu den Wissensfeldern kontrollieren, abhängig, wenn nicht gar der völligen Willkür der Spezialisten ausgeliefert zu sein.

Diese beiden Bedingungen, die epistemische Überforderung und die Abhängigkeit von den Experten, haben wiederum zwei entscheidende Konsequenzen: Weil das eigene Wissen begrenzt ist und die Pluralität des gesellschaftlich objektivierten Wissens alleine nicht beherrscht werden kann, ist der Einzelne gezwungen, den Wissenssystemen, und damit den Experten, mit denen er es zu tun bekommt, zu vertrauen. Insofern er selbst die Experten nicht, oder nur sehr bedingt, kontrollieren kann, muss er sich wohl oder übel darauf verlassen, dass die wissensverwaltenden Systeme so funktionieren, wie sie sollten, und das heißt auch, dass sie sich in einem hohen Maße *selbst kontrollieren.* Das Individuum kann die Mechanismen des Systems nicht durchschauen, wenn es nicht selbst darin agiert, und es verfügt schlicht nicht über die nötigen Wissensressourcen, um das Statement eines Experten auf seine Richtigkeit zu prüfen. Diese epistemische Ohnmacht erfordert daher unweigerlich ein prinzipielles Vertrauen, sowohl in das Wissen des Experten als auch in die Selbstkontrolle des Systems. Die Kontrollen werden somit „in die Vertrauen erheischenden Systeme hineinverlagert und dort explizit gemacht, wenn nicht organisiert". Luhmann kommt daher zu dem Schluss: „Das Vertrauen in die Funktionsfähigkeit von Systemen schließt Vertrauen in die Funktionsfähigkeit ihrer immanenten Kontrollen ein".[259]

Ein solches ‚Vertrauen' aber ist keinesfalls, wie man bei diesem Begriff geneigt wäre anzunehmen, eine einseitig positiv konnotierte Größe. Wie schon angedeutet, muss die Notwendigkeit eines derartigen Vertrauens eher als Negativerfahrung der Individuen beschrieben werden. Da es sich um erzwungenes Vertrauen handelt, fördert es unmittelbar die Einsicht in die Abhängigkeit von den Experten. Neben die Hilflosigkeit gegenüber der Komplexität der Welt tritt also eine Hilflosigkeit gegenüber der daraus resultierenden Macht

---

259   Niklas Luhmann, *Vertrauen. Ein Mechanismus der Reduktion sozialer Komplexität,* 5. Aufl., Konstanz 2014, S. 77.

der Spezialisten. Es kann daher nicht verwundern, dass die Geschichte der okzidentalen Expertenkulturen von Beginn an auch eine Kritik an den Wissensträgern enthielt, eine Kritik, die diesen Kulturen keinesfalls akzidentell zukommt und ihnen äußerlich bliebe, sondern integraler Bestandteil dieser Kulturen ist, die durch sie geformt und spezifiziert werden. Michel Foucault hat eine Definition der Kritik vorgeschlagen, die auf den ersten Blick trivial anmutet, für das Thema der Expertenkritik aber sehr aufschlussreich sein kann: „die Kunst, nicht dermaßen regiert zu werden".[260] Kritik entwickelt sich für Foucault dann, wenn „sich das Problem stellt, wie man regiert wird, ob man es akzeptiert, dermaßen regiert zu werden".[261]

Das Regiertwerden der Individuen durch Experten aber ist unmittelbar mit dem Verhältnis von Wissen und Macht verbunden. Indem der Experte ein bestimmtes Wissensgebiet beherrscht und repräsentiert, ohne dass es den Individuen im Einzelfall möglich wäre, die Wahrheit seines Diskurses zu kontrollieren, übt der Experte eine spezifische Form der Macht aus, nämlich einfach die, die Wahrheit über ein bestimmtes Wissen zu sagen. Das Regiertwerden bedeutet daher hier: eine Wahrheit aufgezwungen zu bekommen. Wenn daher seit den Anfängen der europäischen Expertenkulturen Kritik an den Wissensträgern geäußert wurde, so war dies zweifellos auch durch den Wunsch motiviert, nicht dermaßen vom Expertenwissen „regiert zu werden". Den Experten selbst bleibt freilich gar nichts anderes übrig, als auf der Wahrheit ihres Wissens zu bestehen und damit die fraglose Gültigkeit ihres Diskurses zu behaupten. Alles andere hätte ihren Status als Experten unterwandert und ihm jede Legitimität entzogen. Die Macht des Experten ist damit ein in der Logik von Expertenkulturen selbst verankertes und daher unvermeidliches Phänomen, das seinen Grund in dem konsequenten Anspruch der Experten auf die Wahrheit des ihnen zugeteilten Wissens hat. Denn „damit das Wissen als Wissen funktionieren kann, muss es eine Macht ausüben. Innerhalb der tatsächlichen Wissensdiskurse übt jede als wahr betrachtete Aussage eine bestimmte Macht aus".[262]

Das Verhältnis von Experte und Gesellschaft erscheint vor diesem Hintergrund als primär durch zwei antithetische Faktoren bestimmt, die gleichzeitig wirksam sind und einander bedingen: Vertrauen und Skepsis. Das dies kein Widerspruch ist, sollte aus den bisherigen Ausführungen deutlich geworden sein. Es zeigt sich hieran eine weitere Grundannahme, von welcher der Ansatz

---

260   Michel Foucault, *Was ist Kritik?*, Berlin 1992, S. 12.
261   Foucault, *Was ist Kritik*, S. 44.
262   Foucault, *Was ist Kritik*, S. 46; zum Verhältnis von Wissen und Macht siehe auch: Foucault, *Ordnung des Diskurses*.

der „Expertenkulturen" ausgeht, nämlich die *Dialogik* von Systemvertrauen und Expertenskepsis.[263] Wenn jedoch die Gesellschaft dem Experten prinzipiell eine kritische Haltung entgegenbringt, ihm von vornherein mit Skepsis gegenübertritt, so stellt dies, ungeachtet aller Geltungsansprüche, die der Experte mit Erfolg erhebt, eine grundsätzliche und stets latente Gefährdung seiner Autorität dar. Der Experte kann sich nicht darauf verlassen, dass er in jedem Fall als legitimer Vertreter seines Wissenssektors und als souveräner Autor eines ‚wahren' Diskurses akzeptiert wird. Die skeptische Haltung der Gesellschaft zwingt ihn vielmehr dazu, aktiv Strategien zu entwickeln, mittels derer er seinem Status Ausdruck verleihen kann und durch die er seinen Anspruch durchzusetzen imstande ist. Die kritischen Tendenzen in der Gesellschaft zwingen ihn seinerseits dazu, sich gezielt als Experte zu inszenieren, um eine Akzeptanz seiner prätendierten Position zu erlangen.

Mit dem Aspekt der ‚Inszenierung' aber ist ein entscheidender Punkt angesprochen, der in die Richtung weist, auf welche diese Ausführungen hinaus möchten. Inszenierung findet vor Publikum statt, durch dessen Sinnzuschreibung die Darstellung eines Akteurs erst eine Bedeutung erhält. Wurde bisher primär das Verhältnis des Experten zur Gesellschaft im Allgemeinen thematisiert, so sind nunmehr die konkreten Interaktionen zwischen Experten und ihren Kommunikationspartnern angesprochen, also denjenigen Personen, die an einen Experten herantreten, weil sie seiner Expertise bedürfen. Diese konkrete Kommunikationssituation aber ist – und dies weist auf die Erörterung zu Beginn dieses Kapitels zurück – geprägt durch eine fundamentale *Interdependenz von Experten und Nicht-Experten*. Die Rolle des Experten ist untrennbar an eine Komplementärrolle gebunden, an die Rolle des Ratsuchenden, der den Experten durch seine Konsultation als Experten wahrnimmt und bestätigt. Dies jedoch bedeutet, dass ein Wissensträger erst dann zum ‚Experten' wird, „wenn die Komplementärrolle in einen Klientenstatus transformiert wird",[264] wie Rudolf Stichweh es für die Professionen gezeigt hat. Die direkte Kommunikation zwischen dem Darsteller einer Funktionsrolle, dem Professionellen, und dem Träger einer Komplementärrolle, dem Klienten, ist für Stichweh dabei die interaktive Form, in welcher die Inklusion des ‚Laien' in das Systemgeschehen stattfindet.[265] Mit ‚Inklusion' meint Luhmann eine Partizipation von Subjekten an sozialen Systemen, deren immanente Prozesse sie zwar nicht

263   Rexroth, „Systemvertrauen und Expertenskepsis"; zur ‚Dialogik': Edgar Morin, *Europa denken*, Frankfurt am Main 1988.

264   Stichweh, „Professionalisierung, Ausdifferenzierung von Funktionssystemen, Inklusion", S. 324.

265   Stichweh, „Professionalisierung, Ausdifferenzierung von Funktionssystemen, Inklusion", S. 325.

in einer Funktionsrolle aktiv mittragen, an denen sie aber dennoch als Außenstehende in entscheidender Weise teilhaben, etwa indem sie die Möglichkeit wahrnehmen, „von der Wirtschaft zu profitieren, erzogen zu werden, politisch mitzubestimmen, eine eigene Familie zu gründen usw".[266]

Die ‚Inklusion des Laien' bedeutet im Falle der Experten aber – unabhängig davon, ob es sich um einen Rechts-, Medizin- oder Glaubensexperten, einen Experten des Schusterhandwerks, der Schmiedekunst oder des Warentauschs handelt –, dass nicht allein das tatsächliche Wissen, über welches ein Wissensträger verfügt, nicht allein die ‚realen' Kenntnisse (und seien sie noch so umfassend und fundiert) darüber entscheiden, wer als Experte gelten darf. Der fähigste Jurist der Welt wäre kein Experte, wenn ihm diese soziale Rollen nicht in spezifischen Kommunikationssituationen zugeschrieben würde, in denen er in Interaktion mit ‚Laien' tritt, welche die Komplementärrolle des ‚Klienten' erfüllen und ihn damit zum Träger *sozial relevanten* Sonderwissens machen. Der Expertenstatus ist also an die Relevanz des Spezialwissens für Laien und an den konkreten Kontakt zu Laien gebunden, in dem dieses Wissen abgerufen und zum Nutzen des Klienten appliziert wird. In einer solchen Kommunikationssituation tritt der Experte als derjenige Spezialist auf, der vorgibt, exakt über jenes Wissen zu verfügen, welches im Hinblick auf das Anliegen oder Problem des Klienten benötigt wird.[267]

Dass dies in vielen Fällen freilich pure Illusion ist, hat Rudolf Stichweh, abermals mit Blick auf die Professionen, betont, indem er auf die situationsspezifische Insuffizienz des Expertenwissens verweist: „Der Tendenz nach gibt es eine Überkomplexität der Situation im Verhältnis zum verfügbaren Wissen, eine Relation, die es ausschließt, das Handeln des Professionellen als problemlose Applikation vorhandenen Wissens mit erwartbarem und daher leicht evaluierbarem Ausgang zu verstehen".[268] Diese Problematik ist bedingt durch die „Ungewissheit hinsichtlich der Dynamik der Situation" und die dadurch hervorgerufene Ungewissheit „hinsichtlich der zu wählenden Handlungsstrategie".[269] Die Kommunikationssituation ist also von Unsicherheiten durchsetzt, was der grundlegenden Ambivalenz des Verhältnisses von Experten und Laien, wie es sich im Wechselspiel von Skepsis und Inszenierung manifestiert, weitere Nahrung gibt. Die Insuffizienz des Expertenwissens, die daraus resultiert, dass es

---

266   Niklas Luhmann, „Wie ist soziale Ordnung möglich?", in: Niklas Luhmann, *Gesellschaftsstruktur und Semantik. Studien zur Wissenssoziologie der modernen Gesellschaft*, Bd. 2, Frankfurt am Main 1981, S. 195–285, S. 240.

267   In diesem Sinne die Rede vom ‚maßgeschneiderten Wissen': Reich/Rexroth/Roick, *Wissen, maßgeschneidert*.

268   Stichweh, „Professionen und Disziplinen", S. 260.

269   Stichweh, „Professionen und Disziplinen", S. 260.

kein im Vorhinein maßgeschneidertes Wissen für jedes erdenkliche Problem geben *kann*, welches die individuellen Klienten dem Experten vortragen, muss vom Experten selbst so gut es geht kaschiert werden, um seine Autorität zu behaupten, weshalb ihm nichts anderes übrig bleibt, als eben dieses Versprechen eines passgenauen Wissens zu seinem Aushängeschild zu machen. In der konkreten Interaktion wird er daher gezwungen, „Ungewissheit zu verdecken, sie in Formen abzuarbeiten, die das Vertrauen des Klienten nicht erschüttern".[270]

Bei einer derartigen Maßnahme aber handelt es sich bereits um eine *Inszenierungsform*. Inszeniert werden soll die Rolle des kompetenten, selbstsicheren und die Situation beherrschenden Experten, der das naiv artikulierte – und dadurch noch unbestimmte – Problem des Klienten in seiner Substanz erfasst und beim Namen nennt, also erst endgültig definiert. Die Inszenierung, die eine derartige Expertenrolle mittels eines spezifischen Zeichengebrauchs zur ‚Erscheinung‘[271] bringen soll, stellt eine aktive Strategie der Experten dar, deren Erfolg allerdings keinesfalls garantiert ist. Vielmehr bleibt sie zahlreichen Gefährdungen ausgesetzt: Die Medien der Kommunikation – etwa der Leib des Akteurs, der die Rolle ‚verkörpert‘ – folgen einer Eigenlogik, welche die Botschaft, die übermittelt werden soll, maßgeblich beeinflusst.[272] Diese Ambiguität trifft auf die grundsätzlich misstrauische Haltung des Publikums, das „insgeheim der Realität, die ihm aufgezwungen wird, skeptisch gegenübersteht".[273] Erving Goffman hat daher in seiner Studie zur Theatralität sozialer Interaktionen den „Eindruck von Realität, den eine Darstellung erweckt" als ein „zartes, zerbrechliches Ding" bezeichnet.[274] Gilt dies für die

---

270   Stichweh, „Professionen und Disziplinen", S. 260.

271   Erika Fischer-Lichte, „Theater als kulturelles Modell", in: Erika Fischer-Lichte, *Ästhetische Erfahrung. Das Semiotische und das Performative*, Tübingen 2001, S. 269–290, S. 285; siehe auch: Erika Fischer-Lichte, „Performance, Inszenierung, Ritual. Zur Klärung kulturwissenschaftlicher Schlüsselbegriffe", in: *Geschichtswissenschaft und ‚performative turn'. Ritual, Inszenierung und Performanz vom Mittelalter bis zur Neuzeit*, hg. von Jürgen Martschukat/ Steffen Patzold, Köln 2003, 33–54.

272   Dazu und zum Folgenden: Marcel Bubert/Lydia Merten, „Medialität und Performativität. Kulturwissenschaftliche Kategorien zur Analyse von historischen und literarischen Inszenierungsformen in Expertenkulturen", in: Rexroth/Schröder-Stapper (Hg.), *Experten, Wissen, Symbole*, S. 29–68; zum Eigensinn von Medien: Sybille Krämer, „Erfüllen Medien eine Konstitutionsleistung? Thesen über die Rolle medientheoretischer Erwägungen beim Philosophieren", in: *Medienphilosophie. Beiträge zur Klärung eines Begriffs*, hg. v. Stefan Münker/Alexander Roesler/Mike Sandbothe, Frankfurt am Main 2003, S. 78–90; Frank Hartmann, *Mediologie. Ansätze einer Medientheorie der Kulturwissenschaften*, Wien 2003.

273   Erving Goffman, *Wir alle spielen Theater. Die Selbstdarstellung im Alltag*, 12. Aufl., München 2013, S. 48.

274   Goffman, *Wir alle spielen Theater*, S. 52.

Verkörperung sozialer Rollen im Allgemeinen, dann umso mehr für die Aufführung der Rolle des Experten, dem die Gesellschaft ohnehin Misstrauen entgegenbringt. Die somit medial und sozial bedingten Unsicherheiten, welche den Klienten „ein Bild des Mannes hinter der Maske"[275] aufzudrängen drohen und damit die Kohärenz der sozialen Rolle gefährden, machen es daher umso dringender erforderlich, dass der Experte gezielte Strategien entwickelt, die seinen Status absichern.

Das Ziel solcher Inszenierungen besteht also darin, das Publikum, d.h. die ‚Laien', zur Zuschreibung der Expertenrolle zu veranlassen, was bei wiederholtem Erfolg zur Akkumulierung symbolischen Kapitals führt. Dass es gelingt, das Publikum zur Zuschreibung des Expertenstatus zu motivieren, ist hingegen dann besonders wahrscheinlich, wenn die Autorität des Experten institutionell fundiert ist, wenn er, wie Pierre Bourdieu betont, als autorisierter Repräsentant einer Institution auftritt.[276] Das Zusammenspiel von Inszenierung und Zuschreibung funktioniert insbesondere dann, wenn die Prädispositionen der Rezipienten bereits eine Anerkennung der institutionell begründeten Autorität des Experten implizieren. Hat das Publikum Kenntnis von einer „formellen Beglaubigung"[277] des Experten, wird die Gefährdung der Darstellung durch potenzielle Störungen erheblich reduziert. Wie Goffman für soziale Interaktionen im Allgemeinen feststellt, „werden diese größeren Sozialeinheiten – Ensembles, Institutionen usw. – jedes Mal mit hineingezogen, wenn der Einzelne seine Rolle spielt".[278]

Diese Konstellation, in der die Skepsis der Klienten durch das Vertrauen in die Institutionen des Wissens kompensiert wird, macht jedoch eindrücklich deutlich, dass bereits jede einzelne Kommunikationssituation, in der die Authentizität der Expertenrolle verhandelt wird, durchdrungen ist und geprägt wird von einer Dialogik zwischen Systemvertrauen und Expertenskepsis, zwei Prinzipien, die dabei gleichzeitig präsent und untrennbar aufeinander verwiesen sind.[279] Es ist insofern eine Grundbedingung von Expertenkommunikation, dass die institutionelle Legitimation des Experten seine Anerkennung *wahrscheinlich* macht, aber nicht *garantieren* kann. Der Experte ist daher dauerhaft auf Inszenierungsformen angewiesen, um der prinzipiellen Kontingenz der Interaktionen und der Grundskepsis der Laien entgegenzuwirken. Setzt er seine gestalterischen Mittel jedoch erfolgreich ein, so kann er über

---

275   Goffman, *Wir alle spielen Theater*, S. 192.
276   Bourdieu, *Was heisst sprechen?*, S. 75.
277   Goffman, *Wir alle spielen Theater*, S. 57.
278   Goffman, *Wir alle spielen Theater*, S. 221.
279   Bubert/Merten, „Medialität und Performativität".

die sukzessive Akkumulierung symbolischen Kapitals seinen Expertenstatus behaupten. Es liegt auf der Hand, in welcher Weise diese Bedingungen für die gelehrten Experten, von denen in diesem Kapitel die Rede sein soll, relevant werden: Aufgrund ihrer institutionellen Absicherung werden sie prinzipiell als Repräsentanten ihres Sonderwissens anerkannt und konsultiert, doch bleiben sie auf Inszenierungsformen angewiesen, um ihren Status zu verstetigen. Mit anderen Worten: In ihrer Rolle als *Experten* sind Gelehrte prinzipiell bestrebt, eine *fremdreferentielle* Seite ihrer Wissenschaft zu bedienen, nicht nur auf Anfrage, sondern auch aus eigener Initiative. Diese Feststellung sollte im Hinterkopf behalten werden, wenn im Folgenden davon geredet wird (bzw. im vorausliegenden Kapitel davon geredet wurde), dass bestimmte Akteure die *Absicht* haben, sich zu inszenieren und ihr Wissen zu applizieren. Dieser Beschreibungsmodus folgt der hier entworfenen, auf soziale Interaktionen zielenden Perspektive, die der an anderen Stellen eingenommenen systemtheoretischen Sichtweise gegenübersteht, in der diese Vorgänge als systemische (nicht intentionale) Prozesse geschildert werden.

3.6.2 *Akademische Expertenkultur: Gelehrte Experten und Anti-Experten*
Die Implikationen der skizzierten Zusammenhänge für die in diesem Kapitel zu diskutierenden Fragen können nun präziser benannt werden. Wissensträger werden erst dadurch zu ‚Experten‘, dass sie in Relation zur Komplementärrolle der ‚Laien‘ treten, welche durch Inklusion an den Wissenssystemen partizipieren. So wie Zarathustra, der Adler und die Schlange durch Inklusion mit dem ‚Sonnensystem‘ verbunden sind und die Sonne erst zu dem machen, was sie ist, indem sie ihren Strahlen eine Bedeutung zusprechen, so ist das Wissen des Experten unweigerlich an seine Relevanz für die Gesellschaft gebunden, da nur dann eine Relation zum Laien hergestellt werden kann, wenn das Expertenwissen für diese Laien von Bedeutung ist, die sich mit ihren Anliegen an den Ratgeber wenden. Das Wissen des Experten muss also für die Zwecke der Laien applizierbar sein, es muss in diesem Sinne einen ‚Nutzen‘ für die Gesellschaft haben. Nur durch diesen ‚Praxisbezug‘ kann Sonderwissen den Problemen potentieller Klienten dienen und nur durch seine Nützlichkeit (oder zumindest scheinbare Nützlichkeit) erweckt es die Aufmerksamkeit und das Interesse der Laien.

Wird Spezialwissen jedoch nicht zum Nutzen Anderer angewandt, sondern in eigens diesem Wissen geweihten sozialen Räumen abgeschottet, dann stellt sich keine Kommunikation mit der Laienwelt ein. Der Träger dermaßen esoterischen Wissens ist – auch bei höchster Gelehrsamkeit – streng genommen kein Experte, da er nicht in Kontakt zu ‚signifikanten Anderen‘ tritt, Nicht-Wissenden, für die sein Wissen relevant ist und die ihm die Expertenrolle zuweisen. Experten hingegen – etwa solche, deren Wissenserwerb in Form eines Universitätsstudiums institutionalisiert ist – kommunizieren mit der Welt der Laien, und dies nicht nur in solchen Kommunikationssituationen, die sich aus der Anfrage, dem Ratsuchen der Klienten ergeben, sondern auch in solchen, die sie selbst durch Inszenierungsstrategien forcieren. Experten treten mittels der Inszenierung aktiv in Kontakt zu ihrer Umwelt, sie *suchen* die Kommunikation mit dem Laien. Da sie der Unsicherheit ihres Status und der Skepsis der Gesellschaft begegnen müssen, wenden sie sich der Welt aktiv zu, um eine Bestätigung ihres Anspruchs zu erreichen. Auch auf diese Weise, in Form der Inszenierung, stellt sich daher die konstitutive Relation der Komplementärrollen ein, welche das soziale Sein des Experten begründet.

Es lässt sich bereits absehen, welche Konsequenzen die somit skizzierten Thesen über Expertenkulturen für eine entsprechende Einschätzung der gelehrten Akteure an der Universität Paris haben. Die Universität Paris stellt ein clusterhaftes Gebilde verschiedener Formen von Sonderwissen dar, jedoch kann – vor dem Hintergrund der bisherigen Ausführungen – nicht jeder Wissensbestand, der innerhalb der Universität seinen Ort hat, ohne weiteres als Expertenwissen bezeichnet werden, jedenfalls nicht, wenn man ihn auf seine primären Repräsentanten bezieht. Es sollte deutlich geworden sein, dass das Wissen der Artisten keine soziale Relevanz aufweist, sofern es den kommunikativen Raum der Artes-Fakultät nicht verlässt. Außerhalb dieser, in den Diskursräumen der anderen Fakultäten, konnte es durchaus Teil eines fremdreferentiellen Kommunikationsakts werden, der sich an Laien richtet und den dabei kommunizierenden Akteur zum Experten werden lässt. Doch solche Kommunikationen mit der nicht-universitären Umwelt kamen bei den Magistern der Artistenfakultät, den Philosophen, nicht vor. Die Operationen ihres sozialen Systems zielten in erster Linie auf die ‚eigene Materie‘, d.h. die Philosophie, nicht auf eine ‚äußere Materie‘ (*materia exteriora*), wie die Artes-Magister mehrfach explizit festhielten. Ihr Erkenntnisinteresse galt allgemeinen Strukturen, nicht den konkreten Dinge der Welt. Die Kommunikationen, die in der Artes-Fakultät stattfanden, waren nicht an äußere Rezipienten, also Adressaten der Laienwelt gerichtet; sie sahen zunächst keine anderen ‚Adressaten‘ vor als die Philosophen selbst. Da die Artes-Magister aber somit in keinem solchen Kontakt zu Laien standen, bei dem ihr Sonderwissen in dem Sinne eine Rolle gespielt hätte, dass es für diese Laien als ‚Klienten‘ relevant gewesen wäre, können sie trotz aller Gelehrsamkeit nicht als Experten begriffen werden, jedenfalls nicht vor dem Hintergrund der bis zu diesem Punkt explizierten Definition.

Freilich kamen die Artisten – sogar insbesondere die Artisten – mit der Laienwelt in Berührung, wie nicht zuletzt die town-gown-Konflikte zeigen, von

denen später noch die Rede sein wird.[280] Doch gerieten Philosophen in der
Regel nicht in Kommunikationssituationen, in denen sie als Experten für Philosophie ihr Wissen zum Nutzen eines Klienten applizierten. Zudem finden
sich von Seiten der Artes-Magister zunächst keine Formen der Inszenierung,
mittels derer sie in Kontakt zu ihrer Umwelt getreten wären, zumindest keine,
so muss man auch hier differenzieren, bei denen sie sich als Wissensträger,
also als *Philosophie-Experten*, inszeniert hätten. Aktive, ungefragte Wissensapplikation, mit dem Ziel, die Zuschreibung des Expertenstatus zu provozieren,
war keine kulturelle Praxis, derer sich die Philosophen üblicherweise bedienten. Im Hinblick auf diese Gegebenheiten sei daher zunächst die folgende Behauptung in den Raum gestellt, die außerhalb dieses theoretischen Kontextes
freilich nicht anders als paradox erscheinen müsste: Die Philosophen der Universität Paris sind Gelehrte, aber keine Experten, sie verfügten über Sonderwissen, aber nicht über Expertise. Es wird sich allerdings später zeigen, dass diese
Behauptung noch einmal modifiziert werden muss.

•••

Ganz anders sah die Situation bei den ‚oberen‘ Fakultäten aus, was die Philosophen sehr genau wahrnahmen. Während die Artes-Magister mit ihrer
Wissenschaft weitgehend von der Welt isoliert waren, verliefen von den anderen Fakultäten zahlreiche Verbindungen nach draußen, Verbindungen, die
nicht die Gelehrten als ‚Privatpersonen‘ – dies war freilich für alle Universitätsmitglieder, inklusive der Artisten, gegeben –, sondern die Gelehrten als
Wissenschaftler betrafen. Die kommunikative Praxis, welche die Vertreter der
höheren Fakultäten hinsichtlich ihrer Umwelt pflegten, ermöglichte ihnen
soziale Interaktionen, in denen sie als Experten fungierten. Dabei waren sich
die Gelehrten der Universität vollauf der Tatsache bewusst, Teil einer Expertenkultur zu sein. Die Prinzipien dieser Kultur, wie sie im obigen Theorieteil
skizziert wurden, konnten an der Universität durchaus Gegenstand expliziter
Reflexion werden. Das Prinzip wissensbezogener Arbeitsteilung etwa, also die
Delegation von Spezialwissen an eigens dafür zuständige Verwalter, die dieses Wissen für den Rest der Gesellschaft im Hinblick auf bestimmte Aufgaben
zur Verfügung stellen, reflektiert der Theologe Gottfried von Fontaines in aller
wünschenswerten Deutlichkeit. Ein kurzer Blick auf diese Reflexion lohnt sich.

---

280   Siehe unten Kap. 4.4.

Gottfried stellt sich in seinem zehnten Quodlibet die Frage, ob die Kirche von einem guten Juristen besser regiert werden könnte als von einem Theologen.[281] Zur Beantwortung dieser Frage müssen nach Gottfried drei verschiedene Begriffe von *ecclesia* unterschieden werden: 1. das materielle Haus, in dem Gott verehrt wird; 2. das geistige Haus, das aus der Gemeinschaft der Gläubigen besteht; 3. Die äußeren Güter, d.h. die Einkünfte und die Besitztümer, die von den Kirchenleuten verwaltet werden. Was nun die materielle Kirche, also das steinerne oder hölzerne Haus betrifft, so werde dieses, wie Gottfried ausführt, weder von einem Theologen noch von einem Juristen gut regiert. Vielmehr sei dies Sache eines Handwerkers, eines Steinmetzes, Zimmermanns oder dergleichen.[282] Wenn ein Prälat aber die Aufgabe habe, dafür zu sorgen, dass die Kirche in Stand gehalten werde, dann muss er dafür nicht in einer solchen Kunst bewandert sein. Er muss vielmehr über Umsicht verfügen, damit er diejenigen, die in derartigen Dingen erfahren sind (*qui in talibus sunt periti*) und denen diese Tätigkeit zukommt, dafür anstellen kann.[283] Hinsichtlich der äußeren Kirchengüter, der dritten Bedeutung von ‚Kirche', unterscheidet Gottfried zwischen verschiedenen Fällen. Wenn es darum geht, die Felder und Weinberge zu bebauen, so muss der Prälat ebenfalls nicht selbst die nötigen Kenntnisse besitzen. Es genügt völlig, wenn er weiß, wie er sich mit denjenigen Personen versorgt, die wissen, wie derartige Dinge gemacht werden (*sciat providere de his qui talia sciunt facere*).[284] Werden jedoch die Güter der Kirche mit der „List weltlicher Wissenschaft" angegriffen, dann, so hält Gottfried fest, ist ein Jurist eindeutig mehr wert als ein Theologe. Denn er weiß, wie man die Güter und die Rechte der Kirche gegen solche Angreifer verteidigt oder wie man sie wiedererlangt. In Streitfällen, die ein juristisches Verfahren erfordern (*lites in quibus etiam oportet quod via iuris procedatur*), ist der Jurist gefragt,

---

281   Utrum per unum bonum iuristam melius posset regi Ecclesia quam per theologum (Gottfried von Fontaines, *Quodlibet X*, ed. Jean Hoffmans, Louvain 1931, S. 395).

282   [...] si respiciamus ad ea quae ad bona ecclesiae materialis pertinent, nec per theologum nec per iuristam bene regeretur per se et immediate, sed per bonum artificem mechanicum, puta: latomum, carpentarium et huiusmodi (Gottfried von Fontaines, *Quodlibet X*, ed. Hoffmans, S. 395).

283   Nec praelatum ecclesiae, licet ad eum pertineat habere curam quod ecclesia talis in statu debito conservetur, oportet propter hoc esse instructum in tali arte, quia ad hoc suum officium per se non ordinatur; sed debet habere industriam et prudentiam ut, cum opus est, per eos qui in talibus sunt periti, quae ad ecclesiam illam in talibus pertinent, disponantur (Gottfried von Fontaines, *Quodlibet X*, ed. Hoffmans, S. 395).

284   [...] sufficit eum habere prudentiam per quam sciat providere de his qui talia sciunt facere (Gottfried von Fontaines, *Quodlibet X*, ed. Hoffmans, S. 395).

nicht der Theologe.[285] Doch auch in diesem Fall bedeutet dies nicht, dass der Prälat selbst Jurist sein müsste. Er muss in einem Streitfall lediglich wissen, wie er sich einen guten Advokaten verschafft. Die Juristen wenden nämlich die Rechtswissenschaft auf derartige Streitfälle an (um des Geldes willen, wie Gottfried eigens betont), so wie die Handwerker ihre Kunst auf die besagte Materie applizieren. Und dies sollte nicht einfach gescholten werden, denn es *nutzt dem Gemeinwesen*, dass es sie gibt.[286] Schließlich kommt Gottfried zur zweiten Bedeutung von *ecclesia*, dem geistigen Haus, dessen Betreuung die eigentliche Aufgabe der Prälaten sei. Hier nun ist der Theologe unvergleichlich (*incomparabiliter*) mehr wert als der Jurist, denn hier geht es um jene Güter der Kirche wie die Unterweisung im Glauben und in den Sitten. Durch die Theologie, nicht durch das Recht, weiß man, wie man predigt und die Gläubigen auf den rechten Weg bringt. Zudem gehe es um die Sakramente, die Buße und solche Dinge, welche die genuine Materie der Theologie (*propria materia theologiae*) darstellen. Nur die Theologen haben Kenntnis davon und wissen, wie man sie auf das Heil ausrichtet.[287]

Man hatte an der Universität Paris demnach ein sehr klares Bewusstsein von der wissensbezogenen Arbeitsteilung in Expertenkulturen sowie vom sozialen Nutzen der Experten. Ein solches Bewusstsein impliziert ebenso ein Wissen um die epistemischen Relevanzstrukturen: Gottfried von Fontaines weiß, an wen er sich mit welchem Anliegen wenden muss, d.h. welcher Experte für welches Problem zuständig ist. Zweifellos wüsste er etwas Besseres, als den Theologen um eine Reparatur des Kirchendachs zu ersuchen, beim

---

285 Quantum ad secundum modum autem verum est quod melius valet iurista quam theologus; ut scilicet contra tales iniuriatores sciat quis defendere bona et libertates Ecclesiae et ab iniuriantibus talibus etiam recuperare (Gottfried von Fontaines, *Quodlibet X*, ed. Hoffmans, S. 396).

286 Ita enim communiter ordinari videtur scientia iuris ab his qui illi insistunt ad lites huiusmodi causa lucri, sicut artes artificum praedictorum respectu praedictarum materierum et quaerunter conducendi advocati sicut alii artifices. Et hoc utique non est reprobandum simpliciter, quia expedit reipublicae quod hi et illi inveniantur (Gottfried von Fontaines, *Quodlibet X*, ed. Hoffmans, S. 396).

287 Haec patent si considerentur ea quae ad bonum talis ecclesiae pertinent, scilicet instructio in fide et moribus per praedicationem veritatis in fide et exhortationem in moribus. Sed per theologiam, non per iura secundum quod huiusmodi, scit quis quae debeat praedicare; scit etiam errantes in talibus revocare et dirigere; et cetera. Aliud autem est administratio sacramentorum, poenitentiae scilicet et aliorum, quorum condicionem noscere habent theologi, quia sacramenta sunt propria materia theologiae et quomodo eis sit utendum secundum quod ad salutem ordinantur (Gottfried von Fontaines, *Quodlibet X*, ed. Hoffmans, S. 396f).

Juristen die Beichte abzulegen oder den Handwerker in einem Rechtsstreit zu konsultieren.[288]

3.6.3   *Die Rechts- und Medizinexperten der Universität Paris*

Dass die Juristen einen bestimmten Zuständigkeitsbereich haben und für spezifische Aufgaben konsultiert werden, wurde von den Mitgliedern der anderen Fakultäten aufmerksam beobachtet. Wie die Philosophen die Aktivitäten ihrer Kollegen in der juristischen Fakultät wahrnahmen, ist bereits in Kapitel 2 zur Sprache gekommen. In der Tat erfüllen die weltzugewandten und grundsätzlich praxisorientierten Juristen schon seit dem 12., sowie noch verstärkt seit dem 13. Jahrhundert, alle Kriterien von ‚Experten‘, eine Tatsache, mit der sie sich fundamental von den Philosophen unterscheiden. Wie gesehen, war es nicht zuletzt die Perzeption der Differenz zu den Juristen, welche die soziale Identität der Philosophen in hohem Maße prägte. Die heterogenen Handlungslogiken der Disziplinen treten mit Blick auf die Expertenrolle der Juristen noch deutlicher zutage.

An der Universität Paris wurde im 13. Jahrhundert vor allem das kanonische Recht unterrichtet, nachdem Honorius III. in seiner Bulle *Super speculam*[289] von 1219 die Lehre des zivilen Rechts in Paris untersagt hatte. Auch wenn dieses Verbot insofern nur eine begrenzte Reichweite hatte, als die Juristen der Universität Paris fortan oftmals nach Orléans gingen, um dort Kenntnisse im zivilen Recht zu erwerben,[290] so ändert dies nichts daran, dass die Juristen nach ihrer Pariser Ausbildung Kanonisten, nicht Legisten waren.[291]

Die praktische Anwendung des an der Universität gelernten Wissens war das primäre Ziel eines Studiums der Rechtswissenschaft, das die Grundlage einer Tätigkeit außerhalb der Universität bildete: als Advokat, Rechtsberater, Richter, Administrator in der kirchlichen und weltlichen Verwaltung, oder als Kleriker mit einträglicher Pfründe. Für die Pariser Kanonisten boten sich vielfältige Möglichkeiten einer Beschäftigung, bei der sie ihre Kompetenzen praktisch anwenden konnten. So finden sich in Paris seit Ludwig IX. (1226–1270)

---

288   Siehe das analoge Beispiel von Peter Berger und Thomas Luckmann zum Wissen um Relevanzstrukturen: „So ‚weiß ich etwas Besseres‘, als mit meinem Arzt über meine Geldanlagen, mit meinem Anwalt über mein Magengeschwür, mit meinem Buchhalter über meine Suche nach religiöser Wahrheit zu reden“ (Berger/Luckmann, *Konstruktion der Wirklichkeit*, S. 47); dazu auch Frank Rexroth, „Systemvertrauen und Expertenskepsis“, S. 23.

289   CUP I, Nr. 32, S. 90–93.

290   James A. Brundage, *The Medieval Origins of the Legal Profession. Canonists, Civilians, and Courts*, Chicago 2008, S. 232.

291   Zur Kanonistik siehe auch: Stephan Kuttner, *Studies in the History of Medieval Canon Law* (Variorum Collected Studies Series 325), Aldershot 1990.

etwa zunehmend Kanonisten am königlichen Hof.[292] Der Königshof konnte den Absolventen der juristischen Fakultät von Paris mitunter glänzende
Karrieren eröffnen. Reginald d'Acy, der sich der Universität Paris so verbunden fühlte, dass er sie als *mater mea* bezeichnete, wurde Mitte des 14. Jahrhunderts königlicher Advokat und einer der Hauptberater Johanns des Guten
(1350–1364).[293] Doch es geht nicht nur darum, dass ein Jurastudium in Paris
der Ausgangspunkt für eine außeruniversitäre Karriere sein konnte. Was hier
fast noch wichtiger ist, ist die Tatsache, dass die Professoren des kanonischen
Rechts, die Lehrer der Pariser Fakultät, neben ihrer Lehrtätigkeit auch als Praktiker aktiv waren. Pierre Bertrand (1280–1349) war Advokat des Parlaments von
Paris, während er gleichzeitig kanonisches Recht in Paris und ziviles Recht in
Orléans unterrichtete.[294]

Häufiger als eine Beschäftigung im Dienst des Königs oder anderer Herren war die Tätigkeit als Rechtsberater oder als Advokat an lokalen Gerichten. Richter holten nicht selten die Meinung eines Rechtsprofessors ein, bevor
sie ihr Urteil fällten, wobei sie meist explizit darauf hinwiesen, dass sie sich
mit einem Rechtsexperten beraten hatten.[295] Aber nicht nur als Gutachter
in rechtlichen Fragen, auch als aktive Advokaten an bischöflichen Gerichten
waren Rechtsprofessoren tätig. Unter den Advokaten und Prokuratoren, die
am Bischofsgericht von Paris tätig waren, finden sich nicht nur zahlreiche Absolventen der Pariser Universität, sondern auch aktiv lehrende Professoren.[296]
Rechtsberater wurden am bischöflichen Gericht (und anderen Gerichten)
dringend benötigt, allein schon deshalb, weil das römisch-kanonische Prozes-
sverfahren einen Grad an Komplexität aufwies, der für Laien nicht ohne weiteres durchschaubar war.[297] Schriftlichkeit und strenge Formen sorgten dafür,
dass die Verfahrensregeln einer gewissen Autonomie folgten, d.h. dass im System des Verfahrens „das Verhalten zum Teil an eigenen selektiven Kriterien
orientiert wird".[298] Diese Autonomie ist eine unerlässliche Voraussetzung für

---

292   John P. Dawson, *The Oracles of the Law*, Michigan 1968, S. 278–290; Quentin Griffiths,
       „New Men among the Lay Counsellors of St. Louis' Parlement", in: *Mediaeval Studies* 32
       (1970), S. 234–272.
293   James Brundage, „From Classroom to Courtroom: Parisian Canonists and their Careers",
       in: James Brundage, *The Profession and Practice of Medieval Canon Law*, Aldershot 2004,
       S. 237–248, S. 250; Roland Delachenal, *Histoire des avocats au Parlement de Paris, 1300–
       1600*, Paris 1885, S. 332–335.
294   Brundage, „From Classroom to Courtroom", S. 350.
295   Brundage, *Medieval Origins of the Legal Profession*, S. 350f.
296   Brundage, „From Classroom to Courtroom", S. 353f.
297   Knut Wolfgang Nörr, *Romanisch-kanonisches Prozessrecht. Erkenntnisverfahren erster
       Instanz in civilibus*, Heidelberg 2012.
298   Luhmann, *Legitimation durch Verfahren*, S. 69.

eine ‚Legitimation durch Verfahren'. Prozessteilnehmer waren somit auf Personen angewiesen, die über das entsprechende Spezialwissen in Bezug auf die Vorgänge des Prozesses verfügten, da es sich hier um einen System handelt, welches, wie James Brundage feststellte, „few litigants could readily navigate without expert help".[299] Dass in diese und andere Aktivitäten der Rechtspraxis auch die Professoren der juristischen Fakultät von Paris involviert waren, zeigt ebenso die Klage Papst Johannes' XXII in seinem Brief an die Universität Paris vom 8. Mai 1317: „Gewisse Professoren, die sich um ihre Vorlesungen kümmern sollten, widmen sich statt dessen den Abschweifungen von Prozessen, dem Getöse von Anwaltsgeschäften und den Tätigkeiten der Gerichte".[300]

Die Juristen waren demnach in vielfacher Hinsicht auf die Laienwelt bezogen, sie gerieten immer wieder in Kommunikationssituationen, in welchen sie als Experten juristisches Wissen zum Nutzen ihrer Klienten anwandten. Es ist daher auch nicht verwunderlich, dass die Kanonisten schon seit der Mitte des 13. Jahrhunderts eine eigene Professionenethik entwickelten, also ihr Selbstverständnis über ein Bekenntnis zu ethischen Standards regulierten.[301] Sie sind damit nicht nur Experten, wenn sie mit Laien umgehen, sondern gleichzeitig Professionelle, da ihr Verhältnis zu diesen Laien von einer ethisch fundierten „Verantwortung gegenüber dem Klienten"[302] geprägt ist. Freilich konnte auch dieses stets mehr oder weniger realisierte Ideal nicht verhindern, dass die Juristen zur Zielscheibe heftiger Kritik wurden.[303] Die Heuchelei und Habgier der Juristen wurde schon seit dem 12. Jahrhundert zum Gegenstand von Spott und Polemik in der Literatur, etwa bei Walter von Châtillon.[304] Aber auch im Inneren der Wissenschaft wurde, wie schon gesehen, unverhohlen kritisiert. Nicht nur Aegidius Romanus sprach mit Blick auf die Juristen in königlichem Dienst von „idiotae politici".[305] Dass die Rechtsexperten es dennoch schafften, sich gegen ihre Kritiker zu behaupten und immer wieder die Rolle des souveränen Experten erfolgreich zu inszenieren, lag freilich vor allem daran, dass sie durch ihr Studium oder ihre Lehrtätigkeit als legitime Repräsentanten einer Institution auftraten. Als solche anerkannt, übten die gelehrten Praktiker eine

---

299   Brundage, *Medieval Origins of the Legal Profession*, S. 489.

300   [...] quidam actu regentes, qui tenerentur insistere exercitio lectionum, litigiorum anfractibus et advocationum strepitibus et forensibus occupationibus se involvunt (CUP II, Nr. 741, S. 200).

301   Brundage, *Medieval Origins of the Legal Profession*, S. 284.

302   Stichweh, „Professionen und Disziplinen", S. 268.

303   Dazu: Rexroth, *Expertenweisheit*, S. 30.

304   Ferruolo, *Origins of the University*, S. 100ff.

305   Sic Legistae, quia ea de quibus est politica, dicunt narrative et sine ratione, appellari possunt idiotae politici (Aegidius Romanus, *De regimine principum*, II, II, Kap. 8, fol. 183v).

spezifische Macht aus, da sie ein Wissensgebiet verwalteten, dessen soziale Relevanz stetig zunahm.[306]

Juristen verfügten über Macht, indem sie ein sozial relevantes Wissen kontrollierten. Indem sie für sich reklamierten, einen wahren Diskurs über das ihnen anvertraute Sonderwissen zu führen, und ihre potentiellen Klienten nicht in der Lage waren, diesen Diskurs zu überprüfen, gerieten die ratsuchenden Individuen sukzessive in ein Verhältnis wissensmäßiger Abhängigkeit zu den Rechtsexperten. Bedenkt man hierbei nun die Differenz zu den in diesem Sinne ‚machtlosen‘ Philosophen, die über keine Klienten und damit über kein gesellschaftlich relevantes Wissen verfügten, so lässt sich anhand der Juristen das Verhältnis von Wissen und Macht, das Foucault in verschiedenen Studien thematisiert hat,[307] im Hinblick auf Expertenkulturen präziser fassen: Nicht Wissen im Allgemeinen wird Macht, sondern ‚nützliches‘ Wissen, also solches Wissen, das von ‚Laien‘, die darauf in spezifischen Situationen angewiesen sind, abgerufen wird, Expertenwissen im strengen Sinne, kurz: *Expertise* wird Macht.

Der Kontrast zwischen den Juristen und den Philosophen tritt auf diese Weise immer deutlicher hervor. Einen letzten Aspekt, der den Unterschied zwischen den beiden Wissenschaften an der Universität Paris in seinem Kern betrifft, sei dazu noch angeführt. Die Tatsache, dass die Rechtwissenschaft unmittelbar praxisorientiert war, Juristen ihr Studium deshalb absolvierten, um ihr Wissen in der Rechtspraxis anzuwenden, hat eine direkte Konsequenz für die interne Disposition des juristischen Curriculums bzw. für die Methode, anhand derer das juristische Wissen vermittelt wurde. Die Rationalitätskriterien, nach denen der Unterricht der Dekretisten im Clos Bruneau verfuhr, waren grundverschieden von jenen, welche die Lehre der Artisten in der Rue du Fouarre bestimmten.

Besonders aufschlussreich für den Unterricht der Kanonisten von Paris sind hier die Werke, welche die Professoren selbst im Rahmen ihrer Lehrtätigkeit verfassten und die offensichtlich die Inhalte und Methoden ihres Unterrichts

---

306   Zur ‚Erfolgsgeschichte‘ der Juristen im Spätmittelalter allgemein: Robert Gramsch, *Erfurter Jursisten im Spätmittelalter: Die Karrieremuster und Tätigkeitsfelder einer gelehrten Elite des 14. und 15. Jahrhunderts*, Leiden 2003; Helmut Walther, „Learned Jurists and the Profit for Society: Some Aspects of the Development of Legal Studies at Italian and German Universities in the Late Middle Ages", in: Courtenay/Miethke (Hg.), *Universities and Schooling in Medieval Society*, S. 100–126; Jürg Schmutz, *Juristen für das Reich. Die deutschen Rechtsstudenten an der Universität Bologna 1265–1425*, 2 Bde., Basel 2000; Franklin Pegues, *The Lawyers of the Last Capetians*, Princeton 1962.

307   Michel Foucault, *Überwachen und Strafen. Die Geburt des Gefängnisses*, Frankfurt am Main 2008; Foucault, *Ordnung des Diskurses*.

reflektieren.[308] James Brundage hat darauf hingewiesen, dass die Lehre der Kanonisten, wie sie sich anhand dieser Texte zeigt, in zwei primären Bereichen bestand: Zunächst ging es darum, die zugrundeliegende Rechtsquelle zu erklären, also ihrem Sinn nach zu erschließen; der zweite Schritt bestand aber darin, den Schülern zu vermitteln, wie diese Inhalte in der Praxis angewandt werden konnten, auf konkrete Probleme, mit denen die angehenden Juristen in der Welt außerhalb der Universität – „in the real world", wie Brundage schreibt – umgehen mussten.[309] Um die Anwendung rechtlicher Prinzipien auf Einzelfälle zu demonstrieren, bedienten sich die Kanonisten oftmals hypothetischer Probleme, welche die Applikation am konkreten Beispiel vorführten.[310] In diesem zweiten Bereich des Unterrichts, der auf die Erklärung der Rechtsquelle folgte, wurde also juristisches Wissen direkt auf die Bedürfnisse der Praxis bezogen. Nicht erst in der späteren Tätigkeit der Juristen, sondern bereits im Unterricht der Universität war dieser Praxisbezug gegeben, wodurch die Studenten der Rechtswissenschaft nicht nur auf ihre späteren Aufgaben vorbereitet wurden, sondern vielmehr einen spezifischen Denkstil erwarben. Der mentale Habitus, der über diese Methode der Wissensvermittlung geformt wurde, bestand darin, Wissen stets zu konkreten Zwecken zu applizieren, d.h. auf einen *Nutzen* zu beziehen. Im Hinblick auf den Umgang mit Wissensressourcen wurde hier schon während des Studiums eine Logik der Fremdreferenz internalisiert, die sich in festen Denkgewohnheiten verstetigte. Gerade dies aber trug zu den ‚Kommunikationsproblemen' zwischen Philosophen und Juristen maßgeblich bei: Das Denken der Juristen folgte einer grundsätzlich anderen Rationalität, es vollzog sich in anderen Formen, welche mit jenen der Philosophen nicht kompatibel waren. Die oft kritisierte Habgier der Juristen war kein angeborener Wesenszug ihres Charakters, sondern vielmehr ein Resultat der Tatsache, dass der nutzenorientierte Denkstil während der sekundären Sozialisation an der Universität systematisch antrainiert und zur zweiten Natur geworden war.

---

308   Zum Curriculum der Pariser Kanonisten allgemein: Anne Lefebvre-Teillard, „Du Décret aux décretales: L'enseignement du droit canonique au sein de l'école parisienne (fin XIIe–début XIIIe s.)", in: Verger/Weijers (Hg.), *Les débuts de l'enseignement universitaire*, S. 319–328; Brundage, „From Classroom to Courtroom", S. 357; siehe auch: Edouard Fournier, „L'enseignement des Décrétales à l'université de Paris au Moyen Âge", in: *Revue d'histoire de l'église de France* 26 (1940), S. 58–62; Letzterer ist in emphatischer Weise darum bemüht, gegen seine Vorgänger zu beweisen, dass die Pariser Kanonisten nicht nur mit dem Dekret Gratians befasst waren: „Notre ancienne Faculté est suspectée, en somme, d'avoir négligé la partie la plus vivante du Corpus juris canonici" (S. 58).

309   Brundage, „From Classroom to Courtroom", S. 358.

310   Beispiele bei Brundage, „From Classroom to Courtroom", S. 359f.

Es liegt auf der Hand, worin der entscheidende Unterschied zum Unterricht an der Artistenfakultät besteht: Die Philosophen kannten den zweiten Schritt, der für die Juristen selbstverständlich war, nicht. Ihre Lehre beschränkte sich ausschließlich auf den ersten Teil, die Erklärung des Textes. Dieser wurde interpretierend erschlossen, oder auf seine ,Wahrheit' hin geprüft, indem verschiedene seiner inhaltlichen Aspekte in dialektischer Weise befragt und erörtert wurden. Eine Anwendung des dabei gewonnenen Wissens auf konkrete Probleme der Praxis hingegen kam im artistischen Unterricht nicht vor. Ein solcher ,zweiter Schritt' hätte einem konsequent philosophischer Rationalität verpflichteten Denken geradezu als absurd erscheinen müssen.

Begegnen die Juristen der Universität Paris demnach in zahlreichen sozialen Kontexten als ,Experten', so kann dies nicht weniger von ihren Kollegen aus der medizinischen Fakultät gesagt werden. Das schon erwähnte Gutachten der gesamten Fakultät von 1348, das auf Anfrage des königlichen Hofes entstand, bezeugt eine Zuschreibung des Expertenstatus an das Kollektiv der Universitätsmediziner, die hier als Quelle autorisierter Expertise wahrgenommen werden.[311] Indem die Mediziner in ihrer Schrift betonen, um des Gemeinwohls willen zu handeln, nutzen sie diese Gelegenheit gleichzeitig zur Selbst-Stilisierung als ,nützliche' Wissensträger. Dieses Bestreben ist durchaus kein Einzelfall bei den medizinischen Experten: Heinrich von Mondeville, Leibchirurg Philipps des Schönen, hebt in seiner *Cyrurgia* von 1312 den gemeinen Nutzen seines Werks hervor.[312] Zahlreiche Mediziner wurden zeitweise am Hof des französischen Königs beschäftigt, darunter die meisten aus Paris. Für den Zeitraum von 1250 bis 1400 sind 64 Mediziner der Universität Paris bekannt, die im Dienst des Königs von Frankreich standen, während nur 24 in Montpellier studiert hatten. Ähnlich sieht es bei anderen französischen Höfen aus: Im Dienst geistlicher und weltlicher Großer in Frankreich sind 74 Mediziner aus Paris bezeugt, nur 25 dagegen aus Montpellier.[313] Ein Medizinstudium an der Universität Paris war demnach eine gute Voraussetzung für eine

---

311 Medizinische Fakultät von Paris, *Compendium de epidemia*; dazu oben Kap. 3.5.1.

312 [...] ad utilitatem communem, que secundum philosophum XI Politicorum preponenda est utilitati singulari, ego Henricus de Amondavilla [...] propono breviter conscribere et ostendere publice et sensibiliter et in scolis, prout mihi possibile est, totam operationem cyrurgie manualem [...] supplicans legentibus opus istud, ut ipsi ad utilitatem communem benigniter addant eius defectibus complementum (Heinrich von Mondeville, *Cyrurgia*, ed. Julius Pagel, Berlin 1892, S. 10f); dazu: Danielle Jacquart, *La médecine médiévale dans le cadre parisien*, S. 229.

313 Danielle Jacquart, *Le milieu medical en France du XIIᵉ au XVᵉ siècle* (Hautes Études médiévales et modernes 46), Genf 1981, S. 377; siehe auch: O'Boyle, *Art of Medicine*, S. 72f. Anders war es hingegen an der päpstlichen Kurie: Hier überwiegen die Mediziner aus Montpellier gegenüber Paris mit 16 zu 6.

– zweifellos lukrative – Karriere am Hof eines Fürsten und besonders der Hof
des Königs in Paris war eines der hauptsächlichen Ziele der Pariser Mediziner.
Dass die Absolventen der medizinischen Fakultät von Paris also wie die Kanonisten vor dem König von Frankreich als Experten auftraten und als solche ihr
Wissen nützlich anwenden konnten, blieb den Philosophen nicht verborgen.
Diese Tatsache wird daher später noch einmal wichtig sein. Freilich war der
Hof nicht die einzige Sphäre, in der die Medizinexperten agierten: Vor allem
die Stadt bot den Medizinern Verdienstmöglichkeiten und einen sozialen Kontext für Interaktionen zwischen Experten und Laien.[314] Dass der Unterricht
der Mediziner, wie jener der Juristen, generell eine starke Anbindung an die
Praxis aufwies, ist nicht weniger signifikant. Vom Studium konkreter Fälle bis
hin zur Assistenz bei Krankenbesuchen des Professors beinhaltete ein Studium an einer medizinischen Fakultät zahlreiche praxisbezogene Elemente und
war damit von vornherein auf praktische Anwendung ausgerichtet.[315] Auch
die Medizin unterschied sich hierin also grundlegend von der Philosophie.

3.6.4   Die Orthodoxieexperten der Universität Paris: Autonomie und
        Nützlichkeit

Es ist in Kapitel 3.5.2 bereits deutlich geworden, dass die Theologen der Universität Paris in unterschiedlicher Weise mit der nicht-wissenschaftlichen
Welt kommunizierten und dadurch im Gegensatz zu den Philosophen in Situationen gerieten, in denen sie als ‚Experten' agierten. Doch die Genese des
Expertenstatus der Pariser Theologen erweist sich bei genauerem Hinsehen als
komplexer, als es diese pauschale Feststellung zunächst suggeriert. Es soll in
den folgenden Ausführungen gezeigt werden, dass sich die ‚Expertisierung' der
Theologen von Paris, also ihre Herausbildung zu Experten im oben definierten
Sinne, in zwei hauptsächlichen Phasen vollzog, deren erste von der Entstehung
der Universität bis zum Ende des 13. Jahrhunderts reicht, und deren zweite
gerade jene turbulenten Jahre um 1300 umfasst, die durch die Regierungszeit
Philipps des Schönen geprägt sind.

Die Pariser Theologen waren im Laufe des 13. Jahrhunderts zu Experten des
Glaubens, genauer gesagt der Orthodoxie avanciert. Dies war nicht nur ein
Resultat ihres langen und anspruchsvollen Studiums, also ihrer Ausbildung in
Theologie, durch welche sie einen privilegierten Zugang zur Heiligen Schrift

---

314   Danielle Jacquart, *Le milieu medical en France*, S. 131–134; O'Boyle, *Art of Medicine*, S. 75f;
       zu Medizinern als Experten an deutschen Universitäten: Jana Madlen Schütte, *Medizin
       im Konflikt. Fakultäten, Märkte und Experten in deutschen Universitätsstädten des 14.
       bis 16. Jahrhunderts* (Education and Society in the Middle Ages and Renaissance 53),
       Leiden 2017.
315   Siraisi, „Die medizinische Fakultät", S. 337.

erlangt hatten. Dieser langwierige Erwerb von Wissen, der zur Genese von ‚Expertise' im psychologischen Sinne führt, muss nach dem oben skizzierten wissenssoziologischen Ansatz um eine weitere Perspektive ergänzt werden, welche den ‚sozialen Sinn' der Akteure in den Blick nimmt. Die Theologen erlangten sukzessive den Status von Orthodoxie-Experten, weil seit der Institutionalisierung der Pariser Schulen wiederholt *Anfragen* und *Zuschreibungen* stattfanden, die ihnen diesen Status zuwiesen und bestätigten. Bei den bekannten Lehrverurteilungen des 13. Jahrhunderts wirkten die Theologen als Experten im Auftrag von und in Kooperation mit Bischöfen, Erzbischöfen und Päpsten. Sowohl im Falle der Anhänger des Amalrich von Bena im Jahre 1210, als auch bei den Verurteilungen von 1270 und 1277 waren Theologen als Experten involviert.[316] Étienne Tempier hatte 1277 eine Kommission konsultiert, der etwa Heinrich von Gent angehörte. Doch nicht nur in diesen prominenten Fällen, auch bei weniger bekannten Anlässen fanden entsprechende Kommunikationen statt, wovon an dieser Stelle nur ein Beispiel genannt sei. So waren die Pariser Theologen in den 1240er Jahren mehrfach an der Verurteilung des Talmud beteiligt und auch dabei zeigt sich die funktionale Relation zwischen dem Bischof oder Erzbischof, der die entsprechende Sentenz verkündet, und den Theologen, die als Experten die Verurteilung legitimieren.[317] Nachdem der konvertierte Jude Nicolas Donin de la Rochelle den Talmud bei Gregor IX. als häretisch denunziert hatte, forderte der Papst in mehreren Briefen an Fürsten und kirchliche Autoritäten dazu auf, den Talmud zu konfiszieren, um der Gefahr zu begegnen, die für die Christen davon ausgehe. Am 12. Juni 1240 wurde daraufhin in Paris eine Debatte über den Talmud organisiert, an der in Gegenwart Ludwigs IX. von Frankreich eine christliche und eine jüdische Delegation teilnahmen. Die jüdischen Rabbiner, die Stellung zu den Vorwürfen nahmen, standen der christlichen Seite gegenüber, welcher der Erzbischof von Sens vorsaß und die neben dem Bischof von Paris und dem Bischof von Senlis vor allem aus den Theologen der Universität Paris, den Häresie- und Orthodoxie-Experten, bestand.[318] Das Ergebnis der Prüfung durch die christlichen Gelehrten war, dass der Talmud zahlreiche Irrtümer enthielt, die dem christlichen Glauben widersprachen.[319] Nachdem in den folgenden Jahren mehrfach

---

316   Zu den Lehrverurteilungen: Bianchi, *Censure et liberté intellectuelle*; Thijssen, *Censure and Heresy at the University of Paris*; van Steenberghen, *La philosophie au XIIIᵉ siècle*.

317   André Tulier, „La condamnation du Talmud par les maîtres universitaires parisiens, ses causes et ses conséquences politique et idéologique", in: *Le brûlement du Talmud à Paris 1242–1244*, hg. von Gilbert Dahan, Paris 1999, S. 29–78.

318   CUP I, Nr. 173, S. 202–205.

319   Facta etiam postea diligenti examinatione inventum est, quod dicti libri erroribus erant pleni (CUP I, Nr. 173, S. 204).

Exemplare des Talmud in Paris verbrannt worden waren,[320] fand abermals eine Prüfung statt, auf deren Grundlage der päpstliche Legat Odo von Châteauroux den Talmud am 15. Mai 1248 ein zweites Mal verurteilte.[321] Auch dieses Mal war dazu ein Gremium von Experten konsultiert worden, dem neben dem Bischof von Paris, Wilhelm von Auvergne, elf Magister der Theologie (darunter auch Frater Albertus Theutonicus) angehörten. Dass er für seine Entscheidung Experten konsultiert hatte (*viros discretos et expertos in talibus*), hebt Odo in seiner Sentenz, welche die Mitglieder des Gremiums mit ihren Siegeln versahen, ausdrücklich hervor.[322]

Die Wahrnehmungs- und Zuschreibungsprozesse, die mit derartigen Kommunikationssituationen verbunden waren, führten – zusammen mit weiteren Faktoren, wie etwa der Lehrtätigkeit an der theologischen Fakultät[323] – im Laufe des 13. Jahrhunderts dazu, dass die Pariser Theologen begannen, sich selbst als Experten für ein spezifisches Wissensgebiet zu verstehen. Freilich ging ein solches Selbstverständnis zwangsläufig mit einer Abgrenzung von anderen (Experten-)Gruppen in der kirchlichen Hierarchie einher. Gottfried von Fontaine hielt 1291 in einem Quodlibet fest, dass ein Priester grundsätzlich kein Wissen über theologische Subtilitäten haben müsse; vielmehr müsse er nur wissen, was er selbst beurteilen kann, und wann es nötig ist, gelehrtere Männer zu konsultieren. Heinrich von Gent artikulierte im selben Jahr den Anspruch der Theologen, aufgrund ihrer Expertise die Kompetenzen von Prälaten prüfen und kontrollieren zu können. Den Magistern kommt es für Heinrich zu, die angemessenen Grenzen der Macht der Prälaten zu erörtern und zu bestimmen.[324]

Man kann sich leicht vorstellen, dass der Anspruch, den die Theologen erhoben, ihr Wissensgebiet als zuständige Experten zu verwalten und in diesem Bereich autoritative Wahrheit zu sprechen und zu definieren, bald auf Kritik stoßen sollte. Mit dem skizzierten Selbstverständnis der Theologen war ein

---

320 André Tulier, „La condamnation du Talmud par les maîtres universitaires parisiens", S. 66f.

321 CUP I, Nr. 178, S. 209–211.

322 Exhibitis nobis auctoritate apostolica a magistris Judeorum regni Francie quibusdam libris, qui Talmud appellantur, quos inspeximus et per viros discretos et expertos in talibus Deum timentes et zelum habentes fidei christiane fecimus inspici diligenter (CUP I, Nr. 178, S. 209).

323 Zur Lehrtätigkeit der Pariser Theologen: William J. Courtenay, *Teaching Careers at the University of Paris in the Thirteenth and Fourteenth Centuries* (Texts and Studies in the History of Mediaeval Education 16), Notre Dame 1988.

324 Ian Wei, „The Self-Image of the Masters of Theology at the University of Paris in the Late Thirteenth and Early Fourteenth Centuries", in: *The Journal of Ecclesiastical History* 46 (1995), S. 398–431, S. 408 u. 429f.

Machtanspruch verbunden, den nicht alle bereit waren zu akzeptieren. Ein signifikantes Beispiel für derartige Kritik an den Pariser Magistern ist die Wutrede, die der Kardinal Benedikt Gaetani, der zukünftige Papst Bonifaz VIII., auf der Synode von Paris 1290 gegen die Theologen der Universität Paris hielt. Anlass war die Involvierung der Magister in den Streit, der um das Privileg der Mendikanten, Beichten ohne Autorisation vom lokalen Klerus abnehmen zu dürfen, ausgebrochen war, welches ihnen Martin IV. in der Bulle *Ad fructus uberes* vom 13. Dezember 1281 gewährt hatte.[325] Da sich die Vertreter des Weltklerus auf der Synode auf Entscheidungen der Pariser Theologen gegen das Privileg beriefen, und damit deren Expertenmeinung als verbindliche Autorität zitierten, fühlte sich Gaetani veranlasst, grundsätzliche Worte gegen den Anspruch der Magister zu formulieren: „Ihr sitzt auf euren Lehrstühlen und glaubt, dass Christus von euren Argumenten regiert werde. Das Gewissen der Leute wird durch eure wertlosen Lehren verdorben. So nicht, meine Brüder, so nicht!".[326] Der Kardinal macht unmissverständlich deutlich, dass die Kurie den Anspruch der Magister nicht anerkennt und das Privileg der Bettelorden keinesfalls zurücknehmen wird: „Kraft der uns verliehene Autorität, die wir ausüben, widerrufen wir und machen nichtig, was auch immer von wem auch immer gegen das besagte Privileg vorgebracht wurde. Denn ansonsten könnte ja jedes Privileg des apostolischen Stuhles durch die List der Magister annulliert werden!".[327]

Die Autorität der Pariser Theologen war also nicht unangefochten. Dass die Reaktion des Kardinals aber so heftig ausfiel, war ein Resultat der Tatsache, dass die Magister der Theologie tatsächlich mehrfach angefragt wurden, ihre Meinung zu dem Streit, den *Ad fructus uberes* provoziert hatte, in einer quodlibetalen Disputation kundzutun, um eben diese Stellungnahme der Experten für die eigene Position verwerten zu können.[328] Wieviel sich die ‚Klienten' der Magister davon versprachen, zeigt ein Brief von 1287, den der Bischof von Amiens, Wilhelm von Mâcon, an den Erzbischof von Reims schrieb, in dem

---

325   CUP I, Nr. 508, S. 592f.

326   Sedetis in cathedris et putatis, quod vestris racionibus regatur Christus. Nam consciencia plurimorum vestris frivolis racionibus sauciatur. Non sic, fratres mei, non sic! (*Bericht über das Pariser Nationalkonzil von 1290*, ed. Heinrich Finke, in: Heinrich Finke, *Aus den Tagen Bonifaz VIII. Funde und Forschungen*, Münster 1902, S. III–VII, S. VI).

327   Sub auctoritate ergo, qua fungimur, ad hoc nobis specialiter delegata, revocamus et irritum facimus, quidquid contra dictum privilegium a quocumque est attemptatum. Posset enim sic omne privilegium sedis apostolice per magistrorum versucias annullari (*Bericht über das Pariser Nationalkonzil*, ed. Finke, S. V).

328   Ian Wei, „The Masters of Theology at the University of Paris in the Late Thirteenth and early Fourteenth Centuries: An Authority beyond the Schools", in: *Bulletin of the John Rylands University Library of Manchester* 75 (1993), S. 37–63.

er von den ‚vorteilhaften' Disputationen der Theologen berichtet: „Jedenfalls haben alle Doktoren, die dieses Jahr eine Disputatio de quolibet abgehalten haben, denen diese Frage gestellt wurde, nämlich Magister Heinrich von Gent, Magister Gottfried von Fontaines, Magister Gervasius, Kanoniker von Mont-Saint-Eloi, und Magister Nikolaus von Pressorio, in unserem Sinne geantwortet, nämlich dass diejenigen, die gemäß dem Privileg die Beichte ablegen, dieselbe Sünde alsbald ihren eigenen Priestern noch einmal beichten müssen. Wir glauben, dass sie uns ihre Determinatio mit ihren Siegeln geben werden".[329] Es war die sich hier artikulierende Anerkennung der Autorität der Magister[330] und die damit verbundene implizite ‚Macht' der theologischen Experten, welche die Empörung Benedikt Gaetanis hervorrief.

Die Theologen der Universität Paris waren demnach im 13. Jahrhundert in vielfältiger Weise als Experten in Erscheinung getreten. So wie man Vertrauen in ihre Expertise setzte, so wurde ihnen, wie gesehen, ebenso Skepsis entgegengebracht. Doch bei einem näheren Blick auf die ‚Klienten', mit denen die Theologen kommunizierten und für die ihre Expertise relevant wurde, muss eine Tatsache auffallen: Es handelt sich ausschließlich um Männer der Kirche, um Bischöfe, Erzbischöfe oder Päpste. Dies aber waren sämtlich Personen, die dem Glauben, also dem Gebiet, für welches die Theologen ihre Expertise primär reklamierten, alles andere als fern standen, vielmehr selbst mitunter über eingehende Kenntnisse der Heiligen Schrift, der Kirchenväter oder der Sentenzen verfügten. Die meisten Pariser Bischöfe des 13. Jahrhunderts waren ehemalige Magister der Theologie, hatten also selbst studiert, auch wenn sie nun nicht mehr als Gelehrte aktiv waren. Und selbst diejenigen, die nicht Theologie studiert hatten, waren in Glaubensfragen zumindest nicht unbewandert, wenngleich sie nicht das subtile Wissen der Doktoren hatten. Die Asymmetrie zwischen ‚Experten' und ‚Laien', die sich in diesen Kommunikationen manifestiert, war demnach keine so offenbare wie bei den Medizinern und Juristen, die in der Regel mit Klienten zu tun hatten, deren Laienstatus durch unzweifelhaftes Nicht-Wissen gekennzeichnet war. Freilich handelte es sich bei den Theologen trotz dieses Umstands um Experten-Laien-Interaktionen,

329 Verumtamen omnes doctores qui hoc anno disputaverunt de Quolibet, quibus facta est ista questio, videlicet magister Henricus de Gandavo, magister Godefridus de Leodio, magister Gervasius, canonicus Montis Sancti Eligii, et magister Nicholaus de Pressorio pro nobis determinaverunt quod eis confitentes virtute privilegii tenentur eadem peccata numero suis sacerdotibus propriis iterato confiteri. Credimus quod hanc suam determinationem dabunt nobis sub sigillis suis (CUP II, Nr. 543, S. 13).

330 Zur ‚Autorität' der Theologen siehe auch: Elsa Marmursztejn, *L'autorité des maîtres. Scolastique, normes et société au XIIIe siècle*, Paris 2007.

insofern sie dabei als ‚relative Experten‘[331] fungierten. Dennoch erfuhr, so soll argumentiert werden, ihr Status als Experten noch einmal eine merkliche Intensivierung, als sie in eine kommunikative Relation zu jener laienhaften Sphäre traten, deren Akteure nicht nur die konstitutive Komplementärrolle, sondern auch das strukturrelevante Nicht-Wissen des Laien in vollem Maße verkörperten.

Das Verhältnis zwischen der Universität Paris und dem königlichen Hof war während des 13. Jahrhunderts von einer gewissen gegenseitigen Nichtbeachtung geprägt. Dies heißt nicht, dass die Universität für den Hof keine Rolle spielte, aber doch, dass der französische König von den Magistern zumindest keine direkte Gegenleistung für die Privilegien forderte, die er der Universität gewährte.[332] Zwar wurde das Verwaltungspersonal des Königshofs seit Ludwig IX. teilweise auch aus der Universität rekrutiert,[333] ebenso wie sich nun vereinzelt Juristen am Hof fanden, aber zu keinem Zeitpunkt wurden die Theologen der Universität in politischen Angelegenheiten konsultiert. Ebenso hielt sich das Ausmaß der Kontakte zwischen Hof und Universität, verglichen mit späteren Zeiten, sehr in Grenzen. Die beiden Sphären blieben letztlich getrennte und einander fremde Welten.[334] Der Nutzen, den der französische Monarch von der Universität hatte, war vielmehr ideologischer Natur: Der Gedanke der *translatio studii* wurde als Gegenmodell zur *translatio imperii* ins Feld geführt und diente nicht nur zur Konstruktion einer nationalen Identität, sondern auch zur Legitimation der Kapetinger gegenüber dem Reich und dem Papsttum.[335] Königsnahe französische Chronisten wie Guillaume de Nangis betonten immer wieder, dass das *studium* von Griechenland über Rom nach Paris gekommen sei. So wie die imperiale Macht durch die *translatio imperii* von Rom nach Deutschland gelangt war, so hatten die gelehrten Studien ihren

---

331 Harald Mieg, „Expertisierung vs. Professionalisierung: relative und andere Experten aus Sicht der psychologischen Expertiseforschung", in: Karl-Siegbert Rehberg, *Die Natur der Gesellschaft. Verhandlungen des 33. Kongresses der Deutschen Gesellschaft für Soziologie in Kassel 2006*, Frankfurt am Main 2008, S. 3265–3275.

332 William J. Courtenay, „Learned Opinion and Royal Justice: The Role of Paris Masters of Theology during the Reign of Philip the Fair", in: *Law and the Illicit in Medieval Europe*, hg. von Ruth Mazo Karras/Joel Kaye/E. Ann Matter, Philadelphia 2008, S. 149–163, S. 150.

333 John W. Baldwin, „Studium et Regnum. The Penetration of University Personel into French and English Administration at the turn of the Twelfth and Thirteenth Centuries", in: *Revue des Études islamiques* 44 (1976), S. 199–215.

334 Jacques Verger, „Culture universitaire, culture de cour à Paris au XIVᵉ siècle", in: *Erziehung und Bildung bei Hofe*, hg. von Werner Paravicini/Jörg Wettlaufer, Stuttgart 2002, S. 167–176, S. 167.

335 Lusignan, „Vérité garde le Roy", S. 225–247.

Weg ins französische Königreich gefunden, wo sie von einem weisen Herrscher gefördert und privilegiert wurden, wie es einst Karl der Große getan hatte.[336]

Mit diesem ideologischen Nutzen scheinen sich die französischen Könige während des 13. Jahrhunderts weitgehend begnügt zu haben. Jedenfalls finden sich, von einigen Ansätzen unter Philipp II. (1180–1223) abgesehen,[337] keine systematischen ‚Anfragen' an die Professoren der Universität, welche darauf abzielten, die Expertise der Gelehrten für politische Zwecke einzuspannen. Bekanntlich änderte sich dies unter Philipp dem Schönen, der im Rahmen seiner Konflikte mit Bonifaz VIII. und dem Templerorden wiederholt auf Stellungnahmen der Pariser Theologen rekurrierte. Diese veränderten Kommunikationsbedingungen, welche für die Gelehrten die Inklusion des ‚vollständigen' Laien bedeuteten, stellten nicht nur das Verhältnis von Hof und Universität auf eine neue Grundlage, sondern führten auch zu einer Intensivierung des Expertenstatus der Theologen.

Karl Ubl hat in einigen wegweisenden und scharfsinnigen Aufsätzen die ältere Forschungsmeinung zurückgewiesen, nach der die Universität Paris seit dem späten 13. Jahrhundert eine unabhängige Autorität dartellte, welche den Vereinnahmungen von Seiten des Königs und des Papstes widerstand und ihre Autonomie bewahrte.[338] Vor allem Sophia Menache hatte in ihrem klassisch gewordenen Artikel „La naissance d'une nouvelle source d'autorité" von 1982 die Ansicht vertreten, die Universität Paris habe sich in dieser Zeit als eigenständige Autorität etabliert.[339] Ubl konnte überzeugend zeigen, dass die Autorität der Universität vielmehr eine Konstruktion des königlichen Hofes war, die dazu diente, eine vermeintlich unabhängige Instanz zu kreieren, welche die

---

336 Manuel A. Rodriguez de la Peña, „Rex scholaribus impendebant: The King's Image as Patron of Learning in Thirteenth Century French and Spanish Chronicles: A comparative Approach", in: *The Medieval History Journal* 5 (2002), S. 21–36.

337 Nathalie Gorochov, „Expertise et conseil des maîtres aux premiers temps de l'Université (XIIe–XIIIe siècles)", in: *Experts et expertise au Moyen Âge. Consilium quaeritur a perito, XLIIe congrès de la SHMESP*, Paris 2012, S. 73–86. – Die Ansicht von William Courtenay und Karl Ubl, es habe im 13. Jahrhundert überhaupt keine Anfragen des Hofes an die Universität gegeben, ist nach den Ergebnissen von Nathalie Gorochov nicht mehr haltbar. Allerdings scheint es sich hier um wenige Einzelfälle zu handeln, die auf die Regierungszeit Philipps II. beschränkt bleiben.

338 Karl Ubl, „Haeretici relapsi. Jean de Pouilly und die juristischen Grundlagen für die Hinrichtung der Tempelritter", in: *1308. Eine Topographie historischer Gleichzeitigkeit*, hg. von Andreas Speer/David Wirmer (Miscellanea mediaevalia 35), Berlin 2010, S. 161–170; William J. Courtenay/Karl Ubl, *Gelehrte Gutachten und königliche Politik im Templerprozess* (Monumenta Germaniae Historica. Studien und Texte 51), Hannover 2010; Ubl, „Disziplinierung der Gelehrten".

339 Sophia Menache, „La naissance d'une nouvelle source d'autorité: L'université de Paris", in: *Revue historique* 268 (1982), S. 305–327.

königliche Politik legitimieren sollte. Aus der Perspektive des Expertenthemas
ließe sich dem hinzufügen, dass eben jene kommunikativen Prozesse, die mit
den Anfragen des Hofes an die Gelehrten verbunden waren, die Zuschreibung
von Expertenrollen implizierten und auf diese Weise die Expertise der Theologen mit Autorität versahen. Doch Ubl will mit seiner These primär auf etwas
anderes hinaus: Die Beanspruchung der Theologen durch den französischen
König habe sich in Form einer „Disziplinierung der Gelehrten" vollzogen,
denen selbst dabei kein nennenswerter Spielraum zukam und deren angebli-
cher ‚Autonomie' in Wirklichkeit enge Grenzen gesetzt waren.

Der von Ubl vorgebrachten Kritik an dem von Sophia Menache gezeichneten Bild ist aus der hier vertretenen wissenssoziologischen Perspektive auf
die universitären Experten zweifellos zuzustimmen: Die Autorität der Pariser
Theologen ist eine diskursive Konstruktion, die auf den Interaktionen zwischen Universität und Hof und den damit verbundenen Kommunikationen
beruht. Was den Aspekt der Disziplinierung der Gelehrten betrifft, so scheinen die Thesen Ubls allerdings leicht überzogen. Geht man lediglich davon
aus, dass sich der königliche Hof die Theologen gefügig machte, wie es seinen
Absichten entsprach, wird die andere Seite aus dem Blick verloren, die bei der
Beurteilung der Rolle, die die Gelehrten als Experten in den besagten Vorgängen spielen, mitbedacht werden sollte. Während die Rede von der Disziplinierung die Vorstellung suggeriert, die Theologen seien passive Schachfiguren in
der königlichen Strategie gewesen, soll an dieser Stelle die Gegenseite etwas
stärker akzentuiert werden, die bei Ubl zu sehr in den Hintergrund gerät. Jedenfalls ist es wenig plausibel, dass die Gelehrten, die sich einschlägig für die
königliche Seite äußerten, zu ihren Stellungnahmen gedrängt werden mussten. Wissenschaftler, also diejenigen Akteure, die aktiv an einem Systemgeschehen partizipieren, das durch Differenz zu seiner Umwelt charakterisiert
ist, tendieren dazu, sich als Experten in Relation zu ihrer Umwelt zu bringen,
also eine fremdreferentielle Seite zu bedienen. Fremdreferentielle Kommunikationsakte erfüllen eine zentrale Funktion für die Rechtfertigung der wissenschaftsinternen Aktivitäten. Mit anderen Worten: Wissenschaftler haben ein
Interesse daran, den Nutzen ihrer Tätigkeiten für die nicht-wissenschaftliche
Welt, etwa die Politik, zu erweisen. Es muss daher vielmehr von einem *aktiven
Anteil* der Gelehrten ausgegangen werden, die die Gelegenheit, die sich ihnen
durch die Situation des Königs eröffnete, bereitwillig nutzten, um sich in das
Geschehen einzubringen.

In diesem Zusammenhang ist es bezeichnend, dass sich an der päpstlichen
Kurie ähnliche Inszenierungsstrategien von Gelehrten finden wie am französi-
schen Königshof, und dass es vor allem ehemalige Theologie-Professoren der
Universität Paris waren, die auf diese Weise in Erscheinung treten. Einschlägig

sind hier nicht nur die Predigten, die Theologen aus Paris an der Kurie hielten,[340] sondern vor allem die politischen Traktate, die in Rom zugunsten der päpstlichen Position entstanden. So wie Johannes Quidort und andere Gelehrte Schriften für die königliche Seite verfassten, so ergriffen Aegidius Romanus und Jakob von Viterbo für Bonifaz die Feder. Die radikal gegensätzlichen Anschauungen, die Johannes Quidort und Aegidius Romanus in *De regia potestate et papali* und *De ecclesiastica potestate*[341] jeweils artikulierten, sind demnach nicht einseitig als politische Überzeugungen zu werten, sondern scheinen in hohem Maße einer gezielten Strategie der Inszenierung zu dienen, welche die beiden Experten vor ihren ‚Klienten‘ ins Werk setzten.

Freilich sind mit dem Verhältnis der Gelehrten zu ihren jeweiligen Laien, der Absicht, sich vor ihnen zu inszenieren und ihren Bedarf zu bedienen, nicht sämtliche Faktoren benannt, welche die ‚Inhalte‘ der gelehrten Abhandlungen, die nun auf beiden Seiten entstanden, prägten. So zentral die Experten-Klienten-Relation in diesem Fall freilich ist, so stellt sich das konkrete relationale Gefüge, innerhalb dessen die produzierten politischen ‚Ideen‘ und ihre Autoren zu verorten sind, dennoch als komplexer dar, was hier nicht übergangen werden sollte. Die Verfasser der politischen Traktate hatten nicht nur diejenigen im Blick, zu deren Nutzen sie ihre Texte schrieben, sondern auch *einander*. Die Schriften, die im Rahmen der hier skizzierten Konstellation produziert wurden, waren als wissenschaftliche Erzeugnisse nicht nur der klientenorientierten Inszenierungsstrategie der Experten, sondern auch der Dynamik einer spezifischen Konstellation unterworfen, in der sie jeweils eine Position markierten, die zu anderen Positionen in Relation trat. Aegidius Romanus und Jakob von Viterbo[342] reagieren mit ihren politischen Entwürfen auf Johannes Quidort, der sich seinerseits kritisch gegen ein Quodlibet wendet, das Jakob von Viterbo während seiner Zeit an der Universität Paris verfasst hatte.[343] Das oppositionelle Verhältnis von Johannes Quidort und Jakob von

---

340   Jürgen Miethke, „Philippe le Bel von Frankreich und die Universität von Paris. Zur Rolle der Intellektuellen am Beginn des 14. Jahrhunderts", in: Speer/Wirmer (Hg.), *1308. Eine Topographie historischer Gleichzeitigkeit*, S. 182–197, S. 192f; Anneliese Maier, „Due documenti nuovi relativi alla lotta dei cardinali Colonna contro Bonifazio VIII", in: Anneliese Maier, *Ausgehendes Mittelalter. Gesammelte Aufsätze*, Bd. 2, Rom 1967, S. 13–34.

341   Aegidius Romanus, *De ecclesiastica potestate*, ed. Richard Scholz, Weimar 1929; siehe dazu: Elmar Krüger, *Der Traktat ‚De ecclesiastica potestate‘ des Aegidius Romanus. Eine spätmittelalterliche Herrschaftskonzeption des päpstlichen Universalismus*, Köln 2007; und Eckard Homann, *Totum posse, quod est in ecclesia, reservatur in summo pontifice. Studien zur politischen Theorie bei Aegidius Romanus*, Würzburg 2004.

342   Jakob von Viterbo, *De regimine christiano*, ed. Henri Xavier Arquillière, Paris 1926.

343   Jakob von Viterbo, *Quodlibet I*, ed. Eelcko Ypma, Würzburg 1968; dazu Ubl, „Genese der Bulle Unam Sanctam", S. 135f.

Viterbo wurde auf diese Weise intellektuell produktiv.[344] Die intertextuellen
Verflechtungen zwischen *De regia potestate et papali*, *De ecclesiastica potestate*, *De regimine christiano* und dem Quodlibet Jakobs zeigen, dass die internen
Relationen der gelehrten Konstellation, zu der Johannes, Aegidius und Jakob
sowie die anonymen Streitschriften aus Paris[345] zählen, komplexer und vielschichtiger sind, als es auf den ersten Blick erschien, und nicht allein durch die
externen Impulsgeber, also Philipp den Schönen und Bonifaz VIII., bestimmt
werden. Es ging zwar in hohem Maße, aber nicht ausschließlich um Inszenierung vor dem weltlichen oder geistlichen Herrscher, auch nicht nur um den
politischen Zweck, den die jeweiligen Schriften verfolgten, sondern ebenfalls
um einen Konflikt zwischen Gelehrten.

Doch zurück zum eigentlichen Thema dieses Abschnitts, den Relationen
der Pariser Theologen zum französischen Königshof. Mit dem Bonifaz-Konflikt
und Johannes Quidort, auf dessen Urteil sich Pierre Flote in seiner Rede auf
der Ständeversammlung von 1302 berief, sind erst die Anfänge des neuen Kom-
munikationsverhältnisses zwischen Universität und Hof benannt, welches die
Theologen in eine Experten-Laien-Beziehung zum König von Frankreich setzte. Die Entwicklungen des Jahres 1303, innerhalb derer der Königshof wiederholt auf die ‚Autorität' der Universität zurückgriff, um sein weiteres Vorgehen
gegen Bonifaz zu legitimieren, das in einer groß angelegten Propagandakam-
pagne mit dem Ziel einer Häresieanklage bestand,[346] wird hier übergangen,
um stattdessen einen kurzen Blick auf die Ereignisse des Templerprozesses zu
werfen. Diese sind für den hier erörterten Zusammenhang insofern signifikant,
als sie mit wiederholten Anfragen an das Kollektiv der Universitätstheologen
verbunden waren, die sich in Form von Gutachten äußerten und deren Expertenstatus auf diese Weise augenfällig objektiviert wurde.

Als im Dezember 1307 mehrere Templer ihre Häresie-Geständnisse wider-
riefen, die der königliche Hof zuvor öffentlich inszeniert hatte, war der Plan

---

344 Das kühne Argument Johannes Quidorts, der weltlichen Gewalt obliege auch die Sorge
     für die Seelen ihrer Untergebenen, da Aristoteles in der *Nikomachischen Ethik* sage,
     dass es die Aufgabe des Herrschers sei, die Menschen zur Tugend zur führen (Johannes
     Quidort, *De regia potestate et papali*, ed. Bleienstein, S. 157; dazu oben Kap. 3.5.2), wurde
     von Jakob unmittelbar aufgegriffen und diskutiert: De differentia et convenientia duplicis
     potestatis regie scilicet spiritualis et secularis (Jakob von Viterbo, *De regimine christiano*,
     ed. Arquillière, Cap. VI, S. 223–228).

345 Vor allem der anonyme Traktat *Rex pacificus*: Anonymus, *Questio Rex pacificus*, ed. Dyson;
     dazu Miethke, *Politiktheorie im Mittelalter*, S. 112–116.

346 Siehe die minutiöse Analyse des Vorgehens im Juni 1303 von William J. Courtenay,
     „Between Pope and King: The Parisian Letters of Adhesion of 1303", in: *Speculum* 71 (1996),
     S. 577–605.

einer schnellen Verurteilung der Templer ins Stocken geraten.[347] In diesem Kontext der Unsicherheit über den weiteren Fortgang des Prozesses richtete Philipp der Schöne eine Liste von sieben Fragen an die Theologen der Universität Paris, die sich als Häresie-Experten zu strittigen Punkten äußern sollten. In ihrem Gutachten vom 25. März 1308 betonen die Magister, dass sie bereitwillig jederzeit dankbar und ergeben der königlichen Majestät ihren Dienst darbieten wollen.[348]

Wie die Stellungnahme der Theologen ‚politisch‘ zu bewerten ist, ist allerdings umstritten. Ein großer Teil der Forschung tendiert dazu, in dem Gutachten grundsätzlich eine Absage an den König zu sehen,[349] etwa weil die Magister festhalten, dass die Templer einem exempten Orden angehören und deshalb ausschließlich von einem geistlichen Gericht beurteilt werden dürfen.[350] Doch wurde ebenso darauf hingewiesen, dass die Theologen manche Fragen wiederum durchaus im Sinne des Königs beantworteten,[351] womit die Haltung der Magister insgesamt eher ambivalent erscheint, jedenfalls keine eindeutige Position erkennen lässt. So ließen sie etwa durchblicken, ein weltlicher Herrscher dürfe bei akuter Gefahr durchaus eigenständig gegen Häretiker vorgehen, was ihm im Normalfall streng verboten war.[352] Ebenso stellten sie fest, dass ein dringender Verdacht gegen alle Mitglieder des Ordens

---

347 Zum Templerprozess grundlegend: Malcolm Barber, *The Trial of the Templars*, Cambridge 2003.

348 [...] magistri in theologia Par[isius], licet indigni, tam actu regentes quam non regentes, cum omni subjectione se promptos et voluntarios regie majestati semper gratum et devotum servicium exhibere (CUP II, Nr. 664, S. 125).

349 So etwa: Courtenay, „Learned Opinion and Royal Justice“, S. 160; William C. Jordan, *Unceasing Strife, Unending Fear. Jacques de Thérines and the Freedom of the Church in the Age of the Last Capetians*, Princeton 2005, S. 30; Menache, „La naissance d'une nouvelle source d'autorité“, S. 318ff. Für Menache ist dies ein Indiz für die Unabhängigkeit der Universität.

350 Ad secundum principale quod q[uerit]ur, utrum Templarii, quia milites sunt, sint pro non religiosis et non exemptis habendi, dicimus quod nobis videtur, quod milicia ad deffensionem fidei ordinata statum religionis non impedit, et quod tales milites votum religionis institute ab ecclesia profitentes pro religiosis haberi debeant et exemptis (CUP II, Nr. 664, S. 126).

351 Heinrich Finke, *Papsttum und Untergang des Templerordens*, Bd. 1, Münster 1907, S. 194ff; Courtenay/Ubl, *Gelehrte Gutachten und königliche Politik*, S. 23.

352 Ad p[rimu]m quo q[uerit]ur utrum princeps secularis possit hereticos capere, examinare vel punire, dicimus quod nobis videtur quod auctoritas judicis secularis non se extendit ad faciendum processum aliquem in facto heresis contra aliquem non derelictum ab ecclesia, nisi ecclesia requirente vel requisita, nisi quando evidens et notorium periculum immineret, in quo casu sub spe certa ratihabitionis licet potestati seculari eos capere, cum proposito reddendi ecclesie quamcito obtulerit se facultas (CUP II, Nr. 664, S. 126).

gegeben sei, Häretiker oder Anhänger einer Häresie zu sein.[353] Karl Ubl hat mit
guten Gründen dafür plädiert, in dem Gutachten der Theologen keine Absage
an den König zu sehen, da der königliche Hof vielmehr damit gerechnet habe,
dass nicht alle Antworten zu seinen Gunsten ausfallen würden. Da sie insofern durchaus die Erwartungen des Herrschers erfüllten, lieferten die Pariser
Theologen dem König ein für seine Zwecke sehr nützliches Gutachten. Dass
er es tatsächlich im Rahmen seiner Propaganda verwertete, verweist auf den
Nutzen, den er davon hatte. Dennoch ist deutlich geworden, dass die Magister
nicht bereit waren, dem Herrscher in jedem Punkt nach dem Mund zu reden,
dass sie vielmehr auch Antworten gaben, von denen sie annehmen mussten,
dass sie dem König (dessen Erwartungen sie nicht kennen konnten) missfie-
len. Auf diesen Punkt wird noch einmal zurückzukommen sein.

Bevor die in gewisser Hinsicht ‚paradoxe' Haltung, die sich in dem Gutachten der Pariser Theologen vom 25. März 1308 manifestiert, näher erörtert
wird, ist zunächst ein weiterer Fall aus dem Verlauf des Templerprozesses zu
besprechen, um anschließend eine allgemeine Erklärung zu formulieren. Im
Mai 1310 wurden 54 Templer in Paris als ‚rückfällige Häretiker' verbrannt. Die
Möglichkeit, dass die Widerrufung der Geständnisse als *Rückfall* in die Häresie
gedeutet werden könnte, was wiederum eine direkte Verurteilung der Templer
ermöglichte, war von Seiten des Hofes zwischenzeitlich ins Spiel gebracht worden, bedurfte aber noch einer theoretischen Begründung durch die Häresie-
Experten. Der königliche Hof hatte also ein konkretes Anliegen. 22 Theologen
diskutierten dieses Problem auf einer Versammlung in der Kapelle des Bischofs
von Paris. Der Zeitpunkt dieses Ereignisses ist nicht sicher, doch spricht einiges
für den Beginn des Jahres 1309, nachdem das Thema des Rückfalls durch den
Hof aufgebracht worden war.[354] Wie man aus einem Quodlibet des Jean de
Pouilly weiß, waren sich die Gelehrten jedoch keinesfalls einig. Während sich
Jean selbst und zwei andere Theologen für eine Bewertung der widerrufenden
Templer als rückfällige Häretiker aussprachen, argumentierten die restlichen
19 Magister für eine andere Sichtweise, welche, wie im Folgenden gezeigt wer-
den soll, für die Haltung der Theologen insgesamt signifikant ist.

---

353   Ad tertium, quando queritur utrum propter suspicionem que habetur ex confessationi-
      bus jam factis Ordo debeat reprobari, dicimus quod, cum ex jam factis confessationibus
      habeatur vehemens suspicio contra omnes de Ordine quod sint heretici vel fautores
      (CUP II, Nr. 664, S. 126).

354   Für diese Datierung: Courtenay/Ubl, *Gelehrte Gutachten und königliche Politik*, S. 44f; an-
      ders William J. Courtenay, „The Role of University Masters and Bachelors at Paris in the
      Templar Affair, 1307–1308", in: Speer/Wirmer (Hg.), *1308. Eine Topographie historischer
      Gleichzeitigkeit*, S. 171–181, S. 180, der bei der älteren Datierung auf 1307/108 bleibt.

Jean de Pouilly bediente radikal die königliche Position, seine Stellungnahme lieferte dem Hof passgenaue Argumente, um eine Verurteilung der Templer als *heretici relapsi* zu ermöglichen. Er sah das Problem des Hofes und bot als Häresie-Experte eine maßgeschneiderte Lösung an. Für Jean liegt es auf der Hand, dass die Templer ihre Geständnisse nur deshalb widerrufen, um sich als gut und fromm darzustellen, aber mit der Absicht, zu dem zurückzukehren, was gemäß ihrer Geständnisse als häretisch und apostatisch zu gelten habe.[355] „Und daraus folgt", so schließt er, „dass sie in die Häresie zurückkehren wollen und also Häretiker sind".[356] Ist dies jedoch der Fall, so müssen die Templer für Jean als „rückfällige Häretiker" bezeichnet werden: „Wer auch immer in eine Häresie verfallen war und von dieser durch Beichte, Abschwörung und Absolution gereinigt wurde, dann jedoch zu ihr zurückkehrt und wieder in sie verfällt, wird ‚rückfällig' genannt, wie es der Begriff des Rückfalls bezeichnet".[357] Die Gegner des Jean de Pouilly, deren Ansichten Jean in seinem Quodlibet referiert, waren mit dieser Deutung keineswegs einverstanden. In einer ausführlichen und subtilen Argumentation versuchen sie, Jeans Beurteilung der widerrufenden Templer als *relapsi* zu widerlegen, etwa indem sie ihm logische Inkohärenz vorwerfen.[358] Mit immer wieder neuen Argumenten wird die Diagnose des Rückfalls in die Häresie angegriffen und als Fehlurteil ausgewiesen.[359] Doch sollte man hinter dieser Haltung nicht vorschnell die Absicht vermuten, die Templer vor dem Zugriff des Königs und damit vor dem Scheiterhaufen zu retten. Im Gegenteil: Die alternative Sichtweise, welche die Theologen vorschlagen, stellt die Möglichkeit in Aussicht, die Templer stattdessen als

---

355 Et ideo ex hoc et aliis habetur vehemens et quasi violenta presumptio, quod suam confessionem negabant statum suum bonum et sanctum asserentes, ut ad ipsum redirent, quem ex sua confessione, quam reputamus legittimam, accipimus esse hereticum sive apostaticum (Jean de Pouilly, *Quodlibet V*, ed. William J. Courtenay/Karl Ubl, in: Courtenay/Ubl, *Gelehrte Gutachten und königliche Politik im Templerprozess*, S. 85–148, hier q. 15, S. 89).

356 Et per consequens volunt redire ad heresim et eo ipso sunt heretici (Jean de Pouilly, *Quodlibet V*, ed. Courtenay/Ubl, q. 15, S. 89).

357 Quiqumque lapsus est in heresim et ab ea purgatus per confessionem, abiurationem et absolutionem, iterum ad ipsam rediens et lapsus in ipsam, relapsus dicitur, ut sonat nomen relapsi (Jean de Pouilly, *Quodlibet V*, ed. Courtenay/Ubl, q. 15, S. 89).

358 Quarto sic, quia ex hoc, quod aliquis pro aliquo tempore vult a se removere aliquam heresim, non videtur vere vel interpretative in eandem relabi, quia negatio unius contradictorie oppositi non est causa positionis eiusdem (Jean de Pouilly, *Quodlibet V*, ed. Courtenay/Ubl, q. 15, S. 117).

359 Ergo multo fortius negans de se ipso, quod prius confessatus est, non debet vere vel presumpte iudicari relapsus (Jean de Pouilly, *Quodlibet V*, ed. Courtenay/Ubl, q. 15, S. 118); Ergo nec negatio post heresim precedentem confessatam faciet eum relapsum (S. 120); ergo isti negantes prius confessata non debent ex hoc iudicari relapsi (S. 120).

„unbußfertige Häretiker" (*impenitentes heretici*) zu verurteilen, was gleichfalls die Auslieferung an die weltliche Gewalt zur Hinrichtung zur Folge hätte. Erneut stellt sich hier der Eindruck einer gewissen Paradoxie ein, wenn die Theologen zunächst der königlichen Position, wie sie Jean de Pouilly mit seinem Plädoyer für den Rückfall repräsentiert, widersprechen, also für die Templer zu argumentieren scheinen, letztlich aber doch eine Möglichkeit offerieren, das Ziel des Königs, d.h. die Hinrichtung der Templer, zu erreichen. Ebenso war es verwunderlich, dass die Gelehrten in ihrem Gutachten von 1308 den König in manchen Punkten zurückwiesen, sein hauptsächliches Anliegen aber dennoch unterstützten, indem sie sein Vorgehen implizit legitimierten und den Verdacht der Häresie bestätigten. Wie ist diese Haltung zu erklären? Zwar zeigt sich einerseits die Tendenz der Theologen, auf die Erwartungen des Königs zu reagieren und den Nutzen der eigenen Expertise für dessen Anliegen zu artikulieren, doch führte dies offensichtlich nicht dazu, sich bedingungslos in den Dienst des Herrschers zu stellen und seine Bedürfnisse unkritisch zu bedienen. Die Theologen wagten es, Philipp dem Schönen in zentralen Fragen Widerstand zu leisten und manche seiner Absichten nicht zu unterstützen. Das Argument von Karl Ubl, in dem Gutachten von 1308 sei keine Absage an den König enthalten, weil dieser nur ‚Maximalforderungen' gestellt habe, deren Erfüllung er gar nicht erwartete, kann in dieser Hinsicht nicht ganz befriedigen: Womit Philipp rechnete, konnten die Gelehrten nicht wissen, sie mussten vielmehr davon ausgehen, dass der König seine Forderungen ernst meint. Aus der Perspektive der Theologen selbst erteilten sie daher dem Herrscher in einigen Punkten sehr wohl eine Absage.

Dass die Gelehrten demnach bereit waren, die Erwartungen des Königs in gewissen Bereichen zu enttäuschen und auf ihrer eigenen Position zu beharren, deckt sich mit einer zentralen Konstituente ihres Selbstverständnisses, welches sie in ihren Quodlibeta artikulierten. Bereits im 13. Jahrhundert hatte sich an der theologischen Fakultät der Universität Paris die Ansicht verbreitet, dass es den Gelehrten untersagt sei, den politisch Mächtigen nach dem Mund zu reden, sie vielmehr stets der Wahrheit verpflichtet seien, auch wenn diese den Interessen der Mächtigen zuwiderläuft. 1295 äußerte sich Gottfried von Fontaines in diesem Sinne zu dem Problem, ob ein Doktor der Theologie eine Frage behandeln dürfe, deren Beantwortung eine Wahrheit hervorbringt, die reiche und mächtige Personen angreift.[360] In eine ähnliche Richtung geht

---

360   Utrum liceat doctori praecipue theologico recusare quaestionem sibi positam cuius veritas manifestata per determinationem doctoris offenderet aliquos divites et potentes (Gottfried von Fontaines, *Quodlibet XII*, ed. Jean Hoffmans, Louvain 1932, q. 6, S. 105); dazu: Wei, „Self-Image of the Masters of Theology", S. 425f.

Gérard d'Abbeville, der bereits 1265, als er die Münzpolitik Ludwigs IX. diskutierte, zu dem Schluss kam, der König müsse auf diskrete Weise ermahnt werden, um ihn von seinem Vorhaben abzubringen.[361] Dabei kritisierte er die Personen am Hof, die um die Gunst des Herrschers werben, indem sie seine Pläne gutheißen: „[Sie] suchen nur ihre eigenen Interessen und sagen ihm, was ihm gefällt".[362] Eine unabhängige Position, oder zumindest die Forderung, dem König nicht nach dem Mund zu reden, war also offenbar schon sehr früh Bestandteil des Ideals, welches die Pariser Theologen für sich reklamierten. Nicht erst Jean Gerson postulierte eine derartige ‚intellektuelle' Haltung. Als ein solches Element ihres Selbstbilds stand dieses Ideal freilich einer zu weit gehenden Parteinahme zugunsten des Königs entgegen. Ihr Bedürfnis, den Monarchen als potentiellen ‚Laien' ihrer Expertise zu erreichen und sein Wohlwollen zu gewinnen, geriet in einen Widerspruch zu ihrem – zumindest prinzipiell – erhobenen Anspruch. Dass die Magister tatsächlich nicht jeder Forderung des Königs nachkamen, sie sich vielmehr trauten, den (vermuteten) Absichten Philipps des Schönen zu widerstehen und den eigenen Standpunkt zu verteidigen, ist demnach durchaus konsequent und muss zweifellos auch in diesem Kontext einer geltend gemachten Autonomie gesehen werden.

Die Theologie war keine reine Nutzwissenschaft, sondern eine Disziplin, die sich in erster Linie über ihren Bezug zur (glaubensbezogenen) Wahrheit definierte. Ein unmittelbarer Zusammenhang zwischen der ‚Nutzerwartung' der Politik und der Stellungnahme der Gelehrten ist daher im Falle der Theologie nicht anzunehmen. Lediglich einzelne Theologen wie Johannes Quidort oder Jean de Pouilly gingen so weit, sich radikal in den Dienst des Herrschers zu stellen und alle Fragen zu Gunsten des königlichen Hofes zu entscheiden. Als prinzipielle Wahrheitswissenschaft folgte die Theologie einer Eigenlogik, allerdings, wie gesehen, gerade nicht im Sinne einer ‚puren' Wissenschaft, die von äußeren Erwartungen gänzlich unberührt bliebe. In den Fällen, in denen die Gelehrten als Experten konsultiert wurden, waren sie darauf bedacht, das Problem ihres Klienten zu lösen, aber auf eigenen Wegen, nach ihren eigenen Prinzipien, nicht mit einer von außen vorgeschriebenen Antwort.

Diesem bewussten Bestreben der Gelehrten, eine autonom gewonnene Position zu formulieren, entspricht der in den Quellen ersichtliche Mechanismus der Meinungsbildung: die Eigendynamik der gelehrten Debatte. Die interne Diskussion der Theologen über den Häretikerstatus der Templer gewann eine Eigendynamik, die wesentlich an der Formation der schließlich vertretenen

---

361   Pierre Michaud-Quantin, „La politique monétaire royale à la Faculté de Théologie de Paris en 1265", in: *Le Moyen Âge* 68 (1962), S. 137–151.

362   Zit. nach Michaud-Quantin, „La politique monétaire royale", S. 147.

Positionen beteiligt war. Die Beurteilung der Templer als ‚rückfällige Häreti-ker', mit der Jean de Pouilly angetreten war, wurde von den 19 Theologen, die ihm widersprachen, in eingehender und minutiöser Argumentation angegrif-fen und widerlegt. Die eigene Ansicht, welche die Theologen dabei vorbrach-ten, zielte hingegen nicht auf einen Freispruch der Templer, sondern stellte die Option in Aussicht, sie schließlich als ‚unbußfertige' Häretiker hinrichten zu lassen, eine Lösung, die sich von Jean de Pouilly abgrenzte, aber gleichzeitig der Erwartung des Königs entgegenkam.

Die hier angedeutete Eigenlogik der wissenschaftlichen Diskussion macht bereits deutlich, dass es sich, sofern dabei von ‚Autonomie' die Rede ist, um einen spezifischen Autonomie-Begriff handelt. Nicht eine ‚autonome Wis-senschaft', die von äußeren Zwängen unberührt der reinen Wahrheitssuche verpflichtet wäre, ist damit gemeint, sondern die kommunikative Logik, die Prinzipien und Regeln, die den Verlauf von Debatten und das Formulieren von Anschauungen innerhalb der Wissenschaft konditionieren. Insofern wäre es auch nicht gerechtfertigt, oder jedenfalls begrifflich nicht präzise, der Wissenschaft um 1300 jedwede Form von Autonomie abzusprechen, mit der Begründung, dass der königliche Hof die Stellungnahmen der Gelehrten für seine Zwecke instrumentalisierte. Wissenschaft war zu keinem Zeitpunkt in der Geschichte in dem Sinne ‚autonom', dass sie das Eindringen umweltlicher Einflüsse oder die Vereinnahmung ihrer Erzeugnisse für wissenschaftsfremde Zwecke hätte verhindern können. Wenn der König die Gutachten der Theolo-gen instrumentalisiert, dann bedeutet dies nicht, dass nicht im Inneren der Wissenschaft eigene funktionale Prinzipien existieren, welche die internen Diskussionen ebenso wie die Verarbeitung äußerer Einflüsse nach einer eige-nen Logik regulieren.

Was Ubl allerdings völlig zu Recht in Frage stellt, das ist die vom Hof konstruierte – aber von der Autonomie begrifflich streng zu trennende – *Unparteilichkeit* der Wissenschaft, die dem König dazu diente, eine Distanz der Gelehrten zum Hof sichtbar zu machen, welche für die Möglichkeit, politische Aktionen über die Stellungnahmen von Gelehrten zu legitimieren, konstitutiv war. Die Neutralität der Theologen war in der Tat eine strategische Notwendig-keit, die sorgfältig inszeniert werden musste und freilich nicht den tatsächli-chen Verhältnissen entsprach. Wenn Ubl daher mit guten Gründen bestreitet, dass die Universität Paris um 1300 zu einer unabhängigen Autorität avanciert sei, die sich in keiner Weise den Erwartungen der Politik gebeugt hätte, wie So-phia Menache es sehen wollte, so muss die Frage nach der Autonomie der Wis-senschaft jedoch differenzierter beantwortet werden.[363] Die Stellungnahmen

---

363   Ohne die Sache unnötig verkomplizieren zu wollen, müsste man streng genommen
       mehrere Unterscheidungen treffen: So erscheint es hier sinnvoll, zwischen ‚Autorität'

der Gelehrten folgten einer Eigenlogik, selbst dann, wenn diese prinzipiell geneigt waren, den Erwartungen des königlichen Hofes entgegenzukommen. Hierin liegt der Grund für die zunächst paradox erscheinende Haltung der Pariser Theologen, die viel Anlass zu Spekulation gegeben hat. Die Problematik, sich in diesem Spannungsfeld positionieren zu müssen, stellte sich den Pariser Theologen um 1300 unweigerlich, insofern sie begannen, als Experten mit ihrer Umwelt zu kommunizieren.

• • •

Worum es in diesem Abschnitt in erster Linie ging, war die Genese des Expertenstatus der Theologen an der Universität Paris im 13. Jahrhundert. Wie deutlich wurde, transformierte sich dieser Status in den Jahren um 1300 auf wesentliche Weise, indem die theologischen Wissensträger nun in eine Experten-Laien-Relation zur Sphäre der Politik traten. Dieser neue Status, und diese neue Relation, wurden in der Folgezeit durch weitere kommunikative Prozesse verstetigt: 1310 wurde Marguerite Porete in Paris als Häretikerin verbrannt, nachdem die Konsultation eines Gremiums von Pariser Theologen die Beurteilung des *Spiegels der einfachen Seelen* als häretisch ergeben hatte. Auch dieses Mal musste – bezeichnenderweise – der königliche Hof, dem an einer Verurteilung Marguerites gelegen war, das Verfahren manipulieren, um die Eigendynamik der wissenschaftlichen Debatte zu überlisten.[364] Demgegenüber hat Philipp VI. offenbar keinen wesentlichen Einfluss auf den Gang der Diskussion genommen, als er 1333 Pariser Magister der Theologie versammelte, um über die *Visio beatifica* zu debattieren, deren Auslegung zu diesem Zeitpunkt ein brisantes Thema war. Aber die Anfrage an die Theologen zeigt, dass die Konsultationspraxis, die Philipp der Schöne um 1300 initiiert hatte, auch unter seinem Neffen fortbestand. Die gesellschaftliche Rolle und Funktion der Theologen als Verwalter eines spezifischen Wissens, das bei Bedarf von ‚Klienten‘ abgerufen werden konnte, wurde auf diese Weise dauerhaft objektiviert.

---

und ‚Autonomie‘ einerseits, sowie zwischen verschiedenen Autonomie-Begriffen andererseits zu differenzieren. Während ‚Autorität‘ ein diskursives Zuschreibungsphänomen darstellt, bezieht sich ‚Autonomie‘ auf die immanente Struktur und Funktionslogik der Wissenschaft. Diese wiederum kann zum einen als hermetisch abgeschlossener operativer Zusammenhang gedacht werden (etwa so, wie man in einer klassischen Ästhetik das ‚autonome‘ Kunstwerk als gesellschaftlich unkontaminierte Blackbox imaginierte), zum anderen aber als autopoietisches Prinzip eines Systems, das umweltliche Einflüsse nicht nur zulässt, sondern sogar voraussetzt (dazu Kap. 1.3).

364   William J. Courtenay, „Marguerite's Judges. The University of Paris 1310“, in: *Marguerite Porete et le Miroir des simples âmes. Perspectives historiques, philosophiques et littéraires*, hg. von Sean L. Field/Robert E. Lerner/Sylvain Piron, Paris 2013, S. 215–231.

3.6.5   *Ein letztes Mal: Was ist Expertise? Philosophen als machtlose*
         Experten

Die vorausliegenden Erörterungen haben ergeben, dass die Pariser Theologen die konkreten Anliegen des Königshofes nicht in jeder Hinsicht bedienten, vielmehr eine relative Autonomie ihrer Stellungnahme geltend machten. Dies bedeutet jedoch keinesfalls, dass ihre Äußerungen für den französischen König nutzlos waren. Ganz im Gegenteil: Die Theologen begegnen als Experten, deren Urteil zu Fragen der Orthodoxie und Häresie für das Vorgehen des Hofes von zentraler Relevanz war, nicht nur insofern es im eigenen Sinne ausgelegt wurde, wie Karl Ubl betont, sondern auch, weil der königliche Hof sich in vieler Hinsicht am Urteil der Gelehrten orientierte.

So hat Ian Wei gezeigt, dass einige der Optionen, welche die Theologen in den Raum stellten, tatsächlich wenig später durch Philipp den Schönen aufgegriffen wurden.[365] Die Möglichkeit, den Papst durch eine Häresieanklage absetzen zu lassen, war, noch vor der Initiative des Hofes, von Pariser Theologen zur Sprache gebracht worden.[366] Und als Johannes Quidort davon sprach, dass es dem weltlichen Schwert möglich sei, gegen den Papst als ‚Staatsfeind‘ gewaltsam vorzugehen, hatte er ebenfalls eine Möglichkeit benannt, die im folgenden Jahr, beim sogenannten Attentat von Anagni, Realität wurde.[367] Solche Beispiele machen deutlich, dass die Stellungnahmen der Theologen durchaus einen Einfluss auf das Vorgehen des königlichen Hofes hatten, jedenfalls nicht nur eine schon vorher feststehende Politik legitimierten. Dass dies aber so war, dürfte den Magistern kaum entgangen sein, und man kann davon ausgehen, dass sie sich bewusst in entsprechender Weise äußerten, um ihre Umwelt zu beeinflussen.

Wie groß die ‚Macht‘ von Experten um 1300 werden konnte, zeigt sich aber wohl am deutlichsten im Falle der Professionellen, die unmittelbar als Berater des Königs tätig waren. Die „Legisten“ Philipps des Schönen, die freilich nicht primär von der Universität Paris kamen, sondern, wie Guillaume de Nogaret oder Pierre de Belleperche, vor allem an den juristischen Fakultäten von Montpellier oder Orléans studiert und als Professoren gelehrt hatten,[368] übten am Königshof eine beträchtliche Macht aus. Jean Favier hat darauf hingewiesen, dass jede ‚Epoche‘ während der Regierungszeit Philipps des Schönen, in der jeweils ein Berater dominant war, von einer ganz eigenen Politik gekennzeichnet

---

365   Wei, „Self-Image of the Masters of Theology“; Wei, „The Masters of Theology at the University of Paris“; Ian Wei, *Intellectual Culture in Medieval Paris. Theologians and the University, c. 1100–1330*, Cambridge 2012.

366   Courtenay, „Between Pope and King“.

367   Siehe oben Kap. 3.5.2.

368   Pegues, *Lawyers of the Last Capetians*, S. 99–122.

ist, die offensichtlich auf das Wirken des jeweiligen Beraters zurückgeht.[369] Es ist auffällig, dass der König bei allen politischen Aktionen während der Bonifaz- und Templer-Konflikte, die sämtlich durch „juristisch ausgeklügelte Mittel"[370] geprägt sind, tatsächlich kaum selbst als handelnder Akteur sichtbar wird, es vielmehr stets seine Berater sind, die auf den Versammlungen das Wort führen, ihre eigenen Reden halten, propagandarelevante Schriftstücke verfassen oder persönlich in Verhandlung mit der Gegenseite treten.[371] Philipp holte Juristen an seinen Hof, die zuvor als Rechtsprofessoren gelehrt hatten und vielfach in der Praxis erprobt waren, Experten, die über institutionell beglaubigte Autorität verfügten. Dass diese Legisten in eine Relation zu ihrem royalen Klienten traten, hatte aber nicht nur Konsequenzen für sie selbst, insofern sie ein weiteres Mal in ihrer Rolle als Experten bestätigt wurden; die Kommunikationssituation, die sich durch diesen Kontakt ergab, wies Philipp dem Schönen zwangsläufig die Rolle des Laien, des Nicht-Wissenden zu, der den Rat der Experten suchte. Es liegt in der Logik dieser Interaktionsprozesse selbst, dass den Legisten damit ein gewisser Handlungsspielraum zufiel. Der Experten-Ansatz kann der alten Frage nach der Rolle der ‚Legisten' insofern eine neue Facette abgewinnen, indem er verständlich macht, dass die Legisten zwar eine eigene Politik betrieben, dabei aber die Interessen ihres ‚Klienten' vertraten und nicht ihre eigenen – geschweige denn die des ‚dritten Standes' oder einer unterdrückten Klasse, wie es in den alten Meistererzählungen begegnet.[372]

Nur vor diesem Hintergrund ist hier von der ‚Macht' der Legisten die Rede. Der König war durch seine Konflikte in Situationen geraten, die aufgrund ihrer juristischen Implikationen einen hohen Grad an Komplexität aufwiesen. Diese epistemische Überforderung aber ließ den Herrscher nicht nur zum Auftraggeber, sondern unweigerlich auch – in epistemischer Hinsicht – zum ‚Abhängigen' werden. Es ist in keiner Weise verwunderlich, dass die Rechtsexperten diese Bedürfnisstruktur nutzten, um eigene Strategien der

---

369   Jean Favier, „Les légistes et le gouvernement de Philippe le Bel", in: *Journal des savants* 2 (1969), S. 92–108, S. 104; siehe auch: Elisabeth Lalou, „Les légistes dans l'entourage de Philippe le Bel", in: *Les universités en Europe du XIIIᵉ siècle à nos jours. Espaces, modèles et fonctions*, hg. von Frédéric Attal/Thierry Kouamé/Jean-Miguel Garrigues, Paris 2005, S. 99–112.

370   Miethke, „Philippe le Bel von Frankreich und die Universität von Paris", S. 194.

371   Die Vermutung von Elisabeth Lalou, Philipp der Schöne sei wohl einfach nicht sehr gesprächig gewesen, liefert hier wohl kaum eine befriedigende Erklärung: „Philippe le Bel était peut-être peu bavard, il semble qu'il n'était pas d'un abord très riant; mais il devait imposer sa décision à l'issue de la discussion au Conseil" (Lalou, „Les légistes dans l'entourage", S. 108).

372   Zur Deutungsgeschichte der Legisten: Pegues, *Lawyers of the Last Capetians*; Favier, „Les légistes et le gouvernement".

Problembewältigung zu entwickeln, um eigene Lösungsansätze zu konzipieren, die sie dem Herrscher als passgenaue Konzepte präsentieren konnten.
Insofern bestand zwischen den Rechtsexperten und dem König von Frankreich durchaus eine „eindeutige – durch funktionale Expertise determinierte –
Asymmetrie im Professionellen/Klienten-Verhältnis".[373]

Freilich liegt es mir fern, das Bild des letzten Merowingers zu evozieren, der,
in der Schilderung Einhards, nur noch Worte von sich gab, die ihm die Hausmeier vorschrieben, und im Ochsenkarren zu den Versammlungen gefahren
wurde, ohne an den Angelegenheiten der Regierung noch irgendeinen Anteil
zu haben.[374] Wenn Philipp der Schöne Klient blieb, dann bedeutet dies auch,
dass er eine gewisse Skepsis gegenüber seinen Experten bewahrte, die sich
etwa darin äußert, dass er seine Berater wechselte. Auch hätte zur Zeit Philipps
niemand daran gedacht, den Herrscher wegen seiner vermeintlichen ‚Macht-
losigkeit' abzusetzen. Die Begründung für den Dynastiewechsel von 751, wie sie
von den Zeitgenossen reflektiert wurde, lag in der Vorstellung, dass derjenige,
der de facto mit den Angelegenheiten des Königsreichs befasst war, auch selbst
Herrscher sein sollte – *ut non conturbaretur ordo*.[375] Damit waren freilich nicht
durch Sonderwissen aufgestiegene ‚Experten' gemeint, die als externe Ratgeber zu Einfluss gekommen wären, sondern die fränkischen Hausmeier, die
unter den Merowingern offizielle Hofämter innehatten und damit derselben
sozialen Sphäre angehörten wie der machtlose König. Der Gedanke hingegen,
dass Akteure, die selbst keine aktive Funktionsrolle im politischen System erfüllten, Kompetenzen in Bereichen der Politik erhielten, in welche der König
überhaupt keinen Einblick mehr hat und die er nicht nachvollziehen kann,
wäre der epistemisch geringer differenzierten Gesellschaft des 8. Jahrhunderts
wohl erst recht ‚unordentlich' erschienen. Hatte ein frühmittelalterlicher Herrscher Berater, dann zunächst solche, die über die gleichen Wissensressourcen
verfügten wie er selbst und damit durch ihn kontrolliert werden konnten, oder

---

373   Stichweh, „Professionalisierung, Ausdifferenzierung von Funktionssystemen, Inklusion",
      S. 324; es ist wichtig zu betonen, dass es sich hier um eine *wissensmäßige* Asymmetrie
      handelt, die nichts über die freilich weiterhin bestehende soziale Hierarchie aussagt.

374   [...] legatos undecumque venientes audiret eisque abeuntibus responsa, quae erat edoc-
      tus vel etiam iussus, ex sua velut potestate redderet. [...] Quocumque eundum erat,
      carpento ibat, quod bubus iunctis et bubulco rustico more agente trahebatur. Sic ad pa-
      latium, sic ad publicum populi sui conventum, qui annuatim ob regni utilitatem celebra-
      batur, ire, sic domum redire solebat. At regni administrationem et omnia quae vel domi
      vel foris agenda ac disponenda erant praefectus aulae procurabat (Einhard, *Vita Karoli
      Magni. Das Leben Karls des Großen*, Übers., Anm. und Nachwort von Evelyn Scherabon
      Firchow, Stuttgart 1981, S. 8).

375   Josef Semmler, *Der Dynastiewechsel von 751 und die fränkische Königssalbung*, Düsseldorf
      2003.

aber solche, die zwar Spezialwissen hatten, aber als Ratgeber selten in der Lage waren, dieses effektiv in wissensbasierte soziale Macht zu überführen. Es gab demnach in diesem Sinne kein erzwungenes Systemvertrauen, keine wissensmäßige Asymmetrie, die den König in eine *ordo*-widrige Abhängigkeit von seinen Beratern, in eine epistemische ‚Ohnmacht' gebracht hätte. Der Unterschied zum Hof Philipps IV. von Frankreich besteht darin, dass es nun, um 1300, eine etablierte Expertenkultur gab, die Arbeitsteilung, Wissensdifferenzierung und Wissensdelegation implizierte. Das Prinzip, Aufgaben zu delegieren und auf die Expertise derjenigen, die mit diesen Aufgaben betraut waren, zu vertrauen, ohne mehr selbst alle Maßnahmen nachzuvollziehen und zu kontrollieren, war um 1300 zu einem vertrauten Phänomen geworden, das weder in der politischen Kultur noch in anderen Kontexten als Anomalie, als Ordnungswidrigkeit empfunden wurde.

• • •

Die epistemischen Strukturen der Zeit um 1300 ermöglichten die Existenz von Wissensträgern mit beträchtlichem gesellschaftlichem Einfluss. Die gelehrten Experten der akademischen Kultur gehörten dazu. Doch verglichen mit den Experten der ‚oberen' Fakultäten, den Medizinern, Juristen und Theologen, erscheinen die Philosophen als paradigmatische Anti-Experten, als Vertreter eines sozial irrelevanten Wissens, das, insofern es nicht von Klienten abgerufen wird, keine Expertise darstellt. Niemand bat die Philosophen um ein kollektives Gutachten, wie es bei den Medizinern und Theologen vorkam, und niemand holte sich einen Philosophen an den Hof, um sich von ihm seine politische Strategie in einem aktuellen Konflikt entwerfen zu lassen. Die Philosophen blieben auf diese Weise gesellschaftlich wirkungslos, verfügten im Unterschied zu ihren Kollegen nicht über wissensbasierte soziale Macht. Doch welche terminologischen Konsequenzen sind aus diesem Befund zu ziehen? Ist es wirklich sinnvoll, so ist an dieser Stelle noch einmal zu fragen, die Philosophen der Universität Paris, die einen klar definierbaren Wissensbestand repräsentieren, die sich selbst als Vertreter eines spezifischen Wissensfelds verstehen, nicht als ‚Experten' zu bezeichnen? Wie in Kapitel 2 gesehen, haben sich die Magister der Artistenfakultät im Laufe des 13. Jahrhunderts in zunehmendem Maße als Lehrer der Philosophie begriffen, schließlich sogar verstärkt als *„philosophi"* bezeichnet. Es wird sich in Kapitel 5 zeigen, dass sich manche Artes-Magister aufgrund ihrer Lehrerfahrung, d.h. ihrer *Erfahrung* im Umgang mit philosophischen Texten, sogar explizit als *„expertus"* bezeichnen.[376] Wenn

---

376 Siehe unten Kap. 5.4.1.

es hierbei um ‚Erfahrungswissen' geht – das wohlgemerkt nicht auf praktischer Erfahrung oder ‚Empirie', sondern auf *Textkenntnis* beruht –, dann scheint es sich doch um eine bestimmte Form von Expertenwissen zu handeln.

Es stellt sich daher die Frage, ob es sinnvoll ist, den Expertenbegriff für direkte Experten-Klienten-Interaktionen zu reservieren, d.h. für solche Kommunikationssituationen, in denen Sonderwissen von Seiten des Klienten *abgerufen* und von Seiten des Experten *appliziert* wird. Diese Frage ist spätestens dann zu verneinen, wenn sich herausstellt, dass die Magister der Artistenfakultät nicht nur sich selbst als ‚Experten' für Philosophie verstanden, sondern auch von anderen als zuständige Verwalter des philosophischen Wissens angesehen wurden. Denn in diesem Fall läge eine gesellschaftlich konventionalisierte Delegation von Wissensadministration und damit auch eine Rollenzuschreibung vor, die auch gilt, wenn die Philosophen nicht als Ratgeber konsultiert werden, also ihr Wissen nicht *applizieren*.

In der Tat gibt es einschlägige Hinweise darauf, dass im 13. Jahrhundert ein allgemeines gesellschaftlich objektiviertes Bewusstsein davon bestand, dass die Pariser Artistenfakultät den offiziellen und institutionell legitimierten Ort für die Administration der Philosophie darstellt. Konrad von Megenberg wurde bereits zitiert, der die Pariser Artisten im 14. Jahrhundert als ‚Philosophen par excellence' wahrnahm, da sie im Gegensatz zu anderen Gelehrten für sämtliche Bereiche der Philosophie zuständig seien.[377] Roger Bacon reflektiert diese epistemische Ordnung im 13. Jahrhundert, wenn er gegen die Theologen polemisiert, die, statt sich auf die Bibel zu konzentrieren, mit naturphilosophischen Fragen befasst seien, welche ihren eigentlichen Ort an der Artes-Fakultät hätten.[378] Doch Konrad von Megenberg und Roger Bacon sind freilich Autoren, die selbst als Magister an der Artistenfakultät gelehrt haben und insofern die Eigenwahrnehmung der Philosophen reflektieren. Aussagekräftiger sind demgegenüber Zeugnisse der außerakademischen Welt, die auf die Fremdwahrnehmung der Artisten verweisen.

Ein solches Zeugnis findet sich mit dem Brief, den der Stauferkönig Manfred in den 1260er Jahren an die Artistenfakultät der Universität Paris schrieb.[379] Die Art und Weise, wie der König die Artes-Magister in diesem Dokument anredet und charakterisiert, ist höchst signifikant, insofern die Magister dort, wie Alain de Libera betont hat,[380] eindeutig als *Philosophen* behandelt werden. Dies macht bereits der Beginn deutlich: *„Sedentibus in quadrigis philosophice*

---

377   Siehe oben Kap. 2.6.
378   Siehe unten Kap. 5.4.1.
379   CUP I, Nr. 394, S. 435f.
380   de Libera, *Penser au Moyen Âge*, S. 174ff.

discipline Parisiensis studii doctoribus universis", lautet die Anrede.[381] Manfred
bezeichnet die Artes-Magister als „berühmte Zöglinge der Philosophie" (*philosophie preclaris alumpnis*), welche durch die Dienste ihres Wortes die Werke
der alten Philosophen zum Leben erwecken; durch ihre weise vorgetragenen
Lehren versammeln die Magister die alten Philosophen in ihrem Hörsaal und
nähren ihren Ruhm.[382] Für Alain de Libera steht fest, dass sich Manfred mit
solchen Formulierungen nicht an ‚Artisten', sondern an ‚Philosophen' wendet.[383]

Seine hauptsächliche Signifikanz für die hier zur Debatte stehende Frage
erhält der Brief des Staufers allerdings durch den Grund des Schreibens. Manfred kündigt den Artes-Magistern in seinem Brief an, ihnen die lateinischen
Übersetzungen zu schicken, die er von Werke des Aristoteles und anderen Philosophen (*ab Aristotele aliisque philosophis*) aus dem Griechischen und Arabischen hatte anfertigen lassen, damit sie diese in ihrem Unterricht verwenden.
Der Herrscher richtet seine Übersetzungen philosophischer Schriften eigens
an die Artes-Magister der Universität Paris, offensichtlich weil er der Ansicht
ist, dass sie für diese Texte zuständig sind. Die Magister der Artistenfakultät
erscheinen hier als die offiziellen Repräsentanten der Philosophie, denen die
Aristoteles-Übersetzungen zur Aufbewahrung und Benutzung übergeben werden. Die Wahrnehmung, die mit diesem kommunikativen Akt verbunden ist,
weist weit über den pragmatischen Zweck hinaus: Manfred scheint hier eine
Praxis aufzugreifen, derer sich bereits sein Vater im Umgang mit der Wissenschaft bedient hatte. Friedrich II. hatte seine unmittelbar nach der Kaiserkrö-
nung im Jahre 1220 erlassenen Kaisergesetze an die Legisten der Universität
Bologna gesandt, ebenfalls mit der Aufforderung, sie in ihren Vorlesungen zu
verwenden.[384] Hier wie dort wurde eine Autorisierung durch die jeweils zuständigen Experten erstrebt.

Es ging in diesem Kapitel nicht um die Frage, ob die Pariser Philosophen
‚wirklich' über philosophisches Wissen, über ‚reale Expertise' im psychologischen Sinne, verfügen; damit ist nicht gesagt, dass eine solche Expertise
bestritten wird, ganz im Gegenteil: Sie wird hier schlicht vorausgesetzt. Der

---

381   CUP I, Nr. 394, S. 435.

382   [...] et ipsos antiquos philosophorum operibus, qui vocis vestro ministeriis reviviscunt,
quorumque nutritis famam, dum dogmata sternitis sapienter ut expedit, et congregantes
eos in auditorio vestro (CUP I, Nr. 394, S. 436).

383   „Les destinataires ne sont pas des artistes ou, plutôt, des *artiens* [...], les maîtres auxquels
s'adresse Manfred sont des maîtres de philosophie" (de Libera, *Penser au Moyen Âge*,
S. 175).

384   Frank Rexroth, „Kodifizieren und Auslegen. Symbolische Grenzziehungen zwischen
päpstlich-gesetzgeberischer und gelehrter Praxis im späteren Mittelalter (1209/10–1317)",
in: *Frühmittelalterliche Studien* 41 (2009), S. 395–414, S. 410.

vermeintliche Gegensatz zwischen einem psychologischen und einem soziologischen Expertisebegriff beruht auf einer Pseudodebatte, insofern dabei derselbe Signifikant für ganz verschiedene Dinge reklamiert wird.[385] Es macht im Rahmen der hier verfolgten Fragestellungen wenig Sinn, zu diskutieren, ob sich die Philosophen, von denen die Rede ist, tatsächlich durch besondere kognitive Fähigkeiten im Bereich der Philosophie auszeichneten; zur Debatte steht schlicht eine ganz andere Frage: Waren die Philosophen hinsichtlich ihres *sozialen Seins* Experten, wurde ihnen dieser Status in der Gesellschaft des 13. Jahrhunderts zuerkannt? Die Antwort muss, wie mir scheint, ja lauten, weshalb die Philosophen *auch* in soziologischem Sinne als Experten zu bezeichnen wären, obwohl ihre ‚Expertise‘ nicht in Interaktionen abgerufen, zum Nutzen von Klienten *angewandt* wurde. Die Philosophen blieben, im Unterschied zu ihren Kollegen der ‚oberen‘ Fakultäten, nutz- und machtlose Experten.

---

385 Dazu grundsätzlich: Marcel Bubert, „The Attribution of What? Grenzen der Expertise zwischen sozialer Konstruktion und mentaler Realität", in: *Praktiken und Räume des Wissens. Expertenkulturen in Geschichte und Gegenwart*, hg. von Marian Füssel/Frank Rexroth/Inga Schürmann, Göttingen 2018, S. ###.

KAPITEL 4

Kreative Ambivalenzen: Das offene System und seine Feinde

Die Tatsache, dass die Artes-Magister im Gegensatz zu ihren Kollegen der höheren Fakultäten keine nützlichen Experten waren, markiert nicht nur die Differenz zwischen den Fakultäten auf sinnfällige Weise; auf übergeordneter Ebene stellt das Expertenthema eine weitere empirische Sphäre dar, in der sich das grundsätzliche Spannungsverhältnis von Universitätsphilosophie und sozialer Nützlichkeit manifestiert, dessen Erschließung und Sichtbarmachung eines der leitenden Anliegen dieser Arbeit ist.[1] Das folgende Kapitel fokussiert jene oppositionelle Relation aus einer anderen Perspektive, indem es einen Bereich thematisiert, der die Ambivalenz des Verhältnisses von ‚praktischem‘ und ‚unpraktischem‘ Wissen, von philosophischer Selbstreferenz und sozialem Nutzen, für den Historiker besonders anschaulich werden lässt, aber auch für die Zeitgenossen in prägnanter Weise wahrnehmbar machte: Kritik an ‚nutzlosem‘ Wissen, an mangelnder Erfahrung und an Buchgelehrsamkeit begegnet im hier untersuchten Zeitraum in sehr verschiedenen diskursiven Kontexten; doch soll gezeigt werden, dass die Positionen, die sich auf derartige Kritikpunkte beziehen, einer vergleichbaren Logik folgen, sich in eine Aussageformation fügen, deren Struktur auch dann erkennbar ist, wenn die sich äußernden Individuen gänzlich heterogene Hintergründe und Prägungen aufweisen.

Die Analyse dieser Zusammenhänge erfolgt in zwei hauptsächlichen Schritten: Zunächst soll in diesem Kapitel gezeigt werden, dass eine prinzipielle Skepsis gegenüber praxisfernem Buchwissen und unerfahrenen Wissensträgern ein im 13. und frühen 14. Jahrhundert verbreitetes gesellschaftliches Phänomen darstellt; dabei wird gleichzeitig argumentiert, dass die Genese und Verdichtung eines solchen Misstrauens in einschlägigen Fällen in einer direkten oder indirekten Relation zur Wahrnehmung der Universität Paris als Ort einer spezifischen Wissenskultur steht. Von dieser Beobachtung ausgehend soll in Kapitel 5 schließlich der Blick verengt werden, um kritische Stimmen aus dem Bereich der Philosophie selbst zu betrachten, die ebenfalls in signifikanter Weise auf die Universität Paris bezogen sind. Eine der zentralen

---

1 Das ‚offene‘ System ist hier freilich systemtheoretisch gemeint; die Anlehnung der Überschrift an Karl Popper, *Die offene Gesellschaft und ihre Feinde*, 2 Bde., Tübingen 1992, ist rein spielerisch.

Thesen besteht dabei in der Annahme, dass das Spannungsverhältnis von Universitätsphilosophie und sozialer Nützlichkeit in spezifischer Hinsicht kulturell produktiv wurde, indem es die Formulierung dezidiert nutzorientierter Wissenskonzepte provozierte, die sich kritisch von der Philosophie der Universität abgrenzten.

Kritik an der Nutzlosigkeit der Philosophie ist in den vorangehenden Kapiteln bereits in Zusammenhang mit dem Streit der Fakultäten begegnet, der in Paris seit dem 13. Jahrhundert entflammt war. Die Rechtfertigungen der Philosophen gegen die Vorwürfe der Juristen und Mediziner haben dies deutlich gemacht: „Was sind deine Wissenschaften wert, wenn sie dir nichts nutzen und wenn du durch sie nichts verdienen kannst", so hatte Radulphus Brito die Haltung seiner Gegner zitiert. Auch in Orléans, der ‚zivilrechtlichen Fakultät' von Paris, sprachen die Juristen mit ironischem Ton von den Dialektikern an der Seine.[2] Die Argumentation der Utilitaristen lief dabei über die Feststellung, dass die Philosophie auf sich selbst und nicht, wie die lukrativen Disziplinen, auf etwas anderes, d.h. auf einen Zweck zielt. Inhaltlich verschieden, aber struktural homolog, geriet die Kritik der Theologen, die sich entschieden gegen eine selbstreferentielle Philosophie wandten, vielmehr deren Applikation zum *Nutzen* des Glaubens forderten. Die Polemik Bonaventuras und die Verurteilung von 1277, die dieser Denkform verpflichtet sind (also eine fremdreferentielle Finalität der Philosophie postulieren), waren ebenso wenig wie die Mahnung Gregors IX. von 1228[3] eine schlichte Wiederholung patristischer Prämissen, sondern auf die gegenwärtigen Pariser Entwicklungen des 13. Jahrhunderts bezogen. Gleichfalls wurde die Gefahr, die von dem weltlichen Wissen ausging, in Paris zum Gegenstand von Kritik in Predigten: Der Prediger Pierre de Bar-sur-Aube richtet sich in einer Pariser Predigt von 1230 etwa gegen die mathematischen *artes*: Die Heiden, die sich mit Geometrie und Astrologie beschäftigten, besaßen keine Weisheit, weil diese Wissenschaften nur zu Irrtümern führen und nichts zum Wohl der Menschen beitragen können.[4]

Die Kritik der Theologen und der Kirche ist bekannt und gut erforscht; zum Streit der Philosophie mit den lukrativen Wissenschaften wurde in Kapitel 2 bereits einiges gesagt. Worum es an dieser Stelle geht, sind weniger die

---

2   Kees Bezemer, *What Jacques Saw. Thirteenth Century France Through the Eyes of Jacques de Revigny, Professor of Law at Orleans*, Frankfurt am Main 1997, S. 3f; Rexroth, „Einheit der Wissenschaft", S. 37.

3   CUP I, Nr. 59, S. 114ff.

4   Beaujouan, „Enseignement de l'arithmétique élémentaire à l'Université de Paris", S. 99; zu Kritik an der Universität Paris in Predigten des 13. Jahrhunderts siehe auch: Charles Homer Haskins, „The University of Paris in the Sermons of the Thirteenth Century", in: Charles Homer Haskins, *Studies in Mediaeval Culture*, New York 1929, S. 36–71.

internen Relationen der universitären Welt, deren Antagonismen die Artisten einer verstärkten Kritik aussetzten. Denn nicht nur durch die damit verbundenen Kommunikationen und Stigmatisierungen geriet die Philosophie der Artistenfakultät in ein Spannungsverhältnis zum Konzept der Nützlichkeit. Kritik an unnützem Wissen und an Buchgelehrsamkeit wurde ebenfalls außerhalb der Universität geäußert. Schon seit der Zeit, als die Dialektik in den Pariser Schulen eine von außen wahrnehmbare Eigendynamik gewann, hatten zeitgenössische Beobachter begonnen, entsprechende Kritik zu artikulieren.[5] Die satirische Darstellung der erfolglosen Erlebnisse des Esels Brunellus bei Nigellus Wireker sieht Stephen Ferruolo als Ausdruck der generellen Enttäuschung „felt by many critics over the failure of education to serve either personal or social needs".[6] Walter von Châtillon stellte fest, es sei zweifellos nützlicher, ein Feld zu bestellen, als in den Schulen von Paris zu studieren.[7] Eine derartige Skepsis hinsichtlich der Nützlichkeit der gelehrten Studien, die sich im 13. Jahrhundert und darüber hinaus fortsetzte, korreliert schließlich mit verbreiteten Philosophen-Stereotypen, die ebenfalls außerhalb der Universität begegnen. Die Darstellung des lebensunfähigen Philosophen Karneades im anonymen *Liber de vita et moribus philosophorum* vom Beginn des 14. Jahrhunderts ist nur ein mögliches Beispiel einer solchen allgemeinen Perzeption.[8] Dass Kritik dieser Art aber schon so früh begegnet und nicht zuletzt die Schulen von Paris immer wieder die Aufmerksamkeit von Kritikern auf sich zogen, hat seinen Grund vor allem darin, dass die nicht-wissenschaftliche Welt einen fundamental anderen Umgang mit Wissensressourcen pflegte und erwartete als die Welt der Pariser Philosophen.

Es ist schon mehrfach deutlich geworden, dass praxisbezogenes Wissen in der außer-universitären Umwelt in zahlreichen Kontexten gefragt war. Die praktische Welt operierte mit Wissenskonzepten, die mit ihrer konstitutiven Zweckgerichtetheit grundsätzlich anderen Rationalitätskriterien folgten als das praxisferne Paradigma der Universitätsphilosophie. Dass die Nützlichkeitserwartung, welche die mittelalterliche Gesellschaft den Universitäten entgegenbrachte, und die etwa in signifikanter Form in Gründungsprivilegien

---

5 Frank Rexroth, *Wenn Studieren blöde macht. Die Kritik an den Scholastikern und die Kritik an Experten während des späteren Mittelalters* (Randgänge der Mediävistik, Bd. 4), Bern 2015; Rexroth, *Fröhliche Scholastik*, S. 205–214; Rexroth, *Expertenweisheit*.

6 Ferruolo, *Origins of the University*, S. 120.

7 Ferruolo, *Origins of the University*, S. 99.

8 Hic tamen profunde imaginacionis fuit cum ad mensam sederet, quod cogitacionibus inherens manum ad mensam porrigere interdum obliviscebatur, sed Melissa quam loco uxoris habebat dextram suam necessariis usibus coaptabat (*Vita et moribus philosophorum*, ed. Hermann Knust, Tübingen 1886, S. 212).

ersichtlich wird,[9] nicht, jedenfalls nicht unmittelbar, bedient wurde, musste
somit zu einem prinzipiellen Spannungsverhältnis führen. Es kann daher
kaum verwundern, dass in gesellschaftlichen Formationen, die, wie etwa der
Hof oder die Stadtkultur, von nutzorientierten Mentalitäten geprägt waren
und der praktischen Erfahrung zentralen Wert beimaßen, eine dezidiert *skeptische* Haltung gegenüber selbstreferentiellen Wissensformen und mangelnder
‚praktischer Erfahrung‘ existierte. In den folgenden Ausführungen soll diese
Haltung genauer betrachtet werden. Dazu werden zunächst zwei einschlägige Zeugnisse, die eine derartige Skepsis von unterschiedlichen Positionen aus
artikulieren, in den Blick genommen. In beiden Fällen erwächst die Kritik an
nutzlosem Wissen primär aus der Logik des diskursiven Zusammenhangs, innerhalb dessen sie geäußert wird, nämlich in Schriften mit unmittelbar praktischer Finalität. Dennoch lässt sich, so soll argumentiert werden, in beiden
Fällen plausibel machen, dass die Universität Paris im Hintergrund der kritischen Äußerungen gleichsam als Negativpol und Kontrastfolie erkennbar wird.

4.1   *Magni litterati inexperti* – Buchwissen zwischen Autorität und
Kritik

Zwischen 1309 und 1323/24 verfasste Bernard Gui seine *Practica officii inquisitionis haereticae pravitatis*, ein Handbuch für die Tätigkeit des Inquisitors, die
Bernard selbst seit 1307 ausübte. In diesem Jahr übernahm der Dominikaner
das Amt des Inquisitors von Toulouse, das er zunächst bis 1316 innehatte. Von
1319 bis 1323/24 war Bernard Gui erneut als Inquisitor in Südfrankreich tätig,
diesmal mit Zuständigkeit für Toulouse, Albi, Carcassonne und Pamiers.[10] Das
Inquisitorenhandbuch, das Bernard während seiner Aktivität verfasste, ist unmittelbar auf die Praxis ausgerichtet und soll dem Inquisitor als Leitfaden und
Ratgeber bei der Arbeit dienen. Das Werk behandelt der Reihe nach die für
die Inquisition relevanten Ketzergruppen, vor allem die Katharer, Waldenser,
Pseudo-Apostel und Beginen, daneben werden Juden und Magier thematisiert.

---

9   Miethke, „Practical Intentions of Scholasticism", S. 220ff; Miethke hält fest, dass die
       Gründungsprivilegien den geplanten Universitäten einen „gewaltigen gesellschaftlichen
       Nutzen" zuschrieben (Miethke, „Wissenschaftliche Politikberatung", S. 347).
10   Zu Bernard Gui: Annette Pales-Gobilliard, „Bernard Gui, inquisiteur et auteur de la
       Practica", in: *Inquisition et société en pays d'Oc*, hg. von Jean-Louis Biget, Toulouse 2014,
       S. 125–132; Jacques Paul, „La mentalité de l'inquisiteur chez Bernard Gui", in: Biget (Hg.),
       Inquisition et société, S. 133–154; Anne-Marie Lamarrigue, *Bernard Gui (1261–1331). Un histo-
       rien et sa méthode*, Paris 2000; sowie die Beiträge in: Marie-Humbert Vicaire (Hg.), *Bernard
       Gui et son monde*, Toulouse 1981.

Für die einzelnen Gruppen wird eine detaillierte Beschreibung ihrer Lehre und Gewohnheiten geliefert, bevor Bernard konkrete, auf die jeweiligen Häresien zugeschnittene Fragen expliziert, mit deren Hilfe der Inquisitor ihre Anhänger überführen kann. Alle diese Vorschriften und Ratschläge beruhen, wie immer wieder deutlich gemacht wird, auf der langjährigen praktischen Erfahrung des Autors in der Ausübung seines Amtes.

Die *Practica* des Bernard Gui an dieser Stelle, d.h. als erste Quelle dieses Kapitels, zu behandeln, bietet sich insofern besonders an, als damit an die Ausführungen des vorigen Kapitels angeknüpft wird: Dort wurde gesehen, wie die Theologen der Universität Paris im Laufe des 13. Jahrhunderts sukzessive zu Experten für Orthodoxie – und deren Gegenteil – avanciert waren, eine Funktion, die sie zu Beginn des 14. Jahrhunderts in verschiedenen Zusammenhängen erfüllten, etwa bei der Beurteilung des *Spiegels der einfachen Seelen* der Marguerite Porète oder anderer verdächtiger Schriften.[11] Seit der Verurteilung des Talmud in den 1240er Jahren waren die Theologen immer wieder als Experten für die Einschätzung häresieverdächtiger Schriften in Erscheinung getreten. In den Jahren, als Bernard Gui seine *Practica* verfasste, war diese Rolle der Universitätstheologen seit langem institutionalisiert und allgemein anerkannt. Welche Position, so muss man sich daher fragen, konnte jemand wie Bernard Gui, der Inquisitor, neben diesen gelehrten Häresie-Experten einnehmen? Auch er hatte es doch mit Häretikern zu tun, auch ihm ging es um die Feststellung von Abweichungen zur offiziellen Lehre des christlichen Glaubens, die auf diese Weise verteidigt und gehütet wurde. Bernard war kein Gelehrter. Er verfügte über theologische Kenntnisse, die er in den Dominikanerkonventen von Limoges und Montpellier erworben hatte, doch hat er nie an einer Universität studiert. Die Expertise über Häresien, die Bernard in seinem Handbuch entfaltet und für andere Inquisitoren aufbereitet, beruht nicht auf Gelehrsamkeit, wie jene der Pariser Theologen; sein Expertenwissen ist, so zeigt jedes Kapitel seines Werks, auf *Erfahrung* gegründet, auf die konkrete praktische Arbeit als Inquisitor und den direkten Umgang mit Ketzern, ihren Sitten und Lehren.

Bernard Gui vertritt als Experte ein Gegenmodell zu den Universitätstheologen: Gründeten diese ihr Sonderwissen auf die Kenntnis von Büchern, so hatte Gui seine Expertise durch langjährige Praxis als Inquisitor in Südfrankreich erworben. Als Träger von Erfahrungswissen repräsentiert er einen anderen Expertentypus, dessen Profil er sorgfältig inszeniert und in dessen Rolle er sich einschreibt. So beruft sich Gui immer wieder auf eigene Beobachtungen, um das Wissen, das er in der *Practica* expliziert, mit Evidenz zu versehen.

---

11   Siehe Kap. 3.6.4.

Die Wirksamkeit seiner Verhörstechnik gegen die Waldenser kann Bernard anhand seiner eigenen Erfahrung nachweisen: „Ich habe gesehen, dass einige in derartiger Angst ihre Fehler gestanden, damit sie davonkämen. Andere sah ich zudem dann öffentlich gestehen, da es für sie nun nicht mehr von Nutzen war, einmal oder eine festgelegte Anzahl und nicht mehr zu schwören, um zu entkommen".[12] Dass langjährige Haft dazu beiträgt, verdächtige Personen geständig zu machen, kann Bernard ebenfalls mit eigenen Augen bezeugen: „Ich selbst habe gesehen (*vidi ego*) und ich habe die Erfahrung gemacht (*expertus sum*), wie einer beinahe zwei Jahre lang im Kerker festgehalten und oft befragt wurde, sich aber dennoch sträubte und die Wahrheit nicht gestehen wollte. Dann jedoch öffnete er sich endlich und brachte es zu Ende und er bereute und blieb als bußfertiger Häretiker im Gefängnis, um die Buße zu vollziehen".[13] Aber nicht nur der Gesichtssinn wird beim Rekurs auf die eigene Erfahrung ins Feld geführt; um die Existenz falscher Reliquien bei den Beginen zu belegen, erzeugt Bernard dadurch besondere Glaubwürdigkeit, dass er behauptet, die geheimen Gegenständen während seiner Untersuchungen als Inquisitor selbst berührt zu haben: „So untersuchten wir derartige Reliquien, die bei ihnen gefunden wurden, und dabei berührten wir und sahen wir diese geheimen Dinge, deren Existenz wir damit eindeutig bewiesen".[14]

Insofern das an der konkreten Praxis gewonnene Erfahrungswissen bei Gui eine so zentrale Funktion erfüllt, mithin die epistemische Voraussetzung des Häresie-Experten darstellt, den der Inquisitor entwirft und mit dem er sich identifiziert, so kann es nicht verwundern, dass Bernard gleichzeitig eine unverhohlene Skepsis gegenüber schlichtem Buchwissen hegt und denjenigen Personen, die nicht über praktische Erfahrung verfügen, die Kompetenz abspricht, den Häretikern und ihren Irrlehren erfolgreich beikommen zu können. Die Gelehrten können mit ihrer Wissenschaft von der Heiligen Schrift, also der Theologie, bei den verschlagenen Ketzern nichts ausrichten. Da sie nur in den Schriften gelehrt, nicht aber in der Praxis geübt sind, würden sie von den Häretikern an der Nase herumgeführt und lächerlich gemacht: „Denn

---

12   In tali autem anxietate vidi aliquos confiteri errores suos, ut evaderent; aliquos autem vidi aperte tunc confiteri quod ex quo non prodesset eis semel vel certo numero et non ultra jurare ut evaderent (Bernard Gui, *Practica officii inquisitionis heretice pravitatis*, ed. Guillaume Mollat, Paris 2007, S. 70). – Teil der ‚Irrlehre' der Waldenser war es, jedweden Schwur für eine Sünde zu halten. Gui zwingt sie mit seiner Methode, dies zu gestehen.

13   Vidi ego et expertus sum de uno quod per duos fere annos detentus in carcere et sepius examinatus tergiversando veritatem noluit confiteri, quam tandem aperuit et detexit et penituit et fuit tanquam penitens hereticus ad peragendum penitentiam inmuratus (Bernard Gui, *Practica officii inquisitionis*, ed. Mollat, S. 106).

14   Sic quoque nos inquirentes de talibus reliquiis apud eos inventis palpavimus et vidimus et fide probavimus oculta (Bernard Gui, *Practica officii inquisitionis*, ed. Mollat, S. 132).

die heutigen Häretiker versuchen und streben heimlich danach, ihre Fehler zu verbergen, statt sie zu offen zu gestehen. Deshalb können die Gelehrten sie mit der Wissenschaft der Schriften (*per scientiam Scripturarum*) nicht überführen, weil sie ihnen mit den Täuschungen ihrer Worte und ihren ersonnenen Listigkeiten entweichen. Die Gelehrten werden vielmehr von ihnen verwirrt und die Häretiker selbst prahlen und werden dadurch noch weiter gestärkt, wenn sie sehen, dass sie mit den gelehrten Männern auf diese Weise spielen und ihren Händen durch die füchsischen, verschlagenen und verwickelten Umwege ihrer Antworten entkommen".[15]

Wenn Gui den Gelehrten und ihrem Buchwissen demnach äußerst skeptisch gegenübersteht, da sie aufgrund ihrer Unerfahrenheit den Täuschungen der listigen Ketzer nicht gewachsen sind, so bedeutet dies jedoch nicht, dass er die „gelehrten Männer" in keinem Bereich als Experten akzeptieren würde. Auch wenn sie für die Praxis gänzlich untauglich sind, so haben sie dennoch ihr spezielles Feld der Expertise, das allgemein anerkannt ist und das auch Gui keinesfalls in Frage stellt. Die Gelehrten sind für die Beurteilung häretischer Schriften zuständig, eine Aufgabe, die auf ihrer theologischen Gelehrsamkeit beruht und keine Erfahrung im direkten Verhören von Häretikern, der praktischen Arbeit des Inquisitors, erfordert. Als Bernard die Irrlehren der Beginen referiert und dabei auf die Apokalypsenpostille Petrus Johannis Olivis zu sprechen kommt, beruft er sich ohne zu zögern auf die Prüfung durch acht Magister der Theologie (*per octo magistros in theologia*), um die Häresie der Schrift zu erweisen. Das Gutachten der Theologen, die mehrere häretische oder fehlerhafte Artikel festgestellt hatten, gilt Gui als unzweifelhafte Autorität: „Und indem sie ihr Urteil über die besagten Artikel in einem Schriftstück mit ihren eigenen Siegeln niederlegten, hielten sie es in Form eines öffentlichen Dokumentes fest; und wer es sieht und liest und in der Hand hält, der wird dieses Zeugnis für wahr befinden".[16] In dem Dokument von 1319, dessen Vorrede im *Chartularium Universitatis Parisiensis* ediert ist, avisieren die Magister – unter denen sich auch Pierre de la Palud befand, der in seinem

---

15 Set quia moderni heretici querunt et nituntur latenter palliare errores suos magis quam aperte fateri, ideo viri litterati per scientiam Scripturarum non possunt eos convincere, quia per fallacias verborum et per excogitatas astutias dilabuntur; et ideo potius confunduntur ab eis viri litterati, et ipsi heretici gloriantes per hoc amplius roborantur, videntes quod viris litteratis ita illudunt quod de manibus eorum per suas vulpinas, versutias et tortuosas responsionum ambages callide celabuntur (Bernard Gui, *Practica officii inquisitionis*, ed. Mollat, S. 6).

16 Suumque judicium de predictis redactum in scriptis sigillis propriis cum instrumento publico muniverunt; et qui vidit et perlegit ac tenuit, hic testimonium perhibet veritati (Bernard Gui, *Practica officii inquisitionis*, ed. Mollat, S. 112).

Pariser Sentenzenkommentar von 1314 ebenso die Häresie der Templer diskutiert hatte –, ihr Urteil gemeinsam unter ihren Siegeln verkünden und prüfen
zu wollen, ob die verdächtigen Artikel häretisch, fehlerhaft oder unbedacht
seien.[17] Da Bernards Rekurs auf dieses Zeugnis sprachliche Ähnlichkeiten aufweist, ist davon auszugehen, dass es ihm vorlag.

Bernard scheint also durchaus eine wissensmäßige Arbeitsteilung vorzuse-
hen, eine Delegation von Zuständigkeiten an verschiedene Häresie-Experten.
Gelehrte Magister der Theologie, und vor allem diejenigen, die in Paris studiert
haben, verfügen über ein autoritatives Urteil über häretische Schriften. Geht
es jedoch darum, Häretiker zu verhören und in der direkten Interaktion zu
überführen, so nutzt das Wissen der Gelehrten äußerst wenig. Den Ketzern
gelingt es, wie Bernard in bezeichnender Formulierung betont, durch ihre
mehrdeutigen und absichtlich missverständlichen Antworten, selbst die hoch
gelehrten, aber eben *unerfahrenen* Männer (*magnos litteratos inexpertos*) zu
täuschen.[18] Es ist daher nur konsequent, dass Bernard den alternativen Expertentypus, den er in seinem Handbuch profiliert und repräsentiert, mit anderen
Wissensformen ausstattet. An keiner Stelle der *Practica* ist davon die Rede, der
Inquisitor müsse über theologische Kenntnisse verfügen. Als ideale Experten
für die Praxis der Inquisition sieht Bernard Gui vielmehr solche Männer, die in
höchstem Maße erfahren und eifrig (*viros maxime expertos et industrios*) sind.[19]
Die praktische Erfahrung lehrt den Inquisitor, für jeden Einzelfall die passende Methode zu gebrauchen, nicht ein allgemeines Vorgehen für alle Fälle zu
kultivieren. Das Wissen des Praktikers zielt nicht auf Verallgemeinerung, sondern auf das Einzelne, Konkrete, das individuelle Methoden erfordert. So hält
Bernard fest: „Deshalb soll nicht für alle Häretiker der verschiedenen Sekten
derselbe Modus des Befragens, Untersuchens und Prüfens zum Einsatz kommen, sondern für die Einzelnen ist, wie für Mehrere, eine jeweils spezifische
und eigene Methode zu verwenden".[20] Der gute Inquisitor schöpft sein Wissen
aus der Erfahrung, die er beim Verhören von Häretikern macht: „Ein weiser
Inquisitor sollte daher aus dem jeweiligen Fall lernen, also aus den Antworten

---

17   [...] et de ipsis in scriptis sub nostris sigillis nostram sententiam concorditer diceremus,
      utrum videlicet dicti articuli, quorum tenores inferius describuntur, in ipsa postilla con-
      tinerentur, et utrum ipsos articulos hereticos aut erroneos seu temerarios censeremus
      (CUP II, Nr. 790, S. 239).
18   Bernard Gui, *Practica officii inquisitionis*, ed. Mollat, S. 16.
19   Bernard Gui, *Practica officii inquisitionis*, ed. Mollat, S. 16.
20   [...] sic nec ad omnes hereticos diversarum sectarum idem modus interrogandi, inquiren-
      di et examinandi est servandus, set ad singulos, ut in pluribus, singularis et proprius est
      habendus (Bernard Gui, *Practica officii inquisitionis*, ed. Mollat, S. 6f).

der Aussagenden oder aus den Zeugnissen der Ankläger oder aus dem, was die Erfahrung lehrt (*experientia docuit*)".[21]

Aus diesen Grundsätzen zieht Gui zwei hauptsächliche Konsequenzen: Zum einen expliziert er in seinem Handbuch ein auf die Einzelfälle zugeschnittenes, passgenaues Wissen, indem er für jede Häretikergruppe spezifische Informationen liefert und ein jeweils eigenes Vorgehen beim Verhör mit individuellen Fragen konzipiert. Dieses an der Erfahrung gewonnene Wissen ist, so hebt Gui hervor, für die praktischen Ziele des Inquisitors nützlich: „Von den Riten und den Lebens- und Verhaltensweisen dieser Häretiker zu handeln, ist nützlich, weil sie dadurch leichter erkannt und ergriffen werden können".[22] Zum anderen weist Gui aber immer wieder auf die Kontingenz und Situationsspezifik der einzelnen Fälle hin, betont also, dass das Spezialwissen, das er darbietet, zwar sehr hilfreich ist, aber nicht in jeder erdenklichen Situation verwendet werden kann. Der gute Inquisitor muss vielmehr aufgrund seiner eigenen Berufserfahrung eine Übung und Geschicklichkeit erwerben, die ihn befähigt, spontan die auf den jeweiligen Sonderfall passende Methode anzuwenden. Was Gui damit für den praktisch arbeitenden Inquisitor einfordert, sind, aus Sicht der psychologischen Expertiseforschung, „komplexe kognitive Muster", die es ermöglichen, „spezifische komplexe Probleme rasch zu erfassen und anzugehen". Die Expertise des praktischen Häresie-Experten, wie Gui ihn imaginiert, beruht nicht ausschließlich auf Wissensinhalten, sondern stellt ebenfalls eine „hoch spezialisierte kognitive Anpassung an ein Problemfeld" dar.[23] Die Anforderung an den Inquisitor ist dementsprechend: Zusätzlich zu den Fragen, die Gui für jede Ketzergruppe individuell formuliert und dem Benutzer seines Buchs an die Hand gibt, muss der Inquisitor – gemäß der Verschiedenheit der Personen und Ereignisse (*secundum diversitatem personarum et factorum*) – noch situationsspezifische Fragen stellen, um den Häretikern vollends beizukommen.[24] Dass diese spezifische Expertise in Form eines kognitiven Musters eine Eigenschaft des Praktikers, und nicht des Gelehrten ist, führt Gui auf den Prozess des Expertiseerwerbs zurück: Denn die nötige

---

21 Curet igitur sapiens inquisitor occasionem accipere sive ex deponentium responsis sive ex attestationibus accusantium sive ex hiis que experientia docuit (Bernard Gui, *Practica officii inquisitionis*, ed. Mollat, S. 8).

22 De ritu autem et modo vivendi et conversandi ipsorum hereticorum expedit tangi aliqua, per que et facilius cognoscuntur et deprehenduntur (Bernard Gui, *Practica officii inquisitionis*, ed. Mollat, S. 18).

23 Mieg, „Expertisierung vs. Professionalisierung", S. 3268.

24 Hec sunt interrogatoria generalia dicte secte ex quibus sepius specialia fienda oriuntur per bonam industriam et sollertiam inquirentis. [...] licet fiant tot interrogationes et quandoque alie secundum diversitatem personarum et factorum ad eruendum et extorquendum plenius veritatem (Bernard Gui, *Practica officii inquisitionis*, ed. Mollat, S. 3of).

Geschicklichkeit, die Fragen so auszuwählen, wie es die Eigenart oder der besondere Umstand der Personen (*qualitas seu conditio personarum*), die verhört werden sollen, erfordert, dies alles wird vielmehr durch die Erfahrung gelehrt: *que omnia experientia magis docet.*[25]

Bernard hat durch seine langjährige Erfahrung zahlreiche Strategien der Häretiker kennengelernt, weitaus mehr, wie er versichert, als in der *Practica* dargelegt werden könnte. Bei seinem Versuch, trotz der nie völlig reduziblen Unsicherheit bei der Interaktion mit Ketzern, praktische Anweisungen, Ratschläge und Vorlagen zu liefern, die anderen Inquisitoren die Arbeit erleichtern sollten, musste Bernard daher eine Auswahl aus seinen Kenntnissen treffen. Die komplexe Menge seines Wissens und der potentiell nützlichen Fragen und Methoden, die er beschreiben konnte, musste so perspektiviert werden, dass sie dem *Zweck* des Buches, also der effizienten Hilfestellung für die Bedürfnisse der Praxis, möglichst weitgehend diente. *Zweckdienlichkeit* ist aus diesem Grund ein zentrales Anliegen und strukturales Charakteristikum dieses Traktats, dessen praktische Finalität – hierin einigen in Kapitel 3 besprochenen Texten vergleichbar – auf die formale Anlage und die inhaltliche Ausrichtung der Schrift zurückwirkt. Das Inquisitorenhandbuch des Bernard Gui ist unmittelbar für eine praktische Anwendung konzipiert, will ‚nützliches' Wissen, keine überflüssigen Kuriositäten präsentieren, und dieses Ziel ist das – stets reflektierte – leitende Anliegen des Werks.

So betont Bernard immer wieder, dass er nicht alles, was er über die Ketzer weiß, aufschreiben kann, vielmehr kürzen und auswählen musste, um sein Buch handlich und praktikabel zu gestalten. Nachdem er die Lehren der Beginen referiert hat, heißt es etwa: „Dies sind die unheilvollen und häretischen Lehren der verderblichen Sekte der besagten Beginen. Diese alle und noch weitere darüber hinaus, die im Einzelnen aufzuzählen zu lang wäre, haben wir aus ihrem eigenen Mund gehört, als wir bei ihnen und gegen sie ermittelten. Und wir haben gelesen und gesehen, dass in ihren Büchern noch mehr enthalten sind und dass in ihren aufgenommenen Geständnissen vor Gericht und in den Prozessen, die stattgefunden haben, noch ausführlichere und umfangreichere Aussagen zu finden sind. Hier aber wurden sie nach einer Bearbeitung und Auswahl zusammengestellt, damit sie leichter zur Hand sind".[26] Zusätzlich zu dem, was Bernard an praktischem Wissen darbietet,

---

25   Bernard Gui, *Practica officii inquisitionis*, ed. Mollat, S. 154f.

26   Hec sunt insana et heretica dogmata secte pestifere predictorum Bequinorum, que omnia
       et quamplura alia, que longum esset per singula enarrare, ex ore ipsorum audivimus, in-
       quirendo cum eis et contra eos, et in libellis eorum quamplura legimus et vidimus con-
       tineri, et in confessionibus eorumdem receptis in judicio et in processibus inde factis
       copiosius et diffusius continentur; set hic perstringendo et colligendo in unum redacta

gibt es stets noch vieles mehr, dessen Beschreibung zu weitschweifig wäre und Überdruss zur Folge hätte (*multas alias, quas nimis longum et fastidiosum esset conscribere*).[27] Bernards Methode besteht daher darin, alles Überflüssige und Verzichtbare, das nicht unmittelbar dem praktischen Zweck seines Werks dient, auszuklammern und sich auf das zu beschränken, was direkt relevant ist und in ‚handlicher‘ Form präsentiert werden kann. Als er den Inhalt des ersten Briefs Fra Dolcinos referiert, weist Bernard auf diese Absicht programmatisch hin: „In seinen Briefen redet er reichlich wirres Zeug über die Heilige Schrift und erweckt am Beginn seiner Briefe den Eindruck, sich an den Glauben der römischen Kirche zu halten, eine Vorstellung, deren Perfidie jedoch die Serie der Briefe aufgedeckt. Aus dem Inhalt zweier dieser Briefe, die mir vorlagen, habe ich exzerpiert, und das Folgende in einer Abkürzung zusammengestellt, wobei ich um der Kürze willen alle anderen Dinge übergangen habe, die nichts zur Sache zu tun schienen".[28]

Indem Bernard nur das berücksichtigt, was ‚etwas zur Sache tut‘, erhebt er die Zweckdienlichkeit zum Strukturprinzip seiner Schrift. Bernard reflektiert also, ähnlich wie Aegidius Romanus in *De regimine principum*, über den Präsentationsmodus seines Werks. Die Reflexion über die Zweckdienlichkeit der Präsentationweise bezieht sich dabei ebenso auf die Vermeidung überflüssiger Informationen, als auch darauf, die stattdessen ausgeführten Inhalte den Bedürfnissen der Praxis entsprechend darzustellen. Die an die Häretiker zu stellenden Fragen sind systematisch entsprechend den einzelnen Fehlern und Irrtümern, denen sie verfallen sind, angeordnet,[29] so dass sie schrittweise und nach einer gezielten Methode bearbeitet und überführt werden können. Die praktische Finalität der Schrift manifestiert sich damit auf allen Ebenen des Textes. Die Praxis, die Gui dabei im Blick hat, ist die Arbeit des Inquisitors, der selbst als dezidiert ‚praktisch‘ arbeitender Experte gezeichnet und vom gelehrten Häresie-Experten und dessen spezifischer Expertise abgegrenzt wird. Dieser hat seinen eigenen Bereich der Zuständigkeit, doch versäumt Gui nicht die Gelegenheit, die gänzliche Untauglichkeit des gelehrten Wissens für die

---

     sunt ut magis prompte habeantur ad manum (Bernard Gui, *Practica officii inquisitionis*, ed. Mollat, S. 152f).

27   Bernard Gui, *Practica officii inquisitionis*, ed. Mollat, S. 76.

28   In ipsis epistolis suis de scripturis sanctis copiose delirans et simulans in exordio litterarum suarum fidem Romane ecclesie se tenere, cujus perfidiam consequenter pandit series earumdem, ex quarum duarum tenore quas tenui excerpendo, collegi sub compendio que secuntur, pretermissis aliis brevitatis causa, que ad rem minime facere videbantur (Bernard Gui, *Practica officii inquisitionis*, ed. Mollat, pars II, S. 76).

29   Et ideo consequenter ordinata sunt inferius interrogatoria facienda juxta errores in quibus inveniuntur deficere et errare (Bernard Gui, *Practica officii inquisitionis*, ed. Mollat, S. 154).

Praxis der Inquisition zu unterstreichen und die Erfahrung als spezifische Notwendigkeit der praktischen Arbeit hervorzuheben. Der epistemische Status
des Erfahrungswissens ist daher nicht nur dem praktischen Impetus des Hand-
buchs geschuldet, er ist gleichzeitig Teil einer Strategie der Distinktion, indem
praktische Erfahrung als spezifische Qualität eines alternativen Expertentypus
fungiert. In jedem Fall ist die *Practica* des Bernard Gui ein signifikantes Beispiel für – in aller Deutlichkeit artikulierte – Kritik an praxisfernem Buchwissen in einem außeruniversitären Kontext.

Die unerfahrenen Gelehrten aber, die Gui mit seiner Kritik im Blick hat,
müssen in erster Linie an der Universität Paris gesucht werden. Er wird dabei
nicht unmittelbar an die Philosophen gedacht haben, wenngleich seine Kritik
auf deren Wissenskonzept, das geradezu durch seine ‚Praxisfeindlichkeit‘ und
‚Erfahrungslosigkeit‘ charakterisiert ist, in hohem Maße zutrifft. Das unzweck-
mäßige Wissen der Philosophen musste für Gui in jene Kategorie der Dinge
fallen, die ‚nichts zur Sache tun‘. Der direkte Bezugspunkt von Guis Polemik ist
aber zweifellos in den Pariser Theologen zu sehen, die im frühen 14. Jahrhundert fest etablierte Häresie-Experten waren, sich dabei aber auf die Beurteilung von Schriften beschränkten und ihre Expertise auf Gelehrsamkeit, nicht
auf Erfahrung im Umgang mit Häretikern stützten. Die Pariser Theologen
sahen sich also ebenfalls einer Kritik an der Praxisferne ihrer Studien ausgesetzt. Die Theologen konnten zwar, wie in Kapitel 3 ausgeführt, in verschiedenen Kontexten als Experten auftreten und ihr Wissen nützlich applizieren,
doch ändert dies nichts daran, dass sie, als Repräsentanten universitärer Gelehrsamkeit, in der Außenwahrnehmung zum negativen Bezugspunkt für dezidiert erfahrungs- und praxisbasierte Wissenskonzepte und für alternative
Expertentypen werden konnten. Die Existenz einer gesellschaftlichen Kritik
an akademischer Buchgelehrsamkeit, von der Bernard Gui zeugt, ist aber eine
Tatsache, die sowohl bei den Theologen als auch, wie noch zu zeigen sein wird,
an der Artes-Fakultät zu Irritationen führte.

4.2   Der Kaiser und der Fürst der Philosophen

Das Beispiel von Bernard Gui und seiner *Practica* ist für die Existenz einer gesellschaftlich verbreiteten Skepsis gegenüber praxisfernem Wissen signifikant.
Es zuerst abzuhandeln, bot sich vor allem an, weil dabei ein direkter Bezug
zu den theologischen Experten des vorigen Kapitels gegeben war. Doch sind
kritische Stimmen dieser Art nicht erst im 14. Jahrhundert zu vernehmen. Wie
schon zu Beginn dieses Kapitels angesprochen, wurden die Pariser Schulen
schon seit ihrem Aufschwung im 12. Jahrhundert von Kritik begleitet, und auch

im 13. Jahrhundert mangelte es nicht an Skeptikern. Die Quelle, die in diesem Abschnitt untersucht werden soll, stammt aus der Mitte des 13. Jahrhunderts, genauer gesagt aus den 1240er Jahren. Ihre Entstehung fällt damit in jene Zeit, die wir in Kapitel 2 als ‚Sattelzeit' der akademischen Philosophie beschrieben haben. Es war in diesen Jahren, dass die Aristoteles-Kommentierung in Paris größeres Ausmaß annahm und sich die Lektüre der aristotelischen Werke zur Naturphilosophie im Lehrprogramm der Artistenfakultät etablierte. Die Institutionalisierung dieser kommunikativen Praxis war mit der Konstitution einer sozialen Identität der Philosophen verbunden, die sich nun immer selbstbewusster als Vertreter ihres Wissensgebiets verstanden. Wie der Brief König Manfreds aus den 1260er Jahren zeigt, war diese Entwicklung am Hof der Staufer nicht unbemerkt geblieben. Wie sein Vater durch die Übersendung der Kaisergesetze nach Bologna die dortigen Juristen als zuständige Expertengruppe angesehen hatte, so waren die Philosophen der Pariser Artes-Fakultät für seinen Sohn Manfred die adäquaten Adressaten der Aristotelesübersetzungen, die der Monarch hatte anfertigen lassen. Die Tatsache, dass zwischen Aristoteles und den Pariser Philosophen ein enger *Nexus* bestand, war gesellschaftlich objektiviertes Wissen, was nicht zuletzt dadurch gefördert wurde, dass man sowohl an der päpstlichen Kurie in Rom, als auch an den europäischen Fürstenhöfen insgesamt sehr aufmerksam wahrnahm, was in Paris vor sich ging.[30]

Als Kaiser Friedrich II. im Jahre 1224 in Neapel seine ‚eigene' Hochschule gründete, hatte er gewiss alles andere als die Dialektikschulen von Paris als Vorbild vor Augen. Deren Selbstreferentialität, die seit dem 12. Jahrhundert allgemein bekannt war, war offensichtlich gerade nicht das, was der Kaiser mit seiner Gründung erstrebte. Neapel sollte in erster Linie, hierin mit Bologna konkurrierend, ein Zentrum der Rechtswissenschaft, eine Ausbildungsstätte für Juristen werden, die den praktischen Zielen des Königreichs Sizilien dienen konnte.[31] Paris als Zentrum der Dialektik und, in zunehmendem Maße, der Philosophie musste Friedrich dabei vielmehr als Anti-Modell erscheinen. Ob Friedrich II. den Nexus zwischen Aristoteles und den Pariser Artisten in den 1240er Jahren, also zu der Zeit, als dieser Nexus sich formierte und intensivierte, schon so deutlich sah wie Manfred in den 1260ern, mag dahingestellt

---

30   Jacques Verger, „Une autorité universelle? L'université de Paris et les princes européens au Moyen Âge", in: *Reich, Regionen und Europa in Mittelalter und Neuzeit. Festschrift für Peter Moraw*, hg. von P.-J. Heinig et al., Berlin 2000, S. 515–526, S. 519; Heinrich III. von England, dem das Prestige der Universität Paris nicht entgangen war, forderte etwa 1229 die Magister und Scholaren von Paris auf, nach England zu kommen (CUP I, Nr. 64, S. 119). Zur Funktion des Prestiges für das französische Königtum siehe oben Kap. 3.6.4.

31   Paolo Nardi, „Die Hochschulträger", in: Rüegg (Hg.), *Geschichte der Universität in Europa*, Bd. 1, S. 83–108, S. 92.

bleiben. Aber dass die Universität Paris durch die Dominanz der Artes-Fakultät eine epistemische Orientierung repräsentierte, die im Gegensatz zu jener der Juristen-Universitäten Italiens nicht unmittelbar auf praktische Anwendung ausgerichtet war, hatte der Kaiser seit langem zur Kenntnis genommen.

Praktische Interessen hatte Friedrich nicht nur in der Politik. Sein berühmter Traktat über die Beizjagd, *De arte venandi cum avibus*,[32] ist für die Praxis der Jagd geschrieben und zielt auf einen konkreten Nutzen, wie der Kaiser darin programmatisch ausführt. In der Einleitung heißt es „Über den Nutzen" (*De utilitate*): „Der Nutzen [dieses Werks] ist groß. Denn die Edlen und Mächtigen, die um ihre herrscherlichen Angelegenheiten besorgt sind, erlangen durch die Ausübung dieser Kunst meist Erholung von ihren Sorgen. Die Armen jedoch und weniger Edlen, die den Vornehmen bei dieser Kunst dienen, verdienen damit ihren Lebensunterhalt".[33] Für die somit in mehrfacher Hinsicht nützliche Beizjagd verfasst Friedrich einen Traktat, der in umfassender Weise über die Techniken und Methoden der Zähmung und Abrichtung von Falken informiert, wie sie für die Jagd nutzbar gemacht werden sollen. Das Ziel der Schrift besteht demnach nicht darin, über die Natur der Vögel an sich zu informieren und deren Verhalten um des Wissens willen zu studieren, sondern darin, Wissen für die praktische Anwendung bei der – wiederum in weiterer Hinsicht nützlichen – Jagd bereitzustellen.

Die entschieden zweckorientierte Zielrichtung des Werks expliziert Friedrich in aller wünschenswerten Deutlichkeit. Nachdem er angekündigt hat, etwas über die Einteilung und das Verhalten der Vögel sagen zu wollen, fügt er sogleich hinzu: „Über alle diese Dinge sprechen wir aber nur auszugsweise und nur insoweit, als es unserem Vorhaben dient (*quantum sufficit ad nostrum propositum*), damit nämlich derjenige, der die Jagd mit Raubvögeln ausübt, weiß

---

32   Zum Falkenbuch Friedrichs II.: Michael Menzel, „Das ‚Falkenbuch' und die Natur", in: *Kaiser Friedrich II. (1194–1250). Welt und Kultur des Mittelmeerraums*, hg. von Mamoun Fansa, Mainz 2008, S. 258–267; Ragnar Kinzelbach, „Kaiser Friedrichs II. De arte venandi cum avibus. Die Arten der Vögel", in: Fansa (Hg.), *Kaiser Friedrich II.*, S. 268–299; Michael Menzel, „Die Jagd als Naturkunst: Zum Falkenbuch Kaiser Friedrichs II.", in: *Natur im Mittelalter. Konzepte – Erfahrungen – Wirkungen*, hg. von Peter Dilg, Berlin 2003, S. 342–359; Günther Hödl, „Die Dinge sichtbar machen, so wie sie sind! Kaiser Friedrich II., das Falkenbuch und die Wissenschaft", in: *Alles jagd ... eine kulturgeschichte*, hg. von Günther Hödl/Hartwig Pucker, 1997, S. 191–197; Johannes Fried, *Kaiser Friedrich II. als Jäger oder ein zweites Falkenbuch Kaiser Friedrichs II.?*, Göttingen 1996.

33   Utilitas est magna. Etenim nobiles et potentes, solliciti circa regimina mundanorum, per huius artis usum suis curis plerumque gaudia interponent. Pauperes vero et minus nobiles, de hac arte nobilibus servientes, obtinebunt ab ipsis necessaria sue vite (Friedrich II., *De arte venandi cum avibus*, ed. Carl Arnold Willemsen, Bd. 1, Frankfurt am Main 1964, S. 3).

[...], wo, wann und auf welche Weise es gewinnbringend ist, nicht-raubende Vögel mit raubenden Vögeln zu jagen".[34] Friedrich hat also, um die Zweckmäßigkeit seines Werks zu gewährleisten, eine Auswahl getroffen und nur das berücksichtigt, was – mit Bernard Gui gesprochen – *etwas zur Sache tut.* Das Übrige aber, das für den verfolgten Zweck unerheblich ist, hat in einem anderen epistemischen Kontext seinen Ort: „Alles weitere jedoch, das wir von der Natur der Vögel übergehen, ist in Aristoteles' Buch *De animalibus* enthalten".[35] Diese beiläufige Bemerkung ist aufschlussreich im Hinblick darauf, in welchem Verhältnis Friedrich seinen Traktat zur Schrift des Aristoteles sieht: Während er selbst für einen praktischen Zweck selegiert, beinhaltet die Tierkunde des Aristoteles alles Übrige, eine Betrachtung der Vögel, die nicht einem darüber hinausgehenden „Vorhaben dient". Der Gegensatz zwischen Aristoteles, dem „Fürst der Philosophen",[36] und Friedrichs eigener, praxisorientierter Vorgehensweise wird noch auf anderer Ebene begegnen.

Die Zweckgebundenheit seines Traktats und die Absicht, eine praktikable Schrift zu gestalten, hebt Friedrich immer wieder hervor. Obwohl er aufgrund seiner langen Erfahrung bei der Beizjagd weitaus mehr zu den jeweiligen Aspekten sagen könnte, verzichtet er bewusst darauf, alles zu explizieren. So heißt es im Abschnitt über das Nisten: „Die Verschiedenheit der Materien und die diversen Formen der Nester sämtlich aufzuzählen, würde hier jedoch zu weit führen, weshalb darauf zu verzichten ist". Und ebenso: „Alle Orte, an denen die Vögel nisten, zu nennen und im Einzelnen zu spezifizieren, würde zuviel Zeit kosten". Was Friedrich um jeden Preis vermeiden möchte, ist „Weitschweifigkeit" (*prolixitas*); von der Natur der Vögel sind daher nur die Dinge zu behandeln, „die unser Thema betreffen" (*que nostro proposito pertinent*)[37] und die gleichzeitig „für diese Art der Jagd in hohem Maße nützlich sind" (*utiles non modicum ad huiusmodi venationem*).[38]

Auf diese Weise wird der Gegensatz von ‚Nützlichkeit' und ‚Überflüssigkeit' zu einem zentralen Motiv in Friedrichs Reflexionen über sein eigenes Vorgehen, welche die gesamte Schrift begleiten. Nutzlose und überflüssige

---

34 De hiis eisdem non dicemus nisi figuraliter et quantum sufficit ad nostrum propositum, scilicet ut artifex, qui exercet venationem cum avibus rapacibus, sciat [...] ubi et quando et quomodo cum rapacibus valeat predari non rapaces (Friedrich II., *De arte venandi cum avibus*, ed. Willemsen, Bd. 1, S. 7).

35 Reliqua vero omnia, que pretermittimus de naturis avium, in libro Aristotilis de animalibus requirantur (Friedrich II., *De arte venandi cum avibus*, ed. Willemsen, Bd. 1, S. 7).

36 Friedrich II., *De arte venandi cum avibus*, ed. Willemsen, Bd. 1, S. 1.

37 Nos etiam prolixitatem fugere volentes, et quoniam ad nostrum propositum non spectat, non dicemus exquisite omnia de naturis membrorum, sed illa, que nostro proposito pertinent (Friedrich II., *De arte venandi cum avibus*, ed. Willemsen, Bd. 1, S. 65).

38 Friedrich II., *De arte venandi cum avibus*, ed. Willemsen, Bd. 1, S. 123.

Ausführungen sind zugunsten dessen, was für die Kunst der Jagd notwendig
ist, aus der Betrachtung auszuschließen: „Nicht soll uns ein boshaftes Auge der
Weitschweifigkeit beschuldigen, weshalb wir weder unnützerweise wiederholen, noch Überflüssiges oder Unsachgemäßes anführen wollen, sondern ausschließlich das für diese Kunst Notwendige".[39] Die überflüssigen Fakten aber,
die nicht „unser Thema betreffen" und damit für die Praxis der Beizjagd ‚nutzlos' sind, diese Dinge finden sich ausführlich in der Tierkunde des Aristoteles,
der seine Betrachtung nicht auf einen konkreten Zweck ausgerichtet hatte:
„Auf welche Weise aber das Junge im Ei heranwächst, und welche seiner Glie-
der zuerst erscheinen und ausgebildet werden, und welche Zeit für die Brut
günstig ist, und wann die Vögel brüten, diese Fragen und alles Übrige darüber
übergehen wir; denn solche Dinge sind im Tierbuch (*in libro animalium*) de-
tailliert ausgeführt und gehören nicht zu unserem Thema, das davon handelt,
wie man ausgewachsenen Raubvögeln beibringt, nicht-raubende Vögel, die
aus ihren Eiern geschlüpft und ausgewachsen sind, zu jagen".[40]

Aristoteles verfolgt in seiner Schrift über die Tiere in der Tat kein überge-
ordnetes Ziel, jedenfalls keines, das außerhalb der Philosophie selbst läge. Sein
Werk bildet damit einen Kontrapunkt zu Friedrichs Traktat, der die Informationen des aristotelischen Tierbuchs selektiv rezipiert und mit Blick auf einen
Zweck perspektiviert. Diese wesentliche Differenz zwischen der Beschreibung
des Stagiriten und der eigenen Indienstnahme und praktischen Applikation
des naturphilosophischen Materials war Friedrich vollauf bewusst. Aber noch
in anderer Hinsicht artikuliert der Kaiser einen Gegensatz zu Aristoteles, der
für die hier zu diskutierenden Fragen zentral ist: Friedrich beharrt mit Entschiedenheit darauf, dass das Wissen, welches er in seinem Traktat darbietet,
auf seiner eigenen Erfahrung beruht und durch seine langjährige Praxis der
Beizjagd gewonnen wurde, während Aristoteles, der Philosoph, nur wiederge-
be, was er gehört habe, ohne selbst über Erfahrung in der Jagd zu verfügen.
So hebt Friedrich zu Beginn seiner Schrift programmatisch hervor, sein Wissen aus seiner eigenen praktischen Erfahrung und der Erfahrung versierter
Experten (*experti circa praticam huius artis*) zu beziehen, die er dafür zu sich

---

39   Neque livoris oculus nos de prolixitate redarguat, cum neque eadem inutiliter repetamus,
      neque apponamus superflua aut impertinentia, sed tantummodo necessaria huic arti
      (Friedrich II., *De arte venandi cum avibus*, ed. Willemsen, Bd. 1, S. 124).

40   Quomodo autem generatur pullus in ovo, et que membra ipsius prius apparent et forman-
      tur, et quod tempus est aptius cubationi, et per quantum tempus cubant aves, et reliqua
      constantia circa hec pretermittimus, eo quod sufficienter dictum est de huiusmodi in
      libro animalium, nec spectat ad nostrum propositum, quod est de perfectis avibus ra-
      pacibus, qualiter docentur rapere aves non rapaces iam exclusas de ovibus et perfectas
      (Friedrich II., *De arte venandi cum avibus*, ed. Willemsen, Bd. 1, S. 58).

geholt hatte: „Daher haben wir über lange Zeit mit Sorgfalt und Gewissenhaftigkeit die Dinge erforscht, die diese Kunst ausmachen, indem wir sie sowohl mit dem Verstand erfassten als auch in der Praxis ausübten, damit wir endlich fähig waren, in diesem Buch aufzuschreiben, was uns unsere eigene Erfahrung oder die Erfahrung anderer gelehrt hat, die wir nicht ohne große Kosten zu uns riefen, weil sie Experten in der Praxis dieser Kunst waren".[41]

Da Friedrich selbst somit reichhaltige Erfahrung in der Ausübung der Beizjagd erworben hat, sieht er sich in der Lage, die Behauptungen des Aristoteles in mehrfacher Hinsicht in Frage zu stellen. Vieles, was der Philosoph darlegt, kann Friedrich anhand seiner eigenen Erfahrung falsifizieren, weshalb der Inhalt der Tierkunde stets kritisch zu prüfen sei:[42] „Aristoteles sind wir in unserer Schrift dort gefolgt, wo es angebracht war. In vielen Fällen aber, und vor allem was die Natur einiger Vögel betrifft, scheint er sich von der Wahrheit zu entfernen, wie wir durch die Erfahrung gelernt haben. Aus diesem Grund folgen wir dem Fürsten der Philosophen nicht ihn allem; selten nämlich oder niemals hat er die Vogeljagd selbst ausgeführt, während wir sie hingegen immer geliebt und praktiziert haben".[43]

Aristoteles erscheint hier als Vertreter eines theoretischen Wissens, der die Dinge, über die er schreibt, nicht aus eigener Erfahrung kennt und deshalb von Friedrich, dem Praktiker, kritisiert und widerlegt werden kann. Der kulturelle Typus, der in dieser Sichtweise abgerufen wird, ist dem bei Bernard Gui kritisierten strukturell homolog: der praxisferne Gelehrte, der nur über Buchwissen und Gelehrsamkeit verfügt, in der Praxis allerdings unerfahren und

---

41   Ideo multis temporibus cum sollicitudine et studio diligenti inquisivimus ea, que huius artis erant, exercitantes nos mente et opere in eadem, ut tandem sufficeremus redigere in librum, quicquid nostra experientia aut aliorum didicerat, quos, quia erant experti circa praticam huius artis, non sine magnis dispendiis ad nos vocavimus (Friedrich II., *De arte venandi cum avibus*, ed. Willemsen, Bd. 1, S. 1).

42   In dieser Haltung ist im Übrigen nur sehr bedingt eine Aufnahme und Fortsetzung des autoritätskritischen Impetus zu sehen, der die Scholastik schon seit ihrer Frühzeit im 12. Jahrhundert begleitete. Während dieser auf dem rationalen Abwägen und argumentativen ‚Prüfen' der Tradition beruht, stützt sich Friedrichs Kritik (wie die analoge Kritik anderer Autoren) auf praktische Erfahrung, die gegen eine Buchgelehrsamkeit ausgespielt wird, die das rationale Argumentieren der Scholastik umfasst. Der Einordung des Falkenbuchs, wie Wolfgang Stürner sie vornimmt, kann ich daher nicht folgen (Stürner, *Friedrich II.*, Bd. 2, S. 447). Dass die erfahrungsbasierte Kritik auf einer grundsätzlich anderen Ebene stattfindet, wird später noch einmal wichtig sein (siehe Kap. 5.5.2).

43   In scribendo etiam Aristotilem, ubi oportuit, secuti sumus. In pluribus enim, sicut experientia didicimus, maxime in naturis quarundam avium, discrepare a veritate videtur. Propter hoc non sequimur principem philosophorum in omnibus, raro namque aut nunquam venationes avium exercuit, sed nos semper dileximus et exercuimus (Friedrich II., *De arte venandi cum avibus*, ed. Willemsen, Bd. 1, S. 1).

untauglich ist. Sowie die „gelehrten Männer" bei Bernard für den direkten Umgang mit Häretikern nutzlos sind, so versagt der Philosoph bei der praktischen Jagd. Friedrichs Aristoteles-Bild stellt damit keine Aversion gegen den antiken Philosophen dar, sondern partizipiert an einem *zeitgenössischen Diskurs der Gelehrtenkritik*. Sein Misstrauen betrifft nicht nur die Unerfahrenheit und Praxisferne des Stagiriten, sondern die des gelehrten philosophischen Wissens im Allgemeinen. Wenn Friedrich daher von Aristoteles als dem „Fürsten der Philosophen" spricht, dann sind mit diesen *philosophi* zweifellos auch die Gelehrten seiner eigenen Gegenwart gemeint, vielleicht sogar jene, die genau zu dieser Zeit in Aristoteles nicht nur eine wissenschaftliche Autorität, sondern ein Vorbild fanden, „a new paradigm [...] for the vocation of the university man".[44]

Auf einen Gegenwartsbezug der kaiserlichen Gelehrtenskepsis deutet ebenfalls die Bemerkung hin, die unmittelbar auf die zuletzt zitierte Stelle folgt und sich auf den Prozess des Wissenserwerbs bezieht. Von zahlreichen Dingen nämlich, über die Aristoteles in seinem Tierbuch spricht, behauptet er lediglich, so kritisiert Friedrich, dass gewisse Leute es so gesagt haben, kann dies aber nicht durch seine eigene Beobachtung nachweisen. Denn das, was manche gesagt haben, hat vielleicht weder er selbst jemals gesehen, noch haben es diejenigen gesehen, die es sagten. „Gewissheit aber", so hält Friedrich entscheiden fest, „kommt nicht durch das Hören (*ex auditu*)".[45] Wenn man davon ausgeht, dass der Kaiser gewisse Kenntnisse von den Lehrpraktiken der Universitäten hatte, dann darf in dieser Stelle auch ein Seitenhieb auf den Wissenserwerb der Gelehrten gesehen werden, die ihr Wissen in *Hörsälen* und nicht durch Erfahrung erlangen. Die Vermittlung von Wissen in Form der *lectio*, bei der ein zugrunde liegender Referenztext erläutert wurde, war eine der zentralen diskursbegrenzenden Praktiken, welche die Wissenskultur der Universitätsgelehrten als Textkultur stabilisierte. In Kapitel 2 wurde bereits darauf hingewiesen, welche Bedeutung das Interaktionsritual der *lectio* für das philosophische Selbstverständnis der Artisten an der Universität Paris hatte und welche Rolle es dabei spielte, dass sie begannen, das Korpus der aristotelischen Werke als ihr spezifisches ‚kulturelles Kapital' zu begreifen. Der Unterschied zwischen Friedrichs Auffassung und jener der Pariser Philosophen wird jedenfalls besonders augenfällig und signifikant, wenn man bedenkt, dass zur selben Zeit, als Friedrich schreibt, Artes-Magister wie Nikolaus von Paris oder der anonyme Verfasser von *Dicit Aristotiles* die hohe Bedeutung des Hörens (*auditus*)

---

44   Lohr, „The Medieval Interpretation of Aristotle", S. 91.

45   De multus vero, que narrat in libro animalium, dicit quosdam sic dixisse, sed id, quod quidam sic dixerunt, nec ipse forsan vidit, nec dicentes viderunt, fides enim certa non provenit ex auditu (Friedrich II., *De arte venandi cum avibus*, ed. Willemsen, Bd. 1, S. 1).

für den Erwerb der philosophischen Lehre (*doctrina*) hervorheben. Für letzteren waren *auditus* und *doctrina* sogar zentrale Begriffe, um die Überlegenheit der modernen Philosophen über die alten zu begründen: Während die Alten nur über die *inventio* verfügten, um zu Erkenntnis zu gelangen, haben die gegenwärtigen Philosophen die Lehre, für welche das Hören (*auditus*) besonders wichtig ist.[46]

...

Der auf Texte und *Hör*säle begrenzten Wissenskultur der Gelehrten hält Friedrich seine auf praktischer Erfahrung basierende Jagd-Expertise entgegen, die sich unmittelbar aus der Praxis speist und für diese Praxis von Nutzen ist. An zahlreichen Stellen beruft sich der römisch-deutsche Kaiser auf die Erfahrung und auf seine eigenen Beobachtungen, um seine Darstellung zu verifizieren. Das Ablenkungsmanöver der Enten etwa, von dem Friedrich berichtet, hat er oft selbst beobachtet: „Wir haben selbst schon bei Enten und vielen anderen nicht-raubenden Vögeln gesehen, dass sie sich, wenn sich jemand ihrem Nest nähert, krank stellten und so taten, als könnten sie nicht fliegen. Sie entfernten sich dann ein Stück von den Eiern oder den Jungen und flogen dabei absichtlich schlecht, damit man glaubte, sie hätten verletzte Flügel oder Beine. [...] Als der Mensch aber dann weit genug von dem Ort weg war, an dem die Eier oder Jungen waren, flogen sie einwandfrei und machten sich davon, was sie alles taten, um den Menschen abzulenken, damit er nicht an die Eier oder Jungen kommt. Und viele andere Einfälle setzen sie um, um ihre Jungen nicht zu verlieren, die sich allen zeigen, die bereit sind, sie zu erforschen und zu erfahren (*inquirere et experiri*)".[47] Auch die Wahrheit der Tatsache, dass der Kukkuck seine Eier in fremde Nester legt, hat Friedrich durch die eigene Erfahrung gelernt (*cuius rei veritatem experientia didicimus*).[48]

---

46   Siehe oben Kap. 2.4.
47   Et iam vidimus de anatibus et aliis pluribus avibus non rapacibus, quod, quando quis appropinquabat nidis suis, ipse, simulantes se egrotas, fingebant se volare non posse et aliquantulum secedebant ab ovis aut a pullis et sponte male volabant, ut crederentur habere alas lesas aut crura. [...] Quando vero homo iam erat remotus satis a loco, in quo erant ova aut pulli, tunc ipse perfecte volabant et abibant, quod totum faciebant, ut deviarent hominem et non possent haberi ova neque pulli. Et alia multa ingenia faciunt, quod non perdant pullos, que patebunt inquirere et experiri volentibus (Friedrich II., *De arte venandi cum avibus*, ed. Willemsen, Bd. 1, S. 61).
48   [...] vidimus, quod erat pullus cuculi, ex quo cognovimus cuculum non facere nidum, sed ova sua ponit in alieno nido (Friedrich II., *De arte venandi cum avibus*, ed. Willemsen, Bd. 1, S. 52).

Doch nicht nur als passiver Beobachter ist Friedrich über die Jahre hinweg zum erfahrenen Vogel-Experten avanciert. In einigen Fällen beschreibt der Kaiser gezielte Versuche, mit denen er die Natur der Vögel erforschte und deren Beweiskraft die Wahrheit des Spezialwissens garantiert, das er an dieser Stelle für den Leser expliziert. Davon, dass Geier selbst im ausgehungerten Zustand ausschließlich Aas verspeisen, hat sich Friedrich durch ein Experiment überzeugt: „Es ist daher nicht haltbar, dass sie einen Kadaver durch den Geruch wahrnehmen, wie manche sagen; vielmehr geschieht es visuell, wie wir mehrfach überprüft haben. Geier, die gänzlich aufgebräut waren, nahmen nämlich das Fleisch nicht wahr, das wir ihnen vorwarfen, obwohl ihr Geruchssinn nicht beeinträchtigt war. Auch haben wir die Erfahrung gemacht (*experti fuimus*), dass sie keine Vögel jagen, selbst wenn sie ausgehungert sind; denn wir haben ihnen ein Küken vorgeworfen, das sie sehen konnten, und sie haben es nicht ergriffen und getötet".[49]

Durch seine langjährige Ausübung der Beizjagd und seine diversen Experimente mit Vögeln hat Friedrich II. demnach reichhaltige Erfahrung akkumuliert, welche die Grundlage der Expertise darstellt, die der Staufer für sich reklamiert. Anderen spricht er einen solchen Status nur dann zu, wenn sie ebenfalls versierte Kenner der Praxis und Träger von Erfahrungswissen sind. Darunter fallen jene *periti* und *experti*, mit denen Friedrich sich beriet und die ihn anscheinend auch bei seinen Versuchen unterstützten. Den Test, ob Straußeneier allein durch die Hitze der Sonne ausgebrütet werden, hat Friedrich in Apulien von Experten durchführen lassen (*vidimus et fieri fecimus*), die er eigens dafür zu sich kommen ließ (*vocavimus ... peritos et expertos in hac re*).[50] Immer wieder betont der Kaiser die Notwendigkeit, dass bestimmte Handlungen durch einen „erfahrenen Falkner" (*peritum falconarium*) ausgeführt werden; durch die Hände eines Unerfahrenen (*manus imperiti*) hingegen kann großer Schaden bei den Falken entstehen oder aufwendige Arbeit zunichte gemacht werden.[51] Niemals sollte etwa ein Falke von einem unerfahrenen Falkner (*imperito falconario*) an seine Haube gewöhnt werden, sondern

---

49   Non est ergo tenendum, quod oduratu sentiant cadaver, ut quidam dicunt, sed potius visu, quod expertum est per nos pluries. Etenim quando vultures erant ex toto ciliati, non sentiebant carnes proiectas ante ipsas, quam vis odoratum non haberent opilatum. Experti fuimus etiam, quod non rapiunt aves, cum famelici sunt, et videntibus proiecimus pullum galline, et non capiebant ipsum nec occidebant (Friedrich II., *De arte venandi cum avibus*, ed. Willemsen, Bd. 1, S. 24).

50   Friedrich II., *De arte venandi cum avibus*, ed. Willemsen, Bd. 1, S. 58.

51   Friedrich II., *De arte venandi cum avibus*, ed. Willemsen, Bd. 1, S. 247.

ausschließlich von Experten; darin sieht Friedrich den einzigen Schutz gegen eine solche Person (*remedium ... contra imperitum falconarium*).[52]

Praktische Erfahrung ist für Friedrich eine unerlässliche Voraussetzung für einen wahrhaften Vogel- und Jagd-Experten, weshalb er jeden, der nicht darüber verfügt, als inkompetent erachtet. Einen solchen *imperitus* hatte der Kaiser aber in dem Verfasser der maßgeblichen naturphilosophischen Tierkunde gesehen: Aristoteles nämlich war, so lautete Friedrichs Vorwurf, niemals selbst auf die Jagd gegangen, sondern hatte sein Wissen nur aus dem bezogen, was er von anderen hörte. Vom Hören aber, dies stellte der Kaiser entschieden fest, erhält man keine Gewissheit, sondern nur durch praktische Übung und eigene Beobachtung. Insofern der Naturphilosoph darüber jedoch nicht verfügt, kann man auch seinen Angaben nicht trauen. Es ist somit nur konsequent, dass Friedrich sich mehrfach gegen Aristoteles wendet und dessen Behauptungen anhand eigener Erfahrungen widerlegt. Die von Aristoteles aufgestellten Regeln halten der Empirie nicht stand: „In dieser Hinsicht trifft also das Gegenteil von dem zu, was Aristoteles im Tierbuch behauptet, wenn er sagt, dass Vögel, die bescheiden fliegen, gute Läufer sind – die Gattung der Taucher nämlich kann nur bescheiden fliegen, aber sie läuft noch schlechter".[53] Friedrich hat mit eigenen Augen Dinge gesehen, die dem praxisfernen Philosophen entgehen mussten: „Die Geier legen nur wenige Eier, denn wir haben selbst gesehen, wie der Geier ein einziges Ei in sein Nest legt und ausbrütet. Diese Erfahrung haben wir mehrfach gemacht, obwohl Aristoteles in seinem Tierbuch sagt, es seien niemals Nester oder Junge von Geiern gesehen worden".[54]

Wie in Kapitel 7 gezeigt wird, sollte eben diese Haltung, die darin besteht, *Aristoteles durch Rekurs auf die Erfahrung zu kritisieren und zu widerlegen*, später auch an der Artes-Fakultät der Universität Paris begegnen. Die Art und Weise, wie Friedrich mit dem Philosophen verfuhr, und die Kritik, die er ihm (und den Gelehrten seiner Zeit) entgegenbrachte, sollten im Inneren der Universität aufgegriffen und auf spezifische Weise verarbeitet werden, was wissenschaftshistorisch nicht folgenlos blieb. In jenen Jahren aber, als Friedrich schrieb, findet sich in Paris noch nichts dergleichen. Das Paradigma, das sich

---

52   Friedrich II., *De arte venandi cum avibus*, ed. Willemsen, Bd. 1, S. 246.

53   „[...] de quibus videtur contrarium ei, quod sentit Aristotiles in libro de animalibus, dicens, quod que aves sunt modici volatus, sunt boni gressus – mergonum namque genus modici est volatus et peioris gressus" (Friedrich II., *De arte venandi cum avibus*, ed. Willemsen, Bd. 1, S. 13).

54   Adeo autem paucitas ovorum est in vulturibus, quod vidimus vulturem in nido suo unicum ovum ponere et unicum cubare, cuius rei experientiam pluries habuimus, quamvis Aristotiles dicat in libro suo animalium, quod nunquam visi fuerunt nidi neque pulli vulturum (Friedrich II., *De arte venandi cum avibus*, ed. Willemsen, Bd. 1, S. 56).

zu dieser Zeit an der Artistenfakultät formierte, bestand in einer epistemischen Disposition, die einen Rückgriff auf die Erfahrung gerade nicht vorsah, wenngleich sie für Irritationen aus der Außenwelt offen blieb.

· · ·

Noch in einer weiteren Hinsicht steht Friedrichs Position jener der Pariser Artes-Magister diametral entgegen. Wie in Kapitel 2 deutlich wurde, standen diese den *artes mechanicae* ablehnend gegenüber, grenzten sich von diesem, mit praktischer Arbeit verbundenen Wissensgebiet sogar dezidiert ab, um ihr eigenes philosophisches Profil zu konturieren. Friedrich hingegen wendet sich mit seinem Traktat über die *venatio* eben einer solchen *ars mechanica* zu, die bei ihm ausgesprochen positiv bewertet wird. Mit dieser Sicht auf eine *ars mechanica*, deren Nutzen Friedrich betont, widerspricht er dem in Paris kultivierten *artes*-Bild und gerät gleichzeitig in die Nähe jener Sichtweise, die wenig später von Autoren alternativer philosophischer Entwürfe artikuliert werden sollte. Eine derartig positive Bewertung der mechanischen *artes* und die Hervorkehrung ihres Nutzens werden daher – ebenso wie die Akzentuierung des Erfahrungswissens – im weiteren Verlauf dieser Arbeit noch einmal begegnen.

Seine Skepsis gegenüber unbeholfenen *imperiti* verbindet Friedrich II. mit Bernard Gui, dem praktisch geschulten Häresie-Experten. Dessen Feststellung, die Ausübung einer Tätigkeit lehre mehr als die gelehrte Theorie, hätte der Kaiser wohl geteilt.[55] Wie Bernard Gui wollte Friedrich, dass sein Werk für andere Praktiker von Nutzen ist. Wie der Inquisitor reflektierte er über den Präsentationsmodus seiner Schrift, indem er die Reihenfolge der Themen an den Bedürfnissen der Praxis ausrichtete.[56] Aber so maßgeschneidert das zusammengetragene und aufbereitete Wissen seines Traktats auch war, so sehr war sich Friedrich darüber im Klaren, dass er niemals alle möglichen Situationen antizipieren konnte, da „bei den Aufgaben dieser Kunst nämlich unablässig neue Aspekte und Schwierigkeiten aufkommen".[57] Die durch Erfahrung erworbene Expertise, die Friedrich für den Falkner geltend macht, beinhaltet somit ebenfalls ein solches kognitives Muster zur spontanen Problembewältigung, wie Bernard Gui es für den Inquisitor fordert. Der Falkner muss auch in der Lage sein, eigenständig aufzufinden und zu überlegen, welche Maßnahmen zufällig notwendig werden (*sciat invenire et excogitare, que necessaria fuerint*

---

55   Bernard Gui, *Practica officii inquisitionis*, ed. Mollat, S. 74.
56   Friedrich II., *De arte venandi cum avibus*, ed. Willemsen, Bd. 1, S. 125.
57   [...] assidue siquidem nova et difficilia emergunt circa negotia huius artis (Friedrich II., *De arte venandi cum avibus*, ed. Willemsen, Bd. 1, S. 2).

incidenter). „Denn es ist nicht möglich", so hält Friedrich fest, „alle Einzelheiten und neu entstehenden Anforderungen beim guten und schlechten Umgang mit Raubvögeln aufzuschreiben".[58]

Soziale Faktoren und Empirie: Eine erste Bemerkung

Aufgeschrieben hat Friedrich sein Wissen dennoch – 30 Jahre, wie er sagt, nachdem er diesen Plan zuerst gefasst hatte, weil er erst nach dieser Zeit über ausreichende Kenntnisse verfügte.[59] Ob diese Behauptung, die Friedrichs langjährige Erfahrung mit der Beizjagd unterstreicht, zutrifft, wird sich kaum feststellen lassen. Doch ganz unabhängig davon ist sie ebenso wie der immer wiederkehrende Rekurs auf die eigene Erfahrung oder die Versicherung, bestimmte Sachverhalte schon zahlreiche Male beobachtet zu haben, Bestandteil einer versierten Strategie der Inszenierung von Expertise. Friedrich wollte als Experte für die Beizjagd erscheinen und es war zu diesem Zweck nur konsequent, sich gezielt von den Naturphilosophen abzugrenzen, die ihr Wissen über die Vögel nur aus Büchern und Hörsälen kannten. Während Aristoteles für Friedrich einen Expertentypus verkörpert, der der Praxis fernsteht, erscheint er selbst als erfahrener Praktiker.

Der Rekurs auf die Erfahrung, den der Staufer emphatisch ins Werk setzt, ist daher nicht nur Produkt seines *amor sciendi* oder seiner wissenschaftlichen ‚Fortschrittlichkeit'. Die Modernität von Friedrichs Haltung steht ebenso wie seine fachliche Leistung außer Frage. Dennoch würde es zu kurz greifen, das Vorgehen des Kaisers auf seine „weit vorausweisenden Absichten"[60] zu reduzieren. Eine solche Ausblendung sozialer Faktoren würde übersehen, dass Friedrich mit seiner Aristoteles-Kritik nicht nur an einem zeitgenössischen Diskurs der Gelehrten-Skepsis partizipiert, sondern gleichzeitig darauf bedacht ist, sich selbst als praktisch geschulten Experten zu inszenieren. Die Akzentuierung seiner eigenen Beobachtungen und die damit verbundene Kritik der aristotelischen Tierkunde dienen unmittelbar der Profilierung seiner sozialen Rolle als Vogel- und Jagdexperte, deren Aktualisierung über die Lektüre des Textes intendiert ist. Eine derartige Textwirkung wird durch rezeptionslenkende Elemente bewerkstelligt, die den Leser zur Anerkennung und Zuschreibung von Expertise provozieren. Dazu zählt auch der performative Einsatz

---

58   Non enim esset possibile scribere singula et noviter emergentia in operationibus bonis et malis avium rapacium (Friedrich II., *De arte venandi cum avibus*, ed. Willemsen, Bd. 1, S. 162).

59   Nos tamen, licet proposuissemus ex multo tempore ante componere presens opus, distulimus fere per triginta annos propositum in scripto redigere, quoniam non putabamus nos extunc sufficere (Friedrich II., *De arte venandi cum avibus*, ed. Willemsen, Bd. 1, S. 1).

60   Stürner, *Friedrich II.*, Bd. 2, S. 456.

einer Fachsprache, über deren Verwendung Friedrich ganz explizit reflektiert
(*ars habeat sua vocabula propria*).[61]

Doch auf den Erfolg seiner Inszenierung konnte Friedrich nicht nur aufgrund dieser textimmanenten Strategien hoffen. Dass es Friedrich gelingen
würde, als Experte für Beizjagd anerkannt zu werden, war vor allem auch deshalb wahrscheinlich, da er als Repräsentant einer Institution auftrat, womit
hier keine ‚Organisation' (wie etwa ein Jagdverein) gemeint ist, sondern die ha-
bitualisierte Praxis, welche die Beizjagd im 13. Jahrhundert darstellte.[62] Indem
Friedrich regelmäßig und über einen langen Zeitraum in dieser Institution
agierte, konnte er in der Tat als jemand gelten, der mit den Abläufen dieses
Bereichs sozialer Praxis auf intime Weise vertraut war. Die Jagdtätigkeit und
-leidenschaft des Staufers war jedenfalls allgemein bekannt und wurde von
seinen Zeitgenossen thematisiert.[63]

Doch stehen die fachliche Leistung und der Wissensdrang des Kaisers der
sozialen Dimension des Traktats, also den Aspekten der Inszenierung und
Gelehrtenkritik, nicht unverbunden gegenüber; es handelt sich nicht einfach
um zwei Lesarten derselben Sache, desselben ‚Textes', ebensowenig wie man
Friedrichs ‚Anliegen' auf eine Inszenierungsstrategie beschränken könnte.
Friedrich kam mit seinen unkonventionellen Methoden tatsächlich zu origi-
nellen Ergebnissen, die einem unerfahrenen Naturphilosophen verschlossen
bleiben mussten: Durch sein empirisches Vorgehen, das gezielte Versuche beinhaltete, konnte er nachweisen, dass Geier ihre Beute nicht über den Geruch
wahrnehmen, oder den Mythos widerlegen, dass die Ringelgans aus verfaulen-
dem Holz im Norden entsteht.[64] Aber diese Leistung wurde – nur darum geht
es hier – nicht im luftleeren Raum erbracht: Die Tatsache, dass die Ergebnisse
empirisch gewonnen wurden, und der Umstand, dass Friedrich sich als praktisch erfahrener Vogelexperte inszenieren möchte und sich dabei von praxisfernen Buchgelehrten abgrenzt, sind auf enge Weise *miteinander verzahnt*. Die
soziale Dimension des Falkenbuchs, die sich erst über eine umfassende Kontextualisierung erschließt, konstituiert die Bedingungen, unter denen die ‚vor-
ausweisende' Position Friedrichs formuliert wurde, indem sie die Anwendung
empirischer Methoden nahelegte und motivierte. Auch dieses Phänomen wird
uns im Verlauf der Studie wieder begegnen.

---

61   Friedrich II., *De arte venandi cum avibus*, ed. Willemsen, Bd. 1, S. 2; zur Performativität von
      Fachsprachen: Bubert/Merten, „Medialität und Performativität".

62   Zur Institution als verfestigtem Handlungsmuster: Berger/Luckmann, *Konstruktion der
      Wirklichkeit*, S. 49–98.

63   Stürner, *Friedrich II.*, Bd. 2, S. 431.

64   Friedrich ließ dazu eigens Proben dieser Hölzer beschaffen: Friedrich II., *De arte venandi
      cum avibus*, ed. Willemsen, Bd. 1, S. 55.

4.3 Zwischenresümee: Zwei kritische Experten

In den vorausgehenden Ausführungen sind zahlreiche Parallelen zwischen Friedrich II. und Bernard Gui herausgearbeitet worden. Sowohl *De arte venandi cum avibus* als auch die *Practica officii inquisitionis* propagieren ein Ideal der Zweckdienlichkeit, einen hohen epistemischen Status von Erfahrungswissen und eine spezifische Form praxisbezogener Expertise. In beiden Texten sind Inszenierungsformen zu finden, mittels derer sich die Autoren als Repräsentanten eines praktisch versierten Expertentypus und als Anbieter ‚nützlichen Wissens' darstellen. Diese Inszenierungen sind mit performativen Strategien verbunden, die beide Autoren reflektieren. Auch Bernard Gui ist sich, als Vertreter und Akteur der institutionalisierten Inquisition, der Performativität seiner sozialen Praxis vollauf bewusst, wenn er etwa das Formular einer Urteilsverkündung mit dem Hinweis versieht, diese Worte sollten „mit der Feierlichkeit vorgetragen werden, die bei einer öffentlichen Rede des Inquisitors üblich ist". Dies soll vor dem zusammengerufenen Volk (*convocato populo*) geschehen, oder, wo dies nicht möglich ist, in Anwesenheit angesehener Personen.[65] Die konstitutive Funktion der Rezipientenseite bei performativen Akten war dem Inquisitor also nicht entgangen.[66] In Verbindung mit Bernards institutionell fundierter Autorität zeitigten derartige Auftritte jedenfalls ebenso ihre Wirkung wie die diskursiven Strategien seiner Schriften. Eine exemplarische Zuschreibung der Expertenrolle an Bernard Gui bezeugt der Brief des Roderich von Padrón, in dem der Erzbischof von Santiago de Compostela den Inquisitor um Rat bittet, wie mit den Ketzern in Spanien umgegangen werden soll.[67] Der Anspruch, das für die Praxis der Inquisition relevante Wissen zu verwalten, den Gui in seiner *Practica* erhob und durch einschlägige Inszenierungen unterstrich, stieß bei den Zeitgenossen also auf Anerkennung. Diese Zuschreibung war es, die Bernard Gui und Friedrich II. mit ihren Autorisierungsstrategien erstrebten.

Entscheidend ist hier jedoch vor allem, dass beide Entwürfe einer bestimmten Expertenrolle ihr Profil erst auf einer Kontrastfolie gewinnen, dass beide Inszenierungen mit einer entschiedenen Abgrenzung von *praxisfernen* Gelehrten einhergehen, denen ihre mangelnde Erfahrung und ihre damit verbundene Untauglichkeit für die Praxis vorgeworfen wird. Das Falkenbuch

---

65 [...] fiant tamen semper in presentia et testimonio spectabilium personarum ad hoc convocatarum (Bernard Gui, *Practica officii inquisitionis*, ed. Mollat, pars II, S. 140).

66 Zur Rolle des Rezipienten für die Bedeutungskonstitution von performativen Handlungen: Bubert/Merten, „Medialität und Performativität", sowie oben, Kap. 3.6.1.

67 Ediert in: Guillaume Mollat (Hg.), *Bernard Gui, Manuel de l'inquisiteur*, pars II, S. 118ff.

und das Inquisitorenhandbuch stellen damit bezeichnende Quellen für eine gesellschaftlich verbreitete Skepsis gegenüber dem Buchwissen der Gelehrten dar. Sie zeigen augenfällig, welche Wissensformen in der Welt *außerhalb* der Universität gefragt und relevant waren, und sie kritisieren dementsprechend jene Wissensträger, die dieser Bedürfnisstruktur in ihrer Sicht nicht entsprachen. Bernard Gui meinte damit primär die gelehrten Theologen, vor allem die der Universität Paris; Friedrich II. hingegen bezog sich auf eine mit Aristoteles assoziierte Gruppe von Naturphilosophen, die niemals selbst auf die Jagd gingen und ihr Wissen in Hörsälen erwarben. Dass er dabei auch die Pariser Philosophen im Hinterkopf hatte, die eben zu dieser Zeit Aristoteles zu ihrem Paradigma erhoben, ist durchaus wahrscheinlich. Praxisferne und Paris: Dieser Nexus hatte im 13. und frühen 14. Jahrhundert *kulturelle Bedeutung* erlangt.

4.4   Urbane Dissonanzen: *„Scolares artium"* und praktische Wissenskultur

Bevor in Kapitel 5 die kritischen Stimmen aus der Welt der Wissenschaft selbst in den Blick genommen werden, soll in diesem Abschnitt zunächst ein weiterer Kritikherd der nicht-wissenschaftlichen Welt in den Fokus treten. Gleichwohl wird die Perspektive verengt, insofern die Betrachtung von der Gelehrtenkritik als gesellschaftlichem Phänomen, wie es im vorigen Abschnitt in ganz unterschiedlichen sozialen und geographischen Kontexten begegnete, wieder nach Paris zurückkehrt. Unmittelbarer als durch gesellschaftsweite Stigmatisierungen wurden die Schulen von Paris durch ihre konkreten lebensweltlichen Bedingungen beeinflusst, welche die soziale Existenz der Magister und Scholaren prägten. Die Universität befand sich, wie die Schulen des 12. Jahrhunderts, in der Stadt und war den Einflüssen der Stadtkultur unweigerlich ausgesetzt. Die Welt der Stadt war damit eben jene Sphäre, in welcher die nicht-wissenschaftliche ‚Umwelt' der Universität für deren Mitglieder in direktem und alltäglichem Kontakt greifbar und erfahrbar wurde. Diese lebensweltliche Einbettung der Gelehrten in einem städtischen Kontext hatte aber Konsequenzen für die Art und Weise, wie die Wissenschaft auf ihre Umwelt reagierte, insofern die Wissenskultur der Universität somit zwangsläufig mit den Wissensformen konfrontiert war, die in der Stadtkultur vorherrschten und kommuniziert wurden.

Die auf Arbeitsteilung und ‚verdichteter Kommunikation'[68] beruhende städtischen Kultur, die sich in Europa seit dem späten 11. Jahrhundert

---

68   Jörg Oberste, „Einführung: Verdichtete Kommunikation und städtische Kultur", in: *Kommunikation in mittelalterlichen Städten*, hg. von Jörg Oberste, Regensburg 2007, S. 7–10.

konstituiert hatte, implizierte eine deutliche Aufwertung nicht nur der handwerklichen Arbeit im engeren Sinne, sondern von in der städtischen Welt
nützlichem Spezialwissen im Allgemeinen. Die Wissenskultur der Stadt beruhte auf einem anwendungsbezogenen, auf praktischer Erfahrung fußen-
den und für konkrete Arbeitsfelder spezialisierten Wissen. Städte bildeten
fortan ein ‚Cluster von Expertisen‘, die aufeinander bezogen waren und jeweils beanspruchten, dem Wohl des sozialen Ganzen zu dienen.[69] Zu diesem
Umfeld – der Stadt als einer „praktisch akzentuierten Wissenskultur"[70] – trat
die Universität seit ihrer Entstehung in eine Relation, die ihre Geschichte
fortwährend prägen sollte. Denn in einem städtischen Kontext der ‚Anwesenheitskommunikation‘[71] waren ihre Mitglieder auf die anderen Akteure der
Stadtkultur in vielfacher Weise bezogen und traten zu ihnen in ein Verhältnis
gegenseitiger Abgrenzung, wie es etwa in städtischen Prozessionen symbolisch kommuniziert wurde.[72] Dass sich dieses Verhältnis der Universitätsleu-
te zu ihrer sozialen Umgebung aber von Beginn an als spannungsvoll und
konfliktreich gestaltete, hat seinen Grund nicht nur in der Tatsache, dass die
aus ganz Europa stammenden Scholaren Fremde in der Stadt waren, sondern
ebenfalls in der mitunter grundlegend verschiedenen Handlungslogik und epistemischen Kultur der Akteure. Die zahlreichen Konflikte zwischen Scholaren
und Bewohnern der Stadt Paris im 13. Jahrhundert können als Manifestation
eines Unverständnisses vieler Stadtbewohner gesehen werden, worin der Nutzen dieser vielfach privilegierten Institution bestehen sollte.[73] Insofern die
sozialen Gruppen im mittelalterlichen Paris ihr Selbstverständnis, wie noch
zu zeigen sein wird, immer auch auf ihre soziale Nützlichkeit stützten, wurde
eine entsprechende Erwartungshaltung unweigerlich an die neue Gruppe
der Magister und Scholaren herangetragen. Die Kommunikationen des Wissenschaftssystems wurden daher – worauf weiter unten zurückzukommen

---

69   Rexroth, „Systemvertrauen und Expertenskepsis", S. 30.
70   Kintzinger, *Wissen wird Macht*, S. 127.
71   Maria Selig, „Anwesenheitskommunikation und Anwesenheitsgesellschaft. Einige
      Anmerkungen zu einem geschichtswissenschaftlichen Konzept aus sprachwissenschaft-
      licher Perspektive", in: *Städtische Räume im Mittelalter*, hg. von Susanne Ehrlich/Jörg
      Oberste, Regensburg 2009, S. 17–33; André Kieserling, *Kommunikation unter Anwesenden.
      Studien über Interaktionssysteme*, Frankfurt am Main 1999.
72   Schon im 12. Jahrhundert nahmen *scolares* als eigene Gruppe an Prozessionen in Paris
      teil: Jacques Verger, „Des écoles a l'université: La mutation institutionnelle", in: *La France
      de Philippe Auguste. Le temps des mutations*, hg. von Robert-Henri Bautier, Paris 1982,
      S. 817–846, S. 820; zu den Prozessionen der Universität siehe auch: Destemberg, *L'honneur
      des universitaires*, S. 161–184.
73   Zu Konflikten zwischen Universität und Stadt allgemein: Jacques Verger, „Les conflits
      « Town and Gown » au Moyen Âge".

ist – auch von der ‚impliziten Kritik' irritiert, welche durch die Struktur differenzieller Positionen innerhalb der Stadtkultur generiert wurde.

In welch hohem Maße die Universität Paris von ihrem Verhältnis zu den Bewohnern der Stadt Paris geprägt wurde, zeigt sich bereits in der Frühgeschichte der Universität, deren Entstehung ganz wesentlich durch das städtische Milieu konditioniert und befördert wurde. Das Bewusstsein einer basalen gemeinsamen Identität der Pariser Magister um 1200 und ihr daraus resultierender Entschluss zur genossenschaftlichen Einung war maßgeblich von der scharfen Opposition der Schulen zur städtischen Bevölkerung beeinflusst, die sich in den Auseinandersetzungen der Scholaren augenfällig manifestiert und reproduziert.[74] Diese gewaltsamen Interaktionen, von denen besonders spektakuläre Fälle für die Jahre 1200[75] und 1231[76] überliefert sind, hatten zunächst zu einer allgemeinen ‚Desorganisation' der Schulen geführt, die einen Zusammenschluss der Magister zu einer Schwureinung, einer *coniuratio*, nahelegte. Die ‚Verschwörung' der Magister stellt eine Maßnahme der „Selbsthilfe" dar, welche die chaotischen Verhältnisse der Schulen beseitigen sollte.[77] Doch darüber hinaus stimulierten die Konfrontationen von Scholaren und Stadtleuten die Perzeption eines Ingroup-Outgroup-Schemas, das eine Selbst-Kategorisierung der Schulangehörigen aktivierte. Die Entgegensetzung von *„cives Parisienes"* und *„scolares"* in der Urkunde Philipps II. von 1200 zeigt, wie die town-gown-Konflikte die Wahrnehmung sozialer Kategorien beeinflusst hatten. Die

---

74   Zu den town-vs-gown-Konflikten grundlegend: Jacques Verger, „Les conflits « Town and Gown » au Moyen Âge"; Jacques Verger, „École et violence. Faits, perception, discours", in: *Histoire de l'Éducation* 118 (2008), S. 5–10; siehe ebenso: Hannah Skoda, *Medieval Violence. Physical Brutality in Northern France, 1270–1330*, Oxford 2013, S. 119–158; Sophie Cassagnes-Brouquet, *La violence des étudiants au Moyen Âge*, Rennes 2012; einige Grundgedanken dazu habe ich ausgeführt in: Marcel Bubert, „Pariser Scholaren um 1200 als gewaltsame Akteure. Überlegungen zur Entstehung der Universität aus konfliktsoziologischer Perspektive", in: *Studentengeschichte zwischen Mittelalter und Neuzeit*, hg. von Andreas Speer/Andreas Berger, auf historicum-estudies.net, http://www.historicum-estudies.net/epublished/studentengeschichte/ (zuletzt abgerufen 15.08.2018).

75   Nach einer Kneipenschlägerei waren später mehrere Scholaren durch das Einschreiten des königlichen Prévôt und einer Gruppe von bewaffneten Stadtbewohnern (*cum plebe civitatis armata armatus*) getötet worden (Roger von Hoveden, *Chronica*, ed. William Stubbs, Bd. 4, London 1871, S. 120f).

76   1229 hatte der Streit ebenfalls in einer Kneipe begonnen und war anschließend eskaliert; auch dabei wurden Scholaren durch die Truppe des Prévôt getötet (Matthäus Paris, *Chronica majora*, ed. Henry Richards Luard, Bd. 3, London 1876, S. 166ff).

77   Otto Gerhard Oexle, „Alteuropäische Voraussetzungen des Bildungsbürgertums – Universitäten, Gelehrte, Studierte", in: *Bildungsbürgertum im 19. Jahrhundert, Teil 1: Bildungsbürgertum und Professionalisierung in internationalen Vergleichen*, hg. von Werner Conze/Jürgen Kocka (Industrielle Welt. Schriftenreihe des Arbeitskreises für moderne Sozialgeschichte 3/1), Stuttgart 1985, S. 29–78, S. 45.

Bewohner von Paris (*populus Parisiensis*) und der königliche Prévôt mussten in Gegenwart der Schulangehörigen (*in conspectu scolarium*) schwören, dass sie die Bestimmungen der Urkunde einhalten.[78] Es muss kaum betont werden, dass eine derartige Interaktion den Magistern und Scholaren unweigerlich ihre auf Differenz zum *populus Parisiensis* basierende gemeinsame Gruppenzugehörigkeit kommunizierte und damit zur Festschreibung ihrer kollektiven Identität beitrug. In diesem Sinne hatten die Konflikte die städtische Ordnung der Dinge auf entscheidende Weise modifiziert.[79]

Freilich könnte diese Behauptung im Hinblick auf die Erörtungen in Kapitel 2 zu einem Missverständnis führen: Wie kann ein und derselbe kognitive Prozess – die ‚Selbst-Kategorisierung' des Individuums – einerseits ein fakultätsspezifisches Bewusstsein, gleichzeitig aber eine allgemeine universitäre Identität begründen? Der Widerspruch ist nur scheinbar: Ein konstitutives Merkmal des sozialen Seins der Universitätsmitglieder besteht eben in dieser Dialektik von disziplinengebundener und allgemein-universitärer Identität.[80] Wie bereits in Kapitel 2 formuliert, hatten die Vertreter der einzelnen Disziplinen ein klares Bewusstsein der Tatsache, dass die Universität aus vier voneinander gesonderten, aber zueinander gewendeten Einheiten besteht.[81] Führte die Perzeption fakultätsbezogener Differenzen im Inneren der Universität zur Selbst-Kategorisierung der Philosophen als Philosophen, so konnte die Wahrnehmung eines unüberwindlichen Grabens zwischen den Schulen und der

---

78   Ut autem hec cautius custodiantur et stabili imperpetuum jure firmentur statuimus, ut prepositus nunc noster et populus Parisiensis omnia que predicta sunt in conspectu scolarium se bona fide servaturos juramento confirment (CUP I, Nr. 1, S. 60).

79   Die Annahme einer kulturell produktiven Wirkung der Konflikte impliziert freilich einen spezifischen Konfliktbegriff, wie er seit der zweiten Hälfte des 20. Jahrhunderts in der Soziologie verhandelt wird; die Vernachlässigung des Konflikts im Strukurfunkionalismus Talcott Parsons, dessen Prämissen auf Konsens und Stabilität beruhten (exemplarisch: Talcott Parsons, *The Social System*, New York 1964), war einer der zentralen Kritikpunkte Ralf Dahrendorfs; siehe etwa: Ralf Dahrendorf, „Zu einer Theorie des sozialen Konflikts", in: *Theorien des sozialen Wandels*, hg. von Wolfgang Zapf, Köln 1969, S. 108–123; Ralf Dahrendorf, *Soziale Klassen und Klassenkonflikt in der industriellen Gesellschaft*, Stuttgart 1957; Ralf Dahrendorf, *Der moderne soziale Konflikt. Essay zur Politik der Freiheit*, Stuttgart 1992.

80   Siehe hierzu meine Kritik an Antoine Destemberg, der allein ‚die' akademische Identität thematisiert, ohne die Gruppenbildung im Inneren der Universität zu berücksichtigen: „Rezension zu Destemberg, *L'honneur des universitaires*", in: *Francia-Recensio* 4 (2015); gleichzeitig wird auch hier noch einmal deutlich, dass Destembergs Annahme einer allgemeinen universitären Identität mit der in dieser Arbeit vertretenen Perspektive sehr wohl kompatibel ist, da sich die beiden Formen der Selbstverortung nicht ausschließen, sondern ergänzen.

81   Siehe oben Kap. 2.5; zur Einheit und Vielheit in der mittelalterlichen Universität: Rexroth, „Einheit der Wissenschaft".

Stadtbevölkerung gleichfalls die eigene Zuordnung zur Gruppe der Schulangehörigen im Allgemeinen provozieren.

Entscheidend ist an dieser Stelle, dass das Verhältnis von Universität und
Stadt nicht nur in der formativen Phase der Universität eine zentrale Rolle
spielte, sondern ihre Geschichte dauerhaft prägte. Die Universitätsmitglieder blieben auch im 13. Jahrhundert Fremde in der Stadt,[82] als soziale Gruppe
konstituierten sie eine eigene ‚Kultur‘, die sich entschieden von ihrer städtischen Umwelt abgrenzte, sich dadurch aber gleichzeitig dauerhaft zu ihr in
Beziehung setzte.[83] Gewaltsame Konflikte zwischen Universitätsangehörigen
und Stadtbewohnern fanden weiterhin immer wieder statt. Damit trugen sie
jedoch maßgeblich dazu bei, das Ingroup-Outgroup-Verhältnis, welches zwischen ihnen bestand, stets erneut ins Bewusstsein zu rufen und die einmal in-
stituierte Opposition in einen permanenten Antagonismus zu überführen, der
die Perzeption einer tendenziell feindlichen Outgroup regelmäßig aktivierte.
Man könnte sich fragen, ob diese Permanenz von Fremdheit, Abgrenzung und
Konflikt einer der Gründe ist, weshalb in der Universität so ausgesprochen heterogene Dinge vereinigt wurden, weshalb hier mit den verschiedenen Fakultäten der Artisten, Mediziner, Juristen und Theologen etwas zusammenwuchs,
was für sich genommen eher auseinanderstrebt.

•••

Indem das Spannungsverhältnis zwischen der Universität und anderen sozialen Gruppen der Stadt langfristige Wirkungen für die gruppeninterne Kohäsion der Magister und Scholaren hatte, trug es maßgeblich dazu bei, ein
allgemeines universitäres Gruppenbewusstsein zu erhalten, das neben den
fakultätsspezifischen Identitäten im Inneren der Universität bestand. Doch
die Geschichte hat noch eine andere Seite: In Kapitel 2 wurde gesehen, dass
die Relation zur Stadtbevölkerung auch Konsequenzen für eine disziplinäre
Identität haben konnte, also in diesem Fall nur *eine* Gruppe der Universität
betraf. Es hatte sich gezeigt, dass sich die Magister der Artes-Fakultät mitunter
dezidiert als Philosophen von den Stadtbewohnern abgrenzten, indem sie auf
der Kontrastfolie der ‚vernunftlosen‘ Städter ein gezielt philosophisches Profil zeichneten, dessen distinktives Merkmal die *ratio* war. Dies mag vor allem

---

82   Nathalie Gorochov, „L'université recrute-t-elle dans la ville? Le cas de Paris au XIIIe siè-
      cle", in: *Les universités et la ville au moyen âge. Cohabitation et tension*, hg. von Patrick
      Gilli/Jacques Verger/Daniel Le Blévec (Education and Society in the Middle Ages and
      Renaissance 30), Leiden 2007, S. 257–296, S. 276.
83   Destemberg, *L'honneur des universitaires*, S. 229–266.

damit zusammenhängen, dass es in erster Linie die Artisten waren, die jungen Artes-Studenten und die Magister, die in Konflikte mit den Stadtbewohnern verwickelt waren. Es waren primär die Artisten, die die Feindseligkeit der Stadtleute am eigenen Leib erfuhren, und es kann kaum verwundern, dass das Spannungsverhältnis zur Stadt für ihr Selbstverständnis besondere Bedeutung gewann. Doch die Tatsache, dass die junge Artes-Fakultät in besonderem Maße mit den Stadtleuten zusammenstieß, ist in mehrfacher Hinsicht signifikant; sie koinzidiert – sicher nicht ganz zufällig – mit dem Umstand, dass die epistemische Kultur dieser sozialen Gruppe am meisten mit den Wissensformen kontrastierte, die in der Stadt vorherrschten. Zwischen den Artisten und den Stadtleuten bestand die größte Differenz hinsichtlich ihrer wissensbezogenen Handlungslogik.

Im Gegensatz zur Orientierung der Artes-Fakultät war die Wissenskultur der Stadt durch einen grundsätzlichen Praxisbezug gekennzeichnet. Die städtischen Gruppen repräsentierten zweckmäßiges, an einem Bedarf ausgerichtetes Wissen. Darüber hinaus war ihr sozialer Nutzen ein wesentlicher Bestandteil ihres Selbstverständnisses und der Art und Weise, wie sie mit ihrer Umwelt kommunizierten. Der um 1268 von Étienne Boileau, dem Prévôt von Paris (1261–1270), verfasste *Livre des métiers* bezeugt diese prinzipielle Haltung der Pariser Gewerbe. Die Schneider von Paris sahen in ihren Statuten für ihre Mitglieder in bestimmten Fällen die Strafe vor, zur Unterstützung der Armen (*pour les povres*) zu arbeiten.[84] Fischern hingegen kann unter Umständen auferlegt werden, eine gewisse Menge Fisch an die Gefangenen im Châtelet, ans Hospital oder an einem anderen Ort zu spenden, wo es nutzen würde.[85] Die Goldschmiede schließlich richteten eine eigene Kasse ein, um mit den gesammelten Geldern einmal im Jahr, nämlich an Ostern, ein Essen für die Armen im Hospital zu veranstalten.[86] Die Universität konstituierte sich in einer städtischen Kultur, deren Mitglieder sich in hohem Maße über ihren gemeinen Nutzen definierten. Diese Tatsache hatte Konsequenzen für die Erwartungen, die an die neue Gruppe, die sich um 1200 formierte, herangetragen wurden. Die Untergruppen, aus denen die universitäre Gemeinschaft bestand, konnten auf

---

84   Étienne Boileau, *Le livre des métiers*, ed. René de Lespinasse/François Bonnardot, Paris 1879, S. 116f.

85   [...] et doivent icelui poison forfet donner aus prisonniers du Chastelet ou a la Meson Dieu, ou la ou il leur semblera que soit bien (Étienne Boileau, *Le livre des métiers*, ed. de Lespinasse/Bonnardot, S. 215).

86   Et de tout l'argent de cele boiste done on chascun an, le jor de Pasques, 1 disner as povres de l'ostel Dieu de Paris (Étienne Boileau, *Le livre des métiers*, ed. de Lespinasse/Bonnardot, S. 33).

diese Erwartung in unterschiedlicher Weise reagieren. Am wenigsten jedoch, dies sollte deutlich geworden sein, gelang dies der Artes-Fakultät.

Dass die Artistenfakultät wie die gesamte Universität aber dauerhaft auf die städtische Gruppenkultur bezogen blieb, hing ganz wesentlich mit ihrer Integration in die Struktur der Pariser Sozialtopographie zusammen, also mit den Relationen zwischen sozialen Räumen, die in Kapitel 2 schon hinsichtlich der Fakultäten thematisiert wurden. Während die Räume der Fakultäten jeweils voneinander getrennt, aber gleichzeitig aufeinander bezogen waren und auf diese Weise die soziale Segmentierung der Universität repräsentierten, standen sie freilich ebenfalls in Relation zu den übrigen Sozialräumen der Stadt, deren Gesamtheit den Pariser Stadtraum konstituierte, in dem die Universität ihren Platz hatte. In der von Anwesenheitskommunikation geprägten Stadtkultur waren es performativ produzierte ,Räume', deren Anordnung die sozialen Positionen innerhalb der Stadt markierte, aber gleichzeitig relationierte. Die Struktur dieser Positionen war im 13. Jahrhundert bereits ausgesprochen komplex. Paris war seit Ludwig VI. (1108–1137) nicht nur Hauptresidenz der französischen Könige,[87] sondern durch rasantes Wachstum und ökonomischen Aufschwung auch gesellschaftlich auf rapide Weise vielschichtiger und komplexer geworden. Neben dem königlichen Hof, den Klöstern, Stiften und Pfarrkirchen oder den weltlichen und geistlichen Großen, die in der Stadt residierten, waren es vor allem die als kollektive Akteure auftretenden Gewerbe, durch welche die soziale Pluralität entstand, innerhalb derer sich die Universität zu positionieren hatte und die das Konfliktpotential unweigerlich steigerte.[88] Die Pariser Metzger waren spätestens seit 1146 korporativ organisiert, die Fischhändler möglicherweise seit 1154.[89] Insbesondere aber die Pariser Hanse tritt als organisierte Gruppe in Erscheinung, die bereits gegenüber Ludwig VI. geschlossen für ihre Interessen eingetreten war und bald zu einer städtischen Macht von großem Einfluss wurde.[90] Diese Gewerbe hatten ihren Sitz ganz überwiegend auf dem rechten Seineufer, während die Schulen bekanntlich auf der linken Seite lagen und es ist diese sozialtopographische Disposition, die sich bald auch in den Reflexionen der Zeitgenossen manifestierte: Die berühmte Beschreibung von Paris durch Gui de Bazoches bezeugt, wie die

87 Sohn, *Von der Residenz zur Hauptstadt*, S. 57.
88 Luhmann, „Konfliktpotentiale in sozialen Systemen", S. 67.
89 Jacques Boussard, *Nouvelle histoire de Paris. De la fin du siège de 885–886 à la mort de Philippe Auguste*, Paris 1997, S. 164 u. 168; Anne Lombard-Jourdan, *Aux origines de Paris. La Genèse de la rive droite jusqu'en 1223*, Paris 1985, S. 95f.
90 Jean Favier, *Le bourgeois de Paris au Moyen Âge*, Paris 2012, S. 56f; Boussard, *Nouvelle histoire de Paris*, S. 160ff.

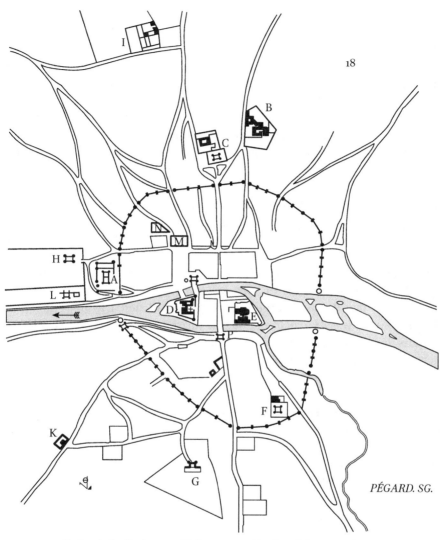

ABB. 2   Paris mit der Stadtmauer Philipps II. von Frankreich (1180–1223)
After *Dictionnaire raisonné de l'architecture française du XIᵉ au XVIᵉ siècle* (1856)
by Eugène Viollet-Le-Duc, volume 1, page 369 (https://fr.wikisource.org/wiki/
Page:Viollet-le-Duc_-_Dictionnaire_raisonné_de_l'architecture_française_du_XIe_
au_XVIe_siècle,_1854-1868,_tome_1.djvu/388)

Konfiguration sozialer Räume wahrgenommen und kommuniziert wurde.[91]
Man kann sich leicht vorstellen, dass die Stadtmauer, die Philipp II. neben anderen fortifikatorischen Bauten seit dem späten 12. Jahrhundert errichten ließ, die Perzeption eines geschlossenen urbanen Raums wesentlich beförderte und damit dazu beitrug, die städtischen Teilräume noch stärker zueinander in Beziehung zu setzen.[92]

Die neue Gruppe, um welche das kulturelle Imaginarium des Pariser Stadtraums in der Zeit um 1200 bereichert wurde, blieb auf diese Weise permanent in die Struktur urbaner Positionen integriert. Doch hatte sich ebenfalls gezeigt, dass sie selbst wiederum in Teilräume segmentiert war, die nicht nur aufeinander, sondern auch auf den Stadtraum insgesamt und dessen übrige Elemente bezogen waren. Hatten die Artisten ihren eigenen sozialen Raum in der Rue du Fouarre, so referierte dessen Position sowohl auf die Räume der anderen Fakultäten, als auch auf die der Gewerbe des rechten Seineufers, der städtischen Klöster oder des königlichen Hofes mit seinen verschiedenen Akteuren. Diese räumliche Konfiguration entspricht den vielschichtigen Abgrenzungsstrategien, mittels derer sich die Artes-Magister *sowohl* von den anderen Fakultäten *als auch* von den Pariser Stadtbewohnern unterschieden. Die ‚Bewohner‘ der Rue du Fouarre blickten nicht nur auf die Juristen, Mediziner und Theologen jenseits ihres Reviers, sondern stets auch auf die Akteure des städtischen Milieus, zu dem sie eine besondere Beziehung unterhielten. Es waren vor allem die Artes-Studenten, teilweise mit ihren Magistern, die gewaltsame Konflikte provozierten, die mit Prostituierten verkehrten, die Pariser Kneipen frequentierten oder randalierend durch die Straßen zogen. Dieses Verhalten der jungen Artisten, das sich gleichsam als Reviermarkierung, als Manifestation von Ansprüchen auf sozialen Raum in einer feindlichen Umwelt präsentiert, fungierte dabei ebenfalls als aktive Strategie der Identitätsprofilierung, nicht nur, indem es eine spezifisch ‚maskuline‘ Identität produzierte,[93] sondern auch, indem es ‚kulturelle Differenzen‘ ins Bewusstsein rief. Die Konflikte und Provokationen erfüllten damit für die Artisten eine bestimmte Funktion bei der Art und Weise, wie sie die Grenzen zu ihrer Umwelt sichtbar machten und mit dieser Umwelt interagierten. Hier ging es nicht um offenen Krieg, nicht darum, andere soziale Gruppen zu vernichten; freilich gab es Todesfälle, doch war dies gewiss nicht die Regel. In den meisten Fällen handelte es sich, wie

---

91   CUP, *Pars Introductoria*, Nr. 54, S. 55f.

92   Zu den Initiativen Philipps II.: Lombard-Jourdan, *Aux origines de Paris*, S. 75–81; zur Reflexion des Mauerbauprojekts bei den Zeitgenossen: John W. Baldwin, *Masters, Princes and Merchants. The Social Views of Peter the Chanter and his Circle*, Bd. 1, Princeton 1970, S. 71.

93   Destemberg, *L'honneur des universitaires*, S. 299–318.

Jacques Verger festgestellt hat, um relativ ,harmlose' Gewalt, bei der sich der Schaden in Grenzen hielt.[94] Insofern war die Gewalt kein Mittel der Zerstörung, sondern vielmehr der symbolischen Kommunikation. In dieser Funktion aber wurde sie von den Scholaren aktiv praktiziert und gesucht.

Insofern wäre es nicht gerechtfertigt, die Scholaren bei den town-gown-Konflikten einseitig in einer passiven Opferrolle zu sehen. Manche Quellen vermitteln eine ganz andere Vorstellung: Sie zeichnen ein düsteres und brutales Bild von den Scholaren, denen sie vorwerfen, bei Nacht randalierend, ja sogar mordend durch die Straßen zu ziehen, in Häuser einzubrechen und den Frieden der ganzen Stadt in Unordnung zu bringen.[95] Dass damit die Artisten gemeint sind, wird aus einer Predigt Prévostins deutlich, der explizit von den „scolares artium" spricht.[96] Wenngleich die Anschuldigungen kaum ein getreues Abbild der alltäglichen Situation liefern dürften, so mag dennoch bezweifelt werden, ob in diesen Schilderungen ausschließlich übertreibende Polemik zu sehen ist. Folgt man der Theorie sozialer Identität, ist es sogar sehr wahrscheinlich, dass Individuen, die den eigenen Status in ihrer Umwelt als illegitim empfinden – und dies dürfte auf die Scholaren als in der Stadt misstrauisch beäugte Fremde zutreffen – zu gewaltsamem Verhalten neigen.[97] Dies wird ferner auch dadurch plausibel, wenn man mit Randall Collins davon ausgeht, dass Gewaltsituationen grundsätzlich die Möglichkeit bieten, den gefühlten Selbstwert zu erhöhen, wenn es durch Dominanz gelingt, die situative Anspannung und Angst in emotionale Energie umzuwandeln.[98] Hannah Skoda hat in ihrer Dissertation darauf hingewiesen, dass die Berichte über studentische Gewalt in hohem Maße von Stereotypen geprägt sind, doch betont sie gleichzeitig, dass

---

94 Verger, „Les conflits « Town and Gown » au Moyen Âge", S. 241f. u. 251f.

95 Quorumdam scholarium sicariorum, qui de nocte incedentes armati, raptus, adulteria commitentes et furta, et caedes vel flagitia, pacemque non solum scholarium et securitatem, sed et civium ipsorum turbant (*Historia episcoporum Autissiodorensium*, Teiledition Michel-Jean-Joseph Brial, in: *Recueil des Historiens des Gaules et de la France*, Bd. 18, Paris 1879, S. 725–741, S. 740); [...] noctu conveniunt, armati incedunt, domos frangunt, captivas ducunt mulierculas puellas et rapiunt uxoratas et in nephario conventu opprimunt, homines vulnerant et occidunt (Philipp der Kanzler, *Transi hospes*, zit. nach Johannes B. Schneyer, *Die Sittenkritik in den Predigten Philipps des Kanzlers*, Münster 1963, S. 90f).

96 Quid dicam de scolaribus artium qui nocte incedunt armati et frangunt domos muliercularum uiolentiam eis facientes de quibus meretricule cotidie querimoniam deponunt, alie quod ab eis uberate sunt, alie quod uestes earum laniate, alie quod crines eorum amputati et alia plura in querimoniam ueniunt quae etiam dicere uerecundum est (Prévostin, *Nolite me vocare Noemi*, BnF, lat. 14804, fol. 102v).

97 Tajfel/Turner, „An Integrative Theory of Intergroup Conflict".

98 Randall Collins, *Dynamik der Gewalt. Eine mikrosoziologische Theorie*, Hamburg 2011, S. 35.

sie zweifellos auf beobachtetem Verhalten beruhen.[99] Dabei zeigt sich, dass diese präfigurierenden Topos-Konstellationen in einem dialektischen Verhältnis zum Verhalten der Studenten stehen, die diskursive Konstruktion von Devianz also auf die gewaltsamen Praktiken zurückwirken, die dann wiederum den Ausgangspunkt für neue Beobachtungen bilden.

Wenn die Artisten die Stadtbewohner absichtlich provozierten, so musste dies nicht immer durch dermaßen brutales Verhalten geschehen. Viel häufiger scheinen etwa die mit den Festen der *nationes* verbundenen Praktiken als Provokation gewirkt zu haben. Die Artistenfakultät musste im Jahre 1275 dem Unmut der Stadtleute dadurch entgegenwirken, dass sie ein Statut gegen die Praxis erließ, bei Festen in den Straßen zu tanzen. Dies betraf die Studenten wie die Magister: Explizit wird betont, dass derartiges Verhalten Magistern nicht geziemt.[100] Im gleichen Sinne wendet sich ein Jahr später, 1276, der päpstliche Legat Simon gegen alle Scholaren, die bei den Festen der *nationes* öffentlich tanzen, Waffen tragen und Trinkgelage begehen, da dies einen ‚Skandal‘ in der Bevölkerung errege (*scandalum in populo generatur*). Nachdem der Legat die frommen Scholaren der alten Tage kontrastierend gepriesen hat, kommt er zur Dekadenz der heutigen Scholaren: Wie ihm durch mehrere Beschwerden zu Ohren gekommen sei, habe sich der süße Klang der Kithara von einst in eine bittere Klage gewandelt.[101] Es heißt nämlich, dass die besagten Scholaren, die jeglichen Demut gegenüber den heiligen Festen verloren haben, alle möglichen Schandtaten begehen, indem sie tanzen, trinken und randalieren, und zwar zum Schaden der „*laici*", die daran großen Anstoß nehmen.[102]

Wie sehr sich die verschiedenen Bewohner von Paris durch die Scholaren provoziert fühlten und wie groß die Aggression gegen sie werden konnte, wird

99   Skoda, *Medieval Violence*, S. 119–158.

100 Quarto statuimus ut in eisdem festis vel aliis nullus magister faciat nec quantum in se est fieri permittat paramenta nec coreas duci in vico de die nec de nocte cum torticiis vel sine, cum talia clericos non deceant nec magistros precipue, sed potius redundent in vituperium clericorum (CUP I, Nr. 461, S. 532).

101 Nunc vero, sicut multiplicatis clamoribus audivimus ammirantes et dolentes referimus, bene sonantis cithare dulcis sonus in vocem lamentationis lugubrem miserabiliter est conversus (CUP I, Nr. 470, S. 540).

102 Fertur enim quod modernis temporibus, cum occurrunt festivitates hujusmodi celebrande, predicti scolares, devotione cultus divini postposita spretisque caritatis operibus consuetis, commessationibus, potationibus aliisque reprobandis actibus intendentes choreasque et alia nephanda exercere ludibria nichilominus presumentes, honestatem militie clericalis a se prorsus abiciunt, arma sumunt et armati incedunt nocturno tempore catervatim, perturbantes tumultuosis ac inhonestis vocibus civitatem aliaque varia committentes, per que non solum incurrunt rerum dispendia, sed etiam non sine gravi laicorum scandalo subsecuntur frequentius pericula personarum (CUP I, Nr. 470, S. 540f).

etwa an einem Vorfall des Jahres 1367 deutlich, als der Artes-Magister Petrus de Zippa zusammen mit seinen Studenten in Konflikt mit einigen Dienern des Königs geriet. Petrus de Zippa, *magister in artibus* und ehemaliger Rektor der Artistenfakultät, war in diesem Jahr mit einigen seiner Scholaren am Nikolausfest durch die Straßen gezogen, wobei einer von ihnen, Bartholomeus Divitis, *bacalarius in artibus*, aufgrund des Festes ein Bischofskostüm trug.[103] Als sie dabei an vier königlichen Dienern vorbeikamen, fühlten diese sich von dem Zug der Scholaren so sehr gestört, dass sie die Gruppe mit Schwertern angriffen und dabei einen Studenten, Jacobus de Bussono, am Bein verletzten. Als die Scholaren ihnen daraufhin sagten, dass sie schlecht gehandelt hätten, bekam einer der Diener eine derartig „heftige und unkontrollierte Wut" (*vehementem et inordinatum furorem*), dass er von seinen drei Gefährten festgehalten werden musste, damit er die Scholaren nicht vor lauter Hass umbringt.[104]

Die Geschichte ging noch weiter,[105] doch genügt bereits diese kurze Episode, um zu sehen, in welchem Maße die Praktiken der Scholaren und ihre Präsenz in den Pariser Straßen die Stadtbewohner provozierten. Was die Städter so in Rage versetzte, war wohl weniger die Tatsache, dass die Scholaren, wie der päpstliche Legat 1276 klagte, die Heiligkeit der Feste nicht achteten. Der Umstand, dass die Provokation der Stadtleute oftmals durch das Verhalten der Scholaren bei ihren Festen ausgelöst wurde, hängt vielmehr mit dem generellen Eindruck zusammen, den das öffentliche Tanzen, Trinken und Feiern vom Leben der Scholaren erweckte. Jacques Verger hat festgestellt, dass die Konflikte fast immer an Tagen oder zu Zeiten aufkamen, wenn die Scholaren *frei*

---

103 [...] nocte dicti festi beati Nicolai hyemalis ultimo preteriti magister Petrus de Zippa, magister in artibus, quondam rector dicte Universitatis, [...] et nonnulli scolares sui, [...] ipsique magister Petrus de Zippa et scolares cum eo existentes, inter quos fuerat quidam juvenis scolaris nuncupatus Bartholomeus Divitis de villa Yprensi natus, subdiaconus, bacalarius in artibus, eundem sic episcopalibus indumentis ornatum, [...] ad domos et habitaciones rectoris et nonnullorum aliorum magistrorum et scolarium [...] duxissent (CUP III, Nr. 1340, S. 166f).

104 Nichilominus cum ipsi magister Petrus et scolares cum lumine trium torchiarum ac sine armis quibuscumque dicta visitacione perfecta ad dictam domum suam redeuntes [...] quatuor servientibus nostris diversis armorum generibus armatis insimul coadunatis obviaverant, qui confestim gladiis evaginatis ipsos scolares invaserant ac unum ex ipsis scolaribus, vocatum Jacobum de Bussono, in crure graviter et enormiter vulneraverant; et quamquam dicti alii scolares ipsos insequentes et ad conflictum hujusmodi festinantes ipsis servientibus amicabiliter et tractabiliter dixissent, quod malum fecerant et faciebant sic invadendi et vulnerandi scolares antedictos: verumptamen unus ipsorum quatuor servientium propter ejus vehementem et inordinatum furorem per tres alios socios suos se teneri fecerat, et detentus fuerat, ad finem ne scolares antedictos interficeret, prout facere voluerat et pro viribus suis nitebatur (CUP III, Nr. 1340, S. 167).

105 CUP III, Nr. 1340, S. 167–175.

hatten, d.h. wenn kein Unterricht stattfand – dies aber erzeugte den Eindruck von *Müßiggang*, der die städtischen Arbeiter verärgern musste.[106] Was war das für eine seltsame Lebensform, welche die Scholaren repräsentierten, welcher sinnvollen oder nützlichen Tätigkeit gingen sie eigentlich nach, so mussten sich die Stadtbewohner fragen, deren Selbstverständnis zu einem wesentlichen Anteil auf ihrer sozialen *Nützlichkeit*, auf ihrem Beitrag zum Wohl des sozialen Ganzen, der Stadtgemeinschaft, beruhte. Mit welcher Berechtigung erhob die Gruppe der Scholaren Anspruch auf sozialen Raum, wenn sie ganz offensichtlich nichts zum Wohl der Gemeinschaft beitrug, sondern ein zwangloses, hedonistisches und selbstgefälliges Leben führte?

Der Müßiggang der Scholaren, der sich in ihren mit Festen verbundenen Praktiken zu manifestieren schien, ließ ihre Nutzlosigkeit in der Wahrnehmung externer Beobachter erfahrbar werden. Ausgerechnet die Artisten, in deren Studien am allerwenigsten ein Nutzen für die praktische Welt der Stadt erkannt werden konnte, traten mit diesem demonstrativen Müßiggang auf und brachten damit, so musste es erscheinen, ihre Inkompatibilität mit dem strukturrelevanten Nutzprinzip des Stadtwesens in augenfälliger Form zum Ausdruck. Hierin bestand die massive Provokation der Stadtleute und hierin lag die fundamentale Kritik, die sie der Universität und in erster Linie den Artisten entgegenbrachten. Durch die immer wiederkehrenden Konflikte, in denen sich das Spannungsverhältnis artikulierte, wurde diese Kritik auf Dauer gestellt und konnte auf diese Weise innerhalb der Wissenschaft ein kontinuierliches ‚Geräusch‘ erzeugen.

Als ein solches Geräusch stellten die permanenten Spannungen und Konflikte zwischen der Universität und der Stadt, und die darin zum Ausdruck gebrachte implizite Kritik der Stadtbevölkerung, eine der vielen Quellen von Irritationen dar, die im Inneren des Wissenschaftssystems dazu anregten, die soziale Nützlichkeit der Wissenschaft, ihren Beitrag zum Gemeinwohl, zu reflektieren. Neben dieser grundsätzlichen Irritation wirkte die spannungsvolle Relation zur Stadtkultur aber besonders als Stimulus für eine direkte Bezugnahme auf eben diese städtische Welt, also jene Lebenswelt, in deren Gestalt die nicht-wissenschaftliche Umwelt für die Gelehrten alltäglich *erfahrbar* war, auch wenn sie freilich nicht darin aufging. Wir werden im weiteren Verlauf dieses Kapitels sehen, dass insbesondere die Vertreter alternativer philosophischer Entwürfe, die in Abgrenzung von der Masse der Artes-Fakultät den Praxisbezug der Wissenschaft akzentuierten, diese Impulse aus der Stadtkultur aufgriffen und einen Bezug zur Lebenswelt der Stadt herstellten. Sie empfanden das Bedürfnis, sich in Relation zum städtischen Milieu zu bringen und

---

106   Verger, „Les conflits « Town and Gown » au Moyen Âge“, S. 241f.

den Nutzen ihres Wissens für die Stadtwelt zu erweisen. Doch auch im engeren Kreis der Artes-Magister blieben die Stimmen aus der Stadt nicht ungehört; begannen hier einzelne Philosophen, die Relevanz ihrer Disziplin für die ‚Gemeinschaft' (*civitas/communitas*) zu erwägen, so war damit neben einem (wie auch immer imaginierten) größeren politischen Kollektiv immer auch die *Stadt*gemeinschaft gemeint, also die soziale Formation, in der ‚Vergemeinschaftung' unmittelbar präsent war. Als Resultat der kritischen Erwartungshaltung, welche die Stadtkultur der Wissenschaft entgegenbrachte, stellen diese Tendenzen Verarbeitungen der Irritationen dar, denen das Wissenschaftssystem in einer derartigen Umwelt, der Stadt als einer praktisch orientierten Wissenskultur, ausgesetzt war. Die Konflikte, so kann schließlich festgehalten werden, waren also auch in dieser Hinsicht keinesfalls destruktiv oder unsozial; vielmehr waren sie maßgeblich daran beteiligt, die Wissenschaft längerfristig an einen spezifischen Umweltausschnitt zu koppeln.

Krisis und Verwandlung: Alternative Entwürfe im 13. Jahrhundert

Wer das Itinerar des letzten Kapitels und dessen narrative Strategie betrachtet, wird den nächsten Schritt leicht antizipieren können. Nachdem die Kritik an nutzlosen oder praxisfernen Gelehrten als gesamtgesellschaftliches bzw. als kulturelles Phänomen im Europa des 13. und 14. Jahrhunderts in einigen Grundzügen angerissen wurde, wurde der Blick im vorausgehenden Abschnitt auf den Raum gelenkt, der im Folgenden die historische Bühne des Geschehens ausmacht. Die Entfaltung des Plots ist insofern an eine Bewegung im Raum gebunden und der räumliche Übergang nach Paris bildet ein wichtiges Ereignis, das die Handlung vorantreibt.[1] Dieser Schritt – „Schließlich kam ich nach Paris" – stellte bereits in der Leidensgeschichte Peter Abaelards eine funktionale Zäsur dar, doch war sie auch hier nur der Ausgangspunkt für den weiteren Gang des Geschehens.[2] Die town-gown-Konflikte haben verdeutlicht, dass die gesellschaftliche Skepsis gegenüber der Wissenschaft auch in direkten Interaktionen im Pariser Stadtraum erfahrbar wurde. Die nächste Stufe der Untersuchung muss nun darin bestehen, die Art und Weise zu betrachten, wie die Irritationen, welche die äußere Kritik und die allgemeine gesellschaftliche Nutzerwartung zur Folge hatten, im Inneren der Wissenschaft verarbeitet wurden. Die Wissenschaft ist, wie in Kapitel 1.3 ausgeführt, nicht autonom im Sinne einer monadischen Abschottung, vielmehr bleibt sie an ihre Umwelt gekoppelt und erzeugt ihre Strukturen unter dem Einfluss jener Irritationen, die sie von außen empfängt.[3] Es ist ebenfalls bereits deutlich geworden, dass dieser Einfluss der Gesellschaft auf die Wissenschaft aber keinesfalls in einem geradlinigen und bruchlosen Zugriff, in einer Bestimmung des Überbaus durch die Basis besteht; die Ansprüche der ‚Welt' sind in der Wissenschaft nur als Geräusch hörbar und erhalten erst durch die eigenständige – in diesem Sinne autonome – Verarbeitung des Systems einen Sinn. Die Eigenlogik der Wissenschaft bildet den internen ‚Katalysator', durch den die Stimmen der Gesellschaft gefiltert und transformiert werden.

---

1   Zur narrativen Funktion räumlicher Bewegung grundlegend: Jurij M. Lotman, *Die Struktur literarischer Texte*, 4. Aufl., München 1993, S. 311–329.
2   Perveni tandem Parisius [...] (Peter Abaelard, *Historia Calamitatum*, ed. Dag Nikolaus Hasse, Berlin 2002, S. 1–102, S. 4).
3   Luhmann, *Wissenschaft der Gesellschaft*, S. 4of.

© KONINKLIJKE BRILL NV, LEIDEN, 2019 | DOI:10.1163/9789004399518_006

In der Tat blieben die kritische Haltung und die Nutzerwartung, welche die Gesellschaft der Wissenschaft insgesamt entgegenbrachte, innerhalb der wissenschaftlichen Welt nicht folgenlos. Der Konflikt zwischen den Philosophen und den Vertretern der nützlichen Disziplinen, den Juristen und Medizinern, wie er in Kapitel 2 thematisiert wurde, stellt bereits eine spezifische Form der Aufnahme und Verarbeitung dieser gesellschaftlichen Einflüsse dar. Doch bei einer starren Opposition von nutzloser Philosophie und lukrativen Professionen sollte es nicht bleiben. Das Spannungsverhältnis zwischen der universitären Philosophie der Artes-Fakultät und dem Prinzip der sozialen Nützlichkeit wurde – dies ist eine der zentralen Thesen dieser Arbeit – kulturell produktiv, indem es bei einzelnen Artisten und Philosophen die Formulierung dezidiert praxis- und nutzorientierter Wissenskonzepte provozierte, die sich kritisch von dem leitenden Paradigma der Artistenfakultät abgrenzten und damit als Gegenmodelle zum universitätsphilosophischen Mainstream fungierten. Die Verfasser dieser alternativen Entwürfe standen – im Gegensatz zu Bernard Gui, Friedrich II. oder den Pariser Stadtbewohnern – der Universität alles andere als fern; bei ihnen handelt es sich um Personen, die mitunter selbst an der Artes-Fakultät von Paris lehrten oder früher lange Zeit dort gelehrt hatten, in jedem Fall aber um Akteure, die einen Bezug zur Pariser Artistenfakultät hatten und die ihrerseits in Paris philosophische oder artistische Schriften produzierten, die an die Kommunikationen der Artes-Fakultät – wenn auch nicht in affirmativer Weise – anschlossen und damit am Wissenschaftssystem teilhatten.[4] Der Gegensatz zwischen der praxisfernen Artistenfakultät und diesen gezielt praxisbezogenen Ansätzen kann jedenfalls heuristisch fruchtbar gemacht werden für eine Betrachtung dieser Autoren, deren Profil nicht nur durch ihre jeweilige individuelle Prägung, sondern auch durch ihre konstitutive Opposition zur Pariser Universitätsphilosophie Gestalt gewinnt.

5.1 Der Grammatiker, die Logiker und die Gesellschaft

Nachdem das philosophische Paradigma der Artes-Fakultät in seine formative Phase eingetreten war, sollte es nicht lange dauern, bis der erste wissenschaftliche Vertreter eines solchen Gegenmodells auf den Plan trat. Johannes

---

4 Negation stellt gerade nicht den Abbruch von Kommunikation, sondern eine Form des Anschlusses dar, die Ablehnung kommuniziert (Luhmann, „Konfliktpotentiale in sozialen Systemen", S. 68); entscheidend ist nun bei den hier zu behandelnden Autoren, dass sie das soziale System der Artes-Fakultät in seiner diskursiven Logik negieren und damit notwendigerweise zu Außenseitern werden. Dem entspricht es, dass es sich hier stets um Einzelfälle, keineswegs um ein Massenphänomen unter den Philosophen handelt.

de Garlandia, der zunächst von ca. 1220 bis 1229, dann wiederum von 1231 bis mindestens 1258 in Paris als *magister grammaticae* lehrte, fällt vollkommen aus dem Rahmen des wissenschaftlichen Profils der Artistenfakultät, wie wir es in Kapitel 2 und 3 gezeichnet haben. Diese manifeste Divergenz ist gleichwohl von der einschlägigen Garlandia-Forschung oftmals nicht in ihrer ganzen Tragweite zur Kenntnis genommen worden. Nicht wenige der philologisch situierten Forscher begnügen sich mit der Feststellung, Johannes habe an der Universität gelehrt und liefere mit seinen Schriften erhellende Einblicke in die Methoden des dortigen Unterrichts,[5] wobei die Einbettung seiner Aktivität in den Rahmen der Artistenfakultät nicht in Frage gestellt wird. Tatsächlich ist seine Zugehörigkeit zur Fakultät der Artisten im Hinblick auf seine literarische Produktivität und seine spezifische Ausrichtung alles andere als selbstverständlich. Das Ausmaß der Diskrepanz zur Wissenskultur der Artes-Fakultät hat demgegenüber Olga Weijers, als eine der besten Kennerinnen der artistischen Quellen, voll und ganz erkannt: Sie geht in ihrem Repertorium *Le travail intellectuell à la Faculté des arts de Paris* sogar so weit, Johannes de Garlandia gar nicht in das Verzeichnis aufzunehmen, mit der Begründung, dass sich seine Schriften schwerlich in den Kontext der Artistenfakultät einordnen ließen und seine Positionierung daher problematisch sei. Weijers vermutet, Johannes könnte in einer der städtischen Grammatikschulen und somit nicht an der Universität im engeren Sinne gelehrt haben.[6]

Sicher scheint hingegen zu sein, dass Johannes den Grad eines Magister artium erworben hat, wobei es naheliegt, dass dies um 1220 geschah: In seiner Anfang der 1220er Jahre entstandenen *Parisiana Poetria* thematisiert Johannes den Vorgang der Inceptio als Magister in Paris in einem Musterbrief. Da er an dieser Stelle die Technik der ‚Digression‘ vorführt, lässt er sich ausführlich über das Ritual und die damit verbundene Ehre für den neuen Magister aus: „Nachdem das arbeitsreiche Unternehmen der Pariser Wissenschaft mich über lange Zeit ermüdet hat, habe ich es endlich errungen, den Lohn der langen Arbeit in den Händen zu halten: Ich habe die Lizenz erhalten, den Lehrstuhl eines Magisters zu besteigen, doch nicht ohne den mehrfachen Kampf der Disputation. Aber die materielle Knappheit hat die Initiationszeremonien für mich

---

5 So etwa William G. Waite in seinem klassischen Aufsatz: „Johannes de Garlandia, Poet and Musician", in: *Speculum* 35 (1960), S. 179–195, S. 179; eine Lehrtätigkeit an der Universität Paris setzen ebenfalls fraglos voraus: Thomas Haye, *Iohannes de Garlandia: Compedium gramatice*, Köln 1995, S. 3; Erich Reimer, *Johannes de Garlandia: De mensurabili musica*, Wiebaden 1972, S. VIIIf; Ewald Könsgen, *Iohannes de Garlandia: Carmen de Misteriis Ecclesie*, Leiden 2004; Louis John Paetow, *Morale Scolarium of John of Garland (Johannes de Garlandia). A Professor in the University of Paris and Toulouse in the Thirteenth Century*, Berkeley 1927, S. 78.

6 Weijers, *Le travail intellectuel*, Bd. V, S. 10.

hinausgezögert. Es ist nämlich in Paris Brauch, die Ehre des Lehrstuhls nicht
nur durch eine Reihe von Disputationen, sondern auch durch die Veranstaltung von Festmälern zu empfangen".[7]

Ob Johannes de Garlandia nun an der Artistenfakultät oder in einer Gram-
matikschule – oder gar an beiden Orten, was ebenfalls denkbar wäre – lehrte,
wird sich nicht endgültig entscheiden lassen. Mit Blick auf das soeben zitierte
Zeugnis und die daraus zu erahnende Verbundenheit des Autors mit dem Kreis
der Pariser Artes-Magister soll hier die traditionelle und etablierte Zuordnung
Johannes de Garlandias zur Pariser Artistenfakultät nicht in Frage gestellt werden. Dennoch ist der Einwand von Olga Weijers mehr als berechtigt. Die im
Folgenden formulierte Perspektive auf Johannes de Garlandia versucht daher,
die von Olga Weijers konstatierte Diskrepanz auf andere Weise zu erklären,
d.h. seine spezifische Position, die sich von dem Paradigma der Artes-Fakultät,
wie es gerade im zweiten Viertel des 13. Jahrhunderts immer deutlichere Konturen gewinnt, maßgeblich unterscheidet, in die Pariser Verhältnisse einzuord-
nen, ohne seine potentielle Zugehörigkeit zur Artes-Fakultät auszuschließen.

Doch worin besteht nun die exzeptionelle Position des Johannes de Garlandia, aufgrund derer er in dieser Arbeit als Verfasser eines ‚alternativen
Konzepts' behandelt wird? Die Artes-Fakultät der Universität Paris war, wie
in Kapitel 3 gesehen, im zweiten Viertel des 13. Jahrhunderts vor allem durch
ein signifikantes Merkmal geprägt: die Dominanz der Logik.[8] Johannes de
Garlandias Interessen lagen hingegen ganz anders: Er widmete sich in erster
Linie der Grammatik, der Rhetorik, inklusive der *ars dictaminis*, der Poetik,
auch als Verfasser zahlreicher eigener Dichtungen, in denen er zeitgenössische
Ereignisse thematisierte, sowie der praktischen Musiklehre. Nicht nur griff
Johannes in seinen Dichtungen politische Geschehnisse der Gegenwart – so
etwa die Kreuzzüge in *De triumphis ecclesiae*[9] – auf, er bezog sich auch auf das
städtische und studentische Leben seines Umfelds, wie im *Morale scolarium*[10]
und im *Dictionarius*.[11] Johannes nahm also immer wieder Bezug auf die Welt
außerhalb der Schulen. Dem entspricht es, dass er viele seiner Dichtungen an

---

7   Cum Parisiane scientie militia laboriosa me longo tempore fatigauerit, tandem laboris
    longi brauium compendere decertaui: magistralem cathedram – non sine frequenti dis-
    putationis conflictu – conscendendi licenciam accepi. Set penuria rerum inciales michi
    distulit apparatus. Mos enim est Parisius non solum disputationum frequenca sed festi-
    uarum apparatibus epularum honorem suscipere cathedralem (Johannes de Garlandia,
    Parisiana Poetria, ed. Traugott Lawler, New Haven 1974, S. 74).

8   Siehe oben Kap. 3.1.

9   Johannes de Garlandia, *De triumphis ecclesiae*, ed. Thomas Wright, London 1856.

10 Johannes de Garlandia, *Morale scolarium*, ed. Louis John Paetow, Berkeley 1927, S. 69–273.

11 Johannes de Garlandia, *Dictionarius*, ed. Barbara Blatt Rubin, Lawrence 1981; Johannes
    beschreibt hier etwa die verschiedenen Gewerbe, die in den Straßen von Paris zu sehen

hochrangige geistliche oder weltliche Personen in Frankreich und England adressierte,[12] d.h. gezielt den Kontakt nach außen suchte.

Doch es sind nicht diese Kontaktaufnahmen, um die es hier bei Johannes de Garlandia in erster Linie geht, obwohl er sich damit freilich bereits signifikant von den ‚herkömmlichen' Artisten des 13. Jahrhunderts unterscheidet, deren Schriften in aller Regel für den universitäts- und wissenschaftsinternen Gebrauch bestimmt waren, also den ‚Raum' der Universität nicht verließen. Wichtiger ist im Folgenden, dass Johannes in seinen wissenschaftlichen, didaktischen und poetischen Erzeugnissen eine deutliche Ausrichtung auf praktische Anwendung und Nützlichkeit erkennen lässt und dass diese Ausrichtung in vielen Punkten als ein dezidiertes Gegenkonzept zum Programm der Artes-Fakultät erscheint. Dies zeigt sich bereits in einer seiner frühen Schriften, der *Parisiana Poetria*, die er Anfang der 1220er Jahre verfasste und wohl Mitte der 1230er Jahre noch einmal revidierte.[13] Mit voller Absicht stellt Johannes das Wort *„Parisiana"* an den Beginn des Werks, um den Titel *„Parisiana Poetria"* zu erhalten, wie er selbst in seiner vorgeschalteten Einführung zur Schrift angibt: *„Si de titulo queratur, is est: ‚Incipit Parisiana Poetria Magistri Iohannis Anglici de Garlandia de Arte Prosaica, Metrica et Rithmica'; et sumitur titulus a prima fronte libri".*[14] Doch wählt Johannes diesen Titel offenbar nicht nur, um sich, wie Lawler vermutet,[15] von Horaz' *Ars poetica*, die allgemein als *„Poetria"* bekannt war, sowie von der *Poetria nova* des Gottfried von Vinsauf, der sich seinerseits auf Horaz bezogen hatte, zu unterscheiden. Johannes entwirft mit seiner „Pariser Poetik" (die, wie wir sehen werden, weit mehr ist als eine Poetik) ein Gegenmodell zum Trivium der Artes-Fakultät, weshalb er das Label ‚Paris' für sich reklamiert, gleichsam um die wahre Pariser Lehre des Triviums zu bezeichnen und programmatisch zu vertreten. Schon mit seiner *Poetria* stellt sich Johannes, wie mit seinem später entstandenen *Compendium grammatice*, kontrapunktisch gegen den ‚trivialen Mainstream' der Artistenfakultät von Paris.

Die *Parisiana Poetria* ist eine unmittelbar für die praktische Anwendung konzipierte Anleitung zum Verfassen von lateinischen Texten, die sich keinesfalls, wie die *Ars poetica* des Horaz und die *Poetik* von Aristoteles,[16] auf

---

waren, wie die Goldschmiede, Tuchhändler, Sattler oder Metzger; zum *Dictionarius* siehe auch: Charles Homer Haskins, *The Rise of Universities*, New York 1976, S. 89–92.

12   Paetow, *Morale Scolarium*, S. 93; Haye, *Compendium gramatice*, S. 7f.

13   Traugott Lawler, *The Parisiana poetria of John of Garland*, New Haven 1974, S. XV.

14   Johannes de Garlandia, *Parisiana Poetria*, ed. Lawler, S. 2.

15   Lawler, *The Parisiana Poetria of John of Garland*, S. XVI, Anm. 7.

16   Zu diesen Werken allgemein: Manfred Fuhrmann, *Die Dichtungstheorie der Antike. Aristoteles – Horaz – ‚Longin'*, Düsseldorf 2003.

‚Dichtung' im engeren Sinne beschränkt, sondern eine umfassende Lehre des Schreibens für prinzipiell sämtliche Textsorten (*in quolibet genere dictandi*) bieten möchte. Den Anspruch, eine solch universelle praktische Schreiblehre liefern zu wollen, spricht Johannes in seiner vorgeschalteten Einführung deutlich aus: „Dies ist die Vorgehensweise: Der Autor lehrt, wie man Wörter findet, nach den Kategorien des Auffindens, nämlich Substantive und Adjektive und Verben, im wörtlichen wie im übertragenen Sinne, und zwar für jedwede Textsorte: seien es offizielle Dokumente oder wissenschaftliche Texte, sei es ein elegisches Gedicht, eine Komödie, Tragödie oder Satire, oder aber Geschichtsschreibung. Daher geht es manchmal um Prosa, ein anderes Mal um Versifikation".[17] Die „Nützlichkeit" (*utilitas*) dieses mit zahlreichen Beispielen versehenen Werks sieht Johannes darin, dass es lehrt, wie man *jegliches Thema* in Prosa, metrischem oder rhythmischem Vers behandelt.[18]

Die mit einem Accessusschema versehene Einführung in die *Parisiana Poetria*, aus der soeben zitiert wurde, hat Johannes nach der Vermutung Lawlers wohl erst zu einem späteren Zeitpunkt seinem Werk hinzugefügt.[19] Ginge man davon aus, dass diese Ergänzung bei der Revision des Textes Mitte der 1230er Jahre vorgenommen wurde, dann wäre dies durchaus signifikant. Offenbar fühlte sich Johannes veranlasst, den fundamentalen Praxisbezug seines Werks noch einmal in aller Deutlichkeit zu explizieren, als das praxisferne Paradigma der Artes-Fakultät noch deutlicher hervortrat und die Selbstreferentialität der Logik vollends offensichtlich wurde, nicht nur anhand des Prüfungsstoffs für die Lizenz, wie ihn der *Guide de l'étudiant* bezeugt, sondern vor allem durch die Pariser Lehrtätigkeit von Philosophen wie Jean le Page und Nikolaus von Paris, die in eben diesen Jahren begann.[20]

Doch die auf ‚Nützlichkeit' gerichtete Orientierung der *Parisiana Poetria* manifestiert sich nicht nur in der Konzeption des Werks als praktischer Schreiblehre. Als Johannes die drei Teile der Philosophie nennt, zu denen er sein Buch zählt, führt er neben der Grammatik und der Rhetorik ebenso die

---

17   Is est modus agendi: auctor docet inuenire uocabula secundum species inuentionis, scilicet substantiua et adiectiua et uerba proprie et transumptiue posita, in quolibet genere dictandi, siue sint littere curiales siue scolastice, siue elegiacum carmen tradatur, uel comedia, uel tragedia, uel satyra, uel hystoria. Agitur autem aliquando de arte prosayca, aliquando de uersificatoria, mutua vicissitudine (Johannes de Garlandia, *Parisiana Poetria*, ed. Lawler, S. 2).

18   Vtilitas est scire tractate quamcumque materiam prosayce, metrice, et rithmice (Johannes de Garlandia, *Parisiana Poetria*, ed. Lawler, S. 2).

19   Lawler, *The Parisiana Poetria of John of Garland*, S. 227.

20   Siehe oben Kap. 3.1.

Ethik an.[21] Dies bedeutet nicht, dass sich Johannes in der *Poetria* systematisch zur Moralphilosophie geäußert hätte; der Grund, weshalb er seine Schrift auch der Ethik zuordnet, hängt zum einen mit seiner generellen Auffassung des Triviums zusammen, auf die noch zurückzukommen ist, zum anderen aber damit, dass dieses Werk, wie die meisten Texte des Johannes de Garlandia, eine unterschwellige moralische Dimension aufweist, die sich in *en passant* eingestreuten moralischen Lehren und ‚Lebensweisheiten' artikuliert.[22] Es entspricht Johannes' Auffassung vom ethischen Wert seiner Ausführungen, wenn er an einer Stelle der *Poetria* bemerkt, dass alles, was er zuvor gesagt hat, keinen Wert habe, wenn es nicht auch zu ehrwürdigem Verhalten führt.[23]

Diese grundsätzliche Orientierung Garlandias, die Lehre der Grammatik und der Poetik stets mit Ethik oder moralischer Unterweisung zu verbinden, zeigt sich in vielen seiner Schriften, etwa im *Cornutus*,[24] der im 14. Jahrhundert ins Deutsche übersetzt wurde,[25] sowie in den *Exempla honestae vitae*.[26] Sie hat aber vor allem eine maßgebliche Konsequenz für die Art und Weise, wie Johannes, der *magister grammaticae*, seinen Unterricht der Grammatik in Paris gestaltet. Johannes tritt mit Nachdruck für die Verwendung der lateinischen Klassiker im Grammatikunterricht ein, ein Postulat, das sich gegen deren Ver-

---

21   Liber iste tribus speciebus philosophie supponitur: Grammatice, quia docet congrue loqui, Rethorice, quia docet ornate dicere, Ethice, quia docet siue persuadet ad honestum, quod est genus omnium uirtutum secundum Tullium (Johannes de Garlandia, *Parisiana Poetria*, ed. Lawler, S. 2).

22   So etwa in den Sprichwörtern in Kapitel 1, die allgemeine Lebensklugheiten enthalten, z.B.: Qvi nouit uires suas metiri nihil agreditur quod eum cogat pudenter a proposito uestigia reuocare; Qvando plantula caret radicibus et irriguo, marcorem induit et inutilis extirpatur; Qvicumque potest tolerare aduersa, uirtus illum paciencie coronabit (S. 14); Crebrescit in eius oprobrium infamia qui magnificus in uerbis, in factis pusillanimis reperitur; Qvem sera porte clause longe remouet a domo, constat quod frequenter ab amicorum oculis mentalibus absentatur; Iuri derogat qui presumit aliena contra iuris debitum possidere (S. 16).

23   Et sciendum quod illa que dicta sunt, nisi iuuerint ad exemplum uenerabilium uirorum, uenerabilis gestus et modus pronunciationis nichili uidebuntur (Johannes de Garlandia, *Parisiana Poetria*, ed. Lawler, S. 134).

24   Johannes de Garlandia, *Cornutus*; siehe hier etwa: Pseustes et ambrones, sycophantes, vispiliones, Styx et Cocytus, Lethe Phlegethonque rotabunt (S. 24); Qui multis duliam promittit heris placituram, Pseudulus alterius fiet, non assecla verus (S. 25).

25   Dies ist nur ein weiteres, freilich in seiner Dimension historisch unbedeutendes Beispiel für das generelle Phänomen, dass praktisch akzentuierte Texte oftmals frühzeitig in Volkssprachen übersetzt werden; der paradigmatische Fall ist *De regimine principum* des Aegidius Romanus: Perret, *Les traductions françaises du „De regimine principum" de Gilles de Rome*.

26   Johannes de Garlandia, *Exempla honestae vitae*, ed. Edwin Habel, in: *Romanische Forschungen* 29 (1910), S. 131–154.

nachlässigung bei seinen Kollegen wandte und in direktem Zusammenhang mit seiner Anschauung von der Funktion des akademischen Unterrichts steht. In seinem *Compendium gramatice*, das Mitte der 1230er Jahre entstand und unmittelbar für den Gebrauch im Unterricht konzipiert ist, zitiert Johannes demonstrativ in großem Umfang die klassischen Autoren der Antike, darunter Vergil, Horaz, Ovid, Lucan, Statius, Persius, Seneca oder Juvenal. Mit seinen rund 700 Zitaten aus antiken Klassikern unterscheidet sich das *Compendium* signifikant von den – später an der Artes-Fakultät beliebten – Grammatiken des Eberhard von Béthunde und Alexander von Villedieu. Thomas Haye bezeichnet diese Präsenz der Dichtung in der Grammatik als bereits „anachronistisch".[27] Dies bedeutet nicht, dass sich Johannes ausschließlich auf die Dichter stützt, um den grammatischen Stoff zu präsentieren. In den Büchern 1 bis 3 behandelt Johannes systematisch grammatische Kategorien wie Nomen, Verben, Partizipien, Pronomen, Präpositionen, Adverbien oder Konjunktionen, wobei er sich vor allem auf Donats *Ars maior* und Priscians *Institutiones* bezieht,[28] also auf jene beiden Werke, die im Grammatikunterricht der Artistenfakultät verwendet wurden.[29] Doch bildet Johannes seine Vorlagen dabei keinesfalls schlicht ab. Die beiden grammatischen Referenztexte werden im Prozess der Rezeption in verschiedener Hinsicht transformiert (und dabei auf andere Weise *aktualisiert* als im allgemeinen Rezeptionskontext der Artes-Fakultät):[30] Nicht nur ordnet Johannes den Stoff neu an und präsentiert ihn zudem in versifizierter Form, primär unter Verwendung von Hexametern, um einen mnemotechnisch geeigneten Text zu erhalten;[31] noch wichtiger ist hier, dass Johannes darüber hinaus die jeweiligen grammatischen Themen mit Zitaten von Vergil, Ovid, Seneca oder Lucan korreliert. Der ‚anachronistische' Rekurs auf die Klassiker wird in Buch 4 noch gesteigert, wo Johannes seinen Text nicht mehr nach den zu behandelnden grammatischen Phänomenen strukturiert, sondern einzelne Dichter zum Objekt der Darstellung macht, die dann grammatisch analysiert werden.[32] Da Johannes das erklärte Ziel verfolgt, der Vernachlässigung der klassischen Autoren entgegenzuwirken, ist dieses ausgiebige Zitieren, wie Haye feststellt, als „konkrete Realisierung eines theoretischen Programms" zu

---

27   Haye, *Compendium gramatice*, S. 35.

28   Johannes de Garlandia, *Compendium gramatice*, ed. Thomas Haye, Köln 1995, S. 61–220; zum Inhalt des Compendium siehe die Übersicht von Haye, S. 24–28.

29   Siehe oben Kap. 3.1.

30   Zur Rezeptionseinstellung der Artisten im 13. Jahrhundert siehe oben Kap. 3.4, speziell mit Bezug auf die Grammatik Kap. 3.2.

31   Zur Sprache des Compendium: Haye, *Compendium gramatice*, S. 37ff.

32   Johannes de Garlandia, *Compendium gramatice*, ed. Haye, S. 221–269; zum Inhalt von Buch 4: Haye, *Compendium gramatice*, S. 36.

begreifen.[33] Doch was war der Grund dafür, dass Johannes so entschieden für die Lektüre der antiken und teilweise auch mittelalterlichen Dichter eintrat? Lag es ausschließlich an seiner ‚humanistischen' Gesinnung, wie Paetow in seiner grundlegenden Darstellung zu Johannes de Garlandia suggeriert?[34]

In der Tat hat Paetow in seiner klassischen Studie ein Bild des Grammatikers und Dichters gezeichnet, das fortan zur gängigen Sichtweise auf Garlandia werden sollte und von fast allen Forschern in mehr oder minder affirmativer Weise aufgegriffen wurde. Auch wenn weder Paetow noch spätere Autoren Johannes' Zugehörigkeit zur Artistenfakultät und Universität von Paris in Frage stellten, so war man sich dennoch einig, dass sein Eintreten für die klassischen Dichter bei seinen Zeitgenossen auf keine große Zustimmung stieß, mithin eine Ausnahmeerscheinung war. Johannes de Garlandia war, dies stand für Paetow fest, „a lone humanist in the University of Paris during the thirteenth century" und sein inniges Anliegen bestand darin, das Latein seiner Studenten zu verbessern: „Above all, John of Garland was a schoolmaster who sought to make his students learn more and better Latin than was so glibly used in the universities of his day".[35] Als Humanist dachte Johannes freilich auch an die Moral seiner Schüler, aber sein oberstes Ziel lag in einer Reform des schlechten – man möchte sagen: mittelalterlichen – Lateins der Universität: „To be sure, in the Morale scolarium he wished to reform the morals of his students but he was even more anxious to reform their Latin".[36] Sein Bemühen um die antiken Dichter findet seine Motivation somit vor allem in der Schönheit ihrer lateinischen Sprache, die er für die Gegenwart zurückgewinnen, ja sogar übertreffen möchte: „Like a dwarf in the footsteps of Hercules he would humbly follow Virgil, Cicero, Ovid, Statius, and Lucan, confident that his puny modern age, if perched on the shoulders of those giants, would have a wider vision of beauty".[37]

Dass Johannes mit seiner humanistischen Attitüde in der Universität Paris einsam blieb, war für Paetow und spätere Forscher offensichtlich. Jedenfalls genügt bereits ein oberflächlicher Blick, um zu sehen, dass seine artistischen Kollegen, die ‚Logiker' von Paris, sich nicht um die Schönheit der Sprache scherten, sondern allein an ihrer kalten Analyse interessiert waren. Wenn Johannes de Garlandia von einem „Schisma" in der Wissenschaft spricht,[38] so

---

33   Haye, *Compendium gramatice*, S. 32.
34   Paetow, *Morale scolarium of John of Garland*.
35   Paetow, *Morale scolarium of John of Garland*, S. 104.
36   Paetow, *Morale scolarium of John of Garland*, S. 104.
37   Paetow, *Morale scolarium of John of Garland*, S. 102.
38   Nam, velut alma fides, sic scisma scientia sentit (Johannes de Garlandia, *Compendium gramatice*, ed. Haye, S. 62).

meint er damit zweifellos, wie Thomas Haye treffend bemerkt,[39] die beiden Seiten, die ebenfalls Henri d'Andeli in seiner *Bataille des VII ars*[40] einander gegenüberstellt: sich selbst als einsamen Humanisten, der das Studium der klassischen Dichtung zu retten gedenkt, auf der einen Seite und die Vertreter der Logik, welche in Paris die Überhand gewonnen und die klassische Literatur verdrängt hat, auf der anderen Seite. Doch ging es Johannes de Garlandia tatsächlich in erster Linie um eine Reform der lateinischen Sprache und um die Vermittlung humanistischer Bildung, wenn er so vehement für den Einsatz der antiken Dichter im Unterricht der Universität plädiert? Bestand sein Hauptkritikpunkt an den Logikern darin, dass sie mit ihren rationalen Analysen die Schönheit der Sprache und den Bildungswert der Literatur negierten? Oder ist Johannes, wenn schon kein „Humanist", dann ein „Traditionalist",[41] dessen Standpunkt durch die Bewahrung des Alten geprägt ist, also sein Profil aus einer seit langem bestehenden Tradition speist, in der die Lektüre der lateinischen Klassiker fest etabliert war?

Mit dem hier vertretenen Ansatz und der daraus abgeleiteten Perspektive auf Johannes de Garlandia soll an dieser Stelle eine etwas andere Sichtweise artikuliert werden, die Johannes' Position weder primär auf eine konservative, noch ausschließlich auf eine ‚humanistische' Haltung im engeren Sinne zurückführt. Johannes kann nicht einfach als Repräsentant einer alten Tradition gesehen werden, die er aus konservativer Gesinnung propagierte. Seine Attitüde weist Spezifika auf, die erst aus der synchronen sozialen Dynamik der spezifischen Konstellation entstanden, innerhalb deren Johannes seine Position formulierte. Wenn Johannes so emphatisch für die Lektüre der antiken Dichter eintrat, dann geschah dies, wie zu zeigen sein wird, im Rahmen einer spezifischen Wissenskonzeption und aus einem ganz konkreten gesellschaftspolitischen Impetus heraus, mit Blick auf einen konkreten sozialen Nutzen, den die Dichter für Johannes aufwiesen. Es ist daher auch nicht damit getan, Johannes' Position pauschal als ‚humanistisch' zu apostrophieren bzw. auf eine humanistische Grundgesinnung zurückzuführen. Seine Konzeption, in deren Konsequenz bereits die auf praktische Anwendung und Nützlichkeit zielende *Parisiana Poetria* entstanden war, geht weit darüber hinaus und ist in Zusammenhänge eingebunden, die weniger mit humanistischen Ideen oder

---

39   Haye, *Compendium gramatice*, S. 34.
40   Siehe oben Kap. 3.1.
41   So Haye, *Compendium gramatice*, S. 34.

schönem Latein, als vielmehr mit der Verarbeitung gesellschaftlicher Erwartungen zu tun haben.[42]

5.1.1   *Der Grammatikprofessor als Intellektueller?*

Aber wie genau denkt sich Johannes den sozialen Nutzen der Dichtung? Die simple Feststellung im *Morale scolarium*, die ausgiebige Lektüre der *auctores* würde nützlichere Professoren zur Folge haben, sagt dazu noch nicht viel.[43] Auch die Tatsache, dass Johannes gegen *„quaedam moderna scripta inutilia“* polemisiert und diesen die *„libros philosophicos“* – gemeint sind die antiken Dichter – gegenüberstellt, hilft hier nicht weiter.[44] Den Schlüssel liefert eine andere Stelle im *Morale scolarium*, an der Johannes die Dichter seiner Zeit kritisiert.[45] Dabei kontrastiert er diese mit Seneca, dessen moralische Lehre gepriesen wird (*Moralis Senece doctrina sapit sine fece*). Seneca erscheint dabei als idealer Philosoph und Dichter, der als Erzieher Neros ohne Furcht den Kaiser ermahnt und seine Pflicht erfüllt hat.[46] Als furchtloser Mahner musste er jedoch den Tod erleiden, als Nero denjenigen zerstörte, der „wie das Juwel der Dichter strahlte“ (*Hunc Nero destruxit qui vatum gemma reluxit*). Doch eben diese Verantwortung, die Seneca in Johannes' Augen vorbildhaft übernahm, scheint bei den Dichtern der Gegenwart zu fehlen. Nach den vorigen Perfektformen wechselt Johannes ins Präsens und fragt: „Warum nun schweigen die Dichter und fürchten um ihre Haut?“ (*Cur modo mutescunt vates pellique timescunt?*). Und er diagnostiziert gegenwärtig schlechte Zeiten ohne Hoffnung auf

---

42   Damit ist nicht gesagt, dass die Ansichten, die Johannes artikuliert, nicht mit humanistischen Ideen verbunden sind, die als solche beschrieben werden können; ich habe lediglich den Eindruck, dass damit seine Position noch nicht hinreichend erfasst ist, geschweige denn *erklärt* werden kann. Eine solche Erklärung muss jedenfalls miteinbeziehen, aus welchen Gründen, unter welchen Bedingungen und in welcher spezifischen Form Johannes sich Elemente des humanistischen Diskurses aneignet; zum humanistischen Diskurs siehe auch: Rexroth, *Fröhliche Scholastik*, S. 264–283.

43   Florent auctores et ab illis floridiores, Fiunt doctores et lectris utiliores (Johannes de Garlandia, *Morale scolarium*, ed. Paetow, S. 222).

44   Johannes de Garlandia, *Morale scolarium*, ed. Paetow, S. 221; in diesem speziellen Kontext – die Pariser Artes-Fakultät in der Mitte des 13. Jahrhunderts – muss in dieser Begriffsverwendung eine bewusste Aneignung und semantische Umcodierung gesehen werden, mit der Johannes sein alternatives Programm akzentuiert.

45   Johannes de Garlandia, *Morale scolarium*, ed. Paetow, S. 241.

46   Nach dem Tod Claudius' und dem Beginn der Herrschaft Neros im Jahr 54 hatte Seneca den jungen Kaiser in seiner Schrift *Ad Neronem Caesarem de clementia* zu verantwortungsvollem Handeln aufgefordert und auch anschließend als Berater Neros fungiert. Wegen seiner angeblichen oder tatsächlichen Verwicklung in die sog. Pisonische Verschwörung gegen Nero befahl der Kaiser ihm schließlich den Suizit (Manfred Fuhrmann, *Seneca und Kaiser Nero. Eine Biographie*, Berlin 1997).

Besserung, ganz offenbar als Resultat des Schweigens der Dichter (*Hinc pluvie crescunt nec tempora certa diescunt*).

Diese Kritik an seinen Zeitgenossen ist bei Johannes kein Einzelfall. Im *Compendium gramatice* bemerkt er, in Abwandlung des Horaz'schen Diktums, über die gegenwärtige Lage: *Nec prodesse volunt nec delectare poete.*[47] Während die *vates* und *poete* seiner eigenen Zeit also nicht mehr nutzen (*prodesse*) möchten, indem sie wie Seneca mutig das Wort ergreifen, ersinnt Johannes für sich selbst als Autor und für seine Studenten eine andere Funktion. Was Johannes fordert, sind Autoren, die nicht still sind, sondern sich öffentlich äußern, um dadurch die Übel der Welt, wie die Verbreitung von Häresien, zu verhindern. Johannes plädiert für eine auf den antiken Dichtern basierenden Lehre des Triviums, um Dichter-Intellektuelle zu erziehen, die die Probleme der Gegenwart öffentlich bekämpfen. Die antiken Autoren sollen mit ihren moralischen Lehren Vorbilder sein und die ethischen Grundlagen für die kritische Stimme des Intellektuellen bieten. Seine eigene Aufgabe scheint Johannes jedenfalls genau darin zu sehen: Er thematisiert in seinen Werken immer wieder aktuelle Themen, prangert die Verhältnisse an und bezieht eindeutig Stellung, so etwa im *Morale scolarium* zum Konflikt zwischen Friedrich II. und Gregor IX.[48] oder zu den Kreuzzügen und anderen politischen Ereignissen in *De triumphis ecclesiae*. Johannes greift ‚gesellschaftliche Anliegen'[49] auf und artikuliert seine dezidierte Position. Da er nachweislich um die Verbreitung seiner Werke bemüht war, wie die ausgedehnte Widmungspraxis bezeugt, war es offensichtlich seine Absicht, auf diese Weise die öffentlichen Debatten und aktuellen Entwicklungen zu beeinflussen.

Dabei hat Johannes sein Vorhaben als Kritiker auch explizit reflektiert: Er selbst betrachtete das *Morale scolarium* als ‚Satire', wie er am Beginn der Schrift sagt: „In diesem satirischen Tadel-Buch werden die Laster mit der Moral konfrontiert".[50] Johannes möchte, wie er vorgibt, eine ‚neue Satire' schreiben (*Scribo novam satiram*), die nicht darauf aus ist, Zorn zu sähen und einzelne Personen anzugreifen, sondern verbreitete Probleme anzusprechen.[51] Was aber die Aufgabe einer Satire ist, weiß Johannes sehr genau zu benennen:

---

47 Johannes de Garlandia, *Compendium gramatice*, ed. Haye, S. 267.

48 Johannes de Garlandia, *Morale scolarium*, ed. Paetow, S. 198f und S. 234ff.

49 Zu diesem Begriff werde ich zurückkommen, wenn es um Roger Bacon geht; siehe unten Kap. 5.4.2.

50 In hoc igitur libello reprehensione satirica vitiis moralitas opponitur (Johannes de Garlandia, *Morale scolarium*, ed. Paetow, S. 186).

51 Scribo novam satiram, set sic ne seminet iram, Iram deliram, letali vulnere diram, Nullus dente mali lacerabitur in speciali, Immo metro tali ludet stilus in generali (Johannes de Garlandia, *Morale scolarium*, ed. Paetow, S. 187).

„Dies ist das Gesetz der Satire: Fehler lächerlich zu machen, einen nach dem anderen, moralisches Verhalten zu bewirken, verborgene Abscheulichkeiten aufzudecken".[52] Dies hatte sich Johannes zum Ziel gesetzt und in der Tat ist er nicht nur im *Morale scolarium* damit beschäftigt, das Verhalten seiner Zeitgenossen, etwa das dekadente und unmoralische Leben mancher Prälaten,[53] schonungslos anzuprangern.

Als Dichter, der die klassischen Autoren nachahmt und durch ihre Lehren moralisch geschult ist, sah sich Johannes als ‚öffentlichen Intellektuellen',[54] der die Fehler anderer lächerlich macht, hässliche Sünden aufdeckt, gutes Verhalten hervorruft. Als Lehrer an der Artistenfakultät, der er ja vor allem war, sah er es als seine Aufgabe, seinen Studenten das Verfassen von Texten, nicht zuletzt der Poesie, beizubringen, wie in der *Parisiana Poetria*, und sie mit den klassischen Dichtern vertraut zu machen. Durch die Lektüre der *auctores* sollten sie selber zu moralisch guten und kritischen Geistern werden, die, wie Johannes selbst und wie einst Seneca, nicht um ihre Haut bangten und schwiegen, sondern furchtlos Position bezogen. Sein auf gesellschaftliche Nützlichkeit zielendes Studienprogramm beruht mithin auf der Erziehung von ‚Moralisten', die an der klassischen Dichtung geschult waren und selbst die Kunst des Dichtens erlernt hatten. Seinen Nutzen als Universitätslehrer sah Johannes nicht nur in einer Verbesserung des Lateins seiner Schüler, sondern darüber hinaus in der Erziehung kritischer Dichter für die Gegenwart, ja man möchte fast sagen, ohne den Bogen allzu stark überspannen zu wollen, in einer ‚Erziehung zur Mündigkeit',[55] jedenfalls mit Blick auf die potentiellen Poeten unter den Scholaren.

Johannes' Bemühen um die Lektüre der antiken Autoren im Unterricht, wie es das *Compendium gramatice* erkennen lässt, war eingebunden in seine Vorstellung von der gesellschaftlichen Aufgabe des Intellektuellen. Ihm ging es dabei um einen konkreten sozialen Nutzen und, als Lehrer der *artes*, um seine eigene Nützlichkeit als Universitätsprofessor. Damit aber unterschied sich Johannes massiv von seinen auf Logik fokussierten Kollegen der Artistenfakultät. Was Johannes vor allem an den Logikern stören musste, war demnach nicht nur ihre Missachtung der Literatur und ihre nüchterne Betrachtung der Sprache, sondern ebenfalls ihre augenfällige Selbstreferenz und Nutzlosigkeit.

---

52   Hec est lex satire: vitiis ridere, salire, Mores excire, que feda latent aperire (Johannes de Garlandia, *Morale scolarium*, ed. Paetow, S. 229).

53   Johannes de Garlandia, *Morale scolarium*, ed. Paetow, S. 210 und S. 225f.

54   Daniel Hobbins, *Authorship and Publicity Before Print: Jean Gerson and the Transformation of Late Medieval Learning*, Philadelphia 2009.

55   Theodor W. Adorno, *Erziehung zur Mündigkeit. Vorträge und Gespräche mit Hellmut Becker, 1959–1969*, hg. von Gerd Kadelbach, 13. Aufl., Frankfurt am Main 1991.

Johannes' wissenschaftliche Haltung war ein direkter Reflex auf die offensichtlich nutzlose Wissenschaft, die seine Kollegen an der Artes-Fakultät betrieben, die zur selben Zeit um die Erschließung logischer Wahrheit, nicht aber um gesellschaftlich relevante Fragen bemüht waren. Das Konzept des Johannes de Garlandia ist ein gezieltes Gegenmodell, ein Anti-Paradigma zum nutzlosen Profil der Pariser Artistenfakultät und gewinnt seine eigene Substanz somit nicht in erster Linie aus einem positiven Anschluss an eine Tradition oder eine humanistische Idee, sondern aus einer radikal *negativen* Relation.

5.1.2   *Genauso verschieden: Der andere Johannes de Garlandia*

Auch wenn in den vorangegangenen Ausführungen bereits die Hauptthese zu Johannes de Garlandia ausgeführt wurde, so muss als Rattenschwanz dieses Kapitels dennoch ein weiteres Thema angesprochen werden, ohne welches der Blick auf Johannes de Garlandia ganz und gar unvollständig bliebe. Denn Johannes hat an der Artistenfakultät nicht nur Grammatik unterrichtet. Mit dem Namen Johannes de Garlandia ist einer der wichtigsten Musiktraktate des 13. Jahrhunderts verbunden, der aufgrund seiner großen historischen Bedeutung und seiner Relevanz für die hier diskutierten Fragen nicht übergangen werden darf. Leider kann man allerdings den Autor Johannes de Garlandia, sobald man auf die Musik zu sprechen kommt, nicht behandeln, ohne zuvor das alte Forschungsproblem der Identität von Grammatiker/ Dichter und Musiktheoretiker zu diskutieren. Es soll sich hier auf das Nötigste beschränkt werden, um schließlich aber doch eine eigene Sichtweise auf diese Frage zu formulieren, die nach dem bisher Gesagten freilich nicht mehr überraschen wird.

Nach wie vor gilt, was Thomas Haye bereits vor über 20 Jahren festgestellt hat, nämlich dass die Forschungsergebnisse von William G. Waite und Erich Reimer „unvereinbar einander gegenüber" stehen.[56] Während Waite die Einheit von Grammatiker und Musiker als erwiesen ansah, nicht zuletzt aufgrund der zahlreichen Verweise auf die Musik im Werk des Grammatikers sowie der Verwendung grammatischer Begriffe in der Theoriesprache des Musikers,[57] kam Reimer zu dem Ergebnis, dass die Identität eher unwahrscheinlich sei, da Hieronymus de Moravia den Musiktheoretiker Johannes de Garlandia an einer Stelle als „Gallicus" bezeichnet, was auf den aus England stammenden Grammatiker nicht zutreffe.[58] Diesen Einwand Reimers hat Christan Meyer wiederum mit der Begründung zurückgewiesen, dass Johannes de Garlandia

---

56   Haye, *Compendium gramatice*, S. 5, Anm. 1.
57   Waite, „Johannes de Garlandia, Poet and Musician", S. 195.
58   Reimer, *Johannes de Garlandia: De mensurabili musica*, S. 13.

jahrzehntelang in Paris lehrte und deshalb von Hieronymus, dem ‚Deutschen‘,
ebenso gut als Franzose wahrgenommen werden konnte. Dem fügt Meyer
hinzu, dass die Handschrift, welche die beste Fassung der *Musica plana* des
Musiktheoretikers enthält, aus Südwest-Frankreich stammt und – da es sich
bei dem Text um eine Vorlesungs-Reportatio handelt – mit der zwischenzeitli-
chen Lehrtätigkeit des Grammatikers in Toulouse (1229–1231) verbunden sein
könnte.[59] Die Lexikon-Artikel zu Johannes de Garlandia zeichnen ein ebenso
uneinheitliches Bild: Während Wolf Frobenius in seinem MGG-Beitrag neutral
bleibt,[60] spricht sich Bernt im Lexikon des Mittelalters für die Einheit von Musiker und Grammatiker aus,[61] während Worstbrock im Verfasserlexikon Reimer folgt.[62] Bevor die hier vertretene Meinung zu dieser Frage begründet wird,
sei nun zunächst etwas zu der Musiktheorie gesagt, die Johannes de Garlandia
im zweiten Viertel des 13. Jahrhunderts an der Universität Paris formulierte.[63]

Zwei Traktate lassen sich sicher Johannes de Garlandia zuweisen: *De plana
musica* und *De mensurabili musica*. Die historisch bedeutende Schrift, von der
weiter oben gesprochen wurde, ist die letztere. Die *Musica plana* ist in vier Fas-
sungen überliefert, die offenbar *reportationes* aus den Vorlesungen des Johannes darstellen.[64] Bei dem von Meyer als *Reportatio prima* edierten Text könnte
es sich aber auch um eine Abschrift des publizierten (aber nicht überlieferten)
Traktats handeln,[65] der von mehreren anderen Theoretikern, darunter Hieronymus de Moravia, zitiert wird. Die Abhandlung enthält neben Inhalten aus
Boethius‘ *De institutione musica*, die zu Beginn referiert werden und zur *musica theorica* zählen, dann vor allem eine elementare, praktische Musiklehre
des einstimmigen Gesangs. Der zweite Traktat des Johannes de Garlandia, die
Musica mensurabilis, dem sich im Folgenden zugewendet wird, schließt, in der
vom Autor selbst reflektierten Logik der Reihenfolge, an den vorigen unmittelbar an: Nachdem Johannes die einstimmige Musik behandelt hat, ist es nun
seine Absicht, von der messbaren Musik zu handeln.[66] Die *Musica mensurabilis* ist der modalrhythmischen Mensuralmusik, d.h. der auf modaler Rhythmik

---

59   Christian Meyer, *Musica Plana Johannis de Garlandia. Introduction, édition et commen-
      taire* (Collections d'Études Musicologiques 91) Baden-Baden 1998, S. 130f.
60   Wolf Frobenius, „Johannes de Garlandia", in: *Die Musik in Geschichte und Gegenwart*, 2.
      Aufl., Personenteil, Bd. 7, Kassel 2001, Sp. 1089–1093.
61   Günter Bernt, „Johannes de Garlandia", in: *Lexikon des Mittelalters*, Bd. 5, Sp. 577–578.
62   Franz Josef Worstbrock, „Johannes de Garlandia", in: *Die deutsche Literatur des Mittelalters.
      Verfasserlexikon*, Bd. 4, Berlin 1983, Sp. 612–623.
63   Zur Datierung: Reimer, *Johannes de Garlandia: De mensurabili musica*, S. 12.
64   Meyer, *Musica Plana Johannis de Garlandia*.
65   Frobenius, „Johannes de Garlandia", Sp. 1091.
66   Habito de ipsa plana musica, quae immensurabilis dicitur, nunc est praesens intentio de
      ipsa mensurabili, quae organum quantum ad nos appellatur, prout organum generaliter

basierenden Mehrstimmigkeit der Notre-Dame-Epoche und der frühen *ars antiqua* gewidmet. Die weitreichende historische Bedeutung dieser Abhandlung beruht darauf, dass es sich hier um die erste theoretische Erfassung und Konzeptualisierung jener mehrstimmigen Musik handelt, in welcher der Rhythmus zum ersten Mal ein konstitutives kompositorisches Element darstellt.[67] Perotin, prominentester Vertreter der sogenannten „Notre-Dame-Schule", hatte mit seinen drei- bis vierstimmigen Organa eine Form der Mehrstimmigkeit geschaffen, in welcher es notwendig wurde, die einzelnen Stimmen einem Rhythmus zu unterwerfen.[68] Die Leistung des Johannes de Garlandia besteht darin, die dabei entstandene modale Rhythmik der musikalischen Praxis ‚rationalisiert' und in eine systematische Lehre der Modusnotation überführt zu haben. Insofern kodifiziert Johannes mit seiner Notationslehre das erste umfassende Zeichensystem der europäischen Musikgeschichte zur graphischen Signifikation von rhythmischen Werten.

Die Relevanz der *Musica mensurabilis* für die hier zu erörternden Fragen liegt auf der Hand. Zwei Gesichtspunkte sind dabei vor allem zu benennen: Johannes entwickelt seine Systematik der Rhythmusnotation in unmittelbarer Auseinandersetzung mit der Praxis, welche die Grundlage seiner Konzeption darstellt. Es war seine Absicht, wie Reimer formuliert, „aus dem Usus, d.h. aus den in der Praxis vorgegebenen Satz- und Notationsarten [...] ein umfassendes Lehrsystem abzuleiten".[69] Dieses Vorgehen aber, so wird leicht ersichtlich, widerspricht in seinem Ansatz radikal der diskursiven Logik, nach welcher das philosophische Paradigma der Artistenfakultät operierte, insofern Johannes hier tatsächlich induktiv vorgeht und aus der *experientia* verallgemeinerbare Regeln ableitet. Dies entspricht dem *experientia*-Begriff, wie er in Aristoteles' Erkenntnistheorie angelegt ist, aber von den nach Praxisferne strebenden Artes-Magistern nicht aktualisiert wurde, die, wie in Kapitel 3 argumentiert wurde, gerade nicht tatsächlich empirisch verfuhren, d.h. ausgehend von der Erfahrung neue Prinzipien aufstellten, sondern ihre Prinzipien aus den Schriften von Aristoteles übernahmen, der seinerseits induktiv vorgegangen war.[70] Johannes de Garlandia hingegen setzt direkt bei der Erfahrung an – beim *usus* der musikalischen Praxis – und leitet daraus ein allgemeines System ab. In diesem Sinne realisiert er, im Gegensatz zu seinen Kollegen, eine induktive

---

dicitur ad omnem mensurabilem musicam (Johannes de Garlandia, *De mensurabili musica*, ed. Erich Reimer, Wiesbaden 1972, S. 35).

67 Reimer, *Johannes de Garlandia: De mensurabili musica*, S. VIII.

68 Andreas Traub, „Das Ereignis Notre Dame"; Rudolf Flotzinger, *Von Léonin zu Pérotin. Der musikalische Paradigmenwechsel in Paris um 1210*, Bern 2007.

69 Reimer, *Johannes de Garlandia: De mensurabili musica*, S. IX.

70 Siehe oben Kap. 3.4.3.

Methode, d.h. das Aufstellen von eigenen, ‚neuen' Regeln auf der Grundlage
der Empirie.

Sein empirisches Verfahren wird Johannes zudem von einem anderen Theoretiker bescheinigt, der zwar nicht unmittelbarer Zeitgenosse ist, aber wenige Jahrzehnte später in Paris aktiv sein sollte. Niemand anderes als Johannes
de Grocheio, mit dem wir uns in einem späteren Abschnitt dieses Kapitels
näher befassen werden und der selbst der Empirie zugeneigt war, stellt fest,
dass Johannes de Garlandia die Anzahl der Konkordanzen auf dem Wege der
Erfahrung (*per experientiam*) ermittelt habe: „Einige sehen die Zahl der Konkordanzen als endlos an, aber dafür können sie keinerlei Beleg liefern. Andere sagen, dass sie begrenzt sind und eine feststehende Anzahl haben, mehr
jedoch als 7, zum Beispiel 13. Diese Leute begründen ihre Ansicht durch die
Erfahrung, wie der Magister Johannes de Garlandia".[71] Das empirische Vorgehen der *Musica mensurabilis*, das Erschließen von Prinzipien in Auseinandersetzung mit der musikalischen Praxis, war also auch für die Leser des 13.
Jahrhunderts bemerkenswert. Dies ist auch insofern nicht verwunderlich, als
der Traktat strukturale Merkmale aufweist, die eine solche Rezeption nahelegen: Formulierungen wie *„et ista species non est multum in usu"*[72] mit Blick
auf bestimmte musikalische Phänomene (hier die *species concordantiae*)
dienen im Text als Verweise auf den direkten Bezug zur Praxis. Ebenso gibt
Johannes bei einzelnen Phänomenen an, in welchen musikalischen Formen
sie vorkommen,[73] womit er seine Kenntnis des *usus* ebenso demonstriert wie
durch die zahlreichen Beispiele aus Kompositionen, die er liefert. Es scheint
durchaus nicht übertrieben, hier von einer gezielten Strategie des Johannes de
Garlandia zu sprechen, mit der er sich als Experte für praktische Musik inszeniert. Tatsächlich war Johannes mit dieser textuellen Inszenierungsform durchaus erfolgreich: Ein späterer Traktat der praktischen Musiklehre, der in der
Überlieferung dem Pariser Komponisten Philipp de Vitry zugeschrieben wird,
beruft sich auf Johannes mit den Worten: *„secundum magistrum Johannem de
Gallandia, quondam in studio Parisino expertissimum atque probatissimum"*.[74]

---

71   Quibusdam vero videtur concordantias infinitas esse. Sed ad hoc nullam probabilitatem
      adducunt. Alii finitas esse dicunt et sub numero determinato, plures tamen quam 7 puta
      13, qui volunt dictum suum per experientiam declarare, sicut magister Iohannes de gar-
      landia (Johannes de Grocheio, *Ars musice*, ed. Mews, S. 52).

72   Johannes de Garlandia, *De mensurabili musica*, ed. Reimer, S. 71.

73   Et sciendum, quod huiusmodi figurae aliquando ponuntur sine littera, aliquando cum
      littera; sine littera ut in caudis vel conductis, cum littera ut in motellis (Johannes de
      Garlandia, *De mensurabili musica*, ed. Reimer, S. 44).

74   *Ars contrapunctus secundum Philippum de Vitriaco*, zit. nach Klaus-Jürgen Sachs, *Der
      Contrapunctus im 14. und 15. Jahrhundert. Untersuchungen zum Terminus, zur Lehre und zu*

Johannes hatte demnach, jedenfalls in bestimmten Kreisen, den Status eines Musik-Experten erlangt.[75]

Der zweite, daraus unmittelbar hervorgehende Aspekt, der die Signifikanz der *Musica mensurabilis* für die hier diskutierte Thematik ausmacht, besteht schlicht in der Tatsache, dass Johannes sein Notationssystem nicht nur aus der bestehenden Praxis ableitet, sondern diese induktiv gewonnenen Regeln auch wiederum *für* den Gebrauch in der Praxis konzipiert, sich also – in einem zweiten Schritt – wieder zur Praxis zurückwendet, in der sein Konzept Anwendung finden soll. Reimer spricht von dem erstellten System, „das seinerseits der Praxis neue Möglichkeiten der Rhythmusnotation und damit des mehrstimmigen Satzes eröffnet".[76] Die Discantus-Lehre, die Johannes expliziert, stellt, wie Reimer hervorhebt, „der Praxis sämtliche rhythmischen Kombinationen des Modus-gegen-Modus-Satzes zur Verfügung".[77] Wenn Johannes' Musiktraktat von vornherein für die Applikation in der Praxis bestimmt ist, dann weist er als praktische Musiklehre einen eindeutig fremdreferentiellen Nutzen auf, mit dem er in diametralem Gegensatz zum selbstreferentiellen, weil philosophieimmanenten *utilitas*-Konzept der spekulativen Musiktheorie steht, die im Unterricht der Artes-Fakultät dominierte.[78] Die *Musica mensurabilis* dient nicht wissenschaftsinternen Zwecken, wie die *musica theorica*, sondern dem *usus* der praktischen Musikkultur, die sich außerhalb der Universität abspielte.

---

     den Quellen (Beihefte zum Archiv für Musikwissenschaft 13), Wiesbaden 1974, S. 178; die Autorschaft Philipp de Vitrys zweifelt Sachs jedoch an (S. 178f).

75   An dieser Stelle erlaube ich mir eine kurze Reflexion über den hier angeführten Kommunikationsakt und seine Implikationen für die Erschließung des postulierten Status: Die schriftliche und gewissermaßen indirekte Form der Zuschreibung von Expertise, wie sie hier vorliegt, ändert prinzipiell nichts an der rollenkonstituierenden Kommunikationssituation, die jedoch um eine weitere Stufe medialisiert ist und zudem nicht in einer Interaktion zwischen Sender und Empfänger besteht, sondern über einen dritten Rezipienten, d.h. über den Leser des Traktats, vermittelt ist. Allerdings muss betont werden, dass hier auch in anderer Hinsicht nicht von einer unmittelbaren Konstitution der Expertenrolle, wie sie in Kap. 3 definiert wurde, die Rede sein kein, insofern die Zuschreibung nicht durch einen ‚Laien', sondern durch einen anderen Kenner der Materie geschieht. Da aber davon auszugehen ist, dass die zitierte Attribuierung einen Reflex und ‚Spiegel' des etablierten Expertenstatus des Johannes de Garlandia im (Pariser) Milieu der musikalischen Praxis (also auch bei den Musikern und Komponisten, die nicht selbst theoretische Abhandlungen schrieben und die sich bei ihrer Arbeit auf die Ergebnisse des Johannes stützten) darstellt, ist dies ein gewichtiger Hinweis auf die Expertenrolle unseres Autors.

76   Reimer, *Johannes de Garlandia: De mensurabili musica*, S. IX.

77   Reimer, *Johannes de Garlandia: De mensurabili musica*, S. 64.

78   Zum selbstreferentiellen *utilitas*-Begriff der theoretischen Musiklehre, die den Nutzen der *musica* für die Erkenntnis betont, siehe oben Kap. 3.4.1.

Was kann dies alles nun zur Klärung der alten Frage nach der ‚Identität‘ des
Musiktheoretikers und des Grammatikers Johannes de Garlandia, deren Thematisierung vielversprechend angekündigt wurde, beitragen? Um es gleich vor-
weg zu sagen: im Grunde nicht viel. Eine eindeutige Lösung des Problems wird
sich auch hier nicht erreichen lassen. Dennoch wird sich hier für die Zuordnung der beiden wissenschaftlichen Profile zu einem einzigen Autor namens
Johannes de Garlandia ausgesprochen, was auf die bisher in der Diskussion
nicht angeführten Argumente gestützt wird, dass es erstens nicht ungewöhnlich ist, dass Akteure in verschiedenen diskursiven Kontexten mitunter sehr
unterschiedliche kommunikative Rollen einnehmen, und dass es zweitens –
das ist das Hauptargument – als nicht sehr wahrscheinlich zu gelten hat, dass
zwei verschiedene Autoren mit demselben Namen, zu exakt derselben Zeit,
an exakt demselben Ort eine – strukturell betrachtet – identische Feldpositi-
on einnehmen, d.h. sich auf dieselbe Weise abweichend zum Paradigma der
Artistenfakultät positionieren, indem sie der ‚nutzlosen‘ Wissenschaft ihrer
Artisten-Kollegen ein fremdreferentielles, dezidiert auf Nützlichkeit und Praxisbezug zielendes Konzept gegenüberstellen. Diese Außenseiter-Position ist
es, die beide Diskursrollen miteinander verbindet und auf eine entsprechende Haltung des dahinter stehenden Akteurs schließen lässt. Die Negation des
herrschenden Paradigmas ist in gewissem Sinne ein gewaltsamer Akt, der die
Durchbrechung der epistemischen Prämissen und kommunikativen Muster
erfordert, welche dem Einzelnen durch das System aufgezwungen werden.
Wie bereits angedeutet, ist die Negation des dominierenden ‚Denkkollektivs‘,
also die Formulierung eines alternativen Entwurfs, im 13. Jahrhundert stets
auf Einzelfälle beschränkt und daher mit einer Außenseiter-Rolle verbunden.
Die Wahrscheinlichkeit, dass zwei Akteure gleichen Namens diesen mühsa-
men Gewaltakt gleichzeitig vollzogen, es also zur selben Zeit zwei Außenseiter
mit Namen Johannes de Garlandia an der Artistenfakultät von Paris gegeben
hat, die beide entschieden praxisbezogene Schriften verfassten, ist daher
äußerst gering.

Wenn demnach hier für die Zuordnung der beiden diskursiven Rollen zu ein
und demselben sozialen Akteur plädiert wird, dann aufgrund der oppositionellen Relation zum sozialen System der Artistenfakultät, die in beiden Fällen
zweifellos gegeben ist. Wie in Kapitel 3 deutlich wurde,[79] war im Curriculum
der Artes-Fakultät ausschließlich Boethius‘ *De institutione musica*, also die von
der Praxis der Gegenwart weit entfernte spekulative Musiktheorie, „*de forma*“
vorgesehen. Die Studienführer und Einführungen in die Philosophie bezeugen
diese Vorschrift hinreichend. In der Tat hat es außer Johannes de Garlandia

---

79   Siehe Kap. 3.1.

kein anderer Magister der Artistenfakultät während des 13. Jahrhunderts gewagt, eine praktische Musiklehre wie die *Musica mensurabilis* zu verfassen[80] und damit der *musica theorica* den Rücken zu kehren, die den Gegenstand der quadrivialen Musiklehre der Artes-Fakultät ausmachte. Alle anderen praxisbezogenen Musiktraktate dieser Zeit, etwa die von Hieronymus de Moravia oder Engelbert von Admont, stammen aus einem monastischen, nicht aus einem universitären Kontext.

• • •

Mit seiner induktiven Methode der Prinzipiengewinnung *und* seinem fremdreferentiellen Nutzen (die beiden Aspekte sind von einander zu unterscheiden) weicht Johannes de Garlandia in massiver Weise von dem empirie- und praxisfernen Paradigma der Universitätsphilosophie ab. Diese Abgrenzung hatte sich gleichfalls in seiner Rolle als Grammatiker und Dichter gezeigt. Johannes war bestrebt, sich in Beziehung zur nicht-wissenschaftlichen Welt setzen und die Dichtung war eines der Ventile, durch welche er diesen Bezug herstellte. Als Intellektueller griff er aktuelle Themen auf und bezog kritisch Stellung, wobei er die Verbreitung seiner Werke in der außer-universitären Welt aktiv förderte. Da er in der Dichtung somit einen unmittelbaren sozialen Nutzen sah, war es eines seiner primären Anliegen, die Dichtung und Dichtungstheorie in den Unterricht der Universität zu integrieren. Doch war seine Lehre keinesfalls auf die Poesie beschränkt. In seiner *Parisiana Poetria* möchte Johannes eine universelle, praxisbezogene Lehre des Schreibens liefern. Ob formeller Brief, wissenschaftlicher Text, poetisches oder historiographisches Werk – die *Poetria* erhob den Anspruch, praktisches Wissen für jedes literarische Genre zu bieten. Mit dieser Intention unterschied sich Johannes' Schreiblehre in ihrer Ausrichtung aber signifikant von jener allgemeinen Tendenz, die sich im Grammatikunterricht der Artes-Fakultät im 13. Jahrhundert abzeichnete und die gerade *nicht* auf das praktische Verfassen lateinischer Texte, sondern auf eine theoretische Betrachtung der Sprache abzielte.[81]

Die Opposition des Johannes de Garlandia zur allgemeinen wissenschaftlichen Tendenz der Artistenfakultät manifestiert sich auf zahlreichen Ebenen. Er spricht sich nicht nur für das Studium der praktischen Philosophie aus, um

---

80   Zur gänzlich anders gearteten, aber ebenfalls auf die Praxis zielenden Konzeption Johannes de Grocheios siehe unten Kap. 5.6.
81   Siehe Kap. 3.2.

der Schlechtigkeit der Welt zu begegnen,[82] er kontrastiert auch die *virtus intellectiva* mit der *virtus activa* und gibt zu verstehen, die erstere habe für sich genommen keinen Wert.[83] Die Sichtweise, welche die Artes-Magister etwas später in ihren Ethikkommentaren hinsichtlich der *virtus intellectualis* formulieren sollten, wird eine gänzlich andere sein.[84]

Johannes de Garlandia war ein radikaler Außenseiter an der Artistenfakultät von Paris, dessen Schriften sich auf den ersten Blick schwerlich in die Wissenskultur der Philosophen einordnen lassen, wie das Urteil von Olga Weijers bestätigt. Entgegen der berechtigten Zweifel von Weijers wurde hier jedoch eine solche ‚Einordnung' versucht, mit dem Argument, dass die – im Wortsinne – ‚Paradoxie' des Johannes de Garlandia seine Zugehörigkeit zur Artes-Fakultät keinesfalls ausschließt. Vielmehr muss davon ausgegangen werden, dass Johannes sein Gegenkonzept gerade deshalb so konsequent vertritt, weil er in Relation steht zu den Pariser Artisten und weil er sich selbst als Repräsentanten der *artes* ansieht, die er in seinem Sinne definiert. Die Verteidigung und Durchsetzung seiner Interpretation des artistischen Wissensbestands und der gesellschaftlichen Funktion der Wissenschaft gegen die Masse seiner Kollegen wurde gerade durch seine Beziehung zur Universität motiviert.

Dass er zur Universität gehörte und als Magister an der Artes-Fakultät lehrte, wird zudem durch einige Hinweise in seinen Schriften nahegelegt, die bei dieser Diskussion bedacht werden sollten. So nennt er etwa als Motiv für die Abfassung der *Parisiana Poetria* explizit, das „*studium*" in Paris durch seine Schrift befördern zu wollen, die für den Unterricht bestimmt war.[85] Im *Morale scolarium* bezieht sich Johannes mehrfach auf die Disputationen in Paris, womit er seine Nähe zur universitären Kultur bezeugt. Er preist den ‚Kampf' in den Schulen, mit dem Paris glänzt, und er unterweist seine Leser im rechten Verhalten bei Disputationen.[86] Ein besonders signifikanter Aspekt

---

82   Nachdem er zunächst das gegenwärtige Unheil beklagt und schließlich Vergil als Verkünder des Friedens empfohlen hat, schreibt Johannes: Ut docet ethica, dicta politica dantur amica, Hiis economica iungo, monostica non inimica (Johannes de Garlandia, *Morale scolarium*, ed. Paetow, S. 200).

83   Intellectiva virtus surgit rediviva, Virtus activa sequitur meriti positiva (Johannes de Garlandia, *Morale scolarium*, ed. Paetow, S. 213); eine Glosse zu dieser Stelle in der Handschrift B (Bruges, Bibliothèque publique MS 546), die Paetow in seiner Edition mit abdruckt, erklärt dies: Est virtus intellectualis, que sola est in intellectu et non in opere, et hec non habet meritum; consuetudinalis, in opere, et hec habet meritum (ebd.).

84   Siehe Kap. 3.2.

85   Occasio quidem est – non dico causa – quod studium adaugetur Parisius, cuius instrumenta debent consequenter adaugeri, scilicet libri (Johannes de Garlandia, *Parisiana Poetria*, ed. Lawler, S. 2).

86   Johannes de Garlandia, *Morale scolarium*, ed. Paetow, S. 191.

ist schließlich jedoch ebenfalls die Tatsache, dass Johannes in mehreren seiner Werke Wissenschaftsklassifikationen formuliert und damit gerade jene Form der epistemischen Reflexion aufgreift, die zu eben dieser Zeit an der Artes-Fakultät florierte und ein zentrales Medium der Selbstbeschreibung der Artisten darstellte. So beginnt Johannes seine *Musica plana* mit einer Klassifikation der Philosophie, die er in Theorie und Praxis gliedert,[87] und schreitet innerhalb dieses Schemas zur Einteilung der Musik fort, die ihrerseits aus einer theoretischen und einer praktischen Seite besteht.[88] Diese Reflexion dient Johannes offensichtlich zur Positionierung seines Traktats, welcher der *musica practica* angehört. Ebenso liefert Johannes in seiner *Clavis Compendii*, einer separaten Einführung zum *Compendium gramatice*, eine vollständige *Divisio philosophiae.*[89] Lag in der *Musica plana* der Schwerpunkt in Johannes' Modell der Disziplinen auf der Musik, so verwendet er hier den deutlich größten Raum auf das Trivium und vor allem die Grammatik. Wohl nicht ganz zufällig ist außerdem, dass Johannes besonders bemüht zu sein scheint, den Grammatiker vom Logiker zu unterscheiden.[90] Bemerkenswert ist schließlich die Klassifikation der Philosophie, die Johannes in *De triumphis ecclesiae* expliziert.[91] Schon Waite hat darauf hingewiesen, dass Johannes hier auffallend großen Raum für die Musik reserviert, die ein Drittel der Einteilung einnimmt und als einzige *ars* weiter unterteilt wird. Dieser Umstand galt Waite zu Recht als Hinweis auf die Affinität des Dichters zur Musik.[92] Johannes de Garlandia hat zwar keine groß angelegte „Einführung in die Philosophie" verfasst, wie seine Kollegen der Artistenfakultät, die sich diesem Genre reihenweise zuwandten, aber die Tatsache, dass er diese Reflexionsform wiederholt in seinen Werken aufgriff, ist ein weiteres Argument für seine Nähe zur Artes-Fakultät von Paris. Johannes de Garlandia, derselbe wie der andere, war ein *alternativer Artist.*

---

87   Et diuiditur in theoricam et practicam uel speculatiuam et operatiuam (Johannes de Garlandia, *De musica plana*, ed. Christian Meyer, Baden-Baden 1998, S. 3).

88   Die Ausrichtung der praktischen Seite der Musik beschreibt Johannes: Item quantum ad modum, musica est uera canendi scientia, facilis ad canendi perfectionem uia (Johannes de Garlandia, *De musica plana*, ed. Meyer, S. 3).

89   Thomas Haye, „Divisio Scientiarum: Ein bisher unveröffentlichtes Wissenschaftsmodell in der Clavis Compendii des Johannes von Garlandia", in: *Vivarium* 32 (1994), S. 51–61.

90   Et sic grammaticus sibi differt a logicante: Grammaticam logica sequitur ratione probante, Vocum grammatica cum sit quasi fabrica quaedam. Hanc ius nature, racio preponit et auctor (Johannes de Garlandia, *Clavis compendii*, zit. nach Haye, „Divisio Scientiarum", S. 56).

91   Johannes de Garlandia, *De triumphis ecclesiae*, ed. Thomas Wright, London 1856, S. 100f.

92   Waite, „Johannes de Garlandia, Poet and Musician", S. 185f.

5.2   Mediale Praxis, Wissensordnung und Kritik: An Italian in Paris

Die Ausführungen des vorangehenden Abschnitts haben einen frühen alternativen Entwurf zum dominanten wissenschaftlichen Paradigma der Pariser Artistenfakultät im 13. Jahrhundert in seinen distinktiven strukturalen Merkmalen herausgearbeitet und beschrieben. Ein bemerkenswerter Aspekt an diesem Konzept war nicht zuletzt die Tatsache, dass es innerhalb der ArtesFakultät formuliert und vertreten wurde und damit auf die innere Dynamik der sozialen Gruppe der Artisten hinweist. Dass die Gruppe der Artes-Magister ohnehin kein einheitliches Gebilde darstellt, dass es, unter den Scholaren wie unter den Magistern, immer auch Artisten gab, welche die kollektive wissenschaftliche Euphorie der Philosophen, also der Vertreter einer ‚philosophischen Identität‘, nicht teilten, sondern vielmehr darauf aus waren, möglichst bald an einer der oberen Fakultäten weiterzustudieren oder die Universität zu verlassen, ohne den *artes* und der Philosophie einen nennenswerten Eigenwert einzuräumen, steht außer Frage. Doch abgesehen von diesen ‚Übergangsstudenten‘, die auf ihre Weise für eine gewisse Heterogenität der *Facultas artium* sorgten, stellt Johannes de Garlandia als Repräsentant und Propagandist eines auf Praxisbezug und Nützlichkeit ausgerichteten und in zahlreichen Schriften umgesetzten wissenschaftlichen Profils, das sich von den ‚Logikern‘ und Aristotelikern entschieden abgrenzt, in der Artistenfakultät zweifellos einen exzeptionellen Sonderfall dar. Johannes de Garlandia, dessen jahrzehntelange Tätigkeit *in studio Parisino*[93] durch eigene Äußerungen und Fremdzuschreibungen erwiesen ist, beleuchtet das Konfliktpotential der Artes-Fakultät somit von einer ganz anderen Seite, indem er deutlich macht, wie das Spannungsverhältnis zwischen selbstreferentieller Philosophie und der Forderung nach gesellschaftlicher Nützlichkeit auf der Ebene der wissenschaftlichen Positionen produktiv wird.

Doch war die spezifische Dialogik, die durch die epistemische Ausrichtung der Universitätsphilosophie und deren Differenz zu ihrer (inneren wie äußeren) Umwelt generiert wurde, nicht nur innerhalb der Artistenfakultät kulturell produktiv. Der Gegensatz zwischen dem philosophischen Paradigma der Pariser Artisten und dem Postulat der sozialen Relevanz provozierte auch außerhalb der Universität die Formulierung philosophischer Konzeptionen, die einen praktischen Nutzen der Philosophie für außer-wissenschaftliche Zwecke dezidiert propagierten. Bei dem Verfasser einer solchen Entwurfs, der in diesem Abschnitt besprochen wird, handelt es sich um einen Akteur, der nicht

---

93   *Ars contrapunctus secundum Philippum de Vitriaco*, zit. nach Sachs, *Der Contrapunctus im 14. und 15. Jahrhundert*, S. 178.

Mitglied der Artistenfakultät und Universität von Paris war. Insofern muss man sagen, dass sein Konzept *außerhalb* der Universität entstand, wenngleich er Kontakt zur Universität hatte, möglicherweise sogar an Vorlesungen in Paris teilnahm. Dennoch ist er gerade deshalb an dieser Stelle zu berücksichtigen, weil er der Pariser Universität nicht fernstand, vielmehr – dies soll im Folgenden plausibel gemacht werden – seinen philosophischen Entwurf erst in *Auseinandersetzung* mit der Philosophie der Artistenfakultät entwickelte, was ganz wesentlich dadurch motiviert wurde, dass er sich in Paris aufhielt, als er die Schrift verfasste, um die es hier gehen wird. Er nimmt aus diesem Grund eine wichtige Position ein innerhalb der philosophischen Konstellation im Umfeld der Universität Paris, welche die vorliegende Arbeit untersucht.

Brunetto Latini verfasste seinen in französischer Sprache geschriebenen *Trésor* zwischen 1260 und 1266, als er sich im Exil in Nordfrankreich befand, nachdem seine Heimatstadt Florenz durch die Schlacht von Montaperti unter die Kontrolle der Ghibellinen geraten war.[94] Diese wurden von dem Staufer Manfred, dem Sohn Friedrichs II., unterstützt, der sich 1258 in Palermo zum König von Sizilien hatte krönen lassen und danach strebte, seine Ansprüche als Verweser in Reichsitalien durchzusetzen und als legitimer Nachfolger seines Vaters in dieser Funktion anerkannt zu werden.[95] Brunetto Latinis sechsjähriger Aufenthalt in Frankreich, den der Sieg Manfreds über die Florentiner zur Folge hatte, sollte die Konzeption des *Trésor* in mehrfacher Hinsicht entscheidend beeinflussen. Allein schon die Wahl der französischen Sprache macht dies deutlich. Sie zeigt bereits, wie sehr die Schrift von der gegenwärtigen Situation und dem direkten Umfeld Brunettos geprägt ist und lässt vermuten, dass der Autor bei der Abfassung seines Werks jedenfalls nicht nur nach Italien, sondern auch nach Frankreich blickte. Er selbst begründet die Wahl des Französischen damit, dass er in Frankreich ist.[96] Dass sich dieser Einfluss

---

94 Zu Brunetto Latini und dem *Trésor* siehe die Beiträge in Bernard Ribémont (Hg.), *Brunetto Latini, un notaire savant*, in: *Cahiers de recherche médiévales et humanistes* 23 (2012), S. 153–206; sowie Armand Strubel, „Brunetto Latini: la prudence, mère de toutes les vertus", in: *La Vertu de prudence entre Moyen Âge et âge classique*, hg. von Evelyne Berriot-Salvador/Catherine Pascal/François Roudaut, Paris 2012, S. 13–32; Irene Maffia Scariati, *Dal Tresor al Tesoretto. Saggi su Brunetto Latini e i suoi fiancheggiatori*, Rom 2010; Irene Maffia Scariati (Hg.), *A scuola con ser Brunetto: Indagini sulla ricezione di Brunetto Latini dal Medioevo al Rinascimento*, Firenze 2008; Julia Bolton Holloway, *Twice-Told Tales. Brunetto Latino and Dante Alighieri*, New York 1993.

95 Steven J. Williams, „Like Father, Like Son? The Life and Reign of Manfred, King of Sicily", in: *Translating at the Court. Bartholomew of Messina and Cultural Life at the Court of Manfred*, hg. von Pieter De Leemans, Leuven 2014, S. 1–30.

96 Et se aucuns demandoit pour quoi cis livres est ecris en roumanç, selonc le raison de France, puis ke nous somes italien, je diroie que c'est pour ii raison, l'une ke nous somes

des Entstehungskontexts auf die Sprache beschränkte, ist nicht sehr wahrscheinlich; vielmehr ist davon auszugehen, wie im Folgenden argumentiert
wird, dass das unmittelbare soziale und kulturelle Umfeld des Werks auch dessen Inhalt beeinflusst hat, obwohl Brunetto für die italienische Stadtkommune
schrieb, für deren politische Praxis der *Trésor* einen Nutzen haben sollte.

Doch worin besteht nun das besondere Konzept des *Trésor*, das sich durch
seinen ‚Praxisbezug‘ von der nutzlosen Universitätsphilosophie fundamental unterscheidet? Ein zentraler Aspekt in dieser Hinsicht ist die Wertung,
d.h. die Hierarchie der philosophischen Disziplinen, die Brunetto expliziert:
Während die theoretische Philosophie bei Brunetto die allerunterste Stufe einnimmt und lediglich als Propädeutik für das Spätere fungiert, steht darüber
die praktische Philosophie und an oberster Stelle die Politik, die Wissenschaft
vom Regieren und politischen Handeln, die für Brunetto nicht nur die höchste
Wissenschaft, sondern die edelste Beschäftigung der Menschen überhaupt ist:
„Die dritte ist die Politik. Und ohne Zweifel ist dies die höchste Wissenschaft
und das edelste Metier, das es unter den Menschen gibt. Denn sie lehrt uns,
die fremden Bewohner eines Königreichs und einer Stadt, ein Volk und eine
Gemeinschaft, sowohl im Frieden als auch im Krieg nach Vernunft und Gerechtigkeit zu regieren“.[97] Die drei Teile, nach denen Brunetto sein Werk strukturiert, vergleicht er hinsichtlich ihres Werts mit Geld, Edelsteinen und Gold.
Entspricht die theoretische Philosophie dem Geld, so stehen die Edelsteine
für Ethik und Logik, die im zweiten Teil behandelt werden.[98] Das Gold aber
kommt der wichtigsten Disziplin zu, der Politik, die für Brunetto auch die Rhetorik umfasst: „Denn so wie das Gold alle anderen Arten von Metall übertrifft,
so ist die Wissenschaft des richtigen Sprechens und des Regierens von Leuten
edler als jede andere Kunst der Welt“.[99]

Die Aufwertung der Politik als praktischer Disziplin ist an sich bereits bezeichnend, stellt aber nur ein Kennzeichen der grundsätzlich praktischen

---

en France, l'autre por çou que la parleure est plus delitable et plus commune a tous lan-
gages (Brunetto Latini, *Li livres dou tresor*, ed. Francis J. Carmody, Genève 1998, S. 18).

97   La tierce est politique; et sans faille c'est la plus haute science et dou plus noble mestier ki
soit entre les homes, car ele nos ensegne governer les estranges gens d'un regne et d'une
vile, un peuple et une comune en tens de pes et de guerre, selonc raison et selonc justice
(Brunetto Latini, *Li livres dou tresor*, ed. Carmody, S. 21).

98   La seconde partie ki traite des vices et des viertus est de precieuses pieres, ki donent a
home delit et vertu, c'est a dire quex coses on doit faire et quels non, et moustre la raison
pour quoi; et çou apiertient a la seconde et a la tierce partie de philosophie, c'est a pratike
et a logike (Brunetto Latini, *Li livres dou tresor*, ed. Carmody, S. 17).

99   Car si comme li ors sormonte toutes manieres de metal, autresi est la sience de bien parler
et de governer gens plus noble de nul art du monde (Brunetto Latini, *Li livres dou tresor*,
ed. Carmody, S. 17).

Ausrichtung des *Trésor* dar. Typologisch gesehen ist der *Trésor* eine Enzyklopädie, die sich aber, dies hat Christel Meier in mehreren Publikationen unterstrichen, von der Tradition der mittelalterlichen Enzyklopädien maßgeblich unterscheidet, indem sie handlungs- und praxisorientiertes Gebrauchswissen darbietet und nicht, wie die *Etymologiae* des Isidor von Sevilla und zahlreiche spätere Werke (auch des 13. Jahrhunderts) einen gottgegebenen *ordo rerum* reproduziert. Meier spricht von einer Entwicklung „vom ‚Weltbuch' zum Thesaurus sozial gebundenen Kulturwissens".[100] Das unmittelbar ‚praktische Wissen', das Brunetto in seinem Werk dem Leser präsentiert, erfüllte dabei nicht nur eine allgemeine Gebrauchsfunktion, sondern wird auch auf einen ganz konkreten Zweck hin ausgerichtet: Der *Trésor* soll der Unterweisung des Podestà dienen, der durch diese Schrift auf die Ausübung seines Amts vorbereitet wird, nicht unähnlich etwa dem Inquisitorenhandbuch des Bernard Gui, das den angehenden Inquisitor mit praktischem Wissen versorgt.[101] Der *Livres dou Tresor* weist also, der Intention seines Autors entsprechend, einen eindeutig fremdreferentiellen Nutzen auf. An mehreren Stellen erwähnt Brunetto als Adressaten seiner Schrift einen anonymen Freund, der auf das Amt des Podestà vorbereitet werden soll.[102]

Der prinzipiellen Ausrichtung auf praktische Anwendung, auf eine Gebrauchsfunktion, entspricht die Art und Weise der Darstellung der jeweiligen Materie. Wie Friedrich II. und Bernard Gui in ihren praktischen Schriften verfolgt Brunetto ein Ideal der Zweckdienlichkeit, wie es sich einerseits im Umgang mit seinen Quellen manifestiert. Wie Robert Luff feststellt, überträgt Brunetto „nur wenige seiner Vorlagen wörtlich und in voller Länge ins Französische, kürzt häufiger Passagen, die ihm redundant erscheinen oder die er bereits an anderer Stelle behandelt hat".[103] Andererseits propagiert Brunetto

---

100   Christel Meier, „Der Wandel der mittelalterlichen Enzyklopädie vom ‚Weltbuch' zum Thesaurus sozial gebundenen Kulturwissens: am Beispiel der Artes mechanicae", in: *Enzyklopädien der Frühen Neuzeit. Beiträge zu ihrer Erforschung*, hg. von Franz M. Eybl et al., Tübingen 1995, S. 19–42.

101   Dazu oben Kap. 4.1.

102   Et pour ce vieut li mestres ramentevoir a son ami le riule et l'ensengnement de l'art de rectorique ki mout li aideront a la soutillece ki est en lui par sa bone nature (Brunetto Latini, *Li livres dou tresor*, ed. Carmody, S. 318f); Mais en ceste derraine partie vieut mestre Brunet Latin accomplir a son ami ce ke li avoit promis entour le commencement dou premier livre, la u il dist que son livre defineroit en politique, c'est a dire des governemens des cités, ki est la plus noble et la plus haute science et li plus nobles offices ki soit en tiere, selonc ce que Aristotles prueve en son livre (Brunetto Latini, *Li livres dou tresor*, ed. Carmody, S. 391).

103   Robert Luff, *Wissensvermittlung im europäischen Mittelalter. ,Imago mundi'-Werke und ihre Prologe*, Tübingen 1999, S. 295.

dieses Ideal explizit, möchte also bei seinem Leser gezielt den Eindruck erwecken, passgenaues und zweckdienliches Wissen darzubieten und Überflüssiges zu vermeiden. Nachdem Brunetto den Teil über die theoretische Philosophie angekündigt hat, fügt er hinzu, sich dabei so kurz wie möglich fassen zu wollen: „Mais ce sera au plus briefment que li mestres pora".[104] Ähnliche Formulierungen, wie „Mais de ce se taist li mestres, et torne as autres choses",[105] finden sich regelmäßig am Ende einzelner Teilkapitel. In der Tat sind etwa seine Ausführungen zur Naturphilosophie sehr knapp und teilweise unvollständig. Nachdem er noch relativ ausführlich die Tiere behandelt hat, bricht Brunetto ab, ohne die Pflanzen und Steine zu thematisieren. Er begründet dies damit, dass das Buch sonst kein Ende mehr nähme: „Denn wenn der Meister ausführlicher darüber schreiben und für jede einzelne Sache zeigen wollte, warum und wie, dann wäre das Buch ohne Ende".[106] Christel Meier bemerkt zu dieser Stelle, man sehe daran, „dass Brunetto eigentlich kein echter Enzyklopädist ist mit der besonderen Geduld für alle Einzelheiten aller Materialbereiche".[107] Ob mangelnde Geduld tatsächlich die Ursache ist, sei allerdings dahingestellt.

Die soeben grob skizzierte Konzeption des *Trésor* ist in der Forschung auf recht verschiedene Weise interpretiert und in unterschiedliche Zusammenhänge und Entwicklungen eingeordnet worden. Eine der wirkmächtigsten Forschungsstimmen war dabei die von Walter Goetz. Er pointierte mit Nachdruck die *Säkularisierung*, die sich bei Brunetto gegenüber anderen Enzyklopädien abzeichnet. Hier sind nicht Theologie und Christentum die prägenden Mächte, wie in den älteren Werken oder bei Zeitgenossen wie Vinzenz von Beauvais; bei Brunetto Latini herrscht vielmehr, wie Goetz entschieden herausstellt, ein laikaler Geist, der die Gestaltung des Werks bestimmt. Brunettos außergewöhnliche Hierarchie der Disziplinen musste hierin ihren Grund haben: „Ist dieses Lob der Politik nicht ganz aus dem Geiste dieses Laientums

---

104   Desormés s'en wet torner a sa matire, c'est a theorike, ki est la premiere partie de philosophie, por demoustrer .i. poi de la nature des choses du ciel et de la tiere. Mais ce sera au plus briefment que li mestres pora (Brunetto Latini, *Li livres dou tresor*, ed. Carmody, S. 22).

105   Brunetto Latini, *Li livres dou tresor*, ed. Carmody, S. 414.

106   Car se li maistres les vousist plus largement metre en escrit et moustrer de chascune chose por coi et coment, li livres seroit sans fin (Brunetto Latini, *Li livres dou tresor*, ed. Carmody, S. 171); stattdessen möchte Brunetto nun zur Theorik schweigen und sich der praktischen Philosophie und der Logik zuwenden, die den Edelsteinen entsprechen: Mais ici se taist li maistres des choses qui apartienent a theorique, qui est la premiere science dou cors de phylosofie; car il viaut torner as autres .ii. sciences, pratique et logique, por amasser la seconde partie de son tresor, qui doit estre des pierres preciouses (ebd.).

107   Christel Meier, „Cosmos politicus. Der Funktionswandel der Enzyklopädie bei Brunetto Latini", in: *Frühmittelalterliche Studien* 22 (1988), S. 315–356, S. 348, Anm. 137.

gesprochen?".[108] Mit seinem *Trésor* bezeugt Brunetto, „wie das Laientum sich seine eigene geistige Welt zu gestalten beginnt".[109] Mit der Tatsache, dass Brunetto Latini als paradigmatischer Laien-Autor darum bemüht ist, die geistige Welt des Laientums zu verwirklichen, ist für Goetz eine komplementäre Entwicklung verbunden, für die Brunetto gleichfalls ein „Hauptzeuge" ist: Nach der vormaligen, bis dato ungebrochenen Herrschaft der Theologie über die Wissenschaften sei nun zu beobachten, „wie die Einzelwissenschaften [...] sich aus der Verklammerung durch eine Oberwissenschaft loslösen".[110] Dabei ist die Subjektqualität, welche die weltlichen Disziplinen in dieser Formulierung erhalten, für Goetz offenbar nicht nur metaphorisch; er betont, dass die laikalen Elemente der Literatur ihre Emanzipation „aus eigener Kraft" ins Werk setzen.[111]

Es kann im Folgenden nicht darum gehen, die Interpretation von Walter Goetz grundsätzlich in Frage zu stellen. Unabhängig davon, ob man es für adäquat hält, Brunetto Latini als Hauptzeugen für die Emanzipation der profanen Wissenschaft von der Theologie zu sehen und diesen Vorgang zudem kausal in einen allgemeinen Prozess der Säkularisierung einzubinden,[112] ist die Tatsache, dass der *Trésor* Brunetto Latinis in hohem Maße davon geprägt ist, dass es sich bei seinem Autor nicht um einen Geistlichen, sondern um einen Laien handelt, vollkommen unbestreitbar. Es ist ebenso offensichtlich, dass Brunetto Latini mit seinem *Trésor* erheblich zu einer Säkularisierung der Enzyklopädie beigetragen hat, auch wenn man dies eher als Resultat spezifischer sozialer Bedingungen statt als Verwirklichung eines säkularen Geistes begreift. Darauf, dass der Laien-Status des Autors für die Ausrichtung seiner Schrift von entscheidender Bedeutung ist, hat auch Ruedi Imbach nachdrücklich

---

108 Walter Goetz, „Die Enzyklopädien des 13. Jahrhunderts", in: Walter Goetz, *Italien im Mittelalter*, Bd. 2, Leipzig 1942, S. 62–107, S. 100f.

109 Ebd., S. 101.

110 Ebd., S. 101.

111 Ebd., S. 102.

112 Es sollte aus den bisherigen Ausführungen dieser Arbeit deutlich geworden sein, dass ich die „Hauptzeugen" für die Autonomisierung der weltlichen Wissenschaft, d.h. der Philosophie, gegenüber der Theologie an anderem Ort lokalisiere, nämlich an der Artistenfakultät der Universität Paris; es sollte aber ebenso klar sein, dass dieser Prozess zwar in seinem Resultat einer Säkularisierung entspricht, seine Gründe aber in der kommunikativen Logik eines sozialen Systems sowie in Abgrenzungs- und Perzeptionsvorgängen zwischen sozialen Gruppen innerhalb der Universität hat und nicht in der allgemeinen Verwirklichung eines laikalen Geistes, an welcher er lediglich als Epiphänomen partizipiert; auf die bezeichnende Tatsache, dass Brunetto Latini ebenfalls eine Säkularisierung der Philosophie realisiert, dabei aber einen fundamental anderen Weg einschlägt als die Artisten, wird später noch einmal zurückzukommen sein.

hingewiesen. Imbach behandelt Brunetto als einschlägigen Autor einer Laien-Philosophie, d.h. einer Philosophie, die von einem Laien geschrieben wurde.[113] Doch neben dem Laientum des Verfassers führt Imbach ebenso einen weiteren Faktor an, der das Profil des *Trésor* geprägt hat, nämlich den ‚Adressatenbezug' des Werks. Die Tatsache, dass der Trésor als „philosophischer Leitfaden für einen Politiker"[114] dienen soll, also auch *für* einen Laien verfasst wurde, wirkt in entscheidender Weise auf den Inhalt der Schrift zurück.[115]

Eine zweite dominante Sichtweise in der Interpretationsgeschichte des *Trésor* geht in eine ähnliche Richtung, jedoch mit anderer Akzentsetzung. Für Robert Luff antizipiert Brunetto Latini mit seinem Werk den „italienischen Frühhumanismus des 14. Jahrhunderts"[116] und er beruft sich auf Charles Till Davis, der Brunetto ebenfalls als „Pionier" des Florentiner Humanismus bezeichnet.[117] Aus diesem Grund kommt Luff zu dem Ergebnis, der *Livres dou Tresor* sei „im Grunde kein mittelalterliches Werk mehr".[118] Die hier zugrunde liegende Anschauung beruht also offenbar auf der Vorstellung, der *Trésor* sei aufgrund seiner besonderen Merkmale, wie seines laikalen Charakters, seiner eigenen Zeit voraus, füge sich also nicht in das allgemeine Bild seiner Epoche, die ihrerseits von bestimmten, den Qualitäten des *Trésor* entgegengesetzten Eigenschaften gekennzeichnet ist. Er gehört damit im Grunde nicht seiner eigenen Zeit, dem Mittelalter, an, sondern bleibt dieser entfremdet, indem er auf eine künftige Entwicklung und eine spätere Zeit verweist, mit der er in substantieller Weise verbunden ist. Es liegt auf der Hand, dass die von Luff formulierte Deutung weniger mit einer direkten Interpretation des *Trésor*, als vielmehr mit der dahinter liegenden Interpretation des Mittelalters insgesamt zu tun hat, welches hier nicht nur als Epoche erscheint, die das Konzept einer Laien-Philosophie prinzipiell als inkompatibel zurückweist, sondern ebenfalls, ungeachtet dieser konkreten Charakterisierung, als grundsätzlich holistische Kulturformation gedacht wird, die eine zu weit gehende Heterogenität philosophischer Formen nicht vorsieht und Abweicher kurzerhand als „nicht mehr mittelalterlich" in eine spätere Zeit verschiebt. Es wird sich dementsprechend zeigen, dass die davon verschiedene Sicht auf Brunetto Latini, die in der vorliegenden Studie eingenommen wird, unweigerlich auch die Formulierung eines anderen Mittelalterbilds voraussetzt. Auf diesen Punkt wird im weiteren Verlauf dieser Arbeit noch einige Male zurückzukommen sein.

---

113   Imbach, *Laien in der Philosophie*, S. 53–60.
114   Imbach, *Laien in der Philosophie*, S. 59.
115   Imbach, *Laien in der Philosophie*, S. 59.
116   Luff, *Wissensvermittlung im europäischen Mittelalter*, S. 282.
117   Charles Till Davis, *Dante's Italy and other Essays*, Philadelphia 1984, S. 176.
118   Luff, *Wissensvermittlung im europäischen Mittelalter*, S. 313.

Einen ganz anderen Schwerpunkt bei der Beurteilung Brunetto Latinis setzt hingegen Christel Meier, die sich in einschlägigen Aufsätzen darum bemüht hat, die Position des *Trésor* innerhalb der Gattungsgeschichte der Enzyklopädie in Mittelalter und früher Neuzeit zu bestimmen. Meier sieht die neuartige Konzeption Brunetto Latinis als Resultat einer gattungsimmanenten Entwicklung, die sich über mehrere Stufen vollzieht und an den Werken einzelner Autoren abgelesen werden kann. Drei Etappen stellt Meier dabei primär fest und legt sie ihrer Untersuchung zugrunde: „Wohin im 13. Jahrhundert die Entwicklung führt, soll geradlinig in einer Skizze an drei Beispielen verdeutlicht werden: einem für den Stand der Vorstufe, Bartholomäus Anglicus, einem für die Phase des unmittelbaren Wandlungsvollzugs, Vinzenz von Beauvais, und einem für den Stand einer erreichten neuen Form, Brunetto Latini".[119] Das Ergebnis dieser „drei Stationen der Entwicklung" ist, so Meier, bei Brunetto Latini schließlich die „erste ‚neuzeitliche' Enzyklopädie auf der Höhe des Mittelalters". Indem der *Trésor* an das Ende einer gattungsgeschichtlichen Entwicklung gestellt wird, verlagern sich die kausalen Faktoren zwangsläufig von der individuellen Prägung Brunetto Latinis auf längerfristig wirksame, gattungsspezifische Veränderungen. Der *Trésor* setzt damit nur fort, was sich bereits zuvor in anderen Enzyklopädien abzeichnete. Er ist insofern wesentlich die „Konsequenz aus einem längeren Wandlungsprozess".[120]

Dass sich diese Deutung allerdings nicht reibungslos plausibel machen lässt, wird in Meiers eigener Darstellung immer wieder deutlich. Sie selbst stellt die einschneidenden Differenzen zwischen Vinzenz und Brunetto deutlich heraus: „Trotz der Nähe der geistesgeschichtlichen Position von Vinzenz und Brunetto Latini gehen Zwecke und Werkformen bei beiden weit auseinander".[121] Während bei Vinzenz die „Weltbetrachtung zum Zweck der Schöpfererkenntnis" nach wie vor eines der zentralen Anliegen des *Speculum maius* darstellt, liegt der Nutzen des *Trésor* ausschließlich in der Unterweisung des angehenden Podestà.[122] Auch wenn sich bereits bei Vinzenz teilweise eine Verschiebung hin zu pragmatischerem Wissen verzeichnen lässt, so sind die massiven Unterschiede zwischen den beiden enzyklopädischen Entwürfen dennoch unverkennbar. Wie sich angesichts dieser Diskrepanz, die eine logische Abfolge

---

119   Christel Meier, „Vom *homo coelestis* zum *homo faber*. Die Reorganisation der mittelalterlichen Enzyklopädie für neue Gebrauchsfunktionen bei Vinzenz von Beauvais und Brunetto Latini", in: *Pragmatische Schriftlichkeit im Mittelalter. Erscheinungsformen und Entwicklungsstufen*, hg. von Hagen Keller/Klaus Grubmüller/Nikolaus Staubach (Münstersche Mittelalter-Schriften 65), München 1992, S. 157–175, S. 163.

120   Ebd., S. 163.

121   Ebd., S. 174.

122   Ebd., S. 174.

und kausale Verknüpfung der Entwicklungsschritte nicht erkennen lässt, die Deutung des *Trésor* als „Konsequenz" aus einer sich schon zuvor im Gange befindlichen Entwicklung, also als Resultat eines Prozesses, der in den früheren Enzyklopädien beginnt und über die Zwischenstufen bei Bartholomäus und Vinzenz schließlich Brunetto Latini *zur Folge* hat, aufrecht erhalten werden soll, wird nicht überzeugend deutlich.

Die Notwendigkeit, eine Verbindung zwischen den genannten Autoren zu suchen, eine ‚Entwicklung' vom einen zum anderen zu konstatieren und auf diese Weise in einen narrativen Zusammenhang zu überführen, scheint vielmehr durch die epistemischen Zwänge einer Gattungsgeschichte zu entstehen, die eine Relation zwischen den enzyklopädischen Zeugnissen vorschreibt. Indem Meier die Konzeption des *Trésor* als „Konsequenz aus einem längeren Wandlungsprozess" in der Gattung der Enzyklopädie bezeichnet, gleichzeitig aber so unüberbrückbare Differenzen zwischen Vinzenz und Brunetto feststellt, dass exogene Faktoren für die Begründung der spezifischen, ja geradezu idiosynkratischen Gestaltung des *Trésor* unumgänglich werden, verstrickt sich ihre Darstellung, wie mir scheint, in eine gewisse Paradoxie. Denn Meier benennt, ungeachtet der Konsequenz-These, schließlich doch äußere Gründe, welche die besonderen Merkmale des *Trésor* – seinen laikalen Charakter und seine Hinwendung zur politischen Praxis, die nichts mit Vinzenz' *Speculum maius* zu tun haben – erklären sollen. Neben der fortschrittlichen politischen Situation der italienischen Stadtkommune seien es vor allem Impulse, die Brunetto aus Texten, mit denen er sich befasste, empfangen habe: darunter etwa die „neuere Fürstenspiegel- und Podestà-Literatur", die Traktate der *ars dictaminis* oder Schriften von Aristoteles.[123] Besondere Bedeutung kommt nach Meier aber den Werken von Cicero und Seneca zu, welche die Praxisorientierung bei Brunetto entscheidend gefördert hätten. Sie betont die wichtige Rolle, die Ciceros spezifischer Rhetorik- und *sapientia*-Begriff für Brunettos *Trésor* spielt.[124] Dank der Analyse Meiers lässt sich in der Tat feststellen, dass Brunetto in hohem Maße von dem Weisheits- und Rhetorik-Konzept Ciceros profitierte. Dennoch wird auch hier, wie schon an anderen Stellen, das Verhältnis von ‚Wirkung' und ‚Rezeption' genauer zu definieren sein.

5.2.1   *Binäre Oppositionen: The Clash of Philosophies*

Welche neue Perspektive kann nun, ausgehend von diesem kurzen Forschungsüberblick, im Rahmen dieser Arbeit auf den *Trésor* Brunetto Latinis formuliert werden? Wenn hier behauptet wird, ein für die Konzeption des

---

123   Meier, „Cosmos politicus", S. 354f.
124   Meier, „Cosmos politicus", S. 354.

Livres dou Tresor entscheidender Aspekt sei bisher nicht berücksichtigt worden, und dieser Gesichtspunkt in einer spezifischen Relation dieses Werks zur Philosophie der Pariser Artistenfakultät gesehen wird, dann geschieht dies auf der Grundlage einer Reihe von Beobachtungen, die im Folgenden dargelegt werden. Dabei sei zunächst mit einigen kleineren Feststellungen begonnen, die zwar für sich allein noch nicht sehr aussagekräftig, aber sehr wohl ‚merkwürdig' sind. So lässt sich etwa konstatieren, dass der *Trésor* – bei dem es sich wohlgemerkt, worauf noch näher einzugehen ist, um ein ‚Philosophiebuch' handelt – hinsichtlich seiner inhaltlichen und strukturalen Disposition in zahlreichen Punkten in exakt diametralem Gegensatz zur Philosophie der Artes-Fakultät steht. Bereits diese auffällige Serie von binären Oppositionen, die sich dabei ausmachen lässt, suggeriert einen Bezug des einen zum anderen, ohne ihn freilich zwingend zu machen. Die Betrachtung dieser Gegensätze führt die Verschiedenheit der beiden Formen von Philosophie, mit denen wir es hier zu tun haben, in aller Deutlichkeit vor Augen. Allein aus diesem Grund, um des ‚Vergleichs' willen, lohnt sich die Gegenüberstellung der beiden Extreme, bevor das Hauptargument für eine Relation zwischen ihnen angeführt wird.

Wichtig ist hier zunächst vor allem die ‚Ordnung der Philosophie', die Brunetto realisiert: Brunetto platziert die Politik, als Disziplin der praktischen Philosophie, an der Spitze der philosophischen Hierarchie, während er die theoretische Philosophie auf die unterste Stelle mit dem geringsten epistemischen Wert verweist. Dies aber stellt die Rangfolge der Disziplinen, wie sie an der Artistenfakultät bestand, genau auf den Kopf.[125] Zur selben Zeit, zu der Brunetto die Politik als höchste und edelste Wissenschaft über die Theorie setzt, also in den 1260er Jahren, zelebrieren Aubry von Reims, Olivier le Breton oder Boethius von Dacien an der Artes-Fakultät den Primat der theoretischen Philosophie.[126] Radulphus Brito wird diesen später in immer wieder neuen Formulierungen artikulieren und auf die Spitze treiben. Für ihn steht fest, dass alle Disziplinen auf die Erste Philosophie hingeordnet sind: *omnes ordinantur*

---

125 Ruedi Imbach weist darauf hin, dass Brunetto mit seiner Bewertung der Politik „den Primat der theoretischen Wissenschaften, wie er von der arabisch-aristotelischen Tradition behauptet und gerade an der Artistenfakultät in Paris gepflegt wurde" in Frage stellt (Imbach, *Laien in der Philosophie*, S. 56f).

126 Nam, ut ait Auerroys in prologo octaui Phisicorum, esse hominis ex sui ultima perfectione uel completione est ipsum esse perfectum per sciencias speculatiuas (Aubry von Reims, *Philosophia*, ed. Gauthier, S. 29); für Olivier le Breton wird man nur durch die theoretische Philosophie zu einem wahren Menschen: De qua dicit Auerroys in libro quem composuit super librum Phisicorum quod homo dicitur equiuoce de homine habente scientiam speculatiuam et de non habente, sicut de homine uero et homine picto (Olivier le Breton, *Philosophia*, ed. Lafleur, S. 481).

ad philosophiam primam.[127] Nur sie macht den Menschen wirklich frei: *Unde qui vere vult esse liber istam philosophiam primam debet addiscere*.[128] Damit jedoch unterscheidet sie sich maßgeblich von den *artes mechanicae*, die nicht *„liberales"* sind, sondern *„serviles"*.[129]

Diese Haltung der Artes-Magister gegenüber den *artes mechanicae* hatte sich in Kapitel 2 als gezielte Distinktionsstrategie erwiesen: *„De mechanica nihil ad nos set ad laycos"*, schrieb der Verfasser von *Sicut dicit Ysaac*. Brunetto hingegen stellt aber nicht nur die Politik an die oberste Stelle der Philosophie und leugnet damit den Primat der Theorik, wie ihn die Artisten vertreten, sondern er integriert zudem die *artes mechanicae* in die Politik, als umfassender Handlungswissenschaft,[130] und weist ihnen demnach eine Position an der Spitze der philosophischen Hierarchie zu. Die Positionierung und Bewertung von theoretischer Philosophie und *artes mechanicae*, welche die epistemische Ordnung der Artistenfakultät vorsieht, ist auf diese Weise umgestülpt. Eine solche radikale Umwertung nimmt Brunetto aber nicht nur bei den *artes mechanicae* vor, sondern ebenfalls bei der Rhetorik: Auch sie gehört zur Politik und ist demnach Teil der edelsten Disziplin,[131] während die Artes-Magister, wie in Kapitel 3 gesehen, sich kaum für die Rhetorik, erst recht nicht für die *ars dictaminis*, die Brunetto wiederum eingehend behandelt, interessierten.[132] Bereits der *Guide de l'étudiant* hatte um 1240 explizit verlauten lassen, über die Rhetorik am wenigsten sagen zu wollen.[133] Brunetto Latini jedoch versetzt die Rhetorik in den obersten Rang und hält seinerseits ausdrücklich fest, dass er über die theoretische Philosophie so wenig wie möglich sagen möchte.[134]

Ein weiterer einschlägiger Gegensatz zwischen Brunetto und den Artisten betrifft den spezifischen Begriff der ‚Weisheit', den beide Seiten jeweils

---

127 Radulphus Brito, *Questiones in Metaphysicam*, ed. Ebbesen, S. 243.
128 Radulphus Brito, *Questiones in Metaphysicam*, ed. Ebbesen, S. 243f.
129 Et sic omnes scientiae speculativae sunt liberales, et sic mechanicae solum sunt serviles (Radulphus Brito, *Questiones in Metaphysicam*, ed. Ebbesen, S. 246).
130 Meier, „Cosmos Politcus", S. 351.
131 Et sachiés que rectorique est desoz la science de cité governer, selonc ce q'Aristotles dist en son livre (Brunetto Latini, *Li livres dou tresor*, ed. Carmody, S. 319); Et Tuilles dist que la plus haute science de cité governer si est rectorique, c'est a dire la science du parler (S. 317).
132 Siehe oben Kap. 3.2.
133 [...] ipsa pauciora nobis competit dicere (Anonymus Artium Magister, *Nos gravamen*, ed. Lafleur, S. 77).
134 Desormés s'en wet torner a sa matire, c'est a theorike, ki est la premiere partie de philosophie, por demoustrer .i. poi de la nature des choses du ciel et de la tiere. Mais ce sera au plus briefment que li mestres pora (Brunetto Latini, *Li livres dou tresor*, ed. Carmody, S. 22).

artikulieren. Wie Christel Meier gezeigt hat, betrachtet Brunetto seinen *Trésor* insgesamt als „Schatz" der Weisheit, wobei es sich aber um eine Weisheit handelt, die keinesfalls um ihrer selbst willen gesucht wird, sondern einen praktischen Nutzen für das Gemeinwohl haben soll.[135] Zentral für diese Deutung ist Brunettos eigene Äußerung am Beginn seines Werks: „Dieses Buch heißt *Trésor*. Denn so wie ein Herrscher, der an einem kleinen Ort Dinge von großartigem Wert versammeln möchte, dies nicht nur zu seinem Vergnügen tut, sondern um seine Macht zu vergrößern und um seinen Status im Krieg und im Frieden zu sichern; so wie er dort die teuersten Dinge und die kostbarsten Juwelen mit guter Absicht unterbringt, ganz so ist der Inhalt dieses Buches aus Weisheit zusammengetragen, der aus allen Teilen der Philosophie in einer Übersicht zusammengestellt wurde".[136] Diese für die Gesamtkonzeption des *Trésor* bedeutende Stelle macht von Anfang an die Zweckgerichtetheit und Nutzorientierung des Werks deutlich. Der explizite Hinweis darauf, dass die Inhalte des Schatzes nicht einfach zum Vergnügen (*non pas pour son delit solement*), sondern für einen konkreten Zweck gesammelt werden, lässt den Eindruck entstehen, dass sich Brunetto hier ganz gezielt von einem selbstreferentiellen Wissenskonzept abgrenzt. So wie an der Artes-Fakultät philosophisches Wissen aus reiner *curiositas*, um des *amor sciendi* willen, gesucht wird, so würde ein unbekümmerter Herrscher Schätze aus purer Sammelleidenschaft anhäufen. Doch gerade das möchte Brunetto nicht. Seine Sammlung philosophischer Juwelen wurde nicht um des Sammelns willen angelegt, sondern zielt auf einen praktischen Nutzen in der Politik, wie die Juwelen des umsichtigen Herrschers seinem Machtstreben dienen.

Diese grundsätzliche Ausrichtung des *Trésor* und die bewusste Abgrenzung von einem Antikonzept der Selbstreferenz sind zweifellos bezeichnend, denkt man an die gleichzeitigen Tendenzen an der Artes-Fakultät. Der allgemeine Gegensatz, der sich hier manifestiert, wird anhand des Weisheits-Begriffs, den Brunetto artikuliert, zusätzlich sichtbar. Die Kostbarkeiten des *Trésor*, die aus allen Bereichen der Philosophie gesammelt wurden, bestehen aus Weisheit (*sapience*) und machen in ihrer Gesamtheit den *thesaurus* aus, der ein ‚Schatz der Weisheit' ist. Diese Weisheit aber, die dem Herrscher zum richtigen politischen Handeln dienen soll, weist eine gänzlich andere Finalität auf als der

---

135   Meier, „Cosmos Politicus", S. 325f.

136   Cis livres est apielés Tresors. Car si come li sires ki vuet en petit lieu amasser cose de grandisme vaillance, non pas pour son delit solement, mes pour acroistre son pooir et pour aseurer son estat en guerre et en pais, i met les plus chieres choses et les plus precieus joiaus k'il puet selonc sa bonne entencion; tout autresi est li cors de cest livre compilés de sapience, si come celui ki est estrais de tous les membres de philosophie en une sonme briement (Brunetto Latini, *Li livres dou tresor*, ed. Carmody, S. 17).

Weisheits-Begriff, der in den Quellen der Artistenfakultät begegnet. Von einem politischen Nutzen der Weisheit ist hier nämlich keine Rede, vielmehr handelt es sich um ein Konzept, das ausschließlich mit kontemplativer Erkenntnis verbunden ist. Arnulf von der Provence verzeichnet unter dem Punkt der „*Diffinitio Sapientie*" etwa Definitionen wie „*Sapientia est scientia primorum principiorum et causarum consideratiua*"; „*Sapientia est scientia ueritatis primarum rerum perpetuarum et sempiternarum*"; oder „*Sapientia est eorum que uere sunt et sue essentie inpermutabilitatem sortiuntur comprehensio ueritatis*".[137] Es zeigt sich hier also deutlich, dass Arnulf die *sapientia* vor allem mit Erkenntnis, mit dem Erfassen der ‚Wahrheit' (*comprehensio ueritatis*) verbindet, ja die Weisheit der Philosophie sogar als „Wissenschaft der Wahrheit von den ersten Dingen" bezeichnet. Dieser *sapientia*-Begriff zielt auf philosophische Wahrheit, nicht, wie Brunettos *sapience*, auf politische Nützlichkeit.

Wenn Arnulf unter Berufung auf Seneca die Definition anführt, die Weisheit sei das „vollkommene Gute der menschlichen Tugend", und damit zunächst den Eindruck erweckt, es könne hier vielleicht doch um einen Nutzen der Weisheit gehen, so beeilt er sich sogleich hinzuzufügen, dass es sich dabei um eine „*uirtus intellectualis*" handele, die, wie aus dem sechsten Buch der *Nikomachischen Ethik* hervorgehe, zur höchsten menschlichen Perfektion führt.[138] Der selektive Umgang mit den Vorlagen, den Arnulf betreibt, ist, wie schon an anderer Stelle festgestellt, konstitutiv für den Rezeptionsmodus der Artisten. Dass Arnulf aber gerade die *Nikomachische Ethik* anführt, um die Funktion der *virtus intellectualis* zu belegen, verweist noch einmal auf die spezifische Rezeptionseinstellung, welche die Philosophen diesem Text entgegenbrachten. Wie sich sogleich zeigen wird, steht sie der Art und Weise, wie Brunetto Latini auf die *Nikomachische Ethik* zugreift, diametral entgegen. Die Differenz hinsichtlich der beiden Begriffe der ‚Weisheit', die bei Brunetto und Arnulf von der Provence begegnen, sollte jedenfalls deutlich geworden sein.

Die zentrale Bedeutung seines praktischen Weisheitskonzepts wird bei Brunetto deutlich, wenn er die Weisheit an erster Stelle der Liste von Eigenschaften nennt, die dem idealen Podestà zukommen sollten.[139] Dass Brunetto dabei besonders von dem Weisheitsbegriff Ciceros profitiert, der eine reine *sapientia* ohne Bezug zur *eloquentia*, d.h. der politisch angewandten Rhetorik,

---

137   Arnulf von der Provence, *Divisio Scientiarum*, ed. Lafleur, S. 312.

138   Sapientia est perfectum bonum humane uirtutis; hec autem est uirtus intellectualis, ut habetur sexto Ethicorum, que fere eadem est felicitati et ultime perfectioni humane (Arnulf von der Provence, *Divisio Scientiarum*, ed. Lafleur, S. 311f).

139   Brunetto Latini, *Li livres dou tresor*, ed. Carmody, S. 393f; Meier, Cosmos Politicus, S. 353.

strikt ablehnt,[140] verweist auf Brunettos Rezeptionshaltung, die sich aus den Kontexten seiner eigenen Gegenwart speist: Dieses Konzept Ciceros, mit seiner polemisch gefärbten Hinwendung zur politischen Praxis, war für Brunetto einerseits attraktiv, weil die aktuelle Situation in Florenz eine politische Ausrichtung der Philosophie nahelegte, aber ebenfalls, weil es in seiner unmittelbaren Umgebung, dem Paris der 1260er Jahre, Philosophen gab, die eine dezidiert unpolitische Philosophie betrieben und eben einen solchen, rein auf kontemplative Erkenntnis gerichteten Weisheitsbegriff propagierten, wie ihn Cicero abgelehnt hatte. Es ist richtig, dass Brunetto die Position Ciceros mitsamt ihrer kritischen Haltung adaptierte, aber sein Interesse an dieser Konzeption, d.h. seine ‚Rezeptionseinstellung‘, war durch die Bedingungen seiner unmittelbaren Gegenwart bestimmt.

Drei (miteinander verbundene) Aspekte sollen noch hervorgehoben werden, welche die grundsätzlich verschiedenen Ausrichtungen von Philosophie bei Brunetto und den Artes-Magistern besonders deutlich machen: die Rezeption der *Nikomachischen Ethik*, die epistemische Positionierung der Logik sowie das spezifische Interesse an der philosophischen Disziplin der Politik. Gerade diese drei Bereiche sind signifikant für die divergierende immanente Logik der beiden verschiedenen Konzeptionen und für die Rezeptionshaltung (gegenüber ‚Texten‘ oder Wissensfeldern), die damit jeweils einhergeht.

Die Art und Weise, wie die Artes-Magister auf die *Nikomachische Ethik* des Aristoteles zugriffen, und das Interesse, dass sie bei diesem Zugriff leitete, wurde in Kapitel 3 charakterisiert:[141] Es ging ihnen nicht um ‚praktische Anwendung‘ ethischen Wissens, nicht darum, nützliches Wissen für außeruniversitäre Zwecke und Rezipienten zu produzieren; sie diskutierten in ihren Kommentaren abstrakte Fragen, wie nach dem Wesen der Tugend und des Glücks, und plädierten emphatisch für die Superiorität des spekulativen Lebens der Philosophen über das aktive oder politische, d.h. das ‚praktische‘ Leben der anderen Mitglieder der Gemeinschaft. Ganz anders Brunetto Latini: Er übersetzt die für ihn relevanten Partien der *Nikomachischen Ethik* ins Französische,[142] was bereits einen Adressatenkreis impliziert, der über die

---

140   Ursula Klima, *Untersuchungen zu dem Begriff Sapientia. Von der republikanischen Zeit bis Tacitus*, Bonn 1971; Meier, „Cosmos Politicus", S. 352; siehe Ciceros Feststellung zu Beginn von De inventione: […] ut existimem sapientiam sine eloquentia parum prodesse civitatibus (Marcus Tullius Cicero, *De inventione*, ed. Theodor Nüßlein, Darmstadt 1998, S. 8).

141   Siehe Kap. 3.2. und 3.4.

142   Brunetto hat die *Nikomachische Ethik* allerdings nicht direkt, sondern in einer lateinischen Bearbeitung, dem *Compendium Alexandrinum-Arabicum*, rezipiert. Für seine Rezeptionshaltung gegenüber diesem Text, wie sie im *Trésor* deutlich wird, ist dies aber nicht entscheidend.

Gelehrtenwelt hinausgeht; vor allem aber richtet er in dem abschließenden Kapitel seines Ethik-Teils, *„Des governemens de la cité"*, die Ethik explizit auf eine Anwendung im Bereich der Politik aus und markiert damit ihre fremdreferentielle Funktion im Rahmen seiner Ausführungen.[143] Die Übersetzung des *„livre Aristotle"* dient einer Konzeption von Ethik, die der Politik nutzen und nicht eine philosophische Lebensform legitimieren soll.

Dieses Konzept der Ethik, das Brunetto in seinem *Trésor* entwirft, ist allerdings noch in einer weiteren Hinsicht höchst bezeichnend, womit zu dem zweiten genannten Aspekt, der Rolle der Logik bei Brunetto, übergeleitet wird. Denn die Logik ist für Brunetto keine eigenständige Disziplin, wie bei den Artes-Magistern. Während sie in der Philosophie der Universität ein hohes Maß an Autonomie erreichte, ja geradezu als Inbegriff der Selbstreferentialität der Universitätsphilosophie betrachtet werden kann, insofern sie über Jahrzehnte die Hauptbeschäftigung der Artisten darstellte und deren *curiositas* zu innovativen wissenschaftlichen Leistungen in der logischen Theorie beflügelte, so ordnet Brunetto Latini die Logik kurzerhand der praktischen Philosophie zu und macht sie zu einem Instrument der Ethik,[144] also einer Disziplin, die bei Brunetto fundamental fremdreferentiell ist. Diese Positionierung hat Konsequenzen für die Aufgabe der Logik: Sie ist eine Disziplin, die das Handeln des Einzelnen anweist, indem sie durch Gründe aufzeigt, was man tun sollte und was nicht.[145]

Es sei bereits an dieser Stelle darauf hingewiesen, dass sich mit dieser De-Autonomisierung der Logik durch ihre Zuordnung zur Moralphilosophie eine einschlägige Parallele zu Roger Bacon offenbart, die in der Forschung bisher nicht zur Kenntnis genommen wurde.[146] Dass beide Autoren zum selben Zeitpunkt und am selben Ort ein derartiges Konzept entwerfen, kann kaum als Zufall gedeutet werden. Der Grund dafür, dass Brunetto Latini und Roger Bacon nahezu gleichzeitig der Logik ihre Autonomie entziehen und sie von einer selbstreferentiellen Disziplin in ein grundsätzlich auf soziale Nützlichkeit ausgerichtetes Werkzeug der Ethik verwandeln, ist vielmehr ein Resultat der Tatsache, dass sie beide in dieselbe philosophische Konstellation eingebunden sind, innerhalb derer sie analoge Positionen einnehmen. Der Schlüssel zu dieser Funktionalisierung, dieser ‚Nutzbarmachung' der Logik liegt in dem

---

143   Brunetto Latini, *Li livres dou tresor*, ed. Carmody, S. 223.

144   Mais de ces .ii. sciences (sc. pratique et logique) traitera li mestres auques melleement, pour çou que li leur argument sont si entremellé que a paine poroient il estre devisé (Brunetto Latini, *Li livres dou tresor*, ed. Carmody, S. 175).

145   [...] cele proprement ki ensegne prover et moustrer raison pour quoi on doit les unes choses faire et les autres non (Brunetto Latini, *Li livres dou tresor*, ed. Carmody, S. 22).

146   Zu Bacon siehe unten Kap. 5.4.2.

Umstand, dass sich beide Autoren von dem selbstreferentiellen Gebrauch der Logik abgrenzen, der an der Pariser Artes-Fakultät vorherrscht. Bacons programmatische Feststellung: *„Et ideo nichil dignum potest purus logicus in logicalibus pertractare"*, die seine kritische Haltung gegenüber einer ‚reinen‘ Logik artikuliert, die nicht zum Handeln bewegt, sondern nur auf Wahrheit zielt, verweist in aller Deutlichkeit auf die Form von Logik, von der er sich mit seinem moralphilosophischen Konzept abgrenzt. Es ist nicht zu weit hergeholt, eine derartige Abgrenzungshaltung auch für Brunetto Latini anzunehmen. Damit aber eröffnet sich eine andere Perspektive auf die Eingliederung der Logik in die Ethik, die in der bisherigen Forschung eher Verständnislosigkeit hervorgerufen hat.[147]

Der dritte Punkt, der bezüglich der Differenz zwischen Brunetto und den Artisten angeführt werden soll, betrifft ihr jeweiliges Interesse an der Disziplin der Politik. Noch deutlicher als bei der Ethik zeigt sich hier ein Gegensatz, der sich als Opposition von ‚allgemein‘ und ‚konkret‘ beschreiben lässt und seinen Grund in den unterschiedlichen kommunikativen Finalitäten der Rezeptionsakte hat: Während die Artes-Magister das Wissensgebiet der Politik auf ihre ‚Wahrheit‘ hin untersuchen, zielt Brunettos Zugriff unmittelbar auf ‚Nützlichkeit‘. Brunetto schreibt für eine aktuelle politische Situation – die norditalienische Stadtkommune seiner Gegenwart – und für konkrete politische Aufgaben. Er liefert daher in seinem Kapitel über die Wissenschaft der Politik konkrete Anweisungen, Ratschläge, gezielte Handlungsvorgaben, kurz: praktisches Wissen für den Podestà. Der Artes-Magister Petrus von Auvergne hingegen behandelt in seinem Kommentar zur *Politik* des Aristoteles (zwischen 1272 und 1296)[148] ausschließlich allgemeine Fragen politischer Theorie, ohne sie auf aktuelle politische Gegebenheiten zu beziehen. Wie schon im Falle der *Nikomachischen Ethik* gilt hier, dass nicht allein die Tatsache, dass ein Text der praktischen Philosophie kommentiert wird, auf eine ‚nützliche‘ Ausrichtung oder auf die Produktion ‚praktischen‘ Wissens schließen lässt. Die entscheidende Frage ist stets, *wie* ein Text gelesen und kommentiert wird und welche Rezeptionshaltung diesen Akt des Lesens reguliert. Konkrete Lehren und Ratschläge für die politische Praxis der Gegenwart sucht man im Politik-Kommentar des Petrus von Auvergne vergeblich. Es geht ihm vielmehr um die Erörterung grundsätzlicher Aspekte, die auf den Text der aristotelischen *Politik*

---

147 Für Christel Meier liegt darin die größte Schwäche von Brunettos Konzept: „Diese ‚Eingliederung‘ der Logik in die Ethik ist der schwächste Punkt in Brunettos Entwurf; er bedeutet gegenüber ihrer sonstigen Determination eine erhebliche Reduktion dieser philosophischen Grundwissenschaft" (Meier, „Cosmos Politicus", S. 348, Anm. 136).

148 Flüeler, *Rezeption und Interpretation*, Bd. 1, S. 119.

bezogen sind; sie zielen nicht auf konkrete Probleme, sondern auf zeitlose, generelle Fragen des Politischen.

Der direkte Vergleich macht die Differenz offensichtlich: Neben der grundsätzlichen Frage nach der besten Herrschaftsform, wie sie der Text des Aristoteles stimuliert, behandelt Petrus in seinem Kommentar verschiedene allgemeine
Aspekte der politischen Gemeinschaft und ihrer Zusammensetzung. Die Fragen, die Petrus dabei stellt, haben gleichsam ‚überzeitliche' Relevanz, bewegen
sich also auf einer Metaebene, ohne in die Vereinzelung aktueller politischer
Situationen hinabzusteigen: *Utrum mulier sit natura serva*; *Utrum barbari sint
naturaliter servi*; *Utrum servus sit organum domini*; *Utrum naturaliter bonus generet bonum et servus servum, sicut dicit Philosophus*; *Utrum melius sit civitatem
regi optimo viro vel legibus* – um nur einige Beispiele der Punkte zu nennen, die
der Artes-Magister erörtert.[149] Die Abschnitte im Politikteil des *Trésor* lauten
hingegen ganz anders: *Des choses que li sires doit faire quant il reçoit la signorie*;
Que li sires doit faire quant il est à la vile venus; *Comment li sires doit envoier ses
ambaisseours*; *Que li sires doit faire au tens de guerre*.[150]

Der kommunikative Modus im Politikkommentar des Petrus von Auvergne ist ausschlaggebend für dessen textpragmatische Funktion: Seine primäre
Absicht ist keine Anwendung in der politischen Praxis, sondern ein philosophischer Kommentar für den Unterricht *innerhalb der Artes-Fakultät*, deren
diskursiven Rahmen der Text nicht verlassen soll; mit anderen Worten: diese
Erörterung verbleibt innerhalb der Philosophie und hat – im Gegensatz zum
Trésor Brunetto Latinis – keinen Adressaten in der politischen Welt. Nicht weniger bezeichnend als diese Begrenzung des diskursiven Raums (bzw. dessen
‚Entgrenzung' bei Brunetto Latini, der sich zweifellos an Gelehrte und ‚Laien'
wendet) ist die argumentative Funktion, welche die *Politik* des Aristoteles
mitunter in den Schriften der Artes-Magister einnehmen konnte. So wie sich
Arnulf von der Provence an der oben zitierten Stelle auf die *Nikomachische
Ethik* berief, um die Weisheit als *virtus intellectualis* und damit die Philosophie
als Weg zur menschlichen Vollkommenheit auszuweisen, so führt Radulphus
Brito die aristotelische *Politik* an, um zu argumentieren, die Philosophie, und
besonders die Metaphysik, mache den Menschen frei, weil sie stärker mit dem
Intellekt zu tun habe als andere Betätigungen (auch die anderer Wissenschaften). Denn der Philosoph, so lautet die Begründung, sage im ersten Buch der
Politik, dass die Menschen, die geistig begabt und aktiv sind, naturgemäß über

---

149 Petrus von Auvergne, *Quaestiones supra libros politicorum*, Teiledition in: Flüeler, *Rezeption und Interpretation*, Bd. 1, S. 169–227, hier S. 178f, 179f, 183, 200–204, 216–219.
150 Brunetto Latini, *Li livres dou tresor*, ed. Carmody, S. 398ff, 402–405, 410, 419f.

diejenigen herrschen, die körperlich arbeiten.[151] Auch in dieser Bezugnahme manifestiert sich die spezifische *Rezeptionseinstellung*, welche die Philosophen der Artistenfakultät an die Texte und Disziplinen ihres Wissensbestands herantrugen und die sich von derjenigen Brunetto Latinis und seinem Interesse an ‚Politik' radikal unterschied.

5.2.2 *Die Signifikanz des Mediums*

Es wurde nun einiger Raum darauf verwendet, die einschneidenden Divergenzen zwischen Brunetto Latini und den Artes-Magistern der Universität Paris herauszuarbeiten. Dies schien deshalb in dieser Ausführlichkeit angebracht, weil bei den dabei angestellten Einzelbetrachtungen das jeweilige Profil dieser beiden fundamental gegensätzlichen Formen von Philosophie, die in den 60er Jahren des 13. Jahrhunderts auf engstem Raum koexistierten, in mancher Hinsicht erheblich an Kontur gewonnen hat. Allein der Vergleich brachte insofern einen heuristischen Gewinn. Bei dem zuletzt angesprochenen Punkt, der die Rezeptionslogik der Artisten hinsichtlich der Texte der praktischen Philosophie betrifft, handelt es sich zudem um einen Aspekt, der kaum deutlich genug hervorgehoben werden kann, da die Tatsache, dass die Artes-Magister sich mit ‚praktischer Philosophie' beschäftigten, wohl besonders dazu herausfordern könnte, die in dieser Arbeit vertretene Annahme von der *Praxisferne* der Pariser Artistenfakultät, die sich – was ihre wissenschaftliche Kommunikation betrifft – in einer Tendenz zur Abstraktion und einem Kult der Theorie manifestiert, in Frage zu stellen. Erst im Vergleich mit alternativen Konzepten wie dem von Brunetto Latini, das die diskursiven Grenzen der Wissenschaft überschreitet, wird die spezifische, um es noch einmal zu sagen, *selbstreferentielle* Kommunikations- und Rezeptionslogik der Artes-Fakultät vollends deutlich.

Wie aber verhält es sich nun mit der eingangs aufgestellten Behauptung, die Philosophie Brunetto Latinis, mit ihren spezifischen Merkmalen, sei in konstitutiver Weise auf die Philosophie der Pariser Artes-Magister bezogen, ja in dezidierter *Abgrenzung* von ihr formuliert worden? Die These lautet, dass diese negative Relation zur Pariser Artistenfakultät die eigenwillige Gestaltung des *Trésor* maßgeblich geprägt hat, mindestens genauso sehr wie das ‚Laientum'

---

151   Item, potest sic probari: quia secundum Philosophum in primo Politicae homines vigentes mente naturaliter sunt aliorum domini, et robusti corpore aliorum sunt servi. Et ideo apparet quod quanto aliquis plus participat de intellectualitate, tanto est magis liber[um]; et quanto minus de intellectualitate, tanto plus participat de servitute. Sic erit scientia quod illa scientia erit servilis quae minus habet de intellectualitate et quae magis habebit erit magis libera; philosophia autem plus habet de intellectualitate quam aliae scientiae et maxime prima philosophia (Radulphus Brito, *Questiones in Metaphysicam*, ed. Ebbesen, S. 244).

Brunettos und der Umstand, dass er für die politische Situation Norditaliens schrieb. Allein die Tatsache, dass er die disziplinäre Hierarchie der Artistenfakultät exakt auf den Kopf stellt, indem er die Politik mitsamt der Rhetorik und den *artes mechanicae* auf den obersten, die theoretische Philosophie jedoch auf den untersten Rang verweist, vermag dies nicht zu beweisen. Die Parallele zu Roger Bacon hinsichtlich der Funktionalisierung der Logik, die sich gegen deren Selbstreferentialität richtet, ist in dieser Frage bereits aussagekräftiger, reicht jedoch ebenfalls noch nicht aus, um die gewünschte Plausibilität zu erzeugen.

Mein Hauptargument dafür, den *Trésor* Brunetto Latinis gleichsam als Gegenmodell zur Pariser Universitätsphilosophie zu sehen, beruht vielmehr auf einem Merkmal dieses Werks, das bisher noch nicht zur Sprache kam: Was den *Trésor* aus der Reihe der mittelalterlichen Enzyklopädien, wenn man ihn in diese Reihe einordnet, am allerdeutlichsten heraushebt, ist die Tatsache, dass die dem gesamten Werk zugrunde liegende Struktur in einer ‚Einteilung der Philosophie‘ besteht, also dem Schema einer Wissenschaftsklassifikation folgt. Brunetto Latini greift damit als Organisationsform seiner Schrift gerade jenes literarische Genre auf, das an der Artes-Fakultät der Universität Paris seit ca. 30 Jahren florierte und zu einem zentralen Kommunikationsmedium der Artes-Magister geworden war, in welchem sie ihr Selbstverständnis und ihre wissenschaftlichen Ansprüche artikulierten. Die Einteilungen der Philosophie dienten den Universitätsphilosophen dazu, die Grenzen ihres genuinen Arbeitsfeldes abzustecken und ihre eigene Zuständigkeit für das damit umrissene Wissensgebiet zu reklamieren. Gerade dieses Schema übernimmt Brunetto, um seinerseits eine Klassifikation des philosophischen Wissens zu konzipieren, die jedoch eine gänzlich andere Finalität der Philosophie zum Ausdruck bringt. Hierin ist eine gezielte Aneignung und Umcodierung einer literarischen Form zu sehen, die insofern Brunettos Intention erkennen lässt, ein ‚alternatives‘ Konzept von Philosophie zu verfassen, d.h. alternativ zur nutzlosen und unpolitischen Philosophie der Universität, die er während seines Paris-Aufenthalts kennengelernt hatte.

Daher ist es nur konsequent, dass Brunetto seine Schrift dezidiert als Werk der ‚Philosophie‘ versteht. Es ist Brunettos explizite Absicht, ein ‚Philosophiebuch‘ zu schreiben, nicht das Wissen der Welt in seiner Gesamtheit zu repräsentieren. Der *Trésor* ist, wie es heißt, aus allein Teilen der Philosophie kompiliert (*estrais de tous les membres de philosophie en une sonme briement*) und unterteilt das philosophische Wissen, seinen drei Hauptkapiteln entsprechend, in Theorik, Ethik und Logik sowie Politik. Genau wie in den philosophischen Einführungen, die zur selben Zeit am selben Ort entstehen, formuliert Brunetto nach dem Prolog zunächst eine Definition der Philosophie, sowie dann eine komprimierte *Divisio philosophiae*, welche die Reihenfolge der anschließend behandelten Teilgebiete der Philosophie vorwegnimmt. Auch wenn der *Trésor* freilich in seinem ersten Teil über die Theorik Wissensgebiete integriert, die, wie etwa die ‚Geschichte‘, nicht zum Kanon der Universitätsphilosophie zählen, und er damit (auch hinsichtlich der verwendeten Quellen) eine deutliche Verbindung zur enzyklopädischen Tradition aufweist,[152] hat er nach der Intention seines Autors sowie nach seiner zugrunde liegenden Struktur, ausdrücklich die Philosophie zum Gegenstand, und zwar im Medium jener Form, die am institutionalisierten Ort der Philosophie, der Artes-Fakultät, zur Organisation und Repräsentation des philosophischen Wissens diente. Wenn Brunetto in Kontakt zur Universität stand, dann muss ihm bewusst gewesen sein, dass er hier ein Genre adaptiert, dass an der Artes-Fakultät seit langem zentrale Bedeutung für die *Definition* dessen hatte, was Philosophie *ist*.

Nun ist es nicht so, dass die Präsenz der Form einer Wissenschaftsklassifikation im *Trésor* Brunetto Latinis von der Forschung bisher überhaupt nicht bemerkt worden wäre, doch hat sie äußerst wenig Aufmerksamkeit auf sich gezogen. Auch ist ihre Signifikanz für die historische Positionierung des *Trésor* nicht ausreichend bedacht worden. Christel Meier hat den Umstand, dass Brunetto dieses Organisationsprinzip für sein Werk wählte, nachdrücklich hervorgehoben, wobei sie auf die Klassifikationsschriften des 12. Jahrhunderts als Vorbilder aufmerksam machte. Sie wies zu Recht auf die einschlägigen Konsequenzen hin, die diese Neukonzeption gegenüber den älteren Enzyklopädien hat: Indem Brunetto die philosophische Klassifikation zum strukturierenden Schema des *Trésor* macht, ersetzt er – verglichen mit den Enzyklopädien von Isidor, Honorius Augustodunensis oder auch Vinzenz von Beauvais – den gottgegebenen *ordo rerum* durch ein von Menschen gemachtes Einteilungsprinzip und tritt damit als selbständig organisierender Autor hervor.[153] Doch so richtig diese konstatierte Konsequenz des philosophischen Ordnungsmusters, des *ordo artium*, auch ist, so kann Meier dennoch die hier entscheidende Frage nicht beantworten, nämlich *warum* Brunetto Latini eigentlich das Schema der Wissenschaftsklassifikation für sein Konzept wählte, d.h. worin seine Motivation lag, ausgerechnet eine *Einteilung der Philosophie* zu verfassen. Die unbeantwortete Frage, was Brunetto zur Verwendung dieses Schemas motivierte, ist allerdings durchaus berechtigt, da dieses literarische Genre weder Vorbilder in der enzyklopädischen Tradition hat, noch eine typisch ‚laikale‘ Form darstellt und ebensowenig der avisierten Verwendung in der politischen Praxis geschuldet sein kann. Wäre es nur darum gegangen, praktisches Wissen zum Nutzen

---

152 Meier, „Cosmos Politicus“, S. 349.
153 Meier, „Cosmos Politicus“, S. 340f.

des Podestà zu präsentieren, hätten sich andere Formen deutlich besser geeignet, etwa die des Fürstenspiegels, wie sie etwas später von Aegidius Romanus paradigmatisch realisiert wurde.

Wie also – wenn keine der gängigen *Trésor*-Interpretationen eine Erklärung dafür liefert – kam Brunetto dazu, gerade dieses literarische Genre zu adaptieren? Was die Latini-Forschung bei der Deutung des *Trésor* bislang nicht bedacht hat, ist die Tatsache, dass Brunetto unter seinen unmittelbaren Zeitgenossen und in seinem direkten kulturellen Umfeld während der Abfassungszeit des *Trésor* Philosophen antraf, die sich dieses Schemas in extensiver Weise bedienten und es maßgeblich zur Konstruktion einer spezifischen Form von Philosophie benutzten. Nicht zuletzt im Medium dieses Genres wurde in direkter Nachbarschaft Brunettos eine dezidiert unpolitische Philosophie konzipiert, also das genaue Gegenteil von dem, was Brunetto in seinem Werk vertritt. Wenn Brunetto Latini gerade dieses Medium adaptiert, um das Konzept einer politisch nützlichen und praxisbezogenen Philosophie zu formulieren, die der Universitätsphilosophie in zahlreichen Punkten diametral entgegensteht, dann muss darin ein in bewusster Abgrenzung vertretenes Gegenmodell zur Artistenfakultät gesehen werden.[154]

Ruedi Imbach hat in einer eher beiläufigen Bemerkung vermutet, dass Brunetto die prinzipielle Unterscheidung zwischen den Bereichen der *theoretike*, *pratike* und *logike*, die er im *Trésor* vornimmt, in Anlehnung an die an der Pariser Artistenfakultät verbreitete Unterscheidung von *philosophia naturalis*, *moralis* und *rationalis* formuliert haben könnte.[155] Sollte Imbach mit dieser Annahme Recht haben, dann gäbe es einen Grund mehr, davon auszugehen, dass Brunetto die Einführungsschriften der Artes-Fakultät kannte. Ist dies aber der Fall, dann ist die These umso mehr gerechtfertigt, dass Brunetto das gesamte Schema der philosophischen Einteilung, mitsamt seiner Struktur von Prolog, Definition, komprimierter *Divisio philosophiae* und anschließender Behandlung der philosophischen Teilbereiche, durch seinen Kontakt mit der Artes-Fakultät rezipiert hat und durch die dort florierenden und zirkulierenden Texte zu dessen Übernahme angeregt wurde. Freilich würde dies voraussetzen, dass Brunetto – wie stets in der Forschung postuliert – während seiner Zeit in Paris mit der Universität in Kontakt stand. Brunetto Latini hielt sich in der Zeit seines französischen Exils nicht ausschließlich in Paris auf. Auch in Arras und

---

154   Zur Methode der ‚Kontextualisierung‘, die hier herangezogen wird, um auf die ‚Intention‘ des Autors zu schließen, siehe das folgende Kapitel (Methodologische Zwischenreflexion).

155   Imbach, *Laien in der Philosophie*, S. 54f. Imbach bringt damit, wenn auch nur im Hinblick auf diesen Einzelaspekt, die Möglichkeit einer unmittelbar zeitgenössischen Vorlage ins Spiel.

Bar-sur-Aube ist er zwischenzeitlich bezeugt. Die oftmals geäußerte Annahme, dass er an Vorlesungen über Aristoteles an der Universität Paris teilnahm,[156] ja mehr noch, dass die Ausführungen des *Trésor* teilweise auf Mitschriften aus solchen Vorlesungen beruhen, wie Carmody vermutete,[157] lässt sich nicht belegen. Dennoch gibt es keinen Grund, die traditionelle Forschungsmeinung, dass Brunetto im Zuge seines Paris-Aufenthalts an der Wissenskultur der Universität partizipierte, in Frage zu stellen. Es wäre sehr unwahrscheinlich, dass jemand mit wissenschaftlichen Interessen wie Brunetto Latini im Laufe mehrerer Jahre in Paris nicht mit der Universität in Berührung kam. Brunetto Latini kannte die universitäre Kultur von Paris und er musste sich vollkommen im Klaren darüber sein, mit dem Konzept seines *Trésor* eine gänzlich andere Form von Philosophie zu entwerfen, als sie innerhalb der Universität praktiziert wurde. Als Verfasser eines philosophischen Buchs, mithin als Philosoph, sah er sich unweigerlich in eine Beziehung zu den Pariser Philosophen gestellt, weilte er doch zu einer Zeit in Paris, als die Pariser Artes-Magister als Philosophen *kulturelle Bedeutung* erlangt hatten, wie der Brief König Manfreds aus eben diesen Jahren zeigt. Indem Brunetto mehrere Jahre in der Stadt Paris verbrachte, wurde er unweigerlich von der sozialen Dynamik der Positionen und Relationen erfasst.

5.3   Methodologische Zwischenreflexion

Das zentrale Argument, das am Ende des vorausliegenden Abschnitts für eine partielle Neubewertung des *Trésor* Brunetto Latinis angeführt wurde, erfordert an dieser Stelle einige methodologische Präzisionen, bevor die Darstellung fortfährt. Es wurde behauptet, dass die entscheidende Frage, welche von der Forschung bislang nicht gestellt wurde, die nach der *Intention* Brunettos für die Adaptation einer Wissenschaftsklassifikation ist. Damit verbunden war das Argument, das nicht nur die älteren Texte des 12. Jahrhunderts, die Meier erwähnt, sondern vielmehr die *zur selben Zeit am selben Ort* entstandenen philosophischen Einteilungsschriften der Pariser Artes-Fakultät als Referenzpunkte

---

156   Francis J. Carmody, *Brunetto Latini. Li livres dou tresor*, Genève 1998, S. xxvii; darauf beruft sich: Helene Wieruszowski, „Brunetto Latini als Lehrer Dantes und der Florentiner. Mitteilungen aus Cod. II, VIII, 36 der Florentiner Nationalbibliothek", in: Helene Wieruszowski, *Politics and Culture in Medieval Spain and Italy*, Rom 1971, S. 515–561, S. 528.

157   Carmody begründet seine Vermutung unter anderem damit, dass etwa die Ausführungen zur Naturphilosophie tatsächlich den Charakter von Mitschriften haben bzw. einen entsprechenden Eindruck vermitteln. Die Beobachtung ist nicht von der Hand zu weisen, doch bleibt der daraus gezogene Schluss trotzdem spekulativ.

für Brunettos Konzeption in Betracht gezogen werden müssen. Um Brunettos Absicht zu eruieren, genügt es demnach nicht, den *sozialen Kontext* des Werks zu betrachten, also anzuführen, dass Brunetto Laie war und für eine konkrete politische Situation schrieb. Auch der vermeintliche ‚Einfluss' der enzyklopädischen Tradition auf den *Trésor* ließ, wie deutlich wurde, viele Fragen ungeklärt. Der hier propagierte Ansatz, der Aufschluss über Brunettos Intention liefern soll, bezieht sich vielmehr auf den direkten *sprachlichen Kontext* der Entstehungszeit und des Entstehungsortes des *Trésor*, also auf die gängigen Konventionen und diskursiven Muster, welche in Brunettos unmittelbarem kulturellem Umfeld mit dem Genre der philosophischen Einteilungsschrift verbunden waren.

Ein solches erweitertes Kontext-Verständnis deckt sich zu großen Teilen mit dem, was Quentin Skinner seit dem Ende der 1960er Jahre für eine Neuorientierung der Ideengeschichte gefordert hat. Die marxistische Variante der ‚Kontextualisierung', die eine kausale Relation zwischen *sozialem* Kontext und Werk postuliert, kann nach Skinner keinen Aufschluss darüber geben, welche Absicht ein Autor mit seinen Aussagen verbunden hat, welche intendierte ‚illokutionäre Kraft' hinter den Aussagen liegt. Um zu begreifen, in welchem Maße ein Sprechakt etwas Neues oder Außergewöhnliches darstelle, sei es daher nötig, zu untersuchen, inwieweit er die Konventionen seines sprachlichen Kontextes bestätigt oder herausfordert, ob er sie wiederholt oder negiert. Wenn Skinner demnach eine Kontextualisierung fordert, die einer reinen Textanalyse entgegensteht, dann ist damit eine Einordnung des entsprechenden Werks in seinen *diskursiven* Kontext gemeint. Ob oder inwieweit ein Autor von den diskursiven Regeln seiner Zeit und seines Umfelds abweicht, kann nur durch einen Vergleich mit anderen Texten desselben Genres und derselben Thematik festgestellt werden. Erst auf diese Weise lässt sich das erschließen, was Skinner, mit Wittgenstein und Austin als Gewährsmännern, unter der illokutionären Kraft und der spezifischen Verwendung der jeweiligen Aussagen versteht.[158]

Insofern Brunetto Latini im Paris der 1260er Jahre eine ‚Einteilung der Philosophie' verfasst, welche die Wissensordnung der Artistenfakultät diametral auf den Kopf stellt, indem sie durch die Anordnung und Wertung der philosophischen Teilgebiete eine in jeder Hinsicht alternative Konzeption artikuliert, so manifestiert sich darin eine massive Abweichung im Rahmen eines diskursiven

---

158 Quentin Skinner, „Meaning and Understanding in the History of Ideas", in: *Meaning and Context. Quentin Skinner and his Critics*, hg. von James Tully, Cambridge 1988, S. 29–67; Quentin Skinner, „Motives, Intentions and the Interpretation of Texts", in: Tully (Hg.), *Meaning and Context*, S. 68–78.

Kontexts, der bisher für die Einordnung des *Trésor* nicht berücksichtigt wurde. Es liegt auf der Hand, dass der Aspekt der Abweichung von Konventionen und diskursiven Regeln des sprachlichen Kontexts für alle in diesem Kapitel diskutierten Texte eine zentrale Rolle spielt. Skinners Ansatz einer diskursiven Kontextualisierung erweist sich dann als heuristisch fruchtbar, wenn es darum geht, einzelne Texte, wie die Werke von Johannes de Garlandia oder Brunetto Latini, im Hinblick darauf zu untersuchen, inwieweit sie sich in das universitäre Paradigma einfügen oder davon abweichen, ob sie als konventionell oder als außergewöhnlich einzuschätzen sind. Schnell wird auf diese Weise deutlich, dass etwa die *Parisiana Poetria* des Johannes de Garlandia keinesfalls als repräsentativer Text des Unterrichts an der Artistenfakultät gesehen werden kann, ebenso wie das spezifische Profil des *Trésor* erst im Vergleich mit den philosophischen Einteilungen zu Tage tritt, die zur selben Zeit am selben Ort verfasst wurden. Der kontextualistische Zugang ist hier daher vor allem in zweifacher Hinsicht hilfreich: Einerseits, um den konkreten Kontext zu bestimmen, in welchen die entsprechenden Werke gesetzt werden müssen, um ihre Spezifizität zu erörtern, andererseits, um die Texte auf der Grundlage dieses Vergleichs als außergewöhnlich und abweichend zu erkennen.

Doch die These, die hier mit Blick auf Brunetto Latini formuliert wurde, umfasst einen darüber hinausgehenden Aspekt: Es ging darum, dass Brunetto das Schema der philosophischen Klassifikation gerade deshalb adaptiert, weil er bewusst eine alternative Konzeption der Philosophie formulieren möchte, die sich von jener der Artistenfakultät grundsätzlich unterscheidet. Erst die Perzeption der epistemischen Ordnung der universitären Philosophie, die durch Selbstreferenz, Praxisferne und einen Kult der Theorie charakterisiert ist, provoziert Brunetto zur Formulierung eines gänzlich entgegengesetzten Konzepts, welches er gerade in dem Medium artikuliert, das den Philosophen seines Umfelds dazu dient, ihre eigene philosophische Identität zu explizieren und zu kommunizieren. Die hinter der intellektuellen Produktivität liegenden Mechanismen und Kräfte sind insofern durch soziale Vorgänge der Abgrenzung, der Positionierung und des Konflikts bestimmt. Es geht um die Relationen zwischen Gelehrten, zwischen Texten und wissenschaftlichen Positionen in einem Kraftfeld, dessen Akteure notwendigerweise aufeinander bezogen sind, sich gegenseitig beobachten und eine Haltung gegenüber den jeweils anderen Positionen entwickeln müssen. Die im Umfeld der Universität Paris geäußerten philosophischen Ansichten und Entwürfe existieren nicht in monadischer Isolation, sondern unweigerlich in Beziehung zueinander. Begreift man das philosophische Kraftfeld, um das es hier geht, jedoch als eine solche *Struktur* von Positionen und Oppositionen, innerhalb derer die produzierten Ideen und formulierten Konzepte ihre spezifische Form immer auch durch die Stellung erhalten, die sie im Rahmen dieses „Systems von Positionsbeziehungen"[159] einnehmen, dann hat dies freilich Konsequenzen für die Frage nach den Motivationen und Antrieben, die der wissenschaftlichen Aktivität und intellektuellen Produktivität zugrundeliegen. Die Herausbildung von Ansichten und Haltungen, das Formulieren von Gedanken, Ideen und Theorien ist nicht allein dem reinen Erkenntnisstreben, der uneigennützigen Suche nach Wahrheit verpflichtet. Die Uneigennützigkeit, dies ist eine zentrale Überlegung Pierre Bourdieus, ist selbst eine höchst eigennützige Strategie, welche die hinter der wissenschaftlichen Praxis verborgenen Kämpfe verschleiert bzw. ‚sublimiert'.[160] Die Einsicht in die Notwendigkeit, die rein wissenschaftsgeschichtliche Perspektive um eine soziologische Analyse zu ergänzen, welche die philosophischen Inhalte mit den feldspezifischen Positionen der Akteure korreliert, mithin die oppositionellen und konfliktreichen Relationen eines gelehrten Netzwerks als Motoren intellektuellen Wandels in den Blick nimmt, liegt dem Ansatz zugrunde, welchen der amerikanische Soziologe Randall Collins in seiner „Sociology of Philosophies" verfolgt.[161] Wessen Theorie sich in der Geschichte durchsetzt, so Collins, hat wenig damit zu tun, wer der ‚Wahrheit' am nächsten kommt, sondern vielmehr damit, wem es gelingt, sich gegen seine Gegner durchzusetzen und seine Ansicht in einer ‚Schule' zu etablieren, deren Anhänger das Erbe verwalten und gegen die Mitglieder konkurrierender Schulen verteidigen. Collins Wissenschaftssoziologie ist eine *Konflikttheorie*. Konflikte begegnet hier demnach als maßgebliche Faktoren der Theorieentwicklung und als unmittelbare Stimuli für die Formulierung neuer Positionen.[162] Es ist eben dieses produktive Potential, welches Collins den Konflikten zwischen divergierenden philosophischen Entwürfen zuspricht, das für den in dieser Arbeit vertretenen Ansatz zentral ist.

Die Profilierung der eigenen Position durch einen auf Konflikt beruhenden Akt der Abgrenzung ist ein Vorgehen, das im folgenden Abschnitt eine noch wichtigere Rolle spielen wird als bisher, insofern nun ein Autor behandelt werden soll, dessen kritische Haltung gegenüber der Universitätsphilosophie

---

159 Pierre Bourdieu, „Strukturalismus und soziologische Wissenschaftstheorie. Die Unerlässlichkeit der Objektivierung und die Gefahr des Objektivismus", in: Pierre Boudieu, *Zur Soziologie der symbolischen Formen*, Frankfurt am Main 1970, S. 7–41, S. 20.

160 Pierre Bourdieu, *Vom Gebrauch der Wissenschaft. Für eine klinische Soziologie des wissenschaftlichen Feldes*, Konstanz 1998, S. 27; eben darin sieht Bourdieu den Unterschied zwischen dem ‚Wissenschaftskapitalisten' und dem Kapitalisten der ökonomischen Welt: Letzterer bekennt sich unverhohlen zu seinem offensiven Gewinnstreben.

161 Collins, *Sociology of Philosophies*.

162 Siehe auch Randall Collins, „Zur Theorie intellektuellen Wandels: Soziale Ursachen von Philosophien", in: Collins, *Konflikttheorie*, S. 287–321.

in Form schärfster Polemik begegnet, die an Explizitheit nichts zu wünschen übrig lässt. Dass Roger Bacons Philosophie in hohem Maße das Produkt konfliktueller Beziehungen und kritischer Abgrenzungen ist, hat auch Randall Collins bemerkt, der in seinem Buch Netzwerke von Gelehrten zeichnet, welche die Interdependenzen zwischen den verschiedenen Positionen einer philosophiegeschichtlichen Situation aufzeigen sollen. Doch so fruchtbar dieser Ansatz einerseits ist, so wenig gelingt es Collins, seinen Anspruch empirisch einzulösen. Dies kann freilich kaum verwundern: Das ambitionierte Vorhaben, die gesamte Weltgeschichte der Philosophie in einem einzigen Buch abzudecken, lässt für die einzelnen Untersuchungsfelder zwangsläufig wenig Raum. Die Ausführungen zum 13. Jahrhundert verbleiben daher weitgehend konventionell und die grundsätzlich vielversprechende Perspektive auf Roger Bacon, für dessen knappe Behandlung Collins ohne ein einziges Quellenzitat auskommt, bleibt hinter ihren Möglichkeiten zurück. Ein zentrales Anliegen des folgenden Abschnitts wird darin bestehen, das, was Collins in seinem Buch postuliert, ohne es zu belegen oder weiter auszuführen, aufzugreifen und für eine neue Sichtweise auf Roger Bacon fruchtbar zu machen: „His creativity was to push his network relationships as antagonistically as possible and to *formulate a doctrine from this opposition*".[163]

Doch bevor diese Konfliktlogik genauer in den Blick gerät, muss ein letzter Aspekt in dieser Zwischenreflexion erörtert werden. Ließe man die obigen Ausführungen über das relationale Gefüge eines intellektuellen Feldes oder Netzwerks ohne weitere Ergänzung stehen, so bliebe eine essentielle Frage unbeachtet, nämlich die nach dem Verhältnis dieses gelehrten Mikrokosmos zu seiner gesellschaftlichen Umwelt. Es kann keine Rede davon sein, dass es allein die interne Dynamik einer differenziellen Struktur von aufeinander bezogenen Positionen sei, welche die Theorieentwicklung und die Formation wissenschaftlicher Ansichten und Haltungen konditioniert. Jedenfalls für die in dieser Arbeit verfolgte Thematik ist es von zentraler Relevanz, dass das, was in den gelehrten Stellungnahmen verhandelt wird, nicht unabhängig von äußeren Impulsen und Irritationen erscheint. Dass das Wissenschaftssystem insgesamt Irritationen aus seiner Umwelt empfängt und diese nach seiner eigenen Logik verarbeitet, ist bereits mehrfach zur Sprache gekommen.[164] Auch auf Bourdieus analoge Annahme einer Katalysatorfunktion des wissenschaftlichen Feldes, durch welche die externen Zwänge und Erwartungen gefiltert werden, bevor sie sich im Inneren bemerkbar machen, ist in diesem Zusammenhang verwiesen worden. Dieser Punkt ist hier trotzdem noch einmal

---

163   Collins, *Sociology of Philosophies*, S. 472 [meine Hervorhebung].
164   Luhmann, *Wissenschaft der Gesellschaft*, S. 40f; siehe oben Kap. 1.3.

aufzugreifen, da insbesondere die Ausführungen des folgenden Abschnitts zeigen werden, wie sich einzelne konkrete Elemente der äußeren Einflüsse auf die Wissenschaft in ihrer Innenwelt manifestieren und wie sie von der Eigenlogik ihrer internen Konflikte erfasst werden. Da auf diesen Gesichtspunkt im Verlauf der Darstellung an gegebener Stelle hingewiesen wird, sei es hier bei einer allgemeinen Überlegung belassen, die zu den nachfolgenden Präzisierungen hinführen soll.

Nach allem, was bisher ausgeführt wurde, könnte man noch einmal darüber nachdenken, was in dem hier untersuchten ‚Konflikt‘ eigentlich zur Debatte steht. Es geht, ganz allgemein gesprochen, um das Problem der Rolle und der Funktion der Philosophie, das sich vor allem in der Frage nach ihrer *Finalität* artikuliert. Zielen die Disziplinen der Philosophie auf sich selbst, wie der anonyme Artes-Magister in seinem Ethikkommentar um 1280 behauptet (*habent finem in se*)?[165] Besteht die Philosophie *propter perfectionem intellectus* und damit als etwas, das *gratia sui ipsius et non gratia alterius* existiert, wie Radulphus Brito feststellt?[166] Oder liegt das Ziel der Philosophie außerhalb ihrer selbst, und wenn ja, findet sich dieses ‚außerhalb‘ in den anderen Wissenschaften, in der Medizin, Rechtswissenschaft und Theologie, die sich alle philosophischer Inhalte und Konzepte bedienen, oder findet es sich zudem außerhalb der Wissenschaft insgesamt, in der Politik oder den diversen Bereichen des praktischen Lebens?

Brunetto Latini hat hierauf eine eindeutige Antwort gegeben. Er hat eine Antwort formuliert auf ein grundlegendes Problem, das alle den Akteuren gemeinsam ist, die sich über die Orientierung und Zielrichtung der Philosophie, über ihre Aufgabe und ihre Funktion geäußert haben. Brunetto Latini ist einer der Autoren, die dieses Problem dezidiert angegangen sind, und zwar nicht nur in einer beiläufigen Bemerkung oder in oberflächlicher und vereinzelter Polemik, sondern in Form einer geplanten und durchkomponierten philosophischen Konzeption; eine systematische Konzeption, die sich von derjenigen fundamental unterscheidet, welche die Magister der Artistenfakultät als Antwort auf das zugrundeliegende Problem kollektiv formulierten. Einen nicht weniger umfassenden und systematischen Entwurf der Philosophie hat, wie im nächsten Abschnitt deutlich werden wird, Roger Bacon (zur selben Zeit und am selben Ort wie Brunetto Latini und Artes-Magister wie Boethius von Dacien oder Siger von Brabant) hervorgebracht. Er ist damit ein weiterer Akteur in einer *Konstellation* von Denkern, die ein gemeinsames Problem behandelten

---

165   Anonymus Artium Magister, *Questiones in librum Ethicorum*, ed. Costa, S. 128f.
166   Radulphus Brito, *Questiones super Sophisticos Elenchos*, ed. Ebbesen/Pinborg, S. 283; siehe oben Kap. 3.4.

und unterschiedliche, aber aufeinander bezogene Antworten auf dieses Problem gaben. In dem Sinne, wie hier ein den verschiedenen philosophischen Entwürfen *gemeinsames Grundproblem* erkennbar wird, erscheint es legitim, von einer ‚Konstellation' zu sprechen.[167] Dies sei mit ein paar letzten Bemerkungen dieser Zwischenreflexion näher erläutert und begründet.

Es ist zuzugeben, dass es sich hier um eine durchaus freie Aneignung dieser analytischen Kategorie handelt. Zum einen, weil die Konstellation, die beschrieben wird, nicht, wie im Falle des frühen Deutschen Idealismus, auf einen fest umrissenen Kreis von Akteuren beschränkt ist, der innerhalb weniger Jahre intellektuell produktiv wurde. Zwar lässt sich bei der hier avisierten Konstellation von einer Verdichtung in den 1260er Jahren sprechen, doch werden ebenso Autoren in die Untersuchung miteinbezogen, die mitunter Jahrzehnte davon entfernt gewirkt haben und zu den Personen der 1260er Jahre wahrscheinlich keinen Kontakt hatten. Es geht demnach weniger um eine konkrete Konstellation einzelner Personen, als vielmehr um die über einen längeren Zeitraum zu beobachtende *Struktur* dieser dynamischen Formation, die in verschiedenen Fällen auf analoge Weise geistige Produktivität erzeugte. Zum anderen könnte die Verwendung des Begriffs angezweifelt werden, als das Problem, welches der Konstellation von Denkern gemeinsam ist, kein genuin ‚philosophisches' Problem darstellt, also ein Problem der Art, wie es in der nachkantischen Philosophie vorlag, als der Fortgang der philosophischen Theoriebildung in Auseinandersetzung mit Kants Transzendentalphilosophie zur Debatte stand. Das hier untersuchte Problem liegt, wie schon deutlich wurde, auf einer ganz anderen Ebene. Dennoch erscheint die Verwendung des Konstellationsbegriffs auch gegenüber diesem Einwand als berechtigt: Insofern es um die grundsätzliche Struktur der Problembehandlung geht, ist es nicht wichtig, wie das Problem selbst inhaltlich beschaffen ist; entscheidend ist vielmehr, dass ein Fall von *konstellatorischem Denken* vorliegt. Niemand anderes als der Begründer der Konstellationsforschung, Dieter Henrich, hat etwa darauf hingewiesen, dass die Konstellationen in Tübingen und Jena, welche den Entwicklungsgang der nachkantischen Philosophie prägten, ausgesprochen singuläre Phänomene darstellen, weshalb andere historische Konstellationen gänzlich anders

---

167 Zur Konstellationsforschung: Dieter Henrich, *Konstellationen. Probleme und Debatten am Ursprung der idealistischen Philosophie (1789–1795)*, Stuttgart 1991; Dieter Henrich, „Konstellationsforschung zur klassischen deutschen Philosophie. Motiv – Ergebnis – Probleme – Perspektiven – Begriffsbildung", in: *Konstellationsforschung*, hg. von Martin Mulsow/Marcelo Stamm, Frankfurt am Main 2005, S. 15–30; Martin Mulsow, „Zum Methodenprofil der Konstellationsforschung", in: Mulsow/Samm (Hg.), *Konstellationsforschung*, S. 74–97; Marcelo R. Stamm, „Konstellationsforschung – Ein Methodenprofil: Motive und Perspektiven", in: Mulsow/Stamm (Hg.), *Konstellationsforschung*, S. 31–73.

beschaffen sein können. Da ohnehin mit Konstellationen „unterschiedlichen Ursprungs und verschiedener Wirkungsart" zu rechnen sei, sieht Henrich keine Schwierigkeiten darin, den Versuch, konstellatorisches Denken in der Geschichte nachzuweisen, auch auf historische Fälle wie die nachsokratische Philosophie im klassischen Athen auszudehnen, die hinsichtlich ihrer Struktur und Quellenlage fundamental anders gelagert ist als jene Konstellation um Hölderlin, Fichte, Schelling, Reinhold, Diez etc. am Ende des 18. Jahrhunderts.[168]

Warum aber ist es überhaupt so wichtig, die Kategorie der Konstellation hier noch einmal systematisch einzuführen und zu begründen, obwohl doch zuvor bereits andere praktikable Begriffe, wie Bourdieus Feldbegriff, als Grundlage des Nachdenkens über *Relationen* zwischen Denkern zur Sprache kamen? Um dies zu beantworten, ist es notwendig, das Verhältnis zwischen Feld- und Konstellationsbegriff genauer zu definieren. Marian Füssel hat das jeweilige heuristische Potential von Bourdieus Feldtheorie und der Konstellationsforschung einem Vergleich unterzogen und gegeneinander abgewogen.[169] So stellt Füssel etwa zu Recht fest, dass beide Ansätze auf die Betrachtung eines relationalen Gefüges abzielen, demnach „beziehungs- und nicht autor- bzw. subjektzentriert" vorgehen, weshalb sie nicht auf die „Zelebrierung einiger großer Heroen der Geistesgeschichte", sondern vielmehr auf die „Austauschbewegungen und wechselseitigen Beeinflussungen von Intellektuellen" abzielen.[170] Allerdings kommt die zentrale theoretische Unterscheidung, um die es an dieser Stelle geht, dabei nur bedingt zur Sprache: Der Vergleich erweckt zunächst den Eindruck, als ob beide Kategorien auf derselben analytischen Ebene lägen und insofern alternative Konzepte darstellten, deren Unterschiede und Gemeinsamkeiten benannt werden können. Diese Darstellungsweise suggeriert, dass man ein historisches Phänomen als Feld *oder* als Konstellation beschreiben könnte. Worauf es hier ankommt, bringt Füssel jedoch am Ende des Beitrags auf den Punkt: „Das Feld hingegen bildet eine wesentlich allgemeinere Kategorie, die einen um vieles größeren empirischen Horizont aufweist".[171] Es geht darum, dass sich die beiden Kategorien auf verschiedene Ebenen beziehen, die zur selben Zeit nebeneinander existieren bzw. ineinander verschachtelt sind: *Innerhalb* eines Feldes kann sich eine Konstellation ausbilden, die dann mit Bezug auf ein spezifisches Problem eine innere Dynamik entfaltet. Während das wissenschaftliche Feld prinzipiell die gesamte relationale Welt der

---

168   Henrich, „Konstellationsforschung zur klassischen deutschen Philosophie", S. 26 u. 30.

169   Marian Füssel, „Intellektuelle Felder. Zu den Differenzen von Bourdieus Wissenssoziologie und der Konstellationsforschung", in: Mulsow/Stamm (Hg.), *Konstellationsforschung*, S. 188–206.

170   Füssel, „Intellektuelle Felder", S. 189.

171   Füssel, „Intellektuelle Felder", S. 204.

Wissenschaft (oder das philosophische Feld die gesamte Welt der Philosophie) umfasst, besteht die Konstellation aus einer spezifischen Gruppe von Denkern, die *im Rahmen dieses Feldes* auf bestimmte Weise miteinander kommunizieren und ein gemeinsames intellektuelles Problem behandeln. Dies schließt nicht aus, dass an anderen Ecken und Enden des übergreifenden wissenschaftlichen Feldes andere Fragen gestellt und diskutiert werden oder dass sich daneben und gleichzeitig andere Konstellationen im Feld formieren.

Mit dieser Perspektive, die beide Kategorien mit ihrem jeweils spezifischen heuristischen Potential integriert, indem sie diese auf unterschiedliche Ebenen *ein und derselben historischen Situation* bezieht, kann nicht nur eine Kombination und Vereinbarkeit beider Ansätze gewährleistet, sondern darüber hinaus ein zusätzlicher heuristischer Gewinn erzielt werden, den die beiden Konzepte jeweils für sich nicht zu leisten im Stande sind: Denn die Einsicht, dass eine Konstellation sich innerhalb eines Feldes formiert, macht deutlich, dass die Akteure einer Konstellation gleichzeitig auch weiterhin in die gesamten Relationen des übergreifenden Feldes eingebunden sind und somit stets auch die anderen Positionen dieses Feldes im Blick behalten, gegen die sie sich behaupten müssen, auch wenn diese mit gänzlich anderen Problemen und Theorien befasst sind.

Dass es sinnvoll ist, analytisch zwischen ‚Feld‘ und ‚Konstellation‘ zu unterscheiden und beide Begriffe nebeneinander zu verwenden, sollte deutlich geworden sein. Doch noch einmal: Worin besteht der konkrete Nutzen des Konstellationsbegriffs für diese Arbeit? Es geht darum, dass die Art und Weise, wie – oder besser gesagt: wo – gesellschaftliche Einflüsse in der Wissenschaft sich manifestieren, bei dem hier zu untersuchenden Fall genauer in den Blick gerät, wenn man diejenigen Denker gruppiert, welche sich in aufeinander bezogenen Stellungnahmen zu dem *gemeinsamen Problem* geäußert haben, wie es oben definiert wurde. Nicht alle Akteure des wissenschaftlichen Feldes haben die Frage nach dem *Nutzen* und nach der *Zielrichtung der Philosophie* in einem systematischen Entwurf beantwortet, welcher die Philosophie oder eines ihrer Teilgebiete *konzeptualisiert*. Diejenigen aber, die emphatisch für einen Praxisbezug, für das Konzept einer fremdreferentiell orientierten Philosophie eintraten, waren in ihren Antworten auf jene Antwort bezogen, welche die Magister der Artistenfakultät vertraten. Die ‚Konstellation‘ besteht also nicht aus allen Akteuren des Feldes, sondern aus den Denkern, die das ‚gemeinsame Problem‘ in Angriff genommen haben. Es bleibt einzig die Frage: Woher kommt das Problem?

Es ist in Kapitel 2 argumentiert worden, dass das praxisferne Profil der Pariser Artisten nicht zuletzt ihrem Streben nach einer eigenen sozialen Identität entsprang, welches sie dazu brachte, sich von den praktischen und lukrativen

Disziplinen, der Rechtswissenschaft und der Medizin, ebenso wie von anderen sozialen Gruppen, wie Handwerkern, deren Aktivität durch Praxisbezug charakterisiert ist, abzugrenzen. Die Kritik an der Nutzlosigkeit der Philosophie, die Juristen und Mediziner äußerten, wurde produktiv angeeignet und positiv umcodiert: die Praxisferne wurde zum distinktiven Merkmal einer Wissenschaft, die auf Erkenntnis, nicht auf ruchloses Gewinnstreben aus war. Diese ‚nutzlose' Identität der Magister, so lautete dann mein Argument, provozierte aber Widerspruch in der Philosophie selbst, bei solchen Artisten und Philosophen, die sich vom Mainstream abkehrten, um eine praxisbezogene Wissenschaft zu propagieren. Ihr eigenes philosophisches Konzept gewann sein Profil also wiederum durch eine dezidierte Abgrenzung von den nutzlosen Philosophen. Man könnte es bei dieser Abgrenzungslogik belassen und mit Collins darauf verweisen, dass Roger Bacon seine Lehre vom Standpunkt der Opposition aus formulierte, die seine Lage im Netzwerk der Gelehrten ausmacht. Die ganze Konstellation würde dann einer – in sich autonomen – Konfliktlogik folgen, die allein auf dem selbstreferentiellen Spiel wechselseitiger Abgrenzungen beruht.

Doch der Verlauf der Debatten lässt schnell deutlich werden, dass die Annahme einer solchen Geschlossenheit der gelehrten Positions- und Stellungnahmen wesentliche Aspekte aus dem Blick verliert. Nicht umsonst wurde das System der Wissenschaft oben als ‚relativ autonomer', strukturell mit seiner Umwelt verbundener Zusammenhang definiert. Das Konzept der Konstellationsforschung ist mit dem Gedanken verbunden, dass die Formation einer Konstellation stets auf externe Impulse angewiesen ist, die das Problem, welches der Konstellation zugrundeliegt, erst in seiner ganzen Tragweite sichtbar machen und in den Fokus rücken.[172] Die Fokussierung des Problems wird durch exogene Stimuli angestoßen, die einen bestehenden Denkraum irritieren. Damit der interne Konflikt in Gang kommt, sind Motivationslieferanten aus dem historischen Kontext notwendig. Dass diese äußeren Impulse fortwährend wirken, selbst wenn sich die immanente Dynamik der Konstellation bereits entfaltet, zeigt sich besonders „durch den Auftritt von Motiven, die nicht systemimmanent sind".[173]

Es wird sich im folgenden Abschnitt zeigen, dass Roger Bacon, wenn er gegen die Philosophen seines Umfelds polemisiert, dabei wiederholt Kritikpunkte verwandelnd aufgreift, die sich in den Zeugnissen der allgemeinen gesellschaftlichen Kritik an einer praxis- und erfahrungsfernen Gelehrsamkeit

---

172   Stamm, „Konstellationsforschung – Ein Methodenprofil", S. 37f; Mulsow, „Methodenprofil der Konstellationsforschung", S. 95f.

173   Stamm, „Konstellationsforschung – Ein Methodenprofil", S. 42.

manifestiert haben.[174] Derartige exogene Elemente werden zu Gegenständen eines Konflikts gemacht und gegen die Gegner – im doppelten Sinne – ‚ins Feld' geführt. Die gesellschaftlichen Erwartungen, aktuelle Anliegen und Probleme sowie die in der Gesellschaft verbreitete Kritik an den Gelehrten stellen Impulse dar, welche die Kritik im Inneren der Wissenschaft anregen und auf diese Weise das Problem der Philosophie als solches erst sichtbar machen. Johannes de Garlandias Konfrontation mit den gesellschaftlichen Missständen seiner Zeit, gegen die der Grammatiker und Dichter vorgehen möchte, ließ ihn die Nutzlosigkeit seiner auf Logik fixierten Kollegen an der Artistenfakultät erst in ihrem vollen Ausmaß wahrnehmen. Brunetto Latinis Betroffenheit von der politischen Situation in Norditalien machte ihm den unpolitischen Charakter der Pariser Universitätsphilosophie erst bewusst. Es sind derartige Irritationen, welche die *Problemfokussierung* in einer Konstellation anregen und vorantreiben. Die Reflexion über das Problem der Finalität der Philosophie verdankt sich einem exogenen Einschlag.

Doch diese externen Aspekte, dies sei noch einmal betont, schleichen sich nicht einfach in die Wissenschaft ein oder drücken sich ungebrochen in den Ideen der Gelehrten ab. Sie begegnen in angeeigneter und transformierter Weise, als Elemente eines neuen Diskurses, in dem sie neue Verbindungen eingehen, ja mitunter gänzlich neue Richtungen einschlagen. Dies wird im letzten Unterkapitel zu Roger Bacon besonders deutlich werden. Jedenfalls sollte man die Gleichheit der Signifikanten nicht mit einer substantiellen Permanenz der Bedeutungen verwechseln, von der Homologie der Rhetorik nicht auf eine gradlinige Wirkungsmechanik zwischen Gesellschaft und Wissenschaft schließen. Dass das Festival für Neue Musik „Klangzeit", das im Februar 2016 zum neunten Mal in Münster stattfand, ausgerechnet das Oberthema ‚Heimat' gewählt hat, zeigt zwar deutlich, dass auch die zeitgenössische Musik nicht unberührt von ihrer sozialen Umwelt operiert. Und wenn der Komponist Ulrich Schultheiß in seiner in diesem Rahmen uraufgeführten Komposition *Colours of my past* Texte von Flüchtlingskindern vertont, dann bekommt man den Eindruck, die gesellschaftliche Realität sei *wortwörtlich* im Inneren der Kunst präsent. Doch dies wäre freilich weit gefehlt: Die signifikanten Formen, die in das Werk eingeflochten sind, werden von der immanenten Logik der Komposition erfasst; ihr Inhalt ist nicht mehr *derselbe*, es ist kein unmittelbarer, bruchloser Transfer, der hier vollzogen wird, auch wenn es – wegen der Konstanz der verbalen Formen – auf den ersten Blick so erscheint. Die Rekontextualisierung im Rahmen klanglicher Interpretation und ästhetischer Elaboration konstituiert ein neues sinnhaftes Gebilde. Wie sich aus der Übernahme externer

---

174 Siehe oben Kap. 4.

Ausdrücke in einen neuen logischen Zusammenhang eine eigensinnige Dynamik entfalten kann, soll der nächste Abschnitt unter anderem zeigen. Denn der Prozess der Aneignung und Transformation des gesellschaftlich Virulenten ist ein Vorgang, der in der Wissenschaft nach durchaus vergleichbarem Muster sich vollzieht.

5.4   Toter Autor, Modernist, Reaktionär: Roger Bacons philosophische Sonderwege

In diesem Kapitel über den langjährigen Pariser Artes-Magister und späteren Franziskaner Roger Bacon (ca. 1214–1292) wird sich vieles zusammenfügen, was bisher in verstreuter Weise in dieser Arbeit zur Sprache kam. Insofern er hier nach Johannes de Garlandia und Brunetto Latini in der Reihe der alternativen philosophischen und artistischen Konzeptionen behandelt wird, kann die prinzipielle Ausrichtung seiner Philosophie nicht mehr überraschen: Bacon vertritt eine radikal fremdreferentiell orientierte Philosophie, ein Konzept des weltlichen Wissens, das in jeder Hinsicht auf nützliche Anwendung, auf praktische Applikation sowohl in den anderen Wissenschaften als auch in der nicht-universitären Welt, in der Politik und in der ‚Lebenspraxis' insgesamt, angelegt ist. Mit seiner Kritik an der Scholastik ist Bacon unerbittlich. Er propagiert seinen Entwurf, noch expliziter als die bisher behandelten Autoren, in kritischer Auseinandersetzung mit der Wissenskultur der Universität Paris.
  Die zentralen Kriterien dafür, Roger Bacon in der Reihe der hier thematisierten Wissenskonzepte zu besprechen, scheinen damit bereits erfüllt zu sein. Dennoch lässt sich ein gewisses Unbehagen an der Selbstverständlichkeit, mit der Bacon in diese Reihe eingeordnet wird, also ein Unbehagen an der Anordnung der Quellen, wie sie in dieser Arbeit vorgenommen wird, nicht leugnen. Handelt es sich bei Roger Bacon nicht um einen Franziskaner und Theologen, bei dem es gar nicht überraschen kann, dass er eine nützliche Philosophie fordert und eine selbstreferentielle Philosophie ablehnt? Haben nicht auch andere Theologen, wie Bonaventura oder Thomas von Aquin, das Autonomiestreben der sogenannten ‚Averroisten' kritisiert und eine Anwendung des weltlichen Wissens für die Zwecke der Theologie und der Christenheit eingeklagt? Freilich, bei Roger Bacon ist der Gedanke einer nützlichen Wissenschaft, und zudem einer für die politische Gemeinschaft und die Lebenspraxis nützlichen Wissenschaft, expliziter und elaborierter als bei jedem anderen Denker seiner Zeit. Dennoch, so könnte man argumentieren, ist sein Grundanliegen doch alles andere als originell und seine von anderen religiösen Denkern abgesonderte Behandlung an dieser Stelle der Arbeit reine Willkür. Warum werden

Thomas von Aquin, Aegidius Romanus und Petrus von Limoges in Kapitel 3 gemeinsam besprochen, Roger Bacon aber hier in ganz anderem Zusammenhang? Mit welchem Recht erscheint der Franziskaner Roger Bacon hier, zusammen mit dem Laien Brunetto Latini, in einer Reihe von ‚alternativen Philosophen'?

5.4.1 *Bruder Roger, der Philosoph? Soziale Identität eines Pariser Emeritus*
Das latente Unbehagen, das man bei der wie selbstverständlich präsentierten Disposition der Quellen verspürt, hat sein gutes Recht. Es hat seine Ursache in einem bislang ungeklärten Problem, dessen Erörterung an diesem Punkt unausweichlich ist, bevor zur Diskussion des Bacon'schen Wissenskonzepts, um das es in diesem Kapitel vor allem geht, fortgeschritten wird. Das Problem, das sich hier aufdrängt und für welches im Folgenden eine Lösung vorgeschlagen werden soll, ist verbunden mit einer Frage, für die es deshalb bisher keine befriedigende Antwort gibt, weil sie in der Forschung üblicherweise gar nicht weiter verfolgt wird: Ist Roger Bacon als Philosoph oder als Theologe zu betrachten? Dass dies auf den ersten Blick nicht nur banal, sondern sogar wie ein unnötig konstruiertes Problem erscheint, hat seinen Grund darin, dass die Antwort auf diese Frage prinzipiell schon immer von jedem gewusst wurde. Es war überflüssig, die Frage überhaupt zu diskutieren, weil die Antwort auf der Hand zu liegen schien: Als Autor, der sich mit Philosophie beschäftigt, der aber als Franziskaner eine tief religiöse Gesinnung hat und in seinen Schriften den Nutzen der Philosophie für die Theologie unermüdlich propagiert, dabei auch genuin theologische Fragen berührt, war Bacon immer irgendwie beides, Philosoph und Theologe. Die Attribuierung dieser Doppelrolle an Bacon ist daher allgemein verbreitet, die Rede vom „Philosophen und Theologen Roger Bacon" ein gängiger Modus seiner Beschreibung.

Was in diesem Unterkapitel gezeigt werden soll, ist nicht nur, dass Bacon aufgrund des Charakters seiner intellektuellen Produktion primär als Philosoph einzuschätzen ist. Es geht vielmehr darum, dass sich Roger Bacon, wie zu zeigen sein wird, *selbst als Philosophen gesehen* hat, und dass diese ‚Selbst-Kategorisierung' mit seiner spezifischen Sozialisation an der Universität Paris zusammenhängt. Doch zunächst zu einigen allgemeinen Beobachtungen über Bacons Gesamtwerk, die für die gestellte Frage bereits aussagekräftig sind. Catherine König-Pralong hat in einer der scharfsinnigsten Darstellungen der jüngeren Forschung über Bacon eine grundlegende Paradoxie konstatiert: Bacon wird zwar nicht müde, die Bedeutung der Theologie hervorzukehren und ihre Präeminenz unter den Wissenschaften zu beschwören, aber seine eigene wissenschaftliche Praxis und intellektuelle Produktion sind fast ausschließlich auf die profanen Disziplinen, auf das philosophische Wissen beschränkt. Bacon

hat nicht gepredigt, auch die Bibel nicht kommentiert, ja überhaupt kein theologisches Werk verfasst.[175] Wenn er jemals Theologie studiert hat (wofür es keinerlei Quellen gibt), dann kann es als sicher gelten, dass er jedenfalls nie einen
akademischen Grad in Theologie erworben hat.[176]

Soweit sähe die Sache schon recht einfach aus: Bacon hat, im Gegensatz
etwa zu Bonaventura oder Thomas von Aquin, weder einen Grad in Theologie erlangt, noch jemals an der theologischen Fakultät gelehrt. Er ist damit,
hinsichtlich seiner institutionellen Zugehörigkeit und der damit verbundenen
sozialen Rolle, kein Theologe. Doch ganz so leicht ist es nicht. Denn aus der
Tatsache, dass Bacon hinsichtlich seiner wissenschaftlichen Praxis kein Theologe im strengen Sinne war, folgt nicht im Umkehrschluss, dass er sich selbst,
wie oben behauptet, als Philosophen und dezidiert *nicht* als Theologen kategorisiert hat. Es bleibt unbestreitbar, dass Bacons Denken stark von Augustinus
geprägt ist, dass er die Theologie zur höchsten aller Wissenschaften erklärt,
die über die weltlichen Disziplinen herrscht. Es ist ebenso signifikant – was
noch gewichtiger ist –, dass Roger Bacon in seinen Schriften mitunter auch
theologische Fragen anspricht, wenn er den Nutzen der *artes* für die Theologie
vorführt, dass er also nicht davor zurückschreckt, im theologischen Diskurs
zu sprechen und damit eben solche Aspekte zu thematisieren, für welche die
Philosophen der Artistenfakultät sich gerade nicht zuständig sahen.[177] Bacons
Haltung gegenüber der Philosophie weist insgesamt einschlägige Parallelen zu
derjenigen seines franziskanischen Mitbruders Bonaventura auf, der zur selben Zeit im Pariser Konvent der Franziskaner lebte und mit seinen Ansichten über die Rolle des paganen Wissens ebenfalls in augustinischer Tradition
steht. Zwischen diesen beiden Denkern eine klare Trennlinie zu ziehen und
sie unterschiedlichen sozialen Kategorien zuzuweisen, kann vor diesem Hintergrund schwerlich sinnvoll erscheinen. Es wird daher zunächst nötig sein,
Bacons Verhältnis zur Philosophie und den Vergleich mit Bonaventura genauer unter die Lupe zu nehmen.[178]

---

175   Catherine König-Pralong, *Le bon usage des savoirs. Scolastique, philosophie et politique cul-
        turelle* (Études de philosophie médiévale 98), Paris 2011, S. 152f.

176   Zu Bacons Biographie siehe den Überblick bei Hackett, „Roger Bacon: His Life, Career
        and Works"; klassische Darstellungen zu Bacons Leben sind zudem Stewart Easton, *Roger
        Bacon and His Search for a Universal Science. A Reconsideration of the Life and Work of
        Roger Bacon in the Light of his own Stated Purposes*, New York 1952, und Theodore Crowley,
        Roger Bacon. The Problem of the Soul in His Philosophical Commentaries, Louvain 1950;
        das vermeintliche zwischenzeitlich begonnene Theologiestudium Bacons ist pure
        Spekulation.

177   Siehe oben Kap. 2.5.5.

178   Einige Aspekte der folgenden Argumentation habe ich ausgeführt in: Marcel Bubert,
        „Roger Bacon als Apologet der profanen Wissenschaft. Die *necessitas* der Artes liberales

Dass Bacons Sicht auf die Philosophie in hohem Maße in patristischer Tradition steht und sich in den Kontext des augustinischen Bildungsverständnisses einfügt, in welchem die profanen Disziplinen stets in den Dienst der Religion genommen und auf dieses Weise legitimiert wurden,[179] hat David Lindberg nachdrücklich hervorgehoben.[180] Bacons Position ist für Lindberg im Wesentlichen eine Fortsetzung des augustinischen Ideals, das auf die Situation des 13. Jahrhunderts angewandt wird: „His defence, though ingenious in its details and impressive in its fervor, was the obvious one: the new learning could, despite various perils, be made to serve the faith and submit to its command. This was the Augustinian formula stretched to fit the burgeoning intellectual life of the thirteenth century".[181]

Augustinus hat sein Bildungskonzept vor allem in *De doctrina christiana* dargelegt.[182] Das säkulare Wissen in Form der antik-heidnischen *artes liberales* wird hier in eingeschränktem Sinne zugelassen, unter der Bedingungen, dass es konsequent den Zwecken des Bibelstudiums und der Predigt zu dienen hat.[183] Diese Inanspruchnahme der *artes* für das Bibelstudium ist der Kernpunkt der patristischen Perspektive,[184] die Roger Bacon immer wieder einnimmt, wenn er über den Nutzen der profanen Disziplinen für die Theologie spricht. Mit explizitem Bezug auf Augustinus hält Bacon fest, dass die Naturphilosophie unerlässlich ist, um den Literalsinn der Schrift zu verstehen, da dort von den natürlichen Dingen der Welt die Rede ist, deren Kenntnis die Naturphilosophie lehrt. Das Verständnis des Literalsinns aber ist, so Bacon weiter, die Voraussetzung für die Erschließung des allegorischen, moralischen und anagogischen Sinns, wie Augustinus in *De doctrina christiana* ausgeführt habe.[185]

---

für die Theologie", in: *Theologie und Bildung im Mittelalter*, hg. von Peter Gemeinhardt/ Tobias Georges (Archa Verbi – Subsidia 13), Münster 2015, S. 423–437; die dort vertretene Ansicht wird hier allerdings durch einschlägige Quellen und Argumente ergänzt und dadurch erheblich modifiziert.

179   Dazu allgemein: Gemeinhardt, *Das lateinische Christentum und die antike pagane Bildung*.

180   David Lindberg, „Science as Handmaiden: Roger Bacon and the Patristic Tradition", in: *Isis* 78 (1987), S. 518–536.

181   Lindberg, „Science as Handmaiden", S. 535.

182   Augustinus, *De doctrina christiana*, ed. Roger P.H. Green, Oxford 1995.

183   Martin Irvine, *The Making of Textual Culture. ‚Grammatica' and Literary Theory 350–1100*, Cambridge 1994, S. 169–189; Gemeinhardt, *Das lateinische Christentum und die antike pagane Bildung*, S. 337–350; Flasch, *Das philosophische Denken im Mittelalter*, S. 52f.

184   Curtius, *Europäische Literatur und lateinisches Mittelalter*, S. 49–52.

185   [...] quia pro ipso sensu litterali, oportet scire naturas et proprietates rerum. Sed tamen sensus litteralis nec solum nec principaliter quaeritur, sed triplex sensus spiritualis, allegoricus, moralis, et anagogicus, qui haberi non possunt nisi per convenientes similitudines et congruas adaptationes sumptas ex sensu litterali, sicut docet Augustinus secundo

Die starken Traditionsbezüge Roger Bacons, die Lindberg so emphatisch
betont, werden an zahlreichen Stellen deutlich. Mit seiner Ausrichtung der
Philosophie auf die Ziele der Theologie und mit seiner strikten Ablehnung
einer selbstgenügsamen profanen Wissenschaft bewegt sich Bacon ganz auf
der Linie Bonaventuras, dessen Schrift *De reductione artium ad theologiam* programmatisch ist. Bonaventura, Ordensgeneral der Franziskaner und einer der
konservativsten Geister, die das 13. Jahrhundert zu bieten hat, verpflichtet die
artes ebenfalls auf ihren Dienst an der Theologie und verurteilt jedwede Form
philosophischer *curiositas* auf das Schärfste.[186] Doch entsprechen sich die Positionen Bacons und Bonaventuras tatsächlich in jeder Hinsicht? Repräsentiert
der Gedanke der *reductio artium ad theologiam* die beiden Denkern gemeinsame Haltung gegenüber der Philosophie? Der Historiker Camille Bérubé war
anderer Meinung. Für ihn stellt Bacons Unterordnung der Philosophie reine
Rhetorik dar, mit welcher er aus Vorsicht die Erwartungen seiner Zeitgenossen bediente, ohne die dabei artikulierte Ansicht in Wirklichkeit zu vertreten.[187]
Tatsächlich sei Bacon, wie seine akribischen Arbeiten zu den paganen Disziplinen zeigen, vielmehr ein enthusiastischer Wissenschaftler, der seine philosophische Leidenschaft hinter derartigen Zugeständnissen verbergen muss. Von
dem religiösen Rigoristen Bonaventura sei Bacon daher gänzlich verschieden:
Denn in Wahrheit verbrannte Roger Bacon, was Bonaventura verehrte, und er
verehrte gerade das, was Bonaventura am liebsten verbrennen wollte.[188]

Derartig definitive Aussagen über das, was Bacon ‚verehrte‘ und was er
‚verbrannte‘,[189] bleiben freilich höchst spekulativ. Dennoch wird man nicht
umhinkommen, Bérubé in einer Hinsicht Recht zu geben: Roger Bacon

---

De Doctrina Christiana, in exemplis multis (Roger Bacon, *Opus minus*, ed. John S. Brewer,
Fr. Rogeri Bacon Opera quaedam hactenus inedita, Bd. 1, London 1859, S. 388f).

186   „Philosophica scientia via est ad alias scientias; sed qui ibi vult stare cadit in tenebras“
       (Bonaventura, *De septem donis Spiritus Sancti*, ed. patres Collegii S. Bonaventuae, S. 476);
       zu den Parallelen zwischen Roger Bacon und Bonaventura siehe auch: Frank Finkenberg,
       Ancilla theologiae? Theologie und Wissenschaften bei Roger Bacon, Mönchengladbach
       2007, S. 63–68.

187   Et dès lors le problème se pose de savoir si cette notion de théologie comme reine et
       ce rôle ancillaire de la philosophie et des sciences ne sont pas ce mythe et ce cadre que
       Bacon utilise, faute d'en avoir un autre acceptable au théologiens auquels il s'adresse,
       mais qui ne corrrespond pas aux lignes de force de sa pensée (Camille Bérubé, *De la phi-
       losophie à la sagesse chez saint Bonaventure et Roger Bacon*, Rom 1976, S. 85).

188   [...] que Bacon brûle ce que Bonaventure adore et adore ce que Bonaventure brûlerait
       volontiers (Camille Bérubé, „Le ‚dialogue‘ de S. Bonaventure et de Roger Bacon“, in:
       Collectanea Franciscana 39 [1969], S. 59–103, S. 103).

189   Die Formulierung spielt auf den Bericht Gregors von Tours an, nach dem der Bischof
       Remigius von Reims den Frankenkönig Chlodwig bei dessen Taufe aufgefordert haben
       soll: „Bete an, was du verbrannt hast! Verbrenne, was du angebetet hast!“ (adora quod

unterscheidet sich von Bonaventura auf signifikante Weise hinsichtlich der *Menge* des säkularen Wissens, welche er integrieren und legitimieren möchte. Die patristische Tradition, der die Franziskaner Roger Bacon und Bonaventura verpflichtet sind, sah eine deutliche Beschränkung des paganen Wissens vor, eine Beschränkung, welche durch eine sorgfältige *Auswahl* dessen, was dem Glauben von Nutzen sein kann, umgesetzt werden sollte. Die profane Wissenschaft musste, so der patristische Grundgedanke, von allem Schädlichen gereinigt werden, bevor sie dem Glauben dienen konnte. Augustins Auslegung von Exodus 3,21f. und 12,35f. verdeutlicht dies durch den Auszug der Israeliten aus Ägypten, bei dem sie nur silberne und goldene Gefäße mitnahmen, alles andere aber zurückließen.[190] Bonaventura hielt sich streng an dieses Gebot: Die Reduzierung der *artes* auf die Theologie (*reductio artium ad theologiam*) meint bei ihm nichts anderes als die penible Selektion der beschränkten Menge philosophischen Wissens, die dem Glauben unmittelbar nutzt, und die rigorose Aussortierung dessen, was überflüssig erscheint. Es ist diese Notwendigkeit der Selektion, mit der sich Roger Bacon offenbar deutlich schwerer tat. Bei ihm bekommt man nicht den Eindruck, dass er überhaupt etwas ausschließen, etwas ‚zurücklassen‘ wollte. Während Augustinus und Bonaventura die paganen *artes* nur in begrenztem Maße billigen, scheint es vielmehr Bacons Anliegen zu sein, möglichst alles zu integrieren, also so viele Gefäße der Ägypter mitzunehmen wie nur möglich. Diesem ‚habgierigen‘ Vorhaben entspricht Bacons extensive wissenschaftliche Beschäftigung mit den philosophischen Disziplinen, die in der Tat von seinem Enthusiasmus zeugt und bei Bonaventura keine Entsprechung hat: von der aristotelischen Naturphilosophie über Logik, Mathematik und Perspektive bis hin zur Moralphilosophie; ja selbst vor den umstrittenen Wissensfeldern der Alchemie und Astrologie macht Bacon in seinem Eifer nicht Halt.[191]

Dass Bacon sich dem Reduktionspostulat der augustinischen Tradition nicht fügte, müsste aber doch stutzig machen, wenn man mit David Lindberg

---

incendisti, incende quod adorasti) (Gregor von Tours, *Historiarum libri decem*, ed. Bruno Krusch [MGH Scriptores rerum Merovingicarum 1], Hannover 1937, S. 77).

190   Gemeinhardt, *Das lateinische Christentum und die antike pagane Bildung*, S. 477–481.

191   Zu Bacons Interesse an Alchemie und Astrologie: William R. Newman, „An Overview of Roger Bacon's Alchemy", in: Hackett (Hg.), *Roger Bacon and the Sciences*, S. 317–336; Georg Molland, „Roger Bacon and the Hermetic Tradition in Medieval Science", in: *Vivarium* 31,1 (1993), S. 140–160; Jeremiah Hackett, „Aristotle, Astrologia, and Controversy at the University of Paris (1266–1274)", in: *Learning institutionalized: Teaching in the Medieval University*, hg. von Edward English/John van Engen, Notre Dame 2000, S. 69–110; Matthias Heiduk, Roger Bacon und die Geheimwissenschaften – Ein Grenzfall für die Wissenschaftskonzeptionen von Zeitgenossen und Nachwelt, in: Mulsow/Rexroth (Hg.), *Was als wissenschaftlich gelten darf*, S. 109–138.

davon ausginge, dass Bacons Blickrichtung stets „backward to the patristic tradition" gerichtet ist.[192] Es zeichnet sich hier bereits ab, dass der Ansatz, Bacons
Haltung gegenüber der Philosophie primär über seine Prägung durch die patristische Tradition zu erklären, nicht gänzlich befriedigen kann. Bacons Position weist Besonderheiten auf, die ihn von anderen Denkern in dieser Hinsicht
grundlegend unterscheiden. Camille Bérubé hat daher die Frage gestellt, ob
Roger Bacon – im exakten Gegensatz zu Bonaventura – nicht vielmehr eine ,Re-
duktion' der Theologie auf die *artes* vollziehe, statt einer Reduktion der *artes*
auf die Theologie; dieses Vorgehen aber sei, so Bérubé weiter, gerade deshalb
besonders ,hinterhältig', als es „unter dem Anschein geschieht, um die Theologie und den Dienst an der Kirche eifrig bemüht zu sein".[193] In Wirklichkeit
von philosophischer Neugier entflammt und einzig um die Legitimierung der
paganen Disziplinen wahrhaft besorgt, musste Bacon Bonaventura ein Dorn
im Auge sein. Es sei daher durchaus denkbar, so vermutet Bérubé, dass sich
Bonaventura mit seiner Kritik an philosophischer *curiositas* in den *Collationes
in Hexaëmeron* sogar dezidiert auf Roger Bacon bezogen hat und nicht nur auf
die Magister der Artistenfakultät.[194] Von intimer geistesgeschichtlicher Nähe,
wie es die Betonung der augustinischen Tradition nahelegen würde, wird das
Verhältnis zwischen Bacon und Bonaventura in der Perspektive Bérubés zu
bitterer Feindschaft.

Ob man einen direkten Konflikt, eine explizite Auseinandersetzung zwischen Roger Bacon und Bonaventura annehmen sollte, wie Bérubé vorschlägt,
sei dahingestellt. Wie immer man dies aber beurteilt, so sollte in jedem Fall
deutlich geworden sein, dass signifikante Unterschiede zwischen den beiden
Franziskanern bestehen und dass die Einordnung Bacons in die augustinische
Tradition, wie Lindberg sie vornimmt, keine ausreichende Erklärung für Bacons spezifische Haltung gegenüber der Philosophie bieten kann. Es müssen
weitere Faktoren in Betracht gezogen werden, welche die Position Bacons in
dieser Hinsicht geprägt haben und sein individuelles Verhältnis zur Philosophie bedingen. Wie kommt es, dass Bacon sich in diesem Punkt so deutlich
von Augustinus und Bonaventura unterscheidet, woher stammt sein wissenschaftlicher Enthusiasmus, woher sein Bestreben, die säkularen Disziplinen so
weitgehend wie nur möglich zu legitimieren? Im Folgenden soll versucht werden, eine neue Perspektive auf dieses Problem zu formulieren und eine mögliche Antwort auf die Frage zu geben, welche konkreten Einflüsse Bacons Blick

---

192   Lindberg, „Science as Handmaiden", S. 535.
193   Camille Bérubé, „Der ,Dialog' S. Bonaventura – Roger Bacon", in: *Roger Bacon in der
      Diskussion*, hg. von Florian Uhl, Bd. 1, Frankfurt am Main 2001, S. 67–135, S. 135.
194   Bérubé, „Der ,Dialog' S. Bonaventura – Roger Bacon", S. 76.

auf die weltlichen Disziplinen geformt haben. Die hier vertretene These lautet, dass es vor allem Bacons spezifische Sozialisation an der Artistenfakultät der Universität Paris war, die seine Bewertung des säkularen Wissens und seine Attitüde gegenüber der philosophischen Wissenschaft maßgeblich beeinflusst hat. Insofern Bacons langjährige Lehrtätigkeit an der Pariser Artes-Fakultät dabei als Prozess einer sekundären Sozialisation[195] begriffen wird, schließt sich diese Annahme in vieler Hinsicht an die Ausführungen aus Kapitel 2 an, in dem die Sozialisationsvorgänge geschildert wurden, welche die ‚soziale Identität' der Artes-Magister in Paris prägten.[196] Einige Kernpunkte der Argumentation müssen hier noch einmal aufgegriffen werden, um zu zeigen, auf welche Weise sich die einzelnen Elemente dieses Prozesses bei Bacon manifestieren.

In diesem Kontext wurde zunächst auf gruppeninterne Praktiken und Rituale verwiesen, die die Sozialisation an der Artistenfakultät ausmachen. Dabei wurde die Graduierung als eindrückliches Ereignis benannt, welches für diejenigen, die dem aufwendigen und stark ritualisierten Vorgang unterzogen wurden, eine nachhaltig prägende Erfahrung darstellte, wie die persönlichen Erinnerungen Konrads von Megenberg zeigen. Die Annahme Pierre Bourdieus, dass ‚Einsetzungsakte' dieser Art den Kandidaten gleichsam ihre Identität ‚bedeuten',[197] hilft zu verstehen, welche Relavanz dem Eid, den die Magister bei ihrer *inceptio* zu schwören hatten, zukam: *Ad quemcumque statum deveneritis*,[198] lautet die Formel, um die der Eid in Paris ergänzt wurde, womit die langfristige Geltung der sozialen Zugehörigkeit, welche das Ereignis festschreibt, augenfällig markiert wird.[199] Die dauerhafte Verbindlichkeit der *inceptio* als Magister artium, die diese Formulierung kommuniziert, musste aber insbesondere für diejenigen Magister bedeutsam sein, die später nicht an einer höheren Fakultät promovierten – wie es bei Roger Bacon der Fall ist.

Freilich bleibt es nicht bei diesem zwar nachhaltigen, aber performativ singulären Ereignis. Noch entscheidender für die Stabilisierung und ‚Einübung' der neuen sozialen Rolle waren die daran anschließenden Praktiken der *Lehre* an der Artistenfakultät. Die Lehre als kulturelle Praxis trug maßgeblich dazu bei, dass die Artisten sich selbst zunehmend als Lehrer und damit als Repräsentanten der Philosophie verstanden, wie die einschlägigen Zeugnisse der

---

195 Berger/Luckmann, *Konstruktion der Wirklichkeit*, S. 148–157.

196 Siehe oben Kap. 2.3., 2.4. und 2.5.

197 Bourdieu, *Was heisst sprechen?*, S. 86f.

198 Item jurabitis quod legetis per duos annos continue nisi rationabilis causa intervenerit. Item jurabitis quod libertates singulas facultatis et consuetudines facultatis honestas et totius Universitatis privilegia deffendetis, ad quemcumque statum deveneritis (CUP I, Nr. 501, S. 587).

199 Miethke, „Der Eid an der mittelalterlichen Universität", S. 54.

philosophischen Einführungen belegen. Es ist hier nicht ganz unwesentlich, dass sich eine der bezeichnenden Stellungnahmen der philosophischen Einführungsschriften, welche die Bedeutung der Lehre für die Artisten anzeigen, nämlich die Forderung, dass die Philosophie stets an Schüler vermittelt werden muss und nicht zurückgehalten werden darf,[200] auch in den *Summulae dialectices* von Roger Bacon findet, die aus seiner Zeit an der Artes-Fakultät stammen.[201] Die Lehre als institutionalisierte kulturelle Praxis der Artes-Magister wurde für ihre Selbstbeobachtung in hohem Maße sinnstiftend. Dies kann, so wurde in Kapitel 2 argumentiert, als Resultat des spezifischen ,Interaktionsrituals' gesehen werden, als welches die Unterrichtssituation begegnet.

Dies alles sind wichtige Hinweise und freilich könnte man vieles behaupten, indem man schlicht zwei Phänomene zusammenführt: 1. An der Artes-Fakultät von Paris manifestiert sich bei den Magistern ein zunehmendes Bewusstsein von der eigenen Rolle als Lehrer der Philosophie, 2. Roger Bacon hat über einen längeren Zeitraum, von 1237 bis 1247, an der Artes-Fakultät gelehrt[202] – also muss dieser Prozess auch seine eigene Selbstwahrnehmung und sein Verhältnis zur Philosophie beeinflusst haben. Doch die Auswirkungen des Sozialisationsprozesses, um den es hier geht, also die Internalisierung einer sozialen Rolle, lassen sich im Werk Bacons wesentlich konkreter greifen und bis in den Kern des sozialen Profils, welches er von sich entwirft, verfolgen. In der Tat spielt die Lehre der Philosophie und der *artes liberales* sowie die eigene Funktion als Lehrer auf diesen Gebieten eine zentrale Rolle in den späteren Schriften Roger Bacons, die er seit den 1260er Jahren verfasste und in denen er sich an seine frühere Lehrtätigkeit als Magister artium erinnert. Immer wieder kommt zum Ausdruck, wie stolz Bacon auf seine akademische Karriere und auf seine Fähigkeiten als Lehrer der *artes* war. So hebt er seine didaktische Kompetenz selbstbewusst hervor: „Ich bin nämlich sicher, dass ich das, was ich über die Kraft der Wissenschaften und der Sprachen weiß, einem interessierten und zuversichtlichen Menschen durch mündlichen Unterricht (*ore meo*) in einem Vierteljahr oder in einem halben Jahr lehren könnte".[203] Ebenso beteuert Bacon, er habe – wie jeder wisse, der (von ihm) im Studium erzogen

---

200   Besonders explizit in *Dicit Aristotiles*: Philosophia est nobilis animi possesio que auarum didignatur possessorem et que, nisi publicetur, elabitur, que pluribus distributa suscipit incrementum (Anonymus Artium Magister, *Dicit Aristotiles*, ed. Lafleur, S. 377).

201   Roger Bacon, *Summulae dialectices*, ed. de Libera, S. 171.

202   Hackett, „Roger Bacon: His Life, Career and Works".

203   [...] et tamen certus sum quod infra quartum anni, aut dimidium anni, ego docerem ore meo hominem sollicitum et confidentem, quicquid scio de potestate scientiarum et linguarum (Roger Bacon, *Opus tertium*, ed. John S. Brewer, *Fr. Rogeri Bacon Opera quaedam hactenus inedita*, Bd. 1, London 1859, S. 65).

wurde – mehr Vorlesungen als jeder andere Magister an der Artes-Fakultät gehalten.[204] Das einstige Ausüben der Lehrtätigkeit war offenbar nicht folgenlos für Bacons Selbstverständnis geblieben.

Bacon war einer der ersten Artes-Magister, die in den 1240er Jahren in großem Umfang Vorlesungen über die naturphilosophischen Schriften des Aristoteles hielten und Kommentare darüber verfassten.[205] Dies könnte man, wie allgemein üblich, dahingehend interpretieren, dass die Verbote der *libri naturales*, die erstmals 1210 verhängt und später erneuert worden waren,[206] mittlerweile an der Artes-Fakultät an Verbindlichkeit eingebüßt hatten, wie sich an der Reform des Curriculums von 1255 endgültig zeige. Es ist zweifellos richtig und fügt sich in die Darstellung der vorliegenden Arbeit, dass Bacons Aktivität als Aristoteles-Kommentator in den 1240ern in hohem Maße symptomatisch für eine allgemeine Tendenz unter den Artisten ist; doch gleichzeitig scheint es nicht übertrieben, seine Rolle nicht *nur* als symptomatisch, sondern auch als die Entwicklung aktiv vorantreibend zu begreifen: Durch seine umfassende Kommentierungstätigkeit (12 Kommentare sind überliefert, weitere lassen sich durch textimmanente Verweise erschließen) trug Bacon nicht unwesentlich dazu bei, diese diskursive Praxis zu *institutionalisieren* und damit ihre offizielle Proklamation von 1255 zu ermöglichen. Dass Bacon eine Vorreiterrolle einnahm und aktiv danach strebte, die Akzeptanz der aristotelischen Naturphilosophie zu fördern, wird auch dadurch plausibel, dass Bacon in seinen Kommentaren gezielt die brisanten Punkte dieser Texte diskutierte und systematisch versuchte, Aristoteles' Aussagen so zu interpretieren, dass ein Konflikt mit der christlichen Lehre umgangen werden konnte.[207]

---

204   [...] et legi plus quam alius, ut omnes qui nutriti sunt in studio non ignorant (Roger Bacon, *Compendium studii philosophiae*, ed. John S. Brewer, *Fr. Rogeri Bacon Opera quaedam hactenus inedita*, Bd. 1, London 1859, S. 468); siehe dazu auch James Weisheipl, „Science in the Thirteenth Century", in: *The Early Oxford Schools*, hg. von Jeremy I. Catto, Oxford 1984, S. 435–469, S. 454, der die Formulierung „legi plus quam alius" auf die Dauer der Lehrtätigkeit bezieht: Bacon habe länger als jeder andere Magister an der Artes-Fakultät gelehrt.

205   Zu Bacons Aristoteles-Kommentaren siehe die Beiträge in: *Roger Bacon and Aristotelianism*, hg. von Jeremiah Hackett = *Vivarium* 35 (1997), sowie Luca Bianchi, „Couper, distinguer, compléter: trois stratégies de lecture d'Aristote à la Faculté des arts", in: Verger/Weijers (Hg.), *Les débuts de l'enseignement universitaire*, S. 133–152, und Silvia Donati, „Pseudoepigraphia in the Opera hactenus inedita Rogeri Baconi? The Commentaries on the Physics and Metaphysics", in: Verger/Weijers (Hg.), *Les débuts de l'enseignement universitaire*, S. 153–203.

206   Im Dekret der Pariser Synode von 1210 heißt es: [...] nec libri Aristotelis de naturali philosophia nec commenta legantur Parisius publice vel secreto, et hoc sub pena excommunicationis inhibemus (CUP I, Nr. 11, S. 70f).

207   Bianchi, *Couper, distinguer, compléter*.

Rechnet man Bacon jedoch diese ‚historische Leistung' an, dann wird ohne weiteres verständlich, warum er Zeit seines Lebens Aristoteles vehement verteidigte. In jedem Fall hinterließ seine Aktivität als Lehrer der aristotelischen Naturphilosophie nachhaltige Spuren in Bacons Selbstverständnis. Bacon verstand sich ganz dezidiert als ausgewiesenen *Experten* für Aristoteles und seinen Kommentator Averroes. So rühmt er sich später etwa, während seiner Zeit als Artes-Magister der Einzige in der gesamten Universität (*in tota universitate*) gewesen zu sein, der bestimmte Begriffe verstand. Und als er zahlreiche Vorlesungen über die Wahrheit hielt, die Aristoteles und Averroes enthalten (*de veritate quam Aristoteles et Averroes narrant*), und dadurch eine Erklärung dieser Begriffe lieferte, konnte dennoch niemand ihm in der Disputation entgegentreten und etwas erwidern.[208]

Durch seine langjährige Tätigkeit als Magister an der Artistenfakultät ist Bacon, wie er immer wieder beteuert, zum intimen Kenner der aristotelischen Naturphilosophie und der in die Systematik der Philosophie integrierten *artes liberales* geworden. Dieses Selbstverständnis artikuliert Bacon in aller Deutlichkeit, wenn er sich als ‚Experten' auf diesen Gebieten bezeichnet (*ego expertus sum*), der allen anderen überlegen ist: „*Sic translatae sunt et scientiae communes, ut logica, naturalis philosophia, mathematica, ut nullus mortalis possit aliquid dignum de eis intelligere veraciter, sicut ego expertus sum omnino*".[209] Diese offensive Reklamation philosophischer Expertise[210] ist aber umso mehr bezeichnend, als Bacon gleich im Anschluss an diese Formulierung – als *Begründung* eben dieser Expertise – die oben zitierte Behauptung vorbringt, mehr Vorlesungen als jeder andere Magister gehalten zu haben: „*Quia et audivi diligenter plures, et legi plus quam alius, ut omnes qui nutriti sunt in studio non ignorant*". Und auch unmittelbar vorher spricht Bacon von seinen Vorlesungen in ‚seinen Schulen': „*Quod cum legi in scholis meis*".[211]

Ein derartiges Selbstbewusstsein im Hinblick auf die eigenen Fähigkeiten als Kenner der Logik, Naturphilosophie und Mathematik, welches mit Verweis auf die einstige Lehrtätigkeit begründet wird, erinnert an die in Kapitel 2

---

208   Sed nullus unquam inventum in tota universitate qui terminus ipsos intelligeret. Et ideo pluries feci lectionem magistri novi de veritate quam Aristoteles et Averroes narrant, cum expositione vocabularum, et tamen nullus potuit disputationi responden (Roger Bacon, *Opus tertium*, ed. Brewer, S. 139).

209   Roger Bacon, *Compendium studii philosophiae*, ed. Brewer, S. 468.

210   „expertus sum" hat hier nichts mit ‚praktischer Erfahrung' zu tun, sondern mit akkumulierter Erfahrung im Umgang mit philosophischen Texten, welche die Grundlage der philosophischen Expertise bildet. Zum Expertenbegriff siehe oben Kap. 3.6.; zum Erfahrungsbegriff bei Roger Bacon siehe die Diskussion Kap 5.5.1.

211   Roger Bacon *Compendium studii philosophiae*, ed. Brewer, S. 467.

zitierten Ansichten der Artes-Magister von ihrer Überlegenheit in der Philosophie: Der anonyme Verfasser von *Dicit Aristotiles* hatte festgehalten, die modernen Philosophen, also die Artes-Magister, seien den alten deshalb überlegen, weil sie ihr Wissen auch über die Lehre und nicht nur über die Entdeckung erworben hatten. Bacons Anspruch auf philosophische Expertise fügt sich in eine solche Selbstbeschreibung.

Es ist vor diesem Hintergrund in hohem Maße bezeichnend, mit welchen Argumenten Roger Bacon in anderem Zusammenhang versucht, die philosophische Kompetenz des Albertus Magnus anzugreifen. Bacon ärgert sich darüber, dass Albert in Paris als philosophische Autorität wie Aristoteles, Averroes oder Avicenna zitiert wird, obwohl er keine profunde Kenntnis der Philosophie besitze. Dieser Mangel an philosophischer Kompetenz habe aber, so Bacons Ansicht, seinen Grund darin, dass Albert weder jemals an der Artes-Fakultät studiert, noch dort Philosophie unterrichtet hat (*nec unquam legit philosophiam, nev audivit eam in scholis*), da er bereits als Junge einem Orden beigetreten ist.[212]

Da Albertus Magnus nicht an der Artistenfakultät studiert und gelehrt hat, ist er für Bacon kein institutionell legitimierter Experte für Philosophie. Albert ist ‚nur' Theologe. Sich selbst hingegen sieht Bacon aufgrund seiner ‚Erfahrung' mit philosophischen Texten, die er als Lehrer gesammelt hat, als ausgewiesenen und zuständigen Verwalter des philosophischen Wissens an. Dieser Umstand aber verweist auf eine weitere Dimension seiner Selbstwahrnehmung: Es gibt nicht nur diejenigen, welche die Philosophie am dafür vorgesehenen Ort praktizieren und dabei als Wissenschaft repräsentieren, sondern auch diejenigen, die dezidiert *nicht* zu diesem Kreis gehören. Neben der Bedeutung der Lehre als kultureller Praxis für die Identität der Artes-Magister wurde in Kapitel 2 ein zweiter Aspekt angeführt, welcher das soziale Profil der Philosophen maßgeblich prägte: die Perzeption von Differenzen zu anderen Gruppen, zu solchen Akteuren, die nicht Teil der eigenen Ingroup sind. Die Wahrnehmung von Unterschieden, welche die Selbst-Kategorisierung der Individuen stimuliert, manifestierte sich bei den Artes-Magistern in verschiedener Hinsicht. Es war besonders der Konflikt mit Outgroups, der die Kohäsion im Inneren der Gruppe stärkte, wie er sich etwa in der Verteidigung von Gegenständen des eigenen Wissensbestands gegen äußere Kritiker niederschlug. Der anonyme Verfasser der Einführungsschrift *Philosophica disciplina* hatte schon zu Beginn der 1240er Jahre, also zu der Zeit, als Bacon an der Artes-Fakultät lehrte,

---

212 Alter qui vivit intravit ordinem Fratrum puerulus, nec unquam legit philosophiam, nev audivit eam in scholis (Roger Bacon, *Opus minus*, ed. Brewer, S. 327).

etwa die Astrologie gegen die Verdächtigungen der Theologen verteidigt.[213] Es war exakt dieses Anliegen, das Roger Bacon noch in den 1260ern mit Nachdruck verfolgte, als er die auf Unwissenheit beruhenden Vorwürfe der *theologi* gegenüber der Astrologie entschieden zurückwies.[214] Hierin zeigt sich ein deutlicher Unterschied zu Bonaventura, der die Astrologie radikal ablehnt und damit die Position eben der theologischen Kritiker vertritt, gegen die Bacon argumentiert.[215]

Die Perzeption von Differenzen zwischen den Artisten und den Vertretern anderer Wissenschaften hatte sich aber vor allem in einer Hinsicht einschlägig bemerkbar gemacht, nämlich darin, dass die Artes-Magister dezidiert versuchten, ihren eigenen Zuständigkeitsbereich nach außen abzugrenzen, d.h. ihr eigenes Arbeitsfeld für sich zu beanspruchen. Roger Bacon, der Albert das Recht abspricht, als Autorität in der Philosophie zu fungieren, sich selbst aber als zuständigen Experten der Philosophie darstellt, lässt ein solches Bestreben durchaus erkennen. Doch Bacon hat sich noch wesentlich expliziter zu diesem Aspekt geäußert. In seinem *Opus minus* polemisiert Bacon gegen die Pariser Theologen, denen er sieben besonders schwerwiegende Fehler vorwirft. Das erste Vergehen, das Bacon in seiner Liste anführt, besteht darin, dass die Theologen sich mit philosophischen Fragen und Themen beschäftigen, statt sich auf die Bibel zu konzentrieren, welche ihr eigentlicher Gegenstand ist.[216] Dies darf man nicht mit der generellen, religiös motivierten Skepsis gegenüber einer zu weitgehenden Beschäftigung mit Philosophie verwechseln, wie sie schon Gregor IX. den Theologen vorgeworfen hatte.[217] Sich an einem ‚zuviel‘ an Philosophie im Allgemeinen zu stören, hätte Bacon, wie schon gesehen, gänzlich fern gelegen. Es geht ihm hier um etwas ganz anderes: Bacon möchte klären, wem es eigentlich zukommt, sich mit Philosophie zu beschäftigen und wem nicht. Er hält nachdrücklich fest, dass philosophische Probleme „*in nulla facultate extranea*" zu diskutieren seien.[218] Was er den Theologen vorhält, ist, dass ein großer Teil ihrer Questionen „pure Philosophie" sei: Unzählige Diskussio-

---

213 [...] set non est uerum licet multi theologorum hoc eis imponant (Anonymus Artium Magister, *Philosophica disciplina*, ed. Lafleur, S. 273f).

214 Theologi igitur multa invenerunt a sanctis effusa contra mathematicos, et aliqui eorum propter ignorantiam mathematicae verae et mathematicae falsae nesciunt distinguere veram a falsa (Roger Bacon, *Opus maius*, ed. John Henry Bridges, Bd. 1, Oxford 1897, S. 239); siehe auch Roger Bacon, *Opus minus*, ed. Brewer, S. 320; *Opus tertium*, ed. Brewer, S. 26f.

215 Zum Kontrast zwischen Bacons und Bonaventuras Haltungen gegenüber der Astrologie: Hackett, „Aristotle, Astrologia, and Controversy at the University of Paris".

216 Roger Bacon, *Opus minus*, ed. Brewer, S. 322.

217 1228 warnte Gregor IX. die Theologen der Universität Paris in scharfen Worten vor einem übermäßigen Gebrauch der Philosophie (CUP I, Nr. 59, S. 114ff).

218 Roger Bacon, *Opus minus*, ed. Brewer, S. 322.

nen über die Sphären, die Materie, das Sein, die *species* und derartige Dinge, über die Seele und ihr Verhältnis zum Körper, über Zeit und *aevum* – sämtlich Themen der Naturphilosophie, die in philosophischen Texten abgehandelt werden.[219] Diese Dinge zu erörtern, so Bacon, kommt den Theologen nicht zu (*non pertinet ad theologos has difficultates investigare*); ihre Behandlung ist nicht Aufgabe der Theologen, sondern der Philosophen, und daraus resultiert eine pragmatische Arbeitsteilung: Die Theologen haben derartige Probleme nicht selbst zu diskutieren, sondern sollen die Wahrheiten, die in der Philosophie darüber erarbeitet werden, lediglich übernehmen und knapp referieren (*breviter recitare has veritates secundum quod in philosophia determinantur*).[220]

Zur Debatte steht hier die Abgrenzung von Zuständigkeiten. Die Theologen dürfen allenfalls die Ergebnisse aus der Philosophie übernehmen, so wie sie für die Erörterung theologischer Fragen die „*divisiones*" verwenden, welche die Artisten machen (*sicut artistae faciunt*).[221] Dabei muss stets klar sein, dass, selbst wenn diese Ergebnisse – *sicut artistae faciunt* – für die Theologie relevant sind, sie dennoch von der Philosophie geleistet wurden.[222] Die Anschauung, die Bacon hier artikuliert, ist aber für sein Selbstverständnis ganz und gar signifikant: Die Tatsache, dass Bacon den Theologen das Recht aberkennt, sich mit den angeführten philosophischen Themen – den Himmelssphären, der Materie, dem Sein, dem Verhältnis von Seele und Körper, *tempus* und *aevum* – zu beschäftigen, weil dies die Aufgabe der Philosophen sei, erhält ihre volle Signifikanz vor dem Hintergrund, dass Roger Bacon sich in seinen ungefähr zur selben Zeit, also Ende der 1260er Jahre, entstandenen *Communia naturalium*[223] mit exakt diesen Themen, die hier genannt werden, seinerseits intensiv auseinandersetzt und es sich explizit zur Aufgabe macht,

---

219 [...] quod major pars omnium quaestionum in summa theologiae est pura philosophia, cum argumentis et solutionibus, et sunt infinitae quaestiones de coelestibus, et de materia, et de ente, et de speciebus et similitudinibus rerum, et de cognitione animae per eas, et de aevo et tempore, et quomodo anima est in corpore, et quomodo ipsa et angelus moventur motu locali, et quomodo habent locum, et infinita talia, quae determinantur in libris philosophorum (Roger Bacon, *Opus minus*, ed. Brewer, S. 322f).

220 Et non pertinet ad theologos has difficultates investigare ex principali intentione nec principali inquisitione. Sed debet breviter recitare has veritates secundum quod in philosophia determinantur (Roger Bacon, *Opus minus*, ed. Brewer, S. 323).

221 Roger Bacon, *Opus minus*, ed. Brewer, S. 323.

222 Et haec licet utilia sint, tamen tracta sunt de philosophia (Roger Bacon, *Opus minus*, ed. Brewer, S. 323).

223 Roger Bacon, *Communia naturalium*, ed. Robert Steele, *Opera hactenus inedita Rogeri Baconi*, Bd. 1–4, Oxford, 1911–1913.

Hilfestellungen und Lösungsansätze für philosophische Probleme in diesen
Bereichen zu erarbeiten.[224]

Die Konsequenzen des soeben Ausgeführten für die hier diskutierte Frage
scheinen unausweichlich: Bacon sah sich selbst dezidiert nicht als Theologen, sondern als Philosophen, als emeritierten Philosophieprofessor, dem es
aufgrund seiner institutionell autorisierten Kompetenz zukam, diese naturphilosophischen Themen zu erörtern. Es wird hier deutlich, wie sehr Bacons
Selbstverständnis von den Sozialisationsprozessen, die er in seiner Zeit an der
Pariser Artes-Fakultät durchlaufen hatte, geprägt war. Sowohl die Internalisierung der Rolle als Lehrer der Philosophie und der *artes liberales*, als auch
die Tendenz zur Abgrenzung des eigenen Zuständigkeitsbereichs gegenüber
anderen Gruppen waren Faktoren, die Bacons Verhältnis zur Philosophie
auf entscheidende Weise formten. Sein wissenschaftlicher Enthusiasmus,
seine emotionale Bindung an die säkularen Disziplinen waren Resultate der
Interaktionsrituale, an denen er als Artes-Magister partizipiert hatte. Die
Beschränkung von philosophischer Expertise auf allein diejenigen, die ihr
Wissen im institutionalisierten Rahmen der Artistenfakultät erworben hatten, zeugt von der Selbst-Kategorisierung Bacons auf der Grundlage einer
Differenzperzeption.

Alle diese Feststellungen verweisen auf eine profunde Kontinuität zwischen
dem Bacon der 1240er Jahre, der an der Artes-Fakultät lehrte, und dem Bacon
der 1260er, der in der Zwischenzeit Franziskaner geworden war und sich in
einer stark veränderten Situation befand. Nach wie vor verteidigte Bacon vehement Aristoteles,[225] den er als größten aller Philosophen ansah.[226] Ebenso
war Bacon inständig bemüht, seine eigenen alten Ansichten, die er in seinen
Aristoteles-Kommentaren der 1240er vertreten hatte, auch später zu begründen und gegen andere Positionen zu behaupten. In der Debatte, die um 1270
im Umfeld der Universität Paris um das Verhältnis von Seele und Körper geführt wurde, nahm Bacon entschieden die ‚philosophische' oder ‚aristotelische' Sichtweise ein, wie sie vor allem an der Artistenfakultät vertreten wurde:

---

224   Siehe dazu: Paola Bernardini/Anna Rodolfi, *Roger Bacon's Communia Naturalium. A 13th
       Century Philosopher's Workshop* (Micrologus' Library 64), Florenz 2014; Bacons Vorhaben
       ist es: „[...] de omnibus colligere scientiis naturalibus quidquid necessarium erit ad no-
       ticiam rerum naturalium"; dabei möchte er vor allem auch die Aspekte behandeln, „que
       in operibus aliis non sunt tractata" (Roger Bacon, *Communia naturalium*, ed. Steele, Bd. 1,
       S. 10 u. 13).

225   Jeremiah Hackett, „Roger Bacon, Aristotle, and the Parisian Condemnations of 1270, 1277",
       in: Hackett (Hg.), *Roger Bacon and Aristotelianism*, S. 283–314.

226   [...] Aristoteles omnium philosophorum excellentissimus [...] (Roger Bacon, *Opus maius*,
       ed. Bridges, Bd. 2, Oxford 1897, S. 244).

Entgegen der Meinung mancher Theologen, sämtliche Seelenvermögen des Menschen seien von Gott geschaffen, argumentierte Bacon streng aristotelisch, dass die vegetativen und sensitiven Vermögen, wie bei den Tieren, aus der Natur stammen, während *solus intellectus creatur.*[227] Dies aber war die Position, die nicht nur in den anonymen *De anima*-Kommentaren aus der Artes-Fakultät begegnet, sondern die Bacon selbst, 20 Jahre zuvor, in seinem Kommentar zur *Metaphysik* des Aristoteles vertreten hatte und dort mit der Meinung von Aristoteles und den „*philosophi*" identifiziert.[228] Die gegenteilige Meinung aber, so Bacon in den *Communia naturalium*, werde von den „*periti in philosophia*" (wie ihm selbst, darf man ergänzen) als unsinnig erwiesen.[229]

Insofern Aristoteles zum ‚kulturellen Kapital' seiner einstigen Ingroup gehört, zeigt sich Bacon Zeit seines Lebens mit dem aristotelischen Oeuvre verbunden, an dessen Rechtfertigung und Etablierung im Curriculum er selbst einen wichtigen Anteil hatte. An den philosophischen Ansichten aus seinen früheren Kommentaren hielt er daher auch später noch fest. Neben der Kontinuität, die sich in dieser diskursiven Praxis manifestiert, zeichnet sich bei Bacon zudem das Bestreben ab, über gezielte Bezugnahmen auf seine Vergangenheit eine Verbindung zur Gegenwart der 1260er Jahre herzustellen. Nicht nur verweist Bacon regelmäßig auf seine damaligen Aktivitäten und Leistungen als Magister artium; er behauptet zudem, sich auch nach seiner Zeit als aktiver Magister regens, also seit 1247, ebenso wissenschaftlich beschäftigt zu haben wie zuvor.[230] Wenn Bacon von seiner früheren Tätigkeit berichtet und seine Zeit an der Artes-Fakultät wiederholt in Erinnerung ruft, um ein bestimmtes Image von sich zu kreieren (das des Lehrers und ‚Experten' der Philosophie), dann handelt es sich dabei offenbar um den Versuch, auf narrative Weise biographische Kontinuität zu erzeugen.

Indem Bacon sich mit seiner einstigen Rolle als Artes-Magister identifiziert, schafft er es, den Bruch in seiner Biographie mit einer Permanenz seiner Identität zu vereinbaren, die gleichsam als ‚diskordante Konkordanz' eine

---

227 Dazu Paola Bernardini, „Temporibus autem meis. Theologians' Errors with Regard to the Human Soul in Roger Bacon's Communia Naturalium", in: Bernardini/Rodolfi (Hg.), *Roger Bacon's Communia Naturalium*, S. 139–158.

228 Set credo quod [...] iste due prime ex principiis corporis omni modo oriantur; et hujus est ratio quia semper Aristoteles et alii philosophi vocant istas esse materiales (Roger Bacon, *Questiones supra undecimum Prime Philosophie Aristotelis*, zit. nach Bernardini, „Temporibus autem meis", S. 153, Anm. 45).

229 Roger Bacon, *Communia naturalium*, ed. Steele, Bd. 2, S. 283.

230 Et notum est quod nullus in tot scientiis et linguis laboravit, nec tantum [...] et tamen postea fui ita studiosus sicut ante (Roger Bacon, *Opus tertium*, ed. Brewer, S. 65).

Synthese des Heterogenen leistet.[231] Die narrative Kontinuitätskonstruktion, seine Referenz an sein ‚Ich‘ der Vergangenheit, stellt eine Form der Selbstvergewisserung dar, die Beständigkeit und Transformation miteinander vereinbart. Bacon interpretiert seine Erinnerungen an die Artes-Fakultät vor dem Horizont einer neuen Situation,[232] welche ihn dazu zwingt, seine Identität neu zu reflektieren. Eben diese personale Kontinuität, in die sich Bacon durch seine ‚interpretierten Erinnerungen‘[233] einschreibt, ist allerdings, wie gezeigt wurde, aufschlussreich für sein spezifisches Verhältnis zu den *artes liberales* und der Philosophie, welches sich in seinen Schriften manifestiert. Aufgrund seiner Sozialisation an der Artes-Fakultät und der prägenden Rolle, welche diese auch später noch für seine Identität spielte, unterschied sich Bacons Verhältnis zu den säkularen Disziplinen fundamental von dem eines Bonaventura. Der Gegensatz zwischen Bacon und Bonaventura, den Bérubé konstatiert, aber nicht erklärt, erscheint damit in einer neuen Perspektive.

Der ehemalige Artes-Magister Roger Bacon ist somit, das haben wir nun gelernt, als Philosoph anzusprechen und zwar nicht nur, weil es seiner primären wissenschaftlichen Beschäftigung gerecht wird, sondern ebenfalls und erst recht, weil es seiner Selbstwahrnehmung entspricht. Aber so stimmig diese Feststellung auch klingen mag, so drängt sich bei allem Wohlklang dennoch ein letztes Störgeräusch auf: Wie passt der Befund, dass Bacon ein wahrhafter Philosoph ist, mit der Tatsache zusammen, dass er im selben Moment die Selbstgenügsamkeit der Philosophie entschieden ablehnt, das weltliche Wissen in den Dienst der Theologie stellt und in seinen Schriften theologische Aspekte berührt, wenn er den Nutzen des philosophischen Wissens für theologische Zwecke vorführt? Wie kann sich jemand als Philosoph verstehen, wenn er gleichzeitig ständig über Dinge redet, die Gegenstand der Theologie sind? Dies muss umso mehr paradox erscheinen, als eben noch davon die Rede war, dass Bacon die Zuständigkeiten von Philosophen und Theologen strikt voneinander trennt. Von der Position eines Philosophen wie Boethius von Dacien, der ebenfalls eine solche Abgrenzung von Zuständigkeiten vorgenommen hatte,

---

231   Paul Ricoeur, *Zeit und Erzählung*, Bd. 3: Die erzählte Zeit, 2. Aufl., München 2007, S. 396; Paul Ricoeur, „Narrative Identität“, in: Paul Ricoeur, *Vom Text zur Person. Hermeneutische Aufsätze (1970–1999)*, hg. von Peter Welsen, Hamburg 2005, S. 209–225, S. 214.

232   Jürgen Straub, „Kultureller Wandel als konstruktive Transformation des kollektiven Gedächtnisses. Zur Theorie der Kulturpsychologie“, in: *Psychologische Aspekte kulturellen Wandels*, hg. von Christian Allesch/Elfriede Billmann-Mahecha/Alfred Lang, Wien 1992, S. 42–54.

233   Aleida Assmann, „Stabilisatoren der Erinnerung – Affekt, Symbol, Trauma“, in: *Die dunkle Spur der Vergangenheit: psychoanalytische Zugänge zum Geschichtsbewusstsein*, hg. von Jörn Rüsen/Jürgen Straub, Frankfurt am Main 1998, S. 131–152, S. 147.

ist Bacon damit jedenfalls weit entfernt: Boethius trennt nicht weniger konsequent zwischen den Arbeitsbereichen von Philosophie und Theologie, aber mit der expliziten Konsequenz, dass die Themen der Theologie und die Offenbarung im Allgemeinen gerade nicht Gegenstand des Philosophen sein dürfen. Andere Artisten, wie die Verfasser der Kommentare zur *Nikomachischen Ethik* vom Ende des 13. Jahrhunderts, sind Boethius in diesem Postulat gefolgt: Sie vermeiden strikt alle theologischen Referenzen.[234]

Das angesprochene Problem kann aus zwei verschiedenen Perspektiven betrachtet werden. Beide haben, wenngleich sie unterschiedliche Schwerpunkte setzen, innerhalb der hier entworfenen Darstellung ihre Berechtigung. Sie sollen nacheinander benannt werden, begonnen mit der im weiteren Verlauf des Kapitels weniger gewichtigen: Zwar ist es nicht damit getan, das alte Argument Bérubés zu wiederholen, dass Bacon Rücksicht auf seine Rezipienten nehmen musste und deshalb die Rolle der Theologie besonders stark machte. Doch Bacons Anliegen, die säkularen Disziplinen, mit denen er sich verbunden fühlte, möglichst umfangreich zu legitimieren, gerät vor dem Hintergrund dessen, was in diesem Kapitel über sein Verhältnis zu Aristoteles und seine Rolle bei dessen Etablierung im Curriculum der Artes-Fakultät vermutet wurde, in ein verändertes Licht: Bacon hatte sich in seinen Aristoteles-Kommentaren der 1240er aktiv darum bemüht, die aristotelische Naturphilosophie von dem Bann zu befreien, welchen die Verbote über sie verhängt hatten. Insofern die Philosophie in den 1260er Jahren *erneut* Gefahr lief, ihre Akzeptanz zu verlieren, war es sein Projekt, das auf dem Spiel stand. Der Nutzen der Philosophie für die Theologie musste daher zum Ausdruck kommen und zu diesem Zweck eignete sich Bacon die augustinische Tradition an, die er für sein Projekt einspannte. Bacons Augustinus-Rezeption ist eine aktive Aneignung der patristischen Apologie für die eigene Argumentation. Es wird hier nicht die Absicht verfolgt, die alte Vorstellung zu restituieren, dass der in Wahrheit durch rein wissenschaftliche Ambitionen geleitete Roger Bacon den kirchlichen Autoritäten mit falscher Rhetorik etwas vorgaukelt und hinterhältig nach dem Mund redet, um seine philosophische Leidenschaft im Verborgenen ausleben zu können. Aber die im Vorausgehenden gewonnenen Einsichten über Bacons soziale Idenität und sein spezifisches Verhältnis zur Philosophie verleihen Bérubés Grundargument eine neue Plausibilität, wenngleich daraus nicht die radikalen und in ihrer Perspektive einseitigen Schlussfolgerungen gezogen werden sollten, die Bérubés Darstellung bestimmen.

Die zweite Perspektive, die eine Lösung für das zur Diskussion stehende Problem bietet, ist gewichtiger und wird für die weitere Argumentation dieses

---

234 Zu Boethius siehe oben Kapitel 2.5.4; zu den Ethikkommentaren Kap. 2.6.

Kapitels von zentraler Relevanz sein. Der hauptsächliche Grund für das vermeintlich paradoxe Nebeneinander von Bacons ‚philosophischer Identität‘ einerseits und seiner Ausrichtung der Philosophie auf die Zwecke der Theologie andererseits ist, so soll argumentiert werden, darin zu sehen, dass Roger Bacon sich zwar aufgrund seiner Sozialisation an der Artes-Fakultät als ‚Philosophen‘, als zuständigen Repräsentanten der philosophischen Wissenschaft versteht und sich insofern mit Aristoteles und den Disziplinen der Philosophie identifiziert, dass er aber gleichzeitig in den 1260er Jahren ein gänzlich anderes Konzept von Philosophie entwickelt als die Magister der Artistenfakultät, zu denen er nun in Opposition tritt. Es wird sich in den folgenden Abschnitten zeigen, dass sich Bacon, unter dem Einfluss äußerer gesellschaftlicher Faktoren, seit den 1260ern dezidiert von dem selbstreferentiellen Paradigma der Artes-Fakultät – das er früher selbst mit auf den Weg gebracht hatte – abgrenzt und eine alternative Konzeption der Philosophie hervorbringt. Diese Philosophie ist in ihrem innersten Wesen *anwendungsbezogen* und dies bedeutet, dass sie vom Philosophen selbst auf zahlreichen Gebieten, darunter auch die Theologie, nützlich appliziert werden soll. Bacons Philosophie ist eine in jeder Hinsicht praktische Wissenschaft, die *in ihrem eigenen Rahmen* praktische Applikationen vorführt. Darum ist es für Bacon, wie noch zu präzisieren sein wird, notwendig und keinesfalls widersprüchlich, dass der Philosoph *innerhalb der Philosophie* auch mit theologischen Aspekten befasst ist, wenn er die nützliche Anwendung seines Wissens für die Theologie gewährleisten und bewerkstelligen soll.

Während den Theologen untersagt ist, sich mit philosophischen Fragen zu befassen, so ist Bacons Begriff des Philosophen der eines Wissenschaftlers, der die philosophischen Disziplinen, neben anderen fremdreferentiellen Anwendungen, zum Nutzen der Theologie appliziert, dabei aber zwangsläufig auch theologische Fragen ansprechen muss. Dass die Philosophie damit in hohem Maße ‚souverän‘ wird, da sie die Theologie in mancher Hinsicht beinahe überflüssig macht, ist eine Implikation, die Bacons Konzept durchaus als herausfordernd erscheinen lässt. Hans Kraml hat im Hinblick auf die Magd-Metapher über Bacons Philosophiebegriff festgestellt: „Die Magd am Gipfel ihrer Leistung ist die Herrin selbst".[235] Aber es ist ebenso eine Implikation, die Bacon wohl bereitwillig in Kauf genommen hat. Denn noch brisanter wird dieses Konzept ja dann, wenn man davon ausgeht, dass Bacon sich selbst dezidiert als Philosophen verstanden hat. Vor dem Hintergrund dessen, was in diesem Kapitel über Bacons Selbstverständnis gesagt wurde, lässt sich sein Konzept

---

235 Hans Kraml, „Die Magd in der Burg. Zum Philosophieverständnis von Roger Bacon", in: Uhl (Hg.), *Roger Bacon in der Diskussion*, Bd. 1, S. 137–143, S. 143.

jedenfalls präziser fassen: Wenn Bacon der Meinung ist, Philosophen müssen teilweise auch über theologische Fragen sprechen und er sich selbst aber, wie deutlich geworden sein sollte, in der Rolle des Philosophen sieht, dann ist sein Selbstbild das eines Gelehrten, der zwar dezidiert Philosoph ist und die Philosophie als Wissenschaft repräsentiert, der aber dennoch im Rahmen seiner Wissenschaft nützliche Applikationen in Betracht zieht, um die Philosophie möglichst praxisbezogen zu definieren.

Wohlgemerkt setzt dies die grundsätzliche Arbeitsteilung, für die Bacon eintritt, keinesfalls außer Kraft: Bacon sagt nicht, die Philosophen sollten systematisch und umfassend theologische Probleme diskutieren – dies ist Aufgabe der Theologen (gerade deshalb hat Bacon kein theologisches Werk verfasst); die Philosophen kommen nur nicht umhin, auch theologische Aspekte anzusprechen, wenn sie eine Disziplin praktizieren sollen, die sowohl außerhalb als auch innerhalb der Wissenschaft nützlich ist.[236] Dass die Philosophie „am Gipfel ihrer Leistung" somit keinesfalls mit Theologie zusammenfällt, wie die Formulierung Kramls suggeriert,[237] sondern die hier beschriebene Arbeits- und Zuständigkeitsteilung der Disziplinen stets bestehen bleibt, wird an folgender Stelle deutlich, an der Bacon die Trennung der Arbeitsfelder bekräftigt und die sein Philosophiekonzept einschlägig erkennen lässt: „Und deshalb darf derjenige, der die Philosophie durch derartige [christliche] Wahrheiten vervollständigt, nicht Theologe genannt werden; und er darf den Bereich der Philosophie nicht verlassen".[238]

Es scheint offensichtlich, dass Bacon an dieser Stelle von sich selbst spricht. Bacon hat ein klares Bewusstsein davon, dass es einen Bereich *„infra limites philosophiae"*[239] gibt, in dem der Philosoph *als Philosoph* Glaubensaspekte berührt; aber es ist für sein Verständnis konstitutiv, dass er dabei diese Dinge des Glaubens nicht so gründlich und systematisch behandelt wie die Theologen, die dafür primär zuständig sind. Dies zeigt sich an einer anderen Stelle, an der Bacon davon spricht, die Philosophie müsse Mittel bereitstellen, um den Glauben zu beweisen: Insofern die Artikel des Glaubens aber die genuinen

---

236   Es fügt sich in diesen Kontext, dass Bacon auf ganz analoge Weise die Ausrichtung der *artes* auf medizinische Zwecke *im Rahmen der Philosophie* vorsieht, dem Philosophen also auch die Thematisierung medizinischer Aspekte zugesteht, ohne dabei die Existenz der akademischen Medizin zu verkennen, die sich mit diesen Dingen primär beschäftigt.

237   Kraml geht davon aus, dass für Bacon „die Philosophie am Gipfel ihrer Bemühungen zu Theologie wird" (Kraml, „Magd in der Burg", S. 143).

238   Et propter hoc complens philosophiam per hujusmodi veritates non debet dici theologicus nec transcendere metas philosophiae (Roger Bacon, *Opus maius*, ed. Bridges, Bd. 1, S. 64).

239   Roger Bacon, *Opus maius*, ed. Bridges, Bd. 1, S. 64.

Prinzipien der Theologie (und nicht der Philosophie) seien, so Bacon, bedeute dies also, dass die Philosophie sich in diesem Fall mit den Prinzipien der Theologie befassen muss; allerdings macht sie dies, wie Bacon hinzufügt, weniger gründlich als mit den Prinzipien anderer Wissenschaften.[240]

Jeremiah Hackett hat festgehalten, dass es eine zu extreme Interpretation wäre, zu sagen, dass Bacon die Philosophie in der Theologie aufgehen ließe und als eigenständige Disziplin ablehne.[241] Dem ist hier voll und ganz zuzustimmen: Die Philosophie behält eine eigene Identität und hat als Wissenschaft Grenzen, die ihre Vertreter, die Philosophen, nicht überschreiten sollen (*non debet transcendere metas philosophiae*). Diese Disposition der Disziplinen aber ist, wie hier behauptet wird, nicht unabhängig von Bacons ‚Selbst-Kategorisierung‘, seiner sozialen Identität, und steht in direkter Verbindung zu seiner wissenschaftlichen Produktion.

In diesem speziellen Sinne hätte es, fernab des Gilson'schen Philosophiebegriffs,[242] sogar durchaus eine gewisse Berechtigung, Bacons Konzept als das eines ‚christlichen Philosophen‘ zu bezeichnen. Das wäre zumindest insofern adäquat, als es die ‚interdisziplinäre‘ Kompetenz des Bacon'schen Philosophen beschreiben würde, der im Rahmen seiner Wissenschaft auch die Aufgabe hat, theologische Aspekte anzusprechen. Andererseits hat Bacon mit seinem Entwurf einer praxisbezogenen Philosophie, wie später gezeigt wird, auch gänzlich andere und rein weltliche Anwendungsbereiche im Blick, etwa Kriegsführung, Architektur, die Konstruktion diverser praktischer Geräte, Handel oder Diplomatie. Um Bacons Konzept in seiner Gesamtheit zu charakterisieren, scheint daher der Gedanke einer ‚angewandten‘ oder ‚nützlichen‘ Wissenschaft passender.

Worum es hier und in diesem Kapitel insgesamt geht, ist die *doppelte Einsicht*, dass Roger Bacon einerseits kein Theologe, sondern ein ‚Philosoph‘ ist, gleichzeitig aber eine andere Definition des Philosophen vertritt als die Magister der Artistenfakultät und insofern als ‚alternativer Philosoph‘ erscheint.

---

240 Ergo philosophia habet dare modos probationis fidei Christianae. Articuli vero hujus fidei sunt principia propria theologiae; ergo philosophia habet descendere ad probationes principiorum theologiae, licet minus profunde quam ad principia aliarum scientiarum (Roger Bacon, *Opus maius*, ed. Bridges, Bd. 3, S. 76).

241 Jeremiah Hackett, „Averroes and Roger Bacon on the Harmony of Religion and Philosophy", in: *A Straight Path: Studies in Medieval Philosophy and Culture*, hg. von Ruth Link-Salinger, Washington D.C. 1988, S. 98–112, S. 105; Jeremiah Hackett, „Philosophy and Theology in Roger Bacon's *Opus maius*", in: *Philosophy and the God of Abraham. Essays in Memory of James A. Weisheipl*, hg. von R. James Long, Toronto 1991, S. 55–69.

242 Siehe Kap. 1.3.3.

Bacon hat in den 1260er Jahren ein ganz eigenes, spezifisches Konzept von seiner Rolle als Philosoph entwickelt, das aber unweigerlich in *Relation zu den Akteuren der Artes-Fakultät* steht und sich darüber definiert. Insofern Bacon sich selbst als Philosophen betrachtet, gleichzeitig aber die Artistenfakultät als den *genuinen Ort der Philosophie* ansieht, an dem philosophische Probleme primär zu erörtern sind, dann folgt daraus, dass seine reformierte Philosophie ein Alternativprogramm zum Konzept der Artes-Fakultät darstellt. Die damit gewonnene Einsicht, dass Bacon eine alternative Konzeption der *Philosophie* verfasst und sich als *alternativen Philosophen* begreift, ist hier entscheidend: Es ist vor allem aufgrund dieser Positionierung Roger Bacons, dass seine Behandlung an dieser Stelle der Arbeit, in einer Reihe von alternativen *philosophischen oder artistischen Konzeptionen* – dies war ja das Ausgangsproblem des Unterkapitels – gerechtfertigt ist.

5.4.2 Contra omnia mala personarum et rei publice inveniantur remedia oportuna – *Die* utilitas *der Philosophie für die Welt*

Wenn Roger Bacon sich aufgrund seines Studiums und seiner Lehrtätigkeit als legitimen und zuständigen Vertreter der Philosophie verstand, dann ist es freilich nicht verwunderlich, dass er ausschließlich über die säkularen Disziplinen, für die er kompetent war, wissenschaftlich gearbeitet hat. Angesichts der Spannungen, die Bacon im Paris der 1260er Jahre wahrnahm, und im Hinblick auf die empfundene Notwendigkeit, die Philosophie neu auszurichten und in ein grundlegend nützliches und praxisbezogenes Konzept zu überführen, ist es aber ebenfalls kaum überraschend, sondern nur konsequent, dass Bacon sich selbst dazu berufen fühlte, das Programm einer derartigen Reform zu formulieren. Er hatte jahrelang Vorlesungen über die Philosophie, über Logik, Naturphilosophie und Mathematik gehalten, er war erfahren im Umgang mit den Texten (*ego expertus sum*) und durfte daher, so seine Ansicht, als institutionell autorisierter Verwalter des philosophischen Wissens gelten. In seinem Entwurf einer Neuordnung der *artes*, den er im *Opus maius*, *Opus minus* und *Opus tertium* expliziert und an Papst Clemens IV. adressiert, stellt sich Bacon demnach konsequenterweise als den zuständigen Experten für den Wissensbestand der Philosophie und der *artes liberales* dar. Unter den Gründen, die Bacon dafür anführt, dass der Papst das von ihm skizzierte Projekt unterstützen sollte, kommt Bacon – ganz wie in einem heutigen Projektantrag – explizit auch auf den Punkt „Warum ich?" zu sprechen. Der vierte Grund, der für eine Förderung seines Projekts spreche, so Bacon, sei er selbst (*Quarta ratio est propter meipsum*), da er Zeit seines Lebens in den besagten Wissenschaften gearbeitet, vieles Nützliche gesammelt und andere Personen darin angeleitet habe.[243] Dass er Schüler unterrichtet hat (*feci juvenes instrui*), hebt Bacon noch einmal eigens hervor, bevor er seine fachliche Eignung weiter anpreist und anschließend sein Anliegen – finanzielle Unterstützung – auf den Punkt bringt: „Ich habe alles untersucht, was dafür notwendig ist, und ich weiß, wie man vorgehen muss und mit welchen Mitteln; auch weiß ich genau, wo die Probleme liegen. Aber ich kann mit meinem Projekt nicht fortfahren wegen des Mangels an den besagten finanziellen Mitteln".[244]

In den drei großen Werken für Clemens IV. expliziert Bacon eine systematische und in ihrer Form singuläre Konzeption des weltlichen Wissens, welches er konsequent auf Praxisbezug und Nützlichkeit ausrichtet. Dasselbe Programm begegnet in Bacons anderen Schriften, die er seit den 1260er Jahren verfasste, etwa im *Compendium studii philosophiae*, in den *Communia mathematica*, den *Communia naturalium*, in *De secretis operibus*, *De laudibus mathematicae*, seiner Bearbeitung des *Secretum Secretorum* oder im 1292 entstandenen *Compendium studii theologiae*.[245] Alle diese Texte artikulieren eine dezidierte Praxisorientierung der Wissenschaft, unabhängig davon, ob sie sich an den Papst, an einen weltlichen Fürsten (wovon etwa im Falle des *Secretum Secretorum* ausgegangen werden kann)[246] oder ‚nur' an die *Scientific community* richten. Doch in welcher Hinsicht ist Bacons Konzept für die Fragen dieser Arbeit insbesondere interessant, was macht seine Spezifizität aus, die eine ausführliche Behandlung erfordert? Das entscheidende Merkmal von Bacons Entwurf ist ja nicht, dass er den Nutzen der Philosophie für die Theologie propagiert und die Selbstgenügsamkeit der paganen Disziplinen zurückweist; dieses prinzipielle Anliegen ist im 13. Jahrhundert, wie schon gesehen, alles andere als originell. Was Bacons Programm hier so interessant macht, ist vor allem, dass sich die Fremdreferenz der Philosophie nicht nur auf die Wissenschaft selbst, sondern im großen Stil auf zahlreiche Gebiete der nicht-wissenschaftlichen Welt bezieht. Es ist für die in dieser Arbeit vertretene Argumentation entscheidend,

---

243 Quarta ratio est propter meipsum, quia jam a juventute laboravi in scientiis, et linguis, et omnibus praedictis multipliciter; et collegi multa utilia, et ordinavi de personis (Roger Bacon, *Opus tertium*, ed. Brewer, S. 58).

244 Et examinavi omnia quae hic necessaria sunt, et scio qualiter procedendum est, et quibus auxiliis, et quae sunt impedimenta; sed non possum procedere propter defectum expensarum praedictarum (Roger Bacon, *Opus tertium*, ed. Brewer, S. 58f).

245 Um Missverständnisse gleich an dieser Stelle zu vermeiden: Der irreführende Titel des *Compendium studii theologiae* sollte nicht zu der Annahme verleiten, es handele sich hier um ein theologisches Werk. Das verhältnismäßig kurze *Compendium* enthält zunächst eine Polemik gegen die Theologen, denen Bacon, wie im *Opus minus*, diverse Vergehen vorwirft, bevor es dann ausschließlich um Zeichentheorie und Semantik geht.

246 Steven J. Williams, „Roger Bacon and the Secret of Secrets", in: Hackett (Hg.), *Roger Bacon and the Sciences*, S. 365–393.

dass Bacon nicht nur bestrebt ist, den Nutzen der Philosophie für die Zwek-
ke der Theologie zu erweisen, sondern ebenso ein breites Tableau von Appli-
kationsfeldern in der außer-universitären Welt, zum Nutzen der politischen
Gemeinschaft und des Einzelnen, entfaltet.

Der zentrale Begriff in diesem Zusammenhang ist *utilitas*, dessen Semantik
für die Kontextualisierung von Bacons Konzept (und mithin für Bacons ,In-
tention') höchst aufschlussreich ist. Es hat sich in Kapitel 2 gezeigt, dass die
Artes-Magister der Universität Paris den Begriff der *utilitas* sehr wohl kennen,
aber in einem ,selbstreferentiellen' Sinne verwenden, wenn sie über den Nutzen einzelner Teilgebiete der Philosophie für andere Teilgebiete sprechen.[247]
Bacon kennt diesen selbstreferentiellen Gebrauch des Begriffs ebenfalls,
doch erweitert er dessen semantisches Spektrum um eine fremdreferentielle ,Komponente',[248] die in seiner Verwendung des Signifikanten dominant
und für sein Programm konstitutiv wird. Den Unterschied zwischen den beiden Zeichenverwendungen reflektiert Bacon ganz explizit. Im *Opus tertium*
nennt Bacon fünf Applikationsfelder, die – aus der Perspektive der Philosophie – einen fremdreferentiellen Gebrauch mit sich bringen: „Denn der Nutzen der Philosophie (*utilitas philosophiae*) besteht hinsichtlich der Theologie,
der Kirche, des politischen Gemeinwesens (*reipublicae*), der Bekehrung der
Ungläubigen und der Bekämpfung derjenigen, die nicht bekehrt werden
können".[249] Doch neben dieser fremdreferentiellen Applikation gibt es natürlich auch, wie Bacon sogleich hinzufügt, einen selbstreferentiellen Nutzen,
der sich auf die philosophischen Teilbereiche für einander bezieht: „Allerdings
gibt es nicht nur diesen fundamentalen fünffachen Nutzen, der unzählige Ver-
zweigungen aufweist, sondern jeder Teil der Philosophie ist auch nützlich für
einen anderen".[250]

Diese bewusste Reflexion über das ,Innen' und ,Außen' der Philosophie, die
hier zum Vorschein kommt, und – damit einhergehend – über die beiden referentiellen Sphären ihrer Praxis, verweist auf die Bacons gesamtem Programm
zugrundeliegende Überlegung, welche das Kernproblem, das Bacon eigentlich in Angriff nimmt, erkennen lässt. Worum es hier in erster Linie geht, ist

---

247   Siehe oben Kap. 3.2.
248   Zur semantischen Komponentenanalyse: Umberto Eco, *Zeichen. Einführung in einen
       Begriff und seine Geschichte*, Frankfurt am Main 1977, S. 90–94.
249   Nam utilitas philosophiae est respectu theologiae, et ecclesiae, et reipublicae, et conver-
       sionis infidelium, et reprobationis eorum, qui converti non possunt (Roger Bacon, *Opus
       tertium*, ed. Brewer, S. 20).
250   Iterum, non solum est utilitas ista quintuplex radicalis, quae habet ramos paene innume-
       rabiles, sed quaelibet pars philosophiae est utilis respectu alterius, ut praedixi; nec potest
       una sine alia sciri (Roger Bacon, *Opus tertium*, ed. Brewer, S. 20).

die *Finalität* der Philosophie. Hier sieht Bacon den größten Klärungsbedarf.[251]
Wenn er über die Bedeutung von *utilitas* räsoniert und die Frage der Nützlichkeit zum entscheidenden Problem der Wissenschaft erklärt, dann geht es ihm
darum, dass die *utilitas* der Philosophie untrennbar mit ihrem Ziel (*finis*) verbunden ist, welches die philosophische Praxis bestimmt und zuallererst definiert werden muss: „Vor allem anderen ist stets die Nützlichkeit irgendeiner
Sache zu erörtern. Diese Nützlichkeit aber besteht in dem Ziel, für welches die
besagte Sache existiert: Ganz so wie das Ziel eines Hauses der Schutz vor Hitze,
Kälte und sonstigen Unwettern, vor Feinden, Raubtieren und derartigen Gefahren ist. Und wer dieses Ziel nicht kennt, der wird niemals ein Haus bauen.
[...] So wie es aber mit allen Dingen ist, so ist es auch mit den Wissenschaften.
Deshalb ist es nötig, dass jemand zuerst den Nutzen der Wissenschaften erör-
tert, bevor er sich daran macht, sie im Einzelnen zu verfolgen".[252]

Der hier angestellte Vergleich ist erhellend für das Ziel, das Bacon mit seinem eigenen philosophischen Konzept verfolgt. Denn deutlich wird, dass der
Zweck des Hausbauens ja gerade nicht die Tätigkeit des Hausbauens selbst ist,
sondern vielmehr darin besteht, einen Bedarf zu bedienen, der durch Faktoren
der *äußeren Umwelt* des Hauses – Feinde, wilde Tiere, Unwetter – hervorgerufen wird. Die übergreifende Ausrichtung, die Bacons philosophische Konzeption strukturiert, ist in diesem Sinne ebenfalls durch philosophieexterne
Zwecke motiviert, für welche auch die zunächst innerhalb der Philosophie
nützlichen Teilgebiete direkt oder indirekt eingespannt werden. Die außerphilosophischen Ziele jedoch, die das Unternehmen der Philosophie insgesamt
anleiten, umfassen, wie sich im Folgenden zeigen wird, neben der Theologie
zahlreiche nicht-wissenschaftliche Gebiete der sozialen und politischen Welt.
Dies hat freilich tiefgreifende Konsequenzen für das Studienprogramm, das
Bacon entwirft. Denn die grundlegend praktische Ausrichtung, um die es ihm
geht, gilt sowohl für solche Disziplinen, die, wie etwa die Logik, seit langem fester Bestandteil des philosophischen Curriculums waren und von Bacon selbst
als Artes-Magister in Paris unterrichtet wurden, als auch für diejenigen, die er

---

251   Zur Finalität der Philosophie als dem gemeinsamen Grundproblem der philosophi-
       schen Konstellation in Paris siehe oben die Bemerkungen in der methodologischen
       Zwischenreflexion.

252   *Caeterum ante omnia utilitas cujuslibet rei consideranda est. Haec autem utilitas consi-
       stit in fine, propter quem res est: ut finis domus est custodia a caumatibus, et algoribus,
       et caeteris tempestatibus, et ab inimicis, et ab animalibus rapacibus, et hujusmodi pe-
       riculis. Et qui hunc finem domus nescit, nunquam faciet domum. [...] Sic igitur est in
       omnibus rebus et scienciis. Quapropter oportet quod homo considere utilitatem scien-
       tiarum antequam aggrediatur singulas divisim prosequendo* (Roger Bacon, *Opus tertium*,
       ed. Brewer, S. 19).

neu im Curriculum etablieren möchte, weil er sie für besonders nützlich hält, wie etwa die Perspektive.

5.4.2.1 Grammatik, Logik und Moralphilosophie

Während die Perspektive eine Disziplin ist, die Bacon wegen ihres hohen Werts und ihrer Nützlichkeit neu in den Kanon der philosophischen Fächer einführen möchte, ist es im Falle der Grammatik und der Logik vielmehr seine Absicht, die an der Artistenfakultät etablierte Art und Weise der Beschäftigung mit diesen Disziplinen durch eine neue Orientierung zu ersetzen. Wenn Bacon die Grammatik und die Logik an einer Stelle als *„scientiae viles"*, als wertlose Wissenschaften bezeichnet,[253] dann nicht, weil er sie gänzlich aus dem Studienbetrieb verbannen möchte; sie sollen eine neue Finalität erhalten und praktischen Zielen dienen. Irène Rosier-Catach hat darauf hingewiesen, dass sich Bacons Konzept der Grammatik, wie er es seit den 1260ern entwirft, fundamental von jenem unterscheidet, dass er 20 Jahre vorher als Magister artium vertreten hatte.[254] Wie Rosier-Catach festhält, handelt es sich bei Bacons früher *Summa grammatica* um ein typisches Werk der Artes-Fakultät aus der Zeit um 1245, das starke Interferenzen zur Logik aufweist und auf grammatischen und philosophischen Quellen basiert. Die *Summa grammatica* ist ein Traktat der spekulativen Grammatik und insofern nicht auf die Vermittlung von Sprachkenntnissen, sondern auf die Untersuchung der *causae* und *rationes* der lateinischen Sprache ausgerichtet. Mit ihrer Analyse der Prinzipien der Syntax und der Verwendung von Beispielen aus der Logik und aus der Naturphilosophie (etwa durch den Vergleich des Verhältnisses von Substantiv und Adjektiv mit dem von Substanz und Akzidenz) repräsentiert die *Summa grammatica* den selbstreferentiellen sprachtheoretischen Grammatikunterricht der Artes-Fakultät zwischen 1240 und 1250.[255]

Hatte Bacon in der *Summa grammatica* noch ganz als „guter Artist"[256] gehandelt, so wich sein Konzept der Grammatik in den späteren Werken radikal davon ab. Bacons Interesse hat sich ganz auf den pragmatischen Aspekt, auf die Performanz der Sprache verschoben. Zudem geht es Bacon nun – im Gegensatz zu den Artes-Magistern – ganz konkret um Spracherwerb. Dieser soll

---

253 Roger Bacon, *Opus minus*, ed. Brewer, S. 324; dazu: Dominik Perler, „Logik – eine ‚wertlose Wissenschaft'? Zum Verhältnis von Logik und Theologie bei Roger Bacon", in: *Logik und Theologie. Das Organon im arabischen und lateinischen Mittelalter*, hg. von Dominik Perler/Ulrich Rudolph, Leiden 2005, S. 375–399.

254 Irène Rosier-Catach, „Roger Bacon and Grammar", in: Hackett (Hg.), *Roger Bacon and the Sciences*, S. 67–102.

255 Rosier-Catach, „Roger Bacon and Grammar", S. 67f u. 102.

256 Rosier-Catach, „Roger Bacon and Grammar", S. 102.

aber nicht mehr nur die lateinische Sprache, sondern auch das Hebräische, Griechische und Arabische sowie diverse andere inner- und außereuropäische (Volks)sprachen umfassen. Die Kenntnis der fremden Sprachen ist nicht nur innerhalb der Wissenschaft nützlich, etwa um die Werke von Aristoteles im Original lesen zu können und auf diese Weise die Fehlinterpretationen zu vermeiden, welche die schlechten Übersetzungen verursacht haben;[257] auch für die Zwecke der praktischen Welt sind Fremdsprachen unbedingt notwendig, etwa für den Handel oder für das Vereinbaren von Friedensverträgen. Unter den Gründen, die Bacon dafür anführt, dass die Kenntnis der Sprachen (*cognitio linguarum*) für das Gemeinwesen der Lateiner (*reipublicae Latinorum dirigendae*) notwendig sei, kommt er auf die Bedeutung für den Handel zu sprechen: „Einer [ein Grund] ist der Austausch von nötigen Gütern im Handel und in Geschäften, ohne welche die Lateiner nicht existieren können; denn Arzneimittel und alle wertvollen Dinge erhalten sie von anderen Völkern und dabei entsteht für die Lateiner ein großer Schaden und unendlicher Betrug wird ihnen angetan, weil sie die fremden Sprachen nicht verstehen, die ihnen von Dolmetschern vermittelt werden. Denn selten genügen die Dolmetscher für ein volles Verständnis und noch seltener findet man zuverlässige".[258] Nachdem Bacon im Anschluss daran über die Probleme der Lateiner spricht, sich in fremden Ländern vor Gericht zu verteidigen, die auf einem Mangel an Sprachkenntnis beruhen, geht er schließlich auf diplomatische Zwecke des Sprachstudiums ein: „Der dritte Grund ist die Herstellung des Friedens zwischen den Fürsten fremder Länder und den Lateinern, um Kriege zu beenden. Denn wenn feierliche Gesandte mit Schriftstücken und anderen Mitteln in ihrer eigenen Sprache von der jeweiligen Seite geschickt werden, dann ist meistens vergeblich, was mit großer Arbeit und Aufwand versucht wurde, und zwar wegen der Unkenntnis der fremden Sprache".[259]

---

257 Et quoniam labores Aristotelis sunt fundamenta totius sapientiae, ideo nemo potest aestimare quantum dispendium accidit Latinis, quia malas translationes receperunt philosophi. [...] Quicunque vult gloriari de scientia Aristotelis, oportet quod eam addiscat in lingua propria et nativa, cum ubique est falsitas translationum, tam in theologia quam in philosophia (Roger Bacon, *Compendium studii philosophiae*, ed. Brewer, S. 469).

258 Secundo est multum necessaria reipublicae Latinorum dirigendae cognitio linguarum propter tria. Unum est communicatio utilitatum necessariarum in mercaturis et negotiis sine quibus Latini esse non possunt, quia medicinalia et omnia pretiosa recipiuntur ab aliis nationibus, et inde oritur magnum damnum Latinis et fraus eis infertur infinita, quia linguas ignorant alienas quantumcunque per interpretes eloquantur; nam raro sufficiunt interpretes ad intelligentiam plenam, et rarius inveniuntur fideles (Roger Bacon, *Opus maius*, ed. Bridges, Bd. 3, S. 119f).

259 Tertia causa est propter pacem obtinendam inter principes aliarum nationum et inter Latinos et ut bella sedentur. Nam quando nuntii solemnes cum literis et instrumentis

Im Bereich der politischen Kommunikation sieht Bacon besonders großen Bedarf an kompetenten Kennern fremder Sprachen, vor allem des Arabischen. Es sei beschämend, dass die Fürsten und Prälaten unter allen lateinischen Gelehrten keinen fänden, der auch nur ein Wort Arabisch oder Griechisch lesen und einem Boten aus der arabischen Welt antworten könne.[260] Bacon bezieht sich auf ein zeitgenössisches Ereignis, bei dem sich ein für die Universität Paris höchst peinlicher Vorfall im Umfeld des französischen Königs, Ludwigs IX., ereignet habe. Dabei reflektiert Bacon den Bedarf an Sprachkenntnissen in der politischen Welt und die damit verbundene *Erwartung* gegenüber den Gelehrten der Universität: „Ich habe gehört, dass der Sultan von Babylon dem derzeitigen König von Frankreich (*domino Regi Franciae qui nunc est*) geschrieben hat und es konnte in der gesamten Pariser Universität (*in toto studio Parisiensi*) und auch im ganzen französischen Königreich niemand gefunden werden, der den Brief in ausreichender Weise lesen und dem Boten antworten konnte, wie es nötig war. Und der König wunderte sich über ein derartiges Unwissen sehr und es missfiel ihm außerordentlich, dass die Kleriker so unwissend waren".[261]

Ein zentraler Aspekt, auf dem Bacon neben diesen unmittelbar praktischen Zwecken des Sprachstudiums in Wirtschaft und Politik insistiert, ist die performative Wirkung der Sprache. Die *virtus verborum* kann mit Hilfe der sprachbezogenen Disziplinen für praktische Ziele der *res publica* und des Einzelnen nutzbar gemacht werden. Dies gilt etwa für eines der häufigsten Themen Bacons, die Bekehrung der Ungläubigen und die Bekämpfung derjenigen, die sich nicht bekehren lassen. Bacon kommt in diesem Zusammenhang immer wieder auf die Kreuzzüge und auf die Frage zu sprechen, wie die Lateiner mit den Sarazenen umzugehen haben.[262] Er plädiert dafür, dem gewaltsamen Konflikt stets die Bekehrung durch Predigt vorzuziehen, aber dafür seien Sprach-

---

diriguntur in lingua propria ex utraque parte, pereunt saepissime quae magnis laboribus et expensis coepta sunt propter ignorantiam idiomatis alieni (Roger Bacon, *Opus maius*, ed. Bridges, Bd. 3, S. 120).

260 Et non solum nocivum est, valde verecundum est, quando inter omnes sapientes Latinorum praelati et principes non inveniunt unum hominem qui unam literam Arabicam vel Graecam sciat interpretari, nec uni nuntio respondere, sicut aliquando accidit (Roger Bacon, *Opus maius*, ed. Bridges, Bd. 3, S. 120).

261 [...] ut intellexi quod soldanus Babyloniae scripsit domino regi Franciae qui nunc est, et non fuit inventus in toto studio Parisiensi nec in toto regno Franciae qui sciret literam sufficienter exponere, nec nuntio ut oportuit respondere. Et dominus rex de tanta ignorantia multum mirabatur, et valde ei displicuit quod sic invenit clerum ignorantem (Roger Bacon, *Opus maius*, ed. Bridges, Bd. 3, S. 120).

262 Zur Kreuzzugsthematik bei Bacon: David Bigalli, „Schwert und Wort. Apokalypse und Kreuzzugskritik bei Robert Grosseteste, Adam Marsh und Roger Bacon", in: Uhl (Hg.), *Roger Bacon in der Diskussion*, Bd. 1, S. 181–217.

kenntnisse notwendig, um den Ungläubigen in ihrer Muttersprache predigen zu können. Die „saraceni" und andere „infideles" verbleiben in ihrem Unglauben, weil niemand in ihrer Sprache (in eorum lingua) zu ihnen sprechen kann. Die Kriege gegen sie seien hingegen wenig effektiv gewesen, weil die Christen selbst im Krieg durcheinandergeraten seien, wie sich besonders beim Heer des französischen Königs gezeigt habe. Und dort, wo die Christen gesiegt haben, war niemand da, der die eroberten Gebiete verteidigen konnte. Die Sarazenen können deshalb aber in vielen Teilen der Erde nicht bekehrt werden.[263]

Der performative Aspekt der Sprache, die *virtus verborum*, die mittels spezifischer Techniken für die Bekehrung der Ungläubigen nutzbar gemacht werden kann, ist zudem aber auch das zentrale Thema, das Bacons Interesse an der Logik und der Rhetorik in den späteren Werken bestimmt. Auch hier zeigt sich ein signifikanter Gegensatz zu den früheren Schriften der 1240er Jahre. Bacons logische Werke aus dieser Zeit, die *Summa de sophismatibus et distinctionibus* und die *Summulae dialectices*, stehen ganz im Kontext der Artes-Fakultät.[264] Die *Summulae dialectices* stellen eine Einführung in die Logik dar, die nach dem üblichen Schema mit einer Einteilung der Philosophie beginnt und dann zur Darstellung der logischen Teilgebiete fortschreitet. Wie schon an anderer Stelle zur Sprache kam, hebt Bacon hier die von allen praktischen Handlungen ‚freien' (und ‚befreienden') *artes liberales* weit über die handwerklichen und ‚dienenden' *artes mechanicae*[265] und definiert die Logik, die ersterer Gruppe angehört, als Wissenschaft von der Wahrheit.[266] Das Kompendium der Logik, das sich in seiner Disposition im Wesentlichen an die Bereiche des aristotelischen Organon hält (*De praedicabilibus, De praedicamentis, De interpretatione, De proprietatibus partium enuntiationis, De syllogismis, De locis, De fallaciis*), verwendet häufig Beispiele aus der Grammatik und aus der Naturphilosophie

---

263 Nec valet bellum contra eos quoniam aliquando confunditur ecclesia in bellis christianorum, ut ultra mare saepe accidit et maxime in ultimo exercitu, scilicet domini regis Franciae ut totus mundus [scit]; et alias si vincunt christiani, non est qui terras occupatas defendat. [...] Unde saraceni propter hoc in multis mundi partibus fiunt impossibiles conversioni (Roger Bacon, *Opus maius*, ed. Bridges, Bd. 3, S. 121).

264 Dazu: Alain de Libera, „Roger Bacon et la logique", in: Hackett (Hg.), *Roger Bacon and the Sciences*, S. 103–132.

265 Während die *artes liberales* auf die Vervollkommnung des Intellekts zielen und die Erkenntnis des ‚Wahren' *ohne manuelle Arbeit* ermöglichen sollen, lenken die praxisbezogenen *artes mechanicae* den Intellekt auf die weltlichen Dinge und halten ihn so von seinem eigentlichen Erkenntnisziel ab (Roger Bacon, *Summulae dialectices*, ed. de Libera, S. 171f); dazu oben Kap. 2.5.1 und 3.4.

266 Logica vero secundum, quod est scientia, est habitus discernendi verum a falso per regulas, sive maximas sive dignitates, quibus comprehendimus veritatem locutionis per nosmetipsos vel cum aliis (Roger Bacon, *Summulae dialectices*, ed. de Libera, S. 172).

und erscheint insofern als typisches Werk aus dem Artistenmilieu. Nicht weniger typisch für die literarische Produktion der Artisten ist die *Summa de sophismatibus et distinctionibus*, die ein Genre der logischen Schriften repräsentiert, das an der Pariser Artes-Fakultät dieser Zeit florierte: Die *Distinctiones sophismatum*, also Zusammenstellungen und Systematisierungen der Regeln der *Sophismata*. Freilich hat der Inhalt dieses Werks durchaus etwas mit ‚Sprachpragmatik' zu tun, wenn Bacon über die ‚Indikatoren' und ‚Kontexte' von Äußerungen nachdenkt, mittels derer der Hörer versucht, auf die Intention des Sprechers zu schließen.[267] Aber diese Überlegungen verbleiben freilich, nicht anders als in der modernen Linguistik, rein theoretisch, ohne sich auf konkrete praktische Ziele jenseits des Textes zu beziehen.

Bacons Attitüde gegenüber der Logik ist in seinen späteren Werken grundverschieden. Hier begegnet eine völlige Umgestaltung und Neuorientierung der Logik, die sich gezielt vom Muster der artistischen Schriften entfernt. In seiner *Moralis philosophia* stellt Bacon die Logik – wie zur selben Zeit Brunetto Latini – konsequent in den Dienst der Moralphilosophie.[268] Aus den logischen Werken des Aristoteles seien, so führt Bacon aus, zwei Arten von Argumenten allgemein bekannt: das dialektische und das demonstrative Argument.[269] Diese beiden Argumente der Logik führen zwar zur Erkenntnis der Wahrheit, sind aber vollkommen unbrauchbar, wenn es darum geht, den Einzelnen zum Handeln zu bewegen. Aus diesem Grund fordert Bacon die Verwendung von rhetorischen Argumenten, die zur Persuasion fähig sind. Er beruft sich auf die *Nikomachische Ethik* von Aristoteles, um zu belegen, dass in der Moralphilosophie nicht demonstrative, sondern rhetorische Argumente zum Einsatz kommen sollen.[270] Das Entscheidende ist nun, dass Bacon die Einteilung des Triviums, wie sie an der Artes-Fakultät etabliert ist, ablehnt und stattdessen die Rhetorik als *Teil der Logik* definiert. In den *Communia mathematica* führt er dies näher aus: „Die Rhetorik, die die Formulierung rhetorischer Argumente

---

267   de Libera, „Roger Bacon et la logique", S. 106–109.

268   Georg Wieland, „Ethik und Metaphysik. Bemerkungen zur Moralphilosophie Roger Bacons", in: *Virtus Politica*, hg. von Joseph Möller et al., Stuttgart 1974, S. 147–173; Florian Uhl, „Roger Bacon: Die Wissenschaften als Weg zu Nutzen und Heil – Über Grammatik, *Scientia Experimentalis* und Moralphilosophie", in: Uhl (Hg.), *Roger Bacon in der Diskussion*, Bd. 2, S. 257–277; Jeremiah Hackett, „Epilogue: Roger Bacon's Moral Science", in: Hackett (Hg.), *Roger Bacon and the Sciences*, S. 405–410; Jeremiah Hackett, „Roger Bacon on Rhetoric and Poetics", in: Hackett (Hg.), *Roger Bacon and the Sciences*, S. 133–149.

269   Duo vero sunt argumenta nota propter libros Aristotelis de hiis vulgatos, scilicet dialecticum et demonstrativum (Roger Bacon, *Moralis Philosophia*, ed. Eugenio Massa, Zürich 1953, S. 250).

270   Unde Aristoteles primo Ethice vult quod moralis sciencia non habeat uti demonstracione, set retorico argumento (Roger Bacon, *Moralis Philosophia*, ed. Massa, S. 250).

lehrt, ist nämlich ein Teil der Logik, wie aus dem Gesagten hervorgeht. [...]
und darum irrt die Menge gewaltig, wenn sie die Rhetorik von der Logik und
der Grammatik in der Einteilung unterscheidet".[271] Die *sciencia sermocinalis*
ist daher für Bacon nur in *gramatica* und *logica* unterteilt.[272]

Doch neben der Rhetorik hat Bacon noch eine zweite Disziplin, die er in
diesem Zusammenhang besonders hervorhebt und die er ebenfalls in die
Logik eingliedert: die Poetik, die ihrerseits ein spezifisches Argument bereitstellt, nämlich das poetische Argument.[273] Man sieht, wie Bacon mit dem dialektischen, demonstrativen, rhetorischen und poetischen Argument eine ganz
eigene Typologie der Argumente erstellt, die er aber allesamt *innerhalb der
Logik* situiert.[274] Wie Bacon festhält, ist das poetische Argument nützlicher als
alle anderen Argumente und unbedingt notwendig, weil es die Menschen in
besonderem Maße zur Tugend anleitet und zum Handeln bewegt: „Ich habe in
der *Metaphysik* gezeigt, dass diese Art des Arguments notwendig ist und dass
die Lehre davon innerhalb der Logik gegeben werden muss. Und dieses Argument ist nützlicher als alle anderen, weil es der Seele Heil bringt und sie zu
Tugend und Glück führt, von Lastern aber abhält".[275] Vom dialektischen und
demonstrativen Argument ist das poetische insofern verschieden, als es – wie
Bacon unter Berufung auf Avicenna betont – nicht mit der Unterscheidung
zwischen wahr und falsch zu tun hat (*non curat de veritate proposicionum nec
de falsitate*); denn es bewegt nicht den spekulativen, sondern den praktischen
Intellekt.[276] Indem das poetische Argument aber zum Handeln und zum
Guten führt (*ad faciendum inducit et ordinat ad bonum hominis completum*)
konstituiert es das Ziel der Logik (*finalis logicae*), auf welches alle anderen
Argumente ausgerichtet sind.[277] Die Logik steht damit im Dienst der Moral-

---

271   Rhetorica enim docens composicionem argumenti rhetorici est pars Logice, ut patuir in
       predictis. [...] et ideo multum errrat vulgus quando ponit Rhetoricam in divisione contra
       Logicam et Gramaticam (Roger Bacon, *Communia mathematica*, ed. Steele, S. 64).
272   Roger Bacon, *Communia mathematica*, ed. Steele, S. 64.
273   Similiter Poetica, docens argumentum poeticum, est pars Logice (Roger Bacon, *Communia
       mathematica*, ed. Steele, S. 64).
274   Sunt enim hec quatuor tantum argumenta veridica de quibus est logica, ut libri Aristotilis
       docent et aliorum (Roger Bacon, *Communia mathematica*, ed. Steele, S. 18).
275   Ceterum demonstravi in Metaphysicis quod hoc genus arguendi est necessarium, et quod
       sciencia debet de eo constitui in logica, et quod argumentum hoc est utilius omni argu-
       mento cum feratur in anime salutem et circa virtutes et felicitatem, et ut vicia declinentur
       (Roger Bacon, *Communia mathematica*, ed. Steele, S. 17).
276   Et secundum quod docet Avicenna in Logica sua, hoc argumentum non curat de veritate
       proposicionum nec de falsitate, quia non movet intellectum speculativum, set practicum,
       ut manifestum est (Roger Bacon, *Moralis Philosophia*, ed. Massa, S. 258).
277   Roger Bacon, *Communia mathematica*, ed. Steele, S. 18.

philosophie und findet ihren leitenden Zweck im Bereich der menschlichen Handlungen. Ein ‚reiner Logiker', der sich nur mit *demonstrationes* beschäftigt, um wahre von falschen Propositionen zu unterscheiden, kann daher für Bacon in der Logik nichts Wertvolles leisten: *„Et ideo nichil dignum potest purus logicus in logicalibus pertractare"*!

Von Bacon früherer Definition der Logik als Wissenschaft, die zwischen wahr und falsch unterscheidet, ist hier nicht mehr viel zu spüren. Die selbstreferentielle Logik, welche die Artisten betrieben und die Bacon selbst einst propagiert hatte, ist hier in ein grundlegend nützliches Konzept transformiert, dessen Ziel im praktischen Leben liegt. Die Logik ist, mit anderen Worten, neu finalisiert. Mit seinem Interesse an Poetik und an der Möglichkeit, über die poetische Gestaltung von Sprache ‚Argumente' zu produzieren, die außerhalb der Wissenschaft eine Wirkung entfalten und zur Veränderung von Missständen beitragen können, erinnert Bacons Konzept an jenes des Johannes de Garlandia, der ebenfalls mittels der Dichtung die Verhältnisse der Gesellschaft beeinflussen wollte und deshalb die Poetik als Disziplin im Curriculum der Artes-Fakultät propagierte.[278] Der performative Aspekt, der in Bacons sprachpragmatischen Interessen zum Tragen kommt, hat aber in seinem Konzept noch eine weitere Dimension, die hier von Interesse ist. Über seinen auf Persuasion zielenden Ansatz schafft Bacon es schließlich, ebenso die mathematische Musiktheorie auf eine nützliche Anwendung in der sprachlichen und gestischen Performanz auszurichten. Denn der Musiktheorie kommt es für Bacon zu, die mathematischen *causae* und *rationes* des Metrums und des Rhythmus zu liefern, die der sprachlichen Deklamation zugrundeliegen.[279] Zur verbalen Sprache müssen idealerweise jedoch angemessene Gesten und Körperhaltungen treten, welche die Artikulation des Arguments verstärken. Insofern sich die Gesten und Bewegungen dabei an der Struktur des sprachlichen Vortrags orientieren, liegen der Performanz insgesamt musikalische Strukturen zugrunde, deren Kenntnis für eine erfolgreiche Persuasion wichtig ist.[280] Es wird hieran deutlich, dass Bacon bestrebt ist, auch die Musiktheorie

---

278 Siehe oben Kap. 5.1.

279 Docetur igitur composicio hujus argumenti per omnis sermonis prosaici eleganciam et per omnia metrorum et rithmorum genera, sed hec pertinent ad musicam, ut prius est habitum et exponetur inferius. Quapropter hic liber logice non potest intelligi nec doceri sine beneficio musice cujus est causas et raciones prose metrorum et rithmorum dare (Roger Bacon, *Communia mathematica*, ed. Steele, S. 17f).

280 Rosier-Catach, „Roger Bacon and Grammar", S. 101; Florian Uhl, „Scientia und utilitas. Zur praktischen Rechtfertigung der Wissenschaften bei Roger Bacon", in: *Entwicklungslinien mittelalterlicher Philosophie*, hg. von Gerhard Leibold/Winfried Löffler, Bd. 2, Wien 1999, S. 87–106, S. 93.

in seine pragmatische Konzeption einzulesen, die auf eine nützliche Wirkung der ,logischen' Argumente zielt. In jedem Fall scheint diese Erklärung, die den Kontext des Bacon'schen Programms in Betracht zieht, in mancher Hinsicht plausibler als die Deutung des Musikwissenschaftlers Hermann Müller, der Bacons Kombination von musikalischen und gestischen Aspekten in einem Beitrag von 1922 als „sehnsüchtigen Blick nach dem Gesamtkunstwerk der Zukunft" bezeichnete.[281]

Signifikant für Bacons Konzeption der Logik ist ihre Indienstnahme für die Moralphilosophie. Die logischen Argumente sollen zu guten Handlungen bewegen, den Einzelnen moralisch bessern und damit die tugendorientierte Organisation der *res publica* befördern. Doch ist die Subordination der Logik (und mit ihr der Rhetorik und Poetik) unter die Ethik bei Bacon kein singuläres Phänomen; die gesamte Wissenschaftseinteilung Bacons läuft teleologisch auf die Moralphilosophie zu, welche die höchste philosophische Disziplin darstellt und alle anderen für sich einspannt.[282] Das *Opus maius* steuert systematisch auf die Ethik zu, die im letzten Kapitel ausführlich behandelt wird und als Telos der übrigen Wissensgebiete, der sprachlichen Disziplinen, der Mathematik und der Naturphilosophie, erscheint: *„moralis philosophia est finis omnium parcium philosophie"*.[283] Es zeigt sich daran deutlich, dass Bacons Wissenschaftsklassifikation, nicht weniger als die Brunetto Latinis, die epistemische Ordnung der Artistenfakultät auf den Kopf stellt. Nicht abstrakte Theorie, sondern die praktische Philosophie steht an der Spitze des Systems, worin sich die gesamte Hinordnung der philosophischen Disziplinen auf ,Nützlichkeit' augenfällig manifestiert. Die zentralen Schlüsselbegriffe dieser Konzeption sind *utilitas* und *finis*.[284]

281 Hermann Müller, „Zur Musikauffasung des dreizehnten Jahrhunderts", in: *Archiv für Musikwissenschaft* 4 (1922), S. 405–412, S. 407.

282 Hackett, „Roger Bacon's Moral Science"; Uhl, „Scientia und Utilitas", S. 101ff; König-Pralong, *Le bon usage des savoirs*, S. 151f.

283 Roger Bacon, *Moralis philosophia*, ed. Massa, S. 4; Bacon ordnet der Moralphilosophie explizit auch die Metaphysik unter, die Radulphus Brito an der Artes-Fakultät nicht müde wird, als höchste aller Disziplinen zu präsentieren; Bacon hält fest: Et per hec continuatur methaphisica cum morali et descendit in eam, sicut in finem suum (Roger Bacon, Moralis *Philosophia*, ed. Massa, S. 9); dazu Wieland, „Ethik und Metaphysik".

284 Haec enim est finis omnium, et domina et regina. Nec potest utilitas alicujus esse nisi respectu istius scientiae; quia ea, quae sunt ad finem, non habent utilitatem suam nisi a fine. In se enim vana sunt et inutilia. Quoniam igitur, ut Aristoteles docet secundo Physicorum, finis imponit necessitatem in eis quae sunt ad finem; nam utilitas eorum est a fine, nec potest utilitas aliarum scientiarum cognosci nisi per hanc (Roger Bacon, *Opus tertium*, ed. Brewer, S. 53).

Doch das Entscheidende ist hier freilich nicht allein die Positionierung der Moralphilosophie; der Unterschied zur Artes-Fakultät zeigt sich zudem besonders in der inhaltlichen Gestaltung der Moralphilosophie und der damit verbundenen Rezeption der *Nikomachischen Ethik* des Aristoteles. Während die Artes-Magister in ihren Kommentaren *allgemeine Fragen* diskutierten, die der aristotelische Text aufwarf, ohne sie ins Konkrete zu wenden,[285] mithin also eine theoretische Ethik betrieben, stellt Bacon der spekulativen Betrachtung der Moralphilosophie dezidiert eine praktische an die Seite. Das Verhältnis zwischen den beiden Bereichen vergleicht er mit dem von theoretischer und praktischer Medizin: Während die theoretische Seite der Ethik von der Wahrheit über die Moral handelt, geht es im praktischen Teil um konkrete Anwendung und moralische Persuasion, ganz so wie die praktische Medizin die Wiederherstellung der Gesundheit erstrebt und dabei von der Theorie profitiert, die lehrt, was Gesundheit ist.[286]

Die Grundstruktur der beiden Seiten setzt Bacon in seiner *Moralis philosophia* um. Zu den Tugenden und Lastern im Allgemeinen (*in universali*) möchte er sich äußern, diese jedoch sodann, wie er vorgibt, auf die Einzelheiten (*ad particularia*) beziehen.[287] Weite Strecken der *Moralis philosophia* sind praktischen Aspekten gewidmet, wie etwa der dritte Teil, der den größten Abschnitt des Werks ausmacht und den Jeremiah Hackett als „moralisches Handbuch für den Fürsten und Prälaten" bezeichnet.[288] Zu den Hauptquellen dieser Ausführungen gehören die *Nikomachische Ethik* von Aristoteles sowie Werke von Seneca und Cicero. Indem die *Nikomachische Ethik* hier in einem Zusammenhang rezipiert wird, der auf die Explikation der ‚praktischen Moral' und damit auf eine nützliche Anwendung des ethischen Wissens abzielt, handelt es sich um eine Form der Rezeption, wie sie an der Artes-Fakultät gerade nicht begegnet. Doch neben den vielen Überlegungen über das moralisch gute Leben des Einzelnen erfüllt die Moralphilosophie für Bacon auch eine wichtige politische Funktion. Sie wird daher, wie Bacon festhält, von Aristoteles und anderen als *„civilis scientia"* bezeichnet, weil sie von den Gesetzen des Zusammenlebens handelt.[289] Im kurzen zweiten Teil der *Moralis philosophia* kommt

---

285   Siehe oben Kap. 3.4.

286   Roger Bacon, *Moralis philosophia*, ed. Massa, S. 248; Hackett, „Roger Bacon's Moral Science", S. 406.

287   Et primo in universali quedam recitabo circa virtutes et vicia, secundo ad particularia declinabo (Roger Bacon, *Moralis philosophia*, ed. Massa, S. 47).

288   Hackett, „Roger Bacon's Moral Science", S. 407.

289   Hec vero scientia moralis vocatur ab Aristotele et ab aliis civilis scientia, quia iura civium et civitatum demonstrat (Roger Bacon, *Moralis philosophia*, ed. Massa, S. 5f); zu Bacons Ansicht über die Rolle des Philosophen bei der Gesetzgebung siehe auch: Jeremiah

Bacon auf derartige Vorschriften zu sprechen, etwa darüber, wer aus der *civitas* verbannt werden soll: „Und vor allem dass Hurer und Sodomiten aus den Gemeinschaften ausgeschlossen werden, die dem Aufbau der Gemeinschaft entgegenwirken, da sie die Menschen von dem wegführen, was in Gemeinschaften wichtig ist, nämlich der Ehe".[290]

In diesem politischen Teil der *Moralis Philosophia*, in dessen restlichen Abschnitten er knappe Vorgaben für die Gestaltung einer gerechten Gemeinschaft macht, äußert Bacon schließlich auch seine Ansicht über den Beitrag des Einzelnen zum Wohl des sozialen Ganzen, die für seine Selbstverortung aufschlussreich ist: „[Dies wird getan] damit niemand in der Gemeinschaft unnütz sei; vielmehr sollte jeder eine lobenswerte Funktion haben, so dass die Gemeinschaft von jedem Einzelnen einen Nutzen hat".[291] Wenn jeder Einzelne mit seiner Tätigkeit für das politische Gemeinwesen nützlich sein, also einen sozialen Nutzen haben soll – eine Anschauung, die in der Stadtkultur vorherrschte[292] –, dann musste freilich auch der Gelehrte seinen Beitrag leisten. Bacons nützliche Philosophie tritt an, um dieser Forderung nachzukommen.

5.4.2.2   Praktische Mathematik und nützliche ‚Spiegel' aller Art
Im Vorausgehenden wurden bereits einige Aspekte von Bacons Konzept einer praxisbezogenen Wissenschaft beleuchtet. Den sprachlichen Fächern der Grammatik und der Logik, die an der Artes-Fakultät eine dominante Stellung einnahmen, gab Bacon eine gänzlich neue Form: Statt der spekulativen Grammatik und der auf Wahrheit zielenden demonstrativen Logik der Universitätsphilosophie entwirft Bacon einen Ansatz, der auf Spracherwerb und Pragmatik zielt. Die Moralphilosophie schließlich steht an der Spitze seines Systems und begegnet in Form einer praktischen Morallehre, die der theoretischen Ethik der Artisten entgegensteht. Im Folgenden sollen noch einige ausgewählte Beispiele besprochen werden, die für Bacons praktisches Wissenskonzept signifikant sind, bevor zu dessen Erklärung und Einordnung fortgeschritten wird. Auch bei diesen Beispielen interessiert, wie schon zuvor, vor allem Bacons Bezugnahme auf *außerwissenschaftliche* Zwecke, ohne dass dabei die zentrale

---

Hackett, „Practical Wisdom and Happiness in the Moral Philosophy of Roger Bacon", in: *Medioevo* 12 (1986), S. 55–109, S. 70.

290   [...] et precipue quod a civitatibus excludantur fornicatores et sodomite, qui inducunt contrarium constructioni civitatis, quoniam retrahunt homines ab eo quod melius est in civitatibus, scilicet conjugio (Roger Bacon, *Moralis philosophia*, ed. Massa, S. 39).

291   Ad hoc ut nullus sit in civitate inutilis, quin habeat aliquem statum laudabilem, sed ut ab unoquoque proveniat utilitas civitati (Roger Bacon, *Moralis Philosophia*, ed. Massa, S. 39f).

292   Siehe oben Kap. 4.4.

Rolle geleugnet werden soll, welche der Nutzen der Philosophie für die Theologie bei Bacon spielt.

Die Aspekte, die im Folgenden besprochen werden, betreffen vor allem die Applikation der Mathematik, anschließend Bacons ‚Fürstenspiegel', d.h. seine Bearbeitung des *Secretum Secretorum*. Mit dem Zustand der Mathematik ist Bacon ganz und gar unzufrieden, prangert er doch die Verwendung zahlreicher überflüssiger Demonstrationen an.[293] Die wenigsten von denen, die sich mit Mathematik beschäftigen, gelangen dabei zu irgendetwas Nützlichem, sei es in den anderen Wissenschaften, sei es in den Dingen der Welt, die zu erfassen sind.[294] Denn jeder *conclusio*, zu der man gelangt, werden viele unnötige *demonstrationes* hinzugefügt, weil man die *demonstratio* für unverzichtbar hält, um zu Wissen zu gelangen.[295] Diese Polemik sollte nicht dahingehend missverstanden werden, dass Bacon eine theoretische Beschäftigung mit Mathematik grundsätzlich ablehnt. Was ihn vielmehr stört, ist, dass dies nicht zu „irgendetwas Nützlichem" (*ad aliquam utilitatem*) führt. Auf die gleiche Weise hatte Bacon das Existenzrecht der dialektischen und demonstrativen Argumente der Logik nicht prinzipiell bestritten, sondern nur gefordert, dass sie um rhetorische und poetische Argumente ergänzt und damit in ein praxisbezogenes Konzept eingebunden werden. Die theoretischen Bereiche des Quadriviums, wie sie an der Artes-Fakultät allein beachtet wurden, wenn man sich dort überhaupt mit Mathematik befasste,[296] haben in Bacons Programm insofern ebenfalls ihren Platz. Doch müssen auch sie, wie schon an der mathematischen Musiktheorie deutlich wurde, einen konkreten Nutzen aufweisen. Die fundamentale Praxisorientierung von Bacons Gesamtkonzept hat freilich zur Folge, dass Bacon den praktischen Disziplinen des Quadriviums, für die man sich an der Universität wenig interessierte,[297] besondere Aufmerksamkeit schenkt.

Die praktische Geometrie etwa ist für Bacon von außerordentlichem Nutzen. Sie dient der Konstruktion verschiedener Objekte und ist zudem besonders für Bauarbeiten im städtischen Bereich in hohem Maße nützlich. So schreibt Bacon: „Dieses Abmessen ist jedoch notwendig um Häuser und Städte zu errichten und Felder abzustecken und andere städtische Dinge zu

---

293   Georg Molland, „Roger Bacon's Knowledge of Mathematics", in: Hackett (Hg.), *Roger Bacon and the Sciences*, S. 151–174.

294   [...] et ideo paucissimi illorum qui sic studuerunt devenerunt ad aliquam utilitatem in scienciis aliis nec in rebus mundi cognoscendis (Roger Bacon, *Communia mathematica*, ed. Steele, S. 121).

295   Roger Bacon, *Communca mathematica*, ed. Steele, S. 121.

296   Zum Primat der Theorie in der Mathematik der Artistenfakultät siehe Kap. 3.4.1.

297   Siehe dazu oben Kap. 3.2.

vermessen [...]. Und viertens für das Bauen von Kanälen und Wasserleitungen und großartigen Brücken und Schiffen und Instrumenten der Schiffahrt und solchen, um unter Wasser zu bleiben. Und fünftens für das Herstellen von wunderbar nützlichen Instrumenten".[298] Es sei daran erinnert, wie man an der Artes-Fakultät die Beschäftigung mit Objekten der Architektur explizit mit der Begründung ablehnte, sich nur mit Größen *„in universali"* befassen zu wollen. Die praktische Geometrie, deren Nutzen nicht zuletzt im Städtebau liegt, spielte an der Artes-Fakultät, wo man die spekulative Geometrie Euklids las, keine Rolle.

Die Konstruktion diverser nützlicher Instrumente und Geräte war ein Projekt, das Bacon immer wieder beschäftigte. Berühmt sind seine Überlegungen zur Herstellung von Schiffen ohne Ruder, Wagen ohne Tiere oder Flugmaschinen.[299] Besonderes Interesse aber hatte Bacon an der Konstruktion von ‚wunderbaren Spiegeln', die verschiedenen praktischen Zwecken dienen. Zu ihrer Anfertigung wird die Disziplin der Optik benötigt. Roger Bacon kommt das Verdienst zu, die Optik auf der Grundlage verschiedener Quellen, besonders Traktate arabischer Autoren, als wissenschaftliche Disziplin im lateinischen Westen systematisiert und konzeptualisiert zu haben.[300] Alle späteren Arbeiten zur Optik im Mittelalter bauen auf Bacons Ergebnissen auf. Seine *Perspectiva*, der fünfte Teil des *Opus maius*, besteht daher zunächst über weite Strecken aus selbstreferentiellen Erörterungen perspektivischer Theorie, die zu dieser Systematisierung notwendig waren. Doch würde es Bacons Ansatz diametral widersprechen, wenn diese Ausführungen nicht auch auf externe Ziele gerichtet wären. Freilich, in der akribischen theoretischen Arbeit und der wissenschaftlichen Leistung, die Bacon hier vollbringt, zeigen sich seine Ambitionen als Naturphilosoph und sein wissenschaftlicher Enthusiasmus, die bei Bacon ungebrochen fortbestehen, in eindrücklicher Weise; aber im Gegensatz zu den

---

298　Hec autem mensura est necessaria domibus et civitatibus constituendis, et agris distinguendis, et aliis rebus civilibus mensurandis [...]. Et pars quarta est in fabricatione canalium et conductuum aquarum, et pontium ingeniosorum, et navium, et instrumentorum natandi, et permanendi sub aquis. Et quinta est de fabricatione instrumentorum utilitatis mirabiliter excellentis (Roger Bacon, *Communia mathematica*, ed. Steele, S. 43).

299　Georg Molland, „Roger Bacon und die hermetische Tradition in der mittelalterlichen Wissenschaft", in: Uhl (Hg.), *Roger Bacon in der Diskussion*, Bd. 2, S. 229–256, S. 241.

300　David Lindberg, *Roger Bacon and the Origins of Perspectiva in the Middle Ages. A Critical Edition and English Translation of Bacon's Perspectiva with Introduction and Notes*, Oxford 1996; David Lindberg, „Roger Bacon on Light, Vision, and the Universal Emanation of Force", in: Hackett (Hg.), *Roger Bacon and the Sciences*, S. 243–275; David Lindberg, „Roger Bacon and the Origins of Perspectiva in the West", in: *Mathematics and its Applications to Science and Natural Philosophy in the Middle Ages: Essays in Honor of Marshall Clagett*, hg. von Edward Grant/John E. Murdoch, Cambridge 1987, S. 249–268.

Inhalten der Aristoteles-Kommentare aus den 1240er Jahren muss das hier explizierte naturphilosophische Wissen schließlich auch für wissenschaftsexterne Bereiche nützlich sein.

Nachdem Bacon schon zu Beginn der *Perspectiva* den Wert dieser Wissenschaft emphatisch betont, etwa indem er darauf hinweist, dass es wohl kaum eine separate Wissenschaft der Optik gäbe, wenn sie nicht von außerordentlichem Nutzen wäre,[301] kommt er im Verlauf des Traktats auf konkrete Beispiele zu sprechen. Von einem konvexen Glas schreibt er: „Dieses Instrument ist somit nützlich für Alte und solche, die schwache Augen haben, da sie damit Buchstaben, so klein sie auch sein mögen, in ausreichender Größe sehen können".[302] Und zur möglichen Verwendung von Spiegeln im militärischen Bereich bemerkt er: „Ebenso können Spiegel an einem hoch gelegenen Ort, gegenüber den feindlichen Städten und Heeren aufgestellt werden, so dass man alle Dinge, die die Feinde tun, sehen würde".[303] Der Nutzen der Wissenschaft für militärische Zwecke ist ein Punkt, auf den Bacon mehrfach zu sprechen kommt. Durch spezifische Spiegel, welche mit Hilfe der Perspektive hergestellt werden, können, so verspricht Bacon, optische Täuschungen produziert werden, die feindliche Städte und Armeen in unendlichen Schrecken versetzen.[304]

Doch der Nutzen der Spiegel erschöpft sich nicht im militärischen Bereich; auch die Bündelung kosmischer Strahlen hält Bacon durch solche Spiegel für möglich. Um die heilsame Wirkung dieses Sternenlichts, das zu einer erheblichen Verlängerung des Lebens beitragen kann, für den Menschen nutzbar zu machen, ist jedoch die Kombination verschiedener *artes* nötig. Während zur Herstellung der Spiegel die Perspektive und die praktische Geometrie notwendig sind, muss das Aufgehen günstiger Sterne durch die Astronomie bestimmt werden. Auf dieses Weise setzt Bacon ein effizientes Zusammenwirken der mathematischen Disziplinen ins Werk: Der Experimentator „weist den Astronomen an, das zukünftige Aufgehen förderlicher Sterne über dem Horizont und den Niedergang schädlicher Sterne zu dieser Zeit auszumachen und er

---

301 Etiam nisi valde esset utile et multas et preclaras habeat veritates, non debet scientia separata constitui [...] (Roger Bacon, *Perspectiva*, ed. David Lindberg, Oxford 1996, S. 4).

302 Et ideo hoc instrumentum est utile senibus et habentibus oculos debiles, nam litteram quantumcunque parvam possunt videre in sufficienti magnitudine (Roger Bacon, *Perspectiva*, ed. Lindberg, S. 318).

303 Similiter possent specula erigi in alto contra civitates contrarias et exercitus, ut omnia que fierent ab inimicis viderentur (Roger Bacon, *Perspectiva*, ed. Lindberg, S. 332).

304 Nam sic possunt figurari perspicua specula, ut unum appareat multa, et unus homo exercitus, et plures et quot volumus soles et lunae appareant. [...] Et sic omni civitati, et exercitui contrario, possent fieri terrores infiniti (Roger Bacon, *Epistola de secretis operibus artis naturae*, ed. John S. Brewer, *Fr. Rogeri Bacon Opera quaedam hactenus inedita*, Bd. 1, London 1859, S. 534).

bittet den Perspektivisten, dass er mit Hilfe der Geometrie Instrumente anfer-
tigt, welche die Strahlen bündeln, in die der richtig disponierte Körper gestellt
wird, so dass, nachdem er die wunderbaren Wirkungen der Sterne empfangen
hat [...], das Leben auf wundersame Weise verlängert wird".[305] Die Wirksamkeit dieser kombinierten mathematischen *artes*, für die er selbst als Experte
auftritt, preist Bacon in den höchsten Tönen. So verspricht er schließlich, dass
durch diese Methode effektive Hilfsmittel nicht nur gegen Krankheit, Pest und
Hungersnot zur Verfügung stehen, sondern sogar gegen alle Übel der *res publica* und des Einzelnen.[306]

Wie dieses bezeichnende Beispiel zeigt, glaubte Bacon nicht nur an den
praktischen Nutzen der Geometrie und Perspektive, sondern war auch um
eine Applikation der Astronomie/Astrologie höchst bemüht. Eine Darstellung
von Bacons Behandlung der säkularen Disziplinen im Allgemeinen und der
mathematischen *artes* im Besonderen würde gänzlich unvollständig bleiben,
wenn sie nicht die zentrale Rolle in den Blick nähme, welche die Astronomie
in Bacons Konzept spielt. Für kaum eine andere Disziplin hat Bacon so emphatisch geworben. Eine vollständige Präsentation von Bacons umfassender
Funktionalisierung der Astronomie für inner- und außerwissenschaftliche
Zwecke kann an dieser Stelle nicht geleistet werden, ist aber auch hier nicht
notwendig.[307] Es wird genügen, sich auf wenige Bemerkungen beschränken,
wobei aber die unmittelbar praktische sowie die politische Dimension herausgestellt wird, die Bacons Applikation dieser Disziplin zukommt. Denn zu
der Frage, wie die Astronomie dem Gemeinwohl und den Zielen der Politik
und des Einzelnen dienen kann, hat Bacon sich ausführlich geäußert. Ein
astronomus peritus ist in der Lage, durch Beobachtung der Himmel Aussagen
über zukünftige Dinge zu machen, welche die *regna* und *civitates* betreffen,
wobei es leichter ist, ein Urteil über die Gemeinschaft als über Einzelpersonen

---

305   [...] iubet astronomo ut ortum stellarum virtuosarum super orizonta de futuro consideret,
      et occasum stellarum prave actionis ad illud tempus, et iubet perspectivo ut cum adiuto-
      rio geometrie fiant instrumenta congregantia radios in quibus ponatur corpus equale, ut,
      postquam receperit virtutes mirificas stellarum, [...] vita mirabiliter prolongetur (Roger
      Bacon, *Liber sex scientiarum*, ed. Andrew G. Little/Edward Withington, *Opera hactenus
      inedita Rogeri Baconi*, Bd. 9, Oxford 1928, S. 184f).

306   [...] et sic contra infirmitates et pestilencias et fames et omnia mala personarum et rei pu-
      blice inveniantur remedia oportuna (Roger Bacon, *Sex scientiarum*, ed. Little/Withington,
      S. 185).

307   Einen Überblick zu Bacons Haltung gegenüber der Astronomie/Astrologie bietet
      Jeremiah Hackett, „Roger Bacon on Astronomy-Astrology: The Sources of the Scientia
      Experimentalis", in: Hackett (Hg.), *Roger Bacon and the Sciences*, S. 175–198; Jeremiah
      Hackett, „Aristotle, Astrologia, and Controversy at the University of Paris".

abzugeben.[308] Die Relativierung hinsichtlich der Einzelperson ist eine Schutz-
maßnahme, da die Behauptung, die Astrologie könne konkrete Einzelheiten
der Zukunft vorhersagen, in Paris besonders umstritten war. Über das Wohl-
ergehen der *res publica* kann der Astrologe aber, wie Bacon betont, zahlreiche
nützliche Urteile abgeben: „Der kompetente Astrologe kann viel Nützliches
sagen über die Sitten und Gesetze, über Sekten, über Kriege und Frieden und
dergleichen Dinge, welche das Gemeinwesen von Städten, Provinzen und Kö-
nigreichen betreffen".[309]

Bacon ist sichtlich darum bemüht, den Nutzen der Astronomie/Astrologie
so konkret wie möglich zu präsentieren, dabei aber die heikle Behauptung zu
vermeiden, dass die Zukunft bis in konkrete Einzelheiten hinein vorhergesagt
werden könne. Es ist bezeichnend, wie Bacon durch subtile Unterscheidungen
versucht, dennoch die Möglichkeit genauer Urteile über die Angelegenheiten
der *res publica* zu bieten: „Und wo man kein derartiges Urteil fällen kann, wird
man jedoch leicht ein allgemeines, oder sagen wir: mittleres Urteil zwischen
dem Allgemeinen und dem Konkreten bekommen können. Durch ein solches
allgemeines Urteil, so gut es möglich ist, über öffentliche Personen, wie den
Fürsten oder einen Berater des Fürsten in der Stadt oder der Region, kann man
aber sehr oft auch ein partikulares Urteil über die Angelegenheiten der Gemeinschaft erstellen; [...] denn nach dem Urteil des Fürsten werden die Städte und Königreiche regiert".[310] Der Astronom kann daher auf nützliche Weise
über öffentliche Dinge urteilen (*utiliter judicare de factis publicis*) und dadurch
etwa dem Fürsten helfen abzuschätzen, ob ein neues Gesetz auf Widerstand

---

308   Quapropter potest astronomus peritus non solum in naturalibus sed in humanis rebus
       multa considerare de praesenti et futuro et praeterito, et ideo saltem super regna et ci-
       vitates potest judicare per coelestia et secunda coelestium quae per virtutes speciales
       coelorum renovantur, ut sunt cometae et hujusmodi, quia facilius judicium est super
       communitate quam super singulari persona (Roger Bacon, *Opus maius*, ed. Bridges, Bd. 1,
       S. 251).

309   Prudens astrologus potest multa considerare utiliter in hac parte super moribus et legibus
       et sectis et guerris et pace et hujusmodi, quae pertinent ad rempublicam civitatum, pro-
       vinciarum, et regnorum (Roger Bacon, *Opus maius*, ed. Bridges, Bd. 1, S. 251).

310   Et in quibus non potest habere hujusmodi judicium, habebit de facili judicium universale,
       aut medium inter universale et particulare; per judicium tamen universale et secundum
       quod possibile est de persona publica, ut principe et consiliario principis in civitate vel
       regione potest saepius habere judicium particulare de factis reipublicae; quia, ut dictum
       est, facilius est, judicare de communitate quam de singulari persona, et secundum judi-
       cium principis regulantur civitates et regna (Roger Bacon, *Opus maius*, ed. Bridges, Bd. 1,
       S. 252).

stößt oder sogar zu Kriegen führt, oder ob es auf Wohlwollen bei der Bevölkerung trifft und den Frieden fördert.[311]

Der politische Nutzen der Astronomie/Astrologie liegt für Roger Bacon auf der Hand. Gegenüber der Artes-Fakultät, wo das Hauptinteresse auf der spekulativen Astronomie lag, die den Sphärentraktat des Johannes de Sacrobosco als Textgrundlage hatte, widmete Bacon gezielt auch der Astrologie große Aufmerksamkeit. Die theoretische Astronomie, die von den Sphären, Planeten und Klimazonen handelt, und die Astrologie, in der es um die himmlischen Einflüsse geht, werden von Bacon zwar hinsichtlich ihrer Gegenstände konsequent getrennt, in der Anwendung jedoch eng aufeinander bezogen; erstere bekommt dadurch einen direkten Praxisbezug.

Einen letzten Applikationsbereich der Astronomie/Astrologie und der Mathematik im Allgemeinen sei hier noch angeführt, da er mit einer bemerkenswerten wissenschaftlichen Bemühung Bacons verbunden ist. Roger Bacon war der Ansicht, dass eine möglichst detaillierte Kenntnis der Welt für die Ziele der Kirche und der *res publica* außerordentlich wichtig ist (*locorum mundi cognitionis maxima utilitas est*). Denn für verschiedene Zwecke der *res publica*, und um den Glauben zu predigen, werden Leute an unterschiedliche Orte der Welt geschickt.[312] Bacon ist daher bemüht, Wissen über die Welt zusammenzutragen, wozu er etwa auch die zeitgenössischen Reiseberichte des Wilhelm von Rubruk rezipierte, der im Auftrag Ludwigs IX. Mitte der 1250er Jahre ins Reich der Tataren gereist war.[313] Dass man somit auch am königlichen Hof ein Interesse an Wissen über fremde Teile der Welt hatte, war Bacon nicht entgangen, der dieses Interesse reflektiert: „Daher rekurriere ich auf die Autoren, die persönlich diese Teile der Welt bereist haben. Und vor allem für den Nordosten folge ich dem schon erwähnten Bruder, den ihre Majestät Ludwig, der König von Frankreich, im Jahre 1253 zu den Tartaren sandte. Er reiste durch die Regionen des Ostens und des Nordostens und die angrenzenden Orte in der Mitte der Welt und er berichtete dem berühmten König die Fakten, die ich erwähnt habe. Ich habe sein Buch mit großer Aufmerksamkeit gelesen und mit dem

---

311   Deinde de facili oriuntur aliquando discordiae et dissensiones ad quas sequuntur bella, vel aliquando propter legum honestatem et utilitatem oritur concordia civium et aliorum, et fit pax. Et ideo astronomus peritus potest de facili judicare de hujusmodi negotiis communibus civitatum et regionum, quia non solum per vias proprias eis habeat unde procedat, sed per conditiones personarum, quae principantur (Roger Bacon, *Opus maius*, ed. Bridges, Bd. 1, S. 252f).

312   Nam propter diversas utilitates reipublicae et propter praedicationem fidei mittuntur homines ad loca mundi diversa (Roger Bacon, *Opus maius*, ed. Bridges, Bd. 1, S. 301).

313   Dazu und zum Folgenden: David Woodward/Herbert M. Howe, „Roger Bacon on Geography and Cartography", in: Hackett (Hg.), *Roger Bacon and the Sciences*, S. 199–222.

Autor diskutiert, sowie mit vielen anderen, die diese östlichen und südlichen Orte erforscht haben".[314]

Die Erschließung der Welt beruht für Bacon jedoch nicht allein auf den Erfahrungsberichten der Entdecker; die Systematisierung dieses Wissens muss auf mathematischem Wege erfolgen. Bacon hält fest, dass zunächst die Größe und die Form der Erde sowie die Klimazonen zu bestimmen sind.[315] Da der größte Teil der bewohnbaren Welt den Mathematikern und Philosophen gänzlich unbekannt ist, wie Bacon anprangert, ist eine umfassende Erschließung und Darstellung notwendig. Worauf es hier allerdings nun ankommt und worin die innovative Leistung Bacons besteht, ist die Tatsache, dass er es nicht bei einer verbalen Beschreibung der Regionen der Welt belassen möchte. Um die bewohnbare Erde möglichst exakt zu erfassen, strebt Bacon die Erstellung einer systematischen Karte mit Längen- und Breitengraden an: „Aber da die Klimazonen und die berühmten Städte nicht anschaulich durch Worte wahrgenommen werden können, ist es nötig, dass sie durch eine Zeichnung den Sinnen nahegebracht werden. Zuerst werde ich eine Zeichnung dieses Viertels mit seinen Klimazonen erstellen und ich werde die berühmten Städte in ihren Orten einzeichnen, mit ihrer jeweiligen Distanz zum Äquator, welche die Breite der Stadt oder Region genannt wird. Und ebenso mit der Distanz von Westen und Osten, welche die Länge der Region genannt wird. [...] Diese Methode ist besser und einfacher als andere und sie dient dazu, die Orte der Welt in diesem anschaulichen Schema zu erfassen".[316]

Bacon geht dann noch weiter darauf ein, wie eine solche Karte mit einem Koordinatensystem erstellt werden kann. David Woodward und Herbert M.

---

314   Propter quod recurram ad eos qui loca hujus mundi pro magna parte peragrati sunt. Et maxime in regionibus aquilonaribus sequar fratrem praedictum, quem dominus rex Franciae Lodovicus misit ad Tartaros anno domini 1253, qui perlustravit regiones orientis et aquilonis et loca in medio mundi his annexa, et scripsit haec praedicta illustri regi; quem librum diligenter vidi, et cum ejus auctore contuli, et similiter cum multis aliis, qui loca orientis et meridiana rimati sunt (Roger Bacon, *Opus maius*, ed. Bridges, Bd. 1, S. 305).

315   Ut hoc autem certius planiusque videatur quod intendimus, necesse est considerare quae sit diversitas regionum mundi, et quomodo eadem regio in diversis temporibus variatur, et quomodo res diversae ejusdem regionis diversas recipiunt passiones in eodem tempore. Sed haec sciri non possunt, nisi quantitatem et figuram habitabilis terrae et climata ejus distinguamus (Roger Bacon, *Opus maius*, ed. Bridges, Bd. 1, S. 288).

316   Et quoniam haec climata et civitates famosae in eis non possunt evidenter percipi sermone, oportet quod figura sensui ministretur. Primo igitur figuram hujus quartae cum climatibus suis ponam, et signabo civitates famosas in locis suis per distantiam earum ab aequinoctiali, quae vocatur latitudo civitatis vel regionis; et per distantiam ab occidente vel oriente, quae longitudo regionis vocatur. [...] Hic autem modus melior est et facilior, et sufficit considerationi locorum mundi in hujusmodi figuratione sensibili (Roger Bacon, *Opus maius*, ed. Bridges, Bd. 1, S. 295f).

Howe haben auf den innovativen und modernen Charakter von Bacons System zur Erstellung von Karten mit Koordinaten hingewiesen.[317] Doch stieß Bacon bei seinem Vorhaben auch auf Schwierigkeiten. Er betont, dass noch keine Sicherheit für die Längen- und Breitengrade der Städte und Regionen gegeben werden kann, weil diese bei den Lateinern noch nicht ausreichend erschlossen seien. Und daraufhin erfolgt erneut ein Appell, sein Vorhaben finanziell zu fördern: „Und sie [die Längen- und Breitengrade] werden niemals gesichert sein, wenn nicht durch die päpstliche oder kaiserliche Autorität, oder durch die Hilfe eines großen Königs, den Philosophen Unterstützung geboten wird".[318] Im Anschluss an diesen Aufruf beginnt Bacon, den großen Nutzen auszuführen, den die Kenntnis der Orte der Welt für die Ziele der Kirche und der *res publica* hat, etwa für die Bekehrung oder Bekämpfung der Ungläubigen, oder um die Lateiner vor den Gefahren zu bewahren, die ihnen in fremden Regionen drohen, wenn sie nicht wissen, wann sie im Gebiet der Sarazenen oder Tartaren, wann im Gebiet von friedlichen Menschen sind. Für alle diese Dinge ist ‚Erdkunde' unbedingt notwendig (*cognitio locorum mundi valde necessaria est*).[319]

Bacons Versuch, vom Papst – an den sich der Appell des *Opus maius* ja primär richtet (wenngleich Bacon zweifellos auch an andere Rezipienten dachte, die sein Text finden würde) – finanzielle Unterstützung seiner wissenschaftlichen Projekte zu erlangen, war bekanntlich erfolglos. Clemens IV. starb, kurz nachdem Bacon seine Werke nach Rom gesandt hatte. Es ist für seine Gesamthaltung aber bezeichnend, dass Bacon es dabei nicht beließ, sondern weitere Schriften verfasste, die für externe Rezipienten bestimmt waren und in denen er als Experte des von ihm verwalteten Wissens auftritt. Ein Text ist in diesem Zusammenhang besonders interessant, da hier mit guten Gründen davon ausgegangen werden kann, dass Bacon sich damit an einen zeitgenössischen Fürsten wandte: seine Bearbeitung und Kommentierung des *Secretum Secretorum*.[320] Das *Secretum* war für Bacon deshalb so interessant, weil er es für ein authentisches Werk von Aristoteles hielt, in dem der Philosoph Ratschlä-

---

317 Woodward/Howe, „Roger Bacon on Geography and Cartography", S. 215.

318 [...] nec unquam certificabuntur nisi per apostolicam auctoritatem vel imperialem, aut per auxilium alicujus regis magni praebentis philosophantibus adjutorium (Roger Bacon, *Opus maius*, ed. Bridges, Bd. 1, S. 300).

319 Roger Bacon, *Opus maius*, ed. Bridges, Bd. 1, S. 301.

320 Roger Bacon, *Secretum Secretorum*, ed. Robert Steele, *Opera hactenus inedita Rogeri Baconi*, Bd. v, Oxford 1920; Steven J. Williams, *The Secret of Secrets. The Scholarly Career of a Pseudo-Aristotelian Text in the Latin Middle Ages*, Ann Arbor 2003; Williams, „Roger Bacon and the Secret of Secrets"; zu Bacons Intention, das *Secretum* an einen Herrscher zu schicken, ebd., S. 380.

ge in verschiedener Hinsicht für Alexander den Großen expliziert. Steven J. Williams hat darauf hingewiesen, dass Bacon sich hier selbst als philosophischen Ratgeber präsentiert und insofern mit der Rolle, die Aristoteles für Alexander spielt, identifiziert.[321] In diesem Sinne fügt sich Bacons Beschäftigung mit dem *Secretum* in sein grundsätzliches Anliegen, als nützlicher Philosophie-Experte in Erscheinung zu treten und anerkannt zu werden.

Ich möchte an dieser Stelle nicht viel zum *Secretum Secretorum* sagen. Einige kurze Hinweise mögen genügen, um zu zeigen, was Bacons Interesse an dieser Schrift ausmacht. Da das *Secretum* zur Gattung der Fürstenspiegel gehört, können Bacons Beschäftigung damit und seine Absicht, es an einen Fürsten zu schicken, als Reaktion auf die steigende Nachfrage nach diesem Textgenre in der politischen Welt gedeutet werden. Die volksprachlichen Versionen von Aegidius Romanus' *De regimine principum*, die im Auftrag weltlicher Herrscher, auch des französischen Königs entstanden, zeigen hinlänglich das Interesse der Politik an dem darin kommunizierten Wissen.[322] Auch Roger Bacon gibt in seinen Anmerkungen zum *Secretum* konkrete Ratschläge, vor allem zu politischen, ethischen und diätetischen Aspekten. Seine Bearbeitung des Textes ist gezielt rezipientenorientiert: Er erstellte nicht nur in aufwendigem Verfahren eine ‚Edition‘, also eine revidierte Fassung des Textes, sondern schrieb zudem eine Einleitung, nahm Kapiteleinteilungen vor und fügte dem Werk erläuternde Anmerkungen hinzu.[323] Allein die Tatsache, dass Bacon sich die Mühe einer solchen Edition machte, zeugt von seinem enormen Interesse an dieser Schrift. Dem entspricht es, dass Bacon das *Secretum* in seinen späteren Werken insgesamt außerordentlich häufig zitiert (im Gegensatz zu den frühen Schriften aus den 1240ern, in denen das *Secretum* nicht erscheint).

Die Rolle, die Aristoteles im *Secretum Secretorum* einnahm, bestätigte Bacon sein Konzept des nützlichen Philosophen, welches er für sich reklamierte. Im *Opus maius* beruft er sich auf das *Secretum*, um die Relevanz der Astronomie für den Herrscher zu belegen: „Und weil die Kraft dieser Wissenschaft so umfassend ist, lehrt Aristoteles, der weiseste Philosoph, Alexander im *Secretum Secretorum*, dass er weder speisen, noch trinken, noch irgendetwas anderes tun sollte ohne den Rat eines Astronomen, da es für alles ausgewählte Zeiten gibt".[324] Aristoteles trat im *Secretum Secretorum* als Repräsentant eines

---

321 Williams, „Roger Bacon and the Secret of Secrets", S. 379.

322 Berges, *Fürstenspiegel des hohen und späten Mittelalters*, S. 313–343.

323 Williams, „Roger Bacon and the Secret od Secrets", S. 381f.

324 Et quia tam universalis est potentia istius scientiae, ideo Aristoteles sapientissimus philosophus docet Alexandrum in libro Secretorum, quod nec comedat, nec bibat, nec aliquid faciat sine consilio astronomi, quia tempora electa sunt ad omnia (Roger Bacon, *Opus maius*, ed. Bridges, Bd. 1, S. 390).

unmittelbar praktischen Wissens auf, ganz anders als das Bild, das die Artes-Magister sich von Aristoteles – und der ‚Weisheit' des Philosophen[325] – machten, aber wiederum ganz so, wie Bacon es für sich selbst in Anspruch nahm. Es ist daher nur konsequent, dass Bacon in seinen Anmerkungen zum *Secretum* abermals seine Grundüberzeugung über die Funktion des Einzelnen in der politischen Gemeinschaft artikulierte, welche er schon in der *Moralis philosophia* zum Ausdruck gebracht hatte und hier dem Fürsten als politischen Ratschlag servierte: „[…] dass niemand im Königreich müßig sei, sondern beschäftigt, und dass niemand nutzlos sei, sondern nützlich seinen Ämtern und Werken nachgeht, sei es im Militär, in der Landwirtschaft, in den Handwerken oder im Handel, oder im Rechtswesen und im Bestreben, Recht und Frieden zu erhalten; und schlechte Künste werden aus der Gemeinschaft ausgeschlossen, ebenso Müßiggänger, Räuber und dergleichen".[326]

5.4.3   *Interpretationsgeschichten: Der historische Sinn Roger Bacons*

Die Aspekte und Themen, die im vorausliegenden Unterkapitel beleuchtet wurden, bieten nur eine kleine Auswahl der Facetten, in denen der Gedanke einer nützlichen Wissenschaft bei Roger Bacon begegnet. Besonderes Gewicht wurde auf die unmittelbar praktischen Zwecke der säkularen Disziplinen für die nicht-wissenschaftliche Welt gelegt, um die fundamental fremdreferentielle Orientierung des Bacon'schen Wissenskonzepts zu akzentuieren. Während die philosophie- und theologiegeschichtliche Bacon-Forschung den Schwerpunkt ihres Interesses oftmals auf den Nutzen der Philosophie für die Theologie legt und die politischen und lebenspraktischen Applikationen eher am Rande erwähnt, sollte hier der Fokus bewusst auf diesen Bereich gelegt werden, um den radikalen Praxisbezug der Wissenschaft, den Bacon wie kein anderer Gelehrter artikuliert, hervorzuheben. Die Erklärung, die für Bacons praktische Konzeption der Philosophie formuliert werden soll, wurde weiter oben bereits angedeutet. Bevor sie jedoch konkreter ausgeführt wird, muss zunächst noch einmal ein Blick auf die Frage geworfen werden, welche Sinngebungen Bacons Auffassung vom Nutzen der Philosophie bislang in der Forschung erfahren hat. Welche Interpretationen haben die Sicht auf Bacons Nützlichkeitsbegriff bestimmt und inwieweit kann der hier vertretene Ansatz darüber hinausgehen?

---

325   Zum Weisheitsbegriff der Artes-Magister und dessen Kontrast zu praktischen Wissenskonzepten siehe oben das Kapitel zu Brunetto Latini: Kap. 5.2.1.

326   [...] ut, scilicet, nullus in regno sit ociosus set occupatus, et quod nullus sit inutilis, et utiliter vacet officiis et operibus, vel militaribus vel agriculture vel mechanicis operibus vel mercacionibus vel judiciis et conservacionibus juris et pacis, et artes male excludantur et ociosi et latrones et hujusmodi (Roger Bacon, *Secretum Secretorum*, ed. Steele, S. 148).

Eine maßgebliche Position der Forschung wurde bereits vorgestellt: David Lindberg sah Roger Bacons Apologie des säkularen Wissens als Fortsetzung der augustinischen Tradition, von der Bacon, wie sein Ordensbruder Bonaventura, stark beeinflusst war und deren Ziel darin bestand, die Philosophie den Zwecken der Religion unterzuordnen. Den entscheidenden Faktor sieht Lindberg, auf eine Formel gebracht, im *Einfluss* von Augustinus.[327] Religiöse Motive sind für die Deutung von Bacons Intention verschiedentlich geltend gemacht machten. Ein Gemeinplatz der Forschung besagt etwa, dass es nicht zuletzt die Endzeiterwartung gewesen sei, die Bacon zur Hinwendung zu den Wissenschaften getrieben habe, da diese, wie die Astrologie, helfen konnten, den Weltuntergang und das Kommen des Antichristen zeitlich zu bestimmen und den Kampf gegen letzteren vorzubereiten. Eine derartig religiös inspirierte Nutzbarmachung der Wissenschaft zur Abwehr des Antichristen hat etwa John H. Mundy für Roger Bacon postuliert.[328] Johannes Fried hat in seinem Buch *Aufstieg aus dem Untergang* von 2001 die These vertreten, dass die wissenschaftliche Beschäftigung im Mittelalter wesentlich durch eschatologische Überlegungen, d.h. durch die Erwartung des ‚bald‘ hereinbrechenden Weltuntergangs vorangetrieben worden sei. Auch Roger Bacons Interesse für Optik oder Astronomie stehe in diesem Kontext.[329] In eine vergleichbare Richtung, aber mit deutlich anderer Akzentuierung, geht schließlich auch die jüngste Bacon-Interpretation, welche die britische Historikerin Amanda Power in ihrer 2013 erschienenen Dissertation, *Roger Bacon and the Defence of Christendom*, vertreten hat.[330] Powers zentrale These ist, dass die gesamten wissenschaftlichen Bemühungen Bacons und sein Eintreten für die profanen Disziplinen nur vor dem Hintergrund seiner franziskanischen Prägung verstanden werden können. Dass Bacon überzeugter Franziskaner war und sich zu den Zielen seines Ordens und der Kirche bekannte, sei in der Forschung weitgehend missachtet worden.[331] Bis heute habe man versäumt, seine eigentlichen Absichten zu erkennen, die aufs engste mit seinem christlichen Glauben und seinem

---

327   Lindberg, „Science as Handmaiden"; dazu oben Kap. 5.4.1.

328   John H. Mundy, *Europe in the High Middle Ages, 1150–1309*, New York 1973, S. 492f.

329   Johannes Fried, *Aufstieg aus dem Untergang. Apokalyptisches Denken und die Entstehung der modernen Naturwissenschaft im Mittelalter*, München 2001, S. 110 u. 164f.

330   Amanda Power, *Roger Bacon and the Defence of Christendom*, Cambridge 2013.

331   „It [the present study] offers a new reading of Bacon's work, arguing that he wrote out of a keen personal engagement with the objectives of his order and the contemporary Church" (Power, *Roger Bacon and the Defence of Christendom*, S. 3).

Bekenntnis zu den Franziskanern verbunden seien.[332] Sein intellektuelles Streben aber sei ein einschlägiges Zeugnis franziskanischen Denkens.

Dass Bacon die Wissenschaft in den Dienst der Theologie, der Kirche und der Christenheit stellte, wird in den genannten Deutungen auf seine religiöse Überzeugung zurückgeführt. Seine christliche Gesinnung machte ihn empfänglich für verschiedene ‚Einflüsse', seien sie augustinisch, joachimitisch oder allgemein franziskanisch. Neben diesen drei Traditionen wird in der Forschung üblicherweise ein weiterer zentraler Faktor angeführt, der Bacon in essentieller Weise beeinflusst hat und der die religiöse Dimension der Bacon'schen Prägung um eine nationale ergänzt: die englische Herkunft und der damit verbundene Einfluss der ‚Oxforder Schule', die vor allem durch Robert Grosseteste repräsentiert wird. Die Vorstellung einer ‚englischen Prägung' Bacons geht wesentlich auf Richard Southern zurück, der bei Robert Grosseteste die Entstehung eines „english mind" beobachtete, den der Theologe und Bischof von Lincoln an Roger Bacon weitergab.[333] Auch wenn sich die beiden Gelehrten vermutlich nie begegnet sind, ist nicht zu leugnen, dass Bacon Grosseteste in höchsten Ehren hält und häufig zitiert. Ebenso ist davon auszugehen, dass Bacon sein Studium zunächst in Oxford begann, bevor er um 1237 nach Paris kam.[334] Da die vermeintliche oder tatsächliche Abhängigkeit Bacons von Robert Grosseteste im nächsten Kapitel noch einmal in anderem Zusammenhang thematisiert wird, sei hier nicht weiter darauf eingegangen. Die Oxforder Prägung gehört jedenfalls zu den gängigen Deutungen, welche die Forschung für Bacons Ansichten bereitstellt, da bereits Grosseteste, wenn auch bei weitem weniger explizit, eine nützliche Ausrichtung der mathematischen Disziplinen vertreten habe.[335] Und da Grosseteste ebenfalls mit den Franziskanern verbunden war, lassen sich die nationale und die religiöse Komponente auf fruchtbare Weise korrelieren: „In the manner of Robert Grosseteste, Adam Marsh and the English Franciscan tradition, Bacon saw a practical utility and

---

332   „Even now […] his objectives – which were intimately bound up with his religious faith and his dedication to the Franciscan order – have not been well understood" (Amanda Power, „A Mirror for Every Age: The Reputation of Roger Bacon", in: *The English Historical Review* 121 [2006], S. 657–692, S. 658).

333   Richard Southern, *Robert Grosseteste: The Growth of an English Mind in Medieval Europe*, 2. Aufl., Oxford 1992.

334   Hackett, „Roger Bacon: His Life, Career and Works", S. 11.

335   Die Wahrnehmung Bacons als eines typisch englischen Philosophen hat eine lange Tradition. Siehe etwa die Bemerkung Robert Steeles, der zahlreiche Werke Bacons edierte, von 1914: „Roger Bacon was our first great English philosopher; he was typically English in his independent attitude and practical turn of mind" (zit. nach: Power, „Mirror for every Age", S. 684). Eine andere Sicht vertritt der amerikanische Historiker Steven J. Williams, der jedwede englische Prägung Bacons vehement bestreitet; dazu näher unten Kap. 5.5.2.

purpose in education. The pursuit of a moral and religious life gave a finality to the many diverse forms of study in the arts".[336]

Eine von diesen mehr oder weniger zusammenhängenden und ineinander verwobenen Deutungssträngen weitgehend unabhängige These hat demgegenüber der Historiker Stewart C. Easton bereits 1952 in den Diskurs eingespeist. Sie ist weniger dominant, begegnet aber nach wie vor und soll hier nicht vergessen werden. Easton, der sich später nicht mehr als Mediävist, sondern vor allem als Biograph Rudolf Steiners betätigte, hatte mit seiner Dissertation, *Roger Bacon and His Search for a Universal Science*, einen Klassiker der Forschungsgeschichte verfasst, der wesentliche Grundlagen der neueren Bacon-Forschung legte. Den entscheidenden Faktor, der den späteren Bacon mehr als alles andere prägte, sah Easton in dem Einfluss eines einzigen bestimmten Buches: des *Secretum Secretorum*.[337] Für Easton war es vor allem die Wirkung des *Secretum*, die Bacon zur Beschäftigung mit praktischen Aspekten der Wissenschaft führte.[338] Der Moment, in dem Bacon mit dem *Secretum Secretorum* in Kontakt kam, habe sein Leben schlagartig auf entscheidende Weise verändert.[339]

● ● ●

Es soll an dieser Stelle keinesfalls geleugnet werden, dass Roger Bacons Denken von religiösen Ideen, Autoritäten, Schultraditionen und Texten geprägt war. Doch nach allem was in dieser Arbeit bisher über das Verhältnis von ‚Wirkung' und ‚Rezeption' gesagt wurde, sollte deutlich geworden sein, dass die soeben referierten ‚Einfluss'- oder ‚Wirkungs'-Thesen, welche die Bacon-Forschung

---

336   Jeremiah Hackett, „Roger Bacon on the Classification of the Sciences", in: Hackett (Hg.), *Roger Bacon and the Sciences*, S. 49–65, S. 50.

337   Easton, *Roger Bacon and His Search for a Universal Science*, S. 86.

338   „As Mephistopheles came to show Faust the way to the world of beauty and sense that he had never known, and above all showed him a vision of endless activity, so perhaps did Bacon awake to a new world. The reading of the Secret of Secrets may well have awakened his dormant sense of wonder" (Easton, *Roger Bacon and His Search for a Universal Science*, S. 78); „It cannot be emphasized too strongly that the enormous difference between what Bacon now learns from the book of Secrets and all that he had previously studied was that the knowledge now acquired is practical" (S. 8of).

339   „So for these reasons, even without corroborative evidence, I am offering the hypothesis that towards the end of his life in Paris [...] someone put this book into his hands. And it proved as epoch-making for him as when Descartes spent his sleepless night from which came the vision of analytical geometry, when Rousseau heard that a prize was offered for a composition on the place of science in civilization and sat down and wrote his first book and won it, or when St. Augustine heard the child's voice saying: ‚Take and read!'" (Easton, *Roger Bacon and His Search for a Universal Science*, S. 86).

bestimmen, wesentliche Aspekte außer Acht lassen. Der Sinn, der in Rezeptionsakten konstituiert wird, ist stets nur teilweise durch die Strukturen der
Objekte (Ideen, Konzepte, Texte) bestimmt; es bedarf des aktiven Anteils des
Rezipienten, der von dessen Seite ins Spiel kommt, um die vorgegebenen, aber
prinzipiell ‚offenen‘ Strukturen zu aktualisieren und mit Sinn zu füllen. Dass
Zugriffe auf ein und dieselben Objekte bei verschiedenen Rezipienten aber
höchst unterschiedlich ausfallen können, hat seinen Grund darin, dass individuelle Rezipienten individuelle ‚Rezeptionseinstellungen‘ aufweisen, die auf
den jeweiligen Rezeptionsbedingungen beruhen. Inwieweit diese Bedingungen von idiosynkratischen biologischen oder psychischen Prädispositionen
abhängen, muss den Historiker, jedenfalls im hier diskutierten Fall, nicht interessieren; der historischen Analyse zugänglich sind jedoch die sozialen Kontexte, innerhalb derer die Rezeption stattfindet und welche den aktiven Zugriff
des Rezipienten maßgeblich prägen und kanalisieren. Bacon verfolgte seit den
1260er Jahren ein bestimmtes, mit seiner sozialen Position in Verbindung stehendes und soziologisch erschließbares Anliegen, ein Programm, welches sein
Interesse an bestehenden Traditionen und seinen Zugriff auf konkrete ‚Texte‘
entscheidend mitbestimmte.

Die sozialen Bedingungen von Bacons diskursiven Handlungen sind in der
Forschung bislang tatsächlich kaum systematisch in die Analyse einbezogen
worden. Der Theologe Florian Uhl hat in einem Aufsatz über Roger Bacon auf
programmatische Weise die seiner Meinung nach längst überfällige Berücksichtigung von gesellschaftlichen Kontexten in Untersuchungen zur Scholastik
gefordert.[340] Zu Recht betont Uhl, dass etwa die „Institutionalisierung von ‚Forschung und Lehre‘ in den Universitäten des beginnenden 13. Jahrhunderts“ auf
soziale und lebensweltliche Bedürfnisse reagiert.[341] Doch so sehr dem auch zuzustimmen ist, so lässt sich andererseits nicht von der Hand weisen, dass Uhl
seiner vielversprechenden Forderung, die er zu Beginn des Beitrags formuliert,
selbst in keiner Weise nachkommt. Nach einer kurzen Auflistung von ‚Kontexten‘[342] folgt eine rein auf die Werke Bacons beschränkte, textimmanente Darstellung einiger Gedanken über *utilitas*, die auf die anfangs genannten Punkte
keinen Bezug nimmt. Es mag polemisch klingen, dieses Vorgehen mit der
‚blackbox‘-Methode zu vergleichen, mit welcher die ältere Musikwissenschaft
eine tatsächliche Kontextualisierung ihrer Objekte zu umgehen verstand,

---

340   „Es ist an der Zeit, einen weiteren Mythos endlich zu vergessen, der meint, das scholas-
      tische Denken habe sich ohne kritischen Rückbezug auf die gesellschaftspolitischen
      Interessen und lebensweltlichen Bedürfnisse vollzogen“ (Uhl, „Scientia und Utilitas“,
      S. 87).
341   Uhl, „Scientia und Utilitas“, S. 87.
342   Uhl, „Scientia und Utilitas“, S. 88f.

indem sie gänzlich selbstreferentiellen Werkanalysen kurze Anekdoten aus dem Leben des jeweiligen Komponisten voranstellte. Doch das Soziale *in* der Wissenschaft aufzudecken, ist auf diese Weise nicht möglich.

Sofern man sich in der Bacon-Forschung aber nicht, wie Florian Uhl, mit der schlichten Feststellung begnügte, dass Roger Bacon über *utilitas* spricht, sondern tatsächlich eine *Erklärung* seiner Position formulierte, so waren es die oben angeführten Einflüsse religiöser, nationaler und textueller Art, welche das Bild bestimmten. Eine gegenüber diesen dominierenden Einfluss-Thesen wesentlich reflektiertere und methodisch innovativere Sichtweise auf Roger Bacon – dies ist die letzte Position, die hier genannt werden soll – hat Catherine König-Pralong vorgebracht. König-Pralong, die ein Kapitel ihrer 2011 erschienenen Habilitationsschrift, *Le bon usage des savoirs*, Roger Bacon widmet, hat nachdrücklich auf die Schlüsselfunktion des Nützlichkeitsgedankens in Bacons Gesamtkonzept hingewiesen. Dabei behält sie die zentralen Prämissen der etablierten Erklärungen bei, so die englische Herkunft, die franziskanische Überzeugung, die patristische Tradition und die eschatologische Motivation, die sich allesamt, wenn auch verstreut, in ihrer Darstellung finden.[343] Doch König-Pralong bringt eine weitere Überlegung ins Spiel, die für die in dieser Arbeit zu diskutierenden Zusammenhänge höchst relevant ist: den Kontext der Universität Paris und die *Relation* zu den Pariser Scholastikern.

Wie König-Pralong festhält, bringt sich Bacon, der im Konvent der Franziskaner in Paris lebt, gezielt in Opposition zu den Gelehrten der Pariser Universität: „il travaille à Paris contre Paris".[344] Freilich, dass Bacon die Gelehrten seiner Zeit kritisierte, stellt keine neue Erkenntnis dar; Bacons Kritik an seinen Zeitgenossen ist unübersehbar und von der Forschung stets bemerkt worden. Der originelle und heuristisch ertragreiche Gedanke an König-Pralongs Ansatz besteht vielmehr in der Annahme, dass Bacon die Betonung seiner oppositionellen Stellung gleichsam zur Methode erhebt, um sich selbst systematisch als Außenseiter, ja mehr noch, als *Alternative* zu präsentieren.[345]

Die Herangehensweise, Bacons Polemik als Teil einer Strategie der Selbstinszenierung zu deuten, konvergiert mit dem in dieser Arbeit vertretenen Ansatz somit an einem wichtigen Punkt. Auch in der vorliegenden Darstellung wird Bacons Relation zu den Gelehrten der Universität Paris in den Mittelpunkt der Betrachtung gestellt. Doch neben dieser prinzipiellen und weitgehenden Übereinstimmung ergeben sich in zwei Aspekten entscheidende Differenzen

---

343 König-Pralong, *Le bon usage des savoirs*, S. 128 (Oxford), S. 131 (Franziskaner), S. 136 (Eschatologie), S. 147f (Augustinus).
344 Ebd., S. 131.
345 „Il a érigé son goût pour l'opposition en méthode" (Ebd., S. 163).

zwischen dem hier vertretenen Zugang und der Perspektive König-Pralongs: Insofern König-Pralong die Frage nach Bacons Selbstverständnis, d.h. nach seiner sozialen Identität nicht oder nur bedingt stellt, ergeben sich für sie *andere Relationen* als in der hier gezeichneten Konstellation. Ihre prinzipielle Frage lautet, welches Bild Bacon von den Aufgaben eines Theologen und Gelehrten entwirft und welche Funktion dabei dem Studium zukommt.[346] Wenn Bacon das Ideal eines alternativen Gelehrten vertritt, dann präsentiert er sich für König-Pralong dezidiert als Alternative zu den Pariser *Theologen*, deren elitäre Attitüden ihm zuwider sind: „Ainsi, la figure de Bacon dessine une alternative claire et consciente au cléricalisme intellectuel et aristocratique des maîtres en théologie".[347] Gegenüber dem spekulativen Wissen der gelehrten Doktoren der Theologie, welches ihrer aristokratischen Haltung entspricht, wertet Bacon den schlichten Glauben der einfachen Leute auf und betont den praktischen Nutzen des Wissens.[348] Die Opposition, die König-Pralong beschreibt, ist die zwischen Roger Bacon und den Akteuren der *theologischen* Fakultät.

Wenn hier ausgehend von Bacons Selbstverständnis als Lehrer und Experte für Philosophie und *artes liberales*, das auf seiner Sozialisation an der Artistenfakultät beruht, die entscheidende Relation, die seine strukturelle Position ausmacht, in der Beziehung zur *Artistenfakultät* und nicht zur theologischen Fakultät gesehen wird, dann heißt das freilich nicht, dass daneben keine anderen Verbindungen möglich sind, sondern nur, dass sie im hier vertretenen Modell nicht im Vordergrund stehen.[349] Die in dieser Arbeit eingenommene Perspektive weist zwar insofern eine deutlich andere Akzentuierung auf, ist aber mit der Sichtweise König-Pralongs grundsätzlich kompatibel. Ein größerer Unterschied zeigt sich hingegen bei dem zweiten Aspekt, der die Differenz zwischen den beiden Ansätzen ausmacht. Die Abweichung erscheint auf den ersten Blick marginal, erweist sich aber bei genauerem Hinsehen als durchaus entscheidender methodischer Gegensatz. Der Schlüsselbegriff, der König-Pralongs Sicht auf Bacons oppositionelles Verhältnis zu den Pariser Theologen charakterisiert, ist ‚conscience'. Bacon ist sich, wie König-Pralong mehrfach betont, seines Unterschieds zu den Theologen *bewusst*, ein Unterschied, der eben deshalb besteht, weil Bacon aufgrund seiner englischen, augustinischen und franziskanischen Prägung anders ist. Bacon verehrte Robert Grosseteste, hatte eine eschatologische Sicht der Geschichte angenommen und lebte in einem franziskanischen Umfeld: daher sei es gar nicht verwunderlich, dass ihn

---

346   Ebd., S. 134.
347   Ebd., S. 164.
348   Ebd., S. 143 u. 164.
349   Siehe die methodologischen Überlegungen in Kap. 1.3.

die Frage nach der Rolle des Wissens in der christlichen Gesellschaft beschäftigt habe.[350] Und *weil* er dieses spezifische Profil nun einmal hatte, stand er in Opposition zu den Theologen der Universität. Sich dieses bestehenden Unterschieds vollends bewusst, präsentierte er sich konsequenterweise als *Alternative* zu den Theologen, als abweichende Figur.[351]

Das entscheidende Merkmal der Sichtweise König-Pralongs, um welches es hier geht, sollte deutlich geworden sein: der epistemische Unterschied ist dem Akt der Abgrenzung *vorgängig*. Die Differenz zu den Theologen, die Bacons artikuliert, um sich als Alternative zu inszenieren, beruht auf Faktoren, die von der differentiellen Relation selbst unabhängig sind. Der Abgrenzungsprozess ist hier nicht der konstitutive und profilbildende *Faktor* der Differenz, sondern die Artikulation eines *bestehenden* Gegensatzes (der dadurch freilich, so darf man die Argumentation wohl weiterführen, weiter verstärkt wird). Sprechakttheoretisch gesprochen, ließe sich der Unterschied als der zwischen konstativer und performativer Kommunikation begreifen. Ob dies von König-Pralong so intendiert war, mag dahingestellt bleiben; aber ihre Darstellung läuft auf eine solche Perspektive hinaus und die Tatsache, dass sie Bacon abschließend mit Raymundus Lullus vergleicht, der sich aufgrund seiner gänzlich anderen, der Konfrontation vorgängigen kulturellen Prägung von den Pariser Theologen unterscheidet, bestätigt diese Lesart ihres Ansatzes.[352]

5.4.4 *Soziale Dialektik: Roger Bacon und die Artes-Fakultät*

Die Perspektive, die in diesem Kapitel auf Roger Bacon formuliert wird, stellt somit einerseits eine Weiterführung des fruchtbaren Ansatzes von Catherine König-Pralong dar, andererseits aber auch eine Akzentverschiebung und methodische Umbildung. Die zentrale soziale Relation, die zur Erklärung des Bacon'schen Wissenskonzepts beleuchtet werden muss, ist die zwischen Bacon und der Pariser Artes-Fakultät, mit welcher er – *ad quemcumque statum deveneritis* – Zeit seines Lebens verbunden war. Der Kerngedanke des hier vertretenen Ansatzes besteht nun in der Überlegung, dass der Akt der Abgrenzung nicht nur eine ohnehin bestehende epistemische Differenz artikuliert, sondern selbst intellektuell produktiv wird und die philosophische Position Roger Bacons in maßgeblicher Weise profiliert und mithin erst erzeugt. Worum es mir geht, ist der Versuch, das heuristische Potential des konfliktsoziologischen Modells von Randall Collins auszuloten, der die Grundlage der Kreativität

---

350 König-Pralong, *Le bon usage des savoirs*, S. 153.

351 „Conscient de sa différence, l'exacerbant dans ses déclarations au pape, Bacon a sciemment usé de la figure de la divergence" (König-Pralong, *Le bon usage des savoirs*, S. 165).

352 König-Pralong, *Le bon usage des savoirs*, S. 164.

Bacons in seiner Intention sah, „to formulate a doctrine from this opposition". Wenn Bacon ein nützliches Wissenskonzept entwirft, dann gerade deshalb, weil die Magister der Artistenfakultät eine dezidiert praxisferne und selbstreferentielle Philosophie propagierten und praktizierten. Die zahlreichen binären Oppositionen, die in der obigen Darstellung zwischen Bacons Ausrichtung der philosophischen Disziplinen und ihrer jeweiligen Entsprechung an der Artes-Fakultät deutlich wurden, zeigen den diametralen Gegensatz zwischen den beiden Finalisierungen der Philosophie. Freilich bedient sich Bacon mehrerer Elemente der englischen, augustinischen und franziskanischen Vorlagen und Traditionen; aber bei diesem Aneignungsprozess muss der aktive Anteil Bacons mitbedacht werden, der maßgeblich durch seine soziale Lage in einem Netzwerk intellektueller Positionen geprägt ist, unter denen für ihn jene seiner ehemaligen ‚Kollegen' besondere Relevanz hat. Die Opposition selbst wird intellektuell produktiv und provoziert die Formulierung eines radikal praxisbezogenen Wissenskonzepts, dessen Propagierung dann Bacons Rezeptionshaltung gegenüber bestehenden Traditionen bestimmt.

Auf andere Weise lässt sich kaum erklären – diese Frage müssen sich die Vertreter der Wirkungsthesen jedenfalls gefallen lassen –, warum Roger Bacon den Praxisbezug der Philosophie, den Nutzen der Wissenschaft für die Gemeinschaft und den Einzelnen, so viel radikaler und differenzierter als alle anderen englischen und/oder franziskanischen Gelehrten seiner Zeit artikuliert, die doch denselben Einflüssen ausgesetzt waren. Dies auf die Lektüre des *Secretum Secretorum* zurückzuführen, kann ebenfalls nicht überzeugen: Das *Secretum* war in Paris seit den 1240er Jahren bekannt und für jeden Pariser Gelehrten verfügbar. Warum es nur bei Bacon eine schlagartig weltbildverändernde Wirkung entfaltet haben soll, bleibt unverständlich, wenn man nicht den aktiven Zugriff Bacons auf diesen Text in den Blick nimmt. Hätte die textuelle Substanz des *Secretum Secretorum* aus eigenem Impetus die Idee einer nützlichen Wissenschaft forcieren können, dann hätte man von dem Bekanntwerden des pseudo-aristotelischen Fürstenspiegels im 13. Jahrhundert eine ähnlich subversive und umwälzende Wirkung erwarten dürfen, wie sie Stephen Greenblatt in seiner atemberaubenden (um nicht zu sagen ‚schwindelerregenden') Renaissance-Konstruktion für Lukrez' *De rerum natura* postuliert hat.[353] Es muss noch etwas anderes gegeben haben, das Bacons radikales Programm zur Reform der Philosophie maßgeblich motiviert hat und das ihn von anderen Gelehrten, die mit den gleichen Ideen und Texten in Kontakt kamen, unterscheidet.

---

353   Stephen Greenblatt, *The Swerve. How the World Became Modern*, New York 2011.

Ich habe behauptet, dass die entscheidende Relation, die Bacons Konzept erklären kann, in seinem Verhältnis zu den Philosophen der Pariser Artistenfakultät gesehen werden muss, jener Organisation, die Bacon als den genuinen Ort der Philosophie ansah. Die Begründung dafür lautete, dass Bacon sich aufgrund seiner jahrelangen Lehrtätigkeit und den damit verbundenen Sozialisationsvorgängen als Repräsentanten, als zuständigen Experten des philosophischen Wissens ansah. Die Konzeption der säkularen Disziplinen, die er später formulierte, war daher eine alternative *philosophische* Konzeption und er selbst ein alternativer Philosoph, der eben eine Alternative zu den derzeitigen offiziellen Verwaltern des philosophischen Wissens, den Artisten, darstellte. Doch reicht diese Einsicht bereits aus, um die Valenz der postulierten Relation zu begründen? Ist mit Bacons Selbstwahrnehmung als Philosoph und der Tatsache, dass seine philosophische Konzeption die epistemische Ordnung der Artistenfakultät, ähnlich wie der *Trésor* Brunetto Latinis, auf den Kopf stellt (etwa indem sie eine entgegengesetzte *Klassifikation* des philosophischen Wissens entwirft), ist mit diesen Beobachtungen die Annahme einer so entscheidenden Relation bereits gerechtfertigt? Wer sagt denn, dass Bacon tatsächlich wahrnahm, was in der Artes-Fakultät vor sich ging und dass er sich wirklich mit der Philosophie der Artes-Magister befasste? Lässt sich die Verbindung zwischen Bacon und den Artisten nicht konkreter belegen? Im Folgenden sollen einige Hinweise gegeben werden, welche die Bezugnahme Bacons auf die Artes-Magister der Universität Paris plausibel machen.

Jeremiah Hackett hat darauf hingewiesen, dass sich der spätere Roger Bacon mit einzelnen Lehren der Artes-Magister intensiv auseinandergesetzt hat.[354] Der ‚Monopsychismus‘, den manche Artisten seit den 1260er Jahren zu lehren begannen, also eines der Phänomene, die man traditionellerweise als ‚Averroismus‘ bezeichnet hat, erregte schnell Bacons Aufmerksamkeit. Es ist wichtig zu betonen, dass Bacon selbst ein durchaus positives Verhältnis zu Averroes hatte, gehörte er doch zu den ersten Artes-Magistern, die sich in den 1240er Jahren mit dem Kommentator beschäftigt haben. In seinen Kommentaren verteidigt Bacon Averroes ebenso wie Aristoteles.[355] Doch die Averroes-Rezeption der 1240er Jahre hat nichts mit dem Monopsychismus, also dem ‚Averroismus‘ der 1260er zu tun; ganz im Gegenteil: Man führte Averroes sogar als Autorität für die Meinung an, dass der *intellectus agens* dem Menschen immanent

---

354   Jeremiah Hackett, „Aquinas, Roger Bacon and Latin Averroism: The Problem of the Intellective Soul (anima intellectiva) (1277–77)", in: *Aquinas on Mind and Intellect. New Essays*, hg. von Jeremiah Hackett, Oakdale 1996, S. 15–43; Hackett, „Roger Bacon, Aristotle, and the Parisian Condemnations".

355   Rega Wood, „Roger Bacon: Richard Rufus' Successor as a Parisian Physics Professor", in: Hackett (Hg.), *Roger Bacon and Aristotelianism*, S. 222–250, S. 246.

sei und ein Vermögen der individuellen Seele darstelle.[356] Die ‚averroistische‘
Annahme hingegen, dass der *intellectus agens* und der *intellectus possiblis* vom
Menschen getrennt existierten und in dieser Getrenntheit die Erkenntnis des
einzelnen Subjekts bedingten,[357] war – unabhängig davon, wer diese Lehre im
Einzelnen eigentlich vertrat – ein Phänomen, dass erst um 1270 die Gemüter
bewegte. Doch zur selben Zeit als (vielleicht sogar noch bevor) Thomas von
Aquin sich in seinem Traktat *De unitate intellectus contra Averroistas* umfassend gegen die „Averroisten" wandte, hat Roger Bacon auf entsprechende Tendenzen reagiert, die er an der Artes-Fakultät wahrnahm.[358]

Es wurde weiter oben darauf hingewiesen, dass Roger Bacon auch in sei-
nen späteren Schriften oft an seinen Meinungen aus den früheren Aristoteles-
Kommentaren festhielt. Er verteidigte den Aristoteles und den Averroes, den
er selbst in den 1240er Jahren als Magister gelehrt hatte. Die Auslegungen mancher Artisten der 1260er wichen jedoch für Bacon von der ‚wahren Lehre‘ von
Aristoteles und Averroes ab. Umso entschiedener machte er sich daran, diese
Fehllektüren zu bekämpfen. Bacon greift gezielt die „Anführer der Masse der
Pariser Philosophen" (*capita vulgi philosophancium Parisius*) an, die schwere
Fehler bei der Aristoteles-Interpretation begingen. Ob der namentlich nicht
genannte „berühmte fehlgeleitete Mann" (*hominem erroneum et famosum*),
den Bacon insbesondere unter den Philosophen angreift, Siger von Brabant ist,
wie Hackett vermutet, sei dahingestellt.[359] Die Meinung dieses Mannes widerspricht für Bacon jedenfalls fundamental der Philosophie des Aristoteles: *„Set
istud porro est contra totam philosophiam Aristotelis"*.[360]

Mit den philosophischen Lehren, die an der Artes-Fakultät vertreten wurden oder die er dort vermutete, setzte sich Bacon intensiv auseinander. Es war
für ihn von großer Bedeutung, was an seiner ehemaligen Wirkstätte vor sich
ging und ob dort noch die ‚wahre aristotelische Position‘ unterrichtet wurde,
die er selbst dort gelehrt und etabliert hatte. Aus diesem Grund argumentiert

---

356 Crowley, *Roger Bacon: The Problem of the Soul in His Philosophical Commentaries*, S. 166f;
René Antoine Gauthier, „Notes sur les débuts (1225–1240) du premier ‚Averroisme'", in:
Revue des sciences philosophiques et théologiques 66 (1982), S. 321–372.

357 Hanns-Gregor Nissing, *Sprache als Akt bei Thomas von Aquin* (Studien und Texte zur
Geistesgeschichte des Mittelalters 87), Leiden 2005, S. 222–231; van Steenberghen,
Philosophie au XIIIᵉ siècle; zum Problem des ‚Averroismus‘ siehe auch: Catherine
König-Pralong, „Averroïsme latin", in: *Encyclopédie de l'humanisme méditerranéen*, hg. von
Houari Touati, 2014, http://www.encyclopedie-humanisme.com/?AVERROISME-LATIN
-33&var_mode=calcul.

358 Hackett, „Roger Bacon, Aristotle, and the Parisian Condemnations", S. 288.

359 Hackett, „Roger Bacon, Aristotle, and the Parisian Condemnations", S. 294.

360 Roger Bacon, *Communia naturalium*, ed. Steele, Bd. 2, S. 284f.

er stets mit Aristoteles, um seine eigene Sicht zu belegen.[361] Worauf es an dieser Stelle aber vor allem ankommt, ist die Tatsache, dass Bacon sich in diesem Zusammenhang mit dem Begriff des *vulgus philosophantium* explizit auf die Magister der Artistenfakultät bezieht. Dies wird an der oben zitierten Formulierung, wo Bacon von den „*capita vulgi philosophancium Parisius*" spricht, unmissverständlich deutlich. Es ist richtig, dass der Terminus „*philosophantes*" im 13. Jahrhundert insgesamt unterschiedliche Bedeutungen haben kann und in den meisten Fällen, wie Étienne Gilson und andere gezeigt haben, die philosophierenden Theologen meint.[362] Doch bei Roger Bacon finden sich Stellen, an denen er den Begriff der *philosophantes* eindeutig nicht auf Theologen, sondern gezielt auf die Philosophen der Artistenfakultät bezieht. Dies wird nicht nur daran deutlich, dass Bacon das *vulgus philosophantium* mit Lehren in Verbindung bringt, die man traditionellerweise Siger von Brabant[363] und anderen Artisten zuschreibt (und die Thomas von Aquin den „Averroisten" vorwirft), sondern vor allem daran, dass Bacon das „*vulgus philosophantium*" explizit von den „*theologici*" unterscheidet, wenn er davon spricht, dass die Theologen die referierte Sichtweise der Philosophen nicht akzeptieren: „*Sed capita vulgi philosophancium Parisius in alios errores nephandos cadunt, quibus theologici contradicunt, maxime in duobus articulis* [...]".[364] Dasselbe gilt für die folgende Stelle aus dem *Opus maius*, an der Bacon die beiden sozialen Kategorien ebenfalls explizit trennt: „Ich möchte dies nachhaltig beweisen, vor allem weil ein großer Fehler, was dies betrifft, in die Masse der Philosophen (*vulgus philosophantium*) eingedrungen ist, wenn nicht sogar in die große Menge der Theologen (*multitudinem magnam theologorum*)".[365]

Dass Bacon die *philosophantes* dezidiert an der Artes-Fakultät verortet, fügt sich in das Bild, das sich von seinem Blick auf die interne Struktur der Universität ergeben hat: die Artistenfakultät war der institutionell legitime Ort, an dem Probleme der Naturphilosophie, wie das Verhältnis von *intellectus agens* und *intellectus possiblis*, um das es an der zuletzt zitierten Stelle ging,

---

361 Aristoteles per totam philosophiam naturalem supponit quod materia propria appropriat sibi formam propriam et e converso. Set anima racionalis in Socrate est forma propria et perfectiva ejus, ergo, non potest esse in alia materia quam in corpore Socratis (Roger Bacon, *Communia naturalium*, ed. Steele, Bd. 2, S. 287).

362 Gilson, „Les ‚philosophantes'"; Michaud-Quantin/Lemoine, „Pour le dossier des ‚philosophantes'"; Schrimpf, „Philosophi' – ‚philosophantes'"; dazu näher siehe oben Kap. 2.6.

363 Siger von Brabant, *Quaestiones in tertium De anima*, ed. Matthias Perkams, Freiburg im Breisgau 2007.

364 Roger Bacon, *Communia naturalium*, ed. Steele, Bd. 2, S. 284.

365 „[...] volo istud efficaciter probare, praecipue cum magnus error invaserit vulgus philosophantium in hac parte, necnon multitudinem magnam theologorum" (Roger Bacon, *Opus maius*, ed. Bridges, Bd. 3, S. 45).

zu diskutieren waren. Die Theologen hatten allenfalls die Ergebnisse dieser für die Theologie relevanten Debatten zu übernehmen. Vor diesem Hintergrund aber – darauf wollte ich mit alldem hinaus – erhalten die Stellen, an denen Bacon den Philosophanten seiner Zeit (*philosophantes his diebus*) ihre *Praxisfeindlichkeit* vorwirft, an denen er kritisiert, dass die gegenwärtigen *philosophantes* sich nicht um die *Nützlichkeit* ihrer Disziplin kümmern, eine spezifische Bedeutung. Es wird dann nämlich deutlich, dass Bacon an niemand anderen als an die Philosophen der Artes-Fakultät denkt, wenn er darüber klagt, dass die „*philosophantes his diebus*" nichts von Nützlichkeit hören möchten: „*Nec volunt audire sermonem de utilitate*".[366] Für die nützlichen Disziplinen, für die Bacon in seinen Schriften eintritt, wie die Perspektive oder die praktische Geometrie, interessieren sich die Philosophanten nicht; wenn man sie darauf anspreche, dann würden sie nur sagen: ‚Welchen Wert haben diese?' (*Quid valent haec*).[367]

Was Bacon hier reflektiert, ist das fundamental andere Wertesystem der sozialen Gruppe der Artisten. Die Art und Weise, wie Bacon die Position der Artes-Magister wiedergibt, erinnert unweigerlich an die einschlägige Formulierung, mit der Radulphus Brito an der Artistenfakultät gegen Ende des 13. Jahrhunderts die Haltung seiner Gegner, der Vertreter der nützlichen Wissenschaften, paraphrasierte: Was sind deine Wissenschaften wert? (*ad quid enim scientie tue ualent*), dies war die Frage, die sich der Philosoph gefallen lassen musste. Die Antwort, die er darauf gab, bestand jedoch darin, dass nicht die Wissenschaften, die auf etwas Äußeres zielen (*que sunt propter aliud*) mehr wert seien, sondern die, die für sich selbst bestehen (*que sunt propter se*).[368] Die Haltung der Philosophen beruht auf anderen Werten und eben deshalb fragen die *philosophantes* ihrerseits nur spöttisch (*cum derisione*): „*Quid valent haec*", wenn es um die nützlichen Disziplinen geht, denen Bacon sich nun widmen möchte. Den Philosophanten, die nichts von Nützlichkeit hören wollen und den Wert der Wissenschaften dezidiert nicht nach ihrem *äußeren* Nutzen bemessen, hält Bacon entschieden entgegen, dass die Nützlichkeit der Wissenschaften *nicht in ihnen selbst*, sondern außerhalb (*exterius*) liegt.[369]

Vor dem Hintergrund der in Kapitel 2 und 3 herausgearbeiteten praxisfeindlichen Identität der Artisten und ihrer durch Selbstreferenz charakterisierten

366   Roger Bacon, *Opus tertium*, ed. Brewer, S. 20.
367   Nam philosophantes his diebus, quando dicitur eis quod sciant perspectivam, aut geo-
        metriam, aut linguas, et alia multa, quaerunt cum derisione, ‚Quid valent haec?' (Roger
        Bacon, *Opus tertium*, ed. Brewer, S. 20).
368   Siehe dazu oben Kap. 2.5.
369   Utilitas enim illarum non traditur in eis, sed exterius expectatur (Roger Bacon, *Opus terti-
        um*, ed. Brewer, S. 20f).

kommunikativen Logik verlieren die soeben zitierten Bemerkungen Bacons über die *„philosophantes his diebus"* ihre semantische Ambiguität: Diese Kontexte der Aussagen liefern den hermeneutischen Schlüssel für Bacons Kritik, die sich nun als Kritik am Paradigma der Artistenfakultät erkennen lässt. Dies aber hat Konsequenzen für die Beurteilung von Bacons eigenem philosophischem Konzept, dessen radikalen Praxisbezug er *in Abgrenzung von der nutzlosen Philosophie der Pariser Artistenfakultät* und in direkter Auseinandersetzung mit der praxisfeindlichen Haltung der Artes-Magister entwickelt. Der Akt der Abgrenzung selbst ist hier der Motor der intellektuellen Kreativität. Erst dieses kritische Verhältnis zur Universitätsphilosophie, die Absicht, sich von der Philosophie der Artistenfakultät, der er selbst einst angehörte, abzugrenzen und in die exakt entgegengesetzte Richtung zu gehen, erst diese Entschlossenheit generierte die anders nicht zu erklärende *singuläre Radikalität* seines praxisbezogenen philosophischen Konzepts, in welches er dann Einflüsse aus der englischen, augustinischen und franziskanischen Tradition sowie die Gedanken des *Secretum Secretorum* aufnahm.

5.4.5 Das Subjekt der Unterscheidung, oder: Warum der Geist sich anders wird

Die im Vorausgehenden zitierte Polemik Bacons gegen die *philosophantes* hat seine direkte Bezugnahme auf die Artes-Fakultät deutlich gemacht. Es hat sich gezeigt, dass Bacon das praxisferne Profil der Artes-Magister sehr genau wahrnahm, die Philosophen der Universität explizit in Opposition zum Gedanken der *utilitas* brachte und ihre demonstrative Nutzlosigkeit scharf kritisierte. Im Zuge dieser Kritik brachte Bacon sein eigenes Konzept, seine eigene Finalisierung der Philosophie in einem Akt des bewussten Abweichens, des Sich-Unterscheidens von der selbstreferentiellen und praxisfernen Philosophie der Artisten hervor. Die Stellen in seinen Schriften, an denen er die Selbstreferenz der Philosophie, die *philosophia secundum se considerata* entschieden ablehnt, stellen direkte Wendungen gegen die Artistenfakultät dar, an der zur selben Zeit Boethius von Dacien, Siger von Brabant, Aubry de Reims und andere Philosophen lehrten und mitunter das selbstgenügsame philosophische Leben unverhohlen zelebrierten. Die Philosophie ‚an sich betrachtet' hat für Bacon keinen Nutzen: *„philosophia secundum se considerata nullius utilitatis est".*[370] Vor diesem Hintergrund ist es nicht mehr schwer, etwa auch Bacons Negativfigur des *„purus logicus"*, von dem er seine Konzeption einer praktischen

---

370 Roger Bacon, *Opus maius*, ed. Bridges, Bd. 2, S. 56.

Logik abhebt, an der Pariser Artes-Fakultät zu verorten, deren selbstreferentielle Dialektik hier ebenfalls zur Antriebsfeder eines davon abweichenden Programms wird.

Eine Frage bleibt in diesem Zusammenhang jedoch noch klärungsbedürftig. Was brachte Roger Bacon überhaupt dazu, die Nutzlosigkeit der Universitätsphilosophen in dieser Form wahrzunehmen und sich selbst davon zu unterscheiden? Wie kam es, dass Bacon, der selbst lange Jahre Teil dieser Universitätsphilosophie war, schließlich begann, ihre Praxisferne zu thematisieren und dezidiert abzulehnen? Dass Bacon Ende der 1260er Jahre die Spannungen spürte, die in Paris in der Luft lagen, dass er die drohenden Verurteilungen bereits vorausahnte und es deshalb für nötig hielt, den Nutzen der Philosophie für die Theologie vor dem Papst hervorzuheben, mag richtig sein. Doch war es dazu zwangsläufig notwendig, den Praxisbezug für Politik, Handel, Krieg, Architektur und den Lebensalltag des Einzelnen zu explizieren? Was, so lautet die entscheidende Frage, brachte Bacon dazu, den *Praxisbezug des Wissens als Problem wahrzunehmen* und sich davon ausgehend an der Nutzlosigkeit der Artes-Magister zu stören, denen er dann ein praktisches Wissenskonzept entgegenhielt?

Hier muss an die Überlegungen aus der methodologischen Zwischenreflexion angeknüpft werden, nach denen das Verhältnis zwischen Bacon und den Artes-Magistern als ‚konstellatorisches‘ Phänomen begriffen werden kann. Die Theoriebildung der Konstellationsforschung war zu dem Ergebnis gelangt, dass die intellektuelle Dynamik einer Konstellation, die aus Relationen zwischen philosophischen Akteuren besteht, erst durch externe Impulse in Gang kommt, welche die Fokussierung eines Problems stimulieren. Die Formation und die intellektuelle Entwicklung einer Konstellation sind auf Motivationslieferanten aus dem historischen Kontext angewiesen. Die Opposition, die sich zwischen Roger Bacon und den Magistern der Artistenfakultät formierte, ist das Resultat eines derartigen Motivationslieferanten, der das zur Debatte stehende Problem erst sichtbar machte. Die allgemeine gesellschaftliche Kritik an der Praxisferne der Gelehrten und die Erwartungshaltung, welche verschiedene soziale Sphären, etwa die Politik, der Wissenschaft entgegenbrachten, provozierten Reaktionen auf Seiten der Gelehrten. Die Positionen der Artisten und Roger Bacons stellen dabei zwei gänzlich verschiedene Reaktionen auf ein und denselben Impuls dar. Die Artes-Magister nahmen, wie in Kapitel 2 gesehen, die gesellschaftlichen Vorbehalte gegenüber der Philosophie wohl wahr; sie reagierten darauf, indem sie sich den Inhalt der Kritik aneigneten und positiv umcodierten: Nach ihrem eigenen Wertesystem war Praxisferne kein Mangel, vielmehr das Kennzeichen eines höheren Guts: philosophischer Erkenntnis.

Bacons Reaktion hingegen fiel exakt gegenteilig aus. Auch er reflektierte die allgemeine gesellschaftliche Skepsis ganz explizit. Denn bevor er auf die Haltung der *philosophantes* zu sprechen kommt, die nichts von Nützlichkeit hören wollen, lässt er sich über die Meinung der Menschen im Allgemeinen aus: „Denn weil die Menschen die Nützlichkeit der Philosophie nicht kennen, betrachten sie viele großartige und schönste Wissenschaften und sagen spöttisch: ‚Was ist diese Wissenschaft wert, oder jene?‘, so dass sie sie nicht lernen müssen. Aber sie wollen nicht hören und deshalb weisen sie jene Wissenschaften von sich und verachten sie".[371] Diese Kritik verarbeitete Roger Bacon auf spezifische Weise, da eben dieser Reflexionsanstoß bei ihm dazu führte, dass er die Nutzlosigkeit der Universitätsphilosophie als Problem wahrzunehmen begann. Sich dieses Problems einmal bewusst geworden, griff er die Kritik aus der gesellschaftlichen Umwelt – die ihn selbst als Philosophen betraf – auf und wandte sie gegen die *philosophantes* seiner Zeit. Vom Kritisierten wurde er so selbst zum Kritiker, indem er sich zum Anwalt einer nützlichen Philosophie machte.

Doch es war nicht nur die *grundsätzliche* Skepsis der Gesellschaft gegenüber der Philosophie, die Bacon aufnahm und ins Innere der Wissenschaft importierte. Auch ganz konkrete Elemente der gesellschaftlichen Erwartungshaltung nahm er seismographisch wahr und verarbeitete sie in seinem Wissenschaftskonzept. So hatte sich in der obigen Darstellung in Kapitel 5.4.2 gezeigt, dass Bacon etwa die Erwartungen und Interessen des königlichen Hofes sehr genau reflektierte. Nicht nur war ihm die allgemeine Nachfrage nach Fürstenspiegeln nicht entgangen, auch sah er bei Ludwig IX. einen konkreten Bedarf an Gelehrten mit Fremdsprachenkompetenz, die in der Diplomatie dringend benötigt wurden. Bacon berichtet von der Enttäuschung und dem Missfallen des Königs angesichts der Tatsache, dass kein Gelehrter der Universität Paris (*in toto studio Parisiensi*) imstande war, dem Boten aus dem Orient zu antworten.[372] Ein Interesse an Sprachunterricht in Arabisch oder Hebräisch, wie Bacon es in seinem Programm einer nützlichen Grammatik forderte, hatte aber nicht nur der königliche Hof. 1248, im selben Jahr, als die Verurteilung des Talmud, an der die Pariser Theologen als Experten beteiligt waren, in Paris stattfand, forderte Innozenz IV. die Universität Paris auf, ein Kolleg für das Studium der orientalischen Sprachen einzurichten.[373]

---

371   Sed quia homines nesciunt utilitates philosophiae primas, ideo despiciunt multas scientias magnificas et pulcherrimas, et dicunt, ‚Quid valet haec scientia, vel illa?‘ deridendo, et non ut addiscant. Nec volunt auscultare, et propter hoc excludunt illas scientias a se, et contemnunt eas (Roger Bacon, *Opus tertium*, ed. Brewer, S. 20).

372   Roger Bacon, *Opus maius*, ed. Bridges, Bd. 3, S. 120; siehe oben Kap. 5.4.2.

373   CUP I, Nr. 180, S. 212.

Mit seiner auf Spracherwerb zielenden Grammatik reagierte Bacon auf die Erwartungen, welche die Gesellschaft an die Universität herantrug. Dass die Gelehrten nicht in der Lage waren, die Nachfrage der Politik zu bedienen, führte ihm die Problematik des universitären Grammatikunterrichts vor Augen. Eines der gesellschaftlich relevanten Themen, auf die Bacon besonders häufig zu sprechen kommt, ist darüber hinaus die „Bekehrung der Ungläubigen und die Bekämpfung derjenigen, die sich nicht bekehren lassen" (*conversio infidelium et reprobatio eorum, qui converti non possunt*). Indem Bacon die Möglichkeiten der Wissenschaft reflektiert, diesen Zwecken zu dienen, greift er eines der virulentesten gesellschaftlichen Anliegen der Zeit auf. Es ist kaum Zufall, dass Bacon zu einem Zeitpunkt schrieb, als Ludwig IX. begann, Vorbereitungen zum ‚siebten Kreuzzug' zu treffen. Was aber, genauer betrachtet, geschieht, wenn Bacon sich dieser Thematik annimmt, entspricht weitgehend dem, was Bourdieu für die Fokussierung ‚gesellschaftlicher Anliegen' in der Wissenschaft beschrieben hat. Bourdieu kritisiert, dass die Wissenschaft mitunter Themen aufgreift, die sie nicht selbst entwickelt, sondern von außen übernimmt, deren vermeintliche soziale Relevanz dabei aber durch spezifische mediale Praktiken konstruiert wurde: „So entstehen dann doxische Problematiken, eine Gesamtheit von Fragen, die kaum irgendetwas Zutreffendes beschreiben, die wir aber alle wohl oder übel im Kopf haben. [...] und während wir auf autonome, also selbstgestellte Probleme zu antworten glauben, sind wir andauernd Fragestellungen ausgeliefert, die tatsächlich durch derartige Vorgänge entstehen".[374]

Die spezifischen Medien, welche die Relevanz der Bekehrung oder Bekämpfung der Ungläubigen im 13. Jahrhundert gesellschaftlich objektivierten und öffentlich kommunizierten, waren vor allem die Kreuzzugspredigten. Diese Predigten, welche den Kreuzzug als gesellschaftliches Anliegen konstruierten,[375] wurden nicht zuletzt von Mendikanten und mitunter in päpstlichem Auftrag gehalten. So beauftragten etwa Gregor IX. und Innozenz IV. die Franziskaner, den Kreuzzug zu predigen; ein Zeitgenosse Bacons war der berühmte Prediger Berthold von Regensburg, den Urban IV. im Jahre 1263 angewies, in den deutschen Gebieten für den Kreuzzug zu werben.[376] Ebenso an der Objekti-

---

374   Bourdieu, *Gebrauch der Wissenschaft*, S. 67.

375   Zur wirklichkeitsstiftenden Potenz von Medien allgemein: Martin Seel, „Medien der Realität und Realität der Medien", in: *Medien, Computer, Realität. Wirklichkeitsvorstellungen und Neue Medien*, hg. von Sybille Krämer, Frankfurt am Main 1998, S. 244–268; Krämer, „Erfüllen Medien eine Konstitutionsleistung?"; Hartmann, *Mediologie*.

376   Ariane Czerwon, *Predigten gegen Ketzer. Studien zu den lateinischen Sermoes Bertholts von Regensburg* (Spätmittelalter, Humanismus, Reformation 57), Tübingen 2011, S. 109; Clément Schmitt, „Der Anteil der Franziskaner an den Kreuzzügen. 13.–15. Jahrhundert", in: *800 Jahre Franz von Assisi. Franziskanische Kunst und Kultur des Mittelalters*, hg. von

vierung des Anliegens maßgeblich beteiligt, waren später die eigens für die
Rettung des Heiligen Landes einberufenen Provinzialsynoden sowie die theoretischen Traktate, in denen die *recuperatio terrae sanctae* propagiert wurde,
deren prominentestes Beispiel die Schrift Pierre Dubois' darstellt.[377] Entscheidend ist hier, dass es spezifische Medien und mediale Praktiken waren, welche,
indem sie den Kreuzzugsdiskurs maßgeblich regulierten und kanalisierten, die
Konstruktion der sozialen Relevanz des ‚Bekehrens und Bekämpfens' bewerkstelligten und deren Rezeption in verschiedenen kommunikativen Räumen,
in unterschiedlichen Formen von Öffentlichkeit, bestimmten. Dass die betei-
ligten Medien die *„conversio infidelium"* mit Bezug auf die muslimische Welt
propagierten,[378] blieb in der Wissenschaft nicht unbemerkt. Heinrich von
Gent stellt in seinem 14. Quodlibet die Frage, ob die Doktoren der Theologie
Schuld auf sich luden, wenn sie, da sie an der Universität und nicht in der
Welt aktiv waren, nichts zur Bekehrung der Ungläubigen beitrugen (*non laborant ad conversionem infidelium*).[379] Roger Bacon nahm dieses gesellschaftliche Anliegen wahr und reagierte seinerseits darauf, indem er den Nutzen der
philosophischen Disziplinen für die Zwecke des Kreuzzugs und die Mission
akzentuierte.

Einen letzten Aspekt, den Roger Bacon aufgreift und in die wissenschaftliche Welt transferiert, indem er ihn zum Gegenstand seiner eigenen Kritik
macht, soll an dieser Stelle noch angesprochen werden. Er ist deshalb hier von

---

Johannes Gründler, Wien 1982, S. 213–231; Michael Mitterauer, „Predigt – Holzschnitt –
Buchdruck. Europäische Frühformen der Massenkommunikation", in: *Beiträge zur
historischen Sozialkunde* 28 (1998), S. 69–78; siehe auch zum vergleichbaren Fall der
Türkenpredigten im 16. Jahrhundert: Damaris Grimmsmann, *Krieg mit dem Wort.
Türkenpredigten des 16. Jahrhunderts im Alten Reich* (Arbeiten zur Kirchengeschichte 131),
Berlin 2016.

377   Frank Rexroth, „Pierre Dubois und sein Projekt einer universalen Heilig-Land-Stiftung",
in: *Gestiftete Zukunft im mittelalterlichen Europa. Festschrift für Michael Borgolte zum 60.
Geburtstag*, hg. von Frank Rexroth/Wolfgang Huschner, Berlin 2008, S. 309–331, S. 324f.

378   1226 hatte Honorius III. den Erzbischof von Toledo gebeten, Mendikanten in die muslimische Welt zu schicken, „ad conversionem infidelium": Laudat eum quod iuxta mandatum Apostolicum fratres Praedicatores et Minores ad conversionem infidelium in
regnum Miramolini transmiserit (*Regesta Honorii papae III*, Bd. 2, Rom 1888 [Nachdruck
Hildesheim 1978], Nr. 5836); siehe Olga Cecilia Méndez Gonzáles, „Lope Fernández,
Bishop of Morocco: his Diplomatic Role in the Planning of an Anglo-Castilian Crusade
into Northern Africa", in: *Thirteenth Century England XIV. Proceedings of the Aberystwyth
and Lampeter Conference 2011*, hg. von Janet Burton/Philipp Schofield/Björn Weiler,
Woodbridge 2013, S. 101–114, S. 103.

379   Utrum doctores debent facere conscientiam de peccato eo quod non laborant ad conversionem infidelium (Heinrich von Gent, *Quodlibet XIV*, zit. nach Wei, „Self-Image of the
Masters of Theology", S. 414, Anm. 35).

Relevanz, weil er deutlich macht, wie sich die Inhalte der allgemeinen gesellschaftlichen Gelehrtenkritik, die weiter oben bei Friedrich II. und Bernard
Gui sichtbar wurden, in der Wissenschaft manifestieren. Sowohl Friedrich II.
als auch Bernard Gui hatten in ihren unmittelbar praxisbezogenen Traktaten
ein Ideal der Zweckdienlichkeit propagiert und – als Gegenbegriff – die Weitschweifigkeit (*prolixitas*) dezidiert abgelehnt. Nur solche Dinge waren zu behandeln, die das Thema betreffen (*quo nostro proposito pertinent*), während
alles Überflüssige, das nichts zur Sache tut, unbedingt zu vermeiden ist: „Nicht
soll uns ein boshaftes Auge der Weitschweifigkeit beschuldigen, weshalb wir
weder unnützerweise wiederholen, noch Überflüssiges oder Unsachgemäßes
anführen wollen, sondern ausschließlich das für diese Kunst Notwendige".[380]
Die überflüssigen und nutzlosen Details über die Vögel sind nach Friedrich
hingegen in der Tierkunde des Aristoteles zu finden, welche nicht auf einen
praktischen Zweck ausgerichtet ist.[381]

Dieselbe Weitschweifigkeit, die unnütze und überflüssige Ausführungen
produziert, wirft Roger Bacon den Gelehrten seiner Zeit vor. Dies wurde bereits bei den zahlreichen überflüssigen *demonstrationes* in der Mathematik
deutlich. Doch auch in ihren Ausführungen über Aristoteles sind die Zeitgenossen unfähig, sich „*in necessariis*" zu beschränken und übersteigen in ihren
Texten den angemessenen Umfang. Auf diese Weise tragen sie zahlreiche
Nichtigkeiten (*vanissima*) und ebenso Fehler zusammen.[382] Bacons eigenes
Ziel in seinen *Communia naturalium* besteht daher darin, ein Kompendium
der *naturalia* zu erstellen, aus dem alle überflüssigen Dinge herausgekürzt
sind.[383] Aristoteles ist deshalb stets zweckmäßig zu rezipieren, da er in seinen
Schriften viele Dinge angesammelt hat, die für die heutige Zeit überflüssig sind
(*multa respectu nostri temporis cumulavit superflua*).[384] Bacon verfährt damit
genauso wie Kaiser Friedrich, der die überflüssigen Inhalte aus Aristoteles' *De
animalibus* nicht übernahm. Dass es Bacon dabei darum geht, die Weitschweifigkeit der Scholastiker zu kritisieren, wird deutlich, wenn er sich in diesem

---

380 Neque livoris oculus nos de prolixitate redarguat, cum neque eadem inutiliter repetamus,
     neque apponamus superflua aut impertinentia, sed tantummodo necessaria huic arti
     (Friedrich II., *De arte venandi cum avibus*, ed. Willemsen, Bd. 1, S. 124).
381 Friedrich II., *De arte venandi cum avibus*, ed. Willemsen, Bd. 1, S. 58; dazu oben Kap. 4.2.
382 Roger Bacon, *Communia naturalium*, ed. Steele, Bd. 1, S. 11; Chiara Crisciani/Michela
     Pereira, „Introduction to the Philosopher's Laboratory", in: Bernardini/Rodolfi (Hg.),
     Roger Bacon's Communia Naturalium, S. 3–25, S. 20.
383 Sicut igitur ad compendium congregavi vim et potestatem scienciarum mathematicarum,
     resecatis superfluitatibus infinitis (Roger Bacon, *Communia naturalium*, ed. Steele, Bd. 1,
     S. 10).
384 Roger Bacon, *Communia naturalium*, ed. Steele, Bd. 1, S. 10; Crisciani/Pereira, „Introduction
     to the Philosopher's Laboratory", S. 20.

Kontext direkt polemisch gegen den Umfang ihrer Schriften wendet: „Und daher gehen gewisse Zeitgenossen (*quidam moderni*) fehl, die den Umfang des aristotelischen Werks übersteigen und einem ihrer Werke einen größeren Umfang geben als Aristoteles in allen seinen Schriften erreichte".[385] Wer mit diesen *„quidam moderni"* genau gemeint ist, bleibt hier unklar. Catherine König-Pralong hat sicher Recht, wenn sie diese Stelle auf die scholastische Schriftkultur im Allgemeinen bezieht, wobei sie freilich primär an die „Doktoren der Theologie" denkt.[386] Man wird die polemischen Bemerkungen Bacons als Aufnahme und Fortsetzung der grundsätzlichen Gelehrtenkritik, der prinzipiellen Skepsis der Gesellschaft gegenüber den Scholastikern, ihrem Habitus und ihrer Schriftkultur verstehen müssen. Bacon wendet diese Skepsis ins Innere der gelehrten Welt, um ausschweifende und nicht-zweckdienliche, also unpraktische Schriftformen zu kritisieren. Dabei bezieht er sich mitunter auch auf konkrete Personen, wenn er von der *Summa* des Alexander von Hales sagt, dass sie schwerer als ein Pferd sei (*quae est plusquam pondus unius equi*).[387]

Warum nun also, das war die übergreifende Frage dieses Kapitels, wird der Geist ‚sich anders', will sagen: Warum wurde der engagierte Artes-Magister Roger Bacon – ohne seine philosophische Selbstheit, auf die er bezogen blieb, preiszugeben – zum ‚alternativen Philosophen', vom reinen Aristoteles-Kommentator zum Verfechter einer radikal praktischen Wissenschaft? Anders gefragt: Warum begann Bacon, die Praxisferne der Universitätsphilosophie als Problem wahrzunehmen und sich von der Artes-Fakultät dergestalt zu ‚entfernen', dass er ein philosophisches Konzept formulierte, welches durch seine *negative Relation* zur Philosophie der Artistenfakultät bestimmt war, die auf diese Weise in ihm ‚aufgehoben' wurde? Ausgehend von den in diesem Kapitel präsentierten Zitaten und Argumenten ist die These gerechtfertigt, dass der entscheidende Impuls für Bacon, die Nutzlosigkeit der Universitätsphilosophie, die seine eigene Philosophie war, als Problem zu fokussieren und sich davon abzugrenzen, aus der gesellschaftlichen Umwelt der Wissenschaft stammt. Die Kritik und die Erwartungshaltung der Gesellschaft, die Bacon sehr aufmerksam reflektierte, stellten Irritationen des Systems dar, die seine

---

385 Et ideo modum errant quidam moderni qui excedunt quantitatem voluminis Aristotelis et majorem quantitatem dant uni librorum suorum quam Aristoteles dignatur [in] omnibus exhibere (Roger Bacon, *Communia naturalium*, ed. Steele, Bd. 1, S. 134).

386 Pour s'opposer aux prétentions intellectuelles et sociales des docteurs en théologie, Roger engage une critique de leurs habitus scientifiques en procédant de grief très concrets. [...] La critique de l'écriture vise l'exercice scolastique (König-Pralong, *Le bon usage des savoirs*, S. 134).

387 Roger Bacon, *Opus minus*, ed. Brewer, S. 326.

Wahrnehmung des philosophischen Paradigmas, an dem er selbst partizipiert
hatte, veränderten.

5.5   Epigonen, Propheten und Revolutionäre: Große Ereignisse werfen ihre Schatten (voraus?)

Wenn man die zweite Ebene des *Musée d'art moderne de la ville de Paris* betritt
und in die gleich an die Treppe anschließende *Salle Dufy* gelangt, staunt man
auf den ersten Blick nicht schlecht: Ein ganzer Saal für ein einziges Bild? *La
Fée Electricité* des französischen Künstlers Raoul Dufy von 1937 ist mit ca. 10
Metern Höhe und 60 Metern Breite eines der größten Gemälde der Welt. Der
Eindruck ist monumental: Das aus 250 einzelnen Sperrholzplatten bestehende
Gemälde durchläuft den U-förmigen Saal in seiner Gesamtheit. Die Dominanz
des Blauen und Türkisen, die in der Mitte, also der Beugung des Saals, unangefochten thront, wird stellenweise von beißendem Rot durchbrochen, während
sie an den Rändern organisch ins Grün-Gelbe bzw. Violette abgleitet. Doch mit
dem ‚Fauvismus' der früheren Werke Dufys, die man im *Musée d'art moderne*
neben Bildern anderer Fauvisten wie André Derain oder dem jungen Henri
Matisse bewundern kann und die sich durch eine vergleichbare Farbkompo-
sition auszeichnen, hat *La Fée Electricité* nicht mehr viel zu tun. Während der
Fauvismus, als (vereinfacht gesprochen) ‚Zwischenstufe' auf dem Weg vom
Impressionismus zum Expressionismus im frühen 20. Jahrhundert, zu immer
größerer Abstraktheit tendiert, weist *La Fée Electricité* sehr konkrete Formen
auf. Von Dufys künstlerischer Entwicklung im Allgemeinen gänzlich abgesehen, ist das in diesem Fall jedoch kaum überraschend: Das Bild, das als Auf-
tragswerks für die *Compagnie parisienne de distribution d'électricité* entstand,
hat nicht nur ein historisches Sujet, sondern auch eine narrative Struktur. Es
erzählt, orientiert an der Elektrizität, die als Symbol des Fortschritts und der
modernen Technik fungiert, die Geschichte der Naturwissenschaft. Was hier
daran interessiert, ist vor allem die untere Partie: Dort läuft die Geschichte
der Akteure, der Wissenschaftler ab, die vorne rechts in der Antike beginnt,
den Bogen des Gemäldes abschreitet, um schließlich vorne links die Gegenwart Dufys zu erreichen. Drei große Gelehrte machen den Anfang: Archimedes, Thales von Milet und Aristoteles stehen nebeneinander, wobei letzterer
sich an die anderen wendet und sie zu belehren scheint. Ein Stück links davon
geht es weiter: Galileo Galilei und Leonardo da Vinci sind einander zugewandt
zu sehen, während darüber Blaise Pascal mit dem flämischen Mathematiker
Simon Stevin debattiert. Auch Athanasius Kircher, den man an seiner *Ars ma-
gnetica* von 1641 erkennt, hat einen Gesprächspartner, der sich aber eher für

die Dame vor ihm zu interessieren scheint, die sich ihrerseits von einer Appa-
ratur beindruckt zeigt, deren Kurbel ein junger Gelehrter auf elegante Weise
zu bedienen weiß.

Worauf diese Bildbeschreibung hinaus möchte, lässt sich an dieser Stelle
bereits erahnen: Die Geschichte, die das Bild erzählt, enthält zwischen Archimedes und Leonardo da Vinci eine gewisse Lücke, einen Sprung, der immerhin
rund 1700 Jahre beträgt. Die weitere Antike ab 200 v. Chr. sowie das gesamte
Mittelalter sind nicht Teil dieser Wissenschaftsgeschichte. Das gesamte Mittelalter? Halt, eine Figur wurde übersehen! Zwischen Aristoteles und Galileo
sitzt, abseits von den sonstigen Protagonisten, ein alter Mann im Gras. Im Gegensatz zu den anderen hat er keinen Gesprächspartner. Der Alte, dem Galileo
und Stevin den Rücken zuwenden, trägt eine braune Kutte, die ihn als Franziskaner ausweist. Darunter steht sein Name geschrieben: Roger Bacon. Dass
Roger Bacon hier die nacharchimedische Geschichte der Technik und Naturwissenschaft, die erst mit Leonardo und Galileo wieder einsetzt, ganz alleine
repräsentiert, verweist indes nicht nur auf die historische Bedeutung seiner
eigenen Person, sondern mehr noch auf die dahinterliegende Wahrnehmung
der mittelalterlichen Wissenschaft insgesamt, deren Abwesenheit durch die
Ausnahmeerscheinung Roger Bacons bekräftigt wird. Bacons Singularität bestätigt umso mehr die Tatsache, dass das Mittelalter, vom Glauben verschleiert,
nichts zur Geschichte der modernen Wissenschaft beigetragen hat.

Doch mit welcher Begründung wird Roger Bacon hier aus dem gesamten
Mittelalter herausgehoben? Warum schien er der Einzige zu sein, der in der
Geschichte der modernen Naturwissenschaft eine Rolle spielte? Ein Aspekt
des Bacon'schen Wissenschaftsmodells wurde in dieser Arbeit noch nicht
angesprochen, ohne den allerdings jede Darstellung über Bacon gänzlich unvollständig bliebe. Dieser Gesichtspunkt ist hier außerdem deshalb zentral,
weil sich gerade daran zeigen wird, was mit der eigenlogischen Verarbeitung
von gesellschaftlichen Irritationen auf der Ebene der Theoriebildung gemeint
ist. Während die bisherigen Ausführungen primär aus der Perspektive einer
Sozialgeschichte der Wissenschaft erfolgten, wird Bacon in diesem Abschnitt
etwas stärker aus dem Blickwinkel einer ‚neuen Ideengeschichte' betrachtet
werden. Denn im Folgenden wird es um die theoretische Konzeption und die
damit verbundene Idee einer Experimentalwissenschaft gehen, deren Genese
in ihren sozialen Bedingungen aufgezeigt werden soll.

Der Aspekt, der bisher nicht zur Sprache kam, betrifft damit den zentralen
Punkt der allgemeinen gesellschaftlichen Gelehrtenkritik, die bei Friedrich II.
und Bernard Gui untersucht wurde. Es kommt an dieser Stelle der neben
utilitas, die im vorigen Kapitel im Mittelpunkt stand, zweite entscheidende
Begriff der philosophischen Konzeption Roger Bacons ins Spiel: *experientia*.

Roger Bacon hat nicht nur die *Nützlichkeit* der Wissenschaft in aller Deutlichkeit betont, er hat ebenso mehr als jeder andere Gelehrte die Bedeutung des
Erfahrungswissens herausgestellt.[388] Nicht weniger als im Falle der *utilitas* stellt
dies jedoch, wie hier argumentiert wird, eine Verarbeitung gesellschaftlicher
Vorbehalte gegenüber den Gelehrten dar. Die beiden repräsentativen Quellen,
die derartige Skepsis im Untersuchungszeitraum einschlägig artikulieren und
die Permanenz dieser Haltung belegen – das Falkenbuch Friedrichs II. und die
Practica officii inquisitionis des Bernard Gui –, beinhalten jeweils in aller wünschenswerten Deutlichkeit eine Kritik an der *Unerfahrenheit* der Gelehrten,
denen sie die praktische Erfahrung als Gegenbegriff vorhalten. Bernard Gui
wird hervorheben, dass die listigen Ketzer leichtes Spiel haben, die gelehrten,
aber unerfahrenen Männer (*magnos litteratos inexpertos*)[389] hinters Licht zu
führen. Der Inquisitor hingegen muss sein Wissen aus der praktischen Erfahrung schöpfen, die ihn lehrt, in konkreten Situationen die richtige Methode zu
wählen. Seine Expertise gründet auf der akkumulierten Erfahrung des Praktikers (*experientia docuit*).[390] Aufgrund derselben praktischen Erfahrung (*experientia didicimus*) hatte sich Friedrich II. in der Lage gesehen, die Inhalte der
aristotelischen Tierkunde kritisch zu prüfen und an vielen Stellen zu falsifizieren. Der „Fürst der Philosophen" (*princeps philosophorum*) hatte sein Wissen
nämlich, so Friedrich, nicht durch eigene Erfahrung erworben: „Selten nämlich oder niemals hat er die Vogeljagd selbst ausgeführt, während wir sie hingegen immer geliebt und praktiziert haben".[391] Dass der Staufer hier an einem
zeitgenössischen Diskurs der Gelehrtenkritik partizipiert, wurde nicht zuletzt
an seinem Vorwurf gegenüber Aristoteles deutlich, sein Wissen nicht darauf
zu stützen, was er selbst beobachtet hat, sondern darauf, was andere Leute
gesagt haben. „Gewissheit jedoch", so betont Friedrich, „kommt nicht durch
das Hören (*ex auditu*)!".[392] Zwei kulturelle Praktiken der gelehrten Welt wer-

---

388   Jeremiah Hackett, „Roger Bacon on Scientia Experimentalis", in: Hackett (Hg.), *Roger
      Bacon and the Sciences*, S. 277–315; Jeremiah Hackett, „Experientia, Experimentum and
      Perception of Objects in Space: Roger Bacon", in: *Raum und Raumvorstellungen im
      Mittelalter*, hg. von Jan A. Aertsen/Andreas Speer (Miscellanea Mediaevalia 25), Berlin
      1998, S. 101–120; Jeremiah Hackett, „Ego Expertus Sum: Roger Bacon's Science and the
      Origins of Empiricisms", in: *Expertus sum. L'experience par les sens dans la philoso-
      phie naturelle médiévales*, hg. von Thomas Bénatouil/Isabelle Draelants, Firenze 2011,
      S. 145–173; N.W. Fisher/Sabetai Unguru, „Experimental Science and Mathematics in Roger
      Bacon's Thought", in: *Traditio* 27 (1971), S. 353–378; Lynn Thorndike, „Roger Bacon and
      Experimental Method in the Middle Ages", in: *Philosophical Review* 23 (1914), S. 271–298.
389   Bernard Gui, *Practica officii inquisitionis*, ed. Mollat, S. 16.
390   Bernard Gui, *Practica officii inquisitionis*, ed. Mollat, S. 8.
391   Friedrich II., *De arte venandi cum avibus*, ed. Willemsen, Bd. 1, S. 1.
392   Friedrich II., *De arte venandi cum avibus*, ed. Willemsen, Bd. 1, S. 1.

den durch diesen Seitenhieb konnotiert: Der Rekurs auf Autoritäten, denen unkritisch vertraut wird, sowie die im *Hör*saal erworbene Lehre, welche die Philosophen, wie Nikolaus von Paris oder anonyme Magistri artium, zur selben Zeit als zentrales Merkmal ihrer philosophischen Exzellenz propagierten und wesentlich auf das Hören (*auditus*) stützten.

Die hier vertretene These, dass Roger Bacon diese äußere Kritik als Impuls aufnahm und in seine eigene Polemik gegen die Philosophen seiner Zeit integrierte, kann einen neuen Blick auf die Frage eröffnen, was Bacon mit der Forderung nach einer empirischen Überprüfung theoretischer Resultate bezweckte, d.h. was ihn anfänglich dazu brachte, die Erfahrung als Prinzip einer methodischen Falsifikation in der Philosophie so vehement zu propagieren. In der wissenschaftssoziologischen Perspektive, die in dieser Arbeit eingenommen wird, erscheint Bacons Vorgehen nicht, jedenfalls nicht von Anfang an, als durch rein wissenschaftliche Motive geleitet; nicht ausschließlich die Absicht, ein erkenntnistheoretisches Konzept der Wahrheitssuche auf den Weg zu bringen, scheint seiner vieldiskutierten *Scientia experimentalis* zugrundezuliegen. Dass die *Scientia experimentalis* nicht ohne weiteres mit der hypothetisch-deduktiven Methode der modernen Naturwissenschaft gleichgesetzt werden kann (darauf wird noch zurückzukommen sein), hat seinen Grund unter anderem darin, dass Bacons Rekurs auf die Erfahrung anfänglich weniger darauf abzielte, systematisch neue theoretische Hypothesen einer experimentellen Überprüfung zu unterziehen, sondern zunächst vor allem darauf, die Autoritätsgläubigkeit und Buchgelehrsamkeit seiner Zeitgenossen anzugreifen.[393] Die Kritik an den unerfahrenen Philosophen ist keine schlichte *Begleiterscheinung* eines davon unabhängig generierten Konzepts der Experimentalwissenschaft, sondern vielmehr dessen Motor und Impulsgeber.[394] Die *Scientia experimentalis* ist aus einem kritischen Impetus entstanden, einer Kritik, die Bacon *aus der gesellschaftlichen Umwelt der Wissenschaft aufgriff* und die ihn dazu brachte, die „bookishness" und Erfahrungslosigkeit der Universitätsphilosophie als Problem wahrzunehmen. Als Teil seiner Abgrenzungsstrategie richtet Bacon die *experientia* zunächst als Kampfbegriff gegen die ,falschen Meinungen' der Autoritäten und des *vulgus philosophorum*, von dem er sich unterscheiden möchte. Einmal in sein Konzept und in die *Eigendynamik der Theorieentwicklung* eingespeist, entstand daraus jedoch eine Methode empiri-

---

393   Zu Bacons Autoritätenkritik allgemein: Florian Uhl, „Hindernisse auf dem Weg zum Wissen. Roger Bacons Kritik der Autoritäten", in: Uhl (Hg.), *Roger Bacon in der Diskussion*, Bd. 1, S. 219–235.

394   Inwieweit sich dieser Ansatz von den gängigen Erklärungen der Bacon-Forschung unterscheidet, siehe die Diskussion unten.

scher Naturphilosophie, die wesentliche Grundlagen aller späteren Verfahren legte.

5.5.1   *Roger Bacons* Scientia experimentalis

Von Anfang an wird in Bacons Ausführungen über die *Scientia experimentalis*, dem sechsten Buch des *Opus maius*, deutlich, wie er seinen Rekurs auf die Erfahrung in kritischer Auseinandersetzung mit der epistemischen Kultur der Universität entwickelt. Was Bacon den Philosophen vorwirft, ist, dass sie die *conclusiones* ihrer Syllogismen allein durch Argumente gewinnen, nicht aber an der Erfahrung überprüfen. Ausgehend von der Behauptung, dass ohne Erfahrung nichts in ausreichender Weise gewusst werden kann (*quia sine experientia nihil sufficienter scire potest*), hält Bacon fest, dass es zwei *Modi cognoscendi* gebe, nämlich Argument und Erfahrung. Das Argument bringt uns zwar dazu, einer Schlussfolgerung zuzustimmen, aber es schafft keine vollständige Sicherheit und beseitigt nicht jeden Zweifel, wenn die Wahrheit nicht auf dem Weg der Erfahrung gefunden wird.[395] Die diskursive Praxis, die dabei im Hintergrund steht, ist die Selbstreferenz des logisch-deduktiven Verfahrens und der Textkommentierung. Doch während diese Bemerkungen erkenntnistheoretischer Art sind und nur implizit Kritik artikulieren, wird Bacon im Anschluss daran polemischer: Viele hätten Argumente, die zu Wissen führen, aber weil sie keine Erfahrung haben, versäumen sie nicht nur das Wissen, sondern sind zudem unfähig, das Schädliche zu meiden und das Gute zu suchen. Solche Leute seien nämlich nicht einmal in der Lage, die Gefahr des Feuers zu meiden, wenn sie nicht ihre Hand hineinhalten und durch Erfahrung erkennen, dass es brennt.[396] Diese Lebensunfähigkeit derjenigen, die ihr Wissen allein auf Argumente und nicht auf die praktische Erfahrung stützen, hebt Bacon mehrfach hervor. Das Beispiel des Feuers führt er auch an anderer Stelle an, wenn er das Erfahrungswissen gegen Argumente ausspielt: „Die Erkenntnis durch Erfahrung ist nämlich stärker und besser als die durch das Argument, wie man überall sehen kann; wenn jemand ein Argument dafür hat, dass das

---

395   Duo enim sunt modi cognoscendi, scilicet per argumentum et experimentum. Argumentum concludit et facit nos concedere conclusionem, sed non certificat neque removet dubitationem ut quiescat animus in intuitu veritatis, nisi eam inveniat via experientiae (Roger Bacon, *Opus maius*, ed. Bridges, Bd. 2, S. 167).

396   [...] quia multi habent argumenta ad scibilia, sed quia non habent experientiam, negligunt ea, nec vitant nociva nec persequuntur bona. Si enim aliquis homo qui nunquam vidit ignem probavit per argumenta sufficientia quod ignis comburit et laedit res et destruit, nunquam propter hoc quiesceret animus audientis, nec ignem vitaret antequam poneret manum vel rem combustibilem ad ignem, ut per experientiam probaret quod argumentum edocebat. [...] Ergo argumentum non sufficit, sed experientia (Roger Bacon, *Opus maius*, ed. Bridges, Bd. 2, S. 167f).

Feuer heiß ist und brennt, und jemand anderes dies durch Erfahrung weiß, dann wird selbst derjenige, der tausend Argumente hat, nicht vor der Gefahr des Brennens fliehen, anders als derjenige, der nur ein bisschen Erfahrung davon hat".[397]

Aufgrund seiner Erfahrungslosigkeit und seiner Abhängigkeit von Autoritäten und Argumenten gelangt das *vulgus* der Philosophen und Theologen, so Bacon, zu zahlreichen Fehlern.[398] Alles muss deshalb durch die Erfahrung überprüft werden, wenn man zu sicherem Wissen gelangen möchte: *„Oportet ergo omnia certificari per viam experientiae"*.[399] Die Wissenschaft, die diese Überprüfung, also die Verifikation oder Falsifikation der Autoritäten und logischen Schlussfolgerungen, leisten soll, ist die *Scientia experimentalis*. Neben der Funktion, die *conclusiones* der anderen Disziplinen an der Erfahrung zu überprüfen,[400] kommen ihr bei Bacon zudem die Aufgaben zu, auf experimentellem Wege die Herstellung neuer Instrumente zu ermöglichen (die wiederum als Hilfsmittel der empirischen Forschung dienen können), sowie schließlich die himmlischen Einflüsse zu erforschen.[401]

Wenn Bacon von *experimentum* oder *experientia* spricht, dann ist damit nicht immer ein ‚Experiment' im heutigen Sinne gemeint; auch alltägliche Beobachtung, berichtete Erfahrung in anderen Texten oder spirituelle Erfahrung im Sinne einer Illumination kann gemeint sein.[402] Entscheidend ist aber, dass Bacon in der Tat einen Begriff des gezielten und insofern künstlich herbeigeführten experimentellen Tests hat. Häufig erwähnt Bacon seinen Zeitgenossen Petrus de Maricourt, mit dem er gemeinsam experimentierte, unter anderem mit Magneten.[403] Bacon stilisiert Petrus, den *„dominus experimentorum"*, zur Gegenfigur, die er den Universitätsgelehrten entgegenhält. Petrus scheint in vie-

---

397 Ceterum forcior et melior est cognicio per experientiam quam per argumentum, sicut patet in omnibus, ut si aliquis habeat argumentum quod ignis calidus et comburens, et alius habeat per experientiam, ille qui habet mille argumenta non fugiet combustionis periculum sicut ille qui modicam habet experientiam combustionis (Roger Bacon, *Communia mathematica*, ed. Steele, S. 122).

398 Nam multa scribunt auctores, et vulgus tenet per argumenta quae fingit sine experientia, quae sunt omnino falsa (Roger Bacon, *Opus maius*, ed. Bridges, Bd. 2, S. 168).

399 Roger Bacon, *Opus maius*, ed. Bridges, Bd. 2, S. 169.

400 Si vero debeant habere experientiam conclusionum suarum particularem et completam, tunc oportet quod habeant per adjutorium istius scientiae nobilis (Roger Bacon, *Opus maius*, ed. Bridges, Bd. 2, S. 173); es ist entscheidend, dass Bacon die *conclusiones* und nicht nur die Prinzipien auf die Erfahrung beziehen möchte; dazu unten näher.

401 Hackett, „Experientia, experimentum and the Perception of Objects", S. 113f.

402 David Lindberg, „Light, Vision, and the Universal Emanation of Force", S. 267.

403 Zu Petrus siehe Beaujouan, „L'interdépendence entre la science scolastique et les techniques utilitaires"; Edward Grant, „Peter Peregrinus", in: *Dictionary of Scientific Biography*, Bd. x, hg. von Charles Coulston Gillispie, New York 1974, S. 532–540.

ler Hinsicht die gleichen Ansichten vertreten zu haben wie Bacon, führt er doch in seiner *Epistola de Magnete* ebenso praktische Anwendungsmöglichkeiten des Magneten vor. So dachte er etwa daran, diesen mit dem Astrolab zu kombinieren, um eine astronomische Navigation zu ermöglichen.[404] Petrus trug, nach dem Zeugnis Bacons, den Titel eines Magister und möglicherweise war er in den 1260er Jahren an der Artistenfakultät der Universität Paris aktiv. Jedenfalls müssen er und Roger Bacon in dieser Zeit in Kontakt gewesen sein, da Petrus Ende der 6oer Jahre Paris schon verlassen hatte und in den Diensten Karls von Anjou stand – möglicherweise als Militäringenieur.[405] Vieles deutet darauf hin, dass Roger Bacon das experimentelle Verfahren, das er propagierte, gemeinsam mit Petrus de Maricourt praktizierte, der genauso wie Bacon eine Randfigur im Umfeld der Universität darstellt. Jeremiah Hackett sieht Bacon gleichsam als Sprachrohr ihres gemeinsamen Projekts, das sich von der „verbalen Kultur" der Universität so deutlich unterschied.[406]

Bacons Modell der Experimentalwissenschaft, das hier nur in ganz groben Zügen skizziert wurde, hat in der Forschung verschiedene, mitunter sehr kontrovers diskutierte Fragen aufgeworfen. Geht Bacon mit der *Scientia experimentalis* über den schon bei Aristoteles angelegten ‚Empirismus' hinaus? Inwieweit profitierte er mit seinem Ansatz von den methodologischen Überlegungen Robert Grossetestes? Wie kann sein spezifisches und im 13. Jahrhundert singuläres Konzept erklärt werden? Und schließlich: Wenn Bacon über Aristoteles hinausgeht, antizipierte er dann bereits die Methoden moderner Wissenschaft? Die Frage nach Bacons Modernität ist besonders komplex und soll weiter unten noch einmal im Kontext der Debatte um den Beginn der modernen Wissenschaft und die vermeintliche oder tatsächliche Antizipation der ‚Scientific Revolution' im 13. Jahrhundert aufgegriffen werden. Zunächst sei aber kurz etwas zu den Antworten gesagt, welche die Forschung auf die Frage nach dem Verhältnis von Aristoteles, Robert Grosseteste und Roger Bacon gegeben hat. Die Erklärungen, die für Bacons Ansatz formuliert wurden, sind mit diesen Antworten eng verbunden.

---

404   Per hoc instrumentum diriges gressus tuos ad civitates et insulas et loca mundi quecumque, ubicumque fueris in terra vel in mari (Petrus de Maricourt, *Epistola de magnete*, zit. nach Beaujouan, „L'interdépendence entre la science scolastique et les techniques utilitaires", S. 18).

405   Grant, „Peter Peregrinus", S. 533.

406   „But in the light of Bacon's apologia, it is easy to see that he is a spokesperson for those like Petrus de Marancuria, *Dominus experimentorum* at the University of Paris. And in that role, we must see him as a retired Professor who acts as an advocate for science in what was a strongly verbal and bookish culture" (Hackett, „Roger Bacon on Scientia Experimentalis", S. 314).

5.5.2 Wegbereiter des Experimentators? Aristoteles, Robert Grosseteste und die Pariser Scholastik

Jeremiah Hackett hat sich in mehreren Publikationen einschlägig zu den skizzierten Fragen geäußert.[407] Das fundamental Neue, das Bacon in die Wissenschaft des 13. Jahrhunderts einführt, besteht für Hackett in der Vorstellung eines *kontrollierten Experiments*. Dies sei freilich noch nicht das neuzeitliche Labor-Experiment mit seinen spezifischen Apparaturen und Requisiten, aber die Idee des künstlich arrangierten Experiments sei bei Bacon bereits gegeben. Robert Grosseteste hingegen, dem man in der Forschungsgeschichte ebenfalls die Begründung des experimentellen Verfahrens zugeschrieben hat,[408] artikuliere zwar in der Tat einen Begriff des *experimentum*, verbleibe damit aber insgesamt weitgehend im Horizont der aristotelischen Erkenntnistheorie.[409] Aristoteles lässt bekanntlich den Erkenntnisprozess mit der sinnlichen Wahrnehmung beginnen, aus der Erinnerung entsteht, deren Wiederholung schließlich zu ‚Erfahrung' (hier verstanden als akkumulierte Erinnerung) führt, welche die Voraussetzung ist, um zu einem Wissen von allgemeinen Prinzipien zu gelangen.[410] Unabhängig von der konkreten Terminologie des Aristoteles kommt es hier darauf an, dass die Erkenntnis universeller Prinzipien mit Erfahrungsdaten verbunden ist. Indem Grosseteste, der sich in seinem Kommentar zu den *Zweiten Analytiken* um eine Systematisierung der Wissenschaftstheorie bemüht,[411] die Verifikation der abgeleiteten Prinzipien wiederum an eine Bestätigung durch die Erfahrung rückbindet, geht er zwar grundsätzlich über Aristoteles hinaus; zu einem expliziten Begriff des *Experiments* gelangt Grosseteste jedoch, wie Hackett festhält, noch nicht, weder in seiner Erkenntnistheorie, noch in seiner wissenschaftlichen Praxis. Wenn Grosseteste von *experimenta* spreche, dann beziehe er sich meist auf Berichte aus anderen Texten.[412] Roger Bacon hingegen lässt, so Jeremiah Hackett, diese

---

407 Hackett, „Roger Bacon on Scientia Experimentalis"; Hackett, „Experientia, Experimentum and Perception of Objects in Space"; Jeremiah Hackett, „Scientia Experimentalis: From Robert Grosseteste to Roger Bacon", in: *Robert Grosseteste: New Perspectives on His Thought and Scholarship*, hg. von James McEvoy, Turnhout 1995, S. 89–119.

408 Alistair Crombie, *Robert Grosseteste and the Origins of Experimental Science, 1200–1700*, Oxford 1953; siehe ebenso: Steven P. Marrone, *William of Auvergne and Robert Grosseteste: New Ideas of Truth in the Early Thirteenth Century*, Princeton 1983; dazu unten ausführlicher.

409 Hackett, „Experientia, Experimentum and the Perception of Objects in Space", S. 106f.

410 Aristoteles, *Metaphysik*, Buch I,1; *Zweite Analytiken*, Buch II,19.

411 Andreas Speer, „Scientia demonstrativa et universaliter ars faciens scire. Zur methodischen Grundlegung einer Wissenschaft von der Natur durch Robert Grosseteste", in: Fidora/Lutz-Bachmann (Hg.), *Erfahrung und Beweis*, S. 25–40.

412 Hackett, „Experientia, Experimentum and the Perception of Objects in Space", S. 106.

aristotelischen Ansätze hinter sich, einerseits, weil er sich stärker auf seine eigenen Beobachtungen und Experimente stützt, andererseits aber besonders
auch deshalb, weil er – auf methodologischer Ebene – nicht nur die ohnehin
aus der Erfahrung abstrahierten Prinzipien, sondern ebenso die logischen
Schlussfolgerungen, die *conclusiones*, die aus den Prinzipien deduziert werden, durch die Erfahrung überprüfen möchte.[413] Der Grund, warum dies hier
so wichtig ist, scheint auf der Hand zu liegen: Denn mit einer solchen Methode
kommt Bacon, wenn auch nur in der Theorie, dem hypothetisch-deduktiven
Verfahren der modernen Wissenschaft, das deduktiv hergeleitete Hypothesen
einem experimentellen Test unterzieht, in der Tat gefährlich nahe.

    Es ließen sich freilich noch viele weitere Aspekte nennen, mit denen Roger
Bacon über Robert Grosseteste hinausgeht. Dies gilt bereits für den bei weitem größeren Umfang der Ausführungen und die Vehemenz, mit der Bacon
das Erfahrungswissen propagiert. Allein die Tatsache, dass er eine eigene *Scientia experimentalis* konzipiert hat, spricht für sich. Doch es gilt ebenso für die
Resultate der Erfahrungswissenschaft. Die Theorie des Regenbogens, zu der
beide Wissenschaftler beigetragen haben, illustriert dies besonders eindrücklich.[414] Roger Bacon hält fest, dass weder Aristoteles noch Avicenna oder Seneca in ihren naturphilosophischen Schriften eine hinreichende Erklärung für
den Regenbogen liefern. Die *Scientia experimentalis* aber könne dies sichern:
„*Sed scientia experimentalis ista certificat*".[415] Nach Bacon kann das Phänomen
des Regenbogens nur durch Erfahrung und durch den „Experimentator" erschlossen werden: „Der Experimentator versucht herauszufinden, ob der Regenbogen durch einfallende Strahlen, durch Reflexion oder durch Refraktion
entsteht; ebenso ob er ein Bild der Sonne darstellt, so wie es in der *Perspectiva*
vermutet wurde, oder ob es sich um reale Farben handelt; auch geht es um die
Varianten des Bogens und die Gründe seiner Gestalt [...]. Aber um diese Dinge
zu verstehen, ist es notwendig, dass sichere Experimente gemacht werden

413   Hackett, „From Robert Grosseteste to Roger Bacon", S. 107; Jeremiah Hackett, „Experience
         and Demonstration in Roger Bacon: A Critical Review of some Modern Interpretations",
         in: Fidora/Lutz-Bachmann (Hg.), *Erfahrung und Beweis*, S. 41–58, S. 47; dass dies bei
         Grosseteste noch nicht der Fall ist, betont ebenso Steven Marrone: „It is important to re-
         member that Grosseteste held that the principles of science were verified by experiment,
         but not the conclusions" (Marrone, *William of Auvergne and Robert Grosseteste*, S. 276).
414   David Lindberg, „Roger Bacon's Theory of the Rainbow: Progress or Regress", in: *Isis*
         57 (1966), S. 235–248; Hackett, „Roger Bacon on Scientia Experimentalis"; Hackett,
         „Experimentum, Experientia and the Perception of Objects in Space", S. 115f.
415   Sed nec Aristoteles nec Avicenna in suis naturalibus hujusmodi rerum notitiam nobis de-
         derunt, nec Seneca, qui de eis librum composuit specialem. Sed scientia experimentalis
         ista certificat (Roger Bacon, *Opus maius*, ed. Bridges. Bd. 2, S. 173).

(*experientiis certis*)".⁴¹⁶ Bacon beschreibt die Beobachtung des Regenbogens:
Da sich der Bogen parallel zu zwei verschiedenen Beobachtern bewegt, die
sich ihm von unterschiedlichen Positionen aus nähern, ist es nicht möglich,
dass zwei Beobachter ein und denselben Regenbogen zu sehen. Daher kommt
Bacon zu dem Schluss, dass der ‚Spiegel', der die Strahlen zum Beobachter reflektiert, nicht in der Oberfläche der gesamten Wolke bestehen kann (dies war
die Meinung von Robert Grosseteste); vielmehr haben alle Regentropfen die
Natur eines Spiegels und daher verändert sich der Ort der Reflexion entsprechend der Position des Beobachters und des Urteils seiner Sicht.⁴¹⁷ Wie David
Lindberg betont hat, ist Bacons Theorie ein eindeutiger ‚Fortschritt' gegenüber
Grosseteste. Auch wenn seine Diskussion des Regenbogens teilweise ebenfalls
von Vorlagen in der Literatur abhängt, ist es unbestreitbar, dass er diese Vorlagen äußerst kritisch diskutiert und seine eigene Stellungnahme mit Rekurs
auf die Erfahrung begründet. Gänzlich unbestritten ist Bacons Originalität
schließlich in einem Punkt: Als erster Gelehrter überhaupt gibt er den korrek-
ten Wert von 42 Grad für die maximale Höhe des Regenbogens an. Es besteht
kein Zweifel daran, dass er diese Messung selbst mit dem Astrolab vorgenommen hat.⁴¹⁸

Alle diese Feststellungen spielen Jeremiah Hackett freilich prinzipiell in die
Karten. Für den signifikanten Unterschied zwischen Robert Grosseteste und
Roger Bacon, um den es ja an dieser Stelle ging, hat Hackett indes eine prä-
gnante Erklärung. Der Grund dafür, dass Bacon im Gegensatz zu Grosseteste
wesentlich über die aristotelische *empeiria* hinausgeht und einen Begriff des
‚Experiments' entwickelt, wie er bei Aristoteles nicht begegnet, liegt für Hak-
kett darin, dass Bacon die Optik des arabischen Mathematikers Alhazen (Ibn
al-Haytham) rezipierte, in der ein solches Konzept enthalten sei. Alhazen habe
Bacon eine neue Vorstellung von *experientia* vermittelt, die einen gezielten experimentellen Test vorsieht und insofern zur Grundlage der *Scientia experimentalis* wurde.⁴¹⁹ Die Frage, warum die Lektüre Alhazens aber nur bei Roger

---

416   Experimentator ulterius inquirere nititur annon fiat iris per radios incidentes vel per re-
      flexionem vel per refractionem, et an sit solis imago, ut suppositum est in his quae de
      Perspectiva dicta sunt, et an sint veri colores in ipsa nube, et de varietate, et de causa
      figurationis [...]. Sed ad haec intelligenda necessarium est uti experientiis certis (Roger
      Bacon, *Opus maius*, ed. Bridges, Bd. 2, S. 185).
417   [...] praecipue cum speculum non in superficie sit, sed in profundo, quum tota materia
      rorationis habet naturam speculi, et ideo locus reflexionis mutat situm sensibiliter se-
      cundum judicium visus (Roger Bacon, *Opus maius*, ed. Bridges, Bd. 2, S. 189).
418   Lindberg, „Roger Bacon's Theory of the Rainbow: Progress or Regress".
419   „But absent from the Grosseteste corpus is a knowledge of Alhazen's ‚De aspectibus'. [...]
      I wish to argue that it is this ‚new' concept of experiment which Bacon takes over from
      writers on astronomy, including Abu Mashar and especially from the Optics of Alhazen,

Bacon zur Konzeption einer *Scientia experimentalis* und einer Methode zur systematischen Überprüfung von *conclusiones* führte, obwohl der Text doch auch zahlreichen anderen Gelehrten zur Verfügung stand, stellt sich Hackett allerdings nicht.

Während Hackett den prinzipiellen Einfluss von Robert Grosseteste auf Roger Bacon, den Richard Southern und Alistair Crombie als meinungsbildende Autoritäten besonders stark gemacht haben,[420] jedoch nicht grundsätzlich bestreitet,[421] hat Steven J. Williams eine gänzlich andere Sichtweise auf dieses Verhältnis formuliert. Für Williams steht fest, dass Bacons Experimentalwissenschaft nicht durch Grosseteste und dessen vermeintliche ‚Oxforder Schule‘, sondern durch den intellektuellen Kontext an der Universität Paris geprägt wurde. Nicht nur spreche alles dafür, dass Grosseteste und Bacon nie in einem Lehrer-Schüler-Verhältnis standen, auch sei es wahrscheinlicher, dass Bacon seinen Magister um 1237 in Paris, nicht in Oxford gemacht habe.[422] Dass Bacons Ansichten durch und durch kontinental, nicht insular geprägt seien, begründet Williams mit den zahlreichen Einflüssen, denen Bacon in seinem Pariser Umfeld ausgesetzt war. Besonderes Gewicht komme dabei dem Umstand zu, dass die Scholastik in Paris, ausgehend von Aristoteles, ohnehin immer schon einen empirischen Ansatz transportierte, da *experientia* ein zentraler Begriff ihrer Erkenntnistheorie sei. Schließlich fügt Williams hinzu, dass der allgemeine kulturelle Kontext des Hochmittelalters einen experimentellen mentalen Habitus hervorgebracht habe, wie sich in der Suche nach religiöser Erfahrung oder dem Erfahrungswissen der Experten in Handwerk, Kunst und Kriegstechnik zeige.[423] Dies alles lag insbesondere in Paris ‚in der Luft‘ und indem Bacon diese Luft „atmete", musste es einfach sein Denken beeinflussen.[424] Von einem „english mind" könne bei Roger Bacon jedenfalls keine Rede sein.

---

that lays the foundation for his peculiar *scientia experimentalis*. This is only briefly set out in the short works by Robert Grosseteste. And thus, it is as a medieval Latin scientist who learned from and continued the work of Alhazen that Bacon should be appreciated" (Hackett, „Experimentum, Experientia and the Perception of Objects in Space", S. 108f).

420 „The writer who most thoroughly grasped, and who most elaborately developed Grosseteste's attitude to nature and theory of science was Roger Bacon" (Crombie, *Robert Grosseteste and the Origins of Experimental Science*, S. 139).

421 Hackett, „From Robert Grosseteste to Roger Bacon".

422 Steven J. Williams, „Roger Bacon in Context: Empiricism in the High Middle Ages", in: Bénatouil/Draelants (Hg.), *Expertus sum*, S. 123–144, S. 126f.

423 Williams, „Roger Bacon in Context", S. 136f.

424 „Bacon grew up in the middle of this; he necessarily ‚breathed‘ this atmosphere. It does not seem a strech to claim that it must have affected his thinking" (Williams, „Roger Bacon in Context", S. 138).

Der Versuch, Bacons Konzept stärker aus seinem Pariser Umfeld sowie aus den allgemeinen gesellschaftlichen Rahmenbedingungen heraus zu erklären, trifft sich mit dem in dieser Arbeit vertretenen Ansatz in wichtigen Aspekten. Andererseits bleibt die Annahme, dass der historische Kontext der Wissenschaft ‚irgendwie‘ auf das Denken der Gelehrten einwirkt, die Inhalte von Theorien und Ideen also in einem vagen kausalen Verhältnis zu allgemeinen gesellschaftlichen Faktoren stehen, freilich in mancher Hinsicht wenig befriedigend, wie die leicht hilflose Formulierung, „it must have affected his thinking", offensichtlich macht. Die Probleme eines solchen ‚Kurzschlusses‘ (Bourdieu) wurden bereits angesprochen und werden an anderer Stelle wieder begegnen. Worum es hier geht, ist vielmehr ein anderer Punkt. Eines der zentralen Argumente von Williams besteht darin, dass Bacon von dem ‚Empirismus‘ beeinflusst war, den die Scholastik von Aristoteles übernommen hatte. Aristoteles, so scheint die Vorstellung zu sein, hat der Scholastik eine empirische Erkenntnistheorie vererbt, die Roger Bacon aufnahm und, von weiteren Einflüssen motiviert, besonders emphatisch artikulierte.

Jeremiah Hackett hatte demgegenüber eine andere Perspektive eingenommen: Ihm ging es gerade darum, zu zeigen, dass Bacon mit seinem Begriff von *experientia* über die aristotelischen Grundlagen (und damit auch über andere Scholastiker) weit hinausgeht. Freilich gibt es gute Gründe, warum Hackett auf diesem Punkt insistiert. Denn die Entscheidung über Bacons Modernität schien nicht zuletzt davon abzuhängen, ob seine Konzeption der *Scientia experimentalis* mehr ist als die aristotelische *empeiria*, oder ob sie in deren Schatten verbleibt. Im Hintergrund dieser Frage steht für Hackett das Urteil Martin Heideggers, mit dem er sich auseinandersetzt: „Daher ist es ein grundsätzlicher Irrtum und Verwirrung der wesentlichen Vorstellungen, davon zu reden [...], die neuzeitliche Wissenschaft beginne schon im Mittelalter, weil z.B. Roger Bacon vom experiri und experimentum handelt und dabei auch von Quantitäten redet. Wenn schon, dann zurück zur Quelle dieser mittelalterlichen ‚Modernität‘: Aristoteles, empeiria".[425] Für Heidegger hat Bacons Ansatz nichts mit dem Experiment der modernen Wissenschaft zu tun, vielmehr bleibe er in jeder Hinsicht ein Epigone von Aristoteles.[426]

Es sollte aus den bisherigen Ausführungen bereits deutlich geworden sein, dass dieses harsche Urteil Heideggers nicht haltbar ist. Bacon artikuliert sehr wohl einen Begriff des experimentellen Tests, der sich bei Aristoteles nicht findet. Es geht ihm nicht nur darum, von der Beobachtung ausgehend zur

---

425 Martin Heidegger, *Beiträge zur Philosophie* (*Vom Ereignis*), zit. nach Hackett, „Experience and Demonstration", S. 55, Anm. 57.

426 Hackett, „Experience and Demonstration", S. 56.

Erkenntnis allgemeiner Prinzipien zu gelangen, sondern darum, die aus Prinzipien deduzierten Schlussfolgerungen empirisch zu überprüfen. Man muss sich darüber im Klaren sein – dies muss hinzugefügt werden, um Hacketts Argumentation (und Heideggers Protest) zu verstehen –, dass die gezielte Überprüfung einer deduktiv hergeleiteten Schlussfolgerung nichts mit der neutralen Naturbeobachtung zu tun hat, welche der aristotelischen *empeiria* zugrundeliegt.[427] Für Aristoteles kann es kein ‚Experiment' geben, weil ein gezielter Test ein *künstliches Arrangement* voraussetzen würde. Die Erkenntnis der *Natur* einer Sache ist für Aristoteles aber nur möglich, wenn sie in ihrer natürlichen Umgebung (neutral) *beobachtet* wird. Viele Beobachtungen führen dann zu ‚Erfahrung', die wiederum allgemeine Aussagen erlaubt. Eine *zusätzliche*, künstlich herbeigeführte Erfahrung, bei der etwa auch artifiziell hergestellte Instrumente zum Einsatz kommen, wie Bacon fordert, wäre dann gänzlich überflüssig, weil die Natur der Sache bereits hinreichend erkannt wurde.[428] Insofern stellt Bacons Experimentalwissenschaft durchaus einen erheblichen Bruch mit der aristotelischen Episteme dar. Hackett ist in diesem Sinne also gänzlich beizupflichten, wenn er Heidegger widerspricht und den Unterschied Bacons zu Aristoteles hervorhebt.

Aber bedeutet dies – darauf wollten diese Ausführungen hinaus –, dass Steven J. Williams seinem Helden in den Rücken fällt, wenn er behauptet, Bacons Experimentalwissenschaft stehe im Kontext eines allgemeinen, auf Aristoteles gestützten scholastischen Empirismus? Freilich, die Hinwendung zum *Experiment* ist damit nicht erklärt. Aber selbst wenn sein Erklärungsansatz zu kurz greift und Bacons Spezifizität nicht in den Blick bekommt, könnte doch keine Rede davon sein, dass Bacons Begriff von *experientia* gar nichts mit dem aristotelischen Empirismus der Scholastik zu tun hätte. Auch Hackett hat keinesfalls bestritten, dass Bacon, selbst wenn er von dem experimentellen Konzept Alhazens beeinflusst war, auf den Grundlagen der aristotelischen Erkenntnistheorie aufbaute, die den Scholastikern gemeinsam waren. Doch ist das Problem damit gelöst? Haben beide Positionen also gewissermaßen Recht, so dass man sagen könnte, dass Roger Bacon der empirischen Methode, welche die Scholastik ohnehin praktizierte, einen Begriff des experimentellen Tests hinzufügte und insofern *in dieselbe Richtung*, nur eben ein Stück weiter ging? Das Problem wirkt auf den ersten Blick banal, doch offenbart sich bei genauerem Hinsehen eine grundlegende Paradoxie, die bislang keine befriedigende

---

427 Heß, „Erfahrung und Intuition bei Aristoteles"; Detel, „Logic and Experience in Aristotle".

428 Hakob Barseghyan, *The Laws of Scientific Change*, Cham 2015, S. 143ff, 181; dies ist freilich eines der Argumente für die nach wie vor verbreitete Anschauung, dass es im Mittelalter – unter den Epigonen des Aristoteles – kein ‚Experiment' gegeben haben könne.

Auflösung gefunden hat. Denn wenn die Aristoteliker der Universität Paris ihre philosophischen Prinzipien aus eigenen Beobachtungen ableiteten, wie es die aristotelische Erkenntnislehre vorschreibt, und in diesem Sinne tatsächlich, wenn auch nicht experimentell, so doch empirisch verfuhren, wie kommt Roger Bacon dann dazu, ihnen vorzuwerfen, dass ihr Wissen ausschließlich auf Autoritäten und Argumenten beruhe? Wenn der Aristotelismus der Scholastik eine empirische Praxis impliziert, warum behauptet Bacon dann, das *vulgus philosophorum* hätte nicht einmal genug Erfahrung, um sich am Feuer nicht die Finger zu verbrennen?

Um diese Fragen zu beantworten, sind einige Unterscheidungen nötig. Es ist richtig, dass einzelne Scholastiker des 13. Jahrhunderts, besonders Robert Grosseteste und Albertus Magnus, ausgehend von Aristoteles einen dezidierten Empirismus entwickelten und, zumindest in Alberts Fall, auch praktizierten.[429] Es ist ebenso richtig, dass die empirische Methode im 14. Jahrhundert, wie wir noch sehen werden, unter bestimmten Bedingungen weiter zunehmen wird.[430] Doch kann man dies für ‚die Scholastik' des 13. Jahrhunderts verallgemeinern? In dem Sinne, dass Bacons *Scientia experimentalis* durch den allgemeinen Empirismus der Pariser Scholastik direkt befruchtet wurde, wie Williams annimmt? Gegenüber dieser Vorstellung wird hier eine andere Sichtweise vorgeschlagen: Bacons Verhältnis zur universitären Scholastik war gerade nicht durch *Einfluss*, sondern durch *Abgrenzung* gekennzeichnet. Roger Bacon hatte seine scholastische Ausbildung an der Pariser Artistenfakultät erfahren. An der Universität Paris kann aber, jedenfalls noch im 13. Jahrhundert, von einem tatsächlichen ‚Empirismus' keine Rede sein. Der Fehler, den Steven J. Williams und andere begehen, besteht darin, dass sie den Empirismus des Aristoteles voreilig mit der wissenschaftlichen Praxis der Scholastiker gleichsetzen, die Aristoteles lesen. Die Scholastiker der Universität, in jedem Fall die Philosophen der Artistenfakultät, die den Aristotelismus zelebrierten, rezipierten zwar die aristotelischen Schriften, in denen Aristoteles selbst ein empirisches Verfahren propagiert, doch überführten sie den von Aristoteles vorgeführten Erkenntnisprozess nicht ohne weiteres in eigene empirische Praktiken. Dass die aristotelischen Werke gelesen und kommentiert wurden, bedeutet nicht, dass das darin anzutreffende Verfahren notwendigerweise zu

---

429 Paul Hoßfeld, *Albertus Magnus als Naturphilosoph und Naturwissenschaftler*, Bonn 1983; Ruedi Imbach, „Expertus sum. Vorläufige Anmerkungen zur Bedeutung des Verbs ‚experiri' bei Albert dem Grossen, Siger von Brabant und Thomas von Aquin", in: *Les innovations du vocabulaire latin à la fin du moyen âge. Autour du glossaire du latin philosophique*, hg. von Olga Weijers/Iacopo Costa/Adriano Oliva (Studia Artistarum 24), Turnhout 2010, S. 61–88; Marrone, *William of Auvergne and Robert Grosseteste*.

430 Dies wird in Kap. 7 ausgeführt.

eigenen Naturbeobachtungen geführt hätte. Die Universitätsphilosophie blieb zunächst eine Textwissenschaft, die ihre Prinzipien nicht primär aus eigenen Beobachtungen ableitete, sondern aus den Schriften von Aristoteles (der sie seinerseits durch Beobachtung gewonnen hatte) übernahm. Die Rezeption des aristotelischen Empirismus impliziert insofern nicht zwangsläufig eine empirische Methode, ja sie konnte sogar in die gänzlich entgegengesetzte Richtung gehen.[431]

Indem sich Bacons Erfahrungswissenschaft gerade gegen eine derartige Buchgelehrsamkeit richtet, stellt sie keine Weiterführung des ‚scholastischen Empirismus‘, sondern vielmehr einen radikalen Bruch mit der epistemischen Kultur der Universität dar. Dem akademischen Textstudium, das in Bacons Wahrnehmung jeder konkreten Erfahrung und materiellen Praxis entbehrt, wird das Konzept einer praktisch operierenden experimentellen Wissenschaft gegenübergestellt, welche die logozentrischen Prinzipien der Scholastik, die Autoritäten und Argumente, mit nicht-diskursiven epistemischen Praktiken konfrontiert. Dies ist keine Übernahme, sondern eine Abkehr.

5.5.3   *Abkehr im Kostüm des Anschlusses: Aneignung des Aristoteles*
Damit scheint die Sache auf der Hand zu liegen: Steven J. Williams sieht die Dinge grundlegend falsch, wenn er sagt, Bacons *Scientia experimentalis* sei gleichsam eine Verlängerung und Weiterführung des aristotelischen Empirismus der Scholastik. Doch so gerne ich es bei dieser Feststellung belassen würde, so bleibt eine letzte Ungereimtheit, die es erfordert, den Blick noch einmal zu wenden. Wurde oben nicht explizit gesagt, dass Roger Bacon, bei aller Neuorientierung, dennoch auf den Grundlagen der aristotelischen Erkenntnistheorie aufbaut, welche die Scholastik systematisierte (wenn auch nicht zwangsläufig praktizierte)? Würde das denn nicht doch, zumindest auf dieser Ebene, für eine gewisse Kontinuität, für einen Einfluss und weniger für radikale Differenz sprechen? Wie soll es gehen, dass ein wissenschaftliches System, dessen Paradigma die aristotelische Naturphilosophie ist, gar nichts mit Empirismus zu tun hat, während ein anderer Philosoph auf der Grundlage *derselben Philosophie* ein radikal empirisches Programm propagiert? Hier steht bereits die nächste Paradoxie vor der Tür. Der Anschein des Ungereimten, der sich dabei einstellt, ist freilich ein alter Bekannter. Nicht anders war es nämlich bei der Rolle der Ethik: Kann die Philosophie der Universität wirklich ‚nutzlos‘ sein, wenn sie sich mit *praktischer* Philosophie befasst? Und knüpfen Roger

---

431   Wir werden später sehen, dass diese Disposition am Beginn des 14. Jahrhunderts aufbrechen wird; zu Bacons Zeit war davon jedoch noch nichts zu spüren.

Bacon und andere Autoren nicht nahtlos an diese Philosophie an, wenn sie die Inhalte der *Nikomachischen Ethik* nützlich applizieren?

Das Missverständliche und Verwirrende, das den Eindruck der Paradoxie erweckt und die Komplexität des Problems ausmacht, besteht gerade darin, dass sich Bacon für sein Konzept einer radikal erfahrungsbasierten Wissenschaft *ebenfalls auf Aristoteles beruft*. Dieselben Texte, die an der Universität kommentiert werden, erscheinen auch in Bacons *Scientia experimentalis* an zentraler Stelle, was eine enge Verknüpfung suggeriert. Den Schlüssel für das hier umrissene Problem liefert, wie im Falle der Ethik, die Kategorie der *Rezeption*. Die Universitätsphilosophen und Roger Bacon greifen mit jeweils fundamental divergierenden *Rezeptionseinstellungen* auf die Schriften des Aristoteles zu. Ohne jede Frage enthält die aristotelische Philosophie einen *potentiellen* Empirismus, doch wurde dieser im kommunikativen System der Universitätsphilosophen nicht *aktualisiert*, nicht in eine tatsächliche empirische Praxis überführt. Denn die spezifische Logik, nach der dieses System operierte, zielte auf Abstraktion und einen Kult der Theorie, der von den konkreten Dingen der Welt wegführte. Dies war durch die sozialen Kontexte bedingt, in denen die Rezeption des aristotelischen Oeuvre stattfand.[432] Roger Bacon hingegen, der sich gerade von dieser epistemischen Orientierung abgrenzt, entwickelt eine Rezeptionshaltung, die zu einer gänzlich anderen Aktualisierung der aristotelischen Ansätze führte. Und es war, wie noch genauer auszuführen ist, eben der Akt der Abgrenzung von der (als Problem wahrgenommenen) „bookishness" der Universitätsphilosophie, der diese spezifische Rezeptionseinstellung Bacons generierte.

Dass Bacon die aristotelischen Schriften *aktiv rezipierte* und eigenwillig für seine Konzeption adaptierte, zeigt sich in seinen Ausführungen zur *Scientia experimentalis* in aller Deutlichkeit. Um die Überprüfung der Ergebnisse von Syllogismen an der Erfahrung zu begründen, beruft sich Bacon explizit auf Aristoteles. Da sich ein solches Vorgehen bei Aristoteles aber gar nicht findet, interpretiert Bacon die Aussage kurzerhand in seinem Sinne: „Denn Aristoteles sagt, dass eine syllogistische Beweisführung zu Wissen führt; dies ist allerdings so zu verstehen, dass dem nur dann so ist, wenn die Erfahrung folgt und es nicht bei der nackten Demonstration bleibt".[433] Gleich im Anschluss daran kommt Bacon auf die bekannte Stelle aus der Metaphysik zu sprechen, an der Aristoteles die *ars* über die *experientia* stellt, mit der Begründung, die *ars* lehre

---

432   Siehe oben Kap. 3.4.3 (Die Philosophen und die ‚Erfahrung').

433   Quod ergo dicit Aristoteles quod demonstratio syllogismus est faciens scire, intelligendum est si experientia comitetur, et non de nuda demonstratione (Roger Bacon, *Opus maius*, ed. Bridges, Bd. 2, S. 168).

das ‚Warum' und die Ursachen (*propter quid*), während die Erfahrung lediglich zeige, ‚dass' etwas so ist, wie es ist (*quia*). Bacon argumentiert, dass Aristoteles, wenn er sagt, die Kenner der *causae* und *rationes* seien weiser als die Erfahrenen (*expertis*), nur die Erfahrenen meine, die kein Wissen von den Gründen haben. Dies schließt aber für Bacon nicht aus, dass es daneben ‚Experten' gibt, welche die Gründe gerade durch die Erfahrung kennen. Und eben diesen Expertentypus meint Bacon selbst: „*Sed hic loquor de experto, qui rationem et causam novit per experientiam*".[434] Während Bacon hier, rezeptionstheoretisch gesprochen, eine ‚Leerstelle' ausfüllt, indem er einen Experten definiert, den es bei Aristoteles nicht gibt, versucht er anschließend, eben diesen Typus wiederum Aristoteles in die Schuhe zu schieben. Denn genau solche ‚Experten' habe Aristoteles im Sinn, wenn er im sechsten Buch der *Nikomachischen Ethik* von den vollkommenen Weisen (*perfecti in sapientia*) spreche.[435] Es sei hier nur am Rande darauf verwiesen, dass dies eine spezifische Aneignung des Weisheitsbegriffs ist, wie es schon in anderem Zusammenhang beobachtet wurde. Arnulf von der Provence hatte die Weisheit, ebenfalls unter Berufung auf das sechste Buch der *Nikomachischen Ethik*, als intellektuelle Vervollkommnung des Menschen (durch Erkenntnis) definiert, während Brunetto Latini seinen Begriff der *sapience* auf politische Nützlichkeit ausrichtet.[436] Für Roger Bacon ist der vollkommene Weise ein Träger von Erfahrungswissen.

Angesichts dieser textuellen Strategie der ‚Einschreibung' in einen aristotelischen Diskurs und der Adaptation von Aristoteles für den eigenen Ansatz wird es verständlich, warum jemand wie Heidegger der Meinung war, Roger Bacon sei gänzlich ein Epigone des Stagiriten. Doch das oben angeführte Zitat macht gleichzeitig deutlich, dass Heidegger mit ziemlicher Emphase darauf pocht, dass es ein „grundsätzlicher Irrtum und Verwirrung der wesentlichen Vorstellungen" sei, wenn man davon ausginge, dass Bacon die aristotelische *empeiria* hinter sich lasse und bereits Konzepte moderner Wissenschaft antizipiere. Heideggers Nachdruck in dieser Sache ist indessen ein Reflex auf gewisse Tendenzen in der Interpretation Roger Bacons, die seinen Widerspruch provozierten. Während die visuelle Wissenschaftsgeschichte Raoul Dufys eine Deutung ins Werk setzt, die auf einer langen und bislang allgemein akzeptierten Tradition beruhte, hatten sich seit Beginn des 20. Jahrhunderts neue Sichtweisen abgezeichnet, die Bacon eine andere historische Rolle zuschrieben als

---

434   Roger Bacon, *Opus maius*, ed. Bridges, Bd. 2, S. 168.

435   Et hi sunt perfecti in sapientia, ut Aristoteles vult sexto Ethicorum, quorum sermonibus simplicibus tunc credendum est ac si afferent demonstrationem, ut dicit ibidem (Roger Bacon, *Opus maius*, ed. Bridges, Bd. 2, S. 168).

436   Arnulf von der Provence, *Divisio Scientiarum*, ed. Lafleur, S. 312; Brunetto Latini, *Li livres dou tresor*, ed. Carmody, S. 17, 393f; siehe oben Kap. 5.2.1.

bisher. Um zu verstehen, was in dieser Debatte verhandelt wurde, muss ein kurzer Blick auf die rivalisierenden Narrative geworfen werden. Diese Betrachtung ist notwendig, um anschließend zu erörtern, ob oder in welcher Hinsicht der in dieser Arbeit vertretene Ansatz einen Beitrag zur Diskussion des Problems leisten kann.

5.5.4   *Vom Ursprung der modernen Wissenschaft*

Die ablehnende Reaktion Heideggers hat nicht nur etwas mit der Interpretation Roger Bacons, sondern vielmehr mit einer im 20. Jahrhundert veränderten Beurteilung des Verhältnisses von mittelalterlicher und moderner Wissenschaft insgesamt zu tun. Dass Bacon ,seiner Zeit voraus' war und in beachtlichem Maße moderne Konzepte vorwegnahm, hatte niemanden gestört, solange nicht in Frage stand, wann die wirkliche Wissenschaft begann. Im 19. Jahrhundert feierten Historiker den Freigeist Roger Bacon, der sich gegen die Beschränkungen der Kirche und des Glaubens auflehnte, um eine weit über seine Zeit hinausweisende experimentelle Wissenschaft zu realisieren.[437] So schrieb etwa Andrew Dickson White 1896: „By him [Bacon], more than by any other man of the Middle Ages, was the world brought into the more fruitful paths of scientific thought – the paths which have led to the most precious inventions; and among these are clocks, lenses, and burning specula, which were given by him to the world, directly or indirectly".[438] Bacon war ein Kuriosum, ein Prophet dessen, was einst kommen würde, aber niemand hätte deshalb daran gedacht, den Beginn der modernen Wissenschaft ins 13. Jahrhundert zu verlegen. Ganz im Gegenteil: Jeder wusste, wann die eigentliche Wissenschaft begann und wer dafür verantwortlich war. Die Philosophen der Aufklärung hatten einen Kanon von Denkern etabliert, der über jeden Zweifel erhaben war. In seinem *Siècle de Louis XIV* von 1751 und vor allem im *Essai sur les mœurs et l'esprit des nations* von 1756[439] präsentierte Voltaire mit Kopernikus, Galileo, Francis Bacon, Robert Boyle und Newton die Heroen der Wissenschaft, welche die Naturphilosophie dazu brachten, die Sprache der Vernunft und der Wahrheit zu sprechen, nachdem die Scholastik der Erkenntnis mehr geschadet hatte, als es die Hunnen und Vandalen jemals vermochten.[440] Ganz

---

437   Power, „Mirror for Every Age"; Lindberg, „Science as Handmaiden", S. 518f.

438   Andrew Dickson White, *A History of the Warfare of Science with Theology in Christendom*, zit. nach: Lindberg, „Science as Handmaiden", S. 519.

439   Voltaire, *Essai sur les moeurs et l'esprit des nations et sur les principaux faits de l'histoire depuis Charlemagne jusqu'à Louis XIII. Introd., bibliographie, notes et index par René Pomeau*, 2 Bde., Paris 1963.

440   Siehe die Zusammenfassung bei David Lindberg, „Conceptions of the Scientific Revolution from Bacon to Butterfield: A preliminary Sketch", in: *Reappraisals of the*

in der Linie Voltaires betonte Condorcet in seiner *Esquisse d'un tableau histo-rique des progrès de l'esprit humain* von 1795[441] die Bedeutung der Wissenschaft für den Fortschritt der Menschheit. Drei Männer waren es für ihn, die dazu, nach einer Phase der völligen wissenschaftlichen Dekadenz, insbesondere bei-getragen hatten: Francis Bacon, Galileo Galilei und René Descartes.[442] An dem Geschichtsbild, das auf diese Weise konstruiert wurde, wagte bis zum Beginn des 20. Jahrhunderts niemand zu rütteln. Was konnte da schon ein isolierter alter Mönch schaden, der auf der Höhe des geistig verdorrten Mittelalters ein wenig über Brennspiegel und Flugmaschinen fantasierte, selbst wenn er dabei von *experiri* und *experimentum* sprach?

Roger Bacon war für das herrschende Narrativ der Wissenschaftsgeschichte so lange harmlos und mit seinen prophetischen Ambitionen unproblematisch, wie er damit eine *Ausnahme* darstellte – der alte Mann alleine im Gras, mit dem zu seiner Zeit niemand sprechen möchte. William Whewell hatte Mitte des 19. Jahrhunderts geschrieben: „Roger Bacon's works are not only so far bey-ond his age in the knowledge which they contain, but so different from the temper of the times, in his assertion of the supremacy of experiment, and in his contemplation of the future progress of knowledge, that it is difficult to conceive *how such a character could then exist*".[443] Solange Bacon durch seine Singularität die allgemeine Wissenschaftsfeindlichkeit des Mittelalters nur-mehr bestätigte, gab es für niemanden einen Grund, seine ‚modernen' Qua-litäten anzuzweifeln. Bacon wurde zu dem Zeitpunkt gefährlich, als seine Modernität nicht mehr gänzlich isoliert zu sein schien. Der französische Phy-siker Pierre Duhem (1861–1916) war der Erste, der die etablierte Ordnung der Wissenschaftsgeschichte fundamental in Frage stellte.[444] Duhem war bei sei-nen historischen Forschungen auf die Traktate des Mathematikers Jordanus de Nemore aus dem 13. Jahrhundert gestoßen und hatte darin zwar keine ex-perimentelle Wissenschaft, wie bei Bacon, dafür aber die Grundlagen der Sta-tik entdeckt, deren Entwicklung man bislang Leonardo da Vinci und Galileo

        Scientific Revolution, hg. von David Lindberg/Robert Westmann, Cambridge 1990, S. 1–26, S. 7f.

441   Marie-Jean Antoine de Caritat de Condorcet, *Esquisse d'un tableau historique des progrès de l'esprit humain*, Paris 1988.

442   Lindberg, „Conceptions of the Scientific Revolution", S. 9.

443   William Whewell, *History of the Inductive Sciences*, Bd. 1, New York 1858, S. 245 (meine Hervorhebung).

444   Murdoch, „Pierre Duhem and the History of Late Medieval Science"; Roger Ariew/Peter Barker (Hg.), *Pierre Duhem: Historian and Philosopher of Science = Synthese* 83 (1990).

zugeschrieben hatte.[445] Damit war, wenn auch in einem anderen Bereich, ein weiterer Aspekt neuzeitlicher Wissenschaft bereits im Mittelalter belegt. Von dieser Entdeckung angespornt forschte Duhem weiter und fand bald in den Philosophen des 14. Jahrhunderts die Bestätigung seiner Annahme, dass die Ursprünge der Wissenschaftsgeschichte viel früher anzusetzen seien: Die Werke von Johannes Buridan, Albert von Sachsen und Nicole Oresme mit ihrem empirischen Verfahren,[446] ebenso wie die Traktate der Pariser Astronomen des 14. Jahrhunderts,[447] schienen zu beweisen, dass die Wurzeln der modernen Physik tief im Mittelalter lagen. Auf der Grundlage dieses Befunds formulierte Duhem eine These, die gerade dadurch revolutionär war, dass sie die wissenschaftliche Revolution als Phänomen leugnete: In seinen *Origines de la statique*, den *Études sur Léonard de Vinci*[448] und vor allem dem monumentalen Werk *Le système du monde*[449] explizierte Duhem seine Sichtweise, dass die Errungenschaften des 17. Jahrhunderts alles andere als schlagartige Veränderungen darstellten, sondern aus den Entwicklungen hervorgingen, die seit langem in der mittelalterlichen Theoriebildung auf dem Weg gewesen waren.[450]

Einmal in der Welt, fand Duhems These von der Kontinuität zwischen mittelalterlicher und moderner Wissenschaft rasch Anhänger. Es muss hier besonders auf die historiographische Arbeit Lynn Thorndikes (1882–1965) hingewiesen werden, der sich in einflussreichen Publikationen darum bemühte,

---

445 Zu Jordanus siehe Marshall Clagett, *The Science of Mechanics in the Middle Ages*, Madison 1959; Ernest Moody/Marshall Clagett, *The Medieval Science of Weights* (*Scientia de ponderibus*), Madison 1952.

446 Die ‚Physiker‘, die im 14. Jahrhundert an der Universität Paris lehrten, wiesen für Duhem Aristoteles auf Grundlage ihrer Beobachtungen in die Schranken: „Cette Mécanique, les physiciens qui enseignaient, au XIVe siècle, à l'Université de Paris l'avaient conçue en prenant l'observation pour guide; ils l'avaient substituée à la Dynamique d'Aristote, convaincue d'impuissance à ‚sauver les phénomènes‘" (Pierre Duhem, *Études sur Léonard de Vinci*, Bd. 3, Paris 1913, S. v).

447 Die Astronomen führten nach Duhem lieber Beobachtungen des Himmels durch, statt steril Aristoteles zu kommentieren: „[...] les astronomes de profession, ceux qui étudiaient le ciel en visant les étoiles à l'aide d'instruments, et non pas en commentant les livres d'Aristote [...]" (Pierre Duhem, *Le système du monde. Histoire des doctrines cosmologiques de Platon à Copernic*, Bd. 4, Paris 1916, S. 4).

448 Siehe vor allem den dritten Band: *Les précurseurs parisiens de Galilée*.

449 Pierre Duhem, *Le système du monde. Histoire des doctrines cosmologiques de Platon à Copernic*, 10 Bde., Paris 1913–1959.

450 „C'est de cette tradition parisienne que Galilée est ses émules furent les héritiers. [...] en vérité, nous contemplons le triomphe, longuement préparé, de la science qui est née à Paris au XIV siècle sur les doctrines d'Aristote et d'Averroès" (Duhem, *Étude sur Léonard de Vinci*, Bd. 3, S. VI).

die wissenschaftlichen Leistungen des Mittelalters ins rechte Licht zu rücken, und der als Lehrer Marshall Clagetts mehrere Generationen von Historikern prägte.[451] Seine achtbändige *History of Magic and Experimental Science*, die ihr Thema von der Antike bis ins 17. Jahrhundert verfolgt, gilt nach wie vor als Standardwerk der Wissenschaftsgeschichte.[452] Thorndike stimmte Duhem zu, dass das Verhältnis von mittelalterlicher und frühneuzeitlicher Wissenschaft nicht durch einen Bruch im 17. Jahrhundert, sondern durch ein hohes Maß an Kontinuität geprägt war: „The scientific interests and the characteristics of works on nature in those two periods were very similar. Of course there was progress, but there was no break, they merge into each other".[453] So wie Duhem das empirische Vorgehen der Astronomen und Philosophen des 14. Jahrhunderts hervorgehoben hatte, so war auch für Lynn Thorndike die Experimentalwissenschaft Roger Bacons keine Ausnahme mehr im Mittelalter: Die mittelalterlichen Magier und Alchemisten hatten immer experimentell gearbeitet und aus diesem Milieu sei das Verfahren in die gelehrte Welt geraten. Albertus Magnus und viele Mediziner des 13. und 14. Jahrhunderts beriefen sich auf die Erfahrung, ebenso wie die Astronomen/Astrologen, die an den Universitäten tätig waren. Roger Bacon war vielleicht der Einzige, der explizit eine *Scientia experimentalis* konzipiert hatte, und zudem freilich jemand, der in der Propagierung und Durchführung von Experimenten weiter ging als andere; aber der grundsätzliche Rekurs auf Erfahrungswissen und auch auf Experimente war im Mittelalter insgesamt, so Thorndike, überhaupt nichts Ungewöhnliches.[454] Vom völlig isolierten Außenseiter, dem in seiner Zeit unerhörten Propheten, war Bacon damit zum Sprachrohr und Propagandisten einer Bewegung geworden, die in zahlreichen Bereichen der mittelalterlichen Gesellschaft verankert sein sollte und in ihm allenfalls ihren radikalsten Vertreter fand. Und als ein solcher Propagandist einer anfänglich von Magiern und Astrologen praktizierten Methode schien Bacon zudem auch noch äußerst erfolgreich zu sein: Hatte sich der Rekurs auf die eigene Erfahrung nicht in den Jahrzehnten nach ihm, im 14. Jahrhundert, rasant auch in der *scholastischen Philosophie* ausgebreitet, bei Buridan, Albert von Sachsen und Oresme, deren Empirismus Duhem so entschieden betont hatte?

Ein wichtiger Autor des 20. Jahrhunderts muss hier noch genannt werden, durch den die Duhem'sche Kontinuitätsthese ihre elaborierteste Form

---

451   Siehe den Nachruf Clagetts auf seinen Lehrer: „Eloge: Lynn Thorndike (1882–1965)", in: *Isis* 57 (1966), S. 85–89.

452   Lynn Thorndike, *History of Magic and Experimental Science*, 8 Bde., New York [u.a.] 1923–1970.

453   Thorndike, „Roger Bacon and Experimental Method in the Middle Ages", S. 277.

454   Thorndike, „Roger Bacon and Experimental Method in the Middle Ages".

gefunden und ihre nachhaltigste Wirkung entfaltet hat. Denn die Provokation der traditionellen Wissenschaftsgeschichte bestand nicht nur in der Behauptung, dass der epistemische Wert des Erfahrungswissens an sich bereits im Mittelalter erkannt worden war; noch brisanter musste die Annahme erscheinen, dass dem Rekurs auf die Erfahrung im Mittelalter eine systematische *Methode* zugrundegelegen habe, eine Methode, die im Wesentlichen dem Verfahren der neuzeitlichen Naturwissenschaft entsprach. Für Alistair Crombie hatte Robert Grosseteste in seinem Kommentar zu den *Zweiten Analytiken* des Aristoteles die ‚experimentelle Methode' konzipiert und an seinen ‚besten Schüler' Roger Bacon weitergegeben, der sie aufnahm und ausarbeitete.[455] Durch diese Methode, welche mit der Korrelation von Theorie und Empirie die entscheidende konzeptionelle Errungenschaft von Galileo *et eiusmodi similes* vorwegnahm, hatten Robert Grosseteste und Roger Bacon die Grundlagen der modernen Experimentalwissenschaft gelegt. Auf den Grundlagen dieser neuen experimentellen Methode sollten schließlich im 14. Jahrhundert weitere Gelehrte aufbauen, nicht erst Nicole Oresme, sondern auch schon Wilhelm von Ockham.[456]

Seine zentrale These formuliert Crombie zu Beginn seines Buchs wie folgt: „The distinctive feature of scientific method in the seventeenth century, as compared with that in ancient Greece, was its conception of how to relate a theory to the observed facts it explained, the set of logical procedures it contained for constructing theories and for submitting them to experimental tests. Modern science owes most of its success to the use of these inductive and experimental procedures, constituting what is often called ‚the experimental method'. The thesis of this book is that the modern, systematic understanding of at least the qualitative aspects of this method was created by the philosophers of the West in the thirteenth century. It was they who transformed the Greek geometrical method into the experimental science of the modern world".[457] Es ist von entscheidender Bedeutung für Crombie, dass das, was Grosseteste und (in dessen Fußstapfen) Bacon im 13. Jahrhundert auf den Weg brachten, etwas fundamental *Neues* darstellt. Die Schlüsselwörter „first" und „new" sind in Crombies Rhetorik zentral.[458] Aus dem, was er mit dieser Erzählstrategie suggerieren möchte, macht Crombie indes keinen Hehl: Er spricht ganz explizit

---

455 Crombie, *Robert Grosseteste and the Origins of Experimental Science.*
456 Ebd., S. 175f.
457 Ebd., S. 1.
458 „[...] he and his successors were the *first* to use and exemplify such a theory in the details of original research into concrete problems. They themselves believed that they were creating a *new* science and in particular that they were creating a *new* methodology" (Ebd., S. 10f.) (meine Hervorhebungen).

von der „thirteenth-century methodological revolution".[459] Spätestens jetzt
aber musste jedem klar sein, was die Kontinuitätsthese von Duhem, Thorndike, Crombie und anderen implizierte. Es ging nicht nur darum, die Radikalität
der Veränderung im 17. Jahrhundert zu relativieren, sondern vielmehr darum,
dass die eigentliche Revolution, der Beginn der modernen Wissenschaft, überhaupt nicht in der Zeit von Francis Bacon, Galileo und Descartes, sondern im
13. Jahrhundert, in der Ära Robert Grossetestes und Roger Bacons, stattgefunden hatte.

Ein derartiges Unternehmen, welches darauf aus war, die Scientific Revolution kurzerhand 400 Jahre vorzuverlegen und das Mittelalter als die entscheidende Umbruchszeit auszuweisen, musste für klassische Wissenschaftshistoriker
umso mehr beängstigend erscheinen, als Charles Homer Haskins zur selben
Zeit die „Renaissance des 12. Jahrhunderts" proklamierte und für dieses nicht
weniger häretische Geschichtsbild Anhänger fand.[460] Es kann daher nicht verwundern, dass sich alsbald Widerstand unter den Vertretern der traditionellen
Auffassung der Wissenschaftsgeschichte regte. Doch solche Versuche wie die
unhaltbare Behauptung Martin Heideggers, Roger Bacon sei gänzlich Epigone
des Aristoteles und die Ansätze der mittelalterlichen Philosophen hätten gar
nichts mit der empirischen Wissenschaft der Neuzeit zu tun, mussten vor den
monumentalen Arbeiten der Advokaten der Kontinuitätsthese verblassen,
deren erdrückende Quellenevidenz nicht mehr wegdiskutiert werden konnte. Um diesen Großangriff der Mediävisten, der die klassische Wissenschaftsgeschichte in ihrer Substanz betraf, abzuwehren, mussten andere Geschütze
aufgefahren werden. Nachdem sich abgezeichnet hatte, dass es nicht mehr
möglich war, den Beginn der modernen Wissenschaft im 17. Jahrhundert damit
zu begründen, dass sich nun, nach jahrhundertelanger scholastischer Verblen-
dung, ein empiriegeleitetes Vorgehen Bahn brach, als nicht mehr geleugnet
werden konnte, dass es außer Roger Bacon noch weitere mittelalterliche Empiriker gab, die sich vor allem an der Pariser Universität des 14. Jahrhunderts
fanden, waren die frühneuzeitlich orientierten Wissenschaftshistoriker gezwungen, eine neue Strategie zu entwickeln. Den entscheidenden Schritt zu
dieser neuen Strategie hatte 1924 bereits der amerikanische Philosoph Edwin
Arthur Burtt (1892–1989) mit seiner Dissertation *The Metaphysical Foundations of Modern Physical Science* geleistet.[461] Der Titel dieses Werks zeigt die
wesentliche Überlegung seines Ansatzes schon an: Das, was das fundamental

---

459   Ebd., S. 11.
460   Charles Homer Haskins, *The Renaissance of the Twelfth Century*, Cambridge, Mass. 1927.
461   Edwin Arthur Burtt, *The Metaphysical Foundations of Modern Physical Science. A Historical
        and Critical Essay*, London 1924.

Neue der modernen Wissenschaft, die im 17. Jahrhundert begann, ausmacht, ist nicht in erster Linie ihre Hinwendung zur Empirie. Das Merkmal, das sie in essentieller Weise von der vorausliegenden Zeit unterscheidet, war vielmehr eine neue ‚Metaphysik‘, also ein neues System axiomatischer Annahmen, welches dem wissenschaftlichen Streben insgesamt zugrundelag. Auf die Einzelheiten von Burtts Theorie wird hier nicht weiter eingegangen.[462] Denn seine wirkmächtigste Fassung hat dieser Ansatz nicht bei Burtt, sondern vielmehr in der Version des vielleicht einflussreichsten Wissenschaftshistorikers des 20. Jahrhunderts überhaupt erhalten, derjenigen Alexandre Koyrés (1892–1964).[463]

Der entscheidende Gedanke, den Alexandre Koyré von Burtt übernahm, war der eines umfassenden intellektuellen Wandels, der sich im 17. Jahrhundert vollzog und damit die moderne Naturwissenschaft erst ermöglichte. Es waren nicht Experimente oder Entdeckungen, die das Neue dieser Wissenschaft konstituierten; für Koyré war es eine viel tiefer liegende Transformation der *Denkmuster*, welche einen neuen Blick auf die Natur hervorbrachte. Es ist unschwer zu erkennen, das hier die theoretischen Grundlagen für Thomas Kuhns Theorie der Paradigmenwechsel liegen, wie Kuhn selbst mehrfach hervorgehoben hat.[464] Koyrés Theorie profitierte aber freilich nicht nur von Edwin Burtt; ein weiteres Konzept, das Koyré aufnahm (und damit ebenfalls an Kuhn vermittelte), war der Begriff der *coupure épistémologique* des französischen Philosophen Gaston Bachelard (1884–1962), dessen Kerngedanke die *Diskontinuität* wissenschaftlicher Weltbilder war. Bekanntlich war es wiederum dieses Konzept, mit dem sich Michel Foucault in seiner Theorie der ‚epistemologischen Neukonfiguration‘, wie er sie in *Les mots et les choses* entwickelt, auseinandersetzte,[465] woran sich die konzeptuelle Verknüpfung dieser Diskontinuitätstheorien zeigt, die in den Versionen von Kuhn und Foucault aus den 1960er Jahren wesentlich die methodologischen Debatten der Wissens- und Wissenschaftsgeschichte in der zweiten Hälfte des 20. Jahrhunderts prägen sollten. Bedenkt man die wichtige Vermittlerrolle, die Koyré in

---

462 Zu Burtt siehe Diane Davis Villemaire, *E.A. Burtt, Historian and Philosopher: A Study of the Author of The Metaphysical Foundations of Modern Physical Science*, Dordrecht 2002.

463 Cristina Chimisso, *Writing the History of the Mind: Philosophy and Science in France, 1900 to 1960s*, London 2008; Nicholas Jardine, „Koyré's Intellectual Revolution", in: *La lettre de la Maison française d'Oxford* 13 (2001), S. 11–25; Pietro Redondi, „De l'histoire des sciences à l'histoire de la pensée scientifique: Le combat d'Alexandre Koyré", in: *Alexandre Koyré, De la mystique à la science: Cours, conférence et documents, 1922–1962*, hg. von Pietro Redondi, Paris 1986; Gérard Jorland, *La science dans la philosophie. Les recherches épistémologiques d'Alexandre Koyré*, Paris 1981.

464 Thomas S. Kuhn, *The Structure of Scientific Revolutions*, 5. Aufl., Chicago 2012; Kuhn, „Alexandre Koyré and the History of Science".

465 Foucault, *Die Ordnung der Dinge*.

dieser Entwicklung spielt, dann kann man hier jedenfalls beobachten, wie die Idee einer diskontinuierlichen Wissensgeschichte in nicht geringem Maße durch einen gelehrten Konflikt angestoßen wurde, den Duhem und Thorndike vom Zaun gebrochen hatten.

Doch zurück zu Koyré: In zahlreichen Veröffentlichungen hat Alexandre Koyré seine Anschauung von einem fundamentalen Wandel der Weltsicht im 17. Jahrhundert expliziert.[466] Das Wesentliche an der modernen Wissenschaft besteht für ihn in der *Mathematisierung der Natur*. Die neue ‚Metaphysik‘, welche die moderne Wissenschaft begründete, wies eine *mathematische Struktur* auf, wie sie die Weltsicht der mittelalterlichen Aristoteliker nicht gekannt hatte. Es ist eben diese Anschauung, die Koyré den Vertretern der Kontinuitätsthese entgegenhielt. Unter den Einzelgefechten, die sich Koyré mit seinen Gegnern lieferte,[467] soll hier nur auf seine Reaktion auf Alistair Crombie eingegangen werden, mit dessen These er sich intensiv auseinandersetzte. Die Publikation von Crombies Buch über Robert Grosseteste und den Ursprung der Experimentalwissenschaft im Jahre 1953, in dem Crombie die „methodologische Revolution“ des 13. Jahrhunderts postuliert hatte, nahm Koyré zum Anlass, sich erneut zum Ursprung der modernen Wissenschaft zu äußern.[468]

Zu Beginn seines Artikels über „The Origins of Modern Science“ lobt Koyré die Arbeiten von Duhem, Thorndike, Marshall Clagett und Anneliese Maier für ihren Beitrag zum Verständnis der Wissenschaft des Mittelalters. Doch er fügt sogleich hinzu, dass das Verhältnis von mittelalterlicher und moderner Wissenschaft nach wie vor eine sehr brisante „questio disputata“ sei, bezüglich derer sich die beiden Lager – Kontinuität und Revolution – unversöhnlich gegenüberstünden. Koyré konstatiert, dass es bei dieser Debatte erhebliche Kommunikationsprobleme gebe und dass diese Schwierigkeiten darauf beruhen, dass die beiden Seiten ein jeweils unterschiedliches Verständnis davon hätten, was das *Wesen* der modernen Wissenschaft ausmacht.[469] Nachdem er Alistair Crombie als den eloquentesten und radikalsten Vertreter der Kontinuitätsthese identifiziert hat, geht Koyré zu einem ausführlichen Referat der Thesen aus *Robert Grosseteste and the Origins of Experimental Science* über. Er erkennt an, dass Robert Grosseteste und Roger Bacon in der Tat beachtliche

---

466   Zentral sind unter anderem die *Études galiléennes*; die *Études d'histoire de la pensée philosophique*, Paris 1985; die *Newtonian Studies*, London 1965; sowie die Artikel in dem Sammelband: *Metaphysics and Measurement. Essays in Scientific Revolution*, London 1968.

467   Siehe etwa seine Rezension zu Anneliese Maier, *Die Vorläufer Galileis im 14. Jahrhundert*, in den *Archives internationales d'histoire des sciences* 4 (1951), S. 769ff.

468   Alexandre Koyré, „The Origins of Modern Science: A New Interpretation“, in: *Diogenes* 4 (1957), S. 1–22.

469   Ebd., S. 1f.

methodologische Innovationen auf den Weg brachten. Niemand, so hält Koyré fest, lobte die Experimentalwissenschaft so hoch wie Roger Bacon. Diese Wissenschaft hatte die Funktion, die Schlussfolgerungen logischer Deduktionen zu verifizieren oder zu falsifizieren; aber was noch wichtiger sei: Sie diente zur Konstruktion neuer Instrumente und zur Entdeckung neuer Wahrheiten, die nur durch Erfahrung gefunden werden konnten. Und Koyré fügt hinzu: „But I need not insist: everybody recognizes the amazing anticipations – and just as amazing credulity – of Roger Bacon".[470]

Nach diesem nicht unerheblichen, wenn auch mit leichtem Seitenhieb versehenen Zugeständnis an die These von der Begründung der experimentellen Methode im 13. Jahrhundert (bei dem Heidegger und anderen die Haare zu Berge gestanden hätten) holt Koyré schließlich zu seinem sorgfältig vorbereiteten Gegenschlag aus. Er wolle ja gar nicht bestreiten, dass man sich im Mittelalter auf die Erfahrung bezog, dass man sich für Technik interessierte und dass man zukunftsweisende Erfindungen hervorbrachte. Nicht einmal die These, dass die Aufwertung der Empirie im 13. Jahrhundert mit einer systematischen Methode verbunden war, welche die Korrelation von Theorie und Erfahrungsdaten bewerkstelligte, stellt Koyré in Frage. Aber die Hinwendung zur Erfahrung scheine ihm, wie er „immer schon gefühlt" habe, gar nicht das Wesentliche in der Entwicklung der Wissenschaft zu sein. Da Koyré nicht anders kann, als die Plausibilität der These Crombies anzuerkennen, erklärt er schlicht die empirische Methode für nebensächlich: Der *methodologischen Kontinuität*, die Crombie zwischen Robert Grosseteste, Roger Bacon und Galileo Galilei konstatiert habe, sei wenig Bedeutung beizumessen, denn wenn eine solche Kontinuität bestehe, „and after Dr. Crombie's demonstration it can hardly be doubted", dann zeige dies ja nur, dass es sich bei der Verbindung von Theorie und Empirie letztlich um ein triviales Vorgehen handele: „Everybody, it seems, has always known [...] that assumptions (hypotheses) have to be verified – or shown to be false – by deduction and confrontation with facts".[471]

Man kommt freilich ins Staunen, wie Koyré hier gerade das Merkmal der experimentellen Methode – die empirische Überprüfung von deduktiv hergeleiteten Konklusionen –, das die maßgebliche Neuerung gegenüber der aristotelischen *empeiria* darstellt und deshalb von Heidegger und anderen Skeptikern so vehement bestritten und als genuine Errungenschaft der Moderne verteidigt wurde, als völlige Selbstverständlichkeit darstellt. Koyré kann es sich leisten, selbst diese These Crombies zu akzeptieren, wobei er sie dadurch entschärft und beiseite schiebt, dass er die methodologische Kontinuität, die

---

470   Ebd., S. 9.
471   Ebd., S. 13.

Crombie entdeckt hatte, als trivial und historisch belanglos ausweist. Seine Ge-
lassenheit in dieser Frage wird indessen verständlich, wenn Koyré seine eigene
Sicht auf die Dinge expliziert; denn sein zentrales Argument gegen eine Kontinuität zwischen Mittelalter und früher Neuzeit spielt in einer ganz anderen
Liga: Das Essentielle, was das Neue der Wissenschaft des 17. Jahrhunderts ausmacht, liegt nicht im methodischen Empirismus, wie Crombie glaubte, sondern in der Mathematisierung der Wirklichkeit, die eine *neue Ontologie* mit
sich brachte. Für Galileo war die Welt von mathematischen Entitäten bevölkert, er war davon überzeugt, dass die Natur in ihrem Wesen mathematisch
strukturiert war. Galileo vertrat einen Vorrang des mathematischen Modells
vor den Fakten der empirisch gegebenen Realität und dies, nicht Erfahrung
und Experiment, mache das Wesentliche seines Ansatzes aus. Erst vor diesem
metaphysischen Hintergrund seiner Methode spiele experimentelle Forschung
für Galileo überhaupt eine Rolle: „ [...] a method in which mathematical theory
determines the very structure of the experimental research, or, to use Galileo's
own words, a method which uses the mathematical (geometrical) language in
order to formulate its question to nature, and to interpret ist answers".[472]
     Das Argument Koyrés (und Burtts) für eine Diskontinuität zwischen mittel-
alterlicher und frühneuzeitlicher Wissenschaft ist freilich wesentlich stärker
als der Einwand Heideggers und in dieser suggestiven Form kaum widerlegbar.
Es lässt sich nicht leugnen, dass die Mathematisierung der Natur, die Galileo
und Descartes ins Werk setzten, in der aristotelischen Scholastik des Mittelalters nicht vorherrschte. Die Stärke und Überzeugungskraft dieses Ansatzes
zeigt sich nicht zuletzt darin, dass die Anschauung Koyrés von einem fundamentalen intellektuellen Wandel in der frühen Neuzeit schließlich von Herbert
Butterfield übernommen wurde und in dessen rhetorisch kaum mehr zu über-
bietendem Narrativ der Scientific Revolution bis heute fortwirkt.[473] Zwar wird
dank der einschlägigen Arbeiten der mediävistischen Wissenschaftshistoriker
des 20. Jahrhunderts niemand mehr zum alten Bild des grundsätzlich wis-
senschaftsfeindlichen Mittelalters, in dem Roger Bacon mit sich selbst redet,
zurückkehren können; aber die von Koyré propagierte ‚epistemologische' Diskontinuität zwischen der mittelalterlichen und der modernen Wissenschaft
hat den Streit um das Verhältnis der beiden Epochen zumindest insofern für
sich entschieden, als sich die Vorstellung eines Bruchs oder Neubeginns in der
frühen Neuzeit hartnäckig im allgemeinen Geschichtsbild gehalten hat.

---

472   Ebd., S. 19.
473   Butterfield, *The Origins of Modern Science.*

5.5.5   *Mainstream der Minderheiten, oder: Wie inszeniert man eine Zäsur?*
Dieses komplexe Problem kann hier freilich nicht ausführlich diskutiert werden. Dennoch soll die Gelegenheit zu einer kurzen eigenen Stellungnahme
genutzt werden, die sich auf einige generelle Bemerkungen beschränkt. Dabei
geht es darum, zu zeigen, was der in dieser Arbeit vertretene Ansatz zur Diskussion des Problems beitragen kann, indem er einige Aspekte ins Blickfeld rückt,
die in den meisten Darstellungen dieser schwierigen Thematik nicht beachtet
werden. Begonnen sei mit einer allgemeinen Beobachtung: Die Hartnäckig-
keit des Narrativs vom einschneidenden Neubeginn der Wissenschaft um 1600
zeigt sich in der post-butterfield'schen Historiographie selbst in solchen Arbeiten, die mit einem grundsätzlich kritischen Impetus antreten. Butterfield war
sich, wie Koyré, darüber im Klaren, dass der geistige Aufbruch der frühen Neuzeit nicht mehr allein über die sich nun Bahn brechende Erfahrung begründet
werden konnte.[474] Auch Butterfield betonte deshalb den viel tieferliegenden
mentalen Wandel, der im 16. und 17. Jahrhundert stattgefunden habe und der
wichtiger sei als empirische Beobachtungen.[475] Dennoch war Butterfield daran
gelegen, auch die Rolle der Empirie für die grundlegenden Veränderungen in
der frühen Neuzeit herauszuheben. Es möge sein, dass das Mittelalter schon
Experimente kannte; doch diese blieben im Rahmen des Aristotelismus und
stets an dessen theoretischen Überbau gebunden. Davon, dass das experimentelle Verfahren eines Roger Bacon deutlich über Aristoteles hinausging und
dass die Pariser Naturphilosophen des 14. Jahrhunderts Aristoteles teilweise
unverhohlen kritisierten und korrigierten,[476] möchte Butterfield nicht mehr
viel wissen.[477] Erst die neue „thinking-cap", welche die Wissenschaftler in der

---

474   „Now, if we are seeking to understand this birth of modern science we must not imagi-
      ne that everything is explained by the resort to an experimental mode if procedure, or
      even that experiments were any great novelty" (Butterfield, *The Origins of Modern Science*,
      S. 80).

475   „[...] change is brought, not by new observations or additional evidence in the first in-
      stance, but by transpositions that were taking place inside the minds of the scientists
      themselves. [...] all of which virtually means putting on a different kind of thinking-
      cap" (Butterfield, *The Origins of Modern Science*, S. 1); daran zeigt sich der Anschluss an
      Alexandre Koyré sowie, über dessen Vermittlung, an die *coupure épistémologique* Gaston
      Bachelards; dass Butterfield (ebenso wie Thomas Kuhn) über die Vermittlung von Koyré
      auch durch Edwin Arthur Burtt beeinflusst war, betont Villemaire, *E.A. Burtt, Historian
      and Philosopher*, S. 4.

476   Siehe dazu unten Kap. 7.

477   „And though in the later middle ages there were men who were doing experiments and
      pushing back the frontiers of thought, they were, for the most part, like the theorists of
      the impetus, only playing on the margin of that Aristotelian system [...]. When there was
      anything that needed to be explained these men would not elicit their theories from the
      observations themselves – they would still draw on that whole system of explanation

frühen Neuzeit aufsetzten, ermöglichte für ihn eine experimentelle Praxis, die den Aristotelismus überwand.

Dass diese Perspektive, welche die Inszenierung des Neuen über eine Homogenisierung des Alten ins Werk setzt, an Suggestivkraft bis heute nichts verloren hat, wird vielleicht am deutlichsten dadurch bestätigt, dass selbst jemand wie Steven Shapin, der sich dem Thema der Scientific Revolution prinzipiell aus ideologiekritischer Perspektive nähert, in erheblichem Maße noch zentrale Axiome dieser Diskontinuitätserzählung transportiert. Freilich beginnt Shapin vielversprechend: „There was no such thing as the Scientific Revolution, and this is a book about it".[478] Shapin hebt nachdrücklich hervor, dass die Scientific Revolution keinesfalls, wie Butterfield behauptet hatte, die ‚moderne Welt' an sich hervorgebracht hat.[479] Doch so sehr dieser Kritik an Butterfields naivem Modernisierungsnarrativ zuzustimmen ist, so sehr sitzt Shapins Darstellung in anderer Hinsicht traditionellen Vorstellungen auf. Zwar weist Shapin darauf hin, dass die Kritik an den Autoritäten und die emphatische Betonung des Erfahrungswissens gegenüber purem Buchwissen ein rhetorisches Mittel sei, mit dessen Hilfe sich die Naturphilosophen des 17. Jahrhunderts als ‚neu' gegenüber dem Alten inszenierten;[480] doch gleichzeitig geht er davon aus, dass dieses Phänomen etwas vollkommen Neues im 17. Jahrhundert darstellt und hier eine neue wissenschaftliche Praxis zur Folge hatte. Erst jetzt habe man sich dieser Technik bedient und eben dadurch sei die Idee des modernen Empirismus entstanden: „Here is the root idea of modern empiricism, the view that proper knowledge is and ought to be derived from direct sense experience. And here too are the foundations of modern mistrust of the social aspects of knowledge making: if you really want to secure truth about the natural world, forget tradition, ignore authority, be skeptical of what others say, and wander the fields alone with your eyes open".[481]

Da Shapin hier den Ursprung des Misstrauens gegenüber Autoritäten und Traditionen sieht, sind die „Modernen" des 17. Jahrhunderts in dieser Hinsicht eng mit jenen der Gegenwart verbunden: „There is probably no other sensibility that more strongly links seventeenth-century and late twentieth-century moderns than [...] the rejection of trust and authority in the pursuit of natural

---

which had been provided for them by the ancient philosophy" (Butterfield, *The Origins of Modern Science*, S. 79).

478   Shapin, *Scientific Revolution*, S. 1.

479   Ebd., S. 8.

480   „Here was one of the central rhetorical figures that the new philosophical practitioners used to distinguish themselves from the old" (Ebd., S. 68f).

481   Ebd., S. 69f.

knowledge".[482] In der frühen Neuzeit nämlich, so hält Shapin fest, sei es möglich geworden, selbst Aristoteles zu kritisieren. Diese Neuerung aber, die Autoritäten – und den Stagiriten höchstpersönlich – auf Grundlage der Erfahrung zurückzuweisen, sei ein Resultat von veränderten Werten, die nun der Autorität und dem Erfahrungswissen jeweils zukamen: „It began to be possible to denigrate not just the modern disciples of the Greeks but Aristotle himself. [...] It was only through changed values placed on direct experience and textual authority that the former could possibly be taken to refute the latter".[483] Ebenso wie die jetzt, in der frühen Neuzeit, neu entstehende ‚Nutzerwartung', welche Politik und Gesellschaft der Wissenschaft entgegenbrachten, sei die Aufwertung des Erfahrungswissens ein Resultat von „changes in attitudes to knowledge", die unter anderem durch die Reformation und den Dreißigjährigen Krieg ausgelöst worden seien.[484] Auch wenn Shapin diese Entwicklung auf gesellschaftliche Faktoren zurückführt, lassen sich hinter diesem allgemeinen Wertewandel unschwer die Spuren des umfassenden geistigen Wandels erkennen, den Koyré und Butterfield um 1600 entdeckt hatten.

Darauf, dass diese Sichtweise, nach allem, was bisher in dieser Arbeit gesagt wurde (und in Kapitel 7 noch gesagt werden wird), nicht haltbar ist, soll an dieser Stelle gar nicht lange herumgeritten werden. Man wundert sich jedenfalls, wie eine solche Ansicht, welche den Rekurs auf Erfahrungswissen (sei es als rhetorisches Mittel oder als epistemische Praxis) und die Kritik an Aristoteles für eine Novität des 17. Jahrhunderts hält – eine Ansicht, die doch bereits bei Koyré vom Tisch zu sein schien –, hier gleichsam durch die Hintertür wieder in die Geschichte Eingang findet, als hätten die Diskussionen aus der Mitte des 20. Jahrhunderts niemals stattgefunden.

Doch der Punkt, auf den ich hier hinaus möchte, betrifft nicht nur den Umstand, dass Shapin die Propagierung von Erfahrungswissen und die damit verbundene Autoritätskritik als ein neues Phänomen betrachtet, welches das 17. Jahrhundert vom Mittelalter unterscheidet. Es geht vielmehr darum, dass die mit dieser rhetorischen und/oder epistemischen Praxis verbundenen Akteure fast ausschließlich den alleinigen Gegenstand der Darstellung bilden. Der Eindruck, der dadurch beim Leser zwangsläufig entsteht, selbst wenn dies von Shapin nicht intendiert ist, besteht darin, dass Francis Bacon, Galileo Galilei, René Descartes, Blaise Pascal, Robert Boyle und Isaac Newton die Naturphilosophie des 17. Jahrhunderts repräsentieren. Was in der vorliegenden Arbeit deutlich geworden sein sollte, ist, dass jemand wie Roger Bacon alles andere als

---

482   Ebd., S. 72.
483   Ebd., S. 80.
484   Ebd., S. 123f.

repräsentativ für die Philosophie seiner Zeit ist; dasselbe gilt für Robert Grosseteste oder Albertus Magnus. Wer sich, wie Alistair Crombie, ausschließlich für diejenigen Akteure interessiert, die dem selektiven Raster der Fragestellung entsprechen, dann aber davon redet, dass „die westlichen Philosophen des 13. Jahrhunderts" die experimentelle Methode entwickelt hätten,[485] und auf dieser Grundlage die Revolution des 13. Jahrhunderts ausruft, der kreiert ein höchst fragwürdiges Bild davon, was Philosophie im 13. Jahrhundert ist. Dass es zur selben Zeit eine immense Gruppe von Philosophen gibt, die, wie Arnulf von der Provence, Herveus Brito, Jakob von Douai, Aubry de Reims, Johannes de Maligne, Olivier le Breton, Johannes von Dacien oder Petrus von Auvergne, gar nichts mit dieser Revolution zu tun haben, sondern einem gänzlich anderen Paradigma folgen, gerät damit unweigerlich aus dem Blick.

Ebensowenig wie Robert Grosseteste und Roger Bacon ‚die Naturphilosophie' des 13. Jahrhunderts historisch adäquat repräsentieren, ebensowenig kann dies von Francis Bacon, Galileo, Descartes und Boyle für das 17. Jahrhundert gesagt werden. Die meist wenig beachtete, allenfalls als generalisierter Gegenpol in den Darstellungen erscheinende Scholastik des 17. Jahrhunderts bestand in den Universitäten weiterhin fort; sie lieferte für die meisten Personen, die sich in dieser Zeit mit Naturphilosophie befassten, das geltende Paradigma und konstituiert damit in hohem Maße die soziale ‚Wirklichkeit' der Wissenschaft.[486] Wenn man fragt, was Philosophie im 13. oder 17. Jahrhundert ‚ist', dann wird man die aristotelisch geprägte Scholastik, also den universitätsphilosophischen Mainstream, hier wie dort als Hauptrichtung der Philosophie betrachten müssen, die auf wesentliche Weise den diskursiven Aufbau der *historischen Realität* der Wissenschaft leistet. Francis Bacon oder Galileo sind im Hinblick auf diesen Mainstream ebenso alternative Figuren wie Roger Bacon

---

485   „The thesis of this book is that the modern, systematic understanding of at least the qualitative aspects of this method was created by the philosophers of the West in the thirteenth century" (Crombie, *Robert Grosseteste and the Origins of Experimental Science*, S. 1).

486   Zur Scholastik der frühen Neuzeit: Roger Ariew/Alan Gabbey, „The Scholastic Background", in: *The Cambridge History of Seventeenth-Century Philosophy*, hg. von Daniel Garber/ Michael Ayers, Bd. 2, Cambridge 1998, S. 425–453; Ueli Zahnd/John T. Slotemaker, „Thomas and Scholasticism to 1870", in: *The Oxford Handbook of Catholic Theology*, hg. von Lewis Ayres/Medi-Ann Volpe, Oxford 2015, DOI: 10.1093/oxfordhb/9780199566273.013.43 (zuletzt abgerufen 20.08.2018); Charles B. Schmitt, „Towards a Reassessment of Renaissance Aristotelianism", in: *History of Science* 11 (1973), S. 159–193, der die Kontinuität der „scholastic Aristotelian Philosophy" betont, „which is usually considered to be typically medieval" (S. 159); die Tatsache, dass der größte Teil der scholastischen ‚Barockphilosophie' nach wie vor nicht ediert und schlecht erforscht ist, ist der historischen Verzerrung ebenso förderlich wie die oftmalige Nichtbeachtung der ‚kleinen' Magister des 13. Jahrhunderts.

im 13. Jahrhundert.[487] Und hier wie dort war es das Spannungsverhältnis zur akademischen Philosophie, das intellektuell produktiv wurde und die Formulierung alternativer (praxis- und erfahrungsbezogener) Konzepte provozierte.

Dass eine über ganz Europa verstreute Gruppe von alternativen Philosophen zu den repräsentativen Figuren ihrer Epoche avancieren konnte, ist ein Resultat der selektiven Interpretationstradition, welche die Geschichtsschreibung bestimmt hat. Der Kanon von Denkern, den Voltaire und Condorcet im 18. Jahrhundert etabliert haben, reguliert noch immer, wer im 17. Jahrhundert wichtig ist. Freilich ist dies ein Problem, das alle Bereiche der Historiographie betrifft. Wer sich fragt, was Musik um 1600 ist, wird an Monteverdi denken, dessen Opern in die Zukunft weisen, nicht an den zu dieser Zeit bedeutenden Komponisten Francesco Soriano, der in Rom den alten Stil Palestrinas fortführte.[488]

Aber was bedeutet dies alles für das Verhältnis von mittelalterlicher und frühneuzeitlicher Wissenschaft? Es geht nicht nur um die Notwendigkeit, die ‚Philosophie' in beiden Zeiträumen, die hier zur Debatte stehen, plural zu denken, d.h. als ein umkämpftes Feld zu begreifen; auch geht es hier nicht in erster Linie darum, dass die sozialen Positionen und die damit verbundenen intellektuellen Dynamiken in hohem Maße strukturell homolog sind, die Produktion von alternativen, mitunter experimentellen Entwürfen auf einer vergleichbaren Konstellation beruht und einer ähnlichen Konfliktlogik folgt. Die hauptsächliche Konsequenz dieser Einsicht für die Bewertung des Verhältnisses von mittelalterlicher und moderner Wissenschaft betrifft zunächst die allgemeine Validität des suggestiven und schwer zu widerlegenden Konzepts von Burtt, Alexandre Koyré und Herbert Butterfield. Denn hier wird deutlich, dass der allgemeine intellektuelle Wandel, die Transformation der Weltsicht, welche Koyré um 1600 sehen wollte, bei weitem weniger ubiquitär war, als es diese Theorie impliziert. Die Annahme einer umfassenden historischen Transformation der ‚Weltsicht' beruht in jedem der gängigen Narrative (sei es bei Koyré oder – in anderem Zusammenhang – bei Michel Foucault) auf einer

---

487   Das verzerrte Bild, das sich aus dem geringen Interesse an der Scholastik des 17. Jahrhunderts ergibt, findet sich immer noch in den meisten Überblickswerken. Der Band zur „Philosophie des 17. und 18. Jahrhunderts" aus der im Kohlhammer Verlag erscheinenden (und für das allgemeine Geschichtsbild durchaus repräsentativen) Reihe „Grundkurs Philosophie" enthält etwa neben ausführlichen Kapiteln über Descartes, Pascal, Leibniz, Francis Bacon oder John Locke immerhin einen dreiseitigen Abschnitt über die „Weiterführung der Scholastik" (Emerich Coreth/Harald Schöndorf, *Philosophie des 17. und 18. Jahrhunderts*, 4. Aufl., Stuttgart 2008).

488   Marcel Bubert, „Soriano, Franceso", in: *Lexikon der Kirchenmusik*, hg. von Günther Massenkeil/Michael Zywietz, Bd. 2, Laaber 2013, S. 1257.

perspektivischen Segmentierung der historischen Realität, also einer Komplexitätsreduktion, die mit widerspenstigen Störfaktoren kurzen Prozess macht.
Eine solche Sichtweise, deren selektive Potenz die historische Zäsur erst ermöglicht, kann aber der Komplexität der sozialen Wirklichkeit zu keinem Zeitpunkt gerecht werden. Einen ubiquitären Wandel der ‚Metaphysik‘, der dann
‚die Wissenschaft‘ oder gar ‚das Denken‘ der Epoche bestimmt, gab es weder
im 13. noch im 17. Jahrhundert. Das Gegengift für solche Verführungen zur Universalität kann wiederum in einer Empfehlung gefunden werden, die Steven
Shapin in einem anderen Zusammenhang ausgesprochen hat: „to lower the
tone in the history of science".[489]

5.5.6   *Trügerische Gewissheit: Die Fallstricke der Mathematik*

Dies alles mag man akzeptieren, den Ton der Wissenschaftsgeschichte senken
und anerkennen, dass sich um 1600 weder in der Kultur insgesamt, noch innerhalb der Wissenschaft eine einschneidende Veränderung vollzieht; man mag
ebenfalls zugestehen, dass es bereits in der mittelalterlichen Naturphilosophie
eine (nicht auf Roger Bacon beschränkte) empirische Praxis gab, die nicht
davor zurückschreckte, Aristoteles zu kritisieren. Doch es bliebe immernoch
ein Argument, welches das Grundanliegen der Diskontinuitätserzählung Alexandre Koyrés stützt: Haben die ‚neuen Naturphilosophen‘ des 17. Jahrhunderts,
selbst wenn sie keine radikale Revolution initiierten, nicht dennoch mit der
Korrelation von Mathematik und Experiment ein wissenschaftliches Konzept
realisiert, das, indem es die Grundlagen der modernen Naturwissenschaft legt,
in die Zukunft weist und sich von den empirischen Ansätzen des Mittelalters
grundlegend unterscheidet?

Man muss sich vor Augen führen, warum dieses Konzept geeignet ist, einen
völligen Neuanfang in der Wissenschaft zu leisten. Aristoteles trennt in seiner
Philosophie strikt zwischen qualitativen und quantitativen Veränderungen.
Viele Prozesse in der Natur sind für Aristoteles rein qualitativer Art und insofern nicht quantifizierbar. Die Mathematik, die mit abstrakten Quantitäten befasst ist, hat daher einen sehr beschränkten Anwendungsbereich und wird als
Disziplin von der Physik unterschieden, die den Bereich der sinnlich fassbaren
Dinge, die qualitativen Veränderungen unterliegen, betrachtet.[490] Indem die
neuen Naturphilosophen des 17. Jahrhunderts das Experiment und die Mathe

---

489   Shapin, „Lowering the Tone in the History of Science".
490   Aristoteles, *Metaphysik*, Buch VI,1; IV,5; Craemer-Ruegenberg, *Naturphilosophie des
       Aristoteles*; Burkhard Hafemann, *Aristoteles' Transzendentaler Realismus. Inhalt und
       Umfang erster Prinzipien in der ‚Metaphysik‘*, Berlin 1998, S. 220; David Lindberg, „On the
       Applications of Mathematics to Nature: Roger Bacon and his Predecessors", in: *The British
       Journal for the History of Science* 15 (1982), S. 3–25, S. 5ff.

matik zusammenbrachten, indem sie ein empirisches Verfahren praktizierten, welches, wie Koyré schrieb, seine Fragen an die Natur aus der Mathematik generierte und die Antworten, welche die Natur, die dem Experiment unterzogen wurde, gab, wiederum mathematisch interpretierte, wurde ein radikaler Bruch mit der aristotelischen Ordnung der Disziplinen vollzogen und die wesentliche Voraussetzung für die moderne Physik geschaffen.

Es wird deutlich, warum Alexandre Koyré den entscheidenden Aspekt des Neubeginns um 1600 nicht in der experimentellen Praxis an sich, sondern in der Mathematisierung der Natur sehen wollte, welche die Voraussetzung für eine ganz neuartige empirische Forschung bildete. Es liegt auf der Hand, dass diese Sichtweise in der Tat ein massives Argument dafür liefert, den Ursprung der modernen Naturwissenschaft, bei aller berechtigten Relativierung der Scientific Revolution, letztlich doch im 17. Jahrhundert zu verorten. Aber so einleuchtend diese Begründung auf den ersten Blick auch erscheinen mag, so erweist sich bei genauerem Hinsehen gerade die vermeintlich zukunftsweisende Verbindung von mathematischer Naturbetrachtung und Experiment im 17. Jahrhundert als brüchig. Thomas Kuhn hat in einem einschlägigen Artikel eine Beurteilung dieser Verbindung vorgeschlagen, welche, wenn man sie akzeptiert, dem skizzierten Argument unweigerlich den Boden entzieht. Hier soll sich darauf beschränkt werden, in aller Kürze die zentrale These Kuhns zu referieren, um anschließend auf die Bedeutung dieser These für das Verhältnis von mittelalterlicher und moderner Wissenschaft (das Kuhn nicht thematisiert) sowie die Rolle Roger Bacons in diesem Kontext einzugehen.

Kuhn wirft Alexandre Koyré, der sich für seine Sichtweise stets vor allem auf Galileo und Descartes berufen hatte, vor, die Wissenschaft als Einheit zu betrachten und einzelne Entwicklungen voreilig zu generalisieren. Dies würde grundsätzlich dem Argument entsprechen, dass oben bereits angeführt wurde. Doch Kuhn möchte mit diesem Vorwurf auf etwas ganz anderes hinaus; es geht ihm weder um die Probleme der Kanonbildung oder die Repräsentation der Epoche, noch um die Scholastik oder die prinzipielle Heterogenität des Feldes. Kuhn behauptet, dass es innerhalb der ‚neuen Naturphilosophie' des 17. Jahrhunderts zwei Traditionen gibt, die nebeneinander bestehen, ohne sich wesentlich zu berühren: die mathematische und die experimentelle.[491] Diejenigen Naturphilosophen, die in dieser Zeit für experimentelle Verfahren eintraten, wie Francis Bacon und Robert Boyle, zeigten keinerlei Interesse an Mathematik und unternahmen keinen Versuch zu einer mathematischen

---

491   Thomas S. Kuhn, „Mathematical vs. Experimental Traditions in the Development of Physical Science", in: *The Journal of Interdisciplinary History* 7 (1976), S. 1–31.

Naturerschließung.[492] Boyle, der berühmteste Experimentator des Jahrhunderts, war weder darauf bedacht, seine Fragen an die Natur in mathematischer Sprache zu formulieren, noch ambitioniert, aus den Resultaten seiner Experimente irgendwelche mathematischen Gesetze abzuleiten.[493] Demgegenüber lässt sich, so Kuhn, eine zweite Gruppe unter den neuen Philosophen ausmachen, die eine mathematische Betrachtung der Welt erstrebte, sich aber nicht oder allenfalls geringfügig experimentell betätigte. Dazu zählen etwa Descartes, Pascal, Kepler und, streng genommen, auch Galileo. Letzterer habe mit Experimenten letztlich wenig zu tun gehabt, vielmehr oft reine Gedankenexperimente vollzogen.[494] Die einzige Ausnahme, die Kuhn gelten lässt, ist Isaac Newton, der zu Beginn des 18. Jahrhunderts der Einzige sei, der in nennenswerter Weise an beiden Traditionen partizipierte.[495]

Für diese Disposition führt Kuhn zahlreiche Dimensionen an, in denen sie sich manifestiert; darunter auch eine räumliche: Die experimentellen Wissenschaften wurden vor allem in England betrieben, die mathematischen hingegen auf dem Kontinent, besonders in Frankreich. Newton sei der letzte englische Wissenschaftler, der mit den kontinentalen Mathematikern wie Euler, Lagrange, Laplace oder Gauß mithalten konnte. Ebenso finden sich vor 1780 kaum Experimentalisten auf dem Kontinent, die mit Boyle, Hooke, Hauksbee oder Gray vergleichbar wären.[496] Die Trennung der beiden Traditionen blieb, so hält Kuhn fest, bis ins erste Viertel des 19. Jahrhunderts bestehen. Erst jetzt fand eine Mathematisierung experimenteller Bereiche wie Wärme, Elektrizität und Magnetismus statt, eine Entwicklung, die zunächst von Frankreich ausging, ab 1840 auch England und Deutschland erreichte. Die Begründung

---

492   Kuhn, „Mathematical vs. Experimental Traditions", S. 17.

493   Kuhn, „Mathematical vs. Experimental Traditions", S. 18; dazu, dass Boyle kein Interesse an Mathematik hatte, sie sogar dezidert ablehnte, siehe auch: Steven Shapin, „Robert Boyle and Mathematics: Reality, Representation, and Experimental Practice", in: *Science in Context* 2 (1988), S. 23–58.

494   Kuhn, „Mathematical vs. Experimental Traditions", S. 17f; zur Diskussion um die Gedankenexperimente siehe auch: Shapin, *Scientific Revolution*, S. 82; Feyerabend, *Wider den Methodenzwang*, S. 145–202; selbst Galileos berühmtes Experiment der schiefen Ebene ist angezweifelt worden; es war, nebenbei bemerkt, niemand anderes als Alexandre Koyré, der diesen Zweifel in die Welt gesetzt hat; eine andere Sicht vertritt Wilfried Kuhn, *Ideengeschichte der Physik. Eine Analyse der Entwicklung der Physik im historischen Kontext*, Berlin 2016, S. 171ff: Galileo habe sehr wohl experimentiert und da er seine Experimente mathematisch fundierte, „gebührt ihm der Ruhm, die Physik in ‚den sicheren Gang einer Wissenschaft gebracht zu haben' (Kant)".

495   Kuhn, „Mathematical vs. Experimental Traditions", S. 18f.

496   Kuhn, „Mathematical vs. Experimental Traditions", S. 25.

der modernen Naturwissenschaft, mit ihrer Verbindung von mathematischer Theorie und Experiment, ist für Kuhn im 19. Jahrhundert zu sehen.[497]

Spätestens hier wird deutlich, davon war Kuhn ja selbst ausgegangen, dass von einer ubiquitären Mathematisierung im 17. Jahrhundert und einer darauf beruhenden „neuen Ontologie" keine Rede sein kann. Worum es mir an dieser Stelle aber vor allem geht, ist die Frage, was die tendenzielle Trennung der beiden Traditionen für das Verhältnis von mittelalterlicher und moderner Wissenschaft bedeutet. Thomas Kuhn stellt sich diese Frage nicht, dies war auch nicht sein Thema; doch wenn er Recht hat, dann ergibt sich im historischen Zusammenhang eine durchaus merkwürdige Situation. Alexandre Koyré war bei seiner Begründung einer „radikalen Transformation" der Weltsicht um 1600, die auf der neuen Rolle der Mathematik für die Erschließung der Realität beruhen sollte, mit einer Inkohärenz seines Narrativs konfrontiert gewesen, die ich in der obigen Diskussion zunächst ausgeklammert habe. Die Absicht, die mathematische Welterfassung als distinktives Merkmal der modernen Wissenschaft auszuweisen, stand vor dem Problem, dass Roger Bacon, in produktiver Aneignung der Lichtmetaphysik Robert Grossetestes, im 13. Jahrhundert eine mathematische Konzeption der Wirklichkeit entworfen hatte, deren analytische Grundlage die neue Disziplin der Perspektive war.[498] Da das Licht, das Grosseteste zur Grundlage seiner Theorie der Emanation gemacht hatte, geometrisch analysiert werden konnte, wurde es möglich, große Teile der Physik mathematisch zu betrachten. Diese grundsätzliche Überlegung übernahm Bacon, losgelöst von ihrem (im traditionellen Sinne) ‚metaphysischen' Hintergrund bei Grosseteste, in sein naturphilosophisches Hauptwerk, *De multiplicatione specierum*, in dem er die Applikation der Mathematik auf die Physik demonstrierte und, wie David Lindberg schreibt, „a complete physical and mathematical analysis of the radiation of force – and, thus, of natural causation" lieferte.[499] Bacon war der Überzeugung, dass die Mathematik den Schlüssel zum Verständnis der Natur darstellte.[500] Er argumentiert daher entschieden dafür, dass der Naturphilosoph, der mathematisch verfährt, besser imstande sei, ein wahres Wissen von der Natur zu erlangen, als der Naturphilosoph, der ohne die Hilfe der Mathematik vorgeht: „Denn da bei den natürlichen Dingen eine Erklärung der Gründe auf mathematischem Wege erreicht wird, während

---

497   Kuhn, „Mathematical vs. Experimental Traditions", S. 28ff.

498   Lindberg, „On the Applications of Mathematics to Nature"; Lindberg, „Light, Vision, and the Universal Emanation of Force"; Hackett, „Experience and Demonstration", S. 48ff.

499   David Lindberg, *Roger Bacon's Philosophy of Nature: A Critical Edition*, Oxford 1983, S. LVI; siehe auch S. LXXI.

500   Perler, „Logik – eine ‚wertlose Wissenschaft'?"; zu Bacons Mathematikkenntnissen: Molland, „Roger Bacon's Knowledge of Mathematics".

der (rein) physikalische Weg eine Erklärung der Wirkungen liefert, kann der Mathematiker mehr Wissen über die natürlichen Dinge erlangen als der reine Naturphilosoph".[501] Die aristotelische Episteme, mit ihrer strikten Trennung von Physik und Mathematik, war damit definitiv verlassen.

Koyré hatte diesen Störfaktor seiner Diskontinuitätsthese freilich bemerkt. Die größte Originalität Grossetestes, so hielt er fest, lag in seiner Lichtmetaphysik, die den „ersten Schritt" auf dem Weg zu einer mathematischen Naturbeschreibung darstellte. Doch abgesehen davon, dass dieser erste Schritt noch nicht ausgereift sei, so argumentiert Koyré, sei diesem Umstand vor allem deshalb nicht zuviel Bedeutung beizumessen, als niemand außer Roger Bacon diesen Ansatz im Mittelalter aufgegriffen und weitergeführt habe.[502] Freilich ist nicht zu leugnen, dass die Naturphilosophen des 14. Jahrhunderts die zentrale Rolle der Mathematik für das Verständnis der Natur, wie sie Roger Bacon vorschwebte, nicht übernommen haben. Es geht hier nicht darum, dass sich die mathematische Weltbetrachtung im 17. Jahrhundert ebenfalls nicht durchsetzte und mit Blick auf die gesamte Wissenschaft nur für eine relativ kleine Gruppe von Denkern galt; denn auf der anderen Seite ist es unbestreitbar, dass das 17. Jahrhundert, im Gegensatz zum 13., eine ganze Reihe bedeutender Mathematiker hervorgebracht hat. Vielmehr sei nur darauf hingewiesen, dass die historische Bedeutung Roger Bacons vor dem Hintergrund der von Thomas Kuhn plausibel gemachten Trennung der mathematischen und experimentellen Tradition im 17. Jahrhundert in einem neuen Licht erscheint, das bislang in dieser Diskussion noch nicht gewürdigt wurde: Galileo einmal beiseite gelassen, gibt es im 17. Jahrhundert offenbar kaum einen Naturphilosophen, der mit einer vergleichbaren Entschiedenheit *sowohl* eine mathematische Erklärung natürlicher Phänomene, *als auch* ein experimentelles Verfahren propagiert hat. Anders als der Franzose Descartes, der kein Experimentator war, trat Roger Bacon emphatisch für ein experimentelles Verfahren ein und konzipierte eine eigene *Scientia experimentalis*; aber wiederum anders als der Engländer Francis Bacon, der nicht das geringste Interesse an Mathematik hatte, wurde er ebenso nicht müde, die Bedeutung und Notwendigkeit der Mathematik zu preisen und forderte einen mathematischen Zugang zur Natur. Im Gegensatz

---

501   Quapropter cum in rebus naturalibus demonstratio habetur per causam per vias mathematicae, et demonstratio per effectum habetur per vias naturales, plus potest mathematicus in rebus naturalibus sciendis, quam ipse philosophus naturalis (Roger Bacon, *Opus maius*, ed. Bridges, Bd. 1, S. 169).

502   Koyré, „Origins of Modern Science", S. 16.

zu Francis machte Roger die geometrische Optik zu einer Leitdisziplin seiner Experimentalwissenschaft.[503]

5.5.7 *Der moderne Roger Bacon und seine moderne Zeit – Wer sind die Modernisten im 13. Jahrhundert?*

Wie aber steht es nun, im Hinblick auf das im Vorausgehenden Gesagte, um die ‚Modernität‘ Roger Bacons? Muss man nun also davon ausgehen, dass eben die beiden Aspekte – mathematische Naturbetrachtung und experimentelle Forschung – die Thomas Kuhn für das 17. Jahrhundert so säuberlich auseinanderdividiert, bei Roger Bacon – dem Englishman in Paris – vereint und in ein kohärentes Wissenschaftskonzept integriert sind? Muss man folglich bedauern, dass dieses avantgardistische Modell aus der Aufbruchs- und Ursprungszeit der modernen Wissenschaft in der späteren Vormoderne, also in der ‚Zwischenzeit‘ bis 1800, der Voreingenommenheit und Inkonsequenz der Zeitgenossen zum Opfer fiel, als man die moderne Korrelation von Mathematik und Experiment nicht mehr zu realisieren vermochte? Hier ist freilich Vorsicht angebracht. Es mag sein, dass Roger Bacon, anders als die meisten Philosophen des 17. Jahrhunderts, an beiden Richtungen partizipierte und sowohl die Verwendung der Mathematik im Bereich der Physik, als auch den Einsatz von Experimenten entschieden forderte; doch die Verbindung beider Aspekte hat auch Bacon nur bedingt realisiert. Zwar ist es richtig, dass Bacon in seiner *Perspectiva* und in *De mulitiplicatione specierum* häufig von *experientia, experimentum* und *experimentator* spricht und damit unter anderem auch konkrete experimentelle Tests meint, die über einfache Beobachtung hinausgehen. Aber David Lindberg hat ebenso darauf hingewiesen, dass Bacon aus diesen Experimenten in der Regel keine neuen wissenschaftlichen Theorien oder mathematische Gesetze ableitete. Sie dienen hier in erster Linie zur Überprüfung von bestehenden (mathematischen) Theorien.[504] Auf der anderen Seite ist es ebenfalls äußerst fraglich, ob bei den Experimenten mit dem Magneten, die Bacons Freund Petrus de Maricourt in Paris durchführte,[505] eine mathematische Auswertung der Resultate erfolgte. Es ist zwar davon auszugehen, dass Bacon und Petrus – der Robert Boyle des 13. Jahrhunderts – gemeinsam

---

503 Sabetai Unguru, „Experiment in Medieval Optics", in: *Physics, Cosmology and Astronomy, 1300–1700*, hg. von Sabetai Unguru, Dordrecht 1991, S. 163–181; Fisher/Unguru, „Experimental Science and Mathematics in Roger Bacon's Thought".

504 Lindberg, „Light, Vision, and the Universal Emanation of Force", S. 268; siehe auch Unguru, „Experiment in Medieval Optics", S. 166.

505 Petrus de Maricourt, *Epistola de magnete*, ed. Loris Sturlese, Pisa 1995; Beaujouan, „L'interdépendance entre la science scolastique et les techniques utilitaires", S. 18.

experimentierten, aber ob Bacon – der Propagandist des Verfahrens[506] – seinem Kollegen dabei die Mathematik nahebringen konnte, ist in keiner Weise
auszumachen. *Messungen* haben bei diesen Experimenten jedenfalls offenbar
keine Rolle gespielt.

Es kann keine Rede davon sein, dass Roger Bacon im 13. Jahrhundert die moderne Naturwissenschaft antizipiert. Dennoch bleibt die Tatsache bestehen,
dass Roger Bacon sich mit seinem Interesse für Mathematik *und* praktische
Experimentalwissenschaft sowohl von René Descartes als auch von Francis
Bacon und Robert Boyle jeweils signifikant unterscheidet. Indem er sowohl für
die Geschichte der experimentellen als auch der mathematischen Tradition
anschlussfähig ist, wird Roger Bacon für jede Meistererzählung, die danach
strebt, ‚das Neue' der Wissenschaft des 17. Jahrhundert zu definieren, unweigerlich zum Spielverderber. Auch wenn seine Korrelation von Mathematik
und Experiment nicht dem modernen Verfahren entspricht und auch wenn
sich seine experimentelle Wissenschaft hinsichtlich ihrer Praktiken freilich
vom neuzeitlichen kontrollierten *Labor*-Experiment, mit seinen spezifischen
Apparaturen und Requisiten, unterscheidet, so lässt sich dennoch seine Modernität, trotz aller Mühen der Diskontinuitätsadvokaten, nicht leugnen.

• • •

Fragt man jedoch nach dieser spezifischen Modernität Roger Bacons im
Kontext der Philosophie des 13. Jahrhunderts, so ergibt sich schließlich eine
Merkwürdigkeit, die im Schlusskapitel noch einmal aufgegriffen wird, hier
aber bereits angesprochen werden soll. Denn im Hinblick auf den gesamten
Thesenkomplex dieser Arbeit müsste es doch eigenartig erscheinen, dass
ausgerechnet der Franziskaner Roger Bacon, der eine autonome Philosophie
bekämpfte, hier als zukunftsweisender Modernist beschrieben wird. Waren
es denn nicht die Philosophen der Artistenfakultät, die als Vorkämpfer einer
eigenständigen philosophischen Wissenschaft das moderne Moment des 13.
Jahrhunderts repräsentieren? Sie müssten doch, indem sie der Vernunft ihr
eigenes Reich schufen, die Gewährsmänner dafür sein, dass Wissenschaft im
Mittelalter nicht nur ein unter der Diktatur des Glaubens stehendes Unterfangen darstellt, und damit als Vertreter der modernen Wissenschaft erscheinen. Aber sie sollen nun gerade mit ihrer Wissenschaft den Gegenpol zum
modernen Naturforscher Roger Bacon bilden, der ihnen ihre Autoritätsgläubigkeit und Buchgelehrsamkeit vorwirft? David Lindberg hat in einem Artikel bemerkt, dass Bacon mit seinem Interesse für Mathematik in platonischer

---

506   Hackett, „Roger Bacon on Scientia Experimentalis", S. 314.

Tradition steht und insofern aus Sicht der Aristoteliker der zweiten Hälfte des
13. Jahrhunderts altmodisch erscheinen musste.[507] Auch Catherine König-
Pralong hat Roger Bacon als ganz und gar konservativen Denker bezeichnet.[508]
In dem verwirrenden Bild, das sich hier ergibt, scheint gar nicht mehr klar zu
sein, wer im 13. Jahrhundert eigentlich progressiv oder konservativ ist, wer das
Mittelalterliche und wer das Moderne repräsentiert. Es ist der Ambiguität dieser Situation nur förderlich, dass die Vertreter so diametral entgegengesetzter
philosophischer Positionen wie die radikalen Aristoteliker und Roger Bacon
jeweils auf ihre Weise mit der Orthodoxie in Konflikt gerieten.[509]

Doch man sollte sich davon nicht beirren lassen: Die Philosophen der
Artistenfakultät und Roger Bacon stehen für gänzlich verschiedene Wissens-
konzepte und dennoch sind sie jeweils auf ihre Weise durch eine spezifische
Modernität gekennzeichnet. Eine ähnliche Kuriosität ergab sich schon bei
Brunetto Latini: Wer repräsentiert hier die Säkularisierung der Philosophie?
Sowohl die Artisten als auch Latini weisen in dieser Hinsicht in dieselbe
Richtung, auch wenn sie dabei fundamental verschiedene Orientierungen
vertreten (heißt Säkularisierung Autonomisierung durch Selbstreferenz oder
Laikalisierung durch Vermittlung?). Es zeigt sich an diesen historischen (bzw.
historiographischen) Ambivalenzen, wie jedes spezifische Narrativ eine
ihm adäquate Kategorisierung der historischen Phänomene vornimmt, die
je nach Perspektive näher zusammen oder weiter auseinander rücken und
ganz unterschiedliche narratologische Funktionen einnehmen. Ob man die
Emanzipationsgeschichte der philosophischen Fakultät, der experimentellen
Wissenschaft oder der ‚Laienphilosophie‘ erzählt, hat entscheidende Auswirkungen für die Rolle der jeweils anderen Gruppen und Akteure.

5.5.8   Soziale Faktoren und Experimentalwissenschaft: Die Struktur
wissenschaftlicher ‚Revolutionen‘

Das letzte Argument in diesem Kapitel verbindet die Frage nach Bacons Modernität mit der Gesamtperspektive dieser Arbeit auf sein Konzept. Es soll
argumentiert werden, dass Bacons experimentelle Methode, die seine ‚Modernität‘ begründet, mit konkreten Faktoren des sozialen Kontexts zusammenhängt, in dem Bacon seinen Ansatz formuliert hat. Es waren die historischen
Entstehungsbedingungen der *Scientia experimentalis*, welche ihre Konzeption

---

507   Lindberg, „On the Applications of Mathematics to Nature", S. 25.
508   König-Pralong, *Le bon usage des savoirs*, S. 154.
509   Zu Bacons Verurteilung im Franziskanerorden aufgrund „verdächtiger Neuerungen":
        Hackett, „Roger Bacon: His Life, Career and Works"; außerdem war Bacon mit sei-
        nen Ansichten zur Astrologie möglicherweise von der Verurteilung von 1277 betroffen:
        Hackett, „From Robert Grosseteste to Roger Bacon", S. 117f.

maßgeblich geprägt und ihr spezifisches Profil auf den Weg gebracht haben. Dabei handelt es sich nicht um unmittelbare Einflussnahmen, sondern um die eigenlogische Verarbeitung externer Impulse.

Roger Bacon hat seine theoretischen Ansichten teilweise durch Berufung auf eigene Beobachtungen und gezielte Experimente begründet. Im Falle des Regenbogens leitet er seine Stellungnahme aus einer konkreten Beobachtung ab: Wie die Erfahrung lehrt, bewegt sich der Regenbogen parallel zu verschiedenen Beobachtern, und daraus folgt, dass es ebenso viele Regenbogen gibt wie Beobachter (*et ideo quot sunt videntes, tot sunt irides*). Darum kann es nicht sein, dass die Oberfläche der gesamten Wolke einen großen Spiegel darstellt, vielmehr fungieren alle Regentropfen als Spiegel.[510] Doch generell kann man nicht sagen, dass Bacon systematisch auf der Grundlage von Beobachtungen *neue theoretische Hypothesen* formuliert, aus diesen Hypothesen wiederum *Vorhersagen* deduziert und diese Vorhersagen dann in einem gezielten *Experiment* überprüft hätte, wie es dem prinzipiellen Verfahren der hypothetisch-deduktiven Methode entspricht.[511] Es ist richtig, dass Bacon mit der Methodologie, die er fordert, einem solchen Vorgehen durchaus nahekommt; aber in seiner wissenschaftlichen Praxis hatte das gezielte Experiment in erster Linie eine andere Funktion, nämlich die, bereits bestehende Theorien experimentell zu verifizieren oder zu falsifizieren.

Dieser Umstand aber steht, wie argumentiert werden soll, in direktem Zusammenhang mit Bacons Kritik an der Autoritätsgläubigkeit des *vulgus philosophorum*. Bacon kritisiert, dass die Autoritäten nicht an der Erfahrung überprüft werden.[512] Seine Betonung der Notwendigkeit der Erfahrung ist zunächst aus seiner polemischen Haltung gegen die epistemische Kultur der Scholastik erwachsen und insofern darauf gerichtet, die Unzulänglichkeit einer puren Buchgelehrsamkeit aufzuzeigen. Daher ist es nur konsequent, wenn Bacon die Erfahrung und das Experiment vor allem zur Überprüfung bestehender Theorien ins Feld führt. Denn dies stellt das unmittelbare Gegenprogramm zur erfahrungsfernen „bookishness" der Universität dar, in der Texte kommentiert und diskutiert, Theorien aber nicht empirisch verifiziert werden. Im selben Kontext muss Bacons Forderung gesehen werden, auch die logischen Schlussfolgerungen, die *conclusiones*, experimentell zu testen. Dies steht in direktem Zusammenhang mit Bacons Kritik an der Selbstreferenz der Logik, an der Nutzlosigkeit eines *„purus logicus"*. Da Bacon die eigensinnige Dialektik der Universitätsphilosophie ablehnt, wettert er gegen „nackte

---

510   Roger Bacon, *Opus maius*, ed. Bridges, Bd. 2, S. 187ff.
511   Barseghyan, *Laws of Scientific Change*.
512   Uhl, „Hindernisse auf dem Weg zum Wissen".

Syllogismen" und fordert, dass logische Beweise durch eine empirische Überprüfung ergänzt werden müssen.[513]

Indem Bacon gegen die Erfahrungslosigkeit der akademischen Philosophie polemisiert, indem der den Universitätsgelehrten vorwirft, unkritisch die
Theorien der Autoritäten zu übernehmen und sich in abgehobenen dialektischen Diskussionen zu verlieren, die keinen Bezug zur Erfahrung aufweisen,
greift er eine Kritik auf, welche die Gesellschaft insgesamt an die Universität
herantrug. Die Analyse der einschlägigen Quellen in Kapitel 4 hat ergeben,
dass die *Erfahrungslosigkeit* den zentralen Gegenstand der allgemeinen gesellschaftlichen Skepsis gegenüber den Gelehrten und ihrer Wissenskultur
darstellt. Sowie Bacon aufgrund der Erwartungshaltung der Gesellschaft, die
er sensibel wahrnahm, begonnen hatte, die Nutzlosigkeit der Universitätsphilosophie als Problem zu begreifen, so waren es die Irritationen der gesellschaftlichen Gelehrtenkritik, die ihm die *bookishness* der Scholastik vor Augen
führten. Es ist kein Zufall, dass Bacon behauptet, sein idealer Experimentator,
Petrus de Maricourt, der *dominus experimentorum*, habe sein Wissen nicht
aus Büchern, sondern durch die direkte Beobachtung der Arbeiter und Praktiker erworben. Er würde sich schämen, wenn ein Laie, ein Krieger oder ein
Bauer etwas wüsste, das er nicht selbst wüsste. Daher weiß er alles über die
Arbeit der Bauern, über Waffen und über die Jagd. Selbst die Experimente der
Magier und die Tricks der Spielleute hat er genau beobachtet. Nur auf diese
Weise, betont Bacon, durch praktisches Erfahrungswissen, könne die Philoso-
phie vervollständigt werden und nur so könne sie nützlich sein und sicheres
Wissen produzieren.[514]

Es ist offensichtlich, dass sich hier ein Reflex der gesellschaftlichen Gelehrtenkritik manifestiert. Bacon versucht gezielt, den Experimentator mit dem
Wissen der Praktiker auszustatten, um den Vorwurf der *bookishness* zu unterlaufen. Die Kritik der Gesellschaft aufzugreifen und ins Innere der Wissenschaft

---

513   Quod ergo dicit Aristoteles quod demonstratio syllogismus est faciens scire, intelligen-
      dum est si experientia comitetur, et non de nuda demonstratione (Roger Bacon, *Opus
      maius*, ed. Bridges, Bd. 2, S. 168).

514   Propter hoc est dominus experimentorum, et ideo scit naturalia per experientiam [...];
      immo verecundatur si aliquis laicus, vel vetula, vel miles, vel rusticus de rure sciat quae
      ipse ignorat. Unde omnia opera fundentium metalla, et quae operantur auro, et argento,
      et caeteris metallis, et omnibus mineralibus, ipse rimatus est; et omnia quae ad militi-
      am, et ad arma, et ad venationes ipse novit; omnia quae ad agriculturam, et ad mensuras
      terrarum et opera rusticorum, examinavit; etiam experimenta vetularum et sortilegia, et
      carmina earum et omnium magicorum consideravit; et similiter omnium joculatorum
      illusiones et ingenia; ut nihil quod sciri debeat lateat ipsum, et quatenus omnia falsa et
      magica sciat reprobare. Et ideo sine eo impossibile est quod compleatur philosophia, nec
      tractetur utiliter nec certitudinaliter (Roger Bacon, *Opus tertium*, ed. Brewer, S. 46f).

zu wenden, war Bacons Beitrag, diese Irritationen des Systems zu verarbeiten. Doch einmal in die Kommunikation des Systems eingespeist, entwickelte die nun einsetzende Abgrenzungslogik eine Eigendynamik, in deren Folge Bacon nicht nur eine systematische Methodologie zur empirischen Überprüfung von Theorien konzipierte, sondern auch konkrete experimentelle Praktiken realisierte. Was aus einem kritischen Impetus begann, mündete in die *Scientia experimentalis* und damit in ein Konzept, das die Grundlagen moderner Methoden legte.

Eine analoge Struktur von Positionen und Oppositionen und eine ganz ähnliche Konfliktlogik ließen sich leicht als Grundlage der Entwicklung ausweisen, die man im Allgemeinen als ‚Scientific Revolution‘ bezeichnet. Dieselben sozialen und intellektuellen Dynamiken führten dazu, dass alternative Philosophen begannen, die Nutzlosigkeit und Erfahrungsferne der Universitätsphilosophie zu kritisieren und in Abgrenzung davon eine praxisbezogene und erfahrungsbasierte Philosophie zu propagieren.[515] Francis Bacon, der nicht nur eine Experimentalwissenschaft entwarf, sondern auch vehement den Nutzen der Wissenschaft für die Zwecke von Politik und Gesellschaft forderte, ist das vielleicht beste Beispiel dafür.[516] Insofern die Produktion alternativer Konzepte als konstellatorisches Phänomen verstanden werden muss, lassen sich also auch auf dieser Ebene in hohem Maße strukturale Homologien zwischen dem 13. und dem 17. Jahrhundert ausmachen, die nur zu deutlich zeigen, dass das, was in der ‚Scientific Revolution‘ passiert, alles andere als ein spontaner *take off* war, sondern aus der generativen Grundstruktur einer Konstellation erwuchs, welche die europäische Wissenschaftsgeschichte von Beginn an geprägt hatte.

5.6   Urbane Harmonien: Empirismus und Praxisdiskurs in der Musiktheorie

Das explizite und emphatische Konzept einer Erfahrungswissenschaft war im 13. Jahrhundert aus einer Konfliktlogik heraus erwachsen. Konstitutiv für den Abgrenzungsprozess, der versucht wurde plausibel zu machen, war die strukturelle Position derjenigen, die diesen Ansatz propagierten. Roger Bacon und Petrus de Maricourt waren experimentelle Außenseiter gegenüber dem

---

515   Zur Kritik der Nutzlosigkeit der Philosophie im 17. Jh.: Shapin, *Scientific Revolution*, S. 121, 140.

516   John Henry, *Knowledge is Power. Francis Bacon and the Method of Science*, Cambridge 2002; John E. Leary, *Francis Bacon and the Politics of Science*, Ames 1994; Julian Martin, *Francis Bacon, the State, and the Reform of Natural Philosophy*, Cambridge 1992.

akademischen Mainstream, der die Kontrastfolie ihres alternativen Programms darstellte. Doch das intellektuelle Potential der Konstellation, deren Produkt sie waren, sollte seine generative Kraft auch auf anderen Gebieten unter Beweis stellen. Roger Bacon und Petrus de Maricourt blieben nicht die Einzigen, die sich im Umfeld der Universität Paris in der zweiten Hälfte des 13. Jahrhunderts stärker an der Erfahrung orientierten und gleichzeitig einen praktischen Nutzen des philosophischen oder artistischen Wissens einforderten. Das herrschende Paradigma der Universität provozierte auch in anderen epistemischen Sphären Widerspruch. In diesem Kapitel wird ein Autor diskutiert, der hinsichtlich seines Ansatzes und seiner sozialen Position bezeichnende Parallelen zu Roger Bacon aufweist und sich insofern, wie ausgeführt werden soll, in die Reihe der alternativen Wissenskonzepte einfügt, die in dieser Arbeit behandelt werden. Die damit versuchte Einordnung dieses Magisters eröffnet eine neue Perspektive auf sein zur Debatte stehendes Werk (das einzige, das von ihm überliefert ist), welches in der Forschung zu sehr unterschiedlichen Deutungen und Inanspruchnahmen, mitunter aber auch zu völliger Ratlosigkeit geführt hat.

In seiner grundlegenden Studie zur Geschichte der „Klassifikation der Musik" im Mittelalter von 1929 hatte Gerhard Pietzsch festgehalten, dass der Traktat des Johannes de Grocheio „vollkommen isoliert in der Geschichte der Musiktheorie steht".[517] Betrachte man die diachrone Abfolge der Traktate zur Musiktheorie vom 6. bis zum 16. Jahrhundert, so bereite jene Schrift, die der Magister Johannes de Grocheio zwischen 1275 und den Jahren um 1300 in Paris verfasste, erhebliche Verständnisprobleme: „Es ist nicht leicht, die darin niedergelegten Anschauungen aus dem historischen Ablauf zu verstehen, da es für ihn nirgends Vorbilder, nirgends aber auch Nachfolger aufzuweisen gibt".[518] Doch worin besteht dieses Singuläre des besagten Traktats, das seine Einordnung so erschwert? Die *Ars musice* des Johannes des Grocheio beinhaltet zum größten Teil eine empirische Beschreibung des Pariser Musiklebens im späten 13. Jahrhundert, d.h. der in der Stadt praktizierten musikalischen Formen, die Johannes verschiedenen sozialen Kontexten zuordnet.[519] Die signifikante Neuerung, die in der Forschung die größte Aufmerksamkeit erfahren hat, besteht dabei in der ausführlichen Berücksichtigung der weltlichen Musik

---

517 Gerhard Pietzsch, *Die Klassifikation der Musik von Boethius bis Vgolino von Orvieto*, Tübingen 1968, S. 98.

518 Pietzsch, *Klassifikation der Musik*, S. 98.

519 Siehe den Überblick zu Grocheio: John N. Crossley/Carol Williams, „Studying *Musica* in Thirteenth-Century Paris: The Expectations of Johannes de Grocheio", in: *Communities of Learning: Networks and the Shaping of Intellectual Identity in Europe, 1100–1500*, hg. von Constant J. Mews/John N. Crossley, Turnhout 2011, S. 137–150.

der Stadtkultur, die vor Johannes de Grocheio in keinem Traktat beschrieben worden war.

Eine derartige Konzeption, eine empirische Betrachtung und soziale Zuordnung praktizierter Formen, ist in der Musikliteratur des Mittelalters in der Tat einzigartig. Dies gilt sowohl für die Tradition der ,spekulativen Musiktheorie', welche die Musik ausgehend von Boethius als mathematische Disziplin im Rahmen des Quadriviums auffasst und Proportionen, also Zahlenverhältnisse, als Gegenstand der Musik definiert, als auch für die ,praxisbezogene' Musiklehre, die auf die technische Seite der Musik gerichtet ist und vor allem die Tonarten und die Notation behandelt.[520] Ein Ansatz wie der des Johannes de Grocheio ist in keinem dieser beiden Bereiche, die jeweils auf eine lange Tradition seit dem Frühmittelalter zurückblicken, vorgesehen. Bevor auf den Inhalt der *Ars musice* näher eingegangen wird, müssen noch einmal einige Punkte rekapituliert werden, die das Verhältnis der Musik im Rahmen des universitären Curriculums zu diesen beiden Traditionen betreffen, um die Positionierung des Traktats nachvollziehen zu können. In Kapitel 5.1 wurde darauf hingewiesen, dass Johannes de Garlandia in der Mitte des 13. Jahrhunderts bereits eine Abwendung vom Paradigma der Artistenfakultät vollzog, indem er Traktate zur praxisbezogenen Musiklehre – die *Musica plana* und die *Musica mensurabilis* – verfasste. Denn wie in Kapitel 3 gezeigt wurde, beruhte der Musikunterricht an der Artes-Fakultät der Universität Paris auf Boethius' *De institutione musica*, also auf dem Standardtext der quadrivialen Musiktheorie, der weit von der Praxis der Gegenwart entfernt war.[521] Indem Johannes de Garlandia sich mit der zeitgenössischen Musik auseinandersetzt und Traktate verfasst, die wiederum für eine Anwendung in der Praxis bestimmt waren, gab er seinen Schriften eine Finalität, die aus dem Werk des Boethius nicht hervorgeht.

Der philosophische Kontext, in den Boethius seine Musiktheorie stellte, ist dafür verantwortlich, dass das Musikkonzept dieser Schrift prinzipiell nicht auf praktische Applikation, sondern vielmehr auf metaphysische Erkenntnis ausgerichtet ist.[522] Platonische und pythagoreische Denkformen aus verschiedenen Vorlagen aufgreifend, hatte Boethius die Musik als mathematische

---

520   Michael Bernhard, „Überlieferung und Fortleben der antiken lateinischen Musiktheorie im Mittelalter", in: *Rezeption des antiken Fachs im Mittelalter*, hg. von Michael Bernhard et al. (*Geschichte der Musiktheorie* 3), Darmstadt 1990, S. 7–35; siehe auch Albrecht Riethmüller, „Probleme der spekulativen Musiktheorie im Mittelalter", in: Bernhard et al. (Hg.), *Rezeption des antiken Fachs im Mittelalter*, S. 163–201.

521   Die ersten beiden Bücher waren im Curriculum „de forma", siehe etwa Arnulf von der Provence: Sunt autem quinque libri Musice quam tractiuit Boetius, quorum duo sunt de forma Parisius (Arnulf von der Provence, *Divisio Scientiarum*, ed. Lafleur, S. 328).

522   Heilmann, *Boethius' Musiktheorie und das Quadrivium*.

Disziplin definiert und epistemologisch der Arithmetik subordiniert. Die Mathematik aber hat in der platonisch-pythagoreischen Tradition, die Boethius rezipiert, eine anagogische Potenz, indem sie zur Erkenntnis des zahlenhaft strukturierten Kosmos anleitet. Dieser metaphysische Hintergrund bedingt aber wiederum, dass Boethius die Intervallproportionen, die er in *De institutione musica* aufstellt, gerade nicht empirisch gewinnt, sondern als präexistent betrachtet.[523] Da die klingenden Konsonanzen ohnehin nur unvollkommene Abbilder einer universellen Harmonie sind, haben sie nicht Ausgangspunkt der Betrachtung zu sein. Diese empiriefeindliche Anschauung konnte Boethius bei Platon in aller Deutlichkeit finden: „Die hörbaren Tonverhältnisse und Töne vergleicht und misst man und quält sich endlos damit ab. Wahrhaftig, und auf die lächerlichste Weise!, sagte er". Darum sind für Platon nicht diese Leute, welche die Ohren höher als den Verstand stellen, sondern die Pythagoreer zu fragen: „Ich meine nicht sie, sondern jene Pythagoreer, die wir wegen der musikalischen Harmonie im allgemeinen befragen wollten".[524] Da Boethius vor diesem Hintergrund nicht an einer empirischen Beschäftigung mit Musik interessiert ist, bilden nicht klingende Töne, die er – wiederum aristotelisch – als Komposita aus Form (Zahlenverhältnis) und Materie (Klang) versteht, den Gegenstand der Musiktheorie, sondern die nicht mit Materie verbundenen, *reinen Formen*. Diese aber sind der Wahrnehmung vorgängig und führen nicht zu den Phänomenen herab, sondern zu metaphysischer Erkenntnis hinauf.[525]

Boethius' Musiktheorie ist ein Produkt ihrer Zeit. Wie Umberto Eco einmal formuliert hat, war es die Vorstellung, in einer Zeit zu leben, in der Werte verloren gehen, welche Boethius dazu brachte, sich in das Reich der metaphysisch fundierten Zahlen zu ‚flüchten'.[526] Dies wird dann nachvollziehbar, wenn man bedenkt, dass die politischen Veränderungen im Rom des 5. Jahrhunderts von manchen Zeitgenossen als Bedrohung der geistigen Tradition empfunden wurden,[527] auch wenn die Absetzung des Romulus Augustulus keinen so epochalen Einschnitt bildet, wie man lange glaubte.[528] Die Bedingungen, unter denen die mathematischen Traktate des Boethius im 13. Jahrhundert in

---

523 Boethius, *De institutione musica*, ed. Gottfried Friedlein, Leipzig 1867, S. 189; dazu Max Haas, „Studien zur mittelalterlichen Musiklehre I. Eine Übersicht über die Musiklehre im Kontext der Philosophie des 13. und frühen 14. Jahrhunderts", in: *Aktuelle Fragen der musikbezogenen Mittelalterforschung*, hg. von Wulf Arlt/Hans Oesch (Forum Musicologicum 3), Winterthur 1982, S. 323–456, S. 344.

524 Platon, *Der Staat*, S. 247.

525 Heilmann, *Boethius' Musiktheorie und das Quadrivium*, S. 125.

526 Umberto Eco, *Kunst und Schönheit im Mittelalter*, 7. Aufl., München 2007, S. 52.

527 Alexander Demandt, *Geschichte der Spätantike. Das Römische Reich von Diocletian bis Justinian 284–565 n. Chr.*, 2. Aufl., München 2008, S. 119 u. 404.

528 Patrick Geary, *Die Merowinger. Europa vor Karl dem Großen*, 2. Aufl., München 2004, S. 23.

Paris rezipiert wurden, waren von der Situation der Spätantike vollkommen
verschieden (da hier kein gefühlter ‚Niedergang', sondern gerade ein geistiger
Aufbruch stattfand bzw. sich fortsetzte), hatten aber dennoch, darauf kommt
es hier an, durch andere Faktoren einen Rezeptionskontext hervorgebracht,
welcher der Aufnahme einer derartigen Konzeption prinzipiell förderlich war:
Das zunehmend auf Abstraktion zielende Paradigma einer jungen philosophischen Wissenschaft und das spezifische Profil einer sozialen Gruppe, die sich
von der praktischen Welt abgrenzte, bildete nun die Grundlage eines Interesses an theoretischer Mathematik, wenn auch am Rande des philosophischen
Betriebs. Indem die mathematische Musiktheorie des Boethius zum Grund-
lagentext an der Artes-Fakultät wurde, beruhte der Unterricht auf einem Werk,
das nicht nur keinen Bezug zur Musikpraxis der Gegenwart hatte, sondern
zudem auf einem Musikkonzept basierte, das eine Hinwendung zur praktischen Musik grundsätzlich nicht vorsah. Dass der Artes-Magister Johannes de
Garlandia Traktate verfasste, die einen direkten Nutzen für die zeitgenössische
Praxis hatten, bedeutete insofern eine deutliche Abkehr von diesem Modell,
die, wie in Kapitel 5.1. gezeigt wurde, im Kontext seines gesamten praktischen
Wissenskonzepts steht.

   Doch Johannes de Garlandia hatte keinesfalls mit der Autorität des Boethius im Allgemeinen gebrochen. Er bedient zwar ein anderes Genre der Musiklehre, das an der Artes-Fakultät nicht zu Hause war, aber er stellte keinesfalls
die Gültigkeit des boethianischen Musikbegriffs oder der von Boethius vertretenen Ansichten in Frage. Im Gegenteil: Zu Beginn seiner *Musica plana*
referiert Johannes zentrale Annahmen aus der *Institutio musica*, bevor er zur
praktischen Musiklehre des einstimmigen Gesangs übergeht. Johannes de
Grocheios Bruch mit Boethius und mit der Musiklehre der Universität ist demgegenüber wesentlich radikaler, nicht nur, weil er einen gänzlich neuen Ansatz
realisiert, sondern vor allem, weil er Boethius direkt angreift und seine Autorität auf Grundlage der Erfahrung und der eigenen Beobachtung zurückweist.
In seiner *Ars musice* kritisiert Johannes de Grocheio in geradezu spöttischem
Ton die Musikeinteilung des Boethius, wie dieser sie in seiner Musiktheorie
formuliert hatte und die zur verbindlichen Einteilung an der Artistenfakultät
geworden war. Boethius hatte die Musik eingeteilt in *musica mundana, musica
humana* und *musica instrumentalis*, wobei erstere sowohl die Harmonie der
Sphären als auch die des gesamten Kosmos betraf, die *musica humana* sich
auf das harmonische Verhältnis von Körper und Seele bezog, während letztere,
die *musica instrumentalis*, die Lehre der musikalischen Konsonanzen darstellt
und insofern von Intervallproportionen, also Zahlenverhältnissen, handelt.[529]

---

529   Die drei Musikarten sind bei Boethius wiederum anagogisch einander zugeordnet: Die
      mathematischen Proportionen der *musica instrumentalis* führen, vermittelt über die

An der Artes-Fakultät war man sich zwar sehr wohl darüber im Klaren, dass Aristoteles in *De caelo* die Sphärenharmonie der Pythagoreer kritisiert hatte,[530] doch dies führte nicht zur Zurückweisung der boethianischen Kategorien. Die Einteilung des Boethius blieb für die Artisten verbindlich und wurde in den Einführungsschriften als gültige Klassifikation referiert.[531]

Für Johannes de Grocheio hingegen existiert ausschließlich sinnlich wahrnehmbare Musik, weshalb er die ersten beiden boethianischen Musikarten strikt ablehnt: „Die Himmelskörper produzieren nun wahrlich keinen Klang, auch wenn die Alten dies glaubten [...]. Und ebenso wenig wird wohl ein Klang in der menschlichen Zusammenfügung gefunden. Denn wer hat schon eine Zusammenfügung klingen gehört?".[532] Die Anhänger der pythagoreischen Vorstellungen werden von Johannes für ihre leichtgläubige Übernahme der Positionen von Boethius kritisiert, da sie den Autoritäten mehr Glauben schenken als der Wahrheit. Johannes selbst hingegen entwirft eine ganz neue Musikeinteilung, die er an die Stelle der boethianischen Klassifikation setzt und durch seine eigene Beobachtung des Pariser Musiklebens begründet. Sein Vorhaben besteht darin, so führt Johannes aus, die Musik gemäß der Art und Weise einzuteilen, wie sie die Leute in Paris praktizieren und wie sie für den Gebrauch und das Zusammenleben der Stadtbewohner notwendig ist.[533] Seine Einteilung bezieht sich also allein auf die hörbare, in Paris praktizierte Musik und sie umfasst drei hauptsächliche Kategorien: die *musica vulgalis* bzw. *civilis*, d.h. die einstimmige weltliche (französischsprachige) Musik, ferner die *musica mensurata*, womit die mehrstimmige Musik mit volkssprachlichen oder lateinischen Texten gemeint ist, sowie schließlich die *musica ecclesiastica*, die einstimmige liturgische Musik. Jede dieser drei Musikarten wird von Johannes noch weiter unterteilt, wobei er für diese Systematisierung das Klassifikations-

---

menschliche Harmonie, zur Erkenntnis der kosmischen Harmonie. Boethius kommt in seiner *Institutio musica* aber nicht mehr zu der angekündigten ausführlichen Behandlung der beiden höheren Musikarten, weshalb der Hauptteil seines Werks der *musica instrumentalis* gewidmet ist: Heilmann: *Boethius' Musiktheorie und das Quadrivium*, S. 286; John Caldwell, „Boethius, Anicius Manlius Severinus", in: *Die Musik in Geschichte und Gegenwart*, 2. Aufl., Personenteil, Bd. 9, Stuttgart 2000, S. 220–228, S. 221.

530 Constant J. Mews, „Questioning the Music of the Spheres in Thirteenth-Century Paris: Johannes de Grocheio and Jerome de Moravia OP", in: *Knowledge, Discipline and Power in the Middle Ages. Essays in Honour of David Luscombe*, hg. von Joseph Canning/Edmund King/Martial Staub, Leiden 2011, S. 95–117..

531 Siehe etwa Arnulf von der Provence, *Divisio Scientiarum*, ed. Lafleur, S. 327.

532 Corpora vero celestia in movendo sonum non faciunt, quamvis antiqui hoc crediderunt [...]. Nec etiam in complexione humana sonus proprie reperitur. Quis enim audivit complexionem sonare? (Johannes de Grocheio, *Ars musice*, ed. Mews, S. 58).

533 Si tamen eam diviserimus secundum quod homines parisius ea utuntur, et prout ad usum vel convictum civium est necessaria [...], videbitur sufficienter nostra intentio terminari (Johannes de Grocheio, *Ars musice*, ed. Mews, S. 60).

schema aus Aristoteles' Schrift *De animalibus* adaptiert.[534] Diese wird auch für
die jeweils behandelten Aspekte prägend: In expliziter Anlehnung der Disposition der Musikbeschreibung an die Bücher der aristotelischen Tierkunde soll
nämlich einer allgemeinen Definition (*De historiis*) die Bestimmung der Teile
(*De partibus*) folgen, wonach schließlich von der Entstehung gehandelt wird
(*De generatione*).[535]

Besonders interessant für die hier zu diskutierenden Zusammenhänge ist
aber nicht nur die Tatsache, dass Johannes mit der rein mathematischen Konzeption des Boethius bricht und die nicht hörbare Sphärenmusik ablehnt,
um sich ausschließlich der sinnlich wahrnehmbaren, konkret-praktizierten
Musik seines städtischen Umfelds zuzuwenden; ebenso bezeichnend ist die
Tatsache, dass er mehrfach in seinem Traktat den großen Nutzen der Musik
für die städtische Gemeinschaft hervorhebt. So schreibt er über den *cantus gestualis*, eine Unterart der *musica vulgalis* bzw. *civilis*: „Dieser Gesang soll Alten
und den arbeitenden Stadtbewohnern sowie einfachen Leuten dargeboten
werden, während sie sich von ihrer üblichen Arbeit ausruhen, so dass sie,
nachdem sie die Klagen und Leiden anderer gehört haben, ihre eigenen leichter ertragen. So wird jeder seine Arbeit eifriger angehen. Und daher dient dieser Gesang zur Erhaltung der ganzen Gemeinschaft (*valet ad conservationem
totius civitatis*)".[536] Der *cantus coronatus* hingegen wird vor Königen und Fürsten gesungen, „so dass ihre Seelen zu Kühnheit und Tapferkeit, Großmütigkeit und Freigebigkeit bewegt, welche alle zu einer guten Regierung beitragen
(*faciunt ad bonum regimen*)".[537] Ebenso gibt es für die jungen Leute die passende Musik: Der *cantus versualis* soll vor jungen Männern dargeboten werden,
damit sie nicht gänzlich in Muße verfallen,[538] und die *ductia* ist eine *cantilena*,

---

534   Zur Adaptation aristotelischer Methodologie und zur Rezeption einzelner Schriften und
      Theoreme: Ellinore Fladt, *Musikauffassung des Johannes de Grocheo*.

535   Johannes de Grocheio, Ars musice, S. 66; dazu: Ellinore Fladt, *Musikauffassung des
      Johannes de Grocheo*, S. 180f.

536   Cantus autem iste debet antiquis et civibus laborantibus et mediocribus ministrari dum
      requiescunt ab opere consueto. Ut auditis miseriis et calamitatibus aliorum suas facilius
      sustineant. Et quilibet opus suum alacrius agrediatur. Et ideo cantus iste valet ad conser-
      vationem totius civitatis (Johannes de Grocheio, *Ars musice*, S. 66).

537   [...] ut eorum animos ad audaciam et fortitudinem magnanimitatem et liberalitatem
      commoveat. Que omnia faciunt ad bonum regimen (Johannes de Grocheio, *Ars musice*,
      S. 68).

538   Cantus autem iste debet iuvenibus exhiberi. Ne in ocio totaliter sint reperti (Johannes de
      Grocheio, *Ars musice*, S. 68).

welche die Herzen der Mädchen und Jungen von Nichtigkeiten wegführt und sie von Liebeskummer befreit.[539]

An einigen Stellen bezieht sich Johannes auf den Unterricht an der Pariser Artistenfakultät, allerdings ohne allzu detaillierte Informationen zu liefern. Eine davon ist jedoch besonders interessant, nämlich wenn er bemerkt, dass sich nur wenige mit der Musiktheorie beschäftigen. Diese wenigen aber, die mit der Theorie der Musik befasst sind, werden von Johannes de Grocheio scharf angegriffen. Denn abgesehen davon, dass ihre Beschäftigungen ohnehin lebensfern sind, verbergen diese *„speculativi"* ihre Tätigkeiten und Entdeckungen, weil sie sie nicht für andere zugänglich machen wollen:[540] Sie sind damit ganz offensichtlich für andere nutzlos.

Hinsichtlich seiner weitgehenden Hinwendung zum klingenden Ton sowie seiner entschiedenen Kritik an der Autorität des Boethius hat Johannes de Grocheio in der zweiten Hälfte des 13. Jahrhunderts jedoch einen wichtigen Vorläufer, nämlich Roger Bacon. Die Musikanschauungen beider weisen bezeichnende Parallelen auf, so dass Constant Mews vermutet hat, Johannes sei direkt von Bacon beeinflusst.[541] Da Bacon ebenfalls bei der sinnlich wahrnehmbaren Musik ansetzt, lehnt auch er die Vorstellung einer *musica mundana* strikt ab. Wie in anderen Bereichen polemisiert er auch hinsichtlich der Musik gegen die Meinung des *vulgus*, der Menge, die die Autorität des Boethius unkritisch akzeptiert und an die Existenz der Sphärenharmonie glaubt.[542] Die *musica mundana* ist für Bacon „nichts", da sie nicht sinnlich wahrgenommen werden kann, und eben deshalb wäre sie auch, selbst wenn es sie gäbe, im Gegensatz zur hörbaren Musik gänzlich „unnütz" (*inutilis*).[543] Diejenigen, die von *musica mundana* und *humana* „träumen", hätten keinerlei Wahrheit; nur

---

539   Hec enim ducit corda puellarum et iuvenum, et a vanitate removet, et contra passionem que dicitur amor hereos valere dicitur (Johannes de Grocheio, *Ars musice*, S. 68).

540   Et adhuc quidam speculativi suas operationes et inventiones abscondunt nolentes aliis publicare (Johannes de Grocheio, *Ars musice*, S. 42).

541   Constant J. Mews: „Questioning the Music of the Spheres", S. 116.

542   Tantum tamen teneatur, quod non generatur sonus ex radiis coelorum, et ideo nulla est musica mundana, licet secundum opinionem antiquorum Pythagoricorum duravit haec opinio apud vulgum. Sed magis recitatur apud sapientes, quam approbatur. Et ideo, quia Boetius fecit mentionem de ea in sua Musica, hoc non est nisi secundum opinionem vulgi recitando. Omnis igitur sonus vel est ex collisione duri cum duro, vel ex motione spiruum ad vocalem arteriam (Roger Bacon, *Opus tertium*, S. 230).

543   Ex quibus patet quod nulla debet dici Musica mundana, quoniam si esset sonus ex collisione corporum celestium et sperarum mundi, tamen non esset nostris auribus discernendus, et ideo nobis incognitus, quoniam deficiente sensu deficit sciencia secundum illum, et iterum esset nobis inutilis omnino nec cederet in delectationem nostram sicut soni mutabiles (Roger Bacon, *Communia mathematica*, S. 52).

die *musica instrumentalis* solle übrig bleiben, deren Intervalle immerhin mit Instrumenten exemplifiziert werden können.[544]

Niemand außer Roger Bacon hat es vor Johannes de Grocheio gewagt, die Autorität des Boethius zurückzuweisen und die Existenz der beiden nicht hörbaren Musikarten, *musicia humana* und *musica mundana*, zu bestreiten. Die Vermutung von Constant Mews, dass Johannes dabei direkt von Roger Bacon beeinflusst wurde, ist insofern durchaus plausibel. Dennoch lässt sich die Parallele auch anders erklären, nämlich durch eine analoge konstellatorische Position: Johannes de Grocheio nahm ebenso wie Bacon eine alternative Stellung und eine kritische Haltung gegenüber dem Paradigma der Artes-Fakultät ein. Auch Johannes de Grocheio polemisiert gegen die *„speculativi"*, deren verborgene Erörterungen für andere nutzlos seien. Ihnen hält er Konzept entgegen, dass den Nutzen der Musik und der Musiktheorie, welche die rechte Anwendung und Zuordnung der musikalischen Formen lehrt, in aller Deutlichkeit betont. Grocheios Ansatz ist, wie Ellinore Fladt formuliert, von der Überzeugung geleitet, „dass die wissenschaftlichen Ergebnisse und Einsichten [...] schließlich auf den gesamten menschlichen Lebensumkreis zurückwirken und ihm zugute kommen".[545]

Dass Johannes de Grocheio aber eine so dezidierte Autoritätskritik formuliert und die Erfahrung gegen die Behauptungen des Boethius ins Feld führt, stellt ebenso wie bei Roger Bacon eine Verarbeitung gesellschaftlicher Kritik dar, die auf die Erfahrungsferne der Gelehrten abzielte. Mit seinem Vorwurf an die nutzlosen *speculativi* und seinem Spott über Boethius greift er dieselbe kritische Haltung auf, welche der Gelehrtenskepsis der Gesellschaft zugrundelag. Doch bei Grocheio hat dieser Aspekt der Verarbeitung äußerer Kritik noch eine weitere Dimension: Das charakteristische Merkmal seiner Musiklehre ist die Hinwendung zur praktischen Musik der *Stadtkultur*; es ist insbesondere der Nutzen der von ihm beschriebenen musikalischen Formen für das Zusammenleben und die Lebenspraxis der Stadtbewohner, auf dem Johannes de Grocheio insistiert. Die spannungsvolle Relation zwischen Universität und Stadt, die sich in den town-gown-Konflikten manifestiert, beruhte, wie in Kapitel 4.4 versucht wurde plausibel zu machen, in hohem Maße auch auf einem Unverständnis der Stadtbewohner, worin der Nutzen dieser vielfach privilegierten Organisation bestehen sollte. Die Stadt als praktische Wissenskultur stand in einem Spannungsverhältnis zur epistemischen Orientierung der Artes-Fakultät, in der Wissen produziert wurde, das keinen evidenten Nutzen für das soziale Ganze aufwies. Für die diversen Gruppen der

---

544   Roger Bacon, *Communia mathematica*, S. 54.
545   Ellinore Fladt, *Musikanschauung des Johannes de Grocheo*, S. 183.

Stadtbewohner, deren Selbstverständnis wesentlich mit ihrem sozialen Nutzen verbunden war, stellte dies eine Provokation dar, die sich mitunter in offener Aggression entlud.[546]

Indem sich Johannes de Grocheio der Stadtkultur zuwandte, machte er einen Versuch, sich als Gelehrten wieder in Beziehung zu dieser städtischen Umwelt zu setzen. Sein Traktat stellt einen Reflex auf die Skepsis der Stadtleute dar. Begreift man jedoch Grocheios offensive Kritik an Boethius als Reaktion auf eine verbreitete Kritik an praxis- und erfahrungsferner Gelehrsamkeit, welche die Gesellschaft an die Wissenschaft herantrug, dann lässt sich das Verhältnis zwischen Roger Bacon und Johannes de Grocheio in einem neuen Licht betrachten. Denn in dieser Perspektive ist einerseits davon auszugehen, dass Bacon und Grocheio auf analoge Weise externe Impulse verarbeiten; andererseits betrifft der direkte Einfluss von Bacon auf Grocheio, den Constant Mews ins Spiel gebracht hat, offenbar nicht nur die konkrete Leugnung der Sphärenharmonie, sondern ebenso die entschiedene Kritik an einer nutzlosen Mathematik, die Roger Bacon artikuliert hatte. Bacon wettert gegen überflüssige *demonstrationes* und fordert die Applikation der Mathematik, sowohl auf die anderen Wissenschaften, wie er formuliert, als auch auf die Dinge der Welt.[547]

Johannes de Grocheio griff die äußere und innere Wissenschaftskritik auf und konzipierte eine empirische ‚Musikwissenschaft‘, die auf die Praxis ihrer städtischen Umgebung bezogen war. Zu diesem Zweck zog er verschiedene Schriften des Aristoteles heran, wie etwa die *Physik*, *De caelo*, *De animalibus* oder *De anima*, die er regelmäßig zitiert und in seine Konzeption integriert. Dies ist eine aktive Rezeption, wie sie schon in anderen Kontexten beobachtet wurde, welche die in Anspruch genommenen Texte für das eigene Modell funktionalisiert. Doch noch ein weiteres aristotelisches Werk steht im Hintergrund der *Ars musice* Grocheios, das allerdings nicht explizit zitiert wird. Die auffälligen Parallelen zum achten Buch der *Politik*, in dem Aristoteles ausführlich von der Musik handelt, machen es sehr wahrscheinlich, dass Grocheio diesen Text kannte.[548] Insofern Grocheio hier eine Vorlage für die Bedeutung der Musik in der politischen Gemeinschaft fand, wäre es freilich naheliegend, in seiner Betonung der sozialen Nützlichkeit der Musik lediglich eine Übernahme der

---

546 Siehe oben Kap. 4.4.

547 Hoc enim sciri non potest nisi ab eis qui experti sunt in applicatione mathematice ad alias sciencias et res hujus mundi, et tales pauci sunt (Roger Bacon, *Communia mathematica*, S. 117).

548 Auch Constant Mews verweist auf die ähnlichen Interessen von Grocheio und Aristoteles an der sozialen Nützlichkeit der Musik: Constant Mews, „Questioning the Music of the Spheres“, S. 104.

aristotelischen Ansichten und weniger eine eigene Initiative zu sehen. Wie sehr
Grocheio von Aristoteles beeinflusst war, zeigen nicht nur seine Bemerkungen
über den Beitrag der Musik zum Gemeinwohl, sondern auch seine Ausführungen zur sozialen Distinktion mittels musikalischer Formen: So wie Aristoteles
in der *Politik* das ‚ordinäre Publikum‘ mit seinen flachen Bedürfnissen von der
höheren Kunst fernhalten möchte,[549] so reserviert Johannes de Grocheio die
elaborierteste Musikform seiner Zeit, die mehrstimmige Motette, für einen erlesenen Kreis elitärer Hörer. Ausschließlich die *litterati* und jene, welche die
subtilitates der *artes* erforschen, seien kompetent, die *subtilitas* der Motette
wahrzunehmen, weshalb diese nur vor ihnen dargeboten werden sollte, nicht
aber vor den *vulgales*, die zu einer entsprechenden Wertschätzung nicht fähig
sind.[550] Doch auch wenn es als wahrscheinlich gelten kann, dass Johannes hier
von der aristotelischen Vorlage inspiriert ist, so ist es gleichwohl offensichtlich,
dass es sich dabei um eine produktive Aneignung dieses Textes handelt, den
Grocheio aktiv für seine Gegenwartsbeschreibung heranzieht. Wenn Theodor
W. Adorno in den 1960er Jahren davon spricht, bereits seit der Antike würden
diejenigen Personen, „welche durch ökonomischen und psychischen Druck
von dem zurückgestoßen wurden, was als Kultur sich etabliert hat, [...] mit
eigens für sie präparierten Reizen abgespeist",[551] so handelt es sich ebenso einerseits um eine Übernahme dieser aristotelischen Dichotomie von elitären
und ‚leichten‘ Kulturerzeugnissen, wie sie Aristoteles in der *Politik* formuliert,
gleichzeitig aber um eine Adaptation und Applikation dieser Unterscheidung
auf die Verhältnisse der eigenen Gegenwart.

Der Musiktraktat des Johannes de Grocheio ist direkt auf die soziale Wirklichkeit im Paris des späten 13. Jahrhunderts bezogen. Sein empirischer Ansatz,
den Grocheio gegen die Autorität des Boethius ausspielt, hat Konsequenzen
für den Gegenstand der Betrachtung, aber auch für die Definition der Musik,
die nun nicht mehr rein mathematisch ist, sondern stärker am Klang orientiert
wird. Der Gegenstand der Musik verschiebt sich gegenüber Boethius von der
Zahl auf einen ‚zahlenbezogenen Klang‘. Die Musik wird daher von Johannes
definiert als *ars vel scientia de sono numerato*[552] und damit als eine *scientia*

---

549   Dazu Albrecht Riethmüller, „Musik zwischen Hellenismus und Spätantike", S. 229f.

550   Cantus autem iste non debet coram vulgalibus proprinari, eo quod eius subtilitatem non
      advertunt nec in eius auditu delectantur. Sed coram litteratis et illis qui subtilitates arti-
      um sunt querentes (Johannes de Grocheio, *Ars musice*, S. 84).

551   Theodor W. Adorno, *Einleitung in die Musiksoziologie*, S. 35. Das Zitat stammt aus dem
      Kapitel über die „leichte Musik".

552   Johannes de Grocheio, *Ars musice*, S. 56.

media, eine Wissenschaft zwischen Mathematik und Physik.[553] Da auf diesen Begriff im folgenden Kapitel noch einmal zurückzukommen ist, wird darauf hier nicht weiter eingegangen. Worauf es an dieser Stelle ankommt, ist die Art und Weise, in der Johannes de Grocheio den Gegenstand seiner alternativen Musiktheorie – praktizierte Formen – theoretisch herleitet, insofern daran die aktive Rezeption aristotelischer Prämissen und Kategorien besonders deutlich wird. Dies ist der letzte Punkt zum Konzept Johannes de Grocheios, der hier zur Sprache kommen soll. Während Boethius die nicht mit Materie verbundenen Formen, also Zahlenverhältnisse, als transzendente Prinzipien der Musik betrachtet, sind dies für Johannes de Grocheio klingende Intervalle, also Komposita aus Form (*numerus*) und Materie (*sonus*). Um den nächsten Schritt zu verstehen, muss die Relativität des aristotelischen Form-Materie-Schemas bedacht werden: Denn diese Komposita aus *numerus* und *sonus* werden nun wiederum zur Materie für ästhetische Artefakte, indem ihnen musikalische ‚Formen' hinzugefügt werden. Grocheio setzt also mit seiner Betrachtung, so ließe sich sagen, in der Seins-Hierarchie eine Stufe tiefer an, wenn für ihn die bereits als Komposita existierenden klingenden Intervalle zur Materie werden, die zusammen mit den Artefakt-Formen wieder neue Komposita – nämlich konkrete musikalische Artefakte – bilden.[554]

Johannes de Grocheio kann seine Hinwendung zur praktizierten Musik der Stadtkultur also auch theoretisch begründen. Wie aus den bisherigen Ausführungen deutlich wurde, war diese Hinwendung jedoch keine Konsequenz einer theoretischen Entwicklung, sondern durch soziale Faktoren motiviert. Indem Grocheio die Prinzipien der Musik auf sinnlich wahrnehmbare Töne verschiebt und praktizierte Formen zum Objekt der Betrachtung macht, entwirft er ein Gegenmodell zum boethianischen Paradigma der Universität. Doch in welchem Verhältnis steht Johannes de Grocheio genau zur Universität Paris? War er *an* der Universität oder in ihrem ‚Umfeld' tätig? Was lässt sich über seine Beziehung zur Artes-Fakultät sagen? Über die Lebensdaten Grocheios ist nichts Näheres bekannt. Im Traktat bezieht er sich auf das Studium der

---

553 Ellinore Fladt, *Musikauffassung des Johannes de Grocheo*, S. 156; Eva Hirtler, Die *musica* im Übergang von der *scientia mathematica* zur *scientia media*.

554 Diese Verhältnisse werden von Ellinore Fladt ausführlich diskutiert; auf die begriffliche Problematik, dass die Artefakt-Formen der Materie, die Prinzip ist, akzidental zukommen, gehe ich nicht weiter ein, da dies für die hier diskutierten Zusammenhänge nicht relevant ist; siehe dazu die detaillierte Erörterung bei Ellinore Fladt, *Die Musikauffassung des Johannes de Grocheo im Kontext der hochmittelalterlichen Aristoteles-Rezeption* (Berliner musikwissenschaftliche Arbeiten 26), München 1987, S. 54–126.

artes liberales in Paris[555] und er gibt vor, die Musik zu beschreiben, wie sie die
Leute in Paris gebrauchen (*musica qua utuntur homines parisius*). Aus dieser
Gegebenheit, verbunden mit der Bezeichnung Grocheios als „*magister*" und
„*regens Parisius*" im *Explicit* der Handschrift D, hatte bereits der erste Editor
des Traktats, Johannes Wolf, auf eine Lehrtätigkeit an der Universität Paris
geschlossen.[556] Die frühere der beiden Handschriften, die den Text überlie-
fern, gibt einen groben *terminus ante quem*: Handschrift H, Ms. Harley 281,
fol. 39r–52r, in der British Library (vormals British Museum) in London, die um
1300 datiert. Eine zusätzliche zeitliche Einordnung ist anhand inhaltlicher Kriterien möglich: Der Motettentypus, den Grocheio beschreibt, entspricht dem
der sogenannten *Ars antiqua*. Die Neuerungen der *Ars nova* finden demgegenüber keine Erwähnung,[557] weshalb eine wesentlich über 1300 hinausgehende
Datierung auszuschließen ist.[558] Da Grocheio die *Ars cantus mensurabilis* des
Franco von Köln erwähnt,[559] die im Allgemeinen um 1280 datiert wird, ist auch
ein *terminus post quem* gegeben.

Johannes de Grocheio wurde vor diesem Hintergrund in der Forschung traditionellerweise als Magister der Universität Paris gesehen, der irgendwann
zwischen 1280 und 1300 aktiv war. Grocheios breite Kenntnis des aristotelischen
Oeuvre hatte diese Annahme gestützt und eine Verbindung zur Artes-Fakultät
wahrscheinlich gemacht. Doch im Hinblick auf die Debatte um Johannes de
Garlandia müsste doch der Umstand, dass sich Grocheios Musikkonzeption
nicht in das Muster der Artes-Fakultät fügt, Zweifel an der von Johannes Wolf
etablierten Einordnung hervorrufen. So hat zumindest Frank Hentschel für
eine Positionierung Johannes de Grocheios außerhalb der Universität plädiert,
da die *Ars musice* nicht zur Musiklehre des Boethius passe.[560] Wie in Kapi-

---

555   So etwa: Eo quod diebus nostris principia cuiuslibet artis liberalis diligenter parisius in-
       quiruntur (Johannes de Grocheio, *Ars musice*, ed. Mews, S. 60).

556   Johannes Wolf, „Die Musiklehre des Johannes de Grocheo. Ein Beitrag zur Musikgeschichte
       des Mittelalters", in: *Sammelbände der Internationalen Musikgesellschaft* 1 (1899/1900),
       S. 65–130, S. 66; diese erste Edition beruhte nur auf Handschrift D, Ms. 2663, fol. 56r–69r,
       in der Hessischen Landesbibliothek in Darmstadt, die vom Beginn des 14. Jahrhunderts
       datiert.

557   Dies entspricht seiner Beschreibung der Mensuralnotation: Grocheio kennt nur den per-
       fekten Modus, jedoch perfektes und imperfektes Tempus, mit einer Teilung der Brevis
       in maximal sechs Semibreven; siehe auch Ellinore Fladt, „Johannes de Grocheo", in: *Die
       Musik in Geschichte und Gegenwart*, 2. Aufl., Personenteil, Bd. 9, Kassel 2003, S. 1093–1098,
       S. 1094.

558   Heinrich Besseler, „Zur ‚Ars musicae' des Johannes de Grocheo", in: *Die Musikforschung* 2
       (1949), S. 229–231.

559   Johannes de Grocheio, *Ars musice*, ed. Mews, S. 82.

560   Frank Hentschel, *Sinnlichkeit und Vernunft in der mittelalterlichen Musiktheorie. Strategien
       der Konsonanzwertung und der Gegenstand der Musica Sonora um 1300*, Stuttgart 2000,
       S. 147.

tel 5.1 zur Sprache kam, hatte Olga Weijers mit derselben Begründung gegen die Zugehörigkeit Johannes de Garlandias zur Artistenfakultät argumentiert. Freilich kann diese Frage hier nicht endgültig entschieden werden, aber zwei kurze Bemerkungen seien diesem Problem gewidmet: Zum einen macht das Beispiel Roger Bacons hinreichend deutlich, dass eine radikale Abweichung von der Universitätsphilosophie zumindest eine vormalige Zugehörigkeit nicht ausschließt; in der Perspektive der vorliegenden Arbeit kann eine solche Relation produktiv werden und alternative Ansätze aktiv fördern. Zum anderen gibt es Gründe, Johannes de Grocheio mit der Artes-Fakultät in Verbindung zu bringen, also dezidiert als Artisten anzusprechen, auch wenn sich nicht ausmachen lässt, wann und wie lange er an der Universität war. Denn Johannes lehnt es entschieden ab, den Gesang der Engel zu thematisieren, mit der Begründung, dass dies nur Theologen oder Propheten zukomme. Von einem solchen Gesang könne man keine Erfahrung (*experientia*) haben, außer durch göttliche Inspiration.[561] Wenn Johannes es als Aufgabe eines Theologen ansieht, vom Gesang der Engel zu handeln, er es selbst aber ablehnt, darüber zu sprechen, dann sagt dies etwas über sein Selbstverständnis aus. Eine derartige Abgrenzung von Zuständigkeiten fand aber, wie in Kapitel 2 gesehen, zur selben Zeit an der Artes-Fakultät statt. Und auch hier war es eine solche Differenzperzeption, welche die Aufteilung der Arbeitsfelder stimulierte.[562]

5.7 Freiheitskämpfe und ästhetische Revolutionen. Deutungsgeschichte Johannes de Grocheios – eine Diskursanalyse

Die Betrachtung Johannes de Grocheios im Rahmen des analytischen Modells dieser Arbeit ermöglicht eine veränderte Perspektive auf die *Ars musice*, die bislang vor allem von musikwissenschaftlicher Seite erforscht wurde (Constant Mews bildet hier eine Ausnahme). Die wissenschaftsgeschichtliche bzw. wissenschaftssoziologische Herangehensweise, die in dieser Arbeit verfolgt wird, zielt auf eine Erklärung des Traktats aus seinem sozialen Kontext heraus, insofern das Spannungsfeld zwischen Universität und Stadt, der Antagonismus zwischen wissenschaftlichem Eigensinn und gesellschaftlicher Erwartung, sowie die Dynamik einer kritisch motivierten Abgrenzungslogik im Inneren der Wissenschaft als prägende und generative Faktoren für die Entstehung

---

561 Nec etiam pertinet ad musicum de cantu angelorum tractare nisi forte cum hic fuerit theologus aut propheta. Non enim potest aliquis de tali cantu experientiam habere nisi inspiratione divina (Johannes de Grocheio, *Ars musice*, ed. Mews, S. 58).

562 Es sei nur noch einmal an die ganz analoge Abgrenzung des Johannes von Jandun erinnert, die für die Haltung an der Artes-Fakultät signifikant ist: Illud pertinet ad doctores sacrae theologiae discutere, extra enim terminos philosophiae est; dazu Kap. 2.5.5.

dieser Schrift betrachtet werden. Johannes de Grocheio wird auf diese Weise neu kontextualisiert und mit anderen ‚alternativen Figuren' wie Johannes de Garlandia oder Roger Bacon verglichen. Um den Perspektivenwechsel des wissenschaftssoziologischen Ansatzes gegenüber der musikwissenschaftlichen Forschung zu verstehen, ist es nötig, an dieser Stelle einen Blick auf die Deutungsgeschichte Johannes de Grocheios zu werfen, um herauszuarbeiten, inwieweit der hier formulierte Zugang dazu beitragen kann, ältere Interpretationen und Inanspruchnahmen Johannes de Grocheios kritisch zu reflektieren und die historische Signifikanz des Traktats anders zu bewerten. Für diese Betrachtung wurde ein, im weitesten Sinne, diskursanalytischer Zugriff gewählt, insofern es in den folgenden Ausführungen nicht darum gehen soll, die Rezeptionsgeschichte Johannes de Grocheios zu referieren, sondern – wie schon bei Roger Bacon – vielmehr darum, das hinter den positiven Aussagen liegende Geschichtsbild sichtbar zu machen, welches die Sinnzuschreibungen bedingt und die narrative Funktion, die Grocheio in den Darstellungen einnimmt, konstituiert.

5.7.1 *Musikwissenschaftliche Perspektiven*

Nachdem der Musiktraktat des Johannes de Grocheio durch die erste Edition von Johannes Wolf (1899/1900) zugänglich gemacht worden war, war es einer der Gründerväter der deutschen Musikwissenschaft, Hermann Abert (1871–1927), der in seiner Habilitationsschrift über *Die Musikanschauung des Mittelalters und ihre Grundlagen* von 1905[563] maßgeblich den Deutungsrahmen für die weitere mittelalterbezogene Musikgeschichtsschreibung und die historische Rolle Johannes de Grocheios vorgab. Entscheidend für die Geschichte, die Abert erzählt, ist das Verhältnis von Antike und Mittelalter. Unmittelbar nach Plotin, dem „letzte[n] Sonnenblick des echten hellenischen Geistes",[564] so Abert, sei die griechische Ästhetik von asketischer Kunstfeindlichkeit abgelöst worden: „Aber unmittelbar danach brach die Nacht herein, der erst nach Jahrhunderten eine neue Morgenröte folgen sollte. Jene Zeiten allgemeiner geistiger Ermattung boten keinen Raum mehr für ein naives künstlerisches Genießen".[565]

Die Konsequenzen, welche die Zeit geistiger Ermattung für die Musik hatte, bestehen für Abert vor allem in einer „Fessel" der Kunstentwicklung. Doch dieser „Bann", der die Entfaltung der Kunst hemmte, sollte keinesfalls das ganze

---

563   Hermann Abert, *Die Musikanschauung des Mittelalters und ihre Grundlagen*, Halle an der Saale 1905.
564   Ebd., S. 43.
565   Ebd., S. 66.

Mittelalter überdauern. Die unterjochte Kunst holte zum Befreiungsschlag aus: „Allein unter diesen Umständen lag es wie ein schwerer Bann auf der Musik und ihrer Entwicklung. Wohl ist es der lebendigen Kunst nach hartem Kampfe gelungen, diese Fesseln zu sprengen".[566] Die mittelalterliche Bindung und Fesselung der Musik, die vor allem in ihrer religiösen Bindung bestand, wurde für Abert zu dem Zeitpunkt überwunden, als die *weltliche Musik* anfing, „ihr Recht zu fordern".[567] In dem Moment, als die weltliche Musik geschichtsmächtig auftrat und eigenständig ihr Recht forderte, konnte sie nicht mehr ignoriert werden. Die „Schrift von Johannes de Grocheo",[568] der nicht mehr umhin kommt, sie zu berücksichtigen, wird damit zu einem Zeugnis von der Befreiung der weltlichen Musik aus dem „Banne der kirchlichen Dogmen",[569] als deren Ergebnis die „kirchliche Gebundenheit der Musik" schließlich „auf immer dahin" war.[570] Damit konnte die Musik das Mittelalter hinter sich lassen und ihre eigene Autonomie begründen: „Nunmehr aber beginnt sich die Musik aller Fesseln zu entledigen und sich als eine Kunst zu fühlen, die ihren Zweck in sich selbst trägt".[571]

Von besonderem Einfluss als meinungsbildende Autorität in der musikologischen Mediävistik des 20. Jahrhunderts ist ferner Heinrich Besseler (1900–1969). Besseler hat sich in mehreren Beiträgen zur Motette der *Ars antiqua* geäußert und auch hier ist der Kontext bezeichnend, in dem Johannes de Grocheio in der Darstellung erscheint. Die historische Errungenschaft der *Ars antiqua* besteht für Besseler „aus freier Musik unter Führung der motettischen Ton-Wortkunst".[572] Und diese ,Freiheit' und ästhetische Eigenwertigkeit der Motette zeigt sich für Besseler nun vor allem auch in ihrer sozialen Zuordnung, ihrem Rezipientenkreis, wie er von Johannes de Grocheio beschrieben wird: „Nach Johannes de Grocheo musizierte man Motetten nur im Kreise der Kenner: *,coram literatis, qui subtilitates artium sunt quaerentes'*".[573]

Auf genau dieses Grocheio-Zitat bezieht sich Besseler auch an anderer Stelle, um die skizzierte Entwicklung der Musik, also ihre Befreiung unter Führung der Motette, argumentativ zu stützen. Im 13. Jahrhundert erhebt sich das musikalische Werk für Besseler in Form der Motette „zu einem eigenständigen

---

566   Ebd., S. 12.
567   Ebd., S. 104.
568   Ebd., S. 104.
569   Ebd., S. 104.
570   Ebd., S. 143.
571   Ebd., S. 123.
572   Heinrich Besseler, „Ars antiqua", in: *Die Musik in Geschichte und Gegenwart*, 1. Aufl., Sachteil, Bd. 1, Kassel 1949, S. 679–697, S. 687.
573   Besseler, „Ars antiqua", S. 687.

Dasein".[574] Durch diesen Vorgang wird die Kunst für Besseler autonom, eine „eigene Welt mit eigener Gesetzlichkeit über allem alltäglichen Dasein".[575] Entscheidend ist nun, was dies für die Rezeption der Musik bedeutet. Denn die Tatsache, dass dem Hören von Musik „nur noch die allgemeine Erwartung eines ‚ästhetischen Genießens'" zugrundeliegt, sei damit verbunden, dass „auf dieser eigenständigen Stufe die Musik sich nicht mehr an jeden wendet und von jedermann aufgesucht wird". Die Hörerschaft verengere sich in „charakteristischer Weise" und sie umfasse „jetzt nur, wie Johannes de Grocheo es prägnant und schlagend ausdrückt, die *literati, ... qui subtilitates artium sunt quaerentes* [...], oder, wie man im 18. Jahrhundert sagte, Kenner und Liebhaber".[576]

Wie sich aus der Motetten-Beschreibung Johannes de Grocheios ergibt, werde dem Musikhörer am Ende des 13. Jahrhunderts, so führt Besseler aus, „ein wohlabgezirkeltes ‚Kunstwerk' vorgesetzt, zu dessen Aufnahme er sich zu sammeln, in eine besondere ästhetische Empfangsbereitschaft zu versetzen hat, um die *subtilitates artium* (nach Grocheos Ausdruck) zu würdigen".[577] Die soziale Zuordnung und Abgrenzung der Motette bei Johannes de Grocheio, dessen Traktat die „wichtigste Quelle für die Musiksoziologie der zweiten Hälfte des 13. Jahrhunderts bildet",[578] ist von zentraler Bedeutung für Besselers Annahme, die Motette existiere fortan „über allem alltäglichen Dasein" und werde nur noch mit der Erwartung des „ästhetischen Genießens" rezipiert. Denn Grocheios Beschreibung der Motette belegt für Besseler, dass ihr sozialer Ort bei einem „ausgewählten Kreis" von Hörern liege, die „durch ein rein ästhetisches Ziel zusammengehalten werden".[579] Diese soziale Verortung der Motette bei Rezipienten mit *rein ästhetischem Ziel* ist in Besselers Argumentation konstitutiv für die ‚Autonomie' der Kunst, d.h. für die Existenz des Werks in einer eigenen Sphäre über dem ‚alltäglichen' Leben. In diesem Sinne gewinnt die Motetten-Beschreibung Johannes de Grocheios eine Schlüsselfunktion für Besselers Beurteilung der Motette der *Ars antiqua* als eines „autonom gewordenen Kunstwerks".[580]

---

574 Heinrich Besseler, „Grundfragen des musikalischen Hörens", in: Heinrich Besseler, *Aufsätze zur Musikästhetik und Musikgeschichte*, hg. von Peter Gülke, Leipzig 1978, S. 29–53, S. 49.

575 Besseler, „Grundfragen des musikalischen Hörens", S. 49.

576 Besseler, „Grundfragen des musikalischen Hörens", S. 49.

577 Heinrich Besseler, „Studien zur Musik des Mittelalters II. Die Motette von Franko von Köln bis Philipp von Vitry", in: *Archiv für Musikwissenschaft* 8 (1926), S. 137–280, S. 182.

578 Besseler, „Studien zur Musik des Mittelalters", S. 184.

579 Besseler, „Studien zur Musik des Mittelalters", S. 185.

580 Besseler, „Studien zur Musik des Mittelalters", S. 187.

Die rezeptionssteuernde Wirkung, die diese spezifische Positionierung Johannes de Grocheios in der Musikgeschichte des Mittelalters durch meinungsbildende Autoritäten wie Abert und Besseler entfaltete, zeigt sich etwa in einem der bekanntesten deutschsprachigen Überblickswerke zur Musikgeschichte, nämlich Karl Heinz Wörners *Geschichte der Musik*.[581] Im Kapitel „Die zweite Hälfte des 13. Jahrhunderts (Ars antiqua)" wird Johannes de Grocheios Bemerkung zur Motette gleich zu Beginn vollständig zitiert. Dieses Zitat belegt für Wörner die Unabhängigkeit, welche sich die Musik nun (selbst) verschafft hat: „Die Musik hat sich den Aussagen Grocheos zufolge in der Gattung der Motette als selbständige Kunst ohne untergeordnete Funktion mit hohem ästhetischem Eigenwert etabliert".[582] Durch diese von Johannes de Grocheio bezeugte, selbst erarbeitete ästhetische Eigenwertigkeit unterscheidet sich die Motette von den Organa der Notre-Dame-Zeit, die „ausschließlich dem Textvortrag in der Liturgie dienten und keineswegs zum Kunstgenuß bestimmt waren wie die Motetten".[583] Deshalb ist die Loslösung der Musik von der Liturgie eine Voraussetzung für ästhetische Autonomie, die Wörner in der weltlichen Motette des 13. Jahrhunderts verwirklicht sieht: „Die Motette wird damit zu einem autonomen Kunstwerk, in dem sich die künstlerische Phantasie frei auslebt".[584]

5.7.2   *Musikgeschichte und Interesse: Narrative Muster und Topoi im Streit um die Epochen*

Die narrative Struktur, die den Darstellungen zugrundeliegt, kann wie folgt beschrieben werden: Die als Subjekt der Geschichte auftretende Musik, auf der seit der Spätantike ein schwerer „Bann" gelegen hatte, der ihre Entwicklung hemmte, erkämpft sich am Ende des 13. Jahrhunderts in Gestalt der weltlichen Motette der *Ars antiqua* ihre ‚Freiheit' und ‚Eigenständigkeit', indem sie die Fesseln ihrer liturgischen Bindung sprengt und dadurch die Existenz eines autonomen Kunstwerks ermöglicht, das nicht mehr funktional gebunden ist, sondern um seiner selbst willen rezipiert wird. Diese unabhängige Existenzform wird historisch belegt durch die kulturelle Praxis eines erlesenen Kreises elitärer Hörer, welche die Motette aus ‚rein ästhetischen' Motiven und nicht zu anderen Zwecken konsumieren. Indem Johannes de Grocheio diesen Zustand bezeugt, liefert er einschlägige Belege für den siegreichen Kampf der

---

581   Karl Heinz Wörner, *Geschichte der Musik. Ein Studien- und Nachschlagebuch*, hg. von Lenz Meierott, 8. Aufl., Göttingen 1993.

582   Ebd., S. 97.

583   Ebd., S. 97.

584   Ebd., S. 98.

Kunst, die im Medium der weltlichen Motette ihren Durchbruch zur Freiheit herbeiführt. Das Narrativ, das sich in der Reihe der genannten Beispiele sukzessive formiert, entspricht somit grundsätzlich der archetypischen Erzählform, die Hayden White als „Romanze" beschrieben hat.[585] Der ‚poetische Akt', der das historische Feld vorstrukturiert, um eine kohärente Sichtweise zu ermöglichen,[586] besteht in der Applikation eines erzählerischen Topos, der ein kulturell geprägtes Deutungsmuster abruft. Die als Romanze strukturierte Fabel ist „ein Drama vom Triumph des Guten über das Böse", ein „Drama der Selbstfindung",[587] das der Held durch seinen Sieg und seine Befreiung symbolisiert und das White paradigmatisch in der Geschichte der französischen Revolution von Jules Michelet verkörpert sieht, in der sich das französische Volk als Held der Geschichte seine Freiheit erkämpft.[588]

Jules Michelets *Histoire de la revolution française* (1847–1853), die den Unabhängigkeitskampf des französischen Volkes schildert, das nach Jahrhunderten der Unterdrückung sein ‚Recht fordert', aktualisiert dieselbe erzählerische Grundstruktur wie das Narrativ vom Freiheitsstreben des mittelalterlichen Kunstwerks. Doch müsste die Selbstverständlichkeit nicht überraschen, mit welcher die Musikwissenschaftler der ersten Hälfte des 20. Jahrhunderts einen derartigen Prozess im 13. Jahrhundert, also mitten im Mittelalter, beobachteten? Ist es Zufall, dass zur selben Zeit Historiker wie Lynn Thorndike den Beginn der europäischen Wissenschaftsgeschichte, mithin die ‚Scientific Revolution', ins 13. Jahrhundert vorverlegten? Die Adaptation der kulturell vermittelten Erzählform der Romanze zur Beschreibung des Freiheitskampfs der mittelalterlichen Musik, die ihre alten Bindungen sprengt, ist mit der Aneignung eines narrativen Topos verbunden, der bislang dazu genutzt worden war, die Überwindung des Mittelalters und seiner ‚Gebundenheit' durch die *Neuzeit* zu inszenieren, in der sich eine neue Freiheit des Denkens und der Kunst Bahn breche.

Jakob Burckhardt hatte in seiner *Kultur der Renaissance in Italien* von 1859 eben diesen Erzähltopos verwendet, um die umfassende Emanzipation des Individuums aus den Bindungen und Beschränkungen des Mittelalters zu beschreiben. In seiner Renaissancegeschichte von der Befreiung des Menschen fungierte das Mittelalter mit seiner Befangenheit in „Glauben" und „Wahn" als negative Kontrastfolie.[589] Der „Schleier", der die Entfaltung des Individuums

---

585   Hayden White, *Metahistory. Die historische Einbildungskraft im 19. Jahrhundert in Europa*, Frankfurt am Main 1991, S. 179–213.
586   White, *Metahistory*, S. 49; zur Erzähltheorie: Koschorke, *Wahrheit und Erfindung*.
587   White, *Metahistory*, S. 22.
588   White, *Metahistory*, S. 199.
589   Jakob Burckhardt, *Die Kultur der Renaissance in Italien*, Frankfurt am Main 2009, S. 134.

im Mittelalter gehemmt hatte, wird in der Renaissance in Italien gelüftet und es „erhebt sich mit voller Macht das Subjektive; der Mensch wird geistiges Individuum".[590] So wie das musikalische Kunstwerk des 13. Jahrhunderts in Heinrich Besselers Worten „sich erhebt", so „erhebt sich" demnach für Burckhardt in der Renaissance das Subjektive aus seiner Gebundenheit. Und ebenso wie die ‚Erhebung', die Besseler beschreibt, finden sich auch der „Bann", der für Abert auf der Kunst bis zum 13. Jahrhundert gelegen hatte, sowie die Vorstellung des ‚Durchbruchs' bei Jakob Burckhardt vorformuliert: „[...] der Bann, welcher auf dem Individualismus gelegen, ist hier völlig gebrochen; schrankenlos spezialisieren sich tausend einzelne Gesichter".[591] Der kraftvoll durchbrechende Individualismus wird bei Burckhardt zum geschichtsmächtigen Subjekt, das mit „voller Ganzheit und Entschiedenheit" in die Geschichte eintritt.[592]

Freilich war es nicht nur Jakob Burckhardt, der ein entsprechendes Geschichtsbild artikuliert und eine rhetorische Vorlage für die Aneignung des Durchbruchsmotivs im frühen 20. Jahrhundert geliefert hatte. Schon Georg Gottfried Gervinus war in seiner *Geschichte der poetischen National-Literatur der Deutschen* (1835–1842) zu einschlägigen Ansichten gelangt, die er in nicht weniger prägnanten Formulierungen präsentierte. Da Gervinus, konsequent seinem geschichtsphilosophischen Ansatz folgend, den ästhetischen Wert von Kunst am historischen Grad der Verwirklichung eines Freiheitsprinzips misst,[593] sieht er in der Reformation die Befreiung des Denkens von den „Fesseln" des Mittelalters, welche dem endgültigen Durchbruch der Freiheit in der deutschen Literatur des 18. Jahrhunderts den Weg bereitete. Nachdem das mittelalterliche Christentum die Entfaltung der denkerischen Freiheit verhindert hatte, wurde Luther zu ihrem entscheidenden Helfer: „[...] die Reformation sprengte die Fesseln, die man dem freien Denken anlegen konnte".[594]

Das „Sprengen" der „Fesseln" des Mittelalters durch ein sich durchsetzendes Freiheitsprinzip stellt nicht nur den narrativen Topos, sondern auch die wörtliche Formulierung dar, die in Aberts musikgeschichtlicher Erzählung wieder begegnet. Die Denkfigur, die Autoren wie Gervinus und Burckhardt in den historischen Diskurs einspeisten und verbreiteten, ist freilich geschichtsphilosophischer Art und begegnet bei Hegel in ihrer wirkmächtigsten Form.

---

590   Ebd., S. 134.

591   Ebd., S. 135.

592   Ebd., S. 135.

593   Michael Ansel, *G. G. Gervinus' Geschichte der poetischen National-Literatur der Deutschen. Nationbildung auf literaturgeschichtlicher Grundlage*, Frankfurt am Main 1990, S. 196.

594   Georg Gottfried Gervinus, *Geschichte der poetischen National-Literatur der Deutschen*, zit. nach Ansel, *G. G. Gervinus' Geschichte der poetischen National-Literatur*, S. 226.

Da Hegel in seiner Geschichtsphilosophie den „Begriff der Freiheit" als das „leitende Prinzip der Entwicklung" bezeichnet,[595] versteht er den Fortschritt der Geschichte als „Fortschritt im Bewußtsein der Freiheit".[596] Unabhängig von ihrem philosophischen Kontext konnte diese prinzipielle Denkfigur zur Grundlage eines Metanarrativs in der Literatur- oder Musikgeschichtsschreibung werden.

Die Fesseln des Mittelalters, aus denen sich das kämpfende Subjekt befreit, waren je nach Narrativ verschiedener Art, bestanden aber vor allem in den religiösen Bindungen des mittelalterlichen Menschen und der mittelalterlichen Kunst. Als fesselnde Mächte bilden sie den konstitutiven Widerpart des heroischen Akteurs. So ist es bei Abert die religiöse Askese, die den Einbruch der „Nacht" verursacht und das künstlerische Genießen, wie es die griechische Ästhetik kannte, unmöglich werden lässt. Was Hermann Abert für die Geschichte der Musik ausführt, hatte wenige Jahre zuvor Friedrich Nietzsche für die Kultur im Allgemeinen konstatiert: „Das Christenthum war der Vampyr des imperium romanum, – es hat die ungeheure That der Römer, den Boden für eine grosse Cultur zu gewinnen, die Zeit hat, über Nacht ungethan gemacht. [...] der ganze Sinn der antiken Welt umsonst!".[597] Wenn auch weniger drastisch, so entsprach Aberts Schilderung des Übergangs von der Antike zum Mittelalter im Wesentlichen dieser Sichtweise. Aber auch die Betonung des *Schöpferischen*, das sich von den Fesseln des Glaubens befreien soll, indem es die alten Werte zerbricht, konnte Abert bei Nietzsche finden, dessen Denken gerade in musikalischen Kreisen um 1900 zur Modephilosophie avancierte: „Und wer ein Schöpfer sein muss im Guten und Bösen: wahrlich, der muss ein Vernichter erst sein und Werthe zerbrechen. Also gehört das höchste Böse zur höchsten Güte: diese aber ist die schöpferische".[598] Die Musikhistoriker des 20. Jahrhunderts adaptierten derartige gedankliche Motive und applizierten sie auf die Geschichte der mittelalterlichen Musik, innerhalb deren das schöpferische Moment sein Recht gegen die Kunstfeindlichkeit des Glaubens geltend macht. Indem sie den Durchbruch der Musik zur Freiheit aber ins 13. Jahrhundert verlegten, postulierten sie ein offensives Gegennarrativ zur etablierten Renaissance-Konstruktion, in welcher das Mittelalter *insgesamt* als Zeit der

---

595   Georg Wilhelm Friedrich Hegel, *Vorlesungen über die Philosophie der Geschichte*, Stuttgart 1961, S. 107.

596   „Die Weltgeschichte ist der Fortschritt im Bewußtsein der Freiheit – ein Fortschritt, den wir in seiner Notwendigkeit zu erkennen haben" (Hegel, *Philosophie der Geschichte*, S. 61).

597   Friedrich Nietzsche, „Der Antichrist", in: Friedrich Nietzsche, *Der Fall Wagner u. a.*, hg. von Giorgio Colli/Mazzino Montinari, München 2008 S. 245 u. 247.

598   Nietzsche, *Also sprach Zarathustra*, S. 149.

religiösen Gebundenheit, der ,Bannung' des freien Denkens und Schaffens erscheint, die erst im Übergang zur Neuzeit überwunden wurde.

Was bei der Applikation eines derartigen ,präfigurierenden Topos' geschieht, ist vor allem eine ,Komplexitätsreduktion'. Die vielschichtigen und unübersichtlichen Zusammenhänge des historischen Prozesses werden auf einen handlichen Antagonismus reduziert, der nicht nur eine kohärente Erzählung im Allgemeinen ermöglicht, sondern besonders deshalb jedem unmittelbar einleuchtet, weil er ein bereits kulturell eingeübtes Deutungsmuster abruft, das hier nur in einem neuen Kontext erscheint. Die sukzessive Formierung des Narrativs vom Weg der kirchlich gebundenen Musik zur ästhetischen Autonomie der *Ars antiqua*-Motette, in dem Johannes de Grocheio eine zentrale Rolle spielt, macht deutlich, wie einmal petrifizierte Topoi zu immer wieder auftretenden Interpretamenten in der Geschichtsschreibung werden. Ist ein Topos einmal erfolgreich in den wissenschaftlichen Diskurs eingespeist, wird er durch die „Ökonomie ständiger Verkürzung"[599] innerhalb des Traditionsprozesses für weitere Rezeptionsakte prägend.

Dass sich hinter derartigen Schilderungen ein narratives Muster verbirgt, macht der Vergleich mit den Inszenierungen eines kulturellen Wandels im Übergang zur Neuzeit hinreichend deutlich. Der Durchbruchs- oder Befreiungstopos begründet hier wie dort eine Epochenschwelle. Otto Gerhard Oexle hat dieses Phänomen als „Anwendung eines historisch vermittelten Schemas" beschrieben. Ein solches Schema, so Oexle, charakterisiert eine Renaissance, die als ,Durchbruch' oder ,Aufleben' erscheint und die unmittelbare Vorzeit zwangsläufig negativ kodieren muss. Dass eine Renaissance oft in sehr ähnlichen argumentativen Zusammenhängen in unterschiedlichen Jahrhunderten festgestellt wird, führt Oexle auf die Wirkung eines präexistenten Deutungsmusters zurück: „Man sieht daran, dass wir bei alledem vielleicht nicht so sehr Erfassungen historischer Phänomene vor uns haben als vielmehr Anwendungen eines historisch vermittelten Schemas".[600]

5.7.3 *Alles nur gedichtet? ,Kritik' einer historischen Romanze*
Wie die Beispiele deutlich machen, ist das Schema, das die Historiker zur Beschreibung vermeintlich genuin musikhistorischer Vorgänge verwenden, relativ und begegnet in verschiedenen Kontexten. Dennoch war Besseler und

---

599 Hans Robert Jauß, „Racines und Goethes Iphigenie. Mit einem Nachwort über die Partialität der rezeptionsästhetischen Methode", in: Warning (Hg.), *Rezeptionsästhetik*, S. 353–400, S. 387.

600 Otto Gerhard Oexle, „Das entzweite Mittelalter", in: *Die Deutschen und ihr Mittelalter. Themen und Funktionen moderner Geschichtsbilder vom Mittelalter*, hg. von Gerd Althoff, Darmstadt 1992, S. 7–28, S. 21.

anderen zweifellos daran gelegen, den Beginn der autonomen Kunst im *Mittelalter* zu verorten und damit eine Geschichte zu erzählen, die dem durch die Aufklärung vermittelten Bild des Mittelalters widersprach. Johannes de Grocheio schien dabei einerseits die nun dominante Stellung der weltlichen Musik in der Wirklichkeit des 13. Jahrhunderts, andererseits die soziale Zuordnung der *Ars antiqua*-Motette zum Kreis der ‚Kenner und Liebhaber' zu belegen, wodurch ihre Existenz in einer autonomen Sphäre begründet wurde.

Was aber bedeutet nun die Einsicht, dass bei der Beschreibung des historischen Prozesses ein kulturell geprägtes Deutungsschema appliziert wird, für die ‚Gültigkeit' des entwickelten Narrativs und inwieweit führt die in dieser Arbeit artikulierte Perspektive auf Johannes de Grocheio zu einer anderen Beurteilung des Vorgangs? Ging die Grocheio-Interpretation der frühen Musikwissenschaft vollkommen an der sozialen Wirklichkeit des 13. Jahrhunderts vorbei, weil sie einem präfigurierenden Topos aufsaß, den sie bewusst oder unbewusst zur Konstruktion eines ‚modernen' Mittelalterbilds adaptierte? Um dies gleich zu Beginn zu sagen: Es geht hier nicht darum, zu bestreiten, dass Johannes de Grocheios Motetten-Beschreibung, indem sie von einer ästhetisch motivierten Rezeptionshaltung zeugt, auf die Existenz einer musikalischen Kultur verweist, die weniger funktional, sondern durchaus ästhetisch eigenwertig war. Worum es hier geht, ist vielmehr die Art und Weise, wie die historische Entwicklung, die diesen Zustand herbeigeführt haben soll, aufgefasst wurde und welche Rolle Johannes de Grocheio in der damit verbundenen Erzählung zukommt.

Dass die Musikhistoriker die archetypische Erzählform der Romanze für ihre Beschreibung des geschichtlichen Vorgangs wählten, hat Konsequenzen für die Erfassung der kausalen Faktoren, die den Fortgang der Handlung gestalten. Da die aktive Rolle des Helden, der sich seine Freiheit erkämpft, für diese narrative Form konstitutiv ist, wurde die Musik selbst zum Subjekt der Geschichte. Sie ist es, die ihre vormaligen Fesseln aus eigener Kraft sprengt und „sich" zu einem eigenständigen Dasein „erhebt". Dass Johannes de Grocheio sich am Ende des 13. Jahrhunderts einer Beschreibung der weltlichen Musik annimmt, erscheint in dieser Perspektive als Resultat des erfolgreichen Bemühens der Musik, die nun begonnen hatte, ihr Recht zu fordern und dabei so dominant wurde, dass sie nicht mehr ignoriert werden konnte. Durch ihre Wirkungskraft hat sie sich Eingang in die Schrift eines Theoretikers verschafft, der ihrem Fordern nachgibt und in seiner Beschreibung den nun erreichten Zustand ihrer autonomen Existenz abbildet. Was der hier vertretene Ansatz im Hinblick auf Johannes de Grocheio zu einer Relativierung dieses Bildes beitragen kann, ist zunächst vor allem ein Perspektivenwechsel von der ‚Wirkung' zur ‚Rezeption'. Johannes de Grocheio erscheint dann nicht als passiver

Spiegel eines historischen Vorgangs, den die Musik aus eigenem Impetus ins Werk setzt, sondern als aktiver Rezipient, dessen Hinwendung zur praktizierten Musik der Stadtkultur von ganz anderen Faktoren motiviert ist. Grocheios Bezugnahme auf die weltlichen Musikformen der Stadt ist keine Reaktion auf die Tatsache, dass diese Musik nun, am Ende des 13. Jahrhunderts, stärker als zuvor auf die Zeitgenossen einwirkt oder ihr Recht fordert, sondern stellt vielmehr einen von der Wirkung der Musik zunächst unabhängigen Versuch eines Universitätsgelehrten dar, sich in Relation zu seiner städtischen Umwelt zu setzen und dem praxisfernen Paradigma der Universität ein empirisches Musikkonzept entgegenzuhalten. Dass dies in der zweiten Hälfte des 13. Jahrhunderts geschah, lässt sich nicht auf das nun einsetzende Betreiben der Musik zurückführen, sondern darauf, dass sich seit der Mitte des Jahrhunderts ein zunehmendes Spannungsverhältnis zwischen einer praxis- und erfahrungsfernen Artistenfakultät und einer gesellschaftlichen Erwartung in einer fundamental praxisorientierten Stadtkultur manifestierte, das innerhalb der Wissenschaft zu Reaktionen führte.

Doch auch wenn sich Johannes de Grocheio aus eigener Initiative der musikalischen Praxis zuwendet, kann er freilich von einer relativ ‚autonomen‘ weltlichen Musikkultur am Ende des 13. Jahrhunderts zeugen. Zu kritisieren ist vielmehr die Art die Weise, wie man in der älteren Musikwissenschaft die Genese dieses Zustands imaginierte: Die Vorstellung, in der *Ars antiqua* entwickele sich deshalb ein autonomes Kunstwerk, weil sich ‚die Musik‘ aus ihren vorherigen, vor allem liturgischen Bindungen losgelöst habe, ist mit einer Sichtweise verbunden, welche die Musik als *einheitliches* Subjekt betrachtet, das dadurch ‚frei‘ wird, dass es sich *vom einen in den anderen* Bereich bewegt. Selbst Hans Heinrich Eggebrecht, der die Vorgänge grundsätzlich wesentlich vorsichtiger beschreibt, spricht davon, dass „die Kunst aus der funktionalen Internität der Klostermauern und -kirchen heraustrat in die Öffentlichkeit der Städte, vorab Paris".[601] Auch wenn dies nur die metaphorische Einkleidung eines wesentlich komplexeren Prozesses ist, dann suggeriert eine solche Formulierung dennoch die Einheit eines musikalischen Subjekts, das seine religiöse Gebundenheit ‚überwindet‘. Ein solcher Freiheitskampf ‚der Kunst‘ oder ‚der Musik‘,[602] dessen Ergebnis Johannes de Grocheio bezeugen könnte,

---

601 Hans Heinrich Eggebrecht, *Musik im Abendland. Prozesse und Stationen vom Mittelalter bis zur Gegenwart*, 7. Aufl., München 2008, S. 92.

602 Siehe noch einmal die Formulierungen bei Abert: „Allein unter diesen Umständen lag es wie ein schwerer Bann auf der Musik und ihrer Entwicklung. Wohl ist es der lebendigen Kunst nach hartem Kampfe gelungen, diese Fesseln zu sprengen"; oder Wörner: „Die Musik wird in zunehmendem Maße zum autonomen Kunstwerk, sie löst sich von außermusikalischen Kräften (etwa der Liturgie)".

scheint aber – nur darum geht es hier – niemals stattgefunden zu haben, da
die liturgische Musik immer liturgisch gebunden blieb, während die weltliche
Musik nie in diesem Sinne von einer kirchlichen ‚Fessel‘ unterdrückt wurde,
sondern sich davon unabhängig in spezifischen sozialen Kontexten zu einem
autonomen Zusammenhang entwickelt hat.[603] Von dem *einen* Subjekt, das
sich von der Bindung in die Freiheit bewegt, kann keine Rede sein.

Es sei dahingestellt, seit *wann* den ästhetischen Produkten, die das System
der weltlichen Musik generierte, ein ästhetischer Eigenwert zukam. Die Tatsache, dass Johannes de Grocheio dieses Phänomen am Ende des 13. Jahrhunderts zum ersten Mal beschreibt, sagt prinzipiell nicht viel darüber aus, da
sein Rezeptionsakt von der sozialen Dynamik der Wissenschaft, nicht von der
Wirkung der Kunst, stimuliert wurde. Ob oder in welcher Hinsicht ein solcher
Zustand aber gegen Ende des 13. Jahrhunderts bestand (und von Johannes de
Grocheio gleichsam zufällig bezeugt wird), ist hingegen eine andere Frage, die
im Folgenden noch einmal aufgegriffen wird.

5.7.4   *Ästhetische Autonomie im 13. Jahrhundert?*

Es sei abschließend eine kurze Stellungnahme zur Motetten-Beschreibung
Johannes de Grocheios und dem damit verbundenen Begriff des ‚autonomen
Kunstwerks‘ formuliert.[604] Für Heinrich Besseler belegten Grocheios Äußerungen die Existenz einer Gruppe von „Kennern und Liebhabern“, die durch
ein „rein ästhetisches Ziel zusammengehalten“ wird. Auch in diesem Fall gilt,
dass, selbst wenn Besseler mit seiner Interpretation eine argumentative Strategie verfolgt, die Textstelle bei Johannes de Grocheio eine solche Deutung sehr
wohl zulässt und nahelegt. Die entscheidende Formulierung lautet: „Dieser
Gesang darf jedoch nicht vor den *vulgales* dargeboten werden, da sie ihre Fein-
heit nicht bemerken und durch ihr Hören auch nicht erfreut werden, sondern
vielmehr nur vor den *litterati* und jenen, welche die Feinheiten der Künste

---

603   ‚Autonom‘ hier im Sinne von ‚autopoietisch‘; eine von ihrer Umwelt isolierte Blackbox
       ist die Musik nie gewesen (siehe auch Luhmann, *Kunst der Gesellschaft*); zu den sozi-
       alen Kontexten der weltlichen Musik des 13. Jahrhunderts: Dagmar Hoffmann-Axthelm,
       „Musikleben und Musikanschauung“, in: Möller/Stephan (Hg.), *Die Musik des Mittelalters*,
       Laaber 2010, S. 335–351.

604   Zum Werkbegriff des Mittelalters – um den es mir im Folgenden allerdings nicht geht
       – siehe allgemein die Überlegungen von Max Haas, *Musikalisches Denken im Mittelalter.
       Eine Einführung*, Bern 2007, S. 125f; ebenso Hans Robert Jauß, *Alterität und Modernität in
       der mittelalterlichen Literatur*, München 1977, S. 13 u. 16. Für die folgenden Erörterungen
       spielen die Differenzen zwischen mittelalterlichem und modernem Werkbegriff keine
       Rolle; wichtig ist hier allein, dass es einen (wenn auch semantisch anders aufgeladenen)
       historischen Werkbegriff gibt.

suchen".[605] Man muss nicht so weit gehen, zu behaupten, dass der Rezeptionsmodus dieser Gruppe eine Existenz des Werks „über allem alltäglichen Dasein"
ermöglicht; aber dass diejenigen, welche die „Feinheiten der Künste suchen",
gemeinsame ästhetische Interessen haben und in der Tat eine eigenwertige
Kunst als Kunst rezipieren, wird sich im Hinblick auf solche Aussagen kaum
leugnen lassen.

Doch erschöpft sich darin bereits die Frage nach ‚ästhetischer Autonomie'
im 13. Jahrhundert? Können die Bemerkungen Johannes de Grocheios noch
in anderer Hinsicht mit diesem Begriff in Verbindung gebracht werden? Das
ästhetische Urteil, das Kant in seiner *Kritik der Urteilskraft* als ‚interesseloses
Wohlgefallen' charakterisiert, ist unabhängig von äußeren Zweckmäßigkeiten
und in diesem Sinne ‚autonom'.[606] Indem Johannes de Grocheio sämtliche Musikformen praktischen Zwecken zuordnet und auch der Motette eine Funktion
erteilt, scheint er zunächst keine Kunstautonomie gelten zu lassen. Doch dies
alles hat nichts mit einem *ästhetischen Urteil* zu tun und sagt insofern nichts
darüber aus, ob die künstlerische Bewertung mit externer Zweckmäßigkeit
verbunden ist. Die einzige Stelle, an der er sich in ästhetischer Hinsicht qua-
lifizierend über die Kunst äußert, ist hingegen aufschlussreich: Das Kriterium
für den besonderen ästhetischen Wert der Motette ist ihre *subtilitas*, aufgrund
derer sie von denjenigen, welche die „Feinheiten der Künste suchen", genos-
sen werden kann. Das ästhetische Urteil ist hier keinesfalls mit irgendeinem
praktischen Zweck verbunden, sondern allein auf immanente Charakteristika
des Werks bezogen. Es gibt also eine Bewertung von Kunst, die nicht pragmatischen oder moralischen, sondern eigenen, ästhetischen Parametern folgt.

Ein zweiter Punkt lässt sich nennen: Das Konzept der Autonomieästhetik,
wie es sich in seiner heute gültigen Form um 1800 konstituierte, ist mit einer
spezifischen Vorstellung von den internen Strukturprinzipien des Kunstwerks
und deren Verhältnis zum Fassungsvermögen des Rezipienten verbunden.[607]
Die vom irrationalen Genie in einem enthusiastischen Zustand hervorgebrachte autonome Werksubstanz entzieht sich als komplexe undurchsichtige
Schöpfung der vollständigen Erkenntnis und übersteigt daher tendenziell die
Aufnahmefähigkeit ihrer Konsumenten. Da es kaum möglich ist, die Struktur
des autonomen Werks in ihrer gesamten Komplexität zu erfassen, besteht der

---

605   Cantus autem iste non debet coram vulgalibus proprinari, eo quod eius subtilatem non
        advertunt nec in eius auditu delectantur. Sed coram litteratis et illis qui subtilitates arti-
        um sunt querentes (Johannes de Grocheio, *Ars musice*, ed. Mews, S. 84).
606   Immanuel Kant, *Kritik der Urteilskraft*, hg. von Wilhelm Weischedel, Frankfurt am Main
        1974.
607   Dazu Bettina Schlüter, *‚Murmurs of Earth'. Musik- und medienästhetische Strategien um
        1800 und ihre Postfigurationen in der Gegenwartskultur*, Stuttgart 2007.

Modus der Rezeption nicht in einer mühelosen Aufnahme des unmittelbar
Eingänglichen – wie bei der ‚leichten Musik‘ –, sondern ist vielmehr mit einer
gewissen, aber konstitutiven ‚Überforderung‘ verbunden.[608] Freilich rief das
mysteriöse und geheimnisvolle Kunstwerk bei Johannes de Grocheio keine
„unnennbare Sehnsucht, jene Ahnung des wunderbaren Geisterreichs" hervor,
wie Beethovens fünfte Symphonie bei E. T. A. Hoffmann;[609] aber seine Bemerkung über die Motette der *Ars antiqua* verweist auf eine Entwicklung in der
Kunstrezeption, die dem modernen Konzept entscheidend vorarbeitet: Offenbar gibt es eine Vorstellung davon, dass die mehrstimmige Motette einen Grad
an Komplexität aufweist, der dafür verantwortlich ist, dass sie nicht mehr von
jedem erfasst werden kann, das Aufnahmevermögen des Ungeübten vielmehr
hoffnungslos übersteigt und insofern nur noch von denjenigen rezipiert werden kann, die aufgrund ihrer Kenntnis der Form in der Lage sind, mit der Überforderung umzugehen, welche die komplexe Werkstruktur hervorruft.

5.7.5   *Tücken der Empirie: Bildung und Abbildung der Wirklichkeit*
Der wissenschaftsgeschichtliche Kontext, in den Johannes de Grocheio in dieser Arbeit gestellt wird, kann die Rolle, die sein Traktat im Geschichtsbild der
traditionellen Musikwissenschaft spielte, in mancher Hinsicht relativieren.
Dass ein Gelehrter die Formen der weltlichen Musik am Ende des 13. Jahrhunderts so ausführlich beschreibt, hat wenig damit zu tun, dass die Musik nun
die Fesseln ihrer religiösen Bindung gesprengt und aus der funktionalen Internität der Kirche in die Welt ‚hinausgetreten‘ wäre. Grocheios Hinwendung
zur weltlichen Musikkultur der Stadt Paris – deren operationale Schließung
keinen Freiheitskampf dieser Art voraussetzte – ist vielmehr durch die soziale
Dynamik motiviert, die das Spannungsverhältnis von Universität und Gesellschaft im 13. Jahrhundert charakterisiert.

   Dass Johannes de Grocheios empirischer Zugriff auf seine Umwelt somit als
aktive Rezeption verstanden wird, erlaubt schließlich einen veränderten Blick
auf ein Problem, das nicht nur die ältere, sondern besonders auch die neuere musikwissenschaftliche Grocheio-Forschung betrifft und das für die hier
formulierte Perspektive auf die *Ars musice* durchaus zentral ist. Die Detailfra-
gen, die zu den von Grocheio beschriebenen Musikformen in der neueren

---

608   Für Carl Dahlhaus schließt das Werk stets „einen Überschuß ein, der nicht ins Bewußtsein
       des Publikums dringt und dringen soll und dennoch ästhetisch keineswegs gleichgültig
       ist: Um ein Publikum, das es ernst meint, zu fesseln, muß man es – ohne daß das Ausmaß
       genau kalkulierbar wäre – überfordern‘" (Carl Dahlhaus, „Einleitung", in: *Die Musik des 18.
       Jahrhunderts*, hg. von Carl Dahlhaus [Neues Handbuch der Musikwissenschaft 5], Laaber
       2010, S. 1–70, S. 45).
609   E. T. A. Hoffmann, *Kreisleriana*, hg. von Hanne Castein, Stuttgart 1983, S. 32.

Musikwissenschaft verfolgt wurden, sind hier nicht relevant und können weitgehend vernachlässigt werden. Ein grundlegender Aspekt begegnet jedoch immer wieder: das ‚Realitätsverhältnis‘ der *Ars musice*.

Schon Johannes Wolf, der erste Editior des Traktats, hatte in Johannes de Grocheio einen „aufgeklärten Kopf" gesehen, „der seinen Verstand durch die Tradition nicht in Fesseln schlagen lässt".[610] Im gleichen Sinne sah Heinrich Besseler in der *Ars musice* den „Geist eines vorurteilslosen Beobachters" am Werk. Doris Stockmann knüpft in einem Beitrag über die *musica vulgalis* an diese Einschätzung direkt an: Grocheios Traktat sei deshalb als Quelle für das Musikleben, wie es eigentlich war, so wertvoll, weil seine Darstellung nicht auf „Autoritäten und Meinungen", sondern auf „Fakten", auf den „unmittelbaren Erfahrungen mit der Wirklichkeit, mit Natur und Welt" beruhe.[611] Den Wirklichkeitsbezug der *Ars musice*, der ihren hohen Wert als Quelle ausmacht, führt ebenso Mathias Bielitz ins Feld. Für Bielitz ist der Inhalt des Traktats eindeutig „von der für Johannes de Grocheo verbindlichen und dominanten musikalischen Realität" geprägt.[612] Die philosophischen Kategorien, die Johannes de Grocheio für seine Beschreibung verwendet, seien hingegen „vernachlässigbare Formulierungshilfen ohne essentiellen Wert für die eigentliche Aussage", weshalb nicht ihnen, sondern der musikalischen Realität „der wesentliche Beitrag zu den musikhistorisch relevanten Aussagen" Grocheios zukomme.[613] Die philosophische Perspektive des Traktats kann für Bielitz keine Rolle spielen, da er die *Ars musice* als „Abbild" einer musikhistorischen Situation versteht.[614]

Doch auch Ellinore Fladt, die von Bielitz für ihre Überbewertung der philosophischen Kategorien kritisiert wird, hat keinesfalls eine konstruktivistische Position vertreten. Zwar dreht sich ihre Arbeit ausschließlich darum, die aristotelischen Begriffe, mit denen Grocheio arbeitet, im Kontext des Traktats zu erklären, aber sobald es darum geht, inwieweit die *Ars musice* musikalische Wirklichkeit beschreibt, wiederholt Fladt dieselbe, seit Johannes Wolf selten hinterfragte Ansicht, dass die „unverstellt fragende Haltung" und der „aufklärerische Impetus" Johannes de Grocheios dafür verantwortlich seien,

---

610 Wolf, „Musiklehre des Johannes de Grocheo", S. 66.

611 Doris Stockmann, „Musica vulgaris bei Johannes de Grocheio (Grocheo)", in: *Beiträge zur Musikwissenschaft* 25 (1983), S. 3–56, S. 4.

612 Mathias Bielitz, „Materia und forma bei Johannes de Grocheo. Zur Verwendung philosophischer Termini in der mittelalterlichen Musiktheorie", in: *Die Musikforschung* 38 (1985), S. 257–277, S. 275.

613 Mathias Bielitz, „Hat Johannes de Grocheo eigentlich auch über Musik geschrieben?", in: *Die Musikforschung* 41 (1988), S. 144–150, S. 150.

614 Bielitz, „Hat Johannes de Grocheo eigentlich auch über Musik geschrieben?", S. 144.

dass es ihm gelang, „die Musik in allen ihren Ausprägungen repräsentativ zu erfassen".[615]

Diese in der Grocheio-Forschung etablierte Anschauung vom ‚Aufklärer' Johannes de Grocheio, der als ‚vorurteilsloser' Beobachter nur noch die realen Fakten und Erfahrungen gelten lässt und deshalb ‚unmittelbar' historische Wirklichkeit wiedergibt, wurde hingegen von Max Haas in Frage gestellt. Haas kritisiert das gängige Bild, indem er die Unmittelbarkeit der Empirie Grocheios bezweifelt: „Man müsste sich überlegen, ob die oft angesprochene Empirie bei Johannes de Grocheio nicht weit stärker in theoretische Rahmenbedingungen gestellt ist, als gelegentlich angenommen".[616] Der in dieser Arbeit vertretene Ansatz kann, wie zum Abschluss dieses Kapitels ausgeführt werden soll, einen Beitrag zur Klärung der ‚Realismus-Debatte' über die *Ars musice* des Johannes de Grocheio leisten. Der wissens(chafts)soziologische und rezeptionstheoretische Zugang, der mit Blick auf Johannes de Grocheio formuliert wurde, ermöglicht eine differenziertere Beurteilung dieser Frage.

Zunächst ist Max Haas vollkommen Recht zu geben (und Bielitz zu widersprechen), insofern die ‚theoretischen Rahmenbedingungen' offensichtlich einen wesentlichen Beitrag zur Konstruktion der musikalischen ‚Wirklichkeit', die Grocheio in der *Ars musice* präsentiert, geleistet haben. Grocheio verwendet, wenn auch in freier Aneignung, das Klassifikationsschema aus Aristoteles' *De animalibus*, um die Musik in Gattungen und Arten einzuteilen, und bildet in diesem Rahmen voneinander unterschiedene Gruppen und Untergruppen musikalischer Formen. Die Klassifikation, die er auf diese Weise erstellt, ist willkürlich gesetzt und stellt keine exakte Widerspiegelung der Realität dar. Auch beschreibt Grocheio keine objektiven, von seiner Beobachtung unabhängigen Prozesse, wenn er die Herstellung musikalischer Artefakte in den Kategorien von Materie und Form analysiert. Doch wäre etwas anderes zu erwarten gewesen? Dass Grocheio keine objektive Wiedergabe der Wirklichkeit formuliert, steht in keinerlei Widerspruch zu seiner Empirie. Grocheio verfährt wie jeder ‚Empiriker', indem er die Phänomene vor dem Hintergrund seiner theoretischen Vorannahmen betrachtet.[617] Als geschulter Aristoteliker empfängt er seine Prämissen und Begriffe aus der aristotelischen Philosophie. Aber dass Grocheio durch die Brille eines Paradigmas blickt, welches seine Beschreibung der Phänomene mitbestimmt,[618] meint nichts anderes, als dass er auf der Grundlage eines epistemisch prädisponierten ‚Erwartungshorizonts'

---

615   Fladt, *Musikauffassung Johannes de Grocheos*, S. 181ff.

616   Haas, *Musikalisches Denken im Mittelalter*, S. 109.

617   Popper, *Logik der Forschung*, S. 69–89.

618   Kuhn, *Struktur wissenschaftlicher Revolutionen*, S. 92f.

auf die Objekte seiner Darstellung zugreift. Handelt es sich insofern um einen Rezeptionsakt, der vom aktiven Anteil des Rezipienten geprägt ist, so bedeutet dies nicht, dass man es mit einer gänzlich arbiträren Setzung, einer allein vom Rezipienten bestimmten Konstruktion zu tun hätte. Die Rezeption ist auf die strukturalen Vorgaben des Objekts bezogen, welche den regulierenden Rahmen des Zugriffs bilden und die Sinnzuschreibung kanalisieren. Indem sich die Sinnkonstitution als dialogischer Prozess zwischen Rezipient und ‚Text‘ (in diesem Fall das Pariser Musikleben) vollzieht, bleibt die Beschreibung Grocheios auf die Strukturen seiner Objekte verwiesen, ohne sie objektiv abzubilden. Dies bedeutet aber, dass die empirischen Resultate Grocheios in direkter Auseinandersetzung mit der Musikpraxis seiner Umwelt gewonnen wurden und sehr wohl Kategorien und Bedeutungen transportieren, die aus der sozialen ‚Wirklichkeit‘ der Musik und nicht aus den theoretischen Rahmenbedingungen des Traktats stammen. Begriffe wie *cantus gestualis, cantus versualis* oder *cantilena rotunda* verweisen auf die musikalische ‚Ordnung der Dinge‘, die gesellschaftlich, nicht philosophisch konstruiert ist.

Freilich rückt der rezeptionstheoretische Ansatz dieser Arbeit auch die Konstruktionsleistung Grocheios in den Blick. Da es seine ‚Absicht‘ war, die Nützlichkeit der Musik für die Lebenspraxis des Einzelnen und das Wohl des sozialen Ganzen zu explizieren, führte diese Voreinstellung seiner Bezugnahme in dieser Hinsicht zu einer Überformung der Phänomene, die in das Muster der intendierten Darstellung eingelesen wurden. Man kann sich darüber streiten, ob eine *ductia* wirklich die Pariser Jungen und Mädchen von Liebeskummer befreit hat. Grocheios ‚empirische‘ Beschreibung dieser Phänomene scheint in der Tat von einer ‚Rezeptionseinstellung‘ abzuhängen, die seinen Zugriff auf die Dinge prädisponiert. Dass die soziale Nützlichkeit der Musik ein Aspekt war, den Grocheio offensichtlich auf die musikalische Praxis seiner Umwelt applizierte, weil die immanente Logik seiner Konzeption es so vorsah, macht deutlich, dass auch bei aller Empirie, die Grocheio in singulärer Weise umsetzt, keine ‚vorurteilslose Beobachtung‘, kein ‚unverstelltes Fragen‘, das nur noch die ‚Fakten‘ gelten ließe, angenommen werden kann.

KAPITEL 6

Nutzlose, skeptische und alternative Akteure: Zwischenbetrachtung und Überleitung

Ausgangspunkt des letzten Kapitels war das Spannungsverhältnis zwischen einer ‚nutzlosen' Philosophie und einer gesellschaftlichen Erwartungshaltung, deren Enttäuschung in dezidierte Kritik mündete. Die soziale Identität der Philosophen, die auf der Perzeption von Differenzen zu anderen sozialen Gruppen beruhte, war durch ‚Praxisferne' charakterisiert, ein Attribut, das zum distinktiven Merkmal gegenüber den *scientiae lucrativae* und den Gruppen der praxisorientierten Stadtkultur geworden war. Die kommunikative Logik des philosophischen Systems zielte auf Erkenntnis, nicht auf Nützlichkeit. Dass die Akteure der Artistenfakultät ein spezifisches Wissensfeld repräsentierten, war den Zeitgenossen nicht entgangen und führte durchaus zur Anerkennung einer ‚offiziellen' Expertise; aber die Tatsache, dass dieses Wissen den Rahmen des universitären Hörsaals kaum verließ, dass der ‚Philosoph' eine Figur war, die zwar über soziales Sein, nicht aber über eine ‚nützliche' Expertise verfügte, die eine spürbare Relevanz für die Welt hätte und in Experten-Laien-Interaktionen aktualisiert, d.h. praktisch appliziert würde, blieb den Beobachtern des 13. Jahrhunderts ebensowenig verschlossen. Das Unverständnis der Zeitgenossen hinsichtlich einer epistemischen Kultur, deren Beitrag zum Wohl der Gemeinschaft kaum erkennbar, deren Unfähigkeit zum Lösen konkreter gesellschaftlicher Anliegen hingegen offensichtlich war, führte zu einer latenten Skepsis, die sich mitunter in unverhohlener Kritik an den Tätigkeiten der Gelehrten artikulierte, die ihr gehobenes Wissen aus Büchern und Vorlesungen, vom Hören (*auditus*), aber nicht aus der praktischen Erfahrung erworben hatten.

Eine derartige Missgunst blieb aber im Inneren der Wissenschaft alles andere als unbemerkt. Die Differenz zu den Wissenskulturen der Umwelt und die Skepsis, welche die eigene Handlungslogik bei deren Vertretern hervorrief, drangen unweigerlich ins Bewusstsein der Gelehrten, die die Welt jenseits ihrer systemischen Grenzen stets im Blick behielten. Doch waren die Reaktionen, die derartige Irritationen im Kosmos der Gelehrten auslösten, höchst unterschiedlich. Bei jenen Philosophen, welche die Praxisferne zum Label ihrer Disziplin deklariert hatten, schien der gesellschaftliche Tadel nur umso mehr zu einer Betonung des Eigenwerts der philosophischen Aktivität zu führen. Andere hingegen machten sich die Erwartungen der Gesellschaft zu eigen und formulierten alternative Wissenskonzepte, die vom Paradigma der Artes-Fakultät abwichen, ja sogar erst in dezidierter Abgrenzung davon entwickelt wurden. Sie machten die Kritik, welche die Gesellschaft an die Wissenschaft herantrug, zu ihrer eigenen und transferierten sie ins Innere des Systems. Sie wandten sich ihrerseits gegen die Praxisferne und Buchgelehrsamkeit des akademischen Mainstreams und suchten in ihren epistemischen Entwürfen das genaue Gegenteil. Johannes de Garlandia, Brunetto Latini, Roger Bacon und Johannes de Grocheio formulierten mit ihren dezidiert praxis- und/oder erfahrungsbezogenen Konzeptionen ein direktes Gegenprogramm zum dominanten Paradigma der Artistenfakultät. Ihre einschlägigen Schriften konstituieren eine Reihe von in Paris entstandenen artistischen oder philosophischen Ansätzen des 13. Jahrhunderts, die sich durch ‚praktisches‘ Wissen und empirisches Vorgehen auszeichnen. Indem sie alle, jeweils in eigener Weise, auf ein gemeinsames ‚Problem‘ antworten, können sie als Elemente einer spezifischen Konstellation betrachtet und vergleichend analysiert werden.

6.1 Pour un autre Moyen Âge?[1] Was das bisher Gesagte über das Mittelalter sagt

Diese Perspektive auf eine Gruppe von Autoren, die sich auf den ersten Blick nicht in die allgemeine Tendenz der akademischen Philosophie des 13. Jahrhunderts einordnen ließen, ermöglichte eine neue Sichtweise auf die von ihnen vorgebrachten Konzepte. Denn bei allen diesen Autoren hatten sich in der jeweiligen Einzelforschung Probleme der historischen Einordnung aufgetan, die bislang kaum oder nur unbefriedigend gelöst worden waren. Die Humanisten Johannes de Garlandia und Brunetto Latini, die Experimentalwissenschaftler Roger Bacon und Petrus de Maricourt und der weltzugewandte Ästhetiker Johannes de Grocheio hatten Gedanken geäußert und Praktiken realisiert, die man erst in viel späteren, *neuzeitlichen* Jahrhunderten erwarten würde. Aufgrund ihrer ungewöhnlichen Ansätze schienen sie kaum mehr ihrer Epoche, dem Mittelalter, anzugehören, vielmehr ihrer Zeit weit voraus zu sein. Die Reaktionen auf solche Anomalien, die das geltende Mittelalter-Paradigma störten, konnten je nach Perspektive ganz verschieden ausfallen: Entweder man sah sie als repräsentativ für eine

---

1 Jacques Le Goff, *Pour un autre Moyen Âge. Temps, travail et culture en Occident: 18 essais*, Paris 1991.

allgemeine Umwälzung, den Beginn einer modernen Tradition, der sich mit
der Säkularisierung (bzw. Laikalisierung) der Philosophie, dem Ursprung
der experimentellen Methode oder dem ‚endgültigen' Durchbruch der autonomen Kunst manifestierte; oder aber man deklarierte sie zu völlig isolierten Außenseitern, die als Exoten gerade deshalb akzeptabel waren, weil
sie durch ihren Ausnahmestatus das gängige Bild, also das ihnen gänzlich
Entgegengesetzte, umso mehr bestätigten. Beide Sichtweisen liefen, indem
sie ein kohärentes Mittelalterbild erstrebten, auf eine perspektivische
Segmentierung der Phänomene hinaus, die jeweils einen Bereich der sozialen
Wirklichkeit zur Nebensache erklärte. Entweder bot ‚das Mittelalter' insofern
ein stimmiges Bild, als es durch eine allgemeine Tendenz zur Laikalisierung, ein
etabliertes experimentelles Verfahren, das von ‚den westlichen Philosophen
des 13. Jahrhunderts' begründet wurde, oder die endgültige, allseits anerkannte Freiheit der Kunst, deren kirchliche Gebundenheit ‚auf immer dahin' ist,
gekennzeichnet war. Oder das Mittelalter blieb dadurch kulturell homogen
und geschlossen, dass es keinen Platz für derartige Modernitäten hatte und
alle Ausbrecher als einsame Propheten einer späteren Zeit beiseite schob.

Der hier entwickelte Ansatz, der die verschiedenen Positionen als konstellatorische Phänomene begreift, zielt demgegenüber gerade darauf, die
fundamentale Heterogenität des intellektuellen Feldes zu akzentuieren.
Die ‚alternativen Figuren', die beschrieben wurden, sind weder repräsentativ für ihre Zeit, insofern sie ihr Konzept gerade in Abgrenzung von einem
Mainstream-Paradigma formulieren, das einer gänzlich anderen Logik folgt;
noch sind sie vollkommen isolierte Ausnahmen, die ein durch Alterität bestimmtes Mittelalter transzendieren, dessen kulturellem Image sie nicht
entsprechen. Sie alle sind vielmehr durch eine jeweils eigene, spezifische
‚Modernität' gekennzeichnet, die aber gerade deshalb durch und durch ‚mittelalterlich' ist, weil sie das genuine Erzeugnis sozialer und intellektueller
Dynamiken darstellt, welche die Wissensproduktion des Mittelalters in ihrem
Wesen charakterisieren. Ihre Konzeptionen gehören nicht in eine spätere Zeit,
sondern sind integrale Bestandteile eines dynamischen Mittelalters, in dessen
pluraler Wirklichkeit sie ihren historischen Ort finden. Indem sie durch ihre
konstellatorisch verflochtenen kommunikativen Akte entscheidend am sinn-
haften Aufbau der intellektuellen Welt des Mittelalters partizipieren, repräsentieren sie gerade in ihrer Modernität genuin mittelalterliche Phänomene,
die zeigen, dass derartige Positionen im 13. Jahrhundert nicht nur möglich
waren, sondern von den generativen Strukturen, aus denen sie resultierten,
aktiv gefördert wurden. Typisch für ihre Zeit sind sie insofern, nicht weil ihre

spezifischen Konzepte die generelle Tendenz der Epoche repräsentieren, sondern weil sie für eine Pluralität des mittelalterlichen Denkens stehen.[2]

6.2   The End of the Story?

Die Analyse der ‚alternativen' Autoren hat das Spannungsverhältnis zwischen
autonomer Universitätsphilosophie und praxisorientierten Wissenskonzepten
nachdrücklich akzentuiert. Die beiden oppositionellen Lager, die im bisherigen Verlauf dieser Arbeit betrachtet wurden und immer deutlichere Konturen
gewannen, sind durch eine fundamentale epistemische Differenz getrennt:
Praxisferne Identität, Erkenntnis philosophischer Wahrheit und Primat der
Theorie auf der einen Seite, Praxisbezug, Empirie und soziale Nützlichkeit
auf der anderen. Während sich die Philosophen der Artistenfakultät vom
Nützlichkeitsdenken anderer Gruppen abgrenzten und Aristoteles auf die
Wahrheit seiner Aussagen hin prüften, griffen die Vertreter alternativer
Entwürfe die Erwartungen der Gesellschaft auf und applizierten philosophisches Wissen für praktische Zwecke. Den Unterschied und die Relation zwischen diesen beiden kommunikativen Modi und ihren spezifischen Kontexten
herausgearbeitet zu haben, kann als Ergebnis der vorliegenden Studie gelten,
deren Narrativ damit an sein Ende gekommen zu sein scheint.

Doch bleibt es wirklich bei diesem Bild? Besteht ein unüberwindbarer
Graben zwischen den beiden diskursiven Sphären, die sich beobachteten und
bekämpften, in dieser Frontstellung aber unbeweglich verharrten? Freilich
habe ich dafür argumentiert, dass die Grundstruktur dieser Konstellation
bestehen blieb und in der Wissenschaftsgeschichte immer wieder auf neue
Weise kulturell produktiv wurde, weshalb von einem statischen Modell keine
Rede sein kann. Dennoch bliebe das bislang gezeichnete Bild gänzlich unvollständig, würde man es bei dieser Gegenüberstellung belassen. Denn auch
wenn die generische Fundamentalstruktur der Konstellation fortbestand, so

---

2 Dass die Autoren der alternativen Entwürfe hier einerseits als Vertreter der ‚Modernität', andererseits aber als Antipoden der Universtiätsphilosophie erscheinen, bedeutet nicht, dass
   die Universitätsphilosophen im Umkehrschluss ein antimodernes Moment repräsentieren.
   Im Kapitel über Roger Bacon wurde bereits auf diese – auf den ersten Blick verwirrende –
   Ambivalenz hingewiesen: Die akademische Philosophie und die alternativen Konzepte, die
   sich von ihr abgrenzen, stehen im 13. Jahrhundert in radikaler Opposition, verweisen jedoch
   in jeweils eigener Hinsicht auf spezifisch moderne Phänomene. Auf die Modernität der
   ‚Philosophen' werde ich im Schlusskapitel zurückkommen.

führten die intellektuellen Dynamiken, die sie produzierte, dennoch zu suk-
zessiven Veränderungen in der Artistenfakultät, deren Akteure die kontinuierliche Kritik, welche außerhalb wie innerhalb der Wissenschaft artikuliert
wurde, aufmerksam wahrnahmen und auf spezifische Weise verarbeiteten.
Dies klingt zunächst widersprüchlich zu dem, was bisher über die Philosophen
der Artes-Fakultät gesagt wurde; doch es wird sich zeigen, dass auch hinter
dieser Entwicklung eine spezifische Logik der Aufnahme und Verarbeitung
externer Einflüsse liegt, die mit der bisherigen Charakterisierung der
Universitätsphilosophie kompatibel ist.

Die äußere Kritik führte an der Artes-Fakultät mitnichten zur Aufgabe des
etablierten Paradigmas; dieses blieb weiterhin primär auf Wahrheit ausgerichtet. Aber das Spannungsverhältnis zum Postulat der sozialen Nützlichkeit, in
dem sich die Artes-Magister befanden, musste zu Reflexionen darüber anregen, wie eine selbstbezogene philosophische Spekulation mit der Existenz des
Philosophen in einer politischen Gemeinschaft vereinbart werden konnte.
Das Legitimationsbedürfnis, das aus der Kritik an den Philosophen erwuchs,
führte *nicht*, wie bei den alternativen Konzepten, zur Entwicklung einer radikal praxisbezogenen Philosophie; allerdings konnte es Reflexionen über die
eigene Rolle in der Gemeinschaft, sowie mitunter spezifische Praktiken der
Positionierung und Bezugnahme provozieren, die darauf abzielten, die intellektuellen (praxisfernen) Aktivitäten, die im Inneren des Systems stattfanden,
zu rechtfertigen.

Ein zweiter Aspekt ist mit diesem Prozess verbunden. So soll gleichzeitig
gezeigt werden, dass die permanente Kritik an der *Erfahrungslosigkeit* der
akademischen Philosophie im Laufe des 14. Jahrhunderts zu einer partiellen
Veränderung der Strukturen des philosophischen Systems führte. Nachdem
nicht nur externe Kritiker wie Friedrich II., sondern auch Philosophen wie
Roger Bacon den epistemischen Wert des Erfahrungswissens propagiert hatten, sollte die Rolle der Empirie auch innerhalb der Universitätsphilosophie
neu definiert werden. Auch wenn keine experimentelle Wissenschaft nach dem
Muster der Bacon'schen *Scientia experimentalis* entstand, so gewann die eigene
Erfahrung nun dennoch erheblich an Bedeutung. Der Empirismus der Pariser
Naturphilosophen und Astronomen des 14. Jahrhunderts ist das Ergebnis dieser
Entwicklung. Man sollte dabei nicht durcheinanderkommen: Das philosophische System operierte nach wie vor im Medium der Wahrheit, ohne primär auf
die Produktion von ‚praktischem Erfahrungswissen', das in der Lebenspraxis
nützlich wäre, zu zielen; was dieser Strukturwandel bewirkte, war vielmehr
eine Aufwertung der Empirie im philosophischen Erkenntnisprozess und eine
neue Rolle der Erfahrung in der wissenschaftlichen Evidenzproduktion.

Die Aspekte, die hier in aller Kürze angerissen wurden, können in dieser Arbeit nicht in der gebotenen Ausführlichkeit behandelt werden. Im folgenden Kapitel muss ein selektiver Zugriff auf diese Phänomene erfolgen, indem anhand ausgewählter Beispiele eine Skizze der postulierten Entwicklung gezeichnet wird. Mit dieser vorläufigen Zeichnung, die einen Vorschlag macht, die Dinge in der geschilderten Weise zu ordnen und zueinander sowie zu den Prozessen des 13. Jahrhunderts in Beziehung zu setzen, schließt sich der argumentative Kreis dieser Arbeit. Insofern es hier verstärkt auch um das 14. Jahrhundert geht, kommt das Narrativ damit abermals zu seinem chronologischen Recht.

KAPITEL 7

Der Geist kehrt in sich zurück, oder: Die Geburt einer modernen Dialogik

Der polemische Beschuss, unter dem die Artistenfakultät der Universität Paris während des gesamten 13. Jahrhunderts gestanden hatte, ging keinesfalls, wie man vor dem Hintergrund der bisherigen Ausführungen hätte annehmen können, spurlos an ihr vorbei. Die permanenten Irritationen, welche die implizite oder explizite Kritik der Gesellschaft, der Politik, der Kirche, der Stadtbevölkerung, der ‚oberen' Fakultäten, sowie der alternativen Artisten und Philosophen wie Brunetto Latini oder Roger Bacon auslösten, blieben kein leises Rauschen aus der Ferne, dessen latente Präsenz ignoriert werden könnte. Sie drangen ins Innere der Philosophie ein und machten sich dort bemerkbar, nicht schlagartig und revolutionär, aber mit nachhaltigen Konsequenzen. Das lästige Rauschen gewann sukzessive einen eigenen systemischen Sinn.

Dass die äußeren Vorwürfe gegenüber der Philosophie von den Magistern selbst sehr aufmerksam wahrgenommen wurden, bezeugt der anonyme, früher Jakob von Douai zugeschriebene Kommentar zur *Nikomachischen Ethik* von ca. 1280, der in Kapitel 2 und 3 bereits zur Sprache kam. Der anonyme Magister artium liefert gleich zu Beginn seines Prologs eine Apologie der Philosophen, wobei er zunächst über die verbreitete Missgunst und die Feindseligkeit klagt, welche die Gemeinschaft den Philosophen entgegenbringt: „Obwohl Alexander geschrieben hat, dass die Philosophen (*uiri philosophici*), die sich dem Studium und der Kontemplation widmen, tugendhaft, d.h. sittlich und zurückhaltend, gerecht, tapfer und vornehm, mild, edel und hochherzig sind, dass sie die Gesetze befolgen und sich nicht dem Vergnügen hingeben, so ist dies alles nach der verbreiteten Meinung der Leute nicht so, auch wenn es doch der Wahrheit entspricht. Vielmehr wird von vielen geglaubt, dass die Philosophen, die sich dem Studium und der philosophischen Kontemplation zuwenden, schlechte und gottlose Männer sind, die die Gesetze missachten, weshalb sie aus der Gemeinschaft vertrieben werden sollten. So reden die Leute und deshalb werden alle, die sich dem Studium und der philosophischen Kontemplation widmen, missachtet und verdächtigt".[1]

---

1 Quamuis scriptum sit ab Alexandro quod uiri philosophici et dantes se studio et contemplationi sint naturaliter uirtuosi, utpote casti et temperati, iusti, fortes et liberales, mansueti et magnanimi, magnifici, legibus obedientes et delectationes non prosequentes, tamen

Das allgemeine Unverständnis und die Skepsis, welche die Gemeinschaft den Philosophen und ihrer Lebensform entgegenbringt, sind dem Artes-Magister nicht verborgen geblieben. Empört über solche Geringschätzung seiner Gruppe, macht er sich daran, die Vorwürfe zu widerlegen: „Und obwohl diejenigen, die sich dem Studium und der philosophischen Kontemplation widmen, dermaßen missachtet und verdächtigt werden, sind sie keinesfalls so, wie geglaubt wird. Und dies kann durch drei Punkte gezeigt werden: Erstens sind die Philosophen, die sich dem Studium und der philosophischen Kontemplation hingeben, tugendhaft; zweitens befolgen sie die Gesetze und drittens dürfen sie nicht aus der Gemeinschaft vertrieben werden".[2]

Nachdem der anonyme Philosoph betont hat, dass sich die Philosophen keinesfalls dem Vergnügen zuwenden, sondern ein sittliches und gemäßigtes Leben führen und dass sie zudem, anders als behauptet wird, stets die Gesetze achten, kommt der Autor auf den dritten Punkt, die Frage, ob die Philosophen aus der Gemeinschaft zu vertreiben seien, zu sprechen. Mit aller Entschiedenheit widerspricht der Magister dieser verbreiteten Anschauung, indem er emphatisch auf den *Nutzen* der Philosophen für die Gemeinschaft hinweist: „Drittens dürfen solche Männer nicht aus der Gemeinschaft vertrieben werden, denn diejenigen, die der Gemeinschaft etwas Gutes tun und sich darum bemühen, müssen Teil des politischen Kollektivs sein; sie sollten nicht ausgeschlossen, sondern vielmehr geehrt und ausgezeichnet werden. Die Philosophen aber bemühen sich um das Wohl der Gemeinschaft, weil sie das Gemeinwohl hochachten".[3]

Der Diskurs, an dem der Anonymus partizipiert, wenn er die Forderung, dass die Philosophen aus der politischen Gemeinschaft zu vertreiben seien,

---

secundum communem hominum opinionem non est ita, licet ita sit secundum ueritatem. Immo creditur a multis quod uiri philosophici dantes se studio et contemplationi philosophice sint praui uiri increduli et non obedientes legi, propter quod merito expellendi sunt a communitate, ut dicunt, et sub hoc omnes dantes se studio et contemplationi philosophice sunt defamati et suspecti (Anonymus Artium Magister, *Questiones in librum Ethicorum*, ed. Costa, S. 127).

2 Et quamuis dantes se studio et contemplationi philosophice sint ita defamati et suspecti, non tamen sunt tales sicut esse creduntur. Et hoc potest persuaderi per tria signa: primum est quia uiri philosophici et dantes se studio et contemplationi philosophice sunt uirtuosi, secundum est quod ipsi sunt obedientes legi, et tertium est quod non sunt a communitate expellendi (Anonymus Artium Magister, *Questiones in librum Ethicorum*, ed. Costa, S. 127).

3 Tertium est quod huiusmodi uiri non sunt a communitate expellendi, quia quicumque faciunt bonum in communitate et nituntur ad hoc, illi debent esse pars ciuitatis et non expellendi a ciuitate, immo tales sunt honorandi et eligendi; sed uiri philosophici nituntur ad bonum communitatis: diligunt enim bonum communitatis (Anonymus Artium Magister, *Questiones in librum Ethicorum*, ed. Costa, S. 128).

zurückweist, ist uns bereits in einem früheren Kapitel begegnet. Roger Bacon gab dem Fürsten in seinem Kommentar des *Secretum Secretorum* den Rat, alle diejenigen aus der Gemeinschaft zu verbannen, die nutzlos (*inutilis*) sind, weil sie keinen Beitrag zum Gemeinwohl zu leisten.[4] Dass genau dies für Bacon auf die Philosophen zutrifft, deren Nutzlosigkeit er angreift, ist offensichtlich. Der Artes-Magister reagiert auf einen Vorwurf, der im 13. Jahrhundert innerhalb wie außerhalb der Wissenschaft seine Kreise zog.

Doch damit blieb er keinesfalls alleine: Denselben Kritikpunkt greift Johannes von Jandun im frühen 14. Jahrhundert auf, wenn er sich in seinem Kommentar zur *Metaphysik* des Aristoteles mit der Frage auseinandersetzt, welche Existenzberechtigung dem Philosophen in der politischen Gemeinschaft zukommt. Auch hier stellt der Beitrag zum Gemeinwohl das zentrale Problem dar. Johannes antwortet ganz offensichtlich auf die gesellschaftliche Missgunst gegenüber den Philosophen, wenn er die *„philosophi pure speculativi"* ablehnt, die gar nichts zum Gemeinwohl beitragen und deshalb aus der Gemeinschaft auszuschließen seien: „Die rein spekulativen Philosophen [...] sind in der politischen Gemeinschaft nicht zu dulden [...]. Der Fürst erlaubt nichts in der Gemeinschaft, das keinen Beitrag zum Gemeinwohl leistet; aber die besagten Philosophen steuern nichts zum Wohl der Gemeinschaft bei".[5]

Das Problem war also in der Artes-Fakultät bestens bekannt. Man hatte sehr wohl bemerkt, dass die philosophische Lebensform außerhalb der eigenen Gruppe auf Unverständnis, ja sogar auf offene Ablehnung und Aggression stieß. Doch wenn die Artes-Magister auf diese Weise auf die Vorwürfe der Gesellschaft reagierten, wenn sie, wie der zitierte Anonymus, auf dem *Nutzen* der Philosophen für die Gemeinschaft insistierten und ihrerseits das Existenzrecht der reinen *speculativi* bestritten, die keinen Beitrag zum Gemeinwohl leisten, muss dies dann nicht unweigerlich alles zerschießen, was in dieser Arbeit über die ‚philosophische Identität' der Artistenfakultät gesagt wurde? Wie können solche Äußerungen möglich sein, wenn die Artisten angeblich einen Praxisbezug ihrer eigenen Disziplin dezidiert zurückwiesen, gerade *keine* Anwendung ihres Wissens für äußere Zwecke erstrebten, vielmehr eine autonome Philosophie und einen Primat der Theorie reklamierten? War diese Identität

---

4 Roger Bacon, *Secretum Secretorum*, ed. Steele, S. 148; dazu oben Kap. 5.4.2.

5 Philosophi pure speculatiui [...] non sunt permittendi in politica. [...] quia sic princeps nihil permittit in ciuitate nisi conferat ad commune bonum, sed philosophi sic dicti non proficiunt ad commune bonum civitatis (Johannes von Jandun, *Questiones in duodecim libros metaphysicae*, Buch I, q. 19, fol. 14vb); dazu Schmugge, *Johannes von Jandun*, S. 71–75; siehe auch: Roberto Lambertini, „Jandun's Question-Commentary on Aristotle's Metaphysics", in: *Companion to the Latin Medieval Commentaries on Aristotle's Metyphysics*, hg. von Fabrizio Amerini/Gabriele Galluzzo, Leiden 2014, S. 385–412.

ein gänzlich ephemeres Phänomen, das sich – nachdem es kritisiert worden
war – in sein Gegenteil verkehrte, weil die Philosophen einsahen, dass nur
praktisches Wissen eine Berechtigung in der *civitas* hatte?

Der Widerspruch zwischen dem praxisfernen Paradigma der Philosophie
und der Reaktion der Artes-Magister auf ihre Kritiker lässt sich auflösen, wenn
man die Argumente in den Blick nimmt, die den Nutzen der Philosophen für
die Gemeinschaft begründen sollen. Das einzige Argument, das dem anonymen Kommentator der *Nikomachischen Ethik* einfällt, um den Vorwurf derjenigen, welche die nutzlosen Philosophen vertreiben wollen, zurückzuweisen
und den Nutzen seiner Gruppe zu begründen, besteht darin, dass die Philosophen andere Menschen ‚wissend machen‘. So führt er aus: „Denn wenn die Philosophie der Gemeinschaft etwas Gutes tut, weil sich die Philosophen darum
bemühen, dass die Menschen wissend werden, dann bemühen sie sich doch
um das Wohl der Gemeinschaft und daraus folgt, dass sie Teil des Kollektivs
sein müssen und nicht aus der Gemeinschaft zu vertreiben sind“.[6]

Es liegt auf der Hand, dass das Argument des Magisters, das er seinen Kritikern entgegenhält, nichts mit einem Nutzen des philosophischen Wissens
für konkrete praktische Zwecke zu tun hat. Der Beitrag der Philosophen zum
Gemeinwohl besteht in ihrer Tätigkeit als Vermittler philosophischen Wissens. Aber die Personen, an welche die Philosophen ihr Wissen weitergeben,
sind keine ‚Laien‘ (wie bei Brunetto Latini), sondern die Scholaren der Artistenfakultät. Indem das Wissen in der eigenen Zunft verbleibt, ist der Nutzen,
auf den hier verwiesen wird, nichts anderes als der schon lange in der Artes-
Fakultät immer wieder artikulierte selbstreferentielle Nutzen der Philosophie.[7] Der Anonymus verteidigt sich mit einem Konzept, dessen immanente
Logik die Kritiker gerade auf den Plan gerufen hatte: Die Philosophie nutzt
nur sich selbst, nicht der äußeren Welt, das „Publikum der Wissenschaftler
sind die Wissenschaftler“.[8] Aber selbst wenn man annimmt, der Autor habe
damit sagen wollen, die Philosophen würden den Mitgliedern der politischen
Gemeinschaft insgesamt Einsichten vermitteln, sie zu Erkenntnis führen und
‚wissend‘ machen, dann ist damit immer noch keine praktische Applikation
philosophischen Wissens gemeint.

---

6 […] unde si philosophia sit ad bonum in ciuitate et uiri philosophici nitantur ad hoc quod
   homines efficiantur scientes, ipsi nitantur ad bonum communitatis, et ex hoc apparet quod
   ipsi debent esse pars ciuitatis et non expelli a communitate (Anonymus Artium Magister,
   Questiones in librum Ethicorum, ed. Costa, S. 128).
7 Zum selbstreferentiellen *utilitas*-Begriff siehe oben Kap. 3.2.
8 Walter Brühl, *Einführung in die Wissenschaftssoziologie*, zit. nach Luhmann, *Wissenschaft der
   Gesellschaft*, S. 625.

Doch war der Artes-Magister wirklich so naiv? Hat er nicht gemerkt, dass der Nutzen, den er hier für seine Wissenschaft reklamiert, allenfalls *indirekt* sein kann? Warum führte er nicht die Möglichkeiten einer direkten Anwendung der Philosophie für konkrete Zwecke ins Feld, wie Johannes de Garlandia, Brunetto Latini und Roger Bacon, oder wie Aegidius Romanus, Peter von Limoges oder Johannes Quidort? An potentiellen Möglichkeiten, einen unmittelbaren Nutzen der Philosophie zu artikulieren, hätte es nicht gemangelt. Die Denkfigur, die sich hinter der Verteidigung des Philosophen verbirgt, wird deutlich, wenn man seine Argumentation mit derjenigen des Johannes von Jandun vergleicht.

Auch die Position des Johannes von Jandun erscheint auf den ersten Blick widersprüchlich. Johannes betrachtet die praktischen und politischen Tätigkeiten als minderwertig im Verhältnis zur Spekulation. Wie die Artes-Magister des 13. Jahrhunderts ist er der Meinung, dass derartige praktische Aktivitäten nur von der Philosophie ablenken, weshalb der Philosoph sich davon fernhalten muss.[9] Die Betonung der Suprematie des philosophischen Lebens geht bei ihm sogar so weit, dass er die gesamte *civitas* der Tätigkeit des Philosophen unterordnet, indem er ihr Ziel darin sieht, die freie Spekulation der Philosophen zu ermöglichen.[10] Wie kann es vor diesem Hintergrund sein, dass Johannes gleichzeitig dafür plädiert, jene *speculativi* aus der Gemeinschaft zu vertreiben, die keinen Beitrag zum Gemeinwohl leisten? Die Anschauung, die Johannes in dieser Hinsicht vertritt, löst nicht nur die vermeintliche Paradoxie des Ethikkommentars auf, sondern ist für die Legitimationsstrategie der Artes-Magister, welche die Kritiker der Philosophie provoziert hatten, insgesamt signifikant. Um die Existenz eines spekulativen Philosophen, der nicht selbst politisch aktiv ist, zu rechtfertigen, greift Johannes zu einem Argument, dessen Grundstruktur in der Geschichte der akademischen Philosophie immer wieder aktualisiert werden sollte: „Aber jene Philosophen, wenn man sie in ihrer eigenen Arbeit lässt, wie der Spekulation und der Lehre, so dass sie nicht durch die Arbeit der Politik und des Handwerks gestört werden, dann nutzen sie am allermeisten der Vollendung des menschlichen Glücks, etwa wenn sie die Erkenntnis Gottes und der abstrakten Substanzen lehren und anleiten".[11] Die Philosophen verfolgen mit ihren Spekulationen zwar keinen direkten

---

9   Toste, „Role of the Philosopher", S. 302f.

10   [...] omnes homines sunt propter speculatiuos viros tanquam gratia cuius, sic tota ciuitas propter illos, et felicitas politica ordinatur ad felicitatem speculatiuam (Johannes von Jandun, zit. nach Toste, „Role of the Philosopher", S. 303).

11   Sed isti philosophi, cum permittuntur in proprio opere, vt speculari et doctrinari, ita quod non molestantur per opera politica et artis, tunc maxime prosunt ad complementum humanae felicitatis, vt intendere et docere ad cognitionem Dei et substantiarum

praktischen Zweck, aber wenn man sie nur in Ruhe machen lässt, ohne sie für
die Politik oder die Lebenspraxis einzuspannen, dann werden sie durch ihre
autonom gewonnenen Erkenntnisse am Ende doch den Menschen nutzen.

Es ist verblüffend (aber nicht überraschend), wie sehr dieses Argument in
seiner Struktur dem vermeintlichen Urtext der zugrundeliegenden Denkfigur
ähnelt, auf den sich die heutigen Apologeten implizit oder explizit berufen:
„Die zweckfreie Wissenschaft ist die nützlichste", hatte Wilhelm von Humboldt behauptet, „da sie für unvorhergesehene Bedarfsfälle Lösungen bereit
halte, die eine auf Praxis und Verwertbarkeit ausgerichtete Wissenschaft nie
geahnt hatte".[12] Es ist eben diese Denkfigur, dass eine autonome Philosophie,
die gerade nicht unmittelbar die Bedürfnisse der Gesellschaft bedient, sondern
ihre Fragen und Themen unter Absehung von einem direkten Praxisbezug
entwickelt, schließlich doch noch der Gesellschaft von Nutzen sein kann, die
sich an der Artes-Fakultät der Universität Paris, als Resultat der Verarbeitung
äußerer Kritik, um 1300 herausbildete. Es war die spezifische Dialogik von philosophischer Selbstreferenz und sozialer Relevanz, welche die Situation der
Pariser Artisten ausmachte und, so möchte ich behaupten, den Nährboden
dieses Arguments bildete. Die ‚Praxisferne' blieb konstitutiv (und distinktiv)
für das Selbstverständnis der Philosophen, die ihr Wissen nicht, wie die Juristen und Mediziner, für konkrete Zwecke applizierten; doch die Kritiker der
Philosophie hatten ein Legitimationsbedürfnis dieser Identität hervorgerufen,
die man nun mit dem mittelbaren Nutzen einer in sich zweckfrei operierenden Wissenschaft begründete. Die modernen Postfigurationen dieses Gedan-
kens, wie Otfried Höffes Rede vom „Nutzen des Nutzlosen",[13] sind derselben
Logik verpflichtet.

Letzterer Punkt wird besonders daran ersichtlich, dass Johannes von Jandun seine Begründung eines mittelbaren Nutzens der zweck- und praxisfreien
Wahrheitssuche, wie seine Kollegen der Ökonomisierungsära, explizit als Reaktion auf äußere Kritik formuliert: „Du sagst, dass die spekulativen Männer
nutzos sind. Das ist richtig, wenn man die Spekulativen im ersten Sinne versteht [in dem sie gar nichts zum Gemeinwohl beitragen], im zweiten Sinne

---

abstractarum (Johannes von Jandun, *Questiones in duodecim libros Metyphysicae*, Buch I,
q. 19, fol. 14vb).

12 Zu Humboldt etwa: Sylvia Paletschek, „Die Erfindung der Humboldtschen Universität. Die
Konstruktion der deutschen Universitätsidee in der ersten Hälfte des 20. Jahrhunderts",
in: *Historische Anthropologie* 10 (2002), S. 183–205; Rüdiger vom Bruch, „Langsamer
Abschied von Humboldt? Etappen deutscher Universitätsgeschichte 1810–1945", in:
Mythos Humboldt. Vergangenheit und Zukunft der deutschen Universitäten, hg. von
Mitchell G. Ash, Wien 1999, S. 29–57.

13 Höffe, *Die Macht der Moral*; Höffe, „Vom Nutzen des Nutzlosen".

verstanden sind sie jedoch nützlich".[14] Der Nexus zwischen Philosophiekritik und eigenlogischer Verarbeitung könnte nicht expliziter sein.

•••

Vor dem Hintergrund dieser Einsicht erscheinen viele Quellen der Artes-Fakultät in einem neuen Licht, welche die These von der praxisfernen Identität der Universitätsphilosophen auf den ersten Blick in Frage stellen. Wenn Johannes von Dacien, der in seiner *Divisio scientiae* von ca. 1280 einen hohen philosophischen Enthusiasmus artikuliert,[15] den Philosophen eine große Bedeutung für die politische Praxis zuspricht, indem er die Aufgabe der philosophischen Politik darin sieht, den Herrschern die Bedingungen der Rechtssetzung und der Einrichtung von Gemeinwesen zu liefern, dann scheint dies zunächst für eine praxisbezogene Philosophie zu sprechen. Entscheidend ist jedoch, wie Johannes diese Funktion genau definiert. Den Philosophen kommt es für Johannes gerade nicht zu, die Herrscher bei der konkreten Gestaltung von Gesetzen zu beraten. Während die Juristen die Aufgabe haben, das Recht zu systematisieren und auszulegen, ist es Sache der Herrscher selbst, es in der politischen Praxis anzuwenden. Die Philosophen hingegen liefern etwas ganz anderes: Sie definieren die allgemeinen Bedingungen des gerechten Herrschens und Zusammenlebens und damit die theoretischen Voraussetzungen der Gesetzgebung. Johannes schreibt: „Aber man muss verstehen, dass, während in den vorliegenden Gesetzen und Dekreten bereits geltendes Recht und Gesetz gegeben ist, der Philosoph vielmehr die Bedingungen der Rechtssetzung lehrt. Denn weder der Kaiser noch der Papst haben mit den Bedingungen der Gesetzgebung zu tun, sondern mit gesatztem Recht und erlassenen Gesetzen; die Bedingungen der Satzung jedoch empfangen sie von den Philosophen (*a philosophis*) und setzen sie dabei voraus".[16] Mit den ‚Philosophen' im Plural sind

---

14   Tu dicis quod viri speculatiui sunt inutiles, verum est speculatiui primo modo accepti, tamen .2. modo accepti sunt vtiles (Johannes von Jandun, *Questiones in duodecim libros Metaphysicae*, Buch I, q. 19, fol. 15rb); ebenso einschlägig: Notandum quod aliquis posset dicere quod viri pure speculatiui bene proficiunt ad speculationem et ad felicitatem speculatiuam [...], sed hoc non videtur facere ad felicitatem practicam. Solutio huius patet ex dictis (fol. 15ra).

15   Siehe Kap. 2.1.

16   Sed intellige, quod quamquam in legibus et decretis tradita sunt quaedam iura et leges conditae, tamen philosophus docuit modum condendi leges, unde nec imperator nec papa modum condendi iura seu leges tradiderunt, sed iura condita et leges conditas, modum autem condendi a philosophis supposuerunt et habuerunt (Johannes von Dacien, *Divisio scientiae*, ed. Otto, S. 22f).

hier, wie Alexander Fidora hinsichtlich dieser Stelle bemerkt hat, eindeutig die Artisten gemeint.[17]

Johannes von Dacien tritt hier gerade nicht dafür ein, dass die Philosophen der Politik unmittelbar zuliefern sollen; mit den konkreten Gesetzen ist die praktische Wissenschaft der Juristen befasst. Er plädiert auch nicht dafür, dass die Philosophen akute politische Probleme in Angriff nehmen und für die Herrscher lösen sollen, wie Johannes Quidort in *De regia potestate et papali*. Johannes von Dacien sagt, dass die Aufgabe der Philosophen darin besteht, die allgemeinen Bedingungen der Politik zu diskutieren und festzulegen; diese generellen Voraussetzungen der Rechtssetzung empfangen die Herrscher dann von den Philosophen (*a philosophis*). In dieser Überlegung lässt sich unschwer eine Reflexion des epistemischen Prinzips erkennen, das in Kap. 3 als Grundlage der Kommentare zur praktischen Philosophie an der Artes-Fakultät beschrieben wurde: Die Kommentare zur *Nikomachischen Ethik* und zur *Politik* des Aristoteles diskutieren allgemeine, zeitlose Fragen zu den Tugenden und zu den Bedingungen des Zusammenlebens; sie sind nicht auf konkrete Probleme der Gegenwart bezogen, deren Lösung sie unmittelbar der Politik präsentieren würden, sondern operieren im Medium der Wahrheit. Genau um diese generellen Fragen, welche die theoretischen Grundlagen der Rechtssetzung festlegen, geht es Johannes von Dacien hier, der damit einen bezeichnenden Versuch macht, die selbstreferentielle Kommentierungspraxis der Artistenfakultät mit der Existenz des Philosophen in einer politischen Gemeinschaft zu vereinbaren. Das Grundargument liegt auch hier auf der Hand: Wenn man die Philosophie nur ihren Wahrheitsdiskurs verfolgen lässt, wenn man die Magister ihre vermeintlich nutzlosen Kommentare, die keine konkreten Probleme, sondern generelle Fragen des Politischen diskutieren, schreiben lässt, dann kann diese Tätigkeit am Ende doch noch der Politik von Nutzen sein.

Die Behauptung, dass die Erörterungen der Philosophen für die politische Gemeinschaft relevant sein können, widerspricht demnach keinesfalls einer selbstreferentiellen, auf Wahrheit zielenden Kommentierung der aristotelischen Philosophie, die einen direkten Praxisbezug weder aufweist noch anstrebt. Diese Disposition kann erklären, warum der Verfasser des anonymen Ethikkommentars in seinem Prolog so vehement einen Nutzen seiner sozialen Gruppe für die Gemeinschaft behauptet, dann aber einen Kommentar folgen lässt, der wiederum gänzlich selbstreferentiell verfährt, ohne die diskutierten Inhalte auf konkrete Zwecke zu beziehen. Das Paradigma der Philosophie, welches die Kommentierung reguliert, wird durch die Apologie am Beginn in keiner Weise beeinträchtigt. Der Magister sah den Nutzen der Philosophen nicht

---

17   Fidora, „Politik, Religion und Philosophie", S. 35.

darin, dass sie ihren Mitmenschen konkrete ethische Ratschläge erteilten, sondern (sofern er überhaupt Adressaten außerhalb der Universität im Sinn hatte)
darin, zu Erkenntnis anzuleiten, wissend zu machen. In ähnlicher Weise hatte
Johannes von Jandun argumentiert, dass der praxisfreie spekulative Diskurs
der Philosophen zu Erkenntnis verhelfen könne. Roberto Lambertini hat betont, dass Johannes von Jandun dort, wo er von einem Nutzen des Philosophen
für den Herrscher spricht, die Vermittlung metaphysischer Erkenntnis meint,
die eine Einsicht in die richtigen Ziele der Politik ermöglicht.[18] Der Philosoph
tritt also für Johannes nicht als Experte für ‚praktisches Wissen' auf, wie bei
Aegidius Romanus, nicht als Ratgeber für konkrete Probleme des politischen
Betriebs, sondern als Mediator metaphysischer Einsichten, welche ihm seine
selbstreferentielle, von praktischen Erwägungen losgelöste Spekulation ermöglicht hat. Insofern kann es nicht überraschen, wenn Lambertini feststellt,
dass die Philosophen für Johannes zwar einerseits eine wichtige Rolle für die
Politik spielen, andererseits aber „die Relevanz ihrer Lehre für die konkrete politische Handlung nicht unmittelbar evident ist".[19]

Die Dialogik von philosophischem Eigensinn und gesellschaftlicher
Nützlichkeit, die den diskursiven Selbst-Positionierungen der Philosophen
zugrundelag und die Genese einer Argumentation stimulierte, die das unmittelbar Nutzlose durch seinen mittelbaren Nutzen zu rechtfertigen suchte, kann
schließlich für eine weitere Quelle als Interpretament dienen, die zunächst
eine paradoxe Position zu artikulieren scheint. Zu den wenigen *Questiones
de quolibet*, die aus der Pariser Artistenfakultät überliefert sind,[20] zählen einige Fragen, die der Artes-Magister Johannes Vath um 1300 in knapper Diktion
diskutiert. Während die meisten dieser Fragen naturphilosophische Themen
betreffen, finden sich daneben aber auch manche, die politische Aspekte ansprechen. So fragt Johannes etwa, „ob die Gemeinschaft besser von einem optimalen Fürsten oder von einem optimalen Gesetz regiert wird". Die Antwort
darauf ist kurz und einfach: „Es muss gesagt werden, dass dies der optimale
Fürst ist, weil er das Gesetz korrigieren und lenken kann".[21] Diese ganz grundsätzliche Frage, die auch Petrus von Auvergne in seinem Politikkommentar

---

18 Roberto Lambertini, „Felicitas politica und speculatio. Die Idee der Philosophie in
     ihrem Verhältnis zur Politik nach Johannes von Jandun", in: Aertsen/Speer (Hg.), *Was ist
     Philosophie im Mittelalter*, S. 984–990.
19 Lambertini, „Felicitas politica und speculation", S. 989.
20 Zur *disputatio de quolibet* an der Artes-Fakultät: Weijers, *La ‚disputatio' à la Faculté des
     arts*, S. 106ff.
21 Consequenter queritur utrum melius est civitatem regi optimo principe quam optima
     lege. Dicendum quod optimo principe quia potest corrigere et dirigere legem (Johannes
     Vath, *Determinationes*, Paris, BnF lat. 16089, fol. 75v).

diskutiert und im selben Sinne (wenn auch erheblich differenzierter) beantwortet hatte,[22] ist an der Artes-Fakultät nichts Außergewöhnliches und bestätigt den allgemeinen, nicht auf konkrete Probleme bezogenen Charakter der Erörterungen. Eine andere Frage des Johannes Vath ist da schon origineller: „Es wird gefragt, ob der Philosoph den Gesetzen der Gemeinschaft unterworfen sein sollte. Dazu ist nein zu sagen. Denn im dritten Buch der *Nikomachischen Ethik* wird gesagt, dass der tugendhafte Mensch selbst das Gesetz und ein Musterbeispiel für die anderen ist. So aber ist der Philosoph, da er seinem Intellekt gemäß tugendhaft ist".[23] Durch die Anschauung, die der Artes-Magister hier artikuliert, tritt nicht nur ein manifestes philosophisches Selbstbewusstsein zu Tage, sondern auch eine Vorstellung davon, dass der Philosoph mit seiner speziellen intellektuellen Tätigkeit vom Rest der Gemeinschaft unterschieden ist und eine Sonderrolle spielt. Der Vorwurf, dass die Philosophen die Gesetze nicht beachten, gegen den sich der anonyme Ethikkommentar verteidigt hatte, war vielleicht doch nicht ganz aus der Luft gegriffen.

Doch neben dem intellektuellen Hochmut des Philosophen ist für die hier diskutierten Zusammenhänge vor allem eine andere *Questio* des Johannes Vath von Interesse. Hier erörtert der Magister das Verhältnis des Philosophen zur Politik: „Es wird gefragt, ob der Philosoph in der politischen Gemeinschaft Herrscher sein sollte". Die Antwort darauf lautet wie folgt: „Für sich genommen, ist dazu nein zu sagen, denn Herrscher haben viele Sorgen über weltliche Angelegenheiten; der Philosoph kümmert sich jedoch um solche Dinge nicht, sondern nur um das, was die Spekulation betrifft. Allerdings sollte man in wichtigen Angelegenheiten auf ihn zukommen, um seinen Rat zu hören".[24]

Aus dieser Antwort erfährt man also zwei Dinge: Erstens ist der Philosoph prinzipiell nicht mit politischen Angelegenheiten befasst, da er sich nur für die *speculatio* interessiert, von der ihn die Sorgen der Politik, wie sie den Herrscher plagen, nur ablenken würde; zweitens sollte der Philosoph aber dennoch in Ausnahmefällen um Rat gefragt werden, wenn besonders wichtige Fragen zur Debatte stehen. Das Spannungsfeld von selbstgenügsamer Spekulation und

---

22   Petrus von Auvergne, *Questiones supra libros politicorum*, ed. Flüeler, S. 216–219 (Consequenter queritur, utrum melius sit civitatem regi optimo viro vel legibus).

23   Consequenter queritur, utrum philosophus debeat esse subiectus legibus ciuitatis. Dicendum quod non. Tertio ethicorum dicitur quod homo uirtuosus est sibimet lex et regula aliorum. Talis est philosophus, quia viget secundum intellectum (Johannes Vath, *Determinationes*, Paris, BnF lat. 16089, fol. 75v).

24   Consequenter queritur utrum philosophus debeat esse princeps in civitate. Dicendum quod non per se loquendo, quia principes multam curam habent de agibilibus; sed philosophus de talibus non curat, sed de his quae pertinent ad speculationem. Tamen in magnis negotiis debet esse recursus ad ipsum propter consilium (Johannes Vath, *Determinationes*, Paris, BnF, lat. 16089, fol. 75v).

sozialer Relevanz manifestiert sich hier auf einschlägige Weise. Doch ist der Philosoph, wenn er die Herrscher berät, demnach für Johannes ein nützlicher Akteur, ein Praktiker des politischen Feldes? Die Aussagen des Artes-Magisters lassen eine solche Deutung kaum zu. Insofern Johannes Vath die Beratungstätigkeit des Philosophen dezidiert als Ausnahme deklariert, bestätigt er nur umso mehr die reguläre ‚unpolitische' Existenz des Philosophen, der sich von den Sorgen der Fürsten fernhält. Was allerdings die gelegentlichen Expertengespräche betrifft, die Johannes zur Legitimation der philosophischen Lebensform postuliert, so ist die Grundlage dieser Kommunikationssituation, die seine Bemerkung impliziert, bezeichnend: Denn die ‚Expertise' des Philosophen, die von den Politikern in seltenen Fällen in Anspruch genommen wird, kann hier ja nicht in praktischem, auf Erfahrung mit politischen Problemen basierendem Wissen bestehen, wenn der Philosoph ansonsten ausschließlich mit Spekulation beschäftigt ist und die Geschäfte der Politik bewusst meidet. Was den Philosophen für die Politik wertvoll macht, scheinen vielmehr seine durch freie Spekulation gewonnenen Einsichten zu sein, also keine Erfahrung mit praktischen Dingen (die er nicht haben kann), sondern intellektuelle Fähigkeiten, spekulatives Wissen, das eine Erkenntnis des richtigen politischen Handelns ermöglicht. Auch wenn Johannes Vath selbst über die Art und Weise der Beratung, wie sie ihm vorschwebt, keine Auskunft gibt, so wird dennoch deutlich, dass sich dahinter dieselbe Denkfigur einer Rechtfertigung des Nutzlosen verbirgt, die sich bei den anderen Artisten manifestierte. Der Nutzen des Philosophen für die Herrscher besteht nicht in einem unmittelbar praktischen Wissen, das aus der philosophischen Tätigkeit resultieren würde, sondern in der Vermittlung von Einsichten, die auf einer zweckfreien *speculatio* beruhen.

Mit Johannes Vath wurde ein weiteres einschlägiges Beispiel für die Art und Weise gesehen, in der die Artisten die Kritik, die aus ihrer Umwelt auf sie eindrang, verarbeiteten. Auch in seiner Legitimation des spekulativen Lebens zeigt sich eine Reflexion des Problems, wie eine selbstgenügsame Philosophie mit der faktischen Existenz des Philosophen in einer politischen Gemeinschaft, in einem sozialen Kosmos vereinbart werden kann. Der Philosoph ist in seiner wissenschaftlichen Aktivität gerade nicht mit politischen Fragen befasst; doch lässt man ihn seinen theoretischen Diskurs führen, seine zweckfreie Kontemplation realisieren, dann können seine Erkenntnisse für „*magnis negotiis*", also für „unvorhergesehene Bedarfsfälle", doch noch wertvoll, ja sogar von größtem Nutzen sein. Wie die Bewohner von Hermann Hesses „pädagogischer Provinz" Kastalien, die im Inneren ihres Ordens den Inbegriff der Selbstreferenz, das Glasperlenspiel, praktizieren, die an der Reproduktion und internen Vernetzung des Wissens arbeiten, ohne es auf praktische Zwecke zu beziehen, so wie

sie in besonderen Fällen von den Politikern um Rat gefragt werden,[25] so ist
der Philosoph, von dem Johannes Vath spricht, ein seltener Gast am Hof des
Herrschers, ein *imperitus* in politischen Dingen, aber ein Gelehrter, dessen
autonome Wissenschaft ihm Einsichten ermöglicht hat, die seinem Urteil
Gewicht verleihen.

Eben hier aber zeigt sich die systemspezifische Korrelation von Autonomie-
und Praxisdiskurs in der Selbstbeschreibung der akademischen Philosophie,
wie sie sich um 1300 konstituierte. Dabei geht es nicht nur um eine ,doppelglei-
sige Zielsetzung' der Philosophie, die sich ,schon im Mittelalter' manifestiert,
sondern um eine spezifische Disposition der beiden Prinzipien, um eine eigensinnige Zuordnung der Diskurse, die an Aktualität nichts verloren hat.[26]

7.1   Praktiken der Legitimation – und ihre epistemischen
Rückkopplungen

Bei allem, was im Vorausgehenden angesprochen wurde, ist es wichtig zu bedenken, dass es sich dabei um *Reflexionen* über die gesellschaftliche Relevanz
der Philosophie handelt. Die sozialen und politischen Funktionen des Philosophen, welche die Artes-Magister anführten, um ihre praxisferne Disziplin
zu legitimieren, hatten keine direkte Entsprechung in ihrer tatsächlichen sozialen Praxis. Sie verfassten weder Gutachten, wie die Doktoren der oberen Fakultäten, oder nützliche Traktate für den Fürsten, wie Aegidius Romanus, noch
traten sie überhaupt *als Philosophen* in direkte Interaktion mit der politischen
Welt. Diskursives Handeln in der Rolle des Philosophen blieb weitgehend auf
den sozialen Raum der Universität beschränkt, die Adressaten der Wissensvermittlung, von welcher der anonyme Ethikkommentar sprach, waren *de facto*
die Scholaren der Artistenfakultät, nicht die Herrscher oder andere außerwissenschaftliche ,Laien'.[27] Dennoch zeigt sich in den Bemühungen der Artisten,
ihre autonome Wissenschaft zu rechtfertigen, das Anliegen, sich als Wissenschaftler in Relation zu ihrer Umwelt zu setzen, d.h. eine Interpretation ihres
Verhältnisses zur politischen Gemeinschaft zu formulieren. Die Fundamental-
kritik, welche in der inneren und äußeren Umwelt der Philosophie artikuliert

---

25   Hermann Hesse, *Das Glasperlenspiel. Versuch einer Lebensbeschreibung des Magister Ludi
Josef Knecht*, 9. Aufl., Frankfurt am Main 2002.

26   Siehe die Diskussion in der Einleitung.

27   Siehe die Diskussion des Expertenbegriffs hinsichtlich der Artes-Magister in Kap. 3.6.2.
und 3.6.5.

wurde, stimulierte das Bedürfnis, die eigene Rolle in der sozialen Welt zu definieren und sich als Gelehrte in der Gemeinschaft zu positionieren.

Doch dieses Bedürfnis wurde nicht nur auf der Ebene der Reflexionen, wie
sie hier behandelt wurde, kulturell produktiv. Das Spannungsfeld von wissenschaftlicher Autonomie und gesellschaftlicher Erwartung provozierte seit dem
14. Jahrhundert vereinzelt auch spezifische kommunikative und performative Praktiken, mit denen Artisten versuchten, einen Bezug zur sozialen Welt
herzustellen und die Relevanz ihrer Expertise zu kommunizieren. Derartige
Inszenierungsstrategien finden sich kaum bei den ‚Philosophen‘, also denjenigen Akteuren der Artes-Fakultät, die primär mit der Kommentierung des
aristotelischen Oeuvre oder mit Logik und spekulativer Grammatik beschäftigt waren; Praktiken dieser Art begegnen vor allem bei den Artisten, die sich
in erster Linie mit den quadrivialen *artes*, mit Musiktheorie, besonders aber
mit Astronomie befassten. Die Nähe der Astronomie zur Astrologie legte einen
Praxisbezug nahe und erlaubte es einzelnen Artisten, eine fremdreferentielle
Seite zu entwickeln, die dazu dienen konnte, rein theoretische Interessen im
Inneren des Systems zu legitimieren.

Diese Entwicklung lässt sich paradigmatisch bei dem Pariser Magister Johannes de Muris aufzeigen, dessen erste Schriften um 1320 entstanden, als er
seine Lehrtätigkeit an der Artes-Fakultät begann.[28] Johannes hat sich vor allem
dadurch einen Namen gemacht, dass er zwei der zentralen Referenzwerke des
akademischen Quadriviums für den Unterricht neu bearbeitet und in abge-
kürzten und didaktisch aufbereiteten Versionen vorgelegt hat: Seine *Musica
speculativa secundum Boethium* von 1323 und seine *Arithmetica speculativa*
von 1324[29] sollten nicht nur in seinem eigenen Unterricht, sondern auch im
Curriculum vieler anderer Universitäten des Spätmittelalters die Werke des
Boethius ersetzen.[30] Johannes lehrte demnach in Paris spekulative Arithmetik und Musiktheorie, Themen, mit denen er sich auch in anderen Werken,
ebenso wie mit theoretischer Geometrie und Astronomie, befasst hat.[31] Doch

---

28   Zur Biographie des Johannes de Muris: Lawrence Gushee, „New Sources for the Biography
      of Johannes de Muris“, in: *Journal of the American Musicological Society* 22 (1969),
      S. 3–26; siehe auch Lawrence Gushee, „Jehan des Murs and His Milieu“, in: *Musik – und
      die Geschichte der Philosophie und Naturwissenschaften im Mittelalter*, hg. von Frank
      Hentschel, Leiden 1998, S. 339–371.

29   Hubert L. L. Busard, „Die ‚Arithmetica Speculativa‘ des Johannes de Muris“, in: *Scientiarum
      Historia* 13 (1971), S. 103–132.

30   Christoph Falkenroth, *Die* Musica speculativa *des Johannes de Muris. Kommentar zur
      Überlieferung und kritische Edition* (Beihefte zum Archiv für Musikwissenschaft 34),
      Stuttgart 1992.

31   Zur theoretischen Arithmetik siehe vor allem das umfangreiche *Opus quadripartitum
      numerorum* von 1343 (Ghiselaine L'Huillier, *Le Quadripartitum numerorum de Jean de*

neben der spekulativen Mathematik, die in seiner universitären Lehre im Vordergrund stand, hat sich Johannes auch mit der praktischen Seite seiner *artes* beschäftigt. Diese Hinwendung zur Praxis war mitunter mit einem direkten Adressatenbezug verbunden. So behandelt Johannes etwa in seiner *Notitia artis musicae* und vor allem in seinem einflussreichen *Libellus cantus mensurabilis* die aktuellen Probleme der musikalischen Praxis.[32] Seine Traktate zählen zu den ersten und wichtigsten Systematisierungen der rhythmischen Neuerungen der *Ars nova*, die zeitgleich von dem Komponisten Philipp de Vitry in der Praxis erprobt wurden, mit dem Johannes de Muris in Kontakt stand, wie etwa die *Epistola ad Philippem de Vitriaco* belegt. Dass diese Schriften für die Verwendung in der Praxis bestimmt waren, wird auch daran ersichtlich, dass Johannes die praktischen Musiker, für welche die theoretischen Ausführungen relevant sind, im Text direkt anspricht (*vos rogamus, venerabiles musici*). Der „*musicus et peritus*" ist für die praktische Umsetzung der neuen Möglichkeiten des Rhythmus zuständig.[33]

Auch wenn sich Johannes als Theoretiker der Musik entschieden von den reinen Praktikern abgrenzt, die nicht über theoretisches Wissen verfügen, so wird die Praxis bei ihm dennoch deutlich aufgewertet. Wie schon für Johannes de Grocheio, muss der *musicus* auch für ihn in Theorie und Praxis kompetent sein. Mit dieser Entwicklung hängt es zusammen, dass sich bei Johannes de Muris zudem eine gegenüber Boethius und der spekulativen Musiktheorie veränderte Bedeutung der Erfahrung manifestiert. Frank Hentschel hat gezeigt, dass Johannes in seiner *Musica speculativa* die abwertende Sicht des Boethius auf die Sinneserfahrung, die dieser von Platon übernommen hatte,[34] spürbar relativiert. Während Johannes einerseits die Meinung von Boethius über die Fehlbarkeit und Unzuverlässigkeit des Gehörs referiert, fügt er andererseits die Bemerkung hinzu, dass sich das Ohr jedoch nicht täuscht, wenn es in guter Verfassung ist.[35] Johannes definiert die Musik, wie Johannes de Grocheio, als *scientia media*, zwischen Mathematik und Physik. Bevor etwas gezählt werden könne, müsse es zunächst existieren, hält Johannes fest, weshalb ein Ton erst

---

Murs. Introduction et Edition critique, Genève 1990); daneben zahlreiche Werke zur Astronomie.

32 Michels, *Musiktraktate des Johannes de Muris*; Lawrence Gushee, „Johannes de Muris", in: *New Grove Dictionary of Music and Musicians*, Bd. 9, London 1980.

33 Michels, *Musiktraktate des Johannes de Muris*, S. 70.

34 Siehe oben Kap. 5.6.

35 [...] et si auris bene disposita quantum ad ea, quae contingunt circa sonum, non fallatur (Johannes de Muris, *Musica speculativa*, ed. Christoph Falkenroth, Stuttgart 1992, S. 95); dazu Hentschel, *Sinnlichkeit und Vernunft*, S. 241; siehe auch: Björn Tammen/ Frank Hentschel, „*Divisio musicae* und *auditus* im frühen 14. Jahrhundert", in: *Artes im Mittelalter*, hg. von Ursula Schaefer, Berlin 1999, S. 83–109.

zu erzeugen sei, bevor man ihn mathematisch erfassen könne (*sonum prius generari quam numerari necesse est*).[36] Da die *ars* von der *experientia* abhänge, müsse man als Theoretiker unweigerlich Erfahrung mit der praktizierten Kunst sammeln.[37] Dass diese Aufwertung der Erfahrung nicht nur aus der Übernahme aristotelischer Prämissen resultiert, wie Frank Hentschel annimmt, sondern wesentlich von sozialen Faktoren motiviert ist, wird nicht nur insofern deutlich, als Johannes offenbar daran interessiert ist, die Relevanz seiner Expertise für die Praktiker der Musik zu gewährleisten; auch mit Blick auf Johannes' astronomische Interessen zeigt sich, dass der epistemische Status der *experientia* in hohem Maße mit der Art und Weise verbunden ist, in der Johannes mit seiner Umwelt kommunizierte.

Die Hauptdisziplin des Johannes de Muris war nicht die Musiktheorie, sondern die Astronomie. So wie in der Astronomie um 1300 allgemein zeigt sich insbesondere bei Johannes de Muris – analog zu seiner Betonung der *experientia* in der Musik – eine verstärke Hinwendung zu eigenen Beobachtungen.[38] Astronomische Beobachtungen hat Johannes immer wieder durchgeführt, nach eigenen Angaben sogar bereits 1318 als „*studens in facultate artium*".[39] Mit einem eigens dafür angefertigten Instrument hat Johannes de Muris in diesem Jahr, wie er berichtet, eine Beobachtung wiederholt, die zuvor der Astronom Wilhelm von Saint-Cloud durchgeführt hatte und die der Prüfung und Korrektur der Alphonsinischen Tafeln diente. Johannes' Schilderung seiner eigenen Beobachtung ist bemerkenswert: „Und ich, besagter Johannes, der ich mich sehr danach sehnte, die Wahrheit dessen sinnfällig zu erkennen, und dies alles in meinem Herzen umfassend und begreifend, habe ein dazu geeignetes Instrument von 15 Fuß im Halbmesser, das den 6. Bogenteil eines Quadranten enthielt – was ‚Kardaga' genannt wird –, auf der Meridianlinie auf einen unbeweglichen Stein aufgestellt, so gerade wie es möglich war, und ich habe am

---

36   Quoniam musica est de sono relato ad numeros aut econtra, necessarium est musicam, utrumque numerum scilicet et sonum considerare. Antequam enim aliquid numeretur, oportet ipsum esse. Ideo sonum prius generari quam numerari necesse est (Johannes de Muris, *Musica speculativa*, ed. Falkenroth, S. 77 u. 79).

37   Sed cum omnis ars ex experimentis dependeat, oportet unumquemque artificem primo circa artis experientiam laborare (Johannes de Muris, *Musica speculativa*, ed. Falkenroth, S. 77).

38   Guy Beaujouan, „Observations et calculs astronomiques de Jean de Murs (1321–1344)", in: Beaujouan, *Par raison de nombres*, S. 27–30; Lynn Thorndike, „Astronomical Observations at Paris from 1312 to 1315", in: *Isis* 38 (1948), S. 200–205; siehe auch allgemein: Bernard R. Goldstein, „Theory and Observation in Medieval Astronomy", in: *Isis* 63 (1972), S. 39–47; Katherine Park, „Observations in the Margins, 500–1500", in: *Histories of Scientific Observation*, hg. von Lorainne Daston/Elizabeth Lunbeck, Chicago 2011, S. 15–44.

39   Gushee, „Jehan of Murs and His Milieu", S. 349.

13. März im Jahre des Herrn 1318, das im Januar endet, als der Schatten der Sonne deutlich sichtbar war, über dem Buchstaben B die Meridianhöhe der Sonne entdeckt".[40]

Die zitierte Stelle verdient in mehrfacher Hinsicht Beachtung, sowohl in Bezug auf das manifeste wissenschaftliche Selbstbewusstsein, das hier zu Tage tritt, als auch auf die Strategie der Präsentation, mit der Johannes die planmäßige Durchführung seiner Beobachtung beschreibt. Besonders aber zeigt sich hier einschlägig, welcher Impetus dieser epistemischen Praxis zugrundeliegt: „die Wahrheit dessen sinnfällig zu erkennen" (*desiderans veritatem hujus sensibiliter agnoscere*).

Bezeichnend ist nun jedoch, dass Johannes derartige Beobachtungen keinesfalls nur für sich alleine gemacht hat. Offenbar wurden die Beobachtungen gezielt und vor Publikum *inszeniert*: Von der Sonnenfinsternis, die Johannes am 14. Mai 1333 bei Évreux beobachtete, schreibt er: „*Observavimus initium huius eclipsis apud Ebroicum, in domo Sancti Germani, 3 fratres minores et ego, in presentia Regine Navarre*".[41] Diese Notiz erhält besonderes Gewicht, wenn man bedenkt, dass Johannes wenige Jahre später, zwischen 1338 und 1342, im Dienst Philipps III. von Évreux, König von Navarra, stand.[42] Dass Johannes sich absichtlich vor Zuschauern der politischen Welt als empirisch arbeitender Forscher inszeniert, setzt ganz offensichtlich ein *Bewusstsein* der Tatsache voraus, dass Erfahrungswissen geeignet war, in diesem Kontext Evidenz zu erzeugen und die Zuschreibung von Expertise zu erreichen. Johannes präsentiert sich bewusst nicht als Buchgelehrten, sondern als praktischen Empiriker, um die gesellschaftliche Skepsis zu unterlaufen und ein bestimmtes Image von sich zu kreieren.

Die Hinwendung zum Erfahrungswissen ist insofern, wie im Falle der Musiktheorie, in hohem Maße mit *sozialen Faktoren*, mit der inner- wie außerwissenschaftlichen Kritik und einer entsprechenden Erwartungshaltung,

---

40   Et ego prefatus Johannes multo affectu desiderans veritatem hujus sensibiliter agnoscere, mihi corde omnia ista conferens et comprehendens, instrumentum ad hoc congruum 15 pedum in semidyametro continens 6am partem quadrantis arcuatam, quod kardaga nominatur, elevavi in linea meridonali super lapidem immobilem rectissime quantum possibile fuit et, umbra solis notabiliter radiante, anno Domini 1318 perfecto a januario 13a die martii super litteram B, inveni altitudinem solis meridianam (Johannes de Muris, *Expositio intentionis regis Alfonsii circa tabulas eius*, ed. Emmanuel Poulle, in: *Archives d'histoire doctrinale et littéraire du Moyen Âge* 47 [1980], S. 261–268, S. 266); ich habe hier nur leicht verändert die Übersetzung dieser Stelle von Frank Hentschel übernommen (Hentschel, *Sinnlichkeit und Vernunft*, S. 248f).

41   Beaujouan, „Observation et calculs astronomiques de Jean de Murs", S. 28.

42   Emmanuel Poulle, „John of Murs", in: *Dictionary of Scientific Biography*, Bd. 7, New York 1973, S. 128–133, S. 128.

verbunden. Indem Johannes de Muris jedoch in diesem Sinne auf die externen Impulse reagierte, trug er wiederum zur Etablierung eines empirischen Verfahrens maßgeblich bei. Was Roger Bacon so vehement gefordert (und schmerzlich vermisst) hatte, nämlich die Überprüfung von Theorien an der Erfahrung, scheint bei Johannes beinahe selbstverständlich zu sein: Seine Erkenntnisse, so hält Johannes selbstbewusst fest, werden auch künftig vor dem Urteil des Astrolabs und des Torquetums bestehen, zwei „Richter", die unbestechlich sind und niemals erlauben würden, die Wahrheit zu verschweigen.[43] Lynn Thorndike hat zu dieser Stelle mit Recht bemerkt: „What a noble and intrepid declaration on behalf of science these words would be esteemed by historians of science, had they come from the mouth of some astronomer in the days of Galileo! But having been uttered in 1318, they have been buried in oblivion".[44]

Johannes' Bestreben, Anerkennung als astronomischer Experte zu erlangen, ist signifikant. Es lassen sich ganz konkrete Inszenierungsformen von Astronomen ausmachen, die auf diese Weise ihr Verhältnis zur Gesellschaft kommunizieren und insbesondere den Nutzen ihrer astronomischen Expertise für die politisch Mächtigen explizieren. Der Pariser Astronom Wilhelm von Saint-Cloud, der sich ebenfalls durch zahlreiche eigene Beobachtungen und einen besonders kritischen Umgang mit den vorliegenden astronomischen Tafeln auszeichnete, hatte sein um 1296 entstandenes *Kalendarium reginae* der französischen Königin Maria von Brabant, der Witwe Philipps III. von Frankreich, gewidmet.[45] Wenige Jahre später (vor 1304) fertigte er für Johanna von Navarra, die Gattin Philipps des Schönen, eine französische Übersetzung dieses Werks an.[46]

---

43   [...] coram quibuscumque judicibus specialiter astrolabio et turqueto qui pro tacenda veritate nec flecti prece nec obliquari munere dignarentur (Johannes de Muris, *Expositio intentionis regis Alfonsii circa tabulas eius*, ed. Poulle, S. 268).

44   Thorndike, *History of Magic and Experimental Science*, Bd. 3, S. 296.

45   In dieser Schrift heißt es: Quod etiam attendens illustris Regine Francie Domina Maria considerans etiam, quod sicut in auro resplendet virtus et claritas lapidis preciosi sicut in corpore nobili rutilant anime scientie et virtutes michi quoddam scientiale satis utile licet modicum pro se facere imperavit cuius rationabili voluntate quam imperium reputo parere pro viribus concupisco ut utinam hoc perfecto majora si que in potestate mea sint precipere michi velit (zit. nach Christine Gack-Scheiding, Johannes de Muris, *Epistola super reformatione antiqui kalendarii. Ein Beitrag zur Kalenderreform im 14. Jahrhundert* [Monumenta Germaniae Historica. Studien und Texte 11], Hannover 1995, S. 33).

46   Emmanuel Poulle, „William of Saint-Cloud", in: *Dictionary of Scientific Biography*, Bd. 14, New York 1976, S. 389–391, S. 389; siehe auch José Luis Mancha, „Astronomical Use of Pinhole Images in William of Saint-Cloud's Almanach planetarum (1292)", in: *Archive for History of the Exact Sciences* 43 (1991), S. 275–298.

Den Praxisbezug seiner Wissenschaft artikulierte Johannes de Muris nicht nur performativ durch die Inszenierung von Beobachtungen vor prominenten Zuschauern. Er tat dies auch schriftlich, in Briefen und kleinen Traktaten, aber sein Adressat war in diesem Fall jemand anderes, nämlich der Papst. In einem Brief an Papst Clemens VI. von 1347 sind Prophezeiungen mit konkreten Ratschlägen für entsprechendes Handeln von Johannes de Muris überliefert.[47] Bei der ersten handelt es sich um eine Vorhersage für den 8. Juni 1357: Nach diesem Datum werde durch den Krieg zwischen Frankreich und England großes Unheil über das französische Königreich kommen, wenn der Papst nicht eingreifen und zwischen den Mächten vermitteln würde.[48] Johannes versucht demnach nicht nur, sich durch Prophezeiungen zu inszenieren, er nutzt offenbar sein mittlerweile akkumuliertes symbolisches Kapital, um in ganz aktuellen Problemen der Gegenwart Einfluss zu nehmen. Seine zweite Vorhersage betrifft den 30. Oktober 1365: In diesem Jahr würden die Sarazenen besonders schwach sein, weshalb dies ein ausgesprochen günstiger Zeitpunkt für einen Kreuzzug sei. Johannes rät dem Papst, in diesem Jahr ins Heilige Land zu ziehen.[49]

Tatsächlich hatte Johannes beträchtliches symbolisches Kapital angehäuft, wofür besonders eine Zuschreibung der Expertenrolle aus dem Jahre 1344 symptomatisch ist. Nachdem Johannes durch seine zahlreichen Schriften zu allen quadrivialen *artes* bereits über Paris hinaus bekannt geworden war und in seinen astronomischen Werken mehrfach auf die dringende Notwendigkeit einer Kalenderreform aufmerksam gemacht hatte, erhielt er im September 1344 eine Einladung Papst Clemens' VI., nach Avignon zu kommen, um an Beratungen über eine Reform des Kalenders teilzunehmen. Im Anschluss an diesen Aufenthalt entstand seine an den Papst adressierte *Epistola de reformatione antiqui kalendarii*, die er offiziell gemeinsam mit Firminus de Bellavalle schrieb, die jedoch offenbar von ihm allein verfasst wurde. Darin legt Johannes seine

---

47 Dazu: Jean-Patrice Boudet, „La papauté d'Avignon et l'astrologie", in: *Fin du monde et signes des temps. Visionnaires et prophètes en France méridionale (fin XIIIe–début XVe siècle)*, Toulouse 1992 (= *Cahiers de Fanjeaux* 27), S. 257–293.

48 Satis ve[re]or et presumo quod non per S. v. ante tempus predictum, contra occasiones guerrarum presentium inter principes supradictos provideatur de oportuno remedio, pacem videlicet inter ipsos firmam et stabilem reformando, rex et regnum Francie sunt in periculo periclitationis, subversionis et obprobrii [sic] sempiterni (Johannes de Muris, *Epistola ad Clementem VI*, ed. in: Boudet, „La papauté d'Avignon et l'astrologie", S. 281–284, hier S. 283).

49 Johannes de Muris, *Epistola ad Clementem VI*, ed. Boudet, S. 282f; siehe auch: Christine Gack-Scheiding, *Johannes de Muris*, S. 53f.

Verbesserungsvorschläge dar, und er weist mehrfach darauf hin, dass der Kirche großes Unglück drohe, falls der Kalender nicht korrigiert werde.[50]

In allen diesen Praktiken wird die Strategie eines Gelehrten der quadrivialen *artes* sichtbar, sich in der Gesellschaft zu positionieren und den praktischen Nutzen seiner Expertise auf vielfältige Weise zu artikulieren. Die Kritik an reinem Buchwissen, welche die Gesellschaft – außerhalb wie innerhalb der Wissenschaft – den artistischen und philosophischen Studien grundsätzlich entgegenbrachte und die ubiquitäre gesellschaftliche Forderung nach praktischem Anwendungsbezug müssen als entscheidende Faktoren der sozialen und kulturellen Bedingungen gesehen werden, welche derartige Inszenierungsformen provozierten. In diesem Sinne wird Expertenskepsis – dialogisch verschränkt mit einem prinzipiellen, weil unumgänglichen, Vertrauen – kulturell produktiv. Johannes de Muris hat kein Gegenprogramm zur Artes-Fakultät entworfen, wie es in Kapitel 5 bei den ‚alternativen‘ Konzepten beobachtet wurde. Er kritisiert seine Kollegen nicht, wird nicht polemisch, stellt auch das geltende Paradigma nicht in Frage; ein alternatives Wissens*konzept*, dass sich durch einen programmatischen Praxisbezug auszeichnet, hat er nicht formuliert. An der Universität lehrte er offenbar vor allem spekulative Mathematik und produzierte nebenher teilweise rein theoretische Erörterungen. Seine astronomischen Interessen waren zunächst auf Wahrheit ausgerichtet, deren Auffindung die astronomischen Beobachtungen, wie oben gesehen wurde, dienten (*desiderans veritatem hujus sensibiliter agnoscere*). Aber neben seinen eher selbstreferentiellen Studien im theoretischen Bereich hat er durch spezifische kommunikative Praktiken eine fremdreferentielle Seite ausgebildet, die seine Relation zur Umwelt definierte. Derartige Bezugnahmen auf die Umwelt waren geeignet, solche wissenschaftlichen Interessen zu legitimieren, die nicht unmittelbar praxisbezogen waren. Das Bedürfnis einer derartigen Rechtfertigung innerwissenschaftlicher Aktivitäten manifestiert sich insofern auch bei Johannes de Muris, der nicht weniger als andere Artisten den Erwartungen der Gesellschaft und der immer wiederkehrenden Kritik an den Gelehrten ausgesetzt war. Seine Art und Weise, auf diese Skepsis zu reagieren, führte einerseits zu dezidiert praxisbezogenen Traktaten, die sich an die Welt der musikalischen Praxis richteten, andererseits zu einer spürbaren Aufwertung der

---

50   Gack-Scheiding, *Johannes de Muris*, S. 87. – Das Proömium der *Epistola* schließt: Et hoc scienter facere voluimus, ut sacrosancta Romana ecclesia, que Spiritu Sancto regitur, utiliorem viam minusquam defectuosam eligere valeat et tenere (Johannes de Muris, *Epistola de reformatione antiqui kalendarii*, ed. Gack-Scheiding, *Johannes de Muris*, Hannover 1995, S. 115).

experientia, der eine neue Rolle für die Wahrheitssuche und die Evidenzproduktion zukam.

•••

Man wird den Fall des Johannes de Muris sicher nicht für das 14. Jahrhundert verallgemeinern können. Nicht alle Artisten bildeten derartige kommunikative Praktiken aus oder versuchten, ihre soziale Relevanz mittels der Astrologie zu kommunizieren, die im Curriculum der Artes-Fakultät nicht verankert war. Die meisten derjenigen, die sich mit dem Quadrivium befassten – deren Anzahl ja ohnehin gering war – mögen sich wie etwa Johannes de Lineriis ausschließlich mit rein astronomischen und mathematischen Aspekten beschäftig haben,[51] ohne diese unmittelbar auf einen praktischen Zweck zu beziehen. Das Standardwerk des astronomischen Unterrichts blieb nach wie vor der Sphären-Traktat des Johannes de Sacrobosco, der keine astrologischen Inhalte enthielt. Dennoch lässt sich an der Universität Paris im Laufe des 14. Jahrhunderts ein gesteigertes Interesse an Astrologie feststellen. Diese Entwicklung reagierte auf einen externen Impuls. Denn es sollte sich zeigen, dass diese Tendenz ganz wesentlich stimuliert wurde von einem entsprechenden Interesse an Astrologie von Seiten des königlichen Hofes.[52] Der spätere Karl V. hatte sich bereits zu Beginn der 1350er Jahre astrologische Traktate ins Französische übersetzen lassen. Während seiner Herrschaft (1364–1380) holte er mehrere Astrologen an seinen Hof, darunter den Pariser Artisten und Mediziner Dominicus de Clavasio. Schließlich gründete er das Collège Maître Gervais (vor 1370), welches dezidiert für den Unterricht in Astrologie und Medizin bestimmt war und mit zahlreichen astrologischen Büchern sowie königlichen Stipendien ausgestattet wurde. Die scharfe Kritik, welche Nicole Oresme an der Astrologie äußerte, konnte das Interesse des Herrschers nicht mindern.

Der erste eindeutige Beleg für eine Vorlesung über einen astrologischen Text in Paris findet sich hingegen 1358. In diesem Jahr bat ein Robertus Normannus die Versammlung der englischen Nation darum, an Festtagen das *Quadripartitum* und *Centiloquium*, zwei von Ptolemäus stammende bzw. ihm zugeschriebene astrologische Texte, lesen zu dürfen. Der Bitte wurde stattgegeben.[53]

---

51 Zu dem Mathematiker Johannes de Lineriis: Weijers, *Le travail intellectuel*, Bd. V, S. 110–113.

52 Dazu und zum Folgenden: Richard Lemay, „The Teaching of Astronomy in Medieval Universities, principally at Paris in the fourteenth Century", in: *Manuscripta* 20 (1976), S. 197–217, hier besonders S. 200–204; Jacques Verger, „Culture universitaire, culture de cour à Paris"; siehe auch: Thorndike, *History of Magic and Experimental Science*, Bd. 3, New York 1934, S. 588f.

53 *Auctarium Chartularii Universitatis Parisiensis* I, S. 225.

Ebenso kann man den Kommentar des Pariser Artisten Johannes von Sachsen
zur Einführung in die Astrologie des Alcabitius von 1331 in diese Tendenz einordnen. Es ist nicht auszuschließen dass Johannes seinen Kommentar im Unterricht verwendete, wenn man bedenkt, dass der Pariser Magister Geoffroi de
Meaux möglicherweise schon in der ersten Hälfte des 14. Jahrhunderts Astrologie lehrte, worauf eine Stelle in seinem *Compendium astronomiae iudicialis*
hindeutet: „Es sei bemerkt, dass in diesen Dingen das ganze Geheimnis der
Vorhersagen der Astronomie enthalten ist, und dies werde ich Euch sorgfältig
in der Vorlesung darlegen; und dann habt Ihr die Möglichkeit, Zweifel zu äußern und Fragen zu stellen und Antworten zu erhalten".[54]

∙ ∙ ∙

Die steigende Nachfrage an den europäischen Fürstenhöfen[55] bot den Pariser Experten des Quadriviums in zunehmendem Maße die Möglichkeit, im
Bereich der Astrologie als nützliche Wissensträger zu agieren. Die Karrieremöglichkeiten, welche die Astrologie prinzipiell eröffnete, führten zu ihrer
partiellen und zögerlichen, aber doch steigenden Berücksichtigung im Unterricht der Artes-Fakultät, wodurch sich für einzelne Artisten ein Weg in die
praktische Welt auftat. Manche, die an der Artistenfakultät studiert hatten,
entwickelten ein Selbstverständnis als Astrologen und strebten nach einer An-
stellung am Fürstenhof. Ebenso gab es im 14. Jahrhundert durchaus einzelne
Fälle von Philosophen, welche die Universität verließen und es schafften, sich
als Philosophen in die Politik einzubringen. Konrad von Megenberg und Marsilius von Padua sind dafür einschlägige Beispiele. Konrad hatte durch seine

---

54 Et nota quod in istis consistit totum secretum iudiciorum astronomie, et hoc totum vobis
    exponam sensibiliter in legendo et tunc poteritis habere causam dubitandi et querendi
    et etiam respondendi (Geoffroi de Meaux, *Compendium astronomiae iudicialis*, zit. nach
    Thorndike, *History of Magic and Experimental Science*, Bd. 3, S. 283, Anm. 8); Thorndike
    vermutet, dass diese Bemerkung auf Geoffrois Unterricht zurückgeht; zu Geoffroi siehe:
    Danielle Jacquart, „Médecine et astrologie à Paris"; sowie die Referenzen in: Jean-Patrice
    Boudet, *Entre science et nigromance. Astrologie, divination et magie dans l'occident mé-
    diéval (XII–XV*ᵉ *siècle)*, Paris 2006.
55 Dazu Klaus Oschema, „Zukunft gegen Patronage? Spätmittelalterliche astrologische
    Prognostiken und die Kontaktaufnahme mit Mäzenen", in: *Mäzenaten im Mittelalter aus
    europäischer Perspektive. Von historischen Akteuren zu literarischen Textkonzepten*, hg. von
    Bernd Bastert/Andreas Bihrer/Timo Reuvekamp-Felber, Göttingen 2017, S. 267–292; Klaus
    Oschema, „Entre superstition et expertise scientifique: L'astrologie et la prise de décision
    des ducs de Bourgogne", in: *Les cultures de la décision dans l'espace bourguignon: acteurs,
    conflits, représentation*, hg. von Alain Marchandisse/Gilles Docquier, Neuchâtel 2017,
    S. 89–103.

Sozialisation an der Pariser Artes-Fakultät, wie in Kapitel 2 deutlich wurde, eine manifeste philosophische Identität erworben.[56] Die Artisten waren für ihn die vollkommenen Philosophen und Verkörperung der antiken Weisen aus Ägypten, die Rue du Fouarre sieht er als *domus philosophiae* und vergleicht sie mit den Philosophenschulen von Athen; ebenso hielt er fest, wie bereits wiederholt zitiert, dass die Männer der Philosophie, also die Artes-Magister, gerade nicht mit äußerer Nützlichkeit, sondern mit Wahrheit befasst seien.[57] Doch nach seiner Zeit als Universitätslehrer in Paris ergriff Konrad, der ‚nur' Magister artium war, sehr wohl die Gelegenheit, zu aktuellen politischen Angelegenheiten Stellung zu nehmen.[58] Der Streit zwischen Ludwig dem Bayern und der römischen Kurie bildet den Hintergrund seines *Planctus ecclesiae in Germaniam* von 1337, in dem er den Papst kritisierte; ebenso diskutierte Konrad das Verhältnis zwischen Kaiser und Papst in seinem *Tractatus de translatione imperii*, den er Karl IV. widmete.[59] Seine *Ökonomik*, ein Werk der praktischen Philosophie, enthält zahlreiche Gegenwartsbezüge.[60]

Vor diesem Hintergrund ist es wenig überraschend, dass Konrad sich auch für Astrologie interessierte und dass er sich auch in diesem Bereich direkt an ‚Laien' wandte. Nachdem er wohl schon in seiner Zeit als Magister an der Universität Paris über den Sphären-Traktat Sacroboscos gelesen hatte, verfasste Konrad von Megenberg während seiner darauf folgenden Zeit an der Wiener Stephans-Schule (1342–1348) zwei lateinische Kommentare zu diesem Text, die explizit für den Unterricht bestimmt waren: *Die Expositio super speram* und die *Questiones super speram*. Es ist in der Forschung darauf hingewiesen worden, dass Konrad in diesen Texten eine ausgesprochen astrologiefreundliche

---

56   Siehe Kap. 2; zu Konrads akademischer Karriere siehe auch: William J. Courtenay, „Konrad of Megenberg: The Parisian Years", in: *Vivarium* 35 (1997), S. 102–124.

57   Konrad von Megenberg, *Ökonomik*, ed. Krüger, Bd. 3, S. 27; siehe oben Kap. 2 u. 3.

58   Karl Ubl, „Die Rechte des Kaisers in der Theorie deutscher Gelehrter des 14. Jahrhunderts (Engelbert von Admont, Lupold von Bebenburg, Konrad von Megenberg)", in: *Konrad von Megenberg (1309–1374) und sein Werk: Das Wissen der Zeit*, hg. von Claudia Märtl/Gisela Drossbach/Martin Kintzinger (Zeitschrift für bayrische Landesgeschichte, Beihefte 31), München 2006, S. 353–387; Richard Scholz, *Unbekannte kirchenpolitische Streitschriften aus der Zeit Ludwigs des Bayern (1327–1354)*, Bd. 1, Rom 1911, S. 79–127.

59   Der Tractatus beginnt: Serenissimo Romanorum augusto Bohemieque regi victoriosissimo, domino Karolo Conradus de Montepuellarum (Konrad von Megenberg, *Tractatus de translatione imperii*, ed. Richard Scholz, Rom 1911, S. 249–345, S. 249); Konrad spricht den Herrscher immer wieder direkt an: rex auguste, rex illustrissime, vestre sapiencie.

60   Gisela Drossbach, *Die ‚Yconomica' des Konrad von Megenberg – das ‚Haus' als Norm für politische und soziale Strukturen* (Norm und Struktur 6), Köln 1997; Gisela Drossbach, „Sciencia de regimine domus regie: Der Hof zwischen Ideal und Wirklichkeit in der ‚Yconomica' Konrads von Megenberg", in: *Höfe und Hofordnungen 1200–1600*, hg. von Holger Kruse/Werner Paravicini, Sigmaringen 1999, S. 401–420.

Position vertritt.[61] Mehrfach hebt er den großen Nutzen der Astrologie hervor: „*astrologus est utilis in pronosticando futura*", heißt es an einer Stelle lapidar.[62] Doch schrieb Konrad in seiner Wiener Zeit nicht nur lateinische Texte zur Astronomie. Bekannt ist seine *Deutsche Sphaera*, eine deutsche Übertragung des Sacrobosco-Textes, die dezidiert für Laien bestimmt war.[63] In diesem Text, der sich, wie Klaus Wolf vorgeschlagen hat, nicht nur an Adlige, sondern möglicherweise auch an Kaufleute und Händler richtet, geht Konrad an einigen Stellen über seine lateinische Vorlage hinaus. Er informiert über die Primärqualitäten der Planeten, deutet also deren Einflüsse an, bemerkt dann aber, er wolle dazu nun nichts weiter sagen.[64] Dieses Vorgehen (das auch bei Geoffroi de Meaux begegnet)[65] ist bezeichnend: Konrad verweist auf die Bedeutung der Planeten für das irdische Leben, wobei auch konkrete Personengruppen wie die Kaufleute angesprochen werden, artikuliert damit also eindeutig die soziale Relevanz der eigenen astronomisch-astrologischen Expertise, lässt jedoch seine Leser, deren strukturrelevantes Nicht-Wissen den eigenen Status als Wissensträger ja erst begründet, über weitere Details im Dunkeln.

Die Tatsache, dass sich der Artes-Magister Marsilius von Padua so einschlägig in die Auseinandersetzung zwischen Ludwig dem Bayern und Johannes XXII. einbrachte und in der Tat als Berater des Wittelsbachers fungierte, stellt ein bemerkenswertes Beispiel für einen Philosophen dar, dem es gelang, am Hof eines Herrschers in die Expertenrolle zu schlüpfen.[66] Während sich Philipp der Schöne im Rahmen seiner Konflikte, wie in Kapitel 3 gesehen, in keiner Weise für die Philosophen der Artistenfakultät interessierte, erscheint hier plötzlich ein Gelehrter aus Paris, der bislang ausschließlich Magister

---

61   Dagmar Gottschall, „Expertenwissen und Laienwissen auf dem Gebiet der astrologischen Prognostik bei Konrad von Megenberg und Cecco d'Ascoli", in: *Konrad von Megenberg (1309–1374): ein spätmittelalterlicher Enzyklopädist im europäischen Kontext*, hg. von Edith Feistner, Wiesbaden 2011, S. 257–283.

62   Klaus Wolf, „Astronomie für Laien? Neue Überlegungen zu den Primärrezipienten der *Deutschen Sphaera* Konrads von Megenberg", in: Feistner (Hg.), *Konrad von Megenberg*, S. 313–325, S. 320.

63   Wolf, „Astronomie für Laien?"; Alfred Holl, „Die Deutsche Sphaera des Konrad von Megenberg. Ein astronomischer Forscher im Spannungsfeld zwischen der Freude an Beobachtung und dem Leid mathematischer Modellierung", in: Feistner (Hg.), *Konrad von Megenberg*, S. 285–312.

64   Gottschall, „Expertenwissen und Laienwissen", S. 272; Wolf, „Astronomie für Laien?", S. 318f.

65   Geoffroi de Meaux, *Iudicium de eclipsi solis*, ed. in: Lynn Thorndike, *Latin Treatises on Comets between 1238 and 1368 A.D.*, Chicago 1950, S. 215–218, S. 218.

66   Zu Marsilius und dem *Defensor pacis* grundlegend: Frank Godthardt, *Marsilius von Padua und der Romzug Ludwigs des Bayern. Politische Theorie und politisches Handeln*, Göttingen 2011; Miethke, *Politiktheorie im Mittelalter*, S. 204–247.

artium war,[67] am Hof des römisch-deutschen Königs als Autor einer ambitionierten politischen Theorie, welche, indem sie die Ansprüche des Papstes vehement zurückweist, entschieden Stellung in einem aktuellen Streit bezieht. In seinem Prolog kündigt Marsilius explizit an, ein konkretes Problem behandeln zu wollen, das Aristoteles nicht habe vorhersehen können, weshalb es überflüssig sei, die Aussagen des Stagiriten schlicht zu wiederholen.[68] Marsilius möchte die *Politik* des Aristoteles, wie Jürgen Miethke betont, auf seine eigene Gegenwart beziehen.[69]

Freilich hängt der außergewöhnliche Fall des Marsilius mit verschiedenen idiosynkratischen Faktoren zusammen. Die kulturelle Prägung des Philosophen ist zweifellos einer davon: Marsilius, Sohn eines Paduaner Notars, war bereits während seiner Zeit an der Pariser Artistenfakultät, zu deren Rektor er 1312 gewählt wurde,[70] nebenher auf Seiten der Ghibellinen in Italien politisch aktiv; die Nähe zur kaiserlichen Partei und die Neigung, sich politisch zu engagieren, waren also schon früh bei Marsilius vorhanden.[71] Außerdem ist wichtig, dass sich die Beratungstätigkeit für Ludwig den Bayern wohl erst aus dem Umstand ergab, dass sich Marsilius nun einmal am Hof aufhielt, nachdem er zusammen mit Johannes von Jandun aus Paris fliehen musste und bei Ludwig Schutz gesucht hatte. Der Herrscher hat sich also keinesfalls gezielt einen Pariser Philosophen geholt, um mit ihm über politische Theorie zu sprechen.

Dennoch: Konrad von Megenberg und Marsilius von Padua sind einschlägige Beispiele für Artes-Magister der Universität Paris, die in direkte Interaktion

---

67 Zu Marsilius' Tätigkeit als Magister artium in Paris: William J. Courtenay, „Marsilius of Padua at Paris", in: *A Companion to Marsilius of Padua*, hg. von Gerson Moreno-Riano/ Cary J. Nederman, Leiden 2012, S. 57–70; William J. Courtenay, „University Masters and Political Power: The Parisian Years of Marsilius of Padua", in: Kaufhold (Hg.), *Politische Reflexion in der Welt des späten Mittelalters*, S. 209–223.

68 Est ergo propositum meum, auxiliante Deo, singularem hanc litis causam solummodo pandere. Nam earum que per Aristoteles assignate fuerunt, numerum atque naturam iterare foret abundans; huius vero quam nec Aristoteles conspicere potuit, nec post ipsum qui potuerit, determinacionem alter assumpsit, sic volumus revelare velamen (Marsilius von Padua, *Defensor pacis*, ed. Richard Scholz [MGH Fontes Iuris Germanici Antiqui 8], Hannover 1933, S. 8f).

69 Miethke, *Politiktheorie im Mittelalter*, S. 207; siehe auch Jürgen Miethke, „Marsilius von Padua. Die politische Philosophie eines lateinischen Aristotelikers des 14. Jahrhunderts", in: *Lebenslehren und Weltentwürfe im Übergang vom Mittelalter zur Neuzeit*, hg. von Hartmut Boockmann/Bernd Moeller/Karl Stackmann, Göttingen 1989, S. 52–76; Vasileios Syros, *Die Rezeption der aristotelischen politischen Philosophie bei Marsilius von Padua. Eine Untersuchung zur ersten Diktion des ,Defensor pacis'*, Leiden 2007.

70 Marsilius begegnet als Rektor in: CUP II, Nr. 699, S. 158.

71 Zur Biographie des Marsilius: Frank Godthardt, „The Life of Marsilius of Padua", in: Moreno-Riano/Nederman (Hg.), *Companion to Marsilius of Padua*, S. 13–55.

mit der politischen Welt traten und denen es gelang, als Experten für Philosophie anerkannt zu werden. Durch ihr Bestreben, sich in der Gesellschaft zu positionieren und die soziale Relevanz ihrer Expertise zu kommunizieren, wurden sie zu politisch engagierten Philosophen. Auch dies war ein Resultat der spezifischen Dialogik, welche die Situation der Artisten charakterisierte. Die dynamische Spannung, die aus der Ambivalenz eines Wahrheitsparadigmas resultierte, das sich prinzipiell gegen eine (unmittelbare) praktische Applikation philosophischen Wissens sträubte, führte bei ihnen, ähnlich wie bei Johannes de Muris, zur Ausbildung spezifischer kommunikativer Praktiken, durch die sie den Kontakt zur politischen Sphäre suchten. Auch sie stellten das Paradigma der Universitätsphilosophie nicht in Frage, formulierten kein alternatives Wissenskonzept, in dem sie die epistemische Ordnung der Artistenfakultät auf den Kopf stellten oder den Gegenstand und die Finalität der Philosophie gänzlich neu definierten; Marsilius' intellektuelle Produktion als Artes-Magister, wie sein Metaphysikkommentar, fügt sich ganz in den epistemischen Rahmen der Artes-Fakultät, deren Ausrichtung er nirgends kritisiert.[72] Sein *Defensor pacis*, den er irgendwann um 1320 begann, als noch nicht daran dachte, Paris zu verlassen, stellt vielmehr den Versuch dar, neben der Aktivität als Universitätsgelehrter eine fremdreferentielle Seite auszubilden, sich als Philosoph in Relation zur Welt zu bringen. Wie seine Reflexion im Prolog zeigt, war er sich darüber im Klaren, dass er damit von der diskursiven Praxis eines gewöhnlichen Aristoteles-Kommentars abwich. Dies war eine punktuelle Bezugnahme auf die äußere Welt, welche die innerwissenschaftlichen Interessen legitimieren konnte, ein fremdreferentieller Akt eines Artes-Magisters, der auf die Ambivalenz seiner sozialen Position reagierte. Was derartige Bezugnahmen bewerkstelligten, waren Akte des Transfers, durch die philosophisches Wissen, um eine Formulierung Jürgen Miethkes zu gebrauchen, in *„zuvor ungeahnten* Bereichen von Nutzen war".[73]

Freilich kann man auch die Fälle von Konrad und Marsilius nicht verallgemeinern; ebenso muss bedacht werden, dass Konrad seine politischen Stellungnahmen erst nach seiner Zeit als Professor an der Artes-Fakultät formulierte, als er sich längst in anderen Kontexten bewegte. Dennoch stellt die Tatsache, dass er spezifische kommunikative Praktiken entwickelte, die seiner

---

72 Siehe den Vergleich der Kommentare von Marsilius und Johannes von Jandun bei Schmugge, *Johannes von Jandun*, S. 96–107; auch Marsilius ist der Ansicht, dass die Philosophen im Normalfall von der *tristitia* der Politik befreit werden sollen, um sich frei der Erkenntnis widmen zu können (sic exclusa tristitia magis et melius possunt cognoscere abstracta) (Schmugge, *Johannes von Jandun*, S. 101).

73 Miethke, „Wissenschaftliche Politikberatung", S. 351 [Hervorhebung M.B.].

Selbst-Positionierung dienten, einen Reflex auf das Spannungsfeld dar, in welchem er sich als Philosoph befand.

7.2 Die stille Revolution:[74] Eine neue Rolle der *experientia*

Mit ihren Positionierungsstrategien folgen Konrad von Megenberg und Marsilius von Padua derselben Tendenz wie Johannes de Muris. Auch Johannes suchte den Kontakt zur praktischen Welt, ohne aber sein wissenschaftliches Interesse grundsätzlich in den Dienst der Praxis zu stellen; sein Eifer, die Meridianhöhe der Sonne zu finden, war von dem Bestreben geleitet, die „Wahrheit dessen sinnfällig zu erkennen". Demgegenüber war die Frage, ob die Ergebnisse, die er wissenschaftlich erzielte, einen praktischen Nutzen hatten, erst in zweiter Linie von Belang, konnte aber, wie im Falle der Kalenderkorrektur, gezielt als strategisches Mittel dienen, um die nicht-wissenschaftliche Umwelt von der Relevanz seiner Expertise zu überzeugen. Um dies zu erreichen, wandte sich Johannes praktischen Aspekten zu, musste aber gleichzeitig darum bemüht sein, sein gelehrtes Wissen vom Wissen reiner Praktiker abzugrenzen. Denn es ging ja gerade darum, zu erweisen, dass die Erkenntnisse, die er im Rahmen seiner ‚Forschung' auf wissenschaftlichem Wege erzielt hatte, für die Praxis von Bedeutung sein konnten und dabei etwas qualitativ anderes lieferten als die Tätigkeiten ungelehrter Praktiker. Anders als der *theoricus*, den Johannes selbst repräsentiert, hat der *practicus* oder *expertus* kein Wissen von den Gründen. Die reinen *experti* wissen nicht, warum etwas so ist, wie es ist, sie betreiben keine *scientia*.[75] Der Theoretiker hingegen verfügt über ein Wissen von den Gründen, das er zunächst auf rein theoretischem Wege erworben hat und das noch nicht direkt auf die Praxis bezogen ist. Johannes artikuliert sehr deutlich die Ansicht, dass der gelehrte Artist zuerst auf theoretischem Wege zu allgemeinen Einsichten, zu Wissen *in universali*, gelangt, das dann in

---

74 Mercedes Bunz, *Die stille Revolution. Wie Algorithmen Wissen, Arbeit, Öffentlichkeit und Politik verändern, ohne dabei viel Lärm zu machen*, Frankfurt am Main 2012. Die Adaptation dieser Formulierung ist hier dadurch motiviert, dass das, was ich beschreibe, einen Strukturwandel innerhalb der Artes-Fakultät darstellt, der sich vollzieht, „ohne viel Lärm zu machen", d.h. ohne eine ‚Revolution' im eigentlichen Sinne zu verursachen, obwohl damit Entwicklungen in Gang geraten, die vieles von dem vorwegnehmen, was man im Allgemeinen mit der angeblich ‚lauten Revolution' des 17. Jahrhunderts verbindet.

75 Experti enim ipsum quia sciunt, sed propter quid nesciunt. Non autem scientia faciunt (Johannes de Muris, *Notitia artis musicae*, zit nach Michels, *Musiktraktate des Johannes de Muris*, S. 57).

einem zweiten Schritt für die Praxis relevant sein kann, wenn es auf Einzeldinge appliziert wird.[76]

Die Abgrenzung von reinen Praktikern, die bei Johannes de Muris zum Ausdruck kommt, war den Artisten des 14. Jahrhunderts, insofern sie sich praktischen Aspekten zuwandten, grundsätzlich ein Anliegen. Dominicus de Clavasio, 1349/50 Magister an der Pariser Artistenfakultät und später als Hofastrologe tätig, unterschied in seiner 1346 in Paris entstandenen praktischen Geometrie – einem Werk also, das prinzipiell einen Praxisbezug aufweist – scharf zwischen einem *mensor geometrie* und einem *mensor laicus*: Ersterer ist eindeutig überlegen.[77] Doch umgekehrt war es Johannes de Muris ebenso wichtig, wie gesehen wurde, dass der Theoretiker über praktische Erfahrung verfügen muss, um den (sekundären) Anwendungsbezug seines Wissens überhaupt herstellen und plausibel machen zu können. Er hatte bemerkt, dass er, um in der praktischen Welt als Experte anerkannt zu werden, dessen Wissen auch für außerwissenschaftliche Zwecke von Bedeutung war, nicht als *Buchgelehrter* auftreten konnte, sondern darauf angewiesen war, sich, etwa durch astronomische Beobachtungen vor Zeugen, als *empirisch* arbeitenden Wissenschaftler zu präsentierten. Die Skepsis der Gesellschaft und die scharfe Kritik, die Roger Bacon Ende des 13. Jahrhunderts losgelassen hatte, hatten im frühen 14. Jahrhundert zu einer erheblichen *Aufwertung des Erfahrungswissens* bei den Pariser Artisten geführt.

Die Aufwertung der Erfahrung hatte aber nicht nur Konsequenzen für die Art und Weise, wie Artisten mit ihrer Umwelt kommunizierten; die Erfahrung, die auf dem Wege der Gelehrtenkritik in die Artes-Fakultät eingedrungen war, manifestierte sich in der wissenschaftlichen Praxis, in der Theoriebildung, der Evidenzproduktion und im Umgang mit Autoritäten. Dass Johannes de Muris damit prahlt, die Ergebnisse seines Traktats würden selbst vor dem Urteil der unbestechlichen Richter des Astrolabs und des Torquetums bestehen, die es nie zuließen, die *Wahrheit zu verschweigen*, weist darauf hin, welche Bedeutung der Beobachtung hier für das Auffinden und die Bestätigung der

---

76   [...] necessarium est in unaquaque arte habere primo theoricam, practicam convenienter, ut illud, quod scitum est in universali, ad singulare valeat applicari (Johannes de Muris, *Notitia artis musicae*, zit. nach Michels, *Musiktraktate des Johannes de Muris*, S. 57).

77   Istam constructionem et duas alias precedentes posui, ut darem unum modum mensurandi areas qualiter nescirent mensores non geometrie mensurare, sicut videbitur inferius, quia ista debet esse differencia inter mensorem geometrie et laicum, quia illud, quod laicus scit mensurare cum perticis et cordis eundo et discurrendo per latera campi, mensor geometrie sciet stando ex sola consideracione mentis vel linearum protractione [...] Tamen prius premittam aliquas practicas sicut laici mensurant, ut facilius intelligantur sequencia (Dominicus de Clavasio, *Practica geometrie*, ed. Busard, S. 559f).

Wahrheit zukommt. Die Empirie ist damit, völlig unabhängig von einer potentiellen späteren Applikation des auf diese Weise erlangten Wissens, fest in den
Prozess der Wahrheitsfindung eingebunden. Die gegenüber dem 13. Jahrhundert veränderte Funktion, welche die *experientia* in der epistemischen Praxis
der Pariser Artisten und Philosophen im 14. Jahrhundert hat, soll abschließend
an einem einschlägigen Beispiel verdeutlicht werden.

Das Beispiel, um das es in diesem Abschnitt geht, ist in der Wissenschaftsgeschichte viel diskutiert worden, allerdings weniger wegen der Rolle, welche
die *experientia* darin spielt, sondern wegen der konkreten Inhalte der dort aufgestellten Theorie, die zentrale theoretische Errungenschaften der ‚klassischen
Physik‘ des 17. Jahrhunderts zu antizipieren scheint. Die Frage, inwieweit die
Annahme einer solchen Antizipation, die Pierre Duhem in die Welt gebracht
hat und die in der Folgezeit teilweise korrigiert und relativiert wurde,[78] gerechtfertigt ist, wird im Folgenden nur am Rande berührt; worum es hier in
erster Linie gehen soll, ist die argumentative Funktion der *experientia*, die bei
der Entwicklung der besagten Theorie zu beobachten ist und die im Kontext
dieses Kapitels aus einer neuen Perspektive betrachtet werden kann, insofern
sich auch dort zeigen lässt, in welcher Hinsicht der Rekurs auf die Erfahrung
von sozialen Faktoren bedingt ist.

7.2.1   *Johannes Buridan und der ‚soziale Impetus‘ einer Theorie*

Bevor auf die Impetustheorie des Johannes Buridan näher eingegangen wird,
seien zunächst einige kurze Bemerkungen über Buridan verloren, welche ihn
in die allgemeinen Tendenzen der Artes-Fakultät des 14. Jahrhunderts einordnen. In Kapitel 2 wurde bereits darauf hingewiesen, dass die Karriere Johannes
Buridans in besonderer Weise anschaulich macht, wie sich die ‚philosophische
Identität‘, welche das 13. Jahrhundert hervorgebracht hat, im 14. Jahrhundert
fortsetzt. Die beiden maßgeblichen Faktoren, die in Kapitel 2 für die Konstitution der philosophischen Identität angeführt wurden, nämlich die universitäre
Lehre als kulturelle Praxis und die Perzeption von Differenzen zu anderen sozialen Gruppen, vornehmlich den ‚oberen‘ Fakultäten, finden sich bei Buridan
in einschlägiger Weise wieder: Rund 35 Jahre hat der Philosoph an der Pariser
Artistenfakultät gelehrt, nachdem er Mitte der 1320er Jahre den Grad eines
Magister artium erworben hatte, offenbar ohne jemals eine Karriere an einer
höheren Fakultät anzustreben. In dieser Zeit, in der er zweimal (1328 und 1340)

---

78   Der *locus classicus* ist: Anneliese Maier, *Die Vorläufer Galileis im 14. Jahrhundert*, 2. Aufl.,
       Rom 1966, S. 132–154.

das Amt des Rektors bekleidete, verfasste er einflussreiche Werke zur Logik, Naturphilosophie und Ethik.[79]

Langjährige Lehrtätigkeiten waren, wie gesehen, im 14. Jahrhundert keinesfalls etwas Neues, denkt man etwa an Petrus von Auvergne, der schon im 13. Jahrhundert rund 25 Jahre an der Artes-Fakultät gelehrt hatte, bevor gegen Ende seines Lebens Magister der Theologie wurde; doch das Phänomen scheint im 14. Jahrhundert weiter zuzunehmen: Immer mehr Artes-Magister bezeichnen sich als *„regens Parisius per longa tempora"* oder als jemand *„qui per XII annos magister in artibus fuit et in theologia studet"*.[80] William Courtenay hat auf Grundlage der von ihm herausgegebenen *Rotuli Parisiensis* auf eine ganze Reihe von Artes-Magistern hingewiesen, die im selben Zeitraum wie Buridan über 30 Jahre, manchmal sogar fast 40 Jahre an der Artistenfakultät unterrichteten, und auch unter ihnen finden sich Beispiele für Magister, die offenbar *nicht* an einer höheren Fakultät studierten.[81] Aber selbst für diejenigen Artisten, die ihre Karriere, anders als Buridan, durch ein Studium an einer höheren Fakultät befördern wollten, wie etwa auch die von Buridan stark beeinflussten Marsilius von Inghen (gest. 1396), Nicole Oresme (gest. 1382) und Albert von Sachsen (gest. 1390), die in der zweiten Häfte des 14. Jahrhunderts erheblich zur Verbreitung der Buridan'schen Naturphilosophie beigetragen haben,[82] darf auf Grundlage ihrer wissenschaftlichen Produktion und einschlägiger Äußerungen ein primäres Selbstverständnis als Philosophen angenommen werden. Die durch die Sozialisation an der Artistenfakultät internalisierte Selbst-Kategorisierung wirkte hier nachhaltig fort.[83]

79   Zu Buridan: Jack Zupko, *John Buridan. Portrait of a Fourteenth-Century Arts Master*, Notre Dame 2003; Bernd Michael, *Johannes Buridan. Studien zu seinem Leben, seinen Werken und zur Rezeption seiner Theorien im Europa des späten Mittelalters*, 2 Bde., Berlin 1985; siehe auch: Rolf Schönberger, *Relation als Vergleich. Die Relationstheorie des Johannes Buridan im Kontext seines Denkens und der Scholastik* (Studien und Texte zur Geistesgeschichte des Mittelalters 43), Leiden 1994, S. 3–13.

80   Gorochov, *Collège de Navarre*, S. 269.

81   William J. Courtenay, „The University of Paris at the Time of Jean Buridan and Nicole Oresme", in: *Vivarium* 42 (2004), S. 3–17, S. 16.

82   Johannes M.M. Hans Thijssen, „The Buridan School Reassessed. John Buridan and Albert of Saxon", in: *Vivarium* 42 (2004), S. 18–42.

83   Albert von Sachsen, der als Magister artium in Paris zahlreiche Ämter der englischen Nation und der Artes-Fakultät (Prokurator, Examinator, Rezeptor, Rektor) ausübte, bezieht sich in seinem *De caelo*-Kommentar dankbar auf seine Lehrer der „edlen Pariser Artistenfakultät", die ihn unterrichteten: Pro benedictis autem non mihi soli, sed magistris meis reverendis de nobili facultate artium Parisiensis, qui me talia docuerunt, peto dari grates et exhibitionem honoris et reverentie (zit. nach Jürgen Sarnowsky, *Die aristotelisch-scholastische Theorie der Bewegung. Studien zum Kommentar Alberts von Sachsen zur Physik des Aristoteles*, Münster 1989, S. 22).

Dass Buridan sich in der Rolle des Universitätsphilosophen sah, lag jedoch nicht nur an seiner Lehrtätigkeit, welche die Identifikation mit den Gegenständen der Lehre stimulierte, sondern, wie in Kapitel 2 gesehen, ebenso an der Perzeption von Unterschieden zu den anderen inneruniversitären Gruppen; dies waren einerseits die Theologen, von denen sich Buridan abgrenzte, nicht weniger aber auch die ‚praktischen Doktoren‘, wie Konrad von Megenberg sie nannte. Buridan bringt dasselbe Argument wie Radulphus Brito, der den Juristen und Medizinern, deren Wissenschaft auf etwas Äußeres zielt, die Philosophie entgegenhielt, die auf sich selbst gerichtet ist. In seinem Metaphysikkommentar spricht Buridan in ironischem Ton von der lukrativeren Rechtswissenschaft, deren Vertreter den inneren Reichtümern die äußeren vorzögen.[84] Im Gegensatz zur Jurisprudenz hat die Philosophie auch für Buridan keinen direkten Praxisbezug. Wie bei den Artes-Magistern des 13. Jahrhunderts gilt das bei Buridan ebenso für die praktische Philosophie: In seinem Ethikkommentar hält Buridan fest, dass die *scientia moralis* eine Wissenschaft ist, insofern sie zu allgemeinen und notwendigen Erkenntnissen gelangt, weshalb sie nicht auf Einzelheiten abzielt, sondern ihre Propositionen in strenger Allgemeinheit formuliert.[85] Da die Ethik nicht weniger als die Naturphilosophie im Medium der Wahrheit operiert, liefert sie keine konkrete Tugend- und Morallehre. Allerdings macht Buridan ebenso deutlich, dass die allgemeinen und notwendigen Einsichten, welche die Moralwissenschaft unter Absehung von konkreten Einzelfällen gewinnt, schließlich (in einem zweiten Schritt) das richtige Handeln anleiten und deshalb um des Tuns willen erworben werden sollen.[86]

Johannes Buridan steht insofern in bezeichnender Weise in einer Kontinuität zu den Philosophen des 13. und frühen 14. Jahrhunderts. Doch auch Veränderungen zeichnen sich ab: Obwohl die Philosophie für Buridan, wie für Radulphus Brito, keinen äußeren Nutzen erstrebt, wie die Rechtswissenschaft, und obwohl die Ethik nicht unmittelbar ‚praxisbezogen‘, sondern zunächst um wahre Aussagen bemüht ist, so betont der Artes-Magister dennoch stärker

---

84   Sed magis appetuntur [scientiae legales] ab illis, qui bonis interioribus praeponunt exteriores divitias, que sunt potius postponende (Johannes Buridan, *Questiones in Metaphysicam Aristotelis*, Paris 1588 [Unveränd. Nachdruck, Frankfurt am Main 1964], q. I, fol. 3v); dass Buridan dabei an die Pariser Juristen denkt, wird deutlich, wenn er wenig später von der „scientia decretorum" spricht (q. II, fol. 3v).

85   Gerhard Krieger, *Der Begriff der praktischen Vernunft nach Johannes Buridan*, Münster 1986, S. 47ff u. 273–277.

86   Hoc viso dico, quod scientia moralis debet dici practica, quia est de operabilibus a nobis et quia debet acquiri propter opus (Johannes Buridan, *Questiones super decem libros ethicorum*, Paris 1513 [Unveränd. Nachdruck, Frankfurt am Main 1968], fol. 3v); dazu Krieger, *Der Begriff der praktischen Vernunft nach Johannes Buridan*, S. 275 u. 312.

als seine Vorgänger den *indirekten* Nutzen der philosophischen Moralwissen-schaft. Das zugrundeliegende Argument wurde bereits kennengelernt: Lässt man die *scientia moralis* unabhängig von konkreten Bedarfsfällen und Zweck-mäßigkeiten ihre allgemeinen und notwendigen Erkenntnisse erarbeiten, lässt man sie ungestört wahre und insofern allgemein verbindliche Propositionen formulieren, dann ist dieses ethische Wissen schließlich für die Lebensfüh-rung und das Handeln des Einzelnen nützlich. Der mittelbare Nutzen der Phi-losophie, den der anonyme Ethikkommentar um 1280 bereits artikuliert, aber noch eher vage formuliert (die Philosophen machen die Menschen ‚wissend‘), ist bei Buridan weiter konzeptualisiert.

Doch noch ein weiterer Aspekt unterscheidet Johannes Buridan von den Ar-tisten des 13. Jahrhunderts. Es handelt sich, wie bereits angekündigt, um einen neuen epistemischen Status und eine neue argumentative Funktion der *expe-rientia* im philosophischen Erkenntnisprozess bzw. in dessen Diskursivierung. Die Art und Weise, wie Buridan seine berühmte Impetustheorie begründet, kann dazu wichtige Hinweise liefern, weshalb sie an dieser Stelle etwas genau-er in den Blick genommen werden soll.[87]

Die Theorie nimmt ihren Ausgang bekanntlich bei folgendem Problem: Aristoteles hatte die Frage aufgeworfen, warum ein geschleudertes Projektil eigentlich in Bewegung bleibt, obwohl es doch beim Abwurf von seinem (ver-meintlichen) Beweger getrennt wird.[88] Dieses Problem stellt die aristotelische Bewegungslehre in Frage, da Aristoteles davon ausgeht, dass eine Bewegung, solange sie andauert, stets auf einen verursachenden Beweger angewiesen ist. Aristoteles löst das Problem damit, dass er das jeweilige Medium, Luft oder Wasser, für die Fortdauer der Bewegung verantwortlich macht, wobei sich der genaue Ablauf des Vorgangs in seiner Darstellung unterscheiden kann: Einerseits nimmt er an, dass die ursprüngliche Bewegung, die der Werfer versursacht, ein Stück des Mediums in Bewegung setzt, welches ein dahin-terliegendes Stück bewegt und so fort, bis die Bewegungsenergie stückweise

---

87   Zur Impetustheorie Buridans allgemein: Clagett, *Science of Mechanics in the Middle Ages*, S. 532–540; Maier, *Die Vorläufer Galileis im 14. Jahrhundert*, S. 132–154; Grant, *Foundations of Modern Science in the Middle Ages*, S. 95–98; Gerhard Leibold, „Ockham und Buridan – Vorgestalten neuzeitlicher Wissenschaft?", in: Fidora/Lutz-Bachmann (Hg.), *Erfahrung und Beweis*, S. 225–232; Sarnowsky, *Die aristotelisch-scholastische Theorie der Bewegung*, S. 381–404; Jürgen Sarnowsky, „Concepts of Impetus and the History of Mechanics", in: *Mechanics and Natural Philosophy before the Scientific Revolution*, hg. von Walter R. Laird/Sophie Roux, Dordrecht 2008, S. 121–145.

88   Dazu Bernd Manuwald, „Die Wurftheorien im Corpus Aristotelicum", in: *Aristoteles. Leben und Werk*, hg. von Jürgen Wiesner, Bd. 1: Aristoteles und seine Schule, Berlin 1985, S. 151–167, bes. S. 155f; siehe auch: Edward Grant, *Das physikalischen Weltbild des Mittelalters*, Zürich 1980, S. 75f.

verbraucht ist; eine andere Sichtweise, die Aristoteles vorbringt, besteht darin, dass der bewegte Gegenstand durch seine Bewegung Luft (oder Wasser) verdrängt, die hinter ihm sogleich wieder vom Medium ersetzt wird, damit kein Vakuum entsteht. Dieser Prozess des Auffüllens der ‚Leerstelle‘, den Aristoteles *antiperistasis* nennt, schiebt das Objekt von hinten an und bewegt es damit weiter.[89]

Johannes Buridan diskutiert dieses Problem in seinem Physikkommentar in der zwölften Questio zum achten Buch: *Queritur duodecimo utrum proiectum post exitum a manu proicientis moueatur ab aere vel a quo moueatur*.[90] Nachdem er die Theorie des Aristoteles in ihren beiden Varianten referiert hat, stellt Buridan sein Unbehagen an den Lösungen fest, die Aristoteles anbietet: „Diese Frage halte ich für sehr schwierig, denn Aristoteles hat sie, wie mir scheint, nicht befriedigend beantwortet".[91] Zuerst macht sich Buridan nun daran, die Theorie der *antiperistasis* zu diskutieren, also Aristoteles' Annahme, dass die Luft, die hinter dem fliegenden Projektil zusammenströmt, es gleichzeitig anschiebt. Der Artes-Magister hält diese Vorstellung für äußerst problematisch, da sie, wie er festhält, diversen Erfahrungstatsachen widerspricht: „Aber einer solchen Lösung zum Trotz, scheint mir diese Sichtweise wertlos zu sein, und zwar wegen zahlreichen Erfahrungen (*propter multas experientias*)".[92] Unter den Erfahrungstatsachen, die der aristotelischen Theorie widersprechen, nennt Buridan einen Kreisel und ein Mühlrad, bei denen der von Aristoteles ersonnene Vorgang nicht erkennbar ist, sowie eine am hinteren Ende angespitzte Lanze, die schlechter fliegen müsste als eine Lanze mit stumpfem Ende, wenn Aristoteles' Theorie stimmen würde, was jedoch nicht der Fall sei.[93] Die dritte *experientia*, die Buridan anführt, ist ein Mann auf dem Deck eines fahrenden Schiffes: Er spürt keine Luft von hinten, die das Schiff anschiebt,

---

89 Manuwald, „Wurftheorien im Corpus Aristotelicum"; Clagett, *Science of Mechanics in the Middle Ages*, S. 505ff.

90 Johannes Buridan, *Questiones super octo Phisicorum libros Aristotelis*, Paris 1509 [Unveränd. Nachdruck, Frankfurt am Main 1964], fol. 120rb; zu dieser Questio grundlegend: Clagett, *Science of Mechanics in the Middle Ages*, S. 532–540 (englische Teilübersetzung S. 532–538); Maier, *Die Vorläufer Galileis im 14. Jahrhundert*, S. 132–154.

91 Ista questio iudicio meo est valde difficilis quia Aristoteles prout michi videtur non determinauit eam (Johannes Buridan, *Questiones super octo Phisicorum libros*, fol. 120rb).

92 Sed non obstante tali solutio ne videtur michi quod ille ponendi modus nichil valebat propter multas experientias (Johannes Buridan, *Questiones super octo Phisicorum libros*, fol. 120rb).

93 Secunda experientia est si lancea proiceretur habens conum posteriorem ita acutum sicut priorem non minus moueretur quia si non haberet conum posteriorem non acutum et tamen aer sequens non ita posset pellere acutum quod faciliter ab acutie diuideretur (Johannes Buridan, *Questiones super octo Phisicorum libros*, fol. 120rb).

sondern, ganz im Gegenteil, einen Luftwiderstand, der von vorne kommt.[94] Wenn von hinten Luft käme, die solche Kraft hätte, dass sie das Schiff bewegen kann, dann würde der Mann gewaltsam nach vorne gedrückt werden – doch die Erfahrung erweist dies als falsch (*quod experitur falsum*).

Die andere Meinung des Aristoteles, die davon ausgeht, dass das Medium stückweise Bewegungsenergie transportiert und dadurch das Projektil weiterbewegt, kann den Pariser Philosophen jedoch ebensowenig überzeugen: „Aber ohne Zweifel erscheint mir diese Meinung und dieser Ansatz ebenso unmöglich wie die Vorstellung und der Ansatz der vorhergehenden Meinung, denn auf diese Weise kann nicht gesagt werden, wie der Kreisel oder das Mühlrad bewegt werden, nachdem die Hand weggezogen wurde".[95] Und auch hier bleibt das Problem des Schiffdecks bestehen: Würde ein Schiff, das Getreide oder Stroh geladen hat, von der umgebenden Luft bewegt, dann würden die abstehenden Halme nach vorne gebogen werden; doch das genaue Gegenteil zeigt sich, denn sie werden vom Widerstand der umgebenden Luft nach hinten gebogen.[96]

Die aristotelische Theorie hält der Überprüfung durch die Erfahrung nicht stand. Sie wird von Buridan empirisch falsifiziert. Der Magister deduziert aus der Theorie des Aristoteles logische Folgerungen, also Annahmen über das Verhalten der Natur, die sich folgerichtig aus dem aristotelischen Ansatz ergeben, und stellt sie dem empirischen Befund gegenüber. Wenn es stimmt, dass die Luft das Projektil fortbewegt, dann folgt daraus (*sequitur*), dass man eine Feder weiter werfen könnte als einen Stein und eine leichtere Sache weiter als eine schwerere, wenn Größe und Gestalt der Objekte gleich wären. Aber die Erfahrung zeigt, dass dies falsch ist.[97] Alle Beispiele haben ergeben, dass die Luft nicht als antreibendes Moment erscheint, vielmehr zeigt die Erfahrung das Gegenteil, nämlich dass die Luft *Widerstand* leistet. Aus dieser Einsicht leitet Buridan die These ab, dass die Kraft, welche das Objekt fortbewegt, der Luft

---

94   […] non sentit aerem a retro pellentem ipsum sed solum sentit aerem ab ante resistentem (Johannes Buridan, *Questiones super octo Phisicorum libros*, fol. 120rb).

95   Sed sine dubio ista opinio et ille modus videtur michi eque impossibilis sicut opinio et modus precedentis opinionis nam per istum modum non posset dici a quo trocus vel mola fabri vertitur remota manu (Johannes Buridan, *Questiones super octo Phisicorum libros*, fol. 120va).

96   […] et etiam si nauis esset onerata feno vel straminibus non moueretur ab aere circunstante tunc ille aer plicaret festucas exteriores ab ante et contrarium apparet immo plicantur ad retro propter aerem circumstantem resistentem (Johannes Buridan, *Questiones super octo Phisicorum libros*, fol. 120va).

97   Item sequitur quod tu proiceres longius plumam quam lapidem et minus graue quam magis graue magnitudinibus et figuris paribus et hoc experitur esse falsum (Johannes Buridan, *Questiones super octo libros Phisicorum*, fol. 120va).

entgegenwirken muss; darum ist nicht davon auszugehen, dass sie in der Luft selbst liegt, sondern vielmehr davon, dass sie dem bewegten Objekt innewohnt und dieses gegen den Widerstand der Luft antreibt. Diese Lösung des Problems sieht Buridan als eindeutigen Fortschritt gegenüber der aristotelischen Theorie: „Und dies scheint eine bessere Lösung zu sein als die Rückkehr zu der Ansicht, dass die Luft jenes Projektil bewegt; denn es zeigt sich vielmehr, dass sie die Bewegung hemmt".[98]

Buridan vertritt die Ansicht, dass der Werfer dem Projektil beim Abwurf einen Impetus überträgt, der für die Fortdauer der Bewegung verantwortlich ist. Je kraftvoller der Wurf erfolgt, desto größer ist der übertragene Impetus.[99] Der Grund dafür, dass sich der Impetus jedoch sukzessive verbraucht und der Gegenstand schließlich zu Boden sinkt, ist für Buridan darin zu sehen, dass der Impetus einerseits gegen den Luftwiderstand, dessen hemmende Wirkung ja durch verschiedene *experientiae* konstatiert worden war, andererseits gegen die Schwere bzw. die ‚Trägheit' des Objekts ankämpft. Auf diese Weise wird die Bewegung kontinuierlich langsamer, bis die Trägheit des Projektils die Überhand gewinnt und es zu seinem natürlichen Ort, also nach unten, bewegt.[100] Was die Trägheit des Objekts betrifft, bleibt Buridan also bei der aristotelischen Vorstellung, dass jeder Gegenstand eine natürliche Tendenz hat, sich entweder zum Zentrum oder zur Peripherie des Kosmos zu bewegen, je nachdem, ob er primär aus schweren oder leichten Elemente besteht.[101] Die beiden Kräfte, die hier vor allem gegeneinander ankämpfen, sind also der Impetus des Wurfs (eine ‚gewaltsame Bewegung') und die ‚natürliche Bewegung' des schweren Objekts, seine Trägheit, die es zum Boden treibt.

Buridans Theorie kann die zunächst paradox anmutende Tatsache erklären, dass ein schwerer Gegenstand weiter fliegt als ein leichter: Wenn ihn also jemand fragt, warum er einen Stein weiter werfen könne als eine Feder und ein Stück Eisen weiter als ein ebenso großes Stück Holz, dann hat der Pariser Philosoph darauf eine versierte Antwort: Der schwerere und ‚dichtere' Gegenstand,

---

98 [...] et hoc apparet melius quam recurrere ad hoc quod aer moueat illud proiectum magis enim apparet resistere (Johannes Buridan, *Questiones super octo libros Phisocorum*, fol. 120vb).

99 [...] et quanto motor mouet illud mobile velocius tanto imprimet ei fortiorem impetum et ab illo impetu mouetur lapis postquam proiciens cessat mouere (Johannes Buridan, *Questiones super octo libros Phisicorum*, fol. 120vb).

100 Sed per aerem resistentem et per grauitatem lapidis inclinantem ad contrarium eius ad quod impetus est natus mouere ille impetus continue remittitur ideo continue fit motus illius lapidis tardior et tandem ita diminuitur vel corrumpitur ille impetus quod grauitas lapidis obtinet super eum et mouet lapidem deorsum ad locum naturalem (Johannes Buridan, *Questiones super octo libros Phisicorum*, fol. 120vb).

101 Grant, *Das physikalische Weltbild des Mittelalters*, S. 68–73.

der mehr Materie enthält, kann auch mehr Impetus in sich aufnehmen und verfügt daher im Flug über mehr und intensivere Bewegungsenergie als ein leichter.[102] Aus diesem Grund kann Buridan festhalten: „Wenn also ein leichtes Stück Holz und ein schweres Stück Eisen, welche dieselbe Größe und dieselbe Gestalt haben, vom Werfer mit der gleichen Geschwindigkeit bewegt werden, dann wird sich das Stück Eisen länger bewegen, weil ihm ein intensiverer Impetus eingeprägt wurde, der nicht so schnell zerstört wird wie ein schwächerer Impetus".[103] Ein sehr kleiner Gegenstand wird deshalb nicht weit fliegen, weil sein Impetus so gering ist, dass er sofort vom Luftwiderstand zerstört wird.[104]

Der entscheidende Punkt an der Buridan'schen Impetustheorie, der die These Pierre Duhems von einer Vorwegnahme zentraler Einsichten der klassischen Mechanik zu bestätigen schien, besteht nun in Buridans Auffassung des Impetus als einer *res naturae permanentis*. Der Impetus würde, zumindest in der Theorie, unvermindert fortwirken, wenn er nicht durch die ihm entgegengesetzten Kräfte zerstört würde. Deshalb kann Buridan auch davon ausgehen, dass die Himmelskörper, die keinerlei Widerständen ausgesetzt sind, durch einen ursprünglichen, von Gott bei der Schöpfung eingesetzten und nun permanent andauernden Impetus unverändert bewegt werden.[105] Was Duhem darin sehen wollte, war eine Antizipation des *Inertialprinzips*, also der Vorstellung, dass ein einmal in Bewegung gesetzter Gegenstand keiner weiteren Bewegungskraft mehr bedarf, um in Bewegung zu bleiben, sondern sich wegen der Trägheit der Masse mit konstanter Geschwindigkeit fortbewegt, wenn er nicht durch bestimmte Kräfte oder Widerstände daran gehindert wird.[106] Bewegung

---

102   Si quis enim querat quare proicio longius lapidem quam plumam et ferrum plumbum manui proportionatum quam tantundem de ligno [...] ideo quanto plus est de materia tanto illud corpus plus potest recipere de illo impetu intensius (Johannes Buridan, *Questiones super octo libros Phisicorum*, fol. 120vb).

103   [...] et ita etiam si eque velociter moueantur a proiciente lignum leue et ferrum graue eiusdem quantitatis et eiusdem figure ferrum longius mouebitur quia imprimitur in eo impetus intensior qui non ita cito corrumpitur sicut corrumpitur impetus remissior (Johannes Buridan, *Questiones suoer octo libros Phisicorum*, fol. 120vb).

104   [...] impetus enim in illa parte millesima est ita paruus quod statim ab aere resistente deuincitur (Johannes Buridan, *Questiones suoer octo libros Phisicorum*, fol. 120vb).

105   Grant, *Das physikalische Weltbild des Mittelalters*, S. 94; Grant, *Foundations of Modern Science in the Middle Ages*, S. 96.

106   „Dès lors si un mobile est exempt de toute tendance interne, telle que la gravité ou la légèreté, qui l'incline à un mouvement différent de celui qui lui a été imprimé; si ce mobile ne rencontre aucune résistance de la part des corps qui l'entourent, il va se mouvoir indéfiniment d'un mouvement uniforme. [...] Nous avons sous les yeux l'expression très claire de la *loi d'inertie* telle que Jean Buridan la concevait" (Pierre Duhem, *Le système du monde*, Bd. 8, Paris 1958, S. 336).

ist hier also, genau wie die Ruhe, ein *Zustand*, der permanent bestehen bleibt, sofern er nicht auf Widerstand trifft.

Die Anschauung, dass Johannes Buridan dieses Prinzip, dessen Erkenntnis man einst für die alleinige Leistung des 17. Jahrhunderts gehalten hatte, bereits im 14. Jahrhundert formuliert habe, wurde im Anschluss an Duhem immer wieder in der Wissenschaftsgeschichte vertreten. Marshall Clagettt, einer der einflussreichsten Historiker der mittelalterlichen Wissenschaft im 20. Jahrhundert, hielt an prominenter Stelle fest: „The use of impetus to explain the continuing movement of the heavens is the closest that Buridan comes to the inertial idea of Newton's mechanics. It can scarcely be doubted that impetus is analogous to the later inertia, regardless of ontological differences".[107] Anneliese Maier hat demgegenüber mit guten Gründen einige Korrekturen und Relativierungen an diesem Bild vorgenommen. Nachdrücklich weist sie darauf hin, dass die spezifische Rolle, welche der Trägheit in der jeweiligen Theorie zukommt, fundamental verschieden sei.[108] Denn das Trägheitsprinzip, die *vis inertiae*, die in der klassischen Mechanik das entscheidende Moment darstellt, das die Bewegung in einem permanenten Zustand erhält, ist für Buridan ja gerade das Hindernis, das dem Impetus und damit der Bewegung entgegenwirkt. Den wesentlichen Unterschied bringt Maier auf die Formel: „durch die vis inertiae wird für die klassische Mechanik die Bewegung des proiectum erhalten, für die Scholastik wird sie zerstört".[109] Aus diesem hält sie entschieden fest, dass „die Impetuslehre und der Satz von der Erhaltung der gleichförmigen Bewegung zwei völlig verschiedene physikalische Theorien dar[stellen]".[110]

Man könnte überrascht sein, ein derartiges Plädoyer für historische Diskontinuität aus dem Munde einer Historikerin zu hören, die in ihren Arbeiten doch durchgehend um die Verbindung mittelalterlicher und frühneuzeitlicher Wissenschaft bemüht ist und neben Lynn Thorndike, Marshall Clagett und anderen zu den zentralen Vertretern der Kontinuitätsthese um die Mitte des 20. Jahrhunderts zählt. Um die Stellungnahme Maiers zu verstehen, muss die Konfliktsituation der 1950er Jahre bedacht werden, die in Kapitel 5 im Hinblick auf die Haltung Alexandre Koyrés diskutiert wurde.[111] Die Position, gegen die Maier sich behaupten muss, war die von Burtt und Koyré mittlerweile propagierte Ansicht, dass die Diskontinuität zwischen mittelalterlicher und moderner Wissenschaft auf einem grundlegenden Wandel der Denkmuster, auf einer

107 Clagett, *Science of Mechanics in the Middle Ages*, S. 525.
108 Maier, *Die Vorläufer Galileis im 14. Jahrhundert*, bes. S. 140–144.
109 Maier, *Die Vorläufer Galileis im 14. Jahrhundert*, S. 142.
110 Maier, *Die Vorläufer Galileis im 14. Jahrhundert*, S. 132.
111 Siehe oben Kap. 5.5; im dort behandelten Beitrag, „The Origins of Modern Science", verweist Koyré zu Beginn auf seine persönliche Auseinandersetzung mit Anneliese Maier.

neuen ‚Metaphysik' gründete. Maiers Eintreten gegen eine konzeptionelle Vorwegnahme des Inertialprinzips durch Johannes Buridan stellt ein Zugeständnis
an die Gegenseite dar, ein Opfer, das sie bringt, um dafür eine andere Sichtweise zu behaupten, nämlich die, dass der Wechsel von der Impetustheorie zum
Trägheitsprinzip nichts mit derartigen epistemologischen Verschiebungen zu
tun hat, sondern als eine schlichte und ‚partielle' theoretische Neuerung zu betrachten ist, wie es ständig in der Wissenschaftsgeschichte vorkommt: „Darum
noch einmal: der Uebergang von der Impetustheorie zum Prinzip der Inertial-
bewegung hat nichts zu tun mit irgendwelchen weltanschaulichen Wandlun-
gen, es wird einfach eine physikalische Theorie durch eine andere ersetzt, die
den zu erklärenden Phänomenen besser gerecht wird".[112] Eben deshalb kann
Maier abschließend vollkommen beruhigt festhalten: „Lassen wir doch Galilei
und seinen Zeitgenossen den Ruhm, als erste das Inertialprinzip gefunden und
damit Wege eröffnet zu haben, von denen die Jahrhunderte vor ihnen noch
keine Ahnung hatten; wir nehmen damit unsern scholastischen Naturphilosophen nichts von ihren Verdiensten".[113]

Die Sicht Anneliese Maiers auf das Problem ist in der Forschung weitgehend anerkannt worden.[114] Spätere Historiker hüten sich meist vor dem potentiellen Vorwurf, naiv in die Duhem'sche Kontinuitätsfalle getappt zu sein, und
schließen sich den skeptischen Argumenten Maiers an.[115] Zieht man jedoch in
Betracht, dass die ‚konziliante' Position, die Anneliese Maier mit Blick auf die
Impetustheorie artikuliert, vielleicht stärker einer strategischen Maßnahme
geschuldet ist, die sich aus der ‚Konstellation' der Wissenschaftshistoriker um
1950 ergibt, dann stellt sich die Frage, ob nicht auch ihre Darstellung wiederum zu relativieren wäre. Jedenfalls kann die Einschätzung Edward Grants, der
als Schüler Marshall Clagetts wiederum dessen Erbe verteidigt, nicht ganz von
der Hand gewiesen werden: Grant hält daran fest, dass – bei aller berechtigten
Relativierung – Buridans Ansatz dennoch konzeptionelle Charakteristika aufweist, aus denen sich das Trägheitsprinzip leicht ableiten ließ.[116] Selbst wenn

---

112   Maier, *Die Vorläufer Galileis im 14. Jahrhundert*, S. 154.

113   Maier, *Die Vorläufer Galileis im 14. Jahrhundert*, S. 154.

114   Zustimmend etwa: William A. Wallace, „Anneliese Maier: Galileo and Theory of Impetus",
       in: *William A. Wallace, Prelude to Galileo. Essays on Medieval and Sixteenth-Century Sources
       of Galileo's Thought*, Dordrecht 1981, S. 320–340.

115   Das beste Beispiel für die langfristige Geltung der Sichtweise Maiers ist vielleicht
       der Beitrag von Gerhard Leibold, der zu großen Teilen wörtlich die Ansichten von
       Anneliese Maier wiedergibt: Leibold, „Ockham und Buridan – Vorgestalten neuzeitlicher
       Wissenschaft?"

116   „[...] Buridan's permanent impetus incorporated characteristics and properties from
       which such a motion could be derived" (Grant, *Foundations of Modern Science in the
       Middle Ages*, S. 96); ebenso Grant, *Das physikalische Weltbild des Mittelalters*, S. 93.

der Begriff der ‚Trägheit' in den beiden Theorien eine unterschiedliche, ja sogar gänzlich entgegengesetzte Rolle spielt, wenn also die signifikative Form der *vis inertia* hier und dort verschiedene Dinge bezeichnet, dann kann dennoch wohl kaum geleugnet werden, dass die hinter den Begriffen liegende ‚Denkfigur', das *Konzept* eines immanenten, mit der materiellen Dichte des Objekts verbundenen Bewegungsprinzips, das permanent fortwirkt, solange keine Gegenkräfte auftreten, in beiden theoretischen Modellen struktural homolog ist. Was bei Buridan ‚Impetus' heißt, entspricht konzeptionell sehr wohl weitgehend dem, was in der klassischen Mechanik ‚Trägheit' genannt wird, ein Begriff, der – verwirrenderweise – bei Buridan ebenfalls vorkommt und in seiner Theorie das genaue Gegenteil bezeichnet, weshalb gerade der Eindruck entstehen kann, dass es sich um „zwei völlig verschiedene physikalische Theorien" handelt. Dies ist jedoch auf der Ebene der von ihrer Bezeichnung unabhängigen zentralen theoretischen *Denkfigur* nicht der Fall: Die grundsätzliche *konzeptionelle Kontinuität* zwischen Buridans Impetus und der ‚klassischen Trägheit' haben Clagett und Grant zu Recht nicht aufgegeben.

Doch wie immer es um diese vermeintliche oder tatsächliche Vorwegnahme auf *theoretischer* Ebene bestellt sein mag, so geht es in diesem Kapitel vor allem um einen anderen Aspekt, der mit Buridans Impetustheorie zusammenhängt, nämlich um die Art und Weise, wie Buridan seine theoretische Neuerung gegenüber Aristoteles rechtfertigt bzw. um die Argumente, die er zu Beginn seiner Ausführungen gegen Aristoteles ins Feld führt. Dass Buridan reihenweise bestimmte *experientiae*, Erfahrungstatsachen geltend macht, um die aristotelische Theorie zu falsifizieren, zeigt, dass sich das Verhältnis von Autorität und Erfahrung an der Artes-Fakultät gegenüber dem 13. Jahrhundert offenbar gewandelt hat. Der Zustand, den Roger Bacon und Johannes de Grocheio so vehement angeprangert hatten, d.h. die unkritische Übernahme der Theorien der Autoritäten, ist einer epistemischen Praxis gewichen, in der die Empirie spürbar aufgewertet ist und im Zweifelsfall gegen die Meinung des Stagiriten angeführt wird. Vor dem Hintergrund der obigen Darstellung erübrigt es sich, noch einmal darauf hinzuweisen, dass Steven Shapins Annahme, die Möglichkeit, Aristoteles zu kritisieren, sei eine signifikante Neuerung des 17. Jahrhunderts, die auf einem neuen Wert des Erfahrungswissens gegenüber der Autorität basiere, nicht haltbar ist.[117]

117　„It began to be possible to denigrate not just the modern disciples of the Greeks but Aristotles himself. [...] It was only through changed values placed on direct experience and textual authority that the former could possibly be taken to refute the latter" (Shapin, *Scientific Revolution*, S. 80); Shapins Ansicht entspricht einer nach wie vor verbreiteten Vorstellung, die durch die breite Rezeption seines Buchs über die Scientific Revolution – das in 14 Sprachen übersetzt wurde – nur noch weiter popularisiert und petrifiziert wird.

7.2.2 Historische Spezifizität der Entwicklung: Strukturwandel und Kontext

Es muss noch einmal betont werden, dass es sich bei dem hier zu beobachtenden empirischen Verfahren nicht um eine *experimentelle* Methode, geschweige denn um ein hypothetisch-deduktives Vorgehen handelt. Johannes Buridan hat keine theoretische Hypothese formuliert, aus welcher er deduktiv Vorhersagen über das Verhalten der Natur abgeleitet hätte, um diese anschließend im Rahmen eines eigens dafür eingerichteten, *künstlichen Arrangements* experimentell zu überprüfen. Das Verfahren, das bei ihm sichtbar wird und das die von ihm beeinflussten Naturphilosophen des 14. Jahrhunderts ebenso aufgriffen,[118] entspricht vielmehr ziemlich genau jener *kritischen Haltung*, die Roger Bacon in der zweiten Hälfte des 13. Jahrhunderts gefordert hatte. Es ging zunächst einmal darum, die bestehenden Theorien kritisch an der Erfahrung zu überprüfen und gegebenenfalls zu korrigieren, so wie Bacon sich dem Phänomen des Regenbogens genähert hatte. Was sich daran zeigt, ist aber nichts anderes als die Tatsache, dass ein *kritischer Impetus* in die Wissenschaft der Artistenfakultät eingedrungen war, eine kritische Attitüde, die auf der epistemischen Relevanz des Erfahrungswissens gründete. Es war eben jene Kritik an der Erfahrungslosigkeit, welche in der Gesellschaft seit dem 13. Jahrhundert artikuliert wurde, die Roger Bacon aufgegriffen und ins Innere der Wissenschaft gewandt hatte, die nun in der Artes-Fakultät neue epistemische Praktiken hervorrief. Die Empirie hat eine neue Funktion für die artistische und philosophische Wissenschaft gewonnen, eine Funktion, die ihr jedoch insgesamt eine veränderte Bedeutung für die Wahrheitssuche verschafft. Johannes Buridan zeugt von diesem neuen Status der Empirie im Wahrheitsdiskurs ebenso wie Johannes de Muris, der seine astronomischen Beobachtungen um der *veritas* willen durchführt. Und ebenso wie für Johannes Buridan war für Johannes de Muris die Erfahrung der kritische „Richter", vor dem sich die gewonnenen Erkenntnisse zu bewähren hatten. Seine kritische Prüfung und gegebenenfalls Falsifikation der Ergebnisse war, so hatte Johannes de Muris festgehalten, „unbestechlich".

Die Möglichkeitsbedingungen der Impetustheorie sind keinesfalls darin zu sehen, dass Buridan zum ersten Mal Anomalien der aristotelischen Theorie bemerkt, also Erfahrungstatsachen ,entdeckt' hätte, welche der Sichtweise des Aristoteles widersprechen. Die Anomalien des etablierten Paradigmas waren vielmehr seit Beginn der Aristoteles-Exegese an der Artistenfakultät bekannt.

---

118 Albert von Sachsen kritisiert und korrigiert ebenfalls wiederholt Thesen von Aristoteles auf Grundlage der Erfahrung; dazu Sarnowsky, *Die aristotelisch-scholastische Theorie der Bewegung*, S. 413; Sarnowsky, „Expertus – experientia – experimentum", S. 52.

Kein anderer als Roger Bacon hatte in seiner Zeit als junger Artes-Magister in Paris – also in der Phase, als er noch nicht zum alternativen Philosophen und Kritiker geworden war, sondern noch ganz im Paradigma der Universitätsphilosophie agierte – Ungereimtheiten zwischen der aristotelischen Theorie und der Erfahrung festgestellt. Die Ansicht, dass das Medium für die Bewegung des Projektils verantwortlich sei, passte nicht zu der Beobachtung, dass sich Objekte auch gegen den Strom bewegen. Doch eine solche Beobachtung konnte den jungen Bacon mitnichten dazu bringen, die Theorie des Aristoteles, der gerade in dieser Zeit, in den 1240ern, zum Paradigma der Artes-Magister avancierte, in Frage zu stellen. Bacon bleibt in seinem Physikkommentar dabei, dass das Medium das Projektil weiterbewegt.[119]

Der Grund dafür, dass der junge Aristoteliker der 1240er Jahre trotz der von ihm bemerkten Anomalien seinem aristotelischen Paradigma treu bleibt, der Philosoph des 14. Jahrhunderts hingegen an derselben Fakultät und im selben textuellen Genre die Theorie des Stagiriten mit Rekurs auf die Erfahrung verwirft und durch eine neue ersetzt, muss in der Aufwertung des Erfahrungswissens gesehen werden, die zwischen dem frühen Bacon und Johannes Buridan als Resultat der Verarbeitung äußerer Kritik, der das System kontinuierlich ausgesetzt war, stattgefunden hatte. Dass Buridan aber zudem in der Lage war, seine Argumentation durchzusetzen, also seine erfahrungsbasierte Kritik an Aristoteles und die darauf aufbauende eigene Theorie zu Anerkennung zu bringen, macht deutlich, dass der Pariser Philosoph mit seinem kritischen Vorgehen keinen Konventionsbruch mehr beging, der auf Ablehnung in der Community hätte stoßen müssen, sondern mit seinen Argumenten die Erwartungen seiner Gruppe bediente. Hakob Barseghyan hat darauf hingewiesen, dass eine Theorie nur dann Chancen auf Anerkennung hat, wenn die Art und Weise ihrer Begründung den derzeit geltenden Erwartungen und Regeln der Scientific Community entgegenkommt.[120] Während der spätere, kritische Bacon der 1260er Jahre mit den gängigen Codes seiner vormaligen Gruppe gebrochen hatte, so dass er zunächst nicht auf Anerkennung hoffen konnte, so hatten die Irritationen, die er und andere Kritiker auslösten, in der Zwischenzeit dennoch einen Strukturwandel, eine Modifikation der Codes an der

---

119 Wood, „Roger Bacon: Richard Rufus' Successor as a Parisian Physics Professor", S. 339; auch Richard Rufus bemerkt in seinem Physikkommentar Anomalien, die ihn jedoch ebensowenig dazu bringen, die aristotelische Ansicht von der Rolle des Mediums zu hinterfragen oder gar offen abzulehnen wie später Buridan; er zieht allenfalls Ergänzungen der Theorie in Betracht (S. 237).

120 Barseghyan, *Laws of Scientific Change*.

Artes-Fakultät bewirkt.[121] Buridans Argumentation mit einer Reihe von widersprechenden Erfahrungstatsachen war offenbar nicht mehr irritierend, sondern traf auf einen veränderten Erwartungshorizont, der ihre Anerkennung und Aufnahme in der Scientific Community der Artistenfakultät ermöglichte.

Wenn hier der ‚soziale Impetus‘ einer Theorieentwicklung, die sich kritisch mit Aristoteles auseinandersetzt, betont wird, dann wird damit eine Erklärung vorgeschlagen, die auf der eigenlogischen Verarbeitung *exogener* Impulse beruht. Der Sichtweise John Murdochs, dass eine kritische Haltung gegenüber Aristoteles im 14. Jahrhundert schlicht aus der zunehmenden Reife der Naturphilosophie, also aus einer immanenten Entwicklung hervorgegangen sei, ist damit nicht beizupflichten;[122] gleichwohl teilt die hier vertretene Position, wenn auch aus anderer Perspektive, die Kritik Murdochs an der These Pierre Duhems, für den die ‚Überwindung‘ des Aristotelismus, also auch eine Kritik an Aristoteles, durch die befreiende Wirkung der Verurteilung von 1277 ermöglicht worden war. Die hier vorgeschlagene Perspektive eröffnet eine Möglichkeit, die kritischere Attitüde gegenüber Aristoteles auch als Effekt eines Strukturwandels zu begreifen, der mit einer sozial bedingten Aufwertung des Erfahrungswissens verbunden war.

Die Pariser Naturphilosophen des 14. Jahrhunderts haben keine Experimente im strengen Sinne durchgeführt; falls es Roger Bacons Anliegen war, dies zu etablieren, so war er damit nicht erfolgreich. Aber die davon unbedingt zu *unterscheidende* epistemische Praxis, sich auf Erfahrungstatsachen zu stützen, um etablierte Theorien zu überprüfen und, wenn nötig, zu falsifizieren, drang sehr wohl in die Universitätsphilosophie ein. Sie war insofern mitnichten eine Novität des 17. Jahrhunderts. Wenn Galileo mit seinen Erfahrungstatsachen, die er gegen die Autoritäten anführte, bei den Zeitgenossen kein Gehör fand, dann lag das nicht daran, dass er gegen eine ‚mittelalterliche‘ Tradition ankämpfte, in der das Erfahrungswissen und die eigene Beobachtung keine Geltung hatten. Es lag daran, dass die Theorie, die er mit der Beobachtung der Venusphasen bestätigte, das gesamte geltende Weltbild in Frage stellte, das durch mächtige außerwissenschaftliche Faktoren stabilisiert wurde. Mit solchen Schwierigkeiten hatte Johannes Buridan bei der Durchsetzung seiner

---

121   Eco, *Einführung in die Semiotik*, S. 434; die Möglichkeit, durch neue ‚Botschaften‘ performativ eine Umstrukturierung der Codes zu bewirken, ist, wie Eco deutlich macht, an die Voraussetzung geknüpft, dass der subversive Sprechakt gerade durch seine Abweichung auf die vorgängigen Codes bezogen ist: Es muss, so Eco, „daran erinnert werden, dass eine Botschaft, wie neu sie auch immer sei, durch die Existenz vorhergehender Codes ermöglicht wird; anders gesagt: es ist möglich, die Codes umzustrukturieren, aber nur weil man von Codes ausgeht" (S. 434).

122   Murdoch, „1277 and Late Medieval Natural Philosophy", S. 121.

Impetustheorie nicht zu kämpfen. Die Theorie des Aristoteles widersprach der Erfahrung, also musste sie gehen. Das hat vielen eingeleuchtet.[123]

---

123 Damit soll freilich nicht gesagt sein, dass man fortan die Erfahrung grundsätzlich über die Autorität des Stagiriten gestellt und dessen Theorien systematisch verworfen hätte; in zahlreichen Fällen versuchten die scholastischen Naturphilosophen, Aristoteles dadurch zu retten, dass sie den Widerspruch auf Übersetzungsfehler zurückführten oder seine Aussagen ‚wohlwollend‘ interpretierten (Sarnowsky, *Die aristotelisch-scholastische Theorie der Bewegung*, S. 317f u. 337); ein solches Verhalten ist jedoch nicht typisch scholastisch, sondern entspricht dem allgemeinen wissenschaftsgeschichtlichen ‚Gesetz‘ von der ‚Trägheit‘ der Theorie, das in der Gegenwart nicht weniger gilt (Barseghyan, *Laws of Scientific Change*); entscheidend ist hier nur, dass es möglich war, die geltende Theorie auf empirischer Grundlage zu kritisieren und dies zu Anerkennung zu bringen.

KAPITEL 8

Das Mittelalter ist nie modern gewesen – Rückblicke, Reflexionen und Aussichten

„Das Ozonloch ist zu sozial und zu narrativ, um wirklich Natur zu sein, die Strategie von Firmen und Staatschefs zu sehr angewiesen auf chemische Reaktionen, um allein auf Macht und Interessen reduziert werden zu können, der Diskurs der Ökosphäre zu real und zu sozial, um ganz in Bedeutungseffekten aufzugehen".[1] Bruno Latours Plädoyer für eine ‚symmetrische Anthropologie‘ beruht auf der Dekonstruktion einer ‚modernen‘ Dichotomie: der von Natur und Gesellschaft. Die moderne Konstruktion dieser Entgegensetzung habe eine Ontologie beschworen, welche die Wahrnehmung jener hybriden ‚Quasi-Objekte‘ unmöglich machte, die weder natürlich noch sozial sind, sondern aus Natur *und* Gesellschaft bestehen. Latour plädiert für eine neue Ontologie, ein neues relationales Gefüge, das die modernen Dualismen von Subjekt und Objekt, Mensch und Nicht-Mensch transzendiert. Diese Ontologie wäre nicht mehr modern, insofern sie die für die Moderne konstitutive ‚Reinigung‘, auf der ihre Selbsttäuschung gründet, rückgängig macht.

Wenn man die Quellen des Mittelalters studiert und nach langer Durchforstung seines empirischen Materials, nach der sorgfältigen Sammlung und Ordnung zahlreicher Daten und Befunde, schließlich zu der Erkenntnis gelangt, dass das Bild, das sich aus diesen Zeugnissen ableiten lässt, eine Charakterisierung des Mittelalters erlaubt, die seine *Modernität* erkennen lässt, wenn also die Auswertung der empirischen Daten auf die Identifizierung moderner Phänomene im Mittelalter hinausläuft, dann beruht dieser induktive Schluss auf der Anerkennung spezifischer ‚Basissätze‘, die in eine bereits bestehende Geschichtstheorie integriert sind. Diese Geschichtstheorie ist die Theorie vom Gegensatz zwischen Mittelalter und Moderne, von der Existenz zweier Epochen, deren jeweilige Charakteristika man vergleichen, deren Ähnlichkeiten und Differenzen man herausarbeiten und benennen kann. In jedem Fall suggeriert diese Theorie unweigerlich, dass die genuinen Qualitäten der beiden Epochen exklusiv sind, selbst (bzw. gerade) dann, wenn man behauptet,

---

1 Bruno Latour, *Wir sind nie modern gewesen. Versuch einer symmetrischen Anthropologie*, Frankfurt am Main 2008, S. 14.

© KONINKLIJKE BRILL NV, LEIDEN, 2019 | DOI:10.1163/9789004399518_009

dass beide Einheiten Elemente der jeweils anderen Kategorie, d.h. historische Fremdkörper, enthalten.

Das Dilemma der Mediävisten, die gegen alte Klischees anschreiben, ohne sie tilgen zu können, hat nicht zuletzt mit diesem ‚Problem der Induktion' zu tun. Freilich, der Historiker hat keine Wahl: Das gängige Mittelalterbild zu kritisieren, ist nur ‚sinnvoll', wenn man die Kategorien der geltenden Ontologie reproduziert, jedenfalls dann, wenn man verständlich sein und Anschlusskommunikation gewährleisten möchte. Aber dennoch: Wer von der ‚Modernität' des Mittelalters redet, erweist ihm insofern einen Bärendienst, als er durch die implizite Anerkennung theoretischer Basissätze die diskursive Sonderung der historischen Entitäten nurmehr petrifiziert. Nachdem ich in dieser Arbeit wiederholt von der Modernität des Mittelalters gesprochen und damit mittelalterliche Phänomene als ‚nicht eigentlich mittelalterlich', sondern als ‚modern' charakterisiert habe, soll aus diesem Grund der Leser nun, nachdem dies gesagt ist, dazu aufgefordert werden, die dabei implizierte Ontologie (im Hinblick auf die Qualifizierung der epochalen Spezifika) zu verwerfen. Hinter dem, was ich als ‚modern' dargestellt habe – wie dem Konzept einer autonomen Wissenschaft, der Idee eines zweckfreien Wissensstrebens, einer säkulare Philosophie, einer gesellschaftliche Nutzerwartung an die Universität, Kritik an den Gelehrten, der Konzeption einer sozial nützlichen Wissenschaft, epistemischer Pluralität, Skepsis gegenüber den Autoritäten, empirischen Verfahren, experimentellen Praktiken, Strategien der Legitimierung praxisfreier Spekulation – liegen ‚in Wirklichkeit' durch und durch mittelalterliche Dinge, solche Dinge, die eine ganz eigene historische Form aufweisen und dem Beobachter nur deshalb als modern erscheinen, weil er sie durch die Brille seiner eigenen Prädisposition betrachtet. Jetzt kommt es darauf an, wie das genau gemeint ist: Der produktive Anachronismus, der hier zum Einsatz kommt, besteht darin (bzw. hat zur Folge), dass die zu beschreibenden Phänomene im Akt der Interpretation durch moderne Kategorien überformt werden; die dahinterliegenden historischen Dinge jedoch, die an sich nicht erkannt werden können, *deren strukturale Merkmale die entsprechende Interpretation aber erst provoziert haben*, diese Dinge sind Bestandteile einer genuin mittelalterlichen, nicht einer modernen Wirklichkeit. Nur vor diesem Hintergrund muss die Behauptung verstanden werden, dass es tatsächlich nicht darum geht, Orden für Modernität zu verteilen (Charles Homer Haskins), sondern darum, zu erforschen, wie es – *horribile dictu* – eigentlich gewesen ist, nicht im Sinne einer voraussetzunglosen Erkenntnis, sondern im Sinne der (voraussetzungsreichen) Annahme, dass hinter den modern anmutenden mittelalterlichen Phänomenen mittelalterliche Dinge liegen.

• • •

Die mittelalterliche Geschichte, die diese Arbeit erzählen wollte, betraf, allgemein gesprochen, die Genese einer spezifischen mittelalterlichen Konstellation. Der Prozess dieser Genese ließe sich als Entwicklung zu immer größerer Komplexität oder, im Sinne Karlheinz Stockhausens, zu immer größerer ‚Ordnung‘ begreifen.[2] Es begann ganz einfach und ungeordnet: Die soziale Identität derjenigen Magister an der Artistenfakultät der Universität Paris im 13. und frühen 14. Jahrhundert, die sich als Philosophen verstanden, wies eine recht eindeutige und gut bestimmbare Struktur auf. Zwei wesentliche Momente wurden für die Konstitution dieser Identität verantwortlich gemacht: die Lehre als kulturelle Praxis, die mit spezifischen Interaktionsritualen verbunden war, welche eine Identifikation mit den dabei kommunizierten Gegenständen bewirkte, und die Perzeption von Differenzen zu anderen sozialen Gruppen, die, von Konfliktsituationen stimuliert, eine ‚Selbst-Kategorisierung‘ der Akteure stimulierte. Die Artes-Magister betrachteten sich also einerseits zunehmend als ‚professionelle‘ Lehrer, und damit als verantwortliche Repräsentanten der Philosophie, andererseits nahmen sie sich immer stärker als Mitglieder einer distinkten sozialen Gruppe wahr, die sich von prinzipiell ‚feindlichen‘ Outgroups unterschied. Die seit der Mitte des 13. Jahrhunderts objektivierte Fakultätsstruktur der Universität bot die Grundlage derartiger Perzeptionen, indem sie die vier akademischen Wissenschaften wechselseitig aufeinander bezog. Insofern die damit verbundenen Wahrnehmungs- und Zuschreibungsprozesse unweigerlich mit Vorgängen der Selbst- und Fremdstereotypisierung einhergingen, führten die mitunter antagonistischen Relationen zwischen den Fakultäten zur Profilierung fakultätsspezifischer Gruppenidentitäten, die sich wiederum in höchst verschiedenen Formen manifestierten. Entscheidend ist hier, dass die Reflexion der unterschiedlichen Handlungslogiken, die den einzelnen Wissenschaften zugrundelagen, und der verschiedenen Werte, welchen ihre Vertreter folgten, eine konstitutive Funktion für die Selbstbeschreibung und -positionierung der Artes-Magister erfüllte. Die Kritik der Juristen und Mediziner an der wenig lukrativen Philosophie, die „ihrem Professor kaum einen Nutzen bringt" (*modicam affert utilitatem suo professori*), wurde produktiv angeeignet und positiv umcodiert: nicht ökonomischer Nutzen, sondern die Vervollkommnung des Intellekts war das Ziel der Philosophen. Derartige

---

2   Zum kompositorischen Verdichtungsprozess von der ‚Unordnung‘ zur komplexen ‚Anordnung‘ siehe paradigmatisch etwa Stockhausens Klavierstück X; dazu: Herbert Henck, *Karlheinz Stockhausens Klavierstück X. Ein Beitrag zum Verständnis serieller Kompositionstechnik*, 2. Aufl., Köln 1980.

Konflikte mit äußeren Gegnern hatten eine Verstärkung der internen Kohäsion zur Folge.

Die soziale Identität der Artisten war ganz wesentlich mit einer Abgrenzung von den Gruppen verbunden, deren Tätigkeit einen hohen Praxisbezug aufwies. Die *scientia legalis* und die *scientia medicinalis* wurden, als *scientiae lucrativae* oder *practicae*, zum Gegenpol, zur Kontrastfolie des eigenen Profils. Gleichzeitig widersetzten sich die Philosophen der Vereinnahmung durch die Theologie, also einer ‚Reduktion‘ der Philosophie auf ihren *Nutzen* für die Religion. Schließlich aber war es nicht weniger die außerwissenschaftliche Welt, die eine Vorlage für Fremdheitserfahrung und Abgrenzung bot: Die umtriebige Welt des politischen und praktischen Lebens war mit der spekulativen Lebensform der Philosophen nicht kompatibel. Die Sorgen des politischen Geschäfts sollten den Philosophen ebensowenig interessieren wie die Praxis der Handwerker und der gesamte Bereich der mechanischen Künste. Die *artes mechanicae* waren kein philosophisches Terrain.

Die Artisten waren während der zweiten Hälfte des 13. Jahrhunderts, befeuert durch einschlägige Konflikte, darunter der von 1277, zu ‚Philosophen‘ geworden; sie waren, wie Johannes von Maligne dem Kanzler um 1280 entgegenhielt, nicht mehr nur Dialektiker, sondern „gute Philosophen“ (*boni philosophi*). Konrad von Megenberg stellte im 14. Jahrhundert fest: „*artista* [...] *per excellenciam philosophus nominatur*“. Dass die Gruppenidentität der Pariser Artes-Magister aber in besonderem Maße auf ihrer ‚Praxisferne‘ beruhte, dass sich die Philosophen mitunter dezidiert als Nicht-Praktiker definierten, dieses Spezifikum ihres sozialen Seins sollte nicht unerheblich für ihre wissenschaftlichen Aktivitäten bleiben. In Kapitel 3 wurde daher der Blick um eine zusätzliche Perspektive erweitert, um die Frage zu klären, in welchem Verhältnis die soziale Identität der Pariser Artes-Magister zu ihrer intellektuellen Tätigkeit stand. In diesem Zusammenhang wurden einerseits die Inhalte des Curriculums an der Artes-Fakultät der Universität Paris anhand der einschlägigen Quellen (Statuten, Studienführer, philosophische Systematiken) herausgearbeitet, anderseits die (mit der Lehre eng verbundene) wissenschaftliche Produktion der Magister in den Blick genommen (Traktate, Kommentare). Es hat sich gezeigt, dass die Logik den Unterricht der Fakultät und die philosophischen Ambitionen der Magister bis zur Mitte des 13. Jahrhunderts stark dominierte, ab den 1240er Jahren aber schrittweise durch die immer größer werdende Rolle der naturphilosophischen Schriften des Aristoteles ergänzt wurde. Wo man sich mit den Disziplinen des Quadriviums befasste, waren es die Texte der theoretischen Mathematik, welche das Interesse der Artisten weckten: die *Institutio arithmetica* und die *Institutio musica* des Boethius, die *Elemente* des Euklid, der Sphärentraktat des Johannes de Sacrobosco. Doch worauf es in diesem Kapitel ankam, war keinesfalls allein die Frage, *welche* Werke gelesen und kommentiert wurden. Um die Spezifik des wissenschaftlichen Systems der Universitätsphilosophie in den Blick zu bekommen, ging es vielmehr darum, zu eruieren, welche kommunikative Logik den Zugriff auf diese Texte reguliert. Denn die Frage, ob die Philosophie der Universität praxisorientiert ist oder nicht (mithin ob sie dem sozialen Profil der Magister entspricht), hängt nicht davon ab, welche konkreten Wissensbestände die Grundlage der philosophischen Tätigkeit darstellen, sondern vielmehr davon, auf welche Weise dieses Wissen angeeignet und aktualisiert wird.

Ein einfaches Beispiel sei an dieser Stelle rekapituliert. Einen unmittelbaren Praxisbezug und eine unzweifelhafte ‚Nützlichkeit' der Philosophie schien aus dem Umstand zu resultieren, dass man sich an der Artistenfakultät in der zweiten Hälfte des 13. Jahrhunderts intensiv mit den Schriften der ‚praktischen Philosophie' befasste. In der Tat werden in den Kommentaren zur *Nikomachischen Ethik* des Aristoteles Fragen diskutiert, die für die Lebenspraxis des Einzelnen relevant sein können: *Utrum felicitas consistat in honoribus, utrum felicitas consistat in pecuniis, utrum felicitas consistat in virtute* etc. Die Eigenheit der epistemischen Praxis, welche der Diskussion des aristotelischen Textes zugrundeliegt, offenbart sich jedoch erst, wenn man derartige Erörterungen mit Rezeptionsakten konfrontiert, die in anderen kommunikativen Kontexten stattfinden. Ein Vergleich mit Aneignungen der *Nikomachischen Ethik*, die außerhalb der Artistenfakultät begegnen, führte gänzlich andere Sinnzuschreibungen und Aktualisierungen des (prinzipiell ‚offenen') Textes vor Augen.

Aufschlussreich war hier der politische Traktat *De regia potestate et papali*, den der Pariser Dominikanertheologe Johannes Quidort zu Beginn des 14. Jahrhunderts als Reaktion auf die Auseinandersetzung Philipps des Schönen mit Papst Bonifaz VIII. verfasste. Diese Schrift, die wahrscheinlich auf Anfrage des königlichen Hofes entstand, reflektiert nicht nur ein akutes Problem der politischen Welt, sondern weist – was hier noch wichtiger ist – einen konkreten Adressatenbezug auf, der auf die strukturale und inhaltliche Disposition des Werks zurückwirkt. Es handelt sich hier also nicht um einen Text, der allein für die *Scientific community* und den innerwissenschaftlichen Kommunikationsraum bestimmt ist, sondern um einen Traktat, der sich an die äußere Welt richtet und damit Teil eines ‚fremdreferentiellen' Akts ist. Diese pragmatische Dimension des Werks ist allerdings unmittelbar konstitutiv für die diskursive Logik, welche den Zugriff auf die darin rezipierten Texte bestimmt. Die *Nikomachische Ethik* erscheint hier im Zusammenhang einer Konzeption, die geradewegs darauf abzielt, die Unabhängigkeit der weltlichen Gewalt des Königs von der geistlichen Macht des Papsttums zu erweisen. Dem Einwand, das Körperliche werde vom Geistigen regiert, entgegnet Johannes, die königliche Gewalt habe es nicht nur mit dem Körper, sondern ebenso mit der Seele zu tun, weil Aristoteles in der *Nikomachischen Ethik* sage, dass es die Aufgabe des Gesetzgebers sei, die Menschen gut zu machen und zu Tugend zu führen. Die Ethik des Aristoteles wird hier auf ein konkretes Problem der Gegenwart bezogen und in eine Argumentation integriert, die einen unmittelbaren *Nutzen* für das Anliegen des königlichen Hofes hat. Nicht anders verfuhr der Theologe Aegidius Romanus, der in seinem Fürstenspiegel *De regimine principum* von ca. 1280 konsequent Bereiche des philosophischen Wissensbestands, wie die Ethik, die Politik oder die Logik, auf einen Nutzen für den Herrscher ausrichtet.

Der diskursive Modus, der die Rezeption der praktischen Philosophie im Kommunikationsraum der Artistenfakultät regulierte, war einer gänzlich anderen Logik verpflichtet. Die Aspekte, welche die Artes-Magister in ihren Kommentaren erörterten, waren mit allgemeinen Fragen verbunden, die der Text aufwarf und die in einem dialektischen Modus diskutiert wurden, dessen leitendes Prinzip in der Praxis bestand, das ‚Wahre vom Falschen zu unterscheiden' (*habitus discernendi verum a falso*). Geht es hier um *bonitas*, dann im Sinne einer *cognitio bonitatis*, die auf allgemeine Einsichten, auf zeitlose Wahrheiten über das Glück und die Tugenden abzielt. Während Johannes Quidort und Thomas von Aquin, der seinen Fürstenspiegel *De regno* an den König von Zypern adressierte, die *Politik* des Aristoteles auf die politische Welt ihrer Gegenwart beziehen, diskutiert Petrus von Auvergne an der Artes-Fakultät überzeitliche Fragen des Politischen, die nicht von gegenwärtigen Problemen, sondern von den Begriffen und Konzepten des zugrundeliegenden Referenztexts stimuliert wurden (*utrum mulier sit natura serva, utrum barbari sint naturaliter servi, utrum servus sit organum domini, utrum melius sit civitatem regi optimo viro vel legibus*).

Die unterschiedlichen Rezeptionskontexte, in denen auf die Schriften der praktischen Philosophie zugegriffen wurde, offenbaren verschiedene ‚Rezeptionseinstellungen', die zu unterschiedlichen Aktualisierungen der Texte führten. Das System der Artistenfakultät operierte nach einer Eigenlogik, die nicht auf die nützliche Applikation ihrer Gegenstände ausgerichtet war. Mit der Kommentierung des aristotelischen Oeuvre hatte sich vielmehr eine epistemische Praxis institutionalisiert, die insofern selbstreferentiell war, als sie darin bestand, die Werke des Stagiriten logisch zu durchdringen, zu erklären, ihre ‚Wahrheit' zu erfassen, ohne dabei an eine praktische Applikation dieses Wissens zu denken. Auch diese Logik, die sich aus den Operationen des Systems, anhand der wissenschaftlichen Praxis der Magister erschließen lässt, wurde von den Akteuren reflektiert. Radulphus Brito hielt im Prolog seines Kommentars zu den *Sophistischen Widerlegungen*: „Die Philosophie macht jedoch den Menschen frei, denn [...] frei ist das, was um seiner selbst willen besteht und nicht für etwas anderes da ist".[3] Dass die Kommentierungstätigkeit der Philosophen nicht unmittelbar auf einen praktischen Zweck gerichtet war, wussten auch die Magister, die sich mit der ‚praktischen Philosophie' befassten: *„ars que transit in nullo extrinseco nisi in materiam sui ipsius est ut scientia moralis"*, schrieb ein anonymer Kommentator der *Nikomachischen Ethik*. Das Hauptinteresse der Philosophen an der *Nikomachischen Ethik* bestand nicht darin, ethische Ratschläge für die Lebenspraxis des Einzelnen zu bieten, sondern darin, ausgehend vom zehnten Buch des Werks die spekulative Lebensform der Philosophen als *honorabilior et simpliciter melior* gegenüber dem praktischen und politischen Leben zu erweisen. Es lässt sich hier unschwer erkennen, dass dieser kommunikative Modus, der die wissenschaftliche Praxis der Artes-Magister prägte, in direktem Zusammenhang mit dem spezifischen Profil ihrer sozialen Identität steht, welches auf der Perzeption von Differenzen zur gesellschaftlichen Umwelt beruhte.

Diese Fragen zur diskursiven Logik des philosophischen Systems und zur divergierenden Aneignung philosophischen Wissens in unterschiedlichen kommunikativen Räumen konnten die primär gruppensoziologische Perspektive aus Kapitel 2 ergänzen und dem gezeichneten Bild weitere Komponenten hinzufügen. Das darauf folgende Thema sollte die Frage nach dem ‚Praxisbezug' der Philosophie von einer dritten Seite beleuchten, nun allerdings wiederum weniger aus systemtheoretischer, sondern stärker aus akteursbezogener Perspektive. Hier ging es um die Frage, welche Implikationen die soziale Identität und die wissenschaftliche Praxis der Philosophen für ihre Rolle als Wissensträger und Repräsentanten ihres spezifischen Wissensgebiets haben. Können die Philosophen der Universität als ‚Experten' für Philosophie begriffen werden? Es wurde schnell deutlich, dass auch diese Frage nur durch einen Vergleich der Artisten mit den Akteuren der ‚oberen' Fakultäten sinnvoll diskutiert werden kann.

Dabei ließ sich leicht zeigen, dass die Juristen, Mediziner und Theologen der Universität Paris in zahlreichen Kontexten als Experten auftreten, die ihr Wissen auf nützliche Weise für die Zwecke ihrer ‚Klienten' applizieren. Für die Mediziner, die sich zunehmend im Dienst des königlichen Hofes nachweisen lassen, ist das kollektive Pest-Gutachten, das die medizinische Fakultät im Jahre 1348 auf Anfrage des Hofes erstellte, eines der besten Beispiele für ihre soziale Funktion als Experten. Dass die Pariser Kanonisten in vielfacher

---

3 Philosophia etiam facit hominem liberum, quia, sicut apparet prooemio Metaphysicae, liberum est quod est gratia sui ipsius et non gratia alterius (Radulphus Brito, *Questiones super Sophisticos elenchos*, ed. Ebbesen/Pinborg, S. 283).

Hinsicht in der Rechtspraxis als Experten auftraten, hat James Brundage in einschlägigen Darstellungen gezeigt. Die Professoren der Fakultät sind nicht selten als Advokaten und Berater aktiv. Die Theologen schließlich begegnen in der Zeit um 1300 insbesondere im Zusammenhang der Konflikte Philipps des Schönen mit Bonifaz VIII., dem Templerorden oder Marguerite Porète als Experten. Auch wenn sich herausgestellt hat, dass die Theologen nicht immer die Anliegen des Königs vollständig bedienten, sondern mitunter eine relative Autonomie ihrer Stellungnahme geltend machten, so treten sie dennoch als Wissensträger in Erscheinung, deren Standpunkt zu Fragen der Orthodoxie bzw. Häresie (sowie teilweise auch des Kirchenrechts) für das Vorgehen des Hofes in hohem Maße relevant war. Einzelne Theologen, wie Johannes Quidort oder Jean de Pouilly, inszenierten sich dabei sogar als radikale und insofern äußerst ‚nützliche' Unterstützer der königlichen Partei.

Verglichen mit diesen Interaktionen zwischen den Gelehrten der höheren Fakultäten und ihrer gesellschaftlichen Umwelt erschienen die Philosophen der Artistenfakultät, die niemals um ein Gutachten in philosophischen Fragen ersucht wurden, zunächst geradezu als Anti-Experten. Freilich kommunizierten sie mit ihrer Umwelt, aber nicht im Rahmen einer Experten-Laien-Interaktion, in der sie ihr Wissen zum Nutzen der äußeren Welt applizierten. Die soziale Rolle des Philosophen blieb primär auf den Kommunikationsraum der Universität beschränkt. Doch eine nähere Erörterung des Problems hat ergeben, dass es nicht ausreicht, die Expertenrolle auf eine Zuschreibung in direkter Interaktion zu beschränken. Vielmehr finden sich seit der Mitte des 13. Jahrhunderts (der ‚Sattelzeit' der akademischen Philosophie) vermehrt Anzeichen dafür, dass es eine allgemeine gesellschaftlich objektivierte Vorstellung davon gab, dass die Artes-Fakultät der Universität Paris den institutionell autorisierten Ort für die Verwaltung des philosophischen Wissens darstellte.

Dies zeigt sich nicht nur daran, dass etwa Roger Bacon die Pariser Theologen dafür kritisierte, dass sie sich nicht auf die Bibel beschränkten, sondern naturphilosophische Probleme behandelten, die ihren genuinen Ort an der Artistenfakultät, nicht an der theologischen Fakultät hätten; andere Zeugnisse für ein derartiges Bewusstsein sind hier noch einschlägiger: In dem Brief, den der Stauferkönig Manfred in den 1260er Jahren an die Artistenfakultät von Paris schrieb, lobte er nicht nur die dortigen Magister als große Philosophen; er kündigte auch an, von ihm beauftragte Aristoteles-Übersetzungen an die Magister der Fakultät zu schicken, damit sie diese in ihrem Unterricht verwenden. Auch wenn dieses Vorhaben vielleicht nie realisiert wurde, ist die damit verbundene Wahrnehmung in hohem Maße signifikant: Denn Manfred knüpft hier offenbar an die Praxis seines Vaters, Friedrichs II., an, der seine Kaisergesetze nach Bologna geschickt hatte, um sie von den Legisten autorisieren zu lassen. Die

Philosophen der Universität Paris begegnen somit als die legitimen Repräsentanten und Verwalter der Philosophie, die für Aristoteles-Übersetzungen zuständig sind. Eben diese Disposition reflektiert Konrad von Megenberg, wenn
er die Artisten als die „Philosophen par excellence" bezeichnet. Die Konsequenz dieser Einsicht liegt jedenfalls auf der Hand: Die Artes-Magister – deren
Expertenstatus hinsichtlich des *psychologischen* Expertisebegriffs ohnehin nie
in Frage stand – sind auch in *soziologischer* Hinsicht als Experten zu bezeichnen, obwohl sie ihr Wissen nicht, wie die Juristen, Mediziner und Theologen,
zum Nutzen außerwissenschaftlicher ‚Klienten' applizieren.

Bis zu diesem Punkt hat sich das Bild von den Pariser Artisten und ihrer
Philosophie, rund um die Frage nach Praxisbezug und Nutzen derselben,
schrittweise verkompliziert, indem es aus verschiedenen Blickwinkeln betrachtet und dadurch um immer weitere Komponenten angereichert wurde.
Die verschiedenen Beobachtungen konnten so zueinander in Beziehung gesetzt, d.h. ‚geordnet' werden. Diese Zuordnung verschiedener Aspekte hat ein
verhältnismäßig klares Bild ergeben: Die Philosophie der Pariser Artistenfakultät war weder hinsichtlich der sozialen Identität ihrer Repräsentanten,
noch der kommunikativen Logik ihrer systemischen Operationen, noch der
sozialen Interaktionen der Philosophen eine ‚nützliche', eine praxisbezogene
Wissenschaft. Mit dieser Feststellung konnte die Beobachtung Konrads von
Megenberg bestätigt werden, der im 14. Jahrhundert mit Bezug auf die Pariser
Artes-Magister festhielt: „Die Männer der Philosophie kümmern sich nämlich
nicht um irgendeine äußere Nützlichkeit, sondern das ganze Streben ihrer Arbeit besteht in dem Ziel, die Wahrheit der Ursprünge und der ursprünglichen
Dinge zu erkennen".

Der nächste Schritt in dem hier nachgezeichneten Ordnungsprozess war
erheblich radikaler als die bisherigen Blickerweiterungen. Hier galt es, Verbindungen zwischen der Pariser Universitätsphilosophie und anderen, weit
entfernt liegenden, ja ihr gänzlich entgegengesetzten Positionen sichtbar zu
machen. Während der Blick bislang, wenn auch in ständigem Vergleich mit
den anderen Fakultäten der Universität, auf der Universitätsphilosophie lag
und um sie kreiste, so trat er nun aus dieser Umgebung heraus, um sich auf das
schlichtweg Andere zu richten, ein Anderes, das aber nicht isoliert, sondern
in Relation zur Artistenfakultät betrachtet wurde. Zunächst ging es darum,
zu zeigen, dass die epistemische Ordnung der Pariser Artes-Fakultät in einem
Spannungsverhältnis zur gesellschaftlichen Erwartungshaltung gegenüber der
Wissenschaft steht. Diese Erwartung der Gesellschaft, deren Enttäuschung mit
einer dezidierten Gelehrtenkritik verbunden ist, begegnete in ganz verschiedenen Kontexten, die auf eine Verbreitung der Haltung, mithin auf einen Diskurs der Gelehrtenkritik, schließen lassen. Es stellte sich heraus, dass nicht nur

die Nutzlosigkeit, sondern besonders auch die ‚Erfahrungsferne' der Gelehrten einen wesentlichen Kritikpunkt ausmacht.

Was konnte diese Kritik in der Wissenschaft bewirken? Das bisher so homogen wirkende System der Universitätsphilosophie ernsthaft zu irritieren, schien kaum möglich; die Polemik der *doctores practici*, der Juristen und Mediziner, war doch jedenfalls scheinbar abgeprallt, hatte die nutzlose Identität der Philosophen nurmehr bestärkt. Doch die stetigen Reibungen, das latente Geräusch im umweltlichen Hintergrund der selbstbewussten Operationen, sollten zu ihrem subversiven Recht kommen. Die Kritik bahnte sich ihren Weg, nicht durch den Haupteingang, sondern durch jene undichten Stellen, die ihre Aufnahme begünstigten. Artes-Magister wie Johannes de Garlandia waren empfänglich für die Skepsis der Gesellschaft, sie nahmen die Kritik an den Gelehrten auf und gelangten über deren Reflexion zu einem Bewusstsein vom Problem der nutzlosen Studien. Die selbstreferentielle Dialektik seiner Kollegen, wie Jean le Page und Nikolaus von Paris, wurde ihm zum Gräuel. Seine Vision einer artistischen Lehre war auf praktische Schreibkompetenzen in sozial relevanten Genres, auf praxisorientierten Grammatik- und Rhetorikunterricht getrimmt. Darüber hinaus war es der moralische Wert der lateinischen Dichtung, den er seinen Schülern vermitteln wollte. Kritische Geister sollten sie werden, trivial versierte Intellektuelle, die die Missstände ihrer Zeit unverhohlen beim Namen nennen. Er selbst machte es vor und wetterte ohne Rücksicht gegen die moralischen Paradoxien der Gesellschaft.

Das Beispiel Johannes de Garlandias macht deutlich, wie das Spannungsverhältnis zwischen nutzloser Universitätsphilosophie und gesellschaftlicher Erwartungshaltung in dem Sinne kulturell produktiv wurde, dass einzelne Philosophen und Artisten im Umfeld der Universität Paris begannen, in kritischer Abgrenzung von und in gezielter Auseinandersetzung mit dem Paradigma der Artes-Fakultät alternative, dezidiert praxisbezogene Wissenskonzepte zu formulieren. Dabei hat sich gezeigt, dass einige methodologische Grundüberlegungen der philosophischen Konstellationsforschung die Betrachtung auf sinnvolle Weise ergänzen können, indem sie dabei helfen, die intellektuellen Dynamiken derartiger Prozesse in den Blick zu nehmen. Denn die Produktivität jenes konfliktgeladenen Spannungsfelds zeigte sich ebenfalls im Hinblick auf die Position eines Philosophen, der nicht, wie Johannes de Garlandia, aus dem Inneren der Pariser Artes-Fakultät selbst erwachsen war und sich, die gesellschaftliche Kritik aufgreifend, von deren epistemischem Kern entfernte, sondern von außen an die Universität herantrat, durch die damit hergestellte *Relation* aber maßgebliche Rückkopplungen erfuhr. Brunetto Latinis unmittelbar praxisorientierte philosophische Konzeption lässt sich in zahlreichen Punkten als dezidiertes Gegenmodell zur Philosophie der Pariser

Artistenfakultät beschreiben. Brunetto griff während seiner Jahre in Frankreich das Klassifikationsschema der philosophischen Einleitungsliteratur auf, die gerade zu jener Zeit in Paris florierte, und adaptierte es als literarische Form seines diametral entgegengesetzten Philosophiekonzepts. Die Rhetorik, über welche die artistischen Einführungen explizit am wenigsten sagen wollten, steht bei Brunetto zusammen mit der Politik und den *artes mechanicae* an der Spitze seiner philosophischen Hierarchie, die unmittelbar auf einen außerwissenschaftlichen Zweck, auf praktische Anwendung ausgerichtet ist.

An der Artistenfakultät sozialisiert, mit ihrer Kultur, ihren Werten und ihrer diskursiven Logik bestens vertraut, war wiederum ein anderer Denker des 13. Jahrhunderts, über dessen Positionierung sich die Geister der Forschung seit jeher gestritten haben. Die Einheit des Autors war hier in großer Gefahr, ließ sich doch der Philosophieprofessor der 1240er Jahre mit dem Querulanten der 1260er, dem Streithahn, Praktiker, Utilitaristen, Magier, Experimentator, Apologeten des Profanen und religiösen Fanatiker, kaum mehr vereinbaren. Die Berücksichtigung seiner Prägung, die er durch seine Sozialisation an der Pariser Artes-Fakultät erfahren hatte, konnte einen neuen Blick auf die soziale Identität Roger Bacons ermöglichen. Seine spätere Position ist mit seiner früheren Lehrtätigkeit und mit der epistemischen Kultur der Artistenfakultät auf engste verbunden; sie emergierte aus der systemischen Immanenz der Universitätsphilosophie, als Resultat desselben Abspaltungsvorgangs, der Johannes de Garlandia hervorgebracht hatte. Bacon griff die Kritik an der Nutzlosigkeit der Philosophie auf und machte sie zu seiner eigenen. Seine Polemik gegen die Stätte seines ehemaligen Wirkens wurde zum Motor eines philosophischen Programms, das sich ,Nützlichkeit' in jeder Hinsicht auf die Fahnen schrieb. *Utilitas* wurde zum zentralen Begriff seines Diskurses, der praktische Wert des Wissens sein Medium. Ob im Handel, in der Politik, im Krieg, in der alltäglichen Lebenspraxis oder in der Theologie, philosophisches Wissen musste *nützlich* sein, nicht *selbstreferentiell* wie an der Artistenfakultät.

Doch Bacon war nicht nur für die Kritik an der Nutzlosigkeit des gelehrten Wissens empfänglich, welche die Gesellschaft artikulierte; Bacon erwies sich als ebenso sensibel für den zweiten Aspekt der sozialen Skepsis, der in der *Erfahrungsferne* der Gelehrten bestand. Er wurde Bestandteil seiner eigenen Polemik: Das *vulgus philosophantium* gelangte deshalb nicht zu sicherem Wissen, weil es sich nur auf Autoritäten und Argumente, nicht aber auf die Erfahrung stützte. Das Konzept seiner *Scientia experimentalis* erwuchs geradezu aus seiner Kritik an den *imperiti* der Universität. Ihr Programm war zunächst die *kritische Überprüfung* der etablierten Autoritäten oder der argumentativ gewonnenen Erkenntnisse an der Empirie, eine empirische Verifikation oder Falsifikation. Das diese Konzeption einer Erfahrungswissenschaft das Resultat der Verarbeitung von Irritationen darstellt, welche die gesellschaftliche Kritik ausgelöst hatte, wird besonders anhand des Bildes deutlich, dass Roger Bacon von seinem idealen Experimentator zeichnet, den er den Universitätsphilosophen entgegenhält. Über seinen Freund Petrus de Maricourt, den *dominus experimentorum*, berichtet Bacon, dass er sein Wissen eben nicht nur aus Büchern erworben, sondern durch direkte Beobachtung von den einfachen Arbeitern und Praktikern gelernt habe. Petrus würde sich schämen, wenn ein Laie, ein Krieger, ein altes Weib oder ein Bauer etwas wüsste, das er selbst nicht weiß. Aus diesem Grund habe er sich alles Wissen über die Arbeit der Bauern, über Waffen oder über die Jagd, über die Experimente der Magier und die Tricks der Spielleute angeeignet. Bacon ist bemüht, seinem Experimentator das Erfahrungswissen der Praktiker zu attestieren, jener Leute, die die Gelehrten mit Skepsis betrachten. Bacon beharrt darauf, dass die Philosophie nur mit Hilfe dieses Erfahrungswissens nützlich sein und sicheres Wissen produzieren könne.[4] Es ist daher auch nur konsequent, dass Roger Bacon, genau wie Brunetto Latini und etwas später Raymundus Lullus, die *artes mechanicae*, von denen sich die akademischen Philosophen dezidiert abgrenzten, in hohem Maße aufwertet.

Ebenfalls beide Aspekte der zeitgenössischen Gelehrtenkritik, die Nutzlosigkeit und die Erfahrungsferne, machte sich der vierte in dieser Arbeit behandelte Autor zu Eigen, in dessen Denken die Artistenfakultät ihr epistemisches Gegenteil produzierte. Johannes de Grocheio, geschulter Aristoteliker, machte sich daran, die Musikpraxis seines städtischen Umfelds empirisch zu beschreiben. Sein Gegenstand der ‚Musiktheorie' ist damit ein gänzlich anderer als derjenige, der im Rahmen des quadrivialen Unterrichts an der Artes-Fakultät vorherrschte. Der universitäre Musikunterricht war primär mathematische Musiktheorie, die Lehre der musikalischen Proportionen, wie sie Boethius in *De institutione musica*, dem Standardtext der Artistenfakultät, dargelegt hatte. Mit der Musikpraxis der Gegenwart hatte dies äußerst wenig zu tun. Grocheio kritisiert die Autorität des Boethius unverhohlen, weist dessen Begriffe der *musica mundana* und *musica humana* mit der Begründung zurück, dass sie empirisch nicht verifizierbar, weil sinnlich nicht wahrnehmbar seien. Mit demselben Argument schließt er den Gesang der Engel aus dem Zuständigkeitsbereich des *musicus* aus; da dieser der Erfahrung nicht zugänglich sei, komme es allenfalls Theologen oder Propheten zu, sich damit zu befassen. Grocheio setzt beim klingenden Ton an, den er, nach entsprechender Verschiebung des aristotelischen Form-Materie-Schemas, als Objekt seiner Theorie begreift. Er beschreibt die konkret praktizierten Formen der städtischen

---

4 Roger Bacon, *Opus tertium*, ed. Brewer, S. 46f; siehe oben Kap. 5.5.8.

Musikkultur, wie er sie in seinem direkten Umfeld beobachten konnte, und
ordnet die einzelnen Formen bestimmten sozialen Gruppen zu. Aus diesem
Grund ist sein Traktat eine einmalige Quelle, vor allem für die weltliche Musik
seiner Zeit, die er in hohem Maße aufwertet und die in dieser Form noch nie in
einem Traktat beschrieben worden war.

Aber es ist nicht nur der empirische Ansatz, durch den sich Grocheio von
der Musiktheorie der Artes-Fakultät abhebt; auch der soziale Nutzen der einzelnen Gesänge ist eines seiner zentralen Anliegen. Über den *cantus gestualis*,
eine Subkategorie der *musica vulgalis* bzw. *civilis* sagt Grocheio: „Dieser Gesang soll Alten und den arbeitenden Stadtbewohnern sowie einfachen Leuten
dargeboten werden, während sie sich von ihrer üblichen Arbeit ausruhen, so
dass sie, nachdem sie die Klagen und Leiden anderer gehört haben, ihre eigenen leichter ertragen. So wird jeder seine Arbeit eifriger angehen. Und daher
dient dieser Gesang zur Erhaltung der ganzen Gemeinschaft". Nicht weniger
nützlich ist der *cantus coronatus*: Er wird vor Königen und Fürsten gesungen,
„so dass er ihre Seelen zu Kühnheit und Tapferkeit, Großmütigkeit und Freigebigkeit bewegt, welche alle zu einer guten Regierung beitragen".

Zieht man an dieser Stelle wiederum eine Bilanz, so ist das Bild der Konstellation, deren Genese nachgezeichnet wurde, mittlerweile erheblich komplexer
geworden. Die Anordnung der Positionen besteht nun aus recht heterogenen
Elementen; die zuvor verschiedentlich perspektivierte Artistenfakultät wurde
nun mit einer Reihe von Gegenspielern konfrontiert, die, wie plausibel gemacht werden sollte, in ihrer Andersartigkeit allesamt mit ihr verbunden sind.
Diese Annahme beruhte darauf, dass die Relation zur Artes-Fakultät diese
alternativen Positionen maßgeblich prägte, mit anderen Worten: dass deren
wissenschaftliche Ausrichtung nicht nur durch ihre jeweilige individuelle Prägung (als ‚Laien' oder Franziskaner), sondern auch durch ihre konstitutive Opposition zur Pariser Universitätsphilosophie Gestalt gewinnt.

Der letzte Schritt, der in Kapitel 7 vollzogen wurde, bestand darin, diese
Perspektive umzukehren. Hier wurde gezeigt, dass die beschriebene Relation
nicht nur die alternativen Konzepte prägte, sondern wiederum Rückkopplungen entfaltete, spezifische Effekte erzielte, die auf die Artes-Fakultät zurück-
wirkten. Die intellektuelle Dynamik der konstellatorischen Relationen hatte
Konsequenzen für beide Seiten. Um diese Konsequenzen auf Seiten der Artistenfakultät zu erfassen, wurde sich eines heuristischen Tricks bedient. Während zuvor behauptet wurde, die Abspaltungen der alternativen Positionen
(oder einiger davon) seien Reaktionen des philosophischen Systems, Formen
der Verarbeitung von Irritationen, so wird an dieser Stelle allein die weiterhin
dem praxisfernen und nutzlosen Paradigma verpflichtete Universitätsphilosophie als System fokussiert, das seinerseits auf die Irritationen reagiert, welche

die Angriffe der abgespaltenen Positionen verursacht haben. Die alternativen philosophischen und artistischen Konzeptionen wurden zusammen mit der allgemeinen gesellschaftlichen Kritik zu *äußeren Faktoren*, die auf die Artes-Fakultät im engeren Sinne einwirkten, auf jene selbstreferentielle, praxisferne, auf Wahrheit abzielende Universitätsphilosophie. Diese hatte den konstitutiven Gegenpol für die alternativen Programme geliefert, wurde aber ihrerseits von deren kritischen Bezugnahmen irritiert. Diese Irritationen wurden in der Artistenfakultät sehr wohl aufgenommen und verarbeitet, allerdings in einer ganz spezifischen Form, in einer Art und Weise, die das geltende Wahrheitsparadigma in keiner Hinsicht beeinträchtigte.

Einer der zentralen Rückkopplungseffekte, die an der Artes-Fakultät zu erfassen versucht wurden, besteht in der Entwicklung eines Arguments, dessen Grundstruktur eine lange Karriere in der Philosophie- und Wissenschaftsgeschichte vor sich haben sollte. Hier, an der Pariser Artistenfakultät, als Resultat einer spezifischen Konstellation und der damit verbundenen Dynamiken, entstand eine Denkfigur, die auf ein konkretes Legitimationsproblem der Philosophie reagierte. Die Irritationen des Systems hatten nicht zur Revolution, zum Umsturz des herrschenden Paradigmas geführt, sondern zu Reflexionen darüber, wie eine selbstgenügsame, eine zweckfreie philosophische Spekulation mit der Existenz des Philosophen in einer politischen Gemeinschaft und den Erwartungen, die diese der Wissenschaft entgegenbrachte, vereinbart werden konnte. Seit ca. 1280, bei Johannes von Dacien, im anonymen Ethikkommentar BnF, lat. 14698, bei Johannes Vath, Johannes von Jandun, später auch bei Johannes Buridan, begegnet an der Artistenfakultät das Argument, dass die Philosophie, wenn man sie nur ihren selbstgenügsamen Diskurs führen lässt, wenn man sie die Wahrheit um der Wahrheit willen, unter Absehung von einem direkten Nutzen erforschen lässt, dass die Philosophie dann Ergebnisse erzielen wird, die der Gemeinschaft schließlich doch noch, ja sogar am meisten nutzen können.

Neben diesem Argument, auf dessen Karriere und Aktualität schon in der Einleitung verwiesen wurde, hatten die konstellatorischen Rückwirkungen auf die Philosophie der Artes-Fakultät weitere Effekte, lösten andere Formen der Verarbeitung aus. Legitimation der internen wissenschaftlichen Aktivität wurde von einigen durch gezielte Bezugnahmen auf die Außenwelt erstrebt. Johannes de Muris, der als Astronom um Wahrheit, um astronomische Erkenntnisse bemüht war, schrieb nebenher Briefe an Papst Clemens VI., in denen er die Relevanz seiner Expertise kommunizierte. Mit Verweis auf eine besonders günstige Konstellation empfahl er dem Papst den besten Zeitpunkt für einen Kreuzzug ins Heiligen Land. Doch Johannes de Muris zeugt gleichfalls von einer ganz anderen Reaktion. Wie zahlreiche astronomische Beobachtungen und explizite Äußerungen in seinen astronomischen und musiktheoretischen Schriften bezeugen, manifestiert sich bei Johannes eine enorme Aufwertung des Erfahrungswissens im Prozess des Erkenntnisgewinns sowie in den Strategien der Evidenzproduktion. Wurde hier auf die Erfahrung rekurriert, so ging es nach wie vor um Wahrheit, nicht primär um einen praktischen Nutzen. Die Aufwertung der Empirie betraf den epistemischen Status der *experientia* für die Produktion und Legitimation von wahrem Wissen.

Dass die Aufwertung der *experientia* in der Wissenskultur der Artistenfakultät eine Verarbeitung von kritischen Impulsen darstellt, also auf Anstößen durch soziale Faktoren beruht, ließ sich in besonderem Maße anhand der Impetustheorie des Johannes Buridan plausibel machen. Die Art und Weise, wie Johannes die Notwendigkeit einer neuen Theorie über die Bewegung von Geschossen oder Wurfobjekten begründet, entspricht beinahe einer getreuen Umsetzung dessen, was Roger Bacon als Methode der Falsifikation von Autoritäten gefordert hatte. Der Ansatzpunkt des ganzen Unternehmens ist eine Kritik an Aristoteles, eine Falsifikation der aristotelischen Theorie auf empirischer Grundlage. Buridan beginnt mit einem kritischen Impuls, der zu einer entschiedenen Zurückweisung der Behauptungen des Stagiriten führt, da sie der Erfahrung widersprechen. Auf dieser Grundlage formuliert Buridan eine neue Theorie, die sich mit den empirischen Befunden vereinbaren lässt. Mit seiner kritischen Methode jedoch, durch Rekurs auf die Erfahrung die Autoritäten zu falsifizieren, verstieß er nicht mehr, wie noch Roger Bacon um 1270, gegen irgendwelche Konventionen. Seine Theorie konnte die Kollegen überzeugen, weil eine empiriegestützte Argumentation nicht mehr ungewöhnlich war, vielmehr eine Operation darstellte, welche die Erwartungen des Systems bediente (und insofern kein Problem für die Fortsetzung der Kommunikation bildete).

• • •

Mit dem letzten Schritt im Fortgang der Betrachtung, in dem die akademische Wahrheitsphilosophie ihr eigenes Gegenteil wieder in sich aufnimmt, ist die Komplexität des Bildes, das ich zeichnen wollte, voll ausgeprägt. Die intendierte Ordnung der Zusammenhänge, d.h. im Wesentlichen: die Aufdeckung der *Struktur* einer spezifischen Akteurskonstellation und diskursiven Formation, ist mit den die erste Hälfte des 14. Jahrhunderts miteinbeziehenden Erörterungen des letzten Kapitels abgeschlossen. Viele spätere Entwicklungen in der europäischen Universitäts- und Wissenschaftsgeschichte lassen sich vor diesem Hintergrund betrachten. Die gesellschaftlichen Erwartungen gegenüber der Universität blieben bestehen, besonders der französische Königshof war weiterhin bestrebt, die Gelehrten der Universität für eigene Interessen in Anspruch zu nehmen. Wie Jacques Verger gezeigt hat, intensivierte sich das Verhältnis zwischen Hof und Universität in der zweiten Hälfte des 14. Jahrhunderts.[5] Ein manifestes Anzeichen für das Interesse des Hofes ist etwa in dem Umstand zu sehen, dass zentrale Pariser Kollegien des 14. Jahrhunderts, wie etwa jene von Laon, Montaigu, Le Plessis, Mignon, Maître Gervais und Dormans-Beauvais, von hohen königlichen Beamten gegründet wurden. Das bedeutende Collège de Navarre und das Collège de Bourgogne waren Stiftungen von französischen Königinnen.[6] Und tatsächlich lässt sich zeigen, dass ersteres ebenso wie die Kollegien von Mignon, Maître Gervais und Dormans-Beauvais ab 1370 unter die direkte Kontrolle der königlichen Macht gerieten.[7] Serge Lusignan hat argumentiert, dass die französischen Könige, etwa durch die kontinuierliche Ausweitung von Privilegien, darum bemüht waren, die Universität unter ihren Schutz zu stellen als dezidiert ‚französische' Universität mit engem Bezug zur königlichen Macht zu definieren.[8] Der Nutzen, den der Hof von der Wissenschaft hatte, war dabei sowohl ideologischer als auch konkret praktischer Natur: Die Idee der *translatio studii* bestand auch im 14. Jahrhundert als Quelle für Prestige und Legitimation fort, während die Könige andererseits regelmäßig den Rat der Gelehrten einholten.[9] 1394 etwa beriet „die Universität Paris" König Karl VI. über Maßnahmen bezüglich des bestehenden Schismas,[10] ein Thema, bezüglich dessen auch andernorts in Europa weltliche Herrscher, wie etwa Ruprecht von der Pfalz (1398–1410), auf den Rat von Universitätsgelehrten rekurierten.[11]

Dass das Interesse des Hofes an der Wissenskultur der Universität auf bestimmte praktische Aspekte abzielte, also einer eigenen, politischen Logik

---

5   Verger, „Culture universitaire, culture de cour à Paris"; Jacques Verger, „Regnum et studium: l'université comme auxiliaire du pouvoir au Moyen Âge", in: *Le pouvoir au Moyen Âge. Idéologies, pratiques, représentations*, hg. von Claude Carozzi/Huguette Taviani-Carozzi, Aix-en-Provence 2005, S. 297–311.

6   Gorochov, *Collège de Navarre*.

7   Gorochov, „Charles V et les collèges parisiens: l'affirmation d'une politique universitaire royale (1364–1380)", in: *Paris et ses campagnes sous l'ancien régime*, hg. von Michel Balard/ Jean-Claude Hervé/Nicole Lemaitre, Paris 1994, S. 187–194; Nathalie Gorochov, „Crises et conflits de pouvoir dans les collèges parisiens au XIVe siècle: l'exemple du collège Mignon", in: *Bibliothèque de l'École des chartes* 151 (1993), S. 259–274.

8   Serge Lusignan, „Vérité garde le Roy".

9   Verger, „Culture universitaire, culture de cour à Paris", S. 170.

10   CUP III, Nr. 1683, S. 617–625; dazu Destemberg, „L'honneur des universitaires", S. 31.

11   Jürgen Miethke, „Karrierechancen eines Theologiestudiums im Spätmittelalter", in: *Gelehrte im Reich. Zur Sozial- und Wirkungsgeschichte akademischer Eliten des 14. bis 16. Jahrhunderts*, hg. von Rainer Christoph Schwinges (Zeitschrift für historische Forschung, Beiheft 18), Berlin 1996, S. 181–209, S. 190.

folgte, welche die Elemente der gelehrten Welt äußerst selektiv rezipierte, zeigt sich vor allem anhand der Übersetzungen, die Karl V. (1364–1380)[12] bei einzelnen Gelehrten in Auftrag gab sowie anhand der Buchbestände der königlichen Bibliothek.[13] Nicole Oresme übersetze für Karl die Werke der praktischen Philosophie des Aristoteles, also die Ethik, die Politik und die Ökonomik ins Französische, ein kommunikativer Akt, der auch mit einer Anpassung an den Horizont des Rezipienten verbunden war.[14] Darüber hinaus begegnet Oresme mit dem *Traité des monnaies* als Verfasser einer Geldtheorie in der Volkssprache für den König. Ebenso ließ sich Karl V. den *Policraticus* des Johannes von Salisbury oder den *Liber de proprietate rerum* des Bartholomäus Anglicus ins Französische übersetzen. Die Bibliothek des Königs enthielt zahlreiche Fürstenspiegel und Werke über Astrologie.[15]

Auf die Erwartungen der politischen Welt reagierten die Gelehrten der Universität auf unterschiedliche Weise, aber nach Handlungsmustern, wie sie im Rahmen dieser Arbeit betrachtet wurden. Manche inszenierten sich, in der Hoffnung auf persönliche Vorteile, offensiv als Unterstützer des Königs; gleichzeitig war man darauf bedacht, die Autonomie der Wissenschaft zu wahren. Jean Gerson lässt sich in vieler Hinsicht in diesem Spannungsfeld zwischen wissenschaftlicher Autonomie und gesellschaftlicher Nutzerwartung verorten. Wie die Theologen des 13. Jahrhunderts trat er für die Unabhängigkeit der wissenschaftlichen Meinung ein, forderte dazu auf, dem Herrscher nicht nach dem Mund zu reden, sondern kritisch Stellung zu beziehen. Gleichzeitig war er darum bemüht, sich als ‚öffentlichen Intellektuellen' zu positionieren, seiner Stimme in der Öffentlichkeit Gewicht zu verleihen und auf diese Weise den Nutzen seiner Expertise zu kommunizieren.[16] Die Kritik der Gesellschaft aufgreifend, artikulierte er einen emphatischen *utilitas*-Begriff; indem er diesen als „anti-spekulatives Motiv"[17] gegen eine selbstreferentielle Wissenschaft in Stellung brachte, führte er einen Gedanken weiter, den im 13. Jahrhundert schon Roger Bacon entschieden verfochten hatte.

12   Zu Karl V. siehe vor allem: Françoise Autrand, *Charles V le Sage*, Paris 1994.

13   Zur Bibliothek Karls V. einschlägig: Vanina Kopp, *Der König und die Bücher. Sammlung, Nutzung und Funktion der königlichen Bibliothek am spätmittelalterlichen Hof in Frankreich* (Beiheifte der Francia 80), Ostfildern 2016.

14   Imbach, *Laien in der Philosophie des Mittelalters*, S. 91.

15   Verger, „Culture universitaire, culture de cour à Paris", S. 174; Kopp, *Der König und die Bücher*, S. 54–57.

16   Hobbins, *Authorship and Publicity*.

17   Ueli Zahnd, „Utilitas als anti-spekulatives Motiv. Zur Rezeption eines Gerson'schen Anliegens im ausgehenden Mittelalter", in: *Quaestio* 15 (2015), S. 741–750.

Die Kritik an den nutzlosen Philosophen blieb ein konstantes Phänomen. Die polemischen Abgrenzungen zwischen den einzelnen Wissenschaften sollten am Ende des 14. Jahrhunderts, in der *disputa dell'arti*, bezeichnende Formen annehmen, ein Streit, der nicht, wie oftmals zu lesen ist, erst in dieser Zeit begann, sondern vielmehr etwas fortsetzte, das bereits im 13. Jahrhundert an der Universität Paris voll ausgeprägt war. Schon hier hatte man einen expliziten Begriff von den *scientiae lucrativae*, die nach gänzlich anderen Parametern operierten als das Erkenntnisstreben der Philosophen. Die damit verbundene Kritik an nutzloser Buchgelehrsamkeit, die im späten Mittelalter in zahlreichen Kontexten, etwa in einschlägiger Form bei Sebastian Brant,[18] begegnet, hatte ihre kommunikative Struktur bereits in der Pariser Sattelzeit erhalten.

Die ‚Artisten' an den europäischen Universitäten des Spätmittelalters sahen sich sowohl mit expliziter Kritik als auch mit einer gesellschaftlichen Erwartungshaltung konfrontiert. Der Einzelne musste sich nach wie vor mit der Frage auseinandersetzen, welcher Nutzen dem, was er an der Universität gelernt hatte, in der außerakademischen Welt zukam und wie er davon profitieren konnte.[19] Karrieremöglichkeiten gab es, freilich; aber die Bereiche, in denen ein Artist sein Wissen an den Mann bringen konnte, hatten nichts mit ‚Philosophie' zu tun. Alles, was man an der Artistenfakultät über die aristotelische *Physik*, die *Metaphysik*, über *De anima*, *De generatione et corruptione* oder *De animalibus* gehört hatte, war in der außerwissenschaftlichen Welt, für praktische Zwecke, kaum relevant. Selbst die Logik war nur bedingt anwendbar. Artisten konnten als Schreiber arbeiten, im administrativen Bereich, doch musste man dazu vor allem die lateinische Grammatik beherrschen, nicht die aristotelische Philosophie, die an den Universitäten weiterhin betrieben wurde.[20] *Unmittelbar*, so betont Jürgen Miethke, war das artistische Wissen nur in

---

18   Dazu künftig: Esmeray Sarah Ergel, *Der Experte und seine Kritik: Zum Umgang mit Wissen in Satiren des 16. Jahrhunderts*; siehe ebenso: Martin Kintzinger, „Experientia lucrativa? Erfahrungswissen und Wissenserfahrung im europäischen Mittelalter", in: *Das Mittelalter* 17 (2012), S. 95–117.

19   Dazu: Martin Kintzinger, „Die Artisten im Streit der Fakultäten"; Martin Kintzinger, „A Profession but not a Career? Schoolmasters and the Artes in Late Medieval Europe", in: Courtenay/Miethke (Hg.), *Universities and schooling in Medieval Society*, S. 167–181; Martin Kintzinger, „Studens artium, Rector parochiae und Magister scolarum im Reich des 15. Jahrhunderts. Studium und Versorgungschancen der Artisten zwischen Kirche und Gesellschaft", in: *Zeitschrift für Historische Forschung* 26 (1999), S. 1–41.

20   Verger, „Maîtrise ès-arts", der festhält: „Par elle-même pourtant, la maîtrise ès-arts n'offrait que des débouchés professionels restreints, pratiquement limités à l'enseignement" (S. 130); im Hinblick auf administrative Tätigkeiten: „Il est difficile de dire en quoi leur formation spécifique, par-delà une certaine aptitude aux ‚écriture', les préparait à ces tâches" (S. 130).

der Lehre anwendbar.[21] Das Spannungsfeld, wie es in dieser Arbeit beschrieben wurde, blieb also in seiner Struktur bestehen.

Auch an ‚alternativen Figuren' sollte es in der nachfolgenden Wissenschaftsgeschichte Europas nicht mangeln. Ein Beispiel aus dem frühen 15. Jahrhundert ist etwa der Pariser „Konstrukteur" Jean Fusoris (ca. 1365–1436), der sich nach seinem Studium dezidiert der praktischen Applikation der Mathematik zuwandte und mehrere Astrolabien und astronomische Uhren im Auftrag prominenter Kunden (darunter Fürsten, Könige und Päpste) konstruierte.[22] Fusoris verfasste auch Traktate über die praktische Anwendung der Mathematik, über den Gebrauch des Astrolabs und den Nutzen der praktischen Geometrie für die Anfertigung von Instrumenten. In singulärer Weise hat Jean Fusoris das Projekt einer praktisch angewandten Mathematik nicht nur propagiert, sondern mit konkreten Resultaten in seiner Pariser Werkstatt realisiert. Wie schon Pierre de Maricourt im 13. Jahrhundert war auch Jean Fusoris um eine Nutzung des Magneten zum Zweck der Navigation bemüht. Er liegt damit auf ganzer Linie des Programms, das Roger Bacon und Petrus de Maricourt 150 Jahre zuvor entworfen hatten.

Dass das Spannungsverhältnis zwischen praxisferner Universitätsphilosophie und der ubiquitären Forderung nach einem praktischen Nutzen des Wissens kulturell produktiv werden konnte, zeigt sich schließlich in vielfacher Hinsicht in den Entwicklungen des 17. Jahrhunderts. Hier sehen nach wie vor viele Forscher den Beginn der gesellschaftlichen Nutzerwartung gegenüber den Gelehrten und den Beginn einer Reflexion über soziale Relevanz in der Wissenschaft. Francis Bacon wird immernoch als Gründervater dieser Überlegungen gefeiert.[23] Nach der gänzlich kirchlichen Bestimmung der Universitäten im Mittelalter, als die Universität allein der Ausbildung des Klerus gedient habe, so hält Steven Shapin fest, hätten in der frühen Neuzeit auch weltliche Akteure und Institutionen ein Interesse an der Wissenschaft entwickelt. Unter den Autoren, die nun darauf reagierten, indem sie emphatisch dafür eintra-

---

21 „The educated student of arts was able to use Donatus or Matthew of Vendôme, or above all Aristotle, constantly and immediately only if he was lucky to earn his living as a teacher at a Latin school or at the university itself" (Miethke, „Practical Intentions of Scholasticism", S. 218); im Hinblick auf außeruniversitäre Tätigkeiten als Schreiber konnte neben der Grammatik am ehesten die Rhetorik praktisch adaptiert werden. An der Universität Ingolstadt führte dies im 15. Jahrhundert vorübergehend zu einer stärker praxisorientierten Rhetoriklehre: Maximilian Schuh, „Praxisorientierte Ausbildung oder elitäres Wissen? Universitäre Didaktik der Rhetorik im 15. Jahrhundert", in: *Das Mittelalter* 17 (2012), S. 116–125.

22 Emmanuel Poulle, *Un constructeur d'instruments astronomiques au XVᵉ siècle: Jean Fusoris*, Paris 1963.

23 Siehe die Diskussion in der Einleitung.

ten, die Naturphilosophie für die Zwecke der Politik und der Gesellschaft zu nutzen, sei aber niemand so enthusiastisch und einflussreich gewesen wie Francis Bacon.[24] In der Tat hat Francis Bacon in paradigmatischer Weise gefordert, die Naturphilosophie in den Dienst der Politik zu stellen. In seinem *Novum Organum* von 1620 und in seinem utopischen Entwurf *New Atlantis* von 1627 führt Bacon vor, wie eine reformierte Naturphilosophie der Politik und dem Gemeinwohl nutzen könnte.[25] Aber die Tatsache, dass Bacon für eine *Reform* der Wissenschaft eintrat, verweist bereits implizit auf den konstitutiven Gegenpol seiner Konzeption im Hintergrund: Die Kontrastfolie, auf der er sein Programm entwickelt, ist die Naturphilosophie, wie sie in seiner Wahrnehmung bisher betrieben wurde, die Philosophie der Universitäten, in der man sich nur mit *Worten* statt mit realen Dingen befasse.[26]

Indem Francis Bacon die Erwartung der Gesellschaft aufgreift und sein praxisorientiertes Wissenskonzept in Abgrenzung von der etablierten Naturphilosophie, d.h. vor allem dem scholastischen Aristotelismus, entwickelt, nimmt er strukturell dieselbe Position ein wie sein Namensvetter Roger und die anderen alternativen Figuren des 13. Jahrhunderts. Es soll nicht bestritten werden, dass die Dimensionen dieser Bewegung im 17. Jahrhundert größer waren, dass Francis Bacon im Gegensatz zu Roger Befürworter seines Projekts und Gleichgesinnte fand; aber die Struktur der Konstellation, die sein Konzept erst provoziert hat, ist dieselbe, die sich im 13. Jahrhundert herausgebildet hatte. Die soziale und intellektuelle Dynamik dieser Entwicklung beruht auf einer Konstellation, die aus der Frühzeit der Wissenschaftsgeschichte stammt und dort bereits in derselben Richtung produktiv gewesen war.

Weder das Nützlichkeitspostulat, noch eine empiriebasierte Autoritätskritik waren im 17. Jahrhundert etwas Neues. Shapin betrachtete die Möglichkeit, „Aristotle himself" zu kritisieren, es als ein neues Phänomen der frühen Neuzeit, das auf einem neuen Verhältnis von Autorität und Erfahrung beruhe. Derartige Annahmen lassen sich leicht anhand der mittelalterlichen Quellen falsifizieren. Eines der Argumente dieser Arbeit war, dass die emphatische Propagierung von Erfahrungswissen im Mittelalter und in der frühen Neuzeit auf vergleichbaren strukturellen Bedingungen beruhen, von spezifischen Wahrnehmungsprozessen, Konfliktverläufen und Diskurslogiken angestoßen und reguliert wurden. Damit ist weder etwas über die besonderen Formen, noch etwas über die Dimensionen gesagt, die mit der jeweiligen Aktualisierung der

---

24 Shapin, *Scientific Revolution*, S. 127.
25 Henry, *Knowledge is Power*; Leary, *Francis Bacon and the Politics of Science*; Martin, *Francis Bacon, the State, and the Reform of Natural Philosophy*.
26 Shapin, *Scientific Revolution*, S. 129.

konstellatorischen Grundstruktur verbunden waren. Hier sind freilich erhebliche Differenzen zwischen Mittelalter und Neuzeit festzustellen. Neue wissenschaftliche Organisationsformen, Akademien und Forschungsinstitute, machen das Bild komplexer, schaffen Raum für die Ausbildung neuer Positionen, Relationen, und damit kommunikativer Dynamiken.

Und dennoch: Die *akademische Philosophie* blieb auch in der neuzeitlichen Wissenschaftsgeschichte ein zentraler Bezugspunkt für diejenigen, die sich als ‚Alternative' verstanden und den Praxisbezug des Wissens in Abgrenzung von einer als *nutzlos* wahrgenommenen etablierten Wissenschaft propagiert haben. Dies gilt besonders etwa für die marxistisch orientierten Denker des Westens. Georg Lukács war zwar von den zeitgenössischen Neukantianern beeinflusst,[27] verstand sich selbst aber dezidiert nicht als Vertreter der akademischen Philosophie. Seine leitende Maxime war vielmehr das Marx'sche Diktum: „Die Philosophen haben die Welt nur verschieden interpretiert, es kommt aber darauf an, sie zu verändern". Diese Haltung gegenüber den „Philosophen" und diese Auffassung von dem, was die eigene Aufgabe sein sollte, galten Lukács als zentrale Kennzeichen eines ‚orthodoxen Marxisten' als den er sich wahrnahm.[28] Nachdem die „Philosophen" die Welt nur interpretiert haben, ohne sie zu verändern, ist es für Lukács notwendig, das Verhältnis von Theorie und Praxis neu zu definieren. Die Theorie soll für Lukács „unmittelbar und adäquat in den Umwälzungsprozess der Gesellschaft eingreifen". Sie soll praktisch wirksam werden, soll unmittelbar der Praxis dienen. Ihre „geschichtliche Funktion" besteht darin, die „Selbsterkenntnis" einer Klasse, d.h. Klassenbewusstsein, und damit ihre „Selbstbehauptung im Kampfe" zu ermöglichen.[29]

Als Alternative zu den wirkungslosen „Philosophen" der Universität hat sich durchaus auch Theodor W. Adorno verstanden. „Adorno verabscheute die akademische Philosophie seiner Zeit".[30] Er positionierte sich gegenüber dem uni-

---

27   Konstantinos Kavoulakos, *Ästhetizistische Kulturkritik und ethische Utopie. Georg Lukács' neukantianisches Frühwerk*, Berlin 2014.

28   Das Zitat von Marx steht als Motto über dem Kapitel ‚Was ist orthodoxer Marxismus', in: Georg Lukács, *Geschichte und Klassenbewusstsein. Studien über marxistische Dialektik*, Berlin 1923, S. 35–53; ‚orthodoxer Marxismus' besteht für Lukács nicht in sklavischer Gefolgschaft gegenüber den Marx'schen Schriften, sondern in der in diesem Zitat ausgedrückten Haltung.

29   Lukács, *Geschichte und Klassenbewusstsein*, S. 36.

30   Klaus von Beyme, „Adorno und die kritische Aufklärung in der Bundesrepublik Deutschland", in: *Politikwissenschaft und Politische Bildung. Nationale und internationale Perspektiven*, hg. von Markus Gloe/Volker Reinhardt, Wiesbaden 2010, S. 15–32, S. 15; siehe ebenso: Britta Scholze, „Die Kunst der Provokation. Adornos philosophischer Optimismus", in: *Theodor W. Adorno. Philosoph des beschädigten Lebens*, hg. von Moshe Zuckermann, Göttingen 2004, S. 46–60.

versitären Mainstream gezielt als ‚öffentlichen Intellektuellen‘, versuchte mit Vorträgen, Schriften und Fernsehinterviews über die Grenzen der Wissenschaft hinaus Einfluss zu nehmen. Seine Sozialphilosophie sollte einen gesellschaftlichen Nutzen haben, einen Nutzen, den er sowohl als öffentlicher Kritiker als auch als philosophischer Lehrer im Hörsaal verfolgte. Die „Erziehung zur Mündigkeit" sowie die Aktivität als Mahner in der Öffentlichkeit jedoch waren Elemente eines Programms, das – unter anderen Bedingungen und in anderer Form, aber von einer *analogen konstellatorischen Position* aus – auch Johannes de Garlandia im 13. Jahrhundert erstrebt hatte.

Der Anschluss an die unmittelbare Gegenwart, also an das 21. Jahrhundert, muss nicht lange gesucht werden, wie die Diskussion in der Einleitung zeigen sollte: Die „Philosophische Praxis" versteht sich dezidiert als Alternative zur akademischen Philosophie, in der es um „die Wahrheit schlechthin" geht; sie möchte kein abstraktes Wissen vermitteln, sondern die Lebensprobleme des Einzelnen angehen.

• • •

Die oppositionelle Beziehung zwischen akademischer Philosophie und alternativem Entwurf, die in Mittelalter und Moderne intellektuelle Dynamiken entfaltete, verweist auf ein signifikantes Merkmal der Geschichte der europäischen Philosophie, das beide Epochen charakterisiert: die *Pluralität* des philosophischen Denkens, die Vielschichtigkeit dessen, was Philosophie in Mittelalter oder Moderne ‚ist‘. In den unterschiedlichen Aneignungen, den divergierenden *Interpretationen* der Philosophie, also den ganz verschiedenen Vorstellungen von der Funktion, Aufgabe, der Finalität und den Gegenständen der philosophischen Praxis, offenbart sich der plurale und dynamische Charakter der jeweiligen Wissenskulturen. Diese Einsicht ist entscheidend für die Beurteilung der Kultur des europäischen Mittelalters im Allgemeinen. Es zeigt sich hier einmal mehr, dass die ‚Episteme‘ des Mittelalters kein holistisches und starres Gebilde ist, sondern aus heterogenen und konfligierenden Wirklichkeitsinterpretationen besteht. Die Suche nach einem ‚historischen Apriori‘, also nach den einenden Mustern, die dem Denken einer Epoche zugrundeliegen, erweist sich vor dem Hintergrund dieser epistemischen Pluralität wenn nicht als fragwürdiges, so doch zumindest als schwieriges Unterfangen. Michel Foucaults Ansatz, *die* epistemische Ordnung einer Epoche anhand der gängigen Klassifikationen der Dinge, der etablierten Kategorisierungen herauszuarbeiten,[31] würde im Hinblick auf die Philosophie des 13.

---

31 Foucault, *Die Ordnung der Dinge.*

Jahrhunderts zu kurz greifen: Denn der Kampf um die Ausrichtung der Philosophie manifestiert sich, wie gezeigt wurde, besonders in den konkurrierenden Entwürfen der Ordnung der Philosophie, also in den Klassifikationen des philosophischen Wissens. Mit den philosophischen Systematiken der Pariser Artes-Fakultät einerseits und den alternativen Klassifikationen der Philosophie bei Brunetto Latini und Roger Bacon andererseits begegnen gänzlich verschiedene Ordnungsmuster. Die Ordnung des philosophischen Wissens präsentiert sich nicht als starre epistemische Konfiguration, sondern als ein umkämpftes Feld, auf dem diametral divergierende Interpretationen der Philosophie aufeinanderprallen.

Die Einsicht, dass von einer Einheit des mittelalterlichen Denkens keine Rede sein kann, hat Implikationen für die Charakterisierung der mittelalterlichen Kultur, die nach wie vor oftmals vor dem Hintergrund eines holistischen Kulturbegriffs betrachtet wird. Dass ein solcher Holismus unangebracht ist, hat seinen Grund nicht nur darin, dass im okzidentalen Mittelalter Elemente verschiedener Traditionen (griechischer, arabisch-muslimischer, jüdischer, christlich-lateinischer) miteinander verflochten wurden, sondern vor allem darin, dass die heterogenen sozialen Gruppen der mittelalterlichen Gesellschaften bereits jeweils eigene ‚Kulturen' konstituieren,[32] die auf der Grundlage *gruppenspezifischer Codes* eigene Interpretationen der umkämpften sozialen Wirklichkeit formulierten.

Eine solche Gruppenkultur, mitsamt ihrem performativen Potential, war auch die Kultur der mittelalterlichen Universität, die eine dynamische, stets in Bewegung bleibende Episteme produzierte. Dies aber gilt für die Gruppenkulturen der mittelalterlichen Gesellschaften insgesamt. Der Versuch, *die Kultur des Mittelalters* in einer übergreifenden epistemischen Ordnung einzufangen (deren ubiquitäres Prinzip etwa *omnis mundi creatura quasi liber et pictura nobis est et speculum* oder *ordo perfectissimus est reductio perfecta ad Deum* lauten würde) wäre ebenso vergeblich wie das Bemühen um ein ‚globales semantisches System' im Sinne der strukturalen Semantik eines Algirdas Greimas.[33] Dieses kann allenfalls als regulative Hypothese fungieren, niemals jedoch empirisch erfasst werden.[34] Der Grund dafür liegt in der *ständigen Prozesshaftigkeit* der Semiose, die aus der Performativität sozialer Interaktionen und kommunikativer Handlungen resultiert, eine Semiose, deren Dynamik

---

32   Otto Gerhard Oexle, „Soziale Gruppen in der Ständegesellschaft: Lebensformen des Mittelalters und ihre historischen Wirkungen", in: *Die Repräsentation der Gruppen. Texte – Bilder – Objekte*, hg. von Otto Gerhard Oexle/Andrea von Hülsen-Esch, Göttingen 1998, S. 9–44.

33   Algirdas Julien Greimas, *Sémantique Structurale*, Paris 1986.

34   Eco, *Einführung in die Semiotik*, S. 439.

in Mittelalter und Moderne auf der *Pluralität* von – einander auch widersprechenden – Codes und semantischen Feldern innerhalb ein und derselben ‚Kultur' beruht.[35]

Die kulturelle Vielschichtigkeit und Heterogenität des europäischen Mittelalters ist schließlich der Grund dafür, dass die Gesellschaften, die sich in dem mit dem Begriff ‚Mittelalter' bezeichneten Zeitraum herausbildeten, Räume und Nischen für die Entwicklung von Phänomenen bereitstellten, die man gemeinhin als genuine Charakteristika der Moderne wahrnimmt. Die Artistenfakultät der Universität Paris im 13. und frühen 14. Jahrhundert, auf welche die Ausführungen der vorliegenden Arbeit in direkter oder indirekter Weise bezogen waren, liefert dafür Beispiele einschlägigster Natur. Kurt Flasch hat nachdrücklich auf das ‚aufklärerische' Potential der philosophischen Bewegung an der Artes-Fakultät hingewiesen, die im Jahre 1277 verurteilt wurde. Das aufklärerische Konzept besteht vor allem darin, dass der ‚Rationalismus' der Artisten eine „methodische Anleitung zur Kritik der Religion und der Moral" enthielt.[36] Es wurde möglich, bestimmte theologische Lehren in philosophischer Perspektive als ‚absurd' auszuweisen. Flasch hat nicht die Absicht, die Aufklärung des 13. Jahrhunderts mit der des französischen 18. Jahrhunderts schlicht gleichzusetzen, zu offensichtlich seien die Differenzen; aber man könne sehr wohl von ‚Aufklärung' ebenso wie von ‚Rationalismus' sprechen, unter der Bedingung, dass diese Begriffe konsequent historisiert werden.[37] Flasch plädiert also, so ließe sich das Argument ausführen, für verschiedene, durch struktural homologe Merkmale miteinander vergleichbare, *historische Formen* von Aufklärung, mithin für die Annahme einer spezifisch *mittelalterlichen Aufklärung.*

Die „Präsenz" der artistischen Philosophie des 13. Jahrhunderts in der Gegenwart, also die Tatsache, dass etwas, das im 13. Jahrhundert an der Pariser Artistenfakultät entstand, in einigen wesentlichen Grundzügen in der Gegenwart fortbesteht, hat ebenso Ruedi Imbach hervorgehoben. Das, was Pariser Artes-Magister wie Siger von Brabant und Boethius von Dacien um 1270 auf den Weg gebracht haben, ist für Imbach vor allem „die Philosophie als eigenständige, aber unabhängige Disziplin, die inhaltlich und methodisch, d.h. in ihrem Gegenstandsbereich und in ihrem Verfahren von der Theologie verschieden ist".[38] Es geht um die wissenschaftliche Autonomie der Philosophie, die sich bei Boethius von Dacien, der die „Einmischung jeglicher nichtphilosophischen

---

35 Eco, *Einführung in die Semiotik*, S. 94.
36 Flasch, *Aufklärung im Mittelalter?*, S. 40.
37 Flasch, *Aufklärung im Mittelalter?*, S. 41.
38 Imbach, „Präsenz des mittelalterlichen Philosophieverständnisses", S. 37.

Instanz in das Geschäft der Philosophie" ausschließt, klar formuliert findet.[39] Diese Konzeption aber stellt für Imbach die Grundlagen für ein modernes Verständnis vom „Beruf" des Philosophen bereit: „Die Professoren der Pariser Artistenfakultät haben die universitäre Philosophie, so wie wir sie heute noch als Beruf kennen und ausüben, erstmals theoretisch und praktisch verwirklicht".[40]

Wie Kurt Flasch weist demnach auch Ruedi Imbach auf Phänomene des 13. Jahrhunderts hin, die, in eigenen Formen und in neuen Kontexten, auch in späteren Jahrhunderten begegnen. Diesen Phänomenen, also dem philosophischen Selbstverständnis und der wissenschaftlichen Autonomie der Philosophie, wurden in dieser Arbeit längere Ausführungen gewidmet, unter anderem mit dem Ziel, die spezifischen sozialen Bedingungen herauszuarbeiten, die zur Genese dieser Phänomene geführt haben. Das wachsende Selbstverständnis der Artisten als Lehrer der Philosophie und die Zuordnung zu einer eigenen sozialen Gruppe mit eigenen Werten und Habitusformen sowie einem eigenen Arbeits- und Zuständigkeitsbereich, diese Entwicklungen waren mit spezifischen Sozialisationsprozessen und Wahrnehmungsvorgängen, mit institutionellen Praktiken und intellektuellen Dynamiken verbunden.

Was die Beurteilung dieser Resultate im Hinblick auf ihre „Präsenz" in der Moderne betrifft, kann ich mich der Einschätzung Imbachs nur anschließen. Doch die Artistenfakultät von Paris wurde im späten 13. und 14. Jahrhundert auch zur Geburtsstätte eines anderen Phänomens, das in nicht geringerem Maße bezeichnende Parallelformen in der Neuzeit findet. Aus der spezifischen Situation der Pariser Artisten, aus der Art und Weise, in der das System der Universitätsphilosophie mit seiner Umwelt kommunizierte, erwuchs ein Legitimationsbedürfnis der Philosophen. Der philosophische Wahrheitsdiskurs wurde von einer gesellschaftlichen Nutzererwartung irritiert, welche die Philosophie zwang, ihr Verhältnis zur ‚Welt' zu reflektieren, darüber nachzusinnen, wie ein zweckfreies Wissensstreben in einer grundsätzlich praxisorientierten Umwelt zu rechtfertigen war. Das Spannungsfeld zwischen philosophischer Wahrheit und sozialer Relevanz führte in Paris um 1300 zur Genese einer Denkfigur, die in zahlreichen neuzeitlichen Kontexten wieder begegnet und auch in der Selbstbeschreibung der gegenwärtigen Wissenschaft zentral ist: Die Autonomie der Philosophie, ihr zweckfreies, selbstgenügsames Streben nach Erkenntnis sei gerade die Voraussetzung dafür, dass sie mittelbar der Gemeinschaft nutzen kann. Nicht eine direkte Zulieferung von praktischem, ‚maßgeschneidertem' Wissen, wie bei den Vertretern der Professionenwissenschaften, sondern die autonom, durch freie Wahrheitssuche gewonnenen Einsichten in das Wesen

---

39   Imbach, „Präsenz des mittelalterlichen Philosophieverständnisses", S. 38.
40   Imbach, „Präsenz des mittelalterlichen Philosophieverständnisses", S. 42.

der Dinge werden der Gemeinschaft schließlich am meisten nutzen. Sie bieten kein konkretes Verfügungswissen, sondern wertvolles Orientierungswissen.[41] Die Bewohner Kastaliens, der „pädagogischen Provinz", sind keine Männer der Praxis; aber die Gelehrsamkeit der Glasperlenspieler verschafft ihnen Einsichten, die sie zu einem Urteil in besonders schwierigen politischen Fragen, *„in magnis negotiis"*, wie Johannes Vath es ausdrückte, befähigen. Nichts anderes meint Otfried Höffe, wenn er vom „Nutzen des Nutzlosen" spricht, von einer Philosophie, die einer „nutzenfreien Wißbegier" verpflichtet ist, sich den Zwängen der Ökonomisierung widersetzt, aber gerade deshalb in der Lage ist, nebenher Antworten auf virulente Probleme der Gesellschaft zu geben.[42]

Dieses ‚komplexe' Argument, das aus einer spezifischen diskursiven Formation, der Verschränkung eines Wahrheits- und eines Nützlichkeitsdiskurses, erwuchs, ist kein genuines Merkmal moderner Wissenschaft. Es am Ende des 13. Jahrhunderts in Paris zu konstatieren, heißt nicht, eine diskursive Konstruktion der Moderne im Mittelalter zu verorten, sondern weist darauf hin, dass die Vorstellung, vermeintlich genuin moderne Phänomene könne es im Mittelalter *apriori* nicht gegeben haben, selbst eine diskursive Konstruktion ist, durch die sich die Moderne auf der Kontrastfolie des Mittelalters profiliert.[43] Die von dieser Konstruktion hervorgebrachte Ontologie, mit ihrer Qualifizierung epochenspezifischer Merkmale als ‚mittelalterlich' oder ‚modern', wird fragwürdig, wenn man anerkennt, dass es ‚hybride Objekte' gibt, also solche, die *jeweils eigene historische Formen* in Mittelalter und Moderne haben. Das Konzept einer autonomen Philosophie, einer experimentellen Wissenschaft oder das Argument vom „Nutzen des Nutzlosen" zählen dazu. Dies sind ‚hy-

---

41 Jürgen Mittelstraß, „Für und Wider eine Wissenschaftsethik", in: Jürgen Mittelstraß, *Wissen und Grenzen. Philosophische Studien*, Frankfurt am Main 2001, S. 68–88.

42 Höffe, *Macht der Moral*; Höffe, „Nutzen des Nutzlosen"; es ist bezeichnend, wenn auch kaum überraschend, dass sich in Höffes Apologie alle drei Faktoren wiederfinden, die schon die akademische Philosophie des 13. Jahrhunderts irritierten: Höffe reflektiert die allgemeinen Erwartungen der Gesellschaft, etwa die Forderungen der Politiker; er grenzt sich von den *scientiae lucrativae* innerhalb der Universität, vor allem von den Wirtschaftswissenschaften ab, die diese Forderungen unmittelbar bedienen; schließlich setzt er sich ebenso mit der Kritik der ‚alternativen' Philosophen auseinander: Marx' Behauptung, die Philosophen würden die Welt nur interpretieren, statt sie zu verändern, werde der Philosophie nicht gerecht, da sie der Welt sehr wohl nutzen könne; nur eben nicht durch praktisches Rezeptwissen, das auf partikulare Aktionen zielt.

43 Otto Gerhard Oexle, „Die Moderne und ihr Mittelalter. Eine folgenreiche Problemgeschichte", in: *Mittelalter und Moderne. Entdeckung und Rekonstruktion der mittelalterlichen Welt*, hg. von Peter Segl, Sigmaringen 1997, S. 307–364; Otto Gerhard Oexle, „Luhmanns Mittelalter", in: *Rechtshistorisches Journal* 10 (1991), S. 53–66; Frank Rexroth, „Das Mittelalter und die Moderne in den Meistererzählungen der historischen Wissenschaften", in: *Zeitschrift für Literaturwissenschaft und Linguistik* 38 (2008), S. 12–31.

bride Objekte' und insofern Dinge, die dem modernen Betrachter zu Recht vertraut erscheinen. Dass diese Vertrautheit (wiederum zu Recht) Misstrauen erzeugt, hat seinen Grund im historistischen Trauma der Geschichtswissenschaft. Doch *apriori* anzunehmen, alles vertraut Erscheinende könne nur eine Rückprojektion von Kategorien sein, die dem eigenen, historisch und kulturell konditionierten Erwartungshorizont entstammen, wäre ein Trugschluss (streng genommen nach dem Muster *cum hoc ergo propter hoc*), der selbst auf einem geschichtstheoretischen Basissatz beruht, d.h. selbst aus einem prädisponierten Erwartungshorizont resultiert. Wenn die methodisch reflektierte Analyse der empirischen Befunde erlaubt, strukturale Homologien zwischen mittelalterlichen und modernen Phänomenen zu konstatieren, dann ist es angebracht, seine geschichtstheoretischen Vorannahmen zu hinterfragen. Die autonome Philosophie, die experimentelle Wissenschaft und das Argument vom Nutzen des Nutzlosen, die dialektische Verschränkung des Wahrheits- und Nützlichkeitsdiskurses, werden in eigenen mittelalterlichen Formen greifbar. Sie erscheinen dem Betrachter zu Recht vertraut, einfach deshalb, weil es diese mittelalterlichen Dinge in ähnlicher Form auch in der Moderne gibt.

Quellenverzeichnis

Abaelard, Peter, *Historia Calamitatum*, ed. Dag Nikolaus Hasse, *Abaelards ,Historia Calamitatum': Text, Übersetzung, literaturwissenschaftliche Modellanalysen*, Berlin 2002, S. 1–102.

Adelard III, *Elementa Euclidis*, Prolog, ed. Marshall Clagett, „King Alfred and the Elements of Euclid", in: *Isis* 45 (1954), S. 269–277.

Anonymus Artium Magister, *Accessus philosophorum*, ed. Claude Lafleur, in: *Quatre introductions à la philosophie*, S. 177–253.

Anonymus Artium Magister, *Compendium circa quadrivium*, ed. Claude Lafleur, in: *Quatre introductions à la philosophie*, S. 357–379.

Anonymus Artium Magister, *De anima et de potenciis eius*, ed. René Antoine Gauthier, „Le Traité *De anima et de potenciis eius* d'un maître ès arts (vers 1225)", in: *Revue des sciences philosophiques et théologiques* 66 (1982), S. 3–55.

Anonymus Artium Magister, *De communibus artium liberalium*, ed. Claude Lafleur, „Un instrument de révision destiné aux candidats à la licence de la Faculté des arts de Paris, le De communibus artium liberalium (vers 1250?)", in: *Documenti e studi sulla tradizione filosofica medievale* 5 (1994), S. 129–203.

Anonymus Artium Magister, *Dicit Aristotiles*, ed. Claude Lafleur, „La Philosophia d'Hervé le Breton (alias Henri le Breton) et le recueil d'introductions à la Philosophie du Ms. Oxford, Corpus Christi College 283 (deuxième partie)", in: *Archives d'histoire doctrinale et littéraire du Moyen Âge* 62 (1995), S. 359–442, hier S. 363–390.

Anonymus Artium Magister, *Felix nimium*, ed. Claude Lafleur, „La Philosophia d'Hervé le Breton (alias Henri le Breton) et le recueil d'introductions à la Philosophie du Ms. Oxford, Corpus Christi College 283 (deuxième partie)", in: *Archives d'histoire doctrinale et littéraire du Moyen Âge* 62 (1995), S. 359–442, hier S. 398–409.

Anonymus Artium Magister, *In Ethicam novam*, ed. René Antoine Gauthier, „Le cours sur l'Ethica nova d'un maître ès arts de Paris (1235–1240)", in: *Archives d'histoire doctrinale et littéraire du Moyen Âge* 50 (1975), S. 71–141.

Anonymus Artium Magister, *Lectura in librum De anima*, ed. René Antoine Gauthier, *Anonymi Magistri Artium (c. 1245–1250) Lectura in librum „De anima" a quodam discipulo reportata (Ms. Roma, Naz. V. E. 828)*, Grottaferrata 1985.

Anonymus Artium Magister, *Nos gravamen*, ed. Claude Lafleur, *Le „Guide de l'étudiant" d'un maître anonyme de la Faculté des arts de Paris au XIIIᵉ siècle. Édition critique provisoire du ms. Barcelona, Arxiu de la Corona d'Aragó, Ripoll 109, fol. 134ra–158va* (Publications du Laboratoire de philosophie ancienne et médiévale de la Faculté de philosophie de l'Université Laval 1), Québec 1992.

Anonymus Artium Magister, *Philosophica disciplina*, ed. Claude Lafleur, in: *Quatre introductions à la philosophie*, S. 255–293.

Anonymus Artium Magister, *Primo queritur utrum philosophia*, ed. Claude Lafleur, „Le recueil de questions ‚Primo queritur utrum philosophia‛", in: *L'Enseignement de la philosophie au XIIIe siècle, autour du ‚Guide de l'étudiant‛ du ms. Ripoll 109*, hg. von Claude Lafleur/Joanne Carrier (Studia artistarum, 5), Turnhout 1997, S. 381–419.

Anonymus Artium Magister, *Questiones super Ethicam*, Auszug ed. in: Odon Lottin, „Psychologie et Morale à la Faculté des Arts de Paris aux approches de 1250", in: Odon Lottin, *Psychologie et Morale aux XIIe et XIIIe siècles*, Bd. 1, Louvain 1942, S. 521ff.

Anonymus Artium Magister, *Questiones super librum Ethicorum*, BnF, lat. 16110, fol. 277vb–281vb; Teiledition (Prolog) in: Iacopo Costa, *Anonymi artium magistri questiones super librum Ethicorum Aristotelis (Paris, BnF lat. 14698)* (Studia artistarum 23), Turnhout 2010, S. 108–111.

Anonymus Artium Magister, *Questiones super librum Ethicorum*, ed. Iacopo Costa, *Anonymi artium magistri questiones super librum Ethicorum Aristotelis (Paris, BnF lat. 14698)* (Studia artistarum 23), Turnhout 2010.

Anonymus Artium Magister, *Questiones super Meteorologicam*, Prolog, ed. in: Luca Bianchi, *Il vescovo e i filosofi. La condanna parigina del 1277 e l'evoluzione dell'aristotelismo scolastico*, Bergamo 1990, S. 46f. (der Prolog ist ebenfalls ediert in: René Antoine Gauthier, *Magnanimité. L'idéal de la grandeur dans la philosophie paienne et dans la théologie chretienne*, Paris 1951, S. 68f).

Anonymus Artium Magister, *Questiones super Physicam*, ed. Albert Zimmermann, *Ein Kommentar zur Physik des Aristoteles aus der Pariser Artistenfakultät um 1273* (Quellen und Studien zur Geschichte der Philosophie 11), Berlin 1968.

Anonymus Artium Magister, *Secundum quod testatur Ysaac*, Teiledition in: Ruedi Imbach, „Einführungen in die Philosophie aus dem XIII. Jahrhundert. Marginalien, Materialien und Hinweise im Zusammenhang mit einer Studie von Claude Lafleur", in: Ruedi Imbach, *Quodlibeta. Ausgewählte Artikel/Articles choisis*, hg. von Francis Chevenal/Thomas Ricklin/Claude Pottier, Freiburg/Schweiz 1996, S. 63–91, hier S. 84f.

Anonymus Artium Magister, *Sententia super II et III ‚De anima‛*, ed. B. Carlos Bazán/Kevin White, *Anonymi Magistri Artium Sententia super II et III „De anima"* (*Ms. Oxford, Bodleian Library, Lat. Misc. C. 70, fol. 1ra–25vb; Roma, Bibl. Naz. V. E. 828, fol. 46vb, 48ra–52ra), édition, étude critique et doctrinale par B. Carlos Bazán, texte du De anima uetus par Kevin White*, Louvain 1998.

Anonymus Artium Magister, *Ut ait Tullius*, ed. Gilbert Dahan, „Une introduction à l'étude de la philosophie au XIIIe siècle: Ut ait Tullius", in: *L'enseignement de la philosophie au XIIIe siècle: autour du ‚Guide de l'étudiant‛ du ms. Ripoll 109*, hg. von Claude Lafleur/Joanne Carrier (Studia artistarum, 5), Turnhout 1997, S. 3–58.

Anonymus Artium Magister, *Ut testatur Aristotiles*, ed. Claude Lafleur, „L'introduction à la philosophie Vt testatur Aristotiles (vers 1265–1270)", in: *Laval théologique et philosophique* 48,1 (1992), S. 81–107.

Anonymus von Erfurt, *Questiones super libros Ethicorum*, Erfurt, Universitätsbibliothek, 13, Teiledition (Questio 41) in: Iacopo Costa, „L'Éthique à Nicomaque à la faculté des arts de Paris avant et après 1277", in: *Archives d'histoire doctrinale et litteraire du Moyen Âge* 79 (2012), S. 71–114, hier S. 109ff.

Anonymus von Erlangen, *Super ethycam*, Erlangen Universitätsbibliothek, 213, fol. 47ra–8ovb, Teiledition (Questio 46) in: Iacopo Costa, „L'Éthique à Nicomaque à la faculté des arts de Paris avant et après 1277", in: *Archives d'histoire doctrinale et litteraire du Moyen Âge* 79 (2012), S. 71–114, hier S. 106ff.

Anonymus, *Antequam essent clerici*, ed. Robert Dyson, *Three Royalist Tracts, 1296–1302*, Bristol 1999, S. 2–10.

Anonymus, *Artis cuiuslibet consummatio*, ed. Stephen Victor, *Practical Geometry in the High Middle Ages*. Artis cuiuslibet consummatio *and the* Pratike de Geometrie, Philadelphia 1979.

Anonymus, *Disputatio inter clericum et militem*, ed. Robert Dyson, *Three Royalist Tracts, 1296–1302*, Bristol 1999, S. 12–45.

Anonymus, *Questio Rex pacificus*, ed. Robert Dyson, *Quaestio de potestate papae (Rex pacificus)*, Lewiston 1999.

Aristoteles, *Metaphysik*. Neu bearb., mit Einleitung und Kommentar hg. von Horst Seidel, 2 Bde., 3. Aufl., Hamburg 1989–1991.

Aristoteles, *Zweite Analytiken*. Mit Einleitung, Übersetzung und Kommentar hg. von Horst Seidel, Würzburg 1984.

Arnulf von der Provence, *Divisio scientiarum*, ed. Claude Lafleur, in: *Quatre introductions à la philosophie*, S. 295–355.

Auctarium Chartularii Universitatis Parisiensis, Bd. 1, ed. Heinrich Denifle/Emile Chatelain, Paris 1894.

Augustinus, *De doctrina christiana*, ed. Roger P.H. Green, Oxford 1995.

Bacon, Roger, *Communia mathematica*, ed. Robert Steele, *Communia mathematica Fratris Rogeri*, London 1940.

Bacon, Roger, *Communia naturalium*, ed. Robert Steele, *Opera hactenus inedita Rogeri Baconi*, Bd. 1–4, Oxford 1911–1913.

Bacon, Roger, *Compendium studii philosophiae*, ed. John S. Brewer, *Fr. Rogeri Bacon Opera quaedam hactenus inedita*, Bd. 1, London 1859.

Bacon, Roger, *Compendium studii theologiae*, ed. Thomas S. Maloney (Studien und Texte zur Geistesgeschichte des Mittelalters 20), Leiden 1988.

Bacon, Roger, *De signis*, ed. Margareta K. Fredeborg/Lauge Nielson/Jan Pinborg, „An Unedited Part of Roger Bacon's ‚Opus maius': ‚De signis'", in: *Traditio* 34 (1978), S. 75–136.

Bacon, Roger, *Epistola de secretis operibus artis naturae*, ed. John S. Brewer, *Fr. Rogeri Bacon Opera quaedam hactenus inedita*, Bd. 1, London 1859.

Bacon, Roger, *Liber sex scientiarum*, ed. Andrew G. Little/Edward Withington, *Opera hactenus inedita Rogeri Baconi*, Bd. 9, Oxford 1928.

Bacon, Roger, *Moralis philosophia*, ed. Eugenio Massa, Rogeri Baconis Moralis philosophia, Zürich 1953.

Bacon, Roger, *Opus maius*, ed. John Henry Bridges, *The ‚Opus majus' of Roger Bacon*, 3 Bde., Oxford 1897–1900.

Bacon, Roger, *Opus minus*, ed. John S. Brewer, *Fr. Rogeri Bacon Opera quaedam hactenus inedita*, Bd. 1, London 1859.

Bacon, Roger, *Opus tertium*, ed. John S. Brewer, *Fr. Rogeri Bacon Opera quaedam hactenus inedita*, Bd. 1, London 1859.

Bacon, Roger, *Perspectiva*, ed. David Lindberg, *Roger Bacon and the Origins of Perspectiva in the Middle Ages. A Critical Edition and English Translation of Bacon's Perspectiva with Introduction and Notes*, Oxford 1996.

Bacon, Roger, *Secretum Secretorum*, ed. Robert Steele, *Secretum Secretorum cum Glossis et Notulis Fratris Rogeri* (Opera hactenus inedita Rogeri Baconi, Fasc. V), Oxford 1920.

Bacon, Roger, *Summulae dialectices*, ed. Alain de Libera, „Les Summulae dialectices de Roger Bacon", in: *Archives d'histoire doctrinale et littéraire du Moyen Âge*, 53 (1986), S. 139–289.

Bericht über das Pariser Nationalkonzil von 1290, ed. Heinrich Finke, *Aus den Tagen Bonifaz VIII. Funde und Forschungen*, Münster 1902, Quellen: S. III–VII.

Boethius, *De institutione arithmetica*, ed. Gottfried Friedlein, *Anicii Manlii Torquati Severini Boetii De institutione arithmetica libri duo, De institutione musica libri quinque*, Leipzig 1867.

Boethius, *De institutione musica*, ed. Gottfried Friedlein, *Anicii Manlii Torquati Severini Boetii De institutione arithmetica libri duo, De institutione musica libri quinque*, Leipzig 1867.

Boileau, Étienne, *Le livre des métiers*, ed. René de Lespinasse/François Bonnardot, *Les métiers et corporations de la Ville de Paris: XIIIᵉ siècle, Le Livre des Métiers d'Etienne Boileau*, Paris 1879.

Bonaventura (?), *Ars concionandi*, in: Bonaventura, *Opera Omnia*, Bd. 9, cura patrum Collegii S. Bonaventuae, Quaracchi 1901, S. 8–21.

Bonaventura, *De reductione artium ad theologiam*, ed. Pierre Michaud-Quantin, *Les six lumières de la connaissance humaine. De reductione artium ad theologiam*, Paris 1971.

Bonaventura, *De septem donis Spiritus Sancti*, in: Bonaventura, *Opera Omnia*, Bd. 5, cura patrum Collegii S. Bonaventuae, Quaracchi 1891, S. 455–503.

Brito, Radulphus, *Questiones in Aristotelis librum tertium De anima*, ed. Winfried Fauser, *Der Kommentar des Radulphus Brito zu Buch III De anima: kritische Edition und philosophisch-historische Einleitung*, Münster 1974.

Brito, Radulphus, *Questiones in Metaphysicam*, Teiledition (Prolog + Questiones I,11 und I,12) in: Sten Ebbesen, „Radulphus Brito. The Last of the Great Arts Masters, or: Philosophy and Freedom", in: *Geistesleben im 13. Jahrhundert*, hg. von Jan A. Aertsen/ Andreas Speer (Miscellanea Mediaevalia 27), Berlin 2000, S. 231–251, hier S. 243–247.

Brito, Radulphus, *Questiones mathematice*, Teiledition (Prolog + Liste der Questionen nach BnF, lat. 16609) in: Olga Weijers, *La ,disputatio' à la Faculté des arts de Paris (1200–1350 environ). Esquisse d'une typologie* (Studia artistarum 2), Turnhout 1995, S. 161–171.

Brito, Radulphus, *Questiones super librum Ethicorum*, ed. Iacopo Costa, *Le questiones di Radulfo Brito sull' „Etica Nicomachea". Introduzione e testo critico* (Studia Artistarum 17), Turnhout 2008.

Brito, Radulphus, *Questiones super librum Meteorologicorum*, Auszug in: Iacopo Costa, *Anonymi artium magistri questiones super librum Ethicorum Aristotelis (Paris, BnF lat. 14698)* (Studia Artistarum 23), Turnhout 2010, S. 67f.

Brito, Radulphus, *Questiones super Priscianum minorem*, ed. Heinz Enders, 2 Bde., Stuttgart 1980.

Brito, Radulphus, *Questiones super Sophisticos elenchos*, ed. Sten Ebbesen/Jan Pinborg, „Gennadios and Western Scholasticism. Radulphus Brito's Ars Vetus in Greek Translation", in: *Classica et Mediaevalia* 33 (1981–1982), S. 263–319.

Buridan, Johannes, *Questiones in Metaphysicam Aristotelis*, Paris 1588 (Unveränd. Nachdruck, Frankfurt am Main 1964).

Buridan, Johannes, *Questiones super decem libros ethicorum*, Paris 1513 [Unveränd. Nachdruck, Frankfurt am Main 1968].

Buridan, Johannes, *Questiones super octo Phisicorum libros Aristotelis*, Paris 1509 [Unveränd. Nachdruck, Frankfurt am Main 1964].

Chartularium Universitatis Parisiensis, I–IV, ed. Heinrich Denifle/Emile Chatelain, Paris 1889–1897.

Cicero, Marcus Tullius, *De inventione*, ed. Theodor Nüßlein, Darmstadt 1998.

d'Andeli, Henri, *La Bataille des VII ars*, ed. Louis Paetow, *The Battle of the Seven Arts* (Memoirs of the University of California 4,1), Berkeley 1914.

de Brugis, Bartholomäus, *Questiones super Physicam*, Auszug in: Stuart MacClintock, *Perversity and Error. Studies on the ,Averroist' John of Jandun*, Bloomington 1956, S. 167.

de Clavasio, Dominicus, *Practica geometrie*, ed. Hubert L. L. Busard, *The Practica Geometriae of Dominicus de Clavasio*, in: *Archive for History of Exact Sciences* 2 (1965), S. 520–575.

de Garlandia, Johannes, *Clavis Compendii*, Teiledition in: Thomas Haye, „Divisio Scientiarum: Ein bisher unveröffentlichtes Wissenschaftsmodell in der Clavis Compendii des Johannes von Garlandia", in: *Vivarium* 32 (1994), S. 51–61.

de Garlandia, Johannes, *Compendium gramatice*, ed. Thomas Haye, Köln 1995.

de Garlandia, Johannes, *Cornutus*, ed. Edwin Habel, *Der Deutsche Cornutus. Der Cornutus des Johannes de Garlandia, ein Schulbuch des 13. Jahrhunderts*, Berlin 1908.

de Garlandia, Johannes, *De mensurabili musica*, ed. Erich Reimer, *Johannes de Garlandia: De mensurabili musica. Kritische Edition mit Kommentar und*

Interpretation der Notationslehre, Bd. 1: Quellenuntersuchung und Edition (Archiv für Musikwissenschaft, Beihefte 10), Wiesbaden 1972.

de Garlandia, Johannes, *De triumphis ecclesiae*, ed. Thomas Wright, *De triumphis ecclesiae libri octo: a latin Poem of the thirteenth century*, London 1856.

de Garlandia, Johannes, *Dictionarius*, ed. Barbara Blatt Rubin, *The Dictionarius of John de Garlande*, Lawrence 1981.

de Garlandia, Johannes, *Exempla honestae vitae*, ed. Edwin Habel, „Die Exempla honestae vitae des Johannes de Garlandia, eine lateinische Poetik des 13. Jahrhunderts", in: *Romanische Forschungen* 29 (1910), S. 131–154.

de Garlandia, Johannes, *Morale scolarium*, ed. Louis John Paetow, *Morale scolarium of John of Garland*, Berkeley 1927, S. 69–273.

de Garlandia, Johannes, *Musica plana*, ed. Christian Meyer, *Musica Plana Johannis de Garlandia. Introduction, édition et commentaire* (Collections d'Études Musicologiques 91) Baden-Baden 1998.

de Garlandia, Johannes, *Parisiana Poetria*, ed. Traugott Lawler, *The Parisiana poetria of John of Garland*, New Haven 1974.

de Grocheio, Johannes, *Ars musice*, ed. Constant J. Mews et al., Michigan 2011.

de la Rochelle, Jean, *Processus negociandi themata sermonum*, ed. Gustavo Cantini, „Processus negociandi themata sermonum di Giovanni della Rochelle, o.f.m.", in: *Antonianum* 26 (1951), S. 247–270.

de Maricourt, Petrus, *Epistola de magnete*, ed. Loris Sturlese, in: *Petrus Peregrinus de Maricourt, Opera*, ed. Loris Sturlese/Ron B. Thomson, Pisa 1995, S. 63–89.

de Meaux, Geoffroi, *Compendium astronomiae iudicialis*, Auszug in: Lynn Thorndike, *History of Magic and Experimental Science*, Bd. 3, S. 283, Anm. 8.

de Meaux, Geoffroi, *De stellis comatis*, ed. Lynn Thorndike, *Latin Treatises on Comets between 1238 and 1368 A.D.*, Chicago 1950, S. 208–214.

de Meaux, Geoffroi, *Iudicium de eclipsi solis*, ed. Lynn Thorndike, *Latin Treatises on Comets between 1238 and 1368 A.D.*, Chicago 1950, S. 215–218.

de Muris, Johannes, *Arithmetica speculativa*, ed. Hubert L. L. Busard, „Die ‚Arithmetica Speculativa' des Johannes de Muris", in: *Scientiarum Historia* 13 (1971), S. 103–132.

de Muris, Johannes, *Epistola ad Clementem VI*, ed. Jean Patrice Boudet, „La papauté d'Avignon et l'astrologie", in: *Fin du monde et signes des temps. Visionnaires et prophètes en France méridionale (fin XIIIᵉ–début XVᵉ siècle)*, Toulouse 1992 (= *Cahiers de Fanjeaux* 27), S. 257–293, hier S. 281–284.

de Muris, Johannes, *Epistola de reformatione antiqui kalendarii*, ed. Christine Gack-Scheiding, *Johannes de Muris*, Epistola super reformatione antiqui kalendarii. *Ein Beitrag zur Kalenderreform im 14. Jahrhundert* (Monumenta Germaniae Historica. Studien und Texte 11), Hannover 1995.

de Muris, Johannes, *Expositio intentionis regis Alfonsii circa tabulas eius*, ed. Emmanuel Poulle, „Jean de Murs et les tables Alphonsines", in: *Archives d'histoire doctrinale et littéraire du Moyen Âge* 47 (1980), S. 261–268.

de Muris, Johannes, *Musica speculativa*, ed. Christoph Falkenroth, *Die* Musica speculativa *des Johannes de Muris. Kommentar zur Überlieferung und kritische Edition* (Beihefte zum Archiv für Musikwissenschaft 34), Stuttgart 1992.

de Muris, Johannes, *Opus quadripartitum numerorum*, ed. Ghiselaine L'Huillier, *Le Quadripartitum numerorum de Jean de Murs. Introduction et Edition critique*, Genève 1990.

de Pouilly, Jean, *Quodlibet V*, q. 15, ed. William J. Courtenay/Karl Ubl, *Gelehrte Gutachten und königliche Politik im Templerprozess* (Monumenta Germaniae Historica. Studien und Texte 51), Hannover 2010, S. 85–148.

de Sacrobosco, Johannes, *De sphaera*, ed. Lynn Thorndike, *The* Sphere *of Sacrobosco and its Commentators*, Chicago 1949.

der Kanzler, Philipp, *Transi hospes*, BnF, lat. 3280, fol. 76v–77ra, Auszug in: Johannes Baptist Schneyer, *Die Sittenkritik in den Predigten Philipps des Kanzlers*, Münster 1963, S. 90f.

Deum time, in: Pierre Dupuy, *Histoire du différend d'entre le pape Boniface VIII. et Philippe le Bel, roy de France*, Paris 1655, S. 44.

Documents relatifs aux États généraux et assemblées réunis sous Philippe le Bel, ed. Georges Picot, Paris 1901.

Einhard, *Vita Karoli Magni. Das Leben Karls des Großen*, Übers., Anm. und Nachwort von Evelyn Scherabon Firchow, Stuttgart 1981.

Friedrich II., *De arte venandi cum avibus*, ed. Carl Arnold Willemsen, *Über die Kunst mit Vögeln zu jagen*, 2. Bde., Frankfurt am Main 1964.

Gui, Bernard, *Practica officii inquisitionis heretice pravitatis*, ed. Guillaume Mollat, *Manuel de l'inquisiteur*, Paris 2007.

Gundissalinus, Dominicus, *De Divisione philosophiae*, hg., eingel. u. übers. von Alexander Fidora und Dorothée Werner, Freiburg 2007.

Historia episcoporum Autissiodorensium, Teiledition in: *Recueil des Historiens des Gaules et de la France*, Bd. 18, ed. Michel-Jean-Joseph Brial, Paris 1879, S. 725–741.

Latini, Brunetto, *Li livres dou tresor*, ed. Francis J. Carmody, Genève 1998.

le Breton, Olivier, *Philosophia*, ed. Claude Lafleur, „L'introduction à la philosophie de maître Olivier le Breton", in: *L'enseignement de la philosophie au XIIIe siècle. Autour du 'Guide de l'étudiant' du ms. Ripoll 109*, hg. von Claude Lafleur und Joanne Carrier (Studia artistarum 5), Turnhout 1997, S. 467–487.

Les Registres de Boniface VIII. Recueil des bulles de ce pape publiées ou analysées d'après les manuscrits originaux des archives du Vatican, ed. Georges Digard, 4 Bde., Paris 1884–1939.

Medizinische Fakultät von Paris, *Compendium de epidemia*, ed. Emile Hippolyte Rebouis, *Étude historique et critique sur la peste*, Paris 1888.

Paris, Matthäus, *Chronica majora*, ed. Henry Richards Luard, *Matthaei Parisiensis, monachi Sancti Albani, Chronica majora*, 7 Bde., London 1872–1883.

Platon, *Der Staat*, Stuttgart 1973.

Prévostin, *Nolite me vocare Noemi*, BnF, lat. 14804, fol. 102va.

Pseudo-Boethius, *De disciplina scholarium*, ed. Olga Weijers, Leiden 1976.

Quatre introductions à la Philosophie au XIIIᵉ siècle. Textes critiques et étude historique, ed. Claude Lafleur, Montréal 1988.

Quidort, Johannes, *Apologie des Sentenzenkommentars*, ed. Palémon Glorieux, „Un mémoire justificatif de Bernard de Trilia et sa carrière à l'Université de Paris (1279–87)", in: *Revue des sciences philosophiques et théologiques* 17 (1928), S. 405–426.

Quidort, Johannes, *De regia potestate et papali*, ed. Fritz Bleienstein, Stuttgart 1969.

Regesta Honorii papae III, 2 Bde., Rom 1885–1888 (Nachdruck, Hildesheim 1978).

Romanus, Aegidius, *De ecclesiastica potestate*, ed. Richard Scholz, Weimar 1929.

Romanus, Aegidius, *De regimine principum* (Aegidii Romani De regimine principum libri III), Rom 1556 [Unveränd. Nachdruck, Frankfurt am Main 1968].

Tempier, Étienne, *Articuli condemnati*, ed. David Piché, *La condamnation parisienne de 1277. Nouvelle édition du texte latin, traduction, introduction et commentaire* (Sic et non), Paris 1999.

Vath, Johannes, *Determinationes*, BnF, lat. 16089, fol. 74r–75v.

Vita et moribus philosophorum, ed. Hermann Knust, Tübingen 1886.

von Anagni, Adenulph, *Triplex est principium*, ed. Claude Lafleur, „Le prologue ,Triplex est principium' du commentaire d'Adénulfe d'Anagni sur les Topiques d'Aristote", in: *L'enseignement de la philosophie au XIIIᵉ siècle: autour du ,Guide de l'étudiant' du ms. Ripoll 109*, hg. von Claude Lafleur/Joanne Carrier (Studia artistarum 5), Turnhout 1997, S. 421–446.

von Aquin, Thomas, *De regno ad regem Cypri*, ed. Hyacinthe F. Dondaine, in: *Sancti Thomae Aquinatis doctoris angelici Opera omnia iussu Leonis XIII. P.M. edita*, cura et studio fratrum praedicatorum, Bd. 42, Rom 1979, S. 449–471.

von Aquin, Thomas, *Summa theologiae*, in: *Sancti Thomae Aquinatis doctoris angelici Opera omnia iussu Leonis XIII. P.M. edita*, cura et studio fratrum praedicatorum, Bd. 4–12, Rom 1888–1906.

von Auvergne, Petrus, *Quaestiones supra libros Politicorum*, Teiledition (Prolog + 26 Questiones) in: Christoph Flüeler, *Rezeption und Interpretation der Aristotelischen Politica im späten Mittelalter*, Bd. 1, Amsterdam 1992, S. 169–227.

von Auvergne, Petrus, *Questiones supra librum Ethicorum*, ed. Anthony J. Celano, „Peter of Auvergne's Questions on Book I and II of the Ethica Nicomachea: A Study and Critical Edition", in: *Mediaeval Studies* 48 (1986), S. 1–110.

von Auvergne, Wilhelm, *Ars praedicandi*, ed. Alphonse de Poorter, „Un manuel de prédication médiéval: le manuscrit 97 de Bruges", in: *Revue néo-scolastique* 25 (1923), S. 192–209.

von Brabant, Siger, *Quaestiones in tertium De anima*, ed. Matthias Perkams, *Siger von Brabant. Über die Lehre vom Intellekt nach Aristoteles*, Freiburg im Breisgau 2007.

von Dacien, Boethius, *De aeternitate mundi*, ed. Niels J. Green-Pedersen, *Boethii Daci Opera VI,2* (Corpus Philosophorum Danicorum Medii Aevi 6,2), Kopenhagen 1976, S. 335–366.

von Dacien, Boethius, *De summo bono*, ed. Niels J. Green-Pedersen, *Boethii Daci Opera VI,2* (Corpus Philosophorum Danicorum Medii Aevi 6,2), Kopenhagen 1976, S. 369–377.

von Dacien, Boethius, *Modi significandi sive Questiones super Priscianum Maiorem*, ed. Jan Pinborg/Heinrich Roos (Corpus Philosophorum Danicorum Medii Aevi 4), 2 Bde., Kopenhagen 1969.

von Dacien, Johannes, *Divisio scientiae*, ed. Alfred Otto, in: *Johannis Daci Opera*, Bd. 1, Kopenhagen 1955, S. 1–44.

von Dacien, Johannes, *Summa grammatica*, ed. Alfred Otto, *Johannis Daci Opera*, Bd. 1, Kopenhagen 1955, S. 45–512.

von Douai, Jakob, *Questiones in De anima*, Auszug in: Iacopo Costa, *Anonymi artium magistri questiones super librum Ethicorum Aristotelis* (*Paris, BnF lat. 14698*) (Studia artistarum 23), Turnhout 2010, S. 81f.

von Douai, Jakob, *Summa quarti libri Meteorum*, Auszug in: Iacopo Costa, *Anonymi artium magistri questiones super librum Ethicorum Aristotelis* (*Paris, BnF lat. 14698*) (Studia artistarum 23), Turnhout 2010, S. 87, Anm. 117.

von Fontaines, Gottfried, *Quodlibet X*, ed. Jean Hoffmans, *Le dixième Quodlibet de Godefroid de Fontaines*, Louvain 1931.

von Fontaines, Gottfried, *Quodlibet XII*, ed. Jean Hoffmans, *Les quodlibets onze et douze de Godefroid de Fontaines*, Louvain 1932.

von Göttingen, Johannes, *De intellectu agente*, Auszug in: Martin Grabmann, *Der lateinische Averroismus des 13. Jahrhunderts und seine Stellung zur christlichen Weltanschauung*, München 1931, S. 79.

von Hoveden, Roger, *Chronica*, ed. William Stubbs, *Chronica magistri Rogeri de Houedene*, 4 Bde., London 1868–1871.

von Jandun, Johannes, *Questiones in duodecim libros Metaphysicae*, Venedig 1553 [Unveränd. Nachdruck, Frankfurt am Main 1966].

von Jandun, Johannes, *Tractatus de laudibus Parisius*, ed. Antoine-Jean-Victor Le Roux de Lincy/Lazare-Maurice Tisserand, *Paris et ses historiens au XIVe et XVe siècles* (Histoire général de Paris), Paris 1867, S. 3–79.

von Limoges, Petrus, *Liber de oculo morali*, Augsburg: Anton Sorg, ca. 1477 (SUB Göttingen).

von Megenberg, Konrad, *Monastik*, ed. Sabine Krüger, *Die Werke des Konrad von Megenberg* 4 (MGH Staatsschriften des späteren Mittelalters 2), Stuttgart 1992.

von Megenberg, Konrad, *Ökonomik*, ed. Sabine Krüger, *Die Werke des Konrad von Megenberg* 5,1–5,3 (MGH Staatsschriften des späteren Mittelalters 3), 3 Bde., Stuttgart 1973–1984.

von Megenberg, Konrad, *Tractatus de translatione imperii*, ed. Richard Scholz, *Unbekannte kirchenpolitische Streitschriften aus der Zeit Ludwigs des Bayern (1327–1354)*, Bd. 2: Texte, Rom 1911, S. 249–345.

von Mondeville, Heinrich, *Cyrurgia*, ed. Julius Pagel, *Die Chirurgie des Heinrich von Mondeville*, Berlin 1892.

von Orléans, Aegidius, *Questiones super De generatione et corruptione*, ed. Zdzislaw Kuksewicz (Bochumer Studien zur Philosophie 18), Amsterdam 1993.

von Orléans, Aegidius, *Questiones super librum Ethicorum*, BnF, lat. 16089, fol. 195ra–233va, Teiledition (Questio 48) in: Iacopo Costa, „L'Éthique à Nicomaque à la faculté des arts de Paris avant et après 1277", in: *Archives d'histoire doctrinale et litteraire du Moyen Âge* 79 (2012), S. 71–114, hier S. 112ff.

von Padrón, Roderich, *Epistola*, ed. Guillaume Mollat, *Bernard Gui, Manuel de l'inquisiteur*, Bd. 2, S. 118ff.

von Padua, Marsilius, *Defensor pacis*, ed. Richard Scholz (MGH Fontes Iuris Germanici Antiqui 8), Hannover 1933.

von Paris, Nikolaus, *Philosophia*, ed. Claude Lafleur, „L'introduction à la philosophie de maître Nicolas de Paris", in: *L'enseignement de la philosophie au XIIIe siècle. Autour du ‚Guide de l'étudiant' du ms. Ripoll 109*, hg. von Claude Lafleur/Joanne Carrier (Studia artistarum 5), Turnhout 1997, S. 447–465.

von Reims, Aubry, *Philosophia*, ed. René Antoine Gauthier, „Notes sur Siger de Brabant II. Aubry de Reims et la Scission des Normands", in: *Revue des sciences philosophiques et théologiques* 68,1 (1984), S. 3–49.

von St. Viktor, Hugo, *Didascalicon*, übers. u. eingel. von Thilo Offergeld, Freiburg 1997.

von Tours, Gregor, *Historiarum libri decem*, ed. Bruno Krusch (MGH Scriptores rerum Merovingicarum 1), Hannover 1937.

von Viterbo, Jakob, *De regimine christiano*, ed. Henri Xavier Arquillière, *Le plus ancien traité de l'Église. Étude des source et édition critique*, Paris 1926.

von Viterbo, Jakob, *Quodlibet I*, ed. Eelcko Ypma, *Jacobi de Viterbio O.E.S.A. disputatio prima de quodlibet*, Würzburg 1968.

Literaturverzeichnis

Abert, Hermann, *Die Musikanschauung des Mittelalters und ihre Grundlagen*, Halle an der Saale 1905.

Abrams, Dominic et al., „Knowing What to Think by Knowing Who You Are: Self-Categorization and the Nature of Norm Formation, Conformity and Group Polarization", in: Abrams/Hogg (Hg.), *Intergroup Relations*, S. 270–288.

Abrams, Dominic/Michael A. Hogg (Hg.), *Intergroup Relations: Essential Readings*, Philadelphia 2001.

Abrams, Dominic/Michael A. Hogg, *Social Identifications. A Social Psychology of Intergroup Relations and Group Processes*, London 1988.

Adorno, Theodor W., „Leichte Musik", in: Theodor W. Adorno, *Einleitung in die Musiksoziologie*, Frankfurt am Main 1975, S. 35–54.

Adorno, Theodor W., „Nachwort: Musiksoziologie", in: Theodor W. Adorno, *Einleitung in die Musiksoziologie*, Frankfurt am Main 1975, S. 258–269.

Adorno, Theodor W., *Erziehung zur Mündigkeit. Vorträge und Gespräche mit Hellmut Becker, 1959–1969*, hg. von Gerd Kadelbach, 13. Aufl., Frankfurt am Main 1991.

Adorno, Theodor W., *Philosophie der neuen Musik*, Frankfurt am Main 1978.

Aertsen, Jan A./Andreas Speer (Hg.), *Was ist Philosophie im Mittelalter* (Miscellanea Mediaevalia 26), Berlin 1998.

Aertsen, Jan A./Kent Emery jr./Andreas Speer (Hg.), *Nach der Verurteilung von 1277: Philosophie und Theologie an der Universität von Paris im letzten Viertel des 13. Jahrhunderts. Studien und Texte* (Miscellanea mediaevalia, 28), Berlin 2001.

Ansel, Michael, *G. G. Gervinus' Geschichte der poetischen National-Literatur der Deutschen. Nationbildung auf literaturgeschichtlicher Grundlage*, Frankfurt am Main 1990.

Ariew, Roger/Alan Gabbey, „The Scholastic Background", in: *The Cambridge History of Seventeenth-Century Philosophy*, hg. von Daniel Garber/Michael Ayers, 2 Bde., Cambridge 1998, S. 425–453.

Ariew, Roger/Peter Barker (Hg.), *Pierre Duhem: Historian and Philosopher of Science = Synthese* 83 (1990).

Arrizabalaga, Jon, „Facing the Black Death: Perceptions and Reactions of University Medical Practitioners", in: *Practical Medicine from Salerno to the Black Death*, hg. von Luis García-Ballester et al., Cambridge 1994, S. 237–288.

Ash, Eric H., „Introduction: Expertise and the Early Modern State", in: *Osiris* 25 (2010), S. 1–24.

Ash, Eric H., *Power, Knowledge, and Expertise in Elizabethan England*, Baltimore 2004.

Assmann, Aleida, „Stabilisatoren der Erinnerung – Affekt, Symbol, Trauma", in: *Die dunkle Spur der Vergangenheit: psychoanalytische Zugänge zum Geschichtsbewusstsein*, hg. von Jörn Rüsen/Jürgen Straub, Frankfurt am Main 1998, S. 131–152.

Assmann, Jan, *Das kulturelle Gedächtnis. Schrift, Erinnerung und politische Identität in frühen Hochkulturen*, 7. Aufl., München 2013.

Austin, John L., *Zur Theorie der Sprechakte* (*How to do Things with Words*), Stuttgart 2002.

Autrand, Françoise, *Charles V le Sage*, Paris 1994.

Baldwin, John W., „Studium et Regnum. The Penetration of University Personel into French and English Administration at the turn of the Twelfth and Thirteenth Centuries", in: *Revue des Études islamiques* 44 (1976), S. 199–215.

Baldwin, John W., *Masters, Princes and Merchants. The social views of Peter the Chanter and his Circle*, 2 Bde., Princeton 1970.

Barber, Malcolm, *The Trial of the Templars*, Cambridge 2003.

Barnes, Barry, *Scientific Knowledge and Sociological Theory*, London 1980.

Barnes, Barry/David Bloor/John Henry, *Scientific Knowledge. A Sociological Analysis*, Chicago 1996.

Barnes, Carl F., *The Portfolio of Villard de Honnecourt. A Critical Edition and Color Facsimile* (*Paris, Bibliothèque nationale de France, MS Fr 19093*), London 2016.

Barseghyan, Hakob, *The Laws of Scientific Change*, Cham 2015.

Beaujouan, Guy, „L'enseignement de l'arithmétique élémentaire à l'Université de Paris aux XIIIᵉ et XIVᵉ siècles. De l'abaque à l'algorisme", in: Guy Beaujouan, *Par raison de nombres. L'art du calcul et les savoir scientifique médiévaux*, Hampshire 1991, S. 93–124.

Beaujouan, Guy, „L'interdépendance entre la science scolastique et les techniques utilitaires (XIIᵉ, XIIIᵉ et XIVᵉ siècles)", in: Guy Beaujouan, *Par raison de nombres. L'art du calcul et les savoirs scientifiques médiévaux*, S. 5–20.

Beaujouan, Guy, „Le *quadrivium* et la Faculté des arts", in: Weijers/Holtz (Hg.), *L'enseignement des disciplines à la Faculté des arts*, S. 185–194.

Beaujouan, Guy, „Observations et calculs astronomiques de Jean de Murs (1321–1344)", in: Guy Beaujouan, *Par raison de nombres. L'art du calcul et les savoirs scientifiques médiévaux*, Hampshire 1991, S. 27–30.

Beaujouan, Guy, „Réflexions sur les rapports entre théorie et pratique au Moyen Âge", in: Guy Beaujouan, *Par raison de nombres. L'art du calcul et les savoirs scientifiques médiévaux*, Hampshire 1991, S. 437–484.

Bechmann, Roland, *Villard de Honnecourt. La pensée technique au XIIIᵉ siècle et sa communication*, Paris 1991.

Beck, Herman L., „Ramon Llulls's Approach to Islam: A Change from Dialogue to Refutation?", in: *Für die Freiheit verantwortlich*, hg. von Jan Jans, Fribourg 2004, S. 135–147.

Beckett, Samuel, *Das Gleiche nochmal anders. Texte zur bildenden Kunst*, Frankfurt am Main 2000.

Bénatouil, Thomas/Isabelle Draelants (Hg.), *Expertus sum. L'experience par les sens dans la philosophie naturelle médiévales*, Firenze 2011.

Berger, Peter L./Thomas Luckmann, *Die gesellschaftliche Konstruktion der Wirklichkeit. Eine Theorie der Wissenssoziologie*, 24. Aufl., Frankfurt am Main 2012.

Berges, Wilhelm, *Die Fürstenspiegel des hohen und späten Mittelalters*, Leipzig 1938.

Bériou, Nicole, *L'avènement des maîtres de la Parole. La prédication à Paris au XIIIᵉ siècle*, 2 Bde., Paris 1998.

Bernal, John Desmond, *Science in History*, 2 Bde., London 2010.

Bernardini, Paola, „Temporibus autem meis. Theologians' Errors with Regard to the Human Soul in Roger Bacon's Communia Naturalium", in: Bernardini/Rodolfi (Hg.), *Roger Bacon's Communia Naturalium*, S. 139–158.

Bernardini, Paola/Anna Rodolfi (Hg.), *Roger Bacon's Communia Naturalium. A 13th Century Philosopher's Workshop* (Micrologus' Library 64), Florenz 2014.

Bernhard, Michael et al. (Hg.), *Rezeption des antiken Fachs im Mittelalter* (Geschichte der Musiktheorie 3), Darmstadt 1990.

Bernhard, Michael, „Überlieferung und Fortleben der antiken lateinischen Musiktheorie im Mittelalter", in: Bernhard (Hg.), *Rezeption des antiken Fachs im Mittelalter*, S. 7–35.

Bernt, Günter, „Johannes de Garlandia", in: *Lexikon des Mittelalters*, Bd. 5, Sp. 577–578.

Bérubé, Camille, „Der ‚Dialog' S. Bonaventura – Roger Bacon", in: Uhl (Hg.), *Roger Bacon in der Diskussion*, Bd. 1, S. 67–135.

Bérubé, Camille, „Le ‚dialogue' de S. Bonaventure et de Roger Bacon", in: *Collectanea Franciscana* 39 (1969), S. 59–103.

Bérubé, Camille, *De la philosophie à la sagesse chez saint Bonaventure et Roger Bacon*, Rom 1976.

Besseler, Heinrich, „Ars antiqua", in: *Die Musik in Geschichte und Gegenwart*, 1. Aufl., Bd. 1, Kassel 1949–1951, S. 679–697.

Besseler, Heinrich, „Grundfragen des musikalischen Hörens", in: Heinrich Besseler, *Aufsätze zur Musikästhetik und Musikgeschichte*, hg. von Peter Gülke, Leipzig 1978, S. 29–53.

Besseler, Heinrich, „Studien zur Musik des Mittelalters II. Die Motette von Franko von Köln bis Philipp von Vitry", in: *Archiv für Musikwissenschaft* 8 (1926), S. 137–280.

Besseler, Heinrich, „Zur ‚Ars musicae' des Johannes de Grocheo", in: *Die Musikforschung* 2 (1949), S. 229–231.

Bezemer, Kees, *What Jacques Saw. Thirteenth Century France Through the Eyes of Jacques de Revigny, Professor of Law at Orleans*, Frankfurt am Main 1997.

Bianchi, Luca, „1277: A Turning Point in Medieval Philosophy?", in: Aertsen/Speer (Hg.), *Was ist Philosophie im Mittelalter*, S. 90–110.

Bianchi, Luca, „Couper, distinguer, compléter: trois stratégies de lecture d'Aristote à la Faculté des arts", in: Verger/Weijers (Hg.), *Les débuts de l'enseignement universitaire à Paris (1200–1245 environ)*, Tournhout 2013, S. 133–152.

Bianchi, Luca, „Filosofi, uomini e bruti. Note per la storia di un'anthropologia ,averroista'", in: *Rinascimento* 32 (1992), S. 185–201.

Bianchi, Luca, „Loquens ut naturalis", in: Luca Bianchi/Eugenio Randi, *Vérités dissonantes. Aristote à la fin du Moyen Âge*, Fribourg 1993, S. 39–70.

Bianchi, Luca, „Symbolum parisinum: l'influence du syllabus de 1277, encore une fois", in: Luca Bianchi, *Censure et liberté intellectuelle à l'université de Paris (XIIIᵉ–XIVᵉ siècle)*, Paris 1999, S. 203–230.

Bianchi, Luca, *Censure et liberté intellectuelle à l'université de Paris (XIIIᵉ–XIV siècles)*, Paris 1999.

Bianchi, Luca, *Il vescovo e i filosofi. La condanna parigina del 1277 e l'evoluzione dell'aristotelismo scolastico*, Bergamo 1990.

Bianchi, Luca, *Pour une histoire de la ,double vérité'*, Paris 2008.

Bielitz, Mathias, „Hat Johannes de Grocheo eigentlich auch über Musik geschrieben?", in: *Die Musikforschung* 41 (1988), S. 144–150.

Bielitz, Mathias, „Materia und forma bei Johannes de Grocheo. Zur Verwendung philosophischer Termini in der mittelalterlichen Musiktheorie", in: *Die Musikforschung* 38 (1985), S. 257–277.

Bigalli, Davide, „Schwert und Wort. Apokalypse und Kreuzzugskritik bei Robert Grosseteste, Adam Marsh und Roger Bacon", in: Uhl (Hg.), *Roger Bacon in der Diskussion*, Bd. 1, S. 181–217.

Biget, Jean-Louis (Hg.), *Inquisition et société en pays d'Oc*, Toulouse 2014.

Bonacker, Thorsten, „Die Konflikttheorie der Theorie autopoietischer Systeme", in: *Sozialwissenschaftliche Konflikttheorien*, hg. von Thorsten Bonacker, Opladen 2002, S. 267–291.

Bonner, Anthony, *Selected works of Ramón Llull (1232–1316)*, 2 Bde., Princeton 1985.

Boudet, Jean-Patrice, „La papauté d'Avignon et l'astrologie", in: *Fin du monde et signes des temps. Visionnaires et prophètes en France méridionale (fin XIIIᵉ–début XVᵉ siècle)*, Toulouse 1992 (= *Cahiers de Fanjeaux* 27), S. 257–293.

Boudet, Jean-Patrice, *Entre science et nigromance. Astrologie, divination et magie dans l'occident médiéval (XII–XVᵉ siècle)*, Paris 2006.

Bourdieu, Pierre, „Le champ scientifique", in: *Actes de la recherche en science sociales* 2 (1976), S. 88–104.

Bourdieu, Pierre, „Physischer, sozialer und angeeigneter physischer Raum", in: *Stadt-Räume*, hg. von Martin Wentz, Frankfurt am Main 1991, S. 25–34.

Bourdieu, Pierre, „Strukturalismus und soziologische Wissenschaftstheorie. Die Unerlässlichkeit der Objektivierung und die Gefahr des Objektivismus", in: Pierre Boudieu, *Zur Soziologie der symbolischen Formen*, Frankfurt am Main 1970, S. 7–41.

Bourdieu, Pierre, *Die feinen Unterschiede. Kritik der gesellschaftlichen Urteilskraft*, 23. Aufl., Frankfurt am Main 2013.

Bourdieu, Pierre, *Les usages sociaux de la science. Pour une sociologie clinique du champ scientifique*, Paris 1997.

Bourdieu, Pierre, *Vom Gebrauch der Wissenschaft. Für eine klinische Soziologie des wissenschaftlichen Feldes*, Konstanz 1998.

Bourdieu, Pierre, *Was heisst sprechen? Die Ökonomie des sprachlichen Tauschs*, Wien 1990.

Boussard, Jacques, *Nouvelle histoire de Paris. De la fin du siège de 885–886 à la mort de Philippe Auguste*, Paris 1997.

Briggs, Charles F., *Giles of Rome's De regimine principum. Reading and Writing Politics at Court and University, c. 1275–c. 1525*, Cambridge 1999.

Brundage, James A., *The Medieval Origins of the Legal Profession. Canonists, Civilians, and Courts*, Chicago 2008.

Brundage, James, „From Classroom to Courtroom: Parisian Canonists and their Careers", in: James Brundage, *The Profession and Practice of Medieval Canon Law*, Aldershot 2004, S. 237–248.

Bubert, Marcel, „Pariser Scholaren um 1200 als gewaltsame Akteure. Überlegungen zur Entstehung der Universität aus konfliktsoziologischer Perspektive", in: *Studentengeschichte zwischen Mittelalter und Neuzeit*, hg. von Andreas Speer/ Andreas Berger, auf historicum-estudies.net, http://www.historicum-estudies.net/ epublished/studentengeschichte/ (zuletzt abgerufen 23.08.2018).

Bubert, Marcel, „Philosophische Identität? Sozialisation und Gruppenbildung an der Pariser Artistenfakultät im 13. Jahrhundert", in: *Zwischen Konflikt und Kooperation. Praktiken europäischer Gelehrtenkultur (12.–17. Jahrhundert)*, hg. von Jan-Hendryk de Boer/Marian Füssel/Jana Madlen Schütte (Historische Forschungen 114), Berlin 2016, S. 309–326.

Bubert, Marcel, „Rezension zu Antoine Destemberg, *L'honneur des universitaires au Moyen Âge. Étude d'imaginaire social*", Paris 2015, in: *Francia-Recensio* 4 (2015), https://www.perspectivia.net/publikationen/francia/francia-recensio/2015–4/ma/ destemberg_bubert (zuletzt abgerufen 23.08.2018).

Bubert, Marcel, „Roger Bacon als Apologet der profanen Wissenschaft. Die *necessitas* der Artes liberales für die Theologie", in: *Theologie und Bildung im Mittelalter*, hg. von Peter Gemeinhardt/Tobias Georges (Archa Verbi – Subsidia 13), Münster 2015, S. 423–437.

Bubert, Marcel, „Soriano, Franceso", in: *Lexikon der Kirchenmusik*, hg. von Günther Massenkeil/Michael Zywietz, Bd. 2, Laaber 2013, S. 1257.

Bubert, Marcel, „The Attribution of What? Grenzen der Expertise zwischen sozialer Konstruktion und mentaler Realität", in: Füssel/Rexroth/Schürmann (Hg.), *Praktiken und Räume des Wissens*, S. 19–41.

Bubert, Marcel, „Towards a Sociology of Medieval Philosophy, with Special Reference to Paris around 1300. Some Preliminary Remarks", in: *Jahrbuch für Universitätsgeschichte* 19 (2016) (erschienen 2018), S. 113–126.

Bubert, Marcel/Lydia Merten, „Medialität und Performativität. Kulturwissenschaftliche Kategorien zur Analyse von historischen und literarischen Inszenierungsformen in Expertenkulturen", in: Rexroth/Schröder-Stapper (Hg.), *Experten, Wissen, Symbole*, S. 29–68.

Bunz, Mercedes, *Die stille Revolution. Wie Algorithmen Wissen, Arbeit, Öffentlichkeit und Politik verändern, ohne dabei viel Lärm zu machen*, Frankfurt am Main 2012.

Burckhardt, Jacob, *Die Kultur der Renaissance in Italien*, Frankfurt am Main 2009.

Burnett, Charles (Hg.), *Adelard of Bath. An English Scientist and Arabist of the Early Twelfth Century*, London 1987.

Burtt, Edwin Arthur, *The Metaphysical Foundations of Modern Physical Science. A Historical and Critical Essay*, London 1924.

Busard, Hubert L. L., „Die ‚Arithmetica Speculativa des Johannes de Muris", in: *Scientiarum Historia* 13 (1971), S. 116–132.

Butterfield, Herbert, *The Origins of Modern Science, 1300–1800*, London 1968.

Caldwell, John, „Boethius, Anicius Manlius Severinus", in: *Die Musik in Geschichte und Gegenwart*, 2. Aufl., Bd. 9, Stuttgart 2000, S. 220–228.

Caldwell, John, „The *De Institutione Arithmetica* and the *De Institutione Musica*", in: *Boethius. His Life, Thought and Influence*, hg. von Margaret Gibson, Oxford 1981, S. 135–154.

Callon, Michel/John Law/Arie Rip, *Mapping the Dynamics of Science and Technology. Sociology of Science in the Real World*, Basingstoke 1986.

Calma, Dragos, „Siger de Brabant et Thomas d'Aquin: note sur l'histoire d'un plagiat", in: *Freiburger Zeitschrift für Philosophie und Theologie* 50 (2003), S. 118–135.

Carmody, Francis J., *Brunetto Latini. Li livres dou tresor*, Genève 1998.

Cassagnes-Brouquet, Sophie, *La violence des étudiants au Moyen Âge*, Rennes 2012.

Celano, Anthony J., „Peter of Auvergne's Questions on Book I and II of the Ethica Nicomachea: A Study and Critical Edition", in: *Mediaeval Studies* 48 (1986), S. 1–110.

Chimisso, Cristina, *Writing the History of the Mind: Philosophy and Science in France, 1900 to 1960s*, London 2008.

Clagett, Marshall, „Eloge: Lynn Thorndike (1882–1965)", in: *Isis* 57 (1966), S. 85–89.

Clagett, Marshall, „King Alfred and the Elements of Euclid", in: *Isis* 45 (1954), S. 269–277.

Clagett, Marshall, „The Medieval Latin Translations from the Arabic of the Elements of Euclid with Special Emphasis on the Versions of Adelard of Bath", in: *Isis* 44 (1953), S. 16–42.

Clagett, Marshall, *The Science of Mechanics in the Middle Ages*, Madison 1959.

Clagett, Marshall/I. Bernard Cohen, „Alexandre Koyré (1892–1964): Commemoration", in: *Isis* 57,2 (1966), S. 157–166.

Clanchy, Michael, *Abelard. A Medieval Life*, Oxford 1997.

Clark, David L., „Optics for Preachers: The *De oculo morali* by Peter of Limoges", in: *Michigan Academician* 9 (1977), S. 329–343.

Classen, Peter, „Die hohen Schulen und die Gesellschaft im 12. Jahrhundert", in: Peter Classen, *Studium und Gesellschaft im Mittelalter*, hg. von Johannes Fried, Stuttgart 1983, S. 1–26.

Cobban, Alan B., *Universities in the Middle Ages*, Liverpool 1990.

Cohen, I. Bernard, „The Many Faces of the History of Science", in: *The Future of History*, hg. von Charles F. Delzell, Nashville 1977, S. 65–110.

Collins, Harry M., *Are We All Scientific Experts Now?*, Cambridge, Mass. 2014.

Collins, Harry M., *Gravity's Ghost: Scientific Discovery in the Twenty-First Century*, Chicago 2011.

Collins, Harry M., *Tacit and Explicit Knowledge*, Chicago 2010.

Collins, Randall, „Schichtung, emotionale Energie und kurzzeitige Emotionen", in: Collins, *Konflikttheorie*, S. 121–156.

Collins, Randall, „Solidarität in der Theorie der Interaktionsrituale: Ein Simulationsmodell", in: Collins, *Konflikttheorie*, S. 99–120.

Collins, Randall, „Über die mikrosozialen Grundlagen der Makrosoziologie", in: Collins, *Konflikttheorie*, S. 61–97.

Collins, Randall, „Zur Theorie intellektuellen Wandels: Soziale Ursachen von Philosophien", in: Collins, *Konflikttheorie*, S. 287–321.

Collins, Randall, *Dynamik der Gewalt. Eine mikrosoziologische Theorie*, Hamburg 2011.

Collins, Randall, *Konflikttheorie. Ausgewählte Schriften*, Wiesbaden 2012.

Collins, Randall, *The Sociology of Philosophies. A Global Theory of Intellectual Change*, Cambridge 1998.

Coreth, Emerich/Harald Schöndorf, *Philosophie des 17. und 18. Jahrhunderts*, 4. Aufl., Stuttgart 2008.

Costa, Iacopo, „Autour de deux commentaires inédits sur l'Éthique à Nicomaque: Gilles d'Orléans et l'Anonyme d'Erfurt", in: *Christian Readings of Aristotle from the Middle Ages to the Renaissance*, hg. von Luca Bianchi (Studia artistarum 29), Turnhout 2011, S. 211–272.

Costa, Iacopo, „L'Éthique à Nicomaque à la faculté des arts de Paris avant et après 1277", in: *Archives d'histoire doctrinale et litteraire du Moyen Âge* 79 (2012), S. 71–114.

Costa, Iacopo, *Anonymi artium magistri questiones super Librum Ethicorum Aristotelis (Paris, BnF lat. 14698)* (Studia Artistarum 23), Turnhout 2010.

Costa, Iacopo, *Le questiones di Radulfo Brito sull',Etica Nicomachea': introduzione e testo critico* (Studia artistarum 17), Turnhout 2008.

Courtenay, William J., „Between Pope and King: The Parisian Letters of Adhesion of 1303", in: *Speculum* 71 (1996), S. 577–605.

Courtenay, William J., „Konrad of Megenberg: The Parisian Years", in: *Vivarium* 35 (1997), S. 102–124.

Courtenay, William J., „Learned Opinion and Royal Justice: The Role of Paris Masters of Theology during the Reign of Philip the Fair“, in: *Law and the Illicit in Medieval Europe*, hg. von Ruth Mazo Karras/Joel Kaye/E. Ann Matter, Philadelphia 2008, S. 149–163.

Courtenay, William J., „Marguerite's Judges. The University of Paris 1310“, in: *Marguerite Porete et le Miroir des simples âmes. Perspectives historiques, philosophiques et littéraires*, hg. von Sean L. Field/Robert E. Lerner/Sylvain Piron, Paris 2013, S. 215–231.

Courtenay, William J., „Marsilius of Padua at Paris“, in: *A Companion to Marsilius of Padua*, hg. von Gerson Moreno-Riano/Cary J. Nederman, Leiden 2012, S. 57–70.

Courtenay, William J., „The Role of University Masters and Bachelors at Paris in the Templar Affair, 1307–1308“, in: Speer/Wirmer (Hg.), *1308. Eine Topographie historischer Gleichzeitigkeit*, S. 171–181.

Courtenay, William J., „The University of Paris at the Time of Jean Buridan and Nicole Oresme“, in: *Vivarium* 42 (2004), S. 3–17.

Courtenay, William J., „University Masters and Political Power: The Parisian Years of Marsilius of Padua“, in: Kaufhold (Hg.), *Politische Reflexion in der Welt des späten Mittelalters*, S. 209–223.

Courtenay, William J., *Parisian Scholars in the Early Fourteenth Century. A Social Portrait*, Cambridge 1999.

Courtenay, William J., *Teaching Careers at the University of Paris in the Thirteenth and Fourteenth Centuries* (Texts and Studies in the History of Mediaeval Education 16), Notre Dame 1988.

Courtenay, William J./Eric D. Goddard (Hrsg.), *Rotuli Parisienses. Supplications to the Pope from the University of Paris* (Education and Society in the Middle Ages and Renaissance), 3. Bde., Leiden 2002–2013.

Courtenay, William J./Jürgen Miethke (Hg.), *Universities and Schooling in Medieval Society* (Education and Society in the Middle Ages and Renaissance 10), Leiden 2000.

Courtenay, William J./Karl Ubl, *Gelehrte Gutachten und königliche Politik im Templerprozess* (Monumenta Germaniae Historica. Studien und Texte 51), Hannover 2010.

Craemer-Ruegenberg, Ingrid, *Die Naturphilosophie des Aristoteles*, Freiburg 1980.

Craemer-Ruegenberg, Ingrid/Andreas Speer (Hg.), *Scientia* und *ars* im Hoch- und Spätmittelalter (Miscellanea Mediaevalia 22), 2 Bde., Berlin 1993–1994.

Crisciani, Chiara/Michela Pereira, „Introduction to the Philosopher's Laboratory“, in: Bernardini/Rodolfi (Hg.), *Roger Bacon's Communia Naturalium*, S. 3–25.

Crombie, Alistair, *Robert Grosseteste and the Origins of Experimental Science, 1200–1700*, Oxford 1953.

Crossley, John N./Carol Williams, „Studying *Musica* in Thirteenth-Century Paris: The Expectations of Johannes de Grocheio“, in: *Communities of Learning: Networks and the Shaping of Intellectual Identity in Europe, 1100–1500*, hg. von Constant J. Mews/ John N. Crossley, Turnhout 2011, S. 137–150.

Crowley, Theodore, *Roger Bacon. The Problem of the Soul in His Philosophical Commentaries*, Louvain 1950.

Curtius, Ernst Robert, *Europäische Literatur und lateinisches Mittelalter*, 11. Aufl., Tübingen 1993.

Czerwon, Ariane, *Predigten gegen Ketzer. Studien zu den lateinischen Sermoes Bertholts von Regensburg* (Spätmittelalter, Humanismus, Reformation 57), Tübingen 2011.

Dahlhaus, Carl, „Einleitung", in: *Die Musik des 18. Jahrhunderts*, hg. von Carl Dahlhaus, Laaber 2010, S. 1–70.

Dahrendorf, Ralf, „Zu einer Theorie des sozialen Konflikts", in: *Theorien des sozialen Wandels*, hg. von Wolfgang Zapf, Köln 1969, S. 108–123.

Dahrendorf, Ralf, *Der moderne soziale Konflikt. Essay zur Politik der Freiheit*, Stuttgart 1992.

Dahrendorf, Ralf, *Soziale Klassen und Klassenkonflikt in der industriellen Gesellschaft*, Stuttgart 1957.

Dales, Richard C., „The Origin of the Doctrine of the Double Truth", in: *Viator* 15 (1984), S. 169–179.

Davis, Charles Till, *Dante's Italy and other Essays*, Philadelphia 1984.

Dawson, John P., *The Oracles of the Law*, Michigan 1968.

de Boer, Jan-Hendryk, *Der Streit um Theologie und Philosophie an der Wende zum Spätmittelalter. Zur Konstruktion diskursiver Wirklichkeiten um 1300*, Saarbrücken 2007.

de Boer, Jan-Hendryk, „Kommentar", in: de Boer/Füssel/Schuh (Hg.), *Universitäre Gelehrtenkultur*, S. 265–318.

de Boer, Jan-Hendryk, „Zensur und Lehrverurteilungen", in: de Boer/Füssel/Schuh (Hg.), *Universitäre Gelehrtenkultur*, S. 357–386.

de Boer, Jan-Hendryk/Marcel Bubert, „Studienführer", in: de Boer/Füssel/Schuh (Hg.), *Universitäre Gelehrtenkultur*, S. 337–356.

de Boer, Jan-Hendryk/Marian Füssel/Maximilian Schuh (Hg.), *Universitäre Gelehrtenkultur vom 13.–16. Jahrhundert. Ein interdisziplinäres Quellen- und Methodenhandbuch*, Stuttgart 2018.

de Caritat de Condorcet, Marie-Jean Antoine, *Esquisse d'un tableau historique des progrès de l'esprit humain*, Paris 1988.

de la Peña, Manuel A. Rodriguez, „Rex scholaribus impendebant: The King's Image as Patron of Learning in Thirteenth Century French and Spanish Chronicles: A comparative Approach", in: *The Medieval History Journal* 5 (2002), S. 21–36.

de Libera, Alain, „Averroïsme éthique et philosopie mystique. De la félicité intellectuelle à la vie bienheureuse", in: *Filosofia e teologia nel Trecento*, hg. von Luca Bianchi, Louvain-La-Neuve 1994, S. 33–56.

de Libera, Alain, „Faculté des arts ou faculté de philosophie? Sur l'idée de philosophie et l'idéal philosophique au XIIIᵉ siècle", in: Weijers/Holtz (Hg.), *L'enseignement des disciplines à la Faculté des arts*, S. 429–444.

de Libera, Alain, „Roger Bacon et la logique", in: Hackett (Hg.), *Roger Bacon and the Sciences*, S. 103–132.

de Libera, Alain, „Structure du corpus scolaire de la métaphysique dans la première moitié du XIIIᵉ siècle", in: Lafleur/Carrier (Hg.), *L'enseignement de la philosophie au XIIIᵉ siècle*, S. 61–88.

de Libera, Alain, *Penser au Moyen Âge*, Paris 1991.

de Libera, Alain, „Philosophie et censure. Remarques sur la crise universitaire de 1270–1277", in: Aertsen/Speer (Hg.), *Was ist Philosophie im Mittelalter*, S. 71–89.

de Mowbray, Malcom, „The *De aeternitate mundi* of Boethius of Dacia and the Paris Condemnation of 1277", in: *Recherches de théologie et philosophie* 73 (2006), S. 201–256.

Dear, Peter, „What is the History of Science the History of? Early Modern Roots of the Ideology of Modern Science", in: *Isis* 96 (2005), S. 390–406.

Delachenal, Roland, *Histoire des avocats au Parlement de Paris, 1300–1600*, Paris 1885.

Demandt, Alexander, *Geschichte der Spätantike. Das Römische Reich von Diocletian bis Justinian 284–565 n. Chr.*, 2. Aufl., München 2008.

Denery, Dallas G., „Peter of Limoges, Perspectivist Optics and the Displacement of Vision", in: Dallas G. Denery, *Seeing and Being Seen in the Later Medieval World. Optics, Theology and Religious Life*, Cambridge 2005.

Destemberg, Antoine, *L'honneur des universitaires au Moyen Âge. Étude d'imaginaire social*, Paris 2015.

Detel, Wolfgang, „Logic and Experience in Aristotle", in: Fidora/Lutz-Bachmann (Hg.), *Erfahrung und Beweis*, S. 3–10.

Digard, Georges, *Philippe le Bel et le Saint-Siège (de 1285 à 1304)*, 2 Bde., Paris 1936.

Dod, Bernard, „Aristoteles latinus", in: Kretzmann et al. (Hg.), *The Cambridge History of Later Medieval Philosophy*, S. 43–79.

Donati, Silvia, „Pseudoepigraphia in the Opera hactenus inedita Rogeri Baconi? The Commentaries on the Physics and Metaphysics", in: Verger/Weijers (Hg.), *Les débuts de l'enseignement universitaire*, S. 153–203.

Drossbach, Gisela, „Sciencia de regimine domus regie: Der Hof zwischen Ideal und Wirklichkeit in der ‚Yconomica' Konrads von Megenberg", in: *Höfe und Hofordnungen 1200–1600*, hg. von Holger Kruse/Werner Paravicini, Sigmaringen 1999, S. 401–420.

Drossbach, Gisela, *Die ‚Yconomica' des Konrad von Megenberg – das ‚Haus' als Norm für politische und soziale Strukturen* (Norm und Struktur 6), Köln 1997.

Duhem, Pierre, *Études sur Léonard de Vinci*, 3. Bd., Paris 1913.

Duhem, Pierre, *Le système du monde. Histoire des doctrines cosmologiques de Platon à Copernic*, 10 Bde., Paris 1913–1959.

Duncan, James, *The City as Text: The Politics of Landscape Interpretation in the Kandyan Kingdom*, Cambridge 1990.

Easton, Stewart C., *Roger Bacon and His Search for a Universal Science. A Reconsideration of the Life and Work of Roger Bacon in the Light of his own Stated Purposes*, New York 1952.

Ebbesen, Sten, „Radulphus Brito. The Last of the Great Arts Masters, or: Philosophy and Freedom", in: *Geistesleben im 13. Jahrhundert*, hg. von Jan A. Aertse/Andreas Speer (Miscellanea Mediaevalia 27), Berlin 2000, S. 231–251.

Ebbesen, Sten/Irène Rosier-Catach, „Le trivium à la Faculté des arts", in: Weijers/Holtz (Hg.), *L'enseignement des disciplines à la Faculté des arts*, S. 97–128.

Eco, Umberto, *Einführung in die Semiotik*, 9. Aufl., München 2002.

Eco, Umberto, *Kunst und Schönheit im Mittelalter*, 7. Aufl., München 2007.

Eco, Umberto, *Lector in fabula. Die Mitarbeit der Interpretation in erzählenden Texten*, 3. Aufl., München 1998.

Eco, Umberto, *Zeichen. Einführung in einen Begriff und seine Geschichte*, Frankfurt am Main 1977.

Eggebrecht, Hans Heinrich, *Musik im Abendland. Prozesse und Stationen vom Mittelalter bis zur Gegenwart*, 7. Aufl., München 2008.

Englisch, Brigitte, *Die Artes liberales im frühen Mittelalter (5.–9. Jh.). Das Quadrivium und der Komputus als Indikatoren für Kontinuität und Erneuerung der exakten Wissenschaften zwischen Antike und Mittelalter* (Sudhoffs Archiv 33), Stuttgart 1994.

Ergel, Esmeray Sarah, *Der Experte und seine Kritik: Zum Umgang mit Wissen in Satiren des 16. Jahrhunderts* (Dissertation in Vorbereitung).

Ernst, Stephan, „Die bescheidene Rolle der Demut. Christliche und philosophische Grundhaltungen in der speziellen Tugendlehre", in: *Thomas von Aquin: Die* Summa theologiae. *Werkinterpretationen*, hg. von Andreas Speer, Berlin 2005, S. 343–376.

Fabris, Cécile, *Étudier et vivre à Paris au Moyen Âge. Le Collège de Laon (XIVe–XVe siècles)*, Paris 2005.

Falkenroth, Christoph, *Die* Musica speculativa *des Johannes de Muris. Kommentar zur Überlieferung und kritische Edition* (Beihefte zum Archiv für Musikwissenschaft 34), Stuttgart 1992.

Fansa, Mamoun (Hg.), *Kaiser Friedrich II. (1194–1250). Welt und Kultur des Mittelmeerraums*, Mainz 2008.

Favier, Jean, „Les légistes et le gouvernement de Philippe le Bel", in: *Journal des savants* 2 (1969), S. 92–108.

Favier, Jean, *Le bourgeois de Paris au Moyen Âge*, Paris 2012.

Favier, Jean, *Philippe le Bel*, Paris 1978.

Feistner, Edith (Hg.), *Konrad von Megenberg (1309–1374): ein spätmittelalterlicher Enzyklopädist im europäischen Kontext*, Wiesbaden 2011.

Ferruolo, Stephen, *The Origins of the University. The Schools of Paris and Their Critics, 1100–1215*, Stanford 1985.

Ferzoco, George/Carolyn Muessig (Hg.), *Medieval Monastic Education*, London 2000.

Feyerabend, Paul, *Wider den Methodenzwang*, 13. Aufl., Frankfurt am Main 2013.

Fichtenau, Heinrich, „Monastisches und scholastisches Lesen", in: *Herrschaft, Kirche, Kultur: Beiträge zur Geschichte des Mittelalters*, hg. von Georg Jenal/Stephanie Haarländer, Stuttgart 1993, S. 317–337.

Fidora, Alexander, „Politik, Religion und Philosophie in den Wissenschaftseinteilungen der Artisten im 13. Jahrhundert", in: *Politischer Aristotelismus und Religion in Mittelalter und Früher Neuzeit*, hg. von Alexander Fidora (Wissenskultur und gesellschaftlicher Wandel 23), Berlin 2007, S. 27–36.

Fidora, Alexander/Josep E. Rubio, *Raimundus Lullus. An Introduction to his Life, Works and Thought* (Corpus Christianorum Continuatio Mediaevalis 214), Turnhout 2008.

Fidora, Alexander/Matthias Lutz-Bachmann (Hg.), *Erfahrung und Beweis. Die Wissenschaften von der Natur im 13. und 14. Jahrhundert*, Berlin 2007.

Finke, Heinrich, *Papsttum und Untergang des Templerordens*, 2 Bde., Münster 1907.

Finkenberg, Frank, *Ancilla theologiae? Theologie und Wissenschaften bei Roger Bacon*, Mönchengladbach 2007.

Finscher, Ludwig, „Motette", in: *Die Musik in Geschichte und Gegenwart*, 1. Aufl., Bd. 9, Kassel 1961, S. 637–669.

Fischer-Lichte, Erika, „Performance, Inszenierung, Ritual. Zur Klärung kulturwissenschaftlicher Schlüsselbegriffe", in: *Geschichtswissenschaft und ‚performative turn'. Ritual, Inszenierung und Performanz vom Mittelalter bis zur Neuzeit*, hg. von Jürgen Martschukat/Steffen Patzold, Köln 2003, 33–54.

Fischer-Lichte, Erika, „Theater als kulturelles Modell", in: Erika Fischer-Lichte, *Ästhetische Erfahrung. Das Semiotische und das Performative*, Tübingen 2001, S. 269–290.

Fisher, N.W./Sabetai Unguru, „Experimental Science and Mathematics in Roger Bacon's Thought", in: *Traditio* 27 (1971), S. 353–378.

Fladt, Ellinore, „Johannes de Grocheo", in: *Die Musik in Geschichte und Gegenwart*, 2. Aufl., Personenteil, Bd. 9, Kassel 2003, S. 1093–1098.

Fladt, Ellinore, *Die Musikauffassung des Johannes de Grocheo im Kontext der hochmittelalterlichen Aristoteles-Rezeption* (Berliner musikwissenschaftliche Arbeiten 26), München 1987.

Flasch, Kurt, „Aufklärung im Mittelalter. Zur Einführung", in: *Das Licht der Vernunft. Die Anfänge der Aufklärung im Mittelalter*, hg. von Kurt Flasch/Udo Reinhold Jeck, München 1997, S. 7–17.

Flasch, Kurt, *Aufklärung im Mittelalter? Die Verurteilung von 1277*, Mainz 1989.

Flasch, Kurt, *Augustinus. Einführung in sein Denken*, 3. Aufl., Stuttgart 2003.

Flasch, Kurt, *Das philosophische Denken im Mittelalter. Von Augustin zu Machiavelli*, 3. Aufl., Stuttart 2013.

Flasch, Kurt, *Einführung in die Philosophie des Mittelalters*, 3. Aufl., Darmstadt 1994.

Fleck, Ludwik, *Entstehung und Entwicklung einer wissenschaftlichen Tatsache. Einführung in die Lehre vom Denkstil und Denkkollektiv*, 10. Aufl., Frankfurt am Main 2015.

Flotzinger, Rudolf, *Von Léonin zu Pérotin. Der musikalische Paradigmenwechsel in Paris um 1210*, Bern 2007.

Flüeler, Christoph, „Die Rezeption der Politica des Aristoteles an der Pariser Artistenfakultät im 13. und 14. Jahrhundert", in: *Das Publikum politischer Theorie im 14. Jahrhundert*, hg. von Jürgen Miethke, München 1992, S. 127–138.

Flüeler, Christoph, *Rezeption und Interpretation der Aristotelischen Politica im späten Mittelalter* (Bochumer Studien zur Philosophie 19), 2. Bde., Amsterdam 1992.

Foucault, Michel, *Die Ordnung der Dinge. Eine Archäologie der Humanwissenschaften*, Frankfurt am Main 2003.

Foucault, Michel, *Die Ordnung des Diskurses*, 11. Aufl., Frankfurt am Main 2010.

Foucault, Michel, *Überwachen und Strafen. Die Geburt des Gefängnisses*, Frankfurt am Main 2008.

Foucault, Michel, *Was ist Kritik?*, Berlin 1992.

Fournier, Edouard, „L'enseignement des Décrétales à l'université de Paris au moyen âge", in: *Revue d'histoire de l'église de France* 26 (1940), S. 58–62.

Fried, Johannes, *Aufstieg aus dem Untergang. Apokalyptisches Denken und die Entstehung der modernen Naturwissenschaft im Mittelalter*, München 2001.

Fried, Johannes, *Kaiser Friedrich II. als Jäger oder ein zweites Falkenbuch Kaiser Friedrichs II.?*, Göttingen 1996.

Frobenius, Wolf, „Johannes de Garlandia", in: *Die Musik in Geschichte und Gegenwart*, 2. Aufl., Personenteil, Bd. 7, Kassel 2001, Sp. 1089–1093.

Fuhrmann, Manfred, *Die Dichtungstheorie der Antike. Aristoteles – Horaz – ‚Longin'*, Düsseldorf 2003.

Fuhrmann, Manfred, *Seneca und Kaiser Nero. Eine Biographie*, Berlin 1997.

Füssel, Marian, „Intellektuelle Felder. Zu den Differenzen von Bourdieus Wissenssoziologie und der Konstellationsforschung", in: *Konstellationsforschung*, hg. von Martin Mulsow/Marcelo Stamm, Frankfurt am Main 2005, S. 188–206.

Füssel, Marian, *Gelehrtenkultur als symbolische Praxis. Rang, Ritual und Konflikt an der Universität der Frühen Neuzeit*, Darmstadt 2006.

Füssel, Marian/Frank Rexroth/Inga Schürmann (Hg.), *Praktiken und Räume des Wissens. Expertenkulturen in Geschichte und Gegenwart*, Göttingen 2019.

Gack-Scheiding, Christine, *Johannes de Muris*, Epistola super reformatione antiqui kalendarii. *Ein Beitrag zur Kalenderreform im 14. Jahrhundert* (Monumenta Germaniae Historica. Studien und Texte 11), Hannover 1995.

Gauthier, René Antoine, „Arnoul de Provence et la doctrine de la fronesis, vertu mystique surprême", in: *Revue du Moyen Âge latin* 19 (1963), S. 129–170.

Gauthier, René Antoine, „Notes sur les débuts (1225–1240) du premier ‚Averroisme'", in: *Revue des sciences philosophiques et théologiques* 66 (1982), S. 321–372.

Gauthier, René Antoine, „Notes sur Siger de Brabant II. Siger en 1272–1275: Aubry de Reims et la scission des Normands", in: *Revue des sciences philosophiques et théologiques* 68 (1984), S. 3–49.

Gauthier, René Antoine, „Trois commentaires averroistes sur l'Éthique à Nicomaque", in: *Archives d'histoire doctrinale et littéraire du Moyen Âge* 22–23 (1947–1948), S. 167–336.

Gauthier, René Antoine, *Magnanimité. L'idéal de la grandeur dans la philosophie paienne et dans la théologie chretienne*, Paris 1951.

Geary, Patrick J., *Die Merowinger. Europa vor Karl dem Großen*, 2. Aufl., München 2004.

Gemeinhardt, Peter, *Das lateinische Christentum und die antike pagane Bildung*, Tübingen 2007.

Gilson, Étienne, „Les ‚Philosophantes'", in: *Archives d'histoire doctrinal et litteraire du Moyen Âge* 19 (1952), S. 135–140.

Gilson, Étienne, *Introduction à la philosophie chrétienne*, Paris 1960.

Gilson, Étienne, *L'esprit de la philosophie médiévale*, 2. Aufl., Paris 1948.

Godthardt, Frank, „The Life of Marsilius of Padua", in: *A Companion to Marsilius of Padua*, hg. von Gerson Moreno-Riano/Cary J. Nederman, Leiden 2012, S. 13–55.

Godthardt, Frank, *Marsilius von Padua und der Romzug Ludwigs des Bayern. Politische Theorie und politisches Handeln*, Göttingen 2011.

Goetz, Walter, „Die Enzyklopädien des 13. Jahrhunderts", in: Walter Goetz, *Italien im Mittelalter*, Bd. 2, Leipzig 1942, S. 62–107.

Goffman, Erving, *Interaktionsrituale. Über Verhalten in direkter Kommunikation*, 10. Aufl., Frankfurt am Main 2013.

Goffman, Erving, *Wir alle spielen Theater. Die Selbstdarstellung im Alltag*, 12. Aufl., München 2013.

Goldstein, Bernard R., „Theory and Observation in Medieval Astronomy", in: *Isis* 63 (1972), S. 39–47.

Gorochov, Nathalie, „Charles V et les collèges parisiens: l'affirmation d'une politique universitaire royale (1364–1380)", in: *Paris et ses campagnes sous l'ancien régime*, hg. von Michel Balard/Jean-Claude Hervé/Nicole Lemaitre, Paris 1994, S. 187–194.

Gorochov, Nathalie, „Crises et conflits de pouvoir dans les collèges parisiens au XIVe siècle: l'exemple du collège Mignon", in: *Bibliothèque de l'École des chartes* 151 (1993), S. 259–274.

Gorochov, Nathalie, „Expertise et conseil des maîtres aux premiers temps de l'Université (XIIe–XIIIe siècles)", in: *Experts et expertise au Moyen Âge. Consilium quaeritur a perito, XLIIe congrès de la SHMESP, Oxford, 31 mars–3 avril 2011*, Paris 2012, S. 73–86.

Gorochov, Nathalie, „L'université recrute-t-elle dans la ville? Le cas de Paris au XIIIᵉ siècle", in: *Les universités et la ville au Moyen Âge. Cohabitation et tension*, hg. von Patrick Gilli/Jacques Verger/Daniel Le Blévec (Education and Society in the Middle Ages and Renaissance 30), Leiden 2007, S. 257–296.

Gorochov, Nathalie, *Le Collège de Navarre de sa fondation (1305) au début du Xve siècle (1418). Histoire de l'institution, de sa vie intellectuelle et de son recrutement*, Paris 1997.

Gorochov, Nathalie, *Naissance de l'université: les écoles de Paris d'Innocent III à Thomas d'Aquin (v. 1200–v. 1245)*, Paris 2012.

Gottschall, Dagmar, „Expertenwissen und Laienwissen auf dem Gebiet der astrologischen Prognostik bei Konrad von Megenberg und Cecco d'Ascoli", in: Feistner (Hg.), *Konrad von Megenberg*, S. 257–283.

Grabmann, Martin, „Die logischen Schriften des Nikolaus von Paris und ihre Stellung in der aristotelischen Bewegung des XIII. Jahrhunderts", in: Martin Grabmann, *Mittelalterliches Geistesleben. Abhandlungen zur Geschichte der Scholastik und Mystik*, Bd. 1, München 1926, S. 222–248.

Grabmann, Martin, „Eine für Examinazwecke abgefasste Quaestionensammlung der Pariser Artistenfakultät aus der ersten Hälfte des XIII. Jahrhunderts", in: Martin Grabmann, *Mittelalterliches Geistesleben. Abhandlungen zur Geschichte der Scholastik und Mystik*, Bd. 2, München 1936, S. 183–199.

Grabmann, Martin, *Der lateinische Averroismus des 13. Jahrhunderts und seine Stellung zur christlichen Weltanschauung*, München 1931.

Gramsch, Robert, *Erfurter Jursisten im Spätmittelalter: Die Karrieremuster und Tätigkeitsfelder einer gelehrten Elite des 14. und 15. Jahrhunderts*, Leiden 2003.

Grant, Edward, „Medieval Natural Philosophy: Empiricism without Observation", in: *The Dynamics of Aristotelian Natural Philosophy from Antiquity to the Seventeenth Century*, hg. von Cees Leijenhorst/Christoph Lüthy/Johannes M.M.H. Thijssen (Medieval and Early Modern Science 5), Leiden 2002, S. 141–168.

Grant, Edward, „Peter Peregrinus", in: *Dictionary of Scientific Biography*, Bd. 10, New York 1974, S. 532–540.

Grant, Edward, „The Condemnation of 1277, God's Absolute Power, and Physical Thought in the Late Middle Ages", in: *Viator* 10 (1979), S. 211–244.

Grant, Edward, *Das physikalischen Weltbild des Mittelalters*, Zürich 1980.

Grant, Edward, *The Foundations of Modern Science in the Middle Ages. Their Religious, Institutional, and Intellectual Contexts*, Cambridge 1996.

Greenblatt, Stephen, *The Swerve. How the World Became Modern*, New York 2011.

Greimas, Algirdas Julien, *Sémantique Structurale*, Paris 1986.

Griffiths, Quentin, „New Men among the Lay Counsellors of St. Louis' Parlement", in: *Mediaeval Studies* 32 (1970), S. 234–272.

Grimm, Gunter, *Rezeptionsgeschichte. Grundlegung einer Theorie*, München 1977.

Grimmsmann, Damaris, *Krieg mit dem Wort. Türkenpredigten des 16. Jahrhunderts im Alten Reich* (Arbeiten zur Kirchengeschichte 131), Berlin 2016.

Grondeux, Anne, „Le trivium à la faculté des arts de Paris avant 1245. Quelques questions méthodologiques", in: Verger/Weijers (Hg.), *Les débuts de l'enseignement universitaires*, S. 65–76.

Grundmann, Herbert, „Vom Ursprung der Universität im Mittelalter", in: Herbert Grundmann, *Ausgewählte Aufsätze*, Teil 3: *Bildung und Sprache* (Schriften der Monumenta Germaniae Historica 25), Stuttgart 1978, S. 292–342.

Gushee, Lawrence, „Jehan des Murs and His Milieu", in: Hentschel (Hg.), *Musik – und die Geschichte der Philosophie und Naturwissenschaften im Mittelalter*, S. 339–371.

Gushee, Lawrence, „Johannes de Muris", in: *New Grove Dictionary of Music and Musicians*, Bd. 9, London 1980.

Gushee, Lawrence, „New Sources for the Biography of Johannes de Muris", in: *Journal of the American Musicological Society* 22 (1969), S. 3–26.

Haas, Max, „Die Musiklehre im 13. Jahrhundert von Johannes de Garlandia bis Franco", in: *Die Mittelalterliche Lehre von der Mehrstimmigkeit*, hg. von Hans Heinrich Eggebrecht et al., Darmstadt 1984, S. 89–159.

Haas, Max, „Studien zur mittelalterlichen Musiklehre I. Eine Übersicht über die Musiklehre im Kontext der Philosophie des 13. und frühen 14. Jahrhunderts", in: *Aktuelle Fragen der musikbezogenen Mittelalterforschung*, hg. von Wulf Arlt/Hans Oesch (Forum Musicologicum 3), Winterthur 1982, S. 323–456.

Haas, Max, *Musikalisches Denken im Mittelalter. Eine Einführung*, Bern 2007.

Habermas, Jürgen, „Analytische Wissenschaftstheorie und Dialektik. Ein Nachtrag zur Kontroverse zwischen Popper und Adorno", in: *Der Positivismusstreit in der deutschen Soziologie*, hg. von Theodor W. Adorno et al., München 1993, S. 155–191.

Habermas, Jürgen, *Erkenntnis und Interesse*, Frankfurt am Main 1973.

Hackett, Jeremiah (Hg.), *Roger Bacon and Aristotelianism = Vivarium* 35 (1997).

Hackett, Jeremiah (Hg.), *Roger Bacon and the Sciences. Commemorative Essays* (Studien und Texte zur Geistesgeschichte des Mittelalters 57), Leiden 1997.

Hackett, Jeremiah, „Aquinas, Roger Bacon and Latin Averroism: The Problem of the Intellective Soul (anima intellectiva) (1277–77)", in: *Aquinas on Mind and Intellect. New Essays*, hg. von Jeremiah Hackett, Oakdale 1996, S. 15–43.

Hackett, Jeremiah, „Aristotle, Astrologia, and Controversy at the University of Paris (1266–1274)", in: Learning institutionalized: Teaching in the Medieval University, hrsg. von Edward English and John van Engen, Notre Dame 2000, S. 69–110.

Hackett, Jeremiah, „Averroes and Roger Bacon on the Harmony of Religion and Philosophy", in: *A Straight Path: Studies in Medieval Philosophy and Culture*, hg. von Ruth Link-Salinger, Washington D.C. 1988, S. 98–112.

Hackett, Jeremiah, „Ego Expertus Sum: Roger Bacon's Science and the Origins of Empiricism", in: Bénatouil/Draelants (Hg.), *Expertus sum*, S. 145–173.

Hackett, Jeremiah, „Epilogue: Roger Bacon's Moral Science", in: Hackett (Hg.), *Roger Bacon and the Sciences*, S. 405–410.

Hackett, Jeremiah, „Experience and Demonstration in Roger Bacon: A Critical Review of some Modern Interpretations", in: Fidora/Lutz-Bachmann (Hg.), *Erfahrung und Beweis*, S. 41–58.

Hackett, Jeremiah, „Philosophy and Theology in Roger Bacon's *Opus maius*", in: *Philosophy and the God of Abraham. Essays in Memory of James A. Weisheipl*, hg. von R. James Long, Toronto 1991, S. 55–69.

Hackett, Jeremiah, „Practical Wisdom and Happiness in the Moral Philosophy of Roger Bacon", in: *Medioevo* 12 (1986), S. 55–109.

Hackett, Jeremiah, „Roger Bacon and Aristotelianism. Introduction", in: Hackett (Hg.), *Roger Bacon and Aristotelianism*, S. 129–135.

Hackett, Jeremiah, „Roger Bacon on Astronomy-Astrology: The Sources of the Scientia Experimentalis", in: Hackett (Hg.), *Roger Bacon and the Sciences*, S. 175–198.

Hackett, Jeremiah, „Roger Bacon on Rhetoric and Poetics", in: Hackett (Hg.), *Roger Bacon and the Sciences*, S. 133–149.

Hackett, Jeremiah, „Roger Bacon on Scientia Experimentalis", in: Hackett (Hg.), *Roger Bacon and the Sciences*, S. 277–315.

Hackett, Jeremiah, „Roger Bacon on the Classification of the Sciences", in: Hackett (Hg.), *Roger Bacon and the Sciences*, S. 49–65.

Hackett, Jeremiah, „Roger Bacon, Aristotle, and the Parisian Condemnations of 1270, 1277", in: Hackett (Hg.), *Roger Bacon and Aristotelianism*, S. 283–314.

Hackett, Jeremiah, „Roger Bacon: His Life, Career and Works", in: Hackett (Hg.), *Roger Bacon and the Sciences*, S. 9–24.

Hackett, Jeremiah, „Scientia Experimentalis: From Robert Grosseteste to Roger Bacon", in: *Robert Grosseteste: New Perspectives on His Thought and Scholarship*, hg. von James McEvoy, Turnhout 1995, S. 89–119.

Hackett, Jeremiah, „Experientia, Experimentum and Perception of Objects in Space: Roger Bacon", in: *Raum und Raumvorstellungen im Mittelalter*, hg. von Jan A. Aertsen/Andreas Speer (Miscellanea Mediaevalia 25), Berlin 1998, S. 101–120.

Hafemann, Burkhard, *Aristoteles' Transzendentaler Realismus. Inhalt und Umfang erster Prinzipien in der ‚Metaphysik'*, Berlin 1998.

Hartmann, Florian, *Ars dictaminis. Briefsteller und verbale Kommunikation in den italienischen Stadtkommunen des 11. bis 13. Jahrhunderts*, Ostfildern 2013.

Hartmann, Frank, *Mediologie. Ansätze einer Medientheorie der Kulturwissenschaften*, Wien 2003.

Haskins, Charles Homer, „The University of Paris in the Sermons of the Thirteenth Century", in: Charles Homer Haskins, *Studies in Mediaeval Culture*, New York 1929, S. 36–71.

Haskins, Charles Homer, *The Renaissance of the Twelfth Century*, Cambridge, Mass. 1927.

Haskins, Charles Homer, *The Rise of Universities*, New York 1976.

Haye, Thomas, „Divisio Scientiarum: Ein bisher unveröffentlichtes Wissenschaftsmodell in der Clavis Compendii des Johannes von Garlandia", in: *Vivarium* 32 (1994), S. 51–61.

Haye, Thomas, *Johannes de Garlandia: Compedium gramatice*, Köln 1995.

Hegel, Georg Wilhelm Friedrich, *Vorlesungen über die Philosophie der Geschichte*, Stuttgart 1961.

Heiduk, Matthias, „Roger Bacon und die Geheimwissenschaften – Ein Grenzfall für die Wissenschaftskonzeptionen von Zeitgenossen und Nachwelt", in: Mulsow/Rexroth (Hg.), *Was als wissenschaftlich gelten darf*, S. 109–138.

Heilmann, Anja, *Boethius' Musiktheorie und das Quadrivium. Eine Einführung in den neuplatonischen Hintergrund von „De institutione musica"* (Hypomnemata. Untersuchungen zur Antike und ihrem Nachleben 171), Göttingen 2007.

Henck, Herbert, *Karlheinz Stockhausens Klavierstück X. Ein Beitrag zum Verständnis serieller Kompositionstechnik*, 2. Aufl., Köln 1980.

Henk A.G. Braakhuis, „Logica Modernorum as a Discipline at the Faculty of Arts of Paris in the Thirteenth Century", in: Weijers/Holtz (Hg.), *L'enseignement des disciplines à la Faculté des arts*, S. 129–145.

Henk A.G. Braakhuis, „The Chapter on the Liber Peryarmenias of the Ripoll ‚Student's Guide'. A Comparison with Contemporary Commentaries", in: Lafleur/Carrier (Hg.), *L'enseignement de la philosophie au XIIIe siècle*, S. 297–323.

Henrich, Dieter, „Konstellationsforschung zur klassischen deutschen Philosophie. Motiv – Ergebnis – Probleme – Perspektiven – Begriffsbildung", in: *Konstellationsforschung*, hg. von Martin Mulsow/Marcelo Stamm, Frankfurt am Main 2005, S. 15–30.

Henrich, Dieter, *Konstellationen. Probleme und Debatten am Ursprung der idealistischen Philosophie (1789–1795)*, Stuttgart 1991.

Henry, John, *Knowledge is Power. Francis Bacon and the Method of Science*, Cambridge 2002.

Hentschel, Frank (Hg.), *Musik – und die Geschichte der Philosophie und Naturwissenschaften im Mittelalter: Fragen zur Wechselwirkung von ‚Musica' und ‚Philosophia' im Mittelalter* (Studien und Texte zur Geistesgeschichte des Mittelalters 62), Leiden 1998.

Hentschel, Frank, *Sinnlichkeit und Vernunft in der mittelalterlichen Musiktheorie. Strategien der Konsonanzwertung und der Gegenstand der Musica Sonora um 1300*, Stuttgart 2000.

Hentschel, Frank/Martin Pickavé, „Questiones mathematicales. Eine Textgattung der Pariser Artistenfakultät im frühen 14. Jahrhundert", in: Aertsen/Emery/Speer (Hg.), *Nach der Verurteilung von 1277*, S. 618–634.

Heß, Walter, „Erfahrung und Intuition bei Aristoteles", in: *Phronesis* 15 (1970), S. 48–82.

Hesse, Hermann, *Das Glasperlenspiel. Versuch einer Lebensbeschreibung des Magister Ludi Josef Knecht*, 9. Aufl., Frankfurt am Main 2002.

Hessen, Boris, „The Social and Economic Roots of Newton's ‚Principia'", in: *Science at the Crossroads*, hg. von Nicolai I. Bukharin, London 1971, S. 151–212.

Hillgarth, Jocelyn N., *Ramon Lull and Lullism in Forteenth-Century France*, Oxford 1971.

Hirtler, Eva, „Die *musica* im Übergang von der *scientia mathematica* zur *scientia media*", in: Hentschel (Hg.), Musik – und die Geschichte der Philosophie und Naturwissenschaften im Mittelalter, S. 19–37.

Hissette, Roland, „Thomas d'Aquin directement visé par la censure du 7 mars 1277? Réponse à John F. Wippel", in: *Roma, Magistra mundi. Itineraria culturae medievalis*, hg. von Jacqueline Hamesse, Louvain-La-Neuve 1998, S. 425–437.

Hissette, Roland, *Enquête sur les 219 articles condamnés à Paris le 7 mars 1277* (Philosophes médiévaux 22), Louvain 1977.

Hitzler, Ronald, „Wissen und Wesen des Experten. Ein Annäherungsversuch – zur Einleitung", in: *Expertenwissen. Die institutionalisierte Kompetenz zur Konstruktion von Wirklichkeit*, hg. von Ronald Hitzler, Opladen 1994, S. 13–30.

Hobbins, Daniel, *Authorship and Publicity Before Print: Jean Gerson and the Transformation of Late Medieval Learning*, Philadelphia 2009.

Hödl, Günther, „Die Dinge sichtbar machen, so wie sie sind! Kaiser Friedrich II., das Falkenbuch und die Wissenschaft", in: *Alles jagd ... eine kulturgeschichte*, hg. von Günther Hödl/Hartwig Pucker, 1997, S. 191–197.

Hödl, Ludwig, „Philosophische Ethik und Moral-Theologie in der Summa Fr. Thomae", in: *Thomas von Aquin: Werk und Wirkung im Licht neuerer Forschung*, hg. von Albert Zimmermann, Berlin 1988, S. 23–42.

Höffe, Otfried, „Vom Nutzen des Nutzlosen. Zur Bedeutung der Philosophie im Zeitalter der Ökonomisierung", in: *Deutsche Zeitschrift für Philosophie* 53 (2005), S. 667–678.

Höffe, Otfried, *Aristoteles*, 3. Aufl., München 2006.

Höffe, Otfried, *Die Macht der Moral im 21. Jahrhundert. Annäherungen an eine zeitgemäße Ethik*, München 2014.

Hoffmann, E. T. A., *Kreisleriana*, hg. von Hanne Castein, Stuttgart 1983.

Hoffmann-Axthelm, Dagmar, „Musikleben und Musikanschauung", in: Möller/Stephan (Hg.), *Die Musik des Mittelalters*, Laaber 2010, S. 335–351.

Hogg, Michael A./Sarah C. Hains, „Intergroup Relations and Group Solidarity: Effects of Group Identification and Social Beliefs on Depersonalized Attraction", in: Abrams/Hogg (Hg.), *Intergroup Relations*, S. 110–128.

Holl, Alfred, „Die Deutsche Sphaera des Konrad von Megenberg. Ein astronomischer Forscher im Spannungsfeld zwischen der Freude an Beobachtung und dem Leid mathematischer Modellierung", in: Feistner (Hg.), *Konrad von Megenberg*, S. 285–312.

Holloway, Julia Bolton, *Twice-Told Tales. Brunetto Latino and Dante Alighieri*, New York 1993.

Homann, Eckard, *Totum posse, quod est in ecclesia, reservatur in summo pontifice. Studien zur politischen Theorie bei Aegidius Romanus*, Würzburg 2004.

Honigsheim, Paul, „Mönchtum I. Religionsgeschichtlich", in: *Religion in Geschichte und Gegenwart*, 3. Aufl., Bd. 4, Tübingen 1960, S. 1070f.

Honigsheim, Paul, „Soziologie der Mystik", in: Paul Honigsheim, *Versuche zu einer Soziologie des Wissens*, hg. von Max Scheler, München 1924, S. 323–346.

Honnefelder, Ludger et al. (Hg.), *Albertus Magnus und die Anfänge der Aristoteles-Rezeption im lateinischen Mittelalter. Von Richard Rufus bis zu Franciscus de Mayronis*, Münster 2005.

Honnefelder, Ludger, „Die Anfänge der Aristoteles-Rezeption im lateinischen Mittelalter: Zur Einführung in die Thematik", in: Honnefelder (Hg.), *Albertus Magnus und die Anfänge der Aristoteles-Rezeption*, S. 11–24.

Hoßfeld, Paul, *Albertus Magnus als Naturphilosoph und Naturwissenschaftler*, Bonn 1983.

Imbach, Ruedi, „Autonomie des philosophischen Denkens? Zur historischen Bedingtheit der mittelalterlichen Philosophie", in: Aertsen/Speer (Hg.), *Was ist Philosophie im Mittelalter*, S. 125–137.

Imbach, Ruedi, „Die Arbor humanalis und die anthropologische Relevanz der artes mechanicae", in: *Arbor Scientiae*, hg. von Peter Walter, Turnhout 2002, S. 135–157.

Imbach, Ruedi, „Einführungen in die Philosophie aus dem XIII. Jahrhundert. Marginalien, Materialien und Hinweise im Zusammenhang mit einer Studie von Claude Lafleur", in: Imbach, *Quodlibeta*, S. 63–91.

Imbach, Ruedi, „Expertus sum. Vorläufige Anmerkungen zur Bedeutung des Verbs ‚experiri' bei Albert dem Grossen, Siger von Brabant und Thomas von Aquin", in: *Les innovations du vocabulaire latin à la fin du moyen âge. Autour du glossaire du latin philosophique*, hg. von Olga Weijers/Iacopo Costa/Adriano Oliva (Studia Artistarum 24), Turnhout 2010, S. 61–88.

Imbach, Ruedi, „Neue Perspektiven für die Erforschung der mittelalterlichen Philosophie", in: Imbach, *Quodlibeta*, S. 1–16.

Imbach, Ruedi, „Notule sur le commentaire du Liber de causis de Siger de Brabant et ses rapports avec Thomas d'Aquin", in: *Freiburger Zeitschrift für Philosophie und Theologie* 43 (1996), S. 304–323.

Imbach, Ruedi, „Zur Präsenz des mittelalterlichen Philosophieverständnisses", in: Imbach, *Quodlibeta*, S. 35–43.

Imbach, Ruedi, *Dante, la philosophie et les laïcs*, Fribourg 1996.

Imbach, Ruedi, *Laien in der Philosophie des Mittelalters. Hinweise und Anregungen zu einem vernachlässigten Thema* (Bochumer Studien zur Philosophie 14), Amsterdam 1989.

Imbach, Ruedi, *Quodlibeta. Ausgewählte Artikel/Articles choisis*, hg. von Francis Chevenal/Thomas Ricklin/Claude Pottier, Freiburg, Schweiz 1996.

Imbach, Ruedi/Adriano Oliva, *La philosophie de Thomas d'Aquin*, Paris 2009.

Imbach, Ruedi/François-Xavier Putallaz, *Profession: Philosophe. Siger de Brabant*, Paris 1997.

Internationale Gesellschaft für Philosophische Praxis, Satzung, https://www.igpp.org/s/Satzung-IGPP.pdf (zuletzt abgerufen 27.08.2018).

Internationalen Gesellschaft für Philosophische Praxis, Selbstverständnis, https://www.igpp.org/igpp-1/ (zuletzt abgerufen 27.08.2018).

Irvine, Martin, *The Making of Textual Culture. ‚Grammatica‘ and Literary Theory 350–1100*, Cambridge 1994.

Iser, Wolfgang, „Der Lesevorgang. Eine phänomenologische Perspektive", in: Warning (Hg.), *Rezeptionsästhetik*, S. 253–276.

Jacquart, Danielle, „Lectures universitaires du Canon d'Avicenne", in: *Avicenna and his Heritage*, hg. von Jules Janssens/Daniel de Smet, Leuven 2002, S. 313–324.

Jacquart, Danielle, „Médecine et astrologie à Paris dans la première moitié du XIVe siècle", in: *Filosofia, scienza e astrologia nel Trecento europeo*, hg. von Graziella Federici Vescovini/Francesco Barocelli, 1992, S. 121–134.

Jacquart, Danielle, *La médecine médiévale dans le cadre parisien, XIVe–XVe siècle*, Paris 1998.

Jacquart, Danielle, *Le milieu médical en France du XIIe au XVe siècle* (Hautes Études médiévales et modernes 46), Genf 1981.

Jardine, Nicholas, „Koyré's Intellectual Revolution", in: *La lettre de la Maison française d'Oxford* 13 (2001), S. 11–25.

Jaschinski, Andreas, „Musikwissenschaft. Grundriss der Fachgeschichte bis 1945", in: *Die Musik in Geschichte und Gegenwart*, 2. Aufl., Sachteil, Bd. 6, Kassel 1997, S. 1800–1807.

Jauß, Hans Robert, „Literaturgeschichte als Provokation der Literaturwissenschaft", in: Hans Robert Jauß, *Literaturgeschichte als Provokation*, Frankfurt am Main 1970, S. 144–207.

Jauß, Hans Robert, „Racines und Goethes Iphigenie. Mit einem Nachwort über die Partialität der rezeptionsästhetischen Methode", in: Warning (Hg.), *Rezeptionsästhetik*, S. 353–400.

Jauß, Hans Robert, *Alterität und Modernität in der mittelalterlichen Literatur*, München 1977.

Jordan, William C., *Unceasing Strife, Unending Fear. Jacques de Thérines and the Freedom of the Church in the Age of the Last Capetians*, Princeton 2005.

Jorland, Gérard, *La science dans la philosophie. Les recherches épistémologiques d'Alexandre Koyré*, Paris 1981.

Kaldewey, David, *Wahrheit und Nützlichkeit. Selbstbeschreibungen der Wissenschaft zwischen Autonomie und gesellschaftlicher Relevanz*, Bielefeld 2013.

Kant, Immanuel, *Kritik der Urteilskraft*, hg. von Wilhelm Weischedel, Frankfurt am Main 1974.

Kaufhold, Martin (Hg.), *Politische Reflexion in der Welt des späten Mittelalters/Political Thought in the Age of Scholasticism* (Studies in Medieval and Reformation Traditions 103), Leiden 2004.

Kavoulakos, Konstantinos, *Ästhetizistische Kulturkritik und ethische Utopie. Georg Lukács' neukantianisches Frühwerk*, Berlin 2014.

Keller, Hagen, „Vom ‚heiligen Buch' zur ‚Buchführung'. Lebensfunktionen der Schrift im Mittelalter", in: *Frühmittelalterliche Studien* 26 (1992), S. 1–31.

Kerr, Julie, *Life in the Medieval Cloister*, London 2009.

Kibre, Pearl, „The Quadrivium in the Thirteenth Century Universities (with Special Reference to Paris)", in: *Arts libéraux et philosophie au Moyen Âge*, Montréal 1969, S. 175–191.

Kibre, Pearl, *The Nations in the Mediaeval Universities*, Cambridge 1948.

Kieserling, André, *Kommunikation unter Anwesenden. Studien über Interaktionssysteme*, Frankfurt am Main 1999.

Kintzinger, Martin, „A Profession but not a Career? Schoolmasters and the Artes in Late Medieval Europe", in: Courtenay/Miethke (Hg.), *Universities and Schooling in Medieval Society*, S. 167–181.

Kintzinger, Martin, „Die Artisten im Streit der Fakultäten. Vom Nutzen der Wissenschaft zwischen Mittelalter und Moderne", in: *Jahrbuch für Universitätsgeschichte* 4 (2001), S. 177–194.

Kintzinger, Martin, „Experientia lucrativa? Erfahrungswissen und Wissenserfahrung im europäischen Mittelalter", in: *Das Mittelalter* 17 (2012), S. 95–117.

Kintzinger, Martin, „Studens artium, Rector parochiae und Magister scolarum im Reich des 15. Jahrhunderts. Studium und Versorgungschancen der Artisten zwischen Kirche und Gesellschaft", in: *Zeitschrift für Historische Forschung* 26 (1999), S. 1–41.

Kintzinger, Martin, *Wissen wird Macht. Bildung im Mittelalter*, Ostfildern 2007.

Kinzelbach, Ragnar, „Kaiser Friedrichs II. *De arte venandi cum avibus*. Die Arten der Vögel", in: Fansa (Hg.), *Kaiser Friedrich II.*, S. 268–299.

Klima, Ursula, *Untersuchungen zu dem Begriff Sapientia. Von der republikanischen Zeit bis Tacitus*, Bonn 1971.

Kluxen, Wolfgang, „Der Begriff der Wissenschaft", in: Weimar (Hg.), Die Renaissance der Wissenschaften im 12. Jahrhundert, S. 273–293.

Kluxen, Wolfgang, *Philosophische Ethik bei Thomas von Aquin*, 3. Aufl., Darmstadt 1998.

Köhler, Theodor W., „Sachverhaltsbeobachtung und axiomatische Vorgaben. Zur Struktur wissenschaftlicher Erfassung konkreter Äußerungsweisen des

Menschlichen im 13. Jahrhundert", in: Fidora/Lutz-Bachmann (Hg.), *Erfahrung und Beweis*, S. 125–150.

König-Pralong, Catherine, „Averroïsme latin", in: Houari Touati (Hg.), *Encyclopédie de l'humanisme méditerranéen*, 2014, http://www.encyclopedie-humanisme. com/?AVERROISME-LATIN-33&var_mode=calcul.

König-Pralong, Catherine, *Le bon usage des savoirs. Scolastique, philosophie et politique culturelle* (Études de philosophie médiévale 98), Paris 2011.

Könsgen, Ewald, *Iohannes de Garlandia: Carmen de Misteriis Ecclesie*, Leiden 2004.

Kopp, Vanina, *Der König und die Bücher. Sammlung, Nutzung und Funktion der königlichen Bibliothek am spätmittelalterlichen Hof in Frankreich* (Beiheifte der Francia 80), Ostfildern 2016.

Koschorke, Albrecht, *Wahrheit und Erfindung. Grundzüge einer Allgemeinen Erzähltheorie*, 3. Aufl., Frankfurt am Main 2013.

Kouamé, Thierry, *Le Collège de Dormans-Beauvais à la fin du Moyen Âge. Stratégie politiques et parcours individuels à l'université de Paris (1370–1458)* (Education and Society in the Middle Ages and Renaissance 22), Leiden 2005.

Koyré, Alexandre, „Rezension zu Anneliese Maier, *Die Vorläufer Galileis im 14. Jahrhundert*", Rom 1949, in: *Archives internationales d'histoire des sciences* 4 (1951), S. 769ff.

Koyré, Alexandre, „The Origins of Modern Science: A New Interpretation", in: *Diogenes* 4 (1957), S. 1–22.

Koyré, Alexandre, *Études d'histoire de la pensée philosophique*, Paris 1985.

Koyré, Alexandre, *Études galiléennes*, 3 Bde., Paris 1939.

Koyré, Alexandre, *Metaphysics and Measurement. Essays in Scientific Revolution*, London 1968.

Koyré, Alexandre, *Newtonian Studies*, London 1965.

Krämer, Sybille, „Erfüllen Medien eine Konstitutionsleistung? Thesen über die Rolle medientheoretischer Erwägungen beim Philosophieren", in: *Medienphilosophie. Beiträge zur Klärung eines Begriffs*, hg. v. Stefan Münker/Alexander Roesler/Mike Sandbothe, Frankfurt am Main 2003, S. 78–90.

Kraml, Hans, „Die Magd in der Burg. Zum Philosophieverständnis von Roger Bacon", in: Uhl (Hg.), *Roger Bacon in der Diskussion*, S. 137–143.

Kretzmann, Norman et al. (Hg.), *The Cambridge History of Later Medieval Philosophy. From the Rediscovery of Aristotle to the Disintegration of Scholasticism 1100–1600*, Cambridge 1982.

Krieger, Gerhard, *Der Begriff der praktischen Vernunft nach Johannes Buridan*, Münster 1986.

Krüger, Elmar, *Der Traktat ‚De ecclesiastica potestate' des Aegidius Romanus. Eine spätmittelalterliche Herrschaftskonzeption des päpstlichen Universalismus*, Köln 2007.

Kuhn, Thomas S., „Alexandre Koyré and the History of Science: On an Intellectual Revolution", in: *Encounter* 34 (1970), S. 67–69.

Kuhn, Thomas S., „Mathematical vs. Experimental Traditions in the Development of Physical Science", in: *The Journal of Interdisciplinary History* 7 (1976), S. 1–31.

Kuhn, Thomas S., *Die Struktur wissenschaftlicher Revolutionen*, 13. Aufl., Frankfurt am Main 1996.

Kuhn, Thomas S., *The Structure of Scientific Revolutions*, 5. Aufl., Chicago 2012.

Kuhn, Wilfried, *Ideengeschichte der Physik. Eine Analyse der Entwicklung der Physik im historischen Kontext*, Berlin 2016.

Kuttner, Stephan, *Studies in the History of Medieval Canon Law* (Variorum Collected Studies Series 325), Aldershot 1990.

L'Huillier, Ghiselaine, *Le Quadripartitum numerorum de Jean de Murs. Introduction et Edition critique*, Genève 1990.

Lafleur, Claude, „L'enseignement philosophique à la Faculté des arts de l'Université de Paris en la première moitié du XIIIᵉ siècle dans le miroir des textes didascaliques", in: *Laval théologique et philosophique* 60,3 (2004), S. 409–448.

Lafleur, Claude, „L'introduction à la philosophie de maître Olivier de Breton", in: Lafleur/Carrier (Hg.), *L'enseignement de la philosophie au XIIIᵉ siècle*, S. 467–487.

Lafleur, Claude, „L'introduction à la philosophie Vt testatur Aristotiles (vers 1265–1270)", in: *Laval théologique et philosophique* 48 (1992), S. 81–107.

Lafleur, Claude, „La Philosophia d'Hervé le Breton (alias Henri le Breton) et le recueil d'introductions à la philosophie du ms. Oxford, Corpus Christi College 283 (deuxième partie)", in: *Archives d'histoire doctrinale et litteraire du Moyen Âge* 62 (1995), S. 359–442.

Lafleur, Claude, „La Philosophia d'Hervé le Breton (alias Henri le Breton) et le recueil d'introductions à la philosophie du ms. Oxford, Corpus Christi College 283 (première partie)", in: *Archives d'histoire doctrinale et litteraire du Moyen Âge* 61 (1994), S. 149–226.

Lafleur, Claude, „Le prologue ‚Triplex est principium' du commentaire d'Adénulfe d'Anagni sur les Topiques d'Aristote", in: Lafleur/Carrier (Hg.), *L'enseignement de la philosophie au XIIIᵉ siècle*, S. 421–446.

Lafleur, Claude, „Les ‚Guides de l'étudiant' de la faculté des arts de l'université de Paris au XIIIᵉ siècle", in: *Philosophy and Learning. Universities in the Middle Ages*, hg. von Maarten Hoenen/J.H. Josef Schneider/Georg Wieland (Education and Society in the Middle Ages and Renaissance 6), Leiden 1995, S. 137–199.

Lafleur, Claude, „*Scientia* et *ars* dans les introductions à la philosophie des maîtres ès arts de l'université de Paris au XIIIᵉ siècle", in: Craemer-Ruegenberg/Speer (Hg.), Scientia *und* ars *im Hoch- und Spätmittelalter*, Bd. 1, S. 45–65.

Lafleur, Claude, „Transformations et permanences dans le programme des études à la Faculté des arts de l'Université de Paris au XIIIᵉ siècle: Le témoignage des

‚introductions à la philosophie' et des ‚guides de l'étudiant'", in: *Laval théologique et philosophique* 54,2 (1998), S. 387–410.

Lafleur, Claude/Joanne Carrier (Hg.), *L'enseignement de la philosophie au XIIIᵉ siècle. Autour du ‚Guide de l'étudiant' du ms. Ripoll 109* (Studia artistarum 5), Turnhout 1997.

Lalou, Elisabeth, „Les légistes dans l'entourage de Philippe le Bel", in: *Les universités en Europe du XIIIᵉ siècle à nos jours. Espaces, modèles et fonctions*, hg. von Frédéric Attal/Thierry Kouamé/Jean-Miguel Garrigues, Paris 2005, S. 99–112.

Lamarrigue, Anne-Marie, *Bernard Gui (1261–1331). Un historien et sa méthode*, Paris 2000.

Lambertini, Roberto, „Felicitas politica und speculatio. Die Idee der Philosophie in ihrem Verhältnis zur Politik nach Johannes von Jandun", in: Aertsen/Speer (Hg.), *Was ist Philosophie im Mittelalter*, S. 984–990.

Lambertini, Roberto, „Giles of Rome", in: *The Stanford Encyclopedia of Philosophy*, hg. von Edward N. Zalta, Winter 2014 Edition, http://plato.stanford.edu/archives/win2014/entries/giles/.

Lambertini, Roberto, „Il filosofo, il principe e la virtù. Note sulla ricezione e l'uso dell'Etica Nicomachea nel De regimine principum di Egidio Romano", in: *Documenti e studi sulla tradizione filosofica medievale* 2 (1991), S. 239–279.

Lambertini, Roberto, „Jandun's Question-Commentary on Aristotle's Metaphysics", in: *Companion to the Latin Medieval Commentaries on Aristotle's Metyphysics*, hg. von Fabrizio Amerini/Gabriele Galluzzo, Leiden 2014, S. 385–412.

Lambertini, Roberto, „The Prince in the Mirror of Philosophy. About the Use of Aristotle in Giles of Rome's De regimine principum", in: *Moral and Political Philosophies in the Middle Ages*, hg. von Bernardo Bazán/Eduardo Andújar/Léonard Sbrocchi, New York 1995, S. 1522–1534.

Latour, Bruno, *Science in Action. How to Follow Scientists and Engineers Through Society*, Cambridge, Mass. 1988.

Latour, Bruno, *Wir sind nie modern gewesen. Versuch einer symmetrischen Anthropologie*, Frankfurt am Main 2008.

Latour, Bruno/Steve Woolgar, *Laboratory Life. The Construction of Scientific Facts*, Princeton 1986.

Law, John (Hg.), *Power, Action and Belief. A New Sociology of Knowledge*, London 1986.

Le Goff, Jacques, *Pour un autre Moyen Âge. Temps, travail et culture en Occident: 18 essais*, Paris 1991.

Leary, John E., *Francis Bacon and the Politics of Science*, Ames 1994.

Leclercq, Jean, *Wissenschaft und Gottverlangen. Zur Mönchstheologie des Mittelalters*, Düsseldorf 1963.

Lefebvre-Teillard, Anne, „Du Décret aux décretales: L'enseignement du droit canonique au sein de l'école parisienne (fin XIIᵉ–début XIIIᵉ s.)", in: Verger/Weijers (Hg.), *Les débuts de l'enseignement universitaire*, S. 319–328.

Leff, Gordon, *Paris and Oxford Universities in the Thirteenth and Fourteenth Centuries. An Institutional and Intellectual History*, New York 1968.

Leibold, Gerhard, „Ockham und Buridan – Vorgestalten neuzeitlicher Wissenschaft?", in: Fidora/Lutz-Bachmann (Hg.), *Erfahrung und Beweis*, S. 225–232.

Lemay, Richard, „The Teaching of Astronomy in Medieval Universities, principally at Paris in the fourteenth Century", in: *Manuscripta* 20 (1976), S. 197–217.

Lerdahl, Fred, „Cognitive Constraints on Compositional Systems", in: *Contemporary Music Review* 6 (1992), S. 97–121.

Lévi-Strauss, Claude, *Strukturale Anthropologie*, Frankfurt am Main 1969.

Lewry, Patrick Osmund, „Rhetoric at Paris and Oxford in the Mid-Thirteenth Century", in: *Rhetorica* 1 (1983), S. 45–63.

Lewry, Patrick Osmund, „Robert Kilwardby's Commentary on the ‚Ethica nova' and ‚vetus'", in: *L'homme et son univers au Moyen Âge*, hg. von Christian Wenin (Philosophes médiévaux), Bd. 2, Louvain 1986, S. 799–807.

Lindberg, David, „Conceptions of the Scientific Revolution from Bacon to Butterfield: A Preliminary Scetch", in: *Reappraisals of the Scientific Revolution*, hg. von David Lindberg/Robert Westmann, Cambridge 1990, S. 1–26.

Lindberg, David, „On the Applications of Mathematics to Nature: Roger Bacon and his Predecessors", in: *The British Journal for the History of Science* 15 (1982), S. 3–25.

Lindberg, David, „Roger Bacon and the Origins of Perspectiva in the West", in: *Mathematics and its Applications to Science and Natural Philosophy in the Middle Ages: Essays in Honor of Marshall Clagett*, hg. von Edward Grant/John E. Murdoch, Cambridge 1987, S. 249–268.

Lindberg, David, „Roger Bacon on Light, Vision, and the Universal Emanation of Force", in: Hackett (Hg.), *Roger Bacon and the Sciences*, S. 243–275.

Lindberg, David, „Roger Bacon's Theory of the Rainbow: Progress or Regress", in: *Isis* 57 (1966), S. 235–248.

Lindberg, David, „Science as Handmaiden: Roger Bacon and the Patristic Tradition", in: *Isis* 78 (1987), S. 518–536.

Lindberg, David, *Roger Bacon and the Origins of Perspectiva in the Middle Ages. A Critical Edition and English Translation of Bacon's Perspectiva with Introduction and Notes*, Oxford 1996.

Lindberg, David, *Roger Bacon's Philosophy of Nature: A Critical Edition*, Oxford 1983.

Lohr, Charles, „Raimundus Lullus und die Scholastik", in: *Recherche de théologie et de philosophie médiévale* 73 (2006), S. 335–347.

Lohr, Charles, „The Medieval Interpretation of Aristotle", in: Kretzmann et al. (Hg.), *The Cambridge History of Later Medieval Philosophy*, S. 80–98.

Lohr, Charles, „The New Aristotle and ‚Science' in the Paris Arts Faculty (1255)", in: Weijers/Holtz (Hg.), *L'enseignement des discipline à la Faculté des arts*, S. 251–269.

Lombard-Jourdan, Anne, *Aux origines de Paris. La Genèse de la rive droite jusqu'en 1223*, Paris 1985.

Lotman, Jurij M., *Die Struktur literarischer Texte*, 4. Aufl., München 1993.

Lottin, Odon, „Psychologie et Morale à la Faculté des Arts de Paris aux approches de 1250", in: Odon Lottin, *Psychologie et Morale aux XIIe et XIIIe siècles*, Bd. 1, Louvain 1942, S. 505–534.

Louche, Claude, „Open Conflict and the Dynamics of Intergroup Negotiations", in: Tajfel (Hg.), *Social Identity*, S. 469–482.

Löw, Martina, *Raumsoziologie*, 7. Aufl., Frankfurt am Main 2012.

Luff, Robert, *Wissensvermittlung im europäischen Mittelalter. ‚Imago mundi'-Werke und ihre Prologe*, Tübingen 1999.

Luhmann, Niklas, „Konfliktpotentiale in sozialen Systemen", in: *Der Mensch in den Konfliktfeldern der Gegenwart*, hg. von der Landeszentrale für politische Bildung des Landes Nordrhein-Westfalen, Köln 1975, S. 65–74.

Luhmann, Niklas, „Wie ist soziale Ordnung möglich?", in: Niklas Luhmann, *Gesellschaftsstruktur und Semantik. Studien zur Wissenssoziologie der modernen Gesellschaft*, Bd. 2, Frankfurt am Main 1981, S. 195–285.

Luhmann, Niklas, *Die Gesellschaft der Gesellschaft*, 2 Bde., 9. Aufl., Frankfurt am Main 1998.

Luhmann, Niklas, *Die Kunst der Gesellschaft*, 8. Aufl., Frankfurt am Main 1997.

Luhmann, Niklas, *Die Wissenschaft der Gesellschaft*, Frankfurt am Main 1990.

Luhmann, Niklas, *Einführung in die Systemtheorie*, hg. von Dirk Baecker, 6. Aufl., Heidelberg 2011.

Luhmann, Niklas, *Legitimation durch Verfahren*, 9. Aufl., Frankfurt am Main 1983.

Luhmann, Niklas, *Soziale Systeme. Grundriß einer allgemeinen Theorie*, Frankfurt am Main 1987.

Luhmann, Niklas, *Vertrauen. Ein Mechanismus der Reduktion sozialer Komplexität*, 5. Aufl., Konstanz 2014.

Lukács, Georg, *Geschichte und Klassenbewusstsein. Studien über marxistische Dialektik*, Berlin 1923.

Luscombe, David, „Ethics in the Early Thirteenth Century", in: Honnefelder (Hg.), *Albertus Magnus und die Anfänge der Aristoteles-Rezeption*, S. 657–683.

Lusignan, Serge, « *Vérité garde le Roy* ». *La construction d'une identité universitaire en France (XIIIe–XVe siècle)*, Paris 1999.

MacClintock, Stuart, *Perversity and Error. Studies on the ‚Averroist' John of Jandun*, Bloomington 1956.

Maier, Anneliese, „Due documenti nuovi relativi alla lotta dei cardinali Colonna contro Bonifazio VIII", in: Anneliese Maier, *Ausgehendes Mittelalter. Gesammelte Aufsätze*, Bd. 2, Rom 1967, S. 13–34.

Maier, Anneliese, *Die Vorläufer Galileis im 14. Jahrhundert*, 2. Aufl., Rom 1966.

Mancha, José Luis, „Astronomical Use of Pinhole Images in William of Saint-Cloud's Almanach planetarum (1292)", in: *Archive for History of the Exact Sciences* 43 (1991), S. 275–298.

Manuwald, Bernd, „Die Wurftheorien im Corpus Aristotelicum", in: *Aristoteles. Leben und Werk*, hg. von Jürgen Wiesner, Bd. 1: Aristoteles und seine Schule, Berlin 1985, S. 151–167.

Marmursztejn, Elsa, *L'autorité des maîtres. Scolastique, normes et société au XIIIᵉ siècle*, Paris 2007.

Marquard, Odo, „Über die Unvermeidlichkeit der Geisteswissenschaften", in: *Sprache und Literatur in Wissenschaft und Unterricht* 57 (1986), S. 72–81.

Marrone, Steven P., *William of Auvergne and Robert Grosseteste: New Ideas of Truth in the Early Thirteenth Century*, Princeton 1983.

Martin, Julian, *Francis Bacon, the State, and the Reform of Natural Philosophy*, Cambridge 1992.

Mazal, Otto, *Geschichte der abendländischen Wissenschaft des Mittelalters*, Bd. 2, Graz 2006.

Mead, Georg Herbert, *Geist, Identität und Gesellschaft aus der Sicht des Sozialbehaviorismus*, 17. Aufl., Frankfurt am Main 2013.

Meier, Christel, „Cosmos politicus. Der Funktionswandel der Enzyklopädie bei Brunetto Latini", in: *Frühmittelalterliche Studien* 22 (1988), S. 315–356.

Meier, Christel, „Der Wandel der mittelalterlichen Enzyklopädie vom ‚Weltbuch' zum Thesaurus sozial gebundenen Kulturwissens: am Beispiel der Artes mechanicae", in: *Enzyklopädien der Frühen Neuzeit. Beiträge zu ihrer Erforschung*, hg. von Franz M. Eybl et al., Tübingen 1995, S. 19–42.

Meier, Christel, „Vom *homo coelestis* zum *homo faber*. Die Reorganisation der mittelalterlichen Enzyklopädie für neue Gebrauchsfunktionen bei Vinzenz von Beauvais und Brunetto Latini", in: *Pragmatische Schriftlichkeit im Mittelalter. Erscheinungsformen und Entwicklungsstufen*, hg. von Hagen Keller/Klaus Grubmüller/Nikolaus Staubach (Münstersche Mittelalter-Schriften 65), München 1992, S. 157–175.

Melville, Gerd, *Die Welt der mittelalterlichen Klöster. Geschichte und Lebensformen*, München 2012.

Menache, Sophia, „La naissance d'une nouvelle source d'autorité: L'université de Paris", in: *Revue historique* 268 (1982), S. 305–327.

Méndez Gonzáles, Olga Cecilia, „Lope Fernández, Bishop of Morocco: His Diplomatic Role in the Planning of an Anglo-Castilian Crusade into Northern Africa", in: *Thirteenth Century England XIV. Proceedings of the Aberystwyth and Lampeter Conference 2011*, hg. von Janet Burton/Philipp Schofield/Björn Weiler, Woodbridge 2013, S. 101–114.

Menzel, Michael, „Das ‚Falkenbuch' und die Natur", in: Fansa (Hg.), *Kaiser Friedrich II.*, S. 258–267.

Menzel, Michael, „Die Jagd als Naturkunst: Zum Falkenbuch Kaiser Friedrichs II.", in: *Natur im Mittelalter. Konzepte – Erfahrungen – Wirkungen*, hg. von Peter Dilg, Berlin 2003, S. 342–359.

Merton, Robert K., „The Matthew Effect in Science", in: Robert K. Merton, *The Sociology of Science*, S. 438–459.

Merton, Robert K., *Science, Technology, and Society in Seventeenth-Century England*, New Jersey 1978.

Merton, Robert K., *Sociology of Science: Theoretical and Empirical Investigations*, Chicago 1973.

Mews, Constant J., „Questioning the Music of the Spheres in Thirteenth-Century Paris: Johannes de Grocheio and Jerome de Moravia OP", in: *Knowledge, Discipline and Power in the Middle Ages. Essays in Honour of David Luscombe*, hg. von Joseph Canning/Edmund King/Martial Staub, Leiden 2011, S. 95–117.

Meyer, Christian, *Musica Plana Johannis de Garlandia. Introduction, édition et commentaire* (Collections d'Études Musicologiques 91) Baden-Baden 1998.

Michael, Bernd, *Johannes Buridan. Studien zu seinem Leben, seinen Werken und zur Rezeption seiner Theorien im Europa des späten Mittelalters*, 2 Bde., Berlin 1985.

Michaud-Quantin, Pierre, „La politique monétaire royale à la Faculté de Théologie de Paris en 1265", in: *Le Moyen Âge* 68 (1962), S. 137–151.

Michaud-Quantin, Pierre/Michel Lemoine, „Pour le dossier des ‚philosophantes'", in: *Archives d'histoire doctrinale et litteraire du Moyen Âge* 35 (1968), S. 17–22.

Michels, Ulrich, *Die Musiktraktate des Johannes de Muris* (Beihefte zum Archiv für Musikwissenschaft 8), Wiesbaden 1970.

Mieg, Harald, „Expertisierung vs. Professionalisierung: relative und andere Experten aus Sicht der psychologischen Expertiseforschung", in: *Die Natur der Gesellschaft. Verhandlungen des 33. Kongresses der Deutschen Gesellschaft für Soziologie in Kassel 2006*, hg. von Karl-Siegbert Rehberg, Frankfurt am Main 2008, S. 3265–3275.

Miethke, Jürgen, „Der Eid an der mittelalterlichen Universität, Formen seines Gebrauchs, Funktionen einer Institution", in: Jürgen Miethke, *Studieren an mittelalterlichen Universitäten: Chancen und Risiken. Gesammelte Aufsätze* (Education and Society in the Middle Ages and Renaissance 19), Leiden 2004, S. 39–62.

Miethke, Jürgen, „Karrierechancen eines Theologiestudiums im Spätmittelalter", in: *Gelehrte im Reich. Zur Sozial- und Wirkungsgeschichte akademischer Eliten des 14. bis 16. Jahrhunderts*, hg. von Rainer Christoph Schwinges (Zeitschrift für historische Forschung, Beiheft 18), Berlin 1996, S. 181–209.

Miethke, Jürgen, „Marsilius von Padua. Die politische Philosophie eines lateinischen Aristotelikers des 14. Jahrhunderts", in: *Lebenslehren und Weltentwürfe im Übergang vom Mittelalter zur Neuzeit*, hg. von Hartmut Boockmann/Bernd Moeller/Karl Stackmann, Göttingen 1989, S. 52–76.

Miethke, Jürgen, „Philippe le Bel von Frankreich und die Universität von Paris. Zur Rolle der Intellektuellen am Beginn des 14. Jahrhunderts", in: Speer/Wirmer (Hg.), *1308. Eine Topographie historischer Gleichzeitigkeit*, S. 182–197.

Miethke, Jürgen, „Practical Intentions of Scholasticism, The Example of the Political Theory", in: Courtenay/Miethke (Hg.), *Universities and Schooling in Medieval Society*, S. 211–228.

Miethke, Jürgen, „Praktische Bedürfnisse und die Rezeption der aristotelischen ‚Politik' im 13. und 14. Jahrhundert, Das Beispiel des Albertus Magnus", in: *Scripta Medievalia, Revista de Pensamiento Medieval* 5,2 (2012), S. 79–105.

Miethke, Jürgen, „Wissenschaftliche Politikberatung im Spätmittelalter. Die Praxis der scholastischen Theorie", in: Kaufhold (Hg.), *Theoretische Reflexion in der Welt des späten Mittelalters*, S. 337–357.

Miethke, Jürgen, *Politiktheorie im Mittelalter. Von Thomas von Aquin bis Wilhelm von Ockham*, Tübingen 2008.

Mittelstraß, Jürgen, „Der Flug der Eule. 15 Thesen über Bildung, Wissenschaft und Universität", in: Jürgen Mittelstraß, *Der Flug der Eule. Von der Vernunft der Wissenschaft und der Aufgabe der Philosophie*, Frankfurt am Main 1989, S. 43–59.

Mittelstraß, Jürgen, „Die Leonardo-Welt. Technologischer Fortschritt und Umwelt", in: Jürgen Mittelstraß, *Leonardo-Welt*, S. 11–31.

Mittelstraß, Jürgen, „Die Zukunft der Geisteswissenschaften in einer multipolaren Welt. Eine Einführung", in: *Die Zukunft der Geisteswissenschaften in einer multipolaren Welt*, hrgs. von Jürgen Mittelstraß/Ulrich Rüdiger (Konstanzer Wissenschaftsforum 5), Konstanz 2012, S. 9–11.

Mittelstraß, Jürgen, „Für und Wider eine Wissenschaftsethik", in: Jürgen Mittelstraß, *Wissen und Grenzen. Philosophische Studien*, Frankfurt am Main 2001, S. 68–88.

Mittelstraß, Jürgen, „Zukunft Forschung. Perspektiven der Hochschulforschung in einer Leonardo-Welt", in: Jürgen Mittelstraß, *Leonardo-Welt. Über Wissenschaft, Forschung und Verantwortung*, Frankfurt am Main 1992, S. 47–73.

Mittelstraß, Jürgen, „Zur wissenschaftlichen Rationalität technischer Kulturen", in: Jürgen Mittelstraß, *Leonardo-Welt*, S. 32–46.

Mittelstraß, Jürgen, *Wissenschaft als Lebensform. Reden über philosophische Orientierungen in Wissenschaft und Universität*, Frankfurt am Main 1982.

Mitterauer, Michael, „Predigt – Holzschnitt – Buchdruck. Europäische Frühformen der Massenkommunikation", in: *Beiträge zur historischen Sozialkunde* 28 (1998), S. 69–78.

Molland, George, „Roger Bacon and the Hermetic Tradition in Medieval Science", in: *Vivarium* 31,1 (1993), S. 140–160.

Molland, George, „Roger Bacon und die hermetische Tradition in der mittelalterlichen Wissenschaft", in: Uhl (Hg.), *Roger Bacon in der Diskussion*, Bd. 2, S. 229–256.

Molland, George, „Roger Bacon's Knowledge of Mathematics", in: Hackett (Hg.), *Roger Bacon and the Sciences*, S. 151–174.

Molland, George, „The Quadrivium in the Universities: Four Questions", in: Craemer-Ruegenberg/Speer (Hg.), Scientia und ars im Hoch- und Spätmittelalter, Bd. 2, S. 66–78.

Möller, Hartmut/Rudolf Stephan (Hg.), Die Musik des Mittelalters (Neues Handbuch der Musikwissenschaft 2), Laaber 1991.

Moody, Ernest/Marshall Clagett, The Medieval Science of Weights (Scientia de ponderibus), Madison 1952.

Morin, Edgar, Europa denken, Frankfurt am Main 1988.

Mosch, Ulrich, „Disziplin oder Indisziplin? Zum seriellen Komponieren im 2. Satz des Marteau sans maître", in: Musiktheorie 5,1 (1990), S. 39–66.

Müller, Hermann, „Zum Texte der Musiklehre des Johannes de Grocheo", in: Sammelbände der Internationalen Musikgesellschaft 4 (1902/1903), S. 361–368.

Müller, Hermann, „Zur Musikauffassung des dreizehnten Jahrhunderts", in: Archiv für Musikwissenschaft 4 (1922), S. 405–412.

Mulsow, Martin, „Zum Methodenprofil der Konstellationsforschung", in: Mulsow/ Stamm (Hg.), Konstellationsforschung, S. 74–97.

Mulsow, Martin/Frank Rexroth (Hg.), Was als wissenschaftlich gelten darf. Praktiken der Grenzziehung in Gelehrtenmilieus der Vormoderne (Campus Historische Studien 70), Frankfurt am Main 2014.

Mulsow, Martin/Marcelo Stamm (Hg.), Konstellationsforschung, Frankfurt am Main 2005, S. 74–97.

Mulvey, Christopher/John Simons, „Citytext: A Theoretical Introduction", in: New York. City as Text, hg. von Christopher Mulvey/John Simons, Houndmills 1990.

Mundy, John H., Europe in the High Middle Ages, 1150–1309, New York 1973.

Murdoch, John E., „1277 and Late Medieval Natural Philosophy", in: Aertsen/Speer (Hg.), Was ist Philosophie im Mittelalter, S. 111–121.

Murdoch, John E., „Pierre Duhem and the History of Late Medieval Science and Philosophy in the Latin West", in: Gli Studi di filosofia medievale fra otto e novocento, hg. von Ruedi Imbach/Alfonsi Maierù, Rom 1991, S. 253–302.

Murdoch, John E., „The Analytik Character of Late Medieval Learning: Natural Philosophy without Nature", in: Approaches to Nature in the Middle Ages, hg. von Lawrence D. Roberts, Binghamton 1992, S. 171–213.

Nardi, Paolo, „Die Hochschulträger", in: Rüegg (Hg.), Geschichte der Universität in Europa, Bd. 1, S. 83–108.

Newhauser, Richard, „Der ,Tractatus moralis de oculo' des Petrus von Limoges und seine exempla", in: Exempel und Exempelsammlungen, hg. von Walter Haug/ Burghart Wachinger, Tübingen 1991, S. 95–136.

Newhauser, Richard, „Inter scientiam et populum. Roger Bacon, Peter of Limoges, and the ,Tractatus moralis de oculo'", in: Aertsen/Speer (Hg.), Nach der Verurteilung von 1277, S. 682–703.

Newhauser, Richard, „Nature's Moral Eye. Peter of Limoges's *Tractatus moralis de oculo*", in: *Man and Nature in the Middle Ages*, hg. von Susan Ridyard/Robert Benson, Sewanee 1995, S. 125–136.

Newhauser, Richard, *Peter of Limoges. The Moral Treatise on the Eye, transl. with an introduction by Richard Newhauser* (Mediaeval Sources in Translation 51), Toronto 2012.

Newman, William R., „An Overview of Roger Bacon's Alchemy", in: Hackett (Hg.), *Roger Bacon and the Sciences*, S. 317–336.

Nietzsche, Friedrich, „Der Antichrist", in: Friedrich Nietzsche, *Der Fall Wagner u. a.*, hg. von Giorgio Colli/Mazzino Montinari, München 2008.

Nietzsche, Friedrich, *Also sprach Zarathustra. Kritische Studienausgabe*, hg. von Giorgio Colli/Mazzino Montinari, 11. Aufl., München 2007.

Nissing, Hanns-Gregor, *Sprache als Akt bei Thomas von Aquin* (Studien und Texte zur Geistesgeschichte des Mittelalters 87), Leiden 2005.

Nonn, Ulrich, *Mönche, Schreiber und Gelehrte. Bildung und Wissenschaft im Mittelalter*, Darmstadt 2012.

Nörr, Knut Wolfgang, *Romanisch-kanonisches Prozessrecht. Erkenntnisverfahren erster Instanz in civilibus*, Heidelberg 2012.

O'Boyle, Cornelius, *The Art of Medicine. Medical Teaching at the University of Paris, 1250–1400* (Education and Society in the Middle Ages and Renaissance 9), Leiden 1998.

Oberste, Jörg, „Einführung: Verdichtete Kommunikation und städtische Kultur", in: *Kommunikation in mittelalterlichen Städten*, hg. von Jörg Oberste, Regensburg 2007, S. 7–10.

Oexle, Otto Gerhard, „Alteuropäische Voraussetzungen des Bildungsbürgertums – Universitäten, Gelehrte, Studierte", in: *Bildungsbürgertum im 19. Jahrhundert*, Teil 1: *Bildungsbürgertum und Professionalisierung in internationalen Vergleichen*, hg. von Werner Conze/Jürgen Kocka (Industrielle Welt. Schriftenreihe des Arbeitskreises für moderne Sozialgeschichte 3/1), Stuttgart 1985, S. 29–78.

Oexle, Otto Gerhard, „Das entzweite Mittelalter", in: *Die Deutschen und ihr Mittelalter. Themen und Funktionen moderner Geschichtsbilder vom Mittelalter*, hg. von Gerd Althoff, Darmstadt 1992, S. 7–28.

Oexle, Otto Gerhard, „Die Moderne und ihr Mittelalter. Eine folgenreiche Problemgeschichte", in: *Mittelalter und Moderne. Entdeckung und Rekonstruktion der mittelalterlichen Welt*, hg. von Peter Segl, Sigmaringen 1997, S. 307–364.

Oexle, Otto Gerhard, „Kulturwissenschaftliche Reflexionen über soziale Gruppen in der mittelalterlichen Gesellschaft: Tönnies, Simmel, Durkheim und Max Weber", in: *Die Okzidentale Stadt nach Max Weber. Zum Problem der Zugehörigkeit in Antike und Mittelalter*, hg. von Christian Meier (Historische Zeitschrift. Beihefte, Bd. 17), München 1994, S. 115–159.

Oexle, Otto Gerhard, „Luhmanns Mittelalter", in: *Rechtshistorisches Journal* 10 (1991), S. 53–66.

Oexle, Otto Gerhard, „Soziale Gruppen in der Ständegesellschaft: Lebensformen des Mittelalters und ihre historischen Wirkungen", in: *Die Repräsentation der Gruppen. Texte – Bilder – Objekte*, hg. von Otto Gerhard Oexle/Andrea von Hülsen-Esch, Göttingen 1998, S. 9–44.

Offergeld, Thilo, *Hugo von Sankt Viktor, Didascalicon. De studio legendi, übersetzt und eingeleitet von Thilo Offergeld* (Fontes Christiani 27), Freiburg 1997.

Oschema, Klaus, „Entre superstition et expertise scientifique: L'astrologie et la prise de décision des ducs de Bourgogne", in: *Les cultures de la décision dans l'espace bourguignon: acteurs, conflits, représentation*, hg. von Alain Marchandisse/Gilles Docquier, Neuchâtel 2017, S. 89–103.

Oschema, Klaus, „Zukunft gegen Patronage? Spätmittelalterliche astrologische Prognostiken und die Kontaktaufnahme mit Mäzenen", in: *Mäzenaten im Mittelalter aus europäischer Perspektive. Von historischen Akteuren zu literarischen Textkonzepten*, hg. von Bernd Bastert/Andreas Bihrer/Timo Reuvekamp-Felber, Göttingen 2017, S. 267–292.

Paetow, Louis John, *Morale Scolarium of John of Garland (Johannes de Garlandia). A Professor in the University of Paris and Toulouse in the Thirteenth Century*, Berkeley 1927.

Pales-Gobilliard, Annette, „Bernard Gui, inquisiteur et auteur de la Practica", in: Biget (Hg.), *Inquisition et société en pays d'Oc*, Toulouse 2014, S. 125–132.

Paletschek, Sylvia, „Die Erfindung der Humboldtschen Universität. Die Konstruktion der deutschen Universitätsidee in der ersten Hälfte des 20. Jahrhunderts", in: *Historische Anthropologie* 10 (2002), S. 183–205.

Park, Katherine, „Observations in the Margins, 500–1500", in: *Histories of Scientific Observation*, hg. von Lorainne Daston/Elizabeth Lunbeck, Chicago 2011, S. 15–44.

Parsons, Talcott, *The Social System*, New York 1964.

Patt, William D., „The early ‚Ars dictaminis' as Response to a Changing Society", in: *Viator* 9 (1978), S. 133–155.

Paul, Jacques, „La mentalité de l'inquisiteur chez Bernard Gui", in: Biget (Hg.), *Inquisition et société en pays d'Oc*, S. 133–154.

Pegues, Franklin, *The Lawyers of the last Capetians*, Princeton 1962.

Perler, Dominik, „Logik – eine ‚wertlose Wissenschaft'? Zum Verhältnis von Logik und Theologie bei Roger Bacon", in: *Logik und Theologie. Das Organon im arabischen und lateinischen Mittelalter*, hg. von Dominik Perler/Ulrich Rudolph, Leiden 2005, S. 375–399.

Perret, Noëlle-Laetitia, *Les traductions françaises du* De regimine principum *de Gilles de Rome. Parcours matériel, culturel et intellectuel d'un discours sur d'éducation*, Leiden 2011.

Piché, David, *La condamnation parisienne de 1277. Nouvelle édition du texte latin, traduction, introduction et commentaire* (Sic et non), Paris 1999.

Piché, David, *Le problème des universaux à la Faculté des arts de Paris entre 1230 et 1260. Édition critique sélective, traduction française, analyse structurelle et formelle et étude historico-philosophique*, Paris 2005.

Pietzsch, Gerhard, *Die Klassifikation der Musik von Boethius bis Vgolino von Orvieto*, Tübingen 1968.

Pinborg, Jan, „Die Logik der Modistae", in: *Studia Mediewistyczne* 16 (1975), S. 39–97.

Pinborg, Jan, „Speculative Grammar", in: Kretzmann et al. (Hg.), *The Cambridge History of Later Medieval Philosophy*, S. 254–269.

Pinborg, Jan, „Zur Philosophie des Boethius de Dacia. Ein Überblick", in: *Studia Mediewistyczne* 15 (1974), S. 165–185.

Pinborg, Jan, *Die Entwicklung der Sprachtheorie im Mittelalter* (Beiträge zur Geschichte der Philosophie und Theologie des Mittelalters 42), Münster 1967.

Polanyi, Michael, *Science, Faith and Society*, Chicago 1946.

Polanyi, Michael, *The Logic of Liberty*, Abingdon 1951.

Popper, Karl R., *Die offene Gesellschaft und ihre Feinde*, 2 Bde., Tübingen 1992.

Popper, Karl R., *Logik der Forschung*, hg. von Herbert Keuth, 11. Aufl., Tübingen 2005.

Poulle, Emmanuel, „John of Murs", in: *Dictionary of Scientific Biography*, Bd. 7, New York 1973, S. 128–133.

Poulle, Emmanuel, „William of Saint-Cloud", in: *Dictionary of Scientific Biography*, Bd. 14, New York 1976, S. 389–391.

Poulle, Emmanuel, *Un constructeur d'instruments astronomiques au XVe siècle: Jean Fusoris*, Paris 1963.

Power, Amanda, „A Mirror for Every Age: The Reputation of Roger Bacon", in: *The English Historical Review* 121 (2006), S. 657–692.

Power, Amanda, *Roger Bacon and the Defence of Christendom*, Cambridge 2013.

Precht, Richard David, *Wer bin ich – und wenn ja, wie viele? Eine philosophische Reise*, München 2007.

Pro-Phil. Philosophische Praxis, http://pro-phil.de/philosophische_praxis.html (zuletzt abgerufen 27.08.2018).

Rashdall, Hastings, *The Universities of Europe in the Middle Ages*, hg. von Frederick M. Powicke/Alfred B. Emden, Bd. 1, Oxford 1936.

Redondi, Pietro, „De l'histoire des sciences à l'histoire de la pensée scientifique: Le combat d'Alexandre Koyré", in: *Alexandre Koyré, De la mystique à la science: Cours, conférence et documents, 1922–1962*, hg. von Pietro Redondi, Paris 1986.

Rehberg, Karl-Siegbert, „Die stabilisierende ‚Fiktionalität' von Präsenz und Dauer. Institutionelle Analyse und historische Forschung", in: *Institutionen und Ereignis. Über historische Praktiken und Vorstellungen gesellschaftlichen Ordnens*, hg. von Bernhard Jussen, Göttingen 1998, S. 381–407.

Reimer, Erich, *Johannes de Garlandia: De mensurabili musica*, Wiebaden 1972.

Rexroth, Frank, „Das Mittelalter und die Moderne in den Meistererzählungen der historischen Wissenschaften", in: *Zeitschrift für Literaturwissenschaft und Linguistik* 38 (2008), S. 12–31.

Rexroth, Frank, „Die Einheit der Wissenschaft und der Eigensinn der Disziplinen. Zur Konkurrenz zweier Denkformen im 12. und 13. Jahrhundert", in: *Deutsches Archiv für Erforschung des Mittelalters* 67 (2011), S. 19–50.

Rexroth, Frank, „Die Universität *war* der Freiraum! Ein Blick zurück auf die Autonomie der mittelalterlichen Wissenschaft", in: *Georgia Augusta* 7 (2010), S. 14–18.

Rexroth, Frank, „Die Universität", in: *Die Welt des Mittelalters. Erinnerungsorte eines Jahrtausends*, hg. von Johannes Fried/Olaf B. Rader, München 2011, S. 460–472.

Rexroth, Frank, „Grenzen der Stadt, Grenzen der Moral. Der urbane Raum im Imaginarium einer vormodernen Stadtgesellschaft", in: *Die Stadt und ihr Rand*, hg. von Peter Johanek, Köln 2008.

Rexroth, Frank, „Kodifizieren und Auslegen. Symbolische Grenzziehungen zwischen päpstlich-gesetzgeberischer und gelehrter Praxis im späteren Mittelalter (1209/10–1317)", in: *Frühmittelalterliche Studien* 41 (2009), S. 395–414.

Rexroth, Frank, „Monastischer und scholastischer Habitus. Beobachtungen zum Verhältnis zwischen zwei Lebensformen des 12. Jahrhunderts", in: *Innovationen durch Deuten und Gestalten. Klöster im Mittelalter zwischen Jenseits und Welt*, hg. von Gert Melville/Stefan Weinfurter, Regensburg 2014, S. 317–333.

Rexroth, Frank, „Pierre Dubois und sein Projekt einer universalen Heilig-Land-Stiftung", in: *Gestiftete Zukunft im mittelalterlichen Europa. Festschrift für Michael Borgolte zum 60. Geburtstag*, hg. von Frank Rexroth/Wolfgang Huschner, Berlin 2008, S. 309–331.

Rexroth, Frank, „Praktiken der Grenzziehung in Gelehrtenmilieus der Vormoderne. Einige einleitende Bemerkungen", in: Mulsow/Rexroth (Hg.), *Was als wissenschaftlich gelten darf*, S. 11–37.

Rexroth, Frank, „Systemvertrauen und Expertenskepsis. Die Utopie vom maßgeschneiderten Wissen in den Kulturen des 12. bis 16. Jahrhunderts", in: *Wissen, maßgeschneidert. Experten und Expertenkulturen im Europa der Vormoderne* (Beiheft der Historischen Zeitschrift 57), hg. von Björn Reich/Frank Rexroth/Matthias Roick, München 2012, S. 12–44.

Rexroth, Frank, „Wahr oder nützlich? Epistemische Ordnung und institutionelle Praxis an den Universitäten des 13. und 14. Jahrhunderts", in: *Wissenschaft mit Zukunft. Die ‚alte' Kölner Universität im Kontext der europäischen Universitätsgeschichte* (Studien zur Geschichte der Universität Köln 19), hg. von Andreas Speer/Andreas Berger, Köln 2016, S. 87–114.

Rexroth, Frank, „Wie einmal zusammenwuchs, was nicht zusammengehörte: Ein Blick auf die Entstehung der europäischen Universität", in: *Jahrbuch der Akademie der Wissenschaften zu Göttingen 2009* (erschienen 2010), S. 85–98.

Rexroth, Frank, *Das Milieu der Nacht. Obrigkeit und Randgruppen im spätmittelalterlichen London*, Göttingen 1999.

Rexroth, Frank, *Deutsche Universitätsstiftungen von Prag bis Köln. Die Intentionen des Stifters und die Wege und Chancen ihrer Verwirklichung im spätmittelalterlichen deutschen Territorialstaat* (Beihefte zum Archiv für Kulturgeschichte 34), Köln 1992.

Rexroth, Frank, *Expertenweisheit. Die Kritik an den Studierten und die Utopie einer geheilten Gesellschaft im späten Mittelalter* (Freiburger Mediävistische Vorträge, Bd. 1), Basel 2008.

Rexroth, Frank, *Fröhliche Scholastik. Die Wissenschaftsrevolution des Mittelalters*, München 2018.

Rexroth, Frank, *Wenn Studieren blöde macht. Die Kritik an den Scholastikern und die Kritik an Experten während des späteren Mittelalters* (Randgänge der Mediävistik, Bd. 4), Bern 2015.

Rexroth, Frank/Teresa Schröder-Stapper (Hg.), *Experten, Wissen, Symbole. Performanz und Medialität vormoderner Wissenskulturen* (Historische Zeitschrift, Beihefte 71), Berlin 2018.

Ribémont, Bernard (Hg.), *Brunetto Latini, un notaire savant*, in: *Cahiers de recherche médiévales et humanistes* 23 (2012), S. 153–206.

Ricoeur, Paul, „Narrative Identität", in: Paul Ricoeur, *Vom Text zur Person. Hermeneutische Aufsätze (1970–1999)*, hg. von Peter Welsen, Hamburg 2005, S. 209–225.

Ricoeur, Paul, *Zeit und Erzählung*, Bd. 3: *Die erzählte Zeit*, 2. Aufl., München 2007.

Riemann, Hugo, *Geschichte der Musiktheorie im IX.–XIX. Jahrhundert*, 2. Aufl., Berlin 1921.

Riethmüller, Albrecht, „Musik zwischen Hellenismus und Spätantike", in: *Die Musik des Altertums*, hg. von Albrecht Riethmüller/Frieder Zaminer (Neues Handbuch für Musikwissenschaft 1), Laaber 2010, S. 207–325.

Riethmüller, Albrecht, „Probleme der spekulativen Musiktheorie im Mittelalter", in: Bernhard (Hg.), *Rezeption des antiken Fachs im Mittelalter*, S. 163–201.

Ritter, Joachim, „Die Aufgabe der Geisteswissenschaften in der modernen Gesellschaft", in: Joachim Ritter, *Subjektivität. Sechs Aufsätze*, Frankfurt am Main 1974, S. 105–140.

Röckelein, Hedwig, *Schriftlandschaften, Bildungslandschaften und religiöse Landschaften des Mittelalters in Norddeutschland* (Wolfenbütteler Hefte 33), Wiesbaden 2015.

Rosier, Irène, „La grammaire dans le ‚Guide de l'étudiant'", in: Lafleur/Carrier (Hg.), *L'enseignement de la philosophie au XIIIe siècle*, S. 255–279.

Rosier-Catach, Irène, „Roger Bacon and Grammar", in: Hackett (Hg.), *Roger Bacon and the Sciences*, S. 67–102.

Rosier-Catach, Irène, *La grammaire spéculative des Modistes*, Lille 1983.

Rosier-Catach, Irène, *La parole comme acte. Sur la grammaire et la sémantique au XIIIe siècle* (sic et non), Paris 1994.

Rüegg, Walter (Hg.), *Geschichte der Universität in Europa*, Bd. 1: Mittelalter, München 1993.

Rüsen, Jörn, „Plädoyer für die Geisteswissenschaften", in: *Geisteswissenschaften heute. Anmerkungen zu einer aktuellen Debatte*, Bielefeld 2005, S. 239–242.

Sachs, Klaus-Jürgen, *Der Contrapunctus im 14. und 15. Jahrhundert. Untersuchungen zum Terminus, zur Lehre und zu den Quellen* (Beihefte zum Archiv für Musikwissenschaft 13), Wiesbaden 1974.

Sarnowsky, Jürgen, „Concepts of Impetus and the History of Mechanics", in: *Mechanics and Natural Philosophy before the Scientific Revolution*, hg. von Walter R. Laird/ Sophie Roux, Dordrecht 2008, S. 121–145.

Sarnowsky, Jürgen, „Expertus – experientia – experimentum. Neue Wege der wissenschaftlichen Erkenntnis im Spätmittelalter", in: *Das Mittelalter* 17 (2012), S. 47–59.

Sarnowsky, Jürgen, *Die aristotelisch-scholastische Theorie der Bewegung. Studien zum Kommentar Alberts von Sachsen zur Physik des Aristoteles*, Münster 1989.

Scariati, Irene Maffia (Hg.), *A scuola con ser Brunetto: Indagini sulla ricezione di Brunetto Latini dal Medioevo al Rinascimento*, Firenze 2008.

Scariati, Irene Maffia, *Dal Tresor al Tesoretto. Saggi su Brunetto Latini e i suoi fiancheggiatori*, Rom 2010.

Schaffer, Simon, „Newton at the Crossroads", in: *Radical Philosophy* 37 (1984), S. 23–28.

Schleusener-Eichholz, Gudrun, „Naturwissenschaft und Allegorese: Der *Tractatus de oculo morali* des Petrus von Limoges", in: *Frühmittelalterliche Studien* 12 (1978), S. 258–309.

Schlüter, Bettina, *‚Murmurs of Earth'. Musik- und medienästhetische Strategien um 1800 und ihre Postfigurationen in der Gegenwartskultur*, Stuttgart 2007.

Schmitt, Charles B., „Aristotle among Physicians", in: *The Medical Renaissance of the Sixteenth Century*, hg. von Andrew Wear et al., Cambridge 1985, S. 1–15.

Schmitt, Charles B., „Towards a Reassessment of Renaissance Aristotelianism", in: *History of Science* 11 (1973), S. 159–193.

Schmitt, Clément, „Der Anteil der Franziskaner an den Kreuzzügen. 13.–15. Jahrhundert", in: *800 Jahre Franz von Assisi. Franziskanische Kunst und Kultur des Mittelalters*, hg. von Johannes Gründler, Wien 1982, S. 213–231.

Schmugge, Ludwig, *Johannes von Jandun (1285/89–1328). Untersuchungen zur Biographie und Sozialtheorie eines lateinischen Averroisten*, Stuttgart 1966.

Schmutz, Jürg, *Juristen für das Reich. Die deutschen Rechtsstudenten an der Universität Bologna 12 65–1425*, 2 Bde., Basel 2000.

Schneider, Ursula, *Grundzüge einer Philosophie des Glücks bei Nietzsche* (Monographien und Texte zur Nietzsche-Forschung 11), Berlin 1983.

Scholz, Richard, *Unbekannte kirchenpolitische Streitschriften aus der Zeit Ludwigs des Bayern (1327–1354)*, 2 Bde., Rom 1911.

Scholze, Britta, „Die Kunst der Provokation. Adornos philosophischer Optimismus", in: *Theodor W. Adorno. Philosoph des beschädigten Lebens*, hg. von Moshe Zuckermann, Göttingen 2004, S. 46–60.

Schönberger, Rolf, „Antiqui – Philosophi – Philosophantes. Die Philosophie als Problem im 13. Jahrhundert", in: Honnefelder (Hg.), *Albertus Magnus und die Anfänge der Aristoteles-Rezeption*, S. 795–819.

Schönberger, Rolf, *Relation als Vergleich. Die Relationstheorie des Johannes Buridan im Kontext seines Denkens und der Scholastik* (Studien und Texte zur Geistesgeschichte des Mittelalters 43), Leiden 1994.

Schreiber, Andreas, „Der praktische Nutzen der Philosophie für das alltägliche Leben", http://www.curavitae.de/texte/derpraktischenutzenderphilosophie.pdf   (zuletzt abgerufen 12.06.2018).

Schrimpf, Gangolf, „Philosophi-Philosophantes. Zum Selbstverständnis der vor- und frühscholastischen Denker", in: *Studi medievali* 23 (1982), S. 697–727.

Schuh, Maximilian, „Praxisorientierte Ausbildung oder elitäres Wissen? Universitäre Didaktik der Rhetorik im 15. Jahrhundert", in: *Das Mittelalter* 17 (2012), S. 116–125.

Schuster, John, *Descartes-agonistes. Physico-Mathematics, Method and Corpuscular-Mechanism, 1618–33*, Dordrecht 2013.

Schütte, Jana Madlen, *Medizin im Konflikt. Fakultäten, Märkte und Experten in deutschen Universitätsstädten des 14. bis 16. Jahrhunderts* (Education and Society in the Middle Ages and Renaissance 53), Leiden 2017.

Schütz, Alfred/Thomas Luckmann, *Strukturen der Lebenswelt*, Konstanz 2003.

Schützeichel, Rainer, „Laien, Experten, Professionen", in: *Handbuch Wissenssoziologie und Wissensforschung*, hrsg. von Rainer Schützeichel, Konstanz 2007, S. 546–578.

Schwinges, Rainer Christoph (Hg.), *Artisten und Philosophen. Wissenschafts- und Wirkungsgeschichte einer Fakultät vom 13. bis zum 19. Jahrhundert* (Veröffentlichungen der Gesellschaft für Universitäts- und Wissenschaftsgeschichte 1), Basel 1999.

Schwinges, Rainer Christoph, „Der Student in der Universität", in: Rüegg (Hg.), *Geschichte der Universität in Europa*, Bd. 1, S. 181–223.

Seel, Martin, „Medien der Realität und Realität der Medien", in: *Medien, Computer, Realität. Wirklichkeitsvorstellungen und Neue Medien*, hg. von Sybille Krämer, Frankfurt am Main 1998, S. 244–268.

Selig, Maria, „Anwesenheitskommunikation und Anwesenheitsgesellschaft. Einige Anmerkungen zu einem geschichtswissenschaftlichen Konzept aus sprachwissenschaftlicher Perspektive", in: *Städtische Räume im Mittelalter*, hg. von Susanne Ehrlich/Jörg Oberste, Regensburg 2009, S. 17–33.

Semmler, Josef, *Der Dynastiewechsel von 751 und die fränkische Königssalbung*, Düsseldorf 2003.

Shapin, Steven /Simon Schaffer, *Leviathan and the Air-Pump. Hobbes, Boyle, and the Experimental Life*, Princeton 1985.

Shapin, Steven, „Discipline and Bounding: The History and Sociology of Science As Seen Through the Externalism-Internalism Debate", in: *History of Science* 30,4 (1992), S. 333–369.

Shapin, Steven, „Lowering the Tone in the History of Science", in: Shapin, *Never Pure*, S. 1–14.

Shapin, Steven, „On Science Producing Useful Goods" https://www.youtube.com/watch?v=LGrpJN5vSqQ (zuletzt abgerufen: 13.06.2016).

Shapin, Steven, „Robert Boyle and Mathematics: Reality, Representation, and Experimental Practice", in: *Science in Context* 2 (1988), S. 23–58.

Shapin, Steven, „Understanding the Merton Thesis", in: *Isis* 79 (1988), S. 594–605.

Shapin, Steven, *Never Pure. Historical Studies of Science as if It Was Produced by People with Bodies, Situated in Time, Space, Culture, and Society, and Struggling for Credibility and Authority*, Baltimore 2010.

Shapin, Steven, *The Scientific Revolution*, Chicago 1996.

Simmel, Georg, „Der Streit", in: Simmel, *Soziologie*, S. 284–382.

Simmel, Georg, „Die Selbsterhaltung der sozialen Gruppe", in: Simmel, *Soziologie*, S. 556–686.

Simmel, Georg, *Soziologie. Untersuchungen über die Formen der Vergesellschaftung*, hg. von Otthein Rammstedt, 3. Aufl., Frankfurt am Main 1999.

Siraisi, Nancy, „Die medizinische Fakultät", in: Rüegg (Hg.), *Geschichte der Universität in Europa*, Bd. 1, S. 321–342.

Skinner, Quentin, „Meaning and Understanding in the History of Ideas", in: *Meaning and Context. Quentin Skinner and his Critics*, hg. von James Tully, Cambridge 1988, S. 29–67.

Skinner, Quentin, „Motives, Intentions and the Interpretation of Texts", in: Tully (Hg.), *Meaning and Context*, S. 68–78.

Skinner, Quentin, *The Foundations of Modern Political Thought*, 2 Bde. [Bd. 1: *The Renaissance*; Bd. 2: *The Age of Reformation*], Cambridge 1980.

Skoda, Hannah, *Medieval Violence. Physical Brutality in Northern France, 1270–1330*, Oxford 2013.

Smith, Kurt, *Matter Matters. Metaphysics and Methodology in the Early Modern Period*, Oxford 2010.

Sohn, Andreas, *Von der Residenz zur Hauptstadt. Paris im hohen Mittelalter*, Ostfildern 2012.

Southern, Richard, *Robert Grosseteste: The Growth of an English Mind in Medieval Europe*, 2. Aufl., Oxford 1992.

Speer, Andreas/David Wirmer (Hg.), *1308. Eine Topographie historischer Gleichzeitigkeit* (Miscellanea mediaevalia 35), Berlin 2010.

Speer, Andreas, „Scientia demonstrativa et universaliter ars faciens scire. Zur methodischen Grundlegung einer Wissenschaft von der Natur durch Robert Grosseteste", in: Fidora/Lutz-Bachmann (Hg.), *Erfahrung und Beweis*, S. 25–40.

Speer, Andreas/Thomas Jeschke (Hg.), *Schüler und Meister* (Miscellanea Mediaevalia 39), Berlin 2016.

Stamm, Marcelo R., „Konstellationsforschung – Ein Methodenprofil: Motive und Perspektiven", in: Mulsow/Stamm (Hg.), *Konstellationsforschung*, Frankfurt am Main 2005, S. 31–73.

Steckel, Sita, „Wissensgeschichten. Zugänge, Probleme und Potentiale in der Erforschung mittelalterlicher Wissenskulturen", in: *Akademische Wissenskulturen. Praktiken des Lehrens und Forschens vom Mittelalter bis zur Moderne*, hg. von Martin Kintzinger/Steckel Sita, Bern 2015, S. 9–58.

Steckel, Sita, *Kulturen des Lehrens im Früh- und Hochmittelalter. Autorität, Wissenskonzepte und Netzwerke von Gelehrten* (Norm und Struktur. Studien zum sozialen Wandel in Mittelalter und Früher Neuzeit 39), Köln 2011.

Steel, Carlos, „Thomas' Lehre von den Kardinaltugenden", in: *Thomas von Aquin: Die* Summa theologiae. *Werkinterpretationen*, hg. von Andreas Speer, Berlin 2005, S. 322–342.

Stichweh, Rudolf, „Die Autopoiesis der Wissenschaft", in: Rudolf Stichweh, *Wissenschaft, Universität, Professionen*, S. 47–72.

Stichweh, Rudolf, „Einheit und Differenz im Wissenschaftssystem der Moderne", in: *Zwei Kulturen der Wissenschaft – revisited*, hg. von Jost Halfmann/Johannes Rohbeck, Weilerswist 2007, S. 213–228.

Stichweh, Rudolf, „Professionalisierung, Ausdifferenzierung von Funktionssystemen, Inklusion", in: Rudolf Stichweh, *Wissenschaft, Universität, Professionen*, S. 317–330.

Stichweh, Rudolf, „Professionen und Disziplinen. Formen der Differenzierung zweier Systeme beruflichen Handelns in modernen Gesellschaften", in: Rudolf Stichweh, *Wissenschaft, Universität, Professionen*, S. 245–293.

Stichweh, Rudolf, *Der frühmoderne Staat und die europäische Universität. Zur Interaktion von Politik und Erziehungssystem im Prozeß ihrer Ausdifferenzierung (16.–18. Jahrhundert)*, Frankfurt am Main 1991.

Stichweh, Rudolf, *Die zwei Kulturen? Gegenwärtige Beziehungen von Natur- und Humanwissenschaften* (Luzerner Universitätsreden 18), Luzern 2006, S. 7–21.

Stichweh, Rudolf, *Wissenschaft, Universität, Professionen. Soziologische Analysen*, Bielefeld 2013.

Stichweh, Rudolf, *Zur Entstehung des modernen Systems wissenschaftlicher Disziplinen. Physik in Deutschland, 1740–1890*, Frankfurt am Main 1984.

Stockmann, Doris, „Musica vulgaris bei Johannes de Grocheio (Grocheo)", in: *Beiträge zur Musikwissenschaft* 25 (1983), S. 3–56.

Stollberg-Rilinger, Barbara, *Rituale*, Frankfurt am Main 2013.

Straub, Jürgen, „Kultureller Wandel als konstruktive Transformation des kollektiven Gedächtnisses. Zur Theorie der Kulturpsychologie", in: *Psychologische Aspekte kulturellen Wandels*, hg. von Christian Allesch/Elfriede Billmann-Mahecha/Alfred Lang, Wien 1992, S. 42–54.

Strubel, Armand, „Brunetto Latini: la prudence, mère de toutes les vertus", in: *La Vertu de prudence entre Moyen Âge et âge classique*, hg. von Evelyne Berriot-Salvador/Catherine Pascal/François Roudaut, Paris 2012, S. 13–32.

Stürner, Wolfgang, *Friedrich II*, Bd. 2: *Der Kaiser 1220–1250*, Darmstadt 2003.

Sullivan, Thomas, *Benedictine monks at the University of Paris, A.D. 1229–1500. A Biographical Register* (Education and Society in the Middle Ages and Renaissance 4), Leiden 1995.

Syros, Vasileios, *Die Rezeption der aristotelischen politischen Philosophie bei Marsilius von Padua. Eine Untersuchung zur ersten Diktion des ‚Defensor pacis'*, Leiden 2007.

Tajfel, Henri (Hg.), *Social Identity and Intergroup Relations*, Cambridge 1982.

Tajfel, Henri, „Social Stereotypes and Social Groups", in: Abrams/Hogg (Hg.), *Intergroup Relations*, S. 132–145.

Tajfel, Henri/John Turner, „An Integrative Theory of Intergroup Conflict", in: *The Social Psychology of Intergroup Relations*, hg. von William Austin/Stephen Worchel, Monterey 1979, S. 33–47.

Tammen, Björn/Frank Hentschel, „*Divisio musicae* und *auditus* im frühen 14. Jahrhundert", in: *Artes im Mittelalter*, hrsg. von Ursula Schaefer, Berlin 1999, S. 83–109.

Tanaka, Mineo, *La nation anglo-allemande de l'université de Paris à la fin du Moyen Âge*, Paris 1992.

Thijssen, Johannes M. M. Hans, „1277 Revisited: A New Interpretation of the Doctrinal Investigations of Thomas Aquinas and Giles of Rome", in: *Vivarium* 34 (1997), S. 1–29.

Thijssen, Johannes M. M. Hans, „The Buridan School Reassessed. John Buridan and Albert of Saxon", in: *Vivarium* 42 (2004), S. 18–42.

Thijssen, Johannes M. M. Hans, *Censure and Heresy at the University of Paris, 1200–1400*, Philadelphia 1998.

Thorndike, Lynn, „Astronomical Observations at Paris from 1312 to 1315", in: *Isis* 38 (1948), S. 200–205.

Thorndike, Lynn, „Peter of Limoges in the Comet of 1299", in: *Isis* 36 (1945–46), S. 3–6.

Thorndike, Lynn, „Roger Bacon and Experimental Method in the Middle Ages", in: *Philosophical Review* 23 (1914), S. 271–298.

Thorndike, Lynn, *History of Magic and Experimental Science*, 8 Bde., New York [u.a.] 1923–1970.

Thorndike, Lynn, *The* Sphere *of Sacrobosco and its Commentators*, Chicago 1949.

Toste, Marco, „Nobiles, optimi viri, philosophi. The Role of the Philosopher in the Political Community at the Faculty of Arts in Paris in the Late Thirteenth Century", in: *Itinéraires de la raison: études de philosophie médievale offertes à Maria Cândida Pacheco*, hg. von José Francisco Preto Meirinhos, Louvain-la-Neuve 2005, S. 269–308.

Traub, Andreas, „Das Ereignis Notre Dame", in: Möller/Stephan (Hg.), *Die Musik des Mittelalters*, S. 239–271.

Tulier, André, „La condamnation du Talmud par les maîtres universitaires parisiens, ses causes et ses conséquences politique et idéologique", in: *Le brûlement du Talmud à Paris 1242–1244*, hg. von Gilbert Dahan, Paris 1999, S. 29–78.

Tully, James (Hg.), *Meaning and Context. Quentin Skinner and his Critics*, Cambridge 1988, S. 68–78.

Turner, John, „A Self-Categorization Theory", in: *Rediscovering the Social Group. A Self-Categorization Theory*, hg. von John Turner et al., Oxford 1987, S. 42–67.

Turner, John, „Towards a Cognitive Redefinition of the Social Group", in: Tajfel (Hg.), *Social Identity*, Cambridge 1982, S. 15–40.

Turner, Victor, *Das Ritual: Struktur und Anti-Struktur*, Frankfurt am Main 2005.

Ubl, Karl, „Die Disziplinierung der Gelehrten: Philipp IV. von Frankreich und die Universität Paris", in: *Science et droit public dans les facultés européennes (XIIIe–XVIIIe siècle)*, hg. von Jacques Krynen/Michael Stolleis, Frankfurt am Main 2008, S. 91–111.

Ubl, Karl, „Die Rechte des Kaisers in der Theorie deutscher Gelehrter des 14. Jahrhunderts (Engelbert von Admont, Lupold von Bebenburg, Konrad von Megenberg)", in: *Konrad von Megenberg (1309–1374) und sein Werk: Das Wissen der Zeit*, hg. von Claudia Märtl/Gisela Drossbach/Martin Kintzinger (= Zeitschrift für bayrische Landesgeschichte, Beihefte 31), München 2006, S. 353–387.

Ubl, Karl, „Haeretici relapsi. Jean de Pouilly und die juristischen Grundlagen für die Hinrichtung der Tempelritter", in: Speer/Wirmer (Hg.) *1308. Eine Topographie historischer Gleichzeitigkeit*, S. 161–170.

Ubl, Karl, „Johannes Quidorts Weg zur Sozialphilosophie", in: *Francia* 30,1 (2003), S. 43–72.

Ubl, Karl, „Zur Genese der Bulle *Unam sanctam*: Anlass, Vorlagen, Intention", in: Kaufhold (Hg.) *Politische Reflexionen in der Welt des späten Mittelalters*, Leiden 2004, S. 129–149.

Ubl, Karl, *Engelbert von Admont. Ein Gelehrter im Spannungsfeld von Aristotelismus und christlicher Überlieferung*, Wien 2000.

Uhl, Florian (Hg.), *Roger Bacon in der Diskussion*, 2 Bde., Frankfurt am Main 2001–2002.

Uhl, Florian, „Hindernisse auf dem Weg zum Wissen. Roger Bacons Kritik der Autoritäten", in: Uhl (Hg.), *Roger Bacon in der Diskussion*, Bd. 1, S. 219–235.

Uhl, Florian, „Roger Bacon: Die Wissenschaften als Weg zu Nutzen und Heil – Über Grammatik, *Scientia Experimentalis* und Moralphilosophie", in: Uhl (Hg.), *Roger Bacon in der Diskussion*, Bd. 2, S. 257–277.

Uhl, Florian, „Scientia und utilitas. Zur praktischen Rechtfertigung der Wissenschaften bei Roger Bacon", in: *Entwicklungslinien mittelalterlicher Philosophie*, Bd. 2, hg. von Gerhard Leibold/Winfried Löffler, Wien 1999, S. 87–106.

Ullman, Walter, *Principles of Government and Politics in the Middle Ages*, London 1961.

Unguru, Sabetai, „Experiment in Medieval Optics", in: *Physics, Cosmology and Astronomy, 1300–1700*, hg. von Sabetai Unguru, Dordrecht 1991, S. 163–181.

van Steenberghen, Fernand, *Die Philosophie im 13. Jahrhundert*, hg. von Max Roesle, München 1977.

van Steenberghen, Fernand, *La philosophie au XIIIᵉ siècle* (Philosophes médiévaux 28), 2. Aufl., Louvain-La-Neuve 1991.

Verger, Jacques, „A propos de la naissance de l'université de Paris: Contexte social, enjeu politique, portée intellectuelle", in: *Les universités francaises au Moyen Âge*, hg. von Jacques Verger (Education and Society in the Middle Ages and Renaissance 7), Leiden 1995, S. 1–36.

Verger, Jacques, „Culture universitaire, culture de cour à Paris au XIVᵉ siècle", in: *Erziehung und Bildung bei Hofe*, hg. von Werner Paravicini/Jörg Wettlaufer, Stuttgart 2002, S. 167–176.

Verger, Jacques, „Des écoles a l'université: La mutation institutionnelle", in: *La France de Philippe Auguste. Le temps des mutations*, hg. von Robert-Henri Bautier, Paris 1982, S. 817–846.

Verger, Jacques, „Die Universitätslehrer", in: Rüegg (Hg.), *Geschichte der Universität in Europa*, Bd. 1, S. 139–157.

Verger, Jacques, „École et violence. Faits, perception, discours", in: *Histoire de l'Éducation* 118 (2008), S. 5–10.

Verger, Jacques, „La Faculté des arts: le cadre institutionnel", in: Weijers/Holtz (Hg.), *L'enseignement des disciplines à la Faculté des arts*, S. 17–42.

Verger, Jacques, „Les conflits « Town and Gown » au Moyen Age: essai de typologie", in: *Les universités et la ville au Moyen Âge. Cohabitation et tension*, hg. von Patrick Gilli/Jacques Verger/Daniel Le Blévec (Education and Society in the Middle Ages and Renaissance 30), Leiden 2007, S. 237–255.

Verger, Jacques, „Pour une histoire de la maîtrise ès-arts au Moyen Âge: quelques jarlons", in: *Médiévales* 13 (1987), S. 117–130.

Verger, Jacques, „Regnum et studium: l'université comme auxiliaire du pouvoir au Moyen Âge", in: *Le pouvoir au Moyen Âge. Idéologies, pratiques, représentations*, hg. von Claude Carozzi/Huguette Taviani-Carozzi, Aix-en-Provence 2005, S. 297–311.

Verger, Jacques, „Une autorité universelle? L'université de Paris et les princes européens au Moyen Âge", in: *Reich, Regionen und Europa in Mittelalter und Neuzeit. Festschrift für Peter Moraw*, hg. von Paul-Joachim Heinig et al., Berlin 2000, S. 515–526.

Verger, Jacques, „Venerabilis mater universitas Parisiensis. La présentation de l'université de Paris dans l'Yconomica de Conrad de Megenberg", in: *Finances, pouvoirs et mémoire. Hommage à Jean Favier*, hg. von Jean Kerhervé/Albert Rigaudière, Paris 1999, S. 55–64.

Verger, Jacques, *Culture, enseignement et société en Occident au XIIᵉ et XIIIᵉ siècles*, Rennes 1999.

Verger, Jacques, *Les universités au Moyen Âges*, Vendôme 1973.

Verger, Jacques, *Les universités francaises au Moyen Âge* (Education and Society in the Middle Ages and Renaissance 7), Leiden 1995.

Verger, Jacques/Charles Vulliez, „Naissance de l'université", in: *Histoire des universités en France*, hg. von Jacques Verger, Toulouse 1986, S. 17–50.

Verger, Jacques/Olga Weijers (Hg.), *Les débuts de l'enseignement universitaires à Paris (1200–1245 environ)* (Studia Artistarum 38), Turnhout 2013.

Vicaire, Marie-Humbert (Hg.), *Bernard Gui et son monde*, Toulouse 1981.

Victor, Stephen, *Practical Geometry in the High Middle Ages. Artis cuiuslibet consummatio and the* Pratike de Geometrie, Philadelphia 1979.

Villemaire, Diane Davis, *E.A. Burtt, Historian and Philosopher: A Study of the Author of The Metaphysical Foundations of Modern Physical Science*, Dordrecht 2002.

Voltaire, *Essai sur les moeurs et l'esprit des nations et sur les principaux faits de l'histoire depuis Charlemagne jusqu'à Louis XIII. Introd., bibliographie, notes et index par René Pomeau*, 2 Bde., Paris 1963.

vom Bruch, Rüdiger, „Langsamer Abschied von Humboldt? Etappen deutscher Universitätsgeschichte 1810–1945", in: *Mythos Humboldt. Vergangenheit und Zukunft der deutschen Universitäten*, hg. von Mitchell G. Ash, Wien 1999, S. 29–57.

von Beyme, Klaus, „Adorno und die kritische Aufklärung in der Bundesrepublik Deutschland", in: *Politikwissenschaft und Politische Bildung. Nationale und internationale Perspektiven*, hg. von Markus Gloe/Volker Reinhardt, Wiesbaden 2010, S. 15–32.

Waite, William G., „Johannes de Garlandia, Poet and Musician", in: *Speculum* 35 (1960), S. 179–195.

Wallace, William A., „Anneliese Maier: Galileo and Theory of Impetus", in: William A. Wallace, *Prelude to Galileo. Essays on Medieval and Sixteenth-Century Sources of Galileo's Thought*, Dordrecht 1981, S. 320–340.

Walter, Peter, „Muss(te) Raimundus Lullus scheitern? Die Möglichkeiten des Religionsdialogs damals und heute", in: *Abrahams Erbe. Konkurrenz, Konflikt und Koexistenz der Religionen im europäischen Mittelalter*, hg. von Klaus Oschema/Ludger Lieb/Johannes Heil, Berlin 2015, S. 50–69.

Walther, Helmut, „Learned Jurists and the Profit for Society: Some Aspects of the Development of Legal Studies at Italian and German Universities in the Late Middle Ages", in: Courtenay/Miethke (Hg.), *Universities and Schooling in Medieval Society*, S. 100–126.

Ward, John, „Rhetoric in the Faculty of Arts (Paris and Oxford). A Summary of the Evidence", in: Weijers/Holtz (Hg.), *L'enseignement des disciplines à la Faculté des arts*, S. 147–171.

Warning, Rainer (Hg.), *Rezeptionsästhetik. Theorie und Praxis*, 2. Aufl., München 1979.

Warning, Rainer, „Rezeptionsästhetik als literaturwissenschaftliche Pragmatik", in: Warning (Hg.), *Rezeptionsästhetik*, S. 9–41.

Weber, Max, „Wissenschaft als Beruf", in: Max Weber, *Wissenschaft als Beruf (1917/1919)/ Politik als Beruf (1919)*, hg. von Wolfgang J. Mommsen (Studienausgabe der Max-Weber-Gesamtausgabe 1,17), Tübingen 1994.

Weber, Max, *Wirtschaft und Gesellschaft. Grundriss der verstehenden Soziologie*, hg. von Johannes Winckelmann, 5. Aufl., Tübingen 1980.

Wei, Ian, „The Masters of Theology at the University of Paris in the Late Thirteenth and early Fourteenth Centuries: An Authority beyond the Schools", in: *Bulletin of the John Rylands University Library of Manchester* 75 (1993), S. 37–63.

Wei, Ian, „The Self-Image of the Masters of Theology at the University of Paris in the Late Thirteenth and Early Fourteenth Centuries", in: *The Journal of Ecclesiastical History* 46 (1995), S. 398–431.

Wei, Ian, *Intellectual Culture in Medieval Paris. Theologians and the University, c. 1100–1330*, Cambridge 2012.

Weijers, Olga, „Between Logic and Law: the loci loicales of the Jurists", in: Weijers, *Études sur la Faculté des arts*, S. 399–409.

Weijers, Olga, „La structure des commentaires philosophique à la Faculté des arts: quelques observations", in: Weijers, *Études sur la Faculté des arts*, S. 191–218.

Weijers, Olga, „Un type de commentaire particulier à la Faculté des arts: la sententia cum questionibus", in: Weijers, *Études sur la Faculté des arts*, S. 257–270.

Weijers, Olga, *A Scholar's Paradise. Teaching and Debating in Medieval Paris* (Studies on the Faculty of Arts 2), Turnhout 2015.

Weijers, Olga, *Études sur la Faculté des arts dans les universités médiévales. Recueils d'articles*, Turnhout 2011.

Weijers, Olga, *La ‚disputatio‘ à la Faculté des arts de Paris (1200–1350 environ). Esquisse d'une typologie*, Turnhout 1995.

Weijers, Olga, *Le travail intellectuel à la faculté des arts. Textes et maîtres (ca. 1200–1500)* (Studia artistarum), 9 Bde., Turnhout 1994–2012.

Weijers, Olga/Louis Holtz (Hg.), *L'enseignement des disciplines à la Faculté des arts (Paris et Oxford, XIIIᵉ et XIVᵉ siècles)* (Studia artistarum 4), Turnhout 1997.

Weimar, Peter (Hg.), *Die Renaissance der Wissenschaften im 12. Jahrhundert*, Zürich 1981.

Weingart, Peter, *Wissenschaftssoziologie*, 3. Aufl., Bielefeld 2013.

Weisheipl, James A., „Science in the Thirteenth Century", in: *The Early Oxford Schools*, hg. von Jeremy I. Catto, Oxford 1984, S. 435–469.

Wenzel, Siegfried, *Medieval artes praedicandi: A Synthesis of Scholastic Sermon Structure*, Toronto 2015.

Whewell, William, *History of the Inductive Sciences*, Bd. 1, New York 1858.

White, Andrew Dickson, *A History of the Warfare of Science with Theology in Christendom*, Bd. 1, New York 1896.

White, Hayden, *Metahistory. Die historische Einbildungskraft im 19. Jahrhundert in Europa*, Frankfurt am Main 1991.

Wieland, Georg, „Ethik und Metaphysik. Bemerkungen zur Moralphilosophie Roger Bacons", in: *Virtus Politica*, hg. von Joseph Möller et al., Stuttgart 1974, S. 147–173.

Wieland, Georg, „L'émergence de l'éthique philosophique au XIIIe siècle, avec une attention spéciale pour le ‚Guide de l'étudiant parisien'", in: Lafleur/Carrier (Hg.), *L'enseignement de la philosophie au XIIIe siècle*, S. 167–180.

Wieland, Georg, *Ethica – Scientia practica. Die Anfänge der philosophischen Ethik im 13. Jahrhundert*, Münster 1981.

Wieland, Wolfgang, *Die aristotelische Physik. Untersuchungen über die Grundlegung der Naturwissenschaft und die sprachlichen Bedingungen der Prinzipienforschung bei Aristoteles*, 3. Aufl., Göttingen 1992.

Wieruszowski, Helene, „Brunetto Latini als Lehrer Dantes und der Florentiner. Mitteilungen aus Cod. II, VIII, 36 der Florentiner Nationalbibliothek", in: Helene Wieruszowski, *Politics and Culture in Medieval Spain and Italy*, Rom 1971, S. 515–561.

Williams, Steven J., „Like Father, Like Son? The Life and Reign of Manfred, King of Sicily", in: *Translating at the Court. Bartholomew of Messina and Cultural Life at the Court of Manfred*, hg. von Pieter De Leemans, Leuven 2014, S. 1–30.

Williams, Steven J., „Roger Bacon and the Secret of Secrets", in: Hackett (Hg.), *Roger Bacon and the Sciences*, S. 365–393.

Williams, Steven J., „Roger Bacon in Context: Empiricism in the High Middle Ages", in: Bénatouil/Draelants (Hg.), *Expertus sum*, S. 123–144.

Williams, Steven J., *The Secret of Secrets. The Scholarly Career of a Pseudo-Aristotelian Text in the Latin Middle Ages*, Ann Arbor 2003.

Wilpert, Paul, „Boethius von Dacien – Die Autonomie des Philosophen", in: *Beiträge zum Berufsbewusstsein des mittelalterlichen Menschen*, hg. von Paul Wilpert (Miscellanea Mediaevalia 3), Berlin 1963, S. 135–152.

Wippel, John F., „Thomas Aquinas and the Condemnation of 1277", in: *The Modern Schoolman* 72 (1995), S. 233–272.

Wolf, Johannes, „Die Musiklehre des Johannes de Grocheo. Ein Beitrag zur Musikgeschichte des Mittelalters", in: *Sammelbände der Internationalen Musikgesellschaft* 1 (1899/1900), S. 65–130.

Wolf, Klaus, „Astronomie für Laien? Neue Überlegungen zu den Primärrezipienten der *Deutschen Sphaera* Konrads von Megenberg", in: Feistner (Hg.), *Konrad von Megenberg*, S. 313–325.

Wood, Rega, „Roger Bacon: Richard Rufus' Successor as a Parisian Physics Professor", in: Hackett (Hg.), *Roger Bacon and Aristotelianism*, S. 222–250.

Woodward, David/Herbert M. Howe, „Roger Bacon on Geography and Cartography",
in: Hackett (Hg.), *Roger Bacon and the Sciences*, S. 199–222.

Wörner, Karl Heinz, *Geschichte der Musik. Ein Studien- und Nachschlagebuch*, hg. von
Lenz Meierott, 8. Aufl., Göttingen 1993.

Worstbrock, Franz Josef, „Die Rhetorik des Aristoteles im Spätmittelalter. Elemente
ihrer Rezeption", in: *Aristotelische Rhetoriktradition. Akten der 5. Tagung der Karl
und Gertrud Abel-Stiftung vom 5.–6. Oktober in Tübingen*, hg. von Joachim Knape/
Thomas Schirren, Stuttgart 2005, S. 164–196.

Worstbrock, Franz Josef, „Johannes de Garlandia", in: *Die deutsche Literatur des
Mittelalters. Verfasserlexikon*, Bd. 4, Berlin 1983, Sp. 612–623.

Zahnd, Ueli, „Utilitas als anti-spekulatives Motiv. Zur Rezeption eines Gerson'schen
Anliegens im ausgehenden Mittelalter", in: *Quaestio* 15 (2015), S. 741–750.

Zahnd, Ueli/John T. Slotemaker, „Thomas and Scholasticism to 1870", in: *The Oxford
Handbook of Catholic Theology*, hg. von Lewis Ayres/Medi-Ann Volpe, Oxford 2015
(DOI: 10.1093/oxfordhb/9780199566273.013.43).

Zavattero, Irene, „Éthique et politique à la Faculté des arts de Paris dans la première
moitié du XIIIᵉ siècle", in: Verger/Weijers (Hg.), *Les débuts de l'enseignement universitaires*, S. 205–245.

Zenck, Martin, „Entwurf einer Soziologie der musikalischen Rezeption", in: *Die
Musikforschung* 33 (1980), S. 253–279.

Zick, Andreas, „Die Konflikttheorie der Theorie sozialer Identität", in:
Sozialwissenschaftliche Konflikttheorien. Eine Einführung, hg. von Thorsten
Bonacker, 4. Aufl., Wiesbaden 2008, S. 409–426.

Zumkeller, Adolar, „Ägidius von Rom", in: *Theologische Realenzyklopädie*, Bd. 1, Berlin
1977, S. 462–465.

Zupko, Jack, „Thomas of Erfurt", in: *The Stanford Encyclopedia of Philosophy*, hg. von
Edward N. Zalta, Spring 2015 Edition, http://plato.stanford.edu/archives/spr2015/
entries/erfurt/ (zuletzt abgerufen: 18.06.2016).

Zupko, Jack, *John Buridan. Portrait of a Fourteenth-Century Arts Master*, Notre Dame
2003.

Register

Abaelard, Peter   158, 159, 200, 316
Adelard von Bath   176, 177
Adenulph von Anagni   185
Adorno, Theodor W.   27, 44, 228, 486, 574
Aegidius von Orléans   99, 126, 127, 134, 135,
    136, 137, 141, 146, 151, 186, 196
Aegidius Romanus   213, 217, 218, 219, 220,
    221, 222, 223, 228, 231, 232, 249, 261, 262,
    287, 322, 358, 371, 413, 516, 520, 523, 559
Albertus Magnus   100, 193, 195, 202, 255, 381,
    382, 447, 454, 464
Albert von Sachsen   453, 454, 540, 550
Alcabitius   532
Alexander der Große   413
Alexander von Hales   433
Alexander von Villedieu   163, 223
Al-Fārābī (Abū Nasr Muhammad al-Fārābī)
    175
Alhazen (Ibn al-Haytham)   209, 443, 444,
    446
Archimedes   434, 435
Averroes (Ibn Rušd)   59, 147, 160, 188, 189,
    190, 191, 380, 381, 390, 423, 424, 453
Avicenna (Ibn Sina)   147, 201, 202, 381, 400,
    442
Henri d'Andeli   158, 325
Aristoteles   1, 12, 15, 19, 44, 62–66, 78, 81,
    100, 108, 122, 126, 134–137, 143, 144,
    147, 156, 158, 159–160, 166, 170–171,
    184–186, 188, 190–192, 194–197,
    200–204, 209, 213–214, 216, 218–221,
    225–227, 229, 262, 275, 289, 291–294,
    297, 299, 302, 320, 331, 346, 351,
    353–354, 359, 379–381, 384–385,
    387–388, 396, 399, 402–403, 412–414,
    423–425, 432–436, 440–450, 453–456,
    461, 463, 466, 475, 481–482, 485–486,
    504, 509, 514, 519, 535, 542–544,
    549–553, 557–559, 568, 570
Arnulf von der Provence   58, 59, 76, 77, 98,
    123, 126, 163, 167, 186, 350, 354, 450, 464,
    478, 481
Aubry von Reims   36, 59, 60, 69, 75, 76, 81,
    98, 109, 111, 112, 134, 139, 347, 427, 464
Augustinus   135, 209, 229, 372, 373, 375, 376,
    387, 415, 419

Bartholomäus Anglicus   345, 346, 570
Bartholomäus de Brugis   128, 141
de Bazoches, Gui   308
Beckett, Samuel   232
Beethoven, Ludwig van   502
Bernhard von Clairvaux   209, 229
Bernard Gui   280, 281, 282, 283, 284, 285,
    286, 287, 288, 291, 293, 294, 298, 301,
    302, 317, 341, 432, 435, 436
Bernard Saisset   223
Berthold von Regensburg   430
Bertrand, Pierre   248
Boethius, Anicius Manlius Severinus   42, 99,
    136, 140, 147, 157, 165, 166, 168, 171, 178,
    179, 181, 184, 192, 193, 330, 334, 478, 479,
    480, 481, 482, 483, 484, 485, 486, 487,
    488, 524, 525, 557, 565
Boethius von Dacien   36, 49, 51, 56, 57, 60,
    98, 99, 108, 122, 124, 125, 126, 132, 133,
    134, 139, 144, 151, 152, 164, 172, 194, 203,
    347, 364, 386, 387, 427, 577
Boileau, Étienne   307
Bonaventura   35, 36, 37, 49, 146, 203, 206,
    278, 370, 372, 374, 375, 376, 382, 386, 415
Bonifaz VIII. (Papst)   217, 223, 224, 228, 230,
    256, 259, 261, 262, 271, 558, 561
Boulez, Pierre   29
Bourdieu, Pierre   32, 37, 38, 39, 72, 80, 116,
    117, 118, 241, 362, 363, 366, 377, 430, 445
Boyle, Robert   451, 463, 464, 467, 468, 471, 472
Burckhardt, Jakob   494, 495

Cicero, Marcus Tullius   165, 170, 209, 324,
    346, 350, 351, 403
Clemens IV. (Papst)   391, 392, 412
Clemens VI. (Papst)   529, 567
de Condorcet, Marie-Jean Antoine   452, 465

Derain, André   434
Descartes, René   14, 417, 452, 456, 460, 463,
    464, 465, 467, 468, 470, 472
Dominicus de Clavasio   109, 110, 531, 538
Dominicus Gundissalinus   58, 175, 177, 180
Donat (Aelius Donatus)   163, 209, 323, 572
Dubois, Pierre   431
Dufy, Raoul   434, 450

Duhem, Pierre   44, 131, 144, 452, 453, 454,
    456, 458, 539, 546, 547, 548, 552

Eberhard von Béthunde   323
Eco, Umberto   27, 28, 479, 552
Einhard   272
Engelbert von Admont   213, 335
Euklid   12, 166, 176, 177, 184, 209, 406, 557
Euler, Leonhard   468

Feyerabend, Paul   26, 27, 32
Fleck, Ludwik   46
Fibonacci, Leonardo   180, 452
Foucault, Michel   32, 81, 237, 250, 457, 465, 475
Francis Bacon   10, 11, 12, 14, 451, 452, 456, 463,
    464, 465, 467, 471, 472, 476, 572, 573
Franco von Köln   488
Friedrich II. (Kg. und Ks. HRR)   180, 181, 275,
    289, 290, 291, 292, 293, 294, 295, 296,
    297, 298, 299, 300, 301, 302, 317, 327,
    339, 341, 432, 435, 436, 510, 561
Fusoris, Jean   572

Galen von Pergamon   202
Galileo Galilei   12, 14, 32, 434, 435, 451, 452,
    455, 456, 459, 460, 463, 464, 467, 468,
    470, 528, 552
Gauß, Carl Friedrich   468
Geoffroi de Meaux   532, 534
Gérard d'Abbeville   267
Gerson, Jean   267, 570
Gervinus, Georg Gottfried   495
Giraldus Cambrensis   213
Gilbert von Tournai   213
Goffman, Erving   79, 80, 240, 241
Gottfried von Fontaines   244, 245, 246, 255,
    257, 266
Gottfried von Vinsauf   320
Gregor von Tours   374, 375
Gregor IX. (Papst)   254, 278, 327, 382, 430
Greimas, Algirdas   576
Grosseteste, Robert   125, 195, 416, 420, 440,
    441, 442, 443, 444, 447, 455, 456, 458,
    459, 464, 469, 470

Habermas, Jürgen   26, 27
Haskins, Charles Homer   456, 555
Hauksbee, Francis   468

Hegel, Georg Wilhelm Friedrich   27, 495,
    496
Heidegger, Martin   445, 446, 450, 451, 456,
    459, 460
Heinrich von Brüssel   69, 142, 164
Heinrich von Gent   254, 255, 257, 431
Heinrich von Mondeville   252
Heinrich III. (Kg. von England)   289
Herveus Brito   61, 464
Hesse, Hermann   522, 523
Hieronymus de Moravia   329, 330, 335
Hoffmann, E.T.A.   502
Honigsheim, Paul   30
Honorius Augustodunensis   357
Honorius III. (Papst)   247, 431
Hooke, Robert   468
Horaz (Quintus Horatius Flaccus)   320, 323,
    327
Hugo von St. Viktor   174, 175, 229
Hugo III. (Kg. von Zypern)   214

Innozenz IV. (Papst)   429, 430
Isidor von Sevilla   341, 357

Jacques Despars   201
Jakob von Douai   83, 97, 98, 112, 134, 170, 188,
    464, 512
Jakob von Viterbo   261, 262
Jean le Page   157, 158, 321, 563
Jean de Pouilly   264, 265, 266, 267, 268, 561
Jean de la Rochelle   205
Johann II. der Gute (Kg. von Frankreich)
    248
Johanna von Navarra (Kg.in von Frankreich)
    528
Johannes Buridan   69, 134, 166, 171, 453,
    454, 539, 540, 541, 542, 543, 544, 545,
    546, 547, 548, 549, 550, 551, 552, 567,
    568
Johannes von Dacien   60, 76, 95, 96, 130, 134,
    142, 151, 164, 167, 232, 464, 518, 519, 567
Johannes de Garlandia   317–338, 361, 369,
    370, 401, 478, 480, 488–490, 507, 516,
    563–564, 575
Johannes von Göttingen   127, 129, 141
Johannes de Grocheio   77, 109, 127, 220, 332,
    335, 477–493, 497–504, 507, 525, 549,
    565–566

Johannes von Jandun   36, 97, 116, 117, 118,
    120, 128, 134, 141, 150, 166, 171, 210, 489,
    514, 516, 517, 518, 520, 535, 536, 567
Johannes de Lineriis   531
Johannes von Malignes   85, 86, 87, 88, 89,
    93, 148, 149, 150, 151
Johannes de Muris   109, 168, 524, 525, 526,
    527, 528, 529, 530, 531, 536, 537, 538,
    550, 567
Johannes Quidort   223, 224, 225, 226, 227,
    228, 229, 230, 231, 232, 261, 262, 267,
    270, 516, 519, 558, 559, 561
Johannes de Sacrobosco   166, 168, 181, 410,
    531, 533, 534, 557
Johannes von Salisbury   213, 570
Johannes Vath   110, 150, 151, 189, 520, 521, 522,
    523, 567, 579
Johannes XXII. (Papst)   249, 534
Jordanus de Nemore   452
Juvenal (Decimus Iunius Iuvenalis)   323

Kant, Immanuel   1, 6, 365, 468, 501
Karl von Anjou   440
Karl IV. (Kg. und Ks. HRR)   533
Karl V. (Kg. von Frankreich)   531, 570
Karl VI. (Kg. von Frankreich)   569
Kepler, Johannes   468
Kircher, Athanasius   434
Konrad von Megenberg   69, 72, 73, 82, 83,
    108, 109, 111, 116, 118, 119, 120, 150, 193,
    199, 200, 274, 377, 532, 533, 534, 535,
    536, 537, 541, 557, 562
Koyré, Alexandre   33, 457, 458, 459, 460, 461,
    463, 465, 466, 467, 468, 469, 470, 547
Kuhn, Thomas S.   32, 43, 45, 457, 461, 467,
    468, 469, 470, 471, 504

Lagrange, Joseph-Louis   468
Laplace, Pierre-Simon (Marquis de)   468
Latini, Brunetto   339–346, 348, 350–361, 364,
    369–371, 399, 402, 414, 423, 450, 473,
    507, 512, 515–516, 563, 565, 576
Latour, Bruno   30, 554
Leibniz, Gottfried Wilhelm   465
Leonardo von Pisa (siehe Fibonacci,
    Leonardo)
Leonardo da Vinci   4, 12, 434, 435, 452
Lévi-Strauss, Claude   32
Locke, John   465

Lucan (Marcus Annaeus Lucanus)   323,
    324
Ludwig IV. der Bayer (Kg. und Ks. HRR)   533,
    534, 535
Ludwig VI. (Kg. von Frankreich)   308
Ludwig IX. (Kg. von Frankreich)   213, 247,
    258, 429, 430
Lukács, Georg   574
Luhmann, Niklas   28, 39, 40, 41, 53, 197, 230,
    236, 238, 239, 248, 308, 316, 317, 363,
    500
Lullus, Raymundus   421, 565
Luther, Martin   495

Maier, Anneliese   44, 458, 539, 547, 548
Manfred (Kg. von Sizilien)   274, 275, 289,
    339, 359, 561
Maria von Brabant (Kg.in von Frankreich)
    528
Marsilius von Inghen   540
Marsilius von Padua   36, 532, 534, 535, 536,
    537
Martin von Dacien   164
Martin IV. (Papst)   256
Marx, Karl   31, 34, 35, 360, 574, 579
Matisse, Henri   434
Matthäus Paris   304
Mead, Georg Herbert   88, 90
Merton, Robert K.   31, 34, 38
Michael Scotus   160, 181
Mittelstraß, Jürgen   3, 4, 5, 6, 12, 13, 14, 15, 61,
    183, 579
Monteverdi, Claudio   465

Newton, Isaac   34, 451, 463, 468, 547
Nicolas Donin de la Rochelle   254
Nietzsche, Friedrich   28, 233, 496
Nigellus Wireker   279
Nikolaus von Paris   75, 76, 79, 123, 148, 157,
    158, 163, 164, 165, 170, 171, 294, 321, 437,
    563
Nikolaus von Pressorio   257

Odo von Châteauroux   255
Olivier le Breton   76, 93, 94, 185, 186, 347,
    464
Oresme, Nicole   453, 454, 455, 531, 540, 570
Ovid (Publius Ovidius Naso)   323, 324

Palestrina   465
de la Palud, Pierre   283
Pascal, Blaise   434, 463, 465, 468
Persius (Aulus Persius Flaccus)   323
Petrus von Auvergne   61, 69, 83, 100, 134, 141,
      142, 144, 145, 151, 162, 164, 193, 353, 354,
      464, 520, 521, 540, 559
Petrus von Blois   213
Petrus Hispanus   188, 200
Petrus von Limoges   206, 207, 208, 209, 210,
      211, 215, 232, 371, 516
Petrus de Maricourt   439, 440, 471, 475, 476,
      477, 507, 565, 572
Philipp der Kanzler   311
Philipp de Vitry   332, 333, 338, 525
Philipp II. August (Kg. von Frankreich)   259,
      304, 309, 310
Philipp III. (Kg. von Frankreich)   528
Philipp III. von Évreux (Kg. von Navarra)   527
Philipp IV. der Schöne (Kg. von Frankreich)
      217, 221, 223, 224, 225, 230, 252, 253, 259,
      262, 263, 266, 267, 269, 270, 271, 272,
      273, 528, 534, 558, 561
Philipp VI. (Kg. von Frankreich)   202, 269
Philippus de Thoriaco   85
Platon   179, 192, 195, 472, 478, 479, 525
Plotin   490
Polanyi, Michael   8, 9
Popper, Karl R.   26, 277, 504
Porète, Marguerite   281, 269, 561
Precht, Richard David   8
Prévostin   311
Priscian (Priscianus Caesariensis)   156, 163,
      164, 172, 323
Pseudo-Boethius   77
Ptolemäus   189, 531

Quintilian (Marcus Fabius Quintilianus)
      209

Radulphus Brito   83, 84, 88, 89, 95, 96, 100,
      101, 102, 103, 108, 109, 114, 115, 130, 135,
      136, 141, 142, 143, 144, 145, 151, 153, 164,
      165, 168, 171, 186, 187, 189, 191, 193, 278,
      347, 348, 354, 355, 364, 402, 426, 541,
      559, 560
Reginald d'Acy   248
Ricoeur, Paul   386
Robertus Normannus   531

Roderich von Padrón   301
Roger Bacon   23, 61, 76, 77, 94, 105, 123, 159,
      160, 163, 181, 186, 189, 190, 195, 207, 209,
      274, 352, 356, 363, 364, 368–429, 431–433,
      435–461, 463–464, 466–477, 483–485,
      490, 507, 509, 510, 512, 514, 516, 528,
      538, 549–552, 561, 564–565, 568, 570,
      572–573, 576
Roger von Hoveden   304
Rufus, Richard   551
Ruprecht I. (Kurfürst von der Pfalz)   569

Seneca (Lucius Annaeus Seneca)   114, 323,
      326, 327, 328, 346, 350, 403, 442
Shakespeare   131
Siger von Brabant   56, 132, 134, 135, 364, 424,
      425, 427, 577
Skinner, Quentin   30, 360, 361
Simmel, Georg   53, 159
Simon von Faversham   164
Soriano, Francesco   465
Statius (Publius Papinius Statius)   323, 324
Stevin, Simon   434

Thales von Milet   434
Tempier, Étienne   60, 131, 132, 133, 134, 139,
      141, 144, 152, 254
Thomas von Aquin   50, 51, 132, 134, 135, 136,
      146, 203, 204, 213, 214, 215, 216, 217, 218,
      223, 228, 232, 370, 371, 372, 424, 425,
      559
Thorndike, Lynn   44, 453, 454, 456, 458, 494,
      528, 547

Urban IV. (Papst)   430

Vergil (Publius Vergilius Maro)   323, 336
Villard de Honnecourt   176
Vinzenz von Beauvais   213, 342, 345, 346, 357
Voltaire   451, 452, 465

Walter von Châtillon   249, 279
Weber, Max   34, 89, 102, 125
Wilhelm von Auvergne   147, 205, 255
Wilhelm von Mâcon   256
Wilhelm von Moerbeke   166, 213
Wilhelm von Ockham   455
Wilhelm von Saint-Cloud   526, 528

Printed in the United States
By Bookmasters